KEUKENHOF

VAN KEUKENDUIN TOT LENTETUIN

VAN KEUKENDUIN TOT LENTETUIN

De wordingsgeschiedenis van Internationale Bloementetoonstelling Keukenhof

MAARTEN TIMMER

MET MEDEWERKING VAN ARIE DWARSWAARD

HES & DE GRAAF PUBLISHERS

Deze uitgave is gemaakt in opdracht van
Stichting Internationale Bloementoonstelling Keukenhof

Vertaling Engelse samenvatting
Jan Klerkx
Ontwerp en vormgeving
Fred van den Berg
Lithografie en drukwerk
Drukkerij WC den Ouden BV, Amsterdam
Bindwerk
Binderij Callenbach BV, Nijkerk

ISBN 978 90 6194 501 7

© 2012 Stichting Internationale Bloementoonstelling Keukenhof

All rights reserved.

Niets van deze uitgave mag worden verveelvoudigd, opgeslagen in een geautomatiseerd gegevensbestand, of openbaar gemaakt, in enige vorm of op enige wijze, hetzij elektronisch, mechanisch, door fotokopie, microfilm, geluidsopname, of op enige andere wijze, onder voorafgaande schriftelijke toestemming van de uitgever.
De auteurs hebben getracht de herkomst van alle afbeeldingen te achterhalen, toestemming voor publicatie te verkrijgen en de rechthebbenden correct te vermelden. Degene die van oordeel is dat in de uitgave werk is opgenomen zonder dat aan de daarvoor vereiste formaliteiten is voldaan, wordt uitgenodigd contact op te nemen met de uitgever.

HES & DE GRAAF Publishers BV
Postbus 540
3990 GH Houten

www.hesdegraaf.com
info@hesdegraaf.com

INHOUDSOPGAVE

DANKWOORD 11

VOORWOORD 12

HOOFDSTUK 1 15
INLEIDING
Korte geschiedenis van de bloembollensector en het landgoed Keukenhof.
De ontwikkelingen tot ongeveer 1949 en de opzet van het boek

Bloembollen in Holland van 1637 tot omstreeks 1949	15
Algemeene Vereeniging voor Bloembollencultuur (1860)	16
Het Hollandsch Bloembollenkweekers Genootschap (1895)	17
De Bond van Bloembollenhandelaren (1900)	17
De Nederlandschen Tuinbouwraad (1908)	18
Veilingen	19
Centraal Bloembollen Comité (1922)	20
Tentoonstellingen	21
De bloembollensector	23
Keukenhof tot 1930	23
Dit boek	26

HOOFDSTUK 2 27
VOORSPEL

Florapark in Noordwijk	27
Bloemlust in Sassenheim	30
De beurs in Hillegom	32
Bloemlust in Lisse	32
Bloembollencorso	34
Demonstratietuin Treslong in Hillegom	35
Keukenhof onder graaf Carel	36

HOOFDSTUK 3 37
DE OPRICHTING VAN KEUKENHOF IN 1949 EN
DE EERSTE TENTOONSTELLING

Veel nieuwe tulpen	37
Van Dijk tekent op en Van der Lee rekent uit	37
Februari 1949. Twee tentoonstellingen worden geopend	37
Maart 1949. De 'peilingvergadering' over Keukenhof, twee stichtingen worden opgericht	39
April 1949. Persconferentie, de gemeenteraad stemt in, de graaf distantieert zich	39
Mei 1949. Flora 1953 wordt in de steigers gezet en de geniale daad van D. Lefeber	41
Juni en juli 1949. Keukenhof wordt in de steigers gezet en vraagt steun	42
Augustus 1949. De contracten krijgen hun definitieve vorm en de stichting wordt opgericht	46

HOOFDSTUK 4 51
HET PAD DER VERZOENING
1949-1950. Het tweede tentoonstellingsjaar en Keukenhof en Flora 1953, deel I

Catering en infrastructuur	51
Oktober, de AVB vergadert en wil bemiddeling	52
Oktober 1949. Het contract tussen de gemeente en graaf Carel wordt getekend	52
November en december 1949. De positie van Van der Lee vraagt aandacht en de eerste mislukte verzoeningspoging met de AVB	54
Januari en februari 1950. De AVB krijgt geld voor de Flora 1953 en het aftreden van Lambooy	56
Maart 1950. De AVB laat een vergelijkend bodemonderzoek doen en minister Mansholt opent Keukenhof	57
De tentoonstelling	57
April en mei 1950. Algemene vergadering van de AVB en overleg AVB Keukenhof	61
Juni 1950. De Flora 1953 komt op Groenendaal, Keukenhof gaat uitbreiden	61
Begroting uitgaven Keukenhof voor het boekjaar 1 juni 1950 tot en met 31 mei 1951	63

HOOFDSTUK 5 67
WIJ KUNNEN TOCH ÓÓK NOG WEL WAT!
1950-1952. Keukenhof en Hogewoning

De Graaf komt in het bestuur en de regering wil bemiddelen	67
Een onrustige tijd	67
Twee tentoonstellingen of één?	70
De show van Carel Briels en de regering grijpt in	70
Een compromis wordt geboren, Hogewoning treedt af	71
De eerste herziening van contracten, de tweede 'geniale' daad van D. Lefeber	72
De wijziging van de statuten	73
De tweede herziening van de contracten; Keukenhof onder het vak?	75
Keukenhof gaat zelfstandig verder	78
Een kater bij de AVB	79
Hogewoning maakt zijn werk af en wordt beloond	79

HOOFDSTUK 6 83
GELUKKIG HUWELIJK OP HUWELIJKSVOORWAARDEN
1952-1954. Keukenhof en Flora 1953, deel II

De contracten met graaf Carel, de brouwerij en de gist- en spiritusfabriek	83
De begroting voor de tentoonstelling van 1953	84
National Flower Festival of Holland	84
Keukenhof en Flora in 1953	86
Het corso	89
Sluiting van het Festival en de financiële afwikkeling	90
Voorbereiding van het eerste lustrum	90
Een schets van de bloembollensector	93
Eerbewijzen voor Van Waveren en D.W. Lefeber neemt ontslag	95

HOOFDSTUK 7 99
HET HAPERT AAN GOED BEGRIP
1955-1959. Keukenhof in ontwikkeling en concurrentie

De tentoonstellingen van 1955 tot en met 1958	99
De tentoonstelling van 1955	100

Linnaeushof	100
De tentoonstelling van 1956	102
Floriade	102
De tentoonstelling van 1957	104
De tentoonstelling van 1958	105
Amerikaanse Keukenhof	106
De jubileumtentoonstelling van 1959	107
Het jubileumboekje	107
De opening van de tentoonstelling	109
Het overlijden van Van Waveren en de gevolgen daarvan	110

HOOFDSTUK 8
NIEUWE BEZEMS VEGEN SCHOON
1959-1968. Keukenhof en De Graaf. Bestuur, directie en personeel

Bestuursstijl en de vergoeding voor ondeclarabele kosten	115
Compensatie	117
De vennootschapsbelasting en de wijziging van de statuten	118
Nieuwe statuten	120
Het leeftijdscriterium	121
De golden handshake	122
Het vertrek van De Graaf	123
Nieuwe bestuursleden	124
Van Dijk onderzoekt de gang van zaken bij de oprichting	124
Directie en personeel	125
Een opvolger voor Van der Lee	126

HOOFDSTUK 9
ZO HEEFT, OP DIT ONDERMAANSE, ALLES ZIJN TIJD (...)
1959-1968. Keukenhof en De Graaf. Het terrein

De moeizame verlenging van de contracten met graaf Carel	129
Parkeren op Noord (aan de Loosterweg)	130
Parkeren op Oost (aan de Stationsweg)	132
Het streekplan biedt soelaas	134
Van der Lee maakt een plan voor de komende 20 jaar, de gemeente ligt dwars	136
Parkeren op het kasteelterrein	137
Een bijzonder 'wild' plan	137
Pachters	138
Restaurant, theehuis, paviljoen en kantoor	139
Het tentoonstellingsterrein	140

HOOFDSTUK 10
EN MIDDEN IN DE GLOOIING LAG IN 'T LICHT, EEN VIERKANT VELD MET BLOEMEN, OPGERICHT
1959-1968. Keukenhof en De Graaf. De tentoonstellingen

Tentoonstelling 1960	143
Tentoonstelling 1961	143
Tentoonstelling 1962	145
Tentoonstelling 1963	148
Tentoonstelling 1964	148
Tentoonstelling 1965	149
Tentoonstelling 1966	152
Tentoonstelling 1967	153
Tentoonstelling 1968	154
De inzenders	157
Tot slot	159

HOOFDSTUK 11
EEN AANTREKKELIJKE EN WAARDEVOLLE ETALAGE VAN WAT HET VAK TE BIEDEN HEEFT
1969-1974. Keukenhof en Berends. Bestuur, directie en personeel

Berends wordt voorzitter en Warnaar overlijdt plotseling	161
Het overlijden van Van der Leede	162
Eggink treedt aan als nieuw bestuurslid, Van Rijnen wordt PR-functionaris	164
Het aftreden van Veldhuyzen van Zanten en de positie van Van der Lee	164
Een nieuw kantoor	165
Een nieuw bestuursmodel	165
De banden van Van Dijk en de bijstelling van de compensatie	166
Rondom het vijfentwintigjarig bestaan; penning, artikelen en boeken	168
Gedenkboekje	169
Gedenkartikelen	169
ETI-studie	170
De Graaf over vijfentwintig jaar Keukenhof	172
Financiën	172

HOOFDSTUK 12
ER WAS OM GEVOCHTEN
1969-1974. Keukenhof en Berends. Contracten, pachters en parkeren

Een nieuw contract met graaf Carel	175
De verlenging van de garantie en de Floriade 1972	179
Van CBC tot Bloembollenraad	180
De garanties	182
Parkeren	182
Parkeren op Oost	184
Parkeren op het kasteelterrein	185
Pachters	186
Horeca	186
Bloemen en andere zaken	187

HOOFDSTUK 13
LENTELIEREN OP DE KEUKENHOF
1969-1974. Keukenhof en Berends. Tentoonstellingen

BTW en Vermakelijkheidsbelasting	189
De inzenders	190
De bomen	191
De molen	191
De vijver	191

De tentoonstelling van 1969	191
Tentoonstelling 1970, een nieuwe koude kas	193
De tentoonstelling van 1971	196
De tentoonstelling van het Floriadejaar 1972, een nieuwe warme kas	198
Floriade	198
De opening van de tentoonstellingen	198
De tentoonstelling van 1973	199
De tentoonstelling van 1974	201
Koningin Juliana Paviljoen (KJP)	201
Opening en verloop van de tentoonstelling van 1974	203
Concurrenten en naamsbescherming	203

HOOFDSTUK 14
IN AANVANG BETWIJFELD – IN OPZET GESLAAGD – MET SUCCES BEKROOND
1975-1980. Keukenhof onder leiding van Berends

Mutaties in bestuur en commissies	207
Opvolging Van Aken	208
Andere stafzaken	209
Statuten en stichtingen	209
De verlenging van het contract met graaf Carel	209
Belastingen	209
BTW	210
Toeristenbelasting	210
Onroerend Goed belasting (OGB)	211
De parkeerterreinen	211
Oost	211
Kasteelterrein	212
Meeuwissen	214
Horeca	214
Toiletten	215
Andere pachters	215
Terrein	215
Hoofdingang	216
Bomen	216
Vijver	216
Andere voorzieningen	216
Tentoonstellingen	217
Koningin Juliana Paviljoen (KJP)	217
Inzenders	217
Beelden	218
Tentoonstelling 1975	219
Tentoonstelling 1976	220
Tentoonstelling 1977	222
Tentoonstelling 1978	222
Tentoonstelling 1979	223
Tentoonstelling 1980	224
Financiën	225
Tot slot	226

HOOFDSTUK 15
BLIJVEND VISITEKAARTJE VAN DE GEHELE NEDERLANDSE SIERTEELTSECTOR
1981-1986. Keukenhof onder leiding van Berends

Mutaties in besturen en commissies	229
De opvolging van Berends en Tegelaar	230
Staf en personeel	232
De toekomst van Keukenhof; het rapport Leemborg	233
Parkeren	236
Oost	236
Noord	237
Kasteelterrein	230
Meeuwissen	237
Van Graven	237
Horeca en kantoren	237
Toiletten en riolering	238
Andere pachters	238
Het terrein	239
De hoofdingang	239
Zieke bomen en zieke bollen	239
Molen	239
Mechanisatie en andere voorzieningen	239
Tentoonstellingen	240
De Liliade	240
De Parades	240
Koningin Beatrix Paviljoen (KBP)	241
Koningin Juliana Paviljoen (KJP)	242
Inzenders	242
Beelden	245
Tentoonstelling 1981	245
Van den Hoek	245
Tentoonstelling 1982	246
Tentoonstelling 1983	246
Tentoonstelling 1984	250
Tentoonstelling 1985	250
Tentoonstelling 1986	252
Financiën	253
Tot slot	253

HOOFDSTUK 16
KEUKENHOF GEEN PRETPARK, MAAR EEN SHOWVENSTER VOOR HET BOLLENVAK
1987-1991. Keukenhof onder leiding van Van Os

Bestuur en commissies	257
Van der Kroft wordt volwaardig bestuurslid, Van der Meij en Guldemond treden af	258
Koster wordt directeur, een nieuwe structuur	258
Philippo wordt volwaardig bestuurslid, Benningen maakt aftreden bekend	260
Staf en personeel	260
Het veertigjarig bestaan in 1989	261
Visie 2000	262

De CTK	263
De ruimtelijke visie	266
In de pers	268
Reacties van de pachters en uit het buitenland	268
De reactie van de gemeente	269
Parkeren	270
Horeca, de bouw van het Atrium en kantoren	270
Laarman en Landwehr Johan	271
ISS en de toiletten	271
Het terrein	272
De bouw van een voetgangerstunnel	272
Renovatie ingangen Oost en Noord	273
Zieke bomen en zieke bollen	274
Paard, molen en schaapskooi	274
Mechanisatie en andere voorzieningen	274
Tentoonstellingen	274
Parades	275
Inzenders	275
Beelden	276
Parkwachters	276
Tentoonstelling 1987	277
Tentoonstelling 1988	277
Tentoonstelling 1989	279
Tentoonstelling 1990	279
Tentoonstelling 1991	280
Financiën	281
Tenslotte	283

HOOFDSTUK 17
LANDSCHAP EN TOERISME IN DE BOLLENSTREEK ONDER STEDELIJKE DRUK
1992-1995. Keukenhof en Van Os

Bestuur en commissies	285
Op reis	285
Compensatie	286
De relatie met graaf Carel	286
Het vijftigjarig bestaan	286
Staf en personeel	286
Kantoren	287
De terreinuitbreiding	287
De procedure bij de gemeente	287
De onderhandelingen met de pachters	288
De inrichting	289
Beurs en keuring van de KAVB komen op Keukenhof	290
Het conflict met de gemeente over de vermakelijkhedenretributie	291
De aanleiding	291
Het conflict	292
Het gevolg	293
Hou het bloeiend, de strijd tegen de verstedelijking	293
De Vierde Nota, de Vierde Nota Extra en de nota van de werkgroep Op Bollengrond	293
Het KPMG doet in opdracht van Keukenhof onderzoek	294
De Randstadbollennota, de Corridorstudie, de stichting Hou het Bloeiend en het LEI-onderzoek	296
Het Pact van Teylingen	297
De reactie van Keukenhof	298
De 'najaarsopenstelling'	299
Milieuzaken, het Milieu Overleg Duin- en Bollenstreek (MODB)	299
Parkeren	299
Het terrein	300
De Arcade, showterrassen en een multifunctionele ruimte bij Oost Theehuis, KJP en KBP	301
De tunnel	301
Mechanisatie en automatisering	301
De kassen	301
De tentoonstellingen	302
Parades	302
Inzenders	303
Tentoonstelling 1992	304
Tentoonstelling 1993	304
Tentoonstelling 1994	305
Tentoonstelling 1995	305
Financiën	307
Tot slot	310

HOOFDSTUK 18
TROETELKIND VAN HET BOLLENVAK
1996-1999. Rondom vijftig jaar Keukenhof

Bestuur en commissies	313
Het vijftigjarig bestaan in 1999	313
Koster wordt directeur Vormgeving, Troelstra wordt directeur Beheer en Exploitatie	316
Staf en personeel	317
De terreinuitbreiding, de inrichting	319
Het multifunctionele gebouw	321
Beurs en keuring van de KAVB verlaten Keukenhof	322
Het conflict met de gemeente over de vermakelijkhedenretributie	322
De herstructurering	323
De verandering van de juridische structuur	324
De overname van de horeca	328
De contacten met graaf Carel	329
Hou het bloeiend	329
Het MODB en de milieuvergunning	330
Parkeren	330
Het terrein	331
De nieuwe kassen: het Willem Alexander Paviljoen (WAP)	331
Het KBP	332
Tentoonstellingen	332
Zomerhof	332
De Herstflora en de Nationale Bollenmarkt	337
De Parades	338

De inzenders	339
Tentoonstelling 1996	340
Tentoonstelling 1997	341
Tentoonstelling 1998	342
Tentoonstelling 1999	343
Financiën	344
BTW	344
Visie 2000. Keukenhof over de grens van eeuw en millennium	344
Herstructurering	345
Tot slot	345

HOOFDSTUK 19
RUIMTE MAKEN, RUIMTE DELEN
Tot 2003 en daarna. Veranderingen in bestuurlijke en ruimtelijke structuur.
Een nieuwe visie en een nieuwe huurovereenkomst 347

De veranderingen in de bestuurlijke structuur. Een chronologisch overzicht van 14 november 2000 tot 19 december 2002	347
14 november 2000: ontslag Troelstra	347
1 mei 2001: aantreden J. van Riesen als directeur	347
Juli 2001: Van Riesen schrijft een nota	347
10 september 2001: moet stichting Keukenduyn toch vennootschapsbelasting betalen?	348
September 2001: Keukenhof stopt met de Zomerhof	348
25 oktober 2001: Koster neemt afscheid van Keukenhof	349
1 november 2001: Walter Jansen treedt aan	349
5 november 2001: Van Riesen dient zijn ontslag in als algemeen directeur	350
10 januari 2002: Van Os neemt afscheid	350
15 maart 2002: Jansen schrijft een discussienota over Keukenhof	351
Mei 2002: Jansen zoekt een nieuw lid voor de Raad van Commissarissen en een nieuwe directeur	351
Mei 2002: Missie, projecten en actiepunten	
27 juni 2002: eerste stap in het draaiboek structuurwijziging Keukenhof	352
9 augustus 2002: alle besturen vergaderen over de reorganisatie en keuren die goed	352
19 december 2002: de statuten van Keukenduyn worden gewijzigd	354
8 december 2003: de stichting Voorzieningenfonds Keukenhof wordt ontbonden	354
Bestuur en directie in 2003 en volgende jaren	354
De huurovereenkomst	355
Veranderingen in de ruimtelijke structuur	359
Het bestemmingsplan 2002 van de gemeente Lisse	359
De visie van Keukenhof als reactie op het voorontwerp bestemmingsplan	360
De reactie van het Kasteel op het voorontwerp bestemmingsplan	362
Keukenhof en het Kasteel in het bestemmingsplan	362
De veranderingen in het rijksbeleid: Duin- en Bollenstreek wordt Greenport (2004)	363
Vitaal tuinbouwcluster 2040. Een toekomststrategie voor Greenport Holland	364
De gebiedsuitwerking Haarlemmermeer-Bollenstreek (2006)	364
Van het Hou het Bloeiend tot de stichting Greenport en de GOM	365

HOOFDSTUK 20
MÉÉR DAN BLOEMEN
Tot 2003 en daarna. De gevolgen van het ruimtelijk beleid voor Keukenhof.
Van visie naar realisatie 369

Intergemeentelijke Structuurvisie Greenport (2009)	369
Het Masterplan Keukenhof (2007)	369
De Gebiedsvisie Keukenhof (2009)	372
Toeristisch centrum	373
Parkeren	374
Grootte, inrichting en ontsluiting van het hoofdparkeerterrein (Narcis)	375
Het conflict met het Kasteel over de parkeervergoedingen	380
Plan B en plan C	382
Grondverwerving, retributie en bollencompensatie	382
Grondverwerving	383
Retributie	385
De bollencompensatie	387
Twee overeenkomsten	387
De bollencompensatie in de gemeenteraad op 29 oktober 2009	389
De bollencompensatie in Provinciale Staten op 24 februari 2010 en het vervolg daarop	389
Het nieuw poortgebouw	390
Tentoonstellingen	390
2000	390
2001	391
2002	391
2003	391
2004	392
2005	392
2006	395
2007	395
200	396
2009	396
2010	396
2011	396
De inzenders	397
Catering en retail	397
EPILOOG	**401**
LIJST VAN ALLE INZENDERS KEUKENHOF	**404**
ENGELSE SAMENVATTING	**413**
LIJST VAN AFKORTINGEN	**433**
ARCHIEVEN	**434**
BRONNEN	**435**
LITERATUUR	**436**
BEELDVERANTWOORDING	**440**
INDEX	**444**

DANKWOORD

In november 2007 vond het eerste overleg met voorzitter Walter Jansen en bestuurslid Jan Pennings van de stichting Internationale Bloementoonstelling Keukenhof plaats over de aan ons te verstrekken opdracht tot het schrijven van een gedenkboek naar aanleiding van het 60 jarig bestaan van de stichting in 2009. We kwamen overeen dat het een boek moest worden met een wetenschappelijke en historische verantwoorde complete beschrijving van alle gebeurtenissen gebaseerd op een grondige bestudering van archieven en andere bronnen.
In februari 2008 verstrekte het bestuur de opdracht en zegde toe dat bestuurssecretaresse Elly Christoffersen voldoende tijd zou mogen vrijmaken om ons te helpen om het archief van Keukenhof voor ons te inventariseren en te ontsluiten. We gingen ervan uit dat het werk ons anderhalf jaar zou kosten, maar dat bleek een onderschatting. De hoeveelheid materiaal was dermate groot dat het uiteindelijk tot december 2010 duurde eer het manuscript gereed was. Al die tijd bleef Elly ons bijstaan, en deed dat met groot enthousiasme en veel inzet. Zonder haar was het ons niet gelukt het werk te doen.

Ons onderzoek beperkte zich niet alleen tot het archief van de bloementoonstelling, ook de archieven van het kasteel Keukenhof en van de gemeente Lisse waren voor ons van groot belang, naast andere archieven zoals die van de KAVB en de Bond van Bloembollenhandelaren. We zijn archivaris Piet de Baar dankbaar dat hij ons wegwijs maakte in het archief van het kasteel en documenten vond die een licht wierpen op het ontstaan van Keukenhof als bloementoonstelling. Verder danken we Johan van Scheepen voor het beschikbaar stellen van de KAVB-bibliotheek, waar we vooral veel informatie, en afbeeldingen uit de vakbladen konden terugvinden.

Nadat we aanvankelijk zelf het archief van de gemeente Lisse bezochten, benaderden we daarvoor in januari 2009 Siem Broersen, niet alleen oud-secretaris van het bestuur van Keukenhof, maar ook oud-gemeentesecretaris van de gemeente Lisse. Hij bezorgde ons, dankzij de welwillende hulp van archiefbeheerder Frans Mooijekind, veel stukken uit het archief van de gemeente. Daarnaast las Siem al onze stukken kritisch door. Wij zijn hem veel dank verschuldigd voor de enthousiaste manier waarop hij dat deed en voor zijn even enthousiaste deelname aan onze maandelijkse werkbesprekingen. Die vonden plaats op het kantoor van Dick Straathof op Keukenhof, dat grensde aan het archief. Ook hij leverde als manager financiën en administratie de nodige stukken aan en bracht het geduld op onze vele vragen te beantwoorden en ons te dulden op zijn kantoor.

Op verzoek van het bestuur, las ook oud-bestuurslid Ed Veldhuyzen van Zanten al onze teksten door en leverde waardevolle commentaren.

Gerard Lefeber hielp ons aan nadere gegevens over de familie Lefeber, zoals ook de families van Willem van der Lee en die van Herman Lambooy informatie verstrekten over respectievelijk hun vader en oom.

Oud-bestuurslid Joop Zwetsloot lichtte ons voor over de geschiedenis van de ruimtelijke ordening voor de Duin- en Bollenstreek; bestuurslid Jaap de Mol deed dat voor de tegenwoordige tijd.

Het archief van de Liliade werd ons welwillend ter beschikking gesteld door Jaap Zweeris; hetzelfde deed Nic Hofman met betrekking tot zijn archief over zijn plan voor *Eén Keukenhof voor de Nederlandse Siergewassen*.

Oud-directeur Henk Koster stelde ons in de gelegenheid om in zijn dia-archief een aantal mooie opnamen uit te zoeken die als hoofdstukinleiders in het boek zijn opgenomen.
Jacqueline van der Kloet gaf ons desgevraagd nadere informatie over haar betrokkenheid bij het ontwerpen van de tentoonstelling.

Het uitgeven van het boek werd een taak van HES & DE GRAAF Publishers BV. Mick Zwart en Francis Knikker zorgden ervoor dat ons manuscript een prachtig boek werd.

Tenslotte zijn we bestuur en directie van Keukenhof erkentelijk voor de tijd, ruimte en ondersteuning bij ons werk.

Hoorn, Voorhout november 2011

Maarten Timmer
Arie Dwarswaard

VOORWOORD

Geachte lezer,

"Keukenhof, van Keukenduin tot Lentetuin" is een bijzonder boek. Niet alleen vanwege het kloeke formaat of vanwege de vele schitterende foto's. Maar vooral vanwege de ongelofelijke hoeveelheid informatie die de auteurs boven tafel hebben weten te krijgen en de boeiende en systematische wijze waarop deze informatie in dit boek wordt gepresenteerd.

In de loop der jaren heeft Keukenhof diverse achtergrondpublicaties en jubileumboeken uitgegeven. Het was dus een logische gedachte om ter gelegenheid van het 60-jarig bestaan in 2010 een gedenkboek uit te geven. Temeer daar er nu nog teruggevallen kan worden op de kennis van een aantal mensen die het begin van Keukenhof zelf nog hebben meegemaakt. Als auteurs hebben we daarvoor een beroep gedaan op de heren ir. Maarten Timmer en ing. Arie Dwarswaard. De heer Timmer is tuinbouwhistoricus en heeft reeds meerdere boeken op zijn naam staan. De heer Dwarswaard is vakredacteur en schrijft over de bloembollensector in de meest brede zin, waarbij hij zich door de jaren heen verdiept heeft in de historie van de sector.

Op verzoek van de Raad van Bestuur van Stichting Internationale Bloementoonstelling Keukenhof verklaarden de heren Timmer en Dwarswaard zich bereid een boek te schrijven over de wordingsgeschiedenis van Keukenhof. Daar waren echter wel een aantal voorwaarden aan verbonden. Het zou een gedegen boek moeten worden. Geen gelegenheidspublicatie met anekdotes van horen-zeggen. Niet alleen maar mooie foto's van het park en VIP bezoekers. Maar het feitelijke verhaal. Met een blik achter de schermen hoe Keukenhof zich door de jaren heen ontwikkeld heeft. Met een voorgeschiedenis en met verbanden naar relevante ontwikkelingen elders. En alles aantoonbaar op realiteit gebaseerd, onderbouwd met citaten uit officiële notulen en rapporten.

Met name dit gedegen bronnenonderzoek bleek een tijdrovender taak dan verwacht omdat meerdere bronnen en archieven systematisch moesten worden doorgespit. De consequentie van deze aanpak was dat een dergelijk boek onmogelijk voor de viering van het 60-jarig bestaan klaar kon zijn. Omdat Keukenhof op alle gebieden kwaliteit nastreeft, is daarop besloten af te zien van haastige publicatie voor het 60-jarig bestaan en hebben wij de heren Timmer en Dwarswaard de vrije hand te geven voor het schrijven van dit boek. De tekst en de illustraties zijn voor rekening van de auteurs en HES & DE GRAAF Publishers is verantwoordelijk voor de fraaie vormgeving.
Bij het lezen van dit boek vallen een aantal zaken op. Zo is het verbijsterend hoeveel er gebeurd is in al die jaren. Men zou verwachten dat het jaarlijks organiseren van een lentetentoonstelling op den duur een routineaangelegenheid zou worden. Niets is echter minder waar. Bijna elk jaar brengt weer een eigen dynamiek, veranderingen en spannende ontwikkelingen mee. Keukenhof is, met uitzondering van de jaren 1999, 2000 en 2001, waarin naast de lentetentoonstelling ook nog een zomertentoonstelling werd gehouden, maar twee maanden per jaar open. Een wijdverspreid misverstand is dan ook dat er die overige tien maanden maar weinig gebeurt. Het tegendeel is echter het geval. Het belangrijkste werk vindt veelal plaats gedurende de tien maanden per jaar dat het park voor het publiek gesloten is. Na lezing van dit boek zal dat u duidelijk zijn.

Een andere lijn die door dit boek heen loopt is de geweldige inzet van heel veel mensen. En dat vaak gedurende vele jaren. Keukenhof kent weinig verloop en medewerkers, leidinggevenden en directieleden hebben zich al die jaren met hart en ziel ingezet om elk jaar weer een schitterende tentoonstelling aan de wereld te bieden. Maar het is vooral aan de visie en aansturing van de achtereenvolgende besturen en bestuursleden te danken dat Keukenhof al die jaren zo'n groot internationaal succes is geweest en gebleven. Wat dat betreft is het huidige bestuur veel dank verschuldigd aan al onze voorgangers en ook hier geldt het gezegde; we staan op de schouders van reuzen.

Tenslotte kan uit dit boek nog een wijze les worden getrokken. Namelijk dat de geschiedenis zich herhaalt. Veel problemen waar het huidige bestuur mee worstelt, blijken zich in meer of minder vergelijkbare vorm, ook in het verleden te hebben voor gedaan. Veel zorgen van vroegere besturen zijn ook onze zorgen. En goede jaren worden afgewisseld met minder goede jaren. Gelukkig kunnen we ieder jaar weer bouwen op de steun van onze inzenders en deelnemers die hun mooiste bloembollen en sierteeltproducten gratis ter beschikking stellen, zodat we de wereld kunnen laten zien wat Nederland op sierteeltgebied presteert.

Rest mij u veel plezier te wensen bij het lezen van dit boek. Want voor u ligt een bijzonder boek. Over een bijzonder icoon van Nederland; Keukenhof, de mooiste lentetuin van de wereld.

Drs. Walter Jansen
Voorzitter Raad van Bestuur

Drs. Walter Jansen,
Voorzitter Raad van Bestuur

HOOFDSTUK 1

INLEIDING

Korte geschiedenis van de bloembollensector en het landgoed Keukenhof.
De ontwikkelingen tot ongeveer 1949 en de opzet van dit boek

De ontwikkeling van Keukenhof als bloemenshow is sterk beïnvloed door de ontwikkelingen op het landgoed Keukenhof en in de bloembollenbollensector. Vandaar dat in dit hoofdstuk, na een korte schets van de geschiedenis van de bloembollensector, aandacht wordt geschonken aan een aantal bepalende ontwikkelingen in de sector en afsluiten met een schets van het landgoed tot het aantreden van de laatste eigenaar in 1930. Tot slot wordt nader ingegaan op de opzet van dit boek en de gehanteerde werkwijze.

Bloembollen in Holland van 1637 tot omstreeks 1949

De tulpenwindhandel, die in februari 1637 abrupt eindigde in een crash, betekende een stimulans voor de weinige bloemisten (teler-exporteurs) in ons land. Enerzijds had men zich grotendeels afzijdig gehouden van deze speculatie en anderzijds was de verzamelwoede, die er de grondslag van was, niet verloren gegaan.[1] Er bleef dus vraag naar exclusieve bloembollen, die zelfs nog toenam omdat men in het buitenland nieuwsgierig was geworden naar de tulpen die zoiets hadden veroorzaakt. Exclusiviteit en verzamelwoede betekenden dat kopers van zoveel mogelijk verschillende cultivars een beperkt aantal bollen wilden hebben. Uiteraard haakten de bloemisten, zoals ze zichzelf toen noemden, daarop in.

De telers in Haarlem verkeerden daarvoor in de beste omstandigheden, omdat hun bedrijfjes in het zuiden van de stad op een strandwal lagen die bestond uit zandgrond die voor de teelt van bolgewassen bij uitstek geschikt bleek. De prijzen bleven hoog en E. Krelage schreef over die tijd in 1942 het volgende: "De prijzen bleven (...) al was het lekkerste vet van den ketel, nog zeer behoorlijk en staken verre uit boven het criterium, dat in crisisdagen in onzen tijd als het voor boer en tuinder rechtens toekomende minimum voor den door hen te kweeken producten werd beschouwd, namelijk teeltkosten plus matige winst. De tulpenteelt, bevrijd van buitensporigheden, bleef een zeer loonend bedrijf."[2]

In de negentiende eeuw begon een nieuw tijdperk. Exclusiviteit en verzamelwoede maakten plaats voor wat Krelage noemde een democratisering in het gebruik van bloemen. Hij koppelde dat aan veranderde maatschappelijke verhoudingen als gevolg van de Franse Revolutie: "Men kweekte de bloem niet meer om hare zeldzaamheid, om te pronken met iets (...) maar men kweekte en koesterde bloemen in huis, om ze te bespieden in hare ontwikkeling en daarin belooning te vinden voor de teedere zorgen."[3] Het was de tijd van de 'winterkamerbloemtuin' en hyacinten waren hiervoor bijzonder geschikt, omdat ze zich gemakkelijk op glazen in bloei lieten trekken. Hieruit ontwikkelde zich de vraag naar bolbloemen in de winter, het gebruik als snijbloem. In dezelfde tijd zag men de opgang van de tuinaanleg in de vorm van de Engelse landschapsstijl waardoor het gebruik van bloembollen voor perken en borders toenam. Ook de handel werd steeds internationaler. De bloemisten (teler-exporteurs) verzonden niet alleen hun bollen naar afnemers in de ons omringende landen, maar ook naar Rusland, Turkije, Zuid-Afrika en Noord- en Zuid-Amerika. De Napoleontische oorlogen waren zeer nadelig voor deze handel maar daarna leefde die weer op tot ten tijde van de regeerperiode van koningin Victoria in Engeland de 'gouden tijd' aanbrak: "naar eigen getuigenis liet een Haarlemsche exporteur een groote villa bouwen uit de overwinst van één enkel jaar."[4] Aan die gouden tijd maakte de Eerste Wereldoorlog een eind tot vrijwel direct na de oorlog weer 'vette' jaren volgden: "die zelfs de crisis van October 1929 overleefden en niet eindigden vóór 1931."[5] Daarna kwamen velen in moeilijkheden doordat het tij verliep. De regering greep in en legde via de Landbouwcrisiswet 1933 het bloembollenareaal aan banden via een stelsel van teelt- en andere maatregelen (minimumprijzen bij de export) en die geleide economie bleef tot ver na de Tweede Wereldoorlog bestaan.[6]

Enig herstel trad in 1938 op, maar daar maakte de Tweede Wereldoorlog een eind aan.

Bijna twee eeuwen, van 1650 tot ongeveer 1840, was Haarlem de bakermat van de bloembollensector. Daarna begon de Zuidelijke Bloembollenstreek mee te tellen als teelt- en exportcentrum, maar tot 1850 was men zichzelf zo weinig bewust van zijn betekenis dat de exportbedrijven uit Hillegom en Lisse op hun prijscouranten lieten drukken: *Katalog aechter Haarlemmer Blumenzwiebeln von (...) in Hillegom bei Haarlem*. En zelfs bedrijven in Sassenheim en Noordwijk volgden dat voorbeeld omdat ze kennelijk bang waren dat hun dorpen destijds zo weinig bekend waren, dat de nabijheid tot de alom bekende Haarlemse bakermat uitdrukkelijk moest worden vermeld. De bollenteelt in de Noord kwam omstreeks 1920 op en ontwikkelde zich daar in de loop van de tijd zodanig dat daar een belangrijk centrum ontstond.

1 Goldgar 2007.
2 Krelage 1942, 102.
3 Krelage 1911, 2.
4 Krelage 1946, 26.
5 Krelage 1946, 58.
6 Timmer 2009.

In 1947 was de verdeling van het areaal bloembollen over de verschillende gebieden als volgt:
- Noordelijk Zandgebied (Breezand en omgeving): 631 hectare;
- West-Friesland: 1013 hectare;
- Kennemerland: 713 hectare;
- De Zuid (Bloembollenstreek): 3316 hectare;
- Westland: 127 hectare.

Na de Tweede Wereldoorlog trad weer een snel herstel op. Zwetsloot gaf daarvan het volgende beeld, zie kader.

De sector in 1944 en 1950

"We zagen al dat de kwekerij in 1944 1770 hectare tulpen, 890 hectare narcissen en 243 hectare hyacinten omvatte. Als we daar nog eens 1.000 hectare bijtellen voor irissen, krokussen, gladiolen en dahlia's komen we totaal aan zo'n 4.000 hectare bollen en knollen, waaruit we in 1945 voor bijna 8 miljoen konden verkopen, fl. 2.000,- per hectare.[7] Ter vergelijking: in 1930, ons vooroorlogse hoogtepunt, teelden we zo'n 8.000 hectare en kwamen we aan circa 5.800 gulden per hectare, wat twee jaar later terugviel naar fl. 2.100,-. Daarna, in 1938, volgde een klim naar een kleine 5.000 gulden per hectare, van nog geen 6500 hectare. In het eerste jaar na de oorlog mochten we fors uitbreiden (...) en 1950 leverde het volgende beeld: de kwekerij bestond toen uit 2.514 ha tulpen, 952 ha narcissen en 415 hectare hyacinten, 210 hectare krokussen, 190 hectare irissen, 1689 hectare gladiolen. Met nog wat dahlia's en andere gewassen komt dat op ongeveer 6.100 hectare, waaruit voor 113 miljoen werd geëxporteerd, waarmee dan al aan ruim fl. 18.000 per hectare wordt gekomen."[8]

De ontwikkeling van de bloembollensector ging gepaard met en werd mede mogelijk gemaakt door een aantal instituties die in de loop van de tijd werden gesticht. Voor een goed begrip van dit verhaal worden de belangrijkste hier belicht.

Algemeene Vereeniging voor Bloembollencultuur (1860)

In 1850 hield de Koninklijke Nederlandsche Maatschappij tot Aanmoediging van den Tuinbouw haar jaarlijkse voorjaarstentoonstelling in Haarlem. Dr. Philipp Franz von Siebold, de bekende Japanoloog, en dr. Karl Ludwig Blume, de eerste directeur van het Rijksherbarium te Leiden waren in 1842 de oprichters van deze eerste tuinbouwvereniging in Nederland. Hun Koninklijke Nederlandsche Maatschappij tot Aanmoediging van den Tuinbouw had vooral ten doel de door Von Siebold uit Japan en Indië ingevoerde gewassen te promoten en te verkopen. De tentoonstelling in Haarlem werd een groot succes voor de Haarlemse bloemisten, niet alleen vanwege het aantal gewonnen prijzen, maar ook wat de belangstelling van het publiek betrof. Dat gaf een impuls om het organiseren van tentoonstellingen in eigen hand te nemen, met name om de vele nieuwe hyacinten te showen.[9] Nadat in 1857 in Noordwijk de Flora van Noordwijk was opgericht en in 1860 in Overveen de Bloem van Kennemerland stelden in mei 1860 H.D. Kruseman en J.H. Krelage negen andere bedrijven voor een vereniging voor de 'belangen der bloembollencultuur' op te richten.[10]

Dat gebeurde op 1 juli 1860 te Haarlem. Deze Algemeene Vereeniging voor Bloembollen-cultuur had als doel en middelen: "De belangstelling in de Bloembollen-cultuur levendig te houden, en het onderling verkeer der beoefenaren van dat vak te bevorderen (...) door het houden eener Winter-tentoonstelling zoo mogelijk jaarlijks, hoofdzakelijk van bolgewassen, (...) eene gelegenheid daar te stellen bij wijze van beurs, waar, een of tweemalen 's weeks in 't bijzonder gedurende (...) Augustus, September en October, bloemisten en bloemkwekers, elkander kunnen ontmoeten, ten einde hunne wederzijdsche belangen te bespreken."[11] De tentoonstelling zou plaatsvinden in de tweede helft van februari of de eerste helft van de maart. De beurs werd op maandag van 12.00 tot 14.00 uur in Haarlem gehouden en ook op donderdag als dat nodig was. De vereniging stond open voor alle handelaars in en kwekers van bloembollen en belangstellenden uit binnen- en buitenland. In juni 1860 stuurden de oprichters een circulaire naar 320 vakgenoten met een oproep lid te worden. Dat had succes en medio juli waren er 130 aanmeldingen.[12] Een jaar later had de vereniging bijna 200 leden. In september 1860 was de eerste algemene ledenvergadering. J.H. Krelage (1824-1901) zat die voor en werd, bij acclamatie, tot voorzitter gekozen.[13] Hij zou dat veertig jaar blijven. In 1878 begon het vormen van lokale afdelingen die in 1879 van start gingen. Het waren er toen 10 die samen 363 leden hadden. De 4 afdelingen met de meeste leden waren Haarlem met 85 leden, Overveen (met Bloemendaal) met 81 leden, Hillegom met 38 leden en Lisse met 37 leden.[14]

---

7   In 1945 maakte de export van bloembollen maar liefst 35 procent uit van de geldswaarde van de totale export, een paar jaar later zakte het terug naar het vooroorlogse niveau van rond de twee procent.
8   Zwetsloot 1996, 103.
9   Krelage 1946, 315.
10 Krelage 1910, 7.
11 NA, Archief kabinet des Koning, 1841-1879, 2.02.04, aldaar 25-9-1862.
12 Krelage 1910, 9-10.
13 NHA, KAVB, 1860-1991, inv. nr. 3, aldaar 24-9-1860.
14 Bij de afdeling Haarlem waren ook de leden aangesloten uit plaatsen waar geen afdeling werd gevormd.

Ernst Krelage, de zoon van de voorzitter, werd op 1 januari 1892 (hij was toen 23 jaar) lid van de AVB nadat zijn vader hem in 1886 aanmeldde als lidleerling van de afdeling Haarlem.[15] Tijdens de periode dat zijn vader voorzitter was maakte hij geen deel uit van het hoofdbestuur; dat gebeurde voor het eerst in 1904. De voorzitter, J.H. Wentholt, heette hem toen welkom in het hoofdbestuur. Wentholt was Krelage opgevolgd als voorzitter. Geboren in 1864 werkte Wentholt na een tuinbouwkundige opleiding in Nederland (Dedemsvaart), Engeland en Frankrijk sinds 1892 als directeur bij The General Bulb Company in Vogelenzang.

Omdat hij per 1 januari 1907 aftrad als directeur en het bollenvak verliet, legde hij ook het voorzitterschap van de AVB neer. E.H. Krelage (1869-1956) volgde hem in die functie op en bleef, met een onderbreking in 1920 en 1921, voorzitter tot en met 1935. Wentholt werd in 1907 voorzitter van de Nederlandsche Maatschappij voor Tuinbouw en Plantkunde (NMTP) en keerde later toch ook weer terug bij de AVB. Dat was in 1911, toen hij algemeen secretaris-penningmeester werd. In 1920 en 1921 volgde hij Krelage op als voorzitter. Krelage werd als voorzitter opgevolgd door dr. A.J. Verhage die de adjunct was van de algemeen secretaris-penningmeester H.J. Voors van de AVB. Verhage nam in april 1947 afscheid als voorzitter van de AVB en als zijn opvolger koos men jonkheer mr.dr. O.F.A.H. van Nispen tot Pannerden, burgemeester van Hillegom, die het voorzitterschap als goedbetaalde bijbaan 'erbij' deed. We duiden hem in het vervolg aan als Van Nispen.

De AVB richtte veel instituties op die ten dienste stonden van het algemeen vakbelang, zoals een weekblad (in 1890 voor het eerst verschenen onder de naam *Weekblad voor Bloembollencultuur*) een beurs, scheidsgerecht en handelsreglement ten behoeve van de binnenlandse handel, en instellingen op het gebied van beoordeling, naamgeving en tentoonstellen van nieuwe en bestaande cultivars van gewassen, waar nog apart op wordt terug gekomen.

Het Hollandsch Bloembollenkweekers Genootschap (1895)

Begin 1895 bereikte het al jaren sluimerende ongenoegen van kwekers over het betaalgedrag (het lange krediet dat ze moeten toestaan) van de exporteurs een hoogtepunt: "het beteekent in de eerste plaats, dat de kweekers gevaar loopen in het geheel geene betaling te ontvangen en in de tweede plaats stelt het gewetenloze exporteurs (...) in de gelegenheid met het geld der kweekers zaken te doen, die den geheelen buitenlandschen handel desorganiseren."[16] J. Balvers uit Hillegom besloot er iets aan te doen door een vereniging van alleen kwekers op te richten. Hij vond medestanders en in februari 1895 kwam men voor het eerst bij elkaar en maakte men statuten. In maart waren die klaar en werd te Haarlem het Hollandsch Bloembollenkweekers Genootschap (HBG) opgericht. Willy Droog werd voorzitter en Balvers secretaris. Zij schreven over de positie van de nieuwe vereniging: "Noch eene vereeniging gesteld tegenover den Algemeenen Bond tot bestrijding van den handel in afgesneden bloemen (...) noch een vereeniging die zich stelt tegenover de exporteur (...) doch eene vereeniging, die zich in de eerste plaats ten doel stelt de speciale belangen der kweekers te behartigen,

gelijk ook de exporteurs sedert jaren, (...) eene vereeniging bezitten die hunne speciale belangen voorstaat."[17] De speciale belangen van kwekers lagen vooral op het gebied van de kosten van de veilingen, de soliditeit van de exporteurs, de betalingstermijnen die zij hanteerden en het doorzichtiger maken van de ondoorzichtige binnenlandse markt. Toen het HBG in 1898 een eigen blad kreeg (tot 1905 het *Kweekersmaandblad* en daarna het *Kweekersblad*) publiceerde men daarin jaarlijks prijsramingen (rond juni) en oogstverslagen (na de oogst) die werden opgesteld door commissies uit de afdelingen. Ook werd elk jaar, aan het begin van het jaar, een overzicht gepubliceerd van de prijzen van het afgelopen handelsseizoen. Alleen kwekers konden lid worden (voor zover zij niet tevens als exporteur beschouwd konden worden). Het HBG voorzag duidelijk in een behoefte.[18] Toen in de Eerste Wereldoorlog het systeem van groene veilingen instortte, speelde het HBG ook een belangrijke faciliterende rol bij het organiseren van veilingen van droge bollen (zie verder). In 1941 fuseerde de ledenorganisatie van het HBG met de AVB. De veilingorganisatie was al in 1924 verzelfstandigd.

De Bond van Bloembollenhandelaren (1900)

Door de toename van het aantal exporteurs na 1860 nam ook de concurrentie tussen hen toe, met name toen de rijke particuliere klanten werden vervangen door marktbroeiers die snijbloemen produceerden.[19] De gevestigde exporteurs (de bloemisten) die last hadden van de prijsconcurrentie van de nieuwkomers wilden daarom de jaarlijkse handelsreizen naar het buitenland afschaffen. Achttien firma's kwamen daarvoor in maart 1868 onder leiding van J.H. Krelage in Haarlem bij elkaar. Omdat de meningen verdeeld waren bereikte men geen overeenstemming over het afschaffen van de jaarlijkse reizen, maar wel over de noodzaak de gemeenschappelijke belangen te bespreken. Voor dat overleg richtte men de Bloemistenvereeniging op, waarvan J.H. Krelage voorzitter werd. In de oprichtingsvergadering in april 1868 stelde men een reglement vast met daarin als doel van de vereniging: "om van het standpunt van buitenlandsche engroshandelaar, door wederkeerige gedachtenwisseling omtrent alles wat cultuur en handel betreft den bloei van het vak te bevorderen."[20] In de vergaderingen praatte men over de stand van het gewas, de vermoedelijke oogst en de eigenschappen van conquesten, over onderlinge handel in overschotten. Men sprak af in principe niet naar buiten te treden en daarom maakte men ook geen statuten (dan hoefde men geen koninklijke goedkeuring aan te vragen) en werd de vereniging ook geen rechtspersoon. Ze deden liever zaken onder elkaar. Vandaar dat het niet zomaar mogelijk was om lid te worden. Dat ging alleen via een strenge ballotage. Er waren rond de veertig leden.

15 NHA, KAVB, 1860-1991, inv. nr. 16, aldaar 18-2-1886.
16 *Weekblad voor Bloembollencultuur* 5-1-1895, aldaar 204.
17 *Weekblad voor Bloembollencultuur* 16-3-1895, aldaar 275.
18 *Weekblad voor Bloembollencultuur* 16-11-1895, aldaar 158.
19 Krelage 1946, 24.
20 Krelage 1946, 250.

In 1875 begon men met jaarlijkse prijsramingen. Dat waren een soort richtprijzen voor de buitenlandse handel. Omdat niet veel leden zich er aan hielden werd het nut ervan regelmatig ter discussie gesteld. Toch bleef men er mee doorgaan.[21]

Krelage bleef tot eind 1899 voorzitter. G. Vlasveld volgde hem op. Vanwege onvrede met het gevoerde beleid richtten E. Krelage en enige andere leden waaronder Wentholt begin 1900 de Bond van Bloembollenhandelaren op. De Bloemistenvereeniging leidde daarna, tot de opheffing in december 1918, een marginaal bestaan.

De verzendersbonden (bonden van exporteurs) voorzagen wel in een behoefte. De eerste was de Amerikaanse, opgericht begin januari 1897, waarvan bijna alle exporteurs op Amerika lid werden. Ook hier was de aanleiding het reizen, namelijk: "te bespreken of het wenschelijk en noodzakelijk was om later op reis te gaan, en door het aanleggen van een Zwartboek het aanknoopen van onsolide relaties met onsolide huizen in Amerika te voorkomen."[22]

De Amerikaanse reizigers gingen al in januari of nog vroeger op reis om bollen van de aanstaande oogst te verkopen. Niet alleen de door hen zelf geteelde bollen, maar ook bollen die ze van andere bedrijven kochten. Om zich enige zekerheid over de aankoopprijzen te verschaffen bespraken zij in januari of eerder de vooruitzichten van een nog zeer onbekende oogst. Op basis daarvan stelden zij de vermoedelijke inkoopprijzen vast. Die prijzen werden gepubliceerd in het *Weekblad voor Bloembollencultuur,* de eerste keer in 1898. Dat gebeurde ook in 1899 maar dat was meteen de laatste keer, want in februari 1900 ging de Bond op in de Bond van Bloembollenhandelaren en deze nam die taak over. De andere exporteurs beschouwden de Amerikaanse bond als een succes dat navolging verdiende. En dat gebeurde dan ook in december 1899 door de exporteurs op Engeland. Die wilden daarmee zorgen voor betere betalingen door de afnemers.[23] Begin januari 1900 hielden ze een oprichtingsbijeenkomst met ongeveer twintig bedrijven. Daar werd echter op het gevaar van versnippering gewezen. Men sprak af te trachten onder bepaalde voorwaarden aansluiting te krijgen bij de Bloemistenvereeniging. De Bloemistenvereeniging stelde echter zodanige voorwaarden dat ze daarvan afzagen en als groep opgingen in de Bond van Bloembollenhandelaren.

T. van Waveren (1859-1930) werd voorzitter van deze bond; E. Krelage ondervoorzitter en J. Wentholt penningmeester. Mr. J. Spoor, de rechtskundig adviseur van de Amerikaanse Verzendersbond, werd administrateur en tevens directeur van het informatie- en het incassobureau en belast met de zwartboeken van de groepen. De Bond was namelijk verdeeld in zes groepen, naar verschillende exportlanden. Doordat men een hoge contributie vroeg (de hoogste van alle verenigingen in de sector) beschikte de Bond over een veel groter budget dan bijvoorbeeld de Bloemistenvereeniging. Zo waren er eind 1900 121 leden die zorgden voor een contributieopbrengst van bijna 6400 gulden tegen 400 gulden bij de Bloemistenvereeniging. Het aantal groepsleden steeg met de jaren gestaag tot 365 in 1918. Met dat budget werd een informatie- en incassobureau opgezet dat aan de leden informatie verschafte over de kredietwaardigheid van firma's in het buitenland en incasso verzorgde van vorderingen in het buitenland. Daarnaast hield de Bond zich bezig met binnenlandse inkoopprijzen, handels- en betalingsvoorwaarden, verschepingen naar het buitenland, invoerbeperkingen en de strijd tegen de afgesneden bloemen. In 1905, bij het feest voor buitenlandse gasten aan de tentoonstelling van de AVB, trad de Bond voor het eerst naar buiten. Ze betaalde mee aan het feest en presenteerde zich daar. Het was het begin van een reeks van activiteiten op dat gebied, zoals het beschikbaar stellen van medailles voor tentoonstellingen, het ontvangen van buitenlandse gasten en het plegen van belangenbehartiging. In 1949 was T.M.H. van Waveren, de zoon van de eerste voorzitter, voorzitter van de Bond.

De Nederlandschen Tuinbouwraad (1908)

De Nederlandschen Tuinbouwraad (NTR) was de vrucht van een nauwe samenwerking tussen de Haagse ambtenaar H. Lovink (1866-1938) en E. Krelage. Krelage deed dat openlijk en op de voorgrond vanuit zijn bestuursfuncties bij de AVB en de NMTP terwijl Lovink het strategisch en wat meer op de achtergrond deed. Hij werd in 1901 directeur-generaal landbouw op het ministerie van Waterstaat, Handel en Nijverheid en vond dat er een algemene tuinbouwvereniging nodig was voor de beleidsontwikkeling, mede gezien de toenemende betekenis van de tuinbouw. Krelage vond, als lid van het hoofdbestuur van de NMTP, dat deze organisatie niet geschikt was voor een dergelijke rol. Bovendien vond hij dat de tuinbouw naast de landbouw recht had op een eigen vertegenwoordiging. De oprichting van een dergelijke organisatie leidde tot vele meningsverschillen waardoor het tot 1908 duurde eer het zover was. Toen loste een commissie onder voorzitterschap van Lovink en met Krelage als één van de leden alle pijnpunten op en kon in mei 1908 de oprichtingsvergadering worden gehouden. 44 verenigingen met 17.000 leden traden toe en de Nederlandschen Tuinbouwraad (NTR) was een feit. Lovink werd de eerste voorzitter. Nog tijdens die eerste vergadering liet Lovink blijken wat zijn bedoelingen waren. Hij vroeg machtiging om voorstellen te doen voor een onderlinge verzekering voor werknemers tegen ongevallen in de tuinbouw (dat was zijn hoofddoel om de Tuinbouwraad snel tot stand te brengen) en voor deelname aan de internationale tuinbouwtentoonstelling in Berlijn. En zo kwam het dat de Tuinbouwraad de eerste vereniging in de land- en tuinbouw was die een dergelijke verzekering onderling regelde, de zogenaamde Onderlinge van 1909 en dat Aalsmeer triomfen vierde met zijn seringen in Berlijn ook in 1909. In de jaren daarna ontwikkelde de NTR zich tot de belangrijkste belangenbehartiger van de tuinbouw. Het aangesloten aantal verenigingen steeg tot 250 in 1918, met in totaal ruim 80.000 leden. Daarnaast zond men collectief in op grote buitenlandse tentoonstellingen en deed men aan nationale en internationale belangenbehartiging. Ook alle organisaties uit de bloembollensector sloten zich aan. E. Krelage was vele jaren lid van het centrale bestuur en werd ondervoorzitter toen in 1911 die functie werd ingesteld. In 1928 en 1929 was hij voorzitter.

21 Krelage 1946, 252.
22 *Weekblad voor Bloembollencultuur* 2-1-1897, aldaar 283.
23 *Weekblad voor Bloembollencultuur* 22-12-1899, aldaar 346.

Veilingen

Bloembollen werden en worden op verschillende manieren verhandeld: uit de hand, op beurzen en op veilingen. Dat laatste kon zowel te velde, de zogenaamde groene veilingen of als droge bol: de droge veilingen. Tot het begin van de vorige eeuw waren de groene veilingen belangrijker dan de droge veilingen. Daarna veranderde dat. De droge veilingen kregen een belangrijke impuls door de afdeling Lisse van het HBG, die er in 1906 mee begon. Alhoewel de afdeling ze hield onder de vlag van het HBG, stelde de afdeling zelf data, voorwaarden en betaaldata vast en benoemde de directeuren. In 1908 maakte men een veilingreglement, om de veilingen in goede banen te leiden. Toch was men in het vak in het algemeen niet erg te spreken over de droge veilingen. Het kwam namelijk nogal eens voor dat bollen die de exporteurs vanwege gebreken hadden teruggestuurd naar de telers op deze veilingen terecht kwamen. Daarnaast bracht men ook onverkochte overschotten, meestal niet van de beste kwaliteit, naar deze veilingen. Bovendien was lang niet iedere koper op een droge veiling in staat contant te betalen. Vandaar dat veilingen nogal eens werden afgelast omdat er te weinig kopers kwamen.

Toen kwam 1 november 1914. Door de Eerste Wereldoorlog stagneerde de export, orders en betalingen uit het buitenland bleven uit en de exporteurs hadden geen of niet voldoende geld om op 1 november de op de groene veilingen gekochte bollen geheel of gedeeltelijk te betalen. Die betalingen liepen via de notarissen die door de wet verplicht waren die veilingen bij te wonen en administratief af te handelen.[24] Paniek alom. Het HBG organiseerde voor de leden al op 6 november een bijeenkomst om de situatie te bespreken. Op die zeer druk bezochte bijeenkomst kwam de toen algemeen heersende mening naar voren dat de notarissen en directeuren aansprakelijk waren voor de betaling per 1 november. Dat was immers ook eerder in incidentele gevallen gebeurd, dus waarom nu ook niet. De rechtskundige adviseur van het HBG hielp de aanwezigen uit de droom. Volgens hem (en ook volgens een notaris die aanwezig was) was het zo dat de notaris (en de directeur) alleen aansprakelijk waren als ze zelf als koper optraden, en dat was bijna nooit het geval.[25] Krelage concludeerde later bitter: "De zekerheid van de ontvangst der kooppenningen bleek derhalve voortaan een hersenschim te zijn."[26] Het HBG besloot, als gevolg hiervan de droge veilingen verder te promoten met een nieuw reglement dat in juni 1915 van kracht werd.[27] De leiding van de veilingen kwam in handen van veilingmeesters-verkopers die de directie van het HBG zou benoemen. De veiling zou bij opbod en afslag of een van beide kunnen plaatsvinden. De verkopen waren voor naam en rekening van de veilingmeesters die ook instonden voor de hoeveelheid en de soortechtheid. Verder verkocht men met een keur op de kwaliteit en voetstoots, dus zonder de mogelijkheid van reclameren. De betaling geschiedde contant met de mogelijkheid van latere betaling (november) tegen een vergoeding van een half procent per maand. Twee of meer afdelingen van het HBG konden een veilingkring vormen en een veilingmeester-verkoper ter benoeming voordragen aan het HBG. Nog diezelfde maand vormden vier afdelingen in het Westland een veilingkring en een maand later werd een kring gevormd in Beverwijk. Daarna volgden ook Hillegom en Noordwijkerhout. In augustus 1915 hielden de kringen de eerste veilingen.[28]

Direct na de Eerste Wereldoorlog begon de echte opmars van de droge veilingen. In 1919 spraken drie directeuren van groene veilingen H. Bader, D. Hogewoning en L. Homan af om in het vervolg de groene veilingen voor gezamenlijke rekening te doen. Dat beviel zo goed dat ze besloten ook veilingen van droge bollen te gaan houden. Ze kochten in februari 1921 de gebouwen en terreinen van hotel De Witte Zwaan in Lisse en stichtten in april de NV Holland's Bloembollenhuis en noemden hun gebouw Holland's Bloembollenhuis. In de vakbladen van begin juli kondigden ze hun initiatief aan: "Eens, zo nodig meermalen per week, veiling van leverbaar en plantgewassen, zoowel Hollandsche als geïmporteerde uit het buitenland (...). Betalingen leverbaar per 1 Mei, plantgoed 1 November, alles per accept, Buitenlandsch goed à contant."[29] De eerste veiling was op 20 juli 1921. Daarnaast bleven ze ook groen veilen. Als adressering voor de telegrammen kozen ze het woord Hobaho, de beginletters van de namen van de drie oprichters. Dat werd ook de gebruikersnaam van de veiling en de naam van het blad dat ze op 15 april 1927 voor het eerst uitgaven: *De Hobaho*. De omzet van hun groene veilingen was in 1921 139.000 gulden en die van de droge veilingen maar liefst 616.000 gulden.[30] Door de grote aanvoer van de droge bollen ontstond meteen al ruimtegebrek bij De Witte Zwaan en kocht men al in de zomer 1,5 hectare grond aan de haven in Lisse en zette daarop een vliegtuighangar uit Duitsland als veilinggebouw. Ondanks de aanwezigheid van de Hobaho steeg ook de omzet van de veilingkring Lisse van het HBG tot zodanige hoogte dat men besloot een aparte coöperatieve veilingvereniging te vormen. Op 21 november 1924 kwamen 125 leden van de veilingkring Lisse van het HBG bijeen om de Coöperatieve Veilingsvereeniging voor Bloembollenkwekers HBG op te richten. Het doel van de vereniging was volgens de statuten: "het op de meest voordeelige wijze exploiteeren van veilingen van bloembollen, knolgewassen en tuinbouwproducten, zoowel droog als groen te velde staande, in den meest uitgebreiden zin, te Lisse en andere gemeenten."[31] Bij oprichting meldden zich ruim 200 leden aan, die telers van bloembollen of 'aanverwante artikelen' moesten zijn, bedroeg de omzet al 625.000 gulden en veilde men in het gebouw van de RK Volksbond aan de Schoolstraat in Lisse. Een jaar na oprichting bouwde men de eerste veilingloods aan de Lischbloemstraat in Lisse en toen in 1927 de omzet was verdubbeld bouwde de veiling een tweede loods tegenover de veiling van de Hobaho.[32] Het *Kweekersblad* bleef tot 1942 het medium van de veiling die de gebruikersnaam HBG koos. Op 1 april 1948 begon de veiling HBG samen met de veiling West-Friesland uit Bovenkarspel (ook een coöperatieve vereniging voor het veilen van droge bollen) met de uitgave van een weekblad: *Het Vakblad voor Bloembollenteelt en -Handel* met als redacteur T. Lodewijk.

In 1950 was de Hobaho, met een omzet van bijna 19 miljoen gulden de grootste veiling in de bloembollensector. De waarde van de productie in dat jaar was ongeveer 72 miljoen gulden.[33]

Centraal Bloembollen Comité (1922)

In de jaren na de Eerste Wereldoorlog deed men meermalen pogingen om te komen tot een fusie of een zeer nauwe samenwerking van de verenigingen in de bloembollensector. Al die pogingen mislukten, op een initiatief van E. Krelage na. Als voorzitter van de AVB begon hij in 1922 met een periodiek informeel ('huishoudelijk') overleg van de dagelijkse besturen van de AVB, Bond en het HBG. Tijdens de tweede bijeenkomst gaf men aan dat overleg de naam Centraal Bloembollen Comité, in de wandelgangen CBC genoemd. Voorzitter werd Krelage en secretaris H. J. Voors, de algemeen secretaris-penningmeester van de AVB.

In de eerste vergadering behandelde men de kandidaatsstelling voor de nieuwe Kamers van Koophandel in Haarlem en Leiden en benoemde men een commissie voor het organiseren van een beplanting met tulpen van de tuinen van de Tuileriën in Parijs in het najaar van 1922. In 1922 kwam men zeven keer bij elkaar. Korte verslagen van die bijeenkomsten werden in de vakbladen gepubliceerd.[34] Begin 1925 vormden negentien telers en exporteurs de actiegroep 'Een ernstig woord'. In een circulaire aan de besturen van de verschillende bloembollenverenigingen (waaronder ook een paar veilingen) riep men op tot een bundeling van krachten. Aanleiding hiervoor was dat de regering voor het onderzoek van dr. E. van Slogteren in Lisse te weinig geld beschikbaar stelde (hij had 9000 gulden nodig en kreeg maar 1000 gulden).[35] De actiegroep wilde door middel van een heffing van twee cent per roe (veertien cent per are) gelden bij elkaar brengen voor de gemeenschappelijke belangenbehartiging op het gebied van de handel en de verbetering van de cultuurmethoden (men bedoelt onderzoek van Van Slogteren naar de bestrijding van ziekten en plagen). Die heffing zou dan door verschillende verenigingen moet worden geïnd. Het voorstel van de actiegroep viel in goede aarde en op 11 februari 1925 vormde men een Fonds voor Wetenschappelijk Onderzoek en Onpersoonlijke reclame, dat ondergebracht werd bij het CBC. Het CBC werd daartoe omgevormd tot een federatie van verenigingen. Krelage maakte daarvoor de statuten en op de constituerende vergadering op 2 juli 1925 traden naast de drie al eerder genoemde verenigingen toe: de Vereeniging de Narcis, de Vereeniging de Tulp (beide verenigingen waren als groep verbonden aan de AVB), de Bloembollenveilingsvereeniging Floralia (uit `s-Gravenzande), de Bloembollenveilingsvereeniging West- Friesland (uit Bovenkarspel), de Bond van Westlandsche Bloembollenkwekersvereenigingen Het Westland, en de Coöperatieve Haarlemsche Groenten- en Bloembollenveiling. Later dat jaar en de jaren daarna traden meer verenigingen toe. Voorzitter werd Krelage (als voorzitter van de AVB) en W. van der Laan werd administrateur. Het CBC kreeg twee adviescommissies, een voor onpersoonlijke reclame, de COR en een voor wetenschappelijk onderzoek, de CWO (met Van Slogteren als adviseur). Men wilde van deze federatie geen rechtspersoon maken; ze moest eigenlijk alleen maar functioneren als incassobureau van het vak en niet te veel zelfstandig opereren. Die incasso begon al in het groeiseizoen 1925-1926. In dat jaar bracht de heffing ruim 41.000 gulden op waarvan ruim 22.500 gulden ging naar het wetenschappelijk onderzoek en iets meer dan 7000 gulden naar de onpersoonlijke reclame.[36] Tot en met 1949 had het CBC ruim 5,3 miljoen gulden uitgegeven waarvan ruim 1,3 miljoen gulden aan wetenschappelijk onderzoek en ruim 4 miljoen gulden aan onpersoonlijke reclame. Vooral na de Tweede Wereldoorlog waren de uitgaven voor reclame veel sterker gestegen dan die voor het onderzoek, dat ook nog structureel werd gefinancierd door de overheid (vooral het rijk) en dat was bij de reclame niet het geval. Voorzitter van de COR was toen A. Warnaar. De gelden voor de onpersoonlijke reclame werden vooral in het buitenland besteed omdat bloembollen hoofdzakelijk werden geëxporteerd. Zo was de exportwaarde in 1949 bijna 84 miljoen gulden en de binnenlandse productiewaarde 53 miljoen gulden.[37] Bij bloemisterijproducten daarentegen was de exportwaarde in dat jaar 8 miljoen gulden en de binnenlandse productiewaarde 60 miljoen gulden.

Tentoonstellingen

De kiem voor het tentoonstellingswezen in Nederland werd gelegd in het midden van de achttiende eeuw toen kwekers en liefhebbers hun verzameling planten en bloemen ter bezichtiging van hun klanten openstelden. Hyacinten en tulpen werden daartoe in zogenaamde pronkbedden geplant. Die van hyacinten werden jaarlijks in Haarlem aangelegd, waarbij men streefde naar de mooiste kleurschakeringen. Die pronkbedden waren bedoeld om aan kopers een idee te geven van het gevoerde sortiment als een soort levende prijscourant.[38] Het waren echter geen wedstrijden waarbij de beste bloem een prijs verwierf. Dat gebeurde voor het eerst in Haarlem in 1818. Toen organiseerde het Departement Haarlem van de Nederlandsche Huishoudelijke Maatschappij in juni de eerste bloementoonstelling in ons land. Er werden 264 planten en bloemen ingezonden, niet alleen door beroepskwekers, maar ook door liefhebbers.[39] Tien jaar lang werd de tentoonstelling in juni gehouden en toen werd in 1829, bij wijze van proef, een wintertentoonstelling van 12 tot 15 februari 1829 uitgeschreven, speciaal ten behoeve van bolgewassen.[40] Bij deze tentoonstellingen ging het niet het alleen om de show maar ook om het winnen van prijzen. Daartoe stelde de organiserende vereniging vaak al twee jaar van te voren een programma op met tijdstip en plaats van de tentoonstelling en regels

---

33 Gegevens van de Hobaho ontleend aan Timmer 2009, productiewaarde volgens gegevens CBS.

34 Helaas gebeurde dat later niet altijd meer en hebben we ook het archief van het CBC niet kunnen vinden.

35 Timmer 2009.

36 Ontleend aan het eerste jaarverslag van het CBC (in de bibliotheek van de KAVB te Hillegom).

37 CBS (*Statistiek van land- en tuinbouw 1950*).

38 Krelage 1946, 614.

39 Csizik 1977, 11.

40 Krelage 1946, 298.

voor de inzendingen en de inzenders. Op basis daarvan werden sponsors gezocht die prijzen, in de vorm van medailles beschikbaar wilden stellen, naast prijzen vanuit de eigen organisatie. Dat programma, met prijzen werd gepubliceerd en verspreid zodat potentiële inzenders konden nagaan wat de eisen en de prijzen waren. Meestal kon op twee manieren worden ingezonden, namelijk in mededinging met anderen bij prijsvragen en buiten mededinging. Men kon dan zelf bepalen wat werd ingezonden. Bij prijsvragen ging het om het voldoen aan eisen van kwantiteit en product. Die waren in afzonderlijke eenheden (artikelen) opgenomen en dat waren er vaak tientallen. Inzenden op een prijsvraag gebeurde niet onder eigen naam maar onder een nummer en een motto. Die gingen in een gesloten enveloppe, die pas na de beoordeling werden geopend. Dan pas werden de namen van de inzenders bekend gemaakt en bij de inzending geplaatst. De organiserende vereniging benoemde voor elke tentoonstelling een aparte commissie ter beoordeling (jury) die alle inzendingen beoordeelde, ook die buiten de prijsvragen (buiten mededinging) waren ingezonden en die de prijzen uitdeelde. Dat oordeel werd opgenomen in een proces-verbaal dat na de tentoonstelling werd gepubliceerd. Daarin werd ook aangegeven op welke prijsvragen niet was ingezonden. Tijdens de tentoonstelling was er een catalogus waarin inzendingen per inzender werden opgenomen. Dat werd ook wel *Naamlijst der Planten en Voorwerpen* genoemd.
De ontwikkeling van het tentoonstellingswezen in ons land werd bevorderd door de oprichting van verschillende genootschappen en verenigingen, zoals in Utrecht (in 1841), in Rotterdam (in 1842), Dordrecht (in 1846), in Amsterdam (in 1847). Na aanvankelijke aarzeling (ze zouden wel eens niet de hoogste prijzen kunnen winnen) zonden de bloemisten uit Haarlem en omgeving veelvuldig in op deze en andere tentoonstellingen.
In hun jaarlijkse prijscouranten vermeldden ze de gewonnen prijzen als reclame voor hun producten. Zo gaf de firma E.H. Krelage en Zoon in haar *Preis-Verzeichniss für das Jahr 1854* een overzicht van de gewonnen prijzen in de periode 1837 tot en met 1854. Die lijst omvatte 61 prijzen, gewonnen op tentoonstellingen in binnen- en buitenland.[41]
Ook de bloembollenbollensector bleef niet achter bij het organiseren van tentoonstellingen. Het was eigenlijk de voornaamste reden om zich te organiseren en de belangrijkste drijfveer voor oprichting in 1860 van de AVB, die zich ontwikkelde tot de belangrijkste organisatie in dit opzicht in de bloembollensector. Van 9 tot 12 maart 1861 organiseerde de AVB de eerste binnententoonstelling in de Stadsdoelen in Haarlem en daarna organiseerde men tot en met 1874 vrijwel elk jaar een binnententoonstelling in maart. Vanwege een gebrek aan inzenders begon men in 1875 met het organiseren van tentoonstellingen om de vijf jaar. Tot en met 1905 waren dat steeds binnententoonstellingen. In 1910 brak men met deze gewoonte en ging men over op grote opengrondtentoonstellingen met tijdelijke gebouwen voor binnententoonstellingen. Deze tentoonstelling vond van 23 maart tot 29 mei plaats bij het provinciehuis in Haarlem en in de Haarlemmerhout. De volgende tentoonstellingen van 1925 en 1935, die een internationaal karakter hadden, vonden een plek in het wandelbos Groenendaal in Heemstede. Zie voor een overzicht het kader.[42]

De tentoonstellingen van 1910, 1925 en 1935 van de AVB

1910. Nationale Bloementoonstelling te Haarlem. Van 23 maart tot 29 mei. Oppervlakte 6 hectare. Er kwamen 163.198 bezoekers waarvan 121.349 betalende. De tentoonstelling leverde voor de AVB een negatief saldo op van 1990 gulden.

1925. Internationale Voorjaarsbloementoonstelling te Heemstede. Van 13 maart tot 21 mei. Er kwamen 393.454 bezoekers, waarvan 330.000 betalende. De tentoonstelling leverde voor de AVB een positief saldo op van 49 gulden.

1935. Internationale Bloementoonstelling Flora Heemstede. Van 15 maart tot 19 mei. Oppervlakte 20 hectare. Er kwamen 750.000 bezoekers, waarvan 610.000 betalende. De tentoonstelling leverde een verlies op van 27.229 gulden (zie ook afbeelding 1).

Eind 1948 begon het hoofdbestuur van de AVB met de voorbereidingen voor een nieuwe, grote tentoonstelling (een 'Flora') die in 1953 zou moeten worden gehouden.
Ook de afdelingen van de AVB organiseerden periodiek (plaatselijke) tentoonstellingen. Alleen in het jaar dat het hoofdbestuur een grote tentoonstelling hield mochten de afdeling geen eigen tentoonstelling houden, maar uiteraard wel als afdeling of als particulier inzenden op die tentoonstelling. In het volgende hoofdstuk wordt nader ingegaan op een aantal van die plaatselijke tentoonstellingen vanwege hun invloed op Keukenhof. Alhoewel in de loop van de tijd ook andere verenigingen in de bloembollensector landelijke tentoonstellingen organiseerden bleef de AVB wat tentoonstellingen betreft de belangrijkste factor.

41 *Preis-Verzeichniss für das Jahr 1854*, 19-20.
42 Krelage 1946, 336.

afb. 1a
De Hyacinten-inzending der afd. Lisse op de Nationale Bloementoonstelling, Haarlem 1910

afb. 1b
Luchtfoto van de Internationale Voorjaarsbloementententoonstelling, Heemstede 1925

afb. 1c
Luchtfoto van de "Flora"-tentoonstelling, Heemstede 1935

De bloembollensector

De bloembollensector werd en wordt niet alleen gekenmerkt door organisaties, tentoonstellingen en veilingen. Toen de bloementoonstelling voor het eerst haar poorten opende, in 1950, beschikte de sector over een sterk onderzoeksapparaat in de vorm van het Laboratorium voor Bloembollenonderzoek (LBO) in Lisse onder leiding van professor dr. E. van Slogteren. Daarnaast waren er op de bloembollensector gerichte middelbare en lagere tuinbouwscholen zoals in Lisse en Hoorn en ook op bloembollen gespecialiseerde tuinbouwvoorlichters. Dat heeft sterk bijgedragen aan het bij de tijd houden van de sector. Dat gold ook voor de eigen en de rijkskeuringsdiensten die gericht waren op het keuren tegen ziekten en plagen, zodanig dat de kwaliteit van de bloembollen op peil bleef.[43]

Keukenhof tot 1930

Nadat de beboste strandwallen (oude duinen) bij Lisse vanaf de elfde en twaalfde eeuw werden ontgonnen door de bossen te kappen, begon men in het begin van de vijftiende eeuw met het afgraven. Zand werd toen vooral gebruikt in de landbouw: om de draagkracht van drassige gronden te vergroten; als 'toemaak' waardoor het vermengd met slootbagger en stalmest diende als meststof en tevens was zand nodig als strooisellaag in stallen en woonhuizen.[44] In de eeuwen daarna kwam daar het gebruik als ballast voor de schepen (de VOC), ophoogzand voor stadsuitleg en de aanleg van straten en wegen bij. In de bloembollenstreek werd het zand ook gebruikt voor de fabricage van metselstenen en werd er, vooral na 1850, grootschalig afgezand ten behoeve van de uitbreiding van de teelt van bloembollen. Omstreeks 1930 waren in Lisse de duingronden veranderd in blokvormige percelen voor de teelt van bloembollen: "De Oude Duinen waren vóór de Tweede Wereldoorlog vrijwel geheel afgegraven. Alleen in Keukenhof is nog een stukje van het oorspronkelijke natuurlandschap behouden gebleven."[45] Tijd om de blik op Keukenhof te richten (zie de **afbeeldingen 2** tot en met **4**).

afb. 2
Keukenhof rond 1700. Schilderij op doek door een anonymus

In 1604 begon de afgraving van het Keukenduin en in 1636 kocht A. Block (1581/82-1661) ongeveer dertig hectare afgegraven Keukenduin en gebruikte daarvan ongeveer twee hectare om het huis Keukenhof op te bouwen. Block was binnen de VOC rijk geworden met de handel in Molukse specerijen en de rijkste man van Lisse. De eveneens in de specerijen rijk geworden koopman J. Coymans (1598-1658) kocht in 1635 de hofstede Zandvliet, het terrein van de huidige tentoonstelling, waar de zandafgravingen al voor 1600 begonnen waren. Latere eigenaren breidden Zandvliet uit en lieten het verder afzanden: "Omstreeks 1660 werd niet ver van de Heereweg het nieuwe herenhuis Zandvliet gebouwd en terzelfder tijd werd ook het afgraven van een deel van de 'duinwildernissen' voortgezet. De Zandsloot (of Lisserbeek) werd doorgetrokken en er werden dwarssloten gegraven, waardoor het afkomende zand kon worden weggevoerd. Op het tentoonstellingsterrein zijn een aantal dezer zandsloten thans nog goed herkenbaar."[46]

43 Zie voor een gedetailleerder overzicht Timmer 2009.
44 Beenakker 1993, 89.
45 Beenakker 1993, 92.
46 Hulkenberg 1971, 27.

afb. 3
Lisse in 1746. Bijgewerkte kaart van Balthasar Florisz uit 1647. Boven is door het duin en langs de Gerrit Avenweg de "Scheyt-Raye" met Hillegom. De Zandvaart ofwel Zandsloot is nog niet doorgetrokken. Het machtige Meerenburgh is van zulk een importantie, dat de naam juist de plaats inneemt waar zich Zandvliet bevindt

Rond 1700 was het grootste deel afgezand en in 1772 werd op Zandvliet een Engelse tuin in de zogenaamde vroeg landschappelijke stijl aangelegd. Die stijl kenmerkte zich door slingerende lanen, losse boomgroepen en fraai gebogen vijvers. Zo werd een van de zandsloten vergraven tot een landschappelijke vijver met twee eilandjes, legde men paden aan en werden er sierbomen en heesters geplant. In de periode 1800-1806 werd de buitenplaats Zandvliet afgebroken en het land in delen verkocht. Het meest westelijke deel met de Engelse tuin werd door de eigenaar van Keukenhof gekocht. Het ontmantelen van buitenplaatsen was in die economisch slechte tijd aan de orde van de dag. In de woorden van Hulkenberg: "De bomen worden gehakt, de huizen vallen onder de slopershamer. We leven in de Franse tijd (…). Middelburg, Berkhout en Ter Specke waren reeds eerder verdwenen; nu volgen Dubbelhoven, Grotenhof, Zandvliet, Meer en Duin, Veenenburg en zelf het grootse Merenburg (…). In 1809 staat behalve Wassergeest, het veel kleinere Rosendaal en het vervallen Dever alleen Keukenhof nog overeind."[47]

Ook voor Keukenhof, in de loop van de tijd met gronden in Lisse en Noordwijkerhout vergroot tot ongeveer 220 hectare, dreigde op 14 september 1809 de openbare verkoop en ontmanteling. Zandvliet (ongeveer 26 hectare groot) behoorde daarbij en werd in het verkoopaffiche als volgt omschreven, zie kader.

Zandvliet in 1809

"Een partije land, vanouds genaamd Zandvliet, met different soort van houtgewas beplant tot een zeer aangenaam Engels plantsoen geappropiëerd, met differente hoogtens en laagtens, kleine eilanden, met extra visrijke waters, omgeven en doorsneden met twee extra fraaie met iepen en popelbomen beplante lanen en dreven met twee capitale daghuurderswoningen ('t Hoogje), groot te samen voetstoots 30 morgen."[48]

47 Hulkenberg 1975, 137-138.
48 Hulkenberg 1971, 52.

afb. 4
Keukenhof in 1913, (1914). Aan de zuidzijde van de hoofdtoren ziet men nog de functieloze, in 1923 verwijderde lantaarn of 'koekoek'

afb. 5
Graaf Carel (=Johannes Carel Elias van Lynden), 1912-2003

Gelukkig ging de openbare verkoop niet door. Op 9 september 1809 kocht jonkheer mr. J. Steengracht van Oostcapelle (1782-1846) Keukenhof uit de hand. Steengracht hield het bezit in stand en vergrootte het met ongeveer 75 hectare; daarbij waren ook gronden die door bollenbedrijven in gebruik waren.[49] Steengracht overleed in 1846 en Keukenhof viel toe aan zijn enige dochter Cecilia (1813-1899) die getrouwd was met C.A.A. baron van Pallandt. In 1849 was zij met 159 hectare de grootste grondbezitter van Lisse. Van Pallandt en zijn vrouw deden veel om Keukenhof te verfraaien. Het huis werd verbouwd tot een kasteel en de parken werden grondig aangepakt. Terwijl de bekende Haarlemse bloemist J.H. Krelage in 1860 de eerste voorzitter werd van de AVB rondden twee van zijn nog bekendere stadsgenoten, vader en zoon Zocher, tuinarchitecten, de herschepping van Zandvliet af. Zij veranderden de Overplaats zoals die toen werd genoemd in een park in de zogenaamde late Engelse landschapsstijl. Rond 1880 kwam ds. J. Craandijk, de bekende wandelende dominee, naar Keukenhof. Na het kasteel bezoekt hij de 'omrasterde overplaats'. Zijn beschrijving is in het kader opgenomen.

Zandvliet, de overplaats in 1880

"Een zeer grote waterpartij, met een rustieken koepel, is vooral in dit gedeelte van het landgoed opmerkelijk. Ook hier vinden we gezond en krachtig hout in overvloed. Zware acacia's, kloeke berkestammen, uit een 'wortel gegroeid, fiere beuken, een breedgetakte plataan, wier armen tot een prieel zijn geleid, seringen en andere bloeiende heesters, prijken er langs de sierlijke kronkelende vijvers, en fraaie vergezichten op duinen en bossen openen zich hier en daar tussen het hoge geboomte. De witte trossen der vogelkers verspreiden er hun lieflijke geuren, bloemen bloeien er langs de paden, de nachtegaal slaat aan in dichte struiken en alles werkt er te samen, om den wandelaar op den zonnigen lentedag een genoegen te bereiden, dat hem nog lang in het geheugen blijft."[50]

Ook Cecilia en haar erfgenamen vergrootten Keukenhof onder ander met gronden waarop de bollentelers hun bedrijf uitoefenden of dat gingen doen, zoals H. en D. de Vroomen. In 1912 werd de laatste eigenaargraaf van Keukenhof geboren: Jan Carel Elias van Lynden (1912-2003) een achterkleinkind van Cecilia (zie **afbeelding 5**). Hij verwierf Keukenhof in 1930 en toen dat gebeurde gaf graaf Carel, zoals we hem verder zullen noemen, zijn rechtenstudie in Leiden op om zich te wijden aan het beheer van het landgoed.

49 Volgens Hulkenberg 1975 waren dat het bedrijf van C. de Graaff en Zonen en het bedrijf van E. en L. Kruyff.

50 Geciteerd in Hulkenberg 1982, 100.

Dit boek

Dit boek doet verslag van de speurtocht naar de geschiedenis van de bloementtentoonstelling Keukenhof, en daarom wordt het een wordingsgeschiedenis genoemd. Om een zo wetenschappelijk verantwoord mogelijk beeld te geven werden, onder meer, vele archieven geraadpleegd, waarvan in de Bibliografie een nadere verantwoording wordt gegeven. Zo werden alle notulen en andere stukken van het bestuur geraadpleegd. Keukenhof was namelijk, met een korte onderbreking rond 2000, jarenlang een stichting met een bestuur waarvan de vergaderingen nauwgezet werden genotuleerd. Bijzonder was ook dat de tentoonstelling plaatsvond en plaatsvindt op grond die van de eigenaren van het kasteel werd en wordt gehuurd. Om deze reden waren ook de archieven van kasteel Keukenhof onderwerp van onderzoek. In de loop der jaren onderhield Keukenhof vele relaties met bijvoorbeeld het rijk, provincie, gemeente en de bloembollensector. Ook die relaties werden onderzocht en bleken niet altijd even harmonieus te zijn als mocht worden verwacht. De vakbladen van de bloembollensector en de andere tuinbouwbladen hebben in de loop der jaren veel geschreven over Keukenhof en ook die vakbladen en die artikelen vormden een belangrijke bron voor het onderzoek, naast andere literatuur die over Keukenhof in de loop van de tijd verscheen.

Keukenhof ligt in een druk stukje Nederland en ook de gevolgen daarvan zijn in kaart gebracht door een nadere studie te doen naar het ruimtelijk beleid in en voor de Duin- en Bollenstreek en voor de bloembollensector.

Aanvankelijk was het de bedoeling het onderzoek te laten lopen tot en met 1999. In de loop van het onderzoek bleek echter dat het huidige Keukenhof niet goed te begrijpen is als de ingrijpende ontwikkelingen die na 1999 plaatsvonden buiten beschouwing zouden blijven. Daarom is het onderzoek ultimo oktober 2010 afgesloten.

Het boek is chronologisch opgezet om een goed beeld te kunnen geven van de wordingsgeschiedenis. Ieder hoofdstuk, te beginnen met het volgende hoofdstuk, *Voorspel*, beschrijft de ontwikkelingen in een bepaalde periode. Daarbinnen is zoveel mogelijk een thematische aanpak aangehouden, zoals van de bestuurlijke, relationele en andere ontwikkelingen, en wordt er steeds een schets gegeven van de tentoonstellingen in die periode.

HOOFDSTUK 2

VOORSPEL

De geschiedschrijvers van Keukenhof beginnen hun verhaal vaak op 1 januari 1949. Dan zijn de burgemeester van Lisse, mr. W.H.J.M. Lambooy en de gemeentesecretaris M. Th. van Dijk vanwege een brandweeroefening op Keukenhof en ontvouwt Lambooy zijn plan om op Keukenhof een openluchttentoonstelling voor bloembollen te organiseren.[51] Hoewel hij, zoals we nog zullen zien, een belangrijke rol speelde bij de uitwerking van dit plan, was hij niet de enige geestelijke vader. Een aantal ontwikkelingen daaraan voorafgaand hebben een minstens zo belangrijke rol gespeeld. Daarover gaat dit hoofdstuk.

Florapark in Noordwijk

Omstreeks 1450 stond in de oude dorpskern van Noordwijk het Sint Barbara klooster en vlakbij het dorp de cisterciënzer abdij Leeuwenhorst. Deze twee kloosters hebben tijdens de zestiende eeuw een belangrijke rol gespeeld bij de ontwikkeling van de kruidenteelt in Noordwijk. Het kweken van (geneeskrachtige) kruiden vond in die tijd vrijwel uitsluitend plaats in de kloostertuinen. Van daaruit breidde de teelt zich in het dorp uit. De kruidenteelt werd verder begunstigd door goede teeltomstandigheden (geschikte grond, beschutting) en Leidse geleerden als Dodonaeus en Boerhaave die door hun onderzoek de belangstelling voor en toepassing van medicinale kruiden stimuleerden. Daardoor werd Noordwijk een zeer bekend centrum van kruidenteelt dat zijn afzetgebied niet alleen vond bij de Amsterdamse apotheken zoals die van de bekende Jacob Hooy, maar ook in het buitenland. In de loop van de negentiende eeuw bereikte de kruidenteelt zijn hoogtepunt met een areaal van ongeveer zeventig hectare en werden gedroogde kruiden en groenten tot zelfs naar Rusland toe geëxporteerd. Daarna nam het areaal af door buitenlandse concurrentie en de chemische bereiding van geneesmiddelen.[52] Andere belangrijke tuinbouwgewassen in Noordwijk waren duinaardappelen en asperges.

De oudste gegevens over de bloembollen in Noordwijk dateren ook uit de zestiende eeuw, toen ze voorkwamen in de beschrijvingen van de zogenaamde lusttuinen van de baljuws. Ook ten tijde van de tulpenwindhandel (rond 1633) was er sprake van de teelt en handel van tulpen in Noordwijk. In de eeuw daarna breidde de teelt zich verder uit: "Begon men (...) door afzanding en boschontginning, nieuwe tuinen aan te leggen voor de bollenkweekerij en deze cultuur 'accresceerde en vermeerderde zig tot seer groote voordeelen van onze voorsz. heerlijkheden', dat bij acte van 29 maart 1784 de ambachtsheer (...) van der Does het noodig achtte onzen medebloemist Abraham Stegerhoek, aan te stellen tot directeur of taxeerder der bloemen bij openbare veiling."[53] Naast Abraham waren er meer Stegerhoeken en die waren niet alleen kruidenteler maar ook bloembollenteler (bloemist in het toenmalige spraakgebruik) en veilingdirecteur. De teelt van bollen werd in die periode vaak gecombineerd met die van kruiden, hetzij met als voorteelt bollen en een nateelt van kruiden, hetzij bij elkaar in de paden. Langzamerhand werd de kruidenteelt echter verdrongen door de teelt van bloembollen: "in de 19^e eeuw breidde deze cultuur zich zoo ver uit, dat eerst het jachtprieel 'Haasduinen' met zijn bleekerij, gelegen aan den Ouden Zeeweg en langs de voet der Duinen, tot bouwland moest geëxploiteerd worden en daarna (1859) het schoone 'Vinkenveld', met zijn lanen, bosschen, heerenhuizing en aanverwante gebouwen omstreeks 1685 aangelegd (...) rondom de groote vinkenbaan (...) tot eindelijk eenige morgens vruchtbaar weiland op Flora's bevel zich moest omkeeren."[54] De Haasduinen waren ongeveer vier hectare groot en het Vinkenveld omvatte ruim dertig hectare. Hyacinten waren in die tijd het belangrijkste gewas en die uit Noordwijk waren zeer gewild. Zo zeer zelfs dat op 12 mei 1822 zestig bloemisten een overeenkomst sloten geen bollen te kopen waarvan ze vermoedden dat ze gestolen waren en in oktober 1823 loofden ze een premie van maar liefst vijftig gulden uit ter opsporing van de dief die hyacinten van het land van J. van Eeden had gestolen.[55] Toen de teelt zich verder uitbreidde kwam het tot een volgende bundeling van krachten. Op 29 oktober 1857 richtte men onder voorzitterschap van W. Hoog, burgemeester van Noordwijkerhout die op Klein Leeuwenhorst woonde, een vereniging op die men Flora noemde. Naast belangenbehartiging zag men het jaarlijks organiseren van een tentoonstelling in het hotel café-restaurant Hof van Holland (de uitbater daarvan zat ook in het bestuur) als belangrijk doel. Met de oprichting van die vereniging schreven de Noordwijkers geschiedenis: het was de eerste vereniging in de bloembollensector en ook de eerste die een tentoonstelling organiseerde. De eerste tentoonstelling werd gehouden rond 8 februari 1858 in het Hof van Holland. C. Grullemans & Zoon en J. Grullemans wonnen prijzen met hun hyacinten en bij de zogenaamde bijgewassen (tulpen en narcissen) gingen de prijzen naar P. Alkemade Mzn, G. van der Wijden Gz., M. C. Alkemade en de bekende botanicus dr. J. Everwijn.[56] Daarna organiseerde men tot in 1878 jaarlijks in de week voor Aswoensdag een tentoonstelling.

In 1882 ging Flora op in de afdeling Noordwijk van de Algemeene Vereeniging voor Bloembollencultuur (AVB) die in 1860 in Haarlem was opgericht en die in 1879 overging tot het vormen van afdelingen.

In 1886 stelde de secretaris van de afdeling, C.J.L. van der Meer, voor een tentoonstelling te houden van in perken geplante bloembollen.

51 Hulkenberg 1971, 69.
52 Verweij z.j.
53 Kloos 1928, 209.
54 Ibidem.
55 Verweij z.j., 46.
56 Van der Meer, pers. med.

De opengrond-tentoonstelling van 1887 in Noordwijk

"De voor bloemkool- en andere groenteteelten als mest dienende en reeds in staat van ontbinding overgegaan zijnde haring, in en rond Rijnsburg moge de reukorganen niet prettig aandoen, het gezicht van de verschillende, het oog lieflijk aandoende kleuren der met duizende bloemen getooide velden vergoedt dit dubbel (...). Maandag 25 april (...) werd deze Tentoonstelling geopend (...) bij monde van den Eere-Voorzitter, den heer H. Graaf van Limburg Stirum."[58] De erevoorzitter had het ter beschikking gesteld. J.H. Krelage, die na een langdurige ziekte aanwezig was, voerde ook het woord: "Laat thans, zoo besloot spreker zijne rede, de bazuinen schallen en ons in oogenschouw nemen, het schoone dat in Noordwijk's Florapark door algemeene samenwerking is tot stand gebracht. Onder de opwekkende toonen van een flink muziekkorps spoedde men zich (...) naar het terrein der Tentoonstelling."[59]

Het terrein werd als volgt beschreven: "Stelt u voor een ruimte van plus minus 0,5 Hectare, waarin het middelpunt vormt een reusachtig perk van plus minus 20 Meter in diameter, waarin in 't midden (...) Conifeeren, heesters en andere groene planten (...) en waar rondom bedden van diverse soorten van Tulpen, Narcissen enz. zijn geplant. Rondom dit reusachtige perk zijn weder andere, dan eens mozaiek- dan weder lintvormig aangelegd, 't zij van Hyacinten, Tulpen, Narcissen of andere bolgewassen (...)."[60] Verder waren aanwezig een buffettent, een muziektent en andere tenten met boeketten en andere planten en pakmaterialen, smidswerk en tuinameublementen. Bijzonder was dat er ook perken waren van hyacintennagels en tulpenbloemen.[61]

Hoewel voorzitter M. Paardekooper hem steunde was de afdelingsvergadering niet enthousiast. Veel leden vonden dat bollen uitsluitend moesten dienen om in de winter vervroegd te worden en niet om in perken te worden geplant. Het was dan ook iets nieuws omdat tot die tijd alle tentoonstellingen van en door de AVB in februari/maart binnen werden gehouden. Omdat een kleine meerderheid voor was, zette men het plan van Van der Meer door, ondanks het feit dat een gevraagde subsidie door het hoofdbestuur van de AVB werd geweigerd.[57] De ambachtsheer van Noordwijk, Graaf van Limburg Stirum (ook erevoorzitter van de afdeling), stelde een terrein in het midden van de gemeente gratis beschikbaar en J. Kouwenhoven uit Warmond zorgde voor een beplantingsplan. Van die tentoonstelling deed het tuinbouwblad *Sempervirens* uitvoerig verslag. De verslaggever reisde met de tram van Haarlem naar Noordwijk en deed gemengde ervaringen op, zie kader.

J.H. Krelage, de voorzitter van de AVB, stak de loftrompet over deze tentoonstelling in zijn openingswoord bij de algemene vergadering van juni 1887; hij vond het een verblijdend initiatief dat uitmuntend geslaagd was.[62] Nadat de afdeling in het voorjaar van 1893 een geslaagde tentoonstelling had georganiseerd van afgesneden bloemen (van het veld) besloot men in 1896 weer een tentoonstelling te houden onder de naam Noordwijk's Florapark.

Op 4 april 1896 werd deze geopend door de voorzitter van de afdeling, C.J.L. van der Meer, die ook het initiatief had genomen voor de eerste tentoonstelling Florapark. Het *Weekblad voor Bloembollencultuur* was erbij: "Door drie fraai versierde eerebogen kan het tentoonstellingsterrein worden bereikt en bij het binnentreden ontwaren wij onmiddellijk een breeden rand van ingestoken hyacinthennagels, waarin ons het welkom in het Florapark wordt toegeroepen."[63] De verslaggever zag mozaïekparken, lintvormige perken met hyacinten, tulpen, narcissen, *Fritillaria imperialis*, *Erythronium*, *Cyclamen*, *Muscari* en: "een perkje met jonge hyacintenzaailingen afkomstig uit het zaad gewonnen op de Floratentoonstelling van 1886."[64] Naast zaden van geneeskrachtige kruiden waren er tuinameublementen, boeken en gereedschappen. In een kas stonden *Anthuriums*, *Calla's*, *Azalea's*, *Primula's*, *Spiraea's*, en meer. 56 inzenders hadden 214 inzendingen tentoongesteld. Ook verslaggever Wilhelm Tappenbeck van *Möller's Deutsche Gärtner-Zeitung* bezocht de tentoonstelling en nam in zijn verslag een pleidooi op, opdat de AVB ook een dergelijke tentoonstelling zou organiseren (zie kader).[65]

57 *De Hobaho* 13-1-1928, z.p.
58 *Sempervirens* 6-5-1887, aldaar 141-142.
59 *Sempervirens* 6-5-1887, aldaar 141-142.
60 Ibidem.
61 *Sempervirens* 13-5-1887, aldaar 149-150.
62 NHA, KAVB, 1860-1991, inv. nr. 4, aldaar 20-6-1887.
63 *Weekblad voor Bloembollencultuur* 18-4-1896, aldaar 320. Volgens een latere mededeling was dit de eerste keer dat er mozaïeken werden gemaakt van nagels van hyacinten (*Weekblad voor Bloembollencultuur* 11-1-1957, aldaar 438.
64 *Weekblad voor Bloembollencultuur* 18-4-1896, aldaar 320.
65 Tappenbeck was sinds 1887 eigenaar van hotel Huis ter Duin in Noordwijk, hij teelde ook bollen en verhandelde die per advertentie (mondelinge mededeling Leo van der Meer).

> **Möller's Deutsche Gärtner-Zeitung over Florapark Noordwijk in 1896**
>
> "Man muss (...) bedenken, dass kein Gartenkünstler die Beete des Floraparks gepflanzt, sondern Züchter, die ihr Beetes zusammengetragen haben und die nur gewohnt sind, feldmässig ihre Produkte anzubauen. Ein Gartenkünstler hätte mit dem hier vorhanden riesenhaften Material weit grössere Wirkungen erzielt. Es wäre zu wünschen dass die ´Algemeene Vereeniging voor Bloembollenkultuur' die Idee des Floraparkes angriffe und mit der fünfjährigen Austtellung getriebener Blumenzwiebeln einmal eine solche im freien Lande verbände; dann könnte Bedeutendes zusammen kommen, und dem grösseren Unternehmen ständen auch geschikte Ordner zurseite (...) [und] (...) der ´Noordwijker Florapark' der Vater und Vorläufer eines grossen ´Haarlemer Floraparkes' werden sollte."[66]

afb. 1
Noordwijk's Florapark, op 12 april 1932

In 1897 telde de gemeente Noordwijk 250 bollentelers met bij elkaar 254 hectare bloembollen. In Lisse teelde men toen 248 hectare en in Hillegom 390 hectare bloembollen en dat waren de top 3 bollengemeenten in Nederland. Alhoewel men in Sassenheim toen nog 'maar' 55 hectare bollen teelde, waagde die afdeling van de AVB het er in 1905, 1906 en 1907 ook op een tentoonstelling in de open grond te organiseren. In 1909 volgde de afdeling Hillegom en zoals we zagen vierde de AVB het vijftigjarig bestaan in 1910 met een grote opengrondstentoonstelling in Haarlem/Heemstede gevolgd door een nog grotere in 1925 (in Heemstede). Daarna was Noordwijk weer aan zet. In 1932 zou de afdeling vijftig jaar bestaan en men wilde dit vieren met een grote demonstratie van vollegrondsbeplantingen van bloembollen. De tentoonstellingscommissie van de afdeling streefde ernaar het volledige handelssortiment te laten zien. De graaf L. van Limburg Stirum was nu donateur van de afdeling en hij stelde zijn landgoed Offem in Noordwijk-Binnen daarvoor beschikbaar. Het landgoed, van ongeveer drie hectare, dat normaal niet voor publiek toegankelijk was, werd in het najaar van 1931 onder leiding van de voorzitter van de afdeling, C.J.L. van der Meer, beplant.

Voor de inrichting werd de firma Copijn en Zoon te Groenekan ingehuurd die in de catalogus van de tentoonstelling schreef dat ze naast zestigduizend bollen in de border meer dan één miljoen bollen had geplant. Op het terrein was ook een restaurant gebouwd. Op 14 april 1932 opende de minister waar landbouw onder ressorteerde de tentoonstelling in de aanwezigheid van maar liefst vijfhonderd genodigden (zie **afbeelding 1**).

De tentoonstelling, die ook koninklijk bezoek kreeg, was qua bezoekersaantallen een succes. Minder succesvol waren de gewassen, want door het slechte weer bloeiden de hyacinten slecht en hadden de tulpen last van vuur (een besmettelijke schimmelziekte). Alleen de narcissen hielden zich kranig en deden het zo goed dat zestig jaar later vertegenwoordigers van de Hortus Bulborum uit Limmen (een museum van oude bolgewassen) cultivars konden verzamelen die nog op Offem bloeiden maar allang niet meer in de handel waren.[67]

Ondanks de slechte economische tijd, het was ook in de bloembollensector crisis, was de afdeling erin geslaagd een garantiefonds van ruim 21.000 gulden bij elkaar te krijgen, dat door het grote aantal betalende bezoekers niet behoefde te worden aangesproken. Integendeel, er bleef geld over. In juni 1932 maakte de tentoonstellingcommissie de balans op en stelde 600 gulden beschikbaar aan het gemeentelijke crisiscomité, het RK armbestuur en de hervormde en de gereformeerde diaconieën: "Zeer waarschijnlijk, zoo besloot de commissie hare mededeelingen, blijft er dan nog een 'eitje in het nestje' over."[68] En dat bleek later: er was een batig saldo geboekt van 8000 gulden. Uit dit 'potje van Flora' werd in 1957 het vijfenzeventig jarig bestaan van de afdeling gevierd, en daarna was er nog geld over![69]

66 *Möller's Deutsche Gärtner-Zeitung* 1-5-1896, aldaar 158-159.
67 Verwij z.j., 54.
68 *Weekblad voor Bloembollencultuur* 21-6-1932, aldaar 832.
69 *Weekblad voor Bloembollencultuur* 11-1-1957, aldaar 438.

In de mededelingen van de commissie stond ook het denkbeeld Florapark permanent te maken, maar dat bleek helaas onmogelijk omdat de graaf het terrein niet meer beschikbaar stelde. Zij waren echter niet de enigen die met de idee van een permanent Florapark speelden.

Zeventien jaar later vertelde D.W. Lefeber uit Lisse aan de redacteur T. Lodewijk van *Het Vakblad voor Bloembollenteelt en -Handel* (een uitgave van de Coöperatieve Veilingvereeniging HBG uit Lisse en de Bloembollenveilingvereeniging West-Friesland uit Bovenkarspel) in een interview iets over de voorgeschiedenis van Keukenhof. Hij zei dat men jaren voor de oorlog met die plannen bezig was geweest: "die zijn ontstaan nadat in Noordwijk op het landgoed Offem een dergelijke show was georganiseerd. Maar men stuitte telkens op bezwaren. Men probeerde het eerst in het Heemsteedse Groenendaal, maar werd daar steeds afgescheept met een stukje dat nergens naar leek. Steeds weer wiep men begerige blikken op het ideaal gelegen 'Keukenhof', maar ja (...) Graaf van Lynden had daar andere plannen mee."[70] Lefeber zei nog meer interessante dingen, maar daarover later meer. Op dezelfde dag dat het interview werd gepubliceerd verscheen ook het *Weekblad voor Bloembollencultuur* en daarin schreef de redacteur R.M. van der Hart ook over Keukenhof. Hij was in 1946 betrokken geweest bij de oprichting van Bloemlust in Lisse (zie verder) en herinnerde zich dat er toen ook al stemmen opgingen tot een grote demonstratie met bloeiende gewassen in de vrije natuur, te weten op Zandvliet (een onderdeel van het landgoed Keukenhof). Hij noemde C. Grullemans en D. Lefeber als degenen die dat plan steeds weer lanceerden maar steeds bot vingen bij de graaf. Naast Grullemans en Lefeber was er nog een derde bij dit plan betrokken. Dat was T. Zwetsloot, één van de directeuren van de veiling Hobaho uit Lisse. En dat bleek later een machtige medespeler te zijn, omdat hij zijn collega-directeur D. Hogewoning ook 'meebracht', een rasonderhandelaar en een financieel genie.[71]

Bloemlust in Sassenheim

In het bollenvak was men tot het eind van de negentiende eeuw de mening toegedaan dat bestuiving door de wind en insecten even goede resultaten voor het winnen van nieuwe cultivars (soorten in het spraakgebruik) opleverde als doelbewust kruisen. Zeker bij hyacinten.[72] Toen E. Krelage in 1899 medevennoot werd in het bedrijf van zijn vader (E.H. Krelage en Zoon) en in 1901 na het overlijden van zijn vader enige vennoot, voerde hij vele veranderingen door. Eén ervan was het winnen van nieuwe cultivars door doelbewust kruisen. Hij deed dat op aanraden van de prof. H. de Vries die hem ervan had overtuigd dat stelselmatig kruisen betere resultaten zou opleveren dan bestuiven via wind of insecten.[73]
Krelage trok daarvoor als medewerker J. Dix (1881-1988) aan die op 1 april 1902 in dienst trad. Gedurende ongeveer twintig jaar werkten beide mannen aan een groot en succesvol veredelingsprogramma bij diverse bol- en andere gewassen. Hun werk leidde, naast dat van anderen, tot een grote uitbreiding van het sortiment. Een voorbeeld: Het was Krelage opgevallen dat veel vrouwelijke bezoekers aan het bedrijf gecharmeerd waren van de teruggebogen bloemblaadjes van *Tulipa retroflexa* (nu niet meer als soort beschouwd). Kruising van deze tulpen met Darwintulp 'Psyche' leidde tot een nieuwe groep Leliebloemige tulpen, waarvan 'Sirene' de eerste cultivar was. Die werd door Krelage voor 36 gulden per stuk aangeboden in de catalogus van 1914.[74]
Een heel belangrijk programma dat van 1909 tot 1918 werd uitgevoerd had tot doel de vroegbloei eigenschappen van de lage, vroegbloeiende Duc van Tol tulpen te combineren met de langstelige laatbloeiende Darwins om zo lange tulpen te krijgen die vroeg broeiden. Daar was door de toenemende broeierij ook in Nederland grote behoefte aan. Om te kunnen kruisen werden de Darwins onder glas in bloei getrokken om ze gelijk in bloei te hebben met de Duc van Tols die buiten stonden. De eerste zaailingen bloeiden in 1915 en uit al die kruisingen ontstond een nieuwe groep tulpen die later, rond 1923, door E. Krelage Mendel-tulpen werden genoemd. Dit naar analogie van de naam Darwintulpen, die zijn vader voor het eerst in de handel had gebracht rond 1890.
In 1916 bood Krelage in zijn catalogus achttien nieuwe tulpen aan, 'Sirene' was toen in prijs gedaald tot 12,50 gulden.[75] Dat is een bewijs van de hoge waarde die alleen vlak na de introductie voor nieuwigheden kon worden gevraagd en een voortdurende stimulans betekende voor het winnen van nieuwe cultivars.
In de veredeling van narcissen waren vooral bedrijven uit Sassenheim en omgeving actief en om al die nieuwe cultivars te tonen begon de afdeling Sassenheim van de AVB in 1912 met het jaarlijks organiseren van tentoonstellingen van op het veld gesneden bloemen. In 1923 kwamen daar ook tentoonstellingen van gebroeide narcissen bij en in 1925 verzelfstandigde de tentoonstellingscommissie zich tot de stichting Bloemlust. In 1927 besloot de stichting de vele inzenders van dienst te zijn door op 5 januari 1927 te beginnen met een doorlopende tentoonstelling in het Bruine Paard. Het *Weekblad voor Bloembollencultuur* ging kijken en tekende het volgende op, zie kader.
Volgens de verslaggever zou dat ongemak gauw verleden tijd zijn want men had voldoende geld bij elkaar gebracht (ongeveer achtduizend gulden) om een eenvoudig tentoonstellingsgebouw te bouwen. Dat gebeurde aan de Julianalaan, daar verrees een gebouw van acht bij vijfentwintig meter met een glazen kap. In januari 1928 hield men daar de eerste tentoonstelling die men op 10 februari 1928 feestelijke opende. Natuurlijk voerde AVB-voorzitter E. Krelage het woord en hij rakelde de 'legende' op die de ronde deed alsof het gebouw een nieuw centrum voor de windhandel zou zijn geworden waaraan men al de naam Monte Carlo had gegeven. Wat hij daarover zei staat in het volgende kader (zie ook **afbeelding 2**).

70 *Het Vakblad voor Bloembollenteelt en handel* 14-7-1949, z.p.
71 *Weekblad voor Bloembollencultuur* 27-4-1951, aldaar 357.
72 Krelage 1946, 563.
73 De Jonge 1989, 355.
74 *Catalogus 628B* 1914, 17.
75 *Catalogus 641B* 1916, 26.

afb. 2
Vogelvluchtopname van Bloemlust
tijdens tentoonstelling 21-25 februari 1928

In het Bruine Paard

"Velen zijn deze dagen naar het zaaltje (...) getrokken om zich te verlustigen in den aanblik van de collecties gebroeid goed, die daar door kweekers uit alle oorden der streek zijn bijeengebracht met het (...) doel om collega's en concurrenten een gemakkelijke gelegenheid te geven voor de transacties, die met het winnen en introduceeren van nieuwigheden gepaard gaan. Sassenheim doet dit nu reeds jaren en met succes, als men (...) oordeelt naar het drukken bezoek en de levendige gedachtenwisseling. Het kleine, nu ja sombere zaaltje, dat niet voor bloementoonstellingen is gebouwd er ook niet geschikt voor te maken, was tjokvol op meer dan één moment (...). Te vol af en toe (...) zoodat het bezichtigen geen onvermengd genot en ieder geval geen rustig genieten gaf."[76]

Bloemlust in Sassenheim

"Er is hier een groot onderscheid, immers, het zijn hier niet de buitenstaanders die speculeeren zooals in 1637, doch hier zijn het de vakbeoefenaren, die zich soms tegen hooge prijzen voorzien van het vele nieuwe dat zij – deskundigen als ze zijn – voor hun kweekerij en handel van noode hebben. En iemand – zooals spreker – die in zijn leven veel gedaan heeft aan het winnen van nieuwigheden, ziet dit met voldoening aan, omdat het hem gaat als den kunstenaar, die zelf misschien weinig voor zijn geesteskind in handen krijgt, toch zich er over verheugt dat het anderen tot bron van vreugde en welvaart is, omdat het scheppen ervan hem reeds de verlangde voldoening heeft gegeven. Als dit gebouw er dan ook toe zal bijdragen om de verspreiding van zijn oorspronkelijke geestesproducten te bevorderen, dan zal de spr. Zich daarin verheugen en het gebouw volkomen aan zijn doel beantwoorden."[77]

De erevoorzitter van de stichting, W. Warnaar, opende het gebouw en zei in zijn toespraak dat op dat moment in Amerika driehonderd (bollen)reizigers druk doende waren orders binnen te halen en dat er vierhonderd in Engeland bezig waren hetzelfde te doen: "En als zij slagen en wij slagen, dan is het mogelijk dat de ruime bron van welvaart die onze bollen vormen, bestaan blijft, als de Allerhoogste zijn zegen wil geven."[78] Een jaar later stortte de aandelenkoersen in en was het uit met de welvaart. Het Sassenheimse tentoonstellingsinstituut kwijnde weg en het gebouw overleefde de Tweede Wereldoorlog niet. Het werd in de Hongerwinter na een brand verder gebruikt als hout voor de noodkachels. Voor dat verteld wordt hoe het na de oorlog verder ging, richten we eerst de blik op twee andere initiatieven: één in Hillegom en één in Lisse.

76 *Weekblad voor Bloembollencultuur* 22-2-1927, aldaar 405.
77 *Weekblad voor Bloembollencultuur* 24-2-1928, aldaar 747. In het overzicht dat de afdeling Sassenheim ter gelegenheid van het vijfenzeventig jarig bestaan samenstelde schreef men dat het in die tijd voorkwam dat narcissen en tulpen in een uur 200 tot 500 gulden per plant meer waard werden (*De Hobaho* 8-10-1954, aldaar 5).
78 *Weekblad voor Bloembollencultuur* 24-2-1928, aldaar 747.

De beurs in Hillegom

Toen de AVB in 1860 in Haarlem werd opgericht stelde men twee instituten in: een jaarlijkse wintertentoonstelling en "een beurs, waar, een of tweemalen 's weeks in 't bijzonder gedurende (...) Augustus, September en October bloemisten en bloemkweekers, elkander kunnen ontmoeten, ten einde hunne wederzijdsche belangen te bespreken."[79]
De eerste beurs werd al in 1860 gehouden in de Stadsdoelen in Haarlem en in de jaren daarna op verschillende andere plekken in Haarlem tot de AVB in 1928 de beschikking kreeg over een eigen gebouw, het Krelagehuis. Over de plaats van dit gebouw was in de AVB jarenlang strijd gevoerd tussen voor- en tegenstanders van Haarlem als plaats van de beurs. Een belangrijke stroming wilde namelijk de beurs, en dus ook de zetel van de AVB, in Hillegom vestigen.

Hoewel Haarlem de belangrijkste beurs had ontstonden in de loop van de tijd in diverse andere plaatsen, vooral vanuit afdelingen van het HBG (de beurs in het Krelagehuis was alleen toegankelijk voor leden van de AVB) ook beurzen; zo ook in Hillegom. In 1908 begon de afdeling Hillegom van het HBG een donderdagse beurs (in Haarlem was maandag de beursdag) die in de loop van de jaren steeds belangrijker werd, terwijl de beurzen in andere plaatsen vrijwel allemaal na verloop van tijd weer verdwenen. Aan het begin van de jaren dertig vormde men in Hillegom vanuit de afdelingen van het HBG en de AVB een beurscommissie die werd belast met het bestuur en beheer van de Hillegomse beurs die werd gehouden in hotel Flora. In 1941 fuseerde de ledenorganisatie van het HBG met de AVB en werd het dus een AVB-beurs. Aan het eind van de jaren dertig werd B. Rijnveld voorzitter van de beurscommissie. Toen hij de desolate staat zag van het Krelagehuis na de Tweede Wereldoorlog, het gebouw had zwaar onder de oorlog geleden, zag hij zijn kans schoon. Samen met twee medestanders, D. van Egmond en A. Staats, vormde hij een driemanschap dat aan de gang ging om de beurs van Haarlem naar Hillegom te krijgen. Van de gemeente kregen ze 100.000 gulden en het terrein waar het landgoed Treslong had gestaan. Daarmee wisten ze begin 1946 het hoofdbestuur van de AVB achter zich te krijgen. De hoogste macht in de AVB lag echter bij de algemene ledenvergadering waarin vertegenwoordigers van de afdelingen zitting hadden. Het driemanschap ging dus de afdelingen langs om te lobbyen en kennelijk sloot men in dat kader een 'gentleman's agreement' af met de afdeling Lisse. Dit zei D. Lefeber daarover in het al eerder genoemde interview van 14 juli 1947: "Toen Hillegom vocht om de zetel van 'Bloembollencultuur' vond het de oude concurrent Lisse trouw aan zijn zijde. Maar de Lissers hadden 'n afspraak gemaakt: helpen met een tentoonstellingsgebouw. En zo werd het: Hillegom de beurs, Lisse de show."[80] A.M. Belle, een van de andere grondleggers van Keukenhof had er een andere herinnering aan. In een interview, opgenomen in *De Hobaho* van 27 maart 1959, aldaar bladzijde 5, vertelde hij dat er na de oorlog allerlei plannen waren. Zo wilde Lisse naast de tuinbouwschool en het LBO ook de zetel van de AVB hebben. Rijnveld stelde toen aan Lisse voor: "dat Lisse van dat grootse plan alleen de tentoonstelling op Zandvliet zou houden en Hillegom de Beurs kreeg."
De lobby van Rijnveld c.s. had succes: in de algemene ledenvergadering van de AVB op 24 juni 1946 nam men, met 177 tegen 104 stemmen (en 6 blanco) het historische besluit om de zetel naar Hillegom te verplaatsen en daar een nieuw gebouw neer te zetten. In het gedenkboek dat T. Lodewijk in 1985 schreef ter gelegenheid van het 125-jarig bestaan van de KAVB plaatste hij op bladzijde 38 een foto met het volgende onderschrift: "'Blijde incomste' van de voormannen van het Hillegomse beursplan nadat dit door de algemene vergadering werd aanvaard. In een open landauer ging het naar het Hillegomse Raadhuis waar de champagne klaar stond (...) helaas te vroeg, want een half jaar later trok de algemene vergadering de goedkeuring weer in en konden de Hillegommers opnieuw beginnen."[81] In de koets vier heren in feestkledij met hoge hoed, naast het driemanschap ook de burgemeester van Hillegom, jonkheer mr. dr. O.F.A.H. van Nispen tot Pannerden (1907-1992). Zoals veel andere zaken in het boek van Lodewijk was het onderschrift ook niet helemaal juist. Hij vertelde niet waarom de algemene vergadering de goedkeuring introk en liet doorschemeren dat dat te maken had met het onverwachte overlijden van B. Rijnveld op 31 oktober 1946. Dat was echter onjuist. Toen het hoofdbestuur van de AVB de verdere planontwikkeling voor het verenigingsgebouw in Hillegom ter hand nam en een architect inschakelde, bleek dat het monumentale gebouw dat men wilde eigenlijk niet inpasbaar was op het terrein. Dat was echter niet het enige; de bouwkosten zouden volgens de architect driemaal hoger uitkomen dan men had begroot. Dat kwam omdat het hoofdbestuur de begroting had gebaseerd op de vooroorlogse bouwprijzen. In plaats van 6 ton zou het gebouw ongeveer 1,8 miljoen gulden kosten. Dat bericht bereikte het hoofdbestuur op 23 oktober 1946. Het betekende het (voorlopige) einde van de bouwplannen in Hillegom.[82]

Bloemlust in Lisse

Ook de afdeling Lisse van de AVB organiseerde regelmatig een show van bloeiende bolgewassen. Toen men eind augustus in 1927 in Sassenheim aankondigde dat het permanente tentoonstellingsgebouw bijna klaar was, kondigde de afdeling Lisse van de AVB aan dat ze in februari 1928 weer een tentoonstelling van gebroeide bolgewassen zou houden in het gebouw van de veiling HBG. Het was de hervatting van een traditie die meer dan vijftig jaar terugging.
Op 20 maart 1945 organiseerde men in de schuur van Jac. Th. de Vroomen een doorlopende expositie die doorliep tot na de bevrijding en waar meer dan duizend verschillende variëteiten werden getoond. Het was zo'n succes dat men het jaar daarop al op 22 januari met een dergelijke expositie in dezelfde schuur begon. Een paar dagen later kwam de afdeling in vergadering onder leiding van J. Lefeber bijeen, omdat de voorzitter, C. Segers, in het buitenland was. Lefeber verraste de aanwezigen met de mededeling dat er grote dingen stonden te gebeuren: "en men juist den vorigen avond geslaagd was met de stichting van een eigen tentoonstellingsgebouw, waarin het geheele

---

79 Eerste reglement van de AVB.
80 *Het Vakblad voor Bloembollenteelt en -handel* 14-7-1949, z.p.
81 Lodewijk 1985, 38.
82 Zie daarover Timmer 2007.

seizoen door bloemen geëxposeerd konden worden en waar voor vaklieden volop gelegenheid zou zijn kennis op te doen en liefhebberij uit te vieren."[83] Ongeveer een week eerder had A. Warnaar de eerste tentoonstelling in Sassenheim na de bevrijding geopend, die bij het ontbreken van een eigen gebouw in de gebouwen van Van Zonneveld & Co plaatsvond. Er waren echter plannen in voorbereiding, zei Warnaar, om een goede tentoonstellingsgelegenheid te creëren. In Lisse liet men er geen gras over groeien. Eind januari kwam de afdeling opnieuw in een buitengewone vergadering bijeen en toen zei Lefeber dat men een aanbod had gehad voor een gebouw waaraan voor de afdeling geen financieel risico was verbonden, maar hij vroeg wel aan de leden om een financiële bijdrage. Later bleek dat er al in 1945 contact was geweest tussen de afdeling en de Hobaho over de stichting van een eigen gebouw en dat de Hobaho daarvoor vijftigduizend gulden en grond had toegezegd. Dit aanbod had de afdeling besproken met de stichting Bloemlust in Sassenheim en daar was afgesproken dat Sassenheim zou stoppen en Lisse de tentoonstellingen zou voortzetten. Medio februari kwam de afdeling Lisse weer bijeen. Toen vormde men een financiële commissie met daarin o.a. K.J. Grullemans en D. Lefeber om de plannen voor een eigen gebouw verder uit te werken. Inmiddels had ook de veiling HBG zich bij de afdeling gemeld met het aanbod een van de (houten) gebouwen van de veiling beschikbaar te stellen voor de tentoonstelling, als het eigen gebouw nog niet klaar was. Maar dat vond de afdeling toen toch een minder ideale oplossing. Later kreeg dat gebouw de naam Bloemlust.[84]

Dat het allemaal toch niet koek en ei was bleek tijdens de opening van de tweede tentoonstelling in Sassenheim. Volgens het verslag in *De Hobaho* van 22 februari 1946 betreurde de burgemeester van Sassenheim in een toespraak het vertrek van Bloemlust en sprak hij van een strijd tussen Sassenheim en Lisse: "een strijd tusschen grof geschut en pantser. Op het ogenblik stond Lisse voor, daar zij zeer zwaar geschut achter zich hadden. Doch spr. hoopte, dat men in Sassenheim ook nog eens een pantser zou uitvinden dat het grove geschut weer in de schaduw stelde. Dit zou alles zijn tot meerdere glorie van het vak."[85]

Het was duidelijk dat het zware geschut het geld was en de grond van de Hobaho en de toezegging van het HBG eventueel ruimte beschikbaar te stellen in een van de gebouwen. Overigens was het aanbod van de Hobaho niet zo genereus als het in de pers werd voorgesteld. Dat bleek toen de circulaire van de afdeling Lisse met de aanvraag om financiële steun voor het gebouw werd behandeld in de vergadering van het hoofdbestuur van de AVB op 26 februari 1946. Ter toelichting vertelde J. Lefeber, lid van het hoofdbestuur en ondervoorzitter van de AVB, dat de afdeling het gebouw zou bouwen maar dat het eigendom zou blijven van de Hobaho die het zou gebruiken voor vergaderingen en bijeenkomsten als er geen tentoonstellingen zouden zijn. De stichting mocht het gratis gebruiken. Het had er dus de schijn van dat de afdeling optrad als een soort fondsenwerver voor de Hobaho. Toen het hoofdbestuur dat vernam, had het geen behoefte 'tussenbeide' te komen.[86]

In Lisse kreeg men echter met hetzelfde euvel te maken als in Hillegom: de hoge bouwprijzen. Een eigen gebouw bleek financieel niet haalbaar en daarom aanvaarde men noodgedwongen het aanbod van het HBG; want men had Sassenheim nu eenmaal beloofd Bloemlust voort te zetten. In juli 1946 publiceerde de tentoonstellingscommissie van de afdeling het programma voor vier tentoonstellingen, te beginnen op 24 december. De vierde tentoonstelling die op 20 februari zou beginnen bood een voortzetting van de jaarlijkse wedstrijd om de wisselbeker van Bloemlust in Sassenheim. Om die te winnen moest men "de beste nieuwigheden voor handelsdoeleinden" van narcissen inzenden.

Op 24 december 1946 was een keur van genodigden bij de opening van de eerste tentoonstelling aanwezig. De voorzitter van de afdeling, C. Segers, hoopte in zijn openingswoord nog steeds op een eigen gebouw en hij deed een beroep op het vak en de gemeente om dat mogelijk te maken. Namens de gemeente sprak J. Lefeber in zijn kwaliteit als locoburgemeester. Ook hij vond dat het gebouw er moest komen, evenals een broeiproevenbedrijf. Dat zou recht doen aan Lisse als 'centre of the bulbdistrict'.[87] Hij onthulde ook dat de Hobaho voor het gebouw vijftigduizend gulden en grond beschikbaar had gesteld. De opening werd verricht door AVB-voorzitter dr. A.J. Verhage. Uit de verslagen in de vakbladen bleek dat de tentoonstelling op een andere leest was geschoeid dan die in Sassenheim. Om in zo'n grote ruimte aantrekkelijk te kunnen showen had men het hoveniersbedrijf A. Koper uit Bennebroek in de arm genomen. Zijn medewerker W. van der Lee had het arrangement gemaakt (zie **afbeelding 3**). Hij had ook meegewerkt aan de Flora in Heemstede van 1935 als ontwerper van verschillende inzendingen en de inzending van Koper zelf (in de categorie tuinen, tuinlandschappen en rotspartijen). De reacties waren gemengd. De *Hobaho* vond het wel een buitengewoon geslaagde tentoonstelling, welverzorgd en in landschapsstijl aangelegd. Maar: "Toch komt het ons voor, dat het idee van vaktentoonstelling hier over het hoofd is gezien en men er meer een tentoonstelling voor 't publiek van had gemaakt, waardoor het artikel 'nieuwigheid' op de achtergrond werd gedrongen. Men ziet het nieuwe zoo graag van dichtbij, doch men kreeg hier de kans niet toe."[88] Begin januari 1948 opende Segers als voorzitter van de stichting Bloemlust het tweede tentoonstellingsjaar en repte hij niet meer over een eigen gebouw, maar vroeg hij financiële en morele steun van het vak voor de continuïteit van de tentoonstelling. In dat jaar was

83 *Weekblad voor Bloembollencultuur* 25-1-1946, aldaar 148.
84 Net als in Sassenheim brandde dit gebouw af en wel in juni 1953. Daarna bouwde de veiling een nieuw stenen gebouw met daarin gebeiteld de naam Bloemlust en dat ging zo vlot dat de Kersttentoonstelling van 1953 van Bloemlust in dat gebouw kon plaatsvinden. In februari 1958 hield men daar de laatste tentoonstelling en liquideerde de stichting. Het bezoekersaantal was te laag geworden om door te gaan.
85 *De Hobaho* 22-2-1946, z.p.
86 NHA, KAVB, 1860-1991, inv.nr. 30, aldaar 26-2-1946.
87 Op dat moment was Lisse niet alleen de vestigingsplaats van de twee grootste bloembollenveilingen maar ook van de (Rijks)middelbare tuinbouwschool en de daaraan verbonden proeftuin en het Laboratorium voor Bloembollenonderzoek.
88 *De Hobaho* 31-12-1946, aldaar 5.

afb. 3
Eerste tentoonstelling Bloemlust
december 1946

Van Nispen Verhage opgevolgd als voorzitter van de AVB en hij verzorgde de opening. Hij toonde zich een begenadigd spreker en hoopte dat het "wondermooie schouwspel voor de ogen een dankspel voor de geest zou zijn."[89]

Bloembollencorso

Het is niet meer na te gaan wanneer het gebruik ontstond om in de bloeitijd optochten te organiseren van met bloemenslingers versierde voertuigen (van kinderwagen tot vrachtwagen). Zeker is dat de eerder genoemde afdeling Noordwijk er al in 1932 mee begon. En in 1940, net voor de Duitsers het land binnenvielen, had het daar een grote omvang gekregen.[90] Ook is het zo dat in vele bollendorpen de bevrijding na de Tweede Wereldoorlog op deze wijze werd gevierd. Daaruit ontwikkelde zich iets als een jaarlijkse traditie veelal uitgaande van de lokale middenstand. Zo organiseerde het comité Lisse Vooruit op zaterdag 19 april 1947 een bloemenfestijn bestaande uit een bloemencorso: "voorafgegaan door herauten te paard en beide muziekvereenigingen (...) van de Hobaho naar de 'Nachtegaal', alwaar de deelnemers in de gelegenheid wordt gesteld per trekschuit een rondvaart langs de bloemenvelden te maken en de uitkijktorens te bestijgen (...). Met vereende krachten zal geheel Lisse een optocht organiseren een Centrum van de Bloembollenstreek waardig (Pers en film zijn uitgenoodigd)."[91] In Hillegom reed dat jaar in het dorpscorso de eerste echte praalwagen, getekend door de bollenteler W. Warmenhoven en ook onder zijn leiding gebouwd. Het stelde een walvis voor ter gelegenheid van het feit dat Nederland dat jaar weer ter walvisvangst ging met het fabrieksschip Willem Barentsz (zie **afbeelding 4**). Het werd een groot succes. In Hillegom keek men de ogen uit en de praalwagen reed door naar de rederij in Amsterdam en werd spontaan door het toegestroomde publiek kaalgeplukt toen hij op het Rembrandtplein stond.[92]

Dat succes leidde er toe dat Van Nispen het initiatief nam om samen met de burgemeesters van Lisse en Sassenheim een comité te vormen om elk jaar een bollenstreekcorso te organiseren. De burgemeesters zouden bij toerbeurt het comité voorzitten. De drie vonden een corso niet alleen een geweldig reclamemiddel voor de potentiële, buitenlandse koper van bloembollen, maar ook een middel om de gekochte bloemen die anders rechtstreeks op de afvalhoop verdwenen te benutten. Ook zagen ze het als een compensatie voor het feit dat de bollentoeristen al gauw tegen lege velden aankeken. Begin april 1948 vond in Lisse de eerste grote persconferentie plaats. Zeven burgemeesters uit de streek waren aanwezig om de verzamelde internationale pers

afb. 4
De walvis de eerste professionele
corsopraalwagen

89 *Weekblad voor Bloembollencultuur* 2-1-1948, aldaar 205.
90 *Weekblad voor Bloembollencultuur* 11-1-1957, aldaar 438.
91 Van Amsterdam 1986, 10.
92 Ibidem.

in te lichten over het spektakel dat zaterdag 17 april zou plaatsvinden. Het was prachtig weer op die zaterdag, met weinig wind, veel zon en er kwamen 150.000 bezoekers op af (20.000 fietsers en ongeveer 6000 auto's). Het bollenvak zelf liep er toen nog niet echt warm voor. Zo wees de afdeling Lisse van de AVB in 1949 een verzoek tot deelname aan het corso van het comité af vanwege de kosten en het vele werk. Men had het te druk met zeventigjarig bestaan van de afdeling dat in dat jaar werd gevierd. Bovendien was men bezig met een nieuwe vorm van bollentoerisme, een permanente tentoonstelling op het landgoed Keukenhof.

Demonstratietuin Treslong in Hillegom

In 1949 zou de afdeling Hillegom van de AVB ook zeventig jaar bestaan en in 1948 onderzocht de afdeling de mogelijkheid om ter gelegenheid daarvan een grote permanente opengrondtentoonstelling in te richten op het Treslongterrein (eigendom van de gemeente), rond de RK Lagere Tuinbouwschool die daar op 17 september 1948 was geopend. Al gauw besefte men dat dit de financiële draagkracht van de afdeling te boven zou gaan en zocht men steun bij de COR van het CBC. De COR nam het voorstel over en bracht het in in de 62ste vergadering van het CBC die op 24 september 1948 plaatsvond. De COR stelde voor 35.000 gulden te geven voor de inrichting en jaarlijks maximaal 8000 gulden voor de exploitatie. Als motief gold dat: "ten behoeve van het binnen- en buitenlandse vreemdelingenverkeer tijdens de voorjaarsbloeitijd, een permanente vollegrondtentoonstelling kan worden ingericht, waarin de juiste toepassing van het omvangrijke sortiment der voorjaarsbolgewassen kan worden getoond, maar uitsluitend in een toepassing die voor navolging door particulieren in aanmerking komt."[93] De vergadering aanvaardde na langdurige bespreking dit voorstel en stelde een aantal voorwaarden. Zo moest de reclame volkomen onpersoonlijk zijn, dus geen namen van de inzenders bij de bollen, en moesten de inzenders uit alle bollengebieden worden toegelaten als inzender. Bovendien zou het hoofdbestuur van de AVB moeten zorgdragen voor de inrichting en exploitatie en zou ook de gemeente dienen mee te werken. Sommige leden van het hoofdbestuur van de AVB waren daar erg kritisch over toen dit in de vergadering van 1 oktober 1948 aan de orde kwam. Valkering uit Kennemerland was er kort over; een slechte plek, slechte grond en weggegooid geld. De altijd wat recalcitrante P. Bakker uit West-Friesland vond dat de AVB op die manier naar Hillegom werd gedreven en daar was hij niet blij mee, want Haarlem lag dichter bij Enkhuizen – waar hij woonde – dan Hillegom. Toch ging men akkoord met de plannen en in de vergadering van 17 november benoemde men een commissie van beheer met Voors als voorzitter.

93 *Weekblad voor Bloembollencultuur* 1-10-1948.

afb. 5
Treslong in Hillegom

De subsidie van het CBC zou in de begroting van 1949 worden opgenomen zodat de demonstratietuin in het voorjaar van 1950 zou kunnen worden geopend. Zo lang wilden de Hillegommers niet wachten. Men bracht geld bij elkaar en kocht twee hectare extra grond langs de Weeresteinstraat en liet Voors, die niet alleen algemeen secretaris-penningmeester van de AVB was, maar ook een bekwaam tuinarchitect, een ontwerp maken. Vervolgens begon de gemeente op basis hiervan in de winter van 1948 met het grondwerk voor de aanleg. Dat was een grote klus, omdat men een kunstmatige heuvel maakte met een beek en een vijver en daaromheen een rotspartij met zestig ton Ardenner natuursteen. In het voorjaar van 1949 begon men met het planten van bomen, heesters en struiken (zie **afbeelding 5**).

Keukenhof onder graaf Carel

In 1943 werd het kasteel Keukenhof gevorderd door de bezetter voor Duitse officieren en werd op het landgoed een lanceerbasis voor V2-wapens ingericht. Graaf Carel trok zich terug op zijn landgoed de Beverthoeve in Sint-Michielsgestel en kwam, behoudens enkele bezoeken per jaar, nauwelijks meer in Lisse. Kasteel, parken en tuinen kregen, behalve het hoogst noodzakelijke onderhoud, niet meer de aandacht die nodig was. Op 26 juni 1946 kreeg graaf Carel in Sint-Michelsgestel een brief van de hoofdinspecteur, ir. B. Polderman, van de Nederlandse Heidemaatschappij. Polderman bracht verslag uit over het beheerjaar dat liep van 1 juni 1945 tot 31 mei 1946. Naast de schade door de V2-installatie rapporteerde hij ook dat er veel houtroof was geweest. Niet alleen door de Duitse Weermacht, maar ook door diefstal van burgers: "Herstel van de bebossing zal vrij veel kosten vergen en zullen dus over eenige jaren verdeeld moeten worden."[94] De weilanden en de bollengronden verkeerden nog in goede staat. In die tijd bezat graaf Carel 3 pachtboerderijen met ruim 88 hectare grond en verpachtte hij rond de 17 hectare los grasland aan 3 pachters en ongeveer 50 hectare bollenland aan 36 pachters.[95] In 1947 bracht die pacht ongeveer 19.500 gulden op.[96] Mr. G. Roes, notaris uit Lisse, diende als betaalkantoor voor de pachten. Hij zorgde ook dat de opbrengsten op de bank werden gezet, betaalde periodiek gelden uit aan graaf Carel en behartigde zijn belangen als verpachter.

Op 13 december 1946 stuurde ir. A. Stoffels, houtvester bij de houtvesterij Haarlem van Staatsbosbeheer (SBB), aan graaf Carel een gedetailleerd herinplantingsplan van Keukenhof en meldde aan de graaf dat daarvoor subsidie was aangevraagd.[97] De Rijksdienst voor Landbouwherstel liet graaf Carel op 19 juli 1947 weten dat hij recht had op ruim 212.000 gulden als vergoeding van de schade aan het bos. De helft van dat bedrag kreeg hij al uitgekeerd en de andere helft zou hij krijgen als SBB had bericht dat de herinplant naar haar genoegen was gebeurd.[98] Is dat de reden geweest dat graaf Carel omzag naar een alternatieve aanwending van Zandvliet of zag hij een mogelijkheid om de herinplant te combineren met een bloementoonstelling? Nader archiefonderzoek zal dat moeten leren. Kreeg burgemeester Lambooy daar lucht van en zag hij toen zijn kans schoon? Lambooy zocht namelijk naar mogelijkheden om het bollentoerisme langer aan de streek te binden dan die paar dagen dat de bollen bloeiden en het corso reed. Er moest een betere trekpleister komen om het publiek van kijker tot koper te maken, vond hij. Daarmee zijn we aangeland bij 1 januari 1949, een veelbewogen jaar in de geschiedenis van de tentoonstelling en onderwerp van het volgende hoofdstuk.

94 Huisarchief Keukenhof (HK), inv.nr. 1180.
95 Ontleend aan de pachtlijst die in 1955 werd opgemaakt (map losse stukken in het HK).
96 Map losse stukken HK, het is niet zeker of dit alle pachten betrof.
97 HK, inv.nr. 1212. In het archief bevond zich wel de aanbiedingsbrief van Stoffels maar bij de brief zat het herbeplantingsplan niet.
98 HK, inv.nr. 1232.

HOOFDSTUK 3

DE OPRICHTING VAN KEUKENHOF IN 1949 EN DE EERSTE TENTOONSTELLING

Veel nieuwe tulpen

In 1929 gaf de Royal Horticultural Society (RHS) *A tentative list of tulip names* uit met daarin de namen van 3000 cultivars. In de inleiding stond dat daarvan 800 nieuw waren sinds de vorige uitgave uit 1915. Dit betekende dat er gemiddeld 56 cultivars per jaar bij kwamen. In 1939 gaf de RHS *A classified list of tulip names* uit met 4300 namen, waarvan 500 synoniemen, omgerekend een toename met gemiddeld 90 cultivars per jaar. In 1946 publiceerde de AVB een *Naamlijst van Nieuwe Tulpen*, een overzicht van alle tulpen die men tussen 1938 en 1946 had geregistreerd. Dat waren er maar liefst 1400, oftewel 200 per jaar. Vele telers hadden dus de Tweede Oorlog 'benut' om nieuwe tulpen te winnen. Die verdelingsarbeid moet zijn weg zien te vinden naar de uiteindelijke afnemer: de consument. Maar hoe is die te bereiken? Publiekstentoonstellingen zijn er nauwelijks en als ze al zijn vinden ze in de winter plaats en hebben ze een beperkte levensduur. Het zou veel mooier zijn om ze langdurig in een natuurlijke omgeving te showen: Keukenhof dus.

Van Dijk tekent op en Van der Lee rekent uit

M. van Dijk was niet alleen gemeentesecretaris van Lisse, hij was ook van 1949 tot 1977 de secretaris van Keukenhof. Niet alleen maakte hij de notulen van de raad van beheer van de stichting, hij schreef ook het overzicht *Keukenhof in de jaren 1949 tot en met 1973*. Daarin nam hij niet alleen een samenvatting van de notulen op met daarbij een klapper en een chronologisch overzicht, maar ook andere (statistische) gegevens. Verder schreef hij twee belangwekkende overzichten. In het archief van Keukenhof bevindt zich een overzicht met uittreksels uit *Ons Weekblad*, een in Lisse verschijnend krantje. Het overzicht bevat de artikelen over Keukenhof van 15 april 1949 tot het einde van het jaar. Van Dijk maakte dit overzicht waarschijnlijk in 1977. Hij plaatste bij de artikelen korte commentaren en sloot het overzicht af met een terugblik. Over het initiatief van Lambooy schreef hij dat het eigenlijk een spontaan idee was, geboren uit een frustratie: "De heer Lambooy was burgemeester van Lisse, maar wist van het bollenvak niets (...). Een doorn in zijn oog was (...) altijd dat, als er gemeentelijke gasten kwamen in de bollentijd, hij met die mensen naar de kas van Grullemans moest en hen een kop koffie moest aanbieden in de Nachtegaal, waarvan hij de kosten uit zijn eigen zak moest betalen!!" Aan het tweede overzicht, dat Van Dijk in 1969 samenstelde, *Overzicht van data en feiten van belang zijnde voor de oprichting van Keukenhof*, ontlenen we wat Lambooy werkelijk zei op die eerste januari 1949 en dat is wat meer in overeenstemming met de persoon die we nog zullen leren kennen dan de hem in de mond gelegde opmerking van o.a. Hulkenberg. Volgens Van Dijk zei de burgemeester het volgende: "Gelukkig voor graaf van Lynden, dat het geen echte brand was, jammer echter voor ons, want wat zou je hier een mooie bloementoonstelling kunnen houden, wanneer het kasteel echt in de fik was gegaan.[99] We hebben er toen later thuis op door zitten praten en mijn reactie was: 'waarom het toch niet proberen, want graaf van Lynden is misschien nu hij toch al enkel jaren in St. Michielsgestel woont, wel bereid medewerking te verlenen.' Omdat we (burgemeester en secretaris) graaf van Lynden minder goed persoonlijk kennen, heeft de heer Lambooy op de toenmalige directeur O.W., de heer Th.v.d. Eerden, een beroep gedaan om hem als het waren te introduceren."[100] Op 15 januari spraken de drie heren van de gemeente met de graaf in het huis van F. van Paaschen, de rentmeester van de graaf.[101] De graaf wilde wel meewerken en vroeg aan Lambooy om een concreet voorstel met tekeningen. Zandvliet viel namelijk onder de Natuurschoonwet 1928; dat bood de graaf fiscale voordelen maar had ook tot gevolg dat er niet onbeperkt in mocht worden gekapt.[102] Op verzoek van de gemeente maakte Van der Lee, de ontwerper van Bloemlust, een begroting voor de tentoonstelling, die uitkwam op bijna 59.263 gulden (zie kader op pagina 38).[103]

Februari 1949. Twee tentoonstellingen worden geopend

Evenals de voorgaande jaren organiseerde de stichting Bloemlust in het veilinggebouw van de HBG drie grote tentoonstellingen van geforceerde bolgewassen. De data waren van 28 december tot en met 1 januari, van 25 tot en met 29 januari en van 15 tot en met 19 februari 1949. Omdat de stichting in haar statuten had staan dat de tentoonstelling niet op zondag open mocht zijn (bij bepaalde geloofsgemeenschappen in Lisse waartoe ook Segers en Nieuwenhuis behoorden, werd de zondagsrust zeer strikt in acht genomen) en Kerstmis op zaterdag en zondag viel, verschoof men de jaarlijkse opening van de eerste tentoonstelling van 24 naar 28 december.[104]

---

99 Zwetsloot schreef in *Ons Weekblad* van 28-10-1949 dat Lambooy op die eerste januari over Zandvliet zei: "als dit akelige nutteloze bos eens beschikbaar kon komen voor een permanente vollegrondsbloemenshow."

100 Van Dijk 1969, 1. O.W. staat voor Openbare Werken.

101 Frans van Paaschen, volgens Hulkenberg 1975, 187 een 'keurige vlotte vent', was niet alleen de chauffeur maar ook de vertrouwensman geweest van de vader van Graaf Carel en nu dus kennelijk ook van de zoon.

102 Dat is niet expliciet in dat gesprek aan de orde geweest, maar dat lijkt ons op basis van ons onderzoek voor de hand liggend.

103 Archief Keukenhof.

104 Die zondagssluiting kwam het bezoek uiteraard niet ten goede en dat was er mede de oorzaak van dat de tentoonstellingen in 1958 werden beëindigd.

De begroting van Van der Lee

Voor de begroting ging Van der Lee uit van een tentoonstelling van ongeveer 12 hectare (de helft van Zandvliet) die 13 weken zou duren. Hij verdeelde het terrein in vakken en per vak begrootte hij de kosten van het schoonmaken, het grondwerk (spitten en egaliseren) bemesten, het planten van bollen en heesters en het inzaaien van gras. Er stond nog meer in Van de Lee's begroting. Zo schatte hij voor de aanschaf van bollen 5200 gulden nodig te hebben. Die bollen zorgden voor de aankleding van het terrein, de rest van de bollen zou door de inzenders zelf moeten worden geplant in door Van der Lee uit te zetten perken. Hij hield ook rekening met de inrichting van het terrein als tentoonstellingsterrein, zoals reparatie van bruggen en hekken, het plaatsen van banken, de aanleg van een hoofdingang. Dat geheel begrootte hij op 13.285 gulden. Daarnaast onderscheidde hij zogenaamde overige kosten zoals de controle door 4 man en de kaartverkoop ten tijde van de tentoonstelling. Daarvoor was een bedrag nodig van 5200 gulden. Voor reclame begrootte hij 6000 gulden en voor de ontvangst van de gasten 1000 gulden. Tenslotte schatte hij de hoogte van de schadevergoeding aan de graaf op 5000 gulden.
Na het eerste jaar zou ongeveer 33.000 gulden per jaar nodig zijn, mits er geen uitbreiding zou plaatsvinden.

Uiteraard was Van Nispen ook bij de opening van de derde Bloemlust-tentoonstelling. Hij zat er met gemengde gevoelens, terugdenkend aan het vruchteloze overleg met Segers over het uitstellen van die tentoonstelling (zie **afbeelding 1**). Op 12 maart 1948 zei Van Nispen tegen zijn hoofdbestuur dat hij zich ergerde aan de versnippering op tentoonstellingsgebied. Hij vond dat er teveel waren en dat ze 'dualistisch' waren, namelijk aan de ene kant gericht op wat hij noemde 'onderlinge voorlichting' en anderzijds op propaganda naar buiten. Daardoor dreigden die tentoonstellingen financieel te stranden. Daarom stelde hij voor om in februari 1949 een grote tentoonstelling van gebroeide bolgewassen in het Krelagehuis te houden, mede ter gelegenheid van het weer in gebruik nemen van dat gebouw (de oorlogsschade was dan hersteld).

afb. 1
Opening Bloemlust

afb. 2
Winterflora 1949

Omdat in 1949 het zeventigjarig bestaan van de afdeling Lisse van de AVB werd gevierd had men prominente personen uitgenodigd om de opening te verzorgen, namelijk de commissarissen van de Koningin van Zuid en Noord-Holland en de minister van Landbouw. Aan het zeventigjarig bestaan werd aandacht besteed tijdens de opening van de derde tentoonstelling op 15 februari 1949. De voorzitter van de jubilerende afdeling, M. Veldhuyzen van Zanten, werd door de voorzitter van de stichting, Segers, speciaal verwelkomd. Te midden van veel hoogwaardigheidsbekleders opende minister Mansholt van Landbouw de tentoonstelling. Ruim 12.000 mensen bezochten de tentoonstelling.

Toen het hoofdbestuur daarmee instemde, vroeg Van Nispen aan Segers, de voorzitter van Bloemlust, of hij de tentoonstelling in februari wilde schrappen en de inzenders naar Haarlem wilde verwijzen. Dat wilde Segers niet. Hij bood aan dat te doen voor de januari-tentoonstelling, maar dat wilde Van Nispen weer niet omdat dan het sortiment te beperkt zou zijn. Bovendien zei hij tegen zijn hoofdbestuur in de vergadering van 5 april, dat als zij zouden wijken, dan de AVB zijn plaats verloor als de organisator voor de 'algemene propaganda'. Dus de AVB zette het plan door en op 25 februari 1949 opende minister Mansholt een grote Winterflora, de eerste sinds 1938. In de 36-koppige jury zaten maar liefst 22 vertegenwoordigers van tuinbouwverenigingen uit het buitenland (hun verblijf werd betaald door het CBC) en er kwamen 39.000 betalende bezoekers (zie **afbeelding 2**). Een groot succes, vond Van Nispen, en zonder al te veel kosten voor de AVB.

Maart 1949. De 'peilingvergadering' over Keukenhof, twee stichtingen worden opgericht

Op 21 februari overlegde Lambooy met A. Belle (een teler-exporteur uit Lisse) en A. Zwetsloot (van de Hobabo) over een plan om bij een twintigtal bloemisten hun mening te peilen "om te komen tot het organiseren van een groots opgezette openluchtbloembollententoonstelling in 1950 en – zo mogelijk – ook in de volgende jaren."[105] Hij wilde die vergadering houden op 25 februari, maar de heren vertelden hem dat dit vanwege de opening van de tentoonstelling in Haarlem niet zo handig was. Vandaar dat het 1 maart werd. Van Dijk noemde het een 'peilingvergadering' en was niet onverdeeld positief over het idee van Lambooy. De vergadering was 's middags nadat 's ochtends de 'heren van de gemeente' met graaf Carel en Van Paasschen Zandvliet hadden bekeken. In het nagesprek had men de voorwaarden besproken die de graaf verbond aan het voor meer jaren beschikbaar stellen van Zandvliet. Lambooy vond dat de graaf ook een deel van het risico van de tentoonstelling zou moeten dragen. Uit het verslag van Van Dijk blijkt niet de expliciete reactie van de graaf. Lambooy ging er echter – ten onrechte zoals later bleek – van uit dat hij groen licht had gekregen. Bij de meningspeiling met de '20 bloemisten' die middag was de graaf niet aanwezig, maar Van Paasschen wel. Scepsis overheerste aanvankelijk de vergadering, waarvan de notulen de eerste waren die Van Dijk maakte en opnam in het notulenboek. Hogewoning zette vraagtekens bij de financiering als het een plaatselijk initiatief bleef en "is van gevoelen, dat een buitenshow niet in Lisse thuis hoort." En zo reageerden er meer. Bovendien was men bang voor de concurrentie van de 'grote' tentoonstelling van de AVB. Alleen K.J. Grullemans en D.W. Lefeber steunden Lambooy. Van der Lee vertelde geschrokken te zijn van het terrein, maar toch wel mogelijkheden te zien om zeven tot acht hectare rechts van de Stationsweg in te richten mits het terrein 'konijnenvrij' was. Toen Lambooy echter meedeelde dat de gemeente een krediet van 60.000 gulden beschikbaar zou stellen, stelde men een commissie in om Zandvliet te gaan bekijken en de mogelijkheden van een tentoonstelling te onderzoeken.[106] Aan het eind van de vergadering verklaarden Segers en A. Nieuwenhuis geen medewerking aan de tentoonstelling te kunnen verlenen omdat die ook op zondag open zou zijn. Eind maart bracht de commissie verslag uit en dat was onverwacht positief. De commissie was zelfs zeer enthousiast, schreef Van Dijk in het notulenboek. De commissie beval aan zelf vooralsnog geen gebouwen op te richten en het terrein gefaseerd in te richten. Verder zou het restaurant zichzelf dienen te bedruipen, zodat het krediet van de gemeente (60.000 gulden per jaar) geheel voor de tentoonstelling kon worden gebruikt. Op 1 april spraken Lambooy, D.W. Lefeber en notaris Roes met de graaf over de voorwaarden waaronder de graaf Zandvliet ter beschikking zou stellen als tentoonstellingsterrein. Lefeber stelde in dat overleg voor dat de graaf naast een vergoeding van de schade die de tentoonstelling aan het terrein toebracht genoegen zou nemen met de helft van de winst van de tentoonstelling. Omdat de graaf zei het een aantrekkelijk plan te vinden beschouwde het drietal dat als het groene licht om door te gaan. Men vormde een voorlopig bestuur en de 'heren van de gemeente' ontwierpen een voorstel voor de raad die op 11 april zou vergaderen.

Op 19 maart togen Van Nispen en Voors naar notaris J. de Reede in Haarlem om twee stichtingen op te richten. De ene stichting zette het comité tot beheer van de demonstratietuin Treslong om in een stichting met gelijke naam en de andere was gericht op het bouwen en exploiteren van een beursgebouw in Hillegom. In de algemene ledenvergadering van 20 december 1948 had Van Nispen een meesterzet gedaan en zo een 'burgeroorlog' tussen voor- en tegenstanders van de beurs in Hillegom voorkomen. Op zijn voorstel bleef de zetel van de AVB in Haarlem en zou men het Krelagehuis renoveren en gelijktijdig zou onder patronaat van het hoofdbestuur van de AVB een nieuw beursgebouw worden gebouwd in Hillegom. Dat betekende echter dat op termijn de demonstratietuin bijna een hectare moest inleveren voor het beursgebouw![107]

April 1949. Persconferentie, de gemeenteraad stemt in, de graaf distantieert zich

Net als in 1948 gaven de burgemeesters uit de bloembollenstreek aan het begin van het bollenseizoen een persconferentie. Die vond op 6 april plaats in De Nachtegaal, een etablissement op de grens van de gemeenten Lisse en Hillegom. Van Nispen presenteerde een persbericht over het plan voor de demonstratietuin Treslong, waarvan de stichting net was opgericht. Hij dacht daarmee de show te stelen, maar werd volkomen overdonderd door Lambooy, die een persbericht over Keukenhof presenteerde. Volgens Van Dijk, die er bij was, nam Van Nispen dat Lambooy later uitermate kwalijk "omdat hij – al of niet terecht – aannam dat de burgemeester van Lisse hem als burgemeester van Hillegom een flater had laten slaan."[108] Van Dijk rept er niet van dat de twee

---

105 Van Dijk 1969, 1.
106 Die toezegging van Lambooy stond niet in de notulen maar wel in een latere aantekening van Van Dijk.
107 Dat was in 1951 al het geval, zie verder voor de beurs Timmer 2007.
108 Van Dijk 1969, 2.

burgemeesters de zaak later zouden hebben uitgepraat. Integendeel, ze bleven diametraal tegenover elkaar staan, de een als voorzitter van Keukenhof en de ander als voorzitter van de AVB. Grootste twistappel: de 'grote' tentoonstelling van de AVB.

Op 11 april boog de gemeenteraad van Lisse zich over het voorstel van Burgemeester en wethouders (B en W) om 10 jaar een renteloos krediet van maximaal 60.000 gulden (gebaseerd op de begroting van Van der Lee) ter beschikking te stellen aan een op te richten stichting voor het houden van een 'open-luchtbloementntoonstelling' op Zandvliet voor ten hoogste 10 jaar. Bij een entreeprijs van 75 cent en een vermakelijkheidsbelasting van 20 procent ten gunste van de gemeente, waren er per tentoonstelling 57.600 bezoekers nodig om de kosten goed te maken. Het collegevoorstel vond de financiering het 'allermoeilijkste punt' en B en W schreven daarover het volgende: "Het is o.i. zeer te waarderen, dat de leden van het comité, die zonder uitzondering grote zakenlieden zijn, zich bereid hebben verklaard hun tijd en energie in dienst van het comité te stellen om op een zo economisch mogelijke wijze een groots opgezette expositie te organiseren, maar van hen mag o.i. niet worden verlangd, dat zij daarenboven ook nog financiële risico's gaan lopen, waartoe zij uiteraard overigens ook niet bereid zijn, vooral waar zij hier ook niet direct belanghebbenden zijn." Daarenboven stelde B en W aan de kredietverstrekking een aantal voorwaarden, zo mocht de stichting pas worden opgericht nadat B en W de statuten hadden goedgekeurd en mochten de statuten alleen worden gewijzigd na toestemming van B en W. Bovendien moesten B en W ook de overeenkomst tussen graaf Carel en de stichting goedkeuren en daarin moest nadrukkelijk worden bepaald dat er tot en met 1959 jaarlijks tentoonstellingen zouden worden gehouden.

De raad ging met twaalf tegen drie stemmen akkoord. De tegenstemmers hadden onoverkomelijke bezwaren tegen de opening op zondag en sloten daarbij aan bij een adres van de Gereformeerde Kerken in Lisse van die strekking aan de raad.

Op 7 april hadden B en W niet alleen het voorstel naar de raad gestuurd, maar ook een conceptcontract naar de graaf tussen hem en de gemeente, met daarin de belangrijkste punten van de overeenkomst die naar het idee van B en W met de graaf was bereikt. Zo stond in het contract dat de graaf ongeveer 25 hectare, in het contract nauwkeurig omschreven met grootte en kadastrale nummers, ter beschikking zou stellen van de gemeente, voor een periode van 10,5 jaar (vanaf 1 juni 1949) als tentoonstellingsterrein. Graaf Carel zou dat doen tegen een vergoeding van de schade, een (exclusieve) vergunning voor het stichten en exploiteren van een parkeerterrein en rijwielstalling en 50 procent van de nettowinst van de exploitatie van de tentoonstelling. De gemeente verbond zich dat bedrag jaarlijks aan graaf Carel te betalen, maar daar tegenover stond weer een voorkeursrecht voor de gemeente als graaf Carel in 1960 de grond zou verkopen "alsmede een voorkeursrecht voor voortzetting van deze overeenkomst, voor tenminste 5 jaar, op dezelfde condities, voor het geval van Lynden zelf aan het terrein de bestemming van tentoonstellingsterrein mocht geven." Het contract eindigde met de bepaling dat de gemeente de bevoegdheid had haar rechten en verplichtingen over te doen aan een op te richten stichting. De graaf antwoordde daarop via zijn advocaat mr. A. baron Van Haersolte uit Amsterdam, in een brief die de gemeente op 13 april ontving, dat Van Haersolte vanaf die tijd alle aspecten rond de tentoonstelling op Zandvliet zou behandelen (er was verwarring ontstaan over wie er nu namens de graaf optraden) en dat hij zich distantieerde van de tot dusver gevoerde onderhandelingen en dus ook van het contract.[109] Van Dijk tekende in zijn overzicht aan dat Lambooy razend was. Meteen ging er een brief naar Van Haersolte met een uiteenzetting van de afspraken die op 1 april waren gemaakt. De graaf trok zich van die woede natuurlijk niets aan en liet zijn advocaat het volgende terugschrijven (20 april): "Indien u in de bij voormeld telefoongesprek [dat vond plaats op 9 april, MT] uitgesproken verwachting 'het wel eens te zullen worden' aanleiding mocht hebben gevonden om in de raadszitting mede te delen, dat wat betreft de heer van Lynden alles in kannen en kruiken was, komt deze veel te ver gaande mededeling geheel voor uw rekening, en spreekt het vanzelf, dat cliënt op grond daarvan niet kan afstappen van de bezwaren, welke hij bij gezette overweging, gepaard gaande met deskundig advies, van de voorgestelde condities heeft."[110] Op zijn beurt stelde de graaf zijn voorwaarden. Hij wilde vóór 15 mei de al eerder gevraagde tekeningen van de inrichting ter wille van een overleg met Staatsbosbeheer.[111] Daarnaast wilde hij een vergoeding van de schade en 2000 gulden per jaar voor de verhuur van de grond plus 15 procent van de entreegelden of 5000 gulden per jaar (gedurende 10 jaar). Bovendien eiste hij een duidelijker omschreven monopolie op het parkeren. In dat monopolie moest omschreven worden dat de gemeente niet binnen een straal van 1 kilometer van Zandvliet een parkeerterrein zou openen. De zaak zat muurvast. Waar haalde men die 50.000 gulden (10 jaar lang 5000 gulden) vandaan? Goede raad was duur, ook al omdat ook een bemiddelingspoging van de oud-burgemeester van Lisse, jonkheer Van Rijckevorsel, mislukte. Het was duidelijk: de graaf bezag het geheel strikt zakelijk, wilde geen risico dragen en was er zich zeer van bewust dat zonder hem geen tentoonstelling mogelijk was.

Ons Weekblad van 15 april bevatte een uitgebreid verslag van de vergadering van de raad van Lisse van 11 april. Het artikel begon met het citeren van het begin van het collegevoorstel: "Onder presidium van de burgemeester heeft zich in de gemeente een comité gevormd, dat zich ten doel stelt om gedurende een reeks van jaren openluchtbloembollententoonstellingen te gaan organiseren in een gedeelte van het Keukenhofbos, genaamd 'Zandvliet'. (...) Het doel van de tentoon-

109 Zowel Van Paaschen, als notaris Roes als P. van der Leede (de beheerder van het kasteel) wierpen zich op als vertegenwoordiger van de graaf.
110 Van Dijk 1969, 11.
111 Waarschijnlijk hing dit samen met de al eerder genoemde rangschikking van Zandvliet onder de Natuurschoonwet 1928. Nader onderzoek in het archief van het kasteel zal hierover uitsluitsel kunnen geven.

stelling is tweeërlei en wel 1e wel het bevorderen van de belangen van het bloembollenvak en 2e de behartiging van meer algemene belangen als vreemdelingenverkeer e.d." Diezelfde dag verscheen ook *De Hobaho* en die bevatte het eerste bericht over Keukenhof dat in de vakbladen is gevonden. Het was een kort bericht waarin melding werd gemaakt van een lofwaardig initiatief van de altijd actieve gemeente Lisse om een demonstratiepark te stichten om op die manier te trachten het dorp de naam 'centre of the bulbdistrict' waardig te doen zijn.[112]

Mei 1949. Flora 1953 wordt in de steigers gezet en de geniale daad van D. Lefeber

Het was vooral de afdeling Heemstede van de AVB die regelmatig bij het hoofdbestuur had aangedrongen op het weer organiseren van een grote tentoonstelling. Steeds had het hoofdbestuur de boot afgehouden omdat men de internationale toestand niet stabiel genoeg achtte. In de vergadering van het hoofdbestuur van 11 mei 1949 achtte men de tijd echter rijp om er een serieuze gedachtewisseling aan te wijden. Men schatte in dat een dergelijke tentoonstelling een miljoen zou kosten, met een tekort van drie tot vier ton en vroeg zich af of het vak dat wel wilde of kon dragen want een garantiefonds zou daarvoor niet toereikend zijn. Het zou dus alleen mogelijk zijn als het hele vak meedeed in de vorm van een extra roeheffing, en dat zou moeilijk liggen omdat de export (lees: de Bond van Bloembollenhandelaren) nogal lauw had gereageerd op het idee weer een grote tentoonstelling te organiseren. Uit een ingezonden brief van T. van Waveren die op 21 juli 1950 wel werd gepubliceerd in *De Hobaho* maar niet in het *Weekblad voor Bloembollencultuur* weten we waarom. Van Waveren schreef dat Van Nispen hem benaderd had over de grote tentoonstelling eer er nog sprake was van Keukenhof. Van Waveren schrok van de prognose van Van Nispen over de kosten en het tekort en vond het op basis daarvan niet verantwoord een dergelijke tentoonstelling te steunen en het vak voor zo'n strop te laten opdraaien: "en adviseerde dienovereenkomstig, te meer daar ik de reclamewaarde van een dergelijke tentoonstelling te duur betaald achtte met zulk een groot deficit."[113] Het hoofdbestuur besloot na te gaan of een heffing mogelijk was. Dat bleek niet het geval, vandaar dat men aan de COR van het CBC vroeg om een financiële dekking voor de tentoonstelling. De COR zou zich daar in juni over buigen. Zoals gewoonlijk werd een kort verslag van de vergadering van het hoofdbestuur in het *Weekblad voor Bloembollencultuur* geplaatst. In het nummer van 27 mei stond in het verslag dat men weer ging werken aan een grote tentoonstelling als in 1935. Over tijdstip en plaats liet men zich niet uit: 'zo spoedig mogelijk' en men verheelde niet dat het een kostbare zaak zou worden en kondigde aan plannen te ontwerpen waarvoor een krediet bij het CBC zou worden gevraagd.

Op 19 mei schreef Van Haersolte aan de graaf dat Lefeber op 17 mei bij hem was geweest met wat Van Haersolte een "zeer gelukkige oplossing van de thans bestaande 'dead-lock' vond." Op verzoek van de advocaat zette Lefeber zijn voorstel op papier en dat ging met de brief mee naar Sint Michelsgestel.[114] Lefeber stelde voor dat hij het recht van de graaf op de helft van de winst wilde overnemen voor 4000 gulden per jaar. Hij wilde daarmee aantonen dat zijn eerdere voorstel ter zake realistisch was en dat de tentoonstelling een succes zou worden. Bovendien schreef hij dat hij ook belang had bij de tentoonstelling omdat zij een "speciaal bedrijf van nieuwe variëteiten [hadden], welke op het betreffende terrein gunstig kunnen worden geëxposeerd." In het kader op de volgende pagina wat meer informatie over D. Lefeber en zijn bedrijf en zijn broer J.W.A. Lefeber.

Omdat zowel de gemeente als de graaf voordeel hadden van Lefebers voorstel stelde hij als conditie dat hij naar de gemeente zou optreden als gemachtigde van de graaf met een instemmingsrecht over alle besluiten met betrekking tot de inkomsten en uitgaven van de tentoonstelling. De graaf moest ermee instemmen dat Lefeber de tentoonstelling mocht voortzetten als de graaf die zou opheffen. Van Dijk noemde het een 'geniale' daad van Lefeber.[115] Lefeber zei er later (1977) het volgende over: "In order to make the difficult start possible then, I had to hire personally the exhibition-grounds of about seventy acres for the first ten years, which involved a financial agreement, of course, for the working of the flower show. Some of my colleague-founders, who had NOT SIGNED the contract, called this solution genial, but the risks remained, because this ten-year contract had to be signed by me finally and personally, before one bulbgrower had bound himself as exhibitor and before the first spadeful of earth had been turned."[116]

Een week later kreeg Lefeber bericht dat de graaf instemde met zijn voorstel mits dat in een afzonderlijk contract werd opgenomen en de graaf een garantie kreeg voor het totale bedrag (40.000 gulden in 10 jaar). Dat maakte de weg vrij voor een overleg van de advocaat met Lambooy en Lefeber dat op 1 juni plaatsvond. De drie sloten een principeakkoord met een tijdschema voor het opstellen van de contracten.[117] Bovendien mocht de gemeente op 2 juni met de werkzaamheden op Zandvliet beginnen. Op 3 juni tekende Lambooy het door Van der Lee in april-mei getekende schetsontwerp van het tentoonstellingsterrein Zandvliet 1949-1950 (schaal 1 op 1000) en stuurde dat naar de graaf. De graaf zou dit laten beoordelen door zijn adviseurs te weten Van der Leede, Van Paaschen en ir. A. Stoffels (houtvester bij Staatsbosbeheer). Voor Lambooy maakte dit ook de weg vrij om de gang naar de provincie te maken om het besluit van de gemeenteraad goedgekeurd te krijgen. Voor Van der Lee was dit het sein om met honderd man aan de gang te gaan op Zandvliet.

---

112 Die uitdrukking stond op het poststempel van Lisse.
113 *De Hobaho* 15-4-1949, aldaar 5.
114 HK, map Zandvliet.
115 Het gedenkboekje dat ter gelegenheid van vijfentwintig jaar Keukenhof verscheen maakte wel melding van de geniale oplossing van D. Lefeber, maar gaat niet in op de inhoud. In het gedenkboek over vijftig jaar Keukenhof wordt er helemaal geen melding van gemaakt. Hulkenberg schrijft alleen dat Lefeber voor een aanzienlijk bedrag persoonlijk garant wilde staan (Hulkenberg 1971, 71).
116 Lefeber, 1977, 14.
117 GA Lisse, inv.nr. 3417.

Dirk Willem Lefeber 1894-1979

Dirk Willem Lefeber werd in 1894 geboren in Lisse in een kwekersgezin met negen kinderen. Hij ging in 1910 een jaartje naar Engeland om de taal te leren en doet dat ook in Duitsland (1911), Rusland (1913) en Amerika (1915). Een aantal broers was hem voorgegaan. Toon (1892-1980) vertrok in 1913 naar Rusland om bollen te verkopen en 'wilde' tulpen te verzamelen (in Turkestan) en Marius (1893-1982) ging in 1913 naar Amerika en begon daar later ook een bloembollenbedrijf. In 1917 ging Dirk scheep met bollen en zaden naar Sint Petersburg, maakte de revolutie mee en beleefde vele avonturen. Hij legde contacten tot in de hoogste kringen die hem later goed van pas kwamen.[118] In 1923 trouwde hij, vestigde zich in Lisse aan de Heereweg (Huize El Dorado) en begon een bedrijf in het veredelen, telen en verhandelen van bloembollen. Hij startte een kruisingsprogramma van Darwintulpen met botanische tulpen uit Rusland en van botanische tulpen onderling, dat uitermate succesvol was. Met het oog op zijn export naar Rusland zocht hij naar sterke rode tulpen. Uit een partijtje *Tulipa fosteriana* die zijn broer uit Rusland aan hem en de firma Van Tubergen leverde, selecteerde hij de prachtige rode 'Madame Lefeber', die Van Tubergen in 1931 liet registreren. Ongeveer tien jaar, en vele nieuwe door hem genoemde Giganteatulpen (in 1952 door de AVB geclassificeerd als Darwinhybride tulpen) later, bloeide de eerste bloemen van een zaaisel van de Darwintulp 'William Pitt' met 'Madame Lefeber'. Daaruit kwam de beroemde rode 'Apeldoorn' voort.[119] Een bewijs van zijn avontuurlijke, zakelijke geest is nog het volgende. In de eerste bloeitijd na de oorlog, in 1946, vertrok hij met 30.000 bloeiende tulpen in een Dakota van de KLM naar Moskou als dank van het Nederlandse volk voor de Russische bijdrage aan de overwinning op Hitler. Het was de eerste KLM vlucht van na de oorlog naar Rusland. Zijn oudste broer was wat minder avontuurlijk, maar zeker zo bekend.

Joseph Willem Antonius Lefeber 1890-1973

Net als zijn broer leerde Willem, zoals hij werd genoemd, de techniek van het kruisen van bloembollen van meester Beumer uit Sassenheim en net als zijn broer werd hij naast teler ook een bekend veredelaar, vooral van narcissen en hyacinten. Zo won hij de hyacinten 'Pink Pearl' (1922) en 'Delft Blue' (1944). Meer dan zijn broer was hij actief in de Lissese gemeenschap (hij woonde ook aan de Heereweg). Zo was hij wethouder van openbare werken, bijna vijftig jaar president-commissaris van de veiling HBG en meer dan dertig jaar voorzitter van de plaatselijke Rabobank. Hij stond in het vak bekend als J.W.A en zijn broer als D.W. Zo namen ze ook de telefoon op.

Juni en juli 1949. Keukenhof wordt in de steigers gezet en vraagt steun

Gedeputeerde Staten van Zuid-Holland hadden op dat moment het besluit van de gemeenteraad nog niet goedgekeurd. Ze kregen het pas na de 'geniale' daad van Lefeber, want als die er niet was geweest was het plan niet doorgegaan. Nu vormde het volgens B en W juist een extra argument voor GS om toestemming te geven. Zo schreven ze het in de brief aan GS op 4 juni (zie kader).

---

118 Schipper 2006, 134 en Zwetsloot 1996, 31-33.
119 Zie voor de introductie daarvan Zwetsloot 1996, 86-91.

Brief van 4 juni van B en W aan GS over de geniale daad van Lefeber

Na in de brief te hebben gememoreerd dat door de extra eisen van graaf Carel het plan geen doorgang kon vinden schreven B en W: "Een der vooraanstaande bloemisten in de gemeente – dezelfde die het eerste contact met de heer Graaf van Lynden heeft gelegd – heeft daarop het initiatief genomen tot een bemiddelingspoging (...) en (...) het (...) voorstel gedaan om tegen betaling van f 4000,- per jaar de rechten en verplichtingen van de (...) graaf (...) over te nemen. Deze bloembollenkweker, die zeer kapitaalkrachtig is en een all-round zakenman, verwacht zo'n groot succes van de tentoonstellingen, dat hij dit risico durft te nemen. De heer van Lynden heeft dit voorstel aanvaard (...) door deze oplossing wordt niet alleen de mogelijkheid geopend, dat de plannen doorgang vinden (...) maar bovendien het bewijs geleverd, dat van de particuliere zijde zoveel vertrouwen in het slagen van de onderneming wordt gesteld, dat het risico (...) [voor] (...) de gemeente (...) zo gering wordt geacht (...) dat een particulier zakenman de winstmogelijkheid voor de op te richten stichting, nadat de gemeente haar kapitaal volledig heeft teruggevangen en bovendien in de vorm van vermakelijkheidsbelasting zeer belangrijke sommen heeft getoucheerd, zó hoog aanslaat, dat hij hiervoor een risico van niet minder dan f 40.000,-- aanvaard!"

Voor de gemeente was het ook een voordeel dat deze 'zakenman' de belangen van de tentoonstelling als zijn eigen belang zal behartigen en dus: "èn zijn werkkracht èn zijn koopmansgaven ten volle in de waagschaal zal gaan stellen niet alleen om de tentoonstelling zelf een eclatant succes te doen zijn, maar ook om zo'n gunstig mogelijk financieel resultaat te verkrijgen."[120]

Desondanks waren GS geneigd het raadsbesluit van 11 april af te keuren, omdat men het geen taak van de gemeente vond om een krediet te verlenen aan de stichting Keukenhof in oprichting. Als het echt zo'n vakbelang was als Lambooy deed voorkomen dan kon het vak het toch zelf wel financieren. Van Dijk, die bij het overleg tussen Lambooy en het lid van GS Jansen Maneschijn aanwezig was, repte van een stroeve bespreking die uiteindelijk door de charme van Lambooy in een toestemming van Jansen eindigde.[121]

Op de avond van de mondelinge goedkeuring van Jansen (20 juni) schreven B en W op briefpapier van de gemeente uit naam van de stichting in oprichting brieven om steun en medewerking aan de AVB, de Bond, en een paar dagen later ook aan het CBC. Bovendien nodigde men ze uit voor een bezoek aan het terrein.

Aan de AVB vroegen B en W niet alleen om nader overleg en medewerking, maar ook of men het bestuur van Keukenhof op de hoogte zou willen stellen omtrent de wensen: "meer speciaal betreffende de wijze, waarop naar de mening van de Alg. Vereniging de vakbelangen het best zouden worden gediend."[122] Ook aan de Bond schreven B en W een dergelijke brief terwijl men aan het CBC steun verzocht in de vorm van een krediet van 20.000 gulden, terug te betalen uit de winst van de tentoonstelling. Bovendien nodigde men het ook het CBC uit voor een bezoek aan het terrein.

In de brief aan de Bond refereerden Lambooy en Van Dijk ook aan het vijftigjarig bestaan van de Bond in 1950. Zij wilden daar gaarne overleg: "omtrent eventuele reservering van een deel van de expositie-ruimte en/of inzake ontvangst van buitenlandse gasten, waarvoor wij reeds bij voorbaat alle mogelijke medewerking en gastvrijheid toezeggen."[123] Het leidde de volgende dag (21 juni) al tot een bijeenkomst op het gemeentehuis te Lisse waar Warnaar en Van Waveren aanschoven. Alhoewel Lambooy ze introduceerden als vertegenwoordigers van het CBC en de Bond gaven de heren aan dat ze als 'particulier persoon' aanwezig waren.[124] Nadat Van der Lee en Lefeber (beiden ook aanwezig) een uiteenzetting van de plannen hadden gegeven schaarde beide heren zich daarachter maar hadden wel zo hun bedenkingen. Van Waveren wees op de spanning in het vak als gevolg van de Flora 1952 of 1953 en raadde aan 'tactisch' te werk te gaan. Warnaar vond het plan voor Lisse alleen 'te groots', vandaar dat alles moest worden gedaan om het CBC (financieel) mee te krijgen. Ook hij wees op de spanningen in het vak: "Men moet rekening houden met tegenstand van de Noord, van Haarlem en Heemstede, alsmede van degenen die de grote flora propageren." Verder wilden ze bewerkstelligen dat er zo gauw mogelijk met Van Nispen een overleg

120 GA Lisse, inv.nr. 3418.
121 Van Dijk 1969, 14. Hulkenberg 1975, 194.
122 Van Dijk 1969, 15.
123 GA Lisse, inv.nr. 3415.
124 Van deze bijeenkomst, die Van Dijk niet vermeldde in zijn overzicht (netals een aantal andere bijeenkomsten en brieven die we in het GA vonden), is een handgeschreven verslag bewaard gebleven in inv.nr. 3419 in het GA Lisse.

zou plaatsvinden, opdat hij in het CBC zich niet fel tegen het plan zou keren. Dat overleg vond echter niet plaats voor de vergadering van het CBC.

Op 22 juni stelde Van Haersolte twee conceptcontracten op. Een tussen de gemeente en de graaf met daarin een artikel 10 waarin de graaf 50 procent van de nettowinst van de exploitatie van de tentoonstelling zou krijgen. Bovendien stond er in het contract dat de gemeente voor alle vergunningen moest zorgen, zoals van de directeur van het Nationale Plan (voor het stellen van opstallen); Gemeentelijke Staten (GS; voor ontgrondingen) en van de commissaris voor Bosbouw en Houtteelt (voor het kappen van bomen). Daarnaast werd Lefeber in het contract aangesteld als gemachtigde van de graaf. Het tweede contract was tussen de graaf en Lefeber en betrof de jaarlijkse betaling van de 4000 gulden, waarbij Lefeber de eerste termijn terstond betaalde en voor drie komende jaren een bankgarantie moest overleggen. Verder regelde dit contract de aanstelling van Lefeber als gemachtigde van de graaf, maar stond er niets in over het recht van Lefeber op voortzetting van de tentoonstelling.

Van de vergaderingen van de COR werden in de vakbladen geen verslagen gepubliceerd. Men deed dat alleen van de algemene vergaderingen van het CBC en dat waren dan nog zeer korte verslagen. Van de vergaderingen van 23 juni en 1 juli van de COR weten we iets meer omdat A. Warnaar, de voorzitter van de COR, daarvan in de vakpers verslag deed naar aanleiding van opmerkingen van Van Nispen in de algemene vergadering van de AVB van 19 december 1949.[125]

Op 23 juni leidde Warnaar de besprekingen in met de mededeling dat er een verzoek was van de AVB om gelden beschikbaar te stellen [het ging om 10.000 gulden, MT] voor de voorbereidingskosten voor een grote tentoonstelling en ook garant te willen staan voor het tekort. De moeilijkheid was echter volgens Warnaar dat in Lisse vergevorderde plannen waren voor een 'jaarlijkse demonstratie' op Zandvliet. Hij had het terrein bezocht en was zeer onder de indruk van de mogelijkheden en de hulp van de gemeente Lisse. Hoewel hij vond dat er een grote tentoonstelling moest komen, wilde hij Lisse een kans geven: "Het staat thans vast dat het plan Lisse doorgaat. Het zou veel minder kosten wanneer wij samen werkten met Lisse, om in 1952 daar een grote tentoonstelling te houden. Daarom wil spreker Lisse juist een kans geven."[126] Men kwam er niet uit, vandaar dat men besloot op 1 juli Zandvliet te gaan bezichtigen en daarna de kwestie verder te bespreken. Nadat de COR Zandvliet had bezocht, vergaderde men in het gemeentehuis van Lisse. Omdat de meningen verdeeld bleven liet Warnaar stemmen over het verzoek om de Keukenhof 20.000 gulden beschikbaar te stellen. De overgrote meerderheid, ook Van Nispen, was daar voor. Later, in juni 1950, zei Van Nispen daarover dat hij dat had gedaan onder het uitdrukkelijke voorbehoud dat Keukenhof geen afbreuk zou doen aan het tentoonstellingswezen in het bloembollenvak, belichaamd in de tienjaarlijkse Flora's. Over het voorstel van de AVB werd niet meer gepraat. Volgens Van Nispen had Warnaar dat onder tafel gewerkt.[127]

De vreugde in Lisse was van korte duur, want in de vergadering van het CBC van 7 juli verwees men het besluit van de COR naar de prullenmand. Het CBC zag het nut van Keukenhof wel in, maar omdat het geen onpersoonlijke reclame was (er zouden inzendingen op naam komen) wees men de aanvraag af. Van Nispen, voorzitter van het CBC, zei aan het eind van de vergadering: "dat ook uit deze plannen weer blijkt dat niet genoeg beseft wordt, dat tentoonstellingen in ons vak het resultaat moet zijn van samenbundeling van alle krachten op dit gebied en dat versnippering op dit terrein schade toebrengt aan ondernemingen die ten bate van het algemeen vakbelang worden ondernomen."[128]

Van Nispen vond het, gezien de gang van zaken bij de COR, onverantwoord de plannen voor een grote tentoonstelling van de AVB nu voort te zetten. Daarvoor was de financiële basis te smal geworden, zei hij in de vergadering van het hoofdbestuur van de AVB op 12 juli. Men besloot via het korte verslag van de vergadering in het *Weekblad voor Bloembollencultuur* kritiek op het besluit van de COR te mobiliseren. Tevens werd in die vergadering gemeld dat er een brief van het gemeentebestuur van Lisse was binnengekomen met het verzoek om medewerking [dat was de brief van 20 juni, MT]. Over een antwoord werd niet gerept, maar dat werd later wel gegeven. Het kort verslag van deze vergadering verscheen in het *Weekblad voor Bloembollencultuur* van 22 juli. Daarin stond dat het hoofdbestuur teleurgesteld was over de gang van zaken bij het CBC en ontkende met 'vele vakgenoten' de juistheid van de zienswijze van de COR dat de grote tentoonstelling niet van zodanige waarde was voor de 'algemene propaganda' dat daarvoor gelden, voor onpersoonlijke reclame bestemd, besteed moest worden. Het hoofdbestuur vond het nodig dat de afdelingen en leden op de hoogte waren van deze zienswijze: "opdat zij zich rekenschap kunnen geven van de vraag of binnen afzienbare tijd een grote tentoonstelling zal kunnen worden gehouden", want daarvoor was concentratie van alle krachten noodzakelijk.[129]

Van Nispen zal dat weekend met weinig plezier de vakbladen hebben gelezen. *Het Vakblad* wijdde op 14 juli 1949 een zeer positief hoofdartikel van redacteur T. Lodewijk aan Keukenhof met daarin een gesprek met D. Lefeber, met zijn inmiddels bekende uitspraken over de voorgeschiedenis en het gentleman's agreement met Hillegom. Lefeber zei ook dat er een tienjarenplan voor Keukenhof was gemaakt waarbij, net als indertijd generaal MacArthur had gedaan, met 'kikkersprongen' werd gewerkt [tactiek van de generaal in de Tweede Oorlog om door de verovering van eiland na eiland Japan te verslaan, MT]. Lefeber was er zeker van dat ook Keukenhof de overwinning zou behalen. Bij dat gesprek op Zandvliet was ook R.M. van der Hart aanwezig, volgens Lodewijk 'de grijze nestor-vakjournalist' die ter plekke tot publiciteits-

---

125 De brief, gedateerd 24 december, verscheen in het *Weekblad voor Bloembollencultuur* van 6 januari 1950.
126 *Weekblad voor Bloembollencultuur* 6-1-1950, aldaar 218.
127 Ibidem.
128 *Weekblad voor Bloembollencultuur* 15-7-1949, aldaar 18.
129 *Weekblad voor Bloembollencultuur* 22-7-1949, aldaar 24.

chef van Keukenhof werd gebombardeerd. Van der Hart was in dienst van de AVB en redacteur van het *Weekblad voor Bloembollencultuur*. In het nummer van 15 juli deed hij ook verslag van zijn bezoek aan Zandvliet en was zo mogelijk nog lovender dan Lodewijk.[130] Hij gewaagde van een 'tovertuin' van bloeiende bolgewassen en van een 'daverende' reclame voor onze bloembollen: "De Keukenhof, die reeds vermaardheid heeft over geheel Nederland om zijn natuurschoon, zal nog roemruchter worden als het voorjaar van 1950 een bloemenparadijs van lenteweelde schept onder het diffuse licht van het uitbottende geboomte."[131] En dat in hetzelfde nummer als waarin ook het verslag van de algemene vergadering van het CBC stond met de kritische opmerkingen van Van Nispen aan het adres van Keukenhof.

Wat Van Nispen ook niet wist was dat het bestuur van de Bond (Van Waveren, Warnaar en Van der Nat) op 13 juli naar Lisse toog om als zodanig een vergadering van het 'comité ter voorbereiding van de Nationale Bloementoonstelling Keukenhof' bij te wonen.[132] Daar beraadde men zich op de weigering van het CBC om geld beschikbaar te stellen. Ook Van Waveren zegde namens de Bond geen geld toe, maar wel dat de Bond niet alleen zijn 'volle morele steun' aan Keukenhof zou geven en ook zijn reclameapparaat zou inzetten om in het kader van het vijftigjarig bestaan ook reclame te maken voor Keukenhof. Verder zou de secretaris van de Bond, de bekwame jurist mr. F. Theyse, advies uitbrengen over de contracten die Van Haersholte had opgesteld. Verder werden in die vergaderingen de commissies bemand en werd besloten aan de Bond en de AVB te vragen een bestuurslid aan te wijzen en de reclamecommissie te vragen de pers en de organisaties te benaderen om die uit te nodigen voor een terreinbezoek. Dat leidde meteen al tot het terreinbezoek zoals dat in *Het Vakblad* was beschreven.[133] Op 15 juli ging er onder meer een brief naar de AVB om een bestuurslid aan te wijzen. In die brief schetste Van Dijk ook de contouren van de bestuurlijke organisatie. Naast een bestuur en erecomité zouden de volgende commissies worden ingesteld:

- algemene adviescommissie;
- terreincommissie;
- financiële commissie;
- reclame- of propagandacommissie;
- commissie voor ontvangsten;
- technische commissie voor diverse contacten, speciaal in de overheidssfeer;
- ordecommissie voor de openstellingperiode.

Op 16 juli liet de AVB aan Keukenhof weten dat ze, in antwoord op de brief van 20 juni, geen zitting wilde nemen in Keukenhof omdat ze niet wilde meewerken aan een versnippering van krachten op het 'terrein der algemene propaganda'. Dat was conform het standpunt van Van Nispen in de vergadering van het CBC, dus eigenlijk geen nieuws. Als antwoord op de brief van 15 juli van Keukenhof liet de AVB op 22 juli weten daar pas op te kunnen reageren na de zomer.
Conform de eerdere afspraken stelde de Bond zich vierkant achter de plannen voor Keukenhof op en droeg T. R. de Vroomen uit Warmond voor als bestuurslid en A. Warnaar als vertegenwoordiger in de propagandacommissie. Warnaar was een grote vis omdat hij ook voorzitter van de COR was.[134] Ook de persconferentie die de secretaris van de Bond, mr. F. Theyse, eind juli gaf om informatie te verstrekken over het gouden jubileum van de Bond in 1950, was positief voor Keukenhof. Keukenhof zou het middelpunt vormen van dat jubileum en Theyse zei dat de Bond achter Keukenhof stond. Prompt kreeg hij een plaats in de algemene adviescommissie.[135] Bovendien behoorde Van Waveren tot een van de twintig oprichters van Keukenhof. Hij had dus duidelijk partij gekozen tegen de grote tentoonstelling van de AVB en voor Keukenhof.
De Bond van Boomkwekers die ook was benaderd om een bestuurslid te leveren weigerde dat omdat de tentoonstelling geen erkenning had van de KNMTP en de AVB, en de NTR er niet bij betrokken waren.

Op 25 juli stuurde de stichting een brief uit naar de potentiële inzenders: "De in gebruik te nemen oppervlakte stelt ons in staat om voor elke inzending (...) geheel kosteloos een vrije ruimte ter beschikking te stellen en dezelfde plaats zooveel mogelijk ook in de toekomst voor de betreffende inzender of belanghebbende te reserveren." Men werd gevraagd te komen kijken en dan zou Van der Lee aanwezig zijn om alle gewenste inlichtingen te geven.

Men begon toen ook al (21 juli) met het benaderen van ruim twintig mensen om lid te worden van de raad van advies. De leden daarvan konden worden geraadpleegd over onderwerpen die tot hun deskundigheid behoorde. Vandaar dat de raad een diverse samenstelling kreeg. Naast Stoffels, Van Paaschen, Theysse en Van der Eerden namen daarin rijkstuinbouwconsulenten (van Lisse, Hoorn en Boskoop), een adjudant van de rijkspolitie uit Lisse (H. Hendrikse), vertegenwoordigers van de PD, BKD en het LBO (dr. J. Beijer), de secretaris van het CBC, een aannemer, een gemeenteraadslid, de directeur van het elektriciteitsbedrijf HLS en een aantal inzenders zitting. Een van hen was N. Frijlink directeur van A. Frijlink en Zonen, 'bloembollenkweekers en handelaars' uit Sassenheim. Op 26 juli schreef Frijlink aan de stichting (p/a raadhuis Lisse) dat hij graag zou toetreden tot de raad van advies. Verder vroeg hij of de tentoonstelling ook in de zomermaanden open kon blijven: "Onze firma wil gaarne het zijn ertoe bijdragen in de vorm van een grote inzending Dahlia's."[136] Daarentegen was mr. Th. Hoog uit Utrecht 'not amused', want hij schreef op 11 augustus het volgende:

130 Ook Lodewijk kwam in de reclamecommissie van Keukenhof.
131 *Weekblad voor Bloembollencultuur* 15-7-1949, aldaar 22.
132 In de vergadering van 27 juni had het comité besloten dat als naam voor de tentoonstelling te kiezen (GA Lisse inv.nr 3419).
133 GA Lisse, inv.nr. 3419.
134 In september 1951 volgde De Vroomen Van Waveren op als voorzitter van de Bond.
135 Volgens het verslag van de persconferentie in *Ons Weekblad* van 29 juli 1949.
136 Archief Keukenhof.

"Uw brief dd 21 Juli j.l., gericht aan mijn op 14 Februari 1948 overleden vader, werd aan mij doorgezonden. Ik vraag mij af welke waarde U zelf aan een Raad van Advies hecht, wanneer U personen uitnodigt die reeds meer dan een jaar geleden zijn overleden."[137]

Augustus 1949. De contracten krijgen hun definitieve vorm en de stichting wordt opgericht

Op 23 september schreef Van Haersolte aan de graaf dat hij begin augustus over de conceptcontracten had gesproken met mr. F. Theyse die zowel Lefeber als Lambooy vertegenwoordigde. Theyse kwam met een lijst van amendementen op de bestaande tekst en aanvullende artikelen (o.a. over de benoeming van arbiters bij geschillen). Nadat ook Van Paaschen en Van der Leede zich erover hadden gebogen was er vanwege de vakantie eerst nu tijd om de graaf te adviseren en Van Haersolte stelde voor akkoord te gaan met de voorstellen van Theyse. In het contract stond een opsomming van het terrein met de kadastrale nummers. Zie hiervoor de onderstaande tabel.

afb. 4
De stille lelievijver van het Keukenhofbos

KADASTRALE AANDUIDING	HECTARE	ARE	CENTIARE	OPMERKING
C 768	9	70	80	Voor een deel bollenland dat F. de Meulder pachtte ten zuiden van C. 719 (844 RR2)
C 767	2	13	05	Vijver
C 765 (gedeeltelijk)		31	76	Deel van bollenland dat J.C. van der Poel pachtte (1016 RR2, grenzend aan de Loosterweg)[138]
C 189		4	20	Eiland in vijver
C 190		1	89	Eiland in vijver
C 187	1	20	40	
C 719			22	Water
C 194		38	70	
C 193		4	20	
C 720	3	99	50	
C 2054	7	32	02	Grenzend aan de Stationsweg
TOTAAL	25	32	52	

De Hobaho van 29 juli nam een persbericht van Keukenhof op waarin stond dat de tentoonstelling definitief doorging. Bij het artikel was een schetsontwerp (1:5500) van het tentoonstellingsterrein geplaatst (zie **afbeelding 3**). Op het terrein zouden onder meer zes demonstratietuintjes en warenhuizen en een 'echt bollenveld' komen te liggen. Het 'echte bollenveld' (200 RR2) was onderdeel van het bedrijf van Fred de Meulder, die dat huurde van graaf Carel. Op 4 augustus publiceerde *Het Vakblad* een interview met Van der Lee, 'de tovenaar van Benne broek', en een week later opende het met een grote foto van de "stille lelievijver in het Keukenhof-bos (...). Hier, waar eens de jagers van Jacoba van Beieren de grafelijke tafel van wild voorzagen, zullen straks duizenden uit binnen- en buitenland de pracht van Hollandse bolbloemen kunnen gadeslaan" (zie **afbeelding 4**).

Daarna zwegen de vakbladen tot half oktober over Keukenhof, maar achter de schermen vond natuurlijk het nodige plaats.

Zo vond er op 1 augustus een overleg plaats met ir. A. Stoffels over de mogelijke gevolgen van de bepalingen van de Natuurschoonwet en de oorlogsschadevergoeding voor graaf Carel op de aanleg van Keukenhof. Toen men daaruit was, was dat voor Lambooy het sein om naar de notaris te gaan en de stichting op te richten. Hij had in juli al briefpapier laten maken van de stichting Nationale Bloementoonstelling Keukenhof en op dat papier negentien mensen benaderd om, samen met hem, vijf gulden te storten voor het benodigde stichtingskapitaal van honderd gulden. Als tegenprestatie kreeg men daarvoor een oprichtersbewijs en gratis entreebewijzen voor de tentoonstelling (zie **afbeelding 5**).

Op 13 augustus vervoegde notaris D. Houtzager uit Sassenheim zich op het gemeentehuis in Lisse bij Lambooy en notaris mr. G. Roes. Lambooy vertegenwoordigde achttien anderen en samen met Roes richtte hij de stichting Nationale Bloementoonstelling Keukenhof op. Het beheer van de stichting werd opgedragen aan een raad van beheer van tenminste zeven leden met daarbinnen een dagelijks bestuur van voorzitter, secretaris en ten hoogste drie leden. Dit dagelijks bestuur kreeg veel macht, namelijk het beheer en de beschikking over de bezittingen

137 Ibidem.
138 Begin februari 1950 verleende Van der Poel aan Keukenhof recht van overpad naar het parkeerterrein aan de Loosterweg en verkreeg het (alleen)recht daar een tent te plaatsen om bolbloemen te verkopen (Archief Keukenhof).

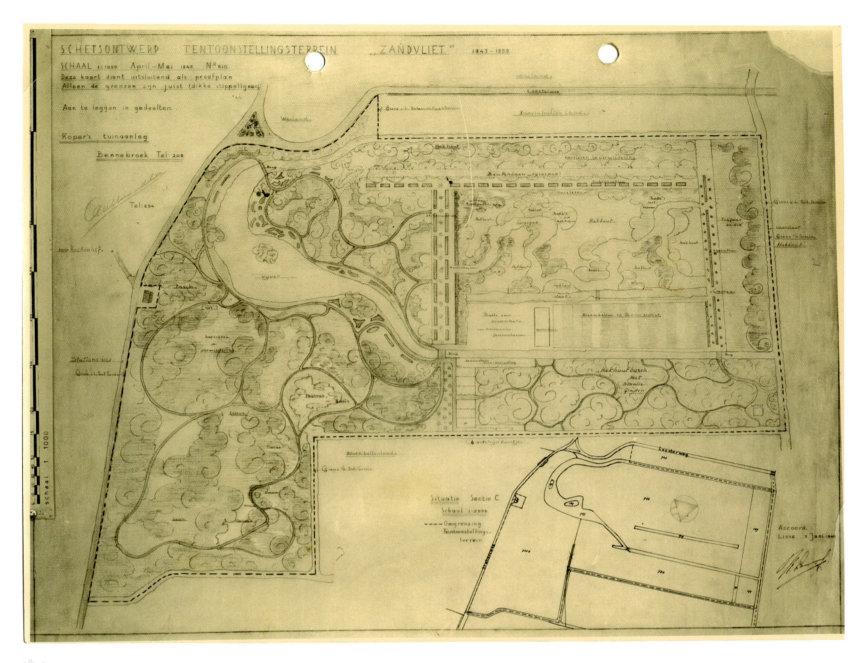

afb. 3
Schetsontwerp Tentoonstellingsterrein Zandvliet 1949-1950

afb. 5
Oprichtersbewijs

van de stichting, de dagelijkse leiding, en het aanstellen van personeel. De eerste samenstelling van de raad van beheer werd ook in de akte opgenomen evenals de namen van de twintig oprichters (met hun beroep/functie in geval zij niet in de bollen zaten). Zie kader, met daarin vet aangegeven de eerste.

Oprichters van de stichting en leden raad van beheer
volgens de stichtingsakte:

W.H.J.M. Lambooy, burgemeester, tevens lid van de raad van beheer

A.M. Belle, Lisse, tevens lid van de raad van beheer

M.T. van Dijk, gemeentesecretaris, tevens lid van de raad van beheer

T.M. van der Eerden, directeur openbare werken

K.J. Grullemans, Lisse, tevens lid van de raad van beheer

D. Hogewoning, directeur Hobaho, wonende te Oegstgeest

D.W. Lefeber, Lisse, tevens lid van de raad van beheer

J.W.A. Lefeber, Lisse, tevens lid van de raad van beheer

F. van der Meij, Lisse

B.J.C. van der Nat, Heemstede

A. Tibboel, woninginrichter, Lisse, tevens lid van de raad van beheer

M. Veldhuyzen van Zanten, Lisse, tevens lid van de raad van beheer

A. Verduyn, Lisse

Ir. A.F. Vlag, rijkstuinbouwconsulent, Lisse

M.J. van der Vlugt, Lisse

Ir. K. Volkersz, oud-rijkstuinbouwconsulent, Lisse, tevens lid van de raad van beheer

A. Warnaar, Sassenheim

T.M.H. van Waveren, Bennebroek

Mr. G.J. Roes, notaris, Lisse

Daarnaast geen oprichter maar wel lid van de raad van beheer:

Th.R de Vroomen, Warmond

A.T.M. Zwetsloot, directeur Hobaho

De raad van beheer fungeerde als bestuur van de stichting en Lambooy werd daarvan de voorzitter en Van Dijk de secretaris-penningmeester.[139] Beiden vertegenwoordigden ook de gemeente Lisse en Tibboel en J. Lefeber werden daaraan, als de twee wethouders van Lisse aan toegevoegd. D. Lefeber zat in het bestuur als contactman (gemachtigde) van graaf Carel en De Vroomen werd in het bestuur opgenomen als vertegenwoordiger van de Bond van Bloembollenhandelaren. Hij zegde uiteraard de medewerking van de Bond toe maar deed geen financiële toezeggingen.

In artikel 5 van de statuten stond dat de raad van beheer adviseurs kon aanstellen en één of meer werkcomités kon instellen die het dagelijks bestuur "bij het vervullen van zijn taak bijstaan." Voor zover we hebben kunnen nagaan kon worden, stelde men toen de volgende comités in:

- Een financiële commissie, onder voorzitterschap van Veldhuyzen van Zanten en met als leden Volkersz, Van Dijk, Hogewoning en D. Lefeber[140];
- Een terreincommissie, onder voorzitterschap van Belle en met als leden D. Lefeber, K.J. Grullemans, Warnaar en J. Roozen Nz. uit Heemstede;
- Een reclamecommissie, onder voorzitterschap van Zwetsloot en met als leden Warnaar, R. M. van der Hart in zijn kwaliteit als secretaris van de KNMTP afdeling Haarlem en T. Lodewijk, journalist uit Hillegom.[141] Deze commissie werd al snel uitgebreid met O. van de Gronden, hoofd van de binnenlandse dienst van de Algemene Nederlandse Vereniging voor Vreemdelingenverkeer (ANVV). Van der Hart moest in december aftreden, maar bleef adviseur.

Daarnaast was er ook een verkeers- en parkeercommissie waarvan Lambooy voorzitter werd en waarin ook Hogewoning zat, en een regelingscommissie voor de inzet van losse krachten tijdens de tentoonstellingen, met daarin 'meester' Strik (hoofd van de Jozefschool) die dat tot 1963 bleef doen.

Verder vonden we in het archief een handgeschreven lijst, waarschijnlijk van Lambooy, met daarop vijfendertig namen van ministers, commissarissen van de koningin, burgemeesters, graaf Carel, Jansen Maneschijn (GS Zuid-Holland), hoge ambtenaren, directeuren van grote bedrijven (KLM, NS) en belangrijke notabelen uit de bloembollensector zoals dr. E. Krelage als erevoorzitter van de AVB en ook Van

---

139　Enigszins tot zijn ongenoegen besloot men in de bestuursvergadering van 4 april 1950 (in zijn afwezigheid) het penningmeesterschap extern te laten vervullen door M. Smits uit Lisse. Smits werkte bij de Hobaho.

140　Begin december trad M. Veldhuyzen van Zanten (van de Looster) vanwege zijn gezondheid af en volgde zijn naamgenoot (van Buitendorp) hem op.

141　Waarschijnlijk zat D. Lefeber ook in deze commissie maar zijn naam stond niet in het overzicht dat we vonden in het archief van Keukenhof.

Nispen als voorzitter van de AVB en burgemeester van Hillegom. Ze werden in de loop van januari gevraagd of ze lid wilde worden van het erecomité. Uit de eerste catalogus, die van 1950, uit het gemeentearchief van Lisse (in het archief van Keukenhof was die catalogus niet meer aanwezig), blijkt dat bijna alle gevraagden toezegden. Van Nispen wilde echter alleen in het comité als burgemeester van Hillegom en niet als voorzitter van de AVB. Krelage weigerde omdat hij ernstig bezwaar had tegen de tentoonstelling.[142] Ook de directeur van de rijksdienst van het Nationale Plan trad niet toe maar wel de gebroeders Louwes die niet op het oorspronkelijke lijstje van Lambooy stonden. H.D. Louwes was voorzitter van de stichting van de Landbouw en lid van de Eerste Kamer. Zijn broer dr.ir. S.L. Louwes was toen directeur-generaal van de Voedselvoorziening bij het ministerie van Landbouw. Hij zou samen met een ander lid van het comité, ir. A.W. van der Plassche, directeur van de Tuinbouw, nog een rol spelen bij de controverse tussen Keukenhof en de Flora 1953. Nieuwe namen, die ook niet op het lijstje van Lambooy stonden, waren C.E. Hunter, chief of the Special Mission to the Netherlands of the Economic Cooperation Administration; W.H. de Monchy, directeur van de Holland-Amerika Lijn en mr. C.M. Pool, hoofd van de afdeling Buitenlandse Handelsaangelegenheden van het regeringscommissariaat voor Buitenlandse Agrarische Aangelegenheden.[143] Het comité telde nu achtendertig namen.

Een van de eerste brieven die de kersverse stichting verstuurde was op 18 augustus, gericht aan de voorzitters en secretarissen van de afdelingen van de AVB. Het bestuur van de stichting schreef dat de tentoonstelling definitief doorging en dat er al enkele dagen nadat de aanmelding was opengesteld (de brief van 25 juli) het aantal aanmeldingen zo groot was dat het "onze stoutste verwachtingen" verre overtrof.[144] Keukenhof nodigde de afdelingen uit in café-restaurant de Nachtegaal in Lisse op donderdag 25 augustus voor een bespreking en een "rondwandeling over het terrein." Het leidde er waarschijnlijk toe dat de afdeling Berkhout, de Goorn e.o. besloot inzender te worden.

142 NHA, Krelage, inv.nr. 209. Later werd hij wel voorzitter van de internationale jury van de Flora 1953 en een van de erevoorzitters van het erecomité van deze Flora.

143 Zouden Hunter en Pool soms iets te maken hebben met de nieuwe functie van Lambooy?

144 Archief Keukenhof.

HOOFDSTUK 4

HET PAD DER VERZOENING

1949-1950. Het tweede tentoonstellingsjaar en Keukenhof en Flora 1953, deel I

Catering en infrastructuur

Volgens het notulenboek kwam het bestuur voor het eerst bijeen op 8 september 1949.
Op 13 september kwam men alweer bijeen om een aantal operationele zaken te bespreken, zoals de verbreding van de Stationsweg, de aanleg van een nieuwe elektriciteitskabel en de vernieuwing van de gasleiding in verband met het te bouwen restaurant.[145] Ook op 16 september kwam men bijeen om over het 'restaurantvraagstuk' te praten.[146] Daarvoor waren vier plannen ingediend en men besloot met Oranjeboom verder te praten, onder andere over hun wens dat Keukenhof zou meebetalen aan de bouwkosten. Voor die plannen, in te dienen voor 1 september, had Keukenhof een aantal richtlijnen opgesteld. Zo diende het restaurant ruimte te bieden aan 150 personen en mocht het in een semipermanent gebouw worden ondergebracht. Daarnaast moest daarin ook kantoorruimte komen voor de administratie en een separate ontvangstruimte voor het ontvangen van gasten van het bestuur. Het houten theehuis zou achter op het terrein worden geplaatste en gericht worden op het 'gewone publiek', terwijl het restaurant eerste klas moest zijn.

Inmiddels had de gemeente eind augustus 1949 de verbreding van de Stationsweg tot zes meter (die drie ton kostte) in gang gezet en medio november begon men met het werk (zie **afbeelding 1**).

Vanwege het (grote) aantal inzendingen besloot men op 1 oktober het expositieterrein uit te breiden met het zogenaamde Berkenbos, volgens Van Dijk een 'zeer belangrijk' besluit.[147] Men ging nu uit van een beplanting van twaalf tot dertien hectare rondom de drie hectare grote vijver.

Ook het parkeren vroeg de aandacht. Daarbij had men het oog op een stuk land van 3,5 hectare van pachter Van Graven van graaf Carel aan de Loosterweg. Het was grasland dat wel nodig goed ontwaterd moest worden. Daarover werd in februari 1950 met graaf Carel overeenstemming bereikt, omdat hij volgens het contract de parkeerterreinen en een rijwielstalling mocht stichten en exploiteren. Als Keukenhof 75 cent per bus aan graaf Carel betaalde dan zou hij zorgen voor het plaatsen van een pomp voor de bemaling en het maken van een rijbaan. Er zouden

afb. 1
Verbreding van de Stationsweg

145 Raadsbesluit 10-10-1949 van de gemeente Lisse: Keukenhof betaalt 1500 gulden per jaar als extra-aandeel in de kosten van levering van gas, water en elektriciteit.
146 Het verslag ervan stond niet in de overzichten van Van Dijk, maar was wel aanwezig in het archief van Keukenhof.
147 Van Dijk 1969, 19.

1000 auto's en 150 bussen kunnen staan. Van Dam uit Rijnsburg zou zorgen voor het parkeerbeheer en de parkeergelden innen. Door de grote drukte op de eerste zondag dat de tentoonstelling open was bleek echter de capaciteit onvoldoende en moesten allerlei noodmaatregelen worden getroffen. Al gauw kwam de wens naar voren van Keukenhof om de exploitatie van graaf Carel over te nemen. Maar daarover meer in de volgende hoofdstukken.

Oktober, de AVB vergadert en wil bemiddeling

In diezelfde maand vergaderde ook het hoofdbestuur van de AVB en wel op 27 oktober. In die vergadering formuleerde men onder meer een antwoord op het verzoek van Keukenhof een bestuurslid voor te dragen. Uiteraard wees men dat af, omdat de AVB niet 'rondom' erkend werd als de vereniging wier historische taak het was grote tentoonstellingen te organiseren. Pas als Keukenhof dat erkende en de COR terugkwam op de afwijzing van de subsidie, zou er over te praten zijn. De COR zou moeten vastleggen dat de AVB elke tien jaar een grote tentoonstelling mocht organiseren en de COR zou elk jaar daarvoor bedragen moeten reserveren. Ook was men niet blij met de uitlatingen van Theyse, die getuigden van een vijandige houding jegens de AVB. Van Nispen vond het een grote fout van de gemeente Lisse dat ze niet eerder overeenstemming met het vak had gezocht; men had de AVB nodig voor de internationale uitstraling en de erkenning door de tuinbouworganisaties (de NTR en de KNMTP) en het ministerie. Toch werd er gepleit voor toenadering richting COR en Keukenhof, om het 'pad der verzoening te banen'. Uiteraard was J. Lefeber (de ondervoorzitter van de AVB) daar voorstander van. Men besloot Keukenhof te laten weten vooralsnog geen zitting te nemen in het bestuur, maar men wilde wel overleg om tot een verzoening te komen.[148] Van Nispen vroeg aan Van Waveren om te bemiddelen; uiteraard had die daar geen bezwaar tegen.

Oktober 1949. Het contract tussen de gemeente en graaf Carel wordt getekend

Nadat *Ons Weekblad* op 14 oktober meldde dat er 50 deelnemers waren voor Keukenhof (vooral grote firma's) en de *Hobaho* op die datum schreef dat alle plekken voor inzenders op Keukenhof waren uitgegeven en er alleen nog plaats was om bloembollen op bedden te planten, kwam het bestuur van Keukenhof op 21 oktober bijeen in aanwezigheid van Warnaar en Van Waveren. Die hoorden dat Lambooy meedeelde dat het contract met graaf Carel zou worden getekend en dat Keukenhof 10 jaar lang 1500 gulden zou bijdragen aan de aanleg van een hoogspanningskabel. Tegen eind september waren de onderhandeling met de graaf met goed gevolg afgesloten. Lefeber had een bankgarantie verstrekt van 12.000 gulden en de stichting deed dat voor de rest van het bedrag, 28.000 gulden, via een bankgarantie van de Twentsche Bank (uit Amsterdam en ook kantoorhoudend te Lisse).

Daarna vond Keukenhof het weer eens tijd de nationale pers uit te nodigen. Ondanks het slechte weer werd onder leiding van de terreincommissie twee uur rondgewandeld om de laatste vorderingen te bekijken, want de eerste bollen waren begin oktober al de grond ingegaan. Men kreeg een lunch in De Nachtegaal en daar sprak ook Van Waveren die uiteenzette waarom de Bond zo geïnteresseerd was in Keukenhof en over het gouden jubileum van de Bond mededelingen deed. Journalist Leo Staal schreef in het gedenkboekje ter gelegenheid van het vijfentwintigjarig bestaan van de tentoonstelling over wat hij aantrof toen hij in de nazomer van 1949 met Van Waveren Zandvliet bezocht (zie kader).

Zandvliet in het najaar van 1949

"We wandelden over een wat verwilderd terrein, waar de wind door het geboomte gierde. Afgewaaide takken, modder op de onverzorgde wandelpaden, de grote vijver vrijwel dichtgegroeid met riet langs de oevers. Een wat troosteloze indruk maakte dat alles (...) de werkzaamheden waren niet alleen al gestart, maar ook in volle gang. Dat bleek toen we langs de vijver liepen en het riet uiteen werd gebogen. Met een hakmes in de hand, het gelaat dik in de modderspatten met lange lieslaarzen in het water, stond daar (...) W. van der Lee, bezig wat orde te scheppen in deze chaotische wildernis van riet en waterplanten. Daar stond de man, die vijftien jaar daarvóór – in 1935 – bekendheid kreeg en roem had geoogst als tuinarchitect van één van de mooiste tentoonstellingen (...) de 'Flora' in Heemstede. Met het beeld van deze unieke expositie voor ogen, was het wel duidelijk dat zijn talent (...), ook van dit toen nog wilde terrein iets bijzonders zou weten te maken. Daarbij gesteund door een staf van bekwame bestuurders en medewerkers, allen geboeid door hetzelfde doel."[149]

In dit boekje was ook een, toen recente, foto van Van der Lee opgenomen (zie **afbeelding 2**).

148 Die brief ontving Keukenhof op 7 oktober 1949. De notulen van de vergadering van het hoofdbestuur werden geraadpleegd in het NAH, van de algemene vergaderingen stonden de verslagen in het *Weekblad voor Bloembolenlcultuur*. In dat blad stonden ook korte verslagen van de vergaderingen van het hoofdbestuur.

149 Staal 1975.

afb. 2
Van der Lee

Een van de werkers aan Keukenhof was toen T. Dotinga. Hij schreef Keukenhof op 26 oktober en 14 november 1994 over zijn toenmalige ervaringen (zie kader).

Dotinga vertelt

"Eerst [hij begon in juni 1949, MT] waren wij in dienst van de Fa Koper in Bennebroek. In het laatst van het jaar werkten we met 55 personen teruglopend voor de opening tot 8 pers (...). We startten in een prieeltje dat op het hoogje stond achter de huisjes." Dotinga, die kon landmeten, hielp met het opmeten van het terrein: "eerst sloegen we met hakmessen loodlijnen door de adelaarsvarens welke meer dan manshoog stonden (...). Na het leegkappen van de lanen (...) kreeg Gerrit Altena opdracht te spitten (delven) (...). Naderhand werd mest + rioolslib uit Amsterdam aangevoerd. De stands werden uitgehakt door Arie. We liepen over de vijver in de stand van Rijneveld die werd leeggetrokken met een Belgies paard. Eerst werd er een pad doorheen gehakt en daarna de stands uitgekapt. Het eerste seizoen heb ik alle graszaad gezaaid, plusminus 600 kg (...). Het eerste seizoen hadden we ontzettend veel last van wild en ongedierte. Er liep een oud mannetje rond welke iedere dag een groot wit broeinet vergif uitlegde door het hele bos. Het was heel erg, het eilandje in de vijver zat vol ratten, toen dat met vergif bewerkt werd lagen ze rondom het eiland rug aan rug in 't water. De geplante bloembollen hadden veel last van fazanten en konijnen (...). De stand van Frijlink (...) toen die klaar was hebben we ongeveer 5 beukenstobben daar opgebrand wat wel 4 weken heeft liggen smeulen (...) JWA Lefeber ging naar het buitenland voor bollenverkoop en vroeg of ik op zijn stand wou passen. Toen ie terugkwam kregen (...) Van der Lee, Van Aken en [ik] (...) een Waterman vulpen cadeau, ik heb hem nog." Toen hij op 15 juni 1950 Keukenhof verliet kreeg hij van Belle, de voorzitter van de terreincommissie, een mooi getuigschrift mee.

November en december 1949. De positie van Van der Lee vraagt aandacht en de eerste mislukte verzoeningspoging met de AVB

In de vergadering van het bestuur van Keukenhof van 3 november vroeg de situatie rond Van der Lee veel aandacht. Het bedrijf waar hij werkte, Koper uit Bennebroek, zou waarschijnlijk ophouden te bestaan en Van der Lee wilde dat niet overnemen. Er was sprake van een aanbod aan hem van de gemeente Emmen, maar de stichting wilde hem natuurlijk graag houden. Dat kon alleen maar door hem een salaris te bieden en hem de vrijheid te laten zijn werk voor Bloemlust en andere tentoonstellingen en particulieren te blijven doen. De onderhandelingen daarover vroegen nogal wat tijd omdat het bestuur in het salaris een variabele component wilde inbouwen, afhankelijk van het aantal bezoekers van de tentoonstelling. Op 16 november kwam ook ter sprake dat voor bepaalde inzendingen op het terrein opstallen waren ingericht zonder de vereiste vergunning van de Rijksdienst voor het Nationale Plan.[150]

Op basis van de notulen van het hoofdbestuur van de AVB van 16 november en 5 december en die van Keukenhof van 2 december en 10 december kan het volgende beeld worden geschetst van de eerste verzoeningspoging. Het was begonnen met een gesprek tussen Van Nispen en Van Waveren, waarbij Van Waveren Keukenhof had aangeboden als plaats voor de grote tentoonstelling en Van Nispen het erevoorzitterschap van Keukenhof. Van Nispen had hem gezegd dat het gezien de machtsverhoudingen binnen de AVB nooit zou lukken de Noord achter Lisse te krijgen. De Noord had de meerderheid, daarom stelde hij voor om Keukenhof in 1953 niet te houden (en dus de termijn van tien jaar met een jaar te verlengen), en het een paar jaar kalm aan te doen met investeringen op Keukenhof. Dan kon de COR een financiële basis vormen voor de grote tentoonstelling van de AVB. In het volgende gesprek had Van Waveren Warnaar en Hogewoning meegenomen en Van Nispen Broeze en Valkering. In dat gesprek stelde Van Waveren een ultimatum: akkoord gaan met hun voorstel, anders zouden Van Waveren als voorzitter van de Bond en Warnaar als voorzitter van de COR er alles aan doen om te verhinderen dat de AVB vakgelden kreeg voor de grote tentoonstelling. Met die boodschap vertrokken Van Nispen c.s. Van Nipsen trok in zijn hoofdbestuur op 16 november de conclusie dan maar naast elkaar te blijven opereren (een non-interventie politiek). De gemeente Heemstede wilde een halve ton in het waarborgfonds stoppen als de Flora weer in Heemstede kwam. De ASP stelde in het hoofdbestuur voor om Keukenhof voor te zijn door de algemene vergadering van december in grote meerderheid te laten besluiten voor een grote tentoonstelling in 1953 zonder nog een plaats te noemen. Als dat zou gebeuren dan zou het CBC niet om een financiële bijdrage heen kunnen. Aldus werd besloten.[151] De beschrijvingsbrief voor de algemene ledenvergadering verscheen in het *Weekblad voor Bloembollencultuur* van 25 november 1949. Keukenhof besloot op 2 december het hoofdbestuur en alle afdelingen van de AVB op 7 december op Keukenhof uit te nodigen en voorts om Van Waveren te vragen vicevoorzitter van Keukenhof te worden. Toen Van Waveren de beschrijvingsbrief had gelezen, stelde hij in een brief aan Van Nispen voor de grote tentoonstelling in Amsterdam of Den Haag te houden (dus verder van Lisse dan Heemstede) en zegde hij toe dat de inzenders van Keukenhof daaraan zouden willen meewerken. Dat zou niet het geval zijn als de grote tentoonstelling in Heemstede zou worden gehouden. Hij schreef er niet bij dat hij dit voorstel deed op persoonlijke titel, dus zonder ruggespraak met Keukenhof.

Op 5 december kwam het hoofdbestuur van de AVB hierover in spoedzitting bijeen en besloot dit voorstel als basis voor een compromis te aanvaarden. Er volgde een gesprek met Van Waveren en daarin stelde Van Nispen, die eigenlijk tegen het compromis was want hij wilde de tentoonstelling in de streek houden, de voorwaarden voor aanvaarding. Die waren dat Keukenhof in 1953 geen internationale jury zou instellen, dat Van der Lee in 1953 ter beschikking zou staan van de AVB en dat Keukenhof in 1953 geen kassen zou bouwen. Op 10 december was het bestuur van Keukenhof niet zo blij met het compromis van Van Waveren. Men vond het eigenlijk alleen aanvaardbaar als ook Keukenhof bij het rijtje Amsterdam, Den Haag werd gevoegd en dat een vergelijkend kostenonderzoek de locatie zou moeten bepalen. Verder vond men de voorwaarden van Van Nispen onaanvaardbaar. Lambooy wilde vervolgens nog voor de vergadering van de AVB op 19 december een bespreking tussen de beide besturen organiseren. Van Nispen, die kennelijk niet meer met Lambooy aan een tafel wilde zitten, wees dat af. Hij vond het beter eerst de vergadering van de AVB af te wachten.

In het *Weekblad voor Bloembollencultuur* van 25 november 1949 stond de beschrijvingsbrief van de algemene ledenvergadering van de AVB. Punt zeven bevatte het voorstel van het hoofdbestuur inzake 'een grote tentoonstelling'. Het zou een voortzetting zijn van de eerdere Flora's. Dus een tentoonstelling met een internationaal karakter, een internationale jury en met exposities in de open grond en in tijdelijke gebouwen. Bovendien zou het een tuinbouwtentoonstelling worden, dus er zou samenwerking worden gezocht met de andere takken van tuinbouw. Om zich te verzekeren van een 'hechte financiële grondslag' zou aan het CBC worden verzocht om uit de gelden voor onpersoonlijke reclame gedurende vier jaar jaarlijks 50.000 gulden beschikbaar te stellen. Dat geld zou worden gebruikt om onder meer de voorbereiding te financieren. Verder zou er net als bij de vorige tentoonstellingen een waarborgfonds worden gevormd voor bijdragen van gemeenten en andere instanties en bedrijven. Zoals gebruikelijk was dit voorstel voorzien van een toelichting. Daarin stond niet alleen een nadere motivatie van het voorstel, maar ook een oproep tot algemene medewerking van alle vakgenoten. Alleen zo was het mogelijk met succes een beroep te doen op de financier, de overheid en: "allen, die bij het vreemdelingenverkeer, het binnen- en buitenlands toerisme en het vervoerswezen zijn betrokken."[152]

---

150 Voor de inrichting waren vijftien vergunningen nodig.

151 Over de discussie met Keukenhof stond niets in het kort verslag van de vergadering van 16 november in het *Weekblad voor Bloembollencultuur* van 2 december. Dat vermeldde alleen dat de beschrijvingsbrief voor de algemene ledenvergadering van 19 december was samengesteld.

152 *Weekblad voor Bloembollencultuur* 25-11-1949, aldaar 161.

In het nummer van 2 december begroette redacteur Van der Hart het voorstel met 'grote vreugde', zo schreef hij in een ongebruikelijk (meestal reageerde hij niet op voorstellen van het hoofdbestuur) artikel met als kop 'Een Flora in 1953?' Hij vond de AVB eigenlijk de enige organisatie die zoiets als een Flora kon organiseren en kon zich niet voorstellen dat er één afdeling, één lid tegen zou zijn. In het licht van het feit dat hij ook in de propagandacommissie zat van Keukenhof, is dit een eerste aanwijzing dat hij daar nu kennelijk spijt van had. In hetzelfde nummer stond ook weer een artikel met bijzonderheden over Keukenhof. Naast informatie over de verbetering van de infrastructuur en de propaganda meldde het artikel dat de totale investering ongeveer 750.000 gulden was en dat de afdelingen van de AVB voor een bezoek waren uitgenodigd. In het nummer van 9 december van het *Weekblad voor Bloembollencultuur* stonden twee ingezonden brieven naar aanleiding van het voorstel van het hoofdbestuur. Een van die brieven was geschreven door W. Philippo, die al vijfentwintig jaar voorzitter van de afdeling Bennebroek-Vogelenzang was, dus niet de eerste de beste. Hij had veel kritiek op het voorstel en vroeg zich af of er naast Keukenhof wel plaats was voor een 'grote tentoonstelling'. Hij wilde eerst maar eens afwachten om te zien wat Keukenhof bracht. Het hoofdbestuur plaatste onder die brief een puntsgewijs commentaar waarin men vooral de geheimzinnigheid van de kant van Keukenhof hekelde. De andere briefschrijver, A.R., vond dat Keukenhof een jaar plaats moest maken voor de tentoonstelling van de AVB. Hij had het bestuur van Keukenhof zo hoog staan dat hij dat geen probleem achtte. Men zag dus van verschillende kanten met enige spanning uit naar de vergadering van 19 december. Het werd een bijna complete overwinning van het hoofdbestuur. Alle geluiden over samenwerking met Keukenhof verstomden door het optreden van Van Nispen. Hij deed uit de doeken, in grote lijnen en zonder al te veel details, hoe het in het CBC was gegaan op 1 juli en hoe het overleg met Keukenhof was verlopen. Het was Van Nispen geweest die Van Waveren had ingeschakeld als bemiddelaar en het was Keukenhof geweest dat het voorstel van Van Waveren had afgewezen. Hij vertelde wel dat het voorstel van de AVB was om Keukenhof in 1953 niet te houden, maar hij vertelde niet wat het voorstel van Van Waveren had ingehouden. Wel hield hij de deur voor nader overleg met Keukenhof open. De enige toezegging die hij deed was een nader (besloten) overleg met de voorzitters van de afdelingen eer het hoofdbestuur een beslissing nam over de plaats van de tentoonstelling. Uitgebracht werden 339 stemmen, waarvan voor 293 stemmen en tegen 46 stemmen. Tegen stemden de afdelingen Voorschoten-Veur, Wassenaar, Noordwijkerhout, Haarlemmermeer, Texel en Lisse. Van Nispen kreeg de algemene meerderheid die hij nodig had om het CBC mee te krijgen in het beschikbaar stellen van gelden.

Warnaar begon zijn al eerder gememoreerde brief van 24 december met de aanhef dat hij hem schreef omdat Van Nispen op de algemene vergadering dingen had gezegd die onjuist en volkomen in strijd met de waarheid waren. De brief werd geplaatst in het *Weekblad voor Bloembollencultuur* van 6 januari 1950, met uiteraard een afwijzend commentaar door Van Nispen, waarin hij tevens de hoop uitsprak dat na dit na-kaarten de voorzitter van de COR wilde meewerken om tot een bevredigende oplossing te komen. De brief van Warnaar was ook geplaatst in *Het Vakblad* van 29 december. Dit blad had commentaar gevraagd van Keukenhof en had dat gekregen van D. Lefeber. Hij ontkende dat het verzoek tot samengaan met Keukenhof was uitgegaan van Van Nispen en riep op tot een vreedzame oplossing buiten het zicht van de pers en de algemene vergadering. Als beide organisaties zouden uitgaan van het 'Vakbelang', dan zouden ze elkaar moeten vinden: "Het comité 'Keukenhof' hoopt dan ook dat, wanneer het mettertijd een mededeling aan de pers heeft te doen, het kan zijn het bericht dat algehele overeenstemming is bereikt. Aan de organisatoren van 'Keukenhof' zal het hierbij niet liggen."[153] Afgezien van een brief van J. Lefeber in het *Weekblad voor Bloembollencultuur* van 13 januari 1950 met een pleidooi voor geldelijke ondersteuning door het CBC van Bloemlust en Keukenhof bleef het inderdaad in de pers rustig.

Op 24 december nam Keukenhof teleurgesteld kennis van de uitslag van de algemene vergadering van de AVB en besloot te wachten op een uitnodiging van de AVB voor een gecombineerde vergadering. Daarnaast boog men zich over de ontslagbrief van Hogewoning als lid van de verkeerscommissie en financiële commissie en besloot hem als algemeen adviseur een plaats te geven in het bestuur. Ook Van der Hart had zijn ontslag ingediend als lid van de propagandacommissie. In zijn plaats benoemde men Van Dijk. Het briefje waarin Hogewoning op 13 december 1949 zijn ontslag aanzegde was kort. Hij schreef dat de gang van zaken hem niet beviel en dat hij daarvoor geen verantwoording wilde nemen, en dat hij daarom aftrad als lid van de financiële en de verkeerscommissie. Hij gaf geen toelichting maar in het licht van zijn latere gedragingen, waarover we het nog uitgebreid zullen hebben, is het het meest waarschijnlijk dat het te maken had met de werkwijze van de stichting. Zoals we eerder hebben uiteengezet had het bestuur een aantal commissies benoemd die enthousiast aan de slag gingen maar veel te onafhankelijk van elkaar opereerden. Zo had de financiële commissie (en ook het bestuur) eigenlijk geen zicht op de uitgaven die de terreincommissie en de reclamecommissie deden. Die uitgaven overschreden fors de begroting die Van der Lee had opgesteld, terwijl natuurlijk ook het eerder genoemde 'belangrijke besluit' het tentoonstellingsterrein uit te breiden uiteraard ook financiële consequenties had. Kennelijk wilde Hogewoning dat niet voor zijn verantwoording nemen. Na de bestuursvergadering van 24 december kreeg Hogewoning een brief van het bestuur waarin hem werd verzocht lid van het bestuur te worden en daarenboven algemeen adviseur: "waardoor het mogelijk wordt, dat elke commissie U raadpleegt vóór het nemen der meest belangrijke beslissingen (...) en U tevens Uw oordeel kunt uitspreken over de meest essentiële beleidspunten-misverstanden, zoals zich helaas enkele hebben voorgedaan, niet meer kunnen voorkomen."[154] Dat laatste zou kunnen duiden op het standpunt met betrekking tot Flora 1953, maar ook daar komen we nog op terug.

153 *Het Vakblad* 29-12-194, z.p.
154 Archief Keukenhof.

Januari en februari 1950. De AVB krijgt geld voor de Flora 1953 en het aftreden van Lambooy

Op 6 januari 1950 vergaderde het CBC over de begroting van de uitgaven voor 1950. Dat viel niet mee, omdat voor de onpersoonlijke reclame het aangevraagde bedrag bijna 1 miljoen hoger was dan het jaar daarvoor. Omdat men eigenlijk al die uitgaven wel relevant vond werd er een keuze gemaakt en na een uitvoerige discussie werd bij meerderheid van stemmen besloten dat de AVB de eerste van 4 termijnen van 50.000 gulden voor de grote tentoonstelling kreeg. Rond die tijd voerde men ook actie om subsidie van het CBC te krijgen voor Bloemlust en Keukenhof. Zo klaagde de voorzitter van Bloemlust er bij de opening van de Kersttentoonstelling over dat het CBC geen subsidie gaf, en schreef J. Lefeber op 31 december een brief aan de vakbladen waarin hij ervoor pleitte dat het CBC subsidie zou geven aan Bloemlust en Keukenhof. Hij benadrukte, uiteraard, het 'enorme' vakbelang en de reclame van beide evenementen en schreef: "Wat wenst u nog mooier voor onpersoonlijke reclame? Maar laat nu het C.B.C., dat met millioenen per jaar omspringt, niet zo klein zijn om voor zulk een grote zaak **niets** over te hebben."[155] Het hielp niet. Waarschijnlijk was ook de excursie die Keukenhof op 10, 11 en 12 januari organiseerde voor de leden van de AVB in dat kader zonder veel resultaat. De vakbladen plaatsten wel de oproep daartoe, maar niet het effect daarvan.

J. Lefeber was statutair afgetreden als lid van het hoofdbestuur van de AVB en de Haarlemmer T. Hoog (directeur van de firma Van Tubergen) volgde hem op als ondervoorzitter van de AVB. Van Nispen stelde in de vergadering van 18 januari van het hoofdbestuur voor Keukenhof een brief te schrijven waarin de bereidheid tot samenwerking werd uitgesproken mits Keukenhof elf jaar open zou blijven en in 1953 geen tentoonstelling zou houden. Er was dus geen sprake van een uitnodiging voor een gecombineerde vergadering, maar Van Nispen trok het initiatief naar zich toe. Daarnaast zou Van Nispen Amsterdam en Den Haag een bijdrage vragen voor het waarborgfonds voor de Flora 1953.
Die brief werd op 19 januari verstuurd en ging uitvoerig in op de kwestie van de sluiting als in 1953 de Flora niet op Keukenhof zou worden gehouden (zie kader).

Ook bij Keukenhof werden bestuurlijke veranderingen doorgevoerd. In de vergadering van 16 januari traden Hogewoning en Warnaar tot het bestuur toe en werd Van Waveren de eerste vicevoorzitter. In die vergadering had men zich ook gebogen over de instelling van een erecomité van vijfendertig personen en besloten de koningin te vragen als beschermvrouwe.[157] In de volgende vergadering, die van 28 februari, kondigde Lambooy zijn vertrek aan wegens zijn aftreden als burgemeester van Lisse en het aanvaarden van een andere functie.[158] Wegens eens probleem in de privésfeer zag hij zich gedwongen per 1 maart ontslag te nemen. Hij kreeg een baan bij The Netherlands Export Promotion USA en zou naar Amerika vertrekken. Zijn ontslag sloeg in Lisse in als een bom.
Door de benoeming van De Vroomen als tweede vicevoorzitter (Hogewoning had pertinent geweigerd die functie te aanvaarden) kreeg de Bond nog meer invloed op Keukenhof en die invloed nam nog toe toen men aan Theyse vroeg hoe om te gaan met de brieven van de AVB. Want inmiddels lag er een tweede brief (van 6 februari) met de vraag de eerste brief snel te beantwoorden met het oog op een "mogelijke coördinatie van het tentoonstellingswezen in het vak." Het bestuur zat er kennelijk mee in de maag, want nadat de voorzitter die brief had voorgelezen meende hij een 'addertje in het gras te bespeuren'. Men besloot Theyse te vragen om een conceptantwoord. Theyse stelde dat op 20 februari op. Hij vond het maar raar dat de AVB zich zo mengde in de interne zorgen van de Keukenhof. Hij wijdde daar wat hij ironische opmerkingen noemde aan en liet het aan Keukenhof over om die in hun brief op te nemen. Zo schreef hij dat men de adviezen omtrent de sluiting met belangstelling had gelezen en dat men de zorg van de AVB op prijs stelde. Over het voorstel van de AVB om telkens na drie jaar een jaar te sluiten schreef hij: "In zoover is dus Uw voorstel den totalen duur van ons plan van tien op elf jaar te brengen onlogisch, daar Uwe argumenten er dan toe zouden dienen te leiden den totalen duur op dertien jaar te brengen."[159]

Brief van 19 januari 1950 van de AVB over sluiting in 1953.[156]

"Uwe tentoonstelling is dan drie jaren opengesteld geweest en het zal dan toch noodzakelijk zijn zowel tot grondverversing als tot een gewijzigde indeling en aanleg van Uw terrein te komen wilt U in voldoende mate publiek blijven trekken. Ook voor Uw propaganda zal het zeer nuttig zijn te kunnen aankondigen dat een geheel nieuwe terreinaanleg de bezoekers wacht; deze zullen dan geboeid blijven en op Uw terrein terugkeren en U zult voorkomen dat een zekere moeheid ten aanzien der Keukenhoftentoonstellingen optreedt. Tien jaren is een zeer lange tijd om het publiek geboeid te houden en wellicht zullen ook inzenders wel eens van plaats willen verwisselen, opdat niets steeds de zelfden de beste plaatsen bezitten."

---

155 *Weekblad voor Bloembollencultuur* 13-1-1950, aldaar 227.
156 Brief stond niet in het overzicht van Van Dijk uit 1969, was wel aanwezig in het archief van Keukenhof.
157 Vlak voor de opening kwam het bericht dat zij daarin toestemde.
158 Hij kreeg een functie bij de Commissie Exportbevordering en vertrok naar Amerika (Chicago), van hem werd op 7 maart afscheid genomen.
159 NHA, Bond van Bloembollenhandelaren, 1900-1996, inv.nr. 198.

Maart 1950. De AVB laat een vergelijkend bodemonderzoek doen en minister Mansholt opent Keukenhof

Op 3 maart stuurde Keukenhof het concept van Theyse ongewijzigd naar de AVB. De brief viel slecht bij de AVB. Zo wilde Keukenhof in aanmerking blijven komen als plaats voor Flora 1953, zo werd de grote tentoonstelling nu genoemd, en ook inspraak krijgen over een eventuele andere plaats. Bovendien bleef men niet bereid de Keukenhof in 1953 te sluiten. Van Nispen nam in de vergadering van het hoofdbestuur van 16 maart afstand van beide eisen van Keukenhof. Het vaststellen van de plaats van de tentoonstelling zou de AVB nooit uit handen geven en het organiseren van Flora 1953 op Keukenhof was zoiets als het leggen van een koekoeksei in een ander zijn nest. Bovendien zou het parkeren in Lisse een groot, haast onoplosbaar probleem vormen. Het overleg met de voorzitters van de afdelingen zou in juni plaatsvinden en ter voorbereiding daarvan besloot men de ex-hoofdopzichter der plantsoenen van de gemeente Amsterdam, W. Hendriks, een vergelijkend bodemkundig onderzoek te laten doen in Groenendaal en Keukenhof. Volgens het hoofdbestuur was er in Groenendaal 'maagdelijke' grond die zonder meer plantbaar was, terwijl in Keukenhof een nieuwe bouwvoor moest worden gemaakt.[160] Toch gooide men de deur voor Keukenhof niet dicht. Er ging een brief uit dat men de onderhandelingen wilde voortzetten.

De tentoonstelling

Om de tentoonstellingen te promoten was er een affiche gemaakt, die ook in kleur op de voorkant van de parkgids prijkte (zie **afbeelding 3**).

afb. 3
Voorkant van de parkgids

[160] Dat betekende het naar beneden brengen van de bestaande bouwvoor en het naar boven brengen van de laag daaronder. Dat gebeurde vaak door diepspitten.

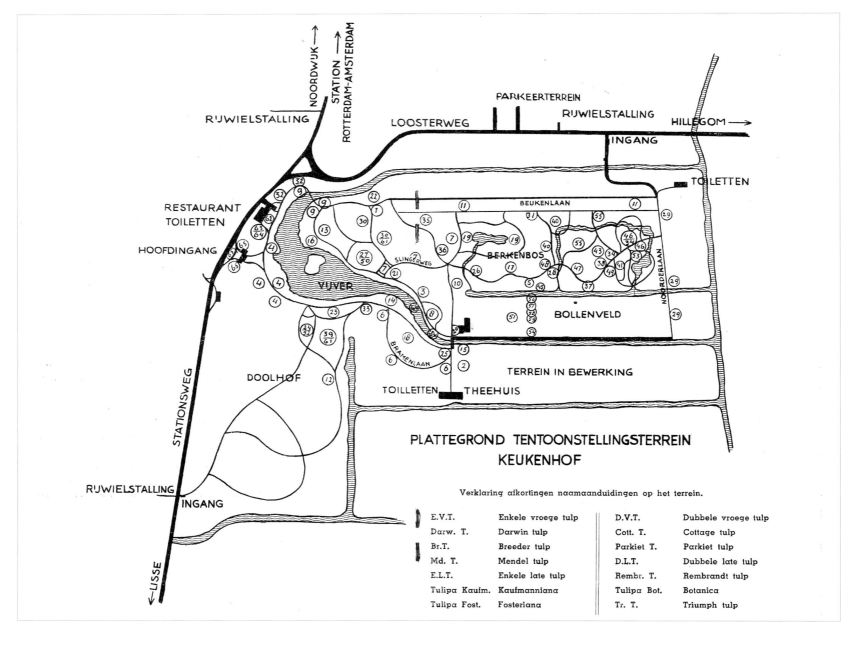

afb. 4
Plattegrond uit de eerste parkgids

De daarin opgenomen plattegrond is te vinden in **afbeelding 4**. In een bijlage bij dit hoofdstuk zijn de inzenders opgenomen. De lijst met opmerkingen van destijds is ontleend aan het aantekenboek van Van der Lee. Het voorwoord van de gids was geschreven door E. Bolsius, waarnemend Commissaris der Koningin in Zuid-Holland. Hij hoopte dat velen gebruik maakten van de gelegenheid om kennis te maken met 'Hollands bloemenpracht'. Ook Lambooy schreef een voorwoord, als oud-burgemeester en oud-voorzitter. Hij twijfelde niet aan het succes en zou meer dan gelijk krijgen! In de gids werden ook in twee talen (Engels en Nederlands) advertenties opgenomen van de inzenders. Zo ook van D.W. Lefeber. Hij schreef onder meer het volgende (zie kader).

Uiteraard pakte *De Hobaho* ter gelegenheid van de opening van Keukenhof op 23 maart uit in superlatieven. Een hoofdartikel van hoofdredacteur T. Zwetsloot in het nummer van 24 maart maakte gewag van een "machtige staalkaart van de ontelbare mogelijkheden, welke de bolbloemen als decoratief element kunnen vormen (...) en daarom is deze tentoonstelling een vakevenement van de eerste orde."

Van Waveren, door het vertrek van Lambooy benoemd tot voorzitter, hield een toespraak waarin hij Lambooy, die ook sprak, benoemde tot erevoorzitter vanwege diens verdienste voor Keukenhof (zie **afbeelding 5** en **afbeelding 6**). Op afbeelding 6 zien we kunstschilder en latere corso-ontwerper Jos van Driel uit Amstelveen aan het werk. Hij bood op 25 maart afdrukken van zijn werk aan Keukenhof aan en vroeg op 30 maart of hij een portret mocht schilderen van de Ina vander Sluys die als Jacoba op Keukenhof zou verschijnen.

afb. 6
Jos van Driel, kunstschilder uit Amstelveen, Mansholt en Van Waveren

afb. 5
Lambooij spreekt bij de eerste opening van de tentoonstelling

D.W. Lefeber in de eerste parkgids

"Enige der uitblinkers onzer variëteiten welke in Stand 4 worden geëxposeerd, zijn Hollands Glory, Lefeber's Favorite, Margaret Herbst, Oriental Splendor, Dr. Philips en Franklin D. Roosevelt. Genoemde variëteiten worden voor vermeerdering door de kwekerijen gekocht, soms tegen een belangrijk bedrag per bol. De laatste jaren ontvingen wij meerdere aanvragen van particulieren, voor onze nieuwe tulpen, doch wij konden hieraan nog niet voldoen. Op de Nationale Bloementenoonstelling 'Keukenhof' stellen wij de bezoekers in de gelegenheid, opdrachten te geven voor de meer populaire variëteiten van onze tulipa's.

Wij zullen enige bijzonder mooie collecties zó samenstellen, dat men hieraan aantreft, niet alleen de originele uit Azië geïmporteerde variëteiten, doch ook enige onzer eigen gewonnen nieuwe tulipa's met de allervroegste bloei en tevens de laatbloeiende variëteiten van Lelie- en Darwintulpen. Het is niet mogelijk hiervan een groote hoeveelheid aan te bieden, doch ook een door ons samengestelde kleinere collectie van deze uitzonderlijk mooie tulpen, zal een lust voor het oog zijn!" Geen omhaal van woorden, maar klare taal. Kom kijken, kom kopen. Een orderformulier was afgedrukt waarop de koper zijn order kon invullen en deponeren in 'onze Orderbox Stand 4'.

Minister Mansholt, die Keukenhof officieel opende, vond de tentoonstelling en het initiatief dat daaruit sprak een voorbeeld voor het hele land. Niet iedereen was echter zo euforisch. Lodewijk schreef in het *Vakblad* een commentaar ('praatje-na') dat hij de tentoonstelling natuurlijk een prachtige prestatie vond en Van Waveren had gelijk toen hij sprak van 'uncanny magic', maar toch was het niet allemaal rozengeur en maneschijn. Lodewijk vond het gek dat Van Nispen wel als burgemeester van Hillegom aanwezig was geweest bij de opening maar niet als voorzitter van de AVB. De tentoonstelling was nog steeds een twistappel in het vak en Lodewijk vond het een kwestie van zelfbehoud voor het vak dat aan deze twist een einde kwam. Van Waveren had in zijn toespraak gesproken over de magische betovering die van het bos [Zandvliet, MT] uitging en die een ieder naar het bos lokte: "en slaagden erin, de meest verstokte tegenstanders, zij het uit de bollenstreek of buitenstaanders te bekoren. (...) Mijzelf als inzender is het zo gegaan. Eerst werd ik gelokt naar Keukenhof met de vriendelijke mededeling dat mijn concurrent en collega Grullemans al een tuin ging inrichten met 25.000 Darwintulpen en dat De Vroomen een laan maakte met 30.000 Hyacinthen; en dat, als mijn firma nog een passend terrein wilde hebben, ze maar op moesten schieten en komen kijken. Ik kwam en vergat zakelijke overwegingen, gekluisterd door de charme van Keukenhof. Zo volgden nog 50 collega's mij na."[161]

De afdeling Lisse van de LTB (de katholieke standsorganisatie) had ook kritiek. De afdeling was ter ore gekomen dat de bollen op Keukenhof zonder teeltvergunning waren geplant en dat zou een overtreding van de Landbouwcrisiswet zijn. We hebben niet kunnen nagaan of dat waar was, *De Hobaho* van 4 april maakte wel melding van de grief van de afdeling maar kwam er verder niet op terug.
Een andere kritiek die Keukenhof waarschijnlijk wel schaadde was de opmerking van Heintje Davids die na een bezoek op 26 maart, toen er nog weinig bloeide, opmerkte: "Gras kan ik in het Vondelpark ook zien."[162] Ondanks dat kwamen er veel meer bezoekers dan de begrote 60.000; toen de tentoonstelling op 18 mei sloot waren er 236.000 bezoekers geweest.
In **afbeelding 7** staat een beeld van het parkeren en een luchtfoto.

Tijdens de tentoonstelling had de Bond van Bloembollenhandelaren op 20 en 22 april zijn jubileum gevierd met een groots Jacobaspel met ridders te paard en veel pracht en praal. Over de verdeling van de kosten, ruim 3700 gulden, ontstond een verschil van mening met de Bond. Tegen het eind van het jaar werd dat pas opgelost: de kosten werden verdeeld tussen de Bond, Keukenhof en het CBC.[163]

161 Archief Keukenhof.
162 Van Dijk 1969, 22.
163 NAH, Bond van Bloembollenhandelaren, 1900-1996, inv.nr. 198.

afb. 7
Parkeren, station NS en een luchtfoto van de tentoonstelling 1950

April en mei 1950. Algemene vergadering van de AVB en overleg AVB Keukenhof

Tijdens de tentoonstelling kwam het bestuur drie maal bij elkaar om de problemen te bespreken die het grote aantal bezoekers veroorzaakte, zoals beveiliging van de bruggen, het geleiden van het publiek langs de kassa's en de ontoereikende parkeervoorzieningen. Tevens boog men zich over de brief van de AVB om weer tot onderhandelingen te komen en besloot die brief gezien de andere prioriteiten nog even te laten liggen.
Op 17 april kwam de algemene vergadering van de AVB bij elkaar. In zijn openingswoord zei Van Nispen dat de onderhandelingen met Keukenhof nog liepen en dat de AVB al het mogelijke deed om een oplossing te bereiken, maar natuurlijk niet tegen elke prijs: "Men mag echter niet alle offers van onze zijde verlangen, wij hebben een groot belang voor het vak veilig te stellen en wel de internationaal verworven goodwill van de Flora's als instituut voor het gehele bollenvak."[164] In de rondvraag van de vergadering antwoordde Van Nispen op een vraag van de afdeling Noordwijkerhout dat het eerste voorstel van de AVB door Keukenhof was verworpen en dat het tweede voorstel voor Keukenhof acceptabel was, maar voor de AVB nauwelijks. Hij wachtte nog op een antwoord van Keukenhof.

Op 15 mei was er dan uiteindelijk het overleg tussen Keukenhof (Van Waveren, De Vroomen, Hogewoning en Verduyn) met de AVB (Van Nispen en drie leden van het dagelijks bestuur). De AVB stelde voor in 1953 beide tentoonstellingen te presenteren onder de vlag van Flora om zo optimaal te profiteren van de internationale naamsbekendheid van de Flora. Keukenhof wilde daar niet aan. Ze bleven bij hun standpunt om de Flora op Keukenhof te houden. Men ging onverrichter zake uit elkaar en voor Van Waveren was de kous eigenlijk af. Er stond Keukenhof maar één ding te doen, zei hij in de vergadering van het bestuur op 23 mei, en dat was de tentoonstelling zo mooi mogelijk te maken en door reclame en publiciteit zoveel mogelijk mensen trekken. Met andere woorden concurreren met de Flora 1953. Daar was nogal wat voor nodig want er waren de nodige kritiekpunten op de net afgesloten tentoonstelling, zoals te weinig bloei tijdens de opening, onjuiste onderbeplanting en slechte plekken waardoor de stand van het gewas niet goed was. Als verbeterpunten noemde men grondonderzoek, bouwen van een kas, vergroting van het tentoonstellingsterrein en het restaurant. Positief was echter dat er een batig saldo was van ongeveer 70.000 gulden.

Op 26 mei stond er in *De Hobaho* een artikel over de afgelopen tentoonstellingen in Lisse (Keukenhof) en Hillegom (Treslong). De auteur, waarschijnlijk Zwetsloot, vond het jammer dat Keukenhof dicht was want er was toch weinig te doen in de drie bollendorpen. Voor mensen die niet van de zee en het sjouwen door de duinen hielden was er nauwelijks vertier. Ook Groenendaal was op zondag meer een speelplaats voor kinderen en was bovendien erg stoffig. Hij koppelde daaraan een pleidooi om Keukenhof het gehele jaar open te stellen, want ondanks het slechte voorjaarsweer waren er toch meer dan 300.000 mensen [het waren er 236.000, MT] op Keukenhof geweest, waaronder relatief veel Amerikanen [die kwamen vooral uit Duitsland waar nog een groot leger was gestationeerd, MT]. Ook schreef hij over Treslong: het was een mooie tentoonstelling maar de meeste auto's en bussen waren er langs gereden op weg naar Keukenhof. Bij het artikel was een foto geplaatst van Treslong met maar een paar bezoekers met daarbij als onderschrift: "De Demonstratietuin te Hillegom was tijdens de bloeitijd van de tulpen schitterend. Te dikwijls was er echter eenzelfde aantal bezoekers als op deze foto."[165]

Juni 1950. De Flora 1953 komt op Groenendaal, Keukenhof gaat uitbreiden

De AVB sloeg terug met een brief van R. in het *Weekblad voor Bloembollencultuur* van 2 juni. R. was het pseudoniem van R.M. van der Hart; de redacteur van het blad. Aanleiding voor zijn brief was de vraag waar de Flora moest komen. Volgens hem zeker niet op Keukenhof. Hij haalde eerst uit naar de houding van enkele bestuursleden die hij dictatoriaal gedrag verweet: "Vooral een paar heren die daar aan het roer zitten, verstaan de kunst om dictator te spelen uitmuntend, waarbij zij, ben ik goed ingelicht, andere bestuursleden in een hoekje drukken."[166] Verder was hij negatief over de reclame die een bloeiend Keukenhof voorspiegelde en dat was zeker de eerste veertien dagen niet het geval geweest. Verder was de beplanting hier en daar mislukt en was het verkeer een paar keer totaal vastgelopen. Zijn conclusie was duidelijk over Keukenhof: "Het wàs geen Flora en het zal nóóit een Flora kunnen worden, ook al kapt men het halve bos."[167]
Op dezelfde dag (2 juni) kwam het hoofdbestuur van de AVB bij elkaar en dat vond het eigenlijk ook een uitgemaakte zaak dat de Flora 1953 weer op Groenendaal zou komen. Niet alleen vanwege de houding van Keukenhof (er was die dag een brief met het standpunt van Keukenhof binnengekomen) maar ook vanwege het rapport van Hendriks dat aan Groenendaal de voorkeur gaf.[168] Op 19 juni zette men de vergadering van 2 juni voort en dit keer publiceerde het hoofdbestuur van die vergadering een uitvoeriger 'kort' verslag dan gebruikelijk in het *Weekblad voor Bloembollencultuur*. Daarin stond het 'eenparige' besluit van het hoofdbestuur dat de Flora 1953 definitief zou doorgaan en wel op Groenendaal. De voorzitters van de afdelingen werden uitgenodigd om dit besluit op 26 juni te komen bespreken.
Intussen voelde D. Lefeber zich kennelijk aangesproken door de kritiek van Van der Hart. Hij schreef een verweer dat in het nummer van het *Weekblad voor Bloembollencultuur* van 16 juni stond onder de kop 'R. zegt het met weinig bloemen en veel distels'. Hij weet het organiseren van de Keukenhof niet aan dictatorschap maar aan het ontstaan van de "belangrijkste bloembollencultuur en -handel tussen Haarlem en Leiden."[169] Hij hoopte dat de voorzitters van de afdelingen de strijdbijl

---

164 NAH, KAVB, 1860-1991, inv.nr. 10. aldaar 7-4-1950.
165 *De Hobaho* 26-5-1950, aldaar 3. De foto was gemaakt voor de opening van de tentoonstelling!
166 *Weekblad voor Bloembollencultuur* 2-6-1950, aldaar 376.
167 Ibidem.
168 We hebben in het archief van de KAVB dit rapport niet kunnen terugvinden.
169 *Weekblad voor Bloembollencultuur* 16-6-1950, aldaar 393.

zouden begraven en zouden kiezen voor een onafhankelijk onderzoek naar de mogelijkheden om de Flora 1953 in en bij Keukenhof te plaatsen. De redactie van het blad ontving meer reacties maar besloot die niet te plaatsen, behalve die van P. Komen in het nummer van 23 juni 1950. Komen had de Keukenhof op 12 mei bezocht en was zeer teleurgesteld: de tulpen stonden slecht in bloei en die in het kreupelhout stonden waren, door wortelverbranding [vanwege de zure bosgrond, MT], 'jammerlijk' mislukt. Hij trok de volgende conclusie: "Waar nu elke uitbreiding van de tentoonstellingsruimte in het kreupelhout moet worden gezocht, is het zonder meer duidelijk, dat geen enkel verantwoording-schuldig bestuur dergelijke risico's mag aanvaarden."[170] Het was duidelijk: de bodemgesteldheid van de Keukenhof was ongeschikt voor de Flora.

Dat was ook de conclusie van het rapport-Hendriks waarover de voorzitters van de afdelingen zich op 26 juni bogen. Op die vergadering waren negenendertig afdelingen aanwezig, zeventien ontbraken (meestal de kleine afdelingen). Ze waren er gauw uit, op twee na (de afdelingen Lisse en Warmond) steunde men het besluit van het hoofdbestuur. Uiteraard riep dit besluit de nodige reacties op. Lodewijk wijdde er aan hoofdartikel aan in het nummer van 29 juni van 'zijn' blad. Hij vond het 'diep treurig' dat de AVB en Keukenhof geen overeenstemming hadden bereikt en hoopte dat dit nog voor 1953 zou gebeuren. Verder hekelde hij de artikelen die *Ons Weekblad* (Lisse) en *De Bloembollenstreek* (Hillegom) aan de kwestie hadden gewijd, die getuigden van een 'principieel verkeerde visie'. De teneur van die artikelen was de AVB maar te laten aantobben. Lodewijk schreef daarover dat dit revolutionair en ook ondemocratisch was. De bestuurders van de Keukenhof waren immers allen lid van de AVB en hadden zich te voegen naar de meerderheidsbesluiten die men daar nam: "dat men zich naar goed democratische wijze onderwerpt aan de besluiten der meerderheid, dat men zich daartegen niet alleen niet verzet maar ze ook helpt uitvoeren. Dat men de activiteit der organisatie niet door eigen activiteit doorkruist en haar daardoor lamlegt."[171] In dat verband wees hij ook de statuten van de AVB waarin stond dat afdelingen geen tentoonstellingen mochten organiseren in het jaar de AVB een grote tentoonstelling organiseerde. Het ging dus niet aan de AVB te verwijten dat ze schade deed aan de goede naam "der bloembollenwereld". Eerder was het tegenovergestelde het geval. Dat Keukenhof in 1953 zou sluiten was dan wel een gepasseerd station, maar dat ontsloeg Keukenhof niet van de plicht om met de AVB tot een "oprechte, hartelijke overeenstemming" te komen. In hetzelfde nummer stond ook een brief van J. Lefeber met een loftuiting op Keukenhof en een oproep aan de kwekers hun nieuwe soorten op Keukenhof te showen.

Er kwamen zoveel reacties op het besluit om de Flora 1953 in Heemstede te houden dat de redactie van het *Weekblad voor Bloembollencultuur* in het nummer 14 juli meedeelde negen ingezonden stukken niet te zullen plaatsen. De nieuwsgierige lezer kon echter terecht in de beide andere vakbladen, want die vonden het niet terecht dat *Bloembollencultuur* wel de aanvallen op Keukenhof plaatste maar niet het verweer daarop. Vandaar dat *de Hobaho* brieven van Zwetsloot en Van Waveren integraal opnam, terwijl *het Vakblad* daarvan uitgebreide samenvattingen plaatste.

Van Waveren ging in twee brieven nader in op de financiële aspecten van de Flora 1953. Hij vreesde, op basis van zijn berekeningen, voor een nog groter financieel deficit dan in 1935 en dat zou niet alleen een "wrange smaak onder de leden veroorzaken, maar naar buiten een groot verlies aan prestige betekenen."[172] Hij ging niet in op de kritiek van Van der Hart, dat liet hij aan Zwetsloot over. Zwetsloot trok in een lange brief fel van leer. Hoezo dictators uit Lisse? Van Waveren kwam uit Bennebroek, De Vroomen uit Warmond, Hogewoning uit Oegstgeest, Warnaar uit Sassenheim, terwijl de leden van de propagandacommissie uit Den Haag, Hillegom en Haarlem kwamen (Haarlem was de woonplaats van Van der Hart). Het stichtingsbestuur van Keukenhof zou zich echter niets aantrekken van de onredelijke kritiek van enkele nurksen e.a.: "Uitbreidingsplannen (legio aanvragen om plaatsruimte moeten behandeld worden) worden ten uitvoer gebracht; de reclame voor buitenland is al weer in druk en zonder dat dit 'n toekomstige Flora ook maar enige afbreuk zal behoeven te doen (dit zal enkel de trek naar de bloembollenstreek ten goede komen) gaan wij onversaagd door, wetende dat we hiermede het vaderland dienen in 't algemeen en ons mooi bloembollenvak in het bijzonder. Een beetje meer waardering (...) zou dan ook niet misplaatst zijn."[173]

De rest van het jaar stond het onderwerp Keukenhof niet meer op de agenda van het hoofdbestuur van de AVB, maar hield men zich bezig met het vestigen van de organisatorische grondslagen voor de Flora 1953. Op 1 december nam men H. de la Mar in dienst als secretaris van de AVB. Hij werd ook de secretaris van de Flora, terwijl H.J. Voors, de Algemeen Secretaris Penningmeester (ASP), als bij Flora 1935 als bij de vorige Flora van 1935 weer de ontwerper werd. Voor de zakelijke leiding trok men H. Vermeulen aan en voor de reclame en propaganda Carel Briels (1917-1983); de grote man van de naoorlogse massaspelen o.a. ter gelegenheid van de bevrijding en de inhuldiging van koningin Juliana IN 1949. Hij werd wel de Nederlandse Cecil B. de Mille genoemd.

In de algemene vergadering van 18 december 1950 zei Van Nispen niets over Keukenhof maar meldde hij dat de organisatorische grondslagen voor Flora 1953 waren gelegd. Verder was hij tevreden over het afgelopen jaar. De export had voor het eerst de waarde van honderd miljoen gulden overschreden, er was geen surplus: "voor het eerst sinds jaren was er een einde gekomen aan de vernietiging van onze goede en dure producten door deze tot veevoeder te vermalen."[174]

In de rondvraag vroeg het lid Harry Preenen uit Hillegom of Van Nispen iets wist van de plannen om de Hartenkamp in Heemstede aan te kopen om daar naast de beurs ook Keukenhof te vestigen. Van Nispen zei dat hij er wel van wist maar dat het zo'n aankoop niet te exploiteren zou zijn.

170 *Weekblad voor Bloembollencultuur* 23-6-1950, aldaar 401.
171 *Het Vakblad* 29-6-1950, aldaar 1.
172 *De Hobaho* 28-7-1950, aldaar 5.
173 *De Hobaho* 21-7-1950, aldaar 9.
174 NHA, KAVB, 1860-1991, inv.nr. 10, aldaar 18-12-1950.

Ook het bestuur van Keukenhof hield zich de rest van het jaar nauwelijks met de Flora bezig. In de vergadering van 28 juni nam men het besluit van de AVB over de Flora voor kennisgeving aan.[175] Drukker maakte men zich over de bouw van een kas om bij de opening (Pasen viel in 1951 erg vroeg) in ieder geval bloeiende bollen te hebben. Men besloot een warme (oliestook) kas van 2025 m² te bouwen met plaats voor 48.000 tulpen (in 750 cultivars). De financiering vormde echter een probleem totdat Van Dijk, namens de gemeente, de mogelijkheid van een verhoging van het krediet van 60.000 naar 100.000 gulden naar voren bracht. Op 18 juli schreef Van Dijk samen met J. Lefeber (locoburgemeester) hierover een geheim voorstel voor de raad van 27 juli 1950. Hoewel de tentoonstelling van 1950 een positief resultaat had opgeleverd, en men maar 45.000 gulden van het gemeentelijke krediet had gebruikt en weer terugbetaald stond het bestuur [zoals hieronder wordt behandeld, MT] voor grote uitgaven voor 1950-1951. Zo wilde men meer reclame maken, met name in België, Scandinavië en de USA, en het tentoonstellingsterrein beter inrichten.

Dat gebeurde inderdaad; de gemeenteraad verhoogde in een geheime raadsvergadering het krediet onder meer vanwege het feit dat Keukenhof ruim 34.000 gulden aan vermakelijkheidsbelasting had afgedragen.[176] Wel wilde men met Keukenhof nader overleggen over het eventueel stellen van waarborgen, bijvoorbeeld in de vorm van een hypotheek op de door Keukenhof te bouwen opstallen. De provincie keurde op 19 september 1950 het besluit van de gemeente goed.

De bouw van de kas begon in september en toen stortte het bestuur zich in een discussie over de manier om die te verwarmen terwijl ook de uitbreiding van het restaurant en het theehuis aandacht vroegen. Men streefde naar een verdubbeling van de oppervlakte en de bediening.

De totale oppervlakte van de tentoonstelling vergrootte men naar eenentwintig hectare, onder meer vanwege de toename van het aantal deelnemers van vijftig tot zeventig. Met elkaar zouden er ongeveer tien miljoen bollen worden geplant langs ongeveer veertien kilometer aan wandelpaden. In het eerste jaar had men de ervaring dat de zandpaden door vele bezoekers zoveel zand opwierpen dat de bloemen er zwart van werden. Dus een deel van de paden werd verhard. Het befaamde kreupelhout werd voor een groot deel weggehakt en maakte plaats voor een Engelse tuin met rechthoekige perken. Ook om de vijver werden grote perken aangelegd in een halvemaanvorm.

Begroting uitgaven Keukenhof voor het boekjaar 1 juni 1950 tot en met 31 mei 1951

In de brief die Keukenhof op 31 januari 1950 schreef aan potentiële leden van het erecomité stond een overzichtje van de kosten over de periode tot en met 1959. Voor de uitvoering van de plannen zou een bedrag gemoeid zijn van ongeveer 800.000 gulden, waarvan de deelnemers ongeveer 300.000 gulden (de waarde van hun om niet verstrekte bollen en hun arbeid) voor hun rekening namen en waarin 100.000 gulden was inbegrepen voor het bouwen van een restaurant en een theehuis door de Oranjeboom Bierbrouwerij uit Rotterdam in samenwerking met de Gist- en Spiritusfabriek uit Delft: "Het overige bedrag zal worden uitgegeven voor wegenverbetering, aanleg van waterleiding en verbetering van electriciteitsleidingen, alsmede voor de exploitatie van het terrein met wat daarmede samenhangt."[177] Op jaarbasis betekende dat voor de stichting een uitgave van ongeveer 40.000 gulden en dat zou alleen maar kunnen als er meer bezoekers kwamen dan in de begroting van Van der Lee waren voorzien. Dat bleek het geval en in de bestuursvergadering van 23 mei 1950 meldde de voorzitter van de financiële commissie een batig saldo van 70.000 gulden. Dat bleek later aanmerkelijk minder te zijn. Dat stond natuurlijk niet ter vrije besteding zoals D. Lefeber direct opmerkte en waarbij hij verwees naar het contract tussen de gemeente en de graaf. Zijn opmerking leidde wel tot een nadere beschouwing van de contracten door Hogewoning.

Zoals we hierboven zagen leidde het verloop van de tentoonstelling tot een groot aantal aanpassingen die stuk voor stuk min of meer grote financiële gevolgen hadden. Neem alleen maar de aanschaf van de kas, de voorzieningen aan de paden en de uitbreiding van het tentoonstellingsterrein.

Ten behoeve van al deze voorzieningen werd in de zomer van 1950 een begroting van de uitgaven gemaakt die liep van 1 juni 1950 tot en met 31 mei 1951, het boekjaar van de stichting.

Bij die begroting werd een onderscheid gemaakt tussen de onderdelen, terrein, administratie, reclame en financiële commissie. Het totaal daarvan kwam uit op 145.000 gulden terwijl voor de kas en de verwarming een bedrag van 67.000 gulden werd begroot, totaal dus 205.000 gulden.

Voor het **terrein** ging men uit van een bedrag van **68.240** gulden, waarin een bedrag van 13.760 gulden was begrepen voor de exploitatie en de afschrijving van de kas.

Om het bestaande tentoonstellingsterrein op te knappen was 7565 gulden nodig en daarvoor werden de paden stofvrij gemaakt met koolas; voorzien van drainage om wateroverlast te beperken en werden de graskanten vernieuwd. Bovendien moesten nieuwe banken worden geplaatst, brugleuningen worden geverfd, nieuwe vlaggen worden aangeschaft alsmede de jaarlijkse terugkerende aankoop van vergif voor de bestrijding van ratten en muizen. De jaarlijkse bijdrage van 1500 gulden aan de HLS viel ook onder dit deel van de begroting. Het basissalaris van Van der Lee kwam op ruim 7100 gulden. Daarnaast waren er 1 voorman, 6 hoveniers en verschillende losse arbeiders die samen bijna 22.000 gulden aan uitgaven met zich brachten, waarbij nog 6300 gulden kwam voor de bewaking van het terrein tijdens de tentoonstelling. Voor het voer van de eenden was 300 gulden nodig terwijl voor het gereedschap zoals handmaaiers, kruiwagens, gieters e.d. 1350 gulden nodig was. De schadevergoeding terrein zou 700 gulden zijn en voor

175 Alleen Grullemans, die de vergadering niet bijwoonde, liet vragen of de afdelingen Lisse en Warmond als dank geen plaats op Keukenhof zouden kunnen krijgen. Dat wilde het bestuur niet, Keukenhof stond open voor alle afdelingen.
176 GA Lisse, inv.nr. 3418. Brief aan Keukenhof van 11-8-1950.
177 NHA, Krelage, inv.nr. 209.

```
F I N A N T I E E L   V E R S L A G  boekjaar 1949-1950  van de                    17 November 1950
+-+-+-+-+-+-+-+-+-+-+-+-+-+-+-+-+-+-+-+-+-+-+-+-+-+-+-+-+-+-+-+-+-+-+-+-+-+-+-+
           N A T I O N A L E   B L O E M E N   T E N T O O N S T E L L I N G
                        "  K E U K E N H O F  "   L I S S E
           +-+-+-+-+-+-+-+-+-+-+-+-+-+-+-+-+-+-+-+-+-+-+-+-+-+-+-+-+-+-+-+-+

  ONTVANGSTEN                                         UITGAVEN

  als Stichtingskapitaal          F.      100.--      reeds uitgegeven volgens bijgaande spec.  F. 100.192,54
  Bruto-recette                                       er dient gereserveerd te worden als nog
    Kaarten  a  F. 4.--    F.       64.--             te betalen:
       "     "     7.50         4142,50               Warner inzake stempel         F.     15.--
       "     "     1.--       199899.--               schade terrein geschat              750.--
       "     "     0.50       14617.--                E.H.B.O. Lisse (inmiddels bet)       50.--
       "     "     0.25          624,75               i/z pensioen fonds Bl.bedrijf        10.--
                              ---------               4½% vereveningsheffing post Hr.v.d.Lee240.40
                           F. 219347,25               verplichtingen t/o Graaf van Lijn-
  af                                                  den c.a.                          10000.--
    reductien       11266.--                          Voor salaris Hr.v.d.Lee over bru-
    Vermak.bel.     34680.21                          to recette        F.219347,25
    Omzet.bel.      5327,09                           minus basis          112500.--
                   --------                                              ----------
                             51273,30                                  F.106.847,25    5342,36
                                       168.073.95     5% over
                                           91.33     algemeene reserve voor na te komen
  rente                                              posten                            1564,98    17.972,74
                                                     Stichtingskapitaal                              100.--
                                                     Batig saldo                                  50.000.--
                                                                                                 ---------
                                    F. 168.265,28                                               F.168.265,28
                                    +++++++++++++++                                             ++++++++++++
```

afb. 8
Financieel verslag boekjaar 1949-1950

borden buiten het terrein en nog wat diverse posten ter waarde van 2500 gulden. Voor de uitbreiding van het tentoonstellingsterrein was 5125 gulden nodig. Daarbij werd de volgende toelichting geschreven: "De wegen hierin dienen echter door de Stichting te worden aangelegd, wat inhoudt stompen rooien, egaliseren en verharden. Zo nodig zal een brug vanaf de Noorderlaan naar dit gedeelte worden gelegd moeten worden, terwijl verder papiermanden, banken en wegwijzers geplaatst zullen moeten worden."

Het tweede onderdeel van de begroting betrof de **administratie** en daarvoor dacht men **35.925** gulden nodig te hebben. Hieronder viel onder andere het salaris van de administrateur Van Aken (3400 gulden) die in dienst was getreden en een urenvergoeding voor de boekhouder Smits (400 uur tegen 3,50 gulden per uur) die immers in dienst was van de Hobaho. Ook alle sociale lasten en verzekeringen werden hieronder gebracht (ongeveer 11.000 gulden), evenals de vergaderkosten van het bestuur en commissies (1100 gulden). Er zou een nieuw kantoor worden gehuurd van de exploitant van het restaurant en de inrichting daarvan kostte 5500 gulden (inclusief een huur van 800 gulden).

Het derde deel van de begroting was de **reclame** en die werd begroot op maar liefst **25.000** gulden waarvan 15.000 gulden werd besteed aan affiches (10.000 stuks) en folders (200.000 stuks).

Het laatste deel van de begroting noemde men **financiële commissie**. Deze bedroeg **15.835** gulden en bestond uit twee posten; namelijk overeenkomst terrein van 7000 gulden en een post onvoorzien van 8835 gulden. Als toelichting op de eerste post verwees de begroting naar de vergadering van het bestuur van 28 juni, maar in die notulen kwam een besluit over dit bedrag niet voor. Het bedrag omvoorzien was een gevolg van de overschrijding van de lopende begroting.

In de bestuursvergadering van 28 november 1950 keurde men naast de eindbalans 1949-1950 ook genoemde begroting goed.
Een samenvatting van het financieel verslag 1949-1950 is opgenomen in **afbeelding 8**.
Uit de onderliggende stukken bleek dat de eerste kostenbegroting van Van der Lee in juni was verhoogd naar 66.500 gulden, per 1 januari 1950 zelfs naar 94.000 en uiteindelijk uitkwam op ruim 100.000 gulden. Daar tegenover stond een opbrengst van ruim 168.000 gulden, een verschil van ongeveer 70.000 gulden. Na aftrek van de door Lefeber eerder genoemde verplichtingen bleef een batig saldo over van 50.000 gulden.

Inzenders 1949/1950   **enkele gegevens, zoals destijds opgetekend**

Nr. 1	A. Frylink & Zn.	Sassenheim	ca. 25 RR. Spitwerk G. Altena, aanleg Felix en Dijkhuis
Nr. 2	Turkenburg's Zaadhandel N.V.	Bodegraven	
Nr. 3	Fa. Wesselo v/h Nieuwenhuis	Lisse	16,5 RR. Spitwerk G. Altena, aanleg eigenaar
Nr. 4	D.W. Lefeber & Co.	Lisse	4 stukjes
Nr. 5	C.A. v.d. Wereld	Roelofarendsveen	Narcissen en Decletra spect. in 't gras en stand 45.
Nr. 6	Belle & Teeuwen	Lisse	Borders langs Bramenlaan
Nr. 7	N.V. G.B. de Vroomen & Zn.	Sassenheim	Hyacinten in vakken, Slingerweg
Nr. 8	N.V. Gebr. Eggink	Voorschoten	Borderbeplanting en enige vakken
Nr. 9	Ant. v.d. Vlugt & Zn	Lisse	4 vakken bij de lange brug
Nr. 10	Leo van Grieken & Zn.	Lisse	borderbeplanting bij het bospad
Nr. 11	N.V. J.J. Grullemans & Zn.	Lisse	24 vakken langs de Beukenlaan
Nr. 12	N.V. Supergran	Delft	inzending zaadbloemen en vaste planten bij ingang parkeerterrein en achter Homan
Nr. 13	N.V. Gebr. Van Zanten	Hillegom	6 borders en enkele vakken
Nr. 14	N.V. Ver. Bloembollenculturen	Noordwijk	
Nr. 15	A.J. van Engelen N.V.	Hillegom	stadstuin
Nr. 16	L. van Staalduinen jr.	Bennebroek	tulpen op vakken
Nr. 17	Joh. van Grieken	Bennebroek	borderbeplabting in 't berkenbos
Nr. 18	Gebr. Nieuwenhuis N.V.	Lisse	tulpen in srt. En verschillende borders
Nr. 19	F. Rijnveld & Zn. N.V.	Hillegom	kleine plekjes rond de natuurvijver
Nr. 20	J.W.A. Lefeber	Lisse	gem.inzending bij ijzeren brug
Nr. 21	Gebr. Nieuwenhuis	Lisse	Tulipa's en Narcissen
Nr. 22	Gebr. Nieuwenhuis	Lisse	Narcissen en Bijgoed
Nr. 23	Rutgerd Veldhuyzen van Zanten + Jacob L. VvZ	Lisse	2 borders en enkele vakken
Nr. 24	Warnaar & Co. N.V.	Sassenheim	zie ook nr. 52, uitsluitend Narcissen
Nr. 25	H. de Graaff & Zn. N.V.	Lisse	uitsluitend Narcissen onder het hout
Nr. 26	H. de Graaff & Zn. N.V.	Lisse	gem. beplanting in borders
Nr. 27	Jac. Uittenbogaard	Oegstgeest	alleen aangelegd, geen bollenbeplanting: te laat
Nr. 28	Jan Roozen	Haarlem	kleine groepjes nieuwere tulpen in een border
Nr. 29	v. Konijnenburg & Mark	Noordwijk	losse borders met tulpen. Pergola en vijver niet beplant, kwam in maart pas klaar.
Nr. 30	M. van Waveren & Zn. N.V.	Hillegom	losse border met tulpen. Pergola
Nr. 31	Jac. Tol	St. Pancras	
Nr. 32	K. Nieuwenhuis & C.	Sassenheim	
Nr. 33	Fa. J.H. Hageman & Zn.	Lisse	
Nr. 34	Gebr. Van Klaveren	Hazerswoude	
Nr. 35	B. de Wreede jr.	Hillegom	
Nr. 36	Gebr. Lefeber	Lisse *(samen met P. Dames)*	
Nr. 37	P.C. Hoek	's Gravenzande	
Nr. 38	J.W. van Reisen	Voorhout	
Nr. 39	H. Homan & Co. N.V.	Oegstgeest	
Nr. 40	P. Hopman & Zn.	Hillegom	
Nr. 41	Fa. Maas & Van Steijn	Hillegom zie ook # 66	
Nr. 42	W. Huyg	Haarlem	
Nr. 43	A. van Reisen	Voorhout	
Nr. 44	Gebr. Lommerse	Hillegom	
Nr. 45	Afd. Berkhout & Omstr.	?	
Nr. 46	G. v.d. Mey & Zn.	Lisse	
Nr. 47	D. Nieuwenhuis & Zn.	Lisse	
Nr. 48	Karel Verdegaal	Lisse	
Nr. 49	George Vreeburg	Lisse	
Nr. 50	G. Lubbe & Zn.	Oegstgeest	
Nr. 51	J.W. van Reizen	Voorhout	
Nr. 52	'Terra Nova' W. Keessen jr. & Zn.	Aalsmeer	
Nr. 53	de Ruyter & Zoon	Noordwijk	
Nr. 54	Fa. J.F. v.d. Berg & Zn.	Breezand	bedden tulpen
Nr. 55	N.V. H. Verdegaal & Zn.	Sassenheim	
Nr. 56	N.V. Ver. Cult. Noordwijk	Noordwijk	
Nr. 57	Fa. M. Beelen	Lisse	
Nr. 58	Gebr. Verdegaal	Lisse	
Nr. 59			
Nr. 60	Kraats & Co.	Boskoop	leverde heesters voor Inzending M. van Waveren)
Nr. 61	Jan van Gelderen	Boskoop	leverde heesters voor Homan & Co.)
Nr. 62	Fa. J. Puik	Hilversum	flagstones voor restaurant
Nr. 63	Fa. Gebr. V. Egmond	?	border bij restaurant
Nr. 64	'Tulpo" Tuin- en Landschaps-Architectuur	Wassenaa	heesters in border restaurant
Nr. 65	Koper's Tuinaanleg	Bennebroek	borderbeplanting hoofdingang
Nr. 66	P. Bakker	Hillegom	bollenbeplanting voor Maas & Van Stein
Nr. 67	K. van Wezelenburg & Zn.	Boskoop	heesterbeplanting voor vanTurkenburg

Lijst van inzenders 1949-1950 met aantekeningen van Van der Lee.

De financiële commissie had aan de begroting een notitie toegevoegd waarin er op werd aangedrongen steeds de hand te houden aan deze begroting, die een bedrag aan uitgaven liet zien van 145.000 gulden exclusief een bedrag van 67.000 gulden voor kas en verwarming, en bijzondere uitgaven steeds ter behandeling en goedkeuring aan de commissie voor te leggen.
Van Waveren die de vergadering voorzat ondersteunde dat verzoek maar ontkrachtte dat vrijwel direct door te pleiten voor een zomeropening (15 juni tot 15 augustus) en het organiseren van een ruiterspel als voortzetting van het Jacobaspel van het eerste jaar. Aangezien de rest van het bestuur vreesde voor de financiële gevolgen bleef het bij een voorstel. Wel ging men bekijken of het mogelijk was door verlichting in het voorjaar het aantal bezoekers te verhogen. Dit voorstel van Van Waveren werd in handen gegeven van een onderzoekscommissie (K.J. Grullemans, D. Lefeber en Zwetsloot).

Twee zaken die in die vergadering ook aan de orde waren verdienen nader aandacht. Namelijk een discussie over de koop van het contract van D. Lefeber door Keukenhof en de suggestie van Grullemans om Keukenhof aan te bieden aan de AVB. Op beide zaken, de herziening van de contracten (en de statuten van de stichting) en de relatie Keukenhof AVB gaan de volgende hoofdstukken in.

HOOFDSTUK 5

WIJ KUNNEN TOCH ÓÓK NOG WEL WAT!

1950-1952. Keukenhof en Hogewoning

De Graaf komt in het bestuur en de regering wil bemiddelen

Op 16 november 1950 werd mr. T.M.J. de Graaf burgemeester van Lisse. Tot die tijd had locoburgemeester J. Lefeber, ook bestuurslid van Keukenhof, het ambt van burgemeester vervuld. Met De Graaf betrad een bestuurlijk zwaargewicht het strijdperk. Hij zat sinds september 1948 voor de KVP in de Tweede Kamer en was daar door zijn verleden in Indië een gezaghebbend woordvoerder Overzeese Gebiedsdelen. Toen hij in Lisse werd benoemd was hij net 38 jaar. Hij zou in Lisse blijven tot 1968. Hij was solide, degelijk en betrouwbaar. Uiteraard vroeg Keukenhof hem lid te worden van het bestuur. Op 11 januari 1951 woonde hij voor het eerst een vergadering bij. Omdat er toen nog steeds geen voorzitter was benoemd vroeg men hem voorzitter te worden. Hogewoning was gevraagd maar weigerde wegens tijdgebrek; ook De Graaf weigerde omdat hij vond dat het iemand uit het vak moest zijn.
In de vergadering van 11 januari werd een brief van de AVB voorgelezen en vervolgens voor kennisgeving aangenomen. Het is niet bekend wat erin stond.

Een onrustige tijd

Het was internationaal gezien een onrustige tijd, die zich ook deed voelen in ons land. Op 27 juli 1950 had de Veiligheidsraad een resolutie aangenomen, waarin aan de leden van de Verenigde Naties (VN) werd verzocht aan het door Noord-Korea aangevallen Zuid-Korea bijstand te verlenen. Het was voor de eerste keer na de Tweede Wereldoorlog dat de VN militair ingreep. Een van de gevolgen was een snelle stijging van de prijzen van vele grondstoffen wat Nederland sterk trof, omdat het (toen) niet beschikte over veel grondstoffen. En dat had tot gevolg, zo zei de koningin in de troonrede van 19 september 1950, dat: "een herziening van de rangorde in dringendheid der uitgaven op het gebied der overheidswerkzaamheden, met inbegrip van die der lagere overheden (...) onvermijdelijk [zal] zijn."[178] Op 17 maart 1951 trad het tweede Kabinet-Drees aan. In de regeringsverklaring die Drees op 17 maart uitsprak maakte hij een financieel-economisch noodprogramma bekend: een consumptiebeperking en stevige ingreep in de overheids- en particuliere investeringen. De bestedingsbeperking was een feit en dat had ook gevolgen voor de discussie over Flora en Keukenhof. In de tijd dat de regering aandrong op matiging maakte het bollenvak zich op voor investeringen in twee tentoonstellingen. Dat riep kritiek op. De eerste keer gebeurde dat in een artikel in het *Leidsch Dagblad* van 9 maart van een 'deskundig medewerker'. De eerste zin luidde: "Van regeringszijde wordt aangedrongen op beperking van de investeringen. Maar de tentoonstellingspolitiek, die momenteel in het bloembollenvak wordt gevolgd, is daarmee maar weinig in overeenstemming."[179]

Na een beschouwing over beide tentoonstellingen met als conclusie dat Groenendaal nauwelijks te prefereren viel boven Keukenhof volgde een pleidooi om Flora 1953 op Keukenhof te houden. Het organiseren van beide tentoonstellingen was onnodig en schadelijk voor het vak terwijl besparingen een eis van de tijd waren: "Niet alleen omdat in het belang van bloembollenvak is, maar ook omdat dit in de situatie, waarin ons land momenteel verkeert, dit roekeloos en onverantwoord omspringen met dergelijke grote bedragen niet kan worden getolereerd." Uiteraard nam het bestuur van Keukenhof kennis van dit artikel. Voorzitter Van Waveren las het voor in de vergadering van 13 maart maar trok er verder geen conclusies uit. De vergadering was trouwens een spoedvergadering, omdat er bij de opening waarschijnlijk weer heel weinig buiten in bloei was. Daarom halveerde men tot paaszaterdag de entree tot vijftig cent. Bij de opening op 21 maart (dezelfde datum als het jaar daarvoor) door de Commissaris van de Koningin van Zuid-Holland (Kesper) was niet alleen Rutten (de minister van Onderwijs) aanwezig, maar waren ook ir. A.W. van der Plassche (de fungerend directeur-generaal Landbouw), dr. A.J. Verhage (voorzitter van het Bedrijfschap voor Sierteeltproducten (BVS)) en vele andere autoriteiten aanwezig. Kesper benadrukte in zijn toespraak vooral het onmisbare, nationale belang van Keukenhof ("Wij kunnen toch óók nog wel wat!").[180] Die uitspraak duidde erop dat er achter de schermen veel werd gesproken over de controverse Flora-Keukenhof. Van Waveren trok toen de conclusie dat het bestaansrecht van Keukenhof niet ter discussie stond, maar wel dat van Flora 1953.
Zie **afbeelding 1** voor het 'warenhuis' op de Keukenhof.
In de parkgids stond een plattegrond in de vorm zoals we die nu nog kennen (zie **afbeelding 2**). In **afbeelding 3** het affiche voor 1951.

---

178 Van Raalte 1964, 294.
179 *De Hobaho* van 15 maart 1951 nam op bladzijde 4 het artikel over onder de enigszins misleidende rechtvaardiging dat het geen standpunt innam in de controverse Keukenhof en Flora 1953.
180 *Weekblad voor Bloembollencultuur* van 23-3-1951, aldaar 315. Het stond in een artikel van Van der Hart over de opening. Van der Hart was erg kritisch over de kwaliteit van de tulpen in de kas: "eenzelfde temperatuurbehandeling op zo'n grote verscheidenheid rassen en variëteiten (...) [kan] niet straffeloos geschieden." Toen hij een maand later ging kijken was hij vol lof over het gewas: het stond er goed bij en was leerzaam (*Weekblad voor Bloembollencultuur* van 20-4-1951, aldaar 348).

afb. 1
Het warenhuis op Keukenhof

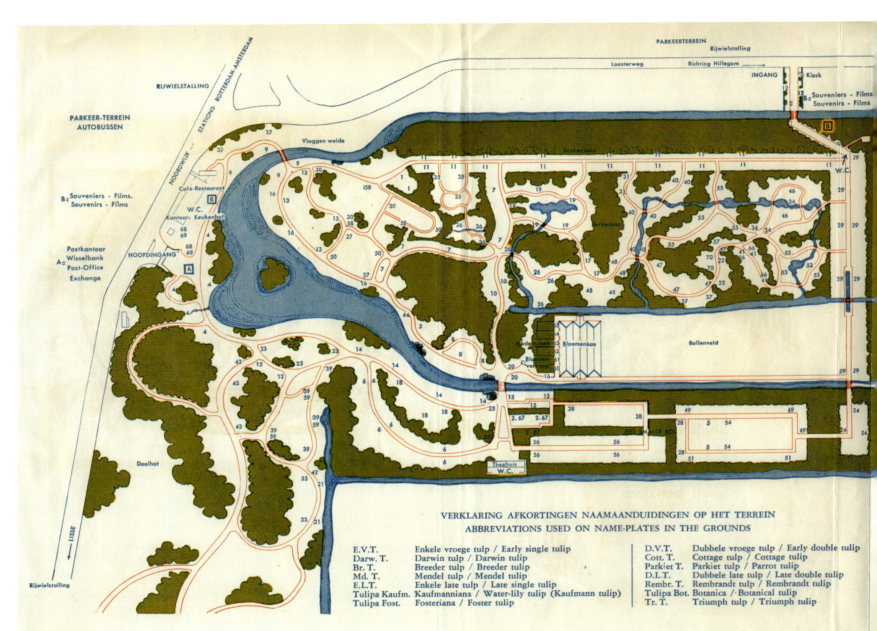

afb. 2
De plattegrond in de parkgids 1951

afb. 3
De affiche voor de tentoonstelling 1951

Twee tentoonstellingen of één?

Op 9 april ging Van Nispen, in zijn openingsrede bij de algemene vergadering van de AVB, uiteraard ook in op de slechte economische toestand. Hij voorzag versobering en hogere belastingen. De afdeling Wassenaar haakte daarop in door in de rondvraag te vragen of het gezien deze omstandigheden niet beter was in 1953 één grote tentoonstelling te houden in plaats van twee, en of het hoofdbestuur bereid was hierover met Keukenhof te gaan praten. Dat wilde Van Nispen wel maar hij zag geen kans met een voorstel te komen dat zou worden aangenomen. Keukenhof was tot nu toe overal tegen geweest zei hij.

Twee dagen later vergaderde Keukenhof en Van Waveren zei toen dat hij aanwijzingen had dat de regering wilde bemiddelen in de controverse Keukenhof-Flora 1953. Hij was daar tegen omdat hij tijdens de opening van de minister en de plaatsvervangende Commissaris van de Koningin van Noord-Holland (Prakke) alleen maar steun had ondervonden voor Keukenhof en gehoord had dat beiden twee tentoonstellingen een dwaas idee vonden. Van Waveren ging er kennelijk van uit dat de regering een stokje zou steken voor de Flora. Hij kreeg geen onverdeelde steun in het bestuur. De Graaf vertelde dat hij ook al had gesproken met ministers die het hadden over een compromis en daarom moest Keukenhof zich sterk maken. Grullemans wilde juist de Flora steunen omdat hij verwachtte dat veertig procent van de bezoekers aan de Flora ook de Keukenhof zou bezoeken. Andere bestuursleden waren bang dat de inzenders in actie zouden komen om een compromis af te dwingen. Uiteindelijk gaf men aan Van Waveren, De Graaf en Hogewoning volmacht om eventueel met de regering te praten, maar daar geen initiatief toe te nemen en niet te veel te ageren tegen de Flora. Aan het slot van die vergadering deelde Van Waveren mee dat minister Teulings, Verhage en ir. S. Louwes (de directeur-generaal Voedselvoorziening) Keukenhof zouden bezoeken en met hem wilde praten. Vier dagen later zei Van Waveren in het dagelijks bestuur dat dit gesprek hem had gesterkt in de overtuiging dat Keukenhof bestaansrecht had en moest doorgaan. Althans zo stond het in de notulen, maar er was meer gebeurd dan hij wist, zo blijkt uit de inhoud van een brief van Zwetsloot in *De Hobaho* van 20 april 1951. Hij ging uit van het feit dat er in 1953 twee aparte tentoonstellingen zouden zijn, dat eenieder zou zich daarbij neer moeten leggen en er niet meer over moeten discussiëren. Cruciaal is de zin die hij hieraan toevoegde: "Men schijnt nog een ogenblik gedacht te hebben aan de mogelijkheid om de twee tentoonstellingen te laten doorgaan als één en dus de reclamecampagne voor gezamenlijke rekening te voeren, doch hier heeft men het feit niet mee opgelost, daar dan twee tentoonstellingen toch blijven bestaan."[181] Zoals later bleek was Hogewoning toen al achter de schermen bezig met het latere compromis. Daarvan was de rest van het bestuur echter niet op de hoogte en dat leidde later tot kwade gezichten en verhitte hoofden.[182]
Het Weekblad voor Bloembollencultuur van 27 april plaatste de brief ook en voegde daar een commentaar aan toe dat de AVB wachtte op de aanvaarding van de toegestoken hand. Dat miste de redactie in de brief. Kennelijk doelde de redactie op de brief van de AVB die begin januari voor kennisgeving was aangenomen door het bestuur van Keukenhof. Het was echter niet helemaal waar dat Keukenhof de uitgestoken hand van de AVB niet aannam. In het licht van de latere gebeurtenissen lijkt het aannemelijk dat Hogewoning al contact had met Van Nispen. Wat daaruit voortvloeide wordt in de loop van dit hoofdstuk duidelijk.

De show van Carel Briels en de regering grijpt in

In *De Hobaho* van 25 mei stond een artikel over de afgelopen Keukenhof die 27 mei zou sluiten. Het bezoek was met een aantal van 255.000 weer bevredigend geweest en er waren weer meer buitenlanders geweest. Het bestuur boog zich alweer over een uitbreiding van het terrein, het stuifvrij maken van meer paden, de bouw van een koude kas, het stichten van een ontvangkantoor voor buitenlanders en het ontwerpen van een geheel nieuwe tentoonstelling. Men liep dus hard van stapel en dat was reden voor D. Lefeber om op de rem te trappen. Hij deed dat in de bestuursvergadering van 20 juni, voorgezeten door De Vroomen. Waarschijnlijk was zijn bezorgdheid ook ingegeven door de persconferentie die een paar dagen eerder was gegeven ter gelegenheid van de Flora 1953. Die persconferentie, op Schiphol om het internationaal karakter van de Flora te benadrukken, was een idee van en stond onder leiding van Carel Briels. Hij werd in *Het Vakblad* aangeduid als "manager-voor-de-presentatie-ontwerper-gebouwen-entertainment-en-algemene propaganda." Het werd een show met vliegtuigen, stewardessen die werden beladen met bloemen om die aan de burgemeesters van de grote steden in Europa en New York aan te bieden, de presentatie van Vermeulen ("promotor van zovele damesbeurzen") als zakelijk leider van de Flora en De la Mar als secretaris van de tentoonstelling. De boodschap was duidelijk: de slag om de bezoeker was begonnen en Flora zette heel hoog in. Gevraagd naar de verhouding met Keukenhof wijdde Van Nispen daar alleen maar welwillende woorden aan. Naast de Flora had die zeker reden van bestaan, maar beide waren niet met elkaar te vergelijken.

Lefeber maakte zich, zo zei hij in de vergadering van 20 juni, zorgen over de te smalle financiële basis van Keukenhof: "Het is eenvoudig belachelijk, dat de financiële basis thans zo is, dat men op een dag als Hemelvaartsdag met angst en beven naar de lucht moet kijken, of het droog blijft."[183] Bovendien had hij kritiek op het functioneren van het bestuur, met name het eigenmachtig optreden van het dagelijks bestuur en Van Waveren. Die kritiek werd gedeeld door De Graaf. Lefeber was zelfs blij dat de Flora niet op Keukenhof kwam, wilde alles vermijden dat de Flora schade zou doen en zo spoedig mogelijk onderhandelen met de AVB.[184] Uiteraard was niet iedereen dat met hem eens. Zo wilde Warnaar dat de regering Keukenhof hielp maar Hogewoning was daar tegen, het moest volgens hem in eigen kring worden opgelost. Hij had al eens contact gehad met Van Nispen maar die had niet gereageerd. Belle wilde niet praten. Uiteindelijk besloot

181 *De Hobaho* 20-4-1951, aldaar 7.
182 Notulen van een bijeenkomst van het DB, de terreincommissie en Hogewoning op 8-1-1952 (niet opgenomen in het notulenboek van Van Dijk).
183 Archief Keukenhof.
184 Hij zou met een grote inzending meedoen aan de Flora om zijn nieuwe tulpen te promoten.

men het onderwerp nog eens te laten bezinken voor een nadere bezinning, ook al omdat Van Waveren tot begin augustus afwezig was. Die bezinning werd door een initiatief van de regering onderbroken. Op 15 augustus riepen Louwes, Van der Plassche en Verhage Keukenhof (Van Waveren en Hogewoning) en de AVB (Van Nispen en Voors) naar Den Haag. Het is niet helemaal duidelijk waarom zij dit initiatief namen. Het kan zijn dat zij een einde wilde maken aan de verwarring die was ontstaan doordat De Graaf en Van Waveren onafhankelijk van elkaar gesprekken hadden met diverse ministers over Keukenhof en De Flora c.q. door de ministers daarover werden benaderd.[185] Volgens de verslagen die Van Nispen en Van Waveren aan hun bestuur uitbrachten was er geen sprake dat de regering een van beide tentoonstellingen zou verbieden. Volgens Louwes was het vak kapitaalkrachtig genoeg om een eventueel verlies dat als gevolg daarvan zou kunnen optreden zelf te dragen. Wat de regering, althans de ambtenaren, wel wilden was geen concurrentie want dat zou slecht zijn voor beide tentoonstellingen en voor het imago van Nederland in het buitenland. Men riep op tot samenwerking, bijvoorbeeld in de vorm van gemeenschappelijke reclame of gemeenschappelijk kaartverkoop. Van Waveren gedroeg zich in dat gesprek halsstarrig. Eerst zei hij tegen Louwes: "wat trekt men zich toch aan van die 60 vaklui, want men heeft er nog 8940 over."[186] Hij wilde niet samenwerken met wat hij 'een failliete boedel' noemde (Flora).[187] Van Waveren kon echter moeilijk net doen alsof er geen interventie van de regering was geweest. Hij wilde de boel trainen. Wel zei hij te willen praten over het principe van samenwerken, maar pas op de lange termijn.[188] Zo zou hij half september voor een maand naar het buitenland vertrekken en voor die tijd wilde hij geen afspraken maken. Van Nispen wilde wel samenwerking (wellicht op basis van zijn gesprekken met Hogewoning) en aangezien de ambtenaren op haast aandrongen legde hij de bal bij Keukenhof. Zij moesten nu maar eens met voorstellen komen omdat ze steeds de voorstellen van de AVB hadden afgewezen. Van Waveren lichtte zijn bestuur in tijdens de vergadering van 16 augustus. Hij kreeg toen nog wel zijn zin, vooral omdat De Graaf zei, op basis van een lang gesprek met Van der Plassche, dat de regering niets kon afdwingen. Wel benoemde men een onderhandelingsdelegatie bestaande uit Hogewoning, D. Lefeber, Van Waveren en Zwetsloot. Van Nispen was tot half september met vakantie. Toen hij terug was lag er nog geen voorstel van Keukenhof, alleen een verzoek van Van Waveren van 21 september tot uitstel omdat hij tot half oktober in het buitenland zou zijn. Er was echter meer aan de hand. Dat bleek in de vergadering van het dagelijks bestuur van Keukenhof op 22 augustus en de vergadering van het bestuur op 19 september. De onderhandelingsdelegatie was het onderling niet eens over de strategie. De ene helft wilde een soort façadeakkoord, zoals een gemeenschappelijk affiche (daarvoor werd al een bedrag van 10.000 gulden van het CBC genoemd) en de andere helft, zoals D. Lefeber en ook wel Hogewoning, wilde een echt akkoord. Lefeber wilde zelfs een garantie van het CBC; als er in 1953 minder dan 300.000 bezoekers naar Keukenhof kwamen moest het CBC garant staan voor de opbrengst die Keukenhof dan miste. Belle en Grullemans kozen de kant van Van Waveren die wilde trainen en eventueel een façadeakkoord wilde, zolang Keukenhof maar baas in eigen huis bleef. Dat wilde Zwetsloot ook. Hogewoning had zich kennelijk vreselijk geërgerd aan de gang van zaken. Zo hekelde hij het feit dat verschillende personen waren gaan praten en verschillende standpunten uitdroegen. Dat leidde maar tot verwarring en misverstanden. Verder wilde hij niet meer trainen en strijd kon hij niet meer hebben: "ook niet om de particuliere zaken, die de meeste bestuursleden hebben." Als het niet de bedoeling was het eens te worden stapte hij uit de delegatie, het was toch al niet goed dat er twee directeuren van de Hobaho in zaten. Hogewoning wilde wel bemiddelaar zijn. Zo gebeurde, er kwam een nieuwe delegatie bestaande uit D. Lefeber, Veldhuyzen van Zanten, Warnaar en Van Waveren.

Een compromis wordt geboren, Hogewoning treedt af

Intussen wilde Van Nispen ook geen uitstel meer. Op 10 oktober stuurde de 'directie van de Internationale Bloementoonstelling "Flora 1953"' op eigen briefpapier van de Flora een voorstel in vijf punten naar Keukenhof. Men stelde een gemeenschappelijke naam onder welke gemeenschappelijk reclame konden worden gemaakt, een verwijzing naar elkaar in de catalogi, en de mogelijkheid op beide plaatsen kaartjes voor elkaar te verkopen. Om Keukenhof onder druk te zetten stuurde men een afschrift naar Den Haag. Het dagelijks bestuur van Keukenhof formuleerde op 31 oktober onder leiding van Van Waveren en na overleg met de delegatie een antwoord. Men was het niet eens met de aard van de voorstellen van de Flora en had zich gestoord aan de toon van de brief. Keukenhof stelde aan de AVB voor dat Flora de poster van Keukenhof niet mocht gebruiken en wilde een financiële garantie als er minder dan 300.000 bezoekers zouden komen. Bovendien mochten er geen kassen op de Flora komen. Die voorstellen waren voor de AVB onaanvaardbaar.[189] Omdat Van Waveren weer naar het buitenland vertrok nam De Vroomen zijn plaats in de delegatie in.[190] Dat haalde de angel uit het conflict. De Vroomen deelde in de bestuursvergadering van 17 november aan het verbaasde bestuur mee dat ze er binnen een kwartier met Van Nispen uit waren en a.s. vrijdag de puntjes op de i zouden zetten. Basis voor de overeenstemming was een concept van Hogewoning dat nu werd voorgelezen maar waarvan Hogewoning later zei dat hij dat van te voren met Van Nispen had doorgesproken en akkoord bevonden.

Zie voor een aantal bijzonderheden uit de overeenkomst het kader.

---

185 In de notulen van Keukenhof werden de ministers Mansholt, Lieftinck, Teulings en Staf genoemd.
186 AB Keukenhof 19-9-1951.
187 AB Keukenhof 16-8-1951.
188 Ibidem.
189 Hoofdbestuur AVB 16-11-1951. In het 'kort verslag' van deze vergadering in het *Weekblad voor Bloembollencultuur* werd niets opgenomen over de kwestie Flora-Keukenhof. Wel in de notulen in het NHA.
190 Dagelijks bestuur Keukenhof 15 november 1951.

Concept van Hogewoning, november 1951

In de preambule van de overeenkomst tussen de AVB en Keukenhof erkende men de waarde van elkaars tentoonstellingen voor het bloembollenvak en voor het 'vreemdelingenverkeer in Nederland'. Vervolgens kwam een overeenkomst met acht punten. Daarin riep men het seizoen 1953 uit tot 'Flower-festival of Holland' en in dat kader zou men elkaar ondersteunen en een beroep te doen op de medewerking van de gehele sector. Voor gemeenschappelijke reclame zou een beroep worden gedaan op het CBC om daarvoor 10.000 gulden beschikbaar te stellen. Keukenhof zou haar tentoonstelling alleen in redelijke mate mogen uitbreiden, geen nieuwe elementen toevoegen en de kasruimte fixeren op 2000 m². In beider catalogi zou een verwijzing naar elkaar komen. Beide zouden een beroep doen op het CBC voor een egalisatiefonds van 75.000 gulden uit te betalen naar rato als het netto recettebedrag van Keukenhof in 1953 minder zou bedragen dan 225.000 gulden, met dien verstande dat ter vermijding van prijsconcurrentie Keukenhof de entreeprijs niet zou verlagen.[191] Tot slot was voorzien in een commissie tot bemiddeling indien tussen beide partijen een geschil rees.

Bij dat slotgesprek, waarbij ook Briels was, was Hogewoning als bemiddelaar aanwezig. In de overeenkomst die daarna door mr. dr. L. Sprey (Leiden) werd opgesteld ontbrak de verwijzing naar de bijdragen van het CBC; werd de naam gewijzigd tot 'International Flower-festival of Holland 1953' en werd de uitbreiding van het kascomplex op Keukenhof bepaald op maximaal 1500 m². In de commissie tot bemiddeling van eventuele geschillen kwamen Hogewoning, Sprey en Verhage. Van Waveren koos eieren voor zijn geld en stemde in met de overeenkomst, zij het niet van harte.
Daarna ging het snel. Omdat Van Nispen al akkoord was met een bijdrage van het CBC keurde het CBC in de 69ste vergadering, die op 12 december plaatsvond, zonder veel discussie zowel het bedrag van maximaal 10.000 gulden voor het Internationaal Flower Festival of Holland goed als de garantie voor Keukenhof.

Het bestuur van Keukenhof vergaderde op 13 december en dat werd een omzien in wrok. Aan de ene kant was men blij dat Keukenhof eindelijk was erkend en er een overeenkomst was maar aan de andere kant was er veel ergernis over het optreden van een aantal bestuursleden. Het werd in de woorden van Warnaar een 'kiftpartij'.[192] Vooral Van Waveren, die niet aanwezig was, moest het ontgelden. Hij had zich tijdens het slotgesprek volgens Hogewoning die daarbij als (zwijgende) bemiddelaar aanwezig was laten inpakken door Briels. Tijdens dat slotgesprek was er een affichecommissie ingesteld, bestaande uit Briels, Zwetsloot en Van der Gronden. Briels had gelijk het voortouw genomen en zich geafficheerd als de propagandachef voor 1953. Hij was daar kennelijk in gesterkt door Van Waveren, die zonder daar met iemand over te praten al contact had gehad met Briels. Hogewoning vond dat bespottelijk. Het was voor hem het zoveelste bewijs dat er geen eenheid in het bestuur was. Vandaar dat hij ter plekke aftrad als lid van het bestuur. Hij wilde zich niet meer binden aan wat hij zag als onjuiste bestuursbesluiten en voelde meer voor een vrije rol als algemeen adviseur.[193]

Op 17 december was er weer de gebruikelijke algemene vergadering van de AVB. In zijn openingsrede kenschetste Van Nispen het afgelopen jaar als niet ongunstig en meldde hij dat er volledige instemming was bereikt met Keukenhof: "om in (...) in 1953, in vertrouwensvolle samenwerking, een hoogtepunt te bereiken van propaganda voor de Nederlandse Bloembollencultuur en –handel (...) door van het jaar 1953 te maken een groot International Flower Festival Holland."[194] De vergadering reageerde met applaus waarop Van Nispen concludeerde dat de vergadering haar instemming had betuigd met het door hem gedane voorstel tot het uitroepen van het International Flower Festival of Holland 1953 en dat derhalve hiertoe was besloten.

Hogewoning had het vermogen het ijzer te smeden als het heet was. Zo had hij met Van Nispen al gesproken over een verdergaande samenwerking. Voor daar nader op ingaan wordt, wordt eerst een ander project van Hogewoning behandeld: de herziening van de contracten en de statuten. De aanleiding daartoe was waarschijnlijk het onverwacht grote aantal bezoekers (althans in relatie tot de begroting) en de gevolgen die dat had voor de contracten. Hij was de enige die op dat moment, mei 1950, de consequenties overzag.

De eerste herziening van contracten, de tweede 'geniale' daad van D. Lefeber

Veldhuyzen van Zanten maakte, als voorzitter van de financiële commissie, in de vergadering van 23 mei 1950 verheugd melding van een mogelijk positief saldo van 70.000 gulden van de tentoonstelling.

---

191 Volgens een ingenieuze berekening van Hogewoning was dit naar verhouding dezelfde subsidie als de AVB voor de Flora 1953 van het CBC had gekregen, uitgaande van 300.000 bezoekers aan de Keukenhof in 1953 en 800.000 aan de Flora.

192 DB Keukenhof 8-1-1952.

193 Per brief van 17 december 1951 verzocht het bestuur hem als algemeen adviseur te mogen benoemen.

194 NHA, KAVB, 1860-1991, inv.nr. 10, aldaar 17-12-1951.

Hij wilde dat geld bestemmen voor een investeringsprogramma voor de volgende tentoonstelling, maar dat ging D. Lefeber te ver. Volgens hem was dat bedrag niet ter vrije beschikking in verband met de verplichtingen tegenover graaf Carel en de gemeente. Wat hij niet noemde was dat er ook nog een verplichting tegenover hem bestond en die was opeens veel waard geworden. Hij had immers recht op de helft van de nettowinst. Van Waveren hield dit punt aan tot de volgende vergadering, hij wilde eerst advies inwinnen van Hogewoning. Hogewoning rapporteerde in de volgende vergadering van 14 juni dat in verband met de belasting de statuten dienden te worden aangepast en dat het hem verder was opgevallen dat er geen contract was tussen de gemeente en de stichting. Het eerste wat hij echter deed was met D. Lefeber praten over zijn contract met graaf Carel. Wat voor argumenten Hogewoning gebruikte om Lefeber van dat nu lucratief gebleken contract af te helpen weten we niet.[195] Het lukt hem wel, want in de bestuursvergadering van 28 november deelde hij mee dat Lefeber bereid was afstand te doen van al zijn contractuele rechten tegen een betaling van 10.000 gulden dit jaar en 12.000 gulden de komende 2 of 3 jaar. Lefeber zou wel dit jaar 4000 gulden betalen aan graaf Carel. Het was eigenlijk de tweede 'geniale' daad van Lefeber. De voorwaarde die Lefeber stelde dat Keukenhof zijn verplichting aan graaf Carel overnam (de jaarlijkse betaling van 4000 gulden) was ook al vervuld. B en W hadden er ook al mee ingestemd dat Keukenhof het contract tussen de gemeente en graaf Carel overnam en de raad zou daarover in een geheime zitting worden geïnformeerd (dat gebeurde op 27 juli 1950). Hogewoning zat zelf de vergadering van 11 januari 1951 voor. Daarin zei D. Lefeber dat graaf Carel akkoord ging met de wijzigingen in het contract en dat hij de afhandeling overliet aan zijn advocaat. Lefeber en Hogewoning zouden samen met mr. Theyse (toen hij ziek werd in maart verving mr. dr. L. Sprey hem) die onderhandelingen namens Keukenhof voeren. Ter discussie kwam ook de vraag of de parkeerrechten van graaf Carel overgenomen zouden moeten worden. Men vond de parkeerprijzen te hoog, ergerde zich aan de kermisachtige toestanden op de parkeerplaats bij het kasteel en vond de wateroverlast een probleem. Omdat de gemeente echter de bankgarantie van D. Lefeber niet wilde overnemen verklaarde Hogewoning dat de Hobaho die wel wilde overnemen (8 jaar huur tegen 4000 gulden per jaar) tegen jaarlijks 25 procent van de nettowinst.[196] Dat was begin april 1951 en tegen het eind van die maand werd het bestuur in spoedzitting bij elkaar geroepen omdat graaf Carel het monopolie van het parkeren niet wilde opgeven. Men gaf hem zijn zin en op 5 mei 1951 waren de nieuwe contracten klaar. Die contracten zijn niet meer aanwezig in het archief van Keukenhof. Van Dijk vermeldt ze wel in zijn overzicht over 1949 tot en met 1973. Onder de datum 5 mei 1951 schrijft hij dat het contract tussen de gemeente en graaf Carel van oktober 1949 werd vervangen door twee nieuwe contracten (zie kader). Er werd echter ook een overeenkomst met D. Lefeber gesloten (zie het kader).

195 Een tipje van die sluier werd opgelicht in het contract van 5 mei 1951, zie kader.
196 Dat contract werd in mei opgemaakt, GA Lisse inv.nr. 3417.
197 Archief Keukenhof.

De contracten van 5 mei 1951

Het contract tussen graaf Carel en Keukenhof was in hoofdzaak een kopie van het contract van de oude overeenkomst tussen de gemeente Lisse en graaf Carel, met dit verschil dat het artikel met de clausule dat de graaf vijftig procent van de nettowinst kreeg was vervangen door een bedrag van vierduizend gulden per jaar (gedurende de resterende acht jaar van het contract).

Een nieuw contract tussen de gemeente en de graaf met daarin de garantie van de gemeente dat Keukenhof haar verplichtingen getrouwelijk zou nakomen met verplichting tot eventuele schadevergoeding; het voorkeursrecht van koop door de gemeente en de verplichting van de gemeente tot het medewerken aan het stichten en exploiteren van een parkeerterrein en rijwielstalling door graaf Carel en verbod voor de gemeente om binnen een straal van één kilometer een parkeerterrein en rijwielstalling in te richten.

Het contract tussen Lefeber en Keukenhof regelde de intrekking van het contract tussen Lefeber en graaf Carel op verzoek van Keukenhof, "daar de Stichting voor een behoorlijke exploitatie van de tentoonstelling in de toekomst aanzienlijke bedragen nodig zal hebben." Lefeber had daarmee ingestemd omdat hij het contract met graaf Carel juist had gesloten om die exploitatie mogelijk te maken. Keukenhof betaalde Lefeber 6000 gulden uit over de exploitatie 1 juni 1949 tot 1 juni 1950 en restitueerde aan Lefeber 8000 gulden zijnde de huur die Lefeber op 1 juni 1949 en 1 juni 1950 aan graaf Carel had betaald. Bovendien kreeg hij als schadeloosstelling van Keukenhof 12.000 gulden.[197]

De wijziging van de statuten

De statuten stonden sinds begin 1951 ter discussie. De Vroomen vond dat het geheel als los zand aan elkaar hing, Hogewoning wilde veranderingen in verband met de belasting en D. Lefeber vond dat het dagelijks bestuur te veel macht had en de commissies te weinig. Bovendien ergerde hij zich aan het solisme van de voorzitter rond zaken als de sluitingsdatum van de tentoonstellingen en het koninklijk bezoek. Ook De Graaf vond een wijziging in de verhouding tussen gemeente en Keukenhof noodzakelijk. De zaak bleef echter slepen maar werd actueel na de verhoging van het krediet van de gemeente tot 100.000 gulden in verband met de bouw van de warme kas. De Graaf en Van Dijk schreven hierover als B en W een voorstel voor de raad van 28 september 1951 (ook weer niet voor publicatie). De stichting had na twee tentoonstellingen bewezen 'zuinig en effectief' te kunnen opereren en: "het beheer bevindt [zich] (...) in handen van energieke en enthousiaste personen." Vandaar dat de gemeente haar rol als stimulator kon opgeven en "kan terugtreden naar het haar meer toekomend terrein van belangstellend toeschouwer." Dat maakte ook de weg vrij voor een meer zakelijke verhouding met betrekking tot de kredietovereenkomst. Daarover hadden B en W ook al (een weer vertrouwelijk) een statutenwijziging van de stichting opgesteld evenals een kredietcontract met Keukenhof. De raad besloot op 28 september de invloed van de gemeente in het bestuur te vergroten (drie leden, burgemeester in het dagelijks bestuur) en de meeste zakelijke relaties, zoals de goedkeuring van de begroting, uit de statuten te halen en voor een deel op te nemen in de kredietovereenkomst. Die kredietovereenkomst kwam in september 1951 tot stand (zie kader).

Deze overeenkomst maakte de weg vrij voor de wijziging van de statuten. Dat gebeurde in de vergadering van 19 september 1951. De werkwijze zou ongeveer hetzelfde blijven met een delegatie aan het dagelijks bestuur dat zou bestaan uit de voorzitter de vicevoorzitter, de voorzitters van de commissies. In die vergadering werden de commissies opnieuw samengesteld, Lambooy weer tot erevoorzitter benoemd, het erecomité intact gelaten en de mogelijkheid geopend adviseurs te benoemen.

Nadat de gemeente op 17 december aan Keukenhof schreef dat GS bij besluit van 4 december het besluit van de gemeenteraad van 28 september had goedgekeurd verschenen Van Waveren en Van Dijk op 24 december 1951 voor notaris F. Pinxter in Lisse om de statuten te wijzigen en opnieuw vast te stellen. Voor een overzicht zie het kader.

Kredietovereenkomst tussen de gemeente en Keukenhof van september 1951

De kredietovereenkomst bestond uit een renteloos krediet van 100.000 gulden, waarvan de gemeente optrad als rekening-courant houder. Keukenhof verplichtte zich daartegenover de overtollige kasgelden bij de gemeente terug te storten. Bovendien kreeg de gemeente bij twaalf bestuursleden van Keukenhof twee zetels en bij meer dan twaalf drie zetels, waarvan een in het dagelijks bestuur. Verder legde de gemeente Keukenhof de verplichting op de jaarlijkse vergoedingen aan graaf Carel te voldoen. Ter meerdere zekerheid kreeg de gemeente het eigendom van de kas met verwarmingsinstallatie. Op overtreding stond een boete van 25.000 gulden. Na de gewenste goedkeuring van de provincie trad de overeenkomst op 15 december 1951 in werking.

De statuten van 24 december 1951

Op voorstel van ir. Volkersz werd de doelstelling nu als volgt omschreven: "het voorbereiden, organiseren en tot afwikkeling brengen van te Lisse door haar te houden tentoonstellingen van bol- knol- en wortelstokgewassen en andere sierteeltgewassen, alsmede het verrichten van alle handelingen, welke hiermede in de ruimste zin verband houden" (artikel 2). Het beheer werd opgedragen aan een raad van beheer bestaande uit tenminste twaalf en ten hoogste twintig leden. De huidige leden van de raad werden in de statuten genoemd en dat waren er dertien: A.M. Belle, M.T. van Dijk, mr. T.M.J. de Graaf, K.J. Grullemans, D.W. Lefeber, J.W.A. Lefeber, A. Tibboel, ir. K. Volkersz, T.R. de Vroomen, A. Warnaar, T.M.H. van Waveren en A.T.M. Zwetsloot. Het dagelijks bestuur (naast voorzitter, secretaris en penningmeester twee tot vier leden) werd belast met de dagelijkse leiding "der zaken en met het beheer van de goederen der stichting" (artikel 7.1). Raad en dagelijks bestuur konden adviseurs benoemen (artikel 10). Elk jaar, te beginnen in september 1952, traden drie leden van de raad en twee leden van het dagelijks bestuur af die terstond herkiesbaar waren.

De commissies werden als volgt bemand:

- Terreincommissie: A.M. Belle (voorzitter), K.J. Grullemans, D. Lefeber en A. Warnaar;
- Financiële commissie: M. Veldhuyzen van Zanten (voorzitter), M. van Dijk, ir. K. Volkersz en T. de Vroomen;
- Propagandacommissie: T. Zwetsloot (voorzitter), V.d. Gronden (vicevoorzitter, W. Roozen (van het CBC), Lodewijk, Venema en Siedenburg (NS), mr. Woltjer (VVV-Zuid-Holland) en Van Waveren. Daaraan werd later (februari 1952) D. Strijkers van de KLM toegevoegd, terwijl Van der Gronden lid van het bestuur werd.
- Algemeen adviseur: D. Hogewoning [wederom, MT].

Opvallend is de uitgebreide samenstelling van de propagandacommissie. Toen het bestuur kennisnam van de samenstelling was er kritiek: er zat geen echte 'bollenman' in, vandaar dat Van Waveren aan die commissie werd toegevoegd.
Op 8 januari 1952 kwam het dagelijks bestuur op verzoek van Van Waveren met de terreincommissie bijeen om na te praten over de vergadering van 13 december. Hij vond dat er te harde woorden waren gevallen en wilde de misverstanden 'wegpraten'. Aanwezig waren Van Waveren als voorzitter en Van Dijk als secretaris en verder Belle, mr. de Graaf, Grullemans, Hogewoning, D. Lefeber, A. Warnaar en T. Zwetsloot. Belle en Zwetsloot waren als commissievoorzitters aanwezig, Hogewoning als adviseur en Warnaar en D. Lefeber van de commissie. Afwezig waren de vicevoorzitter De Vroomen en de voorzitter van de financiële commissie. Later werd bepaald dat ook vicevoorzitters van de commissies toegang hadden tot het dagelijks bestuur (februari 1952).

De tweede herziening van de contracten; Keukenhof onder het vak?

In de al genoemde vergadering van het dagelijks bestuur van 8 januari 1952 vertelde Van Waveren dat hij binnenkort zou gaan lunchen met graaf Carel en dan de verlenging van het contract en de overname van het parkeerterrein zou bespreken. Aangezien het voor Keukenhof zakelijk onverantwoord zou zijn om de risico's die hieraan waren verbonden alleen te dragen was het ook nodig het vak hierover te polsen. Hogewoning nam dat op zich; hij zou ook meegaan om met graaf Carel te onderhandelen (samen met Zwetsloot).
Een maand later bleek dat graaf Carel over beide opties wilde praten en met zijn zaakwaarnemer, bankier Van Wijlen uit Den Haag, al bedragen had genoemd. Bij een verlenging van het contract tot en met 1971 wilde hij de eerste 10 jaar 14.000 gulden per jaar huur, dat was dan inclusief het parkeerterrein, en de tweede 10 jaar 16.000 gulden en een opslag als de entreeomzet zou stijgen.
Hogewoning had al vele contacten gelegd. Zo was Oranjeboom gewillig om mee te betalen aan de hogere huur maar wilde Van der Plassche geen bijdrage van de regering toezeggen, zelfs niet uit de Marshallgelden. Daarna had Hogewoning het 'vak' benaderd en bewerkstelligd dat op 25 februari vertegenwoordigers van de AVB, CBC (Van Nispen), de Bond (De Vroomen, Theyse), BVS (Verhage) met hem en mr. dr. L. Sprey om de tafel zaten. Uiteraard was Van Waveren ook aanwezig. Hogewoning kreeg ze zo ver dat ze een overeenkomst tekenden waarbij Keukenhof onder bestuur van de AVB en de Bond kwam. Uitgangspunt was de verlenging van de huur van Zandvliet (en het parkeerterrein Keukenhof) tot 1971 voor de bedragen die de graaf wilde hebben. Voor die bedragen zouden de AVB en de Bond borg staan en het BVS zou zich moeten verplichten heffingen te blijven opleggen om het CBC in staat te stellen de eventuele tekorten van de tentoonstelling te dekken. Het nieuwe bestuur kwam onder voorzitterschap van de voorzitter van de AVB en de AVB zou in het bestuur één zetel meer krijgen dan de Bond. Zolang de gemeente Keukenhof een krediet verstrekte zou de burgemeester van Lisse ook in het bestuur zitten. Het CBC mocht twee zetels voordragen (een voor de AVB en een voor de Bond). Onder het bestuur kwam een commissie van uitvoering met daarin ook leden van het huidige bestuur. In deze commissie was de meerderheid voor de Bond en uit deze commissie zou een directie worden gevormd met daarin ook de burgemeester. Het CBC zou vanaf 1 januari 1952 of 1 januari 1953 één procent van haar totale budget jaarlijks aan de AVB betalen voor beheers- en representatiekosten in verband met de tentoonstelling. Daartegenover verplichtte de AVB zich elk jaar een tentoonstelling op Keukenhof te organiseren.[198]
In de bestuursvergadering van Keukenhof van 27 februari zal men wel hebben opgekeken van deze overeenkomst. Alleen Belle reageerde echt negatief: zo was voor hem de aardigheid er wel af. De anderen waren vol lof behoudens wat vragen van De Graaf en Grullemans over de nieuwe topstructuur. Dat was het enige wat nog verder zou worden bekeken, voor de rest was er alleen maar lof voor Hogewoning (het bestuur applaudisseerde, stond in de notulen).
Toen Van Nispen het bestuur van de AVB op 14 maart inlichtte over de overeenkomst gaf hij een bijzonderheid prijs die we nergens anders nog vonden, namelijk dat graaf Carel na 1971 Zandvliet wilde verkopen als bollenland. In het bestuur was eigenlijk alleen Voors tegen: Keukenhof lag ongunstig (geen steden in de buurt), de AVB zou dan zijn tienjaarlijkse tentoonstellingen niet meer kunnen houden en het zou een aanzienlijke taakverzwaring voor het apparaat van de AVB betekenen. Men besloot de algemene ledenvergadering van 7 april voor te stellen de overeenkomst te kunnen aangaan.
Uiteraard was in beide besturen aangedrongen op geheimhouding. Die werd niet gehandhaafd, want op 20 maart stond in *De Bloembollenstreek* een artikel onder de kop "Keukenhof: voortaan officiële vaktentoonstelling." De tekst van het artikel kwam goed overeen met het voorstel in de beschrijvingsbrief voor de algemene ledenvergadering van de AVB die werd gepubliceerd in het *Weekblad voor Bloembollencultuur* van 21 maart. Het voorstel blonk uit in vaagheid. Zo gaf het geen precieze informatie over de financiële aspecten en ook niet over de topstructuur. Men volstond met de mededeling dat Keukenhof financieel gezond was en dat het voorstel beoogde Keukenhof tot een vaktentoonstelling te maken. Het hoofdbestuur vroeg machtiging om een overeenkomst te sluiten "dat deze permanente tentoonstelling onder leiding komt van de vakorganisaties."

198 NHA, Bond van Bloembollenhandelaren, 1900-1996, inv.nr. 198.

Op die dag (21 maart) opende Prins Bernhard de Keukenhof. Van Waveren zei tegen hem dat hij zich bevond te midden van een groep "kooplui" die in hem ("Uwe hoge persoonlijkheid") een voorbeeld zagen op het gebied van goed koopmanschap. Verder ging hij in op de plannen om van Keukenhof een 'blijvend instituut' te maken door de huur te verlengen tot twintig jaar.[199]

Zie de **afbeelding 4** met de ontvangst van de Prins. In **afbeelding 5** de affiche voor de tentoonstelling die bijna 328.000 bezoekers trok, ongeveer een derde meer dan het jaar daarvoor. Op 31 mei 1952 registreerde Keukenhof een recetteomzet van maar liefst 310.000 gulden

Naast de kas in 1951 werden de beelden in 1952 een nieuw fenomeen op Keukenhof, een fenomeen dat tot veel emoties zou leiden eigenlijk tot op de dag van vandaag. Zie het kader.

afb. 4
De ontvangst van Prins Bernhard door Van Waveren, Jacoba's en burgemeester De Graaf

afb. 5
De affiche voor de tentoonstelling van 1952

199 *De Hobaho* 25 (1951-1952) 21-3-1952, aldaar 5. Die twintig jaar stond niet eens in de beschrijvingsbrief maar stond ook in het artikel in *De Bloembollenstreek*.
200 Blaak 1995.
201 NHA, Nederlandse Kunststichting te Amsterdam, inv.nr. 13.
202 AB Keukenhof 11-1-1952.
203 Blaak 1995.

Beelden op Keukenhof

Het was een initiatief van Van Waveren, een kunstzinnig en cultureel onderlegd man. Hij haakte in op de trend dat beeldententoonstellingen in de open lucht na de Tweede Wereldoorlog een grote vlucht namen. Zo kwamen er maar liefst 148.900 bezoekers naar een beeldententoonstelling in Battersea Park in Londen in 1948, terwijl er maar op 30.000 waren gerekend.[200] Arnhem haakte daarop in met in 1949 een eerste (er zouden er meer volgen) tentoonstelling in het Park Sonsbeek. Het werd een succes. In de drie maanden dat de tentoonstelling open was kwamen er 125.000 bezoekers. Het werd een triënnale die tot en met 1958 duurde. Aan de keuze van de beelden leverde de Nederlandse Kring van Beeldhouwers medewerking en het ministerie van OKW gaf een subsidie. Keukenhof zou dat model kopiëren. Eind november 1951 zocht men contact met de Stichting Kunst en Gezin die met medewerking van Nederlandse Kring van Beeldhouwers 27 beelden op Keukenhof plaatsten, waaronder de beroemde ruiter, een beeld van P. Koning dat nog steeds een beeldmerk van Keukenhof is (zie **afbeelding 6**).[201] Keukenhof betaalde alle kosten van verzekering en vervoer en per ingezonden werk minimaal 25 gulden. Meteen ontstond er ook al gedoe. Een voorteken voor wordt er allemaal in de loop van de tijd zou gebeuren en waarvan in de komende hoofdstukken verslag zal worden gedaan. Zo ontstond er begin januari 1952 een conflict over wie het voor het zeggen had als het ging om het plaatsen van de beelden.[202] Keukenhof stelde ook als voorwaarde dat er geen naakten mochten komen. Desondanks verwijderde het bestuur vlak voor de opening drie beelden wegens "aanstootgevende naaktheid." Bij de Kring van Nederlandse Kring van Beeldhouwers ontstond hierover een rel die slechts met moeite werd gesust.[203] Toch vielen de beelden wel in de smaak, want sommige inzenders wilden wel een beeld kopen.

afb. 6
Ruiterbeeld van P. Koning

afb. 7
Plaatsing van het eerste 'leesbare' beeldhouwwerk Moeder en kind van J. Meefout

Tijdens de algemene ledenvergadering van de AVB op 7 april stelden de afgevaardigden van de afdelingen uiteraard veel vragen over de financiële en andere details van het voorstel. Maar ook nu was Van Nispen schaars met informatie. Hij vertelde eigenlijk niet meer dan dat Keukenhof een reserve had van 100.000 gulden en dat het parkeerterrein 10.000 gulden opbracht. Dat laatste zei hij als aanvulling op de informatie die De Vroomen als afgevaardigde van de afdeling Warmond gaf. De Vroomen gaf wel de nodige financiële informatie, net als Hogewoning die als lid van de AVB de vergadering bijwoonde. Toen de discussie al bijna was gevoerd intervenieerde Hogewoning met de opmerking dat de AVB alleen maar nodig was als borg voor slechte tijden en dat in dat geval het CBC het betaalde uit de 2,5 miljoen gulden die het vak opbracht voor reclamedoeleinden. Het grootste bezwaar hadden de afgevaardigden tegen de binding van 20 jaar (hoewel die niet in het voorstel stond). De afgevaardigde van de afdeling Andijk verwoordde dat als volgt: "De afdeling vreest dat er over 15 jaar misschien geen bol wil meer groeien, omdat het niet mogelijk is dat de grond steeds wordt omgewroet en bovendien moet men maar afwachten of er na 1960 nog voldoende deelname zou zijn [eerder in de vergadering was gezegd dat de inzenders zich voor tien jaar hadden gebonden, MT]. Een termijn van 20 jaar wijst de afdeling beslist af."[204] Die opvatting hadden meer afdelingen en Van Nispen gooide zijn eigen glazen in door de termijn van 20 jaar te koppelen aan het voorstel. Het voorstel werd vervolgens met 226 stemmen voor en 221 stemmen tegen verworpen. Onder die tegenstemmers waren ook veel afdelingen uit de Zuid zodat de gevreesde tegenstelling Noord-Zuid in dit dossier gelukkig geen rol meer speelde (zo stemde de afdeling Anna-Paulowna, zestien stemmen voor en de afdeling Hillegom, achttien stemmen tegen).

Hogewoning had tijdens de vergadering gezegd dat als het voorstel zou worden verworpen men niet meer zou kunnen zeggen dat Keukenhof onder het vak thuis hoorde.

Keukenhof gaat zelfstandig verder

In *Het Vakblad* van 11 april 1952 had Lodewijk veel kritiek op de gang van zaken. Bij een betere voorbereiding, zo was zijn overtuiging, was het voorstel aangenomen: "op iedere algemene vergadering blijkt wéér, hoe slecht vele afdelingen en afgevaardigden op de hoogte zijn van de werking van de organisatiemachine."[205] Omdat volgens een bindend mandaat in de afdelingen al was gestemd konden de afgevaardigden geen rekening houden met de nieuwe informatie die ter vergadering kwam. Ze hadden ook niet het benul gehad om met amendementen te komen. Lodewijk hekelde ook de slechte voorbereiding van het hoofdbestuur: "wanneer men de zaken slordig behandelt schaadt dit (...) de belangen van het vak."[206] Zo was het maar net.

204 NHA, KAVB, 1860-1991, inv.nr. 10, aldaar 7-4-1952.
205 *Het Vakblad* 11-4-1952, aldaar 3.
206 Ibidem.

De Hobaho benaderde de zaak positiever. De redactie was blij dat er in tegenstelling tot in het verleden geen kwaad woord was gevallen over Keukenhof en Keukenhof stond nu op eigen benen en moest de rug recht houden: "zo recht als de man op het reeds bekend geworden paard, dat op het tentoonstellingsterrein staat."[207] Ook was men blij dat de zaak niet in de tegenstelling Noord-Zuid was getrokken.

Hogewoning handelde snel. Vrijwel direct na de algemene vergadering van de AVB had hij alweer een gesprek met de voorzitters van de AVB en de Bond om hun steun te krijgen voor het door Keukenhof rechtstreeks benaderen van het CBC voor een garantie. Tegen Van Nispen zei hij dat de AVB akkoord was met een contract voor tien jaar, dus hij wilde een garantie van 136.000 gulden, af te ronden naar 150.000 gulden. Aanvankelijk wilde Van Nispen niet verder gaan dan 100.000 gulden, maar hij ging met Hogewoning mee voor 150.000 gulden als de AVB jaarlijks 1 procent van het budget van het CBC zou krijgen. De Bond stemde daar vervolgens morrend mee in mits het CBC rechtspersoonlijkheid kreeg en de bijdrage aan de AVB maar niet ten koste ging van 'hun' reclamebudget. Daarna praatte Hogewoning met de brouwerij Oranjeboom, die eerder een bijdrage van 3000 tot 4000 gulden had toegezegd. Hogewoning vertelde later aan het bestuur van Keukenhof hoe hij dat varkentje had gewassen: "bij het nadere gesprek heeft spreker [Hogewoning, MT] de vraag gesteld of men bereid was een huur te gaan betalen ongeveer gelijk aan het bedrag, wat zij eventueel zouden moeten besteden bij eventuele bouw. Eerst werd dit idee verworpen, maar door redenerend gaf (...) men toe, dat men in de 2ᵉ tien jaren zeker wel bereid zou zijn, evenals in de eerste 10-jarige periode f 200.000,- te investeren. Tenslotte heeft men zich bereid verklaard om 19 jaren f 10.000,- per jaar huur te willen betalen."[208] Daar tegenover zou Keukenhof dan bereid moeten zijn van dat bedrag minimaal 50.000 gulden bij te dragen aan de uitbreidingen van het restaurant en het theehuis. Hogewoning was zo blij met deze toezegging dat hij beloofde te bewerkstelligen dat er in 1953 geen huur hoefde te worden betaald als de exploitatie als gevolg van de Flora tegenviel. Tenslotte wist Hogewoning met bovenstaande toezeggingen op zak de gemeente te bewegen ook een garantie van 100.000 gulden te verstrekken.

Dat kwam allemaal aan de orde in de vergadering van het bestuur van Keukenhof dat op 10 april bij elkaar kwam. Men keek nauwelijks terug op de vergadering van de AVB. De vergadering was het wel eens met Van Waveren. Hij zei dat het verstandelijk jammer was dat Keukenhof niet onder het vak kwam maar dat zijn hart hem ingaf dat het helemaal niet jammer was. Wel was hij verbaasd, want hij had net als Van Nispen gedacht dat het voorstel er met vlag en wimpel zou doorkomen. Alhoewel Van Nispen een nieuwe vergadering wilde beleggen was het voor hem over en uit.
Hogewoning stelde dat inclusief het eigen vermogen van Keukenhof van 100.000 gulden er nu toezeggingen waren tot in totaal 550.000 gulden en dat vond hij een voldoende brede basis voor de toekomst. Het bestuur was dat, weer onder applaus, met hem eens.
De Vroomen zei dat hij blij was dat er van de inzenders geen bijdrage was gevraagd. Die gaven al veel geld uit aan hun inzending, terwijl het profit gering was maar het hele vak er wel baat bij had. Wat in die vergadering niet aan de orde kwam, maar wat waarschijnlijk een rol speelde bij het afwijzen van het verzoek van Van Nispen voor een extra vergadering, was het standpunt van de inzenders. Die waren na het publiceren van de beschrijvingsbrief van de algemene vergadering in spoedzitting bijeen gekomen. Ze vonden de huidige situatie het best, want particulier initiatief had de tentoonstelling groot gemaakt. Men zag alleen maar nadelen als de Keukenhof onder bestuur van het vak zou komen omdat dan het particulier initiatief zou verdwijnen "voor een verenigings- of ambtenaarsverband."[209] Dat zou een 'verslapping' van de leiding betekenen. Om dat te voorkomen wilden ze zelfs een bijdrage leveren aan het twintigjarenplan.[210]

Een kater bij de AVB

De stemming in het hoofdbestuur van de AVB dat op 23 april bijeenkwam was katerig. Nadat Van Nispen verslag had gedaan van zijn gesprek met Hogewoning concludeerde men dat hij, gezien de uitslag van de algemene vergadering, niet de vrijheid had in het CBC voor een garantie aan Keukenhof te stemmen. Ook zijn plan om Keukenhof te vragen of zij een nieuwe vergadering op prijs zouden stellen kreeg maar net een meerderheid.[211] Verder was het hoofdbestuur tegen de verzelfstandiging van het CBC, want dat zou dan een "macht worden, welke buiten de AVB ligt." Dat er niets aan de stemmenverhouding veranderde was blijkbaar secondair. Ook dat verzet haalde niks uit want in september besloot het BVS (die de gelden inde voor het CBC) dat dit toch moest gebeuren. Zelfs een interventie van Van Nispen bij de minister had geen effect.[212] Wat wel effect had was een afwending van de halvering van de jaarlijkse CBC- subsidie naar 5000 gulden voor Treslong. Die subsidie bleef bestaan, maar verder was het een en al tegenslag voor de AVB, ook al omdat Carel Briels niet functioneerde. Hij was of ziek, of voerde niets uit en was met zijn hoofd bij andere zaken dan de Flora 1953. In juli ontsloeg de AVB hem.

Hogewoning maakt zijn werk af en wordt beloond

Intussen was Hogewoning op zoek gegaan naar meer garanties en had die gevonden bij de Hobaho zelf en bij de Twentsche Bankt. Nu voelde hij zich sterk genoeg om het CBC te benaderen.

---

207 *De Hobaho* 11-4-1952, aldaar 7.
208 AB Keukenhof 10-4-1952.
209 *De Hobaho* 16-5-1952, aldaar 2.
210 *De Hobaho* 9-5-1952, aldaar 2.
211 Het korte verslag van deze vergadering stond in het *Weekblad voor Bloembollencultuur* van 2-5-1952, aldaar 346, met daarin de opvatting dat het ontbroken had aan voldoende informatie in de beschrijvingsbrief en werd aan Keukenhof gevraagd om voor een nieuwe vergadering "zoveel mogelijk gegevens te verstrekken, opdat de leden (...) volledige voorlichting kan worden gegeven."
212 Bij KB van 17-12-1953 werden de (nieuwe) statuten van de Vereniging Centraal Bloembollen Comité goedgekeurd en op 2-3-1954 werden ze in de *Staatscourant* gepubliceerd en was de verzelfstandiging een feit.

Samen met mr. dr. L. Sprey schreef hij op 28 april, namens Keukenhof, een brief met daarin het verzoek aan het CBC voor een garantie van 200.000 gulden voor de periode 1954 tot en met 1971 (zie kader).

> **Mei 1952: de garantie van het CBC, de Hobaho, de Twentsche Bank en de gemeente Lisse**
>
> Per brief van 28 april vroeg Keukenhof aan het CBC om tot een maximum van 200.000 gulden in te staan voor eventuele tekorten in de jaren 1954 tot en met 1971. Men vroeg het recht om van die garantie gebruik te maken onder de bevoegdheid [let wel, niet de plicht, MT] de opgenomen bedragen telkens geheel of gedeeltelijk terug te storten. In de brief werd tevens aangegeven dat de gemeente Lisse, de Twentsche Bank en de Hobaho zich bereid hadden verklaard ook garanties te verlenen voor respectievelijk 100.000, 100.000 en 50.000 gulden. Keukenhof stelde voor dat deze garanties op de tweede plaats zouden komen; op de eerste plaats stond de garantie van het CBC omdat Keukenhof van oordeel was: "dat in de eerste plaats het bloembollenvak het ongestoord voortbestaan van de Stichting behoorde te verzekeren."[213] Als de garantie werd verleend, nam Keukenhof op zich elk jaar, vanaf het tentoonstellingsjaar 1951-1952, minstens een derde deel van de nettowinst te belegging ter dekking van de eventuele tekorten op de exploitatie.[214] Verder meldde de brief dat de Brouwerij d'Oranjeboom en de Koninklijke Nederlandsche Gist- en Spiritusfabriek van 1952 tot en met 1971 samen 10.000 gulden per jaar à fonds perdu in de kas van de stichting zouden storten.

In de vergadering van het CBC van 7 mei werd bovenstaand voorstel vrijwel zonder wijzigingen, alleen met de stemmen van de AVB tegen, aangenomen (en behoudens goedkeuring van het BVS). Van Nispen zei in de discussie over dit voorstel dat hij met spijt tegen moest stemmen. In die discussie benoemde men ook een commissie om met Keukenhof nader te overleggen over aanvullende garanties van de kant van Keukenhof.[215] Uiteraard zat Van Nispen in die commissie en was Hogewoning ook als bemiddelaar aanwezig. Dat overleg vond op 27 mei plaats. Men wilde voorkomen dat Keukenhof aan de ene kant een derde van de nettowinst zou reserveren maar aan de andere kant grote leningen zou aangaan. Vandaar dat men afsprak dat als Keukenhof in een jaar meer dan 200.000 gulden zou willen lenen of over verschillende jaren meer dan 600.000 gulden dat pas kon doen na toestemming van een commissie uit het CBC. Die commissie bestond uit Van Nispen, een vertegenwoordiger van de Bond en een vertegenwoordiger van het CBC.

De overeenkomst met het CBC werd gehecht aan het contract waarin de garanties van de gemeente, de Twentsche Bank en de Hobaho werden opgenomen. Voor wat betreft de gemeente bepaalde de overeenkomst dat B en W van Lisse ook toestemming moesten geven aan Keukenhof als die leningen, zoals vermeld bij het CBC, zou willen aangaan. Verder wijzigde men de kredietovereenkomst met de gemeente van 15 september 1951 zodanig dat de het eigendomsrecht van de gemeente op de kas verviel. De garantie van de gemeente kwam na die van het CBC en na de gemeente kwamen, in gelijke mate, de bank en de Hobaho. Als Keukenhof gebruik maakte van de garanties zouden die in omgekeerde volgorde en naar rato (bank 2/3 en Hobaho 1/3) worden terugbetaald. Mochten er na ommekomst van de garantie nog terugbetalingen zijn vereist dan zouden deze in de vorm van vorderingen op Keukenhof worden uitgeoefend, waarbij de vorderingen van de bank en de Hobaho op de eerste plaats stonden. Al die garantiegevers zouden jaarlijks de balans en de verlies- en winstrekening krijgen terwijl de Twentsche Bank de enige bank op het tentoonstellingsterrein mocht worden.

Vanwege deze garanties vond Hogewoning het van belang gunstige jaarcijfers te publiceren. Toen Veldhuyzen van Zanten in september een nettoresultaat meldde van ruim 24.000 gulden van het tentoonstellingsjaar 1951-1952 verhoogde men dat een maand later tot ongeveer 55.000 gulden door een aantal afschrijvingstermijnen te verlengen.

Voor al zijn activiteiten, ook buiten Keukenhof, werd Hogewoning begin mei 1953 geëerd met het officierschap in de Orde van Oranje Nassau. Dat hij de eerste van het Keukenhofbestuur was, is gezien zijn activiteiten zoals die in dit hoofdstuk zijn beschreven meer dan terecht (zie **afbeelding 8**).

213 Archief Keukenhof.
214 In november zette men ter voldoening aan deze eis 10.000 gulden op een spaarbankboekje.
215 Dat stond allemaal niet in het verslag van de vergadering van het CBC zoals opgenomen in het *Weekblad voor Bloembollencultuur* van 16-5-952, aldaar 363.

afb. 8
D. Hogewoning wordt officier in de Orde van Oranje Nassau, met biografie, in *De Hobaho* van 1-5-1953

D. Hogewoning Hz.
Officier in de Orde van Oranje Nassau

Het heeft H.M. de Koningin behaagd, de heer D. Hogewoning Hzn. te benoemen tot Officier in de Orde van Oranje Nassau.

Deze benoeming is een bekroning van een loopbaan, die tot de verbeelding van bijna iedereen spreekt. Zelfs in het bloembollenvak, waarin toch zoveel mensen zich van onderop hebben opgewerkt. Ook de heer Hogewoning heeft dit moeten doen.

Hij werd in 1888 te Oegstgeest geboren. Zijn vader had naast de handel in onroerende goederen een kleine kwekerij. Ook hij ging wat bloembollen telen. Door vrije studie wist hij zijn horizon te verruimen. In 1921 heeft hij zijn eigen kwekerij met binnenlandse handel op de tweede plaats gezet en is zijn veilingpad, dat begonnen was bij het houden van groene veilingen verder ingeslagen, door met de heren Homan en Bader de bloembollenveiling Holland's Bloembollenhuis te stichten. Zijn verdere schreden op dit gebied zijn te bekend om hierop verder in te gaan. De veiling aan de Haven te Lisse spreekt voor zichzelf.

Minder bekend is zijn werk op andere terreinen, die meestal wel iets met financiële aangelegenheden te maken hebben. Opmerkelijk daarbij is, dat hij er niet bepaald naar heeft gestreefd om in de organisaties te komen. Bij hem is het als met andere uitblinkende figuren. De functies werden hem aangeboden. Zo werd hij lid van de Commissie van Bijstand van het Bedrijfschap voor Sierteeltproducten, evenals van de Commissie voor belasting-aangelegenheden van de Algemene Vereniging voor Bloembollencultuur. Hij was voorzitter van de Commissie v. Taxateurs voor inundatie-schade 1940 en lid van de Adviescommissie bezettingsschade bloembollen.

Ook heeft hij de bloembollen op de Stichting Endegeest op hun voedingswaarde voor de mens laten onderzoeken. Toen deze proefnemingen gunstige resultaten afwierpen heeft hij zoveel mogelijk bloembollen tegen zo laag mogelijke prijs ter beschikking gesteld.

Hij bekleedt het voorzitterschap van de bond van Bloembollenveilingen.

Ook behoorde hij tot de oprichters van de Stichting Keukenhof en is thans algemeen adviseur van deze Stichting.

Het karakter van de heer Hogewoning is dat van de zakenman en mens. Hard en scherp als 't nodig is, onbuigzaam bijna, en menselijk voor hem, die buiten zijn schuld in moeilijkheden is geraakt. Vele vakgenoten heeft hij van advies gediend en vele heeft hij geholpen op de been te blijven of er weer op te komen. Hij heeft vele vrienden daardoor verworven. Maar met zijn vrienden verklaren ook zijn tegenstanders, dat de heer Hogewoning een gezaghebbende figuur is, die in alles een strikt eerlijk standpunt inneemt.

Wij wensen de heer Hogewoning van harte geluk met deze benoeming en spreken de wens uit, dat hij de onderscheiding nog vele jaren zal mogen dragen.

HOOFDSTUK 6

GELUKKIG HUWELIJK OP HUWELIJKSVOORWAARDEN

1952-1954. Keukenhof en Flora 1953, deel II

Op verzoek van Hogewoning kreeg *De Hobaho* de primeur om de verkregen garanties wereldkundig te maken (zie kader).

> **De Hobaho van 9 mei 1952, aldaar 2.**
>
> "De Stichting Keukenhof maakt hiermede bekend, dat behoudens enkele detail-punten, buiten haar bezit en zakelijke zekerheden welke momenteel ongeveer f 400.000,- bedragen, garanties zijn verkregen tot een totaal bedrag van f 450.000,- waarin het Centraal Bloembollencomité deelneemt voor f 200.000,-, de gemeente Lisse voor f 100.000,- (dit behoudens goedkeuring van de gemeenteraad en Gedeputeerde Staten), de Twentsche Bank N.V. voor f 100.000,- en de N.V. Hollands' Bloembollenhuis voor f 50.000,-. Gezien de lange termijn, waarvoor thans de opzet gemaakt is werd het noodzakelijk geoordeeld, dat er een sterke financiële basis in het leven werd geroepen welke hierdoor is verkregen."

De contracten met graaf Carel, de brouwerij en de gist- en spiritusfabriek

Een paar dagen na de, later verworpen, overeenkomst met betrekking tot het onderbrengen van Keukenhof bij het vak was er weer een gesprek met graaf Carel over het nieuwe contract. Hogewoning ging er toen nog van uit dat de AVB en de Bond zouden optreden als borgen voor het contract en schatte in dat het voor vijfennegentig procent in kannen en kruiken was. Dat ging niet door en toen zorgde Hogewoning ervoor dat de Nederlandsche Credietbank uit Amsterdam garant stond voor de huurpenningen.[216] Dat was pas in november het geval, een aanwijzing dat de onderhandelingen met graaf Carel moeizaam verliepen. In november werd wel het contract getekend met brouwerij d'Oranjeboom en de Gist- en Spiritusfabriek dat Keukenhof jaarlijks 10.000 gulden opleverde (ingaande 1952 en eindigend eind 1971). In dat contract verplichtte Keukenhof zich de eerste 3 jaar 50.000 gulden te investeren in de uitbreiding, verbetering en verfraaiing van het café-restaurant en het theehuis (eigendom van hun contractpartner waar ze de grond van Keukenhof van huurden voor 10.000 gulden). De huurders zouden zelf geen investeringen doen. Verder betaalde Keukenhof 432,90 gulden per jaar voor de huur van 5 kamers in het café-restaurant, alwaar de stichting kantoor hield. Per aparte brief bevestigde Keukenhof de toezegging van Hogewoning dat de huurders zouden worden gecompenseerd vanwege tegenvallende bezoekersaantallen, mits de garantiegevers dat zouden goedkeuren. Dit contract verving het contract dat in februari 1950 was aangegaan.[217]

In november werd het concept van het contract met graaf Carel aan het bestuur ter goedkeuring voorgelegd. Tibboel had kritiek op de kermisachtige toestanden op het parkeerterrein van het kasteel die hij niet zozeer weet aan de graaf als wel aan zijn 'hofhouding' ("toestand als op het autobussenterrein van het kasteel waar 'Japie' zijn klanten op kermiswijze zijn waar aanprijst, is Keukenhof onwaardig").[218] Hij vond dat niet goed geregeld in het contract dat in artikel 19 bepaalde dat de stichting en de graaf alles in het werk zouden stellen om het stijlvolle karakter van de tentoonstelling te handhaven en te bevorderen. Van Lynden hield zich echter in hetzelfde artikel het recht voor "om op het terrein rondom het Kasteel Keukenhof standplaatsen voor tenten en kramen voor de verkoop van consumpties en snuisterijen te verhuren en aldaar bloemenmozaïeken aan te brengen, dan wel toe te staan dat deze worden aangebracht." Volgens Van Waveren was dat het maximaal haalbare geweest, waarop Tibboel stelde dat de graaf er (weer) alles uithaalde wat erin zat.

In het contract werd, net als in het eerste contract, weer een opsomming gegeven van de kadastrale percelen van Zandvliet. Die was gelijk aan die in het eerste contract, met uitzondering van het gedeelte aan de Stationsweg. Dat was toen C 2054 en nu C 2709 en in plaats van 7.32.52 hectare nu 7.13.36 hectare groot. In de tussenliggende periode had Keukenhof een hoofdingang annex postkantoor, een bankgebouwtje, informatieloketten aan de Loosterweg en de Van Lyndenweg, een kas, een schaftschuur en een molen gebouwd c.q. in eigendom verkregen. Waarschijnlijk verklaart dat de mutatie in het areaal.

216 Tegen één promille van het jaarlijkse bedrag.

217 Dat contract hebben we niet in het archief van Keukenhof kunnen vinden.

218 Dagelijks bestuur Keukenhof 7-5-1952.

Keukenhof mocht Zandvliet gebruiken voor tentoonstellingen op "het gebied der sierteelt en als wandelpark, zonder kunstmatige attracties, zoals schommels, caroussels en soortgelijke attracties van kermisvermakelijke aard" (artikel 1, II). Voor dat gebruik betaalde Keukenhof met ingang van 1 december 1952 tot en met 1959 7000 gulden per jaar en daarna 8000 gulden tot de ommekomst van het contract (december 1971). Wat ook de wenkbrauwen van het bestuur van Keukenhof deed fronsen was de clausule dat, wanneer Keukenhof de entree verhoogde, dan ook de huur een evenredige verhoging zou ondergaan. Verder kreeg Keukenhof toestemming tot onderverhuring en regelde het contract ook dat graaf Carel de bloembollengronden op Zandvliet ook aan Keukenhof zou verhuren als de pacht zou eindigen. Keukenhof zou daarvoor dan hetzelfde betalen als de pachters. De graaf zou er aan meewerken dat de pachten "in der minne" zouden worden beëindigd en dus niet ingaan op een eventueel verzoek van de pachters om de pacht te verlengen. Met betrekking tot het land van Van der Poel werd nog het volgende bepaald: "Het tot nu toe jaarlijks extra bedrag van
f 184,25 voor de z.g. tuintjes, waarop de kas is gebouwd, en welk zijn verlegd naar het land van Van der Poel, zal vanaf heden niet meer verschuldigd zijn" (artikel 3).

In het contract regelden beide partijen ook het parkeren. Graaf Carel verhuurde het parkeerterrein aan de Loosterweg, kadastraal bekend als C 102 en 97 groot 194 are, 60 centiare en 84 are 90 centiare met de aan- en afvoerwegen aan Keukenhof, eveneens voor 7000 en 8000 gulden. Ook hier bedong de graaf dat wanneer het parkeertarief van de auto's omhoog ging hij daarin meedeelde. Ook de beide fietsenstallingen, aan de kasteelzijde van de Stationsweg, vielen onder de verhuur. Bovendien zou de graaf er bij zijn pachter Van Graven op aandringen dat er op topdagen ook auto's op zijn van de graaf gepachte grasland mochten parkeren. Graaf Carel zou geen parkeerterreinen meer exploiteren en verplichtte zich de autobussen gelegenheid te geven om te parkeren op het terrein bij het kasteel.

De begroting voor de tentoonstelling van 1953

Ondanks de toegenomen zekerheden en garanties kostte het opstellen van de begroting voor de tentoonstelling van 1953 de nodige hoofdbrekens, niet alleen wegens de inrichting van het terrein, maar vooral ook vanwege de noodzakelijke uitbreiding van het restaurant. Zoals uiteengezet zou Keukenhof dat financieren. Aanvankelijk (augustus 1952) ging het bestuur er van uit dat dit 30.000 gulden zou kosten, maar al gauw bleek dat te laag geschat. In november bleek dat daarvoor 43.000 gulden op tafel moest komen, waarvan Keukenhof 40.000 gulden moest bijdragen; de rest nam de brouwerij voor haar rekening. Om dat te financieren zegde Hogewoning een krediet van de Hobaho toe. Veel discussie was er ook over de beelden in de tuin, een speciale wens van de voorzitter waarvoor hij 10.000 gulden wilde uittrekken. Later bleek dat het bedrag uitkwam op 6600 gulden. Het bestuur vond dat eigenlijk maar niks en bij monde van D. Lefeber mochten de beelden niet te naakt, niet te duur en niet te modern zijn.
Om de begroting sluitend te maken waren er volgens Veldhuyzen van Zanten in 1953 minstens 210.000 bezoekers nodig en de garantie van 75.000 gulden van het CBC. Van Waveren wilde eigenlijk net zoveel bezoekers als begroot voor de Flora (500.000 tot 600.000). Uit prestigeoverwegingen wilde hij geen beroep doen op de garantie van het CBC. De rest van het bestuur was bezorgd over de snelle stijging van de kosten. Zo merkte men op dat de 'administratiekosten' nu al tot 64.000 gulden waren gestegen. Uiteindelijke keurde men in augustus de begroting goed.

National Flower Festival of Holland

Bij de opening van de tentoonstelling in 1952, memoreerde Van Waveren niet alleen de aanwezigheid van dertig beelden, maar ging hij ook in op de relatie met Flora 1953. Hij zei dat er dankzij Hogewoning ("onze algemene adviseur") een National Flower Festival of Holland 1953 tot stand was gekomen. Die naam sprak zozeer voor zichzelf dat hij het niet nodig vond daar nader op in te gaan.
In het weekend van begin april veroorzaakte een storm veel schade aan de bloeiende bolgewassen. *De Telegraaf* wijdde daaraan een artikel waarin sprake was van ruïneuze gevolgen voor Keukenhof. Van der Hart reageerde hierop in een artikel van het *Weekblad van Bloembollencultuur* van 4 april 1952. Zeker er was schade, maar de krant had schromelijk overdreven: "Waarom schrijft men b.v. dat op de Keukenhof 'de meeste bloemen bloeiden', terwijl er van niet meer dan van een begin van bloei sprake was? (...) Zelfs de Tulipa's van Dirk Lefeber stonden woensdag weer voor een goed deel overeind en wat de correspondent verder over deze Tulipa's fantaseert, zullen wij maar niet onder de loupe nemen."[219]
Van Waveren had dat natuurlijk ook gelezen en kennelijk was dat voor hem aanleiding om *De Telegraaf* voor een interview uit te nodigen. *De Telegraaf* van 22 mei 1952 plaatste dat onder de kop "18e eeuwse Franse tuin in 'Keukenhof 1953'." Het artikel begon met de (onjuiste) mededeling dat Keukenhof 400.000 bezoekers had getrokken waarvan 150.000 buitenlanders [in werkelijkheid kwamen er 328.000 bezoekers, MT]. Van Waveren kondigde grootse plannen aan voor de tentoonstelling van 1953. Er zou een Franse tuin worden aangelegd en een grote rotstuin met een metershoge waterval. Bovendien zou het restaurant worden vergroot en een prijsvraag worden uitgeschreven onder Nederlandse beeldhouwers. Omdat men meer bezoekers verwachtte dan het jaar daarvoor probeerde men tot een regeling te komen met de hotels om vroeger in het jaar te openen. Met name de rotstuin was tegen het zere been van Flora 1953 omdat dat ook een van de attracties in Heemstede zou zijn. Er ging op 27 mei een brief naar het bestuur van Keukenhof waarin Vermeulen, de directeur van de Flora, aanstoot nam aan het aan Keukenhof plakken van het jaartal 1953, omdat dit voorbehouden was aan de Flora. Ook maakte hij bezwaar tegen de aangekondigde plannen voor 1953 omdat die in strijd waren met de overeenkomst tussen Flora en Keukenhof. Hij zou dan ook gaarne zien dat Keukenhof zich daaraan hield en dat de rotspartij met waterval en de Oud-Franse tuin zouden worden uitgesteld tot 1954.[220]

219 *Weekblad voor Bloembollencultuur* 4-4-1952, aldaar 311.
220 Archief Keukenhof.

Bovendien belegde Vermeulen een persconferentie om het verschil tussen Keukenhof en Flora 1953 nog eens te benadrukken. De onderkop in de *Nieuwe Haarlemsche Courant* van 30 mei 1952 luidde: "Principiële uiteenzetting, welke een einde aan verwarring zal maken." Daarnaast gebruikte Vermeulen het interview voor een oproep om een bijdrage te geven aan het bekroningfonds van de tentoonstelling. Keukenhof was 'not amused' over deze reactie van Vermeulen. Er ging al op 28 mei een brief naar Vermeulen. Bovendien besloot men geen bijdrage te geven aan het bekroningsfonds. Van Waveren sprak Van Nispen erover aan.[221] Ook de samenwerking tussen Keukenhof en Flora over een gemeenschappelijke folder voor het buitenland liep op niets uit. Ieder ging zijn eigen folder maken en de ANVV zou voor de 10.000 gulden van het CBC een derde folder voor het buitenland maken. De conceptinhoud daarvan leidde ook weer tot ongenoegen bij Vermeulen die daarover medio juni een brief stuurde aan de ANVV met, volgens Keukenhof, allerlei ongegronde beschuldigingen aan het adres van Van der Gronden.[222] Hoewel de vrede getekend werd, bleef de verhouding moeizaam. Ook al omdat er tot begin augustus in de pers artikelen bleven verschijnen over de verschillen tussen Keukenhof en Flora. In die maand gaf Vermeulen toe dat het onverstandig was geweest de brieven te schrijven en zegde hij toe dat het 'courantengeschrijf' zou ophouden. Van Nispen schreef een vriendelijke brief aan Van Waveren. Hij hoopte op een miljoen bezoekers aan de Flora en 300.000 aan Keukenhof. Verder stelde hij voor een prijsvraag te houden om bezoekers naar beide tentoonstellingen te trekken. Daar voelde Keukenhof echter niet zoveel voor. Wel zegde men toe de inhoud van de gewraakte folder aan te passen, maar gemeenschappelijk adverteren met Flora, daar was voornamelijk Zwetsloot tegen. Tegen het eind van het jaar bleek dat gemeenschappelijk adverteren zo'n 35.000 gulden zou kosten en dat vond men teveel. Wel besloot men bij de uitgang van de tentoonstelling naar elkaar te verwijzen. Zo zou er in Keukenhof een bord komen te staan met de tekst: "U gaat toch ook naar de Flora?"

Op 3 september hield Keukenhof de jaarlijkse persconferentie om de tentoonstelling van 1953 aan te kondigen. Naast het bekendmaken van de uitslag van de fotowedstrijd (200 inzendingen) en de modeltuinenwedstrijd (35.000 deelnemers) deelde Van Waveren mee dat Keukenhof in 1953 weer een nieuwe aanblik kreeg. De ingang zou worden verplaatst naar het parkeerterrein (aan de Loosterweg) en de inzenders zouden weer voor een nieuwe mooie aanplant zorgen. Het experiment met de beelden was succesvol geweest en zou op uitgebreidere schaal worden herhaald. Natuurlijk vroeg de pers naar de verhouding met Flora. Ieder voerde volgens Van Waveren op gepaste wijze actie voor de eigen zaak maar spande zich ook in om het International Flower Festival in 1953 tot een succes te maken. Hij gewaagde wel van kleine wrijvingen maar die moesten maar 'en bagatelle' worden genomen. Als bewijs van de goede samenwerking vertelde hij dat Belle, voorzitter van de terreincommissie van Keukenhof, aan Flora waardevolle adviezen had gegeven over de aanleg waaraan hij het volgende toevoegde: "En wat de propaganda betreft (...) houden we van de 'frische, fröhliche Krieg'."[223]

Veertien dagen later ergerde Keukenhof zich weer aan wat het dagelijks bestuur "misleidende en schadelijke" persberichten van Flora vond, die zich de grootste vaktentoonstelling in de sierplantenteelt noemde. Die ergernis nam toe na de grote internationale persconferentie die Flora medio oktober hield. Het was een grote happening met toespraken van Van der Plassche (over de kracht van de Nederlandse tuinbouw) en E. Krelage (over de ontwikkeling van het tentoonstellingswezen in de tuinbouw). Uiteraard vroeg men weer naar de relatie met Keukenhof en waarom Keukenhof in 1953 eigenlijk niet sloot. Van Nispen zei daarop dat dit technisch onmogelijk was gebleken en wees op de samenwerking en de garantie van het vak als Keukenhof schade ondervond van Flora.[224] Het dagelijks bestuur van Keukenhof boog zich op 21 oktober over deze en andere uitspraken van Van Nispen en ontstak in woede, ook al omdat Van Nispen lucht had gekregen van de plannen om Keukenhof in de avond te verlichten. Dat zou ook op de Flora gebeuren, maar dat was een voortzetting van het gebruik van licht in 1935. Voor Keukenhof zou het nieuw zijn en dus in strijd met de overeenkomst. Van Waveren vond echter dat Flora, lees Vermeulen, steeds de afspraken schond door voor Keukenhof schadelijke uitspraken te doen en las een brief voor waarin hij aan de hand van veel citaten uit de pers het volgende aan de kaak stelde: "met de dreiging de zaak voor te leggen aan de bestaande Commissie welke optreedt bij verschillen omtrent het niet naleving der overeenkomst. Om kracht bij te zetten zal een schadevergoeding worden geëischt, niet met het doel 'Keukenhof' te verrijken maar om een uitspraak te forceren."[225] Keukenhof gaf busondernemingen tien cent reductie per passagier op de entreeprijs en nu dreigde Flora vijftien cent te gaan geven. Ook dat riep weer discussie op in het dagelijks bestuur over hoe daar mee om te gaan (uiteindelijk trof men daarover met elkaar een regeling). Belle stelde in het dagelijks bestuur voor op de toegangswegen naar Lisse borden te plaatsen met de tekst: "Ziet de kinderen van Flora op Keukenhof!"

Op 23 oktober ging de brief van Keukenhof op de post en het antwoord van Vermeulen was gedateerd op 4 november. Hij bestreed de kritiek van Van Waveren door er op te wijzen dat Flora niet verantwoordelijk was voor onjuiste berichtgeving in de pers en vier van de vijf voorbeelden van Van Waveren waren daaraan te wijten. Op een punt was de berichtgeving wel juist en die ging over de technische onmogelijkheid om Keukenhof in 1953 te sluiten. Daarover schreef Vermeulen het volgende: "Ik wil U niet verhelen dat dit antwoord onze eigen overtuiging zeer veel geweld aandoet, doch ter wille van de goede verhoudingen is dit de enige voorstelling van zaken, welke Uw weigering om te sluiten buiten discussie stelt."[226] Hij voegde daaraan toe dat de berichten aan

---

221 De tekst van de brief van 28 mei hebben we niet kunnen terugvinden in het archief van Keukenhof.
222 AB Keukenhof 14-6-1952. De brief van Vermeulen hebben we niet in het archief kunnen vinden.
223 *Het Vakblad* 5-9-1952, aldaar 5.
224 *Weekblad voor Bloembollencultuur* 17-10-1952, aldaar 129.
225 Dagelijks Bestuur Keukenhof 21-10-1952.
226 Archief Keukenhof.

de pers van de Flora zakelijk juist waren en welwillend gesteld en geen aanleiding zouden moeten zijn tot een geschil waartoe de commissie bij elkaar zou moeten komen. Wel kon hij zich voorstellen dat het voor Keukenhof pijnlijk was herinnerd te worden aan de garantie van het CBC als de Keukenhof in financiële moeilijkheden zou komen.
Twee dagen later besloot het algemeen bestuur van Keukenhof de zaak wel aan de commissie voor te leggen ondanks de aandrang van Van Nispen dat niet te doen. Er moest een eind komen aan de schadelijke berichten van Vermeulen. Op 11 december 1952 boog de commissie zich over het geschil. Men gaf Keukenhof grotendeels gelijk in haar kritiek op de Flora en constateerde ook dat de gedachte van een Flower-festival eigenlijk nog geen realiteit was geworden door gebrek aan samenwerking. Omdat de commissie alleen was ingesteld om tussen geschillen te bemiddelen was er geen ruimte voor het instellen van een eis. Verder deed de commissie een aantal aanbevelingen om met name het Flower-festival idee duidelijker te promoten door minstens drie gezamenlijke persconferenties. Beide partijen namen die aanbevelingen over.[227]

Keukenhof en Flora in 1953

Eind februari 1953 gaven de beide voorzitters aan de vooravond van de opening van beide tentoonstellingen, een gemeenschappelijke persconferentie, samen met het nieuwe bestuur van het corso. Dat was een gevolg van de uitspraak van de arbitragecommissie. *De Hobaho* van 27 februari deed er verslag van met als onderkop "Gelukkig huwelijk op huwelijksvoorwaarden", omdat beide heren in die termen over de relatie Flora en Keukenhof hadden gesproken. Ze verwezen ook naar de watersnoodramp die ons land in de nacht van 31 januari had getroffen. Om de schade te herstellen was er veel geld nodig en in dat kader waren beide tentoonstellingen van belang om deviezen binnen te halen door veel buitenlands bezoek. Men kondigde een aantal activiteiten aan onder de vlag van het International Flower Festival of Holland, zoals het aanbieden van bloemen aan de koningin en een gezamenlijke praalwagen bij het corso. Het corso werd dus ook een onderdeel van het Flower Festival. Tijdens het corso, met als thema 'Bloemensymphonie', zou men ook een prijsvraag onder het publiek houden over wat de mooiste wagen zou zijn. Verder lag in de bedoeling om in het nieuwe beursgebouw in Hillegom in april een feest te houden voor de besturen van Keukenhof, de Flora en het corso. Ook was de ANVV-folder in zes talen uitgebracht, die vooral opvallend was vanwege de kleuren. Van Nispen hoopte op een miljoen bezoekers voor beide tentoonstellingen samen. In verband met de watersnoodramp werd aan de buitenlandse journalisten gevraagd te berichten dat beide tentoonstellingen "op het droge lagen."[228]

Op 6 maart bood een delegatie van Keukenhof (Van Waveren en Belle) en de AVB (Van Nispen en Voors) aan de koningin bloemen aan op paleis Soestdijk. Ze hadden ook een aantal boeketten mee voor de geëvacueerden uit de watersnoodgebieden in de omgeving van Baarn (zie **afbeelding 1**).

Een week later opende de koningin de Flora (zie **afbeelding 2**). Op 19 maart was minister-president dr. W. Drees in Lisse om de Keukenhof te openen (zie **afbeelding 3a**).
In **afbeelding 4** de affiche voor de tentoonstelling.

Eind 1952 besloot het dagelijks bestuur van Keukenhof een (gouden) Keukenhofspeld te laten maken voor personen van verdienste voor Keukenhof. Van Waveren maakte hiervan melding tijdens de eerste vergadering van het algemeen bestuur in 1953 op 8 april. Hij zei dat het dagelijks bestuur de eerste speld tijdens een intiem dinertje had uitgereikt aan Hogewoning. Het bestuur was toen al op de hoogte van het bestaan van de speld, omdat Van Waveren er ook een had laten opspelden bij Drees toen die de tentoonstelling opende (zie **afbeelding 3b**). Tijdens die gelegenheid zei Van Waveren dat hij deze ereblijken "met terugwerkende kracht" ook uitreikte aan al de openaars tot dan toe, speciaal minister Mansholt omdat het voor hem een 'waag' was geweest in 1950 Keukenhof te openen.[229] De jaarlijkse Jacobastunt, die in 1952 had bestaan uit een helikopterlanding bij Keukenhof, bestond in 1953 uit een speciale treinreis uit Amsterdam. De helikopter was volgens Van Waveren sinds de ramp zo bekend geraakt dat daar geen reclamewaarde meer in zat. De trein wel, omdat in 1953 voor het eerst tijdens de Keukenhofperiode elke dag treinen zouden stoppen in Lisse, in plaats van alleen tijdens hoogtijdagen.
In de bestuursvergadering van 8 april werd er ook weer volop geklaagd over Flora. Hoewel Van Waveren het eerst met de mantel der liefde wilde bedekken gaf hij later de volgende opsomming: "het plaatsen van borden in de nacht te Sassenheim en het opnemen in Panorama van een reeks Keukenhof-foto's met Flora reclame.[230] Ook in de Haagse Post heeft een lelijk stuk gestaan. 't Tendentieuze bericht van het ANP over het bezoek met Pasen was afkomstig van Lodewijks [hij bedoelde T. Lodewijk, MT], perschef van de Flora! Het geheel is weinig fris. Beslist unfair play (…) de ontvangst van Minister Mansholt op 11 april a.s. [is] ook niet correct (…) en zeer onelegant."[231] In de *Haagse Post* van 28 maart 1953 schreef Elka Schrijver een kritisch stuk over Keukenhof en Flora. Zij vond het planten van bollen in de mooie parken een "verkrachting" en volkomen in strijd met het karakter van deze buitenplaatsen. *De Boomkwekerij* van 27 maart had ook kritiek. Die vond de tuinaanleg van Flora "volkomen stijloos." De paasdagen van 1953, in het weekend van 4 april, hadden te lijden van somber weer en daardoor schreef onder meer *Haarlems Dagblad* van 7 april dat vooral het bezoek aan Keukenhof daar last van had.[232]

227 Archief Keukenhof.
228 *De Hobaho* 27-2-1953, aldaar 3.
229 Hij zei ook dat Drees de eerste speld kreeg, maar dat was dus eigenlijk niet juist.
230 Waar Van Waveren op doelde is niet helemaal duidelijk. Wel ontstond er in januari onrust over de verkeersregelingen tijdens de tentoonstelling. Er was sprake van een Flora-stunt omdat het verkeer bij Sassenheim via een spandoek zou worden omgeleid richting Flora en de Bollenstreek zou mijden.
231 AB Keukenhof 8-4-1953.
232 Deze berichten zijn ontleend aan het knipselboek over de Flora dat zich bevindt in de bibliotheek van de KAVB in Hillegom

afb. 1
Aanbieding bloemen aan de koningin
op 6 maart 1953.
Van links naar rechts Belle, Van Waveren,
de koningin, Voors en Van Nispen

afb. 2
De koningin opent de Flora 1953

afb. 3a
Drees opent Keukenhof in 1953. Van links
naar rechts: DW Lefeber, Belle, Drees en
Grullemans

afb. 3b
Drees krijgt de gouden Keukenhofspeld

afb. 4
Affiche voor de tentoonstelling 1953

Op vrijdag 10 april 1953 werd 's morgens om 8.30 uur de grote internationale jury van de Flora begroet door Van Nispen als voorzitter van de Flora en instrueerde Krelage, als president van die jury, de leden. Dat vroege tijdstip hield verband met de opening van de derde binnententoonstelling om 11.00 uur door minister Mansholt. Daarna hield men een zogenaamde werklunch, waarbij ook de minister aanwezig was waarna nog andere festiviteiten volgden: "Nadat deze middags de werkzaamheden (...) waren voortgezet, volgde een receptie van het gemeentebestuur van Heemstede op het Raadhuis en in het Minerva Theater te Heemstede een gala-uitvoering van de opera 'Don Pasquale'."[233] Zaterdag maakte men met de buitenlanders een tocht door de streek en bezichtigde men het Vredespaleis in Den Haag. Daarna volgde om half zes een officiële ontvangst door de minister in de Trèveszaal op het Binnenhof. Kennelijk had men deze ontvangst niet geplaatst in het kader van het International Festival zodat Keukenhof niet was uitgenodigd. Dat stak temeer daar de minister de receptie had geplaatst in het teken van de internationale Flora 1953.[234] Gelukkig ging het een maand later bij de sluiting beter.

afb. 5
Corsowagen van Keukenhof in 1951

Het corso

In de jaren dat Keukenhof floreerde, hing het voortbestaan van het bloemencorso steeds aan een zijden draadje. Dat lag niet zozeer aan het aantal bezoekers (in 1950 toen het corso op 22 april tijdens zeer zonnig weer uitreed, aangevoerd door Jacoba van Beieren en haar vierde man, Frank van Borselen, waren dat er maar liefst 350.000), maar meer aan het afzijdig blijven van het bollenvak.[235] Lodewijk schreef daar over dat de "bollenmensen" langs de kant stonden "borst en buik vooruit en kijkend naar het Bloemencorso waaraan ze op z'n hoogst wat nagels kwijt wilden."[236]
In 1951 kreeg het Centraal Comité Bloemencorso van het CBC een bijdrage van 20.000 gulden om de kosten van het corso 1951 te bestrijden en om een werkkapitaal te vormen. In dat jaar trad ook de Amstelveense decorateur Jos van Driel aan als ontwerper van een aantal praalwagens en stonden er op 28 april 300.000 bezoekers langs de route. De betrokkenheid van het bollenvak bleef echter minimaal. Op een totaal van 41 deelnemers kwamen er slechts negen uit het vak. Een praalwagen had als onderwerp Keukenhof, gemaakt door medewerkers van Copex: "Het geheel stelde een jachttafereel voor, waarbij een door honden in het nauw gedreven hert over een watervalletje springt. De creatie was zo levensecht dat honden (...) langs de route spontaan begonnen te blaffen" (zie **afbeelding 5**).[237] Toen het comité, dit keer onder leiding van burgemeester De Graaf, de inschrijflijst voor het corso van 1952 onder ogen kreeg en er van de 32 deelnemers slechts 4 met de bollen te maken bleken te hebben, sprak hij daar schande van. Er kwamen in dat jaar 500.000 bezoekers naar het corso. Het CBC gaf 10.000 gulden en besloot, op voorstel van Warnaar, het corso op een andere leest te schoeien om het vak er meer bij te betrekken.
Eind december organiseerde het CBC, met Warnaar als animator, drie bijeenkomsten en daar zegde een groot aantal kwekers en exporteurs toe eens in de drie jaar aan het corso deel te zullen nemen. Bovendien kwamen er vertegenwoordigers van het vak in het comité. Zo werd C. de Vroomen uit Sassenheim voorzitter van het Centraal Comité en niet meer een van de drie burgemeesters en werd de ons bekende Belle voorzitter van de bloemencommissie.
Het Vakblad van 9 januari 1953 wijdde een hoofdartikel aan deze nieuwe opzet. In een kader gaf de schrijver Lodewijk aan dat deze reorganisatie tot grotere resultaten moest leiden. Het corso zou ook worden opgenomen in een nieuwe kleurenfilm over het Flower Festival 1953 die in opdracht van het CBC werd gemaakt en die overal in het buitenland als propaganda voor bloembollen zou worden ingezet. Men verwachtte zo'n veertig deelnemers uit het vak. Bij guur weer en met een snijdende wind en 450.000 bezoekers reed het mooiste corso tot dan toe met 48 wagens, waaronder 14 luxewagens, op 25 april uit. Volgens Van Amsterdam was het publiek "stil van bewondering" toen de wagen over Keukenhof-Flora (weer gemaakt door Copex) voorbij gleed: "Flora met haar koninklijke lange sleep [ongeveer vijf meter, MT] troonde hoog boven de mensen uit en aan haar voeten twee vertegenwoordigers van de grote bloementententoonstellingen" (zie **afbeelding 6a en 6b**).[238]
De kranten schreven dat het een corso was met Hollywoodallures en dat had vooral te maken met de grote belangstelling van de zijde van filmmaatschappijen. Naast Amerikanen waren er ook twee Duitse maatschappijen die het corso als achtergrond voor hun films gebruikten. Lodewijk schreef dat het ging om de films *Die Geschiedene Frau* en *Holland Mädel* en zag Maria Rökk en Johan Heesters en schreef aan

233 *Weekblad voor Bloembollencultuur* 17-4-1953, aldaar 381.
234 *Weekblad voor Bloembollencultuur* 10-4-1953, aldaar 373.
235 Gegevens ontleend aan Van Amsterdam 1986.
236 *Het Vakblad* 9-1-1953. Nagels zijn de bloempjes van hyacinten.
237 Van Amsterdam 1986, 25.
238 Van Amsterdam 1986, 33-34.

afb. 6a
Corsowagen 1953 van Keukenhof

afb. 6b
Idem

het slot van zijn lovende artikel: "Het Corso is nu eindelijk Het Corso van het Bloembollenvak. En duidelijk is gebleken, zonder dat Vak redt men het niet. Maar het Vak zal nu ook de wissel moeten honoreren, niet alleen in 1953, maar ook in de toekomst."[239]

Sluiting van het Festival en de financiële afwikkeling

Op zondag 17 mei 1953 's avonds om 20.00 uur sloot Flora in aanwezigheid van een groot aantal genodigden de poorten. Ter gelegenheid van de Flora had de AVB op 6 mei 1953 het predicaat Koninklijk gekregen en was KAVB geworden. Daaraan werd de nodige aandacht geschonken. Bovendien kreeg Voors van prof. dr. E. van Slogteren (naast directeur van het LBO ook voorzitter van het Nicolaas Damesfonds) de vierde Nicolaas Damesmedaille vanwege zijn architectonische vaardigheden bij de aanleg van de Flora.

In de 66 dagen dat de tentoonstelling open was geweest kwamen 700.000 bezoekers, waarvan 668.283 betalende. Op dezelfde dag sloot ook de Keukenhof en daar kwamen 210.383 bezoekers, 100.000 minder dan het jaar daarvoor.

Ter gelegenheid van de sluiting van het International Flower Festival of Holland waren de dinsdag daarna velen op uitnodiging van de minister van Landbouw en Voedselvoorziening a.i. ir. C. Staf aanwezig in hotel Kasteel Oud-Wassenaar. Staf vond het festival geslaagd en noemde daarbij vooral de inzet van twee personen, namelijk Voors als tuinarchitect van de Flora en Belle als voorzitter van de terreincommissie van de Keukenhof. Beiden werden Officier in de Orde van Oranje Nassau (zie **afbeelding 7**). De minister wees er echter ook op dat het buitenland op tentoonstellingsgebied niet stil zat. Hij noemde de tuinbouwtentoonstelling in Hamburg die goed was georganiseerd en veel bezoek had getrokken. Nederland kon alleen die concurrentie het hoofd bieden door collectief en onpersoonlijk te exposeren. Omdat die tentoonstelling in Hamburg onder meer de aanleiding heeft gegeven tot de Floriade van 1960 in Rotterdam gaat het kader daar nader op in. Daaruit blijkt dat de Flora 1953 bij deze Duitse tentoonstelling in het niet viel. Geen wonder dat de minister er aandacht voor vroeg.

afb. 7
Belle wordt samen met Voors ridder

239 Het Vakblad 1-5-1953, aldaar 3.

IGA Hamburg 1953

Hamburg speelt in de geschiedenis van het internationale tuinbouwtentoonstellingswezen een belangrijke rol. Zo was het de plaats waar van 2 tot en met 12 september 1869 de eerste internationale tuinbouwtentoonstelling in Duitsland plaatsvond. De inzenders kwamen uit elf landen waaronder Nederland. De Nederlanders, waaronder de firma E.H. Krelage en Zoon, sloegen een goed figuur door 23 van de 160 prijzen te winnen.[240] In 1897 gebruikte men de tentoonstelling in Hamburg, de Internationale Gartenbauausstellung (IGA) om het zestigjarig bestaan te vieren van de Hamburgse tuinbouwvereniging. Het werd de grootste tuinbouwtentoonstelling ooit gehouden; een combinatie van plantingen in de open grond in een parkachtige aanleg en tijdelijke tentoonstellingen in gebouwen en kassen. De binnententoonstellingen begonnen op 1 mei en het geheel duurde tot 30 september. Buiten mededinging plantte E.H. Krelage en Zoon bij de hoofdingang 15.000 van zijn nieuwe Darwintulpen. Er kwamen zelfs inzendingen uit Amerika. E. Krelage, die deel uitmaakte van een van de jury's, deed daar het idee op voor een dergelijke tentoonstelling die de AVB in 1910 organiseerde ter gelegenheid van het vijftigjarig bestaan.

Van 30 april tot 11 oktober 1953 (165 dagen) werd in Hamburg weer een internationale tuinbouwtentoonstelling gehouden. Het was de eerste in Duitsland na de Tweede Wereldoorlog en het zorgde voor het doorbreken van het isolement van de Duitse tuinbouw. De oppervlakte besloeg 35 hectare in een parkachtige aanleg en 6 hallen (samen 17.000 m²). Er kwamen ruim 5 miljoen bezoekers. De aanleg was een voorbeeld voor de latere Floriades in Nederland. Het terrein werd na de tentoonstelling in gebruik genomen als stadspark.[241] Met financiële steun van het CBC zonden de Vereniging De Iris (van de KAVB) en de Nederlandse Gladiolus Vereniging in te Hamburg. De inzendingen geschiedden in samenwerking met de Vereniging De Nederlandse Bloemisterij die het centrale punt van alle Nederlandse, collectieve inzendingen vormde. Dr. A.J. Verhage was toen voorzitter van deze vereniging.[242]

Op 29 juli 1953 boog het CBC zich over de garantie van 75.000 gulden die het had bestemd voor Keukenhof ingeval de recette door de Flora tegenviel. In het verslag van die vergadering stond daarover het volgende: "Voor het jaar 1952 was door het C.B.C. aan de Stichting Keukenhof een garantie van f 75.000,- gegeven voor een eventueel recette-tekort. Ter dekking van dit bedrag werd een recetteverzekering gesloten. Als gevolg daarvan zal van het uitgetrokken bedrag (...) een saldo beschikbaar blijven. Het voorstel van de Commissie O.R. om van dit saldo een bedrag van f 25.000,- te bestemmen als éénmalige bijdrage aan Keukenhof werd goedgekeurd, in de overweging dat deze bijdrage moet worden beschouwd als een bijdrage in de extra propagandakosten, die Keukenhof in haar lustrumjaar 1954 zal hebben, terwijl het de Stichting niet mogelijk is geweest om uit de exploitatie 1952 daartoe reserves te vormen."[243] Het bestuur van Keukenhof nam in de vergadering van 4 augustus 1953 kennis van dit besluit. Veldhuyzen van Zanten zag zijn tekort op het boekjaar 1952-1953 omslaan in een overschot van 17.500 gulden. Van Waveren vond het een aangename verassing. Zwetsloot zag zijn reclamebudget voor het boekjaar 1953-1954 jaar stijgen van 40.000 naar 65.000 gulden.

Bijna een jaar later, op 29 april 1954 boog het CBC zich over de door de KAVB ingediende rekening over de Flora. Die sloot met een overschot van ongeveer 162.000 gulden.[244] Aangezien het CBC voor die tentoonstelling, zoals we zagen, 200.000 gulden ter beschikking had gesteld, vond een deel van de vergadering dat dit overschot terug moest naar het CBC omdat de bijdrage gezien moest worden als garantie voor een eventueel tekort. Na, volgens het verslag, breedvoerige discussie en een stemming werd met tien tegen zeven stemmen het standpunt ingenomen dat de CBC-bijdrage een subsidie was en dat de KAVB het overschot mocht houden.[245] Het hoofdbestuur van de KAVB besloot in de vergadering van 23 april 1954 het geld niet te reserveren voor de volgende Flora, maar voor het nieuwe gebouw.

T. Lodewijk, de redacteur van *Het Vakblad*, die ook lid was van de propagandacommissie van Keukenhof, schreef ook onder de naam Observer (een van zijn pseudoniemen) cursiefjes in zijn blad. In het nummer van 6 november 1953, dus lang na de sluiting van de Flora, wijdde hij er een stukje aan: 'Zaken zijn zaken'. De teneur was dat de directie van de Flora oneerlijke concurrentie had bedreven met Keukenhof door de chauffeurs van de bussen bij Flora, ondanks afspraken daarover tussen Keukenhof en Flora, meer korting te geven dan Keukenhof:
"Maar niemand mocht er over praten, want tenslotte was er nog altijd het gentlemens-agreement met die domme Kasteel-mensen [Keukenhof, MT], die waarschijnlijk wel zo suf zouden zijn er zich aan te houden, en misschien wel boos zouden worden als ze merkten, dat de lui van De Brug [Flora, MT] zo schrander waren geweest."[246] Van der Hart,

240 Witte 1870.
241 Planten 1987.
242 *Weekblad voor Bloembollencultuur* 22-5-1953, aldaar 429.
243 *Weekblad voor Bloembollencultuur* 2-8-1953, aldaar 46.
244 In de ontvangsten stond een bedrag van ruim 52.000 gulden uit een recetteverzekering.
245 *Weekblad voor Bloembollencultuur* 21-5-1954, aldaar 448.
246 *Het Vakblad* 6-11-1953, aldaar 7.

redacteur van het *Weekblad voor Bloembollencultuur*, dook er boven op en toonde in het nummer van 13 november 1953 met cijfers en stukken aan dat er geen sprake van was geweest dat Flora oneerlijk spel had gespeeld. Alles was conform de afspraken gegaan. Hij vroeg zich af wie de bron van Observer was geweest en waarom hij de strijdbijl weer opgroef: "Heeft men opzettelijk brandhout geworpen op een bijna uitgedoofd vuur van tweespalt? Hoe jammer, dat er over ons mooie Keukenhof nu een gore nevel van rook is komen te hangen! Moge die nevel maar gauw optrekken!"[247] *Het Vakblad* kwam op die dag ook uit (13 november 1953) en plaatste een rechtzetting waarin het hele artikel van een week eerder werd herroepen. Op 19 november vergaderde het bestuur van Keukenhof en Van Waveren zei dat het artikel van Van der Hart op hem een "onprettige indruk" had gemaakt. Men besloot de zaak verder maar te laten rusten, ook al omdat Lodewijk lid was van de eigen propagandacommissie. Toch maakte Van der Hart in het nummer van 27 november bekend dat hij een brief had gekregen van één van de directieleden van Keukenhof waarin stond dat Keukenhof niets wist van het stukje van Observer en dat de Flora zich had gehouden aan de afspraken met Keukenhof. "De nevel is nu geheel opgetrokken", schreef Van der Hart, en hij hoopte dat er op Keukenhof in het voorjaar weer veel te genieten zou zijn.[248]

Voorbereiding van het eerste lustrum

In de bestuursvergadering van 8 april 1953 werd niet alleen geklaagd over de verhouding met de Flora, maar sprak men ook over de plannen voor 1954, het jaar waarin het eerste lustrum zou worden gevierd. Van Waveren noemde als eerste punt een uitbreiding van het expositieterrein, omdat tien grote bedrijven stonden te trappelen om mee te doen. Dat zou het aantal inzenders op ongeveer 75 brengen en om de bestaande inzenders niet beknotten in hun ruimte wilde hij het duinterrein (de Zuid-Oosthoek vlak bij de vijver) in cultuur brengen en daar ook een grote rotstuin aanleggen. Verder was hij erg enthousiast over wat hij het plan-Warnaar noemde: het bouwen van een paviljoen om daarin afgesneden bloemen te showen en demonstraties bloemschikken te geven. Omdat er geen geld voor was, zou men moeten proberen financiers te vinden die daar ook konden exposeren, zoals glaswerk uit Leerdam, porselein uit Delft en zilversmeedwerk uit Zeist. Ook wilde hij een molen met uitkijktoren bouwen als vervanging van de oude molen die inmiddels was afgebroken. Tot slot wilde hij samen met het ministerie van OKW een grote beeldenprijsvraag organiseren. Uiteraard riepen zijn voorstellen de nodige discussie op. De Graaf roerde eigenlijk voor het eerst een discussie aan over het wezen van de tentoonstelling. Hij vroeg zich af of, nu Keukenhof niet onder het vak viel, het wel juist was zomaar de wensen van het vak te volgen. Volgens hem had het publiek geen behoefte aan een vergroting van het terrein; nu kon men alles in twee tot drie uur bekijken en dat zou na vergroting wel vier tot vijf uur worden, wel wat veel van het goede. Bovendien mocht het terrein niet te vlak worden: "Het mag geen grote tuin worden, want juist de mengeling van bos en tuin heeft haar bijzondere bekoring." Toch was men wel voor het plan Warnaar, omdat dat het bloemenverbruik zou stimuleren. Bij de discussie over de molen kwam wat oud zeer uit het verleden boven, vooral vanwege het advies van ir. A. Stoffels om voor de situering een landschapsarchitect in te schakelen. Belle mopperde dat een eerder advies van die architect van Keukenhof een kerkhof had gemaakt. Ook de inschakeling van de Rijksdienst voor het Nationale Plan werkte als een rode lap op een stier, want de Rijksdienst was ook al tegen het verplaatsen van de ingang geweest waardoor het karakter van de Beukenlaan volgens Van Waveren was 'verkracht'. Ook nu weer was De Graaf het niet met hem eens. De Rijksdienst waakte juist over het karakter van Keukenhof als landgoed en men moest niet al te veel varen op het kompas van Van der Lee. Toch zat er wel een kern van waarheid in de kritiek van Van Waveren. Van Waveren en Van Dijk waren namelijk in november 1952 op bezoek geweest bij Stoffels (van Staatsbosbeheer) om van hem eens te horen hoe het zat met al die vergunningen die nodig waren. Van Dijk schreef van dat bezoek een 'vertrouwelijk' verslag, gedateerd 24 november 1952. Hij concludeerde aan het eind: "Uit het vorenstaande kan uiteraard de conclusie worden getrokken, dat de Rijksdienst voor het Nationale Plan de grootste moeilijkheden kan veroorzaken. Het is een vreselijk ambtenaren-gedoe en de werkwijze is helemaal niet ingesteld op de practijk. Voorzichtigheid t.a.v. dit lichaam moet dus worden aanbevolen."[249] Een opmerkelijke constatering voor een prudent man als Van Dijk.

Over de beelden werd niet veel gesproken. Wel bracht Zwetsloot nog zijn wens voor een avondverlichting naar voren. Veldhuyzen van Zanten bracht tenslotte (als voorzitter van de financiële commissie) naar voren dat hij voor de begroting uitging van 300.000 bezoekers tegen 70 cent (bij een entree van 1 gulden en onder aftrek van belasting en andere kosten), dus 210.000 gulden.
Dat bleek al gauw te laag te zijn voor alle wensen, zodat in ieder geval de molen voorlopig van de lijst verdween evenals de avondverlichting. Bovendien besloot men de entree te verhogen naar 1,25 gulden (netto 85 cent); dan zouden er 273.000 bezoekers nodig zijn om de begroting rond te zetten. Dit had echter consequenties voor de huur aan graaf Carel en het salaris van Van der Lee. Dat laatste beschouwde men als een 'delicate' zaak, waarover de meningen in de bestuursvergadering van 4 augustus 1953 zeer verschilden.[250] De bouw van het paviljoen begrootte men op 40.000 tot 50.000 gulden en de beeldenprijsvraag zou 10.000 gulden kosten.
O. Guldemond werd in die vergadering benoemd tot voorzitter van de verkeerscommissie en J. de Ruyter werd als niet-bestuurslid benoemd in de financiële commissie.[251] Schrier van de KLM kwam in de propagandacommissie. Hij verving D. Strijkers, die bij het CBC

247 *Weekblad voor Bloembollencultuur* 13-11-1953, aldaar 166.
248 *Weekblad voor Bloembollencultuur* 27-11-1953, aldaar 184-185.
249 Archief Keukenhof.
250 In de notulen stond niet wat die verschillen waren.
251 Beiden werden op 2 april 1954 (de opening van Keukenhof) benoemd tot bestuurslid (algemeen bestuur van 31 maart).

in dienst trad, maar wel lid bleef van de propagandacommissie. Verder ontvouwde Van Waveren zijn ideeën over de opening van Keukenhof in het lustrumjaar. Alhoewel die ideeën niet in de notulen stonden blijkt uit latere notulen dat hij die in de Ridderzaal op het Binnenhof wilde houden in aanwezigheid van het gehele diplomatieke corps. Hij kreeg daarvoor echter geen toestemming van de regering.[252]

In het najaar van 1953 werden door (delegaties van) het bestuur goodwillreizen gemaakt naar België, Denemarken, Zweden, Noorwegen en de Amerikaanse civiele en bezettingsautoriteiten in Duitsland. Men ervoer dat Keukenhof inmiddels een begrip was geworden in de internationale reiswereld. Bovendien nodigden de Amerikaanse autoriteiten twee bestuursleden uit voor een tulpenfestival dat in het voorjaar van 1954 in Wiesbaden werd gehouden. Hier kwamen meer dan 25.000 mensen en daar werd natuurlijk reclame gemaakt voor Keukenhof. In 1953 was het dagelijks bestuur wel regelmatig bij elkaar geweest maar werden er van de vergaderingen geen notulen gemaakt. Het algemeen bestuur was dan ook behoorlijk kritisch toen in de vergadering van 19 november (de derde en laatste van dat jaar) bleek dat de bouwkosten van het paviljoen volledig uit de hand waren gelopen. In plaats van de begrote 50.000 gulden kwamen die uit op meer dan 95.000 gulden. Wel waren er 5 exposanten gevonden die gedurende 5 jaar elk 2500 gulden per jaar bijdroegen. Dat waren Leerdam (glas), Gerrits en Van Kempen (zilverwerk), Porceleyne Fles (aardewerk), de Oranje Lijn (een scheepvaartmaatschappij) en de NS. Van Waveren vroeg groen licht voor de bouwplannen omdat de vijf bereid waren de termijn te verlengen tot zeven jaar. D.W. Lefeber was boos omdat er geen advies was gevraagd aan de financiële commissie en De Graaf voelde zich in een dwangpositie geplaatst omdat het in dit stadium nauwelijks mogelijk was de plannen af te blazen. Men gaf met tegenzin het groene licht en benoemde een bouwcommissie. *De Hobaho* plaatste in het nummer van 4 december een tekening van het paviljoen. Op dezelfde dag plaatste ook *Het Vakblad* de schets (zie **afbeelding 8**) en voegde daar

afb. 9
Eerste steen voor het paviljoen wordt gelegd

als commentaar aan toe dat Keukenhof 'mettertijd' ook binnententoonstellingen zou moeten organiseren om de aantrekkingskracht te vergroten: "Temeer waar het tentoonstellingsseizoen van Keukenhof valt buiten het seizoen der wintertentoonstellingen."[253] Medio januari 1954 metselde zoon Mark van Waveren onder goedkeurend oog van zijn vader de eerste steen van het paviljoen (zie **afbeelding 9**).

Een schets van de bloembollensector

Op 15 november 1953 organiseerde Keukenhof een persbijeenkomst met een aantal sprekers (Van Slogteren, Verhage, De Vroomen als voorzitter van de Bond van Bloembollenhandelaren, en Walter Roozen, chef van de COR) over het thema "de bloembollenexport en Keukenhof." Uiteraard sprak ook Van Waveren zelf. Hij gaf een overzicht van de plannen voor het lustrumjaar. Het terrein zou met 2 hectare worden uitgebreid tot 25 hectare; alle inzendingen zouden een nieuwe aanleg krijgen en de padlengte zou van 10 tot 12 kilometer stijgen. Verder zou er een rotstuin worden aangelegd van 500 m² met 50 ton steen uit Cornwall ('krijtrotsen op Keukenhof') en zouden er in de kas 850 variëteiten van tulpen in bloei staan, extra mooi omdat de kasgrond was gestoomd. Het nieuwe paviljoen zou 260 m² worden en een terras

afb. 8
Schets van het paviljoen

252 AB Keukenhof 19-11-1953.
253 *Het Vakblad* 4-12-1953, aldaar 3.

krijgen van 150 m². Over een molen repte hij niet, wel over de beeldenprijsvraag. Tenslotte zei hij dat Nederlandse deskundigen onlangs hadden verklaard dat Keukenhof er sterk toe had bijgedragen dat het buitenlandse toerisme aan Nederland met vier weken was vervroegd.[254] Verder presenteerde hij het affiche van de hand van J. Brons voor 1954 dat gemengde reacties opriep (zie **afbeelding 10**), omdat het beeldmerk van Keukenhof ontbrak en de kleuren van de tulp niet levensecht waren. Hij plaatste het lustrum en Keukenhof in het teken van het spel: "Zoals een ander liefhebberij heeft om te tennissen of te voetballen, zo leggen wij voor ons genoegen kleurrijke tuintjes aan en stellen het publiek in de gelegenheid met dit spel kennis te maken. Natuurlijk moet dat zien betaald worden."[255] Uiteraard waren de andere sprekers serieuzer. Van Slogteren zei dat volgens hem de meeste ziekten in de teelt waren bedwongen en men bij de andere de uitbreiding kon beheersen, terwijl aan het virusziek energiek werd gewerkt. Bovendien was door onderzoek de gebruikswaarde verlengd waarbij hij doelde op de mogelijkheden om jaarrond hyacinten, tulpen, narcissen en irissen in bloei te brengen waardoor de export naar het Zuidelijk Halfrond werd bevorderd. Verhage gaf een schets van de betekenis van de bloembollenhandel voor de Nederlandse economie. Op iets meer dan één procent van de cultuurgrond, rond de zevenduizend hectare aan bloembollen, exporteerde men voor een waarde die overeen kwam met bijna twee procent van de totale export van ons land. Zij vormde een belangrijk deel van de export naar de dollargebieden en die dollars werden voor de Nederlandse economie steeds belangrijker. Bovendien was van belang dat er nauwelijks grond- of hulpstoffen voor de teelt werden geïmporteerd en leverde het bloembollenbedrijf een belangrijke bijdrage aan de Nederlandse industrie: "Naast reizigers en ondernemers werken er 25.000 arbeiders. Voor de totale export naar Amerika en Canada, die slechts een derde van de totale export omvat, zijn 175.000 kisten nodig met alle verpakking, die er bij hoort."[256] Ook De Vroomen stak de loftrompet over de export. Zo was de voorjaarsexport 1953 (1 januari tot 30 juni) met ruim 1,7 miljoen kilogram gestegen in vergelijking met het jaar daarvoor, en dat vertegenwoordigde een bedrag van 1,2 miljoen gulden. Dat was een prestatie omdat voor veel landen nog contingenten golden die pas na lang onderhandelingen werden verruimd. De export ging, dankzij meer dan duizend bloembollenreizigers, naar meer dan honderd landen, waarbij Engeland, de VS, Duitsland en Zweden de eerste vier plaatsen innamen. Vooral Zweden was zeer 'bloemenminded': de zes miljoen inwoners namen vijf miljoen kilogram bollen af. Walter Roozen waarschuwde voor de toenemende concurrentie, zoals door bloemen uit Florida die de broeiers van Hollandse bollen in de noordelijke staten nadeel berokkenden. Reclame bleef dus nodig en Keukenhof speelde daarin een belangrijke rol omdat daar vooral de toepassing van bollen in tuinen en parken werd getoond.

Spel was ook het thema van het voorwoord van Van Waveren in het jubileumboekje van Keukenhof dat in maart 1954 verscheen. In het Nederlands en het Frans bevatte het boekje het verhaal 'Een wandeling door Keukenhof'. De auteur was Tom Lodewijk, kennelijk was hem zijn 'faux pas' van november 1953 vergeven. Ook hij schreef dat de hele Keukenhof eigenlijk een liefhebberij was van de organisatoren: "Zij hebben allen grote zaken en belangen in het bloembollenvak, maar daarnaast vinden, of liever màken ze tijd voor hun Keukenhof."

Eerbewijzen voor Van Waveren en D.W. Lefeber neemt ontslag

In *De Hobaho* van 7 mei 1954 stond een artikel 'Keukenhof, tentoonstelling van misrekeningen'. Dat begon al met het uitstel van de opening van 26 maart, zoals op het affiche stond, naar 2 april. Niet alleen vanwege het weer, maar ook vanwege het feit dat het paviljoen pas op die datum klaar was. Minister J. Beyer van Buitenlandse Zaken opende te midden van een gezelschap ambassadeurs en gezanten de tentoonstelling. Met een druk op de knop liet hij een ballon op met een speciaal gemaakte Keukenhofvlag met daarop geborduurd 'Wie zijn hart met bloemen siert, verdient een goede aarde'. De vinder zou een gratis reis naar Keukenhof krijgen. De vlag is overigens nooit gevonden. Tegelijk met de druk op de knop werden aan de echtgenotes van de staatshoofden van twaalf landen op het Noordelijk Halfrond bloemen aangeboden. Ongeveer een week later hield de gemeente Lisse een receptie ter gelegenheid van het eerste lustrum. Twee ministers maakten daar hun opwachting: J. Algera van Verkeer en Waterstaat en J. Cals van Onderwijs, Kunsten en Wetenschappen (OKW). De laatste speldde Van Waveren de versierselen op van het ridderschap in de Orde van de Nederlandsche Leeuw (zie **afbeelding 11**).

afb. 11
Van Waveren wordt ridder in de Orde van de Nederlandsche Leeuw

254 *Het Vakblad* 27-11-1953, aldaar 6.
255 *Weekblad voor Bloembollencultuur* 4-12-1953, aldaar 195.
256 *Weekblad voor Bloembollencultuur* 27-11-1953, aldaar 188.

Vorstelijk bezoek aan „Keukenhof"

afb. 12
Het Deense koningspaar bezoekt Keukenhof

Cals motiveerde die onderscheiding, waarover De Graaf later zei dat Van Waveren "eigenlijk aan geen van de criteria daarvoor voldeed", vanuit de beeldenexposities op Keukenhof die sinds 1952 plaats vonden. Vooral die van 1953 waarvoor OKW subsidie had verleend was volgens Cals een succes geweest en vandaar had de koningin op 2 april 1954 het desbetreffende Koninklijk Besluit getekend.
Dit waren uiteraard geen misrekeningen. Het artikel noemde een aantal andere, zoals het feit dat het tienjarenplan al in vier jaar was voltooid; dat het restaurant het eerste jaar al te klein was en het tweede jaar al verdubbeld werd; dat de parkeerterreinen steeds maar weer moesten worden vergroot en dat de bestuursleden het er wel 'even' bij konden doen net als de administrateur: "Vroeger was Keukenhof

blij met een topdag van 100 à 150 bussen. 200 bussen is nu gewoon en afgelopen zondag telde men 600 bussen. Afgelopen Zondag was het parkeerterrein stukken te klein voor de auto's. In allerijl heeft men nieuw terrein in de omgeving moeten zoeken en kwam men tenslotte in Lisse-dorp terecht."[257] Het bestuur kon echter blij zijn met al die misrekeningen volgens het artikel, maar ook het vak, want er moest van al dat moois toch heel wat blijven hangen. Het artikel memoreerde ook nog het bezoek van het Deense koningspaar dat op 28 april plaatsvond. Zo op het eerste gezicht was dat bezoek een succes: Van Waveren werd ridder eerste klas van de Danneberg-orde en het koningspaar, vergezeld door het Hollandse, was tevreden. *Het Vakblad* van 7 mei plaatste op de voorpagina een grote foto van het bezoek. Van Waveren vergezelde de koningin van Denemarken, Veldhuyzen van Zanten liep naast koningin Juliana, Zwetsloot naast prins Bernhard en ook Belle liep mee in de koninklijke entourage (zie **afbeelding 12**). Grullemans en D.W. Lefeber stonden niet op de foto, want die moesten de orde onder de fotografen handhaven. Lefeber was daar zo boos over dat hij waarschijnlijk diezelfde avond per brief zijn ontslag aanbood.

Op zaterdag 1 mei kwam het bestuur om 9.30 uur op verzoek van Grullemans bijeen om zich over de brief van Lefeber te beraden. Volgens Grullemans had Lefeber twee grieven: het financiële beleid en de toenemende 'negatie' van de oprichters van Keukenhof, die onder meer tot uiting kwam tijdens het koninklijk bezoek. Grullemans lichtte dat toe omdat Lefeber niet aanwezig was. Volgens hem waren Lefeber, Belle en hijzelf de ware oprichters van Keukenhof: "Spreker herinnert zich verder de tijd, toen hij en de heren Belle en Lefeber, met de steun van dhr. van der Lee, in het prieel achter het Hoogje de plannen uitgebroed heeft." Verder vond hij Keukenhof een zinkend schip worden, nu het er naar uitzag dat het paviljoen 120.000 tot 125.000 gulden ging kosten. Door het vormen van een dagelijks bestuur waren langzaam maar zeker de oprichters op een zijspoor gerangeerd. Lefeber zou alleen terug komen als daar een eind aan kwam en er bijvoorbeeld een ontvangstcommissie zou komen. Van Waveren was daar niet voor, maar moest bakzeil halen toen het bestuur een voorstel van De Graaf aannam om een commissie te benoemen die veranderingen moest voorstellen. De Graaf vond namelijk ook dat het algemeen bestuur veel te weinig werd geïnformeerd over de gang van zaken. Op 10 mei vergaderde men weer en Van Waveren trok nu wel het boetekleed aan. Er was te onzorgvuldig gewerkt en de communicatie moest worden verbeterd, onder meer door de bijeenkomsten van het dagelijks bestuur weer te notuleren en er zou een commissie voor de ontvangsten komen. Grullemans was tevreden en Lefeber trok zijn ontslag in.

Met een gerust hart verwelkomde Van Waveren tien dagen later de vijfhonderdduizendste bezoeker van Keukenhof, mejuffrouw W. Mik uit Haarlem.[258] Toen de tentoonstelling op 23 mei sloot waren er 500.246 bezoekers geweest, meer dan het dubbele van het jaar daarvoor.

Een van die bezoekers was de Officiaal van het Bisdom Haarlem, C. van Trigt. Hij werd rondgeleid door Van Waveren en Zwetsloot. Van Trigt schreef daarover op 11 mei een bedankbrief met kritiek op de beelden. Het had hem gestoord dat er op geen enkel beeld een christelijk embleem of afbeelding stond. Dat klemde temeer daar de "de bevolking van de bloemenstreek hier voor het grootste deel christelijk is." En waarom dan alleen beelden uit het heidendom?

Van Waveren antwoordde hem op 18 mei. Hij vond dat het plaatsen van beelden het beleven van cultuur in de natuur bevorderde en de harmonie toonde tussen de natuur; Gods Schepping, en de cultuur; de menselijke schepping: "Gaat men nu symbolen van de Christelijke sfeer in onze tuinen brengen, dan voel ik aan dat men in conflict komt met wat de Schepper zelf in de schoonheid onzer bloemen geeft. Ongetwijfeld voelen ook onze bezoekers in de rust van Keukenhof juist de bewondering voor Hem, de Schepper."[259]

In het *Weekblad voor Bloembollencultuur* van 6 november 1953 deed Van der Hart verslag van zijn bezoek aan de tentoonstelling en besteedde aandacht aan de veranderingen in de afgelopen jaren (zie kader).

Keukenhof in het vijfde jaar

"Bij onze rondwandeling hebben wij gezien hoe de aanleg en de entourage grote vorderingen hebben gemaakt. De eertijds kale, massieve steenklompen van de pergola's zijn volgegroeid en de clematis slingert er zich in bevallige ranken er omheen. In de bosranden, die bij eerste aanleg hier en daar een wat naakte indruk maakten, heeft men door aanplanting van in het voorjaar bloeiende heesters meer stemmigheid gebracht en leven geschapen. Langs de randen van de majestueuze vijver, die bij de entree dadelijk de indruk van een grootste schepping verstevigt, kwamen perken te liggen, die in het voorjaar een kleurige rand weven, welke in het water haar weerspiegeling vindt. Zeker, er is bos gekapt, maar oordeelkundig, zodat op de aanlagen laantjes uitkomen, die zich verliezen in perspectieven met een bosgedeelte op de achtergrond, waartegen het oog een rustpunt vindt."[260]

---

257 *De Hobaho* 7-5-1954, aldaar 8.
258 Volgens Van Dijk (in zijn bundel uit 1976 kwamen er 'maar' 490.000 bezoekers, terwijl een later overzicht melding maakte van 500.246 bezoekers).
259 Archief Keukenhof.
260 *Weekblad voor Bloembollencultuur* 6-11-1953, aldaar 156-157.

HOOFDSTUK 7

HET HAPERT AAN GOED BEGRIP

1955-1959. Keukenhof in ontwikkeling en concurrentie

Van Waveren wilde een grandioze en waardige viering van het tienjarig bestaan van de stichting in 1959. Op 5 november 1958 kwam het bestuur bijeen. Het zou zijn laatste vergadering worden (hij had toen al in het ziekenhuis gelegen). In die vergadering ontvouwde hij zijn gedachten over het jubileum. Hij wilde daaraan een nationaal karakter geven door alle commissarissen van de koningin en ministers uit te nodigen voor een receptie en een gala-avond in Huis ter Duin in Noordwijk. Ellen Vogel, een bekend actrice, zou als Jacoba van Beieren optreden met een declamatie die dr. H. Schröder zou moeten schrijven. Verder zou er samen met de KLM en andere nationale bedrijven een internationale persbijeenkomst worden georganiseerd en zou de koningin worden uitgenodigd als er bloemen te zien waren op Keukenhof. Op de begroting was maar liefst 85.000 gulden uitgetrokken voor dit jubileum. Het bestuur, dat dat jaar vanwege de ziekte van Van Waveren niet bij elkaar was geweest, was sceptisch. Het vond het allemaal wel erg 'highbrow' en wilde liever een gezellige avond met de inzenders. Men liet het er verder bij in deze vergadering. Door het overlijden van Van Waveren op 8 april 1959, kwam het er ook niet van. Over de viering van het tweede lustrum en het overlijden en de gevolgen daarvan handelt een deel van dit hoofdstuk.

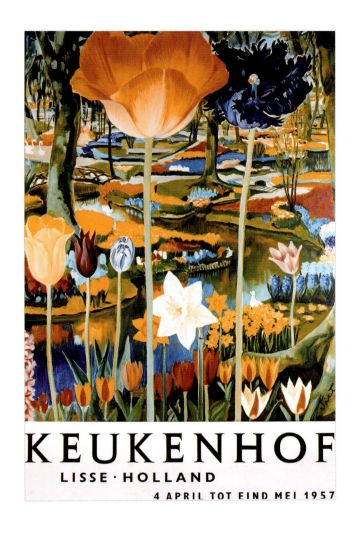

afb. 1
Affiches voor de tentoonstellingen 1955, 1956 en 1957.

Hieronder volgt eerst een overzicht van het bezoek aan de tentoonstellingen van 1955 tot en met 1958.

De tentoonstellingen van 1955 tot en met 1958

Zoals we zagen verwelkomde Van Waveren in mei 1954 de 500.000ste bezoeker. Dat was echter niet helemaal terecht, want Van Dijk gaf in zijn overzicht over 1954 een bezoekersaantal van 490.000. In de jaren daarna ontwikkelde zich dat als volgt:

Bezoekersaantallen
1955: 415.000, 1956: 490.000, 1957: 560.000
1958: 480.000, 1959: 630.000

Tot en met de tentoonstelling van 1955 werden de affiches gemaakt door kunstenaars; in 1956 en de jaren daarna werden dat foto's (behalve in 1957). In **afbeelding 1** zijn het affiche van 1955, de foto van 1956 en het affiche van 1957 opgenomen.

De tentoonstelling van 1955

In een terugblik op de tentoonstelling van 1954 besloot het bestuur de helikopter, die tijdens de watersnood veel mensen had gered, niet meer in te zetten om rondvluchten te maken. Tijdens de tentoonstelling waren er maar liefst 2600 vluchten boven Keukenhof en de omringende bollenvelden gemaakt, maar dat had toch teveel lawaai veroorzaakt. Toen er berichten in de bladen verschenen dat er een kabelbaan op Keukenhof zou komen ontkende men ook dat. In de vergadering van 29 juli 1954 constateerde men dat door het grote bezoekersaantal de uitgaven behoorlijk waren gestegen. Zo was er aan de chauffeurs van de bussen 4000 gulden meer aan vergoedingen betaald dan begroot en bleek de capaciteit van de parkeerterreinen en het restaurant wederom onvoldoende. Verder moest het gras op het terrein worden hersteld, moesten meer paden stofvrij worden gemaakt en moest er het nodige worden gedaan om de vorstschade aan de beplanting te herstellen. Van Waveren had weer de nodige plannen voor de tentoonstelling van 1955. Hij wilde een tevreden publiek dat rustig kon koffiedrinken en voldoende toiletten ter beschikking had. Vandaar dat het theehuis moest worden vergroot. Hij kreeg de rest van het bestuur niet mee. De voorzitter van de financiële commissie rekende hem voor dat er dan wel ongeveer 745.000 gulden aan entrees was gebeurd, maar dat het paviljoen 117.000 gulden had gekost waarop 87.500 gulden moest worden afgeschreven. De voorzitter wees Van Waveren erop dat de andere uitgaven uitkwamen op 576.000 gulden, zodat er een nettowinst resteerde van 136.000 gulden, waarvan als gevolg van de verplichting aan het CBC ook nog eens een derde moest worden gereserveerd. De voorzitter van de terreincommissie betoogde dat voor het opknappen van het terrein minstens 60.000 gulden nodig was. Wederom was de liquiditeit dus krap. Bovendien vertelde Grullemans in de vergadering van 7 december 1954 dat de KAVB waarschijnlijk in 1959 weer een Flora zou houden en dat het uitgesloten was dat het CBC in dat kader weer een garantie zou afgeven zoals dat in 1953 was gebeurd. Van Waveren, die ook van de plannen van de KAVB op de hoogte was, had daarover al gesproken met de initiatiefnemer, T. Hoog, de ondervoorzitter van de KAVB. Hoog zei dat Keukenhof dan maar in 1959 dicht moest gaan. Van Waveren was kwaad geworden en had gezegd dat daar geen sprake van kon zijn, omdat in 1959 Keukenhof tien jaar bestond. Hij stelde voor de tentoonstelling naar 1960 te verschuiven want dan bestond de KAVB honderd jaar.[261]

Van Waveren stelde ook nu weer (december 1954) de uitbreiding van het theehuis aan de orde. Hij wist te bereiken dat het bestuur een krediet beschikbaar stelde om architect Tol uit Lisse een ontwerp te laten maken voor een groter theehuis. D.W. Lefeber bleef tegen deze uitbreiding en had in een brief aan het bestuur voorgesteld een reservering voor het terrein in te stellen, onder meer om de inzenders tegemoet te komen en om geen geld meer in gebouwen te steken.

Medio februari 1955 gaf de voorzitter weer de jaarlijkse persconferentie aan de vooravond van de tentoonstelling en zei toen uiteraard niets over een uitbreiding van het theehuis. Er bleef echter genoeg over om wel te noemen, zoals de aanleg van een waterpartij bij het paviljoen, een verandering in de tuinaanleg, het stofvrij maken van de paden, de instelling van een snelbuffet als derde consumptiegelegenheid, extra parkeergelegenheid voor tweeduizend auto's en de jaarlijkse beeldenprijsvraag. Hij kondigde ook een driedaags bloemenfestijn in Stuttgart aan als Keukenhofpromotie richting Duitse bezoekers en de Amerikaanse bezettingsautoriteiten. Medio maart deden de vakbladen verslag van deze manifestatie, ingebed in een Nederlandpromotie vanuit KLM, ANVV en in combinatie met textielfabrikanten. Te midden van tienduizend bloeiende tulpen opende de opperbevelhebber van het zevende Amerikaanse leger, generaal Hodis, de manifestatie. Het jaar daarvoor had Keukenhof met tulpen in Wiesbaden gestaan en dat had veel Duits bezoek opgeleverd. In 1955 zou dat best eens minder kunnen zijn, vreesde Keukenhof, omdat in de Duitse kranten waarschuwingen stonden om van 1 tot 10 mei 1955 maar niet naar Nederland te gaan, omdat daar tien jaar bevrijding werd herdacht. Vandaar dat, toen er op de Keukenhof van 1955 bijna 80.000 bezoekers minder kwamen, men dat weet aan het wegblijven van de Duitsers. Bij een 'goodwillreis' naar Duitsland, na de tentoonstelling, was het Van Waveren duidelijk geworden dat er aan Duitse kant veel ongenoegen was over het feit dat er in Breda nog steeds 38 oorlogsmisdadigers vast zaten. Om die vijandigheid te doorbreken en de communicatie te verbeteren was Zwetsloot bezig om, onder meer samen met de KLM, een internationale persconferentie te organiseren tijdens de tentoonstelling van 1956.
Ook het CBC maakte zich zorgen over het wegblijven van de Duitsers. Vandaar dat men in de Nederlandse dag- en damesbladen in het voorjaar van 1955 een advertentiecampagne begon om het bezoek aan de Bollenstreek en Keukenhof te stimuleren. Op verzoek van het CBC stelde Keukenhof 10.000 gulden beschikbaar voor deze campagne; de helft van het benodigde bedrag. Overigens had Keukenhof in 1955 ook last van de Gentse Floraliën.

Linnaeushof

Er kwam dat jaar ook nog een concurrent op de markt, namelijk de Linnaeushof. In het kader staat een en ander over de lotgevallen van die tentoonstelling in de periode 1955 tot en met 1959.

---

261 In de vergadering van het hoofdbestuur van de KAVB van 2 juli 1954 had T. Hoog voorgesteld om het feit dat in 1959 de tulp vierhonderd jaar in Europa bekend was te herdenkingen in een Flora in 1959 en dat te combineren met het honderdjarig bestaan van de KAVB.
262 DB Keukenhof 19-7-1955.

Linnaeushof 1955-1959

In 1931 was Frans Roozen in Vogelenzang waarschijnlijk de eerste in de Bollenstreek die zijn kassen met tulpen gratis voor het publiek openstelde, In de loop van de tijd breidde hij dat uit door een showtuin met borders en rotspartijen aan te leggen. Een van zijn navolgers was Henry W. Roozen die bij zijn bedrijf aan de Rijksstraatweg in Bennebroek een showtuin met tulpen – in het voorjaar opgesierd met een model van een Hollandse molen, meisjes in klederdracht en tentjes met souvenirs en snoeperij – had aangelegd. In 1955 kocht hij de overtuin van de Hartekamp, een ongeveer acht hectare groot, bosachtig natuurterrein. Hij gaf daaraan de naam Linnaeushof, naar de eertijds beroemde bewoner van de Hartekamp. Hij wilde dat, net als Keukenhof, inrichten als een permanent tentoonstellingsterrein met ook een zomeropening en richtte daarvoor een NV op. In de volksmond sprak men al van een tweede Keukenhof; uiteraard zag het bestuur van Keukenhof het met argusogen aan. Ook Lodewijk die erover berichtte in *Het Vakblad* van 13 mei 1955 was er niet blij mee. Dit was na Oegstgeest en Apeldoorn nu al het derde initiatief à la Keukenhof en dat was niet in het belang van het vak. Henry Roozen ging echter te voortvarend te werk, want in augustus legde de Rijksdienst Het Nationale Plan (RNP) het rooien van bomen stil vanwege het ontbreken van de benodigde vergunningen. Onmiddellijk deed het gerucht de ronde dat Keukenhof hierachter zat. Dat leek onwaarschijnlijk omdat Keukenhof het RNP ook liever niet zag dan wel. In de bestuursvergadering van Keukenhof van 24 maart 1954 zei Van Waveren dat ze het nodige te stellen hadden met de RNP omdat die een uitbreidingsplan tot 1971 eiste. Kennelijk was men alle ad hoc beslissingen in en rondom Keukenhof zat. Van Waveren gewaagde van een hele briefwisseling en de hulp van de provinciale landschapsarchitect. Wel zag Keukenhof zich gedwongen een persbericht uit te brengen met daarin de verzekering dat men niets had ondernomen om de Linnaeushof tegen te werken. Toch was er wel iets aan de hand. In de vergadering van het dagelijks bestuur van 17 mei 1955 was met name De Graaf erg tegen Linnaeushof.

Hij vond het economisch onverantwoord en vond dat de regering het nader moest onderzoeken. Verder wilde hij nadere informatie inwinnen over hoe het mogelijk was dat Linnaeushof kennelijk zonder de nodige vergunningen aan de slag was gegaan. Later wilde hij zelfs actie om het bezoekersaantal naar Linnaeushof te beperken tot 50.000.[262] De nieuwe directeur-secretaris van Linnaeushof, Van Duuren, opereerde niet erg gelukkig. In zijn eerste perscontacten in augustus 1955 liet hij zich zo ongenuanceerd uit over Keukenhof dat een gesprek nodig was om de "plooien glad te strijken." Bovendien sprak men af de entrees voor beide tentoonstellingen gelijk te trekken. Later dat jaar kwamen er allerlei ruzies binnen de NV naar buiten, maar lukte het toch op 11 april 1956 de Linnaeushof te laten openen (zie **afbeelding 2**). Weer ging Van Duuren in de fout door in mei voor de zomer een seringenfeest aan te kondigen. Uiteraard kon men dat niet waarmaken, omdat er geen seringen in de zomer zijn, en het publiek bleef weg. Desondanks bleven de borden met de aankondiging "miljoenen bloemen bloeien in Europa's mooiste tuin" staan. Ruzie tussen Roozen en Van Duuren kon niet uitblijven en er ontstond een onverkwikkelijke situatie die voor de rechter werd uitgevochten. Ondertussen wankelde de NV op de rand van een faillissement. Dat werd begin 1957 vermeden doordat Roozen uit zijn privévermogen geld afzonderde om een deel van de schulden te betalen. Bovendien besloot men in het vervolg in het voorjaar te openen (daarvoor werd steeds een ambassadeur uitgenodigd), om rond eind mei te sluiten en dan op 1 juli weer open te gaan. Uiteraard verdween Van Duuren van het tapijt. Bovendien richtte de NV zich meer op de recreatie. Zo opende men op 5 april 1957 een midgetgolfbaan, in die dagen een trekpleister van formaat en in 1958 kwam er een kinderspeelhoek bij. In 1959 maakte Roozen melding van plannen het terrein door aankoop te vergroten en meer in de richting van recreatie te ontwikkelen. Door de steeds kortere werkweek zag hij daaraan steeds grotere behoefte ontstaan. De financiële kant van de zaak was nog wel steeds een punt van zorg, zei hij.

De opening van Linnaeushof

afb. 2
De opening van de Linnaeushof

De tentoonstelling van 1956

Het mindere bezoek aan Keukenhof in 1955 maakte dat Van Waveren in augustus 1955 aan het bestuur voorstelde voor de begroting van de tentoonstelling 1956 uit te gaan van 375.000 betalende bezoekers tegen netto 85 cent. Omdat hij er ook van uitging dat het CBC geen compensatie zou geven in het geval de AVB in 1959 of 1960 weer een Flora hield, stelde hij ook voor dat de commissies hun begrotingen voor 1956 met tien procent zouden korten. Het was namelijk uitgesloten de entrees te verhogen gezien de afspraken met Linnaeushof en de NS. De vertegenwoordigers van de terreincommissie, die 15.500 gulden moesten inleveren, waren furieus. Grullemans en D.W. Lefeber namen het niet en betoogden dat de gemeente de vermakelijkheidsbelasting maar moest verlagen en het CBC zou ook maar weer eens subsidie moeten geven. Warnaar, die de verhoudingen binnen het vak en het CBC goed inschatte, vond dat laatste kansloos; er was binnen de KAVB nog altijd een grote stroming anti-Keukenhof. Toen de heren er de volgende vergadering echter weer over begonnen zette De Vroomen ze op hun nummer: "Keukenhof heeft 3 uitstekende borgen, nl. de gemeente Lisse, de Twentsche Bank en de Hobaho. Bovendien heeft de Nederlandsche Credietbank, te Amsterdam, de betalingen aan Graaf van Lynden gewaarborgd. Volgens de balans per 1 juli 1955 is er een vrije reserve van f 214.870,28 en een verplichte reserve van rond f 60.000,-."[263] Hogewoning bracht wat soelaas door voor te stellen het contract met de gemeente over vermakelijkheidsbelasting, dat inmiddels was goedgekeurd door Gemeentelijke Staten, maar te tekenen. Dat behelsde dat wanneer de winst van Keukenhof in enig jaar lager was dan 25.000 gulden de gemeente de belasting over de verhoogde entree zou teruggeven.

Omdat de beoogde openaar, Kortenhorst (voorzitter van de Tweede Kamer), op het laatste moment afzegde en ook de commissaris van de koningin verhinderd was, werd Keukenhof op 27 maart tijdens een persconferentie geopend. Van Waveren hield, volgens de vakbladen, een indrukwekkende rede, waarin hij zijn visie op de inrichting van het zogenaamde smalle bos neerlegde. Hij wilde dat invullen met grote kleurvakken à la Mondriaan om de moderne tijd uit te drukken: "het terugbrengen van de mensen uit deze technische tijd tot het contact met de voedingsbodem van geest en lichaam in archaïsche en primitieve zin (...) het bindend element tussen cultuur en primitiviteit."[264] Als tegenprestatie van Stuttgart zou het symfonieorkest van het Amerikaanse leger een concert geven tijdens de tentoonstelling en zou de jaarlijkse folkloristische dag gewijd zijn aan Limburg. Omdat men weer weinig bloemen verwachtte bij de opening werden buiten gekoelde narcissen en tulpen geplant. Die zouden eerder bloeien dan de normale, ongekoelde.

De internationale persconferentie vond plaats van 14 tot 16 april en was met 100-125 journalisten, en opnames voor radio en TV het grootste evenement in zijn soort sinds de Tweede Wereldoorlog. De persvertegenwoordigers waren de gasten van Huis ter Duin waar zij elkaar zaterdag troffen. Bij die gelegenheid werd de zevende verjaardag van Keukenhof gevierd en de president-directeur van de KLM, Aler, werd een nieuwe vermiljoenrode Darwintulp van A. Warnaar aangeboden die door Van Waveren 'Flying Dutchman' werd gedoopt. Op Keukenhof maakten vooral de leliebloemige tulpen in de kas veel indruk.

Floriade

Er was dat jaar nog een gedenkwaardige persconferentie en wel begin november 1956. Zie daarvoor in het kader over de Floriade 1960.

---

263 AB Keukenhof 21-12-1955.
264 *Het Vakblad* 30-3-1956, aldaar 6.
265 Volgens een artikel dat hij schreef in het Floriadenummer van *Het Weekblad voor Bloembollencultuur* van 29 april 1960 (775-776). In een interview in *Het Vakblad* van 30 september 1960 zei hij echter dat het idee na een bezoek aan Gentse Floraliën van 1955 was geboren. Wij houden echter 1950 aan.
266 Van die periode zijn geen notulen van de NTR bewaard gebleven.
267 *Bloembollencultuur* 9-11-1956, aldaar 292-293.
268 *De Hobaho* 9-11-1956, aldaar 5.

De tentoonstelling van 1958

In 1957 kwam het bestuur maar twee keer bij elkaar en wel voor het eerst op 7 augustus 1957. Uiteraard kwam het dagelijks bestuur vaker bij elkaar maar ook in deze periode zijn daarvan waarschijnlijk geen notulen gemaakt, althans ze zijn niet bewaard gebleven. Wel bewaard gebleven zijn de notulen van een aantal commissies. De tentoonstelling van 1957 had een winst opgeleverd van 180.000 gulden en daarvan werd een derde verplicht gereserveerd. Er waren natuurlijk ook al de nodige wensen voor de tentoonstelling van 1958. Zo wilde de terreincommissie maar liefst 25.000 gulden besteden aan de inzenders, 25.000 gulden aan de verfraaiing van het smalle bos en bijna 15.000 gulden aan herstel van beplantingen en het gras.

O. Guldemond, de voorzitter van de verkeerscommissie, had na lange en volgens hem zeer gecompliceerde onderhandelingen met graaf Carel de beschikking gekregen over 1,5 hectare bollenland aan de Stationsweg dat voor 26.000 gulden kon worden ingericht als parkeerterrein. Daarvoor moest zelfs een op het terrein staande kas (van M. Sanders) worden verwijderd. Bovendien werd er met graaf Carel gepraat over uitbreiding van de parkeerterreinen aan de Loosterweg.

In de tweede vergadering van 1957, op 12 december, werd de begroting voor 1957-1958 goedgekeurd, zij het onder protest van De Graaf tegen de hoge bijdrage aan de inzenders. Ook vond hij dat de tentoonstellingen met al hun voorzieningen niet meer dan 600.000 bezoekers konden verwerken. Hij gaf die waarschuwing omdat de begroting al uitging van 500.000 bezoekers en Van Waveren op meer bezoekers dan de 560.000 van 1957 rekende. Dat zei hij ook op de persconferentie waarvan *Het Vakblad* op 28 februari 1958 verslag deed. Hij verwachtte dat veel bezoekers aan de Expo 1958 in Brussel ook naar Keukenhof zouden komen.[271] Bovendien had Keukenhof samen met de VVV's van Amsterdam, Rotterdam en Den Haag een combinatie gevormd en iemand aangesteld om in het buitenland promotie te bedrijven. Door de inrichting van het smalle bos in de stijl van Mondriaan was er nu vijfentwintig hectare tentoonstellingsterrein beschikbaar en waren er aanmerkelijk meer bollen geplant dan in voorgaande jaren. Er was nu tien hectare parkeerterrein beschikbaar en er zouden twintig nieuwe beelden uit Frankrijk en Italië worden geplaatst. De folkloristische dag op 17 april zou Noord-Brabant als onderwerp hebben en de tentoonstelling zou op 28 maart worden geopend tijdens de zogenaamde burgemeesterslunch. Die werd jaarlijks georganiseerd door de burgemeesters van de zeven bollengemeenten samen met de provinciale VVV-Zuid-Holland.

Van Waveren hield tijdens die lunch weer een openingsrede die hij plaatste in het teken van bescheidenheid omdat hij elk jaar ervoor hoe afhankelijk men was van de omstandigheden. Verder gaf hij een terugblik op de eerste negen jaar en zei dat het was bewezen dat door Keukenhof de vraag naar tuintulpen, hij noemde de fosteriana's en de Kaufmanniana's, in het buitenland aanmerkelijk was toegenomen. Bovendien had de stroom buitenlandse bezoekers veel deviezen opgeleverd voor het vaderland. Hij sloot af met een filosofische beschouwing die hij ontleende aan een studie van Constant over de symboliek van getallen. Het getal negen drukte volgens die studie volmaakte harmonie uit en het duidde op de schoonheid van de wereld en dat was volgens Van Waveren zeer zeker ook van toepassing op allen die zich voor de negen tentoonstellingen zo hadden ingespannen.

Weer werd er een lid van het bestuur koninklijk onderscheiden: vice-voorzitter Th. De Vroomen. Hij werd ter gelegenheid van de verjaardag van de koningin benoemd tot officier in de orde van Oranje Nassau (zie **afbeelding 4**). Hij was op dat moment niet alleen vicevoorzitter van Keukenhof maar, ook sinds 1956, voorzitter van de Bond van Bloembollenhandelaren en tweede plaatsvervangend voorzitter van het Bedrijfschap voor de Bloembollenhandel en ondervoorzitter van het Productschap voor Siergewassen.

afb. 4
De Vroomen krijgt koninklijke onderscheiding, in *Het Vakblad* 2-5-1958

271 Dat was wel zo, maar veel Nederlanders gingen naar de Expo en niet naar Keukenhof waardoor het bezoekersaantal toch tegenviel, ook door het slechte weer.

Th. R. de Vroomen en P. Krabbendam kregen koninkijke onderscheiding

Het bollenvak telt een officier meer! Op voordracht van de Minister van Landbouw, Visserij en Voedselvoorziening heeft H.M. de Koningin ter gelegenheid van Haar verjaardag de heer Th. R. de Vroomen te Warmond, de voorzitter van de Bond voor Bloembollenhandelaren en ondervoorzitter van het Produktschap voor Siergewassen benoemd tot Officier in de Orde van Oranje Nassau. Maandagavond werd de hoge onderscheiding ten huize van de heer De Vroomen door Warmond's burgemeester uitgereikt. — Tot Ridder in de Orde van Oranje Nassau is benoemd de heer P. Krabbendam te Hoorn, plaatsvervangend directeur van de Rijkstuinbouwschool te Hoorn. — Alle vakgenoten zullen zich ongetwijfeld mèt ons verheugen over de hoge onderscheiding, welke deze twee sympathieke figuren, die ieder op eigen terrein bijzonder veel verdienstelijk werk voor het vak hebben verricht, ten deel is gevallen. Van harte gelukgewenst heren!

Amerikaanse Keukenhof

Van Waveren had het al gezegd: de vraag naar tuintulpen was, met name in Amerika, sterk gestegen door Keukenhof. Dat leidde tot een initiatief waar onder andere Warnaar bij was betrokken (zie kader).

afb. 5
Bollenvak krijgt Keukenhof in Amerika

Amerikaanse Keukenhof

Warnaar zocht als voorzitter van de COR van het CBC al sinds 1953 in Amerika naar een goed terrein dat als een soort Keukenhof zou kunnen worden ingericht. In de loop van 1958 kreeg hij een aanbod van de City Investing Company die het achtduizend hectare grote Sterling Forest in exploitatie had genomen. Dat was een groot natuurgebied (vroeger een moeras) op ongeveer vijftig kilometer van New York City. Zestig hectare zou worden ingericht als Sterling Forest Gardens en daarin zou een Keukenhof kunnen komen. Eind oktober 1958 onthulde Warnaar op een persconferentie op het kantoor van het CBC het plan. Bij het plan was, naast de Bond van Bloembollenhandelaren, het New-Yorkse bureau van de Associated Bulbgrowers betrokken. Warnaar had het gebied gezocht en gezien dat vooral de waterhuishouding een probleem zou kunnen zijn (zie **afbeelding 5**). Van der Lee en Van Empelen (een hoveniersbedrijf) waren ook gaan kijken. Er was een grote proefplanting ingericht met twintigduizend bollen van tal van bolgewassen. Als dat goed uitpakte zou men de tentoonstelling voor Pasen 1960 openen. Om het geheel te financieren betaalden de exporteurs op Amerika een extra heffing.[272] Eind augustus 1959 vertrokken drie jonge vakgenoten met de eerste honderd van de ruim vierhonderd kisten bloembollen naar Amerika.[273] De rest van de zending zou de week daarna scheep gaan met nog eens zes jonge begeleiders. De bollen waren bedoeld voor een vijfentwintig hectare groot terrein. Begin oktober 1959 plantte prinses Beatrix de eerste bollen. In het *Weekblad voor Bloembollencultuur* van 10 juni 1960 berichtte Warnaar over de resultaten. Hij was tevreden en verwachtte er veel van als reclameobject voor het bloembollenvak. Na de opening op 1 mei 1960 kwamen er dat seizoen ongeveer 180.000 bezoekers.

[272] *Het Vakblad* 31-10-1958, aldaar voorpagina en 2-3.
[273] *De Hobaho* 21-8-1959, aldaar voorpagina.

De jubileumtentoonstelling van 1959

Mede doordat Van Waveren ziek was vergaderde het bestuur in 1958 maar een keer, en wel op 5 november. Toen ontvouwde Van Waveren zijn plannen voor de viering van het jubileum waar we dit hoofdstuk mee begonnen. Na weer een discussie over de openingsdatum van de tentoonstelling van 1959 boog men zich over de winst- en verliesrekening van 1957-1958. Om veel discussies over eventuele bezuinigingen te voorkomen – er was namelijk maar een kleine winst – presenteerde Van Waveren een staatje over de ontwikkeling van de reserves en daarbij was 1953-1954 op 100 gesteld. De ontwikkeling daarna was als volgt geweest:

Ontwikkeling reserve (1953-1954 op 100 gesteld)
1953-54:100, 1954-55:109, 1955-56:130, 1956-57:190,
1957-58:198 (ter grootte van 500.000 gulden)

Het staatje ontleende hij aan een overzicht van J. Sentel van het gelijknamige accountantsbureau uit Oegstgeest. Die had in de vergadering van de financiële commissie van 22 oktober 1958 een financieel overzicht gepresenteerd van de laatste vijf tentoonstellingen en indexcijfers berekend van de recette, bezoekersaantallen, kosten, winst en reservering. Men kon volgens hem voor de begroting veilig uitgaan van 500.000 bezoekers. De kosten stegen indexmatig wel snel, maar dat was geen reden tot grote zorg. Uiteraard nam Van Waveren die aanbeveling van hem over.

Hij vond dat de reserve zich positief ontwikkelde en stelde voor in de begroting uit te gaan van 500.000 bezoekers. Natuurlijk was niet iedereen dat met hem eens. Er werd zorg uitgesproken over de kostenstijgingen en De Graaf verwees naar het rapport van Sentel waarin ook sprake zou zijn van het kunstmatig laag houden van het saldo. Zo waren er in 1958 uitgaven ten laste gebracht van de exploitatie die op de kapitaalrekening hadden thuisgehoord. Hij noemde de 25.000 gulden voor de inrichting van het smalle bos en de 26.000 gulden voor de inrichting van het parkeerterrein en de verplaatsing van de kas. De Graaf vond dat nadelig voor de garantiegevers en als burgemeester maakte hij bezwaar tegen deze gang van zaken met het oog op de regeling voor de restitutie van de vermakelijkheidsbelasting. Desondanks keurde het bestuur de jaarrekening en de afschrijvingspolitiek goed en besloot het voor 1959 uit te gaan van 450.000 bezoekers en een uitgavenpost van rond de 450.000 gulden.

Het jubileumboekje

Het was de laatste vergadering die Van Waveren bijwoonde. Hij gaf nog wel de jaarlijkse persconferentie in februari 1959. Daarin zei hij dat de opening op 24 maart zou zijn en vertelde dat de Mondriaaninrichting van het smalle bos klaar was en ook het nieuwe parkeerterrein aan de Stationsweg. Verder was er een nieuw terras, een vijver met horizontaal spuitende fonteinen, er waren beelden onder andere van Zadkine, en er zou de internationale persbijeenkomst op 18 en 19 april zijn. De folkloristische dag zou in het teken staan van Nederland. Ook hield hij het jubileumboekje ten doop (zie **afbeelding 6, 7** en **8** uit

afb. 6
Voorkant jubileumboekje

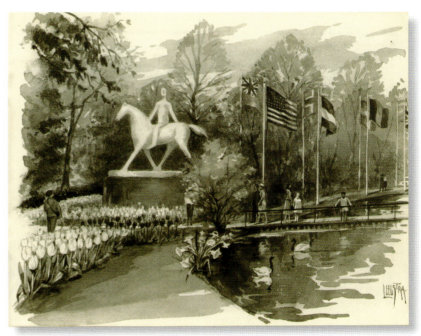

afb. 7
Ruiterbeeld

afb. 8
Kassen en molen

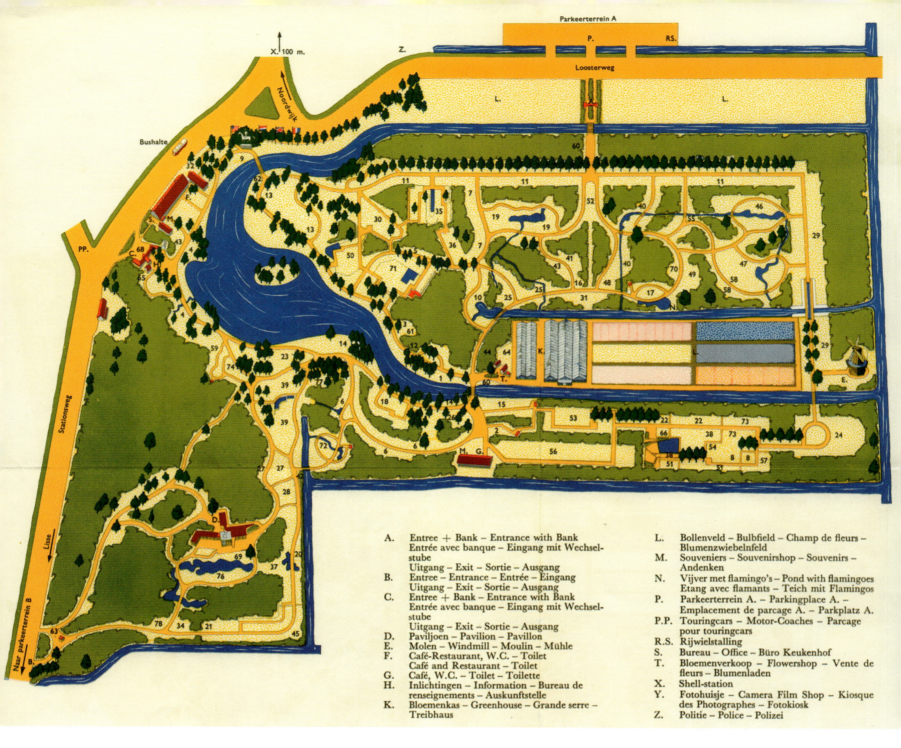

afb. 9
Plattegrond 1959

het boekje). Het was geschreven in het Nederlands en het Frans en bevatte artikelen en verhalen van Antoon Coolen, mr. E. Elias, André Geljon, Bronger Smid, J.W.F. Werumeus Buning en Evert Zandstra (auteurs en journalisten).[274] In het voorwoord gaf Van Waveren een overzicht van de financiële aspecten van de tentoonstelling en verstrekte hij cijfers over de periode tot en met de opening van 1959. Aan arbeidsloon en sociale lasten had Keukenhof in die periode bijna een miljoen gulden betaald; aan vermakelijkheidsbelasting bijna 650.000 gulden en aan omzetbelasting 133.000 gulden. Er waren op de 9 tentoonstellingen 3.509.968 bezoekers geweest. Dat had het bestuur in staat gesteld de 100.000 gulden die de gemeente als renteloos krediet had verleend snel terug te betalen en de tentoonstelling financieel zelfstandig te maken. Hij beschreef het bestuur en de commissies en merkte daarover op: "Uit de spanning, die dikwijls ontstond bij de taak van het Dagelijks Bestuur om de plannen van de levendige en enthousiaste commissies te coördineren, werd de activiteit geboren die de vele bestuursbesluiten kenmerkt en die veelal in hun uitvoering een aantrekkingskracht voor het publiek zijn geworden." Van Waveren sloot af met op te merken dat dezelfde acht tot negen bestuurders die Keukenhof hadden opgericht nu waren gerijpt tot jonge zestigers en dat dit team een goede gooi zou doen naar de volgende tien jaar: "en het lot dragen dat 'Keukenhof' in zijn tweede levenshelft is beschoren." Het boekje sloot af met een plattegrond en de lijst van deelnemers (zie **afbeeldingen 9** en **10**).

274 André Geljon was een journalist die sinds in 1942 in dienst van de Hobaho was en lid van de redactie van het blad van die naam. Hij schreef daarin regelmatig ook een commentaar onder het pseudoniem Mijmeraar.

INZENDERSLIJST „KEUKENHOF" 1959

Exhibitors at the Keukenhof National Flower Show
Participants à L'Exposition florale national du Keukenhof
Aussteller auf der nationale Blumenausstellung Keukenhof

* 1. N.V. A. Frijlink & Zn, Sassenheim
  2. Turkenburg's Koninklijke Zaadhandel N.V., Bodegraven
  3. Fa. Wesselo v/h Nieuwenhuis, Lisse
* 4. Fa. D. W. Lefeber & Co, Lisse
  5. Fa. C. A. v.d. Wereld, Roelofarendsveen
* 6. Fa. Belle & Teeuwen, Lisse
  7. N.V. G. B. de Vroomen & Zn, Sassenheim
* 8. N.V. Gebr. Eggink, Voorschoten
* 9. Fa. Ant. v.d. Vlugt & Zn, Lisse
*10. Fa. Leo van Grieken & Zn, Lisse
*11. N.V. J. J. Grullemans & Zn, Lisse
 12. N.V. Supergran, Haarlem
*13. N.V. Gebr. van Zanten, Hillegom
 14. De Graaff Bros & S. A. van Konijnenburg & Co, N.V., Noordwijk
 15. N.V. A. J. van Engelen, Hillegom
*16. N.V. L. van Staalduinen Jr., 's-Gravenzande
*17. Fa. John van Grieken, Vogelenzang
 18. Gebr. Nieuwenhuis N.V., Lisse
*19. F. Rijnveld & Zn., N.V., Hillegom
*20. Fa. J. W. A. Lefeber, Lisse
*21. Fa. Freriks & Co, Hillegom
 22. Fa. Harry Vreeburg, Lisse
 23. (Rutgerd V. van Zanten, Lisse
     (Jacob L. Veldhuyzen van Zanten N.V., Lisse
*24. Warnaar & Co, N.V., Sassenheim
*25. H. de Graaff & Zn., N.V., Lisse
 26. N.V. G.C. van Meeuwen & Zn, Heemstede
*27. Gebr. Doornbosch & Co, N.V., Sassenheim
 28. N.V. van Zonneveld & Co, Sassenheim
*29. N.V. Konijnenburg & Mark, Noordwijk
*30. N.V. M. van Waveren & Zn, Hillegom
*31. Fa. Jac. Tol, St. Pancras
*32. Fa. K. Nieuwenhuis & Co, Sassenheim
 34. Fa. Gebr. van Klaveren, Hazerswoude
*35. Gebr. van Zonneveld & Philippo N.V., Sassenheim
*36. Fa. Gebr. Lefeber, Lisse
 37. Fa. J. Puik, Hilversum
 38. Fa. J. W. van Reisen, Voorhout
 39. N.V. H. Homan & Co, Oegstgeest
*40. N.V. P. Hopman & Zn, Hillegom
*41. N.V. L. Kortekaas & Zn, Breezand
*42. Fa. G. Kamp & Zn, Winkel
 43. Fa. C. S. Weyers & Zn, Hillegom
 44. Afd. Lisserbroek v.d. Kon. Alg. Ver. v. Bloembollencultuur
 45. N.V. Fred. de Meulder, Sassenheim
*46. Fa. G. van der Mey's Zonen, Lisse
 47. Fa. L. Rotteveel & Zn, Sassenheim
*48. Fa. Karel Verdegaal, Lisse
*49. Fa. George Vreeburg, Lisse
 50. N.V. van 't Hof & Blokker, Limmen
 51. Fa. P. van Deursen, Sassenheim
*52. Fa. Joh. R. van Grieken & Co, Lisse
 53. Fa. de Ruyter & Son, Noordwijk
*54. Fa. J. F. van den Berg & Zn, Anna-Paulowna
*55. H. Verdegaal & Zn, N.V., Sassenheim
*56. N.V. Guldemond & Zn, Lisse
*57. Fa. M. Beelen, Lisse
*58. van Zyverden Bros, Hillegom
*59. Fa. Jan Dix Jr., Heemstede
*60. Fa. Braam & Zn, Heemstede
 61. Fa. van Empelen & van Dijk, Aerdenhout
 62. Fa. C. van der Vlugt & Zn, Voorhout
 63. Fa. A. van der Vlugt Antzn., „Solsidan", Lisse
 64. Fa. Tulpo, Wassenaar
 65. Fa. G. Faase, Noordwijk
 66. Fa. C. P. Alkemade Czn, Noordwijk
*68. Gebr. Verdegaal, Sassenheim
*69. C. V. Hybrida, Schoorl
 70. Fa. P. van Leeuwen, Lisse
*71. N.V. L. Stassen Junior, Hillegom
*72. N.V. Walter Blom & Zn, Hillegom
 73. Fa. Waling van Geest & Zn, 's-Gravenzande
 74. Fa. G. Hageman & Zn, Heemstede
*76. N.V. C. G. van Tubergen, Haarlem
 77. N.V. J. Amand, Breezand
*78. Fa. Frans Roozen, Vogelenzang

* Tevens exposanten bloemenkassen
  Also exhibiting in the greenhouses.
  Participants exposant aussi dans les serres
  Stellen auch in den Treibhäusern aus.

afb. 10
Lijst van inzenders 1959

De opening van de tentoonstelling

Het bestuur kwam in 1959 voor het eerst bijeen op 19 maart. De stemming zal somber zijn geweest, want Van Waveren was weer ernstig ziek; Zwetsloot was ziek geweest en Warnaar was nog ziek. De Vroomen zat de vergadering voor en kondigde aan dat minister Struycken op 24 maart tijdens de burgemeestersperconferentie in Noordwijk de opening zou verrichten, dat het bestuur zou recipiëren op 2 april en dat dan de sopraan Maria Callas Keukenhof zou bezoeken om een prachtige tulp met haar naam te krijgen. De koningin zou de Nederlanddag op 23 april bezoeken, ook ter ere van het tienjarig bestaan, en op 24 april zou een orkest van de BBC optreden. Verder zou het bestuur aandacht moeten geven aan de contractverlenging van Van der Lee, omdat dit in 1959 afliep. Hij had eigenlijk een te laag vast salaris (ongeveer 7000 gulden) en een hoge opslag als gevolg van de recettes, zodat zijn salaris op rond de 27.000 gulden uitkwam. Dat zou moeten veranderen. De Vroomen dacht aan een vast salaris van 20.000 gulden plus een opslag van vijf procent, afhankelijk van de recette boven de 400.000 bezoekers.

De chaos die zou ontstaan na het definitief wegvallen van Van Waveren kondigde zich in deze vergadering al aan. De Vroomen klaagde dat er de laatste maanden een situatie was ontstaan waarin iedereen en niemand commandeerde en vond dat de organisatie moest worden aangepast; wellicht zou er een directeur moeten worden aangesteld. Zwetsloot haakte hierop in door een assistent voor de PR te claimen: Benningen, die lid was van de propagandacommissie. De Graaf waarschuwde voor overhaaste stappen: eerst moest er een goede taakomschrijving komen.

De ziekenhuisopname van Van Waveren gooide echter de opening om. Vanwege zijn ernstige toestand woonde het bestuur de opening niet bij en werd de minister afgezegd. Wel was De Graaf als burgemeester bij de persconferentie die nu werd gehouden in het raadhuis van Noordwijkerhout. Ir. H.G. Kuipéri HID van de Cultuurtechnische dienst in Zuid-Holland hield een rede: 'het groeimilieu van de bol'. Hij pleitte voor het behoud van bollengronden, waarschuwde tegen industrievestigingen met grote expansiedrang en wilde de woningbouw ten behoeve van het forensisme tot een minimum beperken. Verder was hij tegen de aanleg van 'stoeibosjes' en 'prettuinen' om in de groeiende behoefte aan recreatie te voorzien. Tenslotte hekelde hij de potsierlijke aankleding van de bollenstreek: "Hiermede doelde hij op de molenhuisjes, waarin men bollen verkoopt, op de kinderen in Volendammer klederdracht (...) de stijlloze bloementjes langs de wegen, enz."[275] Er waren meer tekenen van die tijd. Zo demonstreerde de firma Van Nobelen op een speciaal aangelegd veldje zijn nieuwe plant- en rooimachine en reden de genodigden langs het ontgonnen Langeveld naar Keukenhof. Over die ontginning, een ruilverkaveling, meer in kader p. 110.

Keukenhof begon bij de opening al in bloei te komen: "Vele narcissen (gekoelde bollen) stonden met gesprongen bloemen, de crocussen bloeiden uitbundig, zo hier en daar zagen we al een plukje hyacinten (van geprepareerde bollen) en enkele partijtjes tulipa's begonnen ook al kleur te bekennen. De gewassen zagen er prima uit. De gekoelde narcissen hebben dit jaar van de vorst geen last gehad (dat was vorig jaar wel anders) en de kas waarin al enkele tientallen soorten tulpen tegen de bloei staan, kan met Pasen al heel mooi zijn (...)."[276]

De Hobaho wijdde op 27 maart, in tegenstelling tot het *Weekblad voor Bloembollencultuur* dat er bijna geen letter over schreef, veel aandacht aan het jubileum van Keukenhof met interviews met een aantal bestuurders. Zwetsloot zei dat het gehele geheim van de propaganda voor de Keukenhof was dat het bestuur daarvoor meteen flink geld beschikbaar stelde en hem de vrijheid gaf een commissie samen te stellen.

275 Het Vakblad 27-3-1959, aldaar 4.
276 Ibidem.

Ruilverkaveling Het Langeveld

Het Langeveld in Noordwijkerhout, liggend aan de voet van de oude duinen, werd in hoofdzaak gebruikt voor de veehouderij. Toen er aan de duinen water werd onttrokken voor drinkwater (door de Amsterdamse Waterleiding) daalde de grondwaterstand en verloor het gebied zijn landbouwkundige waarde. De veehouders verkochten hun grond aan de stichting Het Langeveld die ongeveer 180 hectare verwierf. Die werden ingebracht in een verkaveling van het gebied waarin rond de 200 hectare bloembollen zou komen op een totaal van ongeveer 320 hectare. In 1954 werd over de ruilverkaveling gestemd en rond 1956 begon de afgraving en de inrichting van het terrein die naar verwachting vijf jaar zou duren. De vraag naar bollengrond overtrof het aanbod. Overigens was dat niet de enige uitbreiding van bollengrond. In 1959 werd de twintig hectare grasland van de pachtboerderij De Phoenix aan de Achterweg in Lisse en eigendom van de gravin van Lijnden, op verzoek van de pachter omgezet in bollengrond.

Het eerste jaar gingen al twintigduizend folders de deur uit en werden duizenden raambiljetten opgehangen. Belle klaagde als voorzitter van de terreincommissie juist over een gebrek aan geld. Hij zei over de tentoonstelling dat hij er in feite een bedrijf bij had, zoveel tijd bracht hij door op Keukenhof. Het gehele jaar door werkten er vierendertig man op het terrein en in de tentoonstellingstijd ongeveer honderd man. Een voorbeeld van het vele werk was dat er in 1959 alleen al honderdduizend graszoden waren gelegd. Verder vroeg het gezond houden van de grond de nodige aandacht. Zo werd ongeveer negentig procent van de bollen onmiddellijk na de sluiting van de tentoonstelling gerooid om verspreiding van ziekten te voorkomen. Speciale aandacht verdiende in dit opzicht natuurlijk ook de kasgrond. Die hield men gezond door om de paar jaar te diepdelven en te stomen. Dat was het werk van Grullemans, D.W. Lefeber had de zorg voor de molen en Warnaar beheerde het paviljoen. Hogewoning wilde de aan te stellen assistent te zijner tijd tot directeur naast Van der Lee benomen. Zwetsloot steunde hem. Van der Lee gaf aan dat het arrangement een compromis was tussen de mogelijkheden van het bos en de eisen van de inzenders. Als hij zelf de bollen zou kunnen bestellen en naar eigen believen had kunnen planten, dan zou het er heel anders uitzien zei hij. Hij vond bijvoorbeeld jammer dat er zo weinig bijgoed en late tulpen tegelijk bloeiden. J. Strijkers, de directeur van de VVV Amsterdam, was erg in zijn schik met Keukenhof. Het Keukenhofbezoek vervroegde het toeristenseizoen. Zo konden door Keukenhof de rondvaartboten in Amsterdam vroeger gaan varen en daar had de hele stad profijt van. Het seizoen was van enkele weken voor de oorlog verlengd tot enkele maanden nu. Uiteraard werd er in *De Hobaho* ook een artikel gewijd aan de beelden. De Nederlandse Kunststichting die de laatste acht jaar (sinds haar oprichting) samen met Van Waveren de beeldenexposities had verzorgd vond dat door Keukenhof de belangstelling voor het exposeren van beelden was toegenomen en er was een beter begrip ontstaan voor minder leesbare beelden: "Er staan er ook dit jaar weer van mensen zonder een stukje kledij. Tien jaar geleden zijn dergelijke beelden verwijderd. Nu is men er aan gewend. Zoals we ook eens zullen wennen aan de soms bizarre vormen van de moderne beelden. Gewone mensen lopen nu eenmaal een halve of een kwart eeuw achter de kunstenaars aan."[277]

Het overlijden van Van Waveren en de gevolgen daarvan

De Hobaho betreurde het dat Van Waveren geen interview had kunnen geven. Men kenschetste hem als een man van beschaving, met een zeer ruim gezichtsveld, veel kennis en een fijnbesnaard gevoel voor humor zonder ooit een vlotte jongen te worden. Door de manier waarop hij met de pers omging, had hij veel bijgedragen aan de wereldwijde bekendheid van Keukenhof. In het tweede nummer van de nieuwe jaargang van *De Hobaho* herdacht men zijn overlijden. Geboren op 16 januari 1899 overleed hij op 8 april 1959 en werd hij op 13 april gecremeerd.
De promotie van Keukenhof ging echter door. In de week dat hij gecremeerd werd, vond de technische voorjaarsbeurs in Utrecht plaats. Daar stond een veertien meter lang model van de Rotterdam, het nieuwe vlaggenschip van de HAL (gedoopt door koningin Juliana op 13 september 1958). Toen het model daar werd onthuld, bood het bestuur van Keukenhof een nieuwe oranjerode tulp van D.W. Lefeber aan die ter plekke tot 'Rotterdam' werd gedoopt. Het lag verder in de bedoeling dat het schip op zijn maidentrip naar de VS in september bollen van die cultivar zou meenemen om aan de autoriteiten daar aan te bieden. Op 3 september 1959 vertrok het schip naar New York met naast de bollen ook prinses Beatrix aan boord. Een maand later plantte ze de bollen in Sterling Forest Gardens.

Ook tijdens de internationale persbijeenkomst een week later waren 92 kranten, radio en tv-verslaggevers uit 10 landen aanwezig. Er werd een nieuwe tulp van D.W. Lefeber gedoopt: "Tijdens de cocktail-party in Huis ter Duin is dan de bloem van D.W. Lefeber 'United Nations' gedoopt door de burgemeester van Lisse. Stewardessen van de KLM. hebben boeketten tulpen in ontvangst genomen, die aan de staatshoofden van de aanwezige journalisten worden aangeboden en ook aan Dag Hammerskjöld, de secretaris van de Verenigde Naties."[278]

277 *De Hobaho* 27-3-1959, aldaar 22.
278 *De Hobaho* (1959-1960) 24-4-1959, aldaar voorpagina.

Toen de koningin de Nederlanddag bezocht die op 23 april werd gehouden ter gelegenheid van het tienjarig bestaan besteedde De Vroomen, die haar ontving, aandacht aan het overlijden van Van Waveren. Ongeveer een week later werd J.W.A. Lefeber koninklijk onderscheiden. Hij werd vanwege zijn vele verdiensten ridder in de orde van Oranje Nassau. Bij die vele verdiensten hoorde ook het bestuurslidmaatschap van Keukenhof.

De Hobaho vond Van Waveren onvervangbaar. Dat bleek eigenlijk meteen al na de sluiting van de tentoonstelling op 18 mei, toen het bestuur op 19 mei weer bij elkaar kwam. Uiteraard had men zich gebogen over de opvolging van Van Waveren. Daarover werden in die vergadering mededelingen gedaan. Het DB had daarvoor begin mei een bijzondere procedure gekozen. Men wilde dat niet openlijk in een vergadering doen: "zodanige beraadslaging kan immers leiden òfwel tot het nietuitspreken van meningen door sommigen onzer, òfwel tot gevoelens, die door anderen als onaangenaam worden ondergaan."[279] Vandaar dat de leden via een brief aan de burgemeester met daarin een stembriefje voor het noemen van één kandidaat. Het leidde tot vier stemmingen die leiden tot een "deadlock (...) in dier voege dat, hoewel Dr. Verhage wel een belangrijk aantal stemmen heeft verworven, het uitgesloten is te achten, dat bij verdere voortzetting van de procedure $^3/_4$ der stemmen (...) zich op hem zullen verenigen."[280] Die naam zou worden getroffen door een veto van de oprichters, want die voelden er niets voor dat Verhage bij de opening alle lauweren zou oogsten van hun werk. Men had snel een voorzitter willen kiezen om hem te kunnen betrekken bij de aanstelling van een nieuwe directeur/assistent. Dat was dus niet gelukt, integendeel, Warnaar pleitte ervoor nu maar de tijd te nemen om alle roddels en achterklap te laten bezinken. Dat was weer tegen het zere been van Hogewoning en Zwetsloot. Zij zeiden dat het zo niet verder kon, omdat met name de werkdruk op de Hobaho door werkzaamheden voor Keukenhof onaanvaardbaar hoog was geworden. Zwetsloot pleitte voor de door hem al eerder naar voren geschoven kandidaat Benningen, die in een brief aan het DB al zijn salariseisen had gedeponeerd. Maar dat was niet verder gekomen, omdat het DB nog steeds geen notulen verspreidde. Als zijn kandidaat niet werd aangenomen dan zou Zwetsloot opstappen, maar niet iedereen zag het zitten met die man. De sfeer werd onaangenaam, De Graaf vond de situatie "buitengewoon irrationaal" en Veldhuyzen van Zanten kondigde zijn aftreden aan: "er is geen goede geest. Het hapert aan goed begrip." Omdat onder andere D.W. Lefeber vanwege zaken in Rusland zat, was hij niet op de vergadering en omdat Grullemans en Guldemond afwezig waren, besloot men op 26 mei weer te vergaderen. Voordat daarop ingegaan wordt, wordt we eerst in het kader wat nadere informatie gegeven over de samenstelling van het bestuur.

Lefeber, die door Belle en Tegelaar was bijgepraat over de vergadering van 19 mei, was zo boos over de kosten van het aantrekken van een extra man, dat hij de vergadering van 26 mei boycotte. Datzelfde deed Grullemans. De vergadering ging echter door en daar liet Hogewoning een bommetje vallen. Hij wilde, alvorens een assistent te benoemen, Van der Lee directeur maken en Van Aken, die de administratie voerde, procuratiehouder. Belle, die wel aanwezig was, ontplofte; het stond niet op de agenda en Van der Lee stond ten dienste van de terreincommissie en dat moest zo blijven. Hogewoning, die het voorstel had gedaan om Veldhuyzen van Zanten in het bestuur te houden, reageerde positief. Zo kon Van der Lee ook worden ingezet voor de financiële commissie. Maar het gebeurde zoals Hogewoning het had gewild, en Van Der Lee werd in de bestuursvergadering van 18 juni als zodanig benoemd. Van der Lee zou voortaan de bestuursvergaderingen bijwonen. Hij was voor het eerst aanwezig in de bestuursvergadering van 8 juli. Omdat Benningen had afgezien van een functie bij Keukenhof trok men daarvoor G.D. van Manen aan, 44 jaar en onderdirecteur van de Amsterdamse Rijtuig Maatschappij. Hij werd tegen een salaris van 20.000 gulden per 1 oktober aangesteld als commercieel leider en kreeg ook een auto van de zaak. Hij was voor het eerst aanwezig op de bestuursvergadering van 10 oktober.[281] Zijn salaris was ook richtinggevend voor het salaris van Van der Lee. Dat werd ook op dat bedrag vastgesteld, maar met een toeslag afhankelijk van de bezoekersaantallen. Bovendien nam Keukenhof 3000 gulden pensioenpremie voor haar rekening. Voor Van Manen droeg men 10.000 gulden bij. Benningen bleef gewoon lid van de propagandacommissie. Uiteraard gingen deze benoemingen niet van een leien dakje. Er kwam van de kant van de terreincommissie steeds verzet tegen de hoge kosten. De commissie nam op subtiele wijze wraak. Onder het mom van steeds hogere kosten van het terrein wisten ze voor 1960 (het jaar van de Floriade en tijdens de ziekte van Zwetsloot) een verhoging van de entree van f 1.75 tot f 2.00 er door te drukken. In plaats van zijn verlies te nemen, schreef Zwetsloot namens de propagandacommissie een zo boze brief op poten naar het bestuur, dat hij in de vergadering van 6 oktober werd gedwongen zijn excuses te maken. De verhoging werd niet teruggedraaid. D.W. Lefeber voegde hem toe dat hij niet zo moest zeuren, want het budget van de propagandacommissie was van 9000 gulden in 1949 gestegen tot meer dan 120.000 gulden.

Had het bestuur in 1958 maar een keer vergaderd, in 1959 kwam men maar liefst elf keer bij elkaar, voor het laatst op 26 november 1959. In die vergadering droeg het DB burgemeester De Graaf voor als voorzitter. Hij werd ook als zodanig benoemd, de enige niet-bollenkweker in het bestuur, zoals in het persbericht stond (zie **afbeelding 11**).

afb. 11
De Graaf wordt voorzitter van Keukenhof

279 Brief van 4 mei 1959.
280 Brief van 13 mei 1959 van De Graaf aan de bestuursleden.
281 In het *Weekblad voor Bloembollencultuur* van 9 oktober 1959 werd hij als zodanig aangeduid.

Bestuur

Nadat in de bestuursvergadering van 21 december 1955 een rooster van aftreden van het bestuur was vastgesteld stelde Van Waveren in de vergadering van 17 juli 1956 voor jongere bestuursleden aan te trekken om alvast voor te sorteren op het vertrek van de ouderen. Zo had Veldhuyzen van Zanten te kennen gegeven in 1960 te zullen aftreden. Wat volgde, was typerend voor de toenmalige werkwijze. Vanuit de diverse commissies werden mensen benaderd en dat leidde tot nogal wat verwarring en misverstanden. Dat kwam aan de orde in de bestuursvergadering van 24 oktober 1956. Van Waveren stelde dat eigenlijk eerst kandidaten moesten worden voorgedragen aan het DB en was boos dat A. Oschatz was benaderd. Oschatz was directeur van de NV Bloembollenhandel en Export Maatschappij L. Stassen Junior uit Hillegom en Van Waveren had dat liever eerst besproken met Stassen, die hij natuurlijk goed kende. Zijn suggestie Stassen te benoemen viel echter niet in goede aarde. Het werd A. Oschatz. De kandidatuur van J. Tegelaar leverde geen moeilijkheden op. Beide mannen traden voor het eerst aan tijdens de bestuursvergadering van 7 augustus 1957. Oschatz verving De Ruyter als voorzitter van de financiële commissie, die wel in de commissie bleef, net als Veldhuyzen van Zanten, die ook in het DB bleef. Tegelaar nam zitting in de verkeerscommissie. Op 28 december 1957 overleed, plotseling, Oschatz, 44 jaar oud en had het bestuur weer een vacature. Die bleef onvervuld tot 1959. In de bestuursvergadering van 5 november 1958 besteedde men aandacht aan de vacature Tibboel. Kennelijk was hij afgetreden als wethouder van Lisse en Jac (Koos) de Graaf was hem opgevolgd. In die vergadering maakte Grullemans zich, namens de terreincommissie, boos over het feit dat twee teruggetreden bestuurders, medeoprichters van Keukenhof (waarschijnlijk doelde hij op Volkersz en Tibboel alhoewel die namen niet in de notulen stonden) geen gouden speld hadden gekregen zoals de terreincommissie aan het DB had gevraagd. Het DB wilde niet verder gaan dan het verstrekken van vrijkaarten. In de bestuursvergadering van 15 september 1959 werden Grullemans en Warnaar herbenoemd en werd de wethouder De Graaf benoemd. Zijn benoeming was echter van korte duur, want in de bestuursvergadering van 26 november 1959 werd een brief van de gemeente Lisse behandeld waarin stond dat per 11 april 1959 het contract met de gemeente was geëxpireerd en dat dus de benoemingen van Van Dijk en De Graaf (de wethouder) vervielen. Van Dijk werd direct herkozen als secretaris en Tegelaar werd penningmeester en lid van het DB. In een eerdere vergadering, die van 6 oktober 1959, was hij in de vacature Volkersz lid en voorzitter geworden van de financiële commissie (als zodanig verving hij de overleden Oschatz) en uit de verkeerscommissie gestapt. Veldhuyzen van Zanten bleef ook lid van de financiële commissie.

De Graaf aanvaardde zijn benoeming en ging uitgebreid in op het toekomstige beleid ('consolidering') en de verhouding tussen de verschillende bestuursorganen ('reorganisatie'). Hij had kritiek op de werkwijze tot nu toe: "Er dient geen beleid te worden gevoerd, dat men voortdurend voor voldongen feiten staat, zo mogelijk zal altijd voorafgaand overleg moeten worden gepleegd. Slechts als het Dagelijks Bestuur als centraal verantwoordelijk orgaan wordt gezien zal het ook verantwoordingsplicht tegenover de Raad van Beheer kunnen dragen, welk laatste uiteindelijk het verantwoordelijkheid dragend orgaan voor alle daden van Keukenhof is. (...) Er zal tact nodig zijn om alles in de juiste bedding te krijgen, want er is een groeiproces geweest waarin niet altijd de juiste verhoudingen bewaard zijn gebleven."

Overigens leed De Graaf in die eerste vergadering die hij voorzat al een nederlaag. Het bestuur wilde, naar hij voorstelde, geen bijdrage geven aan het jubileum van de KAVB die in 1960 het eeuwfeest vierde. De gemeente Lisse had 500 gulden geschonken. Er was nog teveel oud zeer volgens D.W. Lefeber. Bovendien was het geld bestemd voor feestelijkheden en niet voor een blijvend aandenken. Om die reden had ook Bond van Bloembollenhandelaren maar een kleine bijdrage gegeven. Later dat jaar ging De Graaf opnieuw in de fout door in december het geld (1000 gulden) voor het bestuursdiner aan een TV actie voor een goed doel te geven en het bestuursdiner niet door te laten gaan. Dat werd hem niet in dank afgenomen, want Keukenhof gaf nooit aan goede doelen en het bestuursdiner was heilig. Dat vond dan ook alsnog plaats. Het bestuur vergaf het hem onder het motto: "nieuwe bezems vegen schoon."

HOOFDSTUK 8

NIEUWE BEZEMS VEGEN SCHOON

1959-1968. Keukenhof en De Graaf. Bestuur, directie en personeel

Het bestuur wijdde op 4 december 1967 een groot deel van de vergadering aan de opvolging van De Graaf omdat hij per 16 januari 1968 was benoemd tot burgemeester van Nijmegen. Hij zou op 24 januari worden geïnstalleerd, maar zou, in verband met zijn schoolgaande kinderen, pas in juli 1968 verhuizen en dus tot die tijd voorzitter blijven van Keukenhof.
In dit hoofdstuk wordt nader ingegaan op de periode dat hij voorzitter was. De ontwikkeling van de bezoekersaantallen in die periode was als volgt.

Bezoekersaantallen
1959: 630.000
1960: 510.000
1961: 569.000
1962: 670.000
1963: 613.000
1964: 713.000
1965: 745.000
1966: 709.000
1967: 801.000
1968: 753.000

De Graaf kreeg in de periode dat hij voorzitter was met een in het algemeen stijgend aantal bezoekers te maken: van rond de 600.000 aan het begin van de jaren zestig tot rond de 800.000 aan het eind van de jaren zestig. Dat groeiende aantal had uiteraard consequenties voor zaken als het parkeren, de catering en de inrichting van het terrein. Op al die aspecten wordt in dit hoofdstuk en het volgende nader ingegaan. Aan de tentoonstellingen zelf wordt een apart hoofdstuk (10) gewijd. De Graaf introduceerde ook een andere stijl van besturen in en daaraan is dit hoofdstuk gewijd.

Bestuursstijl en de vergoeding voor ondeclarabele kosten

De bestuursleden die in commissies zaten, bleven zich sterk met de uitvoering van het beleid en allerlei praktische zaken bezighouden. Daarbij werd soms langs elkaar heen gewerkt en ontstonden er competentiekwesties met dagelijks bestuur. Zo wijdde het bestuur in de vergadering van 25 januari 1960 een lange discussie aan de kwestie van de damhertjes. De terreincommissie wilde die aanschaffen en passeerde daarmee het dagelijks bestuur, terwijl ook de andere commissies bezwaren hadden. In het algemeen bestuur kwam het tot een discussie over de autonomie van de commissies en de bevoegdheid van het dagelijks bestuur om besluiten van de commissies te overrulen. De damhertjes mochten er uiteindelijk komen.

Ernstiger was de ruzie die in maart 1960 ontstond tussen Zwetsloot als voorzitter van de propagandacommissie en Van Manen die net bij Keukenhof was aangesteld.[282] De zaak liep zo hoog op dat Van Manen vertrok. Waarover de ruzie precies ging, stond niet in de notulen van de vergadering van 7 maart 1960, wel is hierin de reactie van De Graaf terug te vinden en die loog er niet om: "De praktijk wijst uit, dat vele Keukenhofbestuurders zo aan het werk verknocht zijn dat zij het essentiële werk zelf willen blijven verrichten. Ook Van der Lee heeft nog steeds geen normale directeursfunctie." Goede raad was duur want er was wel versterking nodig in het uitvoerende vlak. Voordat men daarover in debat ging kwam er een voorstel uit de terreincommissie om voortaan presentiegelden te gaan betalen. Warnaar kaartte de zaak aan als reactie op de (dure) aanstelling van Van Manen. "De bestuursleden", zei hij, "werkten al tien jaar voor niks en nu het gebruikelijk was dat voor functies bij de vakorganisaties en het productschap vacatiegelden werden betaald werd het tijd dit ook bij Keukenhof te doen, want er heerste onvrede in het bestuur." De Graaf stelde toen voor om de voorzitters van de terreincommissie en de propagandacommissie (Belle en Zwetsloot) 1500 gulden per boekjaar te betalen, de leden van het dagelijks bestuur (De Vroomen, Tegelaar, Guldemond en Van Dijk) 1000 gulden en hij stelde voor dat ook te geven aan Warnaar, D.W. Lefeber, Grullemans en Veldhuyzen van Zanten. De andere leden (J.W.A. Lefeber, Van der Gronden en De Ruyter) zouden dan 250 gulden krijgen.[283] Hogewoning wilde toen geen vergoeding en verzocht De Graaf de vergadering even te verlaten (Van der Lee was al eerder weggestuurd) en stelde toen voor ook De Graaf een vergoeding te geven. "Hij deed het goed en was in feite de economische directeur van Keukenhof", zei Hogewoning. Bovendien zou hij op termijn [per 5 juni 1963, MT] aftreden als Tweede Kamerlid en van een burgemeesterssalaris kon hij niet leven. Zo moest hij een kleinere auto aanschaffen! Vandaar dat Hogewoning voorstelde De Graaf een vergoeding te geven van 10.000 gulden per jaar (over 1960) en de auto die Keukenhof voor Van Manen had aangeschaft. Het bestuur ging akkoord en De Graaf, teruggeroepen, zei beduusd te zijn. Hij had niet op een zodanig hoog bedrag gerekend.

282 De Graaf had hem in zijn persconferentie van februari, aan de vooravond van de tentoonstelling, aangekondigd als 'assistent' omdat zijn taakomschrijving nog niet duidelijk was. In diezelfde persbijeenkomst deelde hij mee dat Van der Lee was benoemd tot directeur en Van Aken tot procuratiehouder.

283 In het boekjaar 1960-1961 werd f 10.750,- betaald.

Later werd besloten de betalingen te boeken als een vergoeding voor niet-declarabele onkosten (de wel-declarabele kosten werden al uitgekeerd) en de vergoeding te betalen over het gehele jaar boekjaar 1959-1960. Dat betekende voor De Graaf nog een extra bedrag van 500 gulden voor een half jaar lid van het dagelijkse bestuur (zijn vergoeding van 10.000 gulden ging in op 1 januari 1960 en hij kreeg dus over de periode 1 juli 1959 tot 31 december 1959 de helft van de DB-vergoeding).

Op 10 mei 1960 overleed, vrij plotseling, K.J. Grullemans (zie kader en **afbeelding 1**) en hij werd toen niet vervangen.

Karel Johan Grullemans (1895-1960)

Karel Johan Grullemans overleed op 10 mei in de leeftijd van 64 jaar.

Hulkenberg beschreef hem als volgt: "'Kees Grul', een integere hartelijke man, een kerel waar je op kunt bouwen. Men zegt, dat zijn markante woorden bij sterke wind in het ruisen van het gebladerte [van Keukenhof, MT] thans nog hoorbaar zijn."[284] Hij werd bekend uit de anti-saneringstijd als een felle bestrijder van alles wat uit Den Haag kwam. Hij was een van de directeuren van J.J. Grullemans en Zonen NV uit Lisse, een bedrijf dat vooral tulpen kweekte voor de Amerikaanse markt. Naast zijn bedrijf maakte hij zich alleen druk voor Keukenhof als lid van de terreincommissie: "Zijn adviezen die wel eens strijd ontmoetten, bleken op de lange duur uiterst waardevol te zijn."[285] Dat hij een bekwaam winner van nieuwe cultivars was bewijst het feit dat één van de tulpen die hij in 1944 registreerde als 'Queen of Night' opgenomen werd als één van de 150 beste bolgewassen, gekozen bij het 150 jarige bestaan van de KAVB in 2010.[286]

afb. 1
Overlijden van Grullemans, met een fragment van het herdenkingsartikel, in *De Hobaho* 13-5-1960

In de bestuursvergadering van 13 juli 1960 kondigde Tegelaar zijn vertrek aan als penningmeester. Hij wilde per 1 september stoppen omdat de functie hem teveel 'denkkracht' kostte. De Graaf zag dat met lede ogen aan, omdat Tegelaar een van de jongste bestuursleden was en die wilde hij niet kwijt. Hij deed een poging om hem te behouden. Op 26 augustus 1960 schreef hij een brief aan het bestuur over de samenstelling van de bestuursorganen. Uitgaande van de verhouding Algemeen Bestuur (AB) / Dagelijks Bestuur (DB) van veertien/zeven stelde hij voor het DB uit te breiden met De Vroomen die dan de functie van penningmeester zou bekleden naast het vicevoorzitterschap.[287] Warnaar zou dan ook in het DB moeten komen. Het AB bestond dan uit twaalf leden. Daarvan zou Tegelaar deel uit blijven maken. Verder was het zaak twee jonge leden aan te trekken, maar daar was geen haast bij. Hij stelde voor de bestuursleden als volgt over de commissies te verdelen: terreincommissie: Belle en Warnaar; financiële commissie: De Vroomen en Van Dijk; propagandacommissie: Zwetsloot en Warnaar; verkeerscommissie: Guldemond en Van Dijk en de bouwcommissie: De Graaf en Warnaar. In de vergadering van 25 oktober 1960 werd dit voorstel geformaliseerd. De Graaf kreeg zijn zin: Tegelaar bleef.

In de bestuursvergadering van 23 augustus 1961 herdacht men het overlijden van O. van der Gronden. Hij werd toen niet vervangen

In de bestuursvergadering van 14 maart 1962 kondigde De Ruyter zijn aftreden aan: hij vond het te druk worden en zijn gezondheid liet hem ook af en toe in de steek. Daardoor zakte het AB beneden de statutaire grens. De Graaf wilde een kleiner bestuur en een soort adviesraad instellen met daarin bijvoorbeeld de KLM, de ANVV en de HAL. Hoewel het DB de zaak wilde laten sudderen voelde De Graaf daar niet voor. Hij voerde persoonlijke gesprekken met bestuursleden en zei in de volgende bestuursvergadering van 16 mei dat er toch behoefte was aan verandering, want van nieuwe jonge bestuursleden kon je toch niet

284 Hulkenberg 1975, 71.
285 *De Hobaho* 13-5-1960, aldaar 3.
286 Van Scheepen 2010, 28.
287 In het DB zaten ook de voorzitters van de commissies, vandaar de verhouding 14/7.

die inzet verwachten die de oprichters ten toon hadden gespreid. Belle wilde alles bij het oude laten, maar Tegelaar was het met De Graaf eens. De Graaf kondigde een nota aan. Die schreef hij een maand later, op 15 juni, en daarin stelde hij voor hoe kon worden omgegaan met de vervanging van de overleden leden van het bestuur. De huidige situatie kon na het vertrek van De Ruyter niet worden voortgezet, omdat het AB niet alleen beneden de statutaire grens zou zakken, maar ook omdat het DB met zeven leden dan de meerderheid bezat, want de vier leden die er niet in zaten waren in feite 'ornament'. Hoewel dat eigenlijk niet zo erg was omdat de commissies veel regelden, was dat ook weer een nadeel omdat men zich bemoeide met alle details, zodat de bestuursorganen zowel algemeen beleid formuleerden als de directie voerden. De pogingen om daar na de dood van Van Waveren iets aan te doen waren volgens hem mislukt, mede omdat de bestuursleden 'in wezen' en in hun hart toch geen afstand wilden doen van bemoeienis met alle onderdelen van beleid en beheer. Dat kwam door hun 'liefde' voor Keukenhof. Die liefde was een waarborg geweest voor het succes van de tentoonstelling, maar het was volgens De Graaf niet te verwachten dat die liefde ook kon worden opgebracht door nieuw aan te trekken, jongere bestuursleden. Hij legde aan het bestuur twee opties voor. De eerste optie ging uit van continuering van het huidige model door het aantrekken van nieuwe bestuursleden en die laten 'ingroeien' via een lidmaatschap van de commissies. De tweede optie, die zijn voorkeur had, was een andere bestuursorganisatie met een echte directeur. Hij werkte dat gedetailleerd uit. Het bestuur zou bestaan uit zes leden: een voorzitter, een secretaris en een penningmeester en drie leden deskundig op het gebied van het terrein, de propaganda en het verkeer (parkeren). Naast het bestuur zou dan een Raad van Advies moeten komen, bestaande uit tien leden, met twee vertegenwoordigers aan te wijzen door respectievelijk de KLM, de ANVV, de KAVB, de Bond van Bloembollenhandelaren en de inzenders. Die Raad zou dan een of twee keer per jaar bij elkaar komen om beleid en financiële stukken te bespreken. De directeur zou worden bijgestaan door een administrateur en een propagandist voor binnen- en buitenland. Het zou geen abrupte overgang behoeven te zijn, De Graaf stelde voor de overgang te realiseren via een uitsterfconstructie tot 1971. Het bestuur wilde er echter niet aan. Men koos voor continuering van de huidige situatie en deed twee benoemingen: F. Benningen in de vacature Van der Gronden voor het bestuur, en Harry Zwetsloot (zoon van) voor de propagandacommissie, want als die commissie niet werd versterkt dan zou A. Zwetsloot aftreden.[288] De terreincommissie zou zich nog beraden over het aantrekken van nieuwe leden.

Compensatie

De Graaf had op 15 juni 1962 nog een nota voor het bestuur geschreven, ook weer strikt vertrouwelijk, met als titel: *Nota betreffende compensatie t.a.v. daarvoor in aanmerking komende bestuursleden.*[289] Daarin stelde hij voor een geldelijke vergoeding te geven als compensatie voor de tijd die de bestuursleden met een eigen bedrijf aan Keukenhof gaven: "Van meerdere bestuursleden wordt (...) een inzet van tijd gevorderd in een mate, welke voor hen vaak zeer bezwaarlijk kan zijn in opzicht van eigen bedrijfsbelangen."[290] Omdat in de garantieovereenkomst met de gemeente 25.000 gulden was genoemd als noodzakelijk minimum exploitatiesaldo stelde hij voor de compensatie uit te keren als het exploitatiesaldo hoger was dan 25.000 gulden. Dan zou 20 procent van dat bedrag (dus het exploitatiesaldo minus 25.000 gulden) worden uitgekeerd tot een maximum van 50.000 gulden en per bedrijf (of bestuurslid) maximaal 10 procent van dat bedrag. Was er dan nog een bedrag over dan zou dat gestort worden in een fonds om dat in mindere jaren aan te vullen tot 50.000 gulden. De voorzitters en de vicevoorzitters van de vaste commissies (dus niet de bouwcommissie) zouden dan een compensatie ontvangen van 10 procent, evenals de leden van de terreincommissie, die bijna elke week bijeen kwam. De leden van de andere commissies ieder 5 procent, terwijl Van Dijk 2 procent zou krijgen. Nieuwe leden zouden de eerste 5 jaar de helft krijgen. Omdat het voorstel al was voorbesproken in de commissies, ging men zonder al te veel discussie akkoord. De Graaf verwachtte dat er per jaar ongeveer 75 procent zou worden gecompenseerd, zodat de rest in het fonds kon. In dezelfde nota stelde hij verder voor de bedragen voor vergoeding van ondeclarabele kosten met ingang van het boekjaar 1961-1962 te bepalen op 1500 gulden voor de leden van het DB (exclusief de voorzitter), de leden van de terreincommissie, de vicevoorzitter van de financiële commissie en de algemeen adviseur (Hogewoning). Voor de andere leden van het AB zou dit voor ieder 500 gulden bedragen. Omdat het voorstel al was besproken in de desbetreffende commissies nam het AB het zonder veel discussie over, behoudens een vraag van D.W. Lefeber waarom beneden de 25.000 gulden geen compensatie werd betaald. Boekhoudkundig zou de compensatie verwerkt worden als 'vergoeding verrichte diensten'.

In de volgende vergadering, van 16 augustus 1962, kwam men er echter weer op terug. Er was een batig exploitatiesaldo van rond de 200.000 gulden en de financiële commissie stelde voor 40.000 gulden te bestemmen voor de compensatie. Eigenlijk zou van die 2 ton eerst 25.000 gulden moeten worden afgetrokken, maar dat vond de commissie niet nodig. Warnaar maakte bezwaar. Hij vond dat men recht had op 5000 gulden (geen 10 procent van 40.000 maar van 50.000 gulden). "Nee", zei De Graaf, "we hebben de compensatie vastgesteld op 20 procent van het batig saldo." Er ontstond grote onenigheid, De Graaf hield vast en Warnaar ook. De Graaf stelde zelfs de portefeuillekwestie: 'Als men een nota eerst accepteert doch in een volgende vergadering weer verwerpt, hebben dergelijke besluiten weinig zin en is het ook voor hem als voorzitter onmogelijk leiding te geven aan een zakelijk verantwoord beleid'.[291] Warnaar en D.W. Lefeber vonden echter dat besluiten herroepen konden worden en De Gaaf haalde bakzeil.

288 Benningen trad voor het eerste aan in de bestuursvergadering van 16-8-1962.

289 Deze nota zat, in tegenstelling tot de andere, niet in het ingebonden notulenboek maar die vonden we elders op Keukenhof.

290 AB Keukenhof 18-6-1962.

291 AB Keukenhof 16-8-1962.

Hij stelde voor 50.000 gulden voor compensatie te bestemmen tenzij het bestuur in een volgende vergadering anders besliste. Verder vond hij het 'gevaarlijk' omdat op hem druk werd uitgeoefend ook in slechte jaren compensatie uit te keren. In de volgende vergadering, van 22 oktober 1962, stelde men het compensatiefonds vast op 50.000 gulden. Bovendien ging de vergoeding van De Graaf per 1 juli 1962 omhoog naar 17.500 gulden met daar boven op een compensatie van 10 procent over het lopende en vorige boekjaar.

Het rommelde in die periode ook binnen de propagandacommissie. Zwetsloot kreeg het idee dat achter zijn rug om allerlei zaken werden geregeld. Hij was er de man niet naar om dat in der minne te schikken. Hij schreef een boze brief naar het AB waarin hij vanwege drukke werkzaamheden en zijn gezondheid bedankte; niet alleen als voorzitter van de propagandacommissie, maar ook als lid van het bestuur. Die brief werd behandeld in de bestuursvergadering van 16 augustus 1962.[292] Daar kwam uiteraard de onvrede van Zwetsloot ook ter sprake. Bij De Graaf had hij kennelijk weinig krediet meer, want die stelde voor het ontslag te accepteren, hem geen cadeau te geven, maar hem wel erelid te maken met het recht de vergaderingen van het AB bij te wonen en de vergaderstukken te krijgen.[293] Men ging akkoord en Warnaar zou voor twee jaar Zwetsloot opvolgen als voorzitter van de propagandacommissie. De Graaf ging er toen van uit dat dit geen consequenties zou hebben voor de compensatie, want Warnaar kreeg al het maximum van tien procent. Hij had buiten de waard gerekend. De Graaf had meer op met Tegelaar dan met Zwetsloot. Zo stelde De Graaf Tegelaar onverhoeds kandidaat voor de functie van voorzitter van de financiële commissie. Na enig gemor over de procedure ging het bestuur akkoord, maar men stelde wel vast dat nu de verhouding DB-AB zakte naar zeven tegen elf.[294] Een paar maanden later stelde Guldemond de compensatie weer aan de orde, want er was weer onvrede over de regeling. Hogewoning, die niet betrokken was geweest bij de nota van De Graaf van 15 juni 1962, en ook de besluitvorming niet had meegemaakt had er zich wel regelmatig kritisch over uitgelaten en nu kwam hij, tot ongenoegen van De Graaf die de zaak wilde laten rusten, met een alternatief. Hogewoning vond het namelijk raar dat Warnaar niets extra kreeg boven de tien procent en bovendien wilde hij de regeling zoals hij zei voor de toekomst 'secureren'. Na lang peinzen was hij er pas die middag (de vergadering vond plaats op 11 april) uitgekomen en stelde hij voor de bestaande pot van 8500 gulden op te hogen tot 100.000 gulden. Daaruit betaalde men de compensatie. Als het jaar om was en er was winst gemaakt dan zou de pot weer worden aangevuld, behalve een bedrag van 25.000 gulden van de winst. De pot mocht echter niet groter worden dan 100.000 gulden. De betalingen zouden met ingang van 1962-1963 elk kwartaal gedaan worden en als de pot leeg zou zijn kon de zaak opnieuw worden bekeken. Vorig jaar was 41.400 gulden betaald. Warnaar moest de vergoeding van Zwetsloot erbij krijgen omdat hij diens functie had overgenomen. Dat wilde Warnaar niet. Hij wilde liever een verdubbeling van de ondeclarabele kosten (2000 gulden). Hogewoning wilde alleen de compensatie betalen aan bestuursleden die een bloembollenbedrijf hadden en stelde de volgende bedragen voor: 5000 gulden voor de voorzitters van de financiële, terrein-, en verkeerscommissie. Warnaar als voorzitter van de propagandacommissie: 7000 gulden en Veldhuyzen van Zanten en D.W. Lefeber ieder ook 5000 gulden. Van Dijk zou 2500 gulden per jaar krijgen en Benningen zou ingroeien van 1000 via 1750 tot 2500 gulden (in 1964-1965). Hogewoning kreeg geen compensatie, maar mocht wel een declaratie indienen voor zijn advies. Hij had zijn waarde voor Keukenhof weer eens bewezen.

In 1964 bezweek in Nederland de geleide loonpolitiek onder de krapte van de arbeidsmarkt: een loonexplosie van tien procent volgde. In een besloten deel van de bestuursvergadering van 11 februari 1964 boog het bestuur zich over een voorstel van de financiële commissie om de gevolgen hiervan voor de compensatie op te vangen. Simpel gezegd werd er besloten de compensatie met ingang van het boekjaar 1963-1964 te verhogen met twintig procent om netto op tien procent uit te komen. De vergoeding van De Graaf zou omhoog gaan van 22.500 gulden naar 25.000 gulden en daarmee 'verdiende' hij meer dan Van der Lee. De Graaf schrok er wel een beetje van en drukte zijn bestuur op het hart er over te zwijgen. Als dit bekend werd dan zou er kritiek komen van degenen die eerder de bestuurders voor gek hadden verklaard omdat ze zoveel werk voor niks deden: "Als het in het vak slechter gaat zijn deze hoge bedragen moeilijk te verdedigen", zei ook Guldemond.[295] De Graaf merkte tenslotte op dat ook het aantrekken van nieuwe bestuursleden lastiger zou worden: "want niemand zal het toch in zijn hoofd halen om nieuwe leden (...) onmiddellijk te laten delen in de compensatie."

De vennootschapsbelasting en de wijziging van de statuten

We vermoeden dat een van de redenen van De Graaf om met een compensatieregeling te komen was gelegen in het feit dat hij de 'winst' van Keukenhof voor de buitenwacht wilde verhullen om de fiscus niet op het spoor van Keukenhof te zetten. Op 8 september 1961 zei hij in een vergadering van de financiële commissie, toen uit de balans bleek dat er 250.000 gulden meer aan liquide middelen was dan het jaar daarvoor, dat er manieren moesten worden gezocht om de winst minder zichtbaar te maken: "hij vraagt zich af of de fiscus zal blijven volharden in het huidige standpunt, dat Keukenhof niet voor heffing in aanmerking komt en of in het geval er een andere beslissing zou worden genomen, de Stichtingsacte wel voldoende garantie geeft."[296] Accountant

---

292 De notulen van deze vergadering stonden wel in het notulenboek maar eigenaardig genoeg niet in het overzicht van Van Dijk. Overigens vonden we in het archief van Keukenhof een brief van Zwetsloot van 19 mei 1961 waarin hij zijn aftreden aankondigde. Dat ging toen kennelijk niet door.

293 Over die regeling ontstond later verschil van mening omdat hij ook de stukken van het DB kreeg. Toen bepaalde men dat hij alleen de AB stukken en de financiële jaarstukken kreeg en dat dat geen precedent was voor toekomstige ereleden (AB 3-10-1963).

294 AB Keukenhof 15-2-1963.

295 AB Keukenhof 11-2-1964.

296 Vergadering financiële commissie van 21-9-1961.

Sentel, die de cijfers had toegelicht, stelde hem gerust: er waren geen concurrerende stichtingen en Keukenhof had geen winstoogmerk. Hij had ongelijk, zo bleek later. Op 17 januari 1963 stuurde mr. Batenburg, belastinginspecteur uit Leiden, een brief naar Keukenhof met een aangifteformulier voor de vennootschapsbelasting. Hogewoning ging eens met hem praten; het was vast een abuis. Batenburg vertelde hem dat hij regelmatig hoorde over de grote winsten van Keukenhof, maar dat hij verder geen dossier had. Hogewoning lichtte hem in over aard en werkzaamheden van de stichting en antwoordde ontkennend op de vraag van Batenburg of Keukenhof concurrenten had. "Integendeel, andere bedrijven, zoals hotels profiteren van ons!" Batenburg liet het er maar bij. Hogewoning concludeerde dat er geen belasting behoefde te worden betaald en liet het aangifteformulier bij Batenburg op het bureau achter. Dat was te optimistisch gedacht. Anderhalf jaar later, op 27 juli 1964 stuurde A. Kuiper, de hoofdinspecteur uit Leiden, een aangetekende brief naar Keukenhof. Daarin stond dat de inspecteur Keukenhof aanmerkte als een onderneming in de zin van de vennootschapsbelasting en verzocht over 1959-1960 tot en met 1962-1963 voor 1 oktober 1964 aangifte te doen op de bijgesloten aangiftebiljetten. Bovendien wenste hij de balans en de verlies- en winstrekeningen te ontvangen van 1950 tot en met 1958-1959. Terstond vormde het bestuur een belastingcommissie om de zaak te bespreken en liet zich daarbij adviseren door Bodde Bouman, sinds eind 1961 de belastingadviseur van Keukenhof. Uiteraard werd Hogewoning ook in die commissie benoemd. Hij drukte het bestuur op het hart geen mededelingen naar buiten te doen en zich er verder niet mee te bemoeien.[297] Tot een goed begrip van de problematiek in het kader enige informatie over het *Besluit op de Vennootschapsbelasting 1942*.

In maart 1965 vertelde De Graaf het bestuur hoe de vlag erbij hing. Hij had op advies van Bodde Bouman en door hem vergezeld, op 5 maart een onderhoud gehad met D. Muller, de directeur van 's Rijksbelastingen van het ministerie van Financiën. Muller was begonnen met de argumenten te noemen waarom Keukenhof belasting moest betalen. Dat was omdat Keukenhof alle kenmerken had van een bedrijf: er waren kassa's, er was personeel, er was een concurrent (Linnaeushof) en men maakte winst. De Graaf repliceerde met de stelling dat een dergelijke belastingheffing (het tarief was 47 procent) niet alleen funest zou zijn voor Keukenhof, maar ook enorme gevolgen zou hebben in het bollenvak. Hij doelde op de inzenders. Om dat te vermijden bood hij aan dat Keukenhof bij een eventuele liquidatie het batig saldo aan het rijk zou laten. Dat brak het ijs en Muller zocht samen met De Graaf naar mogelijkheden om er uit te komen. Die vonden ze in het artikel betreffende door openbare lichamen uitgeoefende bedrijven. In de daar gegeven opsomming ontbraken bloementoonstellingen. Die zouden dus onder de werking van het artikel kunnen vallen dat de vrijstelling regelde van door openbare lichamen ingestelde bedrijven. De Graaf schetste toen al het scenario dat uiteindelijk werd verwezenlijkt. De gemeente Lisse zou de leden van Keukenhof benoemen en het rooster van aftreden vaststellen, uiteraard op voordracht van Keukenhof, en in (nieuwe) statuten zou worden opgenomen dat het liquidatiesaldo naar

Relevante artikelen uit het Besluit Vennootschapsbelasting 1942

In het Besluit stond dat onder de belastingplicht o.a. ondernemingen van publiekrechtelijke rechtspersonen vielen en dat als ondernemingen in die zin werden aangemerkt: landbouwbedrijven; nijverheidsbedrijven welke niet uitsluitend of nagenoeg uitsluitend water, gas, elektriciteit of warmte leveren; mijnbouwbedrijven; handelsbedrijven welke niet uitsluitend of nagenoeg uitsluitend de handel in onroerende goederen tot voorwerp hebben; vervoersbedrijven met uitzondering van de PTT etc.; bouwkassen (hierin werden dus bloementoonstellingen niet genoemd). Ook regelde men dat onder het drijven van een onderneming mede werd verstaan een uiterlijk daarmede overeenkomende werkzaamheid waardoor in concurrentie werd getreden met ondernemingen, gedreven door natuurlijke personen. En omdat Linnaeushof bestond was dat volgens de inspecteur een concurrent van Keukenhof en was Keukenhof belastingplichtig. Uiteindelijk ontkwam Keukenhof aan de belasting door de toepassing van het artikel waarin stond dat stichtingen waarvan de bestuurders uitsluitend door Nederlandse openbare lichamen rechtstreeks of middellijk worden benoemd en ontslagen en welker vermogen bij liquidatie uitsluitend ter beschikking van Nederlandse openbare lichamen komt, slechts aan de belasting onderhevig zijn, indien en voor zover zij een bedrijf uitoefenen dat, ware het door een openbaar lichaam uitgeoefend, aan de belasting zou zijn onderworpen. Onder bepaalde voorwaarden waren instellingen van weldadigheid of van algemeen nut ook vrijgesteld.

297 AB Keukenhof 3-9-1964.

de gemeente zou gaan.[298] Voordat het echter zover was, moest er heel wat tegenstand worden overwonnen. Mannen als Hogewoning, Belle en Guldemond zagen dat niet zo zitten. Hogewoning waarschuwde er tijdens de vrijdagse bestuursborrel op Keukenhof zelfs voor Keukenhof niet voor een paar zilverlingen te verkopen. Het niet meer volledig baas in eigen huis zijn woog zeer zwaar. Men betaalde liever belasting dan onder curatele te worden gesteld. Dat kwam vooral tot uiting toen er andere openbare lichamen werden genoemd, zoals een ministerie of het productschap of bedrijfschap. Daar wilden ze niet eens aan denken, doodsbang waren ze ervoor, dus dan maar liever de gemeente. Dat had ook het voordeel dat men dat met terugwerkende kracht kon regelen en dus ook vroegere belastingaanslagen ontliep. De Graaf was zo verstandig geen beslissing te forceren, maar voor te stellen advies te vragen aan professor mr. dr. D. Simons, advocaat en procureur in Den Haag. Die was in gemeentekringen een autoriteit en hij had de gemeente Lisse ook geadviseerd met dezelfde problematiek rondom het nutsbedrijf HLS. Daarnaast vond De Graaf dat Bodde Bouman geen goed advies had gegeven en in het gesprek met Muller nauwelijks inbreng had gehad. Op 23 april spraken De Graaf en Simons met elkaar. In de vergadering van 12 mei 1965 las De Graaf zijn verslag van het gesprek met Simons voor. De inzet was belasting ontgaan en baas in eigen huis blijven. Simons vond de constructie via de gemeente niet ideaal, omdat die te veel het odium had van een schijnconstructie; beter was de constructie via een productschap of een provincie. Hij wilde aangeven hoe de statuten moesten worden veranderd en dat ook op het ministerie bespreken, ook als Keukenhof besloot met de gemeente in zee te gaan. De belastingcommissie was het daar mee eens en zei dat het ging om het vermijden van een aanslag van vijf ton. Men wilde het eigenlijk nog dat jaar regelen met de gemeente.

Op 25 juni zou Simons ter vergadering komen. Het uur daarvoor besprak het bestuur de stand van zaken aan de hand van een advies van Simons van 4 juni. De Graaf stelde zich nu neutraal op. "Het ging erom", zei hij, "wat het beste was voor Keukenhof dat geëvolueerd was van een zuivere vaktentoonstelling tot een toeristisch evenement." Volgens hem werd het bestuur 'bedreigd' door een overheidsstichting aan de ene kant en belastingheffing aan de andere kant. Guldemond koos duidelijk voor het betalen van belasting, hij wilde vrij blijven. Hogewoning had weer een slimme constructie op het oog: nu overheidsstichting worden en die, na overleg met de inspectie over drie jaar weer terugdraaien, want de belasting kon wettelijk slechts drie jaar teruggaan. Guldemond was bang voor een eventuele PvdA-meerderheid in de gemeenteraad en benadrukte net als Hogewoning het belang van het baas zijn op 'eigen erf'. Simons, ter vergadering gekomen, maakte korte metten met al die bezwaren. "Iedereen moest belasting betalen", zei hij, "en de enige mogelijkheid om dat in dit geval niet te doen was het vormen van een overheidsstichting." Hij was gauw klaar met de constructie van Hogewoning. Dat zou bij de duivel te biecht gaan betekenen: "Je gaat toch niet een douanier vragen mag ik in plaats van de toegestane 100, 200 sigaretten invoeren."[299] Bij terugdraaien kon men zelfs vijf tot zes jaar terug belasten, dus Hogewonings plan werd afgewezen. Simons vond nu ook de gemeente de beste optie en wuifde de tegenwerpingen van Belle en Guldemond weg ("we willen geen gemeenteambtenaar worden"): de gemeente zou Keukenhof echt niet laten vallen. Tegelaar hakte in feite de knoop door: "als we niet met de gemeente in zee gaan, maar belasting gaan betalen en de inzenders komen er achter dat als onderdeel daarvan ongeveer de helft van de waarde van hun gratis bollen wordt belast", dan vreesde hij het ergste. Men sprak af dat Simons de nieuwe statuten zou opstellen die men daarna verder zou bespreken.

Begin oktober berichtte de gemeente Lisse Keukenhof dat men de nieuwe conceptstatuten had ontvangen (zie kader). De gemeenteraad had op 29 september de volgende liquidatiebepaling aanbevolen: dat dat eventueel zou worden bestemd tot het houden van bolbloementoonstellingen en in het algemeen ten bate van "reclame voor of ten algemene nutte van de bloembollencultuur en -handel."[300] Op advies van Simons nam men deze bepaling echter niet op in de statuten, want dat zou in strijd zijn met het Besluit. Op 6 oktober toog De Graaf met de statuten weer naar Muller. Die gaf hem nu waardevolle adviezen en verwees hem naar de inspecteur.[301] Aan het slot van zijn verslag van dit gesprek schreef De Graaf: "In prettige sfeer en onder uitbundig gelach over de mededeling dat de heer Muller de weddenschap over bezoekersaantal Keukenhof 1965 had gewonnen, werd het gesprek na (...) 3 kwartier beëindigd."[302] Een dag daarna zat De Graaf bij Kuiper en op 8 oktober stuurde Kuiper een brief die als volgt eindigde: "Volgens een door het hoofd van de directie directe belastingen van het Ministerie van Financiën gedane toezegging zullen, als de wijziging van de statuten der Stichting in 1965 tot stand komt volgens bovenstaand ontwerp [de gewijzigde statuten, MT] over de voorafgaande jaren geen aanslagen in de vennootschapsbelasting ten name van de Stichting worden opgelegd."[303]

Nieuwe statuten

Daarna kon men naar de notaris voor de nieuwe statuten en kon de raad in een besloten vergadering de benoemingen per 1 januari 1966 doen. Hogewoning zwaaide De Graaf namens de belastingcommissie lof toe. Hij had de zaak goed behandeld, de kwestie door de raad gesleept en zijn functies goed gescheiden gehouden: "op het ogenblik zijn wij zo vrij als aan vogel in de lucht, en dit moge zo blijven."[304] Op 15 december 1965 werd de statutenwijziging door notaris C. Hogervorst te Lisse bekrachtigd. Voor hem verschenen toen De Graaf als burgemeester van Lisse en M. van Dijk als gemeentesecretaris, handelend als voorzitter en secretaris van Keukenhof. Zie voor de wijzigingen het kader.

---

298 AB Keukenhof 9-3-1965.
299 AB Keukenhof 25-6-1965.
300 Brief van 1-10-1965.
301 De Graaf schreef in zijn verslag van dat gesprek dat hij de naam Simons niet had genoemd.
302 Verslag De Graaf.
303 Brief 8-10-1965.
304 AB Keukenhof 26-10-1965.

Statutenwijziging van 15 december 1965

Het bestuur had in de vergadering van 22 september 1965 tot statutenwijziging besloten.[305]
De wijzigingen werden in de akte van de notaris apart benoemd en kwamen er op neer dat de stichting (het woord stichting was, per notariële akte, op 20 maart 1959 aan de naam toegevoegd) werd bestuurd door een raad van beheer van zeven tot elf leden: "telkenjare treedt er een lid (...) af volgens een door Burgemeester en Wethouders (...) op te maken rooster" (artikel 4.2). De raad van beheer bracht vacatures ter kennis aan de raad van de gemeente: "Hij kan daarbij een aanbeveling voegen, waarop de Raad der gemeente zodanig acht zal slaan als hem dienstig voorkomt" (artikel 4.3). Men kon terstond worden herbenoemd maar er werd wel een leeftijdcriterium opgenomen: "Een vacature ontstaat door (...) het bereiken van de leeftijd van zeventig jaar"(artikel 4.6). Bovendien kon de raad van beheer aanbevelingen doen voor het benoemen van erevoorzitters en ereleden: "die aan de vergaderingen (...) met adviserende stem kunnen deelnemen" (artikel 10). Bij liquidatie zou een eventueel overblijvend vermogen ter beschikking komen van de gemeente Lisse; "de Raad van Beheer is bevoegd aan de Raad der gemeente een aanbeveling te doen voor de bestemming daarvan" (artikel 13.4). Aan de statuten werd een overgangsbepaling toegevoegd die later tot veel discussie zou leiden. Niet voor wat betreft de bepaling dat na vaststelling van de wijziging van de statuten alle leden zouden aftreden en dat de raad van de gemeente zou voorzien in de vacatures, maar wel de volgende zinsnede: "Hij kan hierbij afwijken van het in artikel 4 bepaalde omtrent de maximumleeftijd, en een afwijkende regeling voor de aftreding van de dan benoemden vaststellen."

In de laatste vergadering van het bestuur in 1965, op 23 december, werd een conceptbrief aan de gemeente voorgelezen om de zittende leden per 10 januari 1966 als zodanig te benoemen en om Zwetsloot als erelid te benoemen. Op de vraag van Van der Lee om de eerdere benoeming van Lambooy tot erevoorzitter ook te laten bekrachtigen reageerde men negatief. Kennelijk was er nog teveel oud zeer over zijn min of meer gedwongen vertrek als burgemeester. Men besloot het te laten rusten en de brief te verzenden.
Inmiddels had ook de buitenwacht lucht gekregen van de belastingaffaire en Kees Kroniek, een pseudoniem van de journalist J.K. Zandbergen, had in een column in *Ons Weekblad,* een plaatselijk blad, geschreven over de belastingsurprise van Keukenhof en dat de fiscus de gard kreeg. Hij werd vertrouwelijk geïnformeerd over de gang van zaken en beloofde er niet meer over te publiceren.

Het leeftijdscriterium

Tegen het eind van het jaar 1966 ging het leeftijdscriterium, dat in de nieuwe statuten was opgenomen, een rol spelen. De discussie werd aangezwengeld door Tegelaar in de vergadering van 21 oktober 1966. Aanleiding was dat De Vroomen, wegens een verslechtering van zijn gezichtsvermogen, aftrad als vicevoorzitter en Veldhuyzen van Zanten hem opvolgde. De Vroomen was toen bijna 74 jaar en dat was voor Tegelaar aanleiding te vragen naar een maximumleeftijd voor bestuurders. De Graaf verwees naar de statuten en zei dat hij het moeilijk zou vinden een 80-jarige voor herbenoeming voor te dragen. Het zou dus verstandig zijn niet tot de laatste snik te blijven zitten. Ter wille van een goed begrip van hetgeen nu volgt geven we de leeftijden van de bestuursleden per 1 november 1966, de datum waarop het DB een voorstel over het leeftijdscriterium formuleerde.

Tabel 1

Naam en leeftijd bestuursleden Keukenhof per 1 november 1966, tussen haken de naam van de algemeen adviseur.

NAAM	LEEFTIJD	NAAM	LEEFTIJD
De Graaf	53	Belle	73
Van Dijk	59	Warnaar	65
De Vroomen	73	Tegelaar	52
Veldhuyzen van Zanten	65	Guldemond	47
J.W.A. Lefeber	76	D.W. Lefeber	72
Benningen	44	(Hogewoning)	78

305 De notulen daarvan zaten echter niet in het notulenboek en ook Van Dijk maakte er geen melding van in zijn overzicht.

Op 5 december las De Graaf in het bestuur een notitie voor van het DB over een 'emotioneel onderwerp'. Hij wilde een objectieve, serieuze behandeling, met als uitgangspunt de belangen van Keukenhof. De notitie benoemde als probleem; "een zo sterk verouderd aantal bestuursleden." Dat klemde temeer daar bestuursleden jonger dan zeventig jaar volgens de (nieuwe) statuten moesten aftreden als ze zeventig jaar werden, terwijl de oudere leden gewoon konden blijven zitten. Het DB wilde aan die 'gekke' situatie een eind maken door vijfenzeventig jaar als uiterste leeftijdgrens te nemen. Het DB had dat dan wel met algemene stemmen besloten, maar D.W. Lefeber was tegen. Hij vond dat Keukenhof het als een zaak van standing aan de oprichters moest overlaten wanneer ze wilden vertrekken. Ook Belle vond dat, maar de andere leden waren het wel met het DB eens. Warnaar zei dat bij vijfenzeventig jaar de 'fijne puntjes' er wel af waren. Het enige wat D.W. Lefeber wist te bereiken was, dat een commissie die het DB-besluit had voorbereid, zich zou beraden over de gevolgen voor de compensatie. Begin januari 1967 verbond ook Hogewoning consequenties aan dit besluit: hij zou niet meer verschijnen, maar bleef bereid advies te verlenen. In de vergadering van 4 januari kwam dit aan de orde. Belle ventileerde nog eens zijn ongenoegen over het besluit: "het doet me allemaal vreselijk veel pijn." Hij zou met name de vrijdagse borrel missen. J.W.A. Lefeber had begin januari 1967 een brief gekregen dat hij was benoemd tot 1972 maar hij viel ook onder de vijfenzeventigjaarregeling, zei De Graaf, dus hij moest aftreden. Dat was besloten in een niet-openbare raadsvergadering. In de volgende vergadering, die van 17 januari 1967, kwam men er weer op terug toen de ontslagbrief van Hogewoning werd voorgelezen. Belle suggereerde toen dat het DB op 1 november voor een fait accompli was gesteld, en dat ontkende De Graaf. Bepaald onaangenaam werd het in de bestuursvergadering van 24 februari 1967. Wat er precies is gebeurd is niet helemaal duidelijk, omdat de notulist de scherpste kanten van het conflict niet notuleerde, dan wel met de mantel der liefde bedekte. Een en ander had zich afgespeeld op de golfbaan in Noordwijk en tijdens het bestuursdiner van 4 november in de Witte Brug. Een van de vrouwen had toen tegen De Graaf iets gezegd in de trant van "u laat de oudjes toch wel zitten?" De Graaf had daaruit afgeleid dat er weer gelekt was uit de vergaderingen. Hij had daar kennelijk in de vergadering van 6 december een scherpe opmerking over gemaakt in de richting van een echtgenote van een van de bestuursleden en die opmerking was niet genotuleerd. Kennelijk was er ook geloot voor het rooster van aftreden en had Belle ongelukkig geloot. Hij zou in 1969 moeten aftreden en dat was 1967 geworden.[306] De zaak werd aangekaart door een boze D.W. Lefeber die de Graaf een aantal verwijten maakte en vervolgens een verklaring van zeven punten voorlas. Die ging onder andere over de compensatie na het aftreden. Hij wilde daarvoor als basis de elf jaar dat de bestuursleden pro Deo hadden gewerkt: "zodat deze financiële regeling niet wordt een tegenover de inzenders niet te verantwoorden pensioen, doch de verrekening van het 11 jaar pro deo verrichtte werk plus onkosten."[307] Nieuwkomers zouden de eerste vijf jaar geen vergoeding moeten krijgen als geste tegenover de: "steeds zwaarder wordende prestaties der inzenders." Hij benadrukte nog maar weer eens zijn grote financiële bijdrage aan de oprichting van Keukenhof ("10.000 maal groter dan van de 20 oprichters ad f 5.-"), het belang ervan en de afstand die hij had gedaan van zijn winstaandeel van vijftig procent, ondanks het feit dat hij dat toen voor veel geld aan "één der bekende vakgenoten" had kunnen verkopen.[308] Belle deed ook een duit in het zakje. Hij zou niet meer meedoen aan de vrijdagse borrels en zou niet meer deelnemen aan feestelijkheden, maar bleef wel een vriend van Keukenhof. De Graaf, die kort inging op de verklaring van D.W. Lefeber, noemde het maar een kinderachtig gedoe, waarop Belle repliceerde met "op je 75ste eruit: een mooi cadeautje."

De golden handshake

In de vergadering van 11 juli 1967 deelde De Graaf een nota uit over de compensatie aan ex-bestuursleden.[309] Het betrof een uitkering aan het bestuurslid of zijn weduwe, niet aan zijn kinderen. Die uitkering werd 'Golden Handshake' genoemd en de basis werd gevormd door het aantal dienstjaren bij Keukenhof en de genoten compensatie. Er zou geen terugwerkende kracht worden toegepast; de regeling zou ingaan in het boekjaar 1967-1968. Men moest tien jaar bestuurslid zijn geweest en de weduwe zou zeventig procent krijgen. Berekend was dat er ruim 113.000 gulden nodig zou zijn, dat er 125.000 gulden uit de winst uit het lopende boekjaar zou worden afgezonderd en onder beheer van een aparte stichting zou worden gebracht. De Graaf zou over de verdere vormgeving advies vragen aan notaris W.A. Duynstee in Den Haag. Na de zomer was dat gebeurd en De Graaf vertelde op 13 oktober aan het bestuur dat Duynstee had aangeboden aan de staatssecretaris te vragen om de uitkering onder te brengen in het tarief van twintig tot veertig procent en de weduwe van IB vrij te stellen. Hoewel J.W.A. Lefeber eigenlijk geen recht had op de golden handshake, zou hij die toch krijgen. De Vroomen zou de testcase worden, omdat hij per 1 november 1967 (statutair) zou aftreden. Tijdens het bestuursdiner van 24 november 1967 zou aan Hogewoning een blijvende herinnering worden aangeboden. Later besloot men dat dit een plaquette zou worden die in de bestuurskamer zou worden aangebracht.[310]

Begin januari 1968 werd het advies van Duynstee in het bestuur behandeld. Besloten werd tot de oprichting van de stichting over te gaan, alhoewel er nog geen bericht was van de staatssecretaris. De stichting zou een overeenkomst aangaan met Keukenhof over de betalingen in het kader van de golden handshake.

306 De Graaf doelde kennelijk op het rooster van aftreden dat B en W op 8 november 1965 vaststelde en waarbij Belle in 1967 aftrad en Tegelaar in 1969 (brief van 8-11-1965). Kennelijk hadden die twee geruild.
307 AB Keukenhof 24-2-1967.
308 Dat was voor het eerst dat hij dit onthulde.
309 Ook deze nota zat niet in het notulenboek.
310 We konden niet meer achterhalen waar die plaquette is gebleven. Wel vonden we de opdrachtbrief aan H. Dannenburgh in Amsterdam van 8 januari 1968. Hij rekende 3000 gulden voor het vervaardigen van een reliëfportret in brons. Daarna poseerde Hogewoning voor hem.

Stichting Voorzieningenfonds voor de Raad van Beheer der Stichting Nationale Bloementoonstelling Keukenhof opgericht 29 januari 1968 en de overeenkomst met Keukenhof.

Stichting

Bij notaris Duynstee werd de stichting met de lange naam opgericht.
Tot bestuursleden van de stichting werden benoemd: De Graaf, voorzitter; Van Dijk, secretaris en Tegelaar, penningmeester vanuit hun functie. Doelstelling was "de dank van de Stichting voor langdurige diensten in die gevallen, dat het bestuurslidmaatschap tenminste tien volle boekjaren heeft geduurd." De stichting zou uitkeringen verzorgen krachtens een overeenkomst met het algemeen bestuur van Keukenhof, daarover jaarlijks rapporteren aan Keukenhof en het geld beleggen in staatsfondsen of in door de staat gegarandeerde fondsen. Jaarlijks, uiterlijk in november, zou het bestuur schriftelijk rekening en verantwoording doen aan Keukenhof.

Overeenkomst

Op dezelfde datum werd bij Duynstee de overeenkomst in een akte vastgelegd. Daarin werd ook de wijze van berekening van de uitkering tot in details geregeld. Die begon te lopen vanaf 1 juli 1949 en maakte een onderscheid tussen de jaren met en zonder compensatie. Een speciale regeling gold voor D.W. Lefeber en Belle die drie extra dienstjaren over de compensatieloze periode kregen vanwege hun 'zeer bijzondere verdiensten'. Ook voor de voorzitter gold een aparte regeling. Het aftredende bestuurslid kon de uitkering ineens of in maximaal vijf jaar krijgen uitbetaald. Als een bestuurslid in functie overleed dan kreeg de weduwe zeventig procent.

De hele kwestie werd met de nodige geheimhouding omgeven. Dat bleek nadat in de vergadering van 9 februari de voorzitter een concept van een brief aan De Vroomen voorlas over zijn uitkering. Belle pretendeerde er niets van te snappen en vroeg om de stukken om die voor te leggen aan zijn accountant. "Nee", zei De Graaf, "de zaak is uitermate vertrouwelijk, we geven geen stukken uit handen en alles is uit en te na besproken." De stukken berustten bij Van Dijk en waren alleen daar in te zien.

Het vertrek van De Graaf

Na het aftreden van De Vroomen werd er kortstondig gediscussieerd over het aantrekken van een vicevoorzitter (Veldhuyzen van Zanten werd toen van die functie ontheven) en versterking van het bestuur (de terreincommissie was erg klein geworden) van buitenaf. Alhoewel er al namen werden genoemd, kwam het niet tot actie.[311] Wel vervulde Veldhuyzen van Zanten de vacature van vicevoorzitter die De Vroomen achterliet bij de financiële commissie. De zaak werd urgent toen De Graaf aankondigde op termijn uit Lisse te vertrekken, omdat hij per 16 januari 1968 tot burgemeester van Nijmegen was benoemd. Bijna de gehele vergadering van 4 december 1967 werd aan zijn opvolging gewijd. Hoewel de functie van burgemeester niet ambtshalve was gekoppeld aan het voorzitterschap van Keukenhof, zou het volgens De Graaf wel aanbeveling verdienen als er wel nauwe banden waren, zoals bij staatsbezoeken. Hij wilde in zijn exitgesprek met de Commissaris van de Koningin het belang van Keukenhof en de gemeente dienen en vroeg suggesties. Belle, en met hem andere leden, vonden dat nooit (meer) de fout moest worden gemaakt een 'bollenman' voorzitter van Keukenhof te maken: "Daarmee hebben we (...) veel te veel narigheid ondervonden." Kennelijk was het voorzitterschap van Van Waveren toch niet zo succesvol geweest. Na enige discussie besloot men dat De Graaf de koppeling AB Keukenhof/burgemeester met daaraan verbonden financiële consequenties aan de orde zou stellen. In verband met schoolgaande kinderen zou hij tot 17 juni 1968 in Lisse blijven wonen en tot die tijd voorzitter blijven van Keukenhof. Het werd echter toen wel urgent een vicevoorzitter te benoemen. Dat werd Tegelaar. Hij kreeg er per 1 juli 1968 – het vertrek van De Graaf – 10.000 gulden per jaar voor. De Graaf verwachtte dat er in april wel een nieuwe burgemeester zou zijn. Dat was inderdaad het geval. Zijn opvolger, drs. A.J. Berends, werd per 1 mei 1968 tevens lid van het AB en woonde op 10 mei zijn eerste vergadering bij. De Graaf nam afscheid in de bestuursvergadering van 14 juni. Hij overhandigde zijn sleutels aan Tegelaar, die het voorzitterschap zou waarnemen tot er een nieuwe voorzitter was gekozen. De Graaf noemde als zijn belangrijkste wapenfeit de grotere zelfstandigheid van de directie door de benoeming van Van der Lee tot directeur en Van Aken tot administrateur ten koste van die van de commissies.

311   AB Keukenhof 1-11-1967.

Nieuwe bestuursleden

Al eerder, in de vergadering van maart, had Warnaar de kwestie van de organisatie van het bestuur geagendeerd. De Graaf meende weer dat het bestuur kleiner moest worden. Waren de leden in het begin 'wilde jongens' geweest die risico's wilden nemen, nu was het nodig meer bedrijfsmatig bezig te zijn. Hij dacht aan zeven tot negen leden zonder DB. Dit jaar zou D.W. Lefeber aftreden [dat werd echter Belle, MT] en volgend jaar Belle [dat werd Lefeber, MT] dan waren er nog zeven en dat zou moeten worden aangevuld tot negen. Het bestuur was dat met hem eens: in de terreincommissie zou een 'bollenman' moeten komen en in de financiële commissie een econoom. Men kwam tot drie kandidaten: F. van der Meij 'bollenman' en een van de oprichters, J. Zwetsloot (directielid van de Hobaho en zoon van) als econoom en ir. H. van Os (zie **afbeelding 2**). Hij was sinds 16 augustus 1962 directeur van de Bloembollenkeuringsdienst (BKD), maar dat was niet de reden om hem te vragen. Hij was ook voorzitter van de propagandacommissie van het Bloemencorso van de Bloembollenstreek en was erin geslaagd voor het Corso van dat jaar de Eurovisie te interesseren die drie kwartier had uitgezonden. In de vergadering van 16 juli 1968 werden de drie kandidaten benoemd en op 29 oktober woonden zij hun eerste vergadering bij. Zij zouden met stappen van vijfhonderd gulden in drie jaar naar vijftienhonderd gulden vergoeding ondeclarabele kosten stijgen en op zijn vroegst na vijf jaar in aanmerking komen voor de compensatieregeling.

afb. 2
Van Os ten tijde van zijn benoeming als directeur van de BKD

Van Dijk onderzoekt de gang van zaken bij de oprichting

In de bestuursvergadering van 10 mei 1968 installeerde De Graaf Berends als lid en schetste hij ten behoeve van hem het ontstaan van Keukenhof. Hij noemde daarbij het aantal van ongeveer tien mensen die de oprichting ondanks de afwijzing van de KAVB hadden doorgezet en de financiële bijdrage van de gemeente. Uiteraard bleef de actie van Hogewoning om garanties te verwerven ook niet onbesproken. In de loop van de tijd waren er volgens De Graaf aanzienlijke reserves opgebouwd. Dat had de belangstelling van de fiscus getrokken en dat had geleid tot een andere verhouding met de gemeente Lisse. Als nieuwtje [althans voor mij, MT] vertelde hij dat Lambooy schriftelijk had laten vastleggen dat Keukenhof nooit zou ageren tegen het betalen van vermakelijkheidsbelasting aan de gemeente. In de vergadering van 19 september kwam D.W. Lefeber op die woorden van De Graaf terug. Hij zei dat er geen tien maar twintig oprichters waren en vroeg of Van Dijk de geschiedenis van de oprichting eens op papier wilde zetten. Op 15 november 1968 was Van Dijk daarmee klaar en gaf het voor de vergadering van die dag aan Tegelaar (zie kader).

> **Overzicht van data en feiten van belang zijnde voor de oprichting van Keukenhof**
>
> Van Dijk zette er op 'samengesteld in 1969' en 'vertrouwelijk'. Het overzicht omvatte 22 getypte pagina's met een chronologisch overzicht dat begon op 1 januari 1949, met de beroemde brandweeroefening op Keukenhof. Bij die chronologie gaf hij ook een overzicht van de belangrijkste onderliggende stukken en brieven en vatte hij de inhoud daarvan samen. Het eindigde op 26 maart 1950 met een uitspraak van Heintje Davids (tijdens een bezoek aan de eerste tentoonstelling) "Gras kan ik in het Vondelpark ook zien!" Het laatste woord gaf hij aan Lambooy die bij zijn afscheid het volgende had gezegd: "Keukenhof is het bollenvak op zijn best. Het ga 't Vak, de Bond, de Keukenhof en Lisse goed." Wat opvalt in het overzicht is de negatieve toon over de reactie van de AVB op de plannen van Keukenhof. Zo stelde Van Dijk zelfs dat Van Nispen de algemene vergadering van de AVB van 19 december 1949 had misleid. Ook opvallend was, dat hij geen melding maakte van het overleg met de Bond van Bloembollenhandelaren dat op 21 juni en 13 juli 1949 plaatsvond en dat leidde tot een grote participatie van de Bond in Keukenhof.

In die vergadering van 15 november ontstond een discussie met voor- en tegenstanders over de vraag of Belle aan de gemeente moest worden voorgedragen als erelid. Van Dijk zou nakijken of daar in het verleden afspraken over waren gemaakt. Daarop merkte D.W. Lefeber op dat de oprichting van Keukenhof 'gevoelig' lag: "Het kan een zeer interessant verhaal worden, maar het risico bestaat ook, dat het tot misverstand aanleiding zal geven. Daarom zal het goed of niet moeten gebeuren." Van Dijk merkte op dat zijn overzicht in concept was doorgelezen door Van der Lee, daarna had hij het aan Tegelaar gegeven en die vond dat het een feitenrelaas 'practisch' zonder commentaar was. Daarop besloot men ook D.W. Lefeber het overzicht te laten doornemen. In de volgende vergadering (van 10 december 1968) was Lefeber niet aanwezig maar hij had een brief over het erelidmaatschap van Belle geschreven.[312] In die brief van 29 november stond, onder meer, dat het vak geen enkele financiële bijdrage had geleverd bij de oprichting van Keukenhof. Volgens Warnaar was dat niet waar omdat het CBC jaarlijks 25.000 gulden bijdroeg aan de kosten van advertenties in Nederlandse dag- en weekbladen. In de eerste vergadering van 1969 moest hij dat op gezag van D.W. Lefeber weer terugnemen. Warnaar bleef echter van mening dat dat van het begin af aan het geval was geweest, waarop de voorzitter de zaak afkapte en het aan de geschiedschrijving overliet.[313] In dezelfde brief stak Lefeber ook de loftrompet over Belle (zie kader).

Brief van Lefeber van 29 november 1968.

"In de eerste tien jaren der exploitatie (...) voerde de terrein commissie onder voorzitter Belle een uiterst zuinig beheer. Zelfs zijn toen meerdere representatiekosten privé betaald. Een symbool van het zuinige beheer staat nog op het terrein, n.l. ons eerste gebouw van in totaal 2,75 x 2,75 M. Hier vonden de meeste onderhandelingen en alle vergaderingen der terreincommissie plaats en het deed tevens dienst als ontvangstgelegenheid. (...) Speciaal (...) Belle heeft onnoemelijk veel tijd en zorgen aan de exploitatie besteed. Niet één maal per week, zoals later gebruikelijk werd, doch vele malen per dag hadden wij besprekingen en vele onderhandelingen. Het byzondere werk der ontginning eiste zeer vaak onze aanwezigheid."

Directie en personeel

Eind 1959 stelde De Graaf een instructie op voor Van der Lee als directeur, nadat mr. dr. Sprey daarvoor een concept had geleverd dat niet naar de zin van De Graaf was.[314] Veel bevoegdheden kreeg Van der Lee echter niet; de enige was in feite het aanstellen en ontslaan van los personeel voor zover dat op weekloon werkzaam was. Verder moest hij toezicht houden op de administratie, het personeel en de naleving van de contracten, had hij de zorg voor de eigendommen en werd hij geacht de begroting te bewaken. Na de tentoonstelling van 1960 vroeg Van der Lee of het goed was als hij in zijn eigen tijd een tuin ontwierp voor het Diaconessenziekenhuis in Leiden. Dat werd niet zomaar goedgekeurd. Het werd een bestuurszaak. In de vergadering klaagde de terreincommissie erover dat Van der Lee zomaar veertien dagen naar Amerika was geweest. Weliswaar op kosten van het CBC, maar dat schiep toch precedenten.[315] Vandaar dat men, bij uitzondering, Van der Lee zijn zin gaf. In de loop van de tijd begon het tot het bestuur door te dringen dat de tentoonstelling en het bijhouden van het landgoed steeds meer tijd vroeg van het tuinpersoneel en dat er ook vakbekwame hoveniers nodig waren. "Maar ja dat was duur", zo klaagde Belle in de bestuursvergadering van 17 december 1963. Er waren nauwelijks jonge werklieden te krijgen en dan nog tegen lonen die boven de 140 gulden per week lagen. Maar, zoals men een paar jaar later (1966) constateerde, Keukenhof had 'kneusjes' in dienst, en nu was er beter en duurder personeel nodig.[316] Ook in een ander opzicht was men bepaald schriel. Zo bepaalde in 1965 dat voor personeelsavonden de verloofden niet werden uitgenodigd. In 1964 vertrok de assistent (een tekenaar) van Van der Lee naar de gemeente Assen. Toen ontstond de eerste discussie om voor aan te trekken personeel woningen aan te kopen. Dat zou kunnen in de nieuwbouw van Lisse die in de Poelpolder op stapel stond.[317] Ter vervanging van de vertrokken assistent besloot men twee nieuwe aan te trekken, een voor vast en een los (tegen 500 gulden per maand). Erg veel haast maakte men er echter niet mee en een jaar later drong het tot het bestuur door dat men voor een dubbeltje op de eerste rang had willen zitten en dat er meer moest worden betaald om goed personeel aan te trekken. De Graaf sprak van een generiek personeelsprobleem en vormde een commissie om de zaak in kaart te brengen. Tegen het eind van het jaar besloot men in ieder geval in de Poelpolder drie huizen aan te kopen ter huisvesting van aan te trekken hoveniers. Een jaar later maakte men zich weer zorgen over die alsmaar stijgende loonkosten.[318] Ook beschouwde De Graaf de benoeming van personeel als een zaak van het DB en niet als een bevoegdheid van Van der Lee.[319]

---

312 In die vergadering besloot men Belle en De Vroomen voor te dragen voor het erelidmaatschap.

313 AB Keukenhof 17-1-1969.

314 Toen Sprey, die ook voorzitter was van het scheidsgerecht voor de bloembollenhandel in november 1964 plotseling op 59jarige leeftijd overleed besloot men voorlopig geen opvolger aan te trekken. Men vond hem wel goed maar ook erg duur! (veel te duur zei Hogewoning, AB 17-12-1964).

315 AB Keukenhof 9-5-1960. Van der Lee was wezen bekijken waar de tentoonstelling plaatsvond.

316 AB Keukenhof 21-10-1966.

317 AB Keukenhof 1-7-1964. De woningen werden in 1967 opgeleverd.

318 In december 1966 werden woningen beschikbaar gesteld aan N. den Hoed (kantoorbediende en kassier); A. Lanni (tekenaar) en C. Neefs (hovenier).

319 DB is directie zei De Graaf (AB Keukenhof 15-3-1966).

Dat maakte slagvaardig handelen niet altijd even makkelijk. Toen was men bezig met beoordelen van acht sollicitanten, omdat de twee assistenten die voor Van der Lee waren aangesteld al weer waren vertrokken. Men besloot drie extra mensen aan te trekken en begrootte de loonkosten op 10.000 gulden per man per jaar. Rond die tijd (1966) begon men een procedure voor de opvolging van Van der Lee. Warnaar stelde daarvoor een advertentie op. Gezocht werd een tuinarchitect of assistent-tuinarchitect om als naaste medewerker te functioneren van de directeur-architect.

Begin 1967 was De Graaf erg boos op Van Aken ("hij mag zoiets nooit meer doen"), omdat Van Aken zo onhandig was geweest vlak voor de zogenaamde sneeuwklokjespersconferentie van De Graaf, ter gelegenheid van de tentoonstelling daarover, al informatie te verstrekken aan het dagblad *De Tijd*. Later dat jaar kwamen De Graaf en Warnaar zelf in moeilijkheden na een interview in *De Volkskrant* van dinsdag 2 mei 1967. Het was die zondag ervoor een topdag geweest op Keukenhof. De journalist, H.J.A. Hansen, begon zijn artikel dan ook met het vermelden van een record: "Nooit eerder in de verkeershistorie van Nederland zijn over een lengte van tien kilometer zoveel auto's geteld als afgelopen zondag in de bollenstreek. 's Werelds fraaiste bloementuin (...), noteerde een nieuw dagrecord: 79.685 bezoekers. Zeker 820 touringcars wrongen zich stapvoets richting Lisse." Gelukkig beschikte Keukenhof over 16 hectare droog grasland om te parkeren, het grootste parkeerterrein van Europa, volgens De Graaf. Volgens Warnaar verwachtte men 800.000 bezoekers en Keukenhof zou met 600.000 bezoekers uit de kosten zijn. Hansen concludeerde dat er dus een behoorlijke winst uit de bus zou komen en Warnaar haastte zich die indruk weg te nemen: "We zijn toe aan allerlei vernieuwingen en uitbreidingen. De warme kas bijvoorbeeld is aan vervanging toe. Voor minder dan anderhalve ton is zoiets niet te koop. De koude kas is te klein en we hebben modeltuintjes te kort." Kortom Keukenhof kon die winst best gebruiken en op meer dan 800.000 bezoekers per seizoen was men niet uit. "Integendeel", zei Warnaar, "want toen het ministerie van EZ onlangs het verzoek deed om Keukenhof uit te breiden had men daar negatief op gereageerd: We zouden misschien vervallen in het subsidiesysteem en dat ligt de onafhankelijk ingestelde bollenman helemaal niet. Hij wil baas in eigen huis blijven." De Graaf vertelde Hansen dat Keukenhof het terrein tot 1983 huurde van graaf Carel voor ongeveer 20.000 gulden per jaar en dat graaf Carel drie kwartjes kreeg voor elke autobus op het parkeerterrein. Daarnaast verhuurde graaf Carel zijn eigen terrein aan het bedrijfsleven dat met stands en reclamemozaieken nog een graantje van Keukenhof trachtte mee te pikken. Warnaar, die eerder had betoogd dat men op Keukenhof het bedrijfsleven niet wilde toelaten, vond het gebeuren op het kasteelterrein van graaf Carel "helemaal niet plezierig." Het artikel kreeg als kop mee "Bram Warnaar van Keukenhof" met als onderkop: "Bollenman wil eigen baas zijn." Het kwam Keukenhof op een boze brief van Nijgh te staan, die namens graaf Carel een rectificatie eiste. De tekst van die brief, van 15 juni, kon niet meer terug gevonden worden, wel het antwoord dat De Graaf schreef, gedateerd op 19 juni.

Uiteraard was hij het niet eens met de kritiek van graaf Carel. Hansen was een van de belangrijkste 'reporters' van de krant en die liet zich niet met een kluitje in het riet sturen. Dus was De Graaf zo open mogelijk geweest, maar had hij bewust een veel lager huurbedrag genoemd dan het werkelijke bedrag.[320] Wat de gewraakte opmerkingen van Warnaar betrof wees hij er op dat het graaf Carel bekend was dat Keukenhof zich al jaren ergerde aan de manier waarop met ansichtkaarten en bloembollen tussen het autobuspubliek werd geleurd, zonder dat graaf Carel daartegen optrad. En dat was strijdig met artikel 19 van het contract van 2 december 1952. Hij besloot zijn brief met de opmerking dat zolang Keukenhof de exploitatie 'rond' kon houden zij ook graaf Carel zijn financiële voordelen gunde, maar dat Keukenhof zo langzamerhand een nationale zaak was geworden en zich niet kon veroorloven "in alles of in eenzijdig onderdeel geheimzinnigheid te betrachten."

Een opvolger voor Van der Lee

Intussen bleek het zoeken naar een opvolger van Van der Lee niet gemakkelijk. Eind 1967 drong het besef door dat men bezig was een schaap met vijf poten te zoeken. Daaraan voldeed geen van de sollicitanten. Daarom splitste men de taken van Van der Lee en het administratieve deel daarvan werd toebedeeld aan Van Aken die 'promoveerde' tot administrateur. Van der Lee zou zich, naast de algemene leiding, vooral met de tuin en de tekenkamer bezig houden, en voor die taken zou men iemand zoeken. Op zijn beurt zou Van Aken een deel van de boekhouding overdoen aan N. den Hoed. Die was op 1 september 1965 bij Keukenhof in dienst gekomen voor "kantoor- en kassierswerkzaamheden." Het gevolg was dat ook Van Aken de bestuursvergaderingen mocht bijwonen. Dat was voor het eerst het geval op 9 januari 1968. In die vergadering kwam ook aan de orde dat de gemeente Sassenheim personeel zocht voor de plantsoenen en daarvoor een salaris bood van 175 tot 180 gulden per week. Dat was ver boven de salarissen van ongeveer 165 gulden per week die Keukenhof betaalde. Die onderbetaling had als oorzaak dat men niet wilde concurreren met het personeel van de inzenders. Maar dat was natuurlijk niet meer vol te houden. Het gelijk trekken zou een bedrag van 30.000 gulden vergen. Daartoe besloot men, omdat de terreincommissie daarvan voorstander was.

In maart 1968 was eindelijk een opvolger gevonden voor Van der Lee. Het was een zesentwintigjarige (geboren op 2 december 1942 in Groningen) in Boskoop geschoolde, enthousiaste man die bij de gemeente Amsterdam werkte aan de voorbereidingen van de Floriade 1972 in het Amstelpark. Omdat hij de enige kandidaat was, wees het bestuur een verzoek van De Graaf om hem een 'psycho-technische-test' te laten afleggen af. Hendrik Nicolaas Tonnis Koster werd aangenomen tegen een salaris van 1155 gulden per maand en zou er de volgende twee jaar 1000 gulden (per jaar) bij krijgen. Hij trouwde in juni en viel zeer in de smaak bij de terreincommissie.[321]

320 Hoe veel lager blijkt uit de brief van 27 juni 1967 van Van der Lee aan H. van Wijlen, de bankier van graaf Carel. Van der Lee schreef dat Keukenhof f 38.434,76 zou overmaken vanwege verschuldigde pachten en vergoedingen.

321 AB Keukenhof 10-12-1968.

HOOFDSTUK 9

ZO HEEFT, OP DIT ONDERMAANSE, ALLES ZIJN TIJD (…)

1959-1968. Keukenhof en De Graaf. Het terrein

Op 26 november 1959 zat De Graaf zijn eerste vergadering als voorzitter voor. Voor die vergadering had hij een notitie rondgestuurd over bouwplannen. Die hadden betrekking op werkruimten voor Van der Lee en Van Manen, het theehuis, een ontvangstruimte voor grote gezelschappen en een 'gezellige' bestuursruimte, kortom een pleidooi voor het ontwerpen van een totaalplan. Dit hoofdstuk gaat daar nader op in en begint met de onderhandelingen met graaf Carel over de verlenging van het contract. Want wilden deze investeringen hun rendement opbrengen dan moest het contract met hem, dat tot en met 1971 liep, worden verlengd. Het was al bekend dat de exploitanten van het restaurant Oranjeboom en Gist en Spiritus dat wel wilden. Die twee hadden een CV gevormd voor de exploitatie die ze De Valk hadden genoemd. Zo zullen ze in de rest van dit hoofdstuk aangeduid worden.

De moeizame verlenging van de contracten met graaf Carel

De inzet voor de onderhandelingen met graaf Carel was gericht op een verlenging van het contract of aankoop van Zandvliet. Op 21 januari 1960 sprak De Graaf daarover in Sint Michelsgestel met graaf Carel. De Graaf koos voor een harde zakelijke benadering. Hij hoopte daarmee meer te bereiken dan de diplomatieke benadering van zijn voorganger. De Graaf wilde dat de verhoging van de entree niet meer zou doorwerken in het contract. Daarvoor in de plaats zou een geldontwaardingclausule moeten komen. Toen graaf Carel daarover aarzelde omdat hij zijn dochter niet wilde binden, zette De Graaf hem de pin op de neus: een aarzeling zou door de stichting worden beschouwd als een weigering en dan zou men beginnen met de afbouw van de tentoonstelling. Bovendien voegde hij hem toe dat het huidige gebruik van Zandvliet voor graaf Carel het meest voordelig was. Zo kreeg hij daarvoor 1000 gulden per hectare en dat was ook de huurprijs van een hectare bollengrond. Graaf Carel schrok van die benadering en hij beloofde voor 1 maart te reageren. Het bestuur stond achter de benadering van De Graaf. Door ervaring wijs geworden raadde Hogewoning hem aan het gesprek schriftelijk te bevestigen bij de adviseurs van graaf Carel, dan zouden die niet afhankelijk zijn voor de 'voorlichting' door graaf Carel. Bovendien adviseerde Hogewoning niet meer te streven naar een bankgarantie. Die was in het verleden uiterst moeilijk te verkrijgen. Een gewone garantie moest voor graaf Carel nu voldoende zijn, ook al omdat hij tot het einde van het huidige contract gehouden was aan de fiscale voordelen van de Natuurschoonwet en het rijk Keukenhof niet meer zou durven aanpakken op mogelijke overtredingen ervan.

Al op 5 februari 1960 kwam er een brief van graaf Carel, waarin sprake was van een 'morele' binding om het contract te verlengen. De Graaf ging weer met hem praten. Van het verslag dat De Graaf van dit gesprek had gemaakt bleek niets bekend te zijn bij de advocaat van het kantoor van mr. Nijgh, die contact had opgenomen met De Graaf over het nieuwe contract. "Typisch iets voor graaf Carel", was het commentaar van het bestuur toen De Graaf dit meldde in de vergadering van 9 mei 1960. Een paar maanden later verhardde de houding van graaf Carel. Dat kwam door het ontwerp streekplan Bollengebied van 4 augustus 1960. Daarin was een weg gepland door de Lageveensche Polder; over het grondgebied van graaf Carel. Hij wilde nu geen verlenging meer met vijftien jaar, maar drie termijnen van vijf jaar. De Graaf vond dat die weg er niet zou komen als graaf Carel dat niet wilde (onteigening was geen optie) en wilde de bezwaren van graaf Carel gaan wegpraten. Desnoods wilde hij ook wel instemmen met drie keer vijf jaar. "Want accepteren wij het niet dan heeft hij nog niets", volgens De Graaf, "en aanvaarden wij het dan zit hij eraan vast en wij niet."[322] Al met al kwam het in 1960 niet tot een verlenging van het contract. Het tij verliep, de vertragingstactiek van graaf Carel had weer eens gewerkt. Pas in maart 1961 was het zover dat mr. dr. Sprey namens Keukenhof aan mr. Nijgh een concept kon voorleggen. Nadat de bewuste weg vrijwel zeker uit het streekplan zou verdwijnen bleven als discussiepunten de hoogte van de huurprijs, de koppeling aan de inflatie en het huurrecht van 't Hoogje.[323] Die punten waren rond augustus nog niet tot klaarheid gekomen. Toen begon de tijd toch te dringen, omdat de Twentsche Bank wilde praten over een verlenging van de garantie. Dat gold ook voor de Hobaho, de gemeente en het CBC. Warnaar, nog steeds voorzitter van de COR, wilde dat al aan de orde stellen in de CBC-vergadering van 6 oktober 1960, maar zag daarvan af omdat de besprekingen met graaf Carel maar niet opschoten. "Het is heel moeilijk met graaf Van Lynden met spoed zaken te doen", verzuchtte De Graaf in de bestuursvergadering van 23 augustus 1961. Wel was inmiddels gebleken dat graaf Carel opteerde voor een minimumpacht van 14.000 gulden. Pas tegen het eind van het jaar kwam er een telefoontje van Nijgh dat graaf Carel akkoord was, maar een schriftelijke bevestiging was er toen nog niet.

Op 26 januari 1962 werd het optiecontract getekend (zie kader). Dit contract was voldoende voor de garantiegevers om tot verlenging over te gaan. Het CBC deed dat in de algemene vergadering van 22 juni 1962 en verlengde de garantie tot 1986: "nu de Stichting erin is geslaagd, verschillende contracten, o.a. voor de gronden waarop de tentoonstelling ieder jaar plaatsvindt, tot dat jaar te verlengen."[324]

---

322 AB Keukenhof 25-10-1960.

323 Twee woningen aan de Stationsweg tegenover de ingang naar het kasteel.

324 *Weekblad voor Bloembollencultuur* 6-7-1962, aldaar 5. Eerder (in het AB van Keukenhof van 23-8-1961) had Hogewoning erop gewezen dat de bestaande overeenkomst met het CBC van nul en generlei waarde was omdat het CBC bij het afsluiten ervan geen rechtspersoon was, dat was pas het geval sinds 17 december 1953.

De overeenkomst van 26 januari 1962

Op 26 januari 1962 werd de overeenkomst getekend waarbij graaf Carel zich verbond tot een optie tot verlenging van de huurovereenkomsten van 1 december 1952, 31 maart 1958 en van augustus 1958 (geregistreerd 9 oktober 1958). Het eerste contract had betrekking op Zandvliet en het parkeerterrein aan de Loosterweg. Het tweede en het derde contract hadden eveneens betrekking op de huur van gronden van graaf Carel die werden omgezet in parkeerterreinen. De optie liep tot 31 december 1976 en had als ontbindende voorwaarde de eventuele onteigening (ex streekplan) ten behoeve van een verbindingsweg tussen de Loosterweg en de verlengde Spekkelaan. De mate van aantasting van het landgoed door deze weg zou door arbitrage worden vastgesteld (over deze arbitrage was lang onderhandeld) en was die ernstig dan zou de optie niet meer gelden. Als Keukenhof van de optie gebruik maakte zou er een tweede optie gelden die zou lopen van 1 januari 1977 tot en met 31 december 1986. Ook voor deze optie gold de ontbindende onteigeningsvoorwaarde. Over de huurprijs zou jaarlijks worden overlegd (ook weer met een mogelijk beroep op arbitrage), en deze zou geen verband meer hebben met de entree- en parkeergelden, maar wel met de waarde van het geld. De huurprijs zou voor drie jaar worden vastgesteld, er was geen bankgarantie meer nodig, en de huur zou vooruit worden betaald. Voor het zegelrecht werd de huurprijs bepaald op ruim 18.771 gulden.

Op 11 december 1967 stuurde het bestuur een aangetekend schrijven aan graaf Carel dat men in verband met het doen van belangrijke investeringen het optierecht tot 31 december 1976 wilde gebruiken. De beperkende bepaling gold niet meer, omdat de bewuste weg niet meer in het streekplan voorkwam.

Parkeren op Noord (aan de Loosterweg)

Het parkeerprobleem ontstond al op de eerste zondag na de opening van de tentoonstelling in 1950. De capaciteit was te klein en de afhandeling van de auto's door het personeel van graaf Carel liet te wensen over. Vandaar dat Keukenhof in 1952 het beheer van graaf Carel overnam. P. van Dam uit Noordwijk zou optreden als pachter van het parkeerterrein en het parkeren in goede banen leiden. Met hem kreeg Keukenhof het nodige te stellen, evenals trouwens met graaf Carel en zijn bedrijfsleider P. van der Leede.

In september 1953 sloot men, na toestemming van graaf Carel, een overeenkomst met boer Van Graven, de veehouder aan de Loosterweg die dat pachtte van graaf Carel, om voor 350 gulden per jaar ongeveer 1,5 hectare van hem te gebruiken voor het parkeren van auto's. Het lag ten zuiden van het bestaande parkeerterrein en zou pas worden gebruikt als dat vol was. In 1953 werd bestuurslid O. Guldemond voorzitter van de verkeerscommissie. Hij toonde zich een bekwaam voorzitter die van aanpakken hield. Hij had niet alleen te maken met het parkeren in eigen beheer, maar ook met het parkeren op het terrein van het kasteel, de verkeerspolitie, de NZH, de NS, de gemeente en met de pachters van verkoopstands op de parkeerterreinen. Op 16 juni 1954 vergaderde de commissie bij hem thuis in Lisse. Ook Van Dijk zat in die commissie en hij had voor die vergadering een rapport gemaakt om te voorzien in de behoefte aan uitbreiding van de parkeermogelijkheden met plaats voor 1000 extra auto's. Men kwam tot de idee om de verkeersstromen vanuit het zuiden te geleiden door een nieuw parkeerterrein aan te leggen achter het kasteel en dat te ontsluiten via een nieuwe weg. Helaas wilde graaf Carel daaraan niet meewerken, maar dat betekende niet dat het daarmee van de agenda verdween. Tegen het eind van 1955 maakte De Graaf in het DB van 9 november melding van een plan voor een weg door de Lageveensche polder en verbond daaraan de suggestie van een parkeerterrein in die polder. Uiteraard schoot graaf Carel ook dit plan af. Wel ging hij eind 1957 akkoord met de uitbreiding van het parkeerterrein aan de Loosterweg, op het land van Van Graven.

Op 10 juni 1958 sloot Keukenhof een contract af met Van Graven over het parkeren op ruim 3 hectare van zijn grasland, land dat hij tot 15 mei 1968 pachtte van graaf Carel. Keukenhof mocht afritten maken en draineren. Dit na advies van de Nederlandsche Heidemaatschappij, in het vervolg aan te duiden als Heidemij. Van Graven ontving 6000 gulden ineens voor de bouw van een nieuwe stal, een vergoeding voor het verloren gegane hooi (16,5 ton, ongeveer 3000 gulden) en 50 gulden per jaar voor het gebruik van het gemaal. Dit parkeerterrein noemde men in de wandeling het terrein A.

Na de tentoonstelling van 1960, tijdens welke de vijfhonderdduizendste bezoeker werd welkom geheten, stelde Guldemond voor met graaf Carel te gaan praten over meer parkeerruimte voor auto's. Inmiddels was hij ook in overleg met boer Van Graven om bij hem meer parkeerruimte te verkrijgen, waaronder een zogenaamde overflow (A2) van terrein A om op piekdagen te benutten. Uiteraard kreeg graaf Carel hier lucht van en vermoedelijk liet hij het gerucht verspreiden dat hij van plan was land aan Van Graven te 'ontnemen'. Men besloot daarop eerst maar de onderhandelingen met graaf Carel over het optiecontract af te wachten, maar toch door te gaan met de plannen. Dat betrof een uitbreiding van de parkeerterreinen aan de Loosterweg tot aan de Stationsweg bij Van Graven en ook het bollenland aan de Stationsweg aan de kant van Zandvliet. In november 1961 maakte Guldemond samen met de Heidemij een totaalplan dat niet alleen de verbetering van de terreinen bij Van Graven behelsde maar ook de inrichting van een terrein bij Zandvliet. Het probleem bij Van Graven was de wateroverlast. Dat bleek uit grondboringen van de Heidemij: "de bovenlaag van de terreinen A.,C., en overflow (A2) bestaat uit ondoorlatend, humusrijk zand, wat bij de minste regenval een modderige massa wordt en dan vrijwel ongeschikt wordt om hierop auto's te laten rijden. De volgorde in onbruikbaarheid ligt als volgt: A2-C en A. Hoe dichter bij de zandsloot hoe minder ongunstig de bovenlaag."[325] Volgens de Heidemij was er maar één remedie: door omspuiten een nieuwe bovenlaag maken van 75 tot 80 cm met zand uit de ondergrond, dat lag op een diepte van 2 tot 2,5 m. Daarna moest alles worden geëgaliseerd en gedraineerd en rijbanen worden aangelegd. Voor de totale oppervlakte, ongeveer 9,5 hectare, zou dit ongeveer 288.000 gulden kosten. Dit was inclusief een afkoopsom aan de pachter wegens winstderving, want de gebruikswaarde als grasland ging immers verloren. Omdat het bestuur echter verwachtte dat Van Graven hier nooit mee zou instemmen liet men het omspuiten vallen.

Wel investeerde men in 1963 ongeveer 20.000 gulden voor een verbeterde ontsluiting op de parkeerterreinen aan de Loosterweg. Bovendien werd er 2 september 1964 een nieuw contract met Van Graven getekend, dat het contract van 10 juni 1958 verving, over de 9.10.12 hectare parkeerterrein tegen een bedrag van 5000 gulden per jaar.[326] Keukenhof mocht die terreinen, door de Heidemij van rijbanen voorzien, herverkavelen (sloten verleggen en graven) draineren etc. Het werd in feite een poldertje. Een en ander begrootte Guldemond op 289.000 gulden, inclusief het plaatsen van een toiletgebouw ad 71.000 gulden.

De Graaf schreef graaf Carel op 14 augustus een brief waarin hij hem erop wees dat hij contractueel verplicht was aan de herinrichting van de Loosterweg mee te werken.[327] Hij kreeg per kerende post echter het antwoord dat graaf Carel als tegenprestatie een schadevergoeding eiste van 4000 gulden vanwege de schade aan het grasland. Hij stelde zelfs recht te hebben op 6700 gulden. Wegens ziekte van zijn vrouw had graaf Carel geen tijd zich er verder mee te bemoeien en legde hij de zaak in handen van zijn financiële adviseur Van Wijlen. Die kreeg van De Graaf op 25 augustus een boze brief met daarin o.a. de passage dat de "landeigenaar zich blijkbaar niet wil conformeren aan een gesloten contract, doch er op uit is extra financieel te trekken."[328] In de onderhandelingen die volgden bood De Graaf 1500 gulden als onverschuldigde betaling, gekoppeld aan een verhoging van het parkeergeld, waar graaf Carel ook voordeel van had. Hij wilde het verder weer keihard spelen en dreigde met arbitrage, zoals voorzien in het contract. Hoe verstoord de verhouding toen was blijkt uit het volgende. Graaf Carel was in 1940 gescheiden van zijn vrouw Anna Cecilia van de Poll bij wie hij in 1939 een dochter had gekregen: Irene Aurelia Elisabeth Maria. In 1952 hertrouwde hij met Pauline Margaretha de Steenhuijsen (1915-1994). Op zaterdag 12 december 1964 vierden zij hun koperen huwelijksfeest. Het bestuur van Keukenhof kreeg een uitnodiging voor de receptie op kasteel Keukenhof, De Graaf echter niet. Dat schoot hem in het verkeerde keelgat en hij reageerde niet mals (zie kader).

> **Reactie De Graaf op de uitnodiging van graaf Carel**
>
> "Aangezien ik, naast mijn voorzitterschap v. Keukenhof, ook nog een gekwalificeerde (als burgemeester van Lisse) en louter persoonlijke (kennissenkring) relatie tot Graaf van Lynden heb en – vermoedelijk vanwege huidige complicaties rondom parkeerterreinen en anders wegen verregaande nonchalance – geen persoonlijke invitatie heb voor de receptie, zullen mijn vrouw en ik niet ter receptie gaan. Ik moge de vicevoorzitter en Mevr. De Vroomen – en bij verhindering: de heer en mevrouw D.W. Lefeber, vanwege de contracthistorie – verzoeken de Keukenhof te vertegenwoordigen (...). Overigens acht ik die hele receptie flauwe kul."[329]

Begin 1965 legde de bedrijfsleider van het kasteel P. van der Leede de herinrichting aan de Loosterweg stil maar dat werd weer teruggedraaid door Van Wijlen. Dat leidde in de bestuursvergadering van 13 januari 1965 tot de volgende bespiegeling: "Van der Leede heeft blijkbaar in de gaten dat hem bepaalde voordelen ontgaan. Immers door de gekozen oplossing ontgaat [hem] de mogelijkheid om de grond tussen het parkeerterrein Stationsweg en het bos voor veel geld aan Keukenhof te verpachten en bovendien meent men (...) dat Keukenhof bussen gaat parkeren op het terrein aan de Stationsweg in plaats van op het kasteelterrein." Ook rezen er in het bestuur twijfels of graaf Carel wel verplicht was aan de herinrichting mee te werken; artikel 10 had toch eigenlijk een andere strekking. De Graaf wilde echter niet wijken. Hij vond graaf Carel niet zakelijk: "en trekt geen conclusies en is niet gemakkelijk hem te leren kennen."[330] Bovendien was er helemaal geen

325 *2e Rapport betreffende verbetering en uitbreiding parkeerterreinen*, november 1961.
326 Van Graven baseerde dat bedrag op het verlies van de opbrengst van ongeveer een hectare grasland als gevolg van de aanleg van rijbanen (AB Keukenhof 1-7-1964).
327 Artikel 10 van het contract van 1-12-1952 luidde: "Van Lynden zal zijn medewerking er aan verlenen dat zijn pachter van Graven (...) de gelegenheid geeft op topdagen auto's op diens van Van Lynden gepacht land te parkeren."
328 AB Keukenhof 3-9-1964.
329 Archief Keukenhof.
330 AB Keukenhof 13-1-1965.

schade aan het grasland van Van Graven, dat werd zelfs beter door de drainage en rijbanen. Graaf Carel heeft gezien dat Van Graven 5000 gulden krijgt en daar wil hij een stuk van hebben, aldus De Graaf. Een maand later wilde De Graaf een overeenkomst met Nijgh, de juridische adviseur van graaf Carel, sluiten. De Graaf stelde voor dat graaf Carel zou meewerken aan het parkeren op het land van Van Graven, ook als er een andere pachter kwam. Daartegenover stond dat het parkeren van de personenauto's naar 50 cent ging, waardoor graaf Carel naar schatting 2000 gulden meer aan huur kreeg. Nijgh wilde echter 3500 tot 4000 gulden en men kwam er niet uit. In het bestuur was er weinig begrip voor deze opstelling. D.W. Lefeber vroeg zich zelfs af of de hele verhouding met graaf Carel niet eens kritisch bekeken moest worden. Dat ontraadde De Graaf ten sterkste, hij zag die bui al hangen. Alleen Hogewoning kon begrip opbrengen voor de opstelling van graaf Carel. Hij profiteerde toch niet erg van het enorme financiële succes van Keukenhof. Keukenhof was toch van hem afhankelijk. Dat was De Graaf niet met Hogewoning eens, want graaf Carel beurde 50.000 gulden. De onderhandelingen met Nijgh werden vertraagd door weer nieuwe eisen van graaf Carel, terwijl ook zijn vrouw zich ermee bemoeide. Ze wilden ook meer geld voor het parkeren van bussen op het parkeerterrein, maar dat weigerde De Graaf. Er kwam nog meer slecht nieuws. Door de vele regen tijdens de tentoonstelling ontstond grote wateroverlast op het nieuw ingerichte parkeerterrein aan de Loosterweg. Door die regen slibde de bovengrond dicht en kon het water niet weg. Herstel zou volgens de Heidemij ongeveer 100.000 gulden kosten maar dat vond het bestuur te veel geld. Wel liet men de Heidemij een proef nemen met een betere waterafvoer. Begin 1966 bleek dat de drainage van het land aan de Loosterweg toch voldoende was om het water af te voeren. Ook de kwaliteit van het weiland steeg, zo constateerde men in het bestuur. Het vroegere biezenland werd nu echt gras en Van Graven profiteerde eigenlijk dubbel: beter gras en een vergoeding.[331] Inmiddels was er op 7 augustus 1965 weer een overeenkomst met graaf Carel gesloten die het geschil regelde over de toepassing van artikel 10. Graaf Carel verleende zijn toestemming en kreeg 4000 gulden per jaar extra.

Parkeren op Oost (aan de Stationsweg)

Het parkeren op Oost begon met een overeenkomst die op 31 maart 1958 werd afgesloten tussen Keukenhof en graaf Carel. Hij was eigenaar van 1.35.60 hectare bloembollenland aan de Stationsweg ten zuiden van het tentoonstellingsterrein, kadastraal getekend als C 2641 (zie **afbeelding** 1). Het land werd gepacht door M. Sanders uit Lisse. Graaf Carel had de pacht ontbonden en Keukenhof had de pachter schadeloos gesteld. Op het perceel stond onder andere een kas. Keukenhof kreeg het in huur van 1 februari 1958 tot 31 december 1971 tegen een huur van 2000 gulden per jaar voor het parkeren van auto's. Een eventuele huurverhoging werd gekoppeld aan een verhoging van het parkeergeld, toen 40 cent. Bovendien werd overpad verleend tegen f 27,55 per jaar, zodat het totale parkeerterrein 1.41 hectare was. Dit was het begin van het parkeren op Oost of op parkeerterrein B. Naast parkeerterrein B lagen nog twaalf percelen. Als die verkregen konden worden dan zou B kunnen worden vergroot met ongeveer zeven hectare.

Ook het inrichten van dat terrein zou een kostbare zaak worden. Voor rekening van Keukenhof kwamen zouden namelijk de kosten komen van het inrichten van de vervangende grond en de verplaatsingskosten van de (bollen)pachters, begroot op ongeveer 26.000 gulden per hectare. Vervangende grond was beschikbaar op het weiland van De Wit (zie kader) en het Reigersbos, op elke locatie ongeveer 3,5 hectare.[332]

Het weiland van De Wit

Het *Vakblad voor Bloembollenteelt en Handel* nam in het nummer van 30 januari 1959 een artikel op over het weiland van boer De Wit. De kop gaf het al aan: er werd bollenland van gemaakt: "In de bollenstreek komt er 20 hectare best bollenland bij." Boer De Wit had zijn bedrijf, dat hij pachtte van de gravin C. van Rechteren Limpurg, aan de Achterweg in Lisse. Omdat er geen veehouderijbedrijven voor zijn zoons beschikbaar waren gingen die in de bollen. Onder het gras bleek namelijk prima bollengrond te liggen, zelfs van een zodanige kwaliteit dat daarop hyacinten konden worden geteeld. Toen het artikel verscheen was 180 man aan het diepdelven met bronbemaling. Die waren gemakkelijk te krijgen gezien de grote werkloosheid in de regio. Op 31 maart dacht men acht hectare gereed te hebben. De Wit's eeuwenoude boerderij 'De Phoenix' zou daarna worden ingericht als bollenschuur en zo tekende de schrijver aan: "Zo heeft, op dit ondermaanse, alles zijn tijd (...)."[333]

Het artikel ging ook kort in op de afzanding van het Reigerbos, ook in bezit van de gravin. Die zaak was voor de Kroon en er was nog altijd geen uitspraak, vermoedelijk wegens de bezwaren van de stichting Het Zuid-Hollandsch Landschap. Pas eind 1961 werd er een compromis bereikt en kon de procedure rond de afzanding beginnen.

331 AB Keukenhof 15-2-1966.

332 AB Keukenhof 9-5 1960.

333 *Het Vakblad* 30-1-1959, aldaar 2.

De afzanding, de afgraving van het Reigersbos, ook eigendom van de gravin, had een langere voorgeschiedenis (zie kader). Het complex Reigersbos omvatte toen 4,7 hectare bloembollengrond en 25 hectare bos.

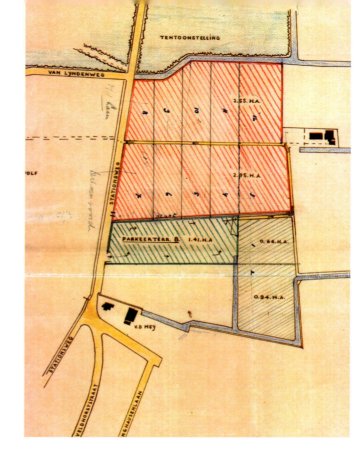

afb. 1
Perceelskaart bij Oost

Het Reigersbos

Op 15 november 1949 schreven de ambtenaren van de gemeente Lisse een nota over de noodzaak van het afgraven van het Reigersbos. De gemeente heeft namelijk veel zand nodig voor wegenaanleg, onder meer voor de Laan van Rijckevorsel (oostelijke randweg). De afgraving zou rond 1956 moeten zijn afgerond. Probleem is de prijs van het zand: 40 cent per m², terwijl het in de handel te koop is voor 30 cent. Reden voor B en W om in januari te opteren voor aankoop. Ook de raad was in april 1951 zeer gekant tegen afgraving. Alleen als er compensatie kwam voor de verloren gegane natuur zou men zich welwillend opstellen. Toen de provincie in september 1953 liet weten een eventueel verzoek om een ontgrondingvergunning te zullen afwijzen opteerde de stichting Het Zuid-Hollandsch Landschap in april 1954 voor aankoop van het bos. Nog steeds was er niets gebeurd. Dat veranderde pas toen GS in juni 1954 negatief beschikte op een verzoek van de gravin tot bijna algehele ontgronding (bijna 18 hectare). De KVP-fractie diende op 4 september 1954 een motie in: "overwegende dat door de toeneming der bevolking, de gestadige uitbreiding van de bloembollencultuur, het uitgeteeld raken van gronden en onttrekking van dergelijke gronden voor volkshuisvestingsdoeleinden in ruime zin, het reeds lang bestaande tekort aan goede bloembollencultuurgronden steeds groter wordt", over te gaan tot een partiële afzanding ten behoeve van "kleine bloembollenbedrijven." De raad nam eind oktober deze motie aan en verzocht GS een commissie in te stellen om de gronden te verdelen. Er volgde nader overleg en dat leidde pas in februari 1961 tot een voorlopig compromis. Inmiddels was jonkvrouw E. van Rechteren Limpurg eigenaresse en als zij ongeveer twaalf hectare mocht ontgronden, dan wilde zij vier hectare aan door de gemeente aan te wijzen bollenkwekers verpachten. In de brief die de Heidemij hierover op 21 februari 1961 aan de burgemeester schreef stond dat die vier hectare waren bestemd voor bollenkwekers die elders in de gemeente "te treffen werken" (o.m. op Keukenhof) pachtpercelen verliezen. Het moesten wel bekwame kwekers zijn die 'te goeder naam en faam bekend staan'. De extra kosten van de inrichting die hieruit zouden voortvloeien kwamen voor rekening van de gemeente, die ze weer in rekening zou brengen bij Keukenhof ingeval er pachters van Zandvliet naar het Reigersbos gingen.

Uiteraard nam het bestuur van Keukenhof en in het bijzonder Guldemond verheugd kennis van de brief van de Heidemij van 21 februari 1961. Eind 1961 boog het bestuur zich weer over de materie en besloot men er naar te streven de pachters die moesten wijken voor het parkeren in het Reigersbos onder te brengen. Men vormde een speciale commissie onder leiding van De Graaf om het project verder te ontwikkelen. Een maand later gooide graaf Carel roet in het eten door te eisen dat de pachters naar het land van De Wit moesten. Dat was echter veel duurder voor Keukenhof want die grond moest worden omgespoten, kosten 60.000 gulden. Het ging toen om ongeveer 4 hectare pachtland in gebruik door B. Duivenvoorde, C. van der Laan, H. Granneman, A. Faas, P. Hoogendoorn en H. Kaptein. Graaf Carel wilde echter die grond aan de Stationsweg alleen pachtvrij opleveren en aan Keukenhof verhuren, onder dezelfde condities als voor M. Sanders was overeengekomen, als men met zijn eis instemde. Dit ondanks het feit dat de pachters ook liever de versere grond van het Reigersbos hadden. De Graaf werd zo langzamerhand beu van de exorbitante eisen van graaf Carel, zei hij tegen het bestuur op 20 december 1961.

Op 21 juni 1962 publiceerden GS het voornemen om de ontgrondingvergunning te verlenen die ook op 10 oktober daadwerkelijk werd verleend. Op 25 oktober vroeg De Graaf aan de Heidemij vier hectare om toe te wijzen en die ging op 6 november akkoord met het verzoek van de burgemeester. Drie weken later, op 27 november, maakte minister Van Aartsen van Volkshuisvesting en Bouwnijverheid samen met veel natuurorganisaties bezwaar tegen uitvoering van de werkzaamheden op grond van de Natuurbeschermingswet. De gemeente Lisse ondersteunde die bezwaren uiteraard niet. Integendeel, die ondersteunde juist de ontgronding en voorzag de advocaat van de gravin van de nodige argumentatie in een brief "die hem expresselijk daartoe was gezonden" ten behoeve van een zitting van de Raad van State waarin een beroep van de Heidemij tegen het bezwaar tegen de ontgronding werd behandeld.[334] Guldemond wilde toen maar overgaan tot het omspuiten aan de Loosterweg, maar dat vond het bestuur niet nodig, omdat het parkeerprobleem door parkeerplaatsen in Lisse zelf minder urgent was.[335] In de bestuursvergadering van 17 december 1963 was De Graaf weer boos op graaf Carel. Hij overlegde in die periode regelmatig met de graaf over de gronden aan de Stationsweg. Die wist zogenaamd niet dat Van der Leede de vrijkomende grond al had verpacht. De Graaf gebruikte krasse bewoordingen over dit gebrek aan eerlijkheid en goede trouw van de kant van graaf Carel en hij verwachtte van hem compenserende maatregelen.

Het streekplan biedt soelaas

Inmiddels had de provincie het Streekplan Bollengebied ter hand genomen. Dat was in oktober 1960 ter visie gelegd, op 19 april 1961 vastgesteld en op 3 januari 1964 gedeeltelijk goedgekeurd bij KB, met uitzondering van een terrein gelegen in de gemeente Warmond. Daarin stond het volgende over het Reigersbos (zie kader en ook **afbeelding 2**).

> **Het streekplan Bollengebied over het Reigersbos**
>
> "Het complex van het Reigersbos omvat thans 4,7 ha bollengrond en 25 ha bos. Op het volgens de voorlopige plannen blijvend voor recreatie te bestemmen gedeelte, groot 11 ha, zal het bos behouden kunnen blijven, terwijl het voorts in de bedoeling ligt, op de als bollenland in cultuur te brengen gronden, de randen van het bos te laten staan. Hoe de juiste oppervlakten zich zullen verhouden is nog niet bekend. De grond, die hier door afgraving vrij zal komen, is van eerste kwaliteit en derhalve geschikt voor hyacintenteelt."[336]

Dat leidde tot een doorbraak. Het ministerie trok in juli 1964 de bezwaren tegen de ontgronding in en graaf Carel vond het goed dat er vier hectare in het Reigersbos zou worden bestemd voor de pachters aan de Stationsweg.

In diezelfde periode kwam er nog meer grond op Oost beschikbaar vanwege het vertrek van bollenteler en pachter van graaf Carel, C. van der Zaal. Hij pachtte samen met Van der Leede 0,75 hectare (percelen 5 en 10 van de kaart) om om het jaar bollen en dahlia's te telen. Van der Zaal vertrok naar het land van De Vink, ook een pachter van graaf Carel, op Zandvliet. Vandaar dat het bestuur besloot Oost een hogere prioriteit te geven en te zorgen dat het nieuwe land voor Van der Zaal werd klaargemaakt (injecteren, ploegen etc. voor rekening van Keukenhof).[337] Toen Van der Leede daar lucht van kreeg stelde hij dat graaf Carel wellicht wel afwilde van het parkeren op het kasteelterrein. "Wel nou nog mooier", was de reactie van De Graaf: "wij het inrichten en hij profiteren."[338] Later dat jaar weigerde hij een verzoek van graaf Carel om Van der Mark, die tegen Zandvliet aan woonde, een camping te laten exploiteren aan de Stationsweg.[339] Tegen die tijd had Guldemond ook een begroting gemaakt voor het inrichten aan de Stationsweg.

334 AB Keukenhof 15-2-1963.
335 Men huurde onder andere het zogenaamde terrein Vreeburg.
336 *Streekplan Bollengebied 1964*, 38.
337 Later kreeg Keukenhof veel met hem te stellen omdat hij schadevergoeding eiste wegens onvolkomenheden van de vervangende grond. In 1968 was men er nog niet uit met hem en ook in 1969 liep die zaak nog.
338 AB Keukenhof 12-5-1965.
339 AB Keukenhof 26-10-1965. Van der Mark woonde naast perceel 12.

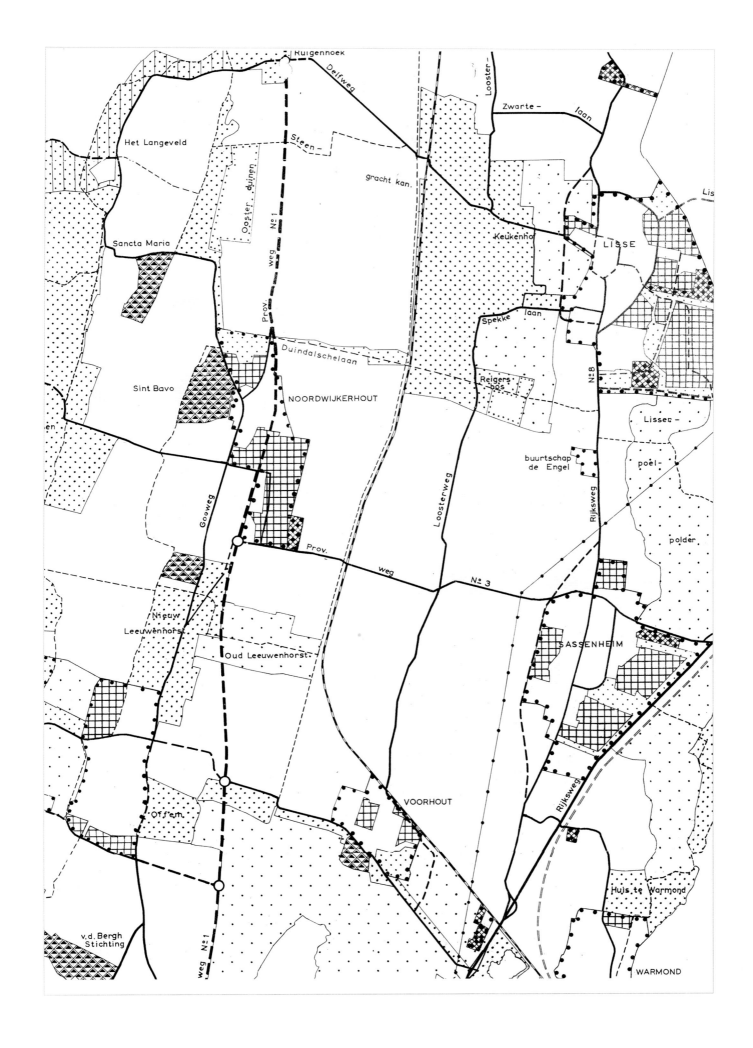

Die bedroeg 115.000 gulden boven de reservering van 135.000 gulden die nog beschikbaar was voor het parkeren.
In het kader nadere informatie over het afzanden van het Reigersbos.

> **De afzanding van het Reigersbos**
>
> Het compromis over de afzanding had heel wat voeten in aarde gehad. De gravin stemde er uiteindelijk in toe haar claim om 18 hectare af te zanden te verlagen tot 12 hectare en de resterend 6 hectare over te dragen aan de stichting Zuidhollands Landschap, die 7 hectare verwierf. Bovendien moest de gravin een deel van de afzanding, ongeveer 1 hectare, weer als bos inrichten. De Heidemij ontwierp een plan met daarin ook de herverkaveling van de bestaande percelen bollenland (de 4 hectare) die aan de ontginning grensden. Sloten zouden gedempt worden om percelen van ongeveer een bunder te maken, zonder drainage, maar met afwateringssloten van 2,5 meter breed. Men zou ook hier een poldertje maken met een gemaaltje in de buurt van de boerderij De Phoenix. Het nieuwe bollenland moest omgeven blijven door een smalle bosgordel. *Het Weekblad voor Bloembollencultuur* opende haar nummer van 1 oktober 1965 met dit bericht en plaatste er een foto bij van de afzanding en de afvoer van het zand. Voorzien was dat er 400.000 kubieke meter in het voorjaar van 1967 moest zijn afgevoerd. In oktober 1965 had men 3 hectare afgezand. Niet al het goede zand lag aan de oppervlakte. Men verwachtte dat een deel op 2,5 steek lag (diepdelven) maar een deel lag dieper, op 2,5 meter; daar zou de zandzuiger moeten worden ingezet.

In oktober 1966 kreeg De Graaf als burgemeester van Lisse van de Heidemij het verkavelingplan en het recht voor vier hectare pachters aan te wijzen voor het Reigersbos. Ook Fred. de Meulder werd hierbij betrokken, omdat zijn bedrijf bollenland (ongeveer 1,2 hectare) had op het terrein van de tentoonstelling en hij te kennen gaf te willen vertrekken, want graaf Carel zou per 1967 zijn pacht opzeggen. Bovendien pachtte hij al land in het Reigersbos (5,5 hectare), waaraan de nieuwe kavel kon worden toegevoegd. Hogewoning belastte zich met de onderhandelingen met de pachters.

De Meulder kreeg een perceel van 2,4 hectare. De Gebroeders van der Laan kregen een perceel van 0,52 hectare en een perceel van 1,05 hectare. In januari 1967 berichtte de Heidemij de gemeente akkoord te gaan met deze pachters en dat extra kosten vanwege het graven van een kavelsloot 1650 gulden waren. Die waren voor rekening van Keukenhof, die bezwaar maakte bezwaar tegen die kosten. Maar de eigenaresse hield voet bij stuk, betalen of anders ging de hele zaak niet door. Keukenhof legde zich er toen maar bij neer (maart 1967).

Granneman vertrok naar het land van een andere pachter van graaf Carel, A. Mesman. Granneman vond het land minder geschikt en wilde dat Keukenhof de jaarlijkse kosten van het injecteren, ad 700 gulden, zou dragen. Ook hier stemde het bestuur mee in en men nam zelfs een jaar de pacht over van graaf Carel. Uiteindelijk trok het bestuur in juli 1967 buiten de begroting om en onder protest van De Graaf 30.000 gulden uit om alles te regelen. Daarnaast kreeg Guldemond een krediet van 25.000 gulden om de ingang aan de Loosterweg op te knappen. Een paar maanden later had Guldemond 25.000 gulden extra nodig omdat het land van vader en zoon Schoone, op Oost, plotseling beschikbaar kwam. Dat waren de percelen 1 tot en met 4 (samen bijna 3 hectare). Nu protesteerde Tegelaar, omdat hij als penningmeester geen schriftelijke onderbouwing had gekregen. Toch kreeg Guldemond zijn zin, omdat het vertrek van de Schoones het gehele stuk aan de Stationsweg vrij maakte voor parkeren en andere voorzieningen.

Van der Lee maakt een plan voor de komende 20 jaar, de gemeente ligt dwars

In de bestuursvergadering van 15 november 1967 bracht Van der Lee een investeringsnota in voor de komende twintig jaar. Daarin stonden ook de plannen voor het parkeerterrein Oost. Dat zou ruimte kunnen bieden aan 2250 auto's en ongeveer 125 bussen. Bovendien zouden er op Oost voorzieningen moeten komen zoals souvenirstands, een ingang en toiletten. Ook op Noord zou een souvenirstand komen.
Op 21 maart 1968 werd een contract getekend met graaf Carel over de huur van in totaal 6.50.12 hectare voor 2000 gulden per hectare. Toen waren de onderhandelingen over de percelen 2 en 4 afgerond.[340]
In maart 1968 begon men met de grondwerkzaamheden, omdat men wist dat B en W bezig waren met een wijziging van het zogenaamde Plan in Hoofdzaak 1964. Maar in de commissie Ruimtelijke Ordening (RO) van de gemeente van 8 maart 1968 vond raadslid Van Leeuwen (PvdA) dat Keukenhof niet mocht bouwen wat anderen ook niet was

340 In het contract was ook nog sprake van een contract van 5 juli 1966; dat hebben auteurs niet teruggevonden, wel vonden we een overeenkomst tussen Keukenhof en C. Schoone van 21 november 1966 waarbij Schoone zijn recht op de huur van 463 RR2 bollenland van graaf Carel voor 5093 gulden overdeed aan Keukenhof.

toegestaan. Bovendien twijfelde men aan de noodzaak van souvenirstand bij Oost en Noord. Daarnaast had C.W. van der Mark een bezwaarschrift ingediend tegen de voorgenomen bebouwingen. Hij wilde niet tegen een toiletgebouw aankijken. Bovendien had hij al dertien jaar een tijdelijke winkel en toiletvoorziening bij het kasteel en vreesde hij voor omzetdaling. Het was het begin van een lang slepende procedure. De Graaf had hem trachten te bewegen zijn bezwaarschrift in te trekken door hem te beloven ("morele binding") dat hij in 1969 een verkoopgelegenheid zou krijgen aan de Loosterweg, maar had hem niet kunnen overtuigen. Van der Lee wist beter: Van der Mark wilde niks, het waren gezochte argumenten. Er zat niks anders op: de burgemeester legde de bouw stil.

Per 1 juni 1968 werd Berends de nieuwe burgemeester van Lisse en op 2 juli besloten B en W een procedure in gang te zetten om een deel van het parkeerterrein Oost dezelfde bestemming te geven als het bosterrein van het Kasteel. Kennelijk met de bedoeling om bebouwing van dat deel mogelijk te maken.
Architect Tol uit Lisse maakte een plan met winkeltjes en een toiletgebouw ter waarde van 140.000 gulden. Daar tegenover stonden pachtopbrengsten van de winkeltjes van rond de 40.000 gulden per seizoen.[341] Berends, die sinds maart in het bestuur van Keukenhof zat, meldde zijn medebestuursleden dat er tot zijn verrassing twee bezwaarschriften tegen het plan waren ingediend: door Van der Mark en P. Beelen. Hij vond dat ze zakelijk overdreven maar er zat wel iets in. In september maakte hij er ook melding van dat het stedenbouwkundig adviesbureau Stad en Landschap uit Rotterdam ook dwars lag. Die adviseerde tot een integrale benadering van de gehele toekomstige bouwkundige ontwikkeling van Keukenhof. Berends begreep nog steeds niet waarom de bezwaren waren ingediend. Het ging om de aanleg van een romantisch stukje berkenbos ("dat vond het publiek zo mooi") en wat gebouwtjes. Van der Lee die met Van der Leede had gesproken, hielp hem uit de droom. Het praatje in het dorp ging dat Keukenhof Oost almaar groter wilde maken om bepaalde mensen het brood uit de mond te stoten. Keukenhof zou er een motel bouwen en ook de bussen van het kasteel zouden daar komen. Een ander kritiekpunt was dat de winkeltjes zouden worden gerund door niet-Lissers. Die kwestie had gespeeld in februari 1967. Toen wilde Van der Mark de pacht van de fruitstand van mevrouw Els van der Lans overnemen, maar die was gegund aan Laarman uit Amsterdam die al pachter was. Bovendien was daarover een 'ontactische' brief geschreven naar Van der Mark. Dat had kennelijk geleid, via Van der Leede en Van der Mark, tot voor Keukenhof negatieve artikelen in de plaatselijke pers. Ook nu weer werd het ongenoegen gevoed door publicaties in het *Rode Weekblad*. Dat kwam ook tot uiting in de commissie RO van de raad van Lisse die op 23 oktober bij elkaar kwam. De bezwaren waren nog dezelfde als in maart. De gemeenteraad vergaderde op 13 november. Berends deed er verslag van in de bestuursvergadering van Keukenhof van 15 november 1968. B en W hadden een bouwvolume van 5000 m² als compromis voorgelegd. Paardekooper (KVP) vond dat op het mooiste plekje van Lisse niet mocht worden gebouwd terwijl Van Leeuwen (PvdA) riep dat de raad baas in eigen huis moest blijven. Bollenkwekers mochten er niet bouwen, dus Keukenhof ook niet. Omdat er zich een meerderheid tegen het B en W voorstel aftekende en de sfeer onaangenaam werd, aldus Berends, namen B en W het voorstel voor nadere studie terug. Het enige positieve was dat de raad de bezwaren van Van der Mark en Beelen ongegrond had verklaard. Verder was het positief dat graaf Carel de pacht van Van Graven, die tot 1968 liep, wilde verlengen en aan Keukenhof vroeg of zij nog wensen hadden.

Parkeren op het kasteelterrein

Zoals al aangegeven exploiteerde graaf Carel het kasteelterrein voor autobussen en verhuurde hij ook ruimte voor de verkoop van allerlei spullen. Zeer tot ongenoegen van het bestuur. Zo was het parkeerterrein slecht onderhouden en werden daar bollen verkocht. Dit was op Keukenhof, behoudens uitzonderingen, niet toegestaan. Ook in 1963 waren er weer klachten vanwege de modder en de plassen op het terrein. Guldemond wilde er een eind maken en merkte op dat er vroeger wel 700 bussen stonden en nu niet meer dan de helft omdat het terrein zo slecht was.[342] Een jaar later was er dezelfde klacht. De Graaf verzuchtte dat Keukenhof grote investeringen moest doen voor het parkeren van bussen aan de Loosterweg, omdat graaf Carel zijn terrein niet wilde opknappen na een aanvankelijke toezegging in 1963.[343] 1966 bracht niet veel verbetering en waren er wederom klachten over de clandestiene verkoop van bollen op het kasteelterrein door P. van der Leede, die zelf ook bollenteler was. In 1967 was de gemeente het zat en ging er een brief naar graaf Carel dat zijn vergunning zou worden ingetrokken als hij geen einde maakte aan de clandestiene verkopen: "tenzij hij alsnog waarborgen geeft voor een efficiënte controle op zijn terrein zonder dat assistentie van de politie nodig is."[344] Dat hielp ook niet, want in 1968 was die kwestie nog steeds niet opgelost en werd er in het bestuur weer over gepraat naar aanleiding van een artikel in het *Rode Weekblad*.[345] De Graaf zei dat graaf Carel, al jaren terug, Nijgh een einde had laten maken aan de bollenverkoop door anderen dan Van der Leede. Nu liet graaf Carel echter Van der Leede bollen verkopen. "Dat was typerend voor graaf Carel", aldus De Graaf. In de bestuursvergadering van 24 september 1968 merkte Van der Lee op dat als Keukenhof een parkeerterrein voor bussen zou moeten inrichten dat zo'n 120.000 gulden zou kosten, terwijl het opknappen van het kasteelterrein zo'n 20.000 gulden zou gaan kosten. De conclusie lag voor de hand. Guldemond zou begin 1969 gaan praten met graaf Carel over een verbetering van het kasteelterrein.

Een bijzonder 'wild' plan

Begin 1967 kwam De Graaf in contact met W. van Liempt, de impresario van het bekende ABC-cabaret van Wim Kan en ene Spaan. Zij

341 AB Keukenhof 19-9-1968.
342 AB Keukenhof 3-10-1963.
343 AB Keukenhof 3-9-1964.
344 AB Keukenhof 16-5-1967.
345 AB Keukenhof 14-6-1968

hadden plannen voor een jaarlijkse Hollandshow in en om het kasteel ten tijde van de opening van de tentoonstelling. In het kasteel zou dan een expositie zijn van hoogwaardige Nederlandse producten, gecombineerd met folkloristische activiteiten zoals klompen maken, tochten met de postkoets van Heineken en de verkoop van souvenirs en snacks. Graaf Carel vond het goed mits de gemeente ja zei. De Graaf aarzelde, zei hij tegen zijn bestuur in de vergadering van 17 januari. Graaf Carel had al vier verkoopgelegenheden. Uitbreiding daarvan moest wel passen bij de sfeer van de tentoonstelling. Bovendien was Heineken een concurrent van De Valk. De Graaf stelde een alternatief voor: De Valk inschakelen als exploitant van een koud restaurant in het kasteel en dat combineren met de verkoop van souvenirs. Dat spaarde investeringen in gebouwen op Keukenhof. Guldemond had daartegen grote bezwaren. Dat zou namelijk betekenen dat de mensen langer bleven, en dus de bussen langer dan de gebruikelijke 1,5 uur op het parkeerterrein zouden staan. Ook Tegelaar was sceptisch; hij raadde af in zee te gaan met Van der Leede, want dat zou de consequentie zijn. Het plan ging in de ijskast, maar na de tentoonstelling stond het weer op de agenda. Van Liempt wilde een exclusief restaurant in het kasteel en Spaan een unieke tentoonstelling gecombineerd met de verkoop van goede souvenirs. In de vergadering van 16 mei 1967 stond het weer op de agenda. Daar bleek dat graaf Carel jaarlijks 20.000 gulden ontving voor de verhuur van de stands op zijn terrein, nog afgezien "van hetgeen wellicht onder tafel verdwijnt", en voor de verhuur van het kasteel 1000 gulden per dag vroeg. Tegelaar raadde aan alles schriftelijk vast te leggen: "de partij van Lynden is niets te dol als het maar geld oplevert." Guldemond bleef bij zijn bezwaar van de langere parkeertijd.
Daarna verdween dit bijzondere plan van de agenda van de bestuursvergaderingen. Van Dijk, die zichzelf niet vaak sprekend opvoert in de notulen, schreef in zijn overzicht over de vergadering van 17 januari 1967 over "allerlei wilde plannen inzake het kasteel", daarmee toch een duidelijk commentaar leverend.[346]

Pachters

Het parkeerterrein was verpacht aan P. van Dam uit Noordwijk. Bovendien waren er pachters voor verschillende stands zoals G. Laarman uit Amsterdam (consumpties), J. Landwehr Johan uit Sassenheim (souvenirs), J. van der Slot uit Lisse (fruit) en J. Beijersbergen uit Lisse (consumpties). A. van Geest huurde de toiletgebouwen in het paviljoen en op de parkeerterreinen. Vooral met Van Dam waren er regelmatig problemen. Zo weigerde hij in 1967 in zijn contract te laten opnemen dat hij de aanwijzingen van de politie moest opvolgen. Hij erkende geen enkele gezagsdrager, vandaar dat Keukenhof wel van hem af wilde en er over dacht gratis te laten parkeren en de entree te verhogen. Maar daar zag men toch maar van af. De huur van de parkeerterreinen kostte Keukenhof 32.000 gulden en Van Dam betaalde 28.000 gulden aan huur.
Als voorbeeld van een pachtercontract staat in het kader nadere informatie over de overeenkomsten die Keukenhof op 1 april 1963 en 13 oktober 1965 met G. Laarman sloot.

Overeenkomsten tussen Keukenhof en G. Laarman

Keukenhof had op het parkeerterrein aan de Loosterweg (Noord) een gebouw geplaatst als stand voor Laarman. De stand was bestemd voor de verkoop van consumpties. Op 1 april 1963 verkreeg Laarman, die daarvoor ook al pachtte, van 1963 tot en met 1965 het alleenrecht voor de verplichte verkoop van de volgende met name genoemde consumpties: belegde broodjes, koffie en thee, kroketten, patates frites, chocolade en suikerwerken. De volgende artikelen mocht hij facultatief verkopen: knakworst, soep, bami en nasi goreng, gehaktballen, amandelbroodjes, slagroomartikelen en ijs. Hij mocht een hele lijst van ook met name genoemde artikelen niet verkopen, waaronder fruit, souvenirs, foto- en filmmateriaal, bloemen en bloembollen. De verkoopprijzen behoefden toestemming van Keukenhof en mochten niet hoger liggen dan 1/3 boven de geldende winkelprijzen in Lisse. Voor dat recht betaalde Laarman 5000 gulden per jaar en bij een bezoekersaantal van boven de 400.000 kwam daarbij 60 gulden per 10.000 bezoekers extra bij. De kosten van stroom-, water- en gasverbruik waren ook voor zijn rekening.

Op 13 oktober 1965 tekende Laarman een overeenkomst met Keukenhof waarin hij op zich nam 8789 gulden te betalen als tegemoetkoming in de kosten van de aanleg van een 22-23 KVA-kabel.

Guldemond verraste het bestuur in de vergadering van 1 november 1967 onaangenaam met het voorstel nieuwe contracten met Laarman en Landwehr Johan aan te gaan als zij er verkoopstands op Oost bij zouden nemen. Laarman wilde daar voor 25.000 gulden een gebouwtje van 13 bij 6 meter neerzetten dat Keukenhof in 1971 zou overnemen voor 10.000 gulden. Daarvoor was in februari al sprake van geweest

346 Van Dijk 1976, 162.

dat Keukenhof ten behoeve van Laarman de fruitstand aan de Loosterweg zou verbouwen. Dit nadat hij de pacht van de weduwe Els van der Lans erbij had gekregen. Toen had het bestuur daarvoor een krediet van maximaal 15.000 gulden vrijgegeven. Tegelaar toonde zich dus als penningmeester in november 'not amused' over de plannen van Guldemond. Hij snapte de portee niet en vroeg om een nadere schriftelijke onderbouwing. Dat kwam er niet van omdat de planologie roet in het eten gooide. Dat verhinderde ook dat een overeenkomst met Duivenvoorde begin januari 1967 om bloemen te gaan verkopen op Oost kon worden uitgevoerd.

Restaurant, theehuis, paviljoen en kantoor

Zoals al eerder opgemerkt ontvouwde De Graaf in de bestuursvergadering van 26 november 1959 zijn bouwplannen voor de toekomst, waaronder grotere ruimten voor bestuur, personeel en bezoekers en een groter theehuis. De Valk wilde meewerken, mits er uitzicht was op de voortzetting van de tentoonstelling na 1971 (de ommekomst van het contract). Het bestuur besloot niet zonder beleid te werk te gaan, maar uit te gaan van een totaalplan onder regie van een bouwcommissie onder leiding van De Graaf, met Tol als architect en Van der Lee als 'assistent'. De Graaf c.s. lieten er geen gras over groeien. Al in januari liet men het bestuur weten dat de verbouwing van het theehuis ongeveer 60.000 gulden zou kosten, voor rekening van De Valk, dat de bestuursruimte, die onderdeel uitmaakte van de restaurantruimte, om niet van hen verkregen zou worden (niet meer huren) en dat Keukenhof ongeveer 23.000 gulden zou steken in uitbreiding van het restaurant. Het contract zou worden verlengd, zij het tegen een andere dan de huidige pacht van 10.000 gulden. Ook verstrekte men een begroting voor de verbouw van kantoor/restaurant die uitkwam op 109.600 gulden, terwijl nieuwbouw werd begroot op 102.800 gulden. Daaraan werd de voorkeur gegeven ("een apart administratiekantoortje naast het Hoogje") zonder dat het tot besluitvorming kwam. Tol zou gaan tekenen. Daarna rezen allerlei moeilijkheden. De samenwerking met Tol liet te wensen, mede door onduidelijke besluitvorming in het bestuur, de financiën vormden een probleem (er werd een bouwfonds gevormd) en het theehuis, dat in 1961 klaar was, kostte meer dan begroot. Het duurde nog tot medio oktober 1964 eer de vakbladen konden melden dat de vlag in top ging omdat het hoogste punt van de nieuwe kantoren in aanbouw was bereikt: "een ruimte, waarin niet alleen lokalen voor het administratieve personeel komen, maar ook een kamer voor de voorzitter, een ontvangstruimte, een tekenkamer en een ruimte voor de directie. Alles bij elkaar komt er 100 m² werkoppervlakte bij."[347] Rond die tijd werden ook plannen ontwikkeld om een toiletgebouw neer te zetten.

In 1960 vroeg ook het paviljoen aandacht omdat het contract met de exposanten afliep. Omdat ze geen gebruik maakten van het optierecht, ging het bestuur op zoek naar andere exposanten. Agfa was bereid met het bestuur in zee te gaan. Eind van dat jaar besloot het bestuur tot een verbouwing. Weer was er onenigheid, omdat de financiële commissie er niet dan wel te laat in was gekend en er begon weer een discussie over de bevoegdheden. Het ging om 20.000 gulden. Een jaar later vond Warnaar (de geestelijke vader van het paviljoen) dat er teveel op de begroting werd beknibbeld. Nog weer een jaar later zei hij het dat hij het gezeur over het paviljoen meer dan zat was.[348] In 1966 vroeg De Graaf zich af of het paviljoen niet productiever kon worden gemaakt. Warnaar haakte daar meteen op in door voor te stellen er cactussen te showen. Later dat jaar bleek dat het paviljoen was afgeschreven en nu een batig saldo opleverde. Warnaar reageerde verheugd: het was voor het eerst in twaalf jaar dat hij een positief geluid over het paviljoen hoorde.[349] In 1967 gebeurde er een kleine ramp. Nadat net een mooie collectie nieuwe vissen in het aquarium was uitgezet kwamen die om het leven doordat het water vanwege een defecte thermostaat in het aquarium had gekookt.

Een constante factor in de discussies over het restaurant waren klachten over de kwaliteit en de bediening, terwijl ook de bedrijfsleider Wulffraat regelmatig onderwerp van discussie was. Men vond hem niet competent. De Valk stelde in de loop van 1965 een (restaurant)commissie in met daarin ook vertegenwoordigers van Keukenhof. Volgens De Graaf zou die met een totaalplan moeten komen, maar tot zijn ongenoegen ging het om details als kleinere consumpties. Ook was hij het er niet mee eens dat De Valk met een derde partner, de Compagnie Wagon Lits (CWL), in zee wilde gaan, die dan het restaurant zou gaan exploiteren. CWL zou naar zijn idee ten onrechte de vruchten plukken van de lage huur van 10.000 gulden per jaar die De Valk betaalde en het bouwfonds van De Valk voor Keukenhof. Het bestuur vond dat een te rigide standpunt. Hogewoning betoogde dat De Valk haar rechten voor twee ton overdroeg aan CWL. Tegelaar zei dat uit de bezoekersenquête die de commissie had uitgevoerd bleek dat men een snellere doorloop wilde. De Graaf bleef erbij dat het restaurant Keukenhof onwaardig was en vond het een lijdensweg worden omdat CWL een proef wilde met selfservice in het paviljoen: "het gaat niet om een fles met een rietje maar om een goed restaurant."[350] Hij kreeg enigszins gelijk toen Van der Lee, die namens Keukenhof in de commissie zat, begin januari meldde dat CWL ook een experiment met selfservice in het theehuis wilde (met een verbouwing, net als in het paviljoen) en overigens nog niet blijk had gegeven van veel kennis van het gebeuren. Hij vreesde dat er dit jaar niets zou gebeuren en dat Keukenhof zou opdraaien voor de kosten. De Valk dacht aan een totale investering van 500.000 gulden. Dat vond Keukenhof op dat moment onacceptabel.

Hij kreeg gelijk, want ook in de tentoonstellingsperiode 1967 waren de klachten niet van de lucht. Men zette zelfs 2500 gulden apart als er een claim zou komen van een groot Engels reisbureau over de bediening. Pas in oktober kwam de commissie met een rapport. De Valk/CWL wilde 100.000 gulden besteden aan het restaurant, 20.000 gulden aan het paviljoen en ook 20.000 gulden aan het theehuis. Het bestuur

---

347 *Weekblad voor Bloembollencultuur* 16-10-1964, aldaar 378.
348 AB Keukenhof 22-10-1962.
349 AB Keukenhof 21-10-1966.
350 AB Keukenhof 5-12-1966.

vond het allemaal wat schraal en had geen belang bij de geplande winkeltjes. Men somde nog eens de klachten op: onbeschoft personeel, te lange wachttijden, geen goede koffie en andere waar. De Graaf was bang dat met het voorgelegde plan de klachten niet werden opgelost en stelde voor een bijdrage te geven van 70.000 gulden, want dat zat nog in het bouwfonds.[351] Dat bleek achteraf een goede zet, want de kosten liepen uit de hand. Tot overmaat van ramp zag CWL af van de exploitatie van het restaurant vanwege de hoge eisen die Keukenhof stelde aan het personeel. Wel kwam er een nieuwe bedrijfsleider (Aelen) en werd het theehuis een café-petit-restaurant. Ook Aelen beviel niet. Men vond hem te zakelijk en van te weinig standing. Zo had hij een slechte koudvlees-schotel geserveerd aan mevrouw van Zanten, de vrouw van het bestuurslid.[352] Ook Berends vond de service waardeloos, het los personeel was van de 'slechtste soort'.[353] Later dat jaar werd Aelen ontslagen, kwam CWL weer terug en stelde een nieuwe man aan, met Wulffraat als adviseur.

Het tentoonstellingsterrein

In 1962 werd 60.000 gulden beschikbaar gesteld voor het verbeteren van de terrassen en de paden. In datzelfde jaar berichtte de gemeente Lisse dat Keukenhof onder de zogenaamde beschermende gebieden van het Nationale Plan viel en dat dit consequenties had voor het gebruik van het terrein. Het bestuur nam dat bericht voor kennisgeving aan. Men had meer aandacht voor het feit dat in het najaar van dat jaar (1962) de eerste beuk in de Beukenlaan moest worden geveld. Hier was men dertien jaar geleden al bang voor geweest en men vreesde dat nu het begin van het einde van de Beukenlaan was aangebroken. De terreincommissie maakte zich grote zorgen, ook al omdat aan het Staatsbosbeheer (SBB) een meerjarenplan moest worden overlegd. Er zou op grote schaal aangeplant moeten worden en een van de problemen was dat er te weinig jonge bomen beschikbaar waren. Belle was bang dat het meer dan vijf jaar zou gaan duren omdat men te laat was begonnen met de bosvernieuwing. Men riep de hulp in van ir. I. Sepers van SBB om een tienjarenplan te maken. In juli 1963 ontwierp Van der Lee de nieuwe inrichting van het terrein: 'Plan tot behoud en verbetering van het bosbestand op het tentoonstellingsterrein en de daaraan verbonden architectonische wijzigingen in het bestaande tuinplan'. Dit plan werd op 10 februari 1964 in de terreincommissie besproken, in aanwezigheid van De Graaf en Sepers. Vervolgens was Sepers aanwezig toen het gewijzigde plan van Van der Lee (Sepers: we hebben beiden voor 90 procent ons zin gekregen) in de bestuursvergadering van 21 april 1964 werd besproken. Sepers had geen prettige boodschap. Het bos ging hard achteruit. Er was een ernstige situatie ontstaan, ook al omdat de herinplant had plaatsgevonden zonder een langetermijnplan. Bovendien verplichtte het Nationale Plan Keukenhof als bos te handhaven. Het meeste belangrijke was te verhinderen dat de wind vat kreeg op het bos. Tot nu toe had de Beukenlaan met zijn onderbeplanting als zodanig gefunctioneerd, maar ook daar was de situatie precair. Hij verwachtte dat de beuken het niet langer dan zes tot acht jaar zouden uithouden. Het was dus zaak het land van Van der Poel te verwerven

en daar een dubbele rij linden te planten als windvang; een lindenlaan. Ook aan de kant van de Zandsloot moesten om die reden populieren en wilgen komen. Dat had consequenties voor, onder andere, de inzending van Warnaar. Door het plan zou ongeveer 10 hectare bos aanwezig blijven. Tenslotte was Sepers van mening dat er 15-20 jaar nodig zou zijn om de gewenste situatie te bereiken tegen 25.000-50.000 gulden per jaar. Op 29 juli 1964 werd een overeenkomst met J.C. van der Poel gesloten. Hij beëindigde de pacht van zijn land (C 765) en verkreeg het recht gratis bolbloemen te verkopen in de nabijheid van de ingang aan de Loosterweg. Bovendien zou Keukenhof het vervangende bollenland, ook op Zandvliet, geschikt maken. Tijdens de begrotingsbespreking in de vergadering van 4 november 1964 besloot men jaarlijks 50.000 gulden te reserveren voor de bosverbetering op basis van het plan-Sepers en dat 30 jaar te doen. In diezelfde vergadering ontstond er onenigheid omdat er plotseling een tractor moest worden aangeschaft voor 15.000 gulden om de mest van de koeien van de parkeerterreinen af te schrapen. De trekker bewees echter zijn diensten en spaarde veel handarbeid.[354]

Op 26 april 1965 bezocht Sepers Keukenhof en bekeek ook de nieuwe aanplant op het zogenaamd land van Poel. Hij was tevreden, schreef Van der Lee in zijn verslag, zowel over de keuze van de planten als over de hergroei: "Hij berekende dat over 4 jaren dit gewas zo ver zal kunnen zijn, dat een gedeelte van hakhout achter de 'Beukenlaan' zal kunnen worden gerooid om de nieuwe linden te kunnen planten (...). Hij had echter gehoopt, dat er meer gedaan was als nu bekeken werd."[355] Verder nam hij kennis van de plannen van Van der Lee voor het komende seizoen. Hij ging akkoord met het bos bij de ingang van de Van Lyndenweg tegen de ingang van het bollenland te rooien en dit te beplanten met zware Hollandse iepen met een onderbeplanting van bos- en sierheesters. Ook zou het padenverloop op het terrein zo worden aangepast dat voor de inzendingen goede 'coulissen' ontstonden.

Op het tentoonstellingsterrein teelde de firma Fred. de Meulder sinds jaar en dag een deel van haar bollen. In de loop van 1966 kwam er bericht dat graaf Carel de firma de pacht wilde opzeggen per 1 oktober 1966, omdat er vervangende grond beschikbaar was in het Reigersbos. Onmiddellijk rees het idee daar een zelfbedieningsrestaurant te bouwen en dat jaarlijks te laten exploiteren.[356] Hogewoning werd er op uit gestuurd om met De Meulder de overdracht te regelen. Hij meldde eind december 1966 dat De Meulder in het seizoen 1967-1968 de helft van zijn grond op Keukenhof zou verlaten en het jaar daarna helemaal zou vertrekken. Begin maart 1967 bleek echter dat De Meulder in het seizoen 1967-1968 nog zou blijven en pas het jaar daarna de helft zou vrijgeven, dus een jaar later dan eerder afgesproken. Toch begon Van der Lee toen in het bestuur een discussie over de bestemming van het

351 AB Keukenhof 13-10-1967.
352 AB Keukenhof 26-4-1968.
353 AB Keukenhof 14-6-1968.
354 AB Keukenhof 9-3-1965.
355 *Kort verslag van het bezoek van ir. I.D. Sepers op maandag 26 april 1965.*
356 AB Keukenhof 15-2-1966.

land. Hij wilde op de ongeveer 1,5 hectare graag een grote koude kas bouwen en noemde als verdere mogelijkheden een speelweide, showtuintjes, of een gebouw voor binnententoonstelling. Scepsis was zijn deel, dat zou allemaal veel te veel geld kosten.[357] Toch wist hij te bereiken dat hij een meerjarenplan voor Keukenhof mocht opstellen. Dat deed hij in de vorm van een investeringsnota die in het bestuur van 15 november werd behandeld. Hij keek twintig jaar vooruit. Voor het land van De Meulder legde hij de volgende opties voor: nieuwbouw van een restaurant, een koude kas van 2000 m², een showruimte omdat het paviljoen café zou worden, en het inrichten als tentoonstellingsterrein volgens het bosplan, dus met paden en bruggen. Bovendien was ook de warme kas aan vervanging toe. Over de koude kas waren de meningen verdeeld. De vakmensen in het bestuur vonden dat wel wat, maar Benningen, die het van de toeristische kant bekeek, was tegen. Hij wilde juist meer variatie op Keukenhof en niet meer van hetzelfde. Duitse journalisten klaagden daar al over. Vandaar dat Benningen meer zag in voorzieningen die meer jeugd zouden aantrekken, meer variatie en een verlenging van het seizoen met andere woorden. Keukenhof moest een trekpleister worden voor de moderne toerist. Hij kreeg zijn zin niet. De meerderheid van het bestuur koos voor een koude kas.[358] Toch zou die discussie in Keukenhof stelselmatig oplaaien. In juli 1967 trok het bestuur 100.000 gulden uit voor een tuinplan op de helft van het land van De Meulder. Later bleek dat er ongeveer 20.000 gulden meer nodig was.

357 AB Keukenhof 17-3-1967.
358 AB Keukenhof 15-11-1967.

HOOFDSTUK 10

EN MIDDEN IN DE GLOOIING LAG IN 'T LICHT, EEN VIERKANT VELD MET BLOEMEN, OPGERICHT

1959-1968. Keukenhof en De Graaf. De tentoonstellingen

Medio februari 1960 gaf De Graaf zijn eerste persconferentie als voorzitter van Keukenhof. Het was moeilijk Van Waveren op te volgen, zei hij. Hij wilde de sympathie die Van Waveren bij de pers genoot niet nastreven, hij zocht meer een relatie op basis van intelligentie. Uit de verslagen van de persconferentie bleek dat de pers dat wel kon waarderen. En dat bleef zo tot hij vertrok.

In dit hoofdstuk is een overzicht over het verloop van de tentoonstellingen te vinden en wordt speciaal aandacht besteed aan een paar in het oog springende zaken, zoals de beelden, de film en de gang van zaken van concurrerende tentoonstellingen, zoals Linnaeushof en Floriade.

Tentoonstelling 1960

In zijn eerste persconferentie kondigde De Graaf een aantal activiteiten aan dat tijdens de tentoonstelling zou plaatsvinden, zoals de opening door prinses Irene, diverse persbijeenkomsten, een concert door een Noors meisjesorkest, een congres van de Gouden Sleutels en een modeshow van de Nederlandse Katoenindustrie. De jaarlijkse provinciale dag zou dat jaar in het teken staan van Overijssel.

Op 30 maart kwam prinses Irene naar Keukenhof om de tentoonstelling te openen. Het idee om de kas naar haar te vernoemen als Irenepaviljoen werd afgewezen. In plaats daarvan zocht ze in de kas tulpen uit, die De Graaf voor haar afsneed voor een bos.

In het *Weekblad voor Bloembollencultuur* van 1 april 1960 begon pagina 699 met een verslag van de opening van de Keukenhof door prinses Irene. Op diezelfde pagina stond een verslag van de opening van de Floriade, een week eerder (op 25 maart) door prinses Beatrix (zie **afbeelding 1**). De Graaf had bij zijn persconferentie gezegd dat de Floriade en Keukenhof naar elkaar zouden verwijzen. Verder werd aangekondigd dat de entree tot twee gulden was verhoogd, enerzijds om de grote stromen publiek wat in te dammen, anderzijds om de kosten te kunnen dekken. Beide factoren zorgden ervoor dat het bezoek daalde van 630.000 bezoekers in 1959 tot 510.000 in 1960, bij lange na niet zo'n grote daling als men vreesde. In het bijzijn van minister-president De Quay werd de vijfhonderdduizendste bezoeker ontvangen en constateerde men dat vooral het bezoek vanuit Nederland wat tegenviel.

In de bestuursvergadering van 13 juli 1960 maakte Zwetsloot melding van de oprichting van de Holland-Combinatie, een samenwerkingsverband waarin ook de ANVV was opgenomen. Voor 4500 gulden per jaar zou die combinatie de gehele binnenlandse en buitenlandse propaganda voor Keukenhof kunnen verzorgen en voor 2800 gulden extra zou de heer Pleyte d'Ailly zeven tot acht weken voor Keukenhof kunnen werken.[359] Het bestuur nam dat aanbod aan omdat het de vacature Van Manen aardig opving. Overigens kreeg de ANVV een jaarlijkse dotatie van 3500 gulden.

In 1960 deed ook de automatisering zijn intrede met het op proef plaatsen van kaartautomaten. Zeer tegen de zin overigens van de terreincommissie die het een "afschuwelijk" idee vond: "strijdig met de warmte der bloemen."[360]

Tentoonstelling 1961

In 1961 participeerden Keukenhof en het CBC in een groot reclameoffensief: de zogenaamde tulip-sailings. Dit was een al jaren bestaand initiatief van de Holland Amerika Lijn (HAL). Bloemenmeisjes uit Haarlem zouden op de schepen en in de Verenigde Staten van Amerika reclame gaan maken voor een bezoek aan Nederland. Dat zou plaatsvinden bij de afvaart van de HAL-schepen Rijndam, Statendam en Rotterdam vanuit New York en Quebec. De KLM zou zorgen voor het vervoer van de tulpenbloemen die via Keukenhof werden geleverd. De schepen zouden worden versierd. Op de schepen voeren de meisjes mee en maakten ze reclame. Ze vertrokken daarvoor al naar Amerika voor interviews en Tv-shows (zie **afbeelding 2**).

afb. 2
Tien bloemenmeisjes op weg naar de USA

359 Hij bleef echter niet lang omdat hij vertrok bij zijn werkgever. Hij werd opgevolgd door Spits.

360 AB Keukenhof 25-10-1960.

Prinses Irene opende De Keukenhof

STAND DER GEWASSEN IS BIJZONDER GOED

Woensdagmiddag verrichtte Prinses Irene de openingsplechtigheid van de Keukenhof in de warme kas, waar al veel soorten in bloei staan. De voorzitter van de Keukenhof, Mr. Th. J. M. de Graaf, voerde daarbij het woord. Hij herinnerde aan de vier eeuwen tulpenteelt in West-Europa en hetgeen de nederlandse kwekers in dit verband tot stand hebben gebracht. Tot de Prinses zei hij: „Het snijden van bloemen in deze kas zou in de ogen van de hier verzamelden een halsmisdaad betekenen. Indien zij echter worden gesneden door U, zal een ieder van harte juichen. Daarom mag ik U vragen om aan deze bloemen, hun kwekers en aan de Keukenhof tevens de eer te bewijzen met mij enige schone exemplaren uit te zoeken."

Prinses Irene zocht daarop uit Orange Fire, Engelenburcht, Golden Hind, Aladin, Queen of Sheba, Bellona, Advance, Pandion, Dutch Princess en First Lady. Mr. de Graaf sneed deze tulpen voor haar. De Prinses toonde zich verbaasd over het grote aantal tulpen in bloei.

Op de dag van de opening was de Keukenhof zo vol kleur als we nog nimmer bij de aanvang zagen. Een aanmerkelijk groot aantal narcissen stond al volop in bloei. Overal tussen de bomen en heesters trok het heldere geel van deze vroege bloemen de aandacht. Trouwens, aan alle gewassen viel te zien hoe gunstig de winter is geweest. De tulpen en hyacinten komen bijzonder gaaf en krachtig te voorschijn. Hier en daar zagen we de eerste hyacinten zelfs al in bloei. Ze werden in hun prille bloemenvreugde gezelschap gehouden door de lichtgekleurde Puschkinia en de helderblauwe Chionodoxa. Vooral deze laatste blijkt in een ruime hoeveelheid te zijn gebruikt. Op vele plaatsen wordt het narcissegeel door het blauw van de Sneeuwroem afgewisseld of gecontrasteerd.

De eerste Tulipa kaufmanniana en T. fosteriana bloeien er al. Van de meeste crocussen is de fijne gloed af, maar met niet al te veel regen en wind, spelen ze toch nog wel enige dagen mee.

Door al deze bloemen, die spoedig door vele gevolgd zullen worden, maakt de Keukenhof bij de opening al een feestelijke indruk. Met een paar dagen zacht voorjaarsweer zal er volop van tal van kleuren en vormen te genieten vallen.

De aanleg heeft hier en daar nog weer een aanmerkelijke verandering ondergaan. De groepen kregen een andere vorm. Sommige paden zijn verdwenen en herschapen in een artistiek aangelegde vijver. Flagstonetuinen langs het water werden weer van patroon gewijzigd. Men heeft niet stil gezeten in de zomer- en herfstmaanden van 1959. Grote verrassingen levert dit niet op, maar toch ziet men hoe minder gunstige plaatsen aantrekkelijker werden. Daar komt bij dat het gehele complex een uitermate verzorgde indruk maakt. Men behoeft er niet aan te twijfelen dat de Keukenhof dit jaar weer bijzonder goed voor de dag komt.

In de eerste dagen zullen de kassen zeker de grote trekpleister zijn. Ruim 20% bloeit daar, maar als het weer even een duwtje geeft, loopt dit percentage zo tot 40% op. De stand van het gewas hebben we wel eens iets zwaarder gezien, maar in het algemeen is het toch behoorlijk.

Attracties

Er zijn weer enige bijzondere attracties. Een aantal bloembinders gaat het samenstellen van bloembindwerk demonstreren in het paviljoen.

De beeldencollectie is met een 17-tal nieuwe grondig veranderd. De nieuwe komen uit franse musea en zijn voor een groot publiek te begrijpen. Op 11 april komt het noorse meisjesorkest „Haslum Skoles Jente Korps" musiceren en dansen. Overijsel geeft op 21 april kleur en leven aan de streekdag.

Deze gebeurtenissen zullen zeker publiek trekken. De werkelijke glorie van de Keukenhof zijn en blijven toch de bloeiende bolgewassen. Deze zullen het daar de komende week zo goed doen als wellicht nog nimmer te voren.

Prinses Beatrix opende Floriade

Door het in werking stellen van een zandloper en het uitspreken van de woorden: „Hiermede verklaar ik de Floriade voor geopend", heeft Prinses Beatrix vorige week vrijdag de Floriade officieel geopend. Dit geschiedde nadat Dr. A. J. Verhage als algemeen voorzitter van de stichting Floriade ter begroeting had gesproken. Hij wees er daarbij o.a. op dat de Floriade tot stand is gekomen door de samenwerking van de gehele tuinbouw en al ook buitenlandse tuinbouwsectoren zich hierbij hebben aangesloten. Hij dankte de gemeente Rotterdam voor de gastvrijheid en steun. Dr. Verhage stelde nog eens in het licht dat het eeuwfeest van de Kon. Alg. Ver. een der aanleidingen is geweest tot het organiseren van de Floriade. Hij bracht in herinnering de verschillende belangrijke aspecten van deze tentoonstelling, de medewerking van de koningshuizen en het ministerie van landbouw. In het bijzonder toonde Dr. Verhage zich erkentelijk ten opzichte van H. M. de Koningin voor het aanvaarden van het Beschermvrouwschap.

Na de opening overhandigde de heer Verhage Prinses Beatrix ter herinnering een zilveren zandloper, met inscriptie, een verkleind model van de zo juist door haar in werking gestelde zandloper.

Een zeer groot aantal hoogwaardigheidsbekleders in overheidsdiensten, leden van het diplomatieke corps en genodigden woonden de opening in de ontvangsthal bij. Daarna bezocht Prinses Beatrix begeleid door Dr. Verhage, de Koningshof, de Euromast en de bolbloementoonstelling.

J. G. A. Orbaan onderscheiden

Tijdens de laatste vergadering van het produktschap werd officieel afscheid genomen van secretaris Orbaan. De directeur-generaal voor de voedselvoorziening, Ir. Franken, was daarbij als vertegenwoordiger van minister Marijnen aanwezig. Hij bracht de verheugende tijding dat H.M. koningin Juliana had behaagd de heer Orbaan te benoemen tot Officier in de Orde van Oranje Nassau. Een benoeming waar iedereen zich zeer over verheugt. Ir. Franken stelde in het licht hoe de heer Orbaan het vermogen bezit met een handige deskundigheid de zaken tijdens moeilijke onderhandelingen zo te leiden dat het doel zoveel mogelijk wordt bereikt, zonder dat de aangename sfeer wordt verstoord. Dr. A. J. Verhage wees op de grote verdienste van de scheidende functionaris op het gebied van de statistiek, waardoor hij een grote steun voor het bedrijfsleven is. Het uitgaan van de juiste basisgegevens bij onderhandelingen, en met een juist gevoel voor verhoudingen, schetste hij als zeer belangrijk. „Deze gegevens zijn nu onmisbaar geworden voor verantwoord werk," aldus Dr. Verhage.

Hij verheugde er zich over dat de heer Orbaan zijn nuttig werk nog ten dele zal blijven voortzetten als voorzitter van de commissie voor de statistiek van de A.I.P.H.

De beide vice-voorzitters van het produktschap, de heren De Vroomen en Elferink, brachten de heer Orbaan dank voor alles wat hij in het belang van het vak heeft gedaan. De heer Sterringa sloot zich hierbij van aan.

In zijn dank- en afscheidswoord verklaarde de heer Orbaan door de benoeming tot Officier buitengewoon verrast te zijn. Hij herinnerde er aan hoe hij zijn werkkring voor de siergewassensector begonnen was in een dieptepunt. Het verheugde hem dat hij afscheid kan nemen tijdens een hoogtepunt in de conjunctuur.

Hij bracht dank aan Dr. Verhage als voorzitter, aan het bestuur voor de prettige samenwerking, aan de minister voor het vertrouwen dat hij steeds van die zijde had genoten en aan de diverse commissies voor alle steun tijdens zijn werk. De heer Orbaan eindigde met het uitspreken van de hoop dat het bestuur van het P.V.S. de wijsheid zal bezitten alle taken tot een goed einde te brengen.

Mevrouw Orbaan, die een boeket rozen van de voorzitter aangeboden kreeg, woonde de plechtigheid bij.

In de namiddag had er een zeer drukbezochte receptie plaats waar een groot aantal vooraanstaande figuren uit de tuinbouwwereld en tal van vakgenoten de heer en mevrouw Orbaan de hand drukten.

Spoedvergadering Nederlandse Gladiolus Vereniging

De Nederlandse Gladiolus Vereniging houdt maandag 4 april een spoedvergadering over de minimumexportprijzen, 's middags te 3 uur in café Brinkmann, Grote Markt te Haarlem.

Adreswijziging:

ONZE VERTEGENWOORDIGER **M. VAN DIJK** IS VERHUISD VAN HAARLEM NAAR
HILLEGOM, V. D. ENDELAAN 53, TELEFOON 02520-7127

Rijnveld

IN DIT NUMMER

	pag.
Het P.V.S. actief voor vestigingsbesluiten	697
Bloembollenvak geeft machtige demonstratie	700
Mr. N. Luitse, secretaris P.V.S.	703
Prijsuitslagen „Feest der bolbloemen"	705
Keuringsverslag	706
Officiële mededelingen	709—710

afb. 1
Prinses Irene opent Keukenhof en prinses
Beatrix opent de Floriade, in Weekblad
voor Bloembollencultuur 1-4-1960

afb. 3
Amarylliskas, in *Parkgids* 1964

Kwekerij en Handel nam in het nummer van 29 mei 1964 een artikeltje uit *De Volkskrant* over van Ineke de Graaf, dochter van de voorzitter van Keukenhof, die voor de derde keer aan de tulip-sailings meedeed en over haar ervaringen schreef.

In 1961 bouwde de firma Weijers-Mense voor eigen rekening een kas naast het paviljoen om daarin Hippeastrums te showen. Het werd een veel gefotografeerd object (zie **afbeelding 3**). In 1965 nam Keukenhof deze kas over voor een gulden en verleende aan de firma het recht tot en met 1971 in de kas te blijven showen. Op 23 maart opende minister M. Klompé de tentoonstelling en citeerde een gedeelte uit *Mei* van Gorter (zie kader).

Citaat uit *Mei* van Gorter:

"En midden in de glooiing lag in 't licht
Een vierkant veld met bloemen, opgericht
Van bekervorm. Ze maakten met elkaar
Een tafel, klaar voor 't drinkgelag, en waar
De gasten nog niet aanzitten. Vol wijn
Staan al de kelken, dungesteeld en fijn
Geslepen. Tulpen waren 't rood en geel.
Rondom, de hyacinten forsch van steel,
De sombere bloemen donkerblauw getrost.
Hakhout op zode'omsloot ze, zwaar bemost."

Voor de begroting van deze tentoonstelling ging men uit van 400.000 bezoekers die netto f 1,40 zou opleveren per bezoeker. Er kwamen er 569.000.

Tentoonstelling 1962

In 1961 maakte Keukenhof plannen om een grote promotieactie te voeren in de winkels van Oxford Street in Londen. Dat bleek niet haalbaar. Alleen het warenhuis Selfridges bleef over. Dat vormde aanvankelijk een probleem, omdat Selfridges zaken deed met bollenexporteur Homan uit Oegstgeest. Keukenhof besloot dat verder geheim te houden, omdat ze niet een exporteur wilde bevoordelen. De gehele actie met 30.000 tulpen, hyacinten en narcissen werd ingebed in een Holland-promotie ('Dutch Flower Festival') in maar liefst achttien etalages. Het werd een grote manifestatie die van 19 februari tot 3 maart 1962 plaatsvond. Het werd een groot succes; alleen het draaiorgel mocht maar vijf minuten per uur spelen.[361]

De tentoonstelling werd dit keer op 29 maart geopend door ministerpresident De Quay. Om te voorkomen dat er aan het begin en het einde van de tentoonstelling te weinig bloemen buiten zouden zijn werden narcissen en hyacinten voor vroege en voor late bloei gebruikt. Toch opende De Quay volgens de persverslagen een vrijwel bloemloos park met beelden (zie **afbeelding 4**).

afb. 4
Geen bloemen, wel beelden

[361] De bijdrage van Keukenhof aan de show bedroeg 18.000 gulden, 7000 gulden minder dan begroot (AB Keukenhof 18-6-1962).

Keukenhof hield de commercie zoveel mogelijk buiten de deur, maar dit jaar maakte men een uitzondering voor de presentatie van de nieuwe DAF 750, Daffodil. Die werd op Keukenhof tentoongesteld. Tevens werd daar een nieuwe narcis van Warnaar gedoopt als 'Van Doorne's Favorite' door W. van Doorne (zie **afbeelding 5**). Het verslag hierover in *De Hobaho* van 2 mei 1962 eindigde als volgt: "Men heeft tenslotte kandeel gedronken, de Keukenhof bezichtigd en op de groei en bloei van de dopeling een toast uitgebracht." Het was voor Warnaar verder ook nog een bijzondere Keukenhof, omdat hij in die week werd benoemd tot ridder in de orde van Oranje-Nassau.

Een andere gebeurtenis van nationaal belang was dat koningin en prins ter gelegenheid van hun zilveren huwelijksfeest op Keukenhof voor veertig gasten op 2 mei een receptie gaven (zie **afbeelding 6**).
Na de sluiting op 27 mei zag het bestuur tevreden terug op het bezoekersaantal, dat met 670.000 een record had bereikt. Toch bleef men bij de begroting uitgaan van rond de 400.000 betalende bezoekers.

afb. 5
Van links naar rechts Van Doorne, Warnaar (met pijp) en De Graaf

Minder tevreden was men over de film die aan het begin van het jaar zijn première beleefde, en over de beelden. Op de beelden komen we nog terug, over de film meer in het onderstaande kader.

afb. 6
2 en niet 7 mei 1962. Koningin en prins vieren 25-jarig huwelijksfeest op Keukenhof

362 Later bleek dat Meyer het maken van proefopnamen beschouwde als een aantasting van zijn beroepseer.

363 H. Seijsener was directeur van de Hafo Filmdienst uit Haarlem, die rond 1949 een kleurenfilm over Holland had gemaakt. Deze film bevatte volgens een verslag in het *Weekblad voor Bloembollencultuur* van 2 december 1949, aldaar 176, prachtige opnamen van bloeiende tulpen, hyacinten, narcissen en andere bolgewassen.

364 AB Keukenhof 1-3-1961.

365 Warnaar bleef daarna pogingen doen hem in te schakelen.

366 AB Keukenhof 15-2-1963.

De Keukenhoffilms

De Meyer-film

Al in 1952 rees het idee om jaarlijks van de mooiste plekjes een film te maken. Verder dan een idee kwam het niet, totdat de reclamecommissie begin 1960 een filmcommissie in het leven riep om een speelfilm te maken. Op de begroting van de reclamecommissie stond jaarlijks een bedrag van 2500 gulden voor een film, maar dat bedrag werd steeds aan andere dingen besteed. De filmcommissie schreef voor de bestuursvergadering van 7 maart 1960 een rapport over het maken van een speelfilm. Het ging al meteen al mis. Het bestuur was van mening er slechts in oriënterende zin over te hebben gesproken, terwijl de filmcommissie meende al een opdracht te kunnen verstrekken en dat dan ook deed. Er was in het rapport sprake van een bedrag van 15.000 gulden. In april bleek dat de kosten waren opgelopen tot ongeveer 25.000 gulden en dat cineast Meyer al een opdracht had gekregen. Vanuit het bestuur werd D.W. Lefeber aan de filmcommissie toegevoegd. Een van de redenen van deze haast was natuurlijk dat het voorjaar de tijd was om proefopnamen te maken. Dat gebeurde echter niet, tot ongenoegen van De Graaf.[362] Ook had de terreincommissie nog steeds geen vertegenwoordiger voor de filmcommissie aangewezen. Waarschijnlijk had dat te maken met het feit dat Belle pleitte voor een andere cineast, namelijk Seijsener, omdat die ervaring had met het filmen van bloemen.[363] Later werden ook andere cineasten genoemd, maar de filmcommissie bleef bij Meyer. Eind 1960 besloot men hem een 16 mm speelfilm van 13 minuten te laten maken, die in 4 talen en 30 kopieën te laten uitbrengen en sponsors te zoeken zoals de KLM, de HAL en De Valk (Oranjeboom, die 5000 gulden bijdroeg). Toen al werd er een lange discussie gevoerd over de eisen aan de kleurechtheid van de opnamen, zoals bepleit door D.W. Lefeber, versus de propagandistische waarde van de film (Van der Gronden) waarbij dat niet zo nauw stak. Die discussie bleef steeds terugkomen.

Op 31 januari 1961 kwam Meyer bij het bestuur zijn plan toelichten. Het bleek nu om een 35 mm film te gaan omdat de KLM, die voor 4000 gulden meedeed, dat wenste; bovendien zou dat betere kleuren opleveren. Maar de kosten stegen wel tot 43.000 gulden. Die extra kosten zouden er door verkoop aan het buitenland wel uit komen, verwachtte Meyer. Het bestuur besloot eens advies te vragen aan de RVD. Die vond een 16 mm film net zo goed, maar Lefeber drong aan op een 35 mm film vanwege de betere kleuren, en aldus werd besloten. Toen al viel in het bestuur voor het eerst het woord drama.[364] Lefeber schreef een brief waarin hij zich al distantieerde van het eindresultaat, omdat Meyer hen was opgedrongen, hij geen ervaring met het filmen van bloemen en geen contact had gezocht met de vakmensen in de filmcommissie. Hij was het ook niet eens met het contract dat met Meyer was afgesloten. Het bestuur schrok echter toen het eind 1961 kennis nam van de eerste versie; niet zozeer van de kleuren maar vooral van de achtergrondmuziek. Volgens Meyer was er 4500 gulden nodig om dat te herstellen, vandaar dat het bestuur besloot om eerst maar eens deskundig advies in te winnen. Die deskundigen vonden echter dat er geen aanpassingen nodig waren. De meningen bleven echter verdeeld. Het bestuur keurde de versie goed en weer viel het woord drama.

De Hobaho van 17 januari 1962 maakte op bladzijde 3 melding van de eerste film die Keukenhof uitbracht. De titel was *Partita op een Hollandse lente* en als filmer noemde het blad de Hongaar Gall. De muziek werd indringend genoemd, de kleuren zwak en het thema niet typisch Keukenhof. Een vernietigende kritiek dus. Voor de distributie van de film tekende Keukenhof een contract met Centra film.

De Stuyvesant film

Het hoeft geen betoog dat de Meyer-film niet best liep. Vandaar dat de filmcommissie al in 1962 kwam met het voorstel cineast Von Rücksleben in te schakelen. De Graaf wilde toen even het woord film niet meer horen en kapte dat idee af. Men besloot de zaak voor twee jaar te laten rusten, ondanks het feit dat Von R. aan Warnaar had aangeboden voor 10.000 gulden een film van ongeveer tien minuten te willen maken.[365] In het voorjaar van 1962 bleek ineens dat de terreincommissie door Seijsener een documentaire had laten maken. De Graaf was vernietigend in zijn kritiek. Hij vond de Meyer-film tien keer beter. Toch mocht de terreincommissie Seijsener blijven inschakelen om de veranderingen op het terrein vast te leggen.[366]

In de zomer van 1967 verraste Benningen van de propagandacommissie het bestuur met de mededeling dat er inmiddels 30.000 gulden was gespaard voor een nieuwe film en noemde hij de naam Stuyvesant. Benningen liet er geen gras over groeien. Samen met Warnaar bezocht hij de studio in Amsterdam. Ze waren onder de indruk, zo rapporteerden zij aan de bestuursvergadering van 15 november 1967. Stuyvesant zou een twee minuten durende 70 mm kleurenfilm kunnen maken die van februari tot en met april 1969 kon worden getoond. De film kostte 181.000 gulden, waarvan Keukenhof 72.400 gulden voor rekening moest nemen. Tabaksfabrikant Turmac zou de rest betalen. De opnamen zouden in 1968 gemaakt kunnen worden. Tegen eind 1967 bood Keukenhof aan Stuyvesant 55.000 gulden aan voor zo'n film en begin 1968 ging Stuyvesant daarmee akkoord. In de bestuursvergadering van 14 juni 1968 werd gemeld dat de opnamen klaar waren en dat de tekst nog moest worden ingesproken. Later dat jaar trad daarin vertraging op door een faillissement.

In 1962 kwam de bevordering van het zogenaamde vreemdelingenverkeer hoger op de beleidsagenda van de provincies te staan. Een teken daarvan was dat de provincies Noord-Holland, Zuid-Holland en Utrecht een commissie voor het vreemdelingenverkeer in het leven riepen. Die commissie liet het bureau Economisch-Technologische Dienst (ETD) van Noord-Holland een rapport samenstellen over hoe het vreemdelingenverkeer in de provincies zou kunnen worden bevorderd. Het bureau deed geen eigen onderzoek maar schreef het rapport, dat in februari 1962 uitkwam, op basis van bestaande gegevens. Uiteraard besteedde men aandacht aan de bloeiende bollenvelden en Keukenhof. Men vond dat complex een voorbeeld van een "enorme aantrekkingskracht op de recreatie-zoekende mens, Nederlander en buitenlander (...) voor de kwekers steekt hier een geweldig reclame-effect achter. Zo bezien zijn eventuele kosten ter stimulering of instandhouding van de vreemdelingenstroom spoedig verantwoord. De mogelijkheid tot seizoenverlenging hierin gelegen, is van niet te onderschatten betekenis voor de op het vreemdelingenverkeer gerichte bedrijven."[367] In het rapport werd ook een pleidooi opgenomen Keukenhof uit te breiden want buitenlandse reisondernemingen begonnen Keukenhof al te druk te vinden: "niet zozeer de verkeersvoorzieningen ter plaatse, als wel de ruimte voor het publiek, vooral tijdens de weekends, blijken een knelpunt te vormen. Al liep van 1950 tot 1959 het aantal bezoekers op van 200.000 tot 600.000 – het tentoonstellingsterrein werd inmiddels van tien tot twintig ha uitgebreid – de laatste jaren evenwel heeft het bezoek geen belangrijke toename meer te zien gegeven."[368]

De Graaf nam in zijn persconferentie rond 20 februari 1963, gewijd aan de tentoonstelling 1963, afstand van deze aanbeveling van het rapport. Hij beschouwde Keukenhof als een "schouwvenster voor het bloembollenvak en (...) een rustpunt voor de mensen die naar de bollenvelden komen kijken" en zag de tentoonstelling niet als een vermaakscentrum. Uitbreiding van Keukenhof was technisch onuitvoerbaar en financieel onhaalbaar. Door de vrije zaterdag was het bezoek beter gespreid en door de verruiming van de paden konden 800.000 bezoekers snel worden opgevangen.[369] Tijdens deze tentoonstelling werd ook de zes miljoenste bezoeker tot dan toe welkom geheten. Het was een zesjarige jongen uit Amsterdam.

In het Kerstnummer van *De Hobaho* schreef de oud-redacteur van het *Weekblad voor Bloembollencultuur* R.M. van der Hart een artikel over bloemententoonstellingen en de reclame voor bloemen. Hij noemde Keukenhof de meest grandioze bloemenreclame voor het vak en haalde herinneringen op aan de beginperiode. Dat was niet van een leien dakje gegaan: "veel stemmen zongen een lied van spoedige neergang." Maar door de het enthousiasme van de oprichters was dat niet het geval geweest: "was het enthousiasme bij de oprichters niet zo groot geweest, was de propaganda niet van meetaf krachtig gevoerd, hadden die oprichters zich geen belangrijke financiële opofferingen durven getroosten, Keukenhof was nooit geworden wat het geworden is. Zeker is het succes niet te danken aan algemeen enthousiasme, maar aan aanpak en durf van enkelen! Men vergeet dat maar al te gemakkelijk."[370]

afb. 7
Transistorradio's verboden

Tentoonstelling 1963

Voor de tentoonstelling van 1963 baseerde men de begroting voor het eerst op 450.000 betalende bezoekers in plaats van op 400.000 bezoekers. Men stelde daaruit geld beschikbaar voor een Hollandpromotie samen met de Holland Combinatie in München, die in het najaar zou plaatsvinden. Op Keukenhof zou een Beierse dag worden gehouden. Het was een jaar met veel vorstschade in de bloembollen, maar De Graaf mocht daar in zijn persconferentie van februari 1963 van het bestuur niet te veel over praten. Door de lange strenge winter was er echter bij de opening door minister-president V. Marijnen op 29 maart weer weinig te zien. Er kwamen 613.000 bezoekers.

Tijdens de bierfeesten in oktober in München presenteerde Keukenhof zich daar. De Graaf bood de burgemeester een gouden dasspeld aan en beloofde dat volgend jaar de Haarlemse bloemenmeisjes zieken en bejaarden bloemen zouden brengen, net als de twee voorafgaande jaren. De Hollandpromotie zou het volgend voorjaar plaatsvinden en daartoe zou een klein Keukenhof worden geplant in het glazen BMW-paviljoen.

Tentoonstelling 1964

In verband met alle investeringen ging de begroting uit van maar liefst vijfhonderdduizend bezoekers. De Graaf vond dat eigenlijk een te hoog aantal. Hij bepleitte dat de commissies meer op de kosten moesten letten.[371] Daarover zei hij natuurlijk niets tijdens zijn jaarlijkse persconferentie. Daarin kondigde hij wel de herbebossing en de herinrichting van Keukenhof aan en gaf hij bijzonderheden over de Hollandweek, die van 6 tot 16 maart in München zou plaatsvinden. Hij noemde als hoogtepunten een 'Hollands ontbijt', georganiseerd door de ANVV, een ontvangst door Verhage en een lezing door Godfried Bomans op vrijdag 13 maart. Bovendien stonden er 30.000 tulpen, hyacinten en narcissen die de roem van Keukenhof zouden verkondigen. Het leidde tot charters uit München naar Keukenhof.

Ook kondigde hij aan dat de bezoekers een nieuw 'verkeersbord' zouden tegenkomen. In vier talen zouden de bezitters van transistorradio's worden verzocht hun apparaten het zwijgen op te leggen (zie **afbeelding 7**). De Graaf kwam ook enigszins terug op zijn kritische opmerkingen van een jaar eerder naar aanleiding van het ETD-rapport. Nu vond hij Keukenhof een toeristisch object van de eerste orde en vond hij dat er meer moest worden samengewerkt met andere toeristische projecten om voorjaarsvakanties in Nederland te promoten. Dat zou dan moeten gebeuren onder de vlag van de ANVV en die deed eigenlijk nog te weinig. Later zou hij die kritiek op de ANVV nog aanscherpen. Minister J. Luns, van Buitenlandse Zaken, kwam op witte donderdag, 25 maart, naar Lisse om Keukenhof te openen.

367 ETD-rapport, 60.
368 ETD-rapport, 122.
369 *De Hobaho* 28-2-1963, aldaar 9.
370 *De Hobaho, Kerstnummer 1962*, 20-12-1962, z.p. Van der Hart overleed in 1967, hij was toen 83 jaar.
371 AB Keukenhof 11-2-1964.
372 AB Keukenhof 4-11-1964.
373 *De Hobaho* 2-4-1965, aldaar 2.
374 De kosten daarvan waren op basis 1/3 verdeeld over Keukenhof, de NZH en de gemeente.
375 *Kwekerij en Handel* 2-4-1965, aldaar 11.
376 *Kwekerij en Handel* 9-4-1965, aldaar 9.

Tentoonstelling 1965

Weer trapte De Graaf bij de begrotingsbespreking voor de tentoonstelling van 1965 op de rem. Er waren namelijk bijna 590.000 bezoekers nodig om de begroting rond te zetten en dat noemde hij schrikbarend.[372] Toch trok men weer het nodige geld uit (25.000 gulden) voor acties in de Engelse steden Manchester en Birmingham, omdat het grote Londense reisbureau Clarkson had toegezegd zogenaamde 'tuliptrips' met een bezoek aan Keukenhof te zullen organiseren, mits de ANVV een actie hield. Het leidde tot 35.000 boekingen.[373]
Bij zijn persconferentie in februari maakte De Graaf uiteraard gewag van de vergroting van de parkeeraccommodatie: er was 14,5 hectare beschikbaar met een capaciteit van 10.000 auto's en 1000 bussen. Bovendien was een speciaal busstation voor NZH-bussen ten westen van de hoofdingang aangelegd, zodat de passagiers zonder de weg over te steken op Keukenhof konden komen.[374] De Graaf vertelde uiteraard niet dat hij eerder in het bestuur zijn zorg had uitgesproken over de wanverhouding die begon te ontstaan tussen de grootte van het parkeerterreinen versus het tentoonstellingsterrein. Wel vertelde hij dat uit een enquête die vorig jaar was gehouden onder 113.858 auto's op het parkeerterrein was gebleken dat 39 procent uit Nederland kwamen, 33 procent uit Duitsland en de rest uit andere landen. Verder ging hij in op het bebossingplan en de aanleg van de Lindelaan en de 40 meter brede windsingel op het land van Van der Poel. Op 30 maart opende minister Bot van OKW de tentoonstelling. Tijdens die opening werd het protocol opgefleurd door Jacoba van Beieren, die samen met haar man Frank van Borselen haar opwachting maakte met een geestige speech, waarop De Graaf, die het initiatief daarvoor had genomen, met een even bloemrijke speech antwoordde. Samen stalen zij de show. In haar speech refereerde Jacoba aan de beelden en vroeg daarover een oordeel aan de minister. Die hield zich wijselijk op de vlakte met de bekende uitspraak van Thorbecke dat de regering geen beoordelaar van kunst is. De verslaggever van *Kwekerij en Handel* had wel een oordeel. Hij hekelde de 'aankleding' van de Beukenlaan: "die geen andere aankleding behoeft dan die der statige beuken en die met een rij vormloze wit stucco bedenksels, zo'n anderhalve meter hoog is ontsierd."[375] Een week later schreef hoofdredacteur Tom Lodewijk als Poëtaz een klaagzang op de schennis van Keukenhofs Beukenlaan dat als volgt eindigde: "Wie zet, in deze kathedraal 'n closetpot in het kerkportaal?"[376] Een schandaal was geboren. Het was een voorlopig climax van de al jaren sluimerende onvrede in het bestuur over de beelden. Zie het kader.

De beelden op Keukenhof

De beelden waren een initiatief van voorzitter Van Waveren, een kunstzinnig man. In 1952 werden de eerste beelden geplaatst en dat ging niet zonder slag of stoot. In dat jaar werd ook een adviescommissie gevormd, een van de meest geruchtmakende van Keukenhof. Dat kwam mede door de werkwijze waarbij in feite de beslissingsmacht lag bij drs. H.L. Swart. Hij was de zeer eigenzinnige, althans in de ogen van Keukenhof, directeur van de in 1951 opgerichte stichting Kunst en Gezin. Deze had als doelstelling had onder alle lagen van de bevolking belangstelling te wekken: "voor de werken der Nederlandse Beeldende Kunstenaars." In 1959 werd de stichting omgevormd tot De Nederlandse Kunststichting, maar Swart bleef directeur. In feite stelde hij steeds de collectie samen en legde daarvan foto's voor aan de adviescommissies die daarop ja of nee kon zeggen. De burgemeester van Lisse maakte ook deel uit van de adviescommissie vanwege zijn bestuurlijke taak. Keukenhof verstrekte jaarlijks een subsidie (eerst 10.000 gulden, later oplopend naar 20.000 gulden) voor het verzekeren, het transport en de plaatsing van de beelden. De rest van de kosten werd gedekt uit externe subsidies van onder meer het rijk. Regelmatig rees in het bestuur van Keukenhof onvrede over het werk van Swart. Hij communiceerde slecht, stelde de beeldencommissie voor een voldongen feit en werkte niet volgens het adagium dat D.W. Lefeber, ook lid van de adviescommissie, al in 1952 had geformuleerd: de beelden mochten niet te duur, niet te modern en niet te naakt zijn. Toen De Graaf voorzitter werd wilde hij een eind maken aan de hegemonie van Swart. Hij trad in overleg met OKW over een mogelijke persoonlijke inbreng in de beeldencommissie van hun kant. Dat liep echter niet erg vlot. Het duurde tot eind 1961 eer de commissie een nieuwe samenstelling kreeg en Swart wat aan banden werd gelegd. Het hielp niet. Een jaar later constateerde het bestuur dat Swart eigenzinnig bleef, maar hij kon vanwege zijn netwerk niet worden gemist. Het bestuur wijdde er op 16 augustus 1962 een deel van de vergadering aan, waarin prof. dr. A. Hammacher, lid van de beeldencommissie en directeur van het Kröller-Müller, C. Kneulman, beeldhouwer en lid van de commissie verantwoordelijk voor de plaatsing van de beelden op Keukenhof, en Swart uitleg gaven over de nieuwe werkwijze. De aanleiding was de kritiek van de koninklijke bezoekers op de non-figuratieve Engelse beelden die toen op Keukenhof stonden. Het leidde niet tot minder kritiek. Integendeel, Swart bleef zijn gang gaan, Hammacher was er vaak niet en de kritiek bleef. Zo vond Belle elk abstract beeld 'stotend' en wilde Guldemond geen modern beeld in zijn inzending. Hij zou zich dan terugtrekken als inzender. Het bestuur nam er wat gelaten kennis van. Keukenhof kon niet meer zonder beelden, dat had Van Waveren goed gezien, en moderne kunst was nu eenmaal non-figuratief.[377] Toen Swart zich weer niet aan zijn afspraken hield (op tijd foto's leveren) werd De Graaf het zat. Hij schold hem naar eigen zeggen de huid vol en stuurde een expresbrief op poten naar Hammacher.[378] De Graaf vroeg toen ook aan enkele kunstcritici een oordeel over de Zwitserse beelden die toen op Keukenhof stonden. Tot zijn verbazing waren ze zeer positief. D.W. Lefeber dacht er anders over. Hij bepleitte dat Keukenhof zelf zou bepalen welke beelden er kwamen. De Graaf vond dat echter niet zo'n goed idee. Hij opperde Pierre Janssen in te schakelen, want die had mooie beelden voor Linnaeushof uitgezocht. Naast de beelden vond ook de beeldencatalogus weinig aftrek. Daar moest geld bij, in 1963 zelfs 4000 gulden. In 1964 schreef Janssen een artikel in de beeldencatalogus. Toen stonden er Italiaanse beelden. Zelfs D.W. Lefeber vond ze mooi, maar De Graaf niet. In 1965 zouden er Franse beelden komen. In dat jaar traden ook mr. E. de Wilde, directeur van de gemeentelijke musea in Amsterdam, en drs. R. Oxenaar, die Hammacher na zijn pensionering in 1963 was opgevolgd als directeur van het Kröller-Müller, toe tot de commissie om te proberen Swart in toom te houden. Dat was nodig, want D.W. Lefeber keurde begin 1965 vier beelden af, twee "naakten en twee deformaties." Later liet De Graaf een beeld verwijderen, omdat hij de foto niet had gezien. Toen de storm losbarstte over de beelden van 1965 was Swart weer eens onbereikbaar. Daardoor was ook de aparte beeldencatalogus niet tot stand gekomen.[379] Wel stond er in de catalogus een artikel van Pierre Janssen over beelden met daarbij ook foto's, maar niet van de gewraakte beelden. Alhoewel de kunstcritici het de mooiste beeldententoonstelling tot dan toe vonden, was Keukenhof duidelijk een andere mening toegedaan. Niemand vond het mooi, zei De Graaf, en volgens hem stond de Beukenlaan, die nu de Kerkhoflaan werd genoemd, vol met 'sexuele gevallen'. D.W. Lefeber wilde stoppen met de beelden, maar dat was meer een uiting van machteloze woede. Het bestuur besefte dat Keukenhof niet zonder beelden kon.[380] Een maand later was de woede weer gezakt, de tentoonstelling was namelijk goed bezocht: met 745.000 bezoekers een nieuw record. Doordat Kneulman had gezorgd voor de plaatsing van de beelden was dat veel goedkoper geweest, namelijk 900 tegen de begrote 2500-3000 gulden. Hij kreeg een bonus van 500 gulden. Swart was toen nog steeds onbereikbaar. Toch kwam er een beweging in het bestuur op gang, geleid door Guldemond, die Keukenhof over de beelden wilde laten beslissen. Dat hield De Graaf tegen met het argument dat het bestuur niet bestond uit kunstkenners. Begin 1967 bracht Guldemond de beeldenkwestie weer ter sprake. De inzenders schaamden zich voor die 'wangedrochten' tussen hun mooie bloemen, zei hij, en er werd ook schamper gesproken over het plastic dat in de vijver had gedobberd. In 1966 was de tentoonstelling gewijd aan Nederlandse en Belgische beelden en plastieken. Veldhuyzen van Zanten merkte echter op dat hij een klant had die elk jaar speciaal voor de beelden naar Keukenhof kwam. De Nederlandse beelden die in 1967 op Keukenhof stonden konden ook op weinig waardering rekenen. Warnaar vond ze erg lelijk en Guldemond vond dat Keukenhof op die manier werd verknoeid en wilde weer een veto. "Nee", zei De Graaf, "het is dit of geen beelden meer."[381] Een jaar later had het bestuur veel kritiek op de gekleurde beelden. Die wilde men niet meer, dat vloekte teveel met de bloemen. Vooral Warnaar was fel in zijn kritiek, maar hij moest die een maand later weer intrekken, want zonder kleuren geen beelden. Het bleef zoals het was, de beeldencommissie koos aan de hand van foto's van Swart en Berends volgde De Graaf op als voorzitter van de commissie.[382] In elk nummer van *Kwekerij en Handel* schreef Lodewijk onder het pseudoniem Stylitus een ironische getinte 'Kolom'. In het nummer van 10 mei 1968 deed hij dat in de vorm van een open brief aan de 'Heren van Keukenhof' en weer was hij kritisch over de beelden. Hij vroeg zich af waarom heren het toelieten dat in de naam 'der kunst' hun hof zo ordinair en storend werd ontsierd. Hij had het over 'objecten' en 'composities' die als een "rauwe vloek opboeren temidden van de tere schoonheid van Uwer eigen kunstwerken: de bloemen van de Keukenhof."[383] Hij besloot met de oproep dat de heren het laatste woord moesten nemen: "Word weer baas in eigen hof!" In een ingezonden brief in het nummer van 14 juni verklaarde T. Hoog, directeur van inzender Van Tubergen, dat hij het geheel eens was met Stylitus ("volle instemming"). Uiteraard koren op de molen van Guldemond en Warnaar. Maar die kregen geen voet aan de grond, zoals bleek. Ook wees het bestuur later dat jaar een verzoek van inzender G. Vreeburg af om het 'beeldenbeleid' voor te leggen aan de jaarlijkse vergadering met de inzenders.[384]

377 AB Keukenhof 20-12-1962.
378 AB Keukenhof 15-2-1963.
379 In de jaren daarna kwam de beeldencatalogus in de gewone catalogus te staan.
380 AB Keukenhof 13-4-1965.
381 AB Keukenhof 17-3-1967. De Graaf had in het voorwoord van de catalogus over 1967 juist een lans gebroken over de beelden. Die droegen bij aan het verkleinen van de kloof tussen de creatieve kunstenaar en de wereld waarin hij leeft had hij geschreven.
382 AB Keukenhof 14-6-1968.
383 *Kwekerij en Handel* 10-5-1968, aldaar 7.
384 AB Keukenhof 15-11-1968. Vreeburg had als voorbeeld hoe het wel moest aan een bestuurslid foto's van beelden laten zien en niet gemerkt dat die veel 'sexueler' waren dan de Keukenhofbeelden, aldus het bestuurslid.

Tenslotte in het volgende kader aandacht voor twee bijzondere beelden en de molen als monumentaal bouwwerk.

De gegeven paarden

De ruiter van Koning

Het beeld dat tot een waar beeldmerk van Keukenhof is geworden werd in 1952 tentoongesteld: het ruiterbeeld dat P. Koning in 1950 maakte. Het was zo groot dat het een deel van zijn atelier moest worden afgebroken toen het naar Keukenhof werd vervoerd.[385] Eind oktober 1952 werd door schuldeisers beslag gelegd op het beeld. Van Waveren wilde toen het beeld overnemen voor het bedrag van de schuld (600 gulden) of anders de huur van 250 gulden betalen tot en met juni 1953. Begin januari 1953 besloot hij het beeld te kopen voor maximaal 1000 gulden.[386] Het was het enige beeld dat Keukenhof in deze periode kocht. In de laatste vergadering van 1961 (20 december) sprak men over het beeld omdat Koning het kennelijk wilde terugkopen. Op dat moment wist het bestuur niet hoe het zat. Men meende dat Van Waveren dit indertijd persoonlijk had geregeld, maar men had daarover niets kunnen vinden in de correspondentie van Van Waveren die zijn zoon bij stukjes en beetjes bij Keukenhof bracht. Kennelijk kreeg men daarna zicht op wat er was gebeurd, verkocht het niet en in 1963 verzekerde men het beeld voor maar liefst 12.000 gulden.[387]

Het geschenk van de gemeente

In 1963 opperde De Graaf dat de gemeente Keukenhof een beeld ter waarde van 15.000 wilde geven. Hij dacht aan een beeld van Nico Jonk. Tot ongenoegen van De Graaf vond een aantal bestuursleden het idee wel leuk maar het beeld niet mooi. Ontstemd hield De Graaf het punt aan. In een latere vergadering werden ook de beeldend kunstenaar C. Kneulman genoemd en Stouthamer.[388] Begin 1964 hakte de gemeente de knoop door. Het werd het beeld van een gehurkte figuur van Nico Jonk. Op 2 april 1965 werd het vijftienjarig bestaan van Keukenhof gevierd met een receptie op het gemeentehuis. De Graaf en zijn vrouw ontvingen de gasten. De Graaf bood tijdens de receptie het beeld namens de gemeente aan en zei daarbij dat men wel wist dat alle bestuursleden het altijd eens waren met de keuze van de beelden: "een opmerking die een hoongelach deed opstijgen."[389] De gemeente had een beeld gekozen dat in 1963 op Keukenhof veel bewondering had geoogst. Namens het bestuur aanvaardde De Vroomen het beeld.

De molen

De molen was een cadeau van de HAL. In 1963 bleek echter dat de verzekeringskosten erg opliepen, omdat er werd verzekerd tegen herbouwwaarde. Het bestuur vond het wel erg bezwaarlijk dat de molen bij een eventuele liquidatie van Keukenhof weer terug moest naar de gever. Men besloot de zaak maar eens bij de HAL onder de aandacht brengen. Er ging een brief uit en in 1964 kwam er een brief terug van de HAL dat men begrip had voor de hoge kosten welke voor Keukenhof aan de molen waren verbonden. Het kwam begin 1965 tot een gesprek waarin de HAL toezegde wellicht de helft van de kosten van de molen te willen vergoeden. Keukenhof wilde namelijk het interieur van de molen weer in de oude staat terugbrengen door het herplaatsen van de molenstenen. Het bleek met 6000 gulden zo duur te zijn dat men er maar van afzag. Medio 1968 vroeg men aan de HAL of de molen moest blijven verzekerd tegen herbouwwaarde en of er wel een herbouwplicht was. Eind 1968 berichtte de HAL dat een dergelijke verzekering niet nodig was. De molen kostte, exclusief het salaris van de molenaar, zo'n 8000 gulden per jaar.

385 Blaak 1995.
386 Terreincommissie vergaderingen 24-10-1952 en 2-1-1953.
387 AB Keukenhof 15-2-1963.
388 AB Keukenhof 9-7-1963 en 3-10-1963.
389 De Hobaho 9-4-1962, aldaar 2.

1965 kenmerkte zich ook door een vlaggenincident. In de bestuursvergadering van 25 oktober 1965, stelde de terreincommissie voor ook vlaggen te plaatsen van de landen achter het IJzeren Gordijn. Dat vond De Graaf iets te politiek, waarop D.W. Lefeber zei dat er geen politieke bollen waren en dat Rusland, Polen en Hongarije belangrijke afnemerslanden waren. Dat was niet iedereen met hem eens. Zo maakte Hogewoning bezwaar tegen een Russische vlag en De Graaf was tegen een Japanse vlag, hij was van 1942 tot 1945 Japans krijgsgevangene geweest op Java. Men kwam er niet uit en stelde een vlaggencommissie in om een beleid te bepalen. Tegen het eind van het jaar adviseerde die dat er vlaggen konden worden geplaatst van landen die een invoer van meer dan 1 miljoen gulden aan bollen hadden en die bovendien toeristisch van belang waren. Hoewel Lefeber het daar niet mee eens was, nam het bestuur die gedragslijn over.

Tentoonstelling 1966

In 1966 werd de promotie gericht op Zweden, en werd er van 4 tot 13 maart in Stockholm een door de ANVV georganiseerde Hollandweek gehouden. Daarnaast werden kleine Keukenhofjes ingericht in veel stations in West-Duitsland. Op 30 maart opende minister M. Vrolijk van CRM de Keukenhof en op 1 april werd het publiek toegelaten. Tijdens de opening deelde De Graaf mee dat hij verwachtte dat Clarkson eind april de 100.000ste bezoeker naar Keukenhof zou brengen. Er waren dankzij het bezoek van de Zweedse koning ook 100.000 bezoekers geweest in Stockholm en ook daarvan verwachtte hij er veel van in Lisse. Verder waren de parkeerterreinen weer vergroot met 2 hectare aan de Stationsweg en zouden er weer treinen stoppen in Lisse. Er zouden 600.000 bezoekers moeten komen om uit de kosten te komen. Het werden er 709.000, iets minder dan het jaar daarvoor. In zijn persconferentie voorafgaand aan de tentoonstelling sprak De Graaf zijn zorg uit over het steeds eerder koppen van de tulpen op de velden als gevolg van gewijzigde 'cultuurinzichten'.[390] Dat was ten koste gegaan van het bezoek aan de bollenvelden, maar gelukkig had Keukenhof dat weer opgevangen. Keukenhof droeg dus belangrijk bij aan de inkomsten van de toeristenindustrie

In 1966 trokken ook de veranderingen bij het CBC de aandacht van Keukenhof.

390 *Weekblad voor Bloembollencultuur* 11-3-1966, aldaar 803.
391 AB Keukenhof 21-10-1966.
392 AB Keukenhof 15-2-1966.

Het CBC

In oktober 1965 vierde het CBC zijn veertigjarig bestaan. Tijdens die gelegenheid werd afscheid genomen van Warnaar. Hij had in mei 1965 zijn functie als voorzitter van de machtige COR neergelegd. Bij zijn afscheid werd gememoreerd dat toen Warnaar aantrad de COR een budget had van een ton (1946) en dat dit was opgelopen tot zes miljoen. Zijn opvolger was F. van der Kolk, de voorzitter van de Bond van Bloembollenhandelaren. Hij kondigde aan een veel agressiever afzetbeleid te gaan voeren, en marketing centraler te zetten. Dat had zo zijn gevolgen. In 1956 had Keukenhof 10.000 gulden bijgedragen aan een advertentiecampagne van de COR in de dagbladen om het bezoek aan de bollenstreek te promoten. In 1957 en in 1958 verleende Keukenhof geen bijdrage, maar in 1959 kreeg Keukenhof een subsidie van 9.000 gulden van de COR ten behoeve van de advertentiecampagne en leverde de COR voor de informatiestand op Keukenhof gratis kleurendia's (o.a. van het affiche) en folders. Bovendien betaalde het CBC de kosten van een beplanting van tulpen, narcissen en hyacinten uit het Surplusfonds. Dit werd herhaald in 1960 en 1961. In 1962 verhoogde men de subsidie naar 10.000 gulden. Dat bleef zo tot en met 1967, want in 1966 meldde Warnaar dat hij nog 10.000 gulden had losgepeuterd bij het CBC voor dagbladreclame en dat zou dan wel voor het laatst zijn.[391] In dat jaar wilde Van der Kolk ook geen subsidie meer verstrekken aan het corso, omdat het corso naar zijn idee niet bijdroeg aan de bevordering van de export. Het dreigde een plaatselijke folkloristische gebeurtenis te worden, en dat paste niet in de nieuwe lijn die hij voor de COR voorstond. Warnaar vond het maar een 'dom' idee: als het corso in de Bollenstreek zou verdwijnen zou het in Noord-Holland (Haarlem e.o.) weer opkomen. Hij pleitte voor overleg op hoog niveau om dit te voorkomen.[392] Dat overleg leidde ertoe dat Th. Zwetsloot, jarenlang verbonden aan Keukenhof en sinds eind 1965 gepensioneerd, gevraagd werd een nieuw concept voor het corso te ontwerpen, zodanig dat het CBC weer zou kunnen subsidiëren. Dat moest een concept zijn dat internationale publiciteit trok. Dat lukte en de subsidie kwam weer op gang, zij het op een lager niveau. Dat betekende dat Keukenhof voor zijn wagen 1500 gulden meer kwijt was.[393] In 1967 reed het 'nieuwe' corso voor het eerst ook door Haarlem.

In 1963 werd aan de COR een Commissie Marktontwikkeling en Verkoopkunde (CMV) toegevoegd. Dat was een bestaand instituut dat tot dan toe zorgde voor de opleiding van bloembollenverkopers in de USA en dat door de exporteurs op Amerika werd gefinancierd. In 1967 richtte het CMV een afdeling buitenlandse voorlichting op. In dat kader verzocht het CMV aan Keukenhof bezoekers te mogen enquêteren naar hun voorkeuren voor het te showen sortiment. Dat vond Keukenhof niet zo'n goed idee, want veel soorten (cultivars) zouden onder de bomen niet goed tot hun recht komen [sic]. De terreincommissie zou zich beraden op een alternatief. Dat werd een korte enquête achter in de in de parkgids, voor het eerst in die van 1969.

In 1966 ontstond er binnen het CBC een discussie, geïnitieerd vanuit de CMV, om te komen tot een activiteit op het gebied van wat werd genoemd 'algemene economische begeleiding'.[394] Het leidde tot het plan een economisch stafbureau op te richten, maar dat pas te doen nadat er een inventarisatie was gemaakt van wat er allemaal al op dat vlak ten behoeve van het bollenvak werd gedaan. Het CBC vroeg en verkreeg daarvoor, begin maart 1967, een krediet van 75.000 gulden van het PVS. Het onderzoek werd gedaan door H. Vermeer, oud-secretaris van het PVS. Zijn rapport was in mei 1968 klaar. Daarin adviseerde hij niet tot een dergelijk bureau te komen (er werd al genoeg op dat vlak gedaan) en het CBC te reorganiseren tot een daadwerkelijk samenwerkingsorgaan met een beleidsvoerende taak. Het CBC besloot de meningen in het vak af te wachten alvorens zelf een standpunt in te nemen.

In het kerstnummer van 1966 van het *Weekblad voor Bloembollencultuur* schreef De Graaf een artikel over Keukenhof. Hij ging daarin op het verleden in en schreef dat hij altijd blij was als men hem niet op de man af vroeg wie het initiatief tot Keukenhof had genomen: "Het is hier zoals bij andere belangrijke gebeurtenissen; evengoed als destijds aangaande de boekdrukkunst zijn er ook aangaande Keukenhof meerderen, die ieder voor zich de eer opeisen althans minstens het eerste zaad te hebben uitgestrooid, waaruit tenslotte de Keukenhofgedachte is gegroeid."[395] Hij benadrukte de propagandistische waarde van Keukenhof voor de bloembollensector en waarschuwde wederom tegen het vroege koppen van de tulpen, omdat Keukenhof en de bollenvelden erom heen een unieke combinatie vormden. Als dat wegviel, zou Keukenhof daarop kunnen reageren door Keukenhof steeds sterker als een op zichzelf staand exclusief element in de markt te zetten. Hij dacht daarbij wel aan samenwerking met andere instanties om een totaal toeristisch aanbod te verzorgen: "zou het ondenkbaar zijn om, nu de Nederlandse stranden meer voor recreatie ontsloten worden, de toeristische druk van West-Europa (West-Duitsland) naar de Noordzeekust te benutten ten behoeve van Keukenhof door samen te werken met andere instanties, die 'kwartiermaken' voor de zomermaanden."[396]

Tentoonstelling 1967

Begin januari 1966 poneerde D.W. Lefeber in de bestuursvergadering dat hij alleen 'openaars' van Keukenhof wilde die Nederlands spraken. Bovendien wilde het bestuur goedkopere openingen, omdat de laatste jaren de kosten ervan erg hoog waren geweest. Een en ander werd gecombineerd door de tentoonstelling van 1967 te laten openen door de jaarlijkse persconferentie van de zeven burgemeesters uit de Bollenstreek. De opening verkreeg meer allure door de aanwezigheid van de burgemeesters uit Heemstede, Haarlem, de Haarlemse bloemenmeisjes en Leiden. Mansholt was verhinderd de tentoonstelling te openen. Dat evenement vond plaats op 21 maart. De Graaf had op zijn eigen sneeuwklokjespersconferentie op 1 maart weer de nodige noviteiten te melden, zoals een bijgoedborder met zevenhonderd soorten bij het theehuis, meer parkeerruimte, en een verbeterde catering. Bovendien waren er kleine Keukenhofjes ingericht in de stations van diverse steden in Europa en had van 10 t/m 25 maart in Keulen de Hollandpromotie plaatsgevonden. Uitte hij vorig jaar alleen intern kritiek op de werkwijze van de ANVV (in Stockholm hadden ze er niet veel van gebakken), nu haalde hij in het openbaar uit. Men werkte langs elkaar heen, er was onvoldoende afstemming. Zo had een 'paniekeling' vorig jaar in de week voor Pasen naar Duitsland geseind dat alle hotels in West-Nederland vol waren, terwijl er nog plaats genoeg was.

---

393 AB Keukenhof 3-2-1967.
394 Vergadering CBC 27-5-1966. Korte verslagen van die vergaderingen stonden in het *Weekblad voor Bloembollencultuur*.
395 *Weekblad voor Bloembollencultuur* 23-12-1966, aldaar 590.
396 *Weekblad voor Bloembollencultuur* 23-12-1966, aldaar 591.

Volgens De Graaf moest men de krachten bundelen en dan op grond van resultaten van wetenschappelijk onderzoek een 'long term-programma' opzetten.[397] Die kritiek kwam hard aan bij de ANVV. Men sloeg terug en een van de medewerkers bejegende De Graaf tijdens een ontvangst van het gemeentebestuur van Haarlem op 29 april "onhoffelijk, onaangenaam en autoritair." Dat weten we uit de brief die De Graaf op 1 mei over dit gebeuren schreef aan de directeur van de ANVV. Men had het volgende tegen De Graaf gezegd: "U weet niet waarover U praat. De Keukenhof is niet onbelangrijk, doch is ook niet de kurk waarop het Nederlandse toerisme drijft. Onze public relationmensen zijn zo goed, dat het buitenland ons deze vaak benijdt."[398] Zijn kritiek was niet zozeer gericht, schreef De Graaf, tegen de medewerkers van de ANVV, maar meer op het bestuur van de ANVV en EZ die onvoldoende coördineerden met onder meer de VVV-Combinatie Holland. De Graaf maakte in dit verband gewag van de controverse ANVV-Combinatie Holland en zijn bemiddelende rol daarin met een voorkeur voor een centrale positie van de ANVV. Tot slot nodigde De Graaf hem met zijn vrouw uit voor een vriendschappelijke borrel. Op 16 mei vertelde De Graaf aan zijn bestuur dat hij had gesproken met de directeur van de ANVV en dat ze beiden tot de conclusie waren gekomen dat het de ANVV ontbrak aan wetenschappelijke expertise. In de vergadering van 16 mei moest De Graaf ook een relletje sussen dat hij zelf had veroorzaakt in de vorige vergadering van 19 april. Door het slechte weer was het bezoek zo achtergebleven bij dat van vorig jaar (192.000 tegen 330.000), dat hij vreesde dat de 400.000 bezoekers die er nog moesten komen om de begroting rond te zetten niet zouden komen. Hij wilde al snijden in de begroting, want de kosten stegen ook veel te snel. Verder wilde hij een bezinning op de inzet van de reclame. Hij vond dat die teveel op het buitenland was gericht, terwijl zestig procent van de bezoekers uit Nederland kwam. De actie in Zweden had wel de nodige bezoekers opgeleverd, maar dat woog niet op tegen de kosten van die actie. Zijn uitspraken leidden tot veel ongenoegen na die vergadering bij de terreincommissie omdat die juist geld nodig had om het terrein op orde te houden. Op 16 mei zei Tegelaar, die op 19 april niet aanwezig was, dat De Graaf ten onrechte de noodklok had geluid. Laten we eerst maar eens kijken hoe de vlag er na het seizoen bij hangt, zei hij; ook Warnaar was die mening toegedaan. Wel kwam er weer een discussie op gang over het aantal bezoekers als uitgangspunt voor de begroting. Sommigen wilden dat verlagen naar 400.000, anderen spraken van 800.000. Overigens stond toen de teller op meer dan 780.000 bezoekers en haalde de tentoonstelling dat jaar ruim 800.000 bezoekers, een nieuw record. Het bewees het ongelijk van De Graaf. Na de tentoonstelling zette men maar liefst 8 ton aan kasgeld uit "tegen een behoorlijke rente."[399] Bovendien was er sprake van een recordwinst van maar liefst 443.000 gulden. Toch kreeg de tentoonstelling nog een naar staartje door een claim van Clarkson omdat 'hun' bezoekers maar weinig bloemen hadden gezien. Het ging om 13.000 gulden, waarvan Keukenhof 10.000 gulden voor haar rekening wilde nemen.

397 *Weekblad voor Bloembollencultuur* 19-3-1967, aldaar 871.
398 Archief Keukenhof.
399 AB Keukenhof 11-7-1967.
400 *Weekblad voor Bloembollencultuur* 8-3-1968, aldaar 876.

Tentoonstelling 1968

Het bestuur baseerde de begroting voor de tentoonstelling op minimaal 585.000 bezoekers. Dat leek gezien het bezoek in 1967 best verantwoord en dat bleek later ook. Omdat het openen via een perslunch in 1967 prima was verlopen besloot men dat ook in 1968 te doen. Dat gebeurde op 3 april.
Daaraan voorafgaand hield De Graaf zijn laatste persconferentie. Hij gaf een overzicht van de bezoekersaantallen vanaf 1964 en vertelde dat er jaarlijks zo'n 5 miljoen bollen werden geplant, waaronder 1,2 miljoen tulpen, 1,4 miljoen narcissen, 150.000 hyacinten en ruim 2 miljoen andere bol- en knolgewassen. Die bollen werden direct na sluiting gerooid en vernietigd, behalve de 'super nieuwe variëteiten'.[400] Over de achterliggende problematiek zei hij uiteraard niets, maar die was ernstig genoeg. Het betrof een beruchte ziekte: kwade grond. Zie voor meer informatie het kader.

Kwadegrondziekte

Toen Keukenhof werd geopend, werd al gewaarschuwd voor het gevaar van het jaar op jaar planten van tulpen op dezelfde grond. De AVB was van mening dat het daarom beter was de tentoonstelling eens in de drie jaar te sluiten om de grond vers te houden. De reden was de kwadegrondziekte, veroorzaakt door de schimmel *Rhizoctonia tuliparum*, die al sinds het begin van de 18e eeuw bekend was en waar pas in 1935 een bestrijding tegen werd gevonden. Tulpen en irissen zijn zeer gevoelig voor deze ziekte, hyacinten en narcissen hebben er minder last van. Zwaar aangetaste bollen verrotten na het planten in de grond. De schimmel vormt in de grond sclerotiën die jarenlang kiemkrachtig blijven en gaan kiemen als de temperatuur tussen de twee en tien graden Celsius ligt. Een van de bestrijdingsmethoden is het zo snel mogelijk verwijderen van de aangetaste planten, en na het rooien een grondbehandeling met chemische middelen toepassen. Iets wat dus op Keukenhof niet zo gemakkelijk toe te passen was (en is). In de bestuursvergadering van 24 september 1968 constateerde D.W. Lefeber dat waar dreigde te worden wat de deskundigen van het LBO hadden gezegd toen ze begonnen: "jullie maken er een nest van ziekten en narigheid van." Dat was de eerste jaren wel meegevallen, maar de laatste tijd was er in zeker vijftien inzendingen kwadegrond gevonden. Bestrijding was moeilijk en kostbaar en ook het gebruik van verse grond, bijvoorbeeld uit de vijver, bood geen soelaas omdat de eenden de ziekte ook konden verspreiden. Ook was het een probleem dat sommige inzenders niet wilden dat hun (dure) bollen direct na sluiting werden gerooid. De terreincommissie had dat oogluikend toegestaan ("foutje" zei Lefeber). Guldemond gaf een voorbeeld: hij had dit jaar voor 7000 gulden aan bollen geplant en aan plantgoed voor 2000 gulden teruggerooid. De neiging om ze te laten staan was dus groot, ook al omdat de inzenders geen enkele vergoeding kregen. Lefeber wilde om die reden zijn dure soorten bijna niet meer beschikbaar stellen. De terreincommissie zou zich verder beraden en advies vragen aan het LBO.

De Graaf toonde zich in zijn laatste persconferentie van zijn meest optimistische kant. Hij verwachtte de 10 miljoenste bezoeker en door een verbeterde aanleg kon de tentoonstelling in plaats van 800.000 bezoekers er wel een miljoen verwerken. Verder waren er weer de nodige stationacties die werden gesteund door de spoorwegen, de ANVV en de VVV-combinatie Holland. Verder waren er etalage-acties met Unox en Tomado in voorbereiding en werd er in de Haagse Passage op 20 maart een mini-Keukenhof geopend die tot 31 maart zou duren. Het weer was zo gunstig dat het publiek al voor de officiële opening op het terrein werd toegelaten. Het bleef uitstekend lopen. In de bestuursvergadering van 26 april werd gemeld dat er meer dan 400.000 bezoekers waren geweest, een nog nooit vertoond record. Het bleef goed lopen en begin mei 1968 kon de 10 miljoenste bezoeker, een echtpaar uit Amsterdam, worden gehuldigd, iets wat men eigenlijk pas in 1969 had verwacht.[401] In de bestuursvergadering van 19 juni 1968 werd de balans opgemaakt. Het dagbezoek was nog nooit zo hoog geweest. Er was al 900.000 gulden op 3 maanden gezet tegen 4,75 procent rente.

Toch maakte het bestuur zich in juli 1968 druk over de invoering van de BTW. Dat zou bij een heffing van 12,5 procent namelijk een extra last kunnen betekenen van zo'n 200.000 gulden en dat zou weer kunnen leiden tot een verhoging van de entreeprijs. De ingeschakelde belastingconsulent mr. H. ten Kley van Loyens en Volkmaars schreef in augustus 1968 een brief naar het ministerie met daarin een pleidooi om de toegangsprijzen onder het 4%-tarief te brengen, c.q. van omzetbelasting vrij te stellen: "De omzetbelasting-voordruk kan op basis van de thans bekende gegevens op ongeveer f 50.000,- per jaar worden geschat; de totale recette bedraagt ongeveer f 1.500.000,-, zodat een heffing van 4% zou neerkomen op ongeveer f 60.000,- ."[402] Als dat niet mogelijk zou zijn pleitte Keukenhof voor vrijstelling. Immers, Keukenhof was uniek

401 *Weekblad voor Bloembollencultuur* 10-5-1968, aldaar 1097.
402 Archief Keukenhof.
403 AB Keukenhof 24-9-1968.
404 AB Keukenhof 16-7-1968

in Nederland. Het haalde weinig uit. Keukenhof moest volgens Ten Kley rekening houden met een extra last van 80.000 gulden. Bovendien liet de begroting voor de tentoonstelling 1969 al een tekort zien van 20.000 gulden, zodat er een gat ontstond van 100.000 gulden. Daarboven was de internationale toestand instabiel door de Russische inval in Tsjecho-Slowakije. Dat zou Keukenhof ook kunnen merken in het bezoek. Tegelaar wilde de entree verhogen van 2,50 naar 3 gulden. Warnaar was daar tegen, want hij verwachtte door het gunstig vallen van de feestdagen in 1969 zeker 800.000 bezoekers, voldoende om het gat te dichten. Met 5 tegen 2 stemmen won Tegelaar. De entreeprijs zou naar 3 gulden gaan en dat zou worden gemotiveerd vanuit algemene kostenstijgingen.[403] Tegelijk werd ook de reductieregeling eens onder de loep genomen. Door allerlei maatregelen zou die stijgen van ruim 1 ton tot ruim 1,5 ton en dat was nou ook weer niet de bedoeling, want dan lekte een deel van het effect van de verhoogde entree weer weg. Maar het kon niet anders, want zo werden de grote aanvoerders aan Keukenhof gebonden.

Begin 1967 nam Keukenhof nog het bericht voor kennisgeving aan dat er in 1972 in Amsterdam weer een Floriade zou worden gehouden. Toen er meer details bekend werden steeg echter de verontrusting bij Keukenhof (zie het kader).

De Floriade van 1972

Begin juni 1968 werd door Tegelaar contact gelegd met een collega die betrokken was bij de organisatie van de Floriade om eens te polsen of het mogelijk was de bolleninzending op de Keukenhof te planten. Dat bleek uiteraard niet mogelijk. In dat gesprek was gebleken dat de Floriade van 30 maart tot 1 oktober 1972 zou worden gehouden en dat leidde tot veel consternatie bij Keukenhof, omdat er geen vooroverleg met Keukenhof was geweest. Dat was in de tijd van de vorige Floriade, toen Verhage de centrale man was, wel anders geweest zei Warnaar. Die was de Keukenhof ter wille geweest door de Floriade niet in Amsterdam (te dicht bij Keukenhof), maar in Rotterdam te organiseren. Men besloot te gaan praten met de nieuwe centrale man ir. C. Staf.[404] Dat leverde allemaal natuurlijk niets op, men kwam niet verder dan de algemene afspraak om eventueel samen te werken bij de reclame en dat soort zaken.

Aan een andere 'bedreiging' kwam in 1968 door de opheffing van de Linnaeushof een einde, maar er kwamen weer andere Keukenhofjes bij (zie kader).

Andere Keukenhofjes

Het einde van Linnaeushof
Tot 1963 bleef Linnaeushof hetzelfde karakter houden maar in dat jaar werd het steeds meer een recreatiepark en opende Godfried Bomans een grote speeltuin. Die omslag redde de tuin niet. Begin 1967 was het zelfs zover dat de bank een executoriale verkoop voorbereidde. Henry W. Roozen had teveel hooi op zijn vork genomen en eigenlijk alleen medewerking ondervonden van de gemeenten Haarlem, die graag een tweede Keukenhof wilde, en Bennebroek, maar niet van de gemeente Heemstede en nog minder van de inzenders. Zo moest hij alle planten en bollen kopen. Er kwam echter vanuit de gemeente Haarlem samen met de provincie een reddingsactie op gang. Er werd zelfs een vriendengroep gevormd en er werden Kamervragen gesteld. Dat leidde ertoe dat de verkoop niet door ging en de provincie het park kocht voor 380.000 gulden. Voldoende om de hypotheek van 270.000 gulden te betalen, maar er waren meer schuldeisers (tot een miljoen gulden) zodat er toch een surseance kwam. Ook die werd weer opgeheven, zodat het park dankzij het werk van veel vrijwilligers in april 1967 op een sobere manier werd geopend. Niet met ambassadeurs of staatshoofden zoals dat in het verleden het geval was geweest maar met een kopje koffie. Toch redde Roozen het niet. In december 1967 werd hij failliet verklaard en was er sprake van een doorstart van de speeltuin onder andere leiding (R. Grijpstra). Het eindigde in een persoonlijk drama voor Roozen. Zijn vrouw ging als protest in hongerstaking en hij voerde rechtszaken tegen Grijpstra. Het hielp niet. In april 1968 werden ze hun huis uitgezet en in juni 1968 overleed mevrouw Roozen, 42 jaar oud en liet een man en vier kinderen alleen achter.

Denemarken
In de bestuursvergadering van 9 mei 1960 van Keukenhof maakten twee Deense heren hun opwachting om een mooie vaas van Deens porselein aan te bieden als dank voor de hulp van Keukenhof bij de opening van de Deense Keukenhof. Daar was Jacoba van Beieren met twee hofdames geweest, die waren ontvangen door de Deense koningin.

Amerika
Op 20 april 1961 opende Sterling Forest Garden weer de poorten en werd de samenwerking met de Universiteit van New York gevierd. De Haarlemse bloemenmeisjes boden de stichter van de Garden een in leer gebonden boekje over Keukenhof aan. Er kwamen meer bezoekers dan vorig jaar, maar het aantal bleef betrekkelijk laag.[405]

Engeland
In het voorjaar van 1963 verschenen er berichten in de vakbladen over een initiatief van boom- en bollenkwekers in het Engelse Spalding tot het stichten van Engelse Keukenhof van negen hectare. Ze zouden gaan werken volgens het Nederlandse Keukenhofconcept. Een van de redenen was dat door het vroege koppen nauwelijks bloeiende bollenvelden meer waren. Hovenier Van Empelen uit Heemstede werd in de arm genomen voor het ontwerp. In de bestuursvergadering van 17 december 1963 vertelde Warnaar dat hij in Spalding was uitgenodigd om over de Nederlandse Keukenhof te praten. Hij vroeg, omdat hij niet meer werkte, of hij zijn kosten bij Keukenhof mocht declareren. Hij kreeg de kous op zijn kop. Hij had vooraf toestemming moeten vragen en men vroeg zich

af wat het belang voor Lisse was. Spalding ging intussen gewoon door. Naast de open grond kwam er ook een kas van 2000 m². Bovendien hield men in het voorjaar van 1964 ook bloemenexposities in Selfridges, net zoals Keukenhof het jaar daarvoor had gedaan. Toch duurde het tot 1966 eer de eerste tentoonstelling werd geopend, maar dat was vanwege de minder geschikte grond niet zo'n succes. Het tweede jaar had men dat euvel hersteld, dankzij de inbreng van Van Empelen. In het *Weekblad voor Bloembollencultuur* van 28 april 1967 stond een lovend artikel met foto. Een maand na de opening waren er al meer dan 50.000 bezoekers geweest, die zich onder andere vergaapten aan de inzending narcissen van Warnaar en Co uit Sassenheim. Dat succes leidde tot een vraag van Tegelaar in bestuur van Keukenhof of er geen uitwisseling met Spalding kon plaatsvinden. Nee, zei het bestuur, we zien ze als concurrenten.[406]

De inzenders

Mr. Bodde Bouman was sinds eind 1961 de fiscale adviseur van Keukenhof. In 1963 schakelde men hem in om iets te doen aan de 'uitwassen' op het gebied van orders boeken op Keukenhof.[407] In 1964 en 1965 drong enige onvrede onder de inzenders door in de bestuursvergadering. Vooral de oudere inzenders hadden er moeite mee dat er geen vergadering meer met de inzenders werden gehouden. Dat was bewust beleid, zei De Graaf. Hij wilde de inzenders niet bij het beleid betrekken. Ze mochten bij de opening komen en er werd jaarlijks een feest voor ze georganiseerd en daarmee basta.[408] Overigens was er ook steeds kritiek vanuit de inzenders op dat feest. Dan weer was de datum (augustus 1961) niet goed, dan weer was het cabaret te 'scherp' (1961) of zat het bestuur op een te prominente plaats in de zaal (1962) of was de locatie niet goed (Bouwens in 1963) of het eten te matig (1964).
In 1964 signaleerde D.W. Lefeber dat de belangstelling voor het inzenden in de kas terugliep Er moest toch eigenlijk wel voor worden gezorgd dat bij de opening een derde deel van de kas in bloei stond. In 1965 constateerde men zorgelijk dat er in feite geen wachtlijst meer was van inzenders. Dat was naar aanleiding van het feit dat inzender Hopman verdween.[409] Eind 1965 boog het bestuur zich over een klacht van de landbouwattaché uit Londen. Verschillende Engelse bezoekers van Keukenhof hadden zich bij hem beklaagd dat ze de op Keukenhof bestelde bollen niet hadden gekregen. Keukenhof onderzocht de zaak en kwam tot de conclusie dat de klacht terecht was, maar dat er geen inzenders van Keukenhof bij waren betrokken.
Van andere aard was, in datzelfde jaar, de klacht van de Commissie voor de Nomenclatuur en de Bloemenkeuringen van de KAVB dat er steeds meer niet-geregistreerde cultivars door de inzenders werden geplant. Dat mocht ook volgens de reglementen van Keukenhof niet, maar Van der Lee zei dat hij elk jaar wel eens werd bedot. Ging het in het verleden om een paar cultivars, nu waren er dat rond de vijfentwintig. Men besloot de inzenders nogmaals te verplichten de aanwijzingen van Van der Lee op te volgen.[410]
In 1966 kwam de teelt van lelies sterk op en rees de vraag of die wel op Keukenhof pasten. De Graaf vroeg zich af of het wel bolbloemen waren, maar werd snel uit die droom geholpen door de vakmensen in het bestuur. Dat was wel het geval, zeiden zij, en hoewel de grond in de Bollenstreek volgens hen niet geschikt was voor de teelt van lelies pasten ze wel op Keukenhof.
In 1967 dreigden een paar inzenders te stoppen vanwege de hoge kosten. Toen stelde de terreincommissie voor om aan kleine bedrijven, niet-inzenders, de mogelijkheid te bieden die perken te laten beplanten met hun nieuwe cultivars. Wat krijgen we nou, zei De Graaf, is Keukenhof er voor het vak of voor het toerisme? Hij vroeg aan de terreincommissie om een nota.[411] Die nota kwam er niet, tot ongenoegen van De Graaf. Wel een voorstel van de terreincommissie om het planten van bollen van niet-inzenders toe te laten. Dat gebeurde nu ook al, zei

405 *De Hobaho* 12-5-1961, aldaar 7.
406 AB Keukenhof 16-5-1967.
407 AB Keukenhof 3-10-1963.
408 AB Keukenhof 21-4-1963.
409 AB Keukenhof 17-12-1964.
410 AB Keukenhof 23-12-1965.
411 AB Keukenhof 3-2-1967.

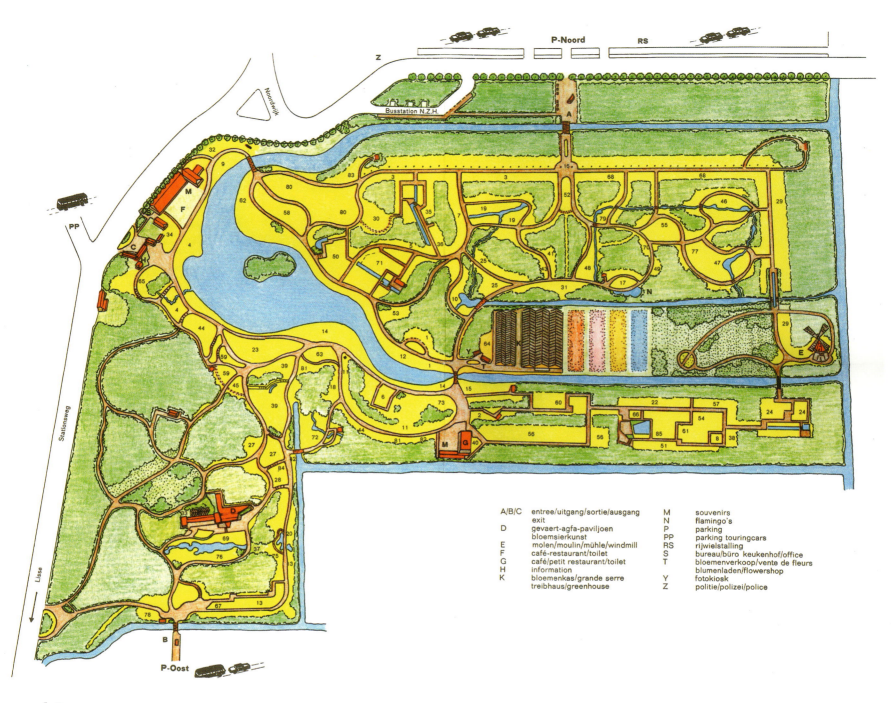

afb. 8
Plattegrond 1969

Van der Lee tot verbazing van De Graaf, en dat was om het vak meer bij Keukenhof te betrekken. Weer vroeg De Graaf om een nota.[412] Het werd een beetje bizarre discussie omdat de terreincommissie voet bij stuk hield en zelfs een stuk wilde reserveren voor niet-inzenders "op het dode stuk aan de vroegere ingang aan de Stationsweg (...) daar behelpen we ons de laatste jaren met surplus-bollen en dit is bepaald geen succes."[413] En wat zullen de inzenders daarvan zeggen, vroeg De Graaf. Die kwamen het niet te weten, zei Belle, want er kwamen geen naamborden bij.

Tegen het eind van het jaar kondigde Belle aan dat hij zijn inzending had overgedaan aan W. Lemmers met "zijn prachtige Tulipa's." Hij maakte van de gelegenheid ook gebruik om voor 1000 gulden zijn schuit aan Keukenhof te verkopen.[414] De discussie of Keukenhof er was voor het vak of voor het toerisme laaide in 1968 weer op toen D.W. Lefeber klaagde dat de animo om langstelige, laatbloeiende tulpen voor de koude kas beschikbaar te stellen zo veel was afgenomen dat men wellicht moest bijkopen. Dat bewees weer dat we Keukenhof moeten afstemmen op de toerist, zei De Graaf.[415]

412 AB Keukenhof 19-4-1967.
413 AB Keukenhof 16-5-1967. Tegen het eind van dat jaar was er alleen een nog een surplus voor hyacinten zodat Keukenhof zo'n 4000 gulden meer (7750 gulden) moest uitgeven om bollen te kopen.
414 AB Keukenhof 11-7-1967.
415 AB Keukenhof 14-6-1968.

*1.	a. frijlink & zn. export n.v., sassenheim	44.	fa. p. drost, lisse
2.	turkenburg's kon. zaadhandel n.v., bodegraven	45.	n.v. fred de meulder, sassenheim
*3.	gebr. van eeden, noordwijkerhout	*46.	fa. g. v. d. mey's zonen, lisse
*4.	fa. d. w. lefeber & co., lisse	47.	fa. l. rotteveel & zn., sassenheim
5.	fa. j. w. a. v. d. wereld, breezand	48.	fa. karel verdegaal, lisse
*6.	a. nijssen en zn. n.v., santpoort	*49.	fa. george vreeburg, lisse
7.	g. b. de vroomen & zn. n.v. sassenheim	50.	van 't hof & blokker n.v., limmen
8.	gebr. eggink n.v., voorschoten	51.	fa. p. van deursen, sassenheim
*9.	fa. ant. van der vlugt & zn., lisse	*52.	fa. jac. th. de vroomen, lisse
*10.	j. onderwater & co. export n.v., lisse	*53.	gebr. captein, breezand
11.	n.v. j. j. grullemans & zn., lisse	*54.	fa. j. f. v. d. berg & zn., anna paulowna
12.	n.v. supergran, haarlem	*55.	n.v. h. verdegaal & zn., sassenheim
*13.	n.v. gebr. van zanten, hillegom	56.	fa. guldemond & zn., lisse
*14.	de graaff bros en s. a. van konijnenburg & co n.v., noordwijk	*57.	fa. m. beelen, lisse
*15.	n.v. a. j. van engelen, hillegom	58.	gebr. van zijverden n.v. hillegom
*16.	n.v. v/h l. van staalduinen jr., 's-gravenzande	*59.	j. dix jr. n.v., lisse
*17.	fa. john van grieken, vogelenzang	60.	fa. p. van reisen & zn., voorhout
*18.	gebr. nieuwenhuis n.v., lisse	61.	tegelaar & zn. n.v., lisse
*19.	f. rynveld & zn. n.v., hillegom	62.	fa. c. v. d. vlugt & zn., voorhout
*20.	fa. j. w. a. lefeber, lisse	63.	fa. a. van der vlugt antzn., ,,solsidan'', lisse
*21.	fa. k. de jong, andijk	64.	fa. tulpo, wassenaar
22.	fa. harry vreeburg, lisse	*65.	gebr. faase n.v., noordwijk
23.	n.v. jacob l. veldhuyzen van zanten, lisse	66.	fa. c. p. alkemade czn., noordwijk
*24.	warnaar & co. n.v., sassenheim	67.	c. j. m. vester n.v., voorhout
25.	h. de graaff & zn. n.v., lisse	*68.	m. veldhuyzen van zanten & zn. n.v., lisse
*26.	n.v. g. c. van meeuwen & zn., heemstede	*69.	c. v. hybrida, schoorl
*27.	n.v. gebr. doornbosch & co., lisse	70.	fa. p. van leeuwen, lisse
28.	van zonneveld export, sassenheim	*71.	n.v. l. stassen jr., hillegom
*29.	n.v. konijnenburg & mark, noordwijk	*72.	n.v. walter blom & zn., hillegom
*30.	m. van waveren & zn. n.v., hillegom	73.	geest, 's-gravenzande
*31.	fa. jac. tol, st. pancras	75.	fa. w.a.m. pennings, noordwijkerhout
32.	fa. k. nieuwenhuis & co., sassenheim	*76.	c. g. van tubergen n.v., haarlem
33.	fa. weyers-mense, vijfhuizen	77.	n.v. c. j. zonneveld & zn., voorhout
*34.	alfred a. thoolen jr., heemstede	*78.	fa. frans roozen, vogelenzang
*35.	gebr. van zonneveld & philippo n.v., sassenheim	*79.	gebr. biemond n.v. lisse
36.	fa. p. dames nzn., lisse	80.	breck holland n.v., hillegom
37.	fa. j. puik, hilversum	81.	fa. j. gerritsen & zn., voorschoten
38.	fa. j. w. van reisen, voorhout	*82.	fa. w. lemmers, lisse
*39.	n.v. h. homan & co., oegstgeest	*83.	d. guldemond n.v., lisse
40.	fa. p. hopman, bennebroek	84.	george van zonneveld - lec m. van reisen exp. n.v., sassenheim
*41.	n.v. l. kortekaas & zn., breezand	*85.	fa. kooy & co., lisse
*42.	fa. g. kamp & zn., winkel		
43.	fa. c. s. weyers & zn., hillegom		

* tevens exposanten bloemenkassen.
participants exposant aussi dans les serres.
stellen auch in den treibhäusern aus.
also exhibiting in the greenhouses.

afb. 9
Lijst van inzenders 1969

In het kader van de BTW-discussie later dat jaar stelde Tegelaar voor om aan de inzenders een vergoeding te geven van bijvoorbeeld een derde van de waarde van het plantgoed. Warnaar en D.W. Lefeber waren daar fel op tegen. Zij betoogden dat Linnaeushof juist ten onder was gegaan aan het geven van vergoedingen aan inzenders. Keukenhof kon nog wel één slecht jaar overleven, maar niet meer zonder gratis inzenders. Dat won het pleit, men begon er niet aan.[416] Wel stond men toe dat de inzenders het Keukenhof-vignet op hun briefpapier gebruikten.

Tot slot

Tot slot van deze drie hoofdstukken staat in **afbeelding 8** de plattegrond van de tentoonstelling in 1969, waarin in vergelijking met de plattegrond van 1959 (zie afb. 9, hoofdstuk 7, p. 108) de wijzigingen tijdens de periode dat De Graaf voorzitter was, goed zichtbaar zijn.
In die periode steeg het aantal bezoekers van 480.000 tot 753.000 en het aantal inzenders van 78, waarvan 42 ook in de kas exposeerden, tot 85, waarvan 47 in de kas exposeerden. Zie **afbeelding 9** voor de lijst van deelnemers in 1969.

416 AB Keukenhof 18-9-1968.

HOOFDSTUK 11

EEN AANTREKKELIJKE EN WAARDEVOLLE ETALAGE VAN WAT HET VAK TE BIEDEN HEEFT

1969-1974. Keukenhof en Berends. Bestuur, directie en personeel

In dit gedeelte worden de lotgevallen van het bestuur en de directie behandeld in de eerste periode dat Berends voorzitter was. Die periode werd gekenmerkt door het plotselinge overlijden van Warnaar en het aftreden van Van der Lee als directeur en zijn toetreden als lid van het bestuur. Dat was aanleiding om een nieuw bestuurs- en managementmodel in het leven te roepen. Daarnaast wordt aandacht besteed aan een aantal aspecten rondom het vijfentwintigjarig bestaan en volgen ter afsluiting wat opmerkingen over de financiën.

Berends wordt voorzitter en Warnaar overlijdt plotseling

In vergelijking met de opvolging van Waveren door De Graaf, die gepaard ging met veel gedoe, ging de opvolging van De Graaf door Berends betrekkelijk geruisloos. In de bestuursvergadering van 17 januari 1969 deelde Tegelaar mee dat de andere bestuursleden de koppen bij elkaar hadden gestoken en unaniem van mening waren dat Berends voorzitter moest worden. De benoeming zou 1 maart 1969 ingaan. Berends aanvaardde die benoeming en zei de teamgeest te willen bevorderen en van daaruit te willen werken. Dat paste bij zijn aard, zoals blijkt uit een korte biografie die in het kader staat.

Warnaar gaf hem als doelstelling mee om te streven naar een miljoen bezoekers. Daar ging Berends wijselijk niet op in. De ontwikkeling van het aantal bezoekers tot en met 1974 staat in het volgende kader. Daaruit blijkt dat hij tot 1974 te maken kreeg met stijgende aantallen bezoekers, behalve de dip in 1972 veroorzaakt door de Floriade.

Bezoekersaantallen
1969: 732.000
1970: 720.000
1971: 800.800
1972: 650.800
1973: 840.800
1974: 907.251[417]

Waar hij zich drukker over maakte, zei hij tegen Warnaar, was over zijn 'troonrede' bij de eerste persconferentie die op 5 maart zou plaatsvinden. Bij die persconferentie was ook Warnaar aanwezig en de journalisten signaleerden een verschil in benadering tussen beide heren als het ging over de beelden. Berends benadrukte de schoonheid van de beelden, terwijl Warnaar een ander geluid liet horen. De beelden pasten qua kleur niet tussen de bloemen. Vandaar dat ze werden geconcentreerd op het vroegere land van De Meulder.[418]

A.J. Berends (1916-2000)

Ton Berends werd op 2 mei 1916 in Nijmegen geboren en volgde zijn middelbare schoolopleiding in Utrecht. Daarna studeerde hij sociale geografie. Na de oorlog ging hij naar Nederlands-Indië om daar bestuursambtenaar te worden en raakte daar bevriend met Theo de Graaf. Na zijn terugkomst uit Indonesië werd hij in 1951 burgemeester van Kerkdriel. Hij volgde daar De Graaf op, die burgemeester van Lisse werd. Rond 1960 werd Berends benoemd tot burgemeester van Monster en toen De Graaf in 1968 naar Nijmegen vertrok werd Berends burgemeester van Lisse. Dat duurde tot zijn pensioen per 1 juni 1981. Volgens oud-gemeentesecretaris Siem Broersen was hij een geheel andere figuur dan De Graaf. Wel had hij zijn bestuurskwaliteiten met hem gemeen. Een bijzonder aardige maar ook zeer integere man, waarmee het goed samenwerken was. In de vergadering van 3 oktober 1969 deelde Berends mee dat zijn vrouw (M. van der Elst) in het ziekenhuis was opgenomen. Zij overleed 2 december 1970 en Berends hertrouwde een jaar later (20 december 1971) met J. van der Ende.

Het persbericht van de benoeming van Berends tot voorzitter stond in de vakbladen van eind januari. Rond die tijd maakten de bladen ook melding van het erelidmaatschap van Belle en De Vroomen, in beide gevallen in waarderende zin. Dat leidde tot een opmerking van

417 Tot en met 1973 ontleend aan het overzicht van Van Dijk, daarna aan gegevens van Keukenhof.

418 *Kwekerij en Handel* 7-3-1969, aldaar 11.

Warnaar in de bestuursvergadering van 17 januari dat het in de toekomst nog moeilijker werd aftredende bestuursleden niet voor te dragen voor het erelidmaatschap. Hem viel dat erelidmaatschap echter niet meer ten deel. Abraham Warnaar overleed plotseling op zondag 14 september 1969. Hij was toen 68 jaar en president-commissaris van Warnaar & Co in Sassenheim. In de vakbladen werd uitvoerig stilgestaan bij zijn overlijden. Hij werd herdacht als een zeer markant figuur: "Zijn karakteristieke kop met de geliefde pijp zal niet weer gezien worden daar, waar het vak acte de présence geeft."[419] In deze periode overleden nog drie ex-bestuursleden van Keukenhof. Theo Zwetsloot op 6 november 1971 (73 jaar) en J.W.A. Lefeber overleed op 82-jarige leeftijd op 19 mei 1973. Op 11 februari 1974 overleed Theodorus (Dorus) de Vroomen. Hij was 81 jaar. In de necrologieën in de vakbladen werd hun 'Keukenhoftijd' gememoreerd (zie **afbeelding 1** (Warnaar) en **afbeelding 2** (Zwetsloot)).

afb. 1
Warnaar

afb. 2
Zwetsloot

Het overlijden van Van der Leede

Een ander persoon in het netwerk van Keukenhof, Piet van der Leede, rentmeester van graaf Carel en bloembollenteler te Lisse, overleed op 18 juli 1971 op slechts 57-jarige leeftijd. De *Hobaho* van 25 juli 1971 schreef over hem: "Hij was in de omgeving van Lisse en Keukenhof een bekende figuur, die de zaken van zijn werkgever fel en consequent behartigde. Op maatschappelijk gebied was hij altijd doende, bestuurslid van de VVV, Harddraverijvereniging, IJsclub, Commissie Najaarsfeesten, Oranje-Comité (...) Piet was de man die zich in geen enkele vaste commissie liet wringen. 'Ik doe het wel even', was zijn slagzin, in zijn werk en in bestuursvergaderingen (...) zijn vele vrienden zullen zijn hulp en aparte vorm van discussiëren missen."[420] Het bestuur van Keukenhof verwachtte dat er op het kasteelterrein een andere situatie zou ontstaan na het overlijden van Van der Leede; de hemel zou zijn opgeklaard en men verwachtte dat het afgelopen zou zijn met de illegale verkoop van bollen. De stands zouden wel blijven alhoewel Tegelaar ervoor pleitte de 'hele troep' op te ruimen.[421] Het was te vroeg gejuicht; de bollenverkoop bleef een bron van irritatie (zie kader).

Bollenverkoop bij het kasteel: bron van irritatie

De verhoudingen tussen graaf Carel, Keukenhof en de gemeente Lisse waren niet altijd even soepel. Een voorbeeld dat dit illustreert is de stevige briefwisseling tussen de gemeente en Piet van der Leede, beheerder van onder meer het parkeerterrein bij het kasteel Keukenhof, waar de bussen werden geparkeerd. In deze activiteit werd in een notendop zichtbaar hoe gecompliceerd de zaken lagen. De bussen parkeerden daar en brachten bezoekers naar de tentoonstelling. Het beheer van dit parkeerterrein viel echter niet onder de zeggenschap van Keukenhof, maar van graaf Carel. Als zich hier dus zaken voordeden die strijdig waren met de afspraken op het Keukenhofterrein, dan moest dat direct of indirect worden besproken met de graaf.

In de tweede helft van de jaren zestig deed zich zo'n situatie voor. Het was inzenders op het park niet toegestaan om bloembollen te verkopen. Enkele inzenders met een particuliere verkoop hadden het voorrecht om orders te boeken van bezoekers, die in het najaar werden verzonden. Verkoop in het voorjaar van bijvoorbeeld tulpen zou de argeloze toerist een slechte indruk van Keukenhof en van de Nederlandse bloembollenhandel geven. Zeker in die tijd was men nog niet in staat om tulpen zo lang te bewaren dat er in het voorjaar alsnog een goed product uitkwam. Er was zelfs een verordening van het toenmalige Productschap voor Siergewassen die bepaalde dat verkoop in deze periode niet was toegestaan.

De verleiding van jaarlijks tienduizenden bezoekers die per bus naar Keukenhof kwamen was echter groot. Verkocht mocht er worden, maar alleen duidelijk omschreven producten door vier huurders van winkeltjes op het parkeerterrein. Bloembollen behoorden daar beslist niet bij. En anderen dan de vier winkeliers evenmin. Met het idee in het achterhoofd dat op drukke dagen het allemaal niet zo nauw genomen werd met de regels, bleek er toch met regelmaat verkoop plaats te vinden. Keukenhof en de gemeente Lisse besloten in 1967 om de zaak aan te pakken. Daartoe wendde de gemeente Lisse zich op 10 mei 1967 per brief tot graaf Carel. Daarin is te lezen dat gemachtigde Piet van der Leede al enkele malen op deze zaak is aangesproken: "temeer omdat de voornaamste overtreders jaar in jaar uit dezelfde personen blijken te zijn en bijzonderlijk nog persoonlijke relaties – al of niet van familieaard – bezitten tot de heer v.d. Leede." Tot de verkopers behoorde een broer van hem. Op 6 maart 1968 stuurt de gemeente er nog maar een briefje overheen, omdat de graaf niet op het schrijven van 10 mei 1967 had gereageerd. Hierop volgt een handgeschreven brief van Van der Leede, waarin hij schrijft dat: "deze buiten mijn medewerking en/of toestemming plaatsvonden en hieraan noch enig commercieel belang had en dus buiten mijn verantwoordelijkheid valt." Hier kwam hij echter niet mee weg. Hij kreeg antwoord van de gemeente die daarnaast de Algemene Inspectie Dienst vriendelijk doch dringend verzocht om extra te controleren tijdens de openstelling van Keukenhof op de illegale verkoop van bollen. Tevens laat de graaf via zijn advocaat mr. Nijgh brieven schrijven aan de heren J. van der Leede (broer van Piet) en H.L. Schoone met de mededeling dat het hen niet is toegestaan om zonder vergunning van de gemeente bollen te verkopen op het terrein van het kasteel. Terreinbeheerder Van der Leede laat het er niet bij zitten, en stuurt een brief aan de gemeenteraad, waarin hij zich beklaagt over de stevige taal die de gemeente bezigde. Burgemeester en Wethouders stellen een uitgebreid antwoord voor, dat normaliter als hamerstuk in de gemeenteraad zou zijn behandeld. Dit keer volgt er echter een flinke discussie, waaruit nog weer eens duidelijk wordt hoe lastig de relatie gemeente, bloementoonstelling en kasteelheer eigenlijk is. Zo merkte de heer De Vroomen op: "dat op de achtergrond speelt de verhouding gemeente – Keukenhof. De vorige burgemeester [De Graaf, MT] was voorzitter van de Keukenhof, terwijl de gemeentesecretaris secretaris van de stichting Keukenhof is. Dit leidt tot moeilijkheden en het is niet altijd duidelijk op welke stoel zij zitten. In het verleden is het voorgekomen dat de Keukenhof dingen deed die anderen niet waren toegestaan. De voorzitter [Berends, MT] meent dat de heer [Huug, MT] De Vroomen te ver gaat."

Ondanks alle brieven en de discussie in de gemeenteraad blijft de ongewenste situatie bestaan, zo blijkt uit een proces-verbaal van de politie uit de Keukenhofperiode 1968. Er werden processen-verbaal opgemaakt tegen onder Schoone en J. v.d. Leede wegens de verkoop van amaryllisbollen en gladiolenknollen: "Voorts werd van jeugdige kinderen een grote hoeveelheid ansichtkaarten afgepakt, die zij aan de 'man' probeerden te brengen, de kinderen werden weggezonden, de ouders in kennis gesteld." En de verdachte heren bollenverkopers kregen boetes uiteenlopend van 5 tot 15 gulden. Het hielp niet veel, want in 1970 klaagde Van der Lee dat op het kasteelterrein "alle ongure elementen samen komen om er een rotzooi van te maken."[422] Niet alleen verkopers van bloemen en bollen veroorzaakten problemen, maar er werd ook gebedeld en wat dies meer zij.

Het overlijden van Van der Leede hielp niet veel. Want op 2 februari 1972 deed Frans Roozen van de Tulipshow uit Vogelenzang in een brief zijn beklag bij Keukenhof over de vele klachten van toeristen, buschauffeurs en reisleiders over de chaotische toestanden door wilde verkoop van slechte kwaliteit amaryllisbollen en gladiolen op het parkeerterrein van de bussen. Roozen vraagt of hij een verkoopstand mag inrichten op dat terrein voor de verkoop van eersteklas bollen. Hij heeft dit al bij graaf Carel aangekaart, maar wil graag ondersteuning van Keukenhof. Die doet dat echter niet, omdat de verkoop van bollen en bloemen op het busparkeerterrein verboden is "en aan deze bepaling in de toekomst strenger de hand gehouden zal worden."[423] Bovendien had graaf Carel het aantal stands bevroren.[424] Toch had de rijkspolitie in 1972, op aandrang van Tegelaar, beslag gelegd wegens illegale bollenverkoop.[425] In 1973 trad een verbetering op. Graaf Carel was nu ook tegen de illegale verkoop en de opvolger van Van der Leede, Egbert Hollander, kreeg een aanstelling als buitengewoon rijksveldwachter en kon dus ook optreden.[426]

419 *Kwekerij en Handel* 19-9-1969, aldaar 11.
420 *Hobaho* 25-7-1971, aldaar 7.
421 AB Keukenhof 2-8-1971.
422 AB Keukenhof 15-6-1970.
423 Archief Keukenhof, brief 25-2-1972.
424 AB Keukenhof 18-2-1972.
425 AB Keukenhof 26-5-1972.
426 AB Keukenhof 22-1-1973.

In de bestuursvergadering van 21 februari 1969 trad Tegelaar af als waarnemend voorzitter en overhandigde hij de sleutel van de kluis aan Berends. En zo geschiedde het dat Berends voor het eerst als voorzitter optrad in de vergadering van 21 maart. In de vergadering daarna, die van 22 april, memoreerde hij dat D.W. Lefeber op 25 april 75 jaar werd en dus in de volgende vergadering zou aftreden. In die vergadering op 23 mei noemde Berends D.W. Lefeber een soort geestelijke vader van Keukenhof en Warnaar gewaagde van het ondeugendste lid van het bestuur. Uiteraard liet Lefeber zich ook niet onbetuigd en liet twaalf aandachtspunten na, door Berends de twaalf artikelen des geloofs genoemd. Er zaten twee opvallende punten in, namelijk dat hij de vijver de mooiste inzending vond en dat hij onlangs had ontdekt dat er bij de installatie van het bestuur in 1949 een afspraak was gemaakt dat Keukenhof niet zou ageren tegen het betalen van vermakelijkheidsbelasting aan de gemeente. Hij riep op dat toch maar te gaan doen. Berends noemde dat het meest pikante punt dat Lefeber had opgeworpen, en Tegelaar zegde toe met een voorstel te zullen komen.

Eggink treedt aan als nieuw bestuurslid, Van Rijnen wordt PR-functionaris

In die vergadering van 3 oktober 1969 werd in een vertrouwelijk beraad (niet genotuleerd) gesproken over de vervulling van de vacatures Warnaar en Lefeber en werd besloten Eggink en Hoog te benaderen.[427] Na benadering zeiden beiden eerst ja, maar later trok Hoog zich terug en trad C. Eggink (geboren 4 april 1912) tot het bestuur toe. Hij was voor het eerst aanwezig in de bestuursvergadering van 19 januari 1970 en werd lid van de terreincommissie. Zijn bedrijf, Gebrs. Eggink BV uit Voorschoten, behoorde al tot de inzenders van de eerste tentoonstelling. Toen hij in 1974 werd voorgedragen voor herbenoeming zegde hij alle functies die hij in het bollenvak had op. Dat leidde tot een discussie tussen Van Os en Coenen over het benoemingenbeleid van Keukenhof. Drs. A.L.J. Coenen was in 1969 voorzitter van de KAVB en voorzitter van Bloembollenraad geworden. Kennelijk wilde hij meer binding tussen het vak en Keukenhof, want geen van de bestuursleden van Keukenhof vervulde een bestuursfunctie in het vak, en dat was vroeger wel eens anders geweest, zoals bij Warnaar. Van Os vertelde dit in de bestuursvergadering van 11 januari 1974 en men nam zich voor dit mee te nemen voor nieuwe benoemingen.
Omdat echter de vacature Warnaar in de propagandacommissie niet werd vervuld stelde Benningen, de opvolger van Warnaar als voorzitter van de propagandacommissie, voor om de binnenlandse reclame aan Den Hoed toe te vertrouwen, nadat het plan was mislukt om samen met het CBC een PR-functionaris aan te trekken. Den Hoed, een medewerker van Van Aken, zou daar in de periode 1 september tot 1 maart vijftig tot zestig dagen voor moeten vrijmaken en dat was volgens Benningen en Van Aken wel mogelijk.[428] Het bestuur was wat weifelend. Was Den Hoed wel geschikt en hoe loste Van Aken die verloren dagen dan op? Ook kwam toen ter sprake of Van der Lee na zijn vijfenzestigste (hij werd op 13 april 1971 vijfenzestig jaar) nog zou aanblijven. Later bleek dat Den Hoed uitkeek naar een andere baan, en zegde toe nog twee jaar te blijven om die PR-functie in te vullen. In dezelfde vergadering waarin dit aan de orde kwam, 19 oktober 1970, bleek dat Den Hoed had aangeboden zelfstandig de balans samen te stellen, iets wat ook Van Aken niet wist. Berends was not amused. Was er dan zo'n grote leegloop? Met andere woorden, waar haalde hij de tijd vandaan?

Toen Den Hoed een seizoen bezig was geweest met de PR was de conclusie van Benningen dat hij het niet in zich had. Hij deed het 'kleine' werk prima, maar was ongeschikt voor het echte werk.[429] Weer probeerde men in overleg met het CBC hulp van die kant te krijgen, maar weer lukte dat niet. Versterking was nodig omdat het steeds moeilijker werd ieder jaar iets nieuws te verzinnen. Bovendien kwam de Floriade 1972 er aan, zodat alle zeilen moesten worden bijgezet om het bezoek aan Keukenhof op peil te houden.

Begin 1972 rapporteerde een ad hoc werkgroepje aan het bestuur dat de groei uit het toerisme was en dat de zaken "keihard moesten worden gespeeld" om bezoekers te trekken. Men vond dat er een nieuw staflid bij Keukenhof moest worden aangetrokken voor de PR. Hij zou vier maanden op pad moeten zijn voor wervingsbezoeken en vier maanden nodig hebben om alles uit te werken. Bollenkennis was meegenomen maar niet noodzakelijk; belangrijker was dat hij representatief was, drie moderne talen sprak en goed kon schrijven.[430] Men ging op zoek naar kandidaten en vond binnen een maand Koos van Rijnen, 41 jaar, die bij scheepvaartbedrijf Müller ontslag had genomen vanwege een reorganisatie. Hij was vrijgezel, woonde in Amsterdam, en kon beginnen als Keukenhof open ging. Van Aken werd zijn formele baas, en Benningen zou hem aansturen. Zijn salaris werd op maximaal 25.000 gulden bepaald. Den Hoed kreeg als pleister op de wonde een salarisverhoging van 1000 gulden per jaar.[431] Van Rijnen zat voor het eerst bij de persconferentie van 30 maart 1972.

Het aftreden van Veldhuyzen van Zanten en de positie van Van der Lee

Inmiddels was er nog een vacature in het bestuur ontstaan door het aftreden van Veldhuyzen van Zanten. Hij kondigde dat zelf aan in de bestuursvergadering van 2 augustus 1971. Het 'spiel ist aus' zei hij. Hij had het 22 jaar meegespeeld en hectische tijden meegemaakt, onder andere toen Hogewoning een financieel jaarverslag onder tafel had gewerkt vanwege de afschrijvingspolitiek. Nu was alles in rustiger vaarwater terecht gekomen en was hij dankbaar "een volkomen zeewaardig schip te kunnen verlaten." Hij wenst de kapitein, de officieren en de bemanning "een verdere goede vaart."[432] Het bestuur besloot de tijd te nemen om naar een opvolger te zoeken. Het moest een bollenman, het liefst een inzender, worden. Tot en met 1974 werd die niet gevonden.

427 Van der Meij werd voorzitter van de terreincommissie.
428 AB Keukenhof 21-9-1970.
429 AB Keukenhof 12-3-1971.
430 AB Keukenhof 14-1-1972.
431 AB Keukenhof 18-2-1972.
432 AB Keukenhof 2-8-1971, hij werd ook erelid (november 1971).

In de bestuursvergadering van 10 april 1971 kreeg Van der Lee alvast een cadeau onder couvert vanwege zijn vijfenzestigste verjaardag. De vraag rees of Koster nu ook de vergaderingen van het bestuur mocht bijwonen. Men beantwoordde die vraag in de volgende vergadering van 21 mei toen in het bestuur een nota werd behandeld, welke woordelijk in de notulen opgenomen werd, over de regeling die men met Van der Lee wilde treffen. Na de tentoonstelling van 1974 zou hij aftreden als directeur en zou Koster hem opvolgen. Tot 13 april 1976 zou hij als adviseur van het bestuur aan Keukenhof verbonden blijven. Zijn AOW zou op zijn salaris in mindering worden gebracht en na 1976 kreeg hij een pensioen van 70 procent van zijn salaris in het boekjaar 1970/1971. Zijn weduwe zou 50 procent ontvangen. Berends besefte dat het een wat geforceerde positie was. Het bestuur zou de actieve verantwoordelijkheid houden: "Nooit heeft men de volledige verantwoordelijkheid willen afschuiven[433], omdat dit ten aanzien van het vak ook ongewenst zijn." Die situatie werd voor vijf jaar bestendigd. Koster mocht vanaf 21 juni 1971 de bestuursvergaderingen bijwonen. Eind 1973 ontstond er toch weer discussie over de positie van Van der Lee. Koster had in zijn contract staan dat hij per 1 januari 1974 de taken van Van der Lee zou overnemen, terwijl de inzenders ervan uitgingen dat Van der Lee nog de vijfentwintigste tentoonstelling zou doen. Volgens Eggink genoot Van der Lee een groot prestige onder de inzenders ("die bereikt praktisch alles"), terwijl het Koster nog aan imago ontbrak.[434] Om ons nog onbekende redenen besloot het bestuur de hele kwestie buiten de publiciteit te houden. De inzenders zouden een vertrouwelijke brief krijgen waarin stond dat Van der Lee de vijfentwintigste tentoonstelling nog zou doen en dat daarna Koster die taak overnam. Of Koster ook directeur werd was nog niet duidelijk. In januari 1974 bereikte men overeenstemming over de positie van Van der Lee. Hij zou geen adviseur worden, maar volwaardig lid van het bestuur, en hij zou geen werkplek meer op Keukenhof hebben. Volgens Guldemond was zo een Van Slogteren-situatie vermeden (zie kader). Verder zou Van der Lee tijdens het inzenderfeest op 24 mei afscheid nemen. Hij zou daarover niet praten met de pers. Bij dat afscheid kreeg hij een kleurentelevisie. Zijn laatste vergadering als directeur was op 31 mei. De gemeenteraad benoemde hem per 1 juni tot lid van het bestuur.

Een nieuw kantoor

In de bestuursvergadering van 4 september 1972 brak Tegelaar een lans voor de modernisering van het kantoor. De staf zat veel te geïsoleerd en een kantoortuin voldeed meer aan de eisen des tijds. Er ging een commissie aan het werk om een programma van eisen op te stellen. Eind december presenteerde die commissie een tekening met daarop een vergroting van de kantoren met twaalf bij twee meter, met zeven bureaus in één ruimte. Iedereen, behalve de tekenkamer die boven zou blijven, kwam bij elkaar te zitten. Na discussie besloot men het plan uit te werken en met de bouw te beginnen na de sluiting van de tentoonstelling van 1973. In maart werd de verbouwing aanbesteed voor 50.000 gulden, in juni begon de bouw en in de bestuursvergadering van 7 september 1973 werd champagne gedronken op het gereedkomen van de verbouwing.

> **Van Slogteren**
>
> Van Slogteren had in 1958 op zeventigjarige leeftijd afscheid genomen als hoogleraar-directeur van het LBO. Hij had bedongen dat hij nog een werkkamer hield op het LBO en adviseur mocht blijven van de CWO van het CBC, met als speciaal aandachtsveld de begroting van het LBO. Dat betekende dat zijn opvolger, prof. Van der Want, zeer weinig beleidsruimte kreeg. Alhoewel hij wel wist te bedingen dat Van Slogteren geen kamer meer kreeg op het LBO, kon hij geen einde maken aan het adviseurschap van Van Slogteren van de CWO. Vandaar dat Van der Want na drie jaar weer naar Wageningen vertrok. Pas toen zijn opvolger, prof. Schenk, op 1 mei 1962 aantrad werd aan het adviseurschap van Van Slogteren voor de CWO een eind gemaakt.

Een nieuw bestuursmodel

In de vergadering van 31 mei 1974 kwam er een sluimerend ongenoegen over het bestuursmodel tot uitbarsting. Men voelde zich onvoldoende geïnformeerd over de gang van zaken en was bang dat dit door het wegvallen van Van der Lee, die niet langer de baas was, nog erger zou worden. Berends greep onmiddellijk in en presenteerde in een extra vergadering die op 6 juni 1974 werd gehouden een nieuw bestuursmodel. Het dagelijks bestuur (DB) kwam weer terug (sinds begin 1965) en dat zou wekelijks op maandagmiddag bij elkaar komen, nadat Berends op maandagochtend de staf[435] van Keukenhof had voorgezeten. Het DB zou, naast de voorzitter, uit vier leden bestaan, met een contactportefeuille naar de commissies. Dat waren Tegelaar, financiën en gebouwen; Van Dijk, secretaris, verkeer; Van der Meij, tuin en personeel en Van Aken, notulist, administratie, propaganda en paviljoen. De verdeling van de bestuurs- en stafleden over de commissies is in het kader aangegeven.

[433] Stond er in de notulen; later maakte men er afleggen van.
[434] AB Keukenhof 14-12-1973.
[435] Koster, Van Rijnen en Van Aken.

Bestuurs- en stafleden in de commissies (voorstel juni 1974)

Terrein: Van der Meij, Eggink, Van der Lee met Koster als notulist.
Financiën: Tegelaar, Van Dijk, Zwetsloot met Den Hoed als notulist.
Taak beperkt tot financiële jaarstukken, vermogensbeheer, bewaking van de uitgaven. Personeelszaken gaan naar DB.
Propaganda: Benningen, Van Os, Van Aken, met Van Rijnen als notulist.
Verkeer: Guldemond en Van Dijk, met Koster als notulist.
Gebouwen: Tegelaar, Guldemond, Van Os, Van der Lee (adviseur) en met Koster als notulist.
Paviljoen: Van Os, Van der Lee en Zwetsloot, met als notulist Van Rijnen.

DB-vergaderingen kregen een open karakter, bestuursleden konden aanschuiven om een punt te bespreken. Verder zouden de bestuursleden elke week een envelop thuis krijgen met informatie, zoals verslagen en dergelijke. Spil in dat geheel was Van Aken, die dus in feite een deel van de directeursfunctie van Van der Lee overnam. Koster had in 1970 zijn vaste aanstelling gekregen en werd de tuinarchitect. Hij gaf als zodanig leiding aan het tuinpersoneel, maar wie hem aanstuurde werd niet duidelijk vastgelegd. In feite was dat eigenlijk Berends in zijn functie als voorzitter van het DB en voorzitter van het wekelijkse stafoverleg, maar ook de voorzitters van de commissies waar Koster aan verbonden was. De staf zou elke ochtend gezamenlijk de post bespreken.
Bij de vergadering was Van der Lee niet aanwezig. Benningen liet in een brief aan het bestuur blijken dat hij grote moeite had met de voorstellen. Die kwamen ter sprake in de vergadering van 22 juli. Hoofdbezwaar van Benningen was dat zijn propagandacommissie te weinig betrokken zou zijn bij het paviljoen. Het kon niet anders, zei Berends, en dat kwam door de samenstelling, die bestond uit veel outsiders, en de werkwijze van de propagandacommissie. Want die kwam in volledige samenstelling maar twee keer per jaar bij elkaar. Voor de rest was de uitvoering een zaak van Benningen, Van Aken en Van Rijnen.[436] Het was dus moeilijk aan die commissie de dagelijkse leiding van het paviljoen toe te vertrouwen. Ook Guldemond kwam nu met bezwaren. Hij vond het voorgestelde bestuursmodel indruisen tegen de succeslijn waardoor Keukenhof groot was geworden. Die was gegrond op de grote invloed van de voorzitters van de commissies doordat ze zitting hadden in het DB. Be-

rends repliceerde dat juist daaraan het vorige DB te gronde was gegaan en dat was de rest van het bestuur met hem eens. Het voorgestelde model bleef dus intact en de vergadering verenigde zich ook met het voorstel van Tegelaar om de stafleden een salarisverhoging van 20 procent te geven. De salarissen werden als volgt vastgesteld, in guldens per maand voor E. Kauffman: 1145,65; J. Guldemond: 1623,60; K. van Rijnen: 2429; Van Aken: 3173,75; Koster: 3226,03 en Den Hoed: 2622,28.

De banden van Van Dijk en de bijstelling van de compensatie

afb. 3
De banden van Van Dijk

Op 1 april 1972 ging Van Dijk met pensioen als gemeentesecretaris. Hij kreeg van Keukenhof een kleurentelevisie en bedankte daarvoor in een brief van 24 april. Die brief sloot hij als volgt af: "Graag spreek ik de hoop uit, dat het mij gegeven zij, door wat documentatie-werk voor Keukenhof in mijn vrije tijd te verrichten, aan mijn gevoelens van dank op een speciale wijze uiting te geven."[437] We zullen verder zien wat 'documentatie-werk' inhield en waar dat toe leidde. Van Dijk werd opgenomen in de zeventig-jaar regeling en bleef dus tot 1977 lid van het bestuur.

436 Zo traden in 1971 tot de commissie toe A. Luyken, directeur VVV Amsterdam; drs. L. Parlevliet, hoofd Holland-promotion van de KLM en P. Scheltema, pr-man van Kodak (vanwege paviljoen, zie volgend hoofdstuk).
437 Archief Keukenhof.

Van Dijk liet de voorzitter de bestuursvergadering van 1 maart 1974 om precies vier uur onderbreken. Daarna herinnerde hij eraan dat het op de minuut af precies vijfentwintig jaar geleden was dat 'ten gemeentehuize' van Lisse de eerste vergadering over de oprichting van Keukenhof was gehouden. Van Dijk bood vervolgens een viertal banden aan, bevattend de notulen van de raad van beheer over de jaren 1949 tot en met 1973 die Van Dijk in overleg met Van der Lee bij de firma Samson had laten inbinden (zie **afbeelding 3**). Besloten werd de banden achter glas en slot een plaats te geven in de bestuurskamer: "opdat ieder bestuurslid de inhoud kan raadplegen en de verzamelde notulen tevens dienst doen als naslagwerk over de afgelopen periode van 25 jaren, waarin Keukenhof zo fantastisch is uitgegroeid."

In de vergadering van 4 september 1972 bracht Guldemond de compensatie ter sprake. Die was in 1963 vastgesteld en sindsdien nooit aangepast. In de tijd naar de Floriade had men het laten rusten, maar nu die periode gunstig was afgesloten vond hij het tijd het er weer eens over te hebben. Hij had het moment goed gekozen, want in die vergadering kwamen de voorlopige cijfers van de afgelopen tentoonstelling ter tafel. Deze cijfers lieten ondanks de Floriade een voorlopige winst zien van 350.000 gulden, waarvan na dotaties aan een aantal reserves 185.000 gulden overbleef. Dat overtrof de stoutste verwachtingen. Men liet er geen gras over groeien. Al op 14 september kwam het bestuur in een vertrouwelijke sessie bijeen om zich over de compensatie te buigen.[438] Dat deed men aan de hand van een notitie die Van Dijk op 6 september 1972 op verzoek van Tegelaar had gemaakt.

Daarnaast kregen de dames van de bestuursleden elk jaar een enveloppe met inhoud. De vrouw van Benningen reageerde daar per brief van 15 februari 1971 verheugd op: "Ik ben er onmiddellijk mee naar de winkel gehold en heb mezelf eens alleronfatsoenlijkst verwend. Graag druk [ik] (...) een papieren zoen op u beider wangen."[442] In september 1974 besloot men het jaarlijkse bestuursdiner uit te breiden tot een tweedaags gebeuren met culturele activiteiten in Amsterdam. Benningen en zijn vrouw, die in Amsterdam woonden, organiseerden dat en lieten aan het bestuur weten dat de 'pianeur' zou worden betaald in de kleur waarin hij gekleed is.[443]

De onverwacht gunstige afloop van het Floriadejaar leidde per 1 juli 1972 niet alleen tot een verhoging van de compensatie, maar ook tot een discussie om voor het personeel iets te doen. De stafleden zouden een kerstgratificatie krijgen, behalve Van Rijnen, want die was nog tekort in dienst. Er was een lange discussie voor nodig op 10 december 1972 eer het zover was. Men wilde de gratificatie koppelen aan het financiële resultaat en vermijden dat het personeel grote investeringen nadelig zou beïnvloeden. Dit zouden ten koste kunnen gaan van het resultaat en dus van hun gratificatie, die bestond uit een 13ᵉ maand. Even onwezenlijk was de discussie of tekenaar J. Guldemond nu wel of niet tot de staf behoorde. Het tuinpersoneel kreeg niets extra boven de in de CAO al geregelde kerstgratificatie van 50 gulden. Ook voorman J. Brouwer werd tot het tuinpersoneel gerekend en niet tot de staf.

Compensatie 1972

In zijn notitie ging Van Dijk ook nog even in op de aanleiding. In de periode 1949 tot en met 1958 was er geen enkele vergoeding uitgekeerd, ondanks de grote inzet van vooral Van Waveren en Zwetsloot die "stad en land afreisden ter wille van Keukenhof."[439]

Hij gaf een overzicht van de vergoedingen die werden betaald en verstrekte ook nog informatie over de Golden Handshake. Berends vond het maar een ratjetoe. Het droeg duidelijk kenmerken van het zoeken naar een oplossing om met elkaar in vrede te kunnen leven. Hij doelde daarbij op de 'spelletjes' met het lidmaatschap van commissies [zoals bij Warnaar het geval was geweest, MT]. Hij stelde een eenvoudiger regeling voor die zou gelden voor alle bestuursleden, ondernemer of niet (dus ook voor Van Dijk), van 7000 gulden en voor de voorzitters van de commissies een bonus van 1500 gulden extra. Benningen wilde ook de termijn van vijf jaar schrappen voor nieuwe bestuursleden, maar daar was Berends fel tegen: "die is beslist nodig (...) om onwelgevallige lieden van het lijf te houden."[440] Nadat Berends even was weggestuurd besloot het bestuur zijn bonus te bepalen op 3000 gulden (van 15.000 naar 18.000 gulden). Na de vergadering rees een verschil van mening over de berekening van de vijf jaar periode. De 'nieuwe' bestuursleden[441] zeiden dat Tegelaar indertijd had gesproken over vijf kalenderjaren en niet over de boekjaren van Keukenhof, zoals in de compensatieregeling stond. Men kwam eruit door van kalenderjaren uit te gaan.

Er waren nog meer douceurtjes voor stafleden. Zo verstrekte de KLM elk jaar twee gratis tickets. In de vergadering van 9 maart 1973 besloot het bestuur die te geven aan Van der Lee en Van Aken, ten behoeve

438 De notulen van die vergadering stonden wel in het notulenboek, maar niet in het later door Van Dijk gemaakte overzicht.
439 Notitie *Vergoedingen en compensaties* van Van Dijk, Lisse 6-9-1972.
440 AB Keukenhof 14-9-1972.
441 Van Os, Van der Meij en Zwetsloot.
442 Archief Keukenhof.
443 AB Keukenhof 23-9-1974.

van een vakantiereis naar een bestemming ter keuze. Een ander privilege was het bijwonen van het grote jaarlijkse feest voor de inzenders. In mei 1973 werd besloten dat Brouwer ook bij de staf hoorde, die daar een uitnodiging voor zou krijgen, net als Van Rijnen, Den Hoed. Het inzendersfeest was kennelijk een happening die zeer in trek was, want in 1974 constateerde het bestuur dat het aantal aanwezigen als gevolg van een te ruim uitnodigingsbeleid veel te groot was. Zo was het bijvoorbeeld toegestaan dat bestuursleden niet alleen hun vrouw mochten meenemen, maar ook twee kinderen. Daar werd een eind aan gemaakt. Men besloot het aantal uitnodigingen drastisch terug te brengen en daaraan strikt de hand te houden ("met ijzeren hand toepassen"). Verder stelde men wel een aparte categorie in van speciale gasten. Zoals de directeur van het LBO, omdat het LBO een mooie stand had ingericht in het nieuwe paviljoen.[444] Toen er in bestuur een discussie begon over bezuinigen als gevolg van de zogenaamde oliecrisis, kwam het inzenderfeest, dat zo'n 40.000 gulden had gekost, ook ter sprake.[445]

In 1973 stond de personeelsproblematiek weer eens op de agenda. Van der Meij rapporteerde aan het bestuur dat er 25 man personeel vast in dienst was, terwijl er eigenlijk 31 nodig waren. Het punt was dat de lonen te laag waren. Weliswaar betaalde Keukenhof iets meer dan de CAO (deze was rond 265 gulden per week en Keukenhof betaalde rond 275 gulden), maar iedereen wist dat de CAO een 'lachertje' was. Er werd regelmatig veel meer betaald en dat bleek uit de sollicitatieronde die was geweest. Van de dertig man die hadden gesolliciteerd waren er om die reden maar drie overgebleven. Punt was ook dat Keukenhof geen overuren kende. Op de bedrijven waren die er wel en die leverden ook extra loon op.[446] Er zat niet veel anders op dan te overwegen een premie te geven van vijftien gulden en loonbedrijven in te schakelen om het werk te doen.

Rondom het vijfentwintigjarig bestaan; penning, artikelen en boeken

In de loop van 1973 bood Oranjemunt aan ter gelegenheid van het vijfentwintigjarig bestaan munten te slaan met Jacoba van Beieren en het vignet van Keukenhof. Het zouden zilveren munten worden, want gouden vond men te duur (zie **afbeelding 4**). Keukenhof besloot op dit aanbod in te gaan en alle inzenders en bestuursleden zo'n penning te geven.[447] Nadat er wat discussie was geweest over de wijze van weergave van bolgewassen op de penning, ontstond er in maart 1974 ook een discussie over welke stafleden een penning zouden krijgen. Van Aken, Koster, Den Hoed, Van Rijnen en Van der Lee zouden er een krijgen op de personeelsavond. J. Brouwer, de voorman van de hoveniers, zou er ook een krijgen, maar niet op de personeelsavond: "teneinde te voorkomen dat (...) [hij] er een te overtrokken betekenis aan hecht."[448] Er werden 104 munten besteld. Van Aken kreeg ook nog een andere penning. Op het inzenderfeest op 24 mei 1974 kreeg hij namelijk een Koninklijke onderscheiding. Mevrouw Benningen kreeg samen met haar man een mooie doos bonbons vanwege de organisatie van het feest).[449] Later dat jaar ontstond er een conflict met de ontwerper van het Jacoba van Beierenvignet, de Katwijkse kunstschilder en illustrator Guust Hens (1907-1976), die 3000 gulden eiste voor het gebruik op de penning.[450] Hij werd verwezen naar Oranjemunt die de penning had geslagen.[451] Hens weigerde te schikken voor 750 gulden, hij wilde het dubbele. Keukenhof weigerde en schakelde haar juridisch adviseur in.

In 1969 meldde Van Os het bestuur dat de bekende streekhistoricus Fons Hulkenberg uit Lisse, ook leraar aan de Rijks Middelbare Tuinbouwschool, materiaal aan het verzamelen was over de geschiedenis van Keukenhof. Hij zocht middelen om daaruit een boek samen te stellen en Van Os vroeg zich af of dat iets zou zijn voor het vijfentwintigjarig bestaan in 1974. Het bestuur machtigde Van Os om verder te praten met Hulkenberg.[452] Men suggereerde zelfs dat het als relatiegeschenk zou kunnen dienen. In 1970 ontstond een verschil van mening tussen Van Os en Hulkenberg. Hulkenberg rekende op drie kleurenkaternen van Keukenhof in het boekje en Van Os wilde er maar een geven.[453] Beide legden het als heren bij en kwamen overeen dat Keukenhof het boekje met een derde handelskorting kon verwerven om aan de inzenders te geven.[454] Begin 1971 verscheen het boekje met als titel *De kleurige Keukenhof* en in het nummer van 16 april werd het in het *Bloembollencultuur* gerecenseerd als een: 'kostelijk boekske'. Het bevatte tal van wetenswaardigheden en was vlot en boeiend geschreven. Het blad verwachtte dat het een bestseller zou worden.[455] Dat bleek het geval, want in 1975 verscheen een tweede druk en in 1976 een derde druk. Die verschilden nauwelijks in tekst, maar wel in fotomateriaal. Zo waren in de tweede druk veel foto's opgenomen uit de catalogus van 1974 en ook de plattegrond uit dat jaar.

Uiteraard besteedde Hulkenberg in zijn boek ook aandacht aan het

afb. 4
De penningen

444 AB Keukenhof 19-8-1974.
445 AB Keukenhof 16-11-1973.
446 AB Keukenhof 13-8-1973.
447 AB Keukenhof 16-11-1973. De penningen waren 50 gulden per stuk.
448 AB Keukenhof 18-3-1974.
449 AB Keukenhof 31-5-1974.
450 Hij had ook het eerste affiche (voor de tentoonstelling van 1950) ontworpen.
451 AB Keukenhof 6-6-1974.
452 AB Keukenhof 21-3-1969.
453 Een katern kostte 250 gulden.
454 AB Keukenhof 11-2-1970.
455 *Bloembollencultuur* 16-4-1971, aldaar 1069.

ontstaan van Keukenhof. Hij verhaalt over het brandweeralarm, maar nuanceert dat door op te merken dat ook bij de Hobaho plannen leefden voor een tentoonstelling op Keukenhof. Vandaar dat hij de oorsprong van Keukenhof 'typisch polygenetisch' noemde.[456] In de tweede druk van zijn boek wijdde Hulkenberg het laatste hoofdstuk aan 21 jaar Keukenhof. Daarin nam hij ook de lijst van inzenders uit 1974 op. De schrijver bedankte in zijn voorwoord naast Van Os ook Van Dijk, Van Aken, Van der Lee en Koster. De laatste maakte belangeloos de plattegrondjes aan de hand van oude kaarten, de andere tekeningen waren van de hand van Hens. Ook bedankte hij Keukenhof voor de vele afbeeldingen in kleur die 'welwillend' ter beschikking waren gesteld. De enige dissonant werd gevormd door boekhandel De Rooij in Lisse. Die weigerde het boekje te verkopen vanwege de goedkope afname door Keukenhof.

Hulkenberg ging door met zijn onderzoek naar de geschiedenis van het kasteel en het landgoed Keukenhof. In september 1974 besloot Keukenhof de uitgave van een boek hierover in de Hollandse Studiën mogelijk te maken door een subsidie beschikbaar te stellen van 1000 gulden (tegen 15 gratis exemplaren).[457] Ook de gemeente en graaf Carel steunden de uitgave, naast de Algemene Vereniging van Handel en Ambachten te Lisse. In 1975 verscheen *Keukenhof* als deel 7 van deze reeks. Het boek werd enthousiast ontvangen en het was snel uitverkocht.[458]

Gedenkboekje

Begin 1973 wijdde het bestuur een bespreking aan het laten maken van een gedenkboekje ter gelegenheid van het vijfentwintigjarig bestaan. Daar voelde men toen nog weinig voor, een katern in de catalogus zou het beste zijn en die zou samen met de vakbladen kunnen worden samengesteld.[459] Later dacht men aan een boekje in het formaat van de catalogus, samen in een cassette. Via Geljon, de journalist in dienst van de Hobaho, werden twaalf journalisten benaderd om het boekje te maken. Daaruit werd Leo Staal gekozen en die werkte snel. Begin september 1973 was het gedenkboekje zo goed als klaar. Hij had ook de "mannen van het eerste uur" geïnterviewd, maar daar was het bestuur niet zo gelukkig mee toen het de (concept)tekst zag. Veel van de tekst van die 'oude rakkers' werd geschrapt.[460] In het voorwoord van het boekje van Staal schreef het bestuur dat Staal al vanaf het begin een warme belangstelling voor Keukenhof had gehad (zie **afbeelding 5**). Hij was dan ook zeer waarschijnlijk een van de zes journalisten die Berends uitnodigde voor het jubileumfeest van Keukenhof op 25 mei. Alle zes hadden vijfentwintig jaar over Keukenhof geschreven. Minder genereus was hij voor Joop Zandbergen, de redacteur van het *Weekblad voor Bloembollencultuur*. Die wilde een extra nummer aan het jubileum van Keukenhof wijden, met artikelen geschreven door de voorzitter en de andere bestuursleden. Geen denken aan, vond Berends, "wij gaan het huiswerk van Zandbergen niet maken." Of Zandbergen ook werd uitgenodigd weten we niet. Hij behoorde wel tot de journalisten die sinds 1949 over Keukenhof schreven, want in 1949 was hij al redacteur van *Ons Weekblad*.[461]

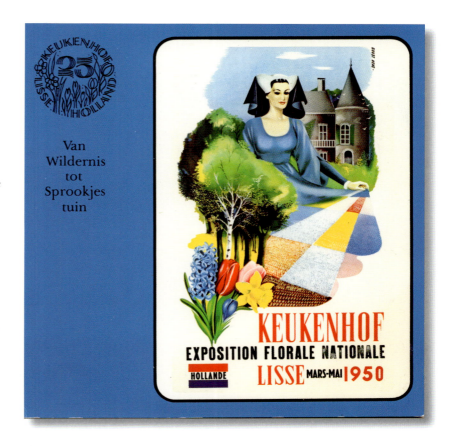

afb. 5
Boekje van Staal

Gedenkartikelen

Zandbergen was dus gedwongen zijn huiswerk te doen en, het moet gezegd, hij deed het goed.
Van Dijk liet hem de ingebonden notulenboeken zien. Daarop baseerde hij zijn artikel in het nummer van 22 maart 1974. Op de voorkant van dat nummer plaatste hij een foto van de werkers van het eerste uur: Van der Lee, Van Aken, Brouwer en Van Dijk (zie **afbeelding 6**) en die voorzag hij van het volgende onderschrift: "Deze heren hebben het allemaal van het begin af meegemaakt: hoe Keukenhof begon, hoe het rijsje een boom werd. Het zijn (...) de architect en huidige directeur (...) de administrateur, de heer Frits van Aken die zijn carrière bij Keukenhof begon in een piepklein kantoortje, de heer Joop Brouwer, die iedere uitholling overdwars van àlle Keukenhofpaden kent en oud-gemeentesecretaris van Lisse, de heer M. Th. van Dijk (...)."[462]

456 Hulkenberg 1971, 71.
457 AB Keukenhof 23-9-1974.
458 In 2005 verscheen een herdruk, mogelijk gemaakt door stichting Kasteel Keukenhof.
459 AB Keukenhof 22-1-1973.
460 AB Keukenhof 19-10-1973. Die 'oude rakkers' waren Belle, Veldhuyzen van Zanten, Hogewoning en D.W. Lefeber.
461 AB Keukenhof 18-3-1974.
462 *Bloembollencultuur* 22-3-1974, aldaar 887-890 en 897.

Kwekerij en Handel schreef twee artikelen over Keukenhof. In het nummer van 15 februari 1974 stond een kenschets van een aantal hoofdpersonen. Van der Lee, die alles had meegemaakt en die als tuinbaas van de Heemsteedse bloemisterij Koper naam had gemaakt door het arrangement van de jaarlijkse Bloemlusttentoonstellingen in de HBG hallen. Van Aken, die begon als tijdelijke kracht op kantoor en graaf Carel die door de tentoonstelling de zware lasten van zijn bezit verlichtte want: "de Keukenhof, bracht de fiscus méér op dan hemzelf."[463] Lambooy was een man met een grote ondernemingsgeest en een levendige fantasie. In het tweede artikel stonden ook wat kenschetsen van bestuurders van het eerste uur: Van Waveren: een 'merkwaardig' man en 'genius' op het gebied van de PR; Zwetsloot, die uit letterlijk alles reclame voor Keukenhof wist te slaan en Belle met zijn zwak voor de 'levende have', vandaar de vogels en vissen op Keukenhof. Uiteraard ging het artikel ook in op de kritiek in de beginfase. In het kader daarover een lang citaat.

Het artikel eindigde met de uitspraak dat de geschiedenis van de Keukenhof één der interessantste en boeiendste hoofdstukken in de historie van het vak is.

Ook de *Hobaho* pakte uit en daarin stond in het nummer van 8 maart 1974 op bladzijde 2 dat de initiatiefnemers van Keukenhof hun kans pakten toen ze hoorden dat Zandvliet niet zou worden bebouwd. Het blad plaatste vervolgens een serie artikelen met meningen over Keukenhof. In het nummer van 24 mei, op bladzijde 11, werden daaruit de volgende conclusies getrokken: De Noord komt niet, handel en export voelen zich eigenaren van Keukenhof en de werknemers zijn passief. Ook Van Nispen werd om zijn mening gevraagd. Hij schreef dat hij er in het begin niet zo blij mee was vanwege de Flora 1953, de versnippering van krachten en de vrees dat Keukenhof er niet jaar op jaar in zou slagen kwaliteit te leveren. Hij gaf ruiterlijk toe dat hij zich had vergist: "Toen de bloembollenvelden als zodanig praktisch verdwenen waren, vulde Keukenhof deze leemte op en voorzag in een aantrekkelijke en waardevolle etalage van wat het vak te bieden heeft."[465]

ETI-studie

Aan het eind van de jaren zestig ontstond, door de toenemende vrije tijd en de groei van het vrij besteedbaar inkomen, steeds meer behoefte aan recreatiemogelijkheden. Vandaar dat de rijksoverheid voor de vraag stond hoe in die behoefte te voorzien. Het directoraat-generaal voor het Midden- en Kleinbedrijf en Toerisme van het ministerie van Economische Zaken (EZ) besloot een onderzoek in te stellen naar de recreatieve instellingen. De keuze viel op de grotere toeristische attractiepunten, omdat die op een kleine oppervlakte grote aantallen recreanten opvingen. Dat was van belang in verband met de steeds schaarser wordende ruimte in Nederland. Het onderzoek werd opgedragen aan de gezamenlijke Economische-Technologische Instituten (ETI's) in Nederland, omdat die al een inventarisatie van de toeristische attractiepunten hadden uitgevoerd. Het onderzoek moest een beeld geven van de organisatie, beheer, financiering en exploitatie van de

De ontvangst van het Keukenhof-plan

"De situatie in het bollenvak [in 1949, MT] was niet zo bar gezellig. Het Keukenhof-plan vond geen onverdeelde instemming en daarbij speelden tegenstellingen een rol, die veel narigheid en zelfs een heleboel geldverlies meebrachten. We denken aan de beruchte beurskwestie Hillegom-Haarlem, aan de tegenstelling kweker-exporteur, met op de achtergrond van dit alles die ellendige streep tussen 'de Noord' en 'de Zuid', die aanleiding gaf tot toestanden waarover we eigenlijk slechts de schouders op kunnen halen, omdat ze onzakelijk waren en irreëel. Het hoofdbestuur van de (...) [AVB] (...) zat mee gevangen in dit moeras. De tegenstelling spitste zich toe, toen 'Bloembollencultuur' plannen maakte voor een Floriade-tentoonstelling in het park Groenendaal te Heemstede (...) het werd gezien als een aanval op Keukenhof, zoals omgekeerd de Floriade-mensen de Keukenhof beschouwden als een onrechtmatige concurrent van hun tentoonstelling. Het was bepaald geen plezierige tijd! In vergaderingen werden barre woorden gesproken. Een vakgenoot zwoer, dat hij nooit van z'n leven een voet op de Keukenhof zou zetten, en een ander hoopte dat het gedurende het hele tentoonstellingsseizoen zou vriezen! Uiteraard alléén op de Keukenhof, en niet een paar kilometer verder, op Groenendaal....Bij de plechtige opening van de Keukenhof door prins Bernhard kwam de algemeen-voorzitter van de Bloembollencultuur, toen de heer Van Nispen tot Pannerden, een beetje scheef te zitten, want hij was óók nog burgemeester van Hillegom. Hij was dan bij de opening aanwezig als burgemeester, maar bepaald niet als algemeen-voorzitter, en dat tekent wél de toenmalige verhoudingen. We kunnen ons dat nu gelukkig nauwelijks meer indenken."[464]

463 *Kwekerij en Handel* 15-2-1974, aldaar 10.
464 *Kwekerij en Handel* 22-3-1974, aldaar 10.
465 *Hobaho* 5-4-1974, aldaar 3.

instellingen. Het ETI Zuid-Holland[466] zou het eindrapport schrijven en het was niet de bedoeling het rapport te publiceren. Als criterium voor de te onderzoeken instelling gold een minimum van ongeveer 100.000 bezoekers per jaar en een permanent karakter. Dat zou betekenen dat er ongeveer 45 instellingen onderzocht zouden moeten worden. Dat werd te duur, vandaar dat men het onderzoek beperkte tot 23 instellingen. Aan die instellingen werd een vragenlijst gestuurd en werd de bedrijfsleiding geïnterviewd. Het verslag daarvan was in september 1970 klaar. Toen vond het ministerie het eigenlijk zonde dat verslag niet te publiceren. Om het te kunnen publiceren was echter toestemming nodig van de instellingen. Zes bedrijven gaven die toestemming niet en van de overige zeventien hadden er tien bezwaren tegen de openbaarmaking van de financiële gegevens. Het rapport verscheen in juni 1971.

Keukenhof was een van de instellingen die werd onderzocht en in de bestuursvergadering van 13 juli 1970 besloot men 'voorzichtig' om te gaan met de beantwoording. Men wilde niet teveel openheid over de financiën.

In de vergadering van 19 februari 1971 kwam het door de ETI gemaakte onderzoeksverslag aan de orde met de vraag of dit zo naar EZ kon. Als dit bij EZ komt, zei Tegelaar, dan kunnen we eventuele rijkssubsidie wel vergeten. In het concept stond namelijk dat Keukenhof geen behoefte had aan subsidie, want dat zou de inzenders ervan weerhouden hun bollen gratis ter beschikking te stellen. Van der Lee vond het concept vol staan met onjuiste en 'ontactische' opmerkingen. Hij specificeerde die niet, maar hij zal mogelijk gedoeld hebben op de opmerking dat de beste kwekers de beste standplaatsen kregen voor hun inzending.

Een ad hoc redactiecommissie onder leiding van Berends ging het concept 'bewerken', want zo mocht het niet naar EZ. Dat had tot gevolg dat het concept werd aangepast in de definitieve versie die in september verscheen. Het oorspronkelijke gewraakte concept bevindt zich nog in het archief van Keukenhof, gedateerd 3 maart 1971. In het kader staan wat bijzonderheden uit het gewraakte concept, gevolgd door een overzicht van de tekst in het definitieve rapport.

Het rapport kreeg als titel mee *Onderzoek toeristische attractiepunten* en als datum juni 1971. In het rapport werden de attractiepunten verdeeld in dierentuinen (vijf), bijzondere musea (vier) en overige attractiepunten (acht), waaronder Keukenhof. In de groep van Keukenhof viel het de onderzoekers op dat Keukenhof zo veel bezoek kreeg in relatie tot de korte openingstijd van twee maanden. Men vond dat een "grote stimulans voor het toeristisch bezoek aan ons land in het voorseizoen" (bladzijde 23). Op de bladzijden 159 tot en met 164 werd Keukenhof beschreven aan de hand van een aantal kenmerken. In het eerste deel ging men in op het ontstaan en daar verklaarde men het ontstaan uit de na de Tweede Wereldoorlog gegroeide behoefte aan een 'vollegrondse showtuin'. Het doel was het grote publiek bekend te maken met de "produkten van de bollenkwekers, terwijl tevens vakman en afnemer volledig zijn geïnformeerd over wat te koop was." Elke inzending had

Het gewraakte concept

Keukenhof groeide sinds 1950 uit van vakbeurs tot goedlopend toeristisch attractiepunt en daardoor steeg het aantal inzenders. Alleen de besten werden toegelaten, en dat zijn er nu ongeveer honderd die het als een eer beschouwen. Zij krijgen allen een stukje grond toegewezen waarbij de "beste standplaatsen voor de beste kwekers" zijn. Bij elke inzending staat de naam van de kweker. Dat was bij de opzet niet de bedoeling. "Uitgangspunt was, dat de expositie het gemeenschappelijk belang van de gehele bollenkwekerij moest dienen." Er kunnen zich maximaal twintigduizend bezoekers tegelijkertijd binnen de grenzen van het attractiepunt bevinden. Binnen de hekken van de Keukenhof is een bloemenstalletje: "de koopman werkt voor zichzelf. De prijzen van de bloemen zijn aan de hoge kant, maar daar staat tegenover, dat de koper verzekerd is van verse bloemen."

Balanscijfers en exploitatieoverzichten verstrekte Keukenhof niet. Alleen wilde men kwijt dat er zodanige reserves waren gekweekt dat het mogelijk was Keukenhof een jaar voor het publiek gesloten te houden. Bovendien konden alle uitgaven contant betaald worden en was er aan subsidie geen behoefte: "dat zou de kwekers alleen maar afschrikken, zodat ze wellicht hun bollen niet meer gratis ter beschikking stellen." Een eenvoudige berekening liet zien, dat Keukenhof in 1969 aan entreegelden ongeveer 2.000.000 gulden had ontvangen. De grond werd gepacht van baron [sic] van Lynden. De toekomst werd optimistisch tegemoet gezien; de financiële situatie was goed, het bezoekersaantal vertoonde geen neiging tot dalen en voor concurrentie van met name Linnaeushof was men niet beducht.

zijn vaste plaats waarbij de naam van de inzender was geplaatst. De waarde van de jaarlijks beschikbare gestelde bollen schatte men op 500.000 gulden.

In het tweede hoofdstuk ging men in op de ontwikkeling tot heden. Op het terrein konden 25.000 bezoekers "elkaars aanwezigheid niet

---

[466] ETI's waren provinciale stichtingen.

als hinderlijk ervaren." De hoofdattractie waren de vollegrondsbloemen, maar ook meer en meer aangeplante vroegbloeiende heesters zoals azalea's en rododendrons. Er waren vier kassen met een gezamenlijke oppervlakte van ongeveer 8000 m² opgetrokken, waarvan de showkas voor zeer vroege bloei van bolgewassen en heesters als paradepaardje werd beschouwd. Verder was er door Keukenhof een groot paviljoen gebouwd waar bloembinddemonstraties werden gegeven en bloemsierkunst werd getoond. Kas en paviljoen stonden op de balans voor één gulden.

Voor het publiek waren verder aanwezig twee café-restaurants, een zelfbedieningsshop en twee bloemenstalletjes waar afgesneden bloemen werden verkocht. De exploitanten daarvan handelden voor zichzelf. Keukenhof hield alleen toezicht op de kwaliteit en de versheid. Uit een overzicht van de bezoekersaantallen in de periode 1965 tot met 1969 bleek dat van de 729.000 bezoekers in 1969 er 202.000 via gezelschapskaarten kwamen. Het buitenlandse bezoek steeg van 40 procent in 1965 tot 50 procent in 1969, waarvan de helft uit Duitsland. In de weekeinden bestond het bezoek vooral uit Nederlanders. Op andere dagen overheersten de buitenlanders. In 1968 bezochten op één dag 70.000 mensen Keukenhof, met een gemiddelde bezoekduur van 2 tot 3 uur.

De sector was in grote mate afhankelijk van de export. Daarom werd in het buitenland veel reclame gemaakt, onder andere samen met de HAL. "Met de HAL werden vroeger goede zaken gedaan, de molen op het terrein getuigt daarvan. De HAL haalde vele passagiers uit Noord-Amerika. Tegenwoordig legt ze zich voornamelijk toe op cruises. De toeristen komen nu per vliegtuig en doen even de Keukenhof, eventueel in combinatie met een bezoek aan Madurodam. De samenwerking tussen beide (...) wordt geïllustreerd door een affiche op Keukenhof. Waarop de bezoekers worden uitgenodigd ook eens naar Madurodam te gaan."

Het vaste personeel bestond uit een directeur, twee toezichthoudende en drie administratieve krachten, waaronder een tuinarchitect en een tekenaar en dertig hoveniers. In het seizoen verviervoudigde het personeelsbestand: "In de tuin komen erbij: een toezichthoudend persoon, één administrateur en 42 uitvoerende personeelsleden, waaronder diverse portiers (er zijn namelijk drie ingangen). In de horeca-sector treden in die periode liefst 87 mensen aan. (...) Zij zijn nodig om een vlotte bediening te garanderen. (...). Dat wil zeggen 728 mensen, die bediend willen worden. Bovendien zijn er nog 527 overdekte zitplaatsen beschikbaar."

Er was een reserve gekweekt die het mogelijk maakte Keukenhof in stand te houden "als door enige bijzondere omstandigheid Keukenhof een jaar niet open zou kunnen gaan. Momenteel is voor directe exploitatie geen subsidie-behoefte." In 1969 ontving Keukenhof, rekening houdend met de groepsreducties, ongeveer 1.860.000 gulden aan entrees.

De gronden van zowel het tentoonstellingsterrein als de parkeerterreinen waren eigendom van Graaf van Lynden en werden door Keukenhof gehuurd. Keukenhof liet het parkeren regelen door een particulier, maar hield wel de supervisie. Men had geen bemoeienis met de souvenir- en andere stands tegenover de hoofdingang.

Dit hoofdstuk wordt afgesloten met de feestrede die De Graaf hield tijdens de opening van de vijfentwintigste tentoonstelling. Het bestuur had hiervoor eigenlijk oud-minister Mansholt gevraagd. Omdat hij was verhinderd, hield De Graaf als oud-voorzitter de feestrede.

De Graaf over vijfentwintig jaar Keukenhof

De Graaf zag Van der Lee eigenlijk als de creator van Keukenhof. Hij zei over hem: "Maar wie kon destijds, dus vooraf weten dat (...) Van der Lee- geen tuinarchitect, geen specifieke opleiding doch met esthetische en psychologische talenten waartoe men niet opgeleid kan worden – wie kon destijds (...) weten dat Van der Lee die puur creatieve figuur bij uitstek zou zijn en in dat opzicht zó overtuigend en daarnaast ook zó tactisch zou blijken dat hij jaar op jaar het vertrouwen wist te winnen van allen, ook van weifelaars?"[467] En dat betekende heel veel in de streek die werd gekenmerkt door harde werkers die sterk individualistisch dachten en optraden. Ook nu nog was Van der Lee de leidende figuur: "Men gooide alle ongewisse factoren op één hoop, overgoot dat geval met een sterk ontvlambare dosis optimisme, zette er de Ti-Ta-Tovenaar Van der Lee bij, die vervolgens de zaak in de fik stak. Resultaat: de Keukenhof van thans."[468] Ook erkende De Graaf het financieel talent van Hogewoning, die de risico's breed had gespreid en de fiscus wist te bewegen van aanspraken af te zien, evenals de bekwaamheden van Zwetsloot op reclamegebied.

De Graaf signaleerde vervolgens dat Keukenhof in een vicieuze cirkel was geraakt, in de zin van dat men ter wille van het massatoerisme investeringen had gedaan en die toeristen nodig had om de investeringen rendabel te doen zijn. Nog meer bezoekers noodzaakten dan weer tot nieuwe investeringen en zo werd de cirkel gesloten. Het bestuur zou voor de vraag komen te staan wat het bezoekersoptimum was. De Graaf wenste het bestuur veel sterke bij het beantwoorden van die vraag.

Financiën

De tentoonstelling van 1969 leverde een resultaat op van ongeveer 183.000 gulden, na een dotatie van 75.000 gulden aan het bouwfonds. Van de 183.000 gulden werd 100.000 gulden bestemd voor een nieuwe koude kas zodat er een 'winst' overbleef van 83.000 gulden. Zo ging dat regelmatig: investeringen werden uit het resultaat gefinancierd en daardoor werd de winst verlaagd. Dat was bewust beleid van het bestuur, met name van Tegelaar.

In 1972 ontstonden daar moeilijkheden over met de accountant. In januari 1972 berichtte J. Sentel van het gelijknamige accountantskantoor uit Oegstgeest aan Keukenhof dat hij met het aanvaarden van een functie in het bedrijfsleven zijn praktijk had overgedragen aan de Leidse maatschap Tombe, Melse & Co, Accountants. Dat was een

467 *Bloembollencultuur* 29-3-1974, aldaar 927.
468 Ibidem.

nieuwe maatschap, die ook alle medewerkers van Sentel in dienst had genomen. Tombe c.s. nam de accountantscontrole van Keukenhof over en kreeg met Tegelaar in november 1972 een ernstig verschil van mening over het door Keukenhof niet publiceren van het van het werkelijke winstcijfer. Toen de accountant een maand later berichtte voor de controle 2300 gulden in rekening te brengen, maar dat die eigenlijk 3600 gulden had moeten kosten, maakte Tegelaar een eind aan de relatie. Hij ging in zee met Brongersma, een oud-medewerker van Sentel, die tot dan de boeken had gecontroleerd en nu voor zichzelf was begonnen. Hij vroeg 2750 gulden en kreeg de opdracht. En zo werd de winst van de tentoonstelling 1973 weer 'ongestraft' teruggebracht van 545.000 gulden tot 245.000 gulden door het reserveren van 3 ton voor de verbouwing van het kantoor en het paviljoen. Direct na de tentoonstelling van 1974 meldde Tegelaar aan het bestuur dat op dat moment maandelijks 18.000 gulden aan rente binnenkwam, omdat er 2 miljoen aan kasgeld was uitgezet tegen 10 procent.

Over dat jaar haalde hij het kunststukje uit door de winst van 511.809,84 gulden om te zetten in een verlies van bijna 135.680,57 gulden. Hij bracht hiervoor ten laste van de winst de kosten van het jubileum (131.399,34 gulden), de nieuwbouw van het paviljoen (482.665,51 gulden) en de verbouwing van het kantoor (59.110,39 gulden). Het recordbezoek aan de tentoonstelling van 905.000 bezoekers leidde er toe dat Keukenhof 1,7 miljoen gulden op een deposito zette tegen 12,75 procent.

afb. 6
De werkers van het eerste uur
Van der Lee, Van Aken, Brouwer en
Van Dijk

HOOFDSTUK 12

ER WAS OM GEVOCHTEN

1969-1974. Keukenhof en Berends. Contracten, pachters en parkeren

In dit hoofdstuk wordt de gang van zaken rond het afsluiten van een nieuw contract met graaf Carel (1972) en de daaruit voortvloeiende onderhandelingen met de garantiegevers over de verlenging van hun garantie beschreven. Vooral de onderhandelingen met het bloembollenvak verliepen moeizaam, omdat het CBC in die periode opging in de Raad van Nederlandse Bloembollenondernemers. Die overgang veroorzaakte de nodige moeilijkheden met het PVS en daarvan was Keukenhof enigszins de dupe. Parallel daaraan liep de discussie met het bloembollenvak over een compensatiegarantie in verband met de Floriade van 1972. Die garantie was volgens Keukenhof nodig om een verminderd bezoekersaantal te compenseren.
Daarnaast gaat dit hoofdstuk nader in op de ontwikkelingen rondom de parkeerterreinen, de horeca en de andere pachters.

Een nieuw contract met graaf Carel

In de loop van 1970 had Berends aan de nieuwe juridische adviseur van Keukenhof, mr. J. C. Smithuijsen, gevraagd een ontwerp te maken voor een nieuw contract met graaf Carel.[469] Het lopende huurcontract liep tot 31 december 1971. Berends vertelde aan het bestuur in de vergadering van 20 november 1970 dat het ontwerp van Smithuijsen er goed uitzag. Hij had al contact gehad met graaf Carel en die was ook positief. Punt van discussie was nog wel de maatstaf voor de jaarlijkse indexatie. In de vergadering van 11 december werd daarover doorgepraat en verschillende indexen kwamen ter sprake, zoals die van het CBS en die van de pachtprijzen voor eerste klas bollengrond. Het bestuur had een lichte voorkeur voor het CBS, omdat die ook maatstaf was voor de verhoging van de entreeprijzen. Van Dijk nam op zich een vergelijkend overzicht te maken van allerlei indexen. Hij deed dat op 31 december 1970 en met die notitie erbij vergaderde het bestuur op 8 januari 1971. De gehele bijeenkomst, die Smithuijsen ook bijwoonde, stond in het teken van het nieuwe contract.
Van Dijk had de prijsindexen vergeleken van het levensonderhoud van gezinnen (CBS), van eersteklas bloembollengrond, de huur die hij voor zijn eigen huis betaalde, en van de bedragen die voor de huur van het tentoonstellingsterrein aan graaf Carel waren betaald. Zie voor een samenvatting de tabel.

[469] Van het Haarlemse kantoor Smithuijzen & Vermeulen Advocaten en Procureurs.

Huur tentoonstellingsterrein in guldens en index 1970 in vergelijking met 1952. Ook voor CBS, bollengrond en huur

PERIODE	TERREIN BEDRAG
1952 en 1953	7.000
1954 t/m 1956	8.400
1957 t/m 1959	9.800
1960 t/m 1966	14.000
1967 t/m 1968	17.200
1969 t/m 1970	20.400
Index 1970	291
Index CBS 1970	187
Index bollengrond 1970	143
Index huur 1970	352

De index voor bloembollengrond was dus het laagst en die voor de huur het hoogste, maar omdat die indexen politiek gevoelig waren raadde Van Dijk die af. Hij gaf de voorkeur aan de CBS-index van de consumptieve bestedingen van de Nederlandse bevolking. Die index was het gewogen gemiddelde van de drie indexen voor de consumptie. Ook stelde hij voor om voor het parkeerterrein een andere index te nemen, bijvoorbeeld die voor bloembollengrond. Dat was het bestuur met hem eens. Men zocht naar een zogenaamde dubbele sleutel.
Maar voordat men overging tot die discussie formuleerde men eerst nog wat randvoorwaarden. Uitgangspunt was een kort en bondig contract, waarbij het bestaande contract in het nieuwe werd opgenomen. Daarnaast wilde men het begrip tentoonstelling zodanig omschrijven dat er meer dan één tentoonstelling per seizoen kon worden georganiseerd. Bovendien wilde men de slooplicht bij een eventuele liquidatie vervangen door een slooprecht. Uiteraard wilde men ook geen verkoop van bollen en aanverwante artikelen meer op het kasteelterrein.
Ir. A. Stoffels van het SBB had gewaarschuwd dat de grens van de niet-economische exploitatie wel was bereikt en dat elke druppel de emmer deed overlopen. Als dat gebeurde zou graaf Carel zijn belastingfaciliteiten verspelen, omdat het geen 'natuurterrein' meer zou zijn. De gehele bosexploitatie zou onder toezicht blijven van SBB.
De discussie over de indexen begon in de vergadering van 8 januari en werd 16 januari 1971 voortgezet. Weer was Smithuijsen aanwezig. Men overwoog dat men nu van graaf Carel 38 hectare huurde voor een prijs van ongeveer 50.000 gulden, hetgeen vrijwel overeen kwam met de pachtprijs voor bloembollengrond. Die index was ook het voordeligst voor Keukenhof, zodat men daarvoor koos. Daarbij hoorde een periode

van zes jaar en een driejaarlijkse herziening. Hoewel men vreesde dat graaf Carel hiervoor niet veel zou voelen, kreeg Smithuijsen de opdracht op die basis het contract bij te stellen. Als compensatie voor graaf Carel zou men een hoger startbedrag wel willen accepteren, maar niet de mogelijke 60.000 gulden die graaf Carel zou kunnen voorstellen. In maart zag Berends kans een en ander met graaf Carel te bespreken. Die was, zoals gewoonlijk bij het begin van de onderhandelingen, tegemoetkomend en had tegen Berends gezegd dat de pachtindex hem wel aansprak. Hij zei dat Berends als startbedrag 50.000 gulden kon invullen. Berends hoopte, zei hij in de bestuursvergadering van 12 maart, dat de adviseurs van graaf Carel geen spaak in het wiel zouden steken.
En dat gebeurde dus wel. In augustus 1971 kwam er een brief van Nijgh: geen pachtindex maar CBS-index van de kosten van levensonderhoud van hoofd- en handarbeiders, en een jaarlijkse aanpassing. Berends had intussen bij het ministerie van LNV inlichtingen ingewonnen over het pachtbeleid. Hij was nu ook van mening dat de pachtindex te politiek was bepaald voor Keukenhof. Eggink, die daarvoor in januari had gewaarschuwd, was het daarmee eens en Van der Meij ook. De rest van het bestuur reageerde teleurgesteld. Berends vond weglopen geen optie, want men zou in de rij staan voor het landgoed, en vond ook dat er beter zaken konden worden gedaan met de graaf dan met zijn dochter. Men besloot dat Berends en Smithuijsen een compromis over de index zouden proberen te bereiken.[470] Een maand later was er weer een brief van Nijgh. Graaf Carel wilde nieuwe bepalingen omtrent parkeerterrein Oost. Dat werd afgewezen. Smithuijsen werd naar Nijgh gestuurd met een compromis over de indexatie: 50 procent pacht en 50 procent CBS. Ook de optie van het kopen van het terrein van graaf Carel werd door Smithuijsen in discussie gebracht tegen 50.000 gulden per hectare.[471]
Graaf Carel volgde toen weer zijn oude strategie en hield zich onbereikbaar; hij ging op vakantie naar Oostenrijk. Ook toen hij terug was, begin november, reageerde hij niet. Berends ging er van uit dat de oude contracten zouden doorlopen en liet de juristen hun werk doen.[472] Smithuijsen slaagde er echter dat jaar niet meer in de zaak vlot te trekken. Pas medio januari stuurde Nijgh een nieuw concept. Dat zat echter zo vol 'verborgen' veranderingen dat Berends het nodig vond met graaf Carel te gaan praten.[473] Ook wilde Nijgh de CBS-index 'levensonderhoud', maar alleen de verhogingen. Begin februari 1972 sprak Berends met graaf Carel en die hield zich, zoals gewoonlijk, van de domme. Hij wist zogenaamd niet wat Nijgh allemaal in het contract had gezet. De index werd de CBS-index, die Van Dijk had voorgesteld, met 1969 op 100. 1970 was 106 en 1971 was 115 en als 1972 125 werd, dan zou graaf Carel in 1973 125:115 maal 52.400 gulden ontvangen. Afgesproken werd dat het minimumbedrag dat graaf Carel zou ontvangen 50.000 gulden zou zijn. Smithuijsen zou die aanpassingen aanbrengen in het contract van Nijgh.[474] In juni was het contract klaar. Berends tekende het op 17 juni 1972 en stuurde het naar graaf Carel die het in september tekende. In het kader staan wat bijzonderheden over het contract.

470 AB Keukenhof 2-8-1971.
471 AB Keukenhof 6-9-1971.
472 AB Keukenhof 15-11-1971.
473 AB Keukenhof 14-1-1972.
474 AB Keukenhof 18-2-1972.
475 AB Keukenhof 11-10-1971.

Het contract van juni 1972

Aan het contract was de kadastrale kaart (1:2500) van de omgeving van Keukenhof gehecht. Die kaart dateerde van oktober 1970 en had als bijlage de pachtovereenkomst 1971 (zie **afbeelding 1**).
Het huurcontract was een verlenging van het contract dat op 31 december 1971 afliep. Het verhuurde bestond uit verschillende onderdelen, ieder aangeduid met kadastrale nummers, de oppervlakte en de aanduiding land of water. Het eerste onderdeel (A) bestond uit het tentoonstellingsterrein Zandvliet en had een grootte van 26.84.90 hectare, waarvan 24.27.16 hectare land met halve sloten en 2.57.74 hectare water, waaronder de vijver die 2.13.05 hectare groot was. Dit terrein mocht Keukenhof gebruiken als tentoonstellingsterrein: "voor tentoonstellingen op het gebied van de sierteelt en als wandelpark. Attracties van kermisvermakelijke aard zijn niet toegestaan."
Onderdeel B was het parkeerterrein aan de Loosterweg (Noord), twee percelen samen groot: 2.79.50 hectare. C was het parkeerterrein aan de Stationsweg (Oost) acht percelen die samen 7.59.70 hectare groot waren. Keukenhof mocht C voor andere doeleinden aan derden onderverhuren of "doen exploiteren (...) in het bijzonder ook voor recreatieve doeleinden (...) zulks echter met uitzondering van echte kermissen, campings en kampeergelegenheden." D was een perceel tuingrond aan de kant van het kasteel dat bekend stond als 'de Suikerkamp'. Keukenhof had dat op 15 juni 1965 voor 500 gulden per huur per jaar gehuurd van graaf Carel. Deze drie percelen met een totale oppervlakte van 0.73.50 hectare, bestonden uit wat zure bosgrond en waren daarom beter geschikt om heesters en boomkwekerijgewassen zoals azalea's en rododendrons op te kweken dan op Zandvliet.
Op het perceel stond een kasje dat P. van der Leede gebruikte voor het stekken van dahlia's. Als hij dat kasje daarvoor niet meer zou gebruiken, zoals in 1968 het geval

was, dan mocht Keukenhof het gebruiken om niet, behalve een vergoeding van de energiekosten. In 1972 werd dit kasje met twee oude gebouwtjes vervangen door een nieuwe kas voor het trekken van heesters voor de nieuwe warme kas, het showgedeelte. Die kas kocht men van de Floriade voor 11.000 gulden.

Voor A tot en met D gold een jaarlijkse huurprijs van 50.000 gulden met daarbij de volgende bepaling: "Elk jaar, te beginnen met het jaar ingaande 1 januari 1973, zal deze huurprijs worden vermenigvuldigd met een breuk, waarvan de teller is: het prijsindexcijfer van de gezinsconsumptie voor de totale bevolking (1969=100) van het voorgaande jaar en de noemer: dat indexcijfer van het jaar 1972, alles met dien verstande, dat de huurprijs niet minder dan f 50.000,- zal bedragen." De overeenkomst werd aangegaan voor vijf jaar, ingaande 1 januari 1972 met als optie een verlenging van steeds vijf jaar tot 31 december 1986.

Keukenhof mocht op A t/m D werkzaamheden verrichten en gebouwen oprichten die voor een goede exploitatie noodzakelijk waren. Het (bos)onderhoud was voor rekening van Keukenhof "waarbij instandhouding, verbetering en verjonging van bomen en beplanting van het tentoonstellingspark wordt nagestreefd." De parkeerterreinen mochten worden ingericht, maar daarbij mocht geen gebruik worden gemaakt van puin en koolas. Dit verbod maakte deel uit van een apart hoofdstuk in het contract over het parkeren. Graaf Carel zou medewerking verlenen aan Van Graven om op zijn pachtland te parkeren. Het betrof zeven percelen van in totaal ruim acht hectare (8.73.75). Voor dat recht, dat zou blijven bestaan als Van Graven vertrok, betaalde Keukenhof aan graaf Carel jaarlijks 2000 gulden met daarbij dezelfde index als bij de eerder genoemde huurprijs. Daarnaast betaalde Keukenhof een vergoeding aan Van Graven (zoals overeengekomen op 2 september 1964).

Keukenhof mocht tijdens de tentoonstelling autobussen bij het kasteel parkeren tegen een vergoeding van 50 cent per bus. Zodra de twee huizen op het Hoogje vrij van huur kwamen en graaf Carel ze niet nodig had, dan kon Keukenhof ze huren als dienstwoning. Dat was voor een van de woningen sinds begin 1971 het geval. Daar woonde de hovenier Van der Velde van Keukenhof tegen 400 gulden per jaar, met dezelfde indexering als voor de huur van het terrein. De kosten van het opknappen van de woningen waren echter voor Keukenhof en die kwamen in 1971 uit op meer dan 10.000 gulden.[475]

Als er bij Zandvliet (bollen)gronden vrij kwamen, dan kreeg Keukenhof een recht van optie op het huren tegen een prijs van 2000 gulden per bunder per jaar, ook weer met de bekende indexatie.

Ook nu weer werd in het contract een bepaling opgenomen over het handhaven van het 'stijlvolle' karakter van de tentoonstelling. In dat verband werd in artikel 7A voor het kasteelterrein het volgende bepaald: "De verhuurder behoudt zich, voor zover de parkeerbelangen van de huurster niet worden geschaad, het recht voor, op het kasteelterrein de tot heden gebruikelijke standplaatsen te verhuren voor tenten en kramen voor de verkoop van kleine consumpties, fruit, souvenirs, en dergelijke artikelen en alleen daar bloemenmozaïeken aan te brengen dan wel toe staan dat deze worden aangebracht welke geen reclame inhouden strijdig met de belangen van huurster. Op het terrein mogen niet worden verhandeld, in welke vorm dan ook, bloembollen, knollen, bloemen, planten en aanverwante artikelen." Daarna werden artikelen opgenomen die regelden hoe bij beëindiging de diverse terreinen en gebouwen dienden te worden opgeleverd. Het laatste artikel regelde dat graaf Carel het gebruik van insecticiden en meststoffen kon verbieden indien daardoor de flora en fauna van Keukenhof (tentoonstelling en landgoed) zou worden aangetast.

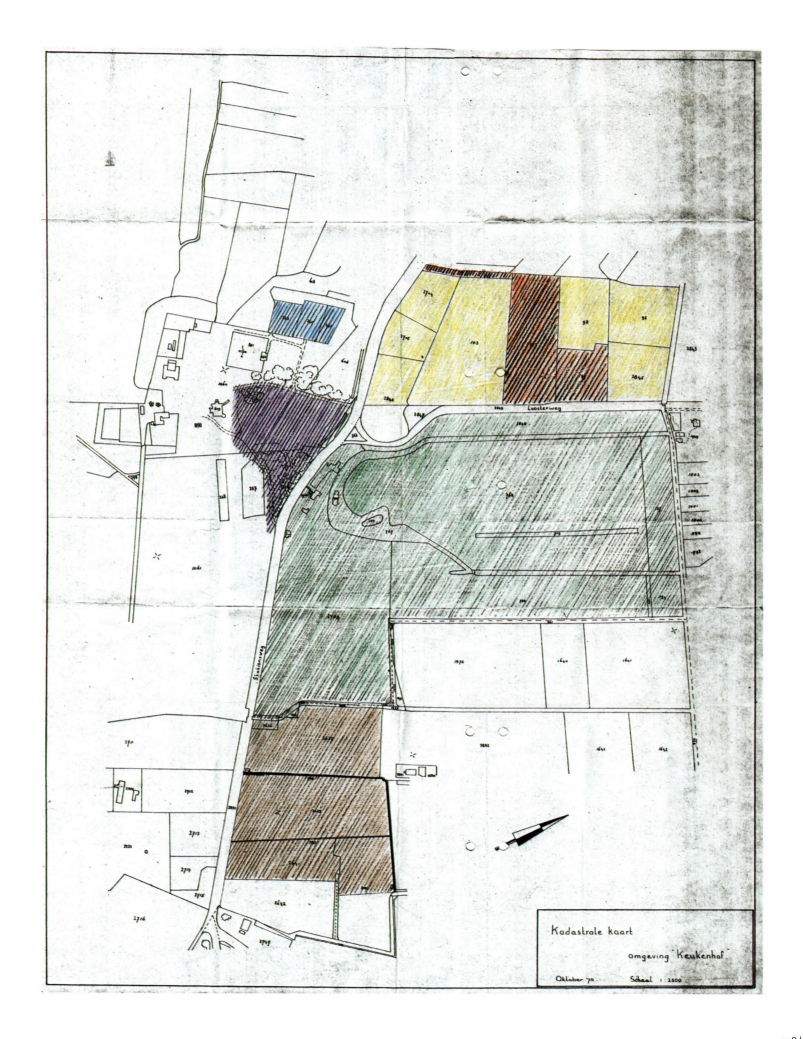

In de vergadering van het bestuur van 6 april 1973 verstrekte Van Dijk de CBS-indexcijfers van 1969 tot en met 1972. Met die van 1969 op 100 was de index van de gezinsconsumptie van 172 120,5 en die van de arbeidersgezinnen 120. Nu de index bekend was kon de verhoging van de huursom worden uitgerekend en betaald. Van der Meij, die al eerder blijk had gegeven contracten goed te lezen en ook al eerder fouten had ontdekt in de beleggingsrekeningen, wees er een maand later op dat de verhoging ten onrechte was betaald, omdat voor 1973 nog 50.000 gulden gold. Berends zat er mee. Hij had geen zin met een 'onchique' boodschap naar graaf Carel te gaan. De advocaten hadden geblunderd door in het contract een zodanige constructie op te nemen dat de teller van 1972 gelijk was aan de noemer van 1972, zodat de uitkomst voor 1973 één was. Tegelaar adviseerde, tot opluchting van Berends, het maar te laten zitten, en het met volgend jaar te verrekenen.[476] Aldus werd besloten. Begin 1974 kwam het weer aan de orde. Graaf Carel had in 1973 recht op 100 procent van 52.000 gulden en had 108 procent gekregen. Er moest nu toch met hem worden gepraat over de fout in het contract. Of dat gebeurde, is niet bekend; de notulen van dat jaar maken er geen melding van.

De verlenging van de garantie en de Floriade 1972

Eind 1969 zat er bijna een miljoen gulden in een fonds dat als voorwaarde voor de garanties gold. De vraag rees of niet met de garantiegevers een verandering van de formule moest worden aangekaart. Een complicerende factor vormde de Floriade 1972 (de Amstelflora), waarvoor Keukenhof ook weer een garantie wilde. Vandaar dat dit als een geheel hier wordt beschreven.
De Floriade verscheen begin februari 1969 op de agenda van Keukenhof. De gemeente Amsterdam had in 1967 vijf miljoen gulden als werkkapitaal gestort en daarmee begon de Floriade 1972 met het inrichten van het expositieterrein. Dat was zeventig hectare groot, gelegen ten zuiden van de RAI aan de Amstel. Het is nu terug te vinden als het destijds nieuwe Amstelpark en het Beatrixpark. Maar ook de Ringweg Zuid en het station Amsterdam RAI staan op het voormalige Floriadeterrein.[477] In 1969 begon de reclamecampagne voor de Floriade en dat riep veel ongenoegen op bij Tegelaar, omdat Keukenhof daarin niet was gekend. Hij toog naar de directeur van de Floriade, J. Kleiboer, maar ving daar bot. Tegelaar sprak vervolgens voorzitter drs. H.B.P.A. Letschert van de KAVB en algemeen secretaris-penningmeester H. de la Mar er op aan. Letschert maakte zich in die tijd sterk voor meer samenwerking in het vak en Tegelaar vond dat dit ook moest gelden voor de Floriade en Keukenhof. Dat vonden zijn gesprekspartners niet: het waren onvergelijkbare tentoonstellingen. Dat bestreed Tegelaar: het grote publiek zag dat onderscheid niet. Toen dit in de bestuursvergadering van 21 februari 1969 ter sprake kwam, stelde Van der Lee voor met de inzenders te praten over de mogelijkheid dat zij zouden inzenden op de binnententoonstelling in Amsterdam en op Keukenhof. In Amsterdam zou dan geen buitententoonstelling met bloembollen zijn, die stonden op Keukenhof. Tegelaar had dat ook al besproken met De la Mar, maar die zag er niets in. Ook de bestuursleden-inzenders van Keukenhof reageerden sceptisch. Men besloot dat Berends eens zou gaan praten met de KAVB, maar wel vertrouwelijk, want als het idee van Keukenhof uitlekte dan zouden de inzenders wel eens negatief kunnen reageren. De uitkomst was voorspelbaar: Amsterdam had vijf miljoen in de Floriade gestopt en zou het niet 'pikken' als er een hiaat in de tentoonstelling viel. Het enige wat haalbaar was, was de reclame-inspanningen te bundelen, net als bij de vorige Floriade.[478] In oktober meldde Tegelaar aan het bestuur dat die gesprekken nauwelijks voortgang hadden en moeizaam verliepen. In diezelfde maand, op 17 oktober, vergaderde het CBC. In die vergadering stelde de KAVB voor om aan het PVS voor te stellen uit de vakheffing zes ton af te zonderen voor de bloembolleninzending op de Floriade, te weten in 1970: 100.000 gulden, in 1971: 300.000 gulden en in 1972: 200.00 gulden. Het bestuur van Keukenhof was woedend, ook al omdat er in het persbericht erover net werd gedaan of Keukenhof niet bestond. Oude sentimenten speelden op. Van der Lee vond dat de KAVB altijd negatief was geweest over Keukenhof en dat bleek nu weer. Bovendien was er zoveel geld nodig, omdat de binnententoonstelling zo duur was. Tegelaar was kritisch over de hatelijke toon van het persbericht en De la Mar was de kwade genius.[479] Keukenhof zou schade lijden van een gesubsidieerd vakevenement en men vond dat er weer een schadevergoeding moest komen als het bezoekersaantal beneden de 700.000 zou dalen. Men besloot hierover een brief te schrijven om in gesprek te komen met Van der Kolk, Coenen en Hylkema. F.J. van der Kolk was voorzitter van de COR en voorzitter van de Bond van Bloembollenhandelaren, drs. A.L.J. Coenen was in 1969 voorzitter geworden van de KAVB, (en dus voorzitter van het CBC en H.J. Hylkema, afkomstig uit de bollensector, was voorzitter van het PVS en voorzitter van de stichting Floriade. Het gesprek zou eind januari 1970 plaatsvinden en in de bestuursvergadering van 19 januari 1970 bereidde Keukenhof dat voor. Eggink was voor het eerst aanwezig en wist te melden dat men zo veel geld nodig had voor de binnententoonstelling om de aankoop van gebroeide bollen te financieren. Men was bang dat er (te) weinig inzenders zouden komen. Verder had men tevergeefs geprobeerd de Westfriese Flora naar Amsterdam te halen, maar dat was niet gelukt: de West-Friezen bleven in Bovenkarspel. De Liliade zou in 1972 wel van Akersloot naar Amsterdam gaan. Van der Lee wilde weer Keukenhof beschikbaar stellen voor de buitententoonstelling, maar daar was men niet voor. Berends wilde zich echter in het gesprek keihard opstellen: het zou onzin zijn naast de Keukenhof nog een bloembollententoonstelling te organiseren en de Floriade moest de reclame voor Keukenhof maar betalen. Benningen begreep niet dat vakgenoten elkaar zo beconcurreerden: "Wat zijn dit voor organisaties?"[480] Tegelaar wilde zowel een schadevergoeding,

476 AB Keukenhof 11-5-1973 en 1-6-1973.
477 *Samen Honderd jaar Nederlandse Tuinbouwraad* 2008, 72.
478 AB Keukenhof 22-4-1969.
479 Toen De La Mar in 1997 overleed, schreef *Bloembollencultuur* dat hij een passie had voor tentoonstellingen en dat het succes van de Flora 1953 voor een groot deel aan hem was te danken (nummer van 11-9-1997, aldaar 53).
480 AB Keukenhof 19-1-1970.

hij verwachtte namelijk een schade van drie tot vier ton, als een verlenging van de garantie van het CBC die eind 1971 afliep aan de orde stellen. Hij vond ook dat de oude tegenstelling tussen Bond, die in 1949 Keukenhof steunde, en KAVB over Keukenhof nog steeds nawerkte. Zwetsloot merkte op dat er kennelijk wel iets schortte aan het imago van Keukenhof. Van der Lee pleitte voor meer bestuurlijke contacten vanuit Keukenhof richting bloembollenvak en wilde het bestuur van de Westfriese Flora uitnodigen voor de opening van Keukenhof. Van Dijk memoreerde dat er sinds 1950 geen officeel overleg meer was geweest met de KAVB. Tegelaar was van mening dat jaloezie daarbij een rol speelde.

Men had echter veel te hoog van de toren geblazen. Als gevolg van het gesprek eind januari kwam er niet meer dan een commissie onder leiding van Hylkema om de gemeenschappelijke problemen te bepraten. Voor Keukenhof namen Van Os met als vervanger Benningen) en Van Aken in die commissie plaats.[481] Volgens Van Os verliepen de besprekingen constructief en werd er gepraat over wederzijdse presentatie, aanwezigheid op beider terrein, gemeenschappelijke toegangskaarten en het samen benaderen van touroperators op kosten van het CBC. Het bestuur van Keukenhof reageerde daar sceptisch op. Vooral Tegelaar zag allerlei bezwaren.[482] Hoe het met die commissie verder ging, wordt in het hoofdstuk over de tentoonstellingen behandeld. Hieronder wordt nader ingegaan op een aantal ontwikkelingen in het bloembollenvak die van belang waren voor de garantieverlening.

Van CBC tot Bloembollenraad

In december 1970 vierde de Bond van Bloembollenhandelaren zijn zeventigjarig bestaan en trad Van der Kolk af als voorzitter. Hij werd opgevolgd door W. Witteman. De feestrede werd uitgesproken door minister ir. P.J. Lardinois van Landbouw. Hij bereidde het vak voor op het wegvallen van beschermende maatregelen van de Nederlandse overheid zoals minimumprijzen en teeltvergunningen, door de EEG-vrijheidsbeginselen. Van der Kolk had gezegd dat de EEG meer afbraak dan opbouw had gebracht, maar daar was Lardinois het volstrekt niet mee eens. Hij betoogde juist het tegendeel. Door de EEG was een uitbreiding van de buitenlandse handel mogelijk geworden. Ook voorzag hij een verschuiving van de export van bollen naar de export van bloemen. De laatste zou weldra de eerste in waarde overtreffen, vooral door de toenemende productie van bolbloemen (de broeierij) in Nederland. De (bloembollen) export zou zich daarop moeten instellen en meer moeten samenwerken: "Uit eigen ervaring wees hij op de grote horde exporteurs die jaarlijks een klein afzetgebied als Guernsey overspoelt om daar elkaar voor de voeten te lopen."[483] Deze speech was voor Keukenhof aanleiding aan Hylkema van het PVS te vragen om een bijdrage van het PVS van 50.000 tot 75.000 gulden voor de reclamepot van Keukenhof.[484]

Op 22 februari 1971 wijdde het bestuur van Keukenhof een lange discussie aan de Floriade en de relatie van Keukenhof met het bollenvak. De kwekers uit Noord-Holland zagen Keukenhof nog steeds als een exponent van de exporteurs en hadden een verkeerd idee over de werking van de onpersoonlijke reclame. Vandaar dat zij meer zagen in de Floriade dan in Keukenhof. Ook de veranderde verhoudingen in het vak kwamen ter sprake. De dominante rol van de KAVB was overgenomen door het PVS. Daarin speelden de standorganisaties en de werknemers de eerste viool. Bovendien nam de tegenstelling tussen teelt en handel weer toe. Guldemond opperde de mogelijkheid om net als bij de Floriade de afdelingen van de KAVB collectief te laten inzenden op Keukenhof. Van der Lee was daar tegen, want dat zou betekenen dat een aantal inzenders in dat collectief zouden opgaan en zich zouden terugtrekken als inzender. Tegelaar vond dat Keukenhof gewoon moest doorgaan. Al die tegenstellingen waren er altijd geweest en die zouden er altijd blijven.
Toch zou er wel wat veranderen. Dat kwam door de herstructurering van het CBC. Zie hiervoor het kader, als vervolg op het kader in hoofdstuk 10.

Van CBC tot Bloembollenraad

Nadat het vak zich had gebogen over het rapport-Vermeer besloot het CBC zich in de vergadering van 8 september 1970 op te heffen om de Raad van Nederlandse Bloembollenondernemers, kortweg Bloembollenraad, op te richten. De raad zou dienen als centrum voor de beleidsvorming en een stafbureau voor economisch begeleiding krijgen. De CWO zou worden omgevormd tot afdeling Cultuurtechnisch Onderzoek en de COR en de CMV zouden fuseren tot een afdeling Afzetbevordering. Afdelingen en stafbureau zouden onder leiding komen van een (zware) algemeen directeur-secretaris. De raad zou een stichting worden en in die stichting zouden ook de standorganisaties (voor het eerst) worden opgenomen. Op de ochtend van de 31ste augustus 1971 kwam het CBC voor het laatste bijeen en in de middag van die dag werd de nieuwe raad geïnstalleerd. Coenen werd voorzitter en er werd begonnen met het werven van een directeur. Dat het PVS de statuten nog moest goedkeuren beschouwde men als een formaliteit, maar dat was een grote vergissing.

---

481 AB Keukenhof 27-2-1970.
482 AB Keukenhof 15-6-1970.
483 *Bloembollenexport* 1-12-1970, aldaar 12.
484 AB Keukenhof 11-12-1970 en 17-5-1970.

Voor die laatste vergadering van het CBC was heel wat overleg geweest tussen Keukenhof, Hylkema en Coenen over de Floriade en de garantie. Dat liep aanvankelijk niet goed. Coenen wilde zelfs de garantie van het CBC intrekken, maar kwam daar begin augustus op terug. Hylkema wilde ook geen bedrag ineens toezeggen voor reclame, want er waren ook andere kapers op de kust, zoals de Westfriese Flora en de Flevohof. Uiteindelijk bereikte men met Coenen overeenstemming over de schadevergoeding als gevolg van de Floriade. Op de ochtend van de 31ste augustus, tijdens de laatste vergadering van het CBC, deelde Coenen mee wat er was afgesproken. De garantie aan Keukenhof van 200.000 gulden zou in 1972 worden verlengd tot 1987. Bij eventuele tekorten moest Keukenhof echter eerst de reserves aanspreken.

Keukenhof zou ook een 'bijzondere' garantie krijgen over 1972. Die zou maximaal 100.000 gulden bedragen en stond in verband met de Floriade. Keukenhof zou aanspraak kunnen maken op deze garantie als het bezoekersaantal beneden de 650.000 zou zakken. Dan zou Keukenhof voor elke bezoeker minder de gemiste netto-entreeprijs krijgen tot een maximum van 100.000 gulden. Als het tot een uitkering kwam moest Keukenhof die later uit een eventueel batig saldo terugbetalen. Per brief van 3 september bevestigde het CBC deze afspraken. Daarin stond voor wat betreft de garantie tot 1987 de voorwaarde dat het fonds garantiegevers 'totaal' en de vrije reserves 'grotendeels uitgeput dienen te zijn'.[485] Berends vond het maar een minimale toezegging en Tegelaar was tegen de voorwaarde voor wat betreft de vrije reserves. Over de garantie voor de Floriade was Tegelaar juist erg tevreden. Van Os had Van der Kolk gesproken en die had laten weten dat er in CBC een felle discussie was geweest ("er was om gevochten"). De Westfriese Flora wilde namelijk in 1972 een eenmalige subsidie van 20.000 gulden voor extra activiteiten in verband met de Floriade, wat door het CBC werd afgewezen. Wel kreeg de Westfriese Flora een garantie van 15.000 gulden voor vijf jaar om eventuele tekorten te dekken. Wat Keukenhof niet kreeg was extra reclamegeld Daarover en over de aanspraak op de vrije reserves zou men nader in gesprek gaan met de Bloembollenraad. Dit zou na 1 oktober gebeuren, want dan zou Van der Kolk zijn afgetreden als voorzitter van de afdeling Afzetbevordering en worden opgevolgd door C. Westerbeek.[486] De Bloembollenraad had echter andere zorgen (zie kader).

Coenen deelde in de tweede vergadering van de raad, op 22 oktober 1971, mee dat het PVS de garanties voor Keukenhof en de Westfriese Flora niet zonder meer wilde goedkeuren en vroeg om nadere financiële gegevens van beide stichtingen. Een maand later bracht Hylkema in een interview in het *Weekblad voor Bloembollencultuur* de bovengeschetste problematiek naar buiten.[487] Inmiddels waren er al besprekingen tussen de raad en het PVS gaande om eruit te komen. Maar dat lukte in 1971 niet meer. Vervolgens wilde het PVS de begroting van de raad, onder protest van de vier vertegenwoordigers van de bloembollensector in het bestuur, ook niet meer behandelen. In het voorjaar van 1972 ontmantelde het PVS de statuten van de raad en bracht de raad in feite weer terug tot een wat uitgebreider CBC, maar dat bracht de goedkeuring van de garanties niet dichterbij. Integendeel, zelfs in de vergadering van 15 mei 1972 vertelde de voorzitter van de raad dat het

PVS versus Bloembollenraad

Toen het PVS in 1956 tot stand kwam had voorzitter Verhage aan het ministerie van EZ moeten uitleggen waarom het PVS de besteding van de vakheffingsgelden overliet aan het CBC, want dat was op zijn minst zeer ongebruikelijk. Verhage betoogde toen dat het CBC die taak al jaar en dag had, dat de verhouding met het BVS (de rechtsvoorganger van het PVS) prima was geweest en het aan deskundigheid bij BVS en PVS ontbrak om de zaken te kunnen beoordelen. Bovendien hield men de vinger aan de pols doordat het schap de begrotingen moest goedkeuren. Hij kwam er toen mee weg. Toen het CBC de taken uitbreidde, onder meer met een CMV, riep dat vragen op bij het PVS, en helemaal toen de Bloembollenraad werd gevormd met de daarbij behorende taken. Met name de werknemers in het PVS waren hier boos over, ook al omdat de werknemers niet in de raad waren vertegenwoordigd. Het PVS was dan ook niet zonder meer bereid de garanties die het CBC had verstrekt goed te keuren.

PVS die garanties niet had goedgekeurd. Bij het PVS lagen vooral de werknemers dwars. Die wilden geen publiek geld besteden aan private doeleinden. Daar hadden ze al eerder kritiek op geuit. Dat was in de vergadering van het PVS van 19 juni 1971. Bij de goedkeuring van de rekening van het CBC over 1970 bleek dat het CBC zijn kantoorpand, een villa aan de Weeresteinstraat 12 in Hillegom, voor de aankoopwaarde van 84.000 gulden had verkocht aan de Bond van Bloembollenhandelaren.[488] Het pand was volgens het PVS op dat moment zeker het dubbele waard, maar het was verkocht zonder het te laten taxeren. Dat werknemersvertegenwoordigers in het PVS-bestuur laakten dat: met publiek geld werd een privé-onderneming gesubsidieerd.[489]

Het lukte ook niet om voor de raad een directeur aan te trekken. In oktober 1972 besloot men daarop maar om de directeur van de Bond van Bloembollenhandelaren, mr. B. Nederveen, in een dubbelfunctie ook te benoemen als directeur van de raad. Pas in mei 1973 berichtte het PVS aan de raad dat de garanties waren goedgekeurd. Kennelijk was het de werknemers in het PVS duidelijk geworden dat Keukenhof niet zo 'privaat' was als ze dachten: in feite was het PVS net als Keukenhof een soort overheidsstichting. Preciezer gezegd was het een privaatrechtelijke stichting met een publiekrechtelijk karakter.

485 Archief Keukenhof.
486 AB Keukenhof 6-9-1971.
487 *Bloembollencultuur* 26-11-1971, aldaar 485.
488 Het CBC ging in 1971 naar de nieuwbouw van de KAVB in Hillegom, achter het pand van de Bond.
489 *Bloembollencultuur* 2-7-1991, aldaar 11.

De garanties

Keukenhof vond al die verwikkelingen met de daarbij behorende publiciteit niet leuk. Men weet de ontstane situatie vooral aan onhandig opereren van Coenen. Tegelaar vond enerzijds dat als het puntje bij het paaltje kwam Keukenhof die garantie(s) niet echt nodig had, maar anderzijds vond hij de toekenning een erkenning van de "enorme betekenis die Keukenhof voor het vak had."[490] Als de garantie niet kwam dan moest Keukenhof maar een jaarlijkse bijdrage krijgen uit de fondsen voor afzetbevordering. In mei 1973 kreeg Keukenhof van de raad het afschrift van de brief van het PVS aan de raad voor wat betreft de garantie. Keukenhof vond die brief onduidelijk, omdat er niet meer in stond dan dat Keukenhof rood kon staan bij de raad als er verliezen waren. Omdat er nadere verduidelijking van de raad uitbleef stelde Berends maar een aantal voorwaarden, maar daar was Coenen weer niet gelukkig mee.[491] Berends begon het gezeur zonder betekenis te vinden. De raad wilde een reserve van Keukenhof van minimaal 6 ton, terwijl de reserve al meer dan het dubbele bedroeg (1,36 miljoen gulden) en de rente daarop al werd bijgeschreven bij de reserve van Keukenhof. Mocht Keukenhof een verlies lijden dan zou de raad bijpassen, mits Keukenhof eerst de helft van het verlies voor eigen rekening had genomen, met de verplichting tot terugbetaling als er weer winst was. En dat terwijl de conceptbalans over 1972-1973 een winst liet zien van 474.000 gulden.[492]

Uiteindelijk werd de garantieovereenkomst tijdens het garantiegeversdiner op 14 december 1973 in Oegstgeest getekend (zie het kader).

Parkeren

In de loop van de tijd ontving Keukenhof met enige regelmaat verzoeken om de parkeerterreinen, vooral Oost, buiten het seizoen beschikbaar te stellen voor andere doeleinden. Guldemond was gemachtigd die verzoeken af te handelen. Zo wees hij in 1966 een verzoek af voor een camping. Begin 1969 vroeg de gemeente aan Keukenhof om vrachtwagens in het weekend op de terreinen te laten parkeren om die zo uit het dorp te weren. Omdat het ging om soms zwaarbeladen vrachtwagens was Guldemond bang voor schade aan de terreinen. Het bestuur kon echter niet gemakkelijk om de gemeente heen en besloot tot een nader onderzoek.[494] Dat bleek niet nodig, want de gemeente zag van het plan af. In september 1972 verzocht de gemeente om Datsuns te plaatsen op het parkeerterrein. Bij de behandeling van dit verzoek in het bestuur bleek dat Guldemond zonder het bestuur en de gemeente te informeren aan vrachtbedrijf Van der Linden uit Lisse toestemming had gegeven hun vrachtwagens op Oost te parkeren. Guldemond had daarvoor een huur bedongen van 1000 gulden en had toestemming gegeven. Dit had hij gedaan omdat Van der Linden een belangrijk vervoerder van bloembollen was en omdat de vrachtwagens beter op Oost konden staan dan in het dorp. Het kwam hem op kritiek van het bestuur te staan. Niet alleen had Van der Linden over dat parkeren een conflict met de gemeente, bovendien zou de fiscus die huur kunnen aangrijpen om Keukenhof onder het regime van de vennootschapsbelasting te brengen. Het bestuur besloot daarom de huur van Van der Linden te bestempelen als vergoeding van de schade aan het parkeerterrein.[495]

De garantieovereenkomst van 14 december 1973

De overeenkomst werd aangegaan met de Raad van Nederlandse Bloembollenondernemers, de gemeente Lisse, de Algemene Bank Nederland en het Hollands Bloembollenhuis BV en liep van 1973 tot en met 1986. Keukenhof kon in die periode aanzuivering vorderen van aangetoonde exploitatieverliezen, mits deze tenminste 1.000.000 gulden beliepen.[493] De garantiegevers zouden dan binnen drie maanden dit verlies aanzuiveren. De raad zou dat als eerste doen tot maximaal 200.000 gulden en vervolgens de gemeente Lisse tot maximaal 100.000 gulden. De ABN en de Hobaho traden gezamenlijk op als derde tot maximaal 150.000 gulden, waarvan 2/3 deel door de ABN. Het totaal bedrag aan garanties, 450.000 gulden, moest Keukenhof verplicht reserveren in een fonds garantiegevers. Verder diende Keukenhof dat fonds aan te vullen tot 600.000 gulden. Keukenhof mocht per jaar eenmalige verplichtingen groter dan 2 ton en in totaal van 6 ton, alleen aangaan na toestemming van de garantiegevers. Als Keukenhof een aanzuivering ontving moest die worden terugbetaald als er winst was: ten eerste aan ABN en Hobaho, ten tweede aan de gemeente Lisse en ten derde aan de raad.

In 1970 kreeg H. de Vroomen van de firma Jac. Th. de Vroomen uit Lisse geen toestemming om zijn pony's te weiden op het parkeerterrein. In 1973 kreeg hij nul op het rekest toen hij vroeg om het gras van het parkeerterrein voor zijn paarden. Hij werd daar zo boos over dat hij zich terugtrok als inzender.[496]

In juli 1970 vroeg de Harddraverijvereniging om de najaarskermis op Oost te mogen houden. Het bestuur zag wel wat bezwaren, maar stond het toch toe. Guldemond was wel wat bezorgd. Er was voor ongeveer 50.000-60.000 gulden per hectare besteed aan voorzieningen als drainage, bestrating, inzaaien, bewerking etc. en hij was bang voor schade.

490 AB Keukenhof 27-3-1972.
491 AB Keukenhof 13-8-1973.
492 AB Keukenhof 7-9-1973.
493 Keukenhof hoefde dus niet maar jaarlijks de balans en de exploitatie te overleggen zoals in de garantie die van 1952 tot en met 1972 gold.
494 AB Keukenhof 17-1-1969.
495 AB Keukenhof 4-9-1972, in 1973 parkeerde Van der Linden niet meer op Keukenhof.
496 AB Keukenhof 14-12-1973.

Vandaar dat men in 1972 besloot aan de Harddraverijvereniging een bankgarantie van 20.000 gulden te vragen voor het geval er schade optrad.[497] Verder betaalde de vereniging in 1972 1750 gulden voor het gebruik van het terrein, met dezelfde constructie als Van der Linden. In 1973 was het zo nat tijdens de kermis dat er forse schade aan het terrein ontstond bij de afvoer van de kermistenten, mede door een slechte organisatie van het transport (men had naast de rijbanen gereden). In februari 1974 bleek dat het terrein zich aardig had hersteld, maar als de organisatie niet beter werd zou de Harddraverijvereniging het terrein niet meer krijgen.[498] Een jaar later ontstond weer teveel schade aan het terrein door de kermis, waarop de Harddraverijvereniging besloot om te zien naar alternatieven.

In 1971 kwam het campingidee weer op de agenda van het bestuur. Dit naar aanleiding van de scriptie van Simone Hooij (zie kader).

Kennelijk was het plan in 1971 weer uit de kast gehaald, want Keukenhof besteedde er in de vergadering van 21 juni 1971 aandacht aan. Volgens Berends was graaf Carel destijds 'des duivels' geweest over de plannen van Hooij. Het bestuur voelde ook nu niets voor een camping, maar wilde ook geen ontwikkelingen blokkeren. Berends vond wel dat de gemeente de ANWB eens kon verzoeken om mogelijkheden aan te geven hoe de actieve recreatie kon worden bevorderd.

[497] AB Keukenhof 6-3-1972.
[498] AB Keukenhof 8-2-1974.
[499] Hulkenberg 1975, 200.
[500] Ibidem.

Toeristisch project Lisse

In 1968 schreef Simone Hooij een eindexamenscriptie in het kader van haar studie aan het Nederlands Wetenschappelijk Instituut voor Toerisme te Breda. Het was het antwoord op de vraag van de middenstandsvereniging Alverha uit Lisse aan het Instituut voor Onderzoek, Markt- en Bedrijfsadviezen om een plan tot bevordering van het toerisme in Lisse. Men wilde binnen vijf jaar een toeristisch centrum realiseren op het landgoed Keukenhof. Hooij werkte daarvoor, na een uitvoerige beschouwing over het toerisme in Zuid-Holland en de bollenstreek, drie plannen uit. Een van de plannen betrof een recreatiepark- en kampeer- en caravanterrein met zomerhuisjes in het gebied begrensd door het tentoonstellingsterrein, de Loosterweg Noord, de Veenenburgerlaan, de Frederikslaan (zijweg Veenenburgerlaan, de spoorbaan en de Stationsweg. Hierin lag dus ook het parkeerterrein Noord van Keukenhof. Dit terrein was goed bereikbaar via Stationsweg, Veenenburgerlaan en Zwartelaan. Naast het kasteel zou een restaurant met bosbad moeten komen. Hulkenberg, die de scriptie in zijn boek besprak, schreef dat Hooij een zeer aantrekkelijke jonge vrouw was die uitstekend in staat was haar scriptie op "heldere en charmante wijze (...) toe te lichten."[499] Hulkenberg vond dat allemaal erg aardig en aangenaam en beschreef plastisch wat er met de scriptie gebeurde: "Toen bleek, dat een enkel volijverig middenstander al zat uit te denken, waar hij wel het beste zijn verkoopstandje zou kunnen neerzetten, werd het voor de eigenaar en de diverse pachters (...) die een en ander goeddeels uit de krant moesten vernemen, toch wel wat onaangenaam."[500] Hulkenberg ontdekte ook een foutje. Hooij had geschreven dat graaf Carel zeer welwillend tegenover het gehele plan stond. Volgens Hulkenberg moest op dat 'zeer' de letters 'm.i.' worden geplakt, waardoor het gehele project aan waarachtigheid zou winnen. Kortom: een luchtkasteel, en de gemeenteraad besprak het dan ook niet.

Parkeren op Oost

Zoals we in hoofdstuk 9 zagen had de gemeenteraad op 13 november 1968 de bouwplannen van Keukenhof op Oost niet goedgekeurd. Er mochten daar alleen nog landbouwschuurtjes als schuilgelegenheid voor de bollenarbeiders staan. Daarop hadden B en W het voorstel over Keukenhof teruggenomen. Een van de bezwaren van de raad was de situering van de gebouwen. Daarop maakte Van der Lee begin 1969 een nieuw plan om daaraan tegemoet te komen. Het kostte wel 100.000 gulden meer dan het oude plan, dat ook al een ton kostte. Ook zou de parkeerruimte kleiner worden. Bovendien zou een stuk van het (bollen)land van Kaptein (4.5 hectare) omgezet worden in bos. Guldemond kon eventueel voor niet al te veel geld, namelijk 3000 tot 4000 gulden, Kaptein via een landruil met zijn eigen land wel aan vervangend land helpen. Dat bleek later echter minder gemakkelijk te zijn dan hij had voorzien. Begin februari 1969 zou de commissie RO van de raad zich erover buigen.[501] Verheugd meldde Van der Lee aan het bestuur dat de commissie akkoord was gegaan en dat de planologische procedure in juni/juli kon worden afgerond. Hij zou alvast met architect Tol een plan maken.[502] Begin maart kwam de eerste kink in de kabel. De schoonheidscommissie van de gemeente wil een andere configuratie van de gebouwen en pannendaken. Dat betekende een vertraging, maar toch werd het plan door B en W ter visie gelegd. Van der Mark diende op 2 juni 1969 echter weer een bezwaar in tegen het ter visie gelegde plan. Bovendien was het niet gelukt om voor Kaptein vervangend land te vinden. Van der Lee had er toen geen zin meer in. Hij wilde het plan maar in de ijskast zetten. Er was nieuwe wetgeving onderweg en er was een relatie met de nieuwe westelijke omleidingsweg (voorzien in 1972). Kortom, allerlei onzekerheden, vandaar dat hij er wel voor voelde het eerder advies van Risseeuw, directeur van het Stedenbouwkundige Bureau Stad en Landschap dat de gemeente adviseerde op het terrein van de ruimtelijke ordening, op te volgen: het maken van een integraal plan. Het bestuur volgde het advies van Van der Lee niet geheel op; men besloot toch een bouwvergunning aan te vragen.[503] Op 16 september besloten B en W echter het plan voorlopig te laten rusten.[504] Zie voor meer informatie over de gemeentelijke planologie en de gevolgen voor Keukenhof het kader.

In 1972 waren er 86.930 auto's geweest waarvan er ruim 86.000 op Noord hadden gestaan. Alleen waren er te veel autobussen op Oost geweest, waardoor de rijbanen daar moest worden verlengd: kosten 15.000 gulden.[506]

In de zomer van 1973 kregen de plannen van de omleidingsweg wat meer vorm. Omdat het zou betekenen dat daardoor een deel van Oost moest worden opgeofferd, stelden Guldemond en Van der Lee voor om tegenover de Van Lyndenweg een nieuwe inrit te maken voor Oost, het deel van Oost tegen het bos geschikt te maken voor het parkeren van bussen en vervangend land op Zandvliet te verwerven achter het koolaspad. Berends vond haast niet nodig want de omleidingsweg zou er pas na 1976 komen.[507] Een jaar later werd er toch weer over gepraat: de T-kruising Van Lyndenweg-Stationsweg werd een steeds groter probleem Die bocht zou groter moeten worden en ook zou er eigenlijk een

Gemeentelijke planologie en Keukenhof[505]

De gemeentelijke planologie werd op basis van het streekplan vastgelegd in zogenaamde Uitbreidingsplannen of Plannen in Hoofdzaak. In 1960 werd een herziening voorbereid met een categorie D gronden: gronden bestemd voor expositieterrein ten dienste van de bloembollenteelt, waarop uitsluitend gebouwen ten dienste van deze bestemming mochten worden opgericht. Ondanks adviezen van commissies van de Rijksdienst voor het Nationale Plan en SBB stelde de gemeente geen grens aan het bebouwingspercentage op het tentoonstellingsterrein, wel echter op het landgoed. De herziening werd in 1962 vastgesteld en in 1964 herbevestigd. De discussie over de bebouwing op Oost behelsde een wijziging van het in 1964 vastgestelde plan. Van dit plan maakten de natuurgebieden in Lisse deel uit. Die natuurgebieden waren Wassergeest en Keukenhof. In 1972 werden die gebieden voor het eerst onderdeel van het bestemmingsplan natuurgebieden van de gemeente. Het plan beslaat in grote lijnen het gebied van het tentoonstellingsterrein, alsmede het ten westen daarvan gelegen gebied tot de spoorlijn en van (globaal) de sloot ten noorden van de Keukenhof tot en met het Reigersbos. Het plan regelt dat parkeren overal in de natuurgebieden verboden is behalve bij Keukenhof, dat natuurlijk al vele jaren gebeurde. Dat werd geregeld door aan de bestemming LA (Landschappelijke Waarde) een (p) toe te voegen. Aanvankelijk was in het ontwerp deze (p) voor de helft van Noord opgenomen, maar op aandringen van Keukenhof werd die bestemming verbreed tot heel Noord, van de Stationsweg tot de sloot aan de noordkant. Het tentoonstellingsterrein kreeg de bestemming RbB: recreatie tevens beschermd bos; volgens de toelichting gericht op de exploitatie van de Keukenhof, alsmede voor behoud en herstel van de aldaar voorkomende landschappelijke en natuurwetenschappelijke waarden (zie **afbeelding 2**).

---

501 AB Keukenhof 17-1-1969.
502 AB Keukenhof 7-2-1969.
503 AB Keukenhof 4-7-1969 en 29-7-1969.
504 GA Lisse, inv.nr. 1938.
505 Ontleend aan GA Lisse, de inv.nrs. 1934, 1935, 1936 en 2050 en 2051.
506 AB Keukenhof 26-5-1972.
507 AB Keukenhof 9-7-1973.

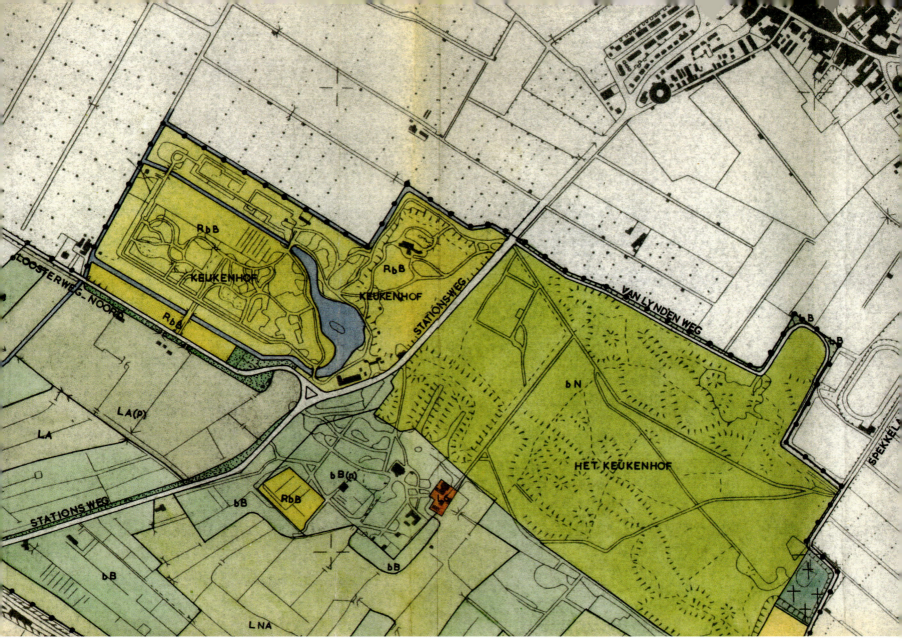

afb. 2
Kaart uit Bestemmingsplan Natuurgebieden 1972 van de gemeente Lisse

tunnel onder de Stationsweg door moeten komen voor de afvoer van de bezoekers van het kasteelterrein. Die tunnel begrootte Van der Lee op zes tot zeven ton en dat vond het bestuur toen te duur. Wat de verandering van de kruising betrof raadde Berends af het gemeentebestuur daarover onder druk te zetten. Hij was beducht voor de 'milieurakkers' en vond het beter dat de gemeente in alle rust de tijd kreeg een oplossing te bedenken.[508]

Parkeren op het kasteelterrein

De toestand van het kasteelterrein was Guldemond als sinds jaar en dag een doorn in het oog. Het was bij nat weer soms een moeras. Vandaar dat hij begin 1969 aan het bestuur voorstelde om met Van der Leede te gaan praten over een verharding van het terrein. Het bestuur aarzelde aanvankelijk. Het was misschien beter eerst de contractonderhandelingen af te wachten. Guldemond kreeg echter zijn zin en kreeg een krediet van 10.000 gulden mee om te gaan praten. Van der Lee dacht dat wat kleine verbeteringen zouden voldoen en had die begroot op ongeveer 7000 gulden.[509] Van der Leede was positief en beloofde het met graaf Carel te bespreken. In maart meldde Guldemond aan het bestuur dat het opknappen van het terrein 22.000 gulden zou gaan kosten en dat Van der Leede nog niet met graaf Carel had gesproken. Wel erg duur voor 30 extra bussen vond het bestuur, dus maar even wachten. Het was dat voorjaar echter zo nat dat het weer volgens Guldemond een 'ramp' was. Dus men besloot toch maar weer met graaf Carel te gaan praten. Die bleek positief en de Heidemij maakte een plan. Dat bleek echter zo duur te worden, dat zowel de graaf als Keukenhof dat niet zagen zitten. Van der Lee maakte toen zelf een

508 AB Keukenhof 19-8-1974.
509 AB Keukenhof 17-1-1969.

plan dat bestond uit het graven van sloten en greppels, bestraten, het verwijderen van de koolaspaden. Dat kwam op ongeveer 15.000 gulden. Van der Lee zou dat overleggen met Van der Leede. Daarna zou Berends met graaf Carel praten over de kostenverdeling.[510] Begin januari 1970 bleek in een overleg met Van der Leede dat de graaf het eens was met het plan, maar dat er een extra zinker moest worden gebouwd ad 10.000 gulden, omdat er een waterleiding "in de weg lag." Berends wilde aan graaf Carel voorstellen de kosten te regelen via een korting op de jaarlijkse 'pacht' die Keukenhof betaalde. Intussen was men begonnen aan het renoveren van het terrein. In april bleek dat het kasteelterrein nu in een goede staat was, maar nu lag er 'ineens' een bloemenmozaïek die parkeerruimte innam. De renovatie had al met al 14.000 gulden gekost. Eind 1970 stemde graaf Carel in met een verlaging van de vergoeding van de bussen van 70 naar 50 cent. Zo droeg hij bij aan de renovatie van het kasteelterrein. Die verlaging werd in het nieuwe contract opgenomen. Na het overlijden van Van der Leede in 1971 overwoog Keukenhof serieus pogingen te doen om het bussenparkeerterrein, zonder de winkels, van graaf Carel over te nemen.[511] Het bleef echter bij die overweging.[512]

Pachters

De problemen met pachter P. van Dam van het parkeerterrein hielden aan en kwamen in deze periode tot een uitbarsting. Het bestuur kreeg het idee dat Van Dam ondanks zijn zeggen van het tegendeel een forse winst maakte op het parkeren en overwoog serieus het parkeren in eigen hand te nemen. Om die winst af te romen verlaagde men zijn contract voor 1969 naar 15.000 gulden, tegen 24.000 gulden in 1968, en stelde men het parkeertarief op 50 cent De opbrengst daarvan was voor Van Dam. Het gedrag van Van Dam was vooral een doorn in het oog van Van der Lee. Hij pleitte voor het in eigen beheer nemen van het parkeren. "Als we vier doodeerlijke en flinke mensen zoeken (...) dan zijn we een heel eind op de goede weg."[513] Guldemond pakte die handschoen op en wilde wel een medewerker beschikbaar stellen. Omdat Guldemond echter in juli 1969 overeenstemming met Van Dam bereikte over een contract voor 1970 werd de discussie over het parkeren maar opgeschort. In maart 1971 was het weer mis. Van Dam weigerde pacht te betalen, omdat hij het vorige jaar niets had verdiend.[514] Volgens Guldemond maakte Van Dam een rekenfout van 10.000 gulden en had hij dus wel degelijk iets verdiend. Van Dam had ook de tactiek om het bestuur net voor het seizoen voor het blok te zetten, maar nu was de maat vol. Het bestuur nam het principebesluit het parkeren in eigen beheer te nemen als er met Van Dam verder niet te praten viel.[515] Ook overwoog men het parkeren gratis te maken. Dat zou ongeveer een ton kosten. Een week later was Van Dam bereid, na een gesprek met Guldemond, 10.000 gulden te betalen. Vorig jaar was dat 15.000 gulden. Het bestuur wilde toen wel weer met Van Dam in zee, maar dan op basis van een meerjarig contract van 7500 tot 10.000 gulden, terwijl het parkeertarief 50 cent zou blijven. Bovendien moest zo'n contract voor 1 oktober worden afgesloten om verrassingen vlak voor het seizoen te vermijden.[516] Het lukte Guldemond om in augustus met Van Dam een driejarig contract af te sluiten tegen 10.000 gulden per jaar. Maar weer kwam er een kink in de kabel, omdat Van Dam compensatie wilde als het bezoek in 1972 vanwege de Floriade tegenviel. Guldemond ging weer met hem praten. Toen bleek dat Van Dam maar 5000 gulden wilde betalen kapte Guldemond de besprekingen af. "Ik heb het gehad met Van Dam", zei hij in de bestuursvergadering van 15 november 1971. Eigen exploitatie was rendabel bij 83.000 auto's had hij uitgerekend. Eggink stelde voor een loonwerker in te schakelen en in december meldde Guldemond dat hij een principeafspraak had gemaakt met loonwerker Meeuwissen uit Voorhout voor het parkeren in 1972. Meeuwissen zou ook het beheer verzorgen op het parkeerterrein bij het kasteel. Na de tentoonstelling van 1972 meldde Guldemond dat alles naar tevredenheid was gegaan. Toch was niet alles goed gegaan. Er was een foutje in het contract geslopen waardoor Meeuwissen te weinig betaald had gekregen. Men besloot dat te compenseren met rooiwerk en het contract aan te passen. Dat gebeurde in 1974. Toen kwamen er zoveel auto's meer dan in het contract was voorzien dat er weer een aanpassing van het contract voor 1975 nodig was. Het bestuur twijfelde echter aan de cijfers die Meeuwissen overlegde. Men sprak alweer over een Van Dam-situatie en benoemde een commissie met daarin Berends, Guldemond en Tegelaar om de zaak nader te bestuderen.[517]

Horeca

Eind 1970 fuseerde Oranjeboom met Allied Breweries en werd de exploitatie overgedragen aan CWL. Dat verontrustte het bestuur, men vreesde voor een nog verdere achteruitgang van de service, die al regelmatig leidde tot klachten. Van Os en Van der Lee stelden voor om tot self- of plateservice over te gaan, maar dat vond het bestuur toen toch een stap te ver. Dat deed afbreuk aan de status van Keukenhof. Van der Lee presenteerde in 1970 ook een plan om het theehuis te verbouwen, met zelfbediening en een terras. Dat zou De Valk 150.000-160.000 gulden gaan kosten. Van der Lee stelde voor dat Keukenhof hiervoor een ton aan De Valk zou lenen tegen een rente van rond de negen procent. Aanvankelijk wilde De Valk niet verbouwen, alhoewel Van der Lee het plan op hun verzoek had gemaakt. Dat hield natuurlijk verband met de fusie. Begin 1971 werden de plannen toch in werking gesteld. Al gauw bleek dat er een investering van 350.000 gulden nodig was. Keukenhof verstrekte hiervoor een lening van 300.000 gulden tegen 8 procent (men maakte 7 procent op de effectenportefeuille) met een looptijd van 10 jaar en kreeg als onderpand het bezit van De Valk op Keukenhof.[518] Dat bleek niet genoeg en later dat jaar verhoogde men

510 AB Keukenhof 15-12-1969.
511 AB Keukenhof 2-8-1971.
512 Auteurs hebben niet kunnen nagaan of men daadwerkelijk stappen in die richting heeft gezet.
513 AB Keukenhof 22-4-1969.
514 Pacht is eigenlijk niet het goede woord, omdat het contract niet onder de Pachtwet viel net als trouwens het geval was met de andere contracten, zoals dat met graaf Carel.
515 AB Keukenhof 1-3-1971.
516 AB Keukenhof 21-6-1971.
517 AB Keukenhof 13-12-1974.
518 AB Keukenhof 21-5-1971.

de lening nog eens met 50.000 gulden. Bijna gooide Hogewoning nog roet in het eten. Op het garantiediner van 1970 had hij gekscherend bedoelde opmerkingen gemaakt over de daling van het aantal bezoekers als gevolg van de Floriade. Keukenhof was 'not amused', want De Valk trapte op de rem wat de investeringen betrof. Gelukkig kwam men daarvan later terug en kon Benningen bij de opening van de tentoonstelling 1972 een verdubbeling van bezoekers aan het theehuis met zelfbediening aankondigen (zie **afbeelding 3**).

Toen het contract met graaf Carel was afgesloten werd ook met De Valk een nieuw contract afgesloten. Dat gebeurde in 1973. Het contract zou 15 juni 1973 ingaan, een looptijd hebben van vijftien jaar in perioden van vijf jaar en beginnen met twintigduizend gulden, die jaarlijks zou worden vervolgd met de indices die ook in het contract met graaf Carel stonden. Verder werd er bepaald dat er alleen horeca zou zijn op het tentoonstellingsterrein en niet meer op de parkeerterreinen. Bovendien werden er grenzen gesteld aan wat mocht worden verkocht. Toen Berends het oude contract had bekeken was hij geschrokken van de vrijheid (een 'monopolie') die dat bood aan de brouwerij. Vandaar dat hij in het nieuwe contract beperkingen inbouwde tot alleen horecazaken.[519] Waarschijnlijk verzocht De Valk daarom eind 1974 om de bezoekers te mogen fotograferen. Dat zou veel extra inkomsten kunnen opleveren. Benningen en met hem de andere bestuursleden vonden dit een 'walgelijk' idee en er werd geen toestemming voor gegeven.[520]

Bloemen en andere zaken

In 1970 overleed oud-pachter B. Duivenvoorde. Toen hij een deel van zijn land op Zandvliet had overgedaan aan Keukenhof mocht hij bloemen verkopen op het parkeerterrein. Na zijn overlijden boden zich al vier gegadigden aan zijn stand over te nemen. Van der Lee wilde eigenlijk die stand wel weg hebben omdat Duivenvoorde geen goede kwaliteit bloemen verkocht. Het bestuur besloot echter een advertentie te plaatsen zodat zich meer gegadigden konden melden.[521] Het leidde er toe dat de pacht voor 500 gulden per jaar werd overgenomen door mevrouw Van der Poel uit Lisse, wier man ook een bloemenstal op Noord pachtte. Hij overleed in 1971 en zijn weduwe nam de pacht over.

In 1971 werd met Landwehr Johan en Laarman afgesproken dat ze ieder op basis van een driejarig contract 5000 gulden meer (dus 15.000 gulden) per jaar zouden gaan betalen. Een jaar later vond Keukenhof dat hun behuizing op Noord te slecht werd ('kermisachtig') en besloot men tot een reconstructie.[522] Aan architect Paardekooper uit Lisse werd tegen een vergoeding van 4000 gulden, opdracht gegeven een plan te maken. Uiteraard werd een en ander besproken met de pachters en wederom was Laarman bereid om de revisie van de elektrische installatie voor zijn rekening te nemen. Paardekooper maakte een nieuwbouwplan dat zo'n 125.000 gulden kostte. Daarmee bleef Noord ook de hoofdingang voor de autoparkeerders. Alhoewel het bestuur, dat er in de vergadering van 26 juni 1972 kennis van nam, het wel erg duur vond was de financiering geen probleem (uit de pacht) en ging men aan de slag. Uiteindelijk kostte het ruim 140.000 gulden.

In 1972 werd ook het contract met A. van Geest verlengd. Hij zou 10.000 gulden gaan betalen en zorgen voor 2 toiletwagens op Oost.

In 1974 werd besloten de contracten van Landwehr Johan en Laarman trendmatig te verhogen volgens de systematiek die ook in het contract van graaf Carel en bij De Valk was gevolgd. Berends belastte zich met de opstelling van deze nieuwe contracten die dat jaar ook rond kwamen.

afb. 3
Theehuis

519 AB Keukenhof 6-4-1973.
520 AB Keukenhof 13-12-1974.
521 AB Keukenhof 23-3-1970.
522 AB Keukenhof 26-5-1972.

HOOFDSTUK 13

LENTELIEREN OP DE KEUKENHOF

1969-1974. Keukenhof en Berends. Tentoonstellingen

Dit hoofdstuk begint met een aantal algemene onderwerpen, alvorens in te gaan op de afzonderlijke tentoonstellingen. Die onderwerpen hebben betrekking op de inzenders, de bomen, de molen en de vijver. Als eerste echter de voortzetting van het BTW-dossier en de relatie met de vermakelijkheidsbelasting (VB) die over zou gaan in een toeristenbelasting. Na de behandeling van de tentoonstellingen wordt dit hoofdstuk afgesloten met de 'concurrenten' van Keukenhof.

BTW en Vermakelijkheidsbelasting

Zoals we in hoofdstuk 10 zagen was het verzet van Keukenhof tegen de BTW zonder succes gebleven en was de BTW per 1 januari 1969 een feit. Begin februari 1969 wees het ministerie van Financiën het vrijstellingsverzoek van Keukenhof af uit angst voor precedenten. Vandaar dat Tegelaar in de bestuursvergadering van 21 februari een berekening overlegde van de gevolgen voor de kosten. Uitgaande van een entreeprijs van 3 gulden en een tarief van 12 procent kwam hij op 32 cent (12/112 maal 3 gulden) tegen 12 cent bij het oude tarief van de omzetbelasting (4,8 procent van de entree van 2,50 gulden zoals die in 1968 gold). Om alle kostenstijgingen, waaronder die van de lonen, op te vangen was 45 cent per bezoeker nodig zodat de hele verhoging van de entreeprijs met 50 cent terecht was geweest.[523]
Zijn berekening liet ook zien dat de gemeente ook profiteerde van de verhoging. De vermakelijkheidsbelasting (VB) steeg, uitgaande van het tarief van 1/6 van 42 cent bij een entree van 2.50 gulden naar 50 cent bij de entree van 3 gulden.
Al eerder, in januari 1969, had de gemeente Keukenhof laten weten dat de VB zou worden geheven over de totale entreeprijs. Dat vond het bestuur en ook de belastingadviseur, mr. G.H. Warning van het Consultatiebureau voor Belastingzaken Loyens en Volkmaars (LenV) uit Amsterdam, onjuist. Dat betekende volgens hen dat er belasting over belasting werd geheven. Volgens de gemeente was het niet anders dan vóór de BTW, want toen werd de VB ook over de omzetbelasting geheven. Berends vond het toch wel een beetje raar, zei hij in het bestuur, dat de gemeente verdiende aan de BTW, maar vond het wel terecht. Uiteraard was de kous daarmee niet af, de kwestie zou jarenlang onder de aandacht van het bestuur en de gemeente blijven. Zie het kader voor wat informatie over de VB.

Vermakelijkheidsbelasting (VB)

De VB bestond al sinds 1917. De gemeente Lisse stelde op 29 april 1947 een nieuwe verordening vast, nog voor er sprake was van Keukenhof. Het was een verordening op de heffing en invordering van een belasting op 'toneelvertoningen en andere vermakelijkheden'. De VB werd betaald door de plaatselijke toneelvereniging, de plaatselijke bioscoop, de voetbalclubs en dus ook, sinds 1950, door Keukenhof. In het archief van de gemeente Lisse is helaas weinig te vinden over dit onderwerp. Bij de herinrichting van het archief in 1989/1990 is erg veel vernietigd. Wel aanwezig was een opgave aan het CBS over de jaarlijkse opbrengst van de VB, het aantal afgestempelde toegangsbewijzen en de belastingopbrengst. Over de periode 1951 tot en met 1964 nam de VB die de gemeente ontving van Keukenhof toe van 39.574 gulden in 1951 tot 213.933 gulden in 1964.[524] Over de 10 jaar daarna bedroeg de gemiddelde opbrengst ongeveer 310.000 gulden en in 1974 was de opbrengst, gebaseerd op 20/120 van de entreegelden, ruim 442.000 gulden.[525]

Doorlopende en eenmalige vrijkaarten waren vrijgesteld van de VB. Zo verzocht Keukenhof medio januari 1954 aan het college van Lisse om toestemming tot uitgifte van 500 doorlopende kaarten en 250 eenmalige vrijkaarten ten behoeve van 'ons eerste lustrum'.[526]

---

523 AB Keukenhof 21-2-1969.
524 GA Lisse, inv.nr. 2836.
525 Archief Keukenhof.
526 Ibidem.

In mei 1969 werd in het bestuur van Keukenhof melding gemaakt van een adres van Warning aan de gemeente om bij de VB een andere nettoberekening toe te passen, passend in de verordening, zodat de BTW buiten beschouwing bleef en er dus geen belasting over belasting werd betaald. Toen had Keukenhof al een ton als voorschot van de VB betaald. Per brief van 29 september wees de gemeente dat verzoek echter af.
Op 1 december 1969 schreef Warning een brief aan Van der Lee. Hij reageerde op de brief van 29 september 1969 van B en W. Die hadden geschreven dat het tarief van de VB niet zou worden aangepast door de invoering van de BTW. De gemeente beriep zich hierbij op een advies van de VNG. Warning gaf aan hoe Keukenhof hierop kon reageren en gaf daarvoor een aantal mogelijkheden. Een ervan was het aansnijden van een gerechtelijke procedure voor het Gerechtshof te Amsterdam met als thema: 'geen belasting over belasting'. Hij kon echter niet voorspellen hoe kansrijk een proces zou zijn.[527]
Aan het eind van het jaar bereikt Keukenhof, na lange onderhandelingen, wel overeenstemming met de Belastingdienst over het mogen aftrekken van de reducties op de entreeprijzen eer de BTW werd berekend. Dat werd na een aanvankelijke weigering toegestaan en dat leidde tot een restitutie van 21.000 gulden. Het geschil met de gemeente ging overigens over een bedrag van 28.000 gulden.[528]
Begin 1970 boekte Keukenhof het eerste succes. In de bestuursvergadering van maart 1970 deelde Berends mee dat B en W aan de raad hadden voorgesteld de VB voortaan ex BTW te berekenen. En in juni keurde de raad en de Kroon die wijziging van de verordening goed. De VB kwam toen op ongeveer 280.000 gulden, 31.000 gulden minder.[529]

In 1970 vroeg de BTW weer aandacht, omdat het tarief per 1 januari 1971 van twaalf naar veertien procent zou gaan. Weer besloot men bij EZ te sonderen of Keukenhof geen vrijstelling kon krijgen. Wat daarvan kwam weten we niet; in de notulen van 1971 stond er niets meer over. Wel stond hier iets in over een tegenvaller bij de BTW. Ook dat had te maken met de catalogus. Copex, die de 60.000 boekjes voor 2,50 verkocht op Keukenhof, kreeg daarvoor van Keukenhof een bedrag van rond de 25.000 gulden en had geen BTW afgedragen; een strop van 12.000 gulden. Keukenhof wilde daarvoor wel 3000 gulden voor haar rekening nemen, maar daardoor zou ook het boekje duurder worden en de vergoeding aan Copex tot 30.000 gulden oplopen. Vandaar dat er in het bestuur een discussie ontstond over een kleiner formaat en een tweejaarlijkse uitgave.[530]
Eind 1974 ontstaat er in het bestuur een lange discussie over de VB. Aanleiding was de schets die architect Richards had gemaakt van een nieuwe hoofdingang. De financiering daarvan zou vergemakkelijkt worden als de VB zou verdwijnen. Berends vertelde dat de gemeente al nadacht over de vervanging van de VB door een toeristenbelasting. Per 1 januari 1979 mocht de gemeente namelijk geen vermakelijkheidsbelasting meer heffen. Toeristenbelasting kon ook al worden gegeven, echter slechts bij nachtverblijf. Na een wetswijziging kon het ook bij dagverblijf gegeven worden. De gemeente dacht eraan de eerste 100.000 bezoekers aan Keukenhof als ingezetenen van Lisse te beschouwen en dus niet te belasten. De overige bezoekers wilden ze belasten tegen een tarief van 50 cent. Bij 900.000 bezoekers zou dat een voordeel voor Keukenhof opleveren van 42.000 gulden. Berends vond dat redelijk. Tegelaar was sceptisch. Hij vroeg hoe lang het dan 50 cent bleef. Hij vond 50 cent veel te hoog en 35- 40 cent reëler. Bovendien was de berekening van Berends gebaseerd op het topjaar 1974 en was het niet te verwachten dat het in 1975 en de jaren daarna (het tarief gold voor 1975 tot en met 1978) het geval zou zijn, ook al omdat de entree in 1975 op vijf gulden kwam.[531] Berends gaf toe. Hij vond 50 cent eigenlijk ook wel hoog. Op een vraag van Tegelaar wat de onroerendgoedbelasting, die in 1976 zou ingaan, zou betekenen, moest hij het antwoord schuldig blijven. De gemeente studeerde daar nog op.[532]

De inzenders

Omdat inzender Van Tubergen informeerde naar de criteria van verkoop aan particulieren wijdde het bestuur er in oktober 1969 weer een discussie aan. Acht bedrijven met detailhandel hadden daar nu een vergunning voor, wat in feite een ontheffing van het verbod tot verkoop was, en hadden daarvoor stands staan op hun inzending. Enige uitbreiding daarvan vond het bestuur niet erg, maar men bleef beducht voor de fiscale consequenties, niet alleen voor Keukenhof, maar ook voor graaf Carel. Keukenhof viel immers onder de Natuurschoonwet. Ook was men beducht dat graaf Carel de pacht zou verhogen als er teveel werd verkocht. Het mocht dus niet te veel opvallen. Toen in 1970 Warnaar als inzender verdween en andere grote inzenders zoals Grullemans, Rijnveld en Van Tubergen op de plaats van Warnaar zouden komen rees weer de vraag over de verkopen. Het bestuur formuleerde een aantal criteria, zoals spreiding over het terrein, grootte van de inzending en het hebben van een particuliere handel. Verder rees toen de vraag of de kas ook opengesteld moest worden voor niet-inzenders met een interessant sortiment. Van der Lee was daar wel voor. Het zou de goodwill van Keukenhof vergroten en het sortiment verbreden. Vandaar dat men besloot het als experiment toe te staan.[533] In dat jaar (1970) werd er ook lang gepraat over de verkoop van Hippeastrumbollen in het kasje van Weyers-Mense. Dat werd nogmaals afgewezen.
In 1971 kwamen er weer inzenders bij en Van der Lee vond toen dat het reglement, gebaseerd op de situatie 1949-1952, hopeloos was verouderd was. Het bestuur vond het echter bezwaarlijk een nieuw reglement te maken en zou aan de nieuwe inzenders vragen "accoord te gaan met de bekende voorwaarden."[534]

527 Archief Keukenhof, AB Keukenhof 15-12-1969.
528 AB Keukenhof 15-12-1969.
529 AB Keukenhof 13-7-1970.
530 AB Keukenhof 6-9-1971.
531 Van 1969 tot en met 1971 was de entree drie gulden en van 1972 tot en met 1974 vier gulden.
532 AB Keukenhof 8-11-1974.
533 AB Keukenhof 27-2-1970.
534 AB Keukenhof 2-8-1971. Het reglement troffen we niet aan in het archief van Keukenhof.

In september 1972 ontstond er naar aanleiding van het verzoek van inzender Willemse om orders te mogen boeken een lange discussie in het bestuur. Dat zou de tiende inzender zijn die dat werd toegestaan en het bestuur besloot dat dit ook de laatste zou zijn.

Het werken met een verouderd reglement bleek toch niet zinvol. Omdat in 1973 de wachtlijst leeg was besloot men aan een nieuw reglement te beginnen. In mei 1974 boog het bestuur zich over een concept voor een nieuw reglement dat veel minder verplichtingen bevatte voor de inzenders dan het oude. Men besloot het met een begeleidende brief voor te leggen aan de inzenders. Er kwam een apart reglement voor de kleinhandelaren, dat eind augustus 1974 door het bestuur werd vastgesteld.

In maart 1974 vertelde Guldemond aan het bestuur dat zijn bedrijf een samenwerking was aangegaan met het bedrijf van Valkering uit Limmen. Valkering betaalde dus ook mee aan de inzending van Guldemond en daarom wilde Guldemond ook een bord met de naam Valkering in zijn inzending. Aanvankelijk weigerde het bestuur, omdat Valkering geen inzender was noch het wilde zijn. Men wilde geen precedenten scheppen en Guldemond zegde toe met Valkering naar een oplossing te streven.

In dat jaar was de inzender John van Grieken zo blij met het jubileum waarbij de koningin de inzenders ontmoet had, dat hij het bestuur twaalf flessen wijn schonk. Later dat jaar werd besloten de bollen van de inzenders in de periode tussen levering en planten te verzekeren tegen brand, diefstal en vermenging, voor 100.000 gulden.

De bomen

Begin 1969 werd geconstateerd dat de bomen aan de Stationsweg te hoog werden voor de vlaggenmasten: de masten verdwenen. In 1972 werden de vlaggenmasten geplaatst tegenover de Van Lyndenweg (op Oost). In 1972 besloot men voor de jaarlijkse aanplant van het bosbestand niet de geplande 50.000 gulden uit te trekken maar de helft. Dat werd voldoende geacht.

Begin 1974 bleek dat een sanerings- en herstelprogramma nodig was voor ongeveer 300 bomen tegen ongeveer 200 gulden per boom. Dat werd betaald uit de zogenaamde bosreserve waar op dat moment nog zo'n 130.000 gulden inzat. Vooral delen van het smalle bos en de Beukenlaan bleken slecht, en daar was ook bosvernieuwing nodig. Dat werd begroot op 45.000 gulden.[535] Een op de tien bomen moest worden behandeld.

De molen

In 1970 kwam het bericht dat de HAL naar Amerika vertrok en geen belangstelling meer had voor de molen. Het contract liep tot 1971 en dat zou kunnen inhouden dat de molen gesloopt zou kunnen worden. Dat wilde Keukenhof natuurlijk vermijden. Men besloot met de HAL te gaan praten over een afkoopsom voor het onderhoud. Een externe taxatie leverde een bedrag van 90.000 gulden, inclusief 18.000 gulden voor de verzekering, en Van der Lee ging op basis van dat bedrag praten met de HAL. De HAL wilde het onderhoud afkopen voor 6000 gulden; daar ging Keukenhof op in. Tevens zegde men de brandverzekering ad 1200 gulden op omdat als de molen afbrandde men hem niet zou herbouwen.[536]

De vijver

De toename van het aantal bezoekers zorgde niet alleen voor parkeerproblemen. In de bestuursvergadering van Keukenhof van 19 augustus 1974 klaagde Guldemond over de 'stanktroep' bij de toiletten op het parkeerterrein bij het kasteel. Hij wilde maatregelen, maar Berends raadde dat af: "we gaan zelf ook niet vrijuit met onze lozingen. Laten we maar wachten tot het de spuigaten uitloopt." Daar had hij gelijk in, zoals later zou blijken. In maart 1969 bleek uit metingen van Rijnland dat het water in de vijver maar liefst negen maal zo 'vuil' was als het water in Rijnlands boezem. Dit kwam doordat het restaurant en het kantoor rechtstreeks op de vijver loosden. Het bestuur besloot de vijver uit te baggeren en pompen te plaatsen om het water door te spoelen om te kijken of de vervuiling daardoor verminderde. Dat bleek niet afdoende. In juli 1969 bleek dat er aanvullende maatregelen nodig waren. Een bijkomend probleem was dat door het pompen het zand wegspoelde, hetgeen de ijzeren brug ondermijnde. Na advies te hebben ingewonnen besloot het bestuur een nieuwe kleine brug met stalen binten te bouwen, voor ongeveer 20.000 gulden.[537]

Omdat het doorspoelwater ook niet best was, hielp het niet veel. Integendeel, in de zomer van 1970 bleek dat bijna alle vissen uit de vijver waren 'verdwenen'. In 1972 bleek dat het zoutgehalte van de boezem te hoog was, zodat men bronnen moest slaan om op drie meter diepte goed grondwater te zoeken om voor de bollen te gebruiken.

De tentoonstelling van 1969

Het *Weekblad voor Bloembollencultuur* besteedde in het nummer van 17 januari 1969 aandacht aan het twintigjarig bestaan van Keukenhof en memoreerde nog eens het 'hoongelach' dat mijlenver te horen was toen de plannen in 1949 bekend werden. De kosten zouden te hoog zijn, er zouden te weinig bezoekers komen en de grond zou gauw te 'moe' worden.[538] Niets van dat alles was uitgekomen en nu had Keukenhof volgens het blad een 'enorme' reclamewaarde voor het bloembollenvak.

In zijn persconferentie van begin maart 1969 besteedde Berends natuurlijk ook aandacht aan het jubileum van Keukenhof. Trots vertelde hij dat prinses Beatrix en prins Claus de tentoonstelling op 26 maart vanwege de vroege datum van Pasen kwamen openen en dat de tentoonstelling was gegroeid van 15 hectare in 1949 tot 27 hectare in 1969. Het aantal inzenders nam in die periode toe van 40 tot 85 en sinds

---

535 AB Keukenhof 31-5-1974.
536 AB Keukenhof 12-3-1971
537 AB Keukenhof 27-10-1969.
538 *Weekblad voor Bloembollencultuur* 17-1-1969, aldaar 663.

1950 hadden ruim 2,8 miljoen mensen Keukenhof bezocht. In de loop van de tijd varieerde de sluitingsdatum van 6 tot 31 mei. Hij verwachtte dat ongeveer de helft van de bezoekers weer uit het buitenland zou komen, waarvan de meeste uit Duitsland. Trots presenteerde hij de eigen vlag. Om het bezoek uit Duitsland te stimuleren werden stationsacties gehouden in Karlsruhe, Stuttgart, Hamburg en Wuppertal. Die werden ingebed in een Hollandpromotie samen met de NS, de ANVV en de VVV combinatie Holland. Ook in Londen zou in het Waterloo Station van 13 tot en met 18 maart een Hollandpromotie worden gehouden. In het Rotterdamse station zou als proef een standje worden ingericht, net als in de Haagse Passage al jaren gebruikelijk was. Een Engels reisbureau [waarschijnlijk Clarkson, MT] verzorgde voor 90 gulden een dagtrip per vliegtuig naar Nederland met een bezoek aan Keukenhof. Berends was aanwezig toen een klein Keukenhofje in het Londense station was aangelegd en werd gepromoot door twee in Volendams kostuum gestoken dames, medewerksters van de VVV's Hilversum en Rotterdam.

Door het koude weer was er bij de opening (zie **afbeelding 2**) niet veel te zien, zelfs de krokussen bloeiden nauwelijks. De vierjarige zoon van Van Os, Rutger, bood bloemen aan prinses Beatrix (zie **afbeelding 1**) aan. Dat waren met de bloemen in de kas, de enige bloemen die op Keukenhof bloeiden aldus de verslagen in de vakbladen (zie **afbeelding 3**). Overigens waren de bloemen die Rutger aanbood ook een noviteit. Het waren nieuwe narcissen genaamd 'Peep of Spring' met een éénkleurig-gele halskraag, van de bekende veredelaar J. Gerritsen uit Voorschoten. Tijdens de opening ging Berends weer in op het vroege koppen. Hij trok een vergelijking met de Betuwe waar ook minder bloei te zien was door de vervanging van hoogstam- door laagstam fruitbomen. Hij vond dat een 'verzwakking' van beide streken en dat maakte in de bloembollensector de betekenis van Keukenhof als 'schouwvenster' steeds groter.

Het was voor Van der Lee een bijzondere Keukenhof. Hij werd Ridder in de Orde van Oranje Nassau. Diezelfde onderscheiding werd ook toegekend aan de voorzitter van de Westfriese Flora S. Schaper-Rood. De *Hobaho* van 9 mei 1969 schreef daarover onder meer het volgende: "S. Schaper-Rood ontwierp het grondpatroon voor het monument van West-Frieslands kunnen, tastbaar gemaakt door de Westfriese Flora, en de heer W. v.d. Lee maakte uit een verwaarloosd stuk bos door nauwelijks merkbare wijzigingen een park, dat als schouwvenster dient voor het bloembollenvak, de Keukenhof."[539]

Verder waren er de nodige zorgen. Tot Pasen werkte het weer niet mee en kwam er maar de helft van het aantal bezoekers van het jaar daarvoor. Vooral de Nederlanders bleven weg. Bovendien was de economische situatie niet best en dat scheelde ook weer bezoekers. De kas bloeide maar matig en Van der Lee wilde meer goede nieuwe inzenders. Bovendien was er weer veel kritiek op de beelden. Pasen leverde ook een strop op: er kwamen 100.000 bezoekers minder dan in het voorgaande jaar.

afb. 1
Rutger van Os biedt prinses Beatrix bloemen aan

[539] *Hobaho* 9-5-1969, aldaar 4.

afb. 2
Openingsplechtigheid

afb. 3
In de warme kas

Tentoonstelling 1970, een nieuwe koude kas

Begin 1969 werd het plan om een koude kas te bouwen op het land van De Meulder weer uit de ijskast gehaald. In een koude kas kan een groter assortiment worden geplant dan in een warme kas, waarin alleen bepaalde voor broei geschikte soorten kan gedijen. Juist om een groter sortiment te kunnen tonen, was vooral Van der Lee voor het bouwen van een koude kas. Hij speelde al met het concept een voorjaarstuin in de kas te maken. Daarin pasten naast bolgewassen niet alleen de zogenaamde Boskoopse gewassen, maar ook bijvoorbeeld lelies. Hij wilde daarmee voorkomen dat na de bloei van de bolgewassen de kas leeg kwam te staan. Om te voorkomen dat er te weinig bollen van inzenders kwamen stelde hij voor om voor 18.000 gulden bollen aan te kopen, en te bekijken of de Liliade uit Akersloot naar Keukenhof kon komen. Het was duidelijk, hij streefde naar een verbreding van het sortiment om Keukenhof aantrekkelijker te maken. De echte bollenmensen in het bestuur (Eggink en Van der Meij) waren daar kritisch over: dat zou de aandacht teveel afleiden van 'hun' bolgewassen en bovendien was er voor 25.000 gulden aan extra voorzieningen nodig om de bestaande kleinere koude kas voor die andere gewassen geschikt te maken.⁵⁴⁰ De meerderheid van het bestuur vond het echter wel een goed idee van Van der Lee en stelde het geld beschikbaar. Tot een benadering van het bestuur van de Liliade kwam het echter toen niet. Later wel, en het zou een van de grote trekpleisters van Keukenhof worden. In het kader alvast wat informatie over de Liliade.

540 AB Keukenhof 3-10-1969.
541 Baardse 1977.
542 *Kwekerij en Handel* 26-6-1970, aldaar 14.
543 AB Keukenhof 16-11-1973.

Liliade

In de bestuursvergadering van 15 maart 1966 van Keukenhof vroeg De Graaf aan de vergadering of lelies wel bolbloemen waren. Welzeker, antwoordde Warnaar, ze kunnen alleen niet in de grond van de Bollenstreek worden geteeld. Op dat moment waren er in Nederland twee centra waar lelies werden geteeld: in West-Friesland met Andijk als centrum en in Akersloot. In beide streken bestonden er ook lelieverenigingen, in West-Friesland sinds 1938 en in Akersloot sinds 1947.⁵⁴¹ In januari 1961 opende de Commissaris van de Koningin het nieuwe gemeentehuis van Akersloot. Na de opening maakte de Commissaris kennis met de voorzitters van de plaatselijke verenigingen, zo ook met C. Schoon, die voorzitter was van de lelievereniging. De Commissaris raadde hem aan eens een lelietentoonstelling te organiseren. Die raad volgde men op en begin van juli 1961 vond op 250 m² in het nieuwe gemeentehuis de eerste Liliade, die toen nog niet zo heette, plaats. De tentoonstelling trok 5500 bezoekers en dat aantal groeide in 10 jaar tijd naar 28.000.⁵⁴²
Rond 1960 kreeg de teelt ook een nieuwe impuls door verbetering en uitbreiding van het sortiment. Vooral door de introductie van de zogenaamde 'Midcentury-hybriden' door de bekende veredelaar Jan de Graaff uit Oregon. Bij die introductie speelde de Liliade uiteraard een belangrijke rol als showvenster van het nieuwe sortiment. Dat nieuwe sortiment kon ook op andere gronden worden geteeld dan in de oude centra. Zo werd bijvoorbeeld de Zijpe een belangrijk teeltgebied. De Bollenstreek stapte pas in de lelies aan het eind van de jaren tachtig.
De Liliade van 1969 werd op 3 juli voor het eerst geopend door minister Lardinois van Landbouw die de show een "evenement van internationale allure" noemde. De tentoonstelling, die inmiddels in een tent plaatsvond aangezien het gemeentehuis te klein was, showde niet alleen lelies maar ook *Lathyrus* en *Fuchsia*. De West-Duitse TV kwam zelfs opnamen maken en er was ook een programma met internationale festiviteiten omheen gebouwd. Helaas maakte een zware storm, die delen van de tent vernietigde, een dag voor het geplande slot een einde aan de tentoonstelling.
In 1972 verhuisde de Liliade voor het eerst in haar bestaan van Akersloot naar de Floriade in Amsterdam. Het was volgens de vakbladen een 'grandioze show' van 500.000 leliekelken. Dat was voor Van der Meij reden eens te gaan praten met de voorzitter en de secretaris van de Liliade om naar Keukenhof te komen. Men zegde toe dat te bepreken met de landelijke vereniging De Lelie, een groep van de KAVB, en de Bloembollenraad, als subsidiegever, maar Van der Meij hoorde daar verder niets meer over. De Liliade van 1973 vond weer plaats in Akersloot.⁵⁴³

afb. 4
Bloemlust herleeft op Keukenhof, in
Kwekerij en Handel 3-4-1970

De Meulder zou echter niet voor half augustus vertrekken en de planning luisterde daarom nogal nauw. Eind juli besloot men een kas te laten bouwen van 2152 m², die kon dan medio oktober klaar zijn en daarna worden beplant. Dat lukte echter niet, zodat de bollen medio november moesten worden geplant zonder dat er glas op zat.

Uiteraard werd in het persbericht van Keukenhof over de tentoonstelling van 1970 aandacht besteed aan de nieuwe koude kas en de herinrichting van de kleine koude kas tot voorjaarstuin. Tevens werd gemeld dat er stationsacties in Engeland werden gehouden in plaats van in Duitsland vanwege het succes van de actie van vorig jaar in het Waterloo Station in Londen. Ook in Nederland kwamen er meer acties, waaronder een grote actie in Enschede. Daags voor de opening, voorzien op Witte Donderdag 26 maart, zou de binnen- en buitenlandse pers worden uitgenodigd worden voor de traditionele bloembollenpersconferentie met de burgemeesters, met een bezoek aan de tentoonstelling. Alleen in jubileumjaren zou Keukenhof nog worden geopend door hoogwaardigheidsbekleders, in de tussenliggende jaren zou dat of met de persconferentie zijn of door een bekende Nederlander. De eveneens traditionele sneeuwklokjespersconferentie werd begin maart gehouden. Het sneeuwde tijdens die persconferentie. "Het was meer sneeuw dan klokjes", zei Berends. Tijdens die persconferentie kopte een van de vakbladen: "Keukenhof tussen kale velden", aldus J. Strijkers. Hij was lid van de propagandacommissie en ook directeur van de NBT.544 Hij memoreerde nog eens het belang van Keukenhof voor het toerisme in Nederland. Het buitenlands bezoek aan Keukenhof bracht twaalf maal zo veel op als het gehele inkomende bezoek in het vooroorlogse topjaar van het toerisme, 1938. Toen kwam vijf miljoen gulden binnen. De buitenlandse bezoekers aan Keukenhof gaven in Nederland rond de zestig miljoen gulden uit en Strijkers becijferde dat dit eenzesde was van de "materiële uitvoer van bloembollen."545 Bovendien verlengde Keukenhof het buitenlandse bezoek met vier maanden. In dat verband uitte hij kritiek op de kale bollenvelden door het steeds vroeger koppen van de tulpen en het ritsen van hyacinten. Het raakte een gevoelige snaar. Guldenmond had het weer over de oorlog, toen er snel werd gekopt omdat je niet wist wat de dag van morgen zou brengen. Van Os bleek geen voorstander van vroeg koppen in verband met de selectie op virusziekten in de bloem. Benningen hoorde het aan en was 'not amused'. In de bestuursvergadering van 23 maart hekelde hij het gebrek aan overeenstemming tussen de vakmensen en vroeg hij ook aan Berends waarom hij geen inleiding had gehouden, net als zijn voorganger. Berends was geen voorstander van "vlammende redevoeringen", zoals De Graaf die wel hield, want dat "had ook zo zijn bezwaren." Berends vertelde ook dat hij tijdens de lunch contact had gehad met de journalisten Roelfs, Smedes en Staal en hen had gevraagd eens kritisch commentaar te leveren op Keukenhof. Dat kwam Berends op kritiek te staan van Tegelaar. Die had "een grote angst voor de macht van de pers" en hield zijn hart vast voor waar dat toe zou leiden. Van Os had er niet zo'n moeite mee als de kritiek alleen voor intern gebruik was. Ook vroeg men zich af of de burgemeesterspersconferentie vanwege de geringe nieuwswaarde wel moest blijven.

VAN DER LEE
Kon het verleden niet vergeten

„BLOEMLUST" HERLEEFT OP KEUKENHOF!

De voorjaarstuin in de koude kas was een succes (zie **afbeelding 4**). De vakbladen waren vol lof. *Kwekerij en Handel* schreef dat Van der Lee de voormalige Bloemlust tentoonstelling in de HBG-hal in Lisse weer had doen herleven en vroeg Van der Lee naar het waarom. Hij had het vooral gedaan, zei hij, "om te proberen de vakgenoten weer plezier er in te doen krijgen." Het blad vervolgde met: "Nu, het resultaat is de moeite waard, en iedereen kan Van der Lee dankbaar zijn, dat hij het Bloemlust-verleden heeft doen herleven in het heden van zijn prachtige Keukenhof."546 Verder was het weer een kale boel op Keukenhof, ondanks de aanplant van duizenden geprepareerde krokussen, hyacinten en narcissen. Het openingsplaatje met de Haarlemse bloemenmeisje en het onderschrift getuigt daarvan (zie **afbeelding 5**).547

In het voorjaar van 1970 hielden twee gerenommeerde bedrijven een groene veiling, georganiseerd door de Hobaho. Dat was het bedrijf van Warnaar (naar aanleiding van zijn overlijden) uit Sassenheim en het bedrijf NV F. Rijnveld & Zonen uit Hillegom. In de vooraankondigingen van die veilingen stond dat de mooie en bijzondere collectie narcissen van Warnaar in de warme en koude kassen van Keukenhof was te bezichtigen, evenals de beroemde nieuwe tuintulpen van Rijnveld. Het was ook hun laatste inzending op Keukenhof. Hun plek werd ingenomen door Van Tubergen.
Dat was niet het enige gebruik van het sortiment op Keukenhof. In 1970 was het het derde jaar dat de CMV van het CBC in de persoon

544 *Kwekerij en Handel* 13-3-1970, aldaar 10. De NTB was een jaar daarvoor ontstaan uit de ANVV.
545 *Weekblad voor Bloembollencultuur* 13-3-1970, aldaar 888. In de *Hobaho* van 13 maart 1970 (bladzijde 4) schreef J. Dix een artikel over de export waarin hij becijferde dat door Keukenhof het verbruik van bloembollen in Nederland vertiendubbeld was.
546 *Kwekerij en Handel* 3-4-1970, aldaar 7.
547 *Kwekerij en Handel* 3-4-1970, aldaar 11

Keukenhof is open

afb. 5
Bloemenmeisjes op Keukenhof

van L. Krouwel bloeiperiodewaarnemingen aan tulpen in de warme en koude kassen deed. Hij combineerde die waarnemingen met dergelijke waarnemingen in Duitsland en Amerika.

De tentoonstelling van 1971

Toen de tentoonstelling op 1 april werd geopend gebeurde dat midden in de bloemen. De opening geschiedde door de burgemeesterspersconferentie en de Haarlemse bloemenmeisjes. Op die conferentie sprak H. Reimer, directeur-generaal voor het toerisme van het ministerie van EZ. Hij benadrukte het belang voor Nederland van de drie-eenheid tulpen, molens en klompen. Er werd een nieuw woord voor het bezoek aan Keukenhof geïntroduceerd: 'lentelieren'. Een nieuwe aanwinst was de heidetuin achter het paviljoen. Van Os meldde dat de opening vooraf werd gegaan door mini-Keukenhoven op stations in Londen, Dortmund, Düsseldorf en Brussel, op aantal stations in Nederland en in het Congresgebouw in Den Haag en de Bijenkorf in Amsterdam. Weer was er achteraf kritiek op de persconferentie: de kosten waren uit de hand gelopen en de nieuwswaarde was nihil. Van der Lee zei daarover: "men schrijft te weinig over de hof."[548]

Op 16 april bezocht de koningin samen met de Canadese Gouverneur-generaal de Keukenhof. Diens vrouw doopte een tulp: 'Beauty of Canada' (zie **afbeelding 6**).
In mei kwam het bericht van het faillissement van het Engelse reisbureau Friendship. Dat betekende een potentiële strop voor Keukenhof van 25.000 gulden, zijnde 10.000 onbetaalde toegangskaarten. De totale schuld in Nederland bedroeg maar liefst 2 miljoen gulden, tegen in Engeland 0,5 miljoen gulden. Daar tegenover stond een bate van 0,5 miljoen. Er werd met Keukenhof en de andere crediteuren in juni 1971 gesproken over een doorstart met een krediet van het NBT. De crediteuren kregen toen 10 procent en dat werd begin 1972 25 procent. Dat was

afb. 6
De koningin en Canadese gouverneur-generaal op Keukenhof met tulpdoop

[548] AB Keukenhof 10-4-1971.

De beelden 1969 tot en met 1974

In 1969 vond Van der Lee dat er wat de Duitse beelden betrof wel een dieptepunt was bereikt, de kleuren vloekten met die van de bloemen. Dat kwam doordat Keukenhof vooraf alleen kleine zwart-wit foto's van de beelden te zien kreeg. Ook vond hij het aantal van zestig veel te groot, vijfentwintig waren genoeg.[550] Terwijl Berends op de persconferentie van maart nog gewag had gemaakt van de fleurige schoonheid van de beelden, had Warnaar op diezelfde conferentie gezegd dat de kleurige beelden maar niet tussen de bloemen moesten staan, maar op het land van De Meulder. In april was het hele bestuur teleurgesteld over de beelden. Het 'geplakte spul' was verregend en het was geen gezicht. Berends beloofde onder vier ogen te gaan praten met de leden van de beeldencommissie. Hij bereikte dat het bestuur meer inspraak zou krijgen en als er geen goede duidelijke foto's kwamen de plaatsing kon worden geweigerd. Bovendien zegde de commissie toe niet meer zo avant-gardistisch te werk zullen gaan. Ondanks dat verregenden in 1970 weer twee beelden. Tegen het eind van dat jaar ontstond er weer een noodsituatie doordat de foto's van de beelden, dit keer uit België, die ook in de catalogus moesten worden opgenomen te laat dreigden te komen. In het algemeen vond men de Belgische beelden wel mooi. Zelfs Guldemond was positief. In mei 1971 volgde Visser Swart op als directeur van de NKS. Hij wilde ook een betere organisatie en minder beelden, zo rond de dertig. Dat leidde tot nieuwe afspraken tussen Keukenhof, de beeldencommissie en de NKS. Er zouden geen beelden meer komen die niet klimaatbestendig zouden zijn. De begroting van de NKS zou ter goedkeuring aan Keukenhof worden voorgelegd en Keukenhof zou de subsidie bij het ministerie aanvragen. De NKS zou de beelden plaatsen met inachtneming van de aanwijzingen van de terreincommissie.[551] Toen de begroting kwam schrok het bestuur. Maar liefst 30.000 gulden. "Als de inzenders en het vak dit wisten", zei Guldemond, zou er narigheid ontstaan. De begroting was zo hoog vanwege de transportkosten van 20.000 gulden, die het ministerie van CRM niet meer voor haar rekening nam. Na wat onderhandelingen kwam het bedrag voor Keukenhof uit op 22.000 gulden en dat vond men acceptabel. De beelden van 1972 riepen geen kritiek op. Integendeel, Guldemond vond ze weer mooi en Van Os wilde zelfs het beeld 'witte bol' kopen voor 15.000 gulden. Dat ging niet door, omdat Berends zich er 'vierkant' tegen verklaarde.[552] In 1973 vielen de beelden weer niet mee, omdat de foto's een ander beeld hadden gegeven dan in de realiteit bleek. Er stonden toen dertig Zwitserse beelden. In dat jaar ontstond er ook onzekerheid over de subsidie van CRM en bepaalde Keukenhof de beleidslijn dat CRM zestig procent moest subsidiëren en Keukenhof veertig procent.[553] Aan het eind van het jaar ging er weer van alles mis: beelden die naar België moesten na de tentoonstelling doken op in Zwitserland en weer waren de foto's voor de catalogus te laat. Toen bovendien in 1974 bleek dat de subsidie van Keukenhof achtduizend gulden boven de beleidslijn van ongeveer twintigduizend gulden lag, was voor Guldemond de maat vol. Zo konden ze lekker af van die 'beeldentroep'.[554] Toen in juni bleek dat het vacatiegeld voor de leden van de beeldencommissie van 50 gulden naar 150 gulden moest, besloot men de commissie een "zachte dood te laten sterven."[555] Het opheffen van de beeldencommissie leverde echter geen besparing op, integendeel. In december bleek dat Keukenhof werd aangeslagen voor 24.000 gulden. De NKS had een commissie samengesteld die de beelden had uitgezocht en verwachtte dat de terreincommissie zou helpen met het plaatsen van de beelden, omdat Kneulman dat sinds 1971 niet meer deed en werd opgevolgd door de beeldhouwer J. Goossen. Kneulman deed dat voor achtduizend gulden en dat zou kunnen worden bespaard als de terreincommissie het zou doen. "Geen man en geen uur", zei de terreincommissie echter. Guldemond beklom weer zijn stokpaard, maar Tegelaar betoogde dat beelden nu eenmaal bij Keukenhof hoorden, hij zou niet meer zonder willen.[556] In 1974 werd een overzichtstentoonstelling georganiseerd van beelden van Nederlandse beeldhouwers die de afgelopen drieëntwintig jaar hadden geëxposeerd op Keukenhof.

niet de enige strop. Net als 2 jaar eerder had het Nederlands filiaal van het reisbureau Clarkson het hoofdkantoor te laat geïnformeerd over de verhoging van de entreeprijs. Het ging om 38.000 bezoekers tegen 38.000 gulden.[549] In 1973 kampte ook Clarkson met grote verliezen en in 1974 nam Keukenhof kennis van het feit dat van de 38 Engelse reisbureaus er 37 waren verdwenen.
In 1971 werden ook nieuwe afspraken gemaakt over de beelden (zie kader boven).

549 AB Keukenhof 11-10-1971. In april 1970 had Keukenhof de 250.000ste bezoeker gefêteerd die via Clarkson was gekomen.
550 AB Keukenhof 21-3-1969.
551 AB Keukenhof 2-8-1971.
552 AB Keukenhof 26-6-1972.
553 AB Keukenhof 7-9-1973.
554 AB Keukenhof 8-2-1974.
555 AB Keukenhof 6-6-1974.
556 AB Keukenhof 13-12-1974.

De tentoonstelling van het Floriadejaar 1972, een nieuwe warme kas

Toen de nieuwe koude kas er eenmaal stond viel het op hoe oud de warme kas wel niet was. In september 1970 bleek dat het kasdek erg slecht was en begon het bestuur een discussie over een nieuwe kas. Niet alleen over de grootte, maar ook over het concept, want het voorjaarstuinconcept had meer succes gehad dan de tulpen. Maar dat concept was weer duurder en bovendien wilden inzenders liever tulpen dan heesters. Een maand later hakte Van der Meij als voorzitter van de terreincommissie de knoop door. Er moest eind 1971 een nieuwe kas staan. Hij had al schetsen klaar van een vijfkapper van 12 meter van een combinatie van show- en tulpenkas. Per 1 maart 1971 moest het plan van een kas van 3200 m² klaar zijn; na de tentoonstelling moest de oude kas worden gesloopt, kosten 20.000 gulden, en moest de nieuwe kas worden gebouwd, kosten ongeveer 3 ton. In februari 1971 was de bouwvergunning binnen voor een kas met een inpandige vijver. De oude kas werd voor 14.000 gulden verkocht aan Guldemond en de kleine kas werd verkocht aan Van Haasteren. Toen was er ook al overeenstemming met de aannemer. In juni bleek het nodig het ketelhuis te vervangen en men besloot voor 14.000 gulden een glazen ketelhuis te bouwen. In december 1971 was alles klaar en was voor ongeveer 350.000 gulden een prachtig geheel verrezen. De kas werd uiteindelijk 3400 m² groot. 1300 m² was als showkas ingericht, met hierin een vijver van 40 m² met als decoratie een glazen wand met vogelfiguren. Het was een extra brede kas met kappen van 12,5 meter, vanwege de brede paden die er in waren aangelegd. Als experiment draaide men in die kas achtergrondmuziek. Dat experiment beviel goed.

Floriade

Alhoewel het niet zo werd gezegd, was de nieuwe kas, net als de vernieuwing en verdubbeling van het theehuis, ook een zet in het spel met de Floriade.
Al eerder is melding gemaakt van een gemeenschappelijke commissie Keukenhof-Floriade onder leiding van H. Hylkema, die opgericht was om over samenwerking te praten. In de vergadering van 2 juli 1971 bereikte men onder meer overeenstemming over de teksten over elkaar in de folders. Keukenhof had de volgende tekst voor de Floriadefolder: "Keukenhof. De grootste bolbloementoonstelling ter wereld. Lisse-Holland, april-eind mei 1972", terwijl de Floriade de volgende tekst leverde voor de internationale Keukenhoffolder: "Floriade Amsterdam. 30 maart tot en met 1 oktober 1972, miljoenen bloemen, planten en vruchten tentoongesteld door de beste kwekers ter wereld."[557] Later dat jaar werd afgesproken dat op de Floriade een grote foto van Keukenhof zou worden geplaatst tussen de bloemen die door Keukenhof zouden worden geleverd en dat er op de dagen dat door de Floriade iets speciaals zou worden georganiseerd er geen evenementen op Keukenhof zouden plaatsvinden.
Keukenhof was dan ook bijzonder ontstemd dat de tentoonstelling onvoldoende uit de verf was gekomen bij de Rijnreis van de propagandaboot 'Holland Pearl'. Die boot voer, in opdracht van het NBT, in de laatste week van februari langs tien Duitse steden, van Düsseldorf tot Karlsruhe. Onder het motto 'Holland ist da' werd aan speciaal uitgenodigde gasten getoond wat er voor bezoekers uit Duitsland te genieten viel in Nederland. De Floriade werd uitgebreid gepromoot met folders en stands in de steden, net als het CBT en de veiling Aalsmeer. Alhoewel Keukenhof wel was vertegenwoordigd door een medewerker van de NBT kwam dat in de publicaties nauwelijks aan de orde.

In het voorjaar van 1971 opende Tegelaar de discussie over de entreeprijs van Keukenhof voor 1972. Hij pleitte voor een verhoging van 3 naar 4 gulden om het verlies van het mindere aantal bezoekers op te vangen. Hij ging uit van 500.000 bezoekers en dan was dat nodig om de begroting rond te zetten. De vraag was echter wat de entree voor de Floriade zou worden. Het bleek echter dat die boven de 4 gulden zou gaan zitten: het werd 5 gulden. Ondanks het feit dat er 1971 ongeveer 800.000 bezoekers waren geweest en Keukenhof over 1970/1971 een ongekend batig saldo boekte van 264.000 gulden, "een fantastisch resultaat", bleef hij bij zijn standpunt. Ook voor kinderen en bejaarden ging de entree omhoog, van 1 naar 2 gulden, ondanks het verzet van Van Os en Benningen.[558] Later berekende hij dat de verhoogde entree netto 2,49 gulden per bezoeker opleverde, zodat er 600.000 bezoekers nodig waren om quitte te draaien. In de bestuursvergadering van 26 mei 1972 maakte Tegelaar een voorlopige balans. Met tussen de 620.000 en 640.000 bezoekers (het zouden er 650.000 blijken te zijn) meldde hij een positief resultaat en dat ondanks de Floriade en het slechte weer in april. De garantie van het vak was niet nodig en hij vond dat ze een kans hadden gemist om "gratis op de eerste rang te kunnen zitten."[559] Aan het eind van het jaar zei Tegelaar dat de Floriade hem had overtuigd van de continuïteit van Keukenhof. Hij had daar nu zo'n groot vertrouwen in dat hij fors wilde investeren in gebouwen.[560] Dat tot grote verbazing van zijn medebestuursleden. Die kenden de zuinige Tegelaar niet meer terug.

De opening van de tentoonstellingen

De koningin was op 30 maart aanwezig als gast bij de opening van de Floriade. Door een misverstand was men haar echter vergeten te vragen de openingshandeling te verrichten. Dat deed Hylkema toen maar. Een dag later opende Keukenhof met een persconferentie in het vernieuwde theehuis, waar Benningen het woord voerde. Hij verwachtte minder bezoekers door de Floriade en constateerde dat, zei hij, "zonder enige bittere bijsmaak."[561] Uiteraard ging hij ook uitgebreid in op de nieuwe kas. Er waren dit jaar geen mini-Keukenhoven in het buiten-

---

557 Archief Keukenhof.
558 AB Keukenhof 2-8-1971.
559 AB Keukenhof 26-5-1972. De Floriade was door dat slechte weer ook geen succes geweest, het was maar een kille koude boel vond Keukenhof en was ook qua bollen geen succes: een flop. (AB Keukenhof 26-6-1972).
560 AB Keukenhof 10-11-1972.
561 *Bloembollencultuur* 7-4-1972, aldaar 1029.

land aangelegd, de nadruk was gelegd op advertenties, bijeenkomsten met reisbureaus en folders en affiches. Als 'openaar' trad staatssecretaris drs. J. Oostenbrink van het ministerie van EZ op, die onder meer wees op het grote belang van Keukenhof als toeristische trekpleister. Men had geprobeerd Godfried Bomans voor de opening te vragen om het geheel wat meer kleur te geven, maar dat was niet gelukt. Bomans overleed in december 1971 onverwacht. Het blad *Kwekerij en Handel* vond de opening maar een saaie bedoening, 'vergaderingstijl', en wilde de ouderwetse gezelligheid weer terug.[562]

De tentoonstelling van 1973

Begin januari 1973 werd besloten burgemeester prof. Dr. I. Samkalden van Amsterdam, te vragen voor de opening. Die kwam op woensdag 28 maart naar Lisse om dat te doen. Voor de jeugdige bezoekers was er een soort kinderboerderij ingericht op de grote wei bij de kassen en dankzij de diergaarde Blijdorp stapten er roze flamingo's rond. De mini-Keukenhoven vonden plaats in Nederland, niet zozeer op stations, maar tijdens allerlei manifestaties en beurzen. Dat was ook het geval in België en Duitsland. De grote foto die op de Floriade had gestaan had nu een plek gekregen in de entreehal van de Flevohof. Voor het eerst maakte Keukenhof, samen met Kodak, dat jaar radioreclame. TV-reclame vond men te duur. Keukenhof betaalde 25.000 gulden en Kodak 16.000 gulden voor het laten horen van een 'jingle'.

Omdat de trein niet meer stopte in Lisse was er met de NZH een halfuurs busverbinding Haarlem-Leiden ingesteld.
Een bijzondere gebeurtenis vond plaats medio april. Toen doopte een sjeik, kroonprins van het kleine emiraat Ras-Al-Khaimah (60.000 inwoners), een kruising uit de tulpen 'Peerless Pink' en 'Topscore', een gele triumftulp met zijn naam 'Al Qasimi' (zie **afbeelding 7**).

Dat jaar gooide de corsowagen ook hoge ogen, maar dat was niet vanzelf gegaan (zie het kader).

afb. 7
Een sjeik doopt een tulp

562 *Kwekerij en Handel* 7-4-1972.

Het corso 1969 tot en met 1974

Het plan was het corso in 1971 op 1 mei te houden. Daartegen maakte de VVV Zuid-Holland bezwaar en men vroeg aan Keukenhof dat bezwaar te ondersteunen. Het bestuur wijdde er op 20 november 1970 een lange bespreking aan, want men was het met de VVV eens dat 1 mei een strop voor Keukenhof zou kunnen betekenen. Aan de andere kant had het Corso dringend behoefte aan extra inkomsten, want er was een tekort van 25.000 gulden. Er was nog steeds weinig 'liefde' in het bloembollenvak voor het Corso vanwege de geringe reclamewaarde. Keukenhof besloot de organisatie te laten weten dat als het Corso niet op 1 mei zou plaatsvinden men de wagen zou handhaven en eenmalig maximaal 2500 gulden zou schenken. Ook vond men dat de wagen een duidelijker Keukenhofuitstraling moest krijgen. Uiteindelijk betaalde Keukenhof 2000 gulden aan het Corso en verzorgde een wagen. Het Corso reed uit op 24 april 1971.

In 1972 zat het Corso weer op zwart zaad: er moest 5000 gulden op tafel komen anders zou het feest niet doorgaan. Tegelaar wilde dat niet meer doen: het vak profiteerde niet van het Corso, alleen de middenstand. Guldemond was dat niet met hem eens, want het Corso luidde de hoofdperiode van het bezoek aan Keukenhof in. Volgens Van Os was het tekort minimaal 10.000 gulden. Hij wilde het nog even aankijken, omdat de gemeenten het Corso ook nog niet subsidieerden.[563] Kennelijk liep het allemaal niet zo'n vaart, want het Corso ging gewoon door. Keukenhof trok zelf een extra binder, namelijk Hazelaar uit Zwolle, voor 2000-3000 gulden extra, aan om de wagen een nog beter aanzien te geven.[564] Het Corso reed uit op 28 april, het was redelijk weer en er stonden 600.000 bezoekers langs de weg en Keukenhof won een ereprijs (zie **afbeelding 8**). Aangezien 1974 voor Keukenhof een jubileumjaar was besloot men extra uit te pakken en stelde men daarvoor 10.000 gulden beschikbaar.[565] Eind 1973 kreeg Keukenhof een bedelbrief van het Corso: er was weer een tekort van 6500 gulden. Tegelaar was er gauw klaar mee: het Corso had geen toekomst meer, het comité was vergrijsd en nam geen initiatieven meer. Ook de inzenders van Keukenhof zagen het Corso niet zitten volgens Tegelaar, die zouden liever zien dat Keukenhof aan hen meer geld besteedde. Dat ging het bestuur toch te ver. Men zou eerst eens gaan praten met de Corso-organisatoren. Ook zou aan de NTB om steun worden gevraagd, want die had in 1973 ook medewerking aan het Corso verleend.[566] Tegen het eind van het jaar had Keukenhof aan het Corso eenmalig 1500 gulden toegezegd en verleende de Bloembollenraad 10.000 gulden subsidie. Ook de gemeenten droegen bij, in de vorm van een wagen. Alleen Lisse subsidieerde. Bij het comité dacht men kennelijk "niet geschoten altijd mis", vandaar dat Keukenhof in november 1974 een verzoek kreeg om voor 1975 weer 1500 gulden bij te dragen. Tegelaar ontplofte bijkans. Wat een brutaliteit, het was toch een eenmalige bijdrage. Ook Berends vond het Corso zo langzamerhand een lijdensweg worden omdat de gemeenten, behalve Lisse, geen subsidie gaven. Guldemond en ook Van Os bleven het Corso verdedigen. Uiteindelijke bereikte men een compromis: Keukenhof zou 10.000 gulden uittrekken voor het Corso. Als de wagen 8500 gulden kostte was er 1500 gulden voor het Corso.[567] Een maand later kwam er een excuusbrief van het Corso, maar toen bleek dat er met 8500 gulden geen knappe wagen was te maken. De wagen van 1974 had al meer dan 10.000 gulden gekost. Weer was Tegelaar radicaal: geen wagen en dan maar 5000 gulden subsidie voor het Corso. Weer floot het bestuur hem terug: de wagen mocht in 1975 10 procent meer kosten.[568]

563 AB Keukenhof 14-9-1972.
564 AB Keukenhof 9-3-1974.
565 AB Keukenhof 11-5-1973.
566 AB Keukenhof 19-10-1973.
567 AB Keukenhof 8-11-1974.
568 AB Keukenhof 13-12-1974.

afb. 8
Corso 1973 met wagen van Keukenhof

De tentoonstelling van 1974

Het Koningin Juliana Paviljoen (KJP)
Bij de opening van de tentoonstelling van 1973 deed Keukenhof summiere mededelingen over de bouw van een manifestatiehal die in 1974 klaar zou zijn. Het *Weekblad voor Bloembollencultuur* trok al een parallel met de Flora's van de KAVB uit het verleden. Op die shows bood men de gelegenheid voor de telers uit Boskoop en Aalsmeer om acte de présence te geven. Het blad had bepaald goede herinneringen aan de bloemkwekers uit Aalsmeer op de Flora van 1953. De Boskoopse gewassen, dat was nog tot daaraan toe, maar Keukenhof moest niets hebben van de bloemen uit Aalsmeer. Anjers kwamen er niet in en men beschouwde de veiling uit Aalsmeer uit toeristisch oogpunt als concurrent en wilde ook niet ingaan op een verzoek van de veiling om in hun folder te worden opgenomen. Waar men wel samenwerking mee zocht en vond was Madurodam. Deze samenwerking was met name tot stand gekomen om meer kinderen naar Keukenhof te krijgen.

Dat de hal, in feite een vergroting van het paviljoen, er kwam was vooral de verdienste van Van Os. Begin 1969 was het dak van het paviljoen verbeterd en had Warnaar met Agfa-Gevaert een nieuw expositieplan ontwikkeld. Men zou ook fototoestellen aan de bezoekers uitlenen. In maart 1969 was het paviljoen klaar. Vlak voor zijn dood sloot Warnaar een driejarig contract af met Agfa-Gevaert op basis van 15.000 gulden. Een tegenvaller was dat bloembinder Bezerik vertrok, omdat hij een vaste baan kreeg bij het Congresgebouw in Den Haag. Hij beloofde wel nog hand- en spandiensten te willen verlenen in de tijd dat er nog geen binder was voor de demonstraties bloemschikken. Na de dood van Warneer nam Van Os de zorg voor het paviljoen op zich. In een nabeschouwing op de tentoonstelling van 1969 zei Eggink dat de bloemstukken eigenlijk te groot waren voor de 'kleine' man. Het zou beter zijn kleine bloembakjes te maken en die weg te geven.[569] Tijdens de tentoonstelling van 1970 kwam er meer kritiek los. Benningen zei: "we maken nu mooie bloemstukken om een winkel van Agfa te versieren." Hij wilde liever het CBC en het LBO inschakelen om informatiemateriaal te laten zien. Eggink bepleitte de verkoop van onder meer potjes spruithyacinten, maar daar was Guldemond weer tegen. Zwetsloot wilde boeken over bloembollen laten verkopen. Kortom, er was veel kritiek op het

[569] AB Keukenhof 27-2-1970.

paviljoengebeuren.⁵⁷⁰ Toen Agfa daarmee geconfronteerd werd, beriep zij zich op 'interne moeilijkheden'. Van der Lee zag wel mogelijkheden om het paviljoen meer te gebruiken als infocentrum, maar dan moest het bestuur Agfa bewegen tot gebruik van een kleinere ruimte tegen minder huur. Wat Van der Lee zei gebeurde meestal, zo ook in dit geval. Agfa nam genoegen met een kleinere ruimte en het LBO zou met voorlichtingsmateriaal komen. Het zou dan wel nodig zijn het paviljoen te zijner tijd bouwkundig aan te passen. Tegen het eind van het jaar haakte Agfa, inmiddels Agfa-Kodak, echter af en oriënteerde men zich op de mogelijkheden van grootschalige diaprojectie. Die apparatuur was echter wel duur. Als er een 'eigen programma' mee gedraaid moest worden dan kwam dat op maar liefst 120.000 gulden. Dat vond het bestuur toch te veel geld voor de korte periode dat Keukenhof open was.⁵⁷¹ Toen Keukenhof een 'vriendelijk boze' brief had geschreven over het expireren van het contract met Agfa kwam er een vriendelijke reactie van Kodak. Zij wilden het contract van Agfa wel overnemen voor drie jaar tegen 15.000 gulden. Van Os was daar wel positief over. Inmiddels was Van der Lee doorgegaan met zijn verbouwplannen. In de bestuursvergadering van 19 februari 1971 liet hij een maquette zien van een nieuw paviljoen. Toen het bestuur in de vergadering van 17 mei 1971 blij was met de goede resultaten van de tentoonstelling van 1971 gooide Van Os het balletje op wat hij al een jaar eerder had opgeworpen: hij vond eigenlijk het paviljoen te klein en wilde een groot gebouw neerzetten. Een maand later meldde hij dat het bloemschikken en het uitreiken van de bloembakjes succesvol waren geweest en een jaar later was dat weer het geval. In september van 1972 verblijdde hij het bestuur met de mededeling dat Kodak bereid was het driejarig contract te verlengen tegen 20.000 gulden, maar dan wel in een groter paviljoen. Tegelaar was in november 1972 euforisch over de toekomst van Keukenhof. Hij wilde maar liefst 500.000 gulden uittrekken om een groot gebouw neer te zetten in de noordhoek van de tentoonstelling om hier ook activiteiten buiten het seizoen te organiseren. Iedereen was overdonderd en wist niet zo gauw hoe te reageren. Van der Meij opperde de mogelijkheid om samen met de gemeente een gebouw neer te zetten, maar Berends wees dat af. Dat zou te ver buiten het dorp zijn. In de bestuursvergadering van 15 december werd er over doorgepraat. Tegelaar concretiseerde zijn plan: het paviljoen uitbreiden met 150 m² en een nieuw gebouw voor onder meer promotie van de KLM, LBO-informatie, toeristenorganisaties en modeshows. Dat betekende een uitbreiding van de activiteiten en dus hogere kosten, maar dat was niet erg, zei Tegelaar. Alles beter dan bij een liquidatie van de tentoonstelling vier tot vijf miljoen gulden over te houden. Berends opperde bezwaren: er was geen visie op het gebruik van zo'n gebouw en wat moesten ze op gepachte grond met natuurbeperkingen. Het hielp niet. De geest was uit de fles en het plannen maken ging door. De propagandacommissie werd gevraagd een lijstje te produceren met mogelijke activiteiten. Dat viel echter tegen. Dat lijstje kwam er niet en begin januari vormde men een commissie om eens integraal te kijken, niet alleen naar een nieuw gebouw, maar ook naar gratis parkeren en gratis toiletten. Weer nam Van der Lee het voortouw. In de bestuursvergadering van 9 maart 1973 presenteerde hij een notitie met daarin een voorstel tot vergroting van het paviljoen met een begroting die rond de drie ton lag. Kodak zou dan de huidige ruimte kunnen vullen. Benningen lanceerde het voorstel om een groot rond gebouw met een tribune neer te zetten, maar dat vond zelfs in de ogen van Tegelaar geen genade. Met 1 miljoen gulden onhaalbaar, vond hij. Men besloot definitief het paviljoen uit te breiden met 500 m², met een soort overdekte expositiegalerij waarin ook bloemen en planten konden worden geshowd. Zonder dat er een duidelijk programma was voor het gebruik van het paviljoen, stelde het bestuur vier ton beschikbaar voor de uitbreiding plus de inrichting en 10.000 gulden om 2 architecten (Van Luin en Richards) een praatplan te laten tekenen. Het moest een multifunctioneel gebouw worden en in 1974 klaar zijn.

Men koos het ontwerp van Richards en ging aan de slag. In de uitbreiding zou het bloemschikken plaatsvinden, de LBO-informatie komen en een boekenstand. Hiermee ging een oude wens van Van der Lee in vervulling om op Keukenhof boeken over bloembollen en de natuur te verkopen. Kodak zou ongeveer 60.000 gulden investeren in de inrichting van 'haar' gedeelte; De Valk zou een symbolisch bedrag bijdragen en voor de catering in het paviljoen zorgen, te weten de koffieshop en het terras. Keukenhof waakte ervoor zelf commerciële activiteiten in het paviljoen te ontplooien vanwege de vennootschapsbelasting. Dus er kwamen wel attracties, maar geen commercie. In augustus 1973 vond de aanbesteding plaats en stelde Benningen voor aan het paviljoen de naam van de koningin te geven en een borstbeeld te plaatsen. Toen bekend werd dat het paviljoen werd omgebouwd tot een manifestatiehal toonden ook de eerste gebruikers, Porcelyne Fles, Leerdam en Kempen en Begeer, weer belangstelling om te komen. Van Os had inmiddels al contacten met de NS over een modelspoorweg, het LBO over een informatiepaneel, boekhandel Kniphorst uit Wageningen over de bemanning van de boekenstand en met de beroemde Canadese fotograaf Malak over een fototentoonstelling.⁵⁷² Begin 1974 koos men definitief voor de naam Koningin Juliana Paviljoen (KJP), na de naam Oranjepaviljoen te hebben verworpen. Ook zou er geen borstbeeld worden geplaatst, maar een plaquette aan de muur worden bevestigd. Op 26 maart 1974 zou de koningin de tentoonstelling openen, het gebouw openen en de plaquette onthullen. Dat gebeurde, waarbij ze uiteraard geassisteerd werd door Van Os. Uiteindelijk kostte het KJP 490.000 gulden.

In augustus 1974 boog Van Os zich weer over nieuwe activiteiten in het KJP. Hij dacht aan maquettes van Rijkswaterstaat over waterwerken, de afdeling Afzetbevordering van de Bloembollenraad en Bendien, een producent van snijbloemenvoedsel. Alhoewel Kniphorst een omzet had gedraaid van 11.000 gulden, was er voor 1100 gulden aan boeken gestolen zodat men afzag van verdere deelname aan Keukenhof. De boeken-

570 AB Keukenhof 20-4-1970.
571 AB Keukenhof 20-11-1970.
572 Malak Karsh was geboren in 1918 en was van Turkse afkomst. Hij emigreerde in 1939 naar Canada. Zijn specialiteit waren industriële fotografie en landschapsfoto's. Sinds 1947 fotografeerde hij voor het CBC en later ook de Bloembollenraad. Hij verzorgde de PR voor de Nederlandse bloembollen in Canada.

stand zou dus verdwijnen. Daarvoor in de plaats zou het Wereldnatuurfonds (WNF) komen en zou er een stand over de Deltawerken komen.

Opening en verloop van de tentoonstelling van 1974
Uiteraard was er in de vakbladen veel aandacht voor Keukenhof ter gelegenheid van het jubileum. Dat was natuurlijk ook het geval toen de tentoonstelling door de koningin werd geopend. Zij kreeg bloemen van Cuneke, de dochter van Zwetsloot. Het boeket dat ze aanbood bestond ook weer uit een nieuwe narcis van J. Gerritsen, dit keer genaamd 'Sovereign'. Het was een narcis met een wit dekblad en met een oranje kroontje (zie **afbeelding 9**). De vakbladen waren vol lof over het KJP en de exposities van de NS, de Porcelyene Fles en het zilver uit Schoon-

afb. 10
De Canadese ambassadeur doopt een tulp

Concurrenten en naamsbescherming

Begin februari 1972 besprak het bestuur van Keukenhof een folder van de Holland-Handicraft Market, die een verkooppunt van souvenirs had gevestigd in de bollenschuur van Langelaan-Hulsebos aan de Frederikslaan in Hillegom. Dat lag op de route naar en van Keukenhof. Het bestuur voorzag onoverkomelijke verkeerstechnische problemen en besloot een en ander op te nemen met de rijkspolitie en de burgemeester van Hillegom. Men vond het ook anderszins een onverkwikkelijke zaak: het NBT had in Duitsland met de folders lopen 'leuren', er was ruzie over geweest met de VVV van Den Haag die vreesde voor Madurodam en er waren rechtszaken over gevoerd. Men vond het maar een slechte beurt van J. Strijkers, de directeur van de NBT en nota bene ook lid van de reclamecommissie van Keukenhof. Men vond het ook vreemd dat de verkoop wel mocht plaatsvinden in een bollenschuur. Een maand nadat de gemeente Hillegom een bouwvergunning had afgegeven om de bollenschuur met twee bij drie meter te vergroten, brak Keukenhof zich er het hoofd over wie er achter de Market zaten. Strijkers was niet gevoelig voor kritiek; hij vond het een ondersteuning van Keukenhof en bovendien werd de Market op 'hoog' niveau ondersteund. Dat bleek inderdaad zo te zijn. Zo had staatssecretaris Oostenbrink, die de tentoonstelling had geopend, laten weten hatelijke opmerkingen over de market niet op prijs te stellen.[573] Eind mei bleek echter dat de hele zaak een flop was geworden.

afb. 9
De koningin krijgt bloemen van Cuneke Zwetsloot

hoven onder auspiciën van de Federatie Goud en Zilver uit Den Haag. Naast de foto's van Malak was er een grote diashow, het befaamde carrousel van Kodak en een paneel van het LBO. Firma Gebrs. Passchier uit Noordwijk etaleerde vazen met irissen en de Firma J. Gerritsen liet een grote collectie narcissen zien. We kunnen dit beschouwen als een voorbode op de latere Parades. Er waren weer op verschillende plaatsen mini-Keukenhoven ingericht en het middenplantsoen van de Begijnhof in Amsterdam was het voorgaande najaar beplant met vijfduizend tulpen die dat voorjaar bloeiden. Er was weer een 'Holland ist da-vaart' langs de Rijn geweest, waarop Keukenhof dit keer aanwezig was met een grote tuin.
Er werden weer de nodige tulpen gedoopt tijdens de tentoonstelling en op 23 april doopte de Canadese ambassadeur niet alleen een tulp met de naam 'Lucas Bols' (zie **afbeelding 10**), maar opende ook de tentoonstelling van Malak getiteld 'Panorama Canada'.

In 1973 kwam er een eind aan de Haarlemse huishoudbeurs die een aantal jaren was gehouden in combinatie met een Lenteflora. In plaats daarvan ging eind maart op het landgoed Beecke-steyn (Velsen-Santpoort) een Santpoorter Floriade van start. Initiatiefnemer was de Santpoorter Floriade-groep die een actief aandeel had in de Haarlemse flora. De gemeente Velsen had het landgoed aangekocht, vandaar dat de wethouder de tentoonstelling opende. Het woord werd ook gevoerd

573   AB Keukenhof 6-3-1972.

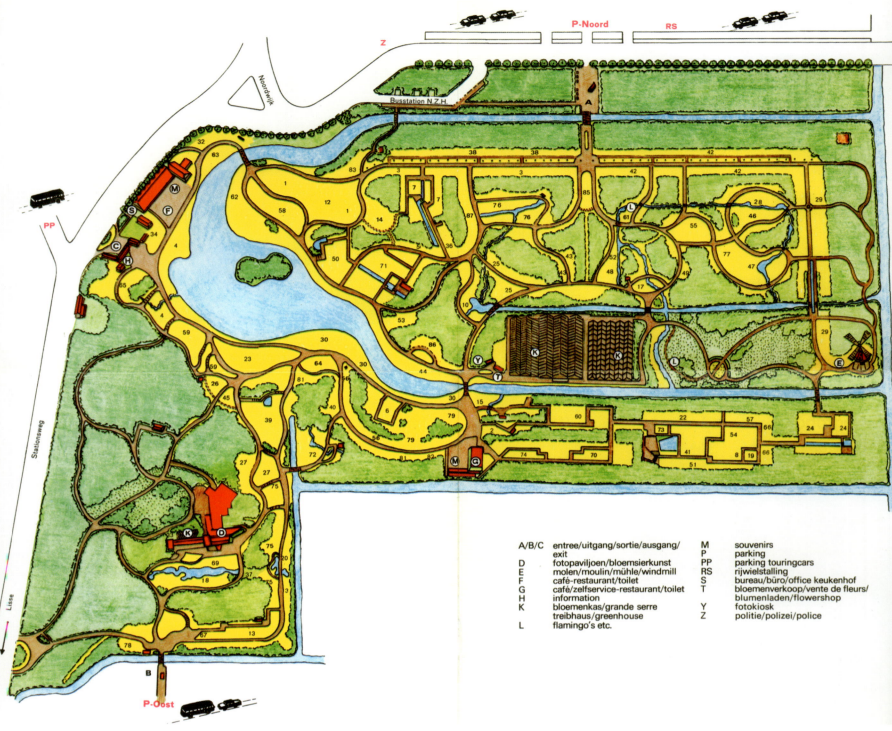

afb. 11
Plattegrond 1974

door A. Nijssen sr, erevoorzitter van de afdeling Santpoort van de KAVB. Zijn zoon J. Nijssen was voorzitter van de Floriade-groep. Er bloeide bij de opening op dit 'Klein Keukenhof' nog niet veel volgens de vakbladen. In 1974 opende Martine Bijl medio april de tentoonstelling en doopte een tulp met haar naam.

Keukenhof maakte zich er niet erg druk om de tentoonstelling Klein Keukenhof. Dat was wel het geval toen Treslong in Hillegom in november 1973 drie maanden dicht ging vanwege de overname door Dirk van de Broek en een renovatie. In Treslong werd de bloembollenbeurs gehouden en Van de Broek kondigde aan dat bij de hoofdingang een terras met veel groen zou komen. Men besloot Coenen daarop aan te spreken tijdens het garantiegeversdiner.

Begin februari 1974 besloot het bestuur dat ingeval Keukenhof werd opgeheven, de Hobaho mocht overnemen. Die wilde dat wel, waarom is onbekend. Annex daaraan ontstond een discussie of Keukenhof al dan niet moest worden ingeschreven bij de Kamer van Koophandel. Men aarzelde, omdat men beducht was voor fiscale consequenties, maar het was wel handig in verband met de naamsbescherming. Keukenhof bleek niet inschrijvingplichtig. Inschrijving zou 3000 gulden per jaar kosten. Toen Keukenhof daartegen bezwaar maakte werd dat

inzenders - participants - aussteller - exhibitors keukenhof 1974

- * 1 a. frijlink & zn. export b.v., sassenheim
- * 2 turkenburg's kon. zaadhandel b.v., bodegraven
- 3 gebr. van eeden, noordwijkerhout
- * 4 d. w. lefeber & co., lisse
- * 5 j. w. a. v.d. wereld, breezand
- 6 a. nijssen & zn. n.v., santpoort
- 7 n.v. g. b. de vroomen & zn., sassenheim
- 8 n.v. gebr. eggink, voorschoten
- * 9 fa. w. s. warmenhoven, hillegom
- 10 j. onderwater & co. export b.v., lisse
- *11 w. moolenaar & zn. b.v., sassenheim
- 12 n.v. supergran, haarlem
- *13 gebr. van zanten b.v., hillegom
- *14 fa. j. a. uittenboogaard, noordwijkerhout
- *15 hortico b.v., hillegom
- *16 m. c. van staaveren b.v., aalsmeer
- *17 fa. john van grieken, vogelenzang
- 18 ruibro, hillegom
- 19 d. nieuwenhuis & zn., lisse
- 20 j. w. a. lefeber, lisse
- *21 de jong lelies holland b.v., andijk-o.
- 22 fa. harry vreeburg, lisse
- 23 jacob l. veldhuyzen van zanten n.v., lisse
- 24 van til hartman b.v., hillegom
- *25 h. de graaff & zn. b.v., lisse
- *26 bito b.v., st. pancras
- *27 gebr. doornbosch & co. b.v., sassenheim
- *28 c. breed, noordwijkerhout
- *29 konijnenburg & mark b.v., noordwijk
- 30 m. van waveren & zn. b.v., hillegom
- *31 fa. g. tol, st. pancras
- 32 k. nieuwenhuis & co. b.v., sassenheim
- 33 fa. weyers-mense, vijfhuizen
- *34 alfred a. thoolen jr. b.v., heemstede
- *35 p. de jager & zn. b.v., anna paulowna
- *36 fa. p. dames nzn., lisse
- 37 fa. j. puik, hilversum
- 38 j. bonkenburg & co. b.v., heemstede
- 39 b.v. h. homan & co., oegstgeest
- 40 p. hopman, bennebroek
- 41 fa. th. j. kortekaas, heemstede
- *42 fa. h. m. j. willemse, hillegom
- 43 c. s. weyers & zn. b.v., hillegom
- *44 fa. p. visser czn., st. pancras
- 45 n.v. fred de meulder, sassenheim
- *46 g. v.d. mey's zonen, lisse
- 47 fa. l. rotteveel & zn., sassenheim
- 48 fa. k. verdegaal, lisse
- 49 fa. george vreeburg, lisse
- 50 van 't hof & blokker b.v., limmen
- 51 fa. p. van deursen, sassenheim
- 52 fa. jac. m. van dijk, hillegom
- *53 gebr. captein, breezand
- *54 fa. j. f. v.d. berg & zn., anna paulowna
- *55 h. verdegaal & zn. b.v., sassenheim
- *56 n.v. guldemond & zn., lisse
- *57 fa. m. beelen, lisse
- *58 gebr. van zijverden b.v., hillegom
- *59 jan dix jr. b.v., lisse
- 60 fa. p. van reisen & zn., voorhout
- *61 holland flower bulbs b.v., noordwijkerhout
- 62 fa. c. v.d. vlugt & zn., voorhout
- 63 fa. a. v.d. vlugt antzn., lisse
- 64 fa. j. schoorl, lisse
- 65 gebr. faase n.v., noordwijk
- 66 leo berbée & zn. n.v., lisse
- 67 c. j. m. vester b.v., voorhout
- *68 fa. d. maarssen & zn., aalsmeer
- 69 c.v. hybrida, schoorl
- 70 fa. w. zandbergen nzn., hillegom
- *71 b.v. inkoopbureau gsm, hillegom
- *72 walter blom & zn. b.v., hillegom
- 73 fa. p. c. de geus, st. maarten
- 74 fa. j. de waard & zn., egmond a/d hoef
- 75 fa. w. a. m. pennings, noordwijkerhout
- 76 c. g. van tubergen n.v., haarlem
- 77 c. j. zonneveld & zn. b.v., voorhout
- *78 fa. frans roozen, vogelenzang
- *79 gebr. biemond b.v., lisse
- 80 gebr. j. & p. passchier, noordwijk
- *81 fa. j. gerritsen & zn., voorschoten
- *82 fa. w. lemmers, lisse
- *83 d. guldemond b.v., lisse
- 84 fa. c. c. de winkel, benningbroek
- *85 kooy & blanken b.v., lisse
- *86 p. aker b.v., hoogkarspel
- *87 wed. a. van haaster & zn., lisse
- *88 fa. m. c. enthoven, poeldijk

*tevens exposanten kassen/participants exposant aussi dans les serres/ stellen auch in den treibhäusern aus/ also exhibiting in the greenhouses.

afb. 12
Lijst van inzenders 1974

1200 gulden. Hobaho zou zorgen voor de registratie van het handelsmerk.[574]

Dit hoofdstuk wordt afgesloten met de plattegrond van 1974 en de lijst van 88 inzenders (zie **afbeelding 11 en 12**).

[574] AB Keukenhof 13-12-1974.

HOOFDSTUK 14

IN AANVANG BETWIJFELD – IN OPZET GESLAAGD – MET SUCCES BEKROOND

1975-1980. Keukenhof onder leiding van Berends

In dit hoofdstuk worden alle zaken behandeld die in de periode 1975 tot en met 1980 van belang waren, zoals het terugtreden van Van der Lee en het overlijden van Van Dijk. Op tentoonstellingsgebied was de komst van de Liliade een innovatie van belang, met grote gevolgen voor de Keukenhof.

Mutaties in bestuur en commissies

In de loop van 1975 werd ook al vooruitgeblikt op het afscheid van Van der Lee. De terreincommissie zou dan nog maar uit twee bestuursleden bestaan, namelijk Van der Meij en Eggink, en dat vroeg toch om versterking. Van der Meij kreeg in de bestuursvergadering van 14 november 1975 toestemming om in het diepste geheim op 'sluiptocht' te gaan naar een nieuw lid. Die moest bij voorkeur uit de kring van de inzenders komen. In april 1976 meldde Van der Meij dat hij G.E. (Ed) Veldhuyzen Van Zanten, directeur bij Gebrs. Van Zanten uit Hillegom, wilde vragen. Dat leidde tot een discussie over de ondeclarabele kosten en de compensatie. Men besloot de termijn waarop de compensatie inging te vervroegen van vijf naar drie jaar bestuurslidmaatschap. Van Zanten zou dan ook drie jaar lang aspirant-bestuurslid zijn zonder stemrecht.[575] Later preciseerde men dat de ondeclarabele kosten in die drie jaar vijfhonderd, duizend en vijftienhonderd gulden zouden zijn en dat het bestuurslid na drie jaar aan de gemeente voor benoeming zou worden voorgedragen.

Maar toen Van der Lee op 18 juni 1976 zijn laatste bestuursvergadering bijwoonde, was Van Zanten nog niet aanwezig. Het was wel een bijzondere vergadering, omdat Berends champagne had laten aanrukken. Tijdens een schorsing van de vergadering werd daaraan genipt en afscheid genomen van Van der Lee. Een maand later woonde Van Zanten voor het eerst een vergadering van de terreincommissie bij.
In oktober 1976 besloot het bestuur dat Van Aken, Koster, Van Rijnen en Den Hoed er elk tweeduizend gulden salaris per jaar bij kregen omdat zij door het vertrek van Van der Lee meer verantwoordelijkheden kregen. Van tekenaar J. Guldemond werd het salaris met vijftienhonderd gulden verhoogd. Dat stond los van de normale salarisverhoging van twintig procent. Van der Lee zou voor zijn afscheid tijdens het bestuursdiner op 16 november een auto krijgen en zijn vrouw, als ze die al niet had, de gouden tulp.[576]

Ook het vertrek van Van Dijk wierp eind 1976 al zijn schaduw vooruit. Hij zou in 1977 zeventig jaar worden. Men besloot S. Broersen, een gemeentesecretaris van Lisse, te vragen om lid te worden van de financiële commissie en om voor maximaal drie jaar als toehoordernotulist de bestuursvergadering bij te wonen.[577] Daarna zou hij gewoon bestuurslid worden.
In de bestuursvergadering van 10 december 1976 presenteerde Van Dijk zijn overzicht van Keukenhof in de eerste vijfentwintig jaar, gedrukt door de Hobaho. Men besloot het met een begeleidende brief ook naar de oud-bestuursleden te de sturen. Zie voor de inhoud van deze brief het kader.

> **Keukenhof in de jaren 1949 tot en met 1973**
>
> Van Dijk schreef het voorwoord voor dit overzicht op 1 oktober 1976. Vier jaar eerder had hij bij zijn afscheid als gemeentesecretaris beloofd een dergelijk overzicht samen te stellen. Hij noemde het een "soort uittreksel uit de notulen", en maakte zijn excuses voor de, wellicht, te grote detaillering. De schrijvers van dit boek zijn er hem echter zeer dankbaar voor. Ook zijn typering van een 'soort uittreksel' doet geen recht aan wat hij heeft gedaan, zoals blijkt wanneer wordt kennisgenomen van dit meer dan 200 pagina's tellende boekwerk. Van Dijk begon met per jaar een overzicht te geven van de markante punten, gevolgd door het aantal bezoekers van 1950 tot en met 1973 en een overzicht van de bestuursleden. Daarna gaf hij een chronologisch overzicht dat begon op 1 januari 1949 en dat ook een puntsgewijze, genummerde samenvatting gaf van alle bestuursvergaderingen. Was dit op zich al een heel werk, wat volgde heeft hem waarschijnlijk de meeste tijd gekost, namelijk het samenstellen van een klapper op de notulen. Aan de hand van trefwoorden, van 'accomodaties algemeen' tot 'wegen', gaf hij aan in welke vergadering daarover was gepraat en wat erover was genotuleerd. Het overzicht werd, voor wat betreft de klapper, afgesloten met een inhoudsopgave.

575 AB Keukenhof 9-4-1976.
576 AB Keukenhof 8-10-976. Uit een brief van 24 september 1976 aan garage Broekhuizen van Tegelaar bleek dat het ging om een Ford Taunus 1600 GL, een 4-deurs Sedan.
577 AB Keukenhof 12-11-1976.

De eerste vergadering van 1977, die van 14 januari, notuleerde Van Dijk nog. Daarna werd bij hem kanker geconstateerd en was ziekenhuisopname nodig. Na een paar weken was hij weer thuis, maar niet in staat de vergadering van 21 februari bij te wonen. Die werd genotuleerd door Van Aken. Hij deed dat ook van de vergadering van 14 maart. Op 15 april was Van Dijk aanwezig, maar notuleerde Van Aken. Aangezien hij op 31 maart zeventig jaar was geworden stelde Van Dijk voor om, mede gezien zijn gezondheid, maar direct af te treden. Daar kwam niks van in, zei de voorzitter. Van hem zou afscheid worden genomen aan het eind van het boekjaar tijdens het bestuursdiner. Wel werd Tegelaar per 31 maart tot interim-secretaris benoemd. Ook besloot men nu daadwerkelijk Siem Broersen te vragen om per 1 juli aan te treden en om per die datum ook Van Zanten door de raad van Lisse te laten benoemen als bestuurslid. Tegelaar had er inmiddels voor gezorgd dat Van Dijk zijn 'golden handshake' kreeg en alle bestuursleden hun compensatie. In november 1980 verhoogde men de compensatie voor voorzitter, commissievoorzitters en bestuursleden met 3000, 2500 en 2000 gulden per jaar. Dat was de tweede verhoging in deze periode. In augustus 1975 had men namelijk besloten de compensaties, die toen 15.000, 8500 en 7000 gulden bedroegen, te verhogen met 5000, 4000 en 3000 gulden. Dat was kennelijk mede gebeurd omdat de bruto winst, die over 1974-1975 6 tot 7 ton zou bedragen, wat te drukken. De vergoeding voor ondeclarabele kosten werd niet gewijzigd.[578]

Van Dijk was ook aanwezig bij de bestuursvergadering van 26 juni 1976, die eveneens door Van Aken werd genotuleerd. Van Dijk presenteerde tijdens die vergadering een door hem gemaakt overzicht van de voorgeschiedenis van Keukenhof. Dat zou in het archief worden opgeborgen, evenals een aantal krantenknipsels die Van Dijk over de eerste jaren van Keukenhof had verzameld.[579] Tenslotte vroeg hij aandacht voor het fotoarchief. Hij pleitte ervoor om daaruit een fotoboek samen te stellen als pendant van zijn 'notulenboek' met als titel *25 jaar Keukenhof in beeld*. Dat pleidooi volgde men niet. Wel besloot men het fotoarchief op jaar in aparte enveloppen te bewaren "en niet tot selectie over te gaan, omdat het al dan niet opnemen van bepaalde foto's gewetensvragen bij de samensteller zou kunnen oproepen."[580] Het was de laatste vergadering die Van Dijk bijwoonde. Op 15 september 1977 overleed hij vrij plotseling. Zijn afscheidsdiner, dat op 25 november 1977 zou plaatsvinden, vond geen doorgang. Ook al omdat D. Hogewoning inmiddels was overleden: op 15 augustus 1977 in de leeftijd van 88 jaar. In een 'in memoriam' schreef het bestuur van de Bond van Bloembollenhandelaren dat de geschiedenis van het Bloembollenvak niet zou kunnen worden geschreven, zonder dat voor "Daan Hogewoning daarin een eervolle plaats wordt ingeruimd."[581] Voor wat betreft Keukenhof geldt dat zeker ook voor Van Dijk. In mei 1978 besloot het bestuur de foto van Van Dijk toe te voegen aan de serie foto's van overleden bestuursleden en om die serie te beperken tot de oprichters. Daaraan kon dan ook de foto van Belle worden toegevoegd, want hij overleed 27 september 1975 op 82-jarige leeftijd. Bij zijn overlijden werd hij beschreven als een man met een ruwe bolster, maar met een blanke pit. D.W. Lefeber overleed 23 december 1979 op 85-jarige leeftijd. Ook aan zijn overlijden werd in de vakbladen de nodige aandacht besteed: als een van de grootste hybridiseurs van deze eeuw en als een van de 'brains' van Keukenhof. Eind 1976 vernam het bestuur een gerucht als zou Lambooy zijn overleden. Of dat waar was, is niet bekend, want latere notulen gaven daarover geen uitsluitsel.

Bij de vergadering van 11 juli 1977 waren Van Zanten en Broersen voor het eerst aanwezig, Van Zanten als lid en Broersen als notulist. Op 1 juli 1978 werd Broersen door de raad van de gemeente Lisse officieel benoemd tot secretaris en lid van het DB.

In 1975 werd een werknemer van de Afdeling Afzetbevordering van de Bloembollenraad, F. Hering, lid van de propagandacommissie. Op die manier werd er volgens het bestuur weer een relatie met het bloembollenvak gelegd. In datzelfde jaar trad J. Strijkers uit de commissie en werd hij vervangen door Buddingh', ook verbonden aan de NBT. Een poging om meer contacten te leggen met jonge vakgenoten door de voorzitter van T en P (de oud-leerlingen vereniging van de Rijksmiddelbare Tuinbouwschool uit Lisse) in 1976 uit te nodigen voor de openingsborrel mislukte. De voorzitter van T en P kwam wel, maar dat niemand had hem opgemerkt.
In 1977 traden Otten (NS) en Kruyff (KLM) uit de propagandacommissie. Ze werden vervangen door mevrouw Wickenhagen (KLM) en de heer Rameijer van de NS.

Opvolging Van Aken

Begin 1978 had Benningen aan Van Aken, die toen 62 werd, gevraagd of hij ook tot zijn 70ste door wilde gaan. Hij had daar toen bevestigend op geantwoord, maar kwam daar later weer op terug. In een memo voor de bestuursvergadering van 9 november 1979 schreef Berends: "Een aantal gesprekken en ontwikkelingen nadien hebben (...) Van Aken uiteindelijk gebracht tot de navolgende keuze. Na het bereiken van zijn 65e jaar wil hij graag de dan beschikbare of op korte termijn ter beschikking komende opvolger in zijn huidige functie inwerken en begeleiden in diens taakovername, waarvoor een werkjaar wordt uitgetrokken." In de vergadering van 7 december 1979 stelde men voor zijn opvolger een taakomschrijving en een profielschets vast die

---

578 AB Keukenhof 11-8-1975.
579 Dat overzicht hebben we nog niet gevonden, wel de knipsels. Aan de knipsels was een korte nabeschouwing van Van Dijk toegevoegd die hij als volgt besloot: "Een verheffende geschiedenis is het niet geweest."
580 AB Keukenhof 24-6-1977.
581 *Bloembollenexport* 1-9-1977, aldaar 4. Twee keer greep Berends in toen hij merkte dat er teveel stukken uit het archief werden weggegooid. De eerste keer was in 1978 toen men vond dat het archief te omvangrijk werd en men alles van voor 1967 wilde weg doen. Alle stukken die te maken hadden met de oprichting van de stichting en wat van belang was voor geschiedschrijving moest worden bewaard, zei hij. Toen hij in 1980 merkte dat men toch weer te veel stukken wegdeed greep hij weer in.

Tegelaar had opgesteld. Daarin was opgenomen dat Van Aken eventueel na zijn terugtreden in 1981 lid kon worden van de grote en de kleine propagandacommissie.

In maart 1980 besloot men een advertentie te plaatsen, maar voor het zo ver was meldde zich bij Tegelaar de 48-jarige H. van Steijn uit Lisse aan als opvolger van Van Aken. Na een gesprek besloot men hem per 1 januari 1981 als zodanig te benoemen. Een proefperiode vond men niet nodig.

Andere stafzaken

Het DB besloot in de vergadering van 6 oktober 1975 een eind te maken aan de wekelijkse stafvergaderingen onder leiding van Berends. Er was teveel overlap met de wekelijkse DB-vergaderingen. Die laatste bleven wel en Koster werd daar steeds bijgevraagd. Wat wel bleef waren de dagelijkse stafbesprekingen van de ingekomen post.

In 1975 werden twee huizen met winst verkocht en had Keukenhof nog drie huizen voor een laag bedrag op de balans. Die huizen werden verhuurd aan medewerkers, waaronder J. Guldemond die aan de Grachtweg woonde. In 1976 vroeg en kreeg Van Aken een hypotheek om zijn huis aan te kopen. Net als Koster en Den Hoed eerder kreeg hij een korting van drie procent op de hypotheekrente. In datzelfde jaar vroeg ook Guldemond een hypotheek om zijn huis te kopen. Ook hij kreeg een rentesubsidie met het beding dat hij het huis alleen na toestemming door Keukenhof mocht verkopen. In januari 1980 wijdde het bestuur een lange discussie aan een verzoek van Koster. Hij wilde dat Keukenhof voor hem een driekamer flat aan de Koninginneweg kocht, die hij dan wilde huren. Het bestuur besloot de flat te kopen voor 150.000 gulden en die voor een jaar aan Koster te verhuren voor 600 gulden per maand. Bovendien kreeg hij het recht die flat te zijner tijd te mogen kopen. In september wilde Koster een flat aan de Meer- en Houtstraat kopen met een hypotheek van Keukenhof. Weer deed het bestuur er lang over om dat toe staan. Men stemde in, mits hij een deel nam van het eventuele verlies van de flat aan de Koninginneweg. Gelukkig voor Koster bleek dat niet het geval.

Eind 1980 wilde Den Hoed een hypotheek van 2 ton tegen 6 procent en zonder aflossing. Dat leidde tot een lange discussie in het bestuur en het vastleggen van een beleid voor personeelshypotheken. Daarin werd vastgelegd dat er wel moest worden afgelost en dat de rente tweederde was van de gangbare rente.[582]

Statuten en stichtingen

November 1976 kreeg Berends een seintje van notaris Deelen. De statuten zouden moeten worden aangepast aan nieuwe bepalingen in het Burgerlijk Wetboek. Berends had toen de statuten nog eens goed doorgelezen en gemerkt dat de leer nogal afweek van de letter. Hij zou een nieuw concept maken, zei hij tegen het bestuur in de vergadering van 12 november 1976. Vooral de benoeming en de samenstelling van het DB week af van wat in de statuten stond. Pas in de vergadering van 25 augustus 1978 legde hij een concept aan het bestuur voor. Guldemond maakt meteen al bezwaar tegen 1 oktober als begin van het jaar in plaats van 1 juli. Tegelaar deelde die bezwaren niet. Dat gaf meer ruimte voor de financiële stukken. In oktober stelde men het concept vast. Nieuw was ook dat de stichting in en buiten rechte nu alleen kon worden vertegenwoordigd door voorzitter en secretaris. Het DB bestond uit voorzitter, secretaris en penningmeester en nog één lid. Men was enigszins beducht voor publiciteit, omdat de gemeenteraad van Lisse de wijzigingen in een openbare vergadering moest goedkeuren. Begin 1979 werd de akte verleden en een maand later werd de stichting in het register ingeschreven. Later dat jaar werd ook de stichting Voorzieningenfonds in het stichtingsregister ingeschreven om te voorkomen dat de bestuurders persoonlijk aansprakelijk konden worden gesteld.

De verlenging van het contract met graaf Carel

In augustus 1975 boog het bestuur zich over de bouwplannen van De Valk. Die wilde meer investeren in gebouwen, maar vond het een bezwaar dat het contract met graaf Carel maar vijf jaar liep. Eind september stuurde Keukenhof een brief naar graaf Carel met daarin de wens gebruik te maken van het recht van optie zoals omschreven in artikel 3 van het contract van juni 1972, te weten van 1 januari 1977 tot en met 31 december 1981. Berends polste hem daarna en graaf Carel zegde toe over de wens van Keukenhof na te gaan denken. Omdat ook Keukenhof veel wilde investeren opteerde men later, in juli 1976, voor een termijn van minstens tien jaar na expiratie van alle opties (31 december 1986). Dat riep echter het gevaar op dat de adviseurs van graaf Carel zouden opteren voor een nieuw contract met gunstiger voorwaarden en dat wilde Keukenhof vermijden. Een verlenging van de optieperiode was hun inzet en graaf Carel had toch niet veel alternatieven, aangezien de Natuurschoonwet de gebruiksmogelijkheden van het terrein beperkte. Berends verwachtte weer een schaakspel, maar was optimistisch omdat graaf Carel zeer tevreden was over het lopende contract, en dat was wel eens anders geweest. Het begin was weer bemoedigend, zoals zo vaak. Medio december 1976 sprak Berends met graaf Carel en die was positief. Verlenging zou geen probleem zijn, maar hij wilde het wel bespreken met zijn familie en zijn adviseurs. Hij wilde ook praten over de overname van het zogenaamde straatje, de winkeltjes op het parkeerterrein van het kasteel, door Keukenhof. Hij zou het landgoed niet verkopen. Als dat wel gebeurde dan zou de gemeente, in verband met de natuurwaarden, de eerste koper zijn.

Vervolgens duurde het tot juni 1977 eer Berends weer met graaf Carel over de verlenging van het contract kon praten. Ze bereikten overeenstemming over een verlenging tot het jaar 2000. Smithuijsen, de advocaat van de stichting Keukenhof, zou een concept opstellen. Dat was 16 augustus klaar en zag er simpel uit. Het had de vorm van een aanhangsel aan het contract van juni 1972 en bevatte twee artikelen. Artikel 1 regelde de verlenging met telkens vijf jaar na 1 januari 1987, dus tot 31 december 2001. In artikel 2 stond dat als Keukenhof voor 31 decem-

582 AB Keukenhof 16-6-1980.

ber 1985 verlenging vroeg, de vergoeding per bus per 1 januari 1987 van 50 cent naar 1 gulden ging en daarna werd geïndexeerd (net zoals de huurprijs). Dat artikel was opgenomen omdat graaf Carel had geklaagd dat de bomen op het parkeerterrein van het kasteel last kregen van het parkeren. Berends was optimistisch: graaf Carel zal wel tekenen, zei hij in de bestuursvergadering van 12 september 1977. Hij had buiten de waard gerekend. Op 25 september kreeg hij een 'beste Ton' brief van graaf Carel. Hij vond dat Smithuijsen wel enigszins een wissel trok op de eeuwigheid: "als we over het jaar 2000 gaan praten, dan moet ik toch wel even diep ademhalen, c.q. er nog eens over komen praten; ook met mr. Nijgh wil ik hierover nog eens contact opnemen."[583] Aanvankelijk deed Berends weer luchtig over dit voorbehoud. Weer dacht hij dat graaf Carel zou tekenen. Hij had buiten Nijgh gerekend. Die nam tegenover Smithuijsen de positie in dat Keukenhof van karakter was veranderd: "dat Keukenhof minder dan voorheen de promotie van de verkoop van bloembollen ten doel heeft en meer een winstgevend bedrijf is geworden. Onder deze omstandigheden zou het onredelijk zijn om als basis van het contract nog te handhaven de pachtprijzen waarvan men oorspronkelijk is uitgegaan."[584] Bovendien werd een aantal aanvullende voorwaarden gesteld. Uiteraard bestreed Berends deze zienswijze en met hem het bestuur van Keukenhof. Als men rekende met de rente van het eigen vermogen en de mogelijke aankoop van bollen van de inzenders, dan was Keukenhof bepaald niet winstgevend.[585] Er volgde een periode van emotionele onderhandelingen, die gepaard ging met slaande deuren en die pas eindigde in mei 1979. In de bestuursvergadering van 11 mei 1979 lag een concept van een aanhangsel voor waarover overeenstemming was bereikt. Het bestuur toonde zich echter bezorgd over het met ingang van 1980 vervallen van het recht van optie op de terreinen nabij Zandvliet. Men wilde dat eigenlijk niet, maar Berends gaf aan dat een verandering op dit punt voor graaf Carel onbespreekbaar was. Het enig haalbare was een brief waarin Keukenhof het recht van eerste koop wenste. Bovendien kon Keukenhof bij verkoop altijd de hoogste prijs bieden. Het bestuur ging toen akkoord met het concept.[586] In augustus 1979 tekende ook graaf Carel het aanhangsel. Zie voor de belangrijkste bepalingen in dit aanhangsel het kader.

Belastingen

Naast de BTW en de Toeristenbelasting vroeg ook de Onroerend Goed Belasting de aandacht van Keukenhof. Ze worden achtereenvolgens behandeld.

BTW

In januari 1975 boog het bestuur zich over het bericht dat de BTW op sierteeltproducten was verlaagd naar 4 procent. Het bestuur beschouwde Keukenhof als een verlengstuk van de sierteeltsector en als zodanig was het een poging waard om ook voor dat tarief te opteren. Om sterker te staan nodigde men ook de voorzitter van de Westfriese Flora, G. Rood, uit om de besprekingen hierover bij te wonen. In een later stadium zou wellicht ook de voorzitter van de Liliade erbij wor-

> **Aanhangsel bij het contract van juni 1972, zoals op 26 augustus 1979 van kracht geworden.**
>
> Het aanhangsel bevatte 5 artikelen. Het eerste regelde dat de jaarlijkse huur van 50.000 gulden met ingang van 1 januari 1979 nooit met minder dan 3 procent werd verhoogd. Zo bouwde men een vloer in ingeval de indexatie lager dan 3 procent zou uitvallen. Het tweede artikel beschreef de optietermijnen die liepen tot 31 december 2001. Het derde artikel regelde de verhoging van de busprijs van 50 cent naar 1 gulden per 1 januari 1979 en het vierde artikel het vervallen van de optie op de terreinen op of nabij Zandvliet. Het laatste artikel ging over de onroerend goed belasting. Als die ten laste van de verhuurder werd verhoogd door het oprichten van nieuwe gebouwen en/of het verbeteren van bestaande gebouwen, dan zou de verhoging van de aanslag voor rekening van Keukenhof komen.

den betrokken. Ook werd Hogewoning ingeschakeld, omdat hij lid was van de Belastingcommissie van de KAVB, en Keukenhof was nu eenmaal het reclame-instituut van het vak. Den Hoed berekende dat met een verlaging van het tarief van 16 naar 4 procent voor 1975 het te betalen bedrag zou zakken van ruim 255.000 gulden naar ruim 118.000 gulden, best de moeite waard dus. De KAVB liet weten dat uit de Belastingscommissie een BTW-commisie was gevormd waarin naast Hogewoning, met als plaatsvervanger J. Zwetsloot, ook Warning zat, de adviseur van Keukenhof. Die heren waren met Rood aanwezig bij een vergadering van het DB over deze zaak op 27 januari 1975. Warning herinnerde eraan dat een eerder verzoek om onder het lage tarief te vallen was afgewezen en dat het nu alleen kans van slagen zou hebben als bij een nieuwe aanvraag de nadruk zou liggen op het culturele karakter van Keukenhof. Dat was wel een probleem, zei Berends in de bestuursvergadering van 14 februari 1975, want dan zou de gemeente geen vermakelijkheidsbelasting meer kunnen heffen. Toch besloot men Warning een brief naar de staatssecretaris te laten sturen met een dergelijke strekking. Die brief ging uit op 14 augustus 1975. In die brief verwees Warning naar een eerder verzoek dat in januari 1969 was afgewezen. Door die afwijzing was Keukenhof genoodzaakt geweest de entreeprijs te verhogen van f 2.50 naar f 3.00. Bovendien waren per 1 januari 1972 dierentuinen en kermisattracties onder het verlaagde

583 Archief Keukenhof.
584 Brief van 29 november 1977 van Smithuijsen aan Berends. Archief Keukenhof.
585 AB Keukenhof 9-12-1977.
586 AB Keukenhof 11-5-1979.

tarief gebracht en verviel het argument voor de afwijzing van 1969. Toen zou het Keukenhof in een bevoorrechte positie plaatsen ten opzicht van andere exploitanten van bezienswaardigheden in de open lucht. Dus vroeg Warning om 'bloementoonstellingen in de open lucht' aan de lijst van de instellingen toe te voegen.[587] Berends had er niet veel hoop op en hij kreeg gelijk. In oktober wees het ministerie het verzoek af. Men besloot nu vanuit Keukenhof een adres te richten aan de Vaste Commissie van Financiën van de Tweede Kamer. Dat adres ging 29 oktober 1975 uit. Tot en met 1980 zijn geen opmerkingen in de notulen gevonden over het resultaat.

In maart 1976 schrok het bestuur omdat er twee fouten waren gemaakt. De eerste fout was bij de BTW op de consignatiekaarten. Dat leidde tot een naheffing van 70.000 gulden over zes jaar ("het zesde jaar mogen we in ons zak houden", zei Tegelaar). Den Hoed had er slapeloze nachten van gehad, want het ging om 107.000 gulden. De tweede fout was dat er geen BTW in rekening was gebracht over de pachten. Dat ging om 37.000 gulden. Gelukkig ging de fiscus uit van goede trouw, zodat er geen boete werd opgelegd. Het bestuur vergaf het Den Hoed ook.[588] De BTW ging in 1977 omhoog naar 18 procent, maar Keukenhof verhoogde de entreeprijs niet. Eind 1977 ontstond er ook een probleem bij de BTW-berekening aan de hand van de recetterapporten, maar dat werd op tijd onderkend en ondervangen.

Toeristenbelasting
Op 4 maart 1975 stuurde het college van Lisse een voorstel naar de raad inhoudende een 'verordening toeristenbelasting'. De enige belastingplichtige was de 'nationale bloementoonstelling Keukenhof'. Het belastingtijdvak liep van 1 maart tot en met 30 juni. Over de aard van de belasting en het belastbaar feit bepaalde artikel 1 dat het ging om personen die niet in het bevolkingsregister van de gemeente waren opgenomen. De belasting bedroeg 40 cent voor ieder maal dat genoemde personen tegen betaling toegang was verleend aan Keukenhof. De franchise voor de personen uit het bevolkingsregister werd bepaald op "twee maal het aantal der personen, dat bij het begin van dat belastingtijdvak in het bevolkingsregister (...) is opgenomen." De verordening zou in 1975 in werking treden. In de toelichtende brief van B en W stond dat de franchise een aftrek betekende van 40.000 personen, men nam namelijk aan dat elke ingezetene van Lisse de tentoonstelling twee keer bezocht. De raad was niet zo coulant en verhoogde na een lange discussie en schorsing het tarief naar 50 cent.

Berends was daar in de vergadering van Keukenhof van 14 maart nog boos over. Hij weet het aan de samenstelling van de raad. Daar zat niemand meer in die met het bloembollenvak verwant was, noch de oprichters had gekend. Het scheelde Keukenhof een ton aan voordeel, maar er bleef nog altijd drie ton over. Vandaar dat Berends vroeg niet in beroep te gaan tegen de verordening, integendeel, hij stelde voor om een instemmende brief te schrijven, want die zouden B en W kunnen gebruiken om op advies van GS koninklijke goedkeuring te krijgen. Dat lag niet zo eenvoudig, omdat de gemeente tonnen aan inkomsten misliep. Op 17 maart schreven Berends en Broersen als voorzitter en secretaris van Keukenhof aan het college van B en W dat zij de vervanging van de vermakelijkheidsbelasting door een toeristenbelasting als vervat in de verordening op prijs stelden. Op 21 mei schreven ze als burgemeester en secretaris van de gemeente aan Keukenhof dat de verordening bij KB van 28 april 1975 was goedgekeurd. De gemeente had Keukenhof beloofd het tarief in 1976 niet te verhogen en toen de raad het tarief in 1977 voor 1978 wilde verhogen, weigerde het college daartoe een voorstel te doen.[589] Een jaar later was er echter toch sprake van dat de belasting in 1981 met vijf cent omhoog zou gaan. Dat zou door de raad in 1980 worden besproken in het kader van de begroting 1981. Berends hoopte: "dat de gemeenteraad zo verstandig is een eventuele belastingverhoging binnen aanvaardbare grenzen te houden."[590]

Onroerend Goed belasting (OGB)
Begin januari 1977 ontving Keukenhof de taxatie en de aanslag OGB. Het tentoonstellingsterrein werd net als het kasteel getaxeerd op 1,2 miljoen gulden en de aanslag kwam op 950 gulden. Die werd gedeeltelijk door Keukenhof ten laste van De Valk gebracht.

De parkeerterreinen

Begin april 1975 beklaagde Van Graven zich bij Keukenhof. Zonder zijn toestemming stond er ineens een caravankamp op zijn land. Schuldbewust moest Guldemond toegeven dat hij had vergeten om bij Van Graven te informeren over de toestemming die hij daarvoor had gegeven. Het was ook een aanleiding om naar het contract van Van Graven te kijken. Dat liep tot 1968 en was niet verlengd, dus nu viel hij eigenlijk onder het contract met graaf Carel. Berends beloofde die zaak te onderzoeken.[591] Het bleek hem dat het een contract was met een open einde. Van Graven kreeg zonder indexatie 5000 gulden en het gras van Oost en elk jaar 50 gulden voor de gemaaltjes. Berends besloot het voorlopig maar zo te laten. In september 1976 besloot het bestuur echter het bedrag op 7000 gulden te brengen en begin 1977 mocht Van Graven Oost gebruiken als hooiland. Door de nood gedwongen had Van Graven in het voorjaar van 1979 zo veel gier gedumpt, tweemaal zo veel als normaal, op Noord en Oost dat de doorlatendheid van de grond er sterk onder had geleden. Om het probleem op te lossen schafte Keukenhof een diepverluchter à 7000 gulden en een bezander à 13.000 gulden aan. In een gesprek daarover gaf Van Graven toe dat het uit de hand was gelopen en dat hij het in het vervolg alleen tot 1 februari zou gieren op Noord. Op een vraag van Keukenhof of hij zijn oude stal aan Keukenhof wilde verkopen voor de opslag van 250 vuilcontainers, antwoordde hij: "die wil ik voor geen prijs kwijt."[592]

In mei 1975 stonden de parkeerterreinen voor het eerst voor 95 procent vol en Guldemond wilde als er grond beschikbaar kwam 'toeslaan', want uitbreiding was nodig.[593]

587 Archief Keukenhof.
588 AB Keukenhof 13-3-1976.
589 AB Keukenhof 14-10-1977.
590 AB Keukenhof 14-7-1980.
591 AB Keukenhof 11-4-1975.
592 AB Keukenhof 16-7-1979.
593 AB Keukenhof 9-5-1975.

Oost

In februari 1975 begon een discussie over het opknappen van het koolaspad op Oost. In de loop van de zomer stelde Keukenhof 2500 gulden beschikbaar om daarvoor een plan te laten maken. In juni 1976 bleek dat het asfalteren 21.000 gulden moest kosten en daarnaast nog eens zo'n bedrag nodig was voor verkeersportalen en geleiders, maar dan lag er ook een weg in plaats van een pad. Van der Mark betaalde 2500 gulden aan de verbetering mee.

In de loop van 1975 kwamen er ook berichten dat in 1976 het land van Van der Zaal zou vrij komen en dat ook M. Sanders zou vertrekken. Ook het land van Van der Poel van 1,5 hectare kwam beschikbaar. Hoewel dat niet direct gunstig lag, zou het als ruilobject kunnen dienen wanneer de westelijke omleidingsweg zou worden aangelegd. Guldemond opperde het idee op dat land graszoden te gaan telen, omdat Keukenhof jaarlijks 10.000 m² gras nodig had. Berends aarzelde, want de pacht was met 2500 gulden het dubbele van wat normaal gebruikelijk was.[594] In november kwam ook het land van Lemmers in de belangstelling. Als dat in ruiling werd gebracht dan ontstond er een aansluiting met Oost. Lemmers zou een hectare inleveren en 1,5 hectare terugkrijgen. Ook dat zou voor ontzoding kunnen worden gebruikt, maar behoefde toestemming van graaf Carel.

Begin 1977 begon de discussie over de gevolgen van de aanleg van de westelijke omleidingsweg voor Oost. Zie voor wat meer informatie over die weg het kader.

De westelijke omleidingsweg[595]

Al in oktober 1966 was de gemeente van mening dat de weg zo snel mogelijk tot stand moest komen. De weg, van ongeveer 2,5 kilometer, was nodig om het doorgaande verkeer richting noord-zuid en omgekeerd buiten het centrum van Lisse om te leiden. Het tracé werd opgenomen in diverse bestemmingsplannen en in 1972 deed de gemeente de eerste grondaankoop. In december 1973 zegde de gemeente aan de raad toe een actieve grondpolitiek te voeren. Dit hield in dat de gemeente alle voor dorpsuitbreiding benodigde gronden wilde aankopen. Dat gaf de gemeente de regie over het tempo van de uitleg. In maart 1977 bereikte de gemeente overeenstemming met graaf Carel, eigenaar van een tracé-gedeelte met een lengte van ongeveer 600 meter, over aankoop. Voor ruim 398.000 gulden kocht men bijna 5 hectare aan weerszijden van het tracé. Deze aankoop was voor Guldemond kennelijk aanleiding de kwestie bij Keukenhof aanhangig te maken.

Alhoewel Berends zei blij te zijn als de weg in de periode 1979-1980 zou kunnen worden aangelegd, wilde Guldemond alvast actie. Hij was er niet gelukkig mee dat de weg te dicht langs de ingang en het koolaspad zou lopen en bovendien wilde hij al beginnen met grondonderzoek, ad 20.000 gulden, op de vervangende gronden. Men sprak af dat hij de hele operatie in nauw overleg met de gemeente zou uitvoeren, omdat er mogelijk een bijdrage zou komen van de gemeente in de kosten.[596] Bovendien moest graaf Carel worden geïnformeerd. Guldemond werkte zoals gewoonlijk snel en wist het bestuur al in mei te vertellen dat de reconstructie van Oost en de uitbreiding ervan ongeveer 500.000 gulden zou kosten. In september 1977 meldde hij aan het bestuur dat het plan voor Oost, vooral het geschikt maken voor het parkeren van bussen, drie jaar zou duren. De terreinen lagen namelijk niet allemaal op gelijke hoogte zodat grond moest worden opgebracht en de zetting had tijd nodig. Berends trapte op de rem, de weg kwam er de eerst 6 jaar niet. Zijn aanvankelijke optimisme was kennelijk verdwenen. Guldemond hield echter vol en wilde ook de kosten die Keukenhof moest maken verhalen op de gemeente onder het mom van schadevergoeding als gevolg van de aanleg van de randweg. Guldemond kreeg zijn zin en bracht in de vergadering van oktober een nota in met daarin het plan om voor 300 bussen parkeerterrein in te richten. Het bestuur aanvaardde de nota als praatstuk voor de gemeente en graaf Carel, en Guldemond zegde toe over 2 maanden met een kostenraming te komen. Eind van dat jaar meldde hij het bestuur dat het 6 ton kostte, waarvan 60.000 gulden ten laste van Keukenhof en de rest ten laste van de gemeente. Dit omdat het een gevolg was van de verplaatsingskosten als gevolg van de aanleg van de randweg.

Op 21 december 1977 berichtte de gemeente Keukenhof dat ze ten behoeve van de randweg gronden ter grootte van 1,1 hectare van graaf Carel had gekocht die in gebruik waren. Ze voegde daaraan het volgende toe: "Zoals u reeds bekend is, zal ten aanzien van de beëindiging van het gebruik door onze deskundige, de heer Z. van den Burg, met u overleg worden gepleegd."[597] Deze brief kwam aan de orde in de vergadering van 13 januari 1978, waar ook de begroting van Oost ter tafel lag. Dat plan was opgesteld met ambtenaar Suurenbroek, adjunct-directeur openbare werken van de gemeente, en Van den Burg. Van den Burg kon nu voor de gemeente een deskundigenrapport opstellen over de hoogte van de schade. Die claim moest goed worden onderbouwd, zei Berends. Hij verwachtte ook dat het de nodige tijd zou kosten om tot overeenstemming te komen. In maart kwam het bericht dat de provincie een marge van 10 meter langs de westkant van de weg wilde voor de aanleg van een eventueel fietspad. De gemeente zag dat echter niet zo zitten en Guldemond was bang dat het dan ging om 4000 m² parkeerterrein. Daar was geen compensatie voor. Toch kocht de gemeente ook die grond in augustus. In april begonnen de onderhandelingen met de gemeente. "Ingewikkeld", zei Guldemond, maar uiteraard een kolfje

594 AB Keukenhof 4-10-1975.
595 Ontleend aan stukken in het gemeentearchief van Lisse.
596 AB Keukenhof 15-4-1977.
597 Archief Keukenhof.

naar zijn hand.⁵⁹⁸ In mei was er al overeenstemming, op basis van rapporten van de Grontmij (grondwerk), de ANWB (tellingen auto's en autobussen op topdagen) en de Rijkspolitie (alternatief voor het plan Guldemond). Men had elkaar gevonden op een claim van 508.000 gulden inclusief BTW. Zie voor nadere informatie het kader.

Dat zou betekenen dat voor Keukenhof nog 2 ton restte om de werkzaamheden uit te voeren.⁵⁹⁹ Het bestuur verstrekte dat krediet en men was zo blij dat de zaak zo snel en goed was afgewikkeld, dat Koster en Guldemond ieder een cadeau kregen. Guldemond kreeg een zesdelig Doulton servies en Koster kreeg een diplomatenkoffer. Dat was in de vergadering van 17 juli. Een paar dagen eerder, op 12 juli, had de raad van Lisse besloten een krediet beschikbaar te stellen voor de schadeloosstelling: "in verband met de beëindiging van huur ten behoeve van de aanleg van de westelijke omleidingsweg."⁶⁰⁰ Op 12 december schreef de gemeente aan Keukenhof dat GS het krediet had goedgekeurd: Keukenhof kreeg 508.000 gulden. Al eerder, in augustus 1978, had het bestuur besloten om na de tentoonstelling van 1979 te beginnen met de reconstructie en daarvoor voor 7.000 gulden een externe adviseur aan te trekken. Dat werd Koster sr, die per 1 november met pensioen ging als technisch hoofdambtenaar van de gemeente Dordrecht. Hij werd voor 10.000 gulden aangetrokken als adviseur voor de eerste

afb. 1
Kaart behorende bij de schadeloosstelling aan Keukenhof i.v.m. de omleidingsweg

598 AB Keukenhof 14-4-1978.
599 AB Keukenhof 22-5-1978.
600 Brief van 13 juli 1978 van de gemeente aan Keukenhof (archief Keukenhof).

Voorstel van 29 juni 1978 van B en W aan de raad over schadeloosstelling aan Keukenhof

"Ten gevolge van de (...) [weg] zal een niet onaanzienlijk gedeelte van (...) Oost komen te vervallen. Ter plaatse is het huidige autobussenparkeerterrein gesitueerd, zodat elders een geheel nieuw parkeerterrein (...) zal moeten worden aangelegd. Totaal dient van (...) Keukenhof circa 1^2 ha grond vrij van huur te worden gemaakt. (...) In verband met de (...) omleidingsweg zal één in- en uitrit [van de twee in- en uitritten, MT] komen te vervallen (...) [daarvoor] zal dan ook een extra aan- en afvoerbaan (...) moeten worden aangelegd, hetgeen ten koste gaat van (...) parkeerplaatsen. (...) De Stichting [verlangt] vervangende grond ten behoeve van een gelijk aantal parkeereenheden. (...) Compenserende grond (...) kan worden gevonden in de ruim 2,3 hectare grond die door (...) graaf van Lijnden op kosten van de gemeente ontpacht is van (...) Sanders en (...) de firma Gebrs. van Zonneveld. (...) Wij stellen u voor tot het beëindigen van huur van de door (...) Keukenhof gehuurde gronden te besluiten (...) en tot betaling van de schadeloosstelling en de bijkomende kosten."
Op 12 juli besliste de raad conform (zie ook de kaart in **afbeelding 1**).

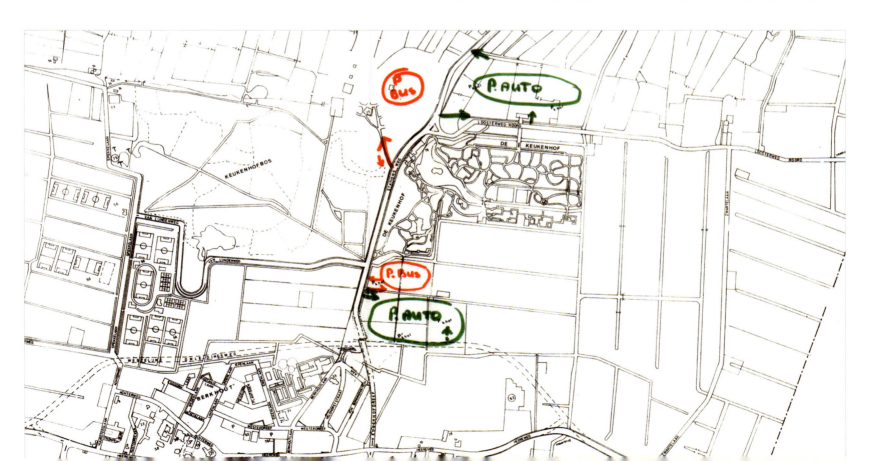

fase van de reconstructie.⁶⁰¹ Onder die eerste fase viel ook het land van M. Sanders: vervuild en met een kas die eigenlijk weg moest. Zijn pacht liep tot 1 april 1979, maar Guldemond wilde eerder op zijn land terecht om ook daar graszoden te telen, net als op het per 1 december 1979 ontpachte land van Zonneveld van 1,70, 38 hectare. Vandaar dat graaf Carel Sanders verplichtte de kas voor 1 april te ontruimen.

In maart 1979 kwamen de eerste tegenvallers. De offertes vielen veel hoger dan uit de begroting, zodat er acht ton op tafel moest komen. Zo moesten er achttien linden worden verplaatst.

Men besloot voor de helft daarvan het renovatiefonds aan te spreken en de andere helft te financieren uit de schadeloosstelling van de gemeente. Daarnaast was men toch wel beducht voor bezwaren als de gemeente de bestemming van het land van Lemmers, Sanders en Zonneveld wijzigde tot parkeerterrein.

In oktober 1979 was de eerste fase van Oost klaar, binnen de begroting. Vanwege overlast door crossende brommers werd besloten het gehele terrein af te sluiten met een draaihek, zodat hondenuitlaters er geen last van hadden.

Eind november 1979 begon de tweede fase van Oost: de ontsluiting van de percelen achter de omleidingsweg door een nieuwe weg, voor rekening van de gemeente, maar met voorfinanciering van Keukenhof. Begin januari 1980 werd het bussenparkeerterrein op Oost opgeleverd. Rond die tijd bleek ook dat ondanks ambtelijk beweringen van het tegendeel geen aftakkingen van de gas- en waterleiding naar de stands van Laarman en Landwehr Johan mogelijk waren. Gelukkig droegen beiden bij in de kosten, te weten 7.000 van de 10.000 gulden. In oktober 1980 kwam de aanleg van de Keukenhofdreef in beeld. Dit zou een nieuwe verbindingsweg vanuit het dorp, de Heereweg, naar de aan te leggen nieuwe westelijke omleidingsweg worden. Ook een reconstructie van Oost kwam weer in beeld.

Kasteelterrein

In maart 1975 werd voor ruim 2000 gulden aan slakken besteld om het parkeerterrein bij het kasteel op te knappen. In mei 1975 signaleerde Guldemond weer eens de onhoudbare toestand van de afvoer van de toiletten. Dat ging via de sleuven die Keukenhof indertijd had laten graven. Berends temperde hem: "als we een persleiding naar het riool moeten aanleggen zijn we nog niet jarig." Van der Lee was ook voorzichtig: "als Rijnland wist wat er op ons terrein bij de horeca gebeurde had ze al lang ingegrepen." In september 1976 sprak Guldemond met de exploitant Van der Mark over de exploitatie van de toiletten. Zou het niet beter zijn om die met die van Keukenhof in één hand te brengen? Het bestuur dacht er echter verschillend over, maar gaf aan Guldemond toch groen licht om verder met Van der Mark te praten.⁶⁰² Inmiddels bleek in mei 1979 dat het op het parkeerterrein weer een natte boel was geweest en nam Guldemond die zaak ook in onderzoek. Dat werd een kostbare zaak; de verkeerscommissie kwam uit op 150.000 gulden. Het probleem deed zich voor op een deel van het terrein. Op het goede deel konden nog steeds 100 bussen staan. Daarom stelde Guldemond voor om de rest maar te sluiten. Omdat toen de onderhandelingen met graaf Carel over de verlenging van het contract nog liepen, voelde Berends er niets voor dit ook nog eens met graaf Carel te bespreken. Bij een nadere berekening bleek echter dat renoveren van het terrein het dubbele zou kosten van wat eerder begroot was en dat vond zelfs Guldemond onhaalbaar. Wel had hij met graaf Carel gesproken over de winkeltjes op zijn terrein, het zogenaamde straatje. Guldemond stelde voor een praatprent te maken voor de vervanging van de houten opstallen door meer definitieve en om het terrein op te knappen. Graaf Carel zou in dat verband nagaan wat de consequenties waren voor zijn belastingvrijdom. Toen Guldemond dat in het bestuur bracht, had Tegelaar een idee: wij nemen de pacht van de winkeltjes over en als graaf Carel weigert dan gaan alle bussen naar Oost. Berends was beducht voor planologische problemen als er duurzame bouw kwam.⁶⁰³

Het probleem op het terrein was het gevolg van het feit dat sleuven, die acht jaar eerder waren gegraven en gevuld waren met Noorse keien, inmiddels dichtgeslibd waren waardoor het water niet weg kon. Openmaken en ook nieuwe sleuven graven kostte 64.000 gulden en asfaltering van de toegangsweg zou nog eens 15.000 gulden kosten. Berends nam op zich dit met graaf Carel te bespreken.⁶⁰⁴ Eind 1979 maakte architect Richards van Keukenhof een schets van een nieuw straatje en ondanks het feit dat Berends weer vreesde voor de planologische gevolgen ging Guldemond dit met de pachters bespreken. In maart 1980 bleek dat de nieuwe sleuven goed werkten, alleen de doorlatendheid van de bovenlaag liet nog te wensen over.

Guldemond besprak rond die tijd de plannen voor de winkeltjes met de pachters. Die waren enthousiast, totdat Van der Mark voorstelde het straatje onder te brengen in de BV Blokhuis waarvan hij directeur was. Daarop beëindigde Guldemond de gesprekken.

Meeuwissen

Begin januari 1975 meldde Meeuwissen dat zijn parkeercontract niet uit kon. Hij wilde een verhoging van de dagvergoeding. Guldemond wilde eigenlijk naar een andere verdeelsleutel en pleegde daartoe overleg met Meeuwissen. Die tekende vervolgens het contract voor 1975. Guldemond was na afloop van het seizoen niet tevreden, er was teveel leegloop geweest. Hij wilde het contract voor 1976 weer aanpassen. Dat was ook nodig vanwege de gestegen arbeidskosten. Toch was Meeuwissen niet onverdeeld gelukkig met de afspraken. Begin 1978 liet hij het bestuur weten dat hij meer zijn handen vrij wilde hebben en niet meer met verrekeningen achteraf, op basis van het aantal geparkeerde auto's, geconfronteerd wilde worden, behoudens natuurlijk bij calamiteiten. Meeuwissen opteerde voor de parkeeropbrengst als die ging van 50 cent naar 1 gulden. Na enig overleg kwam men begin 1979 overeen dat Meeuwissen 5 cent pacht ging betalen per betalende bezoeker en parkeergeld mocht heffen: 1 gulden voor een auto en een kwartje voor een fiets. Hij zou het aantal mandagen registeren in verband met het contract voor 1980. In 1979 viel het bezoek als gevolg van het slechte

601 Uiteindelijk declareerde hij 12.500 gulden, die kreeg hij (AB Keukenhof 9-11-1979).
602 AB Keukenhof 8-10-1976.
603 AB Keuken hof 10-9-1979.
604 AB Keukenhof 12-10-1979.

weer tegen, waarop Meeuwissen een restitutie vroeg en kreeg van 2500 gulden. Bovendien verlaagde men zijn afdracht voor 1980 van 5 naar 4,5 cent.

Horeca

CB De Valk wilde graag de bezoekers fotograferen en de foto's verkopen. Een verzoek daartoe begin 1975 stond Keukenhof niet toe. Wel mochten er op drie punten bussen worden gezet waarin de bezoekers hun fotorolletjes konden deponeren. Begin 1979 verzocht men het weer, in de vorm van een experiment. Maar weer weigerde Keukenhof, met als reden "niet passend in de sfeer van Keukenhof" en het mocht ook niet op de parkeerterreinen.

In 1975 ontstonden ook logistiek problemen in het Theehuis. Men weet dat aan de nieuwe manager, maar Van der Lee maakte toch een plan voor een groter terras met een luifel en zitjes aan het water. De kosten zouden 125.000 gulden zijn, maar dat bleek 160.000 gulden te worden. In 1976 was het werk klaar en begon men aan plannen om het theehuis uit te breiden met een oppervlakte van zeven bij elf meter. Het Theehuis werd toen ook nog gebruikt voor de bewaring van de bollen.

Na het afwijzen van het fotograferen opteerde De Valk voor meer verkooppunten op het terrein. Dat mocht echter volgens Keukenhof niet ten koste gaan van Laarman. Verder ontwikkelde men een plan voor meer kantoor- en magazijnruimte ten behoeve van het restaurant. Dat kostte ongeveer 50.000 gulden. Die investering was een van de redenen dat Keukenhof met graaf Carel in overleg ging over de verlenging van het contract, want De Valk wilde best meer investeren als het contract langer liep. Onder meer in meer selfservice, de "witte tafels en wijnflessen" zouden verdwijnen.[605] Tegen het eind van het jaar meldde De Valk nieuwbouwplannen te gaan ontwikkelen die Keukenhof zou moeten financieren. Pas eind 1979 werden die plannen concreter. Het ging om selfservice in het restaurant en een groter terras met een luifel. Totale kostte dat ruim 230.000 gulden. Dat vond Keukenhof eigenlijk te veel geld, vandaar dat men geen haast maakte met de onderhandelingen. In juli 1980 begonnen de besprekingen met mr. J. van Wessum van de Allied Breweries Nederland, die namens de Skol Brouwerijen en Gist Brocades, die participeerden in De Valk, onderhandelde. De besprekingen gingen niet alleen over de investeringen, maar ook over het huurcontract dat per 31 december zou aflopen. De ombouw van het restaurant begrootte Van Wessum op 4 ton. Daarvoor zou Keukenhof een lening moeten verstrekken van 250.000 gulden, zoals dat eerder voor het Theehuis was gedaan. Daarvan stonden nog 2 termijnen open en daarna zou de andere lening ingaan van 10 jaar tegen 10 tot 11 procent. Een probleem was dat bij de lening voor het Theehuis Skol en Gist Brocades hoofdelijk aansprakelijk waren en dat dit nu De Valk moest worden. Wat zou er gebeuren als De Valk werd verkocht? Van Wessum zegde echter toe dat De Valk tijdens de looptijd van de lening niet zou worden vervreemd en toen was men er gauw uit. Niet alleen voor wat de lening, maar ook voor wat betreft een nieuw contract. Dat werd 24 november 1980 getekend. Zie voor wat details het kader.

Contract van 24 november 1980 met Gist Brocades en Skol Brouwerijen

Het huurcontract dat per 31 december 1980 afliep werd verlengd tot 1 januari 2002, mits Keukenhof van graaf Carel kon blijven huren. Huurders betaalden 21.000 gulden per jaar, met indexatie vanaf 1972. Het gehuurde omvatte volgens het contract: "de terreingedeelten, waarop het vroegere café-restaurant (thans zelfbedieningsrestaurant), het zelfbedieningsrestaurant in het theehuis, een koffieshop met terras, een filmverkoopkiosk en een filmverkoopstand in een gedeelte van de molen." Keukenhof verplichtte zich geen reclame aan te (laten) brengen die strijdig was met de exploitatiebelangen van de huurders. Ook aan de andere pachters van verkoopstands zou geen verdere uitbreiding worden toegestaan dan in 1973 was overeengekomen. Verder kregen de huurders het eerste recht als die pachters zouden vertrekken.

Toiletten

Ook de toiletten vroegen aandacht. Die hadden drie beheerders: op het kasteelterrein (toiletwagens), De Valk en A. van Geest (toiletwagens). Pogingen om ze onder één beheer te brengen waren vruchteloos. Wel werden de nodige investeringen gedaan. In 1976 wilde De Valk de helft betalen voor de noodzakelijke uitbreidingen met ook een bijdrage van Van Geest. Men dacht aan 50.000 gulden, maar dat werd later 66.000 gulden. Aan het Theehuis wilde De Valk 55.000 gulden besteden. Keukenhof overwoog het bedrag te lenen, tegen bijvoorbeeld tien procent. Later nam Keukenhof de investering in de toiletten, nu begroot op 75.000 gulden, op zich. Voor de tentoonstelling van 1977 waren de investeringen gedaan en de werken klaar. In 1979 stopte Van Geest en ging de pacht begin 1980 over op zijn medewerker J. de Groot uit Lisse. Hij nam de exploitatie van alle voor het publiek bestemde toiletten op de parkeerterreinen en het tentoonstellingsterrein op zich. Hij kreeg daarvoor 5000 gulden en het recht 25 cent per bezoek te rekenen.[606] Ook nam Keukenhof de 2 toiletwagens over voor ruim 12.000 gulden.

Andere pachters

Medio september 1975 werden de contracten met P. van Roode (bloemenstand) en mevrouw E. v.d. Poel-Berbée (bloemenstand op Noord en Oost) per 1976 met 5 jaar verlengd en geïndexeerd. Van Roode

[605] AB Keukenhof 11-8-1975.

[606] Zijn voorganger moest nog 20.000 gulden aan pacht betalen.

betaalde 1500 gulden per jaar en mevrouw Van der Poel 2150 gulden. Beiden betaalden ook voor het verbruik van elektriciteit. Eind 1978 nam mevrouw Prins-van der Poel het contract van haar moeder over.

De contracten met Laarman en Landwehr Johan werden met ingang van 1977 geïndexeerd. Tegelijk werden de prijsmaatregelen uit het contract met Laarman geschrapt; het viel toch niet te controleren. In 1977 wilde Laarman een ton investeren in koelruimten voor de verkoop van snacks. Keukenhof droeg 7500 gulden bij voor luiken en afsluiting en leende aan Laarman voor 5 jaar 30.000 gulden tegen 8 procent rente.[607]

Terrein

Hoofdingang

Begin 1975 verstrekte Van der Lee aan het bestuur een begroting voor een nieuwe hoofdingang. Hij had rekening gehouden met de schets die Richards had gemaakt en het bezwaar van de welstandcommissie tegen 'te zware puntdaken'. Hij kwam uit op een bedrag van 354.000 gulden voor de investering. Als rekening werd gehouden met het honorarium van de architect en de afbraak van het bestaande houten gebouw, dat geheel verrot was, kwam hij uit op 420.000 gulden. Het bestuur keurde die begroting goed en vroeg aan de gebouwencommissie de details uit te werken.[608] Ook wilde het bestuur eerst eens kijken hoe de tentoonstelling financieel zou verlopen, gezien ook de werkzaamheden aan de vijver en het terras bij het Theehuis. Tegelaar verwachtte in de loop van mei rond de 800.000 bezoekers. Dat zou ongeveer 450.000 gulden opleveren voor investeringen. Die zouden naar het uitbaggeren van de vijver gaan en daarnaast zou 125.000 gulden naar het terras gaan. Later die maand kwam hij met preciezere cijfers en werd de hoofdingang weer op de investeringslijst gezet voor 1976. Vijver en terras kregen prioriteit. Voor de hoofdingang werd wel geld gereserveerd. In 1976 begon er echter een discussie om met een beperkte verbouwing van de centrale post te volstaan, kosten 33.000 gulden. Daartoe werd echter niet besloten. In 1978 was Guldemond als voorzitter van de gebouwencommissie het getalm meer dan zat. De hoofdingang moest dringend worden vernieuwd. Hij had succes. Het bestuur besloot er weer werk van te maken, Richards weer in te schakelen en een programma van eisen te laten opstellen.[609] Dat was in oktober 1980 klaar. Het bestuur boog zich er over en gaf groen licht om het december 1980 aan de welstandcommissie voor te leggen.

Bomen

In augustus 1975 begon men weer met de behandeling van de bomen. Een maand later waren er 62 behandeld en moesten er nog 25 worden gedaan. Die werden in oktober gedaan. Het kostte 77.000 gulden, wat uit de bomenreserve werd geput en welke daarmee daalde tot 55.000 gulden.

In augustus 1980 was 45.000 gulden nodig om de populieren op het voormalige land van Poel uit te dunnen. Die populieren waren geplant als windsingel voor de Beukenlaan. Dat was een succes geweest: in 1950 had men verwacht dat de Beukenlaan nog maar tien jaar zou meegaan.

In de *Hobaho* van 21 maart 1975 schreef Theodorus van der Wiel een lovend artikel over de boomrestauratie op Keukenhof met als kop 'Vaklieden restaureerden 185 bomen in de Keukenhof'. In het nummer van 24 oktober deed hij dat weer en plaatste er een aantal foto's bij van de restauratie. Hij vond het goed passen in het monumentenjaar. In 1978 besloot het bestuur KLM Aerocarta opdracht te geven infrarood foto's van de bomen te laten maken om op die manier een indruk te krijgen van de gezondheidstoestand van het bomenbestand.

Vijver

Het doorspoelen van het water van de vijver had niet geholpen. Het water bleef, vooral in de zomer, stinken. Er moest worden gebaggerd. Het ging om 7500 m² en dat zou rond de 65.000 gulden kosten. De eerste fase kostte 46.000 gulden en men besloot een deel te gebruiken om het Doolhof op te hogen. Het was echter niet mogelijk het water eerst weg te pompen eer het baggeren begon, daarvoor was de zomer te droog en verwachtte men droogteschade aan de bomen. Dus er moest uit het natte worden gebaggerd. Een deel van de bagger werd voor 6000 gulden verkocht, maar dat geld was nodig om de vijver van nieuwe vissen te voorzien. In september 1976 was er 'ontzettend' veel bagger uit de vijver gehaald en was de nieuwe beschoeiing bijna klaar. In 1978 werd het plan geopperd om een fontein in de vijver te plaatsen. Gezien de kosten van 50.000 gulden aarzelde het bestuur.

Andere voorzieningen

In 1976 bleek dat de elektriciteitskabels van de 12 (water)pompen onmiddellijk moesten worden vervangen, omdat anders levensgevaarlijke omstandigheden zouden ontstaan. Ook vond de terreincommissie het nodig dat er voor 175.000 gulden een nieuwe loods op het terrein kwam. Die loods kwam in 1980 gereed en kostte inclusief de inrichting van de kantine toen 215.000 gulden.

Net als op de bloembollenbedrijven rukte ook de mechanisatie op Keukenhof op. In 1977 werd een trekker met hydraulische kraan en drainagehaspel aangeschaft voor 40.000 gulden en beproefde men het machinaal rooien van de bollen. "Beter dan met de hand", constateerde de terreincommissie.[610] In april 1978 werd een nieuwe trekker en een fraismachine voor 24.000 gulden aangeschaft; in juni 1979 een veegmachine voor 58.000 gulden en in 1980 werd voor 30.000 gulden een bladzuiger aangeschaft. Het spaarde personeel uit. Zo daalde het personeelsbestand van 30 per 1 december 1976 naar 26 in 1980.

In oktober 1978 was er voor het opheffen van wat achterstallig onderhoud bij wegen en paden ongeveer 100.000 gulden nodig. In mei van het jaar daarop was er bijna 40.000 gulden nodig voor nieuwe hei en heesters als gevolg van vorstschade. Ook vroren toen 70 grote karpers in de vijver dood.

607 AB Keukenhof 14-1-1977.
608 AB Keukenhof 14-3-1975.
609 AB Keukenhof 2-10-1978.
610 AB Keukenhof 11-7-1977.

Tentoonstellingen

Allereerst een overzicht van het aantal bezoekers:

JAAR	AANTAL BEZOEKERS
1975	821.412
1976	899.411
1977	870.890
1978	944.073
1979	860.971
1980	938.657

Het aantal bezoekers vertoonde, afgezien van 1977 en 1979, een stijgende lijn met een top in 1978 ruim 944.000 bezoekers.
Voor dat er verder ingegaan wordt op de tentoonstellingen, worden eerst een aantal algemene aspecten behandeld.

Koningin Juliana Paviljoen (KJP)

In de loop van de tijd traden er een aantal gebreken op aan het KJP, zoals de beschildering aan de buitenkant, de vloer en de ventilatie. Die werden allemaal in de loop van deze periode verholpen. In 1976 opperde Van der Meij het idee een koppeling te maken met de Amarylliskas. Richards werd ingeschakeld om een schets te ontwerpen. Hij bedacht een verdubbeling van het kasje van Weijers, van 110 naar 200 m², om de kas geschikter te maken als tentoonstellingsruimte. De kas zou bredere paden krijgen, in stijl van het KJP. De renovatie kostte 270.000 gulden, zo bleek begin mei 1977. Na de tentoonstelling van dat jaar voelde de terreincommissie er wel voor om een nieuwe kas bij het KJP te bouwen en de bestaande te slopen. Dit zou echter ruim drie ton kosten. Warmenhoven had zich als nieuwe gebruiker gemeld nadat Weijers had opgezegd. Die ging liever met zijn planten naar de showkas. Tegelaar vond het eigenlijk te veel geld en ging pas overstag toen Warmenhoven toezegde in ieder geval vijf jaar te blijven om Hippeastrums (Amaryllissen) te showen.[611] In 1978 was de kas klaar. 'Zijn' kas werd ook gebruikt voor het tentoonstellen van producten van de Porceleyne Fles, maar toen hij die producten in 1978 ging verkopen werd hem dat verboden. Hij mocht wel zijn bollen verkopen. Na de tentoonstelling van 1979 vroeg hij of hij ook tulpen en hyacinten mocht showen en verkopen (orders boeken), want dat mochten sommige inzenders ook. Dat werd hem toegestaan en de ruimte van de Porceleyne Fles werd ingenomen door een tentoonstelling over Dever.
In maart 1978 werd een aparte paviljoencommissie ingesteld. Voorzitter werd Van Os, want hij had het uitstekend gedaan, zei Tegelaar.[612]
In 1976 verlengde Kodak het contract met nog eens vijf jaar met een indexering die in 1978 zou ingaan.

Inzenders

Het jaarlijkse feest van de inzenders na afloop van de tentoonstelling werd door zoveel mensen bezocht dat het bestuur daar in 1975 paal en perk aan stelde. Bij de Kamer van Koophandel werden gegevens van de inzenders opgevraagd en voortaan zouden alleen de directeuren met hun gezinsleden een uitnodiging krijgen en niet meer de tuinchefs, procuratiehouders en andere stafleden.[613] Dat de inzenders maar nauwelijks status hadden bleek ook uit het feit dat men in juli 1975 besloot ze schriftelijk te vragen naar de juiste periode voor het feest. "Ze krijgen toch geen inspraak", vroeg Guldemond ongerust. "Nee hoor", zei Berends. In oktober 1975 signaleerde de terreincommissie dat de inzenders te weinig cultivars inzonden voor opplant in de kas. Een verarming van het sortiment dreigde, omdat van de 1100 cultivars er maar 900 geleverd waren. Keukenhof moest dus 200 bijkopen en door Van den Hoek laten broeien. In 1980 loste men dat gebrek aan bollen creatief op door een ander ontwerp in de kas. De rechte vakken werden vervangen door ronde, waardoor minder bollen nodig waren en ook de lelies beter konden worden ingepast. Bovendien werden de paden in de showkas bestraat.
In april 1976 behandelde het bestuur een verzoek van Moolenaar om op borden in zijn inzending in de kas de namen van zijn elf vertegenwoordigers te vermelden. Hij kreeg schoorvoetend toestemming, in de hoop dat het niet tot precedenten zou leiden.
In 1976 werd de inzenderavond in juni gehouden bij Bouwes in Zandvoort met een bezoek aan het Dolfinarium en een optreden van Seth Gaaikema.[614] Tevens werd daar afscheid genomen van Van der Lee. Later dat jaar maakte het bestuur zich zorgen over de hoge bollenprijzen, en vroeg men zich af of de inzenders niet minder bollen beschikbaar zouden stellen.
Pas in 1978 klaagde er een inzender over. In november 1978 vroeg Fred. de Meulder de helft van de binnenlandse marktwaarde van zijn ingezonden bollen als vergoeding. Dat was echter volgens Van Os niet ingegeven door de markt maar door de, vermeende, grote winst van Keukenhof. Uiteraard wees het bestuur zijn verzoek af.
Na de tentoonstelling van 1977 stopte inzender Turkenburg wegens overlijden. Als detailhandelaar viel hij onder de regeling ontheffing verkoopverbod en had hij een huisje staan als verkooppunt. Frijlink, die niet onder die regeling viel, wilde het huisje in zijn inzending hebben en ook orders boeken. Als argument voerde hij aan dat hij altijd de orders voor Turkenburg had uitgevoerd en zijn handel had overgenomen. Het bestuur kon niets anders dan toestaan dat hij het huisje mocht plaatsen.[615]
Tijdens de tentoonstelling van 1978 kwamen er klachten dat inzender Blom met zes mensen zeer agressief probeerde orders te boeken, terwijl dat maar met vier mensen mocht. Hij handelde dus in strijd met het reglement. De terreincommissie onderzocht de zaak en rapporteer-

611 AB Keukenhof 8-8-1977.
612 AB Keukenhof 10-3-1978.
613 AB Keukenhof 9-5-1975. Eerder dat jaar had het bestuur ook gesneden in de privileges voor weduwen van oud-bestuursleden en oud-bestuursleden.
614 Hij vroeg aanvankelijk 4500 gulden omdat hij zich moest voorbereiden op dit speciale publiek, maar nam genoegen met 3500 gulden.
615 AB Keukenhof 8-8-1977. De reglementen hebben we nog niet in het archief van Keukenhof gevonden.

de aan het bestuur dat de verschillende inzenders voor zeer verschillende prijzen verkochten en dat vooral Blom eigenlijk te veel geld vroeg. Men zou daar verder induiken. Na de tentoonstelling ging er brief naar de negen inzenders die mochten verkopen om over die prijsverschillen te praten. Dat overleg vond plaats in februari 1979 en het verloop was positief. Met inzender Frans Roozen, ook eigenaar van de Tulipshow in Vogelenzang, werd apart nog even doorgepraat. Medewerkers van hem zouden op Keukenhof niet alleen ronselen voor zijn show maar ook adviseren de orders terug te geven omdat in Vogelenzang bollen konden worden gekocht en meegenomen. Volgens Roozen mocht dat van hem niet, maar hij kon nu eenmaal niet alles in de gaten houden. Berends uitte ook nog eens zijn frustratie over de verkoop van bollen langs de weg. Dat was alleen in Lisse verboden, de andere gemeenten lieten het oogluikend toe. Het enige wat in Lisse was toegestaan was de verkoop van bloemenslingers.[616]

Toen Keukenhof in 1979 dertig jaar bestond wijdde de *Hobaho* daaraan een serie artikelen waarin vooraanstaande vakmensen aan het woord kwamen. Uiteraard waren die artikelen lovend. Behalve dat van B. Bunnik, directeur van inzender Stassen uit Hillegom, in het nummer van 4 mei 1979. Hij laakte het bestuur omdat commercie in Keukenhofkringen een vies woord was geworden. Het doel was toch het vullen van het orderboek, dus het ging niet aan met sancties te dreigen als een standhouder de brievenbus niet weghaalde: "die hij geplaatst heeft ten behoeve van de consument, die daarin een aanvraagkaart voor een catalogus kan deponeren."[617] Het bestuur trok zich niets van die kritiek aan. De andere inzenders deelden de zienswijze van Bunnik niet en men wilde nu eenmaal van Keukenhof geen kermis maken.[618] Vandaar ook dat men een jaar later aan inzender Hopman verbood aan zijn naambord 'Kroonjuwelen Tulpen' toe te voegen. 'Hopman Kroonjuwelen' mocht weer wel. In september 1980 signaleerde het bestuur een sterke afname van het aantal exporteurs onder de inzenders; "voorheen kwamen de exporteurs met hun buitenlandse relaties op Keukenhof, nu ziet de kweker veel meer dan vroeger de mogelijkheid om in Keukenhof zijn product te tonen."[619] Overigens was ook het aantal exporteurs in de loop van de jaren drastisch afgenomen.

Beelden

In april 1975 boog het bestuur zich over een schenking van een sculptuur 'Constructie/Deconstructie'. Men was bang voor roest en vroeg advies aan De Wilde. Die stelde het bestuur gerust en de terreincommissie zocht er een plekje voor. In 1976 wilde Guldemond een glaszuil voor 20.000 gulden aankopen. "Nee", zei Berends, "we zijn geen kunstverzamelaar".

Begin 1975 trad er een ingrijpende wijziging op in de werkwijze betreffende het samenstellen van de jaarlijkse beeldencollectie. Dat werd nu een taak van een projectcommissie van CRM, die onder leiding van Oxenaar (directeur Kröller-Müller) tot taak kreeg een collectie bijeen te brengen die behalve voor Keukenhof ook nog zou worden benut voor verdere tentoonstellingen elders in het land.[620] Vandaar de Keukenhof de beeldenadviescommissie per maart 1975 ophief.

De beelden tijdens de tentoonstelling van 1975 riepen weer veel kritiek op. Sommige waren te kleurrijk en verstoorden het concept van de tuinarchitect. Ook vond men het maar zo zo dat er eigenlijk geen inspraak meer was. De terreincommissie was het meest negatief: als we geen inspraak krijgen over de plaatsing stop er dan maar mee. Berends wist de gemoederen gelukkig wat tot bedaren te brengen en wist te bereiken dat er wat meer inspraak kwam over de plaats van de beelden. Na de tentoonstelling van 1975 ontstond er een discussie over het feit dat het aantal pagina's over de beelden in de catalogus was beperkt tot drie. De commissie Oxenaar wilde nu een aparte folder. Dat zou een subsidievoorwaarde zijn van CRM. Berends was het er niet zo mee eens en overwoog de band met CRM maar los te snijden. Het enige wat hij wist te bereiken was dat Keukenhof weer inspraak kreeg in het accepteren van de beelden; men mocht 'ecarteren'.[621] Toch bleef er discussie met CRM over het aantal pagina's in de catalogus versus een aparte folder. Er zouden in 1976 30 niet storende beelden komen. Berends had eind december de foto's gezien en was positief. Er zou 50.000 gulden subsidie van CRM komen en een aantal pagina's in de catalogus. CRM bleef echter in 1976 bij de eis van meer foto's van de beelden in de catalogus. Dat zou Keukenhof 6.000 gulden extra kosten. Het bestuur wilde er niet aan, maar Berends was er niet al te negatief over. De Raad van de Kunst besliste elke jaar over de subsidie en Keukenhof had een vetorecht, want inmiddels was er sinds eind 1976 weer een beeldenadviescommissie onder leiding van Oxenaar en de NKS, met daarin van Keukenhofzijde Berends en Zwetsloot. Begin februari 1977 had men 14 beelden uitgezocht, waarvan de plaatsing Keukenhof ongeveer 20.000 gulden zou kosten en dat was ongeveer volgens de begroting.[622] CRM wilde aanvankelijk geen subsidie geven, maar ging om na aandringen van Oxenaar. Keukenhof kreeg in maart 1977, achteraf dus, 30.000 gulden.

In april 1977 verzocht Keukenhof zoals elk jaar om een subsidie van 50.000 gulden aan CRM. Het was een subsidie voor de 27ste beeldententoonstelling die in 1978 zou plaatsvinden met ongeveer 27 beelden. In maart had Keukenhof van de NKS gehoord dat een subsidie weer moeilijk lag bij CRM. Vandaar dat men aandrong op uitsluitsel voor 1 juli, de uiterste datum voor het samenstellen van de catalogus voor de tentoonstelling van 1978. De Raad voor de Kunst wees dit keer

---

616 AB Keukenhof 9-3-1979.
617 *Hobaho* 4-5-1979, aldaar 15.
618 AB Keukenhof 11-5-1979.
619 AB Keukenhof 8-9-1980.
620 De officiële naam van de commissie was: "de programmeringcommissie voor binnenlandse tentoonstellingen van het ministerie van cultuur, recreatie en maatschappelijk werk" (bron: Catalogus Keukenhof 1975).
621 AB Keukenhof 8-9-1975.
622 In 1976 werden de kosten als volgt begroot: bruikleenvergoeding 12.000 gulden, verzekering 12.000 gulden, transport 35.000 gulden en toezicht op de plaatsing 6.000 gulden. Daartegenover stond een rijksbijdrage (subsidie) van rond de 40.000 gulden. De rest betaalde Keukenhof.

echter de subsidie met 5 tegen 4 stemmen af. Keukenhof hoorde hiervan in de vergadering van 14 oktober 1977 en vond dat de raad en CRM het beleid van Keukenhof hadden 'aangetast'. Op 18 november 1977 schreef de raad aan de minister dat de opzet voor 1978 wederom niet voldeed aan de volgende criteria: een deugdelijke publiekswerving; een goede publieksbegeleiding; het nastreven van een optimale verhouding tussen de te plaatsen beelden en de daarvoor te kiezen locatie en een deugdelijke motivatie. Uit de brief blijkt zeer veel ongenoegen over Keukenhof dat zich 'stelselmatig' niet ontvankelijk toonde voor gesuggereerde verbeteringen en de bloemen voorrang gaf boven de beelden . Bovendien vroeg de Raad zich af of er wel subsidie nodig was gezien de recette van 3,6 miljoen gulden.[623] Inmiddels was het ongenoegen wederzijds, want bij Keukenhof dreigde de planning voor de catalogus en de beeldententoonstelling in het honderd te lopen. In december 1977 kreeg Keukenhof het advies van de Raad van de Kunst. Nog diezelfde maand ging er een brief naar CRM met een protest tegen het advies en de mededeling dat het advies zo laat was uitgebracht dat het technisch onmogelijk was in 1978 een beeldenexpositie te organiseren. Men hoopte dat dit in het jaar daarop wel mogelijk zou blijken. Op 4 januari wees CRM het subsidieverzoek af, zelfs een interventie ten gunste van Keukenhof door Oxenaar had niets uitgehaald. Met name Tegelaar was woedend. Hij vond het advies van de Raad "beneden peil, dan maar geen beelden meer." De andere bestuursleden wilden echter de deur openhouden en verzochten Berends met CRM te gaan praten.[624] Dat leverde kennelijk niets op. Toen ook het ontbreken van beelden in 1978 geen negatieve publiciteit opriep maakte Berends een eind aan het contact met CRM.[625] In 1978 mocht Opzeeland uit Haarlem twee beelden ('grenspaal' en 'waterplant') plaatsen.

Tentoonstelling 1975

In februari 1975 wijdde het bestuur een eerste discussie over de verkoop van de catalogus, oftewel het 'Keukenhofboekje'. Dat was 'uitbesteed' aan Copex, maar met name Benningen vond dat het een 'winstmaker' voor Keukenhof kon zijn.[626] Hij dacht er wel '10 mille' winst op te kunnen maken.[627] Eind 1976 presenteerde hij een plan aan het bestuur en daaruit bleek dat Copex de verkoop van ansichtkaarten interessanter vond dan het leuren met de boekjes. De ruimte waar Copex domicilie had was echter hun eigendom, dus dat vereiste nader overleg. Dat leidde ertoe dat Keukenhof begin 1977 alles van Copex overnam en de Jacoba's (die de boekjes verkochten) in het vervolg door Keukenhof zouden worden aangenomen. De verantwoordelijkheid voor de verkoop werd uitbesteed.

In 1975 besloot Keukenhof om in normale jaren geen minister of dergelijk persoon uit te nodigen om de opening te verrichten maar aan te sluiten bij de actualiteit. In 1975 was dat het zevenhonderdjarig bestaan van Amsterdam, vandaar dat de persconferentie op 25 maart in Krasnapolsky werd gehouden. Berends bood zijn collega Samkalden een bollenbeplanting aan voor het Surinameplein van 8000 bollen. Als bijzonderheid stond er al een bloemenshow in Krasnapolsky (zie **afbeelding 2**). Na de persconferentie vertrok het gezelschap in bussen

afb. 2
Bloemen in Krasnapolsky

naar Keukenhof voor een drankje en een lunch. Ook elders stonden weer mini-Keukenhoven als promotie, in binnen- en buitenland. In het KJP werd in een overzichtstentoonstelling aandacht besteed aan Leiden vierhonderd jaar universiteitsstad en exposeerde Kodak reuzendia's op tien schermen. Dankzij de medewerking van Kodak werden ook 139 reclamespotjes voor de radio uitgezonden en 390 advertenties geplaatst in de dagbladen. In het KJP stond een kunstschilder die zijn werk verkocht via de Afdeling Afzetbevordering van de Bloembollenraad. Dat had zoveel succes dat Keukenhof de verkoop aan banden legde. Voor het eerst showde het bedrijf Van Til en Hartman bloemstukken met lelies. Het Hillegomse bedrijf had al sinds jaar en dag een bloeiende handel met lelies uit Japan. Zo was Jan van Til Hartman (1869-1929) in 1889 de eerste Nederlandse bollenreiziger die in Japan voet aan wal zette.[628] Het bedrijf verzorgde tot en met 1979 die show. Toen ging die op in de Liliade.
In 1975 werd ook nagedacht over mogelijkheden om het bloeiseizoen in de kas te verlengen, want dat vond het bestuur belangrijker dan de bezoekers vroeger te laten komen. In 1975 gebeurde dit door aan de Nederlandse Gladiolus Vereniging (NGV) toestemming te verlenen bloemstukken met gladiolen te plaatsen op de lege plekken in de kas. Dat gebeurde ook in 1976.
Na de tentoonstelling ontstond een discussie over de sluitingstijd. De tentoonstelling was nu 61 dagen open. Dat was langer dan vroeger

623 Brief in het archief van Keukenhof.
624 AB Keukenhof 13-1-1978.
625 AB Keukenhof 2-10-1978.
626 AB Keukenhof 14-2-1975.
627 AB Keukenhof 7-7-1975.
628 Beenakker 2000, 79.

en dat paste in het streven. In verband met de reclameacties vroeg men zich ook af of op de affiches een sluitingsdatum moest worden vermeld. De meningen waren verdeeld. Vandaar dat de propagandacommissie er eens indook. In de bestuursvergadering van 11 augustus 1975 rapporteerde ze dat in de loop van de tijd de sluitingsdata uiteenliepen van 8 tot 31 mei en dat er een tendens was naar een latere datum door de aanplant van heesters en een langere bloeitijd in de kas. Men pleitte derhalve op de affiches zoiets te zetten als sluiting rond 10 mei. Dat gaf een marge van tien dagen.

Tentoonstelling 1976

Eind 1975 kreeg het Keukenhof van de nieuwe secretaris van het Corso een verzoek om een subsidie van 1500 gulden, met als argument dat nu meer gemeenten dan alleen Lisse subsidie gaven. Keukenhof besloot eenmalig 1500 gulden bij te dragen, naast de ongeveer 10.000 gulden die ze al besteedde aan een wagen. Zie voor verdere gang van zaken met betrekking tot het Corso het kader.

Corso 1976 tot en met 1980

In 1976 won Keukenhof definitief een beker en een lauwerkrans als ereprijs en besloot men weer 10.000 gulden uit te trekken voor een wagen in 1977. Toen het corso voor 1977 weer om 1500 gulden vroeg gaf Keukenhof die wel, maar met de waarschuwing dat het corso op de kosten moest letten. Anders zou het aantal wagens wel eens onder het minimum van 20 kunnen zakken.[629] In 1978 besloot het bestuur voortaan jaarlijks 1500 gulden subsidie te geven aan het corso. De wagen voor 1979 zou extra mooi moeten worden, omdat het plan bestond dat een aantal wagens naar Parijs zouden gaan. Het bestuur trok er 12.000 gulden voor uit. Parijs ging echter niet door. Dat was te duur. Daarvoor in de plaats ging men naar Stockholm. Keukenhof was zo succesvol met zijn wagens, in 1980 won men weer een ereprijs, dat de andere deelnemers begonnen te morren. Vandaar dat Berends na het corso van 1980 voorstelde voortaan maar buiten mededinging mee te doen.[630] Ook in 1980 gingen er wagens naar Stockholm.

In 1976 vroeg ook de Flevohof de aandacht van het bestuur (zie kader).

Flevohof

Met financiële hulp van de landbouworganisaties werd in mei 1971 in Biddinghuizen een groot agrarisch themapark geopend. In 1976 werd bekend dat de Bloembollenraad een bollenbeplanting aan de Flevohof zou schenken. Keukenhof vroeg zich af of dat geen hulp was aan een concurrent. Dat viel wel mee, zei Eggink in de bestuursvergadering, de Flevohof liep zo slecht dat de landbouworganisaties al hadden afgeschreven.[631] Bovendien bleek later dat het om zomerbollen ging. Wel ging men, net als in Keukenhof, ook modeltuinen aanleggen, en verzorgde de Bloembollenraad een diapresentatie.[632]

Ook de Floriade 1982 stond weer op de agenda (zie kader).

Floriade 1982

In de bestuursvergadering van 21 mei 1976 meldde Van Os dat er in 1982 weer een Floriade in Amsterdam zou zijn. Het bestuur nam dat toen voor kennisgeving aan, maar in de bestuursvergadering van 16 november 1977 vroeg Eggink of Keukenhof weer moest worden aangeboden als plaats voor de bloembolleninzending. Dat was onhaalbaar, vond het bestuur terecht. Wel zou er overlegd worden met H. Hylkema, voorzitter van de Floriade en ook voorzitter van het PVS, over een garantie vanwege minder bezoek aan Keukenhof. Pas in 1980 kwam er een toezegging van Hylkema voor een gesprek. Dat leidde tot de afspraak dat er voor de Floriade geen apart overlegorgaan meer nodig was. Wel zou er over en weer reclame worden gemaakt.[633]

Ter gelegenheid van de opening van Keukenhof op 30 maart verscheen in de *CNB-Info* van 1 april 1976 een interview met Koster. Hij verstrekte interessante informatie over de tentoonstelling. Zo zei hij dat er nog steeds een wachtlijst was met inzenders en dat er 350 bomen waren behandeld. Bovendien was er veel gedaan aan de verjonging van het bomenbestand door de aanplant van een lindenlaan als windsingel. Alle bollen werden met de hand gerooid en elk jaar weer op andere plek geplant in verband ziekten. Er was een soort wisselteelt bollen/gras ontstaan. Per jaar werd 3000 kilogram Westerwolds raaigras gebruikt plus 10.000 m² graszoden. Vanwege de status van beschermd vogelreservaat van het kasteel Keukenhof werden er geen bestrijdingsmiddelen gebruikt, werd stomen beperkt toegepast om wortelverbranding van de bomen te voorkomen, werden zieke plekken geheel uitgespit en werd er grondverversing toegepast met zoutvrij duinzand.

Keukenhof had al jaren een goede relatie met de Buitenlandse Persvereniging in Nederland. Zo zorgde Keukenhof voor een bloemstuk en bloemversiering bij de ontvangst van dr. K. Waldheim, de secretaris-generaal van de VN, op 8 juli 1974 in Nieuwspoort. De vereniging bestond in 1975 vijftig jaar en vierde dat in 14 november in de Ridderzaal. Ook daarbij zorgde Keukenhof, na een aanvankelijke weigering vanwege de kosten, voor de bloemversiering. Vanwege dat jubileum mocht voorzitter Herman Bleich op 30 maart Keukenhof openen. Het was guur en winderig en er bloeide nog maar weinig. In het KJP stond in de stand van de Afdeling Afzetbevordering een primeur, namelijk een potdahlia. Verder stond er een oude winkelinterieur van Douwe Egberts, batikschilderijen en in een nieuwe stand van het LBO werd de vermeerdering van bolgewassen getoond. In de vijver zwommen twaalf zwarte zwanen en waren, na het baggeren, driehonderd vissen uitgezet. Elders stonden flamingo's. In de showkas hingen wandkleden. Op 16 april doopte de cast van de 'The Rocky Horror Show' een nieuwe citroengele spleetkronige narcis van J. Gerritsen met de naam 'Rocky Horror'.

In juli 1976 boog het bestuur zich ook over de gang van zaken bij Van den Hoek's Broeiproevenbedrijf. Dat bedrijf broeide sinds jaar en dag alle bollen voor Keukenhof die werden gebruikt bij de mini-Keukenhoven, bloemversieringen, en als opvulling op Keukenhof. In de loop van de tijd was Keukenhof uitgegroeid tot de grootste klant van het bedrijf. Zie voor meer informatie over het bedrijf het kader.

Henk van Dam had al gauw gezien dat het broeiproevenbedrijf veel te lage tarieven hanteerde en dat was ook de reden dat Keukenhof zich erover boog. In de bestuursvergadering van 12 juli 1976 rapporteerde de terreincommissie dat het broeien aanzienlijk duurder werd. Het tarief voor de 9000 kisten die jaarlijks werden gebroeid verdubbelde en ging van f 4,10 naar f 8,20. Dat was geen probleem voor Keuken-

629 AB Keukenhof 14-1-1977.
630 AB Keukenhof 12-5-1980.
631 AB Keukenhof 13-2-1976.
632 AB Keukenhof 21-2-1977.
633 AB Keukenhof 8-12-1980.
634 Jong, J.J. 2005 en Timmer 2010.

Van den Hoek's Broeiproevenbedrijf

Frans van den Hoek werd op 11 maart 1912 in Sassenheim geboren.[634] Zijn vader Jan was beurtschipper die mest uit Koegras en na de drooglegging in 1930 stro uit de Wieringermeer vervoerde naar de bloembollentelers in de Zuidelijke Bloembollenstreek. Jan verhuisde in 1927 naar Breezand en rond 1930 bouwde hij samen met zijn zoon Frans een kasje van elf bij drie meter om tulpen te gaan trekken. In 1939 trouwde Frans en verhuisde hij, met kasje, naar een bedrijfje van zijn schoonvader in 't Veld. Frans teelde net als vele collega's aardappelen, kool en andere gewassen en broeide bollen. Net na zijn verhuizing, nog in 1939, werd hij benaderd door het bestuur van de afdeling Winkel van het HBG. Men wilde, voor het eerst, in februari 1940 een tentoonstelling van gebroeide tulpen organiseren en men vroeg aan Van den Hoek of hij die in zijn kasje wilde broeien. Dat was geen geringe opdracht want er waren maar liefst 123 telers die met meer dan 130 cultivars mee wilde doen. Het werd een succes. De tentoonstelling werd op 29 februari 1940 geopend en bracht Van den Hoek veel lof. Van den Hoek zag er brood in, hij werd ook loonbroeier: na de Tweede Wereldoorlog kwam er een kas bij en in 1948 een showruimte. De rentabiliteit kwam echter in de zeventiger jaren onder druk te staan vanwege de lage bollenprijzen. Van den Hoek, die in 1971 was overleden, was opgevolgd door zijn zoon Jan en die zorgde ervoor dat het bedrijf in 1976 een onderdeel werd van Triflor. 'Tri' omdat het bedrijf, gevestigd in Niedorp en eigendom van de firma Van Dam met Henk van Dam als directeur, uit 3 poten bestond: een akkerbedrijf in de Wieringermeer van 120 hectare, een commerciële broeierij (de BV Triflor) die jaarlijks ruim 3 miljoen tulpen broeide en Van den Hoek's Broeiproevenbedrijf, ook in de gemeente Niedorp. Begin 1978 nam het bedrijf een nieuw kassencomplex in gebruik dat werd geopend door de nieuwe voorzitter van de KAVB, J. de Jonge. Hij zou, net als Keukenhof, nog het nodige te stellen krijgen met dit bedrijf.

hof, men kon nu eenmaal niet buiten die bollen en Van den Hoek stond bekend als meesterbroeier. Hij broeide jaarlijks ongeveer 100.000 bollen voor Keukenhof.

Tentoonstelling 1977

De tentoonstelling van 1977 werd voor het eerst op de ANWB-borden aangegeven. Keukenhof had daartoe in september 1976 een contract met de ANWB gesloten van 13.500 gulden voor de borden en zou jaarlijks 7500 gulden betalen voor aanbrengen en weghalen. De borden zouden ongeveer 13 jaar meegaan.

Op 30 maart 1977 bloeide er op Keukenhof meer dan een jaar daarvoor. Maar toch was het een 'maart roert zijn staart'-dag toen mevrouw C. Blei-Strijbos, de vice-president van de Nederlandse Vrouwenraad, Keukenhof opende. Orlandini, president-directeur van de KLM, was eigenlijk beoogd voor de opening, maar hij was verhinderd. Keukenhof had bij de opening een lange discussie achter de rug over het verzoek van Van Os om de Stichting Teylingen tijdens de persconferentie iets te laten vertellen en fondsen te laten werven. Berends wilde er niet aan vanwege precedenten, wel mocht de stichting foto's ophangen in het KJP. In het KJP stond ook een indrukwekkende maquette met lichtpaneel van Rijkswaterstaat, waarvan de verzekerde waarde 100.000 gulden was, van het Moerdijkproject. De Amrobank was er in verband met een tentoonstelling over goud van de Federatie Goud en Zilver en bood tijdens de persconferentie een gouden tulp aan.

Begin mei doopte de bisschop van Haarlem, monseigneur Zwartkruis, een scharlaken rode Greigii tulp 'Mother Theresia'. De tulp was door het Haarlemse bedrijf Van Tubergen in 1942 in Turkestan uit het wild gehaald en in 1976 had men tot die naam besloten na een prijsvraag. Tijdens doop deelde directeur Carel Hoog mee dat de tulp in het najaar in de prijscourant zou komen: "echter zonder kleurenafbeelding en dit om onaangename publiciteit te voorkomen."[635]

Net als in 1975 ontstond er ook nu over in het bestuur een discussie over een vaste sluitingsdatum. De sluiting zou dat jaar op 30 mei, op Tweede Pinksterdag, plaatsvinden. De propagandacommissie vond een vaste sluitingsdatum natuurlijk van belang in verband met de PR en stelde 27 mei voor. Dat was gebleken uit een analyse van alle voorgaande jaren. De terreincommissie dacht er anders over. De inzenders zouden het zeker niet op prijs stellen als de tuin werd gesloten terwijl alles nog in bloei stond. Dat won het pleit op de folders voor 1978 zou komen te staan: 'omstreeks 21 mei'.

Na de mislukte poging in 1971 kwam er nu wel een samenwerking tot stand met de Hortus Bulborum uit Limmen (zie kader).

Er zouden oude cultivars uit hun verzameling op Keukenhof worden geplant tegen een bijdrage aan de Hortus van 2500 gulden voor 4 jaar lang.[636] Begin 1978 bleek de Hortus tegen een tekort van 5000 gulden aan te lopen. Keukenhof zegde toe dat aan te zuiveren, mits de Hortus bollen zou blijven leveren.[637] Voor 1978 leverde de Hortus 60 cultivars.

De Hortus Bulborum

De basis van de Hortus Bulborum werd gelegd door tuinbouwonderwijzer Piet Boschman, die na de Eerste Wereldoorlog constateerde dat veel oude cultivars van tulpen en hyacinten uit de teelt verdwenen. Hij begon ze in 1924 te verzamelen en plantte ze in de tuin bij zijn huis in Limmen. Eind jaren twintig ontmoette hij dr. W. de Mol, wetenschapper en veredelaar die werkte met oude hyacinten die hij ook verzamelde. De twee mannen sloegen de handen ineen en kregen ruimte voor hun bollen bij het bedrijf Van 't Hof en Blokker en daarmee was in 1928 de Hortus Bulborum geboren.

In augustus 1977 werd besloten aan de propagandacommissie een krediet van 40.000 gulden te verstrekken om door Orthofilm een 8 tot 10 minuten durende film over Keukenhof te laten maken. Later werd ook aan andere films meegewerkt.

Een maand later meldde Van Os aan het bestuur dat hij contact had gehad met de Vereniging de Lelie, een groep van de KAVB. Ze zouden in een weekend van 4 mei 1978 leliebloemen leveren. Keukenhof zou er bloemstukken van maken om die te showen in het KJP en voor publiciteit zorgen.

Tentoonstelling 1978

Op 22 maart, dus extra vroeg, opende de voorzitter P. Lardinois van de hoofddirectie van de Rabobank de tentoonstelling. Er was nog niet veel kleur te zien, behalve natuurlijk in de kassen.
Tom Lodewijk, oud redacteur van *Kwekerij en Handel* had een boek geschreven over de geschiedenis van de tulp: *Het boek van de tulp*. Hij mocht het eerste exemplaar aan Lardinois aanbieden (zie **afbeelding 3**). In het KJP werd aandacht besteed aan het gerestaureerde huis Dever in Lisse en ook stonden er schaalmodellen van Hollandse molens.
'Fraaie lelies in Keukenhof', kopte *Bloembollencultuur* op 12 mei 1978. Het was een succes: "Duizend takken lelies van uitstekende kwaliteit werden (...) geëxposeerd in wonderlijk mooie arrangementen. De belangstelling van de zijde van het publiek is zeer groot geweest en ook het bestuur van Keukenhof heeft laten weten bijzonder ingenomen te zijn met deze show. Dat is een goed geluid. Dan weet 'De Lelie' bij voorbaat dat men daar in 1979 een open oor zal vinden als men vraagt of er opnieuw een lelieshow in het Koningin Julianapaviljoen gehouden kan worden."[638] De terreincommissie keek echter verder. Met het oog op het dertigjarig bestaan stelde zij aan het bestuur voor 60.000

---

635 *Hobaho* 6-5-1977, aldaar 13.
636 AB Keukenhof 24-6-1977.
637 AB Keukenhof 14-4-1978.
638 *Bloembollencultuur* 12-5-1978, aldaar 1080.

afb. 3
Boekaanbieding

gulden uit te trekken om in 1979 een lelietentoonstelling te houden in de kas. Een novum voor Keukenhof. Het bestuur ging akkoord om het in 1979 te proberen, maar alleen dan als de Liliade wilde meewerken.[639] Van der Meij en Eggink gingen praten met de Vereniging de Lelie. Die waren enthousiast en stelden voor de Liliade naar Keukenhof te halen, want daar zou draagvlak voor zijn bij de grote telers. Tegelijk was men beducht voor de positie van 'Akersloot'. Het bestuur van Keukenhof was ook beducht. Men wilde geen middenstand erbij zoals in Akersloot en ook het wedstrijdelement paste niet bij Keukenhof. Toch kwam het medio augustus tot een gesprek met de Liliade. Uiteraard wilde de Liliade best meewerken aan meer reclame voor lelies en een lelieshow op Keukenhof, maar men wilde de eigen Liliade niet opgeven. Uiteraard probeerde Keukenhof toch tot een soort Liliade op Keukenhof te komen en in september praatte men daarover verder. En toen ging het mis. Waarom is niet bekend, want er zijn geen stukken over gevonden, maar het gesprek stokte in een discussie over geld en over de voorwaarden die Keukenhof stelde aan de komst van de Liliade naar Lisse. Toen ook nog bleek dat de Liliade haar inzenders verkeerd informeerde over de bedoelingen van Keukenhof verzandden de gesprekken.[640] Die kwamen pas weer op gang na bemiddeling van mr. B. Nederveen van de Bloembollenraad, die de Liliade subsidieerde. Die bemiddeling hield in dat de Bloembollenraad 15.000 gulden beschikbaar stelde als de Liliade naar Keukenhof ging naast de 10.000 gulden van Keukenhof. Verder werd er een contactcommissie ingesteld bestaande uit Keukenhof, de stichting Liliade, de Vereniging de Lelie en de Bloembollenraad, die de belangen die met de tentoonstelling te maken hadden goed tot haar recht moest laten komen. Voorzitter hiervan werd Tegelaar. De commissie vergaderde voor het eerst op 2 november. Tegelaar was bepaald geen onafhankelijke voorzitter. Hij liet blijken niet al te veel vertrouwen te hebben in de bestuurlijke capaciteiten van de stichting Liliade. Hij wilde eigenlijk direct na de eerste vergadering, waar weer een ruzie over geld ontstond, de zaak afblazen.[641] Dat kon echter niet meer want inmiddels had Nederveen in een openbare vergadering van de Bloembollenraad al melding gemaakt van het feit dat de Liliade naar Keukenhof ging.

In augustus 1978 wees Keukenhof een verzoek van rederij Triton uit Katwijk af. Die wilde vanaf een vertrekpunt aan de Zandsloot bollenvaartochten organiseren. Nee, zei Keukenhof, dat past niet bij de standing van Keukenhof.

Tentoonstelling 1979

Het blad *Hobaho* begon op 30 maart 1979 met een serie artikelen waarin prominenten van binnen en buiten het vak hun mening gaven over 30 jaar Keukenhof. Daarnaast werden er quote's van prominenten opgenomen. Zo zei Van Nispen in het nummer van 30 maart op bladzijde 4: "Keukenhof in aanvang betwijfeld – in opzet geslaagd – met succes bekroond" en De la Mar, ASP van de KAVB, in het nummer van 13 april op bladzijde 5: "door een initiatief van enkelen, bekwaamheid en doorzettingsvermogen van meerderen, vakmanschap van velen, nu een lusthof voor allen." Naast Bunnik van Stassen had de bekende tuinarchitect Mien Ruys ook wat kritiek. Ze schreef in het nummer van 11 mei op bladzijde 21: "Soms denk je: wat zou Keukenhof mooi zijn zonder die overdaad, alleen maar een stil bos in pril voorjaarsgroen (...) Keukenhof leert hoe het niet moet." Klaas de Jong van het bekende leliebedrijf uit Andijk blikte in hetzelfde nummer en op dezelfde pagina vooruit op de Liliade: "Het assortiment van de toekomst is te zien komende dagen op Keukenhof."

Uiteraard wilde Keukenhof een koninklijk persoon de tentoonstelling laten openen. Zo liet men het hof weten dat als Beatrix zou komen ze 10.000 gulden zou krijgen voor Unicef. 1979 was namelijk het jaar van het kind. Ze kwam echter niet en ook Van der Stee, de minister van Landbouw, moest vanwege Brusselse prijsonderhandelingen, een van de beroemde marathonzittingen, op het laatste moment verstek laten gaan en stuurde zijn plaatsvervangend Directeur-Generaal Landbouw, dr. ir. M. Vos. Hij opende op 30 maart, een koude dag waarop buiten nog weinig te zien was. Vos ging in zijn toespraak in op de actuele situatie in de bloembollensector en noemde de planologische problemen in de Zuid, de herstructurering, het nieuwe kwaliteitsbeleid en het onderzoek. Hij wijdde geen woord aan het milieu, toen nog geen issue. Er werd ook enige aandacht besteed aan het vijfentwintigjarig bestaan van de Haarlemse Bloemenmeisjes die ook nu weer aanwezig waren (zie **afbeelding 4**).

In het KJP showde Kodak de grootste dia van Nederland. Tevens was er een tentoonstelling van de Amsterdamse fotograaf Ab Westerbeek die de foto's liet zien die hij de afgelopen negenentwintig jaar op Keukenhof had gemaakt. De Hortus uit Limmen had nu honderd cultivars ter beschikking gesteld en de de rotstuin bij het KJP was twee maal zo groot, met rotsblokken uit de Ardennen, nieuwe trappartijen en nieuwe paden.

639 AB Keukenhof 22-5-1978.
640 AB Keukenhof 2-10-1978.
641 AB Keukenhof 10-11-1978.

afb. 4
Jubileum Haarlemse
Bloemenmeisjes

Het was de bedoeling dat Nederveen de negentiende Liliade zou openen. Hij werd echter ziek en werd vervangen door KAVB-voorzitter J. de Jonge. Dat was voor het eerst, dat een voorzitter van de KAVB iets opende op Keukenhof. Een unicum waaraan echter geen aandacht werd besteed. Die opening vond plaats op 10 mei. Er stonden zestien inzenders waaronder een paar coryfeeën, zoals Klaas de Jong die de laatste jaren in Akersloot verstek hadden laten gaan (zie **afbeelding 5**).

afb. 5
De Jonge (links) opent de Liliade
op Keukenhof

Het was een grandioos succes, de vakbladen waren juichend en schreven dat het een show was van 'wereldformaat'. Bij het publiek sloeg het ook aan, zodanig zelfs dat Keukenhof niet op 21 mei sloot maar op 27 mei. Dat kostte Keukenhof wel extra geld omdat de lelies moesten worden ververst, zodat de tentoonstelling uiteindelijk 50.000 gulden kostte. Het leverde echter 52.000 extra bezoekers aan Keukenhof op.[642]

Een ander unicum was dat een Chinese delegatie op uitnodiging van het ministerie van Landbouw Keukenhof bezocht. Het was voor het eerst dat een officiële tuinbouwdelegatie uit China ons land bezocht. In datzelfde jaar (1979) bracht Hazenkamp, staatssecretaris van EZ, de nota *Toeristisch Beleid* uit. Benningen, die daaraan had meegewerkt, informeerde het bestuur daarover in een notitie van 10 augustus 1979. In de nota was één miljoen gulden uitgetrokken voor toeristisch onderzoek. Benningen stelde voor op die subsidie een beroep te doen om "langs verantwoord wetenschappelijke weg te doen vaststellen welke nu precies de rol is van Keukenhof is in het kader van het voorjaarstoerisme." Het bestuur voelde er niets voor, want dan zou ook het financiële reilen en zeilen van Keukenhof onder de loep worden genomen en daar was men beducht voor.[643] Wel vond men het goed dat er via het NBT een enquête onder de bezoekers van Keukenhof zou worden gehouden. Het bureau Planning en Research ondervroeg van 3 tot en met 16 april 1980 1460 bezoekers en rapporteerde in juli 1980. Wat opviel was de 'geweldige' positieve beoordeling van de bezoekers. Men was tevreden over de tentoonstelling en er was geen aanleiding daaraan iets te veranderen. Wel was men ontevreden over het 'horecawezen'. Het bestuur nam er tevreden kennis van.[644]

Tentoonstelling 1980

Tegelaar begon al in mei 1979 met een lobby om de Stichting Liliade (SL) op afstand te zetten. Zo wist hij dat de SL in oktober weer een subsidie aan de Bloembollenraad zou vragen. Als die niet zou doorgaan, wilde hij SL lozen. Berends waarschuwde hem dat het er niet om ging Akersloot om zeep te helpen. Het vak zou zich eerst maar eens moeten uitspreken.[645] Tegelaar trok er zich niet veel aan. Hij liet de Bloembollenraad weten dat ook als ze subsidie weigerden, Keukenhof een lelieshow zou organiseren. Hij lobbyde daartoe bij Nederveen en andere beleidsmakers, zoals de voorzitter van de Afdeling Afzetbevordering van de raad. Hij liet hen weten af te willen van de samenwerking met de SL. Berends ging om en gaf opdracht om voor 1980 een show te organiseren zonder de SL.[646] Weer was een bemiddeling van de Bloembollenraad nodig om de SL er toch bij te betrekken. Bij de bemiddeling ontstond er weer ruzie over geld. Natuurlijk gaf de Bloembollenraad geen subsidie meer aan de SL. Die was nu financieel afhankelijk van Keukenhof en Tegelaar wees zonder meer de begroting af die de SL indiende voor de Liliade 1980. De SL wilde 11.000 gulden, Keukenhof wilde niet meer dan 2000 gulden toezeggen. Men vond elkaar op 3000 gulden. Het kostte het DB van de SL de kop, want de meerkosten waren vooral bestuurskosten. Er kwam een nieuw dagelijks bestuur, en op 2 februari 1980 kwam de contactcommissie weer bij elkaar om de show van 1980 te organiseren. W. Wildoër werd de nieuwe voorzitter van de SL, na daarvoor voorzitter van De Lelie te zijn geweest.

642 AB Keukenhof 22-6-1979.
643 AB Keukenhof 13-8-1979.
644 AB Keukenhof 11-8-1980.
645 AB Keukenhof 11-5-1979.
646 AB Keukenhof 16-7-1979.

M. Hoog, oud-directeur van de Haarlemse firma C. G. van Tubergen en in 1973 hortulanus bij de Universiteit van Utrecht, schreef vanuit die kwaliteit in het jaarboek 1973 van *Lilies and other Liliaceae* van The Royal Horticultural Society een artikel over de oorsprong van de tulp ('On the origin of Tulipa'). Hij toonde daarin aan dat de oorsprong van de tulp niet in Turkije lag, maar in Centraal-Azië. Toen de KAVB, ter gelegenheid van het gouden jubileum van de Vereniging De Tulp in 1974, in een publicatie een aantal artikelen van J. Dix bundelde nam men ook, in het Nederlands, het artikel van Hoog op. Dat artikel had al eerder in de vakbladen gestaan en uiteraard ook de aandacht van Keukenhof getrokken. In 1979 besloot men de 80 soorten tulpen van de Hortus Bulborum te planten volgens de oorsprongsgebieden uit het artikel van Hoog. Door een interne verschuiving van inzenders, als gevolg van het stoppen van inzender Biemond, kwam de inzending van Frans Roozen vrij en op die plek werd voor 15.000 gulden in de nieuwe rotstuin een zogenaamde speciestuin aangelegd.[647] Daar werden de tulpen uit de Hortus geplant, samen met planten uit die gebieden en ongeveer 25 soorten bijgoed. De Bloembollenraad financierde met Keukenhof een folder van het artikel van Hoog (door Hoog geschreven) met daarin een kaart van de oorsprongsgebieden en de aanduiding van de plaats waar de tulpen op Keukenhof stonden. Het foldertje dat in een oplaag van 160.000 exemplaren in diverse talen werd gedrukt kreeg als Hollandse naam mee: 'Oorsprong en verspreiding van Tulipa door de wereld'.

In het KJP stond een expositie van 100 m² over Rotterdam met als motto 'leg eens aan in Rotterdam'. Vandaar dat de burgemeester van Rotterdam, A. van der Louw, op 28 maart de tentoonstelling opende (zie **afbeelding 6**).

afb. 6
André van der Louw opent Keukenhof

Op 6 mei werd op Keukenhof een nieuwe tulp van Frans Roozen gedoopt door Bell Irving met de naam 'General Bell Irving'. Hij bezocht Keukenhof met een groot aantal Canadese militairen die, onder zijn commando, een belangrijke rol hadden gespeeld bij de bevrijding van ons land.

De Liliade vond plaats van 14 tot en met 26 mei. De opening werd verricht door prof.dr.ir. P. Schenk, directeur Landbouwonderwijs van het ministerie van landbouw en daarvoor directeur van het LBO. Samen met de twintig miljoenste bezoekster uit Engeland, de verpleegster Janis Warren, stak hij de laatste lelie in een bloemstuk, na eerst een beschouwing te hebben gehouden over de leliesector in Nederland. De Liliade was wederom een succes. Zonder de Liliade zou Keukenhof drie dagen eerder zijn dichtgegaan en dat scheelde 33.000 bezoekers.[648]

In 1980 kreeg Madurodam een nieuwe directeur. Die wilde de samenwerking met Keukenhof, die al sinds jaar en dag bestond, intensiveren. Hij vroeg of Van Rijnen de promotie voor Madurodam ook kon meenemen als hij naar het buitenland ging. Een deel van het bestuur maakte bezwaar: het zou ten koste kunnen gaan van het imago van Keukenhof. De meerderheid was er echter voor om het een jaar te proberen, mits Madurodam de helft van de reiskosten van Van Rijnen zou betalen.[649]

Financiën

In de vergadering van 18 juni 1976 hief het bestuur het glas toen er uit het recetterapport bleek dat er 895.000 bezoekers waren geweest. Het leidde ook tot een discussie over een verhoging van de wachtgelden en de golden handshake. Tegelaar zette intussen veel overtollig kasgeld van ongeveer 1 miljoen gulden weg tegen hoge rentes tot 17 procent. Hij vertelde in september 1976 aan het bestuur dat niemand, ook de garantiegevers niet, de balans te zien kregen. Hij was wel wat somber over de toekomst, want er was sprake van een VAD (Vermogensaanwasdeling) en dat zou ten koste kunnen gaan van de waarde van de aandelen. Hij begon dan ook met het van de hand doen van de aandelen. Ook vond hij het nodig de entree voor 1978 op 6 gulden te brengen, omdat de reserves achteruit gingen. Dat gebeurde en in 1978 boekte hij een batig saldo van ruim 1,2 miljoen, waarvan 130.000 gulden werd overgeboekt naar de verplichte reserve en 770.000 gulden naar het renovatiefonds. De nettorecette per bezoeker steeg van 3,23 gulden naar 3,92 gulden. Verder zette hij in maart 1979 voor een maand 750.000 gulden uit tegen bijna 10 procent rente. In dat jaar vroeg het bestuur zich ook af of de garanties maar niet moesten worden opgezegd. Keukenhof was nu toch financieel wel sterk genoeg.[650] Tegelaar nam het in overweging. In de vergadering van 21 november

647 Ibidem.
648 AB Keukenhof 16-6-1980.
649 AB Keukenhof 8-9-1980.
650 AB Keukenhof 12-10-1979.

1980 behandelde hij de verlies- en winstrekening van 1979-1980 en die sloot met een resultaat van 963.845,55 gulden. Daarvan ging onder meer 25.000 gulden naar de reserve houtopstand, 250.000 gulden naar De Valk (de lening) en 290.070,75 gulden naar het renovatiefonds (voor de hoofdingang). Als batig saldo resteerde 263.168,90 gulden. Tevens stelde hij voor de garantiegevers te bedanken.[651] Op 9 februari 1981 ging er een brief naar de garantiegevers waarin Keukenhof stelde dat een beroep op de geldende garantieovereenkomst in het licht van de reservepositie niet meer te rechtvaardigen viel en dat het gelet op de omvang van één jaarbegroting ook geen soelaas meer zou bieden. Keukenhof zou dus tijdens de looptijd van de garantie (1986) er geen beroep meer op doen.

Tot slot

In **afbeelding 7 en 8** is de inzenderlijst voor 1980-1981 en de plattegrond van 1981 te vinden, met daarop een aantal van de in dit hoofdstuk beschreven veranderingen.

651 AB Keukenhof 21-11-1980

afb. 7
Plattegrond 1980-81

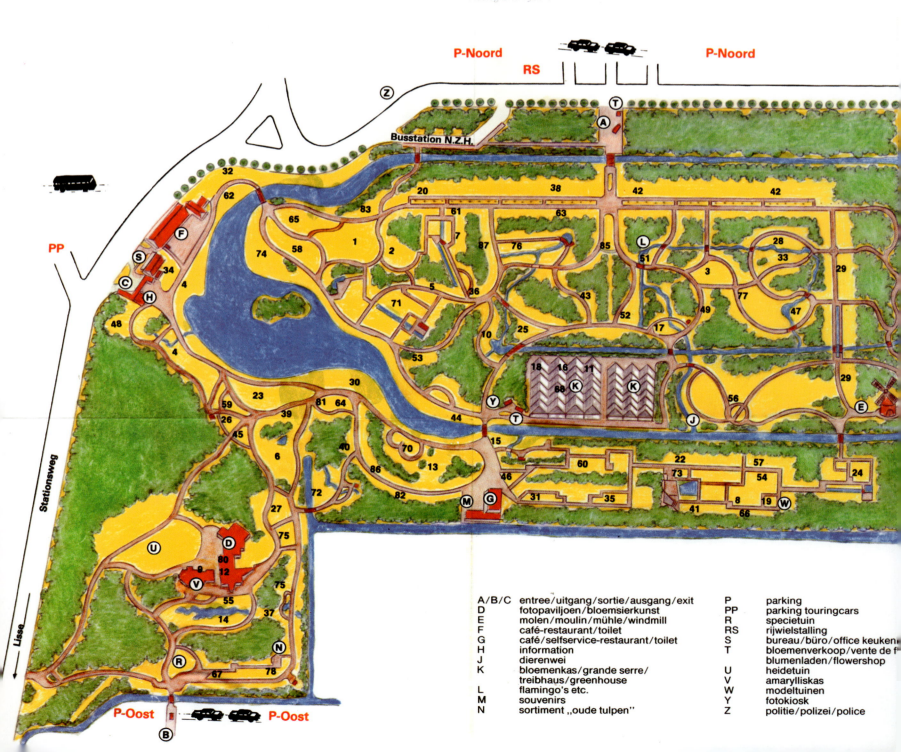

Inzenders
Participants
Aussteller
Exhibitors
Keukenhof 1980/'81

* tevens exposanten kassen
participants
exposant aussi dans
les serres
stellen auch in den
treibhäusern aus
also exhibiting
in the greenhouses

* 1. a. frijlink & zn. export b.v., noordwijkerhout
* 2. j.b. wijs & zn. b.v., amsterdam
  3. th. langeveld b.v., lisse
* 4. d.w. lefeber & co., hillegom
* 5. j.w.a. v.d. wereld, breezand
  6. anton nijssen export b.v., bovenkarspel
  7. de vroomen export b.v., sassenheim
  8. gebr. eggink b.v., voorschoten
  9. fa. w.s. warmenhoven, hillegom
  10. j. onderwater & co. export b.v., lisse
  11. w. moolenaar & zn. b.v., sassenheim
  12. wülfinghoff freesia b.v., rijswijk (zh.)
* 13. gebr. van zanten b.v., hillegom
  14. jac. uitenboogaard & zn., noordwijkerhout
  15. hortico b.v., hillegom
  16. m.c. v. staaveren handelskwekerij b.v., aalsmeer
* 17. fa. john van grieken, vogelenzang
  18. ruibro, hillegom
  19. d. nieuwenhuis & zn. b.v., hillegom
* 20. j.w.a. lefeber, noordwijkerhout
  21. de jong lelies holland b.v., andijk-o
  22. fa. harry vreeburg, lisse
  23. jacob l. veldhuyzen van zanten b.v., lisse
  24. van til hartman b.v., hillegom
  25. g. lubbe & zn., lisse
  26. leynse export b.v., lisse
  27. gebr. doornbosch & co. b.v., sassenheim
* 28. fa. j.p.m. warmerdam, de zilk

* 29. konijnenburg & mark b.v., noordwijk
  30. m. van waveren & zn. b.v., hillegom
  31. blanken export b.v., lisse
  32. k. nieuwenhuis & co. b.v., sassenheim
  33. c.j. ruigrok & zn., de zilk
  34. alfred a. thoolen junior b.v., heemstede
* 35. van paridon - philippo b.v., noordwijk
* 36. fa. p. dames nzn., lisse
  37. fa. j. puik, hilversum
  38. j. bonkenburg & zn. b.v., heemstede
  39. h. homan & co b.v., bovenkarspel
  40. p. hopman, hillegom
  41. fa. th.j. kortekaas, heemstede
* 42. fa. h.m.j. willemse, hillegom
  43. c.s. weyers & zn. b.v., hillegom
* 44. fa. p. visser czn., st. pancras
  45. fred de meulder b.v., sassenheim
  46. gebr. van til b.v., hillegom
  47. l. rotteveel & zn., sassenheim
* 48. fa. m. van diest, voorhout
* 49. fa. george vreeburg, lisse
* 51. fa. f. pijnacker, lisse
* 52. jac. m. van dijk, hillegom
* 53. a.w. captein & zn., breezand
  54. fa. j.f. v.d. berg & zn., anna paulowna
  55. w.p. ruigrok, hillegom
  56. a.l. van bentem en zn., cruquius
  57. fa. m. beelen, lisse

  58. gebr. van zijverden b.v., noordwijkerhout
  59. jan dix junior b.v., lisse
  60. fa. p. van reisen & zn. voorhout
  61. van paridon's bloembollenbedrijf, breezand
  62. c. v.d. vlugt & zn. ,,sunrise'', voorhout
* 63. fa. g.&m. brouwer, breezand
  64. fa. j. schoorl, lisse
  65. fa. witteman & co. export, hillegom
  66. leo berbeé & zn. b.v., lisse
  67. c.j.m. vester b.v., voorhout
  68. fa. d. maarssen & zn., aalsmeer
* 70. fa. w. zandbergen nzn., de zilk
  71. stassen nederland b.v., hillegom
* 72. walter blom & zn. b.v., hillegom
* 73. fa. p.c. de geus, st. maarten (nh)
  74. j.h. veldhuyzen van zanten azn., hillegom
* 75. w.a.m. pennings, noordwijkerhout
  76. van tubergen b.v., lisse
  77. c.j. zonneveld & zn. b.v., voorhout
* 78. tulipshow frans roozen b.v., vogelenzang
  80. fa. gebr. j.&p. passchier, noordwijk
* 81. fa. j. gerritsen & zoon, voorschoten
  82. w. lemmers, lisse
  83. j. guldemond b.v., lisse
  85. kooy b.v., lisse-tuincentrum ,,Westergeest''
* 86. p. aker b.v., hoogkarspel
  87. wed. a. van haaster & zn., lisse
  88. fa. m.c. enthoven, poeldijk

afb. 8
Inzenderlijst 1980-81

HOOFDSTUK 15

BLIJVEND VISITEKAARTJE VAN DE GEHELE NEDERLANDSE SIERTEELTSECTOR

1981-1986. Keukenhof onder leiding van Berends

In dit hoofdstuk wordt de laatste periode van Keukenhof onder Berends en het aantreden van zijn opvolger Van Os beschreven. Op tentoonstellingsgebied was de introductie van de Parades een belangrijke uitbreiding van binnententoonstellingen, gewijd aan bepaalde bolgewassen en de belangrijkste ontwikkeling in deze periode. Deze ontwikkeling was vooral te danken aan het creatieve brein en het organisatorisch talent van tuinarchitect Koster.

Mutaties in besturen en commissies

Berends ging als burgemeester van Lisse op 1 juni 1981 met pensioen. Zijn opvolger werd de CDA'er mr. R.W.M. Gerrits. In de vergadering van 13 november 1981 besloot het bestuur van Keukenhof hem uit te nodigen lid te worden, en hem aan de raad voor te dragen voor benoeming op 1 januari 1982. Met hem werd afgesproken dat, als hij voor zijn pensioen uit Lisse vertrok hij dan ook aftrad bij Keukenhof. In diezelfde vergadering werd ook gesproken over het – statutaire – aftreden van C. Eggink: hij zou op 4 april 1982 de leeftijd van zeventig jaar bereiken. Zijn opvolger zou ook lid worden van de terreincommissie, vandaar dat die commissie zocht naar een opvolger.
In de vergadering van 15 januari 1982 trad Gerrits voor het eerst aan. Hij zou lid worden van de financiële commissie en ook vallen onder de gebruikelijke vergoedingsregelingen.
Het lukte de terreincommissie aanvankelijk niet opvolgers voor Eggink voor te dragen, die door het bestuur werden geaccepteerd. Pas medio juni 1982 was het zover en besloot men N. Zandbergen uit De Zilk, firmant van de inzender fa. W. Zandbergen en Zonen, voor te dragen. Eggink woonde 16 augustus 1982 voor het laatst een vergadering van het bestuur bij. Van hem werd tijdens het jaarlijkse najaarsdiner afscheid genomen. Hij kreeg per 1 januari 1983 een 'golden handshake' van ruim 10.000 gulden. Daarvoor hoefde het fonds geen waardepapieren te verkopen. Dat kon uit de rekening-courant. In het fonds zat op 30 augustus 1982 ruim 100.000 gulden aan waardepapieren.[652]
Zandbergen nam op 2 september 1982 voor het eerst deel aan een vergadering van de terreincommissie en werd op 18 oktober welkom geheten in zijn eerste bestuursvergadering.
In de eerste vergadering van 1983, op 21 januari, werd aandacht besteed aan het plotseling overlijden van oud-lid en oud-voorzitter burgemeester De Graaf op 15 januari 1983. Men besloot een grafkrans te sturen. Zandbergen beviel kennelijk zo goed dat hem al op 1 maart 1983 in plaats van toehoorder de status van bestuurslid werd verleend.
Het optreden van Gerrits was minder succesvol. Hij manifesteerde zich weinig tijdens de vergadering van het bestuur. Hij verbruide het volledig toen in juli 1983 bleek dat hij, samen met de burgemeester van Hillegom, de beide gemeenten had voorgedragen als plaats voor de Floriade 1992. Berends was, op zijn zachts gezegd, 'not amused' toen die zaak aan de orde kwam in de bestuursvergadering van 1 juli 1983. Hij legde Gerrits maar eens uit hoe het zat met de relatie tussen Keukenhof en de Floriade. Na enige discussie concludeerde het bestuur dat men algemeen van mening was: "dat, in het kader van de doelstelling van Keukenhof, een combinatie met de Floriade geen goede zaak is en het voortbestaan van Keukenhof in gevaar kan brengen."[653] De kandidaatstelling werd kort daarop ingetrokken. Gerrits woonde daarna geen bestuursvergaderingen meer bij. In 1982 werd duidelijk dat hij psychisch niet in orde was maar zijn ziekte verergerde in 1983. Zodanig zelfs dat hij niet in staat was de opening van het gemeentehuis in 1983 bij te wonen. In feite functioneerde hij vanaf medio 1983 niet meer als burgemeester en dat leidde tot zijn ontslag in de eerste helft van 1984. In de vergadering van 17 september 1984 meldde Broersen dat Gerrits hem had gezegd ontslag te nemen als bestuurslid van Keukenhof. G.J. van der Kroft (CDA) volgde hem in februari 1985 op als burgemeester. Hij werd niet terstond gevraagd om in de vacature Gerrits te treden. Dat gebeurde pas in januari 1986, toen men de opvolging van Berends regelde. Voordat daarop ingaan wordt, wordt er eerst aandacht besteed aan het statutaire vertrek van J. Tegelaar. Hij werd op 3 maart 1984 zeventig jaar en zijn laatste bestuursvergadering was op 20 augustus 1984. Berends kenschetste hem als collegiaal, stipt, met doorzettingsvermogen en als een man met liefde voor Keukenhof.
Tegelaar, ook wel 'de Regelaar' genoemd, deed zijn bijnaam alle eer aan: hij regelde zijn eigen opvolging. In de vergadering van de financiële commissie van 30 augustus 1982, toen Gerrits voor het eerst aanwezig was, kondigde Tegelaar onverhoeds aan dat in augustus 1983 Zwetsloot voorzitter zou worden en dat hij als lid zou aanblijven. In de vergadering van 10 juni 1983 trad hij terug als voorzitter en overhandigde hij Zwetsloot de sleutel van de kluis. Hij bleef tot zijn aftreden als bestuurslid wel lid van de commissie. Het bestuur kon niet veel anders doen dan Zwetsloot penningmeester maken. Tijdens de feestelijke bijeenkomst van inzenders in juni 1984 nam Tegelaar afscheid en tijdens die gelegenheid spelde loco-burgemeester A. de Kort van Lisse hem de versierselen op van ridder in de orde van Oranje-Nassau (zie **afbeelding** 1). Hij kreeg die onderscheiding vooral voor zijn verdiensten voor Keukenhof. Daarnaast was hij vele jaren actief geweest binnen de Engelse Groep van de Bond van Bloembollenhandelaren. Zijn bedrijf had hij vlak bij Londen en naar verluidt bezocht hij dat in het seizoen elke week.

652 Vergadering financiële commissie van 30-8-1982.

653 AB Keukenhof 11-7-1983

afb. 1
Tegelaar wordt ridder

Ter gelegenheid van die onderscheiding trakteerde Tegelaar op champagne in de vergadering van 23 juli 1984. Hij zorgde ook nog voor een ander aardig afscheidscadeautje, door voor te stellen dat de vijf leden van het bestuur die langer dan tien jaar zitting hadden bij het najaarsdiner een gouden dasspeld ter waarde van 308 gulden per stuk en een knoopsgatinsigne te geven. Hun dames kregen een gouden tulpbroche. Bestuursleden die korter zaten kregen alleen het knoopsgatinsigne.[654] Het bestuur stemde met dat voorstel in.

In september 1984 besloot het bestuur dat Guldemond voorzitter werd van de gebouwencommissie. De vacature-Tegelaar in die commissie werd niet vervuld, omdat Van Os lid van die commissie bleef.

De opvolging van Berends en Tegelaar

In de vergadering van 23 juli 1984 vroeg Berends aan Zwetsloot om hem te vervangen als voorzitter in de vergadering van 17 september. Hij gebruikte daarbij de term 'waarnemend' voorzitter. In de vergadering van 20 augustus 1984 trok Berends dat terug omdat het bestuur een vicevoorzitter wilde benoemen in de vacature-Tegelaar. Hij stelde voor om Van Os in die vacature te benoemen. Daar ging het bestuur mee akkoord. Omdat Van Os echter de vergadering van 17 september ook niet kon bijwonen, zat Zwetsloot toch die vergadering voor. In de vergadering van oktober praatte men al over de invulling van de vacature Tegelaar en ook over de vraag of Van Os in het DB zou moeten plaatsnemen. Als dat gebeurde dan zou echter de verhouding DB-AB worden scheefgetrokken. Deze zou dan vijf staat tot negen worden. Het DB zou zich er over buigen en besloot kennelijk voorlopig geen vergaderingen, die tot dan toe twee maal per maand plaatsvonden, meer te houden omdat toch al veel in de commissies werd geregeld. In november besloot men voor de vacature-Tegelaar G.C. van der Zijpp te benaderen. Hij was president-directeur bij inzender Konijnenburg en Mark bv uit Noordwijk en woonde op 4 maart 1985 zijn eerste vergadering van het bestuur bij. Hij werd lid van de financiële commissie, voorlopig voor één jaar, en toehoorder bij de bestuur. Als hij lid van het bestuur werd zou zijn compensatie ook over dat eerste jaar worden berekend. Voor Zandbergen werd ook bepaald dat zijn compensatie met terugwerkende kracht zou in gaan op 1 september 1984.[655]

In maart 1985 werd R.B. Leemborg uit Lisse in de vacature-Gerrits voorlopig voor een jaar benoemd in de verkeerscommissie. Hij was rentmeester en beheerder van een enkele landgoederen, waaronder de eigendommen van mevrouw E. van Rechteren Limpurg ten zuiden van het Keukenhofbos. Hij vervulde de vacature-Zwetsloot, die naar de financiële commissie was vertrokken. Leemborg woonde op 10 april zijn eerste vergadering van het bestuur bij en werd per 1 april 1986 volwaardig lid van het bestuur.

Kennelijk werd er in de loop van 1985 een aantal keren achter de schermen gepraat over de opvolging van Berends en de positie van de nieuwe burgemeester van Lisse.[656] Dat leidde er toe dat Berends in de eerste vergadering van 1986, op 31 januari, voorstelde Van Os te benoemen tot zijn opvolger als voorzitter en O. Guldemond te benoemen tot vicevoorzitter. Wanneer het wenselijk zou zijn dat een ander lid van het bestuur voorzitter zou worden, dan zou Van Os weer vicevoorzitter worden. Berends doelde kennelijk op de burgemeester van Lisse, want hij stelde ook voor Van der Kroft in zijn plaats in het bestuur te benoemen. In de discussie over dit voorstel drong Broersen aan op prudentie gezien de subtiele statutaire relatie met de gemeente.[657] Alle benoemingen zouden dus gelijktijdig moeten plaatsvinden, maar omdat er weinig bestuursleden ter vergadering waren werd dat uitgesteld tot de volgende vergadering. Wel besloot men Van der Zijpp per 1 februari 1986 aan de gemeente voor te dragen als lid.

In de vergadering van 21 februari 1986 werd Van der Kroft voor een jaar benoemd tot lid van de gebouwencommissie en toehoorder bij het algemeen bestuur. Expliciet werd de koppeling tussen burgemeesterschap en voorzitterschap van Keukenhof als verbroken beschouwd. Van der Kroft werd ter benoeming op 1 september 1986 aan de gemeente voorgedragen.

Toen dat alles was geregeld woonde Berends op 25 augustus 1986 zijn laatste vergadering bij. Hij droeg zijn voorzitterschap over aan Van Os. Die bekrachtigde deze benoeming met een ferme hamerslag en sloot de vergadering.

Van Os zat op 15 september 1986 zijn eerste vergadering voor en heette Van der Kroft welkom, die lid werd van de gebouwencommissie en van de financiële commissie.

Net zoals in de vorige periode vonden de meeste mutaties plaats in de grote propagandacommissie. In de zomer van 1981 werd NS-vertegenwoordiger Rameijer vervangen door Ubbens en werd een jonge jour-

654 AB Keukenhof 20-8-1984.
655 AB Keukenhof 25-1-1984.
656 Af en toe kwamen we in de notulen tegen dat het bestuur in beslotenheid vergaderde.
657 Kandidaat-burgemeesters van Lisse gingen ervan uit dat ze ook automatisch voorzitter van Keukenhof werden. Dit in verband met een brief van De Graaf aan de Commissaris van de Koningin van begin 1968 dat zij bij benoeming tevens voorzitter van Keukenhof werden. Dat werd aan kandidaat-burgemeesters verteld in hun gesprek met de Commissaris. Daarom waren Gerrits en Van der Kroft 'not amused' dat zij geen voorzitter werden (bron: mail van Broersen van 29-12-09).

nalist van het *Haarlems Dagblad*, Udo Buys, gevraagd om lid te worden van de commissie. Keukenhof had behoefte aan meer free publicity. Hij trad twee jaar later toe, na het overlijden van Bronger Smid, ook een journalist bij dat dagblad. Toen J. Buddingh' van de NBT daar wegging werd hij medio 1982 vervangen door drs. F. Jansen. In augustus 1984 trad de medewerker van de Bloembollenraad, F. Hering, wegens ziekte uit de commissie. Hij werd vervangen door mr. G.N.A. le Poole. Om zijn positie te schetsen is het nodig nader in te gaan op de lotgevallen van de Bloembollenraad na het aantreden van mr. B. Nederveen in 1973 (zie kader).

658 Zie hiervoor verder in Timmer, 2009.

In augustus 1986 werd vooruitlopend op het vertrek van Le Poole N. Hemmes in de propagandacomissie benoemd. Hij werkte als bestuursassistent en marketingman bij de bloemenveiling Flora in Rijnsburg.

De banden met de gemeente en het vak werden ook weer wat aangetrokken in deze periode. Net als in 1980 werd de gemeenteraad één keer per jaar in een informeel overleg bijgepraat over de ontwikkelingen op Keukenhof. Toen Guldemond in augustus 1981 de dranghekken van de parkeerterreinen niet wilde uitlenen aan de rijvereniging Sint Hubertus werd hij door het bestuur teruggefloten. Hij wilde de hekken alleen aan de gemeente uitlenen. Dat vond Berends niet goed, want goodwill kweken in Lisse was ook van belang: "Keukenhof is niet he-

---

Van Bloembollenraad tot Internationaal Bloembollen Centrum

Na zijn aantreden kreeg Nederveen als directeur van de Bloembollenraad en directeur van de afdeling Afzetbevordering te maken met een aantal turbulente ontwikkelingen binnen de bloembollensector, zoals de met veel emoties omgeven (mislukte) vormgeving van een tulpenteeltbeleid in 1973 door de Raad, het structuuronderzoek van 1974-1978 en kwesties rond de publiekrechtelijke vak- en surplusheffing in 1973-1979.[658] Het kostte Nederveen, die niet alleen directeur van de Raad was maar ook directeur van de afdeling Afzetbevordering, zijn gezondheid. Eind 1979 werd hij ziek en keerde niet meer terug. In mei 1981 benoemde men een interim-manager in zijn vacature, mr. G. le Poole, die aanvankelijk als 'tussenpaus' de opvolging van Nederveen zou voorbereiden. Toen Nederveen eind 1982 afscheid nam van de Bloembollenraad werd dat bijgewoond door een ruime delegatie van Keukenhof, die hem ook een bloemstuk aanbood. Le Poole was toen al bijna een jaar, sinds 1 januari 1982, benoemd tot directeur van de afdeling Afzetbevordering na een wijziging van de organisatie en de werkwijze van de afdeling, die voortvloeide uit een herstructurering van de Bloembollenraad. Bij de afdeling Afzetbevordering werd in 1980 de aansturing door een begeleidingscommissie van ongeveer dertig leden en een dagelijks bestuur vervangen door een negen leden tellend Marketingteam. Daarmee verkreeg de afdeling een meer autonome positie binnen de Bloembollenraad. Datzelfde gold overigens ook voor de afdeling Teelttechnisch Onderzoek. Het betekende in feite het begin van het einde van de Bloembollenraad, ook al omdat Le Poole alleen directeur werd van de afdeling Afzetbevordering en de raad dus geen directeur meer had. In november 1984 besloot de Bloembollenraad zichzelf op te heffen en de afdeling Afzetbevordering een zelfstandige status te geven. Dat was al eerder gebeurd bij het teelttechnisch onderzoek. Op 1 januari 1986 werd de raad geliquideerd en op 31 januari 1986 werd de Stichting Internationaal Bloembollen Centrum (onder die naam opereerde de raad ook sinds ongeveer 1975) opgericht als opvolger van de afdeling Afzetbevordering. Het marketingteam vormde het eerste bestuur van de stichting. Le Poole werd directeur, maar dat duurde niet lang omdat zijn contract per 31 december 1986 afliep.

lemaal onafhankelijk van de publieke opinie in Lisse."⁶⁵⁹ Toen in september 1983 de gemeente een nieuw gemeentehuis betrok schonk Keukenhof een beeldje van de beeldhouwer Peter van der Meer. Volgens burgemeester Gerrits verstevigde dat de band met de gemeente.⁶⁶⁰ In 1984 weigerde Keukenhof echter om mee te doen aan besprekingen om de toeristische activiteiten van Lisse te coördineren. Dat past niet in de nationale doelstelling van Keukenhof vond men.⁶⁶¹

In 1983 betrok de BKD ook een nieuw gebouw aan de Zwartelaan op de grens van Hillegom en Lisse. Van Os, als directeur van de BKD, kreeg bij de opening een aantal foto's van Keukenhof voor in het gebouw.

Niet alleen de top van het bloembollenvak werd weer uitgenodigd voor de vrijdagse borrel tijdens de tentoonstellingen, maar ook de voorzitter van het PVS, mensen uit de veilingwereld en uit de bloemisterijsector. Keukenhof stuurde zelfs een bloemstuk naar de KAVB toen die in 1985 125 jaar bestond.

Staf en personeel

Begin januari 1981 begonnen de voorbereidingen voor het afscheid van Van Aken. Het bestuur besloot dat de journalist Jan Roelfs hem zou interviewen. Bij die vergadering van het bestuur, op 23 januari, was Van Aken aanwezig en ook bij de vergadering van februari en maart. In april was dat niet meer het geval en in de vergadering van mei werd meegedeeld dat hij zijn kantoorwerkzaamheden aan het afronden was en maximaal twee seizoenen lid zou blijven van de propagandacommissie.

In *Bloembollencultuur* van 17 april 1981 werd Van Aken geïnterviewd ter gelegenheid van zijn pensionering.⁶⁶² Hij werd beschreven als nog fors van postuur: "als een jonge eik." In het kader wat uitspraken van Van Aken.

Het afscheid was op vrijdag 21 mei 1981 (zie ook **afbeeldingen 2, 3 en 4**) in het Theehuis. Namens de kinderen van de oprichters sprak een dochter van Fons Belle. Zij onthulde dat hun vaders in het prille begin van de tentoonstelling zo ongeveer op Keukenhof sliepen. Zij gaf hem een boek over de tulpenwindhandel uit de vakbibibliotheek van haar vader. Oud-Trouw-redacteur J. Roelofs sprak ook: "een toespraak van het genre, waarop alleen hij patent heeft."⁶⁶⁴ Ongeveer een jaar later hoorde het bestuur dat Van Aken met ademnood in het ziekenhuis was opgenomen.⁶⁶⁵ Op 27 juli 1982 overleed hij plotseling. De 'jonge eik' was geveld.

659 AB Keukenhof 10-8-1981.
660 AB Keukenhof 21-1-1983.
661 AB Keukenhof 16-11-1984.
662 Waarschijnlijk werd hierbij gebruik gemaakt van de tekst van Roelofs. Die bevindt zich nog in het KA.
663 *Bloembollencultuur* 17-4-1981, aldaar 1104 en 1105.
664 *Bloembollencultuur* 22-5-1981, aldaar 1235.
665 AB Keukenhof 17-5-1982.

Van Aken over zijn loopbaan bij Keukenhof

Van Aken, geboren en getogen in Lisse en afkomstig uit het bollenvak, werkte in 1949 bij het Beheersinstituut in Leiden. Hij was daar belast met aangelegenheden op het terrein van bloembollenbedrijven. De initiatiefnemers van Keukenhof vroegen hem in 1949 om de administratie te komen doen: "Geleerden hadden aangeraden de bolbloemen direct na hun eerste presentatie (...) te verwijderen (...) het betekende een aanzienlijke vermindering van een attractie: komen kijken naar de bloeiende bollenvelden! Lissers wilden die negatieve ontwikkelingen compenseren met een harmonische expositie. (...) Tegen die achtergrond begon ik, na een watervlugge sollicitatie, begeleid door Fons Belle. Ik begon in mijn woning aan de Heereweg, het eerste kantoor (...) Voor iemand van mijn leeftijd, was het bezoek van generaal Eisenhower een gebeurtenis. Je zag hem in levende lijve en voelde je door hem verbonden met een verleden, dat zozeer contrasteerde met wat de Keukenhof aanbood."

Het heeft hem in de sector propaganda in aanraking gebracht met velen, in binnen- en buitenland. ⁶⁶³

afb. 2
Van Aken

afb. 3
Afscheid van Van Aken

afb. 4
Zijn opvolger Van Stein

Op 19 november 1984 overleed een van de andere pioniers van Keukenhof: Willem van der Lee. Hij werd 78 jaar.

In januari 1981 had Van Stein als administrateur de tekenbevoegdheid van Van Aken overgenomen en een jaar later werd hij belast met het notuleren van de vergaderingen van het bestuur.

In feite was het uitvoerende werk nu in handen van Koster, tuinarchitect, Van Stein, de administrateur en Den Hoed, de procuratiehouder. Dat was wel een duidelijke taakverdeling, maar er was geen duidelijke leider. Wel ontving Koster (waarschijnlijk) het hoogste salaris. Zo krijg hij in 1982 een verhoging met maar liefst 10.000 gulden per jaar, dat was meer dan de andere twee kregen. In de vergadering van 13 september 1982 waarin dit werd besloten werd ook de compensatie voor alle bestuursleden verhoogd met 2500 gulden.
Eind 1986 liepen de dienstverbanden van Koster en Van Stein af en besloot men in het kader van de contractverlenging ook de taakverdeling nader te bezien. Dat kwam er echter niet van.

In 1982 werd voorman J. Brouwer ziek en geopereerd aan een hernia. Hij werd vervangen door zijn tweede man T. van Keulen, die hem opvolgde toen Brouwer per 1 april 1983 in de WAO belandde. Kennelijk kon hij maar moeilijk afscheid van zijn werk nemen, want in 1985 werd hem te verstaan gegeven dat hij niet zo vaak meer langs mocht komen.[666]

Van de PR-man Van Rijnen zijn maar weinig foto's in de vakbladen gevonden. Een uitzondering (zie **afbeelding 5**) vormde *Bloembollencultuur*

afb. 5
Van Rijnen

van 30 mei 1985. Daar prijkte zijn foto bij een artikel over de afgelopen Keukenhof waarover hij werd geïnterviewd. Hij deed dat kennelijk zo goed dat het bestuur in de vergadering van 21 februari 1986 besloot hem te laten interviewen door Udo Buys. Buys was journalist van het Haarlems Dagblad en sinds 1981 lid van de propagandacommissie. Het interview zou als 'free publicity' naar zevenhonderd huis- aan huisbladen in Nederland worden gestuurd en ook naar buitenlandse bladen. Eind augustus van dat jaar werd Van Rijnen zo ziek dat men verwachtte dat hij niet terug zou keren. C. van der Groen werd in september 1986 voorlopig aangesteld als zijn vervanger.
Eind 1983 kreeg Keukenhof van de belastinginspecteur een boete van 31.000 gulden wegens een te late afdracht van BTW over 1981. Zwetsloot besloot hierover te gaan praten met de inspecteur en het te gooien op onwetendheid en om eventueel een bezwaarschrift in te dienen. Praten hielp echter niet, zodat er een bezwaarschrift werd ingediend. Dat werd juni 1984 ook afgewezen, waarna men in beroep ging.
Begin 1984 bleken er bij een belastingcontrole ook onregelmatigheden in de sfeer van de loonbelasting, onder andere als gevolg van onbelaste vergoedingen. Er was na de stelselwijziging van 1979 te weinig huur betaald door Schoone en Neefs, en er kwam een navordering van 16.000 gulden. Keukenhof nam die voor haar rekening, maar besloot wel de huren per 1 januari 1984 te herzien. Neefs nam dat echter niet. Hij wilde de huurverhoging niet betalen en ook zijn woning niet verlaten, zodat hem per brief werd meegedeeld dat zijn huis in bewoonde staat zou worden verkocht. Hij zou wel in oktober 1984 een verhuiskostenvergoeding krijgen. Eind 1984 werd het huis aan de Leeuwerikstraat verkocht voor 70.000 gulden. Neefs woonde er toen niet meer in.

In 1982 deed het fenomeen OR zijn intrede op Keukenhof waar twee maal per jaar mee overlegd werd.

De toekomst van Keukenhof; het rapport Leemborg

Veel geld in kas en veel investeringen op gehuurde grond, dat vond met name Van der Meij maar een ongezonde situatie. Met enige regelmaat stelde hij in het bestuur de vraag of het niet beter was Keukenhof te

666 AB Keukenhof 4-3-1985.

kopen. Steeds werd dit afgehouden omdat de communicatie met graaf Carel toch al zo moeilijk liep. Ook Tegelaar drong in 1982 aan om een advocaat de voortgang van Keukenhof na 2002 te laten onderzoeken, alsmede de gevolgen van het overlijden van graaf Carel. Tevergeefs. Maar in de bestuursvergadering van 16 september 1985 kreeg Van der Meij zijn zin. Op verzoek van het bestuur zou Leemborg een onderzoek doen naar de continuïteit van Keukenhof. Aanleiding was een vraag van Van der Meij bij de bespreking van de verdeling van het saldo over het boekjaar 1984-1985: "wat te doen als we de tuin kunnen kopen?" Leemborg dacht in januari met zijn rapport klaar te kunnen zijn, maar

Onderzoek van factoren die de continuïteit kunnen verstoren van Stichting Nationale Bloementoonstelling 'Keukenhof'

Leemborg bestudeerde voor zijn rapport, gedateerd 21 maart 1986, het huurcontract, de wijziging bestemmingsplan landelijk gebied van de gemeente van 1981 en het ontwerpstreekplan Zuid-Holland-West van november 1985. Dat waren de factoren die volgens hem de continuïteit konden verstoren. In het kader van het huurcontract onderzocht hij ook de bezittingen van graaf Carel en de erfopvolging. Van de bezittingen in Lisse en Noordwijkerhout voegde hij aan zijn rapport een kaart toe (zie **afbeelding 6**). Hij kwam tot een bezit van rond de 288 hectare, los van het bezit in Sint Michelsgestel, een landgoed genaamd 'Beverthoeve' van bijna 5 hectare. Leemborg schatte de waarde van het totale bezit op ongeveer 8 miljoen gulden en achtte de kans op vererving in 2001 vrij groot. Hij koos dat jaar omdat dan ook het huurcontract met Keukenhof afliep. De vererving zou een probleem kunnen worden, omdat alle inkomsten van graaf Carel uit huren en pachten nodig waren om de exploitatie rond te zetten. Er was dus geen geld om het successierecht te kunnen betalen. Voor vrouw, kinderen en kleinkinderen kwam dat op 27 procent, dus 2,16 miljoen gulden. Leemborg achtte de kans groot dat dat geld alleen kon worden opgebracht door afstoting van vermogen. Vandaar dat hij tot het volgende advies kwam: "Het is derhalve raadzaam de komende tijd eens een gesprek te arrangeren met Graaf van Lynden en/of zijn raadsman, teneinde te vernemen wat de plannen van Graaf van Lynden zijn met betrekking tot het landgoed Keukenhof. Het beleid van 'Keukenhof' kan worden afgestemd op toekomstige ontwikkelingen." Hij voegde daaraan enigszins raadselachtig aan toe: "Naar verluidt zou Graaf van Lynden aan het landgoed Keukenhof een bepaalde bestemming willen geven." Voor wat betreft de planologische situatie voorzag hij weinig problemen. Hij vond het wel nodig de vinger aan de pols te houden door nauw contact te onderhouden met de gemeente.[667] Ook verdiende het volgens hem aanbeveling na te gaan of aankoop van Keukenhof niet beter was dan huur. Keukenhof betaalde nu aan graaf Carel ruim 122.000 gulden per jaar aan huur en dat maakte een koopsom van ruim 2 miljoen gulden tot een verantwoorde zaak. Keukenhof had dan wel bij verkoop door graaf Carel een voorkeursrecht, maar dat zou een probleem kunnen zijn als een consortium een bod zou doen dat buiten bereik van Keukenhof lag. Hij schetste daarbij een scenario als voorzien in het plan Hofman [zie verder, MT] en verbond daaraan de aanbeveling te onderzoeken of Keukenhof niet het geheel kon kopen, dus naast het tentoonstellingsterrein ook het landgoed. Dat zou invloeden van buitenaf afschermen. Verder vond hij de afname van het areaal bloembollen in streek en de ontwikkeling van een recreatiegebied in het Westland "ter grootte van ca 50 hectare, waaronder een 'Keukenhof'-gedeelte", een nader onderzoek waard.

dat lukte niet. In de bestuursvergadering van 21 maart 1986 deelde hij zijn rapport, dat het predikaat 'strikt vertrouwelijk' kreeg, uit en het werd besproken in de vergadering van 16 mei. De notulen van die vergadering maakten gewag van een 'uitvoerige behandeling' en daarbij bleef het. We moeten het dus doen met de inhoud van het rapport (zie het kader). Uit de notulen van de rest van 1986 bleek niet dat de aanbevelingen werden opgevolgd. Van der Meij bleef aandringen op aankoop van Keukenhof.668

667 In november 1981 had de gemeente alle bezwaren van Keukenhof tegen het bestemmingsplan 1981 gehonoreerd. Zo werd de maximale bebouwing op het tentoonstellingsterrein bepaald op 12.500 m², de parkeerterreinen als zodanig bestemd en daarop werd het bouwen van met het parkeren samenhangende gebouwen toegestaan.
668 AB Keukenhof 21-11-1986.

Parkeren

In een artikel in de *Hobaho* van 3 april 1981, gewijd aan de opening van Keukenhof, werd ook aandacht besteed aan het parkeren. Keukenhof schreef daarover een persbericht dat in zijn geheel werd overgenomen.[669] Over Guldemond stond daarin: "Hij is nog jong, maar in bestuurlijke dienstjaren wel de oudste van de club. En helemaal gek van wat zich in het seizoen rondom Keukenhof gemotoriseerd beweegt. Hij kan er ook boeiend over vertellen." De tuin was 28 hectare groot, terwijl het totale parkeerareaal 20 hectare omvatte; 16 hectare voor auto's en 4 hectare voor bussen. Inclusief de nog lopende herstructurering had Keukenhof in het parkeren in de loop van de tijd 1,4 miljoen gulden geïnvesteerd en had de verkeerscommissie een jaarbudget van ruim 2 ton. Uit cijfers bleek dat maar 5 procent van de bezoekers per openbaar vervoer kwam, tegen 51 procent per auto. Keukenhof had met 1 gulden per auto het laagste parkeertarief van Nederland en autobussen mochten gratis worden geparkeerd. Guldemond was er trots op dat Keukenhof, één van de grootste verkeersconcentraties in Nederland, het parkeren zonder veel problemen kon oplossen. Dat was volgens hem te danken aan "de uitgekiende lay-out" van de parkeerterreinen en de samenwerking met de rijkspolitie.

Toch was niet alles even 'uitgekiend'. Dat bleek op 1 juni 1981. Op die dag kwam het bestuur in een extra vergadering bijeen om een voorstel van Guldemond te bespreken. Hij had dat gegoten in een memo van de verkeerscommissie. Dat begon met het signaleren van een aantal problemen op het kasteelterrein, zoals te harde muziek en preken bij evangelisatiebijeenkomsten, oefeningen van de brandweer en natuurlijk weer de nattigheid. Om dat laatste te voorkomen zou er een ringbaan moeten komen om het parkeerterrein en dat zou 130.000 gulden moeten kosten. Guldemond wilde echter een integrale oplossing en had daarover al overleg gehad met Egbert Hollander en C.W. van der Mark, als woordvoerder van de standhouders van het Straatje. Zij hadden van de gemeente toen een vergunning gekregen om nieuwe winkeltjes te kunnen bouwen. Naar aanleiding van dat overleg stelde hij voor de bussen en de winkeltjes naar Oost te halen en het kasteelterrein alleen te gebruiken als overflow voor de auto's. Van der Mark had hem namelijk laten weten dat als er op Oost dezelfde mogelijkheden waren als op het kasteelterrein, er geen bezwaar zou zijn om de nieuwbouw op Oost te laten plaatsvinden. Guldemond stelde voor om de bouwplannen, onder meer aan de hoofdingang, voorlopig stop te zetten om overleg te voeren met graaf Carel, de standhouders van het Straatje en de gemeente Lisse. Tegelaar zag al mogelijkheden om vergoeding voor het parkeren van ongeveer 11.000 bussen aan graaf Carel in dat geval voort te zetten, tegelijk met de verrekening van de pacht van de standhouders. Dat zou via Keukenhof kunnen lopen.

Men besloot de bouwplannen voor één jaar te bevriezen om het voorstel verder te bespreken en aangepaste bouwplannen te maken. Daarin zou ook een kantine voor buschauffeurs en reisleiders worden meegenomen. Wel zou de tweede fase van de reconstructie van Oost gewoon doorgaan.

Half juni kwam er al een kink in de kabel, doordat Koster het onaanvaardbaar noemde dat alle bussen naar Oost zouden gaan. Ook graaf Carel, waarmee begin juli werd gesproken, voelde kennelijk niks voor het plan. In de bestuursvergadering van 13 juli 1981 presenteerde de verkeerscommissie een memo waarin stond dat de bussen op het kasteelterrein zouden blijven, en dat men twee ton wilde besteden aan de verharding van het terrein, en dat de hoofdingang zou blijven waar die was en niet naar Oost zou gaan.

In september 1984 werd in het bestuur afgesproken om, gezien de omstandigheden, uit te gaan van een nulbegroting, dus geen stijging. Guldemond meldde echter daar niet aan te kunnen voldoen. Er was 30.000 gulden nodig voor een nieuwe toplaag op de oprijlaan naar het kasteel en nieuwe rijbanen op Oost. Hij kreeg zijn zin.[670] Eind 1984 waren die banen klaar en slaagde een proef op Oost met beweiding door schapen om honden te weren.

In 1985 werden in samenwerking met een Wagenings proefstation proeven genomen om tot een sterkere grasmat te komen. Met een mengsel van 75 procent Engels raaigras en 25 procent veldbeemd boekte men goede resultaten.

Oost

In de vergadering van 23 januari 1981 vertelde Guldemond wat er allemaal ging gebeuren bij de tweede fase van de reconstructie van Oost. Voor een bedrag van 220.000 gulden werden rijbanen, wegen en windsingels aangelegd. In het renovatiefonds zat hiervoor 270.000 gulden en Guldemond wilde in de zomer van 1981 met de werkzaamheden beginnen. Op Oost werd ruimte gemaakt voor 240 bussen. Daarvoor was een onderbemaling nodig, met een overflow naar het land van Lemmers, Sanders en Zonneveld. Op het kasteelterrein konden maximaal 270 bussen staan. De reconstructie verliep voorspoedig en begin maart 1982 startte Guldemond overleg met de gemeente om een inrit te krijgen vanuit de westelijk omleidingsweg. Hij probeerde ook subsidie van EZ te krijgen. Met dat ministerie overlegde Tegelaar in die tijd over de verhoging van de entree en hij wilde dat overleg niet belasten met een subsidieverzoek, dus floot Tegelaar Guldemond terug.[671] Tijdens de tentoonstelling van 1982 bleek een grotere parkeercapaciteit op Oost ook nadelen te hebben: de bezoekers liepen vast op de te kleine ingang, dus er waren extra voorzieningen nodig. Die kwamen er in de vorm van hekken. Begin maart 1984 werd de omleidingsweg geopend en Keukenhof droeg aan de feestvreugde bij met een wagen bloemen en twee Jacoba's. Dat was wel terecht, want de gemeente had alle kosten voor de inrit voor haar rekening genomen.

Noord

In september 1982 werd besloten een kleeflaag op het afvoerpad van Noord aan te brengen. Tijdens de tentoonstelling van 1983 ontstonden er problemen met de waterafvoer, mede als gevolg van het overvloedig gieren door Van Graven (zie onder Van Graven). Daarom was het nodig

---

[669] Bewaard gebleven in het KA, gedateerd 26 maart 1981.

[670] AB Keukenhof 17-9-1984.

[671] AB Keukenhof 16-4-1982.

meer auto's naar Oost te laten gaan en dat betekende extra mandagen voor Meeuwissen, naar later bleek: 28 en dat kostte Keukenhof 3240 gulden, en de inzet van extra lokettisten. Bovendien moest er voor ongeveer 20.000 gulden extra maatregelen worden genomen, zoals het aanbrengen van zand en het afzuigen van het water. Bij nadere inspectie bleek echter dat de drainage, die inmiddels zeventien jaar oud was, aan vervanging toe was, waardoor ook de tegelbanen verzakten. Guldemond berekende dat er ongeveer 365.000 gulden nodig was voor een algehele revisie van Noord en wilde daar snel mee aan de slag.[672] Bij de revisie werden ook voor 5000 gulden extra voorzieningen aangelegd voor het stallen van caravans. Eind 1983 bleek ruim 16.000 gulden extra nodig voor 600 m² meer zand en 2000 ² meer graszoden dan begroot.

Kasteelterrein
Begin 1981 gaf GS een verklaring van geen bezwaar (ex artikel 19 WRO) voor de bouw van de winkeltjes aan het straatje op het kasteelterrein. Na het mislukte intermezzo van de verplaatsing naar Oost begon de bouw op 1 september 1981. Die was klaar voor de opening van de tentoonstelling van 1982. Het was nu een 'permanente winkelgalerij' geworden. De verharding van het terrein, betaald door Keukenhof, kwam in de zomer van 1982 gereed en was binnen de begroting gebleven. Maar er moest, voor het geaccidenteerde terrein, wel een speciale maaimachine ad 40.000 gulden worden aangeschaft. In augustus 1982 stelde Guldemond voor links van de oprijlaan van het kasteel, tegenover de hoofdingang van Keukenhof, een parkeerplaats aan te leggen voor auto's. Dat zou, gezien het aantal m²s, een extra huur van 600 gulden aan graaf Carel betekenen. Graaf Carel gaf daarvoor toestemming, maar vroeg eveneens of Van der Mark bollen mocht verkopen. Dat werd niet toegestaan.[673] De aanleg van het parkeerterrein werd echter getemporiseerd, omdat prioriteit werd gegeven aan de aanleg van een ontsluitingsweg op Oost ten behoeve van een overpad van de huurders op Zandvliet.
In het rapport van Leemborg stonden ook gegevens over de pachters van de winkeltjes op het kasteelterrein. Zie voor een overzicht het kader.

Meeuwissen
In augustus 1982 stelde Guldemond aan het bestuur voor het parkeertarief op twee gulden te brengen. Men besloot dat in samenhang met de andere tarieven te bekijken, zoals dat voor de toiletten. Dat leidde er toe dat men het voorstel van Guldemond volgde. Ook besloot men de vergoedingen voor Meeuwissen in 1983 te verhogen.[674] In september 1984 berichtte Meeuwissen dat hij de loonwerktak van zijn bedrijf had overgedaan aan Hoek Hoveniers. Hij vroeg aan Keukenhof of die het parkeren mocht overnemen, zij het onder supervisie van Meeuwissen. Meeuwissen concentreerde zich verder op zijn bloembollenbedrijf Hoek, die zijn bedrijfsleider J. Huisman belastte met het parkeren, had geen gelukkige start. In augustus 1985 bleek dat hij eraan tekort was gekomen. Het bezoek viel tegen en hij had toch meer mandagen ingezet dan begroot, namelijk 87. Hij kreeg een gedeeltelijke compensatie van 6700 gulden.[675] Ook in 1986 kreeg hij een compensatie van ruim 8000 gulden.

De winkels in het Straatje

Graaf Carel sloot op 16 oktober 1981 [kennelijk in verband met de bouw van de winkeltjes, MT] erfpachtcontracten af met de volgende exploitanten, ingaande 1 oktober en eindigend op 30 september 2001;

Firma P.A. Opdam: 51 ca, jaarlijkse canon: 3895 gulden
W.G. Buis bv: 104 ca, idem: 10.819 gulden
Handelsmij. MARO bv [van Van der Mark, MT]: 86 ca, idem: 5700 gulden
Laarmans Horecabedrijven bv 96 ca, idem: 10.961 gulden.

De canon werd jaarlijks geïndexeerd op basis van de CBS-prijsindex gezinsconsumptie. Door de exploitanten mochten worden verkocht: fruit en aanverwante artikelen; souvenirs; foto's en films; frisdranken; zwak alcoholische dranken; tabaks- en kruidenierswaren; zuurwaren; kroketten; patates frites; chocolade; ijs en aanverwante artikelen.

Van Graven

Eind 1982 kwamen de vergoedingen aan Van Graven ter discussie. Van Graven had over zijn vergoedingen advies gevraagd aan de LTB en op grond daarvan vroeg hij om 10.000 gulden. Guldemond had echter advies gevraagd aan de Grondkamer en die kwam op 8750 gulden, in ieder geval een verhoging. De pacht van 5000 gulden per jaar was per brief van 9 november 1976 verhoogd naar 7000 gulden. Dat zou worden besproken met Van Graven, tegelijk met het opleggen van sancties vanwege de vervuiling van de parkeerterreinen met gier en porrie. Dat gesprek vond plaats op 16 december 1982. Daarin sprak Guldemond met Van Graven af dat als hij de overlast door mollen, gieren en vuilstorten zou beperken hij per 1 juni 1983 een premie kreeg van 1750 gulden voor 1983 en voor de volgende jaren 3000 gulden.

Horeca en kantoren

Na de tentoonstelling van 1981 werd geconstateerd dat de zelfbediening in de restaurants goed was bevallen. In september 1981 kwam het bericht dat CV De Valk een andere juridische structuur zou krijgen en dat leidde er in 1985 toe dat alle aandelen in handen kwamen van Allied Breweries. In maart 1983 vertrok Hooijberg, de beheerder van de horeca. Hij werd opgevolgd door Boer. Toen Keukenhof in juni 1984 plannen maakte voor een nieuw glazen gebouw, dat later de naam Koningin Beatrix Paviljoen (KBP) zou krijgen, werd daar ook de

---

672 AB Keukenhof 16-5-1983.
673 AB Keukenhof 18-10-1982.
674 AB Keukenhof 13-9-1982.
675 AB Keukenhof 19-8-1985 en 16-9-1985.

horeca bij betrokken. De afspraak werd gemaakt dat de 'horeca' voor het volgende seizoen zou zorgen voor de bouw van een restaurant bij het nieuwe paviljoen, kantoren, centraal magazijn, een terras en een toiletunit. Er zouden ook nieuwe buitenbuffetten komen en meer zelfbediening. De restaurants kregen namen van bloembollen. De bouwkosten van ruim 1,2 miljoen gulden kwamen geheel voor rekening van de horeca. Bovendien zou men voor de helft bijdragen in de aanleg van het toegangspad alsmede de kosten dragen voor de aanleg van het terras. Keukenhof zou de exploitatiekosten van de toiletunit voor haar rekening nemen.

In 1984 werd een nieuw pannendak op de kantoren aangebracht. Alhoewel in 1984 werd besloten geen VIP-restaurant te bouwen, besloot men begin 1986 de bestuurskamer uit te breiden met een VIP-room. Het bestuur stelde in januari 1986 20.000 gulden beschikbaar voor de uitwerking die onder leiding van Guldemond plaats zou vinden. In juni 1986 gaf men opdracht een bestek te maken. Dat kwam uit op ruim 4 ton zodat men aanvankelijk in augustus besloot de verbouwing uit te stellen tot 1987. Guldemond wist het echter weer op de agenda te krijgen en kreeg in september groen licht voor een verbouwing van 110 m² in plaats van de oorspronkelijke 55 m². Door een aanpassing van het oorspronkelijke voorstel kostte dat maar 8000 gulden meer. Hij wilde 1 november beginnen, maar kwam half december wat bedremmeld in het bestuur melden dat er toch wat dingen waren mis gegaan: de maten op de tekeningen klopten niet en de voorzieningen voor gas en elektriciteit noodzaakten tot een zwaardere fundering. Het project kwam nu op meer dan 450.000 gulden.

In 1983 bleek het openstellen van de personeelskantine voor buschauffeurs en reisleiders een succes te zijn en werden voor het beheer extra kosten uitgetrokken.

Toiletten en riolering
Eind 1981 liep het contract met De Groot over de toiletten af. Men besloot hem aan te spreken dat hij beter moest schoonmaken.[676] Tot dan werd van de toiletbezoekers een vrijwillige bijdrage van 25 cent gevraagd. Niet alleen door de bouw van het KBP kwamen er meer toiletten, dat was ook het geval bij het Theehuis en het aantal toiletten bij het KJP verdubbelde. Al met al werden de toiletten, mede door de vrijwillige bijdragen, een steeds grotere kostenpost. In augustus 1985 kwam dat aan de orde in het bestuur. De kosten beliepen toen 85.000 gulden per jaar, waar een opbrengst tegenover stond van 25.000 gulden. ISS wilde de exploitatie wel overnemen en voor een ton tourniquets aanbrengen. Dat bespaarde Keukenhof 60.000 gulden. Toch aarzelde het bestuur. Men vond tourniquets met verplichte betaling niet publieksvriendelijk en besloot tot nader onderzoek. Toen bleek dat op geen van de andere recreatieparken zoals de Efteling, Madurodam en Slagharen tourniquets aanwezig waren, besloot men die ook op Keukenhof niet te bouwen. Toch verdween het probleem niet, want in september 1985 bleek dat er eigenlijk 140.000 gulden nodig was voor de renovatie van de toiletten op Noord. Ook ISS bleef aandringen op tourniquets en wist te bereiken dat die op Noord werden geplaatst. Alleen daar al zou dat een besparing van 15.000 gulden per jaar opleveren. Het bestuur stelde als voorwaarde dat als er storingen optraden in de doorstroming er dan direct zou moeten worden ingegrepen.[677] De proef bleek echter een succes en in augustus 1986 besloot het bestuur tot algehele invoering van de tourniquets.

In deze periode kwam er ook een einde aan het zonder meer lozen van toiletten en horeca op het oppervlaktewater. Eind 1984 besloot het bestuur bij de gemeente aan te kloppen. Men had vernomen dat voor 1990 een aansluiting op het persriool van de gemeente mogelijk zou zijn en het bestuur besloot alvast geld voor die aansluiting te reserveren. Ook zou EZ mogelijk subsidiëren. Dat bleek bij navraag niet meer het geval te zijn. Wellicht was het wel mogelijk bij de provincie. Begin januari 1985 bleek dat de doortrekking van het riool tot de Delfweg in de gemeentelijke planning zat en daarop zou Keukenhof kunnen worden aangesloten. Na een onderzoek van de Heidemij en een overleg met de gemeente ging er in juli 1985 een verzoek naar de gemeente. Het bestuur besloot de leidingen op het terrein alvast te laten aanleggen. Dat bleek 50.000 gulden te kosten, terwijl de kosten van de aansluitingen op 215.000 gulden uitkwamen. Maar daaraan zou de brouwerij meebetalen. Wellicht de helft, bleek uit een eerste overleg. Rijnland wilde echter extra voorzieningen ten bedrage van 20.000 gulden in de vorm van dubbele pompen en een overloop. De gemeente vond dat overdreven, maar Keukenhof besloot er toch toe omdat de brouwerij inmiddels had toegezegd de helft te zullen betalen.[678] In april 1986 ontstond er een probleem: het WC-papier verstopte het riool. Als dit zo zou blijven zouden er op 3 plaatsen extra mixers nodig zijn, voor een totaal bedrag van 34.000 gulden. Gelukkig bleek dat niet nodig. Inmiddels had de brouwerij definitief toegezegd de helft van de kosten van de riolering te betalen.

Andere pachters
Ook de contracten met Laarman en Landwehr Johan liepen eind 1981 af. Men besloot voor de verlenging in principe uit te gaan van een basisprijs met een indexatie. Daar werd later van afgezien. In januari 1984 presenteerde Laarman een plan om zitplaatsen bij zijn stand op Noord te maken en om pizza's te verkopen. Het bestuur vond dat goed, mits het kleine pizza's waren: snacks met een doorsnede van vijftien centimeter. Hij maakte op eigen kosten 48 zitplaatsen.
In 1985 wilde Van Roode zijn bloemenstand vernieuwen en diende daarvoor een plan in dat maar liefst 150.000 gulden moest kosten. Dat vond het bestuur te gek. Men verzocht hem een soberder plan in te dienen.[679] Hij kwam tot een plan dat 50.000 gulden kostte voor rekening van Keukenhof en dat werd toegestaan. In het oorspronkelijke plan zaten hele dure rolluiken. Van Roode zou de hogere elektriciteitskosten betalen en er zou met hem een nieuw contract worden afgesloten.

676 AB Keukenhof 12-10-1981.
677 AB Keukenhof 19-12-1985.
678 AB Keukenhof 16-9-1985.
679 AB Keukenhof 22-7-1985.

Ook kreeg hij in september 1985 toestemming zijn te verkopen sortiment uit te breiden tot alle bloemen die op Keukenhof werden getoond, met die restrictie dat zeventig tot tachtig procent uit bolbloemen moest bestaan. Na een aanvankelijk verbod mocht hij ook bollen op pot verkopen. Het verbod op de verkoop van Hippeastrum in dozen bleef gehandhaafd.

Het terrein

De hoofdingang

Begin januari 1981 lag er een schets van architect Richards voor verbouwing van de hoofdingang ter tafel in de bestuursvergadering. Berends en Broersen waren kritisch. Het ontwerp met twee puntige kappen kwam hen te 'hard' en te 'gesloten' over.[680] Het geheel kwam op iets meer dan 5 ton. Alhoewel Berends en Broersen ook in de volgende vergadering in februari, in aanwezigheid van Richards, bij dit oordeel bleven vond de rest van het bestuur dat het plan doorkon. De ABN had inmiddels aangegeven mee te zullen betalen omdat ze ook weer een plek kregen in het gebouw. In augustus, na de kortstondige stop in juni, bleek het project op 6 ton te komen en zou ABN wellicht 60.000 gulden bijdragen. Men besloot echter ruim 70.000 gulden te vragen.[681] De bank ging akkoord. In december 1981 presenteerde Guldemond een inrichtingsplan voor het terrein voor de hoofdingang dat ieders goedkeuring verwierf. Dat zou 25.000 gulden extra kosten, maar daar tegenover stond dat de letters Keukenhof op de hoofdingang zouden worden geschonken door de architect en de (huis)aannemer Schaap. Het bleef goed weer zodat de hoofdingang voor de opening van de tentoonstelling 1982 klaar was. De vakbladen waren er vol lof over. Niet alleen over de nieuwe hoofdingang, die ze goed vonden passen in de sfeer van Keukenhof, maar ook over de nieuwe winkelgalerij. Beide vonden ze een hele verbetering.

Zieke bomen en zieke bollen

Het beleid om in het bomenfonds ('Fonds Houtopstand') steeds 100.000 gulden beschikbaar te hebben werd voortgezet. Dat was nodig. Zo viel in 1982 de eerste beuk ten offer aan honingzwam. In 1982 werd de helft van de Beukenlaan daartegen behandeld, kosten 10.000 gulden, en in 1983 de andere helft. Tevens kregen de bomen een extra bemesting. In 1983 besloot men om de KLM weer infraroodfoto's te laten maken. Dat was in 1978 voor het laatst gebeurd en de terreincommissie wilde graag weten hoe het er nu voor stond. Gelukkig bleek uit de foto's, die 3000 gulden hadden gekost, dat de bomen in de Beuken- en Lindelaan er beter voor stonden dan in 1978.

In de herfst van 1986 richtte een zware storm voor 85.000 gulden schade aan de bomen en de hekken en bouwsels langs de Loosterweg. Later dat jaar waaiden weer 7 populieren om en werd overlegd met graaf Carel over de aanleg van een (nieuwe) windsingel. In dat jaar was het ook nodig 15 bomen te rooien vanwege een aantasting door iepenziekte en werden langs de Loosterweg 110 populieren verplant.

In april 1983 constateerde de terreincommissie bij haar rondgang over de tentoonstelling nogal wat vuur en kwade grond in een aantal inzendingen. Om kwade grond te bestrijden was niet alleen totale grondverversing nodig, maar ook chemische middelen. Wederom werd M. de Rooy, onderzoeker van het LBO, om een advies gevraagd. Hij adviseerde niet alleen de grond te behandelen met chemische middelen, maar ook de bollen voor het planten te ontsmetten. Bovendien gaf hij aan hoe speenkruid en ereprijs in de Beukenlaan chemisch kon worden bestreden. Het was niet afdoende, want in 1985 waren er weer veel aantastingen en moest er maar liefst 150 m aangetaste grond worden uitgegraven. Even speelde de terreincommissie met de gedachte een ziekzoeker aan te stellen. Men besloot echter het kennisniveau van het tuinpersoneel te vergroten door De Rooy een voorlichtingsavond te laten verzorgen. Om de stand van het gewas in de kas te verbeteren verstrekte het Consulentschap Lisse een bemestingsadvies. Om de stand van de bollen in de voormalige heidetuin te verbeteren begon de terreincommissie in 1985 met bemestingsproeven met Biovegetal. De resultaten waren zodanig goed dat men ermee doorging.

Molen

Begin maart 1981 vond het bestuur het te duur om de 25.000 gulden uit te geven die nodig was om een molenaar aan te trekken om de molen in het seizoen te laten draaien. Een jaar later bleek men dat te kunnen doen voor de helft van de prijs en richtte het 'Echte Bakkersgilde' in de molen een tentoonstelling over brood in. Begin 1985 was de kap van de molen aan herstel toe en later dat jaar trok men 14.000 gulden uit voor het vernieuwen van de romp. In 1986 discussieerde men over de bouw van een ophaalbrug naar de molen ter vervanging van de platte brug.

Mechanisatie en andere voorzieningen

In april 1981 werd een nieuwe Fiattrekker aangeschaft. Die kostte bijna 50.000 gulden terwijl voor de oude 17.000 gulden werd verkregen. In 1983 werd voor 38.000 gulden een zelfrijdende kraan aangeschaft en een jaar later een veegmachine ad 11.000 gulden en werden de loodsen overkapt ad 40.000 gulden. In 1986 discussieerde het bestuur over automatisering van de administratie en de aanschaf van een bezandingsmachine voor de parkeerterreinen.

In 1982 werden de paden van een nieuwe slijtlaag voorzien ad 30.000 gulden en in 1983 werd 50.000 gulden uitgetrokken voor beschoeiingen. In 1984 werd de Zandsloot uitgebaggerd.

In deze periode werden ook allerlei beveiligingsmaatregelen bij en rond de loketten genomen en op andere plaatsen, zoals bij de ABN-balie, waar geldtransacties plaatsvonden. Alleen al bij de ABN-balie kostte dat 20.000 gulden. Voor de beveiliging van de lokettistes trok het bestuur in 1984 60.000 gulden uit. Verder werd de telefooncentrale vernieuwd ad 90.000 gulden. Na een diefstal besloot men in 1985 een stil alarm aan te leggen en een offerte te vragen voor een nachtwacht. Tevens werd ook de beveiliging van de ABN weer onder de loep genomen en kwamen er in 1986 nachtkluizen.

680 AB Keukenhof 23-1-1981.
681 AB Keukenhof 14-9-1981.

Tentoonstellingen

Het verloop van de bezoekersaantallen staat in de volgende tabel

JAAR	AANTAL BEZOEKERS
1981	870.836
1982	797.441
1983	832.733
1984	902.112
1985	833.129
1986	760.940

In 1981 kwamen er aanzienlijk minder bezoekers dan in 1980 en in 1982 daalde dat aantal, door de Floriade, nog verder, tot onder de 800.000. Daarna trok het aantal weer aan tot in 1984 een top van meer dan 900.000 bezoekers werd bereikt. In de 2 jaar daarna daalde het aantal sterk tot in 1986 een dieptepunt van 760.000 bezoekers werd bereikt.

Voor dat er wordt ingaan op de afzonderlijke tentoonstellingen, wordt eerst een aantal algemene zaken behandeld. Om te beginnen de belangrijkste: die van de Parades, die de aanleiding waren tot de bouw van het Koningin Beatrix Paviljoen (KBP).

De Liliade

In 1981 was de Liliade, die van 20 tot en met 24 mei op Keukenhof was, weer een succes. Toen werd ook bekend gemaakt dat de Liliade in 1982 op de Floriade zou exposeren en niet naar Keukenhof zou komen. Keukenhof wilde echter in 1982 weer een lelietentoonstelling en nu niet voor vijf, maar voor tien dagen, met als het kon een keuring door de VKC. Dat verhoogde de aantrekkelijkheid voor de inzenders. Tegelaar zag dat als een kans om van de Stichting Liliade (SL) af te komen, iets wat hij steeds al ambieerde. Toen de terreincommissie in de bestuursvergadering van 15 juni 1981 dan ook voorstelde om in 1982 een lelietentoonstelling te organiseren van tien dagen, stelde hij voor definitief afscheid te nemen van de SL. Hij wilde als lokkertje de deelnemers aan de tentoonstelling de status van inzender van Keukenhof geven. Berends was toen nog wat beducht: het vak zou het niet in dank afnemen als Keukenhof de SL opzij zou schuiven. Aanvankelijk gingen de zaken niet zoals Tegelaar het wilde: de VKC wilde in 1982 niet komen keuren omdat men na advies van de KAVB prioriteit gaf aan de Floriade. De inzenders vonden een show van tien dagen te duur. In de bestuursvergadering van 10 augustus 1981 hakte Berends de knoop door: Keukenhof zou het arrangement betalen van 15.000 gulden. De deelnemers hoefden alleen de bloemen te leveren, ook voor een eventuele verversing, en ze kregen de status van inzender van Keukenhof. Op 26 oktober 1981 zat Tegelaar een bijeenkomst voor van de deelnemers, waarbij SL afwezig was, die instemden met het voorstel van Keukenhof. Vier dagen later stuurde Keukenhof als vervolg hierop een brief aan de SL met daarin de cruciale zin: "dat impliceert dat in de toekomst een samenwerking tussen de 'Liliade' en 'Keukenhof' overbodig is geworden." Deze zin stond echter niet in het verslag van de bijeenkomst van 26 oktober.

De show op Keukenhof was in 1982 was weer een succes en werd zelfs verlengd van 23 mei tot en met 31 mei (Tweede Pinksterdag), omdat het park en nog zo mooi bijlag. Ook de Liliade, een maand later op de Floriade, was een groot succes. De vakbladen vonden dat twee lelietentoonstellingen toch te veel van het goede waren. Bovendien ging het gerucht dat de Liliade in 1983 naar Rijnsburg zou gaan als onderdeel van de jaarlijkse zomerbloementoonstelling. SL-voorzitter Wildoër liet in de vakbladen blijken dat men nogal gebelgd was over de brief van Keukenhof van oktober. Vandaar dat *Bloembollencultuur*, het orgaan van de KAVB, er voor pleitte een onderhandelaar in te schakelen: "Het moet toch mogelijk zijn een modus te vinden waardoor beide partijen het met elkaar eens worden. We hebben immers niet te maken met een soort Falkland-achtige toestanden, waarbij men grote risico's neemt om toch vooral zijn gezicht niet te verliezen."[682] KAVB-voorzitter J.P.M. de Jonge bemiddelde, maar wist de partijen niet tot elkaar te krijgen. Op 22 september 1982 schreef hij in een brief aan Berends dat er geen compromis mogelijk was omdat de SL vond dat de tentoonstelling op Keukenhof: "niet voldoende beantwoordt aan de doelstellingen van de Stichting Liliade, n.l. het organiseren van een duidelijke vaktentoonstelling."[683] Volgens de SL hing dat samen met het ontbreken van een VKC-keuring. Intussen was Keukenhof al lang en breed met de organisatie van de tentoonstelling voor 1983 bezig. Die zou tien dagen duren en er zou een vazenkeuring komen door de VKC, die ook toegankelijk zou zijn voor de marktbroeiers. De SL ging van 5 tot 10 juli naar Rijnsburg. Dat werd geen succes. Door het warme weer kwamen er te weinig bezoekers. Daarmee viel het doek voor de SL: *Bloembollencultuur* van 29 december 1983 schreef dat de SL zichzelf had opgeheven en de naam had overgedragen aan de Vereniging de Lelie, een gewasgroep van de KAVB. Er was nog wel sprake van dat Keukenhof die naam zou overnemen omdat er subsidie van de Bloembollenraad aan vast zou zitten. Maar toen dit niet het geval bleek te zijn zag men er vanaf.[684] Inmiddels waren de Parades een feit en de lelietentoonstelling werd ook in dat stramien gevoegd.

De Parades

De terreincommissie reageerde in haar vergadering van 27 april 1981 positief op een vraag van de bekende narcissenteler W.F. Leenen & Zonen uit Sassenheim of er mogelijkheden waren om eind maart/begin april 1982 een tentoonstelling van de afgesneden bloemen van narcissen te organiseren. Omdat dat moest plaatsvinden in het KJP en Van Os daarover de scepter zwaaide, sprak men af dat met hem te bespreken. Leenen had al begin januari 1979 toestemming gekregen om elk jaar in de warme kas bloemstukken van narcissen neer te zetten. Ook nu kreeg hij zijn zin. Van Os deelde in de bestuursvergadering van 19 maart 1982 mee dat er van 16 tot en met 19 april 1982 een speciale narcissenshow met als naam 'Narcissus '82' in het KJP zou worden gehouden. In *CNB-Info* van 8 april 1982 stond over de tentoonstel-

---

[682] *Bloembollencultuur* 7-5-1981, aldaar 1227.
[683] Keukenhofarchief.
[684] AB Keukenhof 17-9-1984.

ling een voorbeschouwing. Hierin stond dat het paste in het beleid van Keukenhof om elk weekend in het teken te zetten van een bepaald bolgewas. Omdat alle belangrijke veredelaars van narcissen meededen was de tentoonstelling een groot succes. Er kwamen tijdens die dagen ongeveer 70.000 bezoekers. Als reactie bood een aantal narcissentelers uit 't Zand aan een beplanting in de tuin te verzorgen om die te laten verwilderen. In de bestuursvergadering van 14 juni 1982 werd de volgende stap gezet. Van Os deelde mee dat er in 1983 in het KJP drie tentoonstellingen zouden komen: van 1 t/m 4 april: irissen en fresia's; van 15 t/m 24 april: narcissen en van 5 t/m 8 mei: het bijgoed. Zie de tabel voor de ontwikkeling tot en met 1986.

Overzicht data en binnententoonstellingen 1982 tot en met 1986.
De lelies werden tentoongesteld in de kas en de andere gewassen tot en met 1984 in het KJP en daarna in het nieuwe KBP. In 1985 kregen de tentoonstellingen de naam Parade.

DATA EN JAAR	GEWASSEN
1982	
16 tot en met 19 april	Narcis
13 tot en met 31 mei	Lelie
27 tot en met 31 mei	Bijgoed
1983	
1 tot en met 4 april	Iris, fresia
15 tot en met 24 april	Narcis
5 tot en met 8 mei	Bijgoed
13 mei tot en met 23 mei	Lelie
1984	
5 tot en met 8 april	Iris, fresia
14 tot en met 23 april	Narcis
17 tot en met 20 mei	Kleinere en minder bekende bolgewassen ('Bulbi-varia')
10 tot en met 20 mei	Lelie
1985	
29 maart tot en met 10 april	Hippeastrum, fresia, iris
12 tot en met 24 april	Hyacint en narcis
25 april tot en met 8 mei	Tulp
10 tot en met 15 mei	Bijzondere bolgewassen
17 tot en met 27 mei	Lelie
1986	
28 maart tot en met 9 april	Hyacint, fresia, Hippeastrum
11 tot en met 22 april	Tulp en iris
24 april tot en met 7 mei	Narcis
9 tot en met 19 mei	Bijgoed
15 tot en met 25 mei	Lelie

In de terreincommissie van 1 november 1983 stelde Van der Meij voor om voor de binnententoonstellingen een vaste naam te kiezen. Hij dacht aan Parade, Festival of Varia. In de bestuursvergadering van 18 november besloot men daar verder over na te denken, maar voor 1984 was dat niet meer mogelijk, de voorbereidingen waren al te ver heen. De propagandacommissie boog zich er ook over en stelde begin januari 1984 voor de naam Parade te kiezen voor alle binnententoonstellingen. Begin 1984 begon in navolging van de inzenders op de lelietentoonstelling ook een discussie over de status van de deelnemers aan de tentoonstellingen in het KJP. Men besloot die nog niet de status van inzender te geven maar dat pas te doen als ze vier jaar inzender waren geweest van minimaal vijftien m². Eind 1985 bereikten negen bedrijven die status.

De status van de tentoonstellingen werd ook tot echte vaktentoonstellingen verhoogd door een overeenkomst met de VKC. Die keurde met ingang van 1985 alle tentoonstellingen. In dat jaar waren de tentoonstellingen zodanig ingeburgerd dat Keukenhof het met ingang van 1986 niet langer nodig achtte elk jaar te overleggen met de deelnemers. Dat werd, behoudens bijzondere ontwikkelingen, afgeschaft. Een andere dienst aan het vak door Keukenhof was het jaarlijks houden van een enquête naar de populairste bloem onder de bezoekers van de Parades.

Koningin Beatrix Paviljoen (KBP)
Afgezien van de lelie vonden de tijdelijke tentoonstellingen plaats in het KJP. En dat was daar niet voor ingericht. Op 31 augustus 1983 schreef de terreincommissie in een memo aan het bestuur dat, nu de tijdelijke tentoonstellingen 'volwassen' begonnen te worden, de beperktheden van het KJP duidelijk zichtbaar werden. De ruimte was te klein, fotograferen was ongunstig en de luchtingsmogelijkheden waren onvoldoende. Ook de inzenders waren niet tevreden over de ruimte. De terreincommissie stelde dan ook voor om na te gaan of het mogelijk was aan het einde van de Beukenlaan een nieuwe tentoonstellingsruimte te bouwen. Men dacht aan een kasconstructie, gecombineerd met een toiletruimte. Daar was in die hoek van het park namelijk dringend behoefte aan. Men dacht eventueel ook aan horeca. Bovendien kwam er dan in het KJP meer ruimte voor de oorspronkelijke doelstelling: demonstraties bloemschikken en (culturele) exposities. De terreincommissie vroeg en kreeg in de bestuursvergadering van 2 september 1983 een krediet van 3500 gulden om een schetsplan en een exploitatieoverzicht te laten maken. Poging om voor de exploitatie reclamegelden uit het vak (afzetbevordering) te krijgen leden schipbreuk, alsook een voorstel om de nieuwe tentoonstellingsruimte, bekend als 'het glazen paviljoen', de naam 'Bloemenhof' te geven.[685] In juni 1984 viel het besluit het paviljoen te gaan bouwen. Dat gebeurde onder supervisie van de terreincommissie. In de bestuursvergadering van 23 juli 1984 kwam de suggestie naar boven om het glazen paviljoen de naam Koningin Beatrix Paviljoen te geven, en zo geschiedde. Toen de bouw begon bleek dat de begroting te globaal was geweest: er was 40.000 gulden

[685] AB Keukenhof 18-5-1984.

extra nodig voor de staalconstructie. Hierdoor kwam de investering uit op 840.000 gulden. Medio december 1984 werd het hoogste punt bereikt en werd als noviteit aardgas gebruikt voor de verwarming. Kennelijk was men daarop nog onvoldoende ingespeeld want begin 1985 was er 10.000 gulden extra nodig voor isolatie van het KBP. Op 29 juni 1984 publiceerde de *Hobaho* op bladzijde 9 een foto van de maquette van het nieuwe paviljoen van 1200 m², waarvan ongeveer 700 m² expositieruimte (zie **afbeelding 7**). In april 1985 opende mr. S. Patijn als CdK van Zuid-Holland het KBP (zie **afbeelding 8**). *CNB-Info* plaatste op de voorpagina van het nummer van 20 maart 1986 een kleurenfoto van een show in het KBP (zie **afbeelding 9**). Die opening stond in het teken van muziek. Keukenhof doneerde 10.000 gulden voor het restaurant in het Concertgebouw in Amsterdam en daarvoor kwam het Nederlands Kamerorkest spelen. Met Jaap van Zweden als violist vertolkte men Vivaldi's *Lente*. In het KBP hingen levensgrote portretten van componisten en klonk op de achtergrond lichtklassieke muziek.

afb. 7
Maquette van het nieuwe paviljoen

afb. 8
Opening KBP

afb. 9
Show in KBP

Koningin Juliana Paviljoen (KJP)

Net als in de vorige periode werd ook in deze periode weer het nodige opgeknapt aan het KJP. Eind december 1982 wilde de brouwerij een nieuwe luifel en een aanpassing van de verwarming voor in totaal 30.000 gulden. Keukenhof droeg daaraan de helft bij.

Sinds de bevrijding had koningin Juliana als blijk van dankbaarheid voor haar verblijf aldaar, elk jaar bloembollen gestuurd naar de gemeente Ottawa in Canada. Begin maart 1983 kreeg Keukenhof het verzoek om mee te werken aan het aanbrengen van drie gedenkplaten bij de hoofdingang van het KJP. Die gedenkplaten, een schenking van Ottowa, waren bedoeld als dank voor deze schenkingen. De plaquettes van 100 bij 110 cm waren in de vorm van een tulp en gesteld in het Nederlands, het Engels en het Frans. Uiteraard wilde Keukenhof daaraan meedoen alhoewel al gauw bleek dat er voor 2000 gulden aan de bouwkundige voorzieningen nodig waren. De rest, dus de plaquettes, betaalde de Ottowa. In mei 1983 werden de plaquettes aangebracht en onthuld. Eind 1984 besloot Kodak het diacarrousel te vervangen door de vaste presentatie van enkele grote dia's. Daarvoor waren bouwkundige aanpassingen nodig. Na de tentoonstelling van 1985 werd de vloer vernieuwd, de ingang verplaatst en de bouwkundige aanpassingen voor Kodak aangebracht. Die verbouwing kostte ongeveer 3 ton en Kodak zou meebetalen.[686] Eind van het jaar berichtte Van Os het bestuur dat Kodak 50.000 gulden beschikbaar stelde, waarvan 30.000 gulden in de vorm van pacht en 20.000 gulden in de vorm van een nieuwe presentatie. Het contract zou in 1986 aflopen. Dan zou het weer bekeken worden.[687] Aan het eind van 1985 deelde Kodak mee dat men wilde doorgaan met het exposeren in het KJP en dat men eenmalig 100.000 bijdroeg aan de verbouwing.

Inzenders

Meer dan in vorige periodes hield het bestuur zich bezig met het beleid rond de inzenders/wederverkopers, hierna de ontheffers genoemd. Iets daarvan bleek al in het vorige hoofdstuk. De ontheffers staan in het kader.

686 AB Keukenhof 19-8-1985.   **687** AB Keukenhof 15-11-1985.

Particuliere inzenders/wederverkopers (het genoemde nummer is het nummer op de plattegrond van 1982)

J. B. Wijs & Zn. Zaadhandel BV, Amsterdam, nummer 2, inzender sinds 1978

W.S. Warmenhoven, Hillegom, nummer 9, inzender sinds 1968?

Hortico BV, Hillegom, nummer 15, inzender sinds 1973

John van Grieken, Vogelenzang, nummer 17, inzender sinds 1949

Jan Dix, jr., Lisse, nummer 59, inzender sinds 1949

Stassen Nederland BV, Hillegom, nummer 71, inzender sinds 1980

Walter Blom, Hillegom, nummer 72, inzender sinds 1954?

Van Tubergen, Lisse, nummer 76, inzender sinds 1956

Tulipshow Frans Roozen, BV, Vogelenzang, nummer 78, inzender sinds 1956

In het eerste tentoonstellingsreglement stond dat de inzenders met toestemming van de terreincommissie 'bouwwerken' in hun inzendingen mochten aanbrengen. Tevens was het verboden op het tentoonstellingsterrein van of aan het publiek zonder schriftelijke toestemming van de terreincommissie orders op te nemen en reclamemateriaal uit te reiken.
Bij de herziening van het reglement in 1974 nam men over deze materie twee artikelen, acht en negen, op waarop wij de term 'ontheffers' hebben gebaseerd. Die artikelen staan in het kader.

De ontheffingen werden verleend onder een aantal voorwaarden en ontbindende bepalingen. Zo mocht de verkoop alleen plaatsvinden in het 'bouwsel' en op het voor de inzender gereserveerde terreingedeelte. Er mochten geen producten ter plaatse en in de tentoonstelling worden geleverd en de ontheffing was niet overdraagbaar.

Tijdens de tentoonstelling van 1981 waren er, net als in de vorige periode, weer veel klachten over de verkooppraktijken van Blom. Van der Meij wilde, nadat hij Blom hierop had aangesproken, met de inzenders om de tafel om prijsafspraken te maken, maar Berends wilde niet prijsregulerend optreden. Als Blom de regels overtrad moest hem maar het inzenderschap worden ontnomen.[688] In augustus 1981 kaartte Tegelaar de zaak-Blom weer aan. Hij wilde ook nadere regels stellen. Hij kreeg zijn zin en op 9 oktober 1981 zat hij een overleg voor met de ontheffers. Ter tafel lag een gedetailleerd prijsvoorstel van Keukenhof. Bovendien stond Keukenhof toe dat er verpakte Hippeastrumbollen werden verkocht, tegen een vaste prijs van 10 gulden, onder de voorwaarde dat de bollen een minimale maat van 30/32 hadden. De ontheffers gingen niet meteen akkoord, maar na een aantal voorstellen van hun kant vond men elkaar in november 1981. Er lag toen een gedetailleerde lijst per gewas/cultivar/maat met inkoopprijzen, een vermenigvuldigingsfactor per prijsgroep en een variabel opslagpercentage. Dit was in het eerste jaar ten hoogste 30 procent en in latere jaren lager. Verder waren de verzendkosten naar land gedifferentieerd en de te hanteren koersen ook weer per land.

Begin februari 1982 keurde het bestuur de nieuwe overeenkomst, in de vorm van een aanhangsel aan het al bestaande contract, goed en begin maart ging de lijst naar de ontheffers. In diezelfde maand stelde Tegelaar een aanhangsel aan het contract voor om te voorkomen dat meer dan twee stands onder één inzender zouden komen. Kennelijk was dat een antwoord op de fusie Roozen/Dix die in 1981 had plaatsgevonden.[689] Tijdens de tentoonstelling van 1982 bleek dat Blom zich weer niet aan regels hield, Tegelaar sprak hem er op aan en hij kreeg per aangetekende brief een officiële waarschuwing. Hij was niet de enige overtreder. Zo verkocht Frans Roozen roze Hippeastrums die rood bloeiden, niet soortecht dus, terwijl Stassen te kleine bollen in de dozen stopte.

688 AB Keukenhof 18-5-1981.
689 Brief van 15 juni 1982 aan de ontheffers.

Tentoonstellingsreglement van 1974

"8. Behoudens een bijzondere schriftelijke ontheffing is het aan de inzenders verboden om in de tentoonstelling aan bezoekers producten te verkopen, aan te bieden of reclame-materiaal ter beschikking te stellen. Keukenhof zal, gelet op het algemene belang der tentoonstelling en op de bijzondere structuur van enkele inzenderfirma's, slechts een beperkt aantal ontheffingen verlenen.

9. Keukenhof kan op beperkte schaal aan inzenders toestaan om op hun plaatsen (...) objecten te plaatsen of aan te leggen en te onderhouden, zulks na goedkeuring van bij de terreincommissie ingediende ontwerptekeningen en voor de tijd, dat de plaatsen in de tentoonstelling voor hen blijven gereserveerd."

In 1982 werden ongeveer 80.000 Hippeastrumbollen verkocht, zo bleek uit een mededeling van Tegelaar tijdens het overleg met de inzenders op 7 februari 1983. In dat overleg werden ook de prijslijst voor 1983 vastgesteld. De prijslijst werd jaarlijks vastgesteld.
Ondanks de regels bleven er klachten en werden er overtredingen van de regels geconstateerd. Roozen maakte het zo bont dat hij in maart 1984 zijn ontheffing kwijt dreigde te raken. Zo ver kwam het niet, maar hij moest wel het huisje op de inzending van Dix verkopen en de inzending van Dix laten vervallen. Het huisje werd voor 25.000 gulden gekocht door Wijs. Roozen was echter niet de enige overtreder. Vandaar dat het bestuur steekproeven over de prijzen ging nemen en ook Hippeastrumbollen innam en op kantoor liet uitbloeien. Dat gebeurde tijdens de tentoonstelling van 1985 voor het eerst en het was geen onverdeeld succes. Geen van de drie bollen per wederverkoper verkochte bollen voldeed aan de verwachtingen; ze waren niet soortecht of niet goed geprepareerd.

In 1985 was er ook het nodige te doen rondom Stassen. Dat bedrijf was overgenomen door P. Bakker uit Hillegom, een bekend postorderbedrijf. Keukenhof keurde echter de overdracht van de ontheffing aan Bakker niet goed. Het leidde tot een discussie met advocaten aan beide zijden. Half augustus was men er uit: Stassen vertrok als inzender en het verkoophuisje zou voor 30.000 gulden worden verkocht. Een voorstel van Guldemond om het als Keukenhof te kopen en te verpachten wees het bestuur af, evenals de verkoop door Keukenhof aan Van Tubergen. Die kon het rechtstreeks van Stassen kopen en dat was in september een feit.

In diezelfde periode werd Hortico overgenomen door Waling van Geest, die wel de ontheffing kreeg.

Kennelijk was het toen ook al bekend geworden dat het verkopen van Hippeastrums in dozen aantrekkelijk was, want er kwamen verzoeken van de pachters van de bloemenstallen en van pachters van het straatje om dat ook te mogen doen. Na een aanvankelijke toestemming wees Keukenhof echter die verzoeken af: de verkoop was alleen op Keukenhof toegestaan.[690]

De ontheffers bleven een bron van zorg voor Keukenhof. Dat bleek wel uit de besprekpunten voor het overleg in januari 1987: verlaging van de vermenigvuldigingsfactor; afronding verkoopprijzen naar boven niet toegestaan; maat Hippeastrumdoos; klachten over te late afleveringen; geen verspreiding plattegrond van Keukenhof en/of opname hiervan in prijscourant; duidelijke opgaaf van sortiment in collecties; verzendkosten per land.
Het reglement voor de ontheffers werd ook steeds gedetailleerder. Zo stond in het reglement over 1986 (de ontheffing werd jaarlijks verleend) onder meer dat Keukenhof zich het recht voorbehield om na 1 juli 1986 een "order-prijzencontrole te doen plaatsvinden door een extern accountantskantoor, van alle tijdens het Keukenhofseizoen op Keukenhof geboekte orders. De kosten van dit onderzoek komen voor rekening van Keukenhof, tenzij afwijkingen ten opzichte van het contract worden geconstateerd, in dit laatste geval worden de kosten doorberekend aan contractant." Ook mochten de contractanten op de wandelpaden geen verkoopactiviteiten ontplooien.

Bedrijven die inzender wilden worden werden vaak op een wachtplaats geplaatst. In enkele gevallen maakte het bestuur echter een uitzondering op die regel, omdat men die inzender vanwege zijn sortiment graag wilde hebben. Zo werd bijvoorbeeld J. Pennings uit Breezand in juni 1982 zonder meer toegelaten, gezien zijn bijzondere sortiment hyacinten en narcissen. Hij won de eerste Hyacintenparade. Hetzelfde gold voor K. van der Veek uit Burgerbrug, vanwege zijn grote sortiment narcissen. Er was echter aanvankelijk rondom zijn persoon enige aarzeling. Hij was namelijk ook commissionair bij CNB en CNB wilde men niet als inzender. Sterker nog, toen CNB dit in juli 1985 vroeg, werd ze afgewezen. In augustus 1984 werd J. Bijl van Duivenbode uit Breezand ook zonder meer toegelaten; hij was een befaamd teler van het zogenaamde bijgoed. Hij kreeg een plaatsje bij het KJP. Een jaar later deed hij zijn bedrijf over aan Clemens, die inzender mocht worden.

Inzenders, ontheffers, deelnemers aan tentoonstellingen en bedrijven op de wachtlijst, al die categorieën zijn in middels de revue gepasseerd. Er was echter nog een categorie: inzenders kassen, die niet de status van inzender bezaten. Keukenhof bood hen de gelegenheid hun bollen in de kassen te laten planten. In 1982 stonden er op die lijst een kleine veertig bedrijven, waarvan meer dan de helft van buiten de Bollenstreek.

Daarnaast was er een bijzondere categorie van zeven inzenders die er tijdens de tentoonstelling voor zorgden dat er zo'n tien keer nieuwe bloemen stonden. Vijf ervan deden dat constant in de kassen en twee in het KJP. De laatste waren Passchier uit Noordwijk met irissen en Wülfinghoff met fresia's. Voor een overzicht ontleend aan een artikel in de *Hobaho* van 18 mei 1984 op bladzijde 6 en 7, waarin Koster ze 'onze steunpilaren' noemde.

Ondanks al deze inzenders was het regelmatig nodig aankopen te doen van bollen en planten om de tentoonstelling op te fleuren, zoals bij Van den Hoek's Broeiproevenbedrijf. Daarnaast kocht de terreincommissie in april 1981 voor 15.000 gulden aan vaste planten en later dat jaar 20.000 tulpen voor de late broei in 1982, want daaraan ontbrak het. Ook drong men bij de inzenders aan toch vooral late tulpen in hun inzending op te nemen. Toen dat onvoldoende hielp, schreef de terreincommissie in mei 1984 alle bestaande en potentiële inzenders hierover een brief. Een maand later zocht men de publiciteit. In een interview ter gelegenheid van de bouw van het KBP stelde Koster de zaak aan de orde. Dat was in de *Hobaho* van 29 juni 1984 op bladzijde 9 en 17. Er was behoefte aan tulpen en narcissen, zei Koster, en belangstellenden konden, liefst voor 15 juli, 110 tulpen (12/op) per cultivar of 65 stuks narcissen, van de kleinere 125 stuks, per cultivar leveren voor opplant in de kassen van Keukenhof.

690 AB Keukenhof 18-5-1984.

Beelden

In de bestuursvergadering van 15 april 1983 vertelde Broersen dat koningin Beatrix hem tijdens een werkbezoek aan Lisse had gezegd dat, als er weer beelden op Keukenhof kwamen, ze de tentoonstelling wel weer eens wilde openen. Dat was voor het bestuur aanleiding aan Koster te vragen contact op te nemen met de beeldhouwers Nico Jonk en Peter van der Meer met de vraag of ze beelden wilden exposeren. Transport en verzekering zou voor rekening van de beeldhouwers zijn. Dat leidde kennelijk niet tot actie, want later dat jaar had Koster contact met het Amsterdams Beeldhouwers Collectief. Dat had wel succes. Iin de vergadering van 17 oktober 1983 meldde Koster dat er weer beelden kwamen van een paar kunstenaars. De terreincommissie bepaalde de plaats en Keukenhof betaalde de transportkosten ad 1500 gulden. De terreincommisie zocht 20 beelden uit en in mei 1984 besloot Keukenhof voor 1800 gulden het beeld 'Lotus' aan te kopen. In datzelfde jaar trok het bestuur 5000 gulden uit voor de beelden in 1985. In dat jaar zou H. Kortekaas beelden plaatsen. Na de tentoonstelling van 1985 werd contact gelegd met de Nederlandse Kring van Beelden en daar kwam het idee uit om in 1987 tot een uitwisseling te komen met Franse beelden. In 1986 zouden er beelden van Nico Jonk komen. Keukenhof wilde echter liever geen foto's van beelden meer in de catalogus, gezien de slechte ervaringen op dat punt met CRM, maar draaide later toch wat bij.[691] Wel sprak men de bereidheid uit eventueel beelden aan te kopen. Begin 1986 bleek dat de Franse beelden niet kwamen. Daarvoor in de plaats opteerde men voor 1988 voor Duitse beelden. De terreincommissie had voor de tentoonstelling van 1986 zeven beelden van Jonk uitgezocht en Keukenhof trok 10.000 gulden uit voor vervoer en verzekering. Dat bedrag kwam ook in de begroting voor beelden. Eind 1986 werd er aan dit palet een bijzonder element toegevoegd. Toen kreeg de Franse beeldhouwer Daniël Buren toestemming om in de grote weide 12.000 tulpen in de kleuren wit en lila/rood te planten voor een kunstwerk van 110 bij 1 meter.

Tentoonstelling 1981

De voorbereidingen van de tentoonstelling 1981 begonnen al in april 1980 met een discussie over de entree. Het bestuur wilde die verhogen, maar er was toestemming van EZ nodig als dat meer dan 3 procent zou zijn. Aangezien het bestuur van 6 naar 7 gulden wilde, maar wel voelde dat dat onhaalbaar was, vroeg men aan EZ om een verhoging tot 6,50 gulden. Dat was ongeveer een verhoging van 6 procent, die men om 'kassatechnische' redenen naar boven afrondde.[692] Daarmee ging EZ akkoord. Wellicht om deze reden opende staatssecretaris Th. Hazekamp van EZ op 27 maart een Keukenhof dat al aardig oogde. Hij ging in zijn rede nader in op het toeristisch beleid en daarin pleitte hij voor de opvulling van het gat tussen Keukenhof en het hoofdseizoen; de grote vakantie. Dat leidde tot de wat misleidende krantenkop als zou hij voor een 'najaars-Keukenhof' zijn. Dat was mede aanleiding voor het plan van een permanente Floriade op Keukenhof.

In 1981 kreeg de Stichting Liliade van de Bloembollenraad een renteloze lening van 12.000 gulden onder kwijtschelding van de lopende lening van 20.000 gulden. Volgens Wildoër, die sprak bij de opening van de Liliade op 20 mei, had dat mede het voortbestaan van de SL gewaarborgd. Als dank mocht voorzitter R. van Waveren van de Bloembollenraad, de Liliade openen. Hij hield zich aan de veilige kant met een inleiding over de geschiedenis van de lelie. Hij ging op de foto samen met Berends en de bijna 100-jarige Dix (zie **afbeelding 10**).

afb. 10
Dix (rechts) bij de opening van de Liliade

Van den Hoek

In april 1981 kreeg Keukenhof volop te maken met de penibele situatie bij het broeiproevenbedrijf Van den Hoek uit 't Veld. In februari en maart 1981 gonsde het in de bloembollensector van geruchten als zou het bedrijf in grote financiële moeilijkheden verkeren. In een brief, die onder meer werd geplaatst in *Bloembollencultuur* van 3 april 1981, gaven Jan van den Hoek en zijn medewerkers opening van zaken. Het bedrijf was inderdaad in financiële moeilijkheden en zonder een oplossing, lees subsidie van het vak, daarvoor zou het bedrijf de activiteiten moeten beëindigen. Cijfers verstrekte men niet, maar die had de terreincommissie van Keukenhof wel. Ze lagen ter tafel in de vergadering van 17 april 1981. Die waren onthutsend, want bij een omzet van 370.000 gulden leed het bedrijf een verlies van 320.000 gulden. De terreincommissie verwachtte dat dit zou leiden tot een verdubbeling van de tarieven, tenzij er een subsidie vanuit het vak zou komen. Keukenhof, als grootste klant van Van den Hoek, had bij Van den Hoek in 1981 voor 92.500 gulden gebroeide bollen gekocht voor de showkas en de mini-Keukenhoven. Als het tarief verdubbelde stond Keukenhof voor een uitgaaf van 180.000 gulden. De terreincommissie verwachtte niet dat de subsidieaanvraag van Van den Hoek gehonoreerd zou worden. Dat leidde tot een berekening van wat het zou kosten als men in eigen

691 AB Keukenhof 15-11-1985.

692 Brief aan de minister van EZ, d.d. 14-5-1980 (Archief Keukenhof).

huis ging broeien en daarvoor een kas en een koelcel zou bouwen. Dat kwam goedkoper uit, zelfs als men Van den Hoek in dienst zou nemen. In de bestuursvergadering van 24 april 1981 stelde de terreincommissie dat dit op jaarbasis kon voor 100.000 gulden. Het bestuur zag er wel wat in, maar Van den Hoek wilde niet verhuizen. Intussen was voorzitter De Jonge van de KAVB door zijn leden op pad gestuurd om bij het PVS subsidie voor Van den Hoek te verkrijgen. Hangende de discussie daarover wilde Berends niet het groene licht voor de bouw van een kas geven. Dat zou overkomen als een motie van wantrouwen richting bloembollenvak. De terreincommissie zag dat niet zo en bedong dat men voor 1 juni moest weten waar men aan toe was.[693] Op 1 juni vergaderde het bestuur. Toen was Keukenhof volop betrokken bij de redding van Van den Hoek. Er was toen sprake van een subsidie van acht ton voor het bedrijf en een tariefsverhoging van vijf tot zes procent. Voorlopig besloot men dat af te wachten, maar toch met de eigen plannen door te gaan. In juli was men eruit. Henk van Dam, de eigenaar van het bedrijf, verkocht het bedrijf. Het werd een stichting met bestuursleden uit de bloembollensector. Van den Hoek bleef directeur en het PVS verstrekte een renteloze lening van negen ton met een looptijd van tien jaar voor de aankoop van het bedrijf van Van Dam. Bovendien verstrekte de KAVB een eenmalige garantie van 50.000 gulden ter dekking van een exploitatietekort en participeerde ook in de stichting. De Bond van Bloembollenhandelaren deed het een noch het ander. Keukenhof had aan de redding bijgedragen door toe te zeggen klant te willen blijven, maar wilde geen deel uitmaken van het bestuur van de stichting. Keukenhof ging wel akkoord met een tariefsverhoging van rond de tien procent. Als die hoger was geweest had men de eigen plannen doorgezet, Van den Hoek wilde namelijk twintig procent meer. Ook kreeg Van den Hoek geen afnamegarantie voor vijf jaar, zoals de nieuwe stichting wilde.[694] Wel liet Keukenhof de KAVB weten dat men bij een redelijk tarief de afname wilde continueren.

Ook het Bloemencorso verkeerde weer eens in financiële problemen. Men vroeg aan Keukenhof in plaats van de jaarlijkse 1500 gulden nu maar liefst 10.000 gulden en een van de sponsors, Kodak, had gedreigd de subsidie in te trekken als de financiën voor 1982 niet rond kwamen. Er was 40.000 gulden nodig. Keukenhof zegde de gevraagde bijdrage toe, mits de andere 30.000 gulden ook op tafel kwam.[695] Na een gesprek met de stichting die het corso organiseerde zegde Keukenhof drie jaar 5000 gulden toe, mits het corso soberder werd.[696]

Tentoonstelling 1982
Al in april 1981 maakte Tegelaar zich, in verband met de Floriade, zorgen over de financiën in 1982. Hij wilde weer met EZ praten over een verhoging van de entree. Benningen was het daarmee niet mee eens. Keukenhof moest maar eens leren leven met de Floriade, vond hij, en het was meer op zijn plaats om de promotie te intensiveren dan een hogere entree te vragen. Ook Berends vond de beste promotie een lage toegangsprijs.[697] Dat weerhield Tegelaar er niet van om met de financiële commissie een aantal berekeningen te maken over de entree 1982. Die presenteerde hij in de vorm van een memo in de bestuursvergadering van 18 mei 1981. Daaruit bleek volgens hem dat aan EZ moest worden gevraagd om een entree van f 7,50 voor twee jaar. Hij had het daar al over gehad met Hazekamp toen die de tentoonstelling opende en die had niet meteen nee gezegd. Benningen wilde juist een lagere entree en tien procent bezuinigen. Omdat er echter een prijs moest komen waarmee Van Rijnen op pad kon naar de touroperators in Engeland, bepaalde men juni 1981 de entree voor 1982 voorlopig op 7,50 gulden (later werd dat 7 gulden).[698]

Op 26 maart knipte mr. dr. C. Berkhouwer oftewel 'Boerenkees', bekend VVD-er en lid van het Europees parlement, een bloemenslinger voor de vernieuwde hoofdingang door en opende daarmee de tentoonstelling. Het was bijna op de dag af (25 maart) 25 jaar geleden dat het verdrag van Rome was getekend en de EEG een feit was. In het KJP was ruimte beschikbaar gesteld voor de presentatie van de Floriade. Dat was aanleiding voor Benningen om de Floriade "de stiefzuster van Keukenhof" te noemen.[699]

Keukenhof pakte nogal uit bij de narcissententoonstelling die op 16 april begon. Niet alleen stonden er tweehonderd bloemstukken, ook werd er een twee meter hoge levensboom met tweeduizend bloemen van vijfhonderd cultivars in elkaar gestoken. Buiten bloeiden in de Beukenlaan duizenden narcissen die voor verwildering waren geplant. In het park waren ook speciale doorkijkjes, terrassen, voor fotografen aangelegd en daar werd druk gebruik van gemaakt. Aan deze show, met acht inzenders, was (nog) geen keuring verbonden. De vakbladen spraken van een geslaagd initiatief en een 'grootse show', dus men zou er mee doorgaan.

Op 30 april reed het vijfendertigste corso en Keukenhof won met een door Dries Lecke uit Naarden ontworpen wagen, voorstellende een mini-Keukenhof met een vijvertje en een werkende fontein, een grote gouden medaille (zie **afbeelding 11**).

afb. 11
Corsowagen van Keukenhof 1982

693 AB Keukenhof 18-5-1981.
694 AB Keukenhof 13-7-1981.
695 AB Keukenhof 14-9-1981.
696 AB Keukenhof 13-11-1981.
697 AB Keukenhof 24-4-1981.
698 Of daarvoor toestemming was gevraagd aan EZ, is auteurs niet bekend.
699 *Bloembollencultuur* 2-4-1982, aldaar 1033.

De lelieshow werd voor het eerst niet gecombineerd met het bijgoed, want daar was geen ruimte voor. Ze werd wel gecombineerd met andere bloemen, namelijk fresia's, Hippeastrums en Alstroemeria's. Bovendien showde de Haagse beeldhouwer Peter van der Meer bronzen beelden. Op 13 mei opende de bekende tuinbouwpubliciste mevrouw A.C. Muller-Idzerda de show en gaf mr. P. Teunissen de voorzitter van de vereniging de Nederlandse Bloemisterij, de inleiding. Een van de bronzen beelden van Van der Meer, 'de Kangoeroestoel', trok zo de aandacht toen het bij de hoofdingang stond dat Keukenhof het kocht voor 20.000 gulden.

Het bijgoed sloot Keukenhof bloeiend af met een speciale show in het KJP met zeven inzenders, onder hen Bijl van Duivenbode uit Breezand. Deze show was eigenlijk op het laatste moment georganiseerd om nog wat kleur in de tentoonstelling te brengen.
Benningen vond het park er aan het eind van het seizoen maar triest uitzien, zei hij in de bestuursvergadering van 14 juni. Op de sluitingsdag waren alle stands al gesloten en verlaten, vandaar dat hij maar weer eens pleitte voor een vaste einddatum. Hij kreeg zijn zin. Op voorstel van de terreincommissie werd de tentoonstelling voor 1983 vastgesteld van 25 maart tot en met 23 mei (Tweede Pinksterdag). Later bleek dat de verlate sluiting van 1982 bijna 35.000 gulden had opgeleverd.

Tentoonstelling 1983
Ook de voorbereidingen van deze tentoonstelling begonnen weer met een discussie over de hoogte van de toegangsprijs. Nog voor de tentoonstelling was afgesloten kwam het al in discussie. De financiele commissie had voor de bestuursvergadering van 17 mei 1982 een investeringsoverzicht voor de komende 5 jaar opgesteld als ondersteuning voor het gesprek met EZ over een hogere toegangsprijs. De investeringen liepen op van bijna 6 ton in 1982/1983 tot bijna 750.000 gulden in 1986/1987. Bij een entreeprijs van 8 gulden waren daar er in 1983 ruim 813.000 bezoekers voor nodig. Op dat moment (17 mei 1982) waren er 680.000 betalende bezoekers geteld. Dat werd besproken met Hazenkamp en zoals een maand later bleek leende die Keukenhof een gewillig oor. Medio juli kreeg Tegelaar zijn zin. De entree ging voor 2 jaar naar 8 gulden. Gezien de investeringen betekende dat een minimum aantal betalende bezoekers van een kleine 800.000 nodig was. De staatssecretaris kreeg een bedankbrief.[700] Dat aantal werd in 1982 net niet gehaald en sloot met 790.000 bezoekers. Dat vond men een goed jaar, hetgeen vooral kwam door de gure Pasen, zei Berends bij de opening van de tentoonstelling van 1983, en nauwelijks door de Floriade.
Prinses Margriet was weer naar Lisse gekomen om de tentoonstelling te openen. Er was nog niet veel kleur. Er lagen in de tentoonstelling drie modeltuinen, maar ook bij vier particulieren in Lisse was het mogelijk de achtertuinen te fotograferen. Er was ook begonnen met het aanleggen van fonteinen in verschillende inzendingen. De eerste lagen in de inzending van De Vroomen (kosten 25.000 gulden). Bovendien waren er nieuwe paden aangelegd, waarvan enkele met boomschors. De vakbladen vonden dat Keukenhof daardoor de laatste jaren een speelsere aanblik had gekregen, en schreven dat toe aan Koster.
Voor de opening door prinses Margriet sprak Roberto Lonati, de secretaris-generaal van de World Tourism Organsiation (WTO), die als bewijs van waardering voor de bijdrage aan het toerisme Keukenhof een 'real bronze medal' toekende en een tulp van K & M met zijn naam doopte (zie **afbeelding 12**).

afb. 12
Roberto Lonati doopt een tulp met zijn eigen naam

In 1982 had de Bloembollenraad twaalf Italiaanse fotografen naar Nederland laten komen om voorjaarsbloemen te fotograferen. Een kleine selectie van hun werk hing in het KJP met daarbij een mooie opname van de parkwachter D. Vink uit Noordwijk (zie **afbeelding 13**).

afb. 13
Parkwachter D. Vink

Op 1 april Goede Vrijdag begon de eerste fresia-irisspecial als eerste van de serie binnententoonstellingen. In een voorbeschouwing daarover in *Bloembollencultuur* van 1 april stond dat het niet uitgesloten was dat Keukenhof in 1984 een ononderbroken reeks binnententoonstellingen

700 AB Keukenhof 12-7-1982.

Museum voor de Bollenstreek

Begin tachtiger jaren nam een aantal bewoners van Lisse, waaronder J. Zwetsloot, directeur van de Hobaho en bestuurslid van Keukenhof, het initiatief om tot een museum te komen. Men richtte een stichting op en had een pand in het centrum van Lisse op het oog: een leegstaand bloembollenbedrijf, dat op de nominatie stond om te worden gesloopt. Het pand was al van de gemeente, maar werd ter beschikking gesteld van de stichting. In de loop van 1983 vroegen Gerrits als burgemeester van Lisse en Zwetsloot als bestuurslid van de stichting om samenwerking met Keukenhof. Het bestuur van Keukenhof boog zich erover in de vergadering van 11 juli 1983 en was niet enthousiast. Van Os voelde er niet voor om bloemen beschikbaar te stellen voor in het museum, Benningen zag geen meerwaarde in de samenwerking en Berends voorzag allerlei bestuurlijke en organisatorische problemen bij een nauwe samenwerking. Toch steunde Keukenhof het museum wel. De opening op 30 augustus 1985 werd bijgewoond door Van Os en tijdens de tentoonstellingen van 1985 en 1986 kreeg het museum expositieruimte op Keukenhof. Bovendien had Keukenhof eind 1982 met eenmalig 5000 gulden bijgedragen voor de oprichting van het museum. Toen had men al besloten dat men verder geen relatie aanging. Men behandelde het museum net zoals het corso, was de mening van het bestuur.[701]

wilde houden en dat met de gedachte werd gespeeld om daarvoor een speciale hal te bouwen. Om het bezoek door vakgenoten te stimuleren verstrekte de Hobaho via een bon in het eigen blad vrijkaarten. Zoals we al eerder zagen was het in die tijd gebruikelijk dat na het corso een aantal wagens naar Zweden werd verscheept voor een toer door de stad Götenborg. In maart 1983 stelde Keukenhof 1000 gulden beschikbaar om ook hun wagen naar Zweden te sturen en die reed daar op 7 mei rond. Ook nu weer won de wagen een grote gouden medaille.

Op vrijdag 13 mei opende PVS-voorzitter J. Spithoven de lelietuin, weer groter en mooier dan ooit. Tijdens deze show vond de vazenkeuring door de VKC plaats.

In juli 1983 werd Keukenhof ook betrokken bij het initiatief om in Lisse te komen tot museum voor de Bollenstreek (zie kader).

Eind 1983 kreeg Keukenhof ook te maken met een initiatief van ir. N. Hofman, de voorzitter van de KMTP, dat bekend kwam te staan als een plan voor een permanente Floriade (zie kader).

Een permanente Floriade (het plan Hofman)[702]

Eind 1981 legde Hofman aan zijn hoofdbestuur een korte notitie voor: *Een sortimentstuin van de K.M.T.P. in Nederland. Mogelijk of onmogelijk?* Op die notitie (zie **afbeelding 14**) was een krantenberichtje geplakt met een verslag van de opening van de Keukenhof door Hazenkamp met als kop *Keukenhof ook in najaar open*. Hofman pleitte in zijn notitie voor de aanleg van een permanente sortimentsuin zoals de Royal Horticultural Society in Engeland al sinds 1825 had. Op zo'n tuin kon dan ook elke tien jaar de Floriade worden gehouden, onafhankelijke van de steun van een of meer gemeentes. Ook zou er plaats worden ingeruimd voor allerlei regionale tentoonstellingen, zoals bijvoorbeeld de Westfriese Flora. Als plaats dacht hij aan de Randstad en hij ging uit van 100 tot 200 hectare. De KMTP voelde er wel wat voor, maar besloot eerst maar eens de Floriade van 1982 af te wachten. Hofman was daar als bestuurslid van de Floriade ook bij betrokken. Op 6 mei 1983 was Hofman als gast aanwezig in een bestuursvergadering van de NTR, de organisator van de Floriade, om daar zijn plan toe te lichten. Daar duidde hij voor het eerst op Keukenhof als plek voor de permanente Floriade en had hij het ook over een tentoonstellingshal van 15.000 tot 20.000 m². De NTR was sceptisch en twijfelde aan de voordelen en aan de financiële haalbaarheid. Daardoor niet ontmoedigd stuurde de KMTP op 27 oktober 1983 naar allerlei organisaties een brief met daarbij een nieuwe uitgebreidere notitie van Hofman: *Naar één Keukenhof voor de Nederlandse siergewassen*. Bovendien zouden er in een te plaatsen gebouw niet alleen exposities plaatsvinden, maar het zou de zetel worden van alle organisaties in de tuinbouw. In deze notitie zat ook een

afb. 14
Notitie van Hofman uit 1981.

kaartje met daarop de ligging, niet alleen van Keukenhof, maar ook het landgoed (zie **afbeelding 15**). Het bestuur van Keukenhof nam er in de vergadering van 18 november 1983 met verbazing kennis van. Men achtte het alleen al financieel onhaalbaar. Berends liet zich erover interviewen door het *Leidsch Dagblad*. In het interview, geplaatst op 14 december 1983 nam Berends een afwachtende houding aan. Het was nu aan het vak om te reageren, maar Keukenhof zou op geen enkele wijze stappen ondernemen. Ook was hij benieuwd naar de reactie van graaf Van Lynden. Toen hij dat interview gaf was die nog niet bekend. Maar in het blad van 22 december stond die reactie wel. De graaf vond het te dol voor woorden, er viel met hem niet over te praten. Alhoewel Hofman onvermoeibaar bleef strijden voor zijn plan werd hij alleen gesteund door de boomkwekerijsector, de KLM, de NBT en de VVV's uit de Bollenstreek. Dat was niet genoeg. Het bestuur van Keukenhof nam dan ook niet de moeite om officieel op het plan te reageren.[703] Benningen kwam er nog wel op terug tijdens de opening van de tentoonstelling van 1984. Het plan was financieel niet onderbouwd, zei hij, en de ervaring had geleerd dat er na 20 mei geen bezoekers meer kwamen.[704]

701 AB Keukenhof 17-12-1982.
702 Voor een groot deel ontleend aan het archief van Hofman.
703 AB Keukenhof 16-12-1983.
704 *Bloembollencultuur* 5-4-1984, aldaar 903.

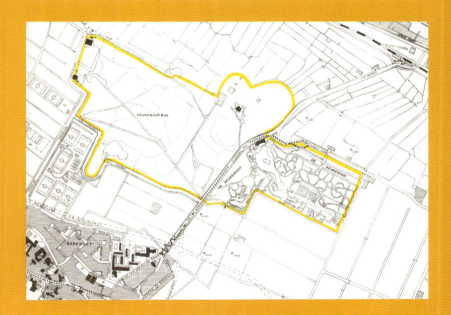

afb. 15
Plan Hofman

Tentoonstelling 1984
Rond deze tijd trad Koster steeds meer op als het gezicht van Keukenhof en liet hij zich steeds voor de tentoonstelling interviewen. Zo gaf hij in een aantal interviews voor de tentoonstelling van 1984 aan dat Keukenhof er naar streefde de tentoonstelling om de vier tot vijf jaar een facelift te geven. Zo waren dit jaar alle ontwerpen vernieuwd en was de heidetuin vergroot. Ook was hij er trots op dat Keukenhof had aangezet tot een aantal innovaties. Zo noemde hij de combinatie bloembollen/vaste planten die zich had voortgezet in het exportpakket, en het gebruik van bijgoed voor verwildering. Die trend was nu voortgezet met narcissen: sinds 1983 werd op Keukenhof nagegaan welke van de honderd geplante cultivars zich daarvoor leenden zonder te 'degenereren'. Keukenhof werkte hiervoor samen met de bekende narcissenverzamelaar K. van der Veek

Op 29 maart opende mr. J de Soet, plaatsvervangend directeur van de KLM, de 35ste tentoonstelling. In zijn toespraak memoreerde hij dat de KLM en Keukenhof al 35 jaar partners waren en elkaars belangen hadden gediend. Er lagen voor het eerst in de vijver 36 houten schijven, waardoor een wandeling over het water mogelijk was. Verder waren er in 3 inzendingen weer fonteinen aangelegd. Keukenhof had daar 20.000 gulden voor op de begroting staan. Ook waren er in (financiële) samenwerking met de Bloembollenraad en Plant Publicity Holland (PPH), sinds 1982 de collectieve promotieorganisatie van de Nederlandse boomkwekers, in het Smalle Bos nieuwe Franse, Duitse, Engelse en Nederlandse showtuinen aangelegd. De PPH had in 1983 voor 10.000 gulden aan plantmateriaal voor de showkas gezorgd en zorgde bovendien in 1985 voor een beplanting in het nieuwe KBP (ad 15.000 gulden).

Tijdens de opening vertelde Benningen 'heet van de naald' dat er een nieuw glazen paviljoen zou worden gebouwd. Omdat het KJP 10 jaar bestond hingen daar als primeur 22 tekeningen die Anton Pieck in 1937 in Marokko had gemaakt. Verder hingen er droogbloemschilderijen, aardewerk en beeldjes van J. Verschoor uit Hillegom.
Op zaterdag 28 april reed het bloemencorso weer door de streek. De wagen van Keukenhof kreeg als thema de Parades mee en er zaten 3 figuranten op. Weer won de wagen een grote gouden medaille en de bindersprijs, zie **afbeelding 16**. Toen liep ook de bijdrage van 5000 gulden per jaar af. Keukenhof besloot, op verzoek van het corso, deze te blijven steunen. Zonder enige discussie zegde men weer 5000 gulden toe.[705]

Half oktober 1984 besteedden de vakbladen aandacht aan de bouw van het nieuwe KBP. Koster werd daarover geïnterviewd en meldde dat de tentoonstellingen de naam van Parade kregen en dat het KBP speciale voorzieningen zou hebben voor fotografen. Er kwam namelijk een drie meter hoge 'fototoren'. Hij suggereerde dat het KBP door de ligging in een hoek van het park ook buiten het seizoen zou zijn te gebruiken, maar was het niet de bedoeling de tentoonstelling langer open te houden: 'Bovendien ligt onze kracht in het voorjaar en dat willen we zeker

afb. 16
Corsowagen van Keukenhof 1984

niet prijsgeven'.[706] Omdat de expositieruimte was verdrievoudigd, riep hij op om in te zenden.

Tentoonstelling 1985
Vanwege de muzikale opening van het KBP stond Keukenhof in 1985 in het teken van Musica '85. In de voorbeschouwingen in de vakbladen werd veel aandacht gegeven aan de kassen van Keukenhof. *CNB-Info* noemde ze, in het nummer van 21 maart, een "eldorado voor de vakliefhebbers", en zette de bedrijven in het zonnetje die al jaren gedurende de gehele periode bloemen lieten zien. De loftrompet werd dit jaar vooral gestoken voor Van den Hoek's Broeiproevenbedrijf die in opdracht van Keukenhof, verdeeld over de 6 weken dat de kas in bloei stond kwam met 3500 kisten tulpen, 700 kisten hyacinten en 1000 kisten narcissen. Keukenhof zelf droeg bij met zelf in bloei getrokken bijgoedgewassen. In die jaren besteedde Keukenhof jaarlijks ongeveer 70.000 gulden aan aankoop van (gebroeide) bollen voor de kassen en ongeveer 60.000 gulden aan de aankoop van (voornamelijk) bloembollen voor 'buiten'. De vakbladen vonden dat Keukenhof alles in zich had om zich te ontwikkelen tot een "blijvend visitekaartje van de gehele Nederlandse sierteeltsector", zo schreef de redactie van *Bloembollencultuur* in een redactioneel commentaar in het nummer van 4 april 1985.

Op 28 maart verving de Commissaris van de Koningin van Zuid-Holland, mr. S. Patijn, de koningin bij de opening van Keukenhof. Hij opende ook het KBP. In zijn toespraak hield hij een pleidooi om met behulp van een provinciale subsidie te komen tot een 'zomer-Keukenhof'. De bestuurders van Keukenhof zullen dat wel met een scheef lachje hebben aangehoord.

705 AB Keukenhof 20-8-1984.
706 *CNB-Info* 18-10-1984, aldaar 4.

afb. 17a
J. Pennings wint wisselbeker voor zijn hyacinten

Door het koude voorjaar kampte de Parade van narcissen, en voor het eerst ook hyacinten, met een zeker gebrek aan bloemen zodat Keukenhof er zelf ook bloemen bijzette. Het was het eerste jaar van de VKC-keuringen en J. Pennings uit Breezand was de eerste winnaar bij de hyacinten (zie **afbeelding 17a** en **b**). Met een puntentotaal van 9,5 won hij ook de beker van Keukenhof. Bij narcissen gingen J. Kerkhof, schoenmaker uit Breezand, en H. Meeuwissen, loonwerker en parkeerpachter uit Voorhout, met de hoogste prijzen strijken. Een patroon dat zich vele jaren daarna zou herhalen. Vanwege het slechte weer viel ook het aantal bloemen op de Tulpenparade tegen.

Gelukkig had Keukenhof 10.000 late tulpen in bloei staan die erbij werden geplaatst. Ook was er een inzending van Van den Hoek die ook in de prijzen viel. Een gelukkige bijkomstigheid was dat gelijktijdig met de Tulpenparade de bekerkeuring voor narcissen plaatsvond. Dat 'redde' de Tulpenparade. Zie voor de uitslag **afbeelding 18**.

BEOORDELING VAN DE STANDS OP SORTIMENT EN KWALITEIT HYACINT		
Totale inzending Hyacinten	9.2	Walter Blom & Zn., Hillegom
Zilveren medaille		
Totale inzending Hyacinten	8.2	Fa. Nic. Dames, Lisse
BEOORDELING PRIJSVRAGEN HYACINT IN DE STANDS OP KWALITEIT		
1e prijs		
'Gipsy Queen', 'Beker Keukenhof'	9.5	Fa. J. S. Pennings, Breezand
'Blue Jacket'	9.4	idem
'Concorde'	9.1	Walter Blom & Zn., Hillegom
'Snowwhite' multiflora	9.1	Nic. Dames, Lisse
'Distinction'	9.0	Walter Blom & Zn., Hillegom
2e prijs		
'Hollyhock'	8.9	Walter Blom & Zn., Hillegom
'Carnegie'	8.9	J. S. Pennings, Breezand
'Delfts Blauw' / multiflora	8.8	Nic. Dames, Lisse
'Carnegie' multiflora	8.8	idem
'Anne Marie' multiflora	8.7	idem
'Pink Pearl' multiflora	8.7	idem
'Gipsy Queen'	8.7	Walter Blom & Zn., Hillegom
'Queen of the Blues'	8.7	idem
'Pink Supreme'	8.6	C. J. Zonneveld & Zn., Voorhout
'Blue Star'	8.5	Prins & Topper, Wassenaar
BEOORDELING VAN DE STAND OP KWALITEIT EN SORTIMENT NARCISSEN		
Gouden medaille		
Totale inzending Narcissen	9.5	Fa. H. L. Meeuwissen, Voorhout
Totale inzending Narcissen	9.3	Fa. J. Kerkhof, Breezand
Zilveren medaille		
Totale inzending Narcissen	8.9	K. J. v.d. Veek, Burgerbrug
Totale inzending Narcissen	8.5	Fa. W. F. Leenen, Sassenheim
Totale inzending Narcissen	8.5	Fa. J. W. Pennings, Breezand
Bronzen medaille		
Totale inzending Narcissen	7.0	Fa. P. Pennings, De Zilk
Totale inzending Narcissen	7.5	Fa. W. P. Ruigrok, Hillegom
Klein bronzen medaille		
Totale inzending Narcissen	7.4	Fa. W. Lemmers, Hillegom
Totale inzending Narcissen	7.3	Fa. Nic. Dames, Lisse
Totale inzending Narcissen	7.2	J. W. A. Lefeber, Noordwijkerhout
BEOORDELING PRIJSVRAGEN NARCISSEN IN DE STAND OP KWALITEIT		
1e prijs		
Narcis 'Andalusia'	9.0	J. Kerkhof, Breezand
Narcis 'Gigantic Star'	9.0	Nic. Dames, Lisse
Narcis 'Canaliculatus'	9.0	K. J. v.d. Veek, Burgerbrug
Narcis 'Kitty'	9.0	W. Lemmers, Hillegom

lichtblauwe Queen of the Blues en last but not least de paarsblauwe Concorde, een fraaie eigen aanwinst.
C. J. Zonneveld & Zn. uit Voorhout etaleerde de mooie nieuwe roze Pink Surprise, de firma Prins & Topper uit Wassenaar bracht de opvallende Bleu Star naar voren en de firma Weduwe A. van Haaster & Zn. uit Lisse zorgde met de narcissen Exotic Beauty en Peeping Tom voor het sluitstuk.

afb. 17b
Uitslag prijsvragen hyacint, in *Bloembollencultuur* 18-4-1985

Uitslagen

TULPEN
Gouden medaille. Inzending tulpen: 9,5 Konijnenburg & Mark BV, Noordwijk.

Zilveren medaille. Inzending tulpen: 8,5 Van de Berg-Hytuna, Anna Paulowna. 8,3 Van den Hoek's Broeiproevenbedrijf, 't Veld-Niedorp. 8,0 Firma P. Visser & Zn., Sint Pancras. 8,0 Firma J. Schoorl, Lisse.

Bronzen medaille. Inzending tulpen: 7,75 W. A. M. Pennings en Zn., Noordwijkerhout. 7,5 S. en K. Visser, Bovenkarspel.

Tulpenprijsvragen. Eerste prijs — botanische tulpen: Tulp Red Riding Hood (beker): 9,13 Van den Hoek's Broeiproevenbedrijf, 't Veld-Niedorp. Tulp Trouvaille: 9,0 Firma P. Visser en Zn., Sint Pancras.

Tulpen hybriden
Eerste prijs. Page Polka (beker) 9,5 Konijnenburg & Mark BV, Noordwijk. Leen van der Mark 9,38 Konijnenburg & Mark BV, Noordwijk. Primavera 9,25 Konijnenburg & Mark BV, Noordwijk. Princess Servath 9,25 Konijnenburg & Mark BV, Noordwijk. Christmas Dream 9,13 Firma J. Schoorl, Lisse. Metro 9,0 Konijnenburg & Mark BV, Noordwijk.

NARCISSEN
Klasse spleetkronigen en dubbele narcissen
Eerste prijs. Flower Drift (beker) 9,3 J. Schoorl, Lisse. Valdrome 9,0 J. N. M. van Eeden, Noordwijkerhout. Petit Four 9,0 P. Pennings, De Zilk. Sovereign 9,0 W. Lemmers, Hillegom. Tahiti 9,0 Walter Blom en Zn., Hillegom.

Klasse meerbloemig (zoals Poetaz, Jonquillen, Triandrus) Minnow (beker) 9,0 H. L. Meeuwissen, Voorhout.

Klasse miniaturen, ook dubbele en meerbloemigen, Trena cycl. (beker) 9,2 W. Lemmers, Hillegom. Ibis 9,0 W. F. Leenen, Sassenheim.

Klasse Trompetten, grootkronige, kleinkronige en Poëticus
Eerste prijs. Manon Lescaut + beker 9,4 J. N. M. v. Eeden, Noordwijkerhout. Honeybird 9,3 J. N. M. v. Eeden, Noordwijkerhout. Pink Charm 9,1 J. N. M. v. Eeden, Noordwijkerhout. Winged Victory, 9,1 Walter Blom & Zn., Hillegom. Arkle 9,0 Walter Blom & Zn., Hillegom. No. 14/83 9,0 W. F. Leenen, Sassenheim. Artic Gold 9,0 Walter Blom & Zn., Hillegom. Empress of Ireland 9,0 J. N. M. v. Eeden, Noordwijkerhout.

afb. 18
Uitslag prijsvragen, in *Bloembollencultuur* 2-5-1985

Op 9 mei kwam er weer eens een oorlogsheld naar Keukenhof. Walter Kublik doopte een oranjegele triumftulp van combinatie Hybris uit Lisse tot 'Liberty' (zie **afbeelding 19**). Veel van de oud-strijders waren ook aanwezig. Zij zouden een pakket 'Liberty' bloembollen thuisgestuurd krijgen.

Was de Liliade op de Floriade een hoogtepunt geweest, Keukenhof ging daar met de Lelieparade in 1985 overheen met een tentoonstelling van maar liefst 3500 m². 6 jaar eerder was dat nog 1200 m². De vakbladen

afb. 19
Walter Klubek doopt tulp 'Liberty'

afb. 20
Keukenhof krijgt Clusiussleutel

schreven, niet ten onrechte, dat het de grootste lelieshow ter wereld was. De Amerikaanse ambassadeur, mr. Paul Bremer III, opende de tentoonstelling en doopte een nieuwe roze lelie van P. Hoff met de naam 'Los Angeles'.

In de bestuursvergadering van 17 juni 1985 werd besloten de tentoonstelling voor 1986 vast te stellen van 28 maart tot en met 25 mei. Tijdens de discussie daarover klaagde Benningen weer dat er zo weinig bloeiends was aan het eind. Men besloot nog meer late tulpen en andere laatbloeiende gewassen aan te planten.
Ook was men bezorgd over het geringe aantal bezoekers door het slechte weer. Ondanks het feit dat in de vakbladen een reductiebon had gestaan van 25 procent voor een bezoek aan de Parades had dit niet voldoende soelaas geboden. Het bestuur nam daarop in overweging om slecht-weerfaciliteiten aan te leggen: in de financiële commissie zou worden gesproken over "creatieve scheppingen in een innovatiefonds."[707] Men verwachtte dat de bezoekersaantallen in de toekomst niet erg veel meer zouden stijgen.

Het jaar sloot positief voor Keukenhof. Op 18 oktober kreeg Keukenhof als eerste de Clusiussleutel uitgereikt door H. Hylkema als voorzitter van de stichting Voortgang. Die stichting was een initiatief van J. Kleiboer, organisator van de Floriade 1960 en 1972, ter nagedachtenis aan zijn overleden vrouw. De stichting werd opgericht door de NTR (zie **afbeelding 20**). Volgens de stichting zou de prijs worden uitgereikt aan diegene die "bijzondere Nederlandse prestaties heeft bevorderd op het werkgebied van organisaties, aangesloten bij de Nederlandse Tuinbouwraad casu quo van de Koninklijke Maatschappij Tuinbouw en Plantkunde."[708]

Tentoonstelling 1986
Gezien alle investeringen die in 1985 waren gepleegd en de geringe groei in de bezoekersaantallen had het bestuur de entree voor 1985 verhoogd naar tien gulden. Dat bedrag werd in 1986 gehandhaafd. Een heidetuin die erg had geleden van de vorst en een wachtlijst met inzenders; de combinatie was snel gelegd en in augustus 1985 trok het bestuur rond de 175.000 gulden uit voor het geheel rooien van de heidetuin, de aanleg van drie zitkuilen, plaats voor vier nieuwe inzenders en water als leidend element.[709] Het werd een wildwatertuin met vijvers op verschillende niveau's en een gewijzigde padenloop. In totaal was vijftien kilometer pad onder handen genomen. Koster, die dit aan de vooravond van de tentoonstelling vertelde aan de vakbladen, voegde daaraan toe dat mogelijk een deel van de zuidwestelijke uithoek van het terrein, nu nog 'woest en ledig', in de toekomst tot tentoonstellingsruimte zou worden 'gepromoveerd'.[710]

Op 27 maart opende drs. L. Ploeger, president-directeur van de NS, Keukenhof, mede omdat in het KJP een expositie 'Van Arend tot Dubbeldekker' was opgesteld (zie **afbeelding 21**). Keukenhof was nog kaal, er lag bijna nog ijs op de vijver, ondanks het feit dat Van den Hoek speciaal voor de eerste aanloop 1200 kisten met diverse bolgewassen in bloei had getrokken. Ruim 10.000 stuks voor in de kassen van 5000 m², terwijl overal op het terrein 50 grote bakken met bloeiende hyacinten stonden die ook door Van den Hoek in bloei waren getrokken.

Eind 1982 had Keukenhof besloten, op voorstel van Benningen, geld uit trekken om samen met het NBT het publiek te enquêteren. Men ondervroeg in 1983 5000 bezoekers. Dit kostte rond de 20.000 gulden. In de vergadering van 17 oktober 1983 nam het bestuur kennis van een paar opvallende resultaten, zoals het lage percentage Nederlanders

707 AB Keukenhof 16-9-1985.
708 *Samen. Honderd jaar Nederlandse Tuinbouwraad 2008*, aldaar 14.
709 Ook de bolgewassen hadden nogal wat geleden van de vorst zodat die nu extra dik gedekt waren met turfmolm (de hyacinten) en compost (de andere bolgewassen).
710 *Bloembollencultuur* 27 maart 1986, aldaar 9.

dat Keukenhof bezocht. Die kwamen uit een gebied in een straal van 50 kilometer rond Keukenhof. Vandaar dat Keukenhof besloot de werving vooral te richten op de Randstad via huis-aan-huisbladen. Verder was opvallend dat het herhalingsbezoek gering was en dat paviljoen en kassen minder bezoek kregen dan verwacht. Verder waren er de gebruikelijke klachten over de toiletten en de horeca, maar ook over de bewegwijzering op het terrein. In maart 1984 verbeterde men de bewegwijzering voor 35.000 gulden en werden de klachten met de horeca besproken. In 1985 trok men nog eens 25.000 gulden uit voor nieuwe plattegronden en 250 richtingsborden.

De enquête van 1984 bevestigde het resultaat van 1983: 36 procent van de bezoekers kwam uit Nederland. Ook in 1985 enquêteerde men weer en dat bevestigde het al eerder ontstane beeld. Dit werd de basis voor een nieuw reclamebeleid; men trok voor reclame ongeveer 1 gulden per bezoeker uit. Wel besloot het bestuur nog een keer 25.000 gulden uit te trekken om te laten onderzoeken waarom de mensen niet naar Keukenhof kwamen.[711]

Bij de opening van de tentoonstelling van 1986 ging Benningen uitgebreid in op de resultaten van de 3 jaar enquêteren. Hij vertelde dat Keukenhof had besloten in Nederland de TV-reclame op te schorten ten gunste van adverteren in huis en aan huis- en dagbladen en de reclame-inspanningen in West-Duitsland, Frankrijk en België te intensiveren. Keukenhof had bovendien het onterechte imago dat er altijd een grote drukte heerste en dat weerhield potentiële bezoekers. Daarom bekeek men met het NBT wat het nut was van het publiceren van bezoekersaantallen op hoogtijdagen.[712]

Op 24 april 1986 opende de Hobaho ter gelegenheid van de viering van haar 65-jarig bestaan de Buitenhof, een permanente expositie van siergewassen op een stuk land van 1,5 hectare in Lisse. Dit was een jaar nadat ze eind 1985 ook een Binnenhof in de gebouwen van de veiling was begonnen. Het merendeel van het Keukenhofbestuur zag het als een aanvulling op de eigen tentoonstelling, doch er waren er ook die vonden dat zo'n show eigenlijk niet kon.

afb. 21
Opening 1986

Financiën

Zoals we eerder zagen werd Zwetsloot in juni 1983 voorzitter van de financiële commissie en kreeg Tegelaar de status van lid. Het leidde in de vergadering van de commissie op 30 september 1983 meteen tot een verschil van mening, waarbij Tegelaar zijn zin niet kreeg. Hij hield een vurig pleidooi om de renteopbrengst van de obligaties aan de reserve diverse verplichtingen toe te voegen, maar moest het afleggen tegen Broersen en de rest van de commissie. Broersen stelde namelijk voor elk jaar een vast percentage aan het eigen vermogen toe te voegen: vooralsnog 7 procent (368.000 gulden). Het bestuur bevestigde die gedragslijn in de vergadering van 17 oktober 1983. In 1984 verhoogde men het percentage naar 10 en in 1986 werd het verlaagd naar 8 procent. In de bestuursvergadering van 24 oktober 1986 ontstond een lange discussie omdat er bezuinigingen nodig waren. Door een stagnatie in de bezoekersaantallen werd het zogenaamde break-even punt te hoog. Dat was het aantal bezoekers dat nodig was om de investeringen uit de begroting te financieren. Toen de financiële commissie in de bestuursvergadering van 21 november voorstelde de renteopbrengst ad ruim 5 ton buiten de begroting te houden, maar onder de algemene reserve te brengen, wilde met name Benningen wel eens weten hoe hoog die dan wel moest zijn. Het werd zo langzamerhand duidelijk dat het ad hoc beleid op het gebied van de financiën zijn einde naderde, ook al omdat Van der Meij met enige regelmaat opponeerde tegen het beleggen in buitenlandse valuta. In het volgende hoofdstuk zullen we zien hoe men trachtte een duurzamer financieel beleid vorm te geven.

Ook voerde Zwetsloot de gedragslijn in dat bestuursleden na hun aftreden alle financiële stukken weer moesten inleveren. Ook de zittende bestuursleden moesten, na bespreking in het bestuur, de jaarcijfers weer bij Zwetsloot inleveren. Die gingen achter slot en grendel.

Begin 1985 besloot de financiële commissie tot een andere opzet van de jaarstukken en dat leidde tot enig gemor bij de terreincommissie. Men had moeite met de verschuiving van het boekjaar naar september tot augustus. Het paste beter in het ritme van de tuin dan van juli tot juni, want het was hun bijna onmogelijk om hun begroting op de gewenste tijd in te dienen. Zwetsloot gaf echter niet toe.[713]

Tot slot

In **afbeelding 22** staan de plattegronden en de inzenderlijsten van 1982/1983 en van 1986. Deze geven een beeld van de veranderingen die in dit hoofdstuk zijn beschreven.

---

711 AB Keukenhof 16-19-1985.
712 *CNB-info* 3-4-1986, aldaar 14.
713 AB Keukenhof 25-8-1986

A/B/C	entree/uitgang/sortie/ausgang/exit	
D	fotopaviljoen/bloemsierkunst	
E	molen/moulin/mühle/windmill	
F	café/selfservice-restaurant/toilet	
G	café/selfservice-restaurant/toilet	
H/J	information	
I	dierenwei	
J/K	bloemenkas/grande serre/treibhaus/greenhouse	
L	flamingo's etc.	
M	souvenirs	
N	sortiment „oude tulpen"	
P	parking	
PP	parking touringcars	
R	specietuin	
RS	rijwielstalling	
ST	bureau/büro/office keukenhof	
T	bloemenverkoop/vente de fleurs/blumenladen/flowershop	
U	heidetuin	
V	amarylliskas	
W/X	modeltuinen	
Y	fotokiosk	
Z	politie/polizei/police	

Inzenders
Participants
Aussteller
Exhibitors
Keukenhof 1982/83

* tevens exposanten kassen
participants exposant aussi dans les serres
stellen auch in den treibhäusern aus
also exhibiting in the greenhouses

* 1. a. frijlink & zn. export b.v., noordwijkerhout
* 2. j.b. wijs & zn., amsterdam
  3. th. langeveld b.v., lisse
* 4. d.w. lefeber & co., hillegom
  5. j.w.a. v.d. wereld, breezand
* 6. j. heemskerk & zn., de zilk
  7. de vroomen export b.v., sassenheim
  8. gebr. eggink b.v., voorschoten
  9. w.s. warmenhoven, hillegom
  10. j. onderwater & co. export b.v., lisse
* 11. w. moolenaar & zn., b.v., sassenheim
  12. wulfinghoff freesia b.v., rijswijk (zh)
* 13. gebr. v. zanten b.v., hillegom
  14. jac. uitenbogaard & zn., noordwijkerhout
  15. hortico b.v., hillegom
* 16. m.c. van staaveren handelskwekerij b.v., aalsmeer
* 17. fa. john van grieken, vogelenzang
* 18. ruibro, hillegom
  19. d. nieuwenhuis & zn. b.v., hillegom
* 20. j.w.a. lefeber, noordwijkerhout
* 21. fa. wed. g.h. van went, noordwijk
  22. fa. harry vreeburg, lisse
  23. jacob l. veldhuyzen van zanten b.v., lisse
  24. van til hartman b.v., hillegom
  25. g. lubbe & zn., lisse
  26. leynse export b.v., lisse
  27. gebr. doornbosch & co, b.v., sassenheim
  28. fa. warmerdam-de veentjes, de zilk
* 29. konynenburg & mark b.v., noordwijk
  30. m. van waveren & zn., b.v., hillegom
  31. blanken export b.v., lisse
  32. k. nieuwenhuis & co. b.v., sassenheim
  33. c.j. ruigrok & zn., de zilk
* 34. alfred a. thoolen jr. b.v., heemstede
* 35. van paridon-philippo b.v., noordwijk
  36. n. dames, lisse
  37. fa. j. puik, hilversum
  38. j. bonkenburg & zn., b.v., heemstede
* 39. fa. w.f. leenen, sassenheim
  40. p. hopman, hillegom
  41. fa. th.j. kortekaas, heemstede
* 42. fa. h.m.j. willemse, hillegom
  43. c.s. weyers & zn., b.v., hillegom
* 44. fa. p. visser czn., st. pancras
  45. fred de meulder b.v., sassenheim
  46. gebr. v. til b.v., hillegom
  47. l. rotteveel & zn., sassenheim
  48. fa. m. van diest, voorhout
  49. k. van bourgondiën & zn. b.v., hillegom
* 50. penning freesia's b.v., honselersdijk
* 51. fa. f. pijnacker, voorhout
  52. jac. m. van dijk, hillegom
* 53. a.w. captein & zn., breezand
* 54. fa. j.f. v.d. berg & zn., anna paulowna
  55. w.p. ruigrok, hillegom
  56. a.l. van bentum & zn., cruquius
  57. fa. m. beelen, lisse
  58. fa. v. zijverden & zn., sassenheim
  59. jan dix jr. b.v., lisse
  60. fa. p. van reisen & zn., voorhout
  61. van paridon's bloembollenbedrijf, breezand
  62. c. v.d. vlugt & zn. "sunrise", voorhout
  63. fa. g. & m. brouwer, breezand
  64. fa. j. schoorl, lisse
  65. fa. witteman & co. export, hillegom
  66. leo berbee & zn., b.v., lisse
* 67. c.j.m. vester b.v., voorhout
* 68. fa. d. maarssen & zn., aalsmeer
  69. fa. e. griffioen, voorschoten
* 70. fa. w. zandbergen nzn., de zilk
  71. stassen nederland b.v., hillegom
  72. walter blom & zn., b.v., hillegom
* 73. fa. p.c. de geus, st. maarten
  74. j.h. veldhuyzen van zanten azn., hillegom
  75. w.a.m. pennings, noordwijkerhout
  76. van tubergen b.v., lisse
  77. c.j. zonneveld & zn., b.v., voorhout
* 78. tulipshow frans roozen b.v., vogelenzang
  79. fa. zeestraten, hillegom
  80. fa. gebr. j. & p. passchier, noordwijk
  81. j. & j. v.d. berg boltha b.v., anna paulowna
* 82. w. lemmers, lisse
* 84. den ouden dam kwekerij b.v., woerdense verlaat
  85. kooy b.v., tuincentrum "westergeest", lisse
* 86. p. aker b.v., hoogkarspel
  87. wed. a. van haaster & zn., lisse
  88. fa. m.c.m. enthoven, poeldijk

afb. 22
Plattegronden en inzenders respectievelijk 1983 en 1986

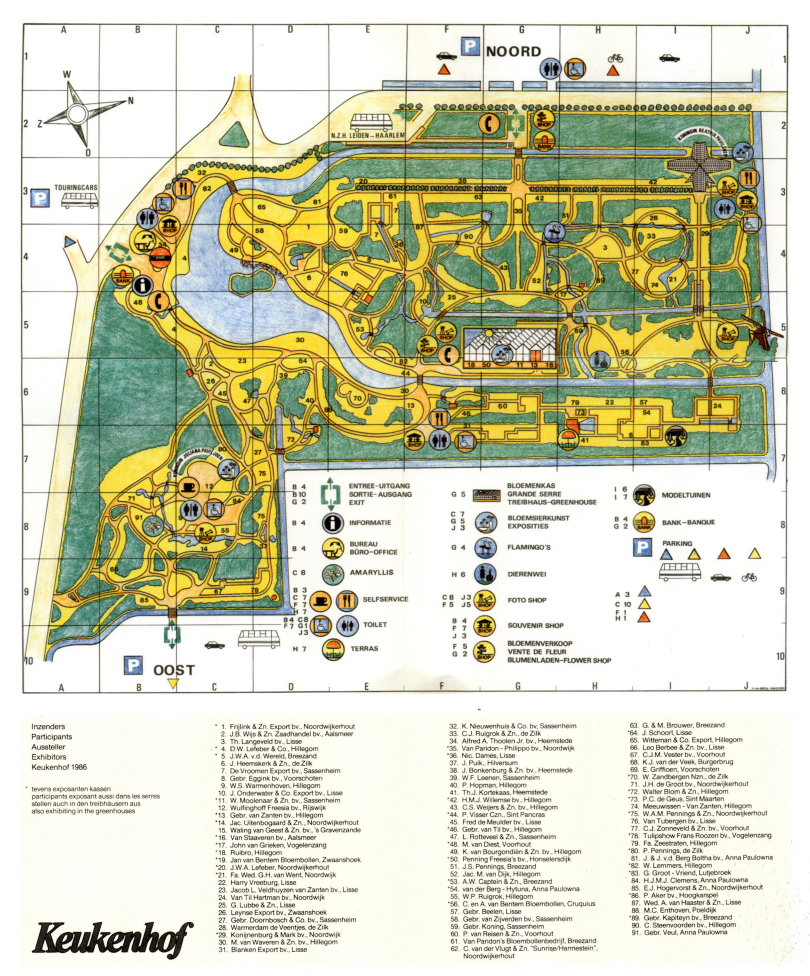

HOOFDSTUK 16

KEUKENHOF GEEN PRETPARK, MAAR EEN SHOWVENSTER VAN HET BOLLENVAK

1987-1991. Keukenhof onder leiding van Van Os

Deze periode onder Van Os kenmerkte zich door een diepgaande bezinning van het bestuur op de toekomst van Keukenhof, ingegeven door een stabilisatie van de bezoekersaantallen. Dat leidde tot een aantal beleidsnota's, een financiële meerjarenplanning en het ter hand nemen van een aantal grote bouwkundige projecten.

Bestuur en commissies

Op 22 februari 1987 overleed, 85 jaar oud en 10 dagen na zijn vrouw, Martinus Jacob Veldhuyzen van Zanten, oud-bestuurslid van Keukenhof. In datzelfde jaar kocht Koster met een hypotheek van Keukenhof het huis van Tegelaar aan de Von Bönninghausenlaan 25 in Lisse.

Op 28 maart 1987 stond er een interview met Van Os in het *Haarlems Dagblad*. Het haalde de bestuursvergadering van 31 maart omdat het bestuur er niet gelukkig mee was. Het gaf een negatief beeld van de manier waarop Keukenhof werd bestuurd: "Een instelling zonder directeur, doch met 11 bestuursleden, die 31 werknemers onder zich hebben." Van Os vond dat zijn opmerkingen onjuist waren weergegeven en zegde toe in een gesprek te proberen om de onprettige indruk die de staf had gekregen weg te nemen. Het bestuur vond dat ook de positie van Van der Kroft als burgemeester onjuist en pijnlijk was beschreven. Zie voor het interview het kader.

714 GA Lisse, inv.nr. 67.

Een bedrijfsrapportage uit Lisse

Journalist Peter Heerkens interviewde Van Os voor een paginagroot artikel voor het *Zaterdags Bijvoegsel* van een aantal regionale dagbladen. Hij noemde het "een bedrijfsrapportage uit Lisse." De kop was "Raad van Beheer regelt en bestiert en zo is het goed. De Keukenhof duldt geen pottenkijkers." De eerste zinnen waren ook al raak: "Tekenend voor de wijze waarop de verantwoordelijke bedrijfstop van de firma Keukenhof (een onderneming waarin zo'n 7 miljoen gulden omgaat) werkt, is het ontbreken van een directeur. De Raad van Beheer (...) wenst de zaak geheel-en-al zelf te leiden. Er zijn er in de bollenstreek, die dat een feodaal overblijfsel noemen uit de tijd dat de grote bollenboeren de streek regeerden vanuit kapitale villa's en degenen waren die werkgelegenheid konden verschaffen." Van Os maakte het er niet beter op door te zeggen dat het bestuur het aanstellen van een directeur niet "zo wenselijk" vond, want het bestuur hield de zaken liever in eigen hand. Hij vond dat ook de kracht van het bestuur. Verder werd in het artikel de affaire-Prins weer opgehaald. Die had namelijk in de vergadering van de gemeenteraad van 12 september 1979 namens de fracties van de PvdA en D66 gesteld het geen goede zaak te vinden dat de bestuursleden van Keukenhof, in dit geval ging het om de herbenoeming van Tegelaar, wel door de raad werden benoemd maar geen verantwoording aan de raad schuldig waren.[714] Prins vond het nu een goede zaak dat de burgemeester geen voorzitter meer was van Keukenhof. Over Van der Kroft werd opgemerkt dat hij in zijn proeftijd zat als bestuurslid van Keukenhof. Ook de middenstand was kritisch over Keukenhof. Men ondervond te weinig medewerking, zeiden Tibboel van de ondernemersvereniging en Annaert van het toeristisch overleg. "Ze houden ons af", was hun kritiek. Van Os vond het echter geen taak van Keukenhof om de middenstand van Lisse te promoten. Wie wel blij was met Keukenhof was gemeentesecretaris Broersen. Zo bracht de toeristenbelasting in 1986 bijna 4 ton op en daar tegenover stond ongeveer 30.000 gulden aan jaarlijkse kosten voor politie en verkeersvoorzieningen. Hij noemde een aantal voorzieningen die dankzij dat jaarlijkse potje van ongeveer 4 ton waren gerealiseerd, zoals bijvoorbeeld een nieuw gemeentehuis, een zwembad, een sportcomplex, bibliotheek en een gemeenschapshuis in de Poelpolder.

Van der Kroft wordt volwaardig bestuurslid, Van der Meij en Guldemond treden af

Na een gesprek met Van der Kroft droeg Van Os hem bij de gemeente voor in de vacature- Berends per 1 september 1987. In de bestuursvergadering van 20 juli 1987 waarin hij dat meedeelde, zei Guldemond dat hij per 1 september aftrad als voorzitter van de gebouwencommissie en Van der Kroft hem opvolgde als voorzitter en dat Leemborg Van der Krofts plaats innam als lid van de gebouwencommissie. In augustus 1987 vierde Benningen het feit dat hij 25 jaar bestuurslid was; hij bood aan het eind van de vergadering van 17 augustus een 'sprankelende verfrissing' aan. Tegen het eind van dat jaar ging hij met pensioen bij Müller & Co. In september 1988 werd al voorgesorteerd op het statutaire vertrek aan het eind van het boekjaar 1988/89 van Guldemond en Van der Meij.[715] Zwetsloot boog zich over de stand van het golden handshake fonds. De rest van het bestuur boog zich, in alle rust, over opvolgers, bij voorkeur uit de kring van jonge inzenders.

In april 1989 werd Broersen op voorstel van Guldemond benoemd als zijn opvolger als voorzitter van de verkeerscommissie, per 1 september 1989. In de bestuursvergadering van 22 juni 1989 werd afgesproken Jan Philippo te benaderen voor de vacature-Van der Meij. De vergadering daarna, (24 augustus 1989) was de laatste vergadering die Van der Meij en Guldemond bijwoonden. Die vergadering besloot Philippo te benoemen tot extern lid van de terreincommissie en toehoorder bij het bestuur. Volgens Broersen was het zo moeilijk iemand te vinden voor de vacature-Guldemond in de verkeerscommissie dat men die voorlopig maar onvervuld liet.

In mei 1990 kreeg Van Os, op voordracht van de minister van Landbouw, een koninklijke onderscheiding. Hij werd benoemd tot Officier in de orde van Oranje Nassau, hem opgespeld door de loco-burgemeester van zijn woonplaats Voorhout.

Koster wordt directeur, een nieuwe structuur

Op 27 oktober 1989 was er een gedenkwaardige bestuursvergadering. Philippo was voor het eerst aanwezig. Het DB, bestaande uit voorzitter, secretaris, penningmeester en de voorzitter van de terreincommissie, was weer in werking gesteld vanwege het vele werk rondom de Visie 2000. Van Zanten kondigde aan dat Koster voornemens was elders een betrekking te aanvaarden. Hij deed dat op verzoek van Koster, nadat het DB er op 25 oktober ook over had gesproken en een embargo had gewild. Op 3 november boog het bestuur zich in een extra vergadering over de kwestie-Koster, nadat Van Os en Van Zanten Koster op 30 oktober hadden gesproken. Koster vertelde dat hij niet tevreden was over de gang van zaken. De contacten met het bestuur liepen niet goed en er was geen duidelijke hiërarchie. Van Os onderschreef dat nu eigenlijk wel. Het bestuur was te uitvoerend bezig en de structuur was aan vernieuwing toe. Dat was echter geen kwestie van "even regelen in tijd van een week. Nee, dat moest goed worden voorbereid". maar wel geregeld voor 1 maart 1990. Uit latere notulen blijkt dat het bestuur op 27 oktober in een besloten conclaaf ging waarover niet werd genotuleerd, maar waarvan de kern een salarisvoorstel aan Koster en een benoeming tot directeur was om hem te laten blijven. Dat voorstel bespraken Van Os en Van Zanten op 30 oktober met Koster, die daarop op 2 november reageerde met de mededeling te zullen blijven. Zwetsloot, die niet bij het besloten gedeelte van de vergadering van 27 oktober was geweest [volgens de notulen had hij wel de vergadering bijgewoond, MT] had ernstige kritiek op de gang van zaken.[716] "Hij was van mening dat een overhaast besluit was genomen van zeer indringende aard. Hij vindt dat onjuist en tekent voorts aan, dat de heer Koster hem nooit om salarisverhoging heeft gevraagd." Er zijn aanwijzingen dat in het bestuur verschillend werd gedacht over een benoeming van Koster tot directeur en dat de voorstanders hadden 'gewonnen'.

Men vond elkaar in de noodzaak om voor de toekomst een structuur op te stellen waarbij het bestuur zich meer met beleid en de staf zich meer met de dagelijkse uitvoering zou bezighouden. Broersen werd gevraagd hiervoor een concept op te stellen, dat na vaststelling door de de financiële commissie in DB en AB zou worden behandeld.

In de vergadering van 26 januari 1990 praatte het bestuur in beslotenheid over de nieuwe structuur, aan de hand van de notitie-Broersen die in twee vergaderingen van de financiële commissie was vastgesteld. De opmerkingen in de vergadering van 26 januari legde Broersen vast in een nota van 2 februari die in de bestuursvergadering van 23 februari 1990 werd vastgesteld. Op die nota is het navolgende gebaseerd. Broersen, net als Van Zanten een voorstander van het aanstellen van Koster als directeur, velde een hard oordeel over de werkwijze van het bestuur. Volgens hem vertoonde die nog kenmerken van de oude aanpak, meer gericht op uitvoering dan op beleid en dat: "in samenhang met de soms gebrekkige communicatie tussen leden van [het bestuur] (...) en medewerkers, leidt dit bij de laatsten tot desinteresse, motivatie-verlies en vermindering van betrokkenheid. In het belang van Keukenhof is duidelijkheid ten aanzien van de bestuurlijke en uitvoerende organisatie dringend noodzakelijk."

Verder bestond de nota uit een organisatieschema (zie **afbeelding 1**) met een toelichting ('aantekeningen') en taakomschrijvingen. Koster werd geen statutair directeur, maar kreeg die functie op persoonlijke titel. Hij was: "niet meer en minder dan de functionaris die aan het hoofd staat van het uitvoerend apparaat van Keukenhof. Hij heeft de algemene dagelijkse leiding." Koster mocht ongevraagd alle commissievergaderingen bijwonen, maar hoefde die niet te notuleren. Men voorzag de noodzakelijke veranderingen in de organisatie als een ingroeimodel dat later zou worden ingevuld als wat meer ervaring was opgedaan. Dan zouden er functieomschrijvingen komen en de bevoegdheden nader worden geregeld. Ook zou er dan een functionaris moeten komen die voor de algemene administratie en de boekhouding verantwoordelijk zou zijn. Tevens was er een sterkere invulling van de PR/marketingfunctie nodig dan tot nu toe het geval was.

---

715 Zij kregen een golden handshake mee van ruim 21.000 gulden (Van der Meij) en iets meer dan 34.000 gulden (Guldemond).

716 Ook Benningen had de gehele vergadering niet bijgewoond.

afb. 1
Organisatieschema Keukenhof

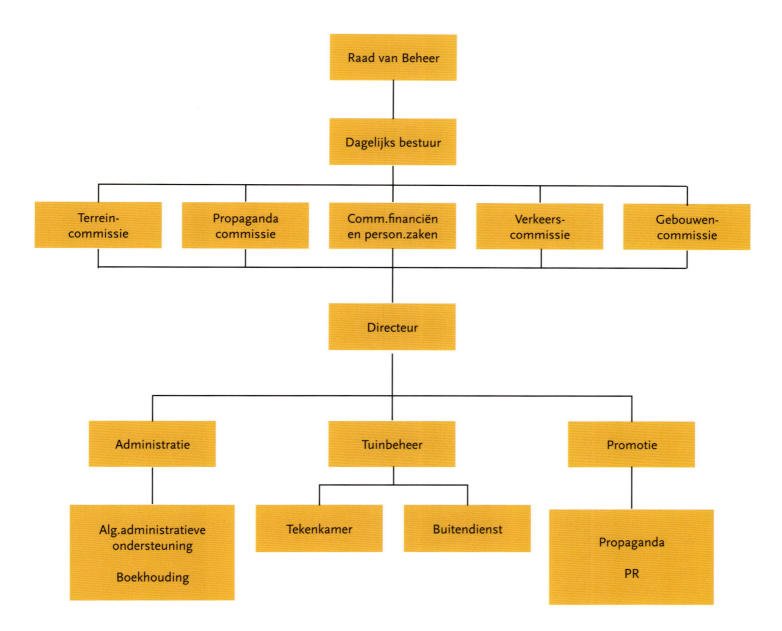

Het DB zou bestaan uit voorzitter, secretaris en penningmeester en nog een lid van het AB. Belangrijkste taken waren de voorbereiding van de vergaderingen van het AB, de coördinatie van het beleid en de beleidsvoorbereiding. De aanstelling van een vicevoorzitter vond men niet nodig. De paviljoencommissie die de zorg had voor het KJP werd opgeheven. De taken werden overgenomen door de propagandacommissie (tentoonstellingen etc.) en de gebouwencommissie (beheer). De gebouwencommissie kreeg alle opstallen in beheer, ook de kassen. Dat was een wens geweest van Van der Kroft toen hij oktober 1987 voorzitter werd van de commissie. Toen werd die wens niet gehonoreerd, nu wel. De terreincommissie kreeg het beheer van het terrein en de inrichting van het KBP. Koster kreeg op 1 maart de titel directeur. Na de vaststelling van de Visie 2000, werd in de bestuursvergadering van 24 mei 1991 op voorstel van Broersen een structuurcommissie gevormd, bestaande uit alle voorzitters. Deze commissie had als taak om een tweede man bij Koster aan te stellen en de organisatie voor de toekomst te bestuderen.

Philippo wordt volwaardig bestuurslid, Benningen maakt aftreden bekend
Philippo werd per 1 september 1990 volwaardig lid van het bestuur. Benningen zou pas in 1992 statutair aftreden. Op 14 november 1992 zou hij zeventig jaar worden, maar hij kondigde in de bestuursvergadering van 15 december 1989 zijn aftreden per 30 juni 1990 aan. Kennelijk werd er op hem ingepraat om dat niet te doen, want hij vertelde in de bestuursvergadering van 26 januari 1990 dat hij tot 31 augustus 1990 bleef. Wellicht vond de rest van het bestuur ook dat nog onvoldoende, want in de bestuursvergadering van 25 mei 1990 besloot hij "gezien de op mij uitgevoerde druk" onder voorwaarden langer aan te blijven. In augustus stelde hij tevreden vast dat de nieuwe structuur hem wel beviel; het scheelde hem tijd.[717]

In de bestuursvergadering van 29 november 1991, waarbij Benningen niet aanwezigwas, deelde Van Os mee dat Benningen aan het eind van het seizoen zou aftreden. Mede namens de propagandacommissie stelde hij voor J. Buddingh', die al lid van die commissie was, per 1 januari 1992 de bestuursvergaderingen te laten bijwonen.

Staf en personeel
Begin 1987 nam Keukenhof de verhuiskosten van Van der Groen, de nieuwe PR-medewerker, voor haar rekening en verlengde in april zijn proeftijd met zes maanden. Op 14 april werd van Van Rijnen afscheid genomen en op 7 oktober 1987 nam de grote propagandacommissie afscheid tijdens een diner. In oktober 1988 had Zwetsloot, als voorzitter van de financiële commissie, kritiek op de vaststelling van het salaris van Van der Groen als eenzijdige actie van de propagandacommissie. In de bestuursvergadering van 26 mei 1989 deelde Van Os mee dat Van der Groen per 1 juni ontslag zou krijgen en dat hij tot 1 december de tijd zou krijgen een andere baan te vinden. In een gesprek met Van Os en Benningen had Van der Groen gezegd dat de contacten met de pers hem niet zo 'lagen'. Het ontslag ging echter niet van een leien dakje, omdat Van der Groen er bij het Gewestelijk Arbeidsbureau (GAB) in Lisse tegen in verweer ging.[718] Hij wilde kennelijk zijn huid zo duur mogelijk verkopen. Het werd een procedure waarbij Keukenhof in september een advocaat inschakelde. Als tegenzet meldde Van der Groen zich eind oktober ziek. Benningen ging met hem praten en stelde hem voor ontslag te nemen per 1 mei 1990 en per 1 december 1989 met verlof te gaan, omdat eigenlijk Keukenhof die zaak niet goed behandeld had. Daar stemde hij mee in. In dezelfde besloten vergadering waarin ook de kwestie-Koster werd behandeld, van 3 november 1989, boog het bestuur zich ook over de kwestie-Van der Groen. Van Os was op 1 november bij het GAB geweest en daar had men hem verteld dat ziekte in dit geval geen beletsel was voor ontslag aan het eind van de aanstellingstermijn van zes maanden. Die liep af op 1 mei 1990. Daarom had het bestuur het voorstel dat Benningen aan Van der Groen had gedaan goedgekeurd. Van der Groen vond op 1 mei een nieuwe baan, maar verzocht ook nog eens om een dertiende maand van Keukenhof. Dat werd afgewezen.[719] Hij kreeg nog wel een getuigschrift mee. Hij zal daar wel niet blij mee zijn geweest, want als reden van ontslag stond daarin dat hij niet had voldaan aan de eisen die de werkgever stelde en dat van een constructieve samenwerking geen sprake was geweest.[720]

Inmiddels had Benningen zich ook gebogen over de invulling van de post PR/marketing. Hij zag de volgende taakvelden: de benadering van buitenlandse touroperators, waarvoor iemand een aantal maanden in het buitenland moest zijn en PR ten behoeve van de tentoonstelling van januari tot en met het einde van het seizoen. Daarvoor dacht hij aan een PR-bureau en een gastheer/vrouw tijdens de tentoonstelling voor de begeleiding van speciale bezoekers.[721] Voor de benadering van de buitenlandse touroperators werd G. Kooiman aangetrokken. Benningen vertelde in de bestuursvergadering van 23 februari 1990 dat Kooiman goed werk had geleverd. Tevens was Benningen bezig met het aantrekken van een gastvrouw. Voor de PR stelde hij voor een contract voor drie maanden aan te gaan met Udo Buys, (journalist bij het *Haarlems Dagblad*. Dat beviel goed, zodat Buys ook voor 1991 werd ingehuurd.[722] Ook Kooiman mocht blijven. Hij werd vooral ingezet op de Duitse markt en kreeg hulp van mevrouw Glorieux die de Belgische markt voor haar rekening nam. Al met al waren de kosten met circa 20.000 gulden aanmerkelijk hoger dan Van der Groen had gekost, zodat men besloot tot een evaluatie na het seizoen van 1991.[723]

In deze periode kwam een eind aan het verstrekken van hypotheken en leningen aan personeelsleden. In augustus 1987 besloot het bestuur om als bezuinigingsmaatregel geen nieuwe hypotheken of leningen aan personeelsleden meer te verstrekken. Bestaande hypotheken konden wel worden meegenomen naar nieuwe woningen, maar dan zou wel van geval tot geval worden bekeken hoe die verhoging uitviel. In 1990 kwam ter discussie of na de pensionering van Schoone de woning aan de Van der Veldstraat, eigendom van Keukenhof niet moest worden verkocht. Dat gebeurde echter niet. Schoone bleef er wonen tot zijn dood. Per 1 januari 1990 zou een van de witte huisjes op 't Hoogje vrij komen door het vertrek van Van Oeffelen. Keukenhof wilde daar graag weer een werknemer plaatsen en besprak de zaak in april 1991 met graaf Carel. Het huisje was echter al vergeven aan een personeelslid van graaf Carel. Hij bood in plaats daarvan woonruimte aan nabij het Koetshuis bij het kasteel. Keukenhof wilde daar werknemer R. Schoorl laten wonen. Eind augustus 1991 bood Hollander ook het huisje op 't Hoogje aan, zodat Keukenhof twee huizen kon laten bewonen: een huis op het Hoogje en een bij het Koetshuis. Er was echter wel veel achterstallig onderhoud in het huis op het Hoogje; Keukenhof begrootte dat op 30.000-35.000 gulden. Bovendien behoefde de verbouwing goedkeuring van Monumentenzorg.

In oktober 1988 werd een personeelsvereniging opgericht en in 1989 richtte het bestuur voor 15.000 gulden een parkeerplaats voor het personeel in bij de loods aan de Stationsweg.

[717] AB Keukenhof 23-8-1990.
[718] Voor ontslag was toestemming van het GAB nodig.
[719] AB Keukenhof 25-5-1990.
[720] Archief Keukenhof.
[721] AB Keukenhof 26-5-1989.
[722] AB Keukenhof 23-8-1990.
[723] AB Keukenhof 21-2-12-1990.

Het veertigjarig bestaan in 1989

In de vergadering van 20 februari 1987 vroeg het bestuur aan de propagandacommissie om te komen met een 'gimmick' voor het veertigjarig bestaan in 1989. In diezelfde vergadering besloot het bestuur de grote foto's van de overleden oud-bestuursleden uit de bestuurskamer te verwijderen en ze in verkleinde vorm in de kamer van de voorzitter te hangen. In april praatte het bestuur over die 'gimmick', de propagandacommissie had niets kunnen verzinnen. Men kwam tot de volgende voorstellen: een 'royalty' de tentoonstelling laten openen; een 'zinvol' congres; een beeldententoonstelling en het predikaat Koninklijk verwerven, want dat was al een tijdje een wens van met name Van der Meij. Hij stelde in de vergadering van mei voor een bijzonder fotoboek samen te stellen en aanvulling op het 'gele' boek van Van Dijk te maken (het overzicht van de notulen). In oktober stelde de terreincommissie voor een 'educatief pad' te laten aanleggen en vroeg en kreeg een krediet van 10.000 gulden om hiervoor een deskundige in te schakelen.

In september 1987 bleek dat het voorlopig resultaat van het seizoen 1986/1987 met krap 540.000 gulden niet echt slecht was. Toch stelde Van Os in de vergadering van november voor om vanwege de kosten af te zien van een gedenkboek over veertig jaar Keukenhof, maar daarmee te wachten tot het vijftigjarig bestaan. Het bestuur was het daarmee wel eens en praatte in de vergadering van december weer over wat er dan wel moest gebeuren. Veel kwam er echter niet uit: het predikaat Koninklijk aanvragen werd weer als onhaalbaar terzijde gelegd. Een Engelse royalty zou worden gevraagd voor een tulpdoop. Daarnaast moest er natuurlijk iets worden gedaan voor de inzenders en er kon eventueel aansluiting worden gezocht bij andere instellingen die ook veertig jaar bestonden. Wederom werd de propagandacommissie gevraagd dit uit te werken, eventueel met hulp van een extern bureau.

Begin 1988 opperde Zwetsloot het idee een congres te houden over toerisme of over bloembollen. Omdat het bestuur geen keus kon maken benoemde men een kleine commissie om beide ideeën uit te werken. Verder besloot men ter gelegenheid van het jubileum een zogenaamde Jeuken-prent ter waarde van vijftig tot zestig gulden te geven aan een geselecteerd aantal van ongeveer tweehonderd touroperators[724] In maart stelde de propagandacommissie voor een videofilm van 25 minuten te laten maken over Keukenhof. De EO wilde die wel uitzenden en stelde 10.000 gulden beschikbaar: Keukenhof droeg 90.000 gulden bij. Hart-productions maakte de video. De propagandacommissie was ook met een nieuw vignet bezig met voor 1989 het getal veertig en stelde voor aan de inzenders een gebaksstel te geven met een tulpenmotief, ontleend aan Judith Leyster.[725] Ook trok men extra geld uit, te weten 40.000 gulden, voor een beeldententoonstelling. De congresideeën werden op voorstel van Van Os van de agenda gehaald: te weinig uitstraling, net als een modeshow. Al met al was er een jubileumfonds van 150.000 gulden gevormd: 15.000 voor de Jeuken-prent; 90.000 gulden voor de beelden en 45.000 gulden voor het gebaksstel voor de inzenders.[726] Het nieuwe vignet werd ontworpen door het reclamebureau International Promotions uit Den Haag dat sinds september 1986 voor Keukenhof werkte.

Het nieuwe vignet stond voor het eerst op de vergaderstukken van 21 oktober 1988 (zie **afbeelding 2**). In mei 1989 werd besloten het op alle externe uitingen te gebruiken.[727]

afb. 2
Nieuw vignet

Begin januari 1989 werden de gebaksstellen verzonden, niet alleen naar de inzenders maar ook naar bestuursleden en staf. Het personeel moest het doen met koffiemokken.

Tegen het einde van de tentoonstelling doopte de hertogin van York, Sarah Ferguson een tulp geïntroduceerd door Piet Hopman uit Hillegom. De tulp kreeg de naam 'Falkland Prince' (zie **afbeelding 3**).

afb. 3
Hertogin van York doopt tulp

724 Een prent van Jeuken, voorstellende een ouderwetse autobus met passagiers, rijdend door de bollenvelden.

725 AB Keukenhof 16-6-1988.
726 AB Keukenhof 3-8-1988.

Veel meer tijd en aandacht investeerde het bestuur in de toekomst van Keukenhof. En dat was eigenlijk voor het eerst. Het leidde tot de Visie-2000.

Visie 2000

In antwoord op de vraag van Benningen in de bestuursvergadering van 21 november 1986 over de hoogte van de algemene reserve, schreef de financiële commissie een notitie over het te voeren financiële beleid. De notitie van de hand van Broersen, die voor de bestuursvergadering van 31 maart 1987 werd geagendeerd, plaatste de vraag van Benningen in het kader van een discussie over de toekomst van Keukenhof. Moest men op de ingeslagen weg voortgaan of was het tijd voor innovaties? Bovendien betrok de commissie het rapport van Leemborg bij het toekomstige beleid. Daarbij hanteerde men vier uitgangspunten, te weten: de promotie van het bloembollenvak; de stimulans van het voorjaarstoerisme; het belang voor de regio en het belang van de werkenden op Keukenhof. Als consequentie daarvan formuleerde men een zogenaamde 'continuïteits-verantwoordelijkheid'. Het financiële beleid diende daarop te zijn gericht. Als vanzelf kwam daarbij weer naar voren dat Keukenhof was gevestigd op 'andermans grond'. Dat was een bedreiging voor die continuïteit. Het contract met graaf Carel liep dan wel tot 2002, maar mocht hij voor die tijd overlijden, dan zou een situatie kunnen ontstaan waarbij voortzetting van de tentoonstelling na 2002 onmogelijk zou kunnen worden. Vandaar dat de commissie concludeerde, mede op basis van het rapport-Leemborg, dat er een reserve van zeven miljoen gulden aanwezig moest zijn om eventueel de grond te kunnen kopen. Verder was er een reserve nodig om innovaties te kunnen financieren. Tenslotte was er een reserve nodig om calamiteiten te kunnen opvangen, waardoor bijvoorbeeld Keukenhof twee jaar kosten moest maken zonder dat daar inkomsten tegenover stonden en de kosten die gemoeid zouden zijn met de afvloeiing van het personeel mocht Keukenhof de poorten moeten sluiten. Voor innovaties en calamiteiten begrootte men een reserve van drie miljoen, zodat de commissie uitkwam op een algemene reserve van tien miljoen gulden. Per balansdatum 31 augustus 1986 bedroegen de reserves ruim 7,8 miljoen gulden, waarvan 500.000 gulden gereserveerd was voor innovaties. De commissie stelde voor dit beleid voor vijf jaar vast te stellen. Mocht de reserve in die periode tien miljoen bereiken dan zou daaraan geen rente meer worden toegevoegd.

In de vergadering van 31 maart 1987 stemde het bestuur in met de notitie van de financiële commissie. Op grond daarvan werd besloten te bekijken of er in het jubileumjaar 1989 al innovaties konden worden gerealiseerd Van Os zegde toe graaf Carel te zullen polsen over de verlenging van het contract na 2002.

Van der Meij stelde in de bestuursvergadering van 22 mei 1987 voor om tijdens de begrotingsbespreking in september ook het financiële beleid voor de toekomst te bespreken. Benningen ondersteunde dat toen men zich in de vergadering van 17 augustus 1987 boog over de resultaten van het afgelopen jaar. Hij was bang voor een nulgroei in de bezoekersaantallen en wilde daarop beleid voeren. Op zaterdagochtend 10 oktober 1987 wijdde men daaraan een aparte vergadering. Inmiddels was gebleken dat graaf Carel tevreden was over het contract. Daarom opteerde het bestuur voor een verlenging met vijftien jaar in drie opties van vijf jaar.[728] In de vergadering van 21 oktober 1988 meldde Van Os dat graaf Carel het goed had gevonden dat notaris Delen een contractaanhangsel zou maken met daarin een verlenging in drie termijnen tot 2017. Medio december stuurde graaf Carel het aanhangsel op het contract van 26 augustus 1979 getekend terug. Ongekend snel.

Op die zaterdagochtend in oktober 1987 bevestigde men het financiële beleid zoals dat in maart was vastgesteld en wijdde men een lange discussie aan de toekomst en aan de bedreigingen van Keukenhof, waarbij vele zaken de revue passeerden. Het overdekken van enkele paden (afgewezen); het plaatsen van een carillon op het eiland in de vijver (ter overweging); extra voorzieningen voor de jeugd, meer beelden; meer tentoonstellingen en het weer invoeren van provinciedagen. Veel ernstige bedreigingen waren er eigenlijk niet. In de volgende reguliere vergadering van 23 oktober kwam Zwetsloot nog met een aantal suggesties, zoals een educatief gebouw in het dennenbos, een treintje of een kabelbaan. Op voorstel van Benningen werd besloten in januari 1988 verder te praten over de suggesties. Dat lukte toen niet, maar wel op vrijdag 19 februari 1988 in een extra vergadering. Men besloot tot het plaatsen van een carillon, meer voorzieningen voor de jeugd; meer beelden en een nieuw gebouw voor een 'kunstexpositie' en aanpassing van het KJP.[729] In de reguliere vergadering van 19 februari voorafgaande aan de extra vergadering had men ook al besloten tot een proef met verlichting in het park ad 15.000 gulden en een enquête over avondopenstelling. Bovendien ging er een brief naar de gemeente om een speciaal voetgangerspad aan te leggen nu de NS een nieuw noodperron bij het station had aangelegd. Dat voetpad zou kunnen worden meegenomen bij voorziene reconstructie van de Stationsweg.

Benningen hield druk op de plannen door voor te stellen deze uit te werken en er in juni weer over te praten.

Zwetsloot reikte in de vergadering van 16 juni 1988 aan zijn medeleden overdrukken van twee artikelen uit over de geschiedenis van Keukenhof.[730] Lezing ervan bracht hem tot een opmerkelijke interventie in die vergadering. Hij stelde dat niet alleen het weer het aantal bezoekers bepaalde, zoals bijvoorbeeld Benningen meende. Er was meer, zoals een alternatief toeristisch aanbod en daarom moest Keukenhof zich herbezinnen op het 'product'. Want het bezoekersaantal zou niet meer toenemen. Er moest dus meer bij, zoals een inrichting met verschillende 'tuinstijlen' en meer 'documentatie' bijvoorbeeld in de vorm van grote internationale kunsttentoonstellingen in een nieuw paviljoen. Daarvoor was het wel nodig de 'overkant' te verwerven, iets waar hij

727 Het vignet werd ontworpen door het reclamebureau IP, dat ook het nieuwe design ontwierp.
728 AB Keukenhof 28-9-1987.
729 In de in dit hoofdstuk beschreven periode investeerde men ongeveer 40.000 gulden in het KJP en liet men de kunstenaar R. van Vliet een muurschildering maken: 'World Clean'.
730 Uit de *Bloemenkrant*.

tegen was toen Benningen dat in oktober had geopperd, en een twee- tot driemaal langere openingsperiode. Want wat nu gebeurde, was volgens hem "het versieren van een formule, die zijn top al gehad heeft." Van Os kon niet veel anders doen dan de discussie erover naar een volgende vergadering verschuiven. Om 23.30 uur sloot hij de vergadering. In het archief van Keukenhof werden drie geschreven reacties gevonden op de ontboezemingen van Zwetsloot: van Koster, Van Zanten en Benningen. Alle drie vonden ze dat Zwetsloot met zijn plannen het karakter van Keukenhof, als 'bollengebeuren' te zeer aantastte, maar ook vonden ze dat er wel iets moest gebeuren. Dat was ook de teneur in de vergadering van 1 september, toen het bestuur zich weer boog over de toekomst van Keukenhof. Na een lange discussie concludeerde Van Os dat, met behoud van het karakter, een aanvulling gewenst was waarbij niets op voorhand moest worden afgewezen. Op zijn voorstel werd er een Commissie Toekomst Keukenhof (CTK) benoemd die dit met hulp van externe deskundigen zou onderzoeken. In de CTK onder leiding van Van Os werden Benningen, Broersen, Zwetsloot en Koster benoemd. Er diende voor de behandeling van de begroting 1990 te worden gerapporteerd.

De CTK
De CTK kwam op 21 september 1988 voor het eerst bijeen voor een gesprek met professor L. Bak van de Nijmeegse universiteit; volgens Benningen een 'recreatiedeskundige'. Aan het eind van het gesprek constateerde Bak zelf dat hij geen consistent verhaal had verteld, maar meer "opmerkingen prima vista" had gegeven. Vandaar kennelijk dat de CTK zich in de vergadering van 13 oktober afvroeg of ze door moesten gaan met het consulteren van deskundigen. Dat vond men toch wel nuttig en verschillende namen passeerden de revue. Broersen stelde ten behoeve van die deskundigen een factsheet op over Keukenhof en verwerkte daarin ook de resultaten van enquêtes, waaruit bleek dat Keukenhof het meest in de belangstelling stond van 50-plussers en dat de belangstelling van jongeren onder de 25 jaar betrekkelijk gering was. Aan de hand daarvan sprak de CTK op 9 november 1988 met dr. D. Snoep, directeur van het Frans Halsmuseum in Haarlem en drs. E. de Jong, kunsthistoricus van de Vrije Universiteit te Amsterdam. Hij was afgestudeerd in de geschiedenis van de tuinarchitectuur. Beiden adviseerden tot een vergroting van het tentoonstellingsterrein. Op bestuursvergadering van 25 november ging er een brief uit naar graaf Carel om dit aan te kondigen.
Toen vond de CTK het kennelijk tijd worden om ook eens buiten de deur te kijken. In de bestuursvergadering van 27 januari 1989 stelde men een krediet van 7.000 gulden beschikbaar voor een studiereis naar Epcot Center in Florida, een themapark van Walt Disney over de toekomst en de geschiedenis van de mens. De KLM zorgde voor gratis tickets en de studiereis duurde van 10 tot en met 12 februari. Ondanks het feit dat het niet lukte met de ontwerpers te praten deed men veel waardevolle indrukken op. Na terugkomst formuleerde Koster een lijst van vijftien punten die hij voor Keukenhof van belang vond (zie **afbeelding 4**).

```
Indrukken studiereis Florida - Orlando 10 t/m 12 februari 1989.

Algemene opmerkingen: Groots, schoon en een uitgekiende opzet.

Nadere bestudering van zaken, welke voor Keukenhof haalbaar moeten worden
geacht.
 1.  Meer zittend genieten van de Keukenhof.
 2.  Geluidsinstallatie / muziek.
 3.  Betere opvang publiek, mèèr informatie en service. Aanvullend ser-
     vice via VVV op Keukenhofterrein.
 4.  Kwetsbaarheid verkleinen tijdens Keukenhofperiode.
 5.  Schaal- en periodevergroting door aanvullende en/of andere presen-
     taties.
 6.  Keukenhof beleven vanuit de lucht.
 7.  Meer relatie leggen tussen Keukenhof en de bollenvelden.
 8.  Verbetering openbaar vervoer via spoor - monorail etc..
 9.  Betere en kleinere Horeca.
10.  Hellingbanen toepassen i.p.v. trappen.
11.  Spel met water, vuurwerk, verlichting en laserstraal. Avondopening
     tijdens Keukenhofperiode.
12.  Informatiestands.
13.  Gebouw geschikt voor TV.-uitzendingen en radio. Audiovisuele presen-
     taties. Demonstraties van bol tot bloem in al zijn rijkdom en schoon-
     heid. Relatie met de bollenstreek, geestgronden etc. etc..
14.  Grondverwarming toepassen.
15.  Parkeergebeuren nader bestuderen. Parkeergarage. Weersonafhankelijk.


H.N.T. Koster
Lisse, 22 maart 1989.
```

afb. 4
De vijftien punten van Koster, naar aanleiding van een studiereis naar Orlando

Op 9 mei becommentarieerde de CTK deze lijst. Vrijwel alle punten achtte men op de een of andere manier haalbaar en vooral het punt horeca: "betere en kleinere horeca" werd van harte ondersteund.

Merkwaardig was het commentaar bij het punt 'kwetsbaarheid verkleinen'. Naast het overdekken van de paden kwam hier ook het spuiten van bloemen met een spray aan de orde.
Bij het bezoek aan Epcot and Magic Kingdom was het opgevallen dat er zoveel jonge mensen werkten. Dat stond in schril contrast met de parkwachters en de controleurs op Keukenhof die veelal boven de zeventig waren. Daarom voegde men als zestiende punt aan de lijst toe een onderzoek naar de mogelijkheid om studenten in te schakelen op Keukenhof.

En toen gebeurde er iets onverwachts. Er kwam land te koop bij Keukenhof (zie kader).

731 *Vakwerk* 15-6-1989, aldaar 7.
732 Mondelinge informatie Gerard Lefeber, Zie ook Schipper 2006, 142 e.v. (*Tulpengoud*).
733 De juridische levering moest dan binnen vijf jaar plaatsvinden en dan werd pas de overdrachtsbelasting betaald.
734 AB Keukenhof 21-6-1990.

Dubbelhoven

Eer het bestuur zich kon buigen over de bevindingen van de CTK, kwam het op verzoek van Zwetsloot op 12 mei 1989 in extra vergadering bijeen. Zwetsloot deelde het volgende mee: "Gezien het feit dat de tuinen van de firma D.W. Lefeber (ongeveer 7 HA), gelegen ten Oosten van de van Lyndenweg, te koop worden aangeboden heeft spreker een informeel onderhoud gehad met de heer Hollander. Hierbij is gesproken over de mogelijkheid om, middels herverkaveling en herverdeling van de tuinen, aan de Oostzijde van het park, te komen tot mogelijke uitbreiding van Keukenhof." Aan de oostzijde lag ongeveer vijftien hectare bollenland waarop door vijf kwekers werd geteeld op grond van graaf Carel. De tuin van de firma Schoorl, zeven hectare groot, grensde direct aan het park. Zwetsloot stelde voor het land van Lefeber aan te kopen en de pachters te ontpachten en te plaatsen op het land van Lefeber. Hij schatte dat de aankoop ongeveer 180.000 gulden per hectare zou kosten en de ontpachting ongeveer zeven ton. Door het nemen van een optie van twee maanden zouden in die twee maanden de onderhandelingen met de pachters, met name Schoorl, kunnen worden gevoerd over ruiling, koop of huur. Zwetsloot kreeg groen licht en de kosten van ruim 1,2 miljoen gulden kwamen ten laste van de algemene reserve.

De verkoop van het land, Dubbelhoven, was onderdeel van de beëindiging van het bedrijf D.W. Lefeber & Co, gevestigd in Hillegom en geleid door Carel, een zoon van D.W. Lefeber. Carel leed al een paar jaar aan kanker en wilde de zaken voor zijn nog jonge gezin goed regelen. Zijn Russische handel verkocht hij aan Molenaar en Van Ginhoven en de bollen op Dubbelhoven werden op 11 mei groen geveild door de Hobaho en de bedrijfsinventaris op 25 mei. In een terugblik schreef *Vakwerk* van 15 juni 1989 dat het een uitstekend seizoen van groene veilingen en materialenveilingen was geweest. De groene veiling bij Lefeber was het hoogtepunt van het seizoen: een 'Koningsveiling' schreef het blad.[731] Zie ook **afbeelding 5**.

Het land: 6 ha 49 ca, C 3699 (was 2994 en 2996) was sinds 1987 eigendom van de firma Lefeber. Lefeber gebruikte zelf ongeveer twee hectare (afgaande op de gegevens van de groene veiling) en verhuurde de rest. Die pachter, Van der Zon uit Voorhout, bleef pachten toen Keukenhof het land in eigendom had en dat leverde nog een pacht op van ruim 36.000 gulden Carel Lefeber overleed op 28 december 1989 op zijn 56e verjaardag.[732]

Toen het bestuur van Keukenhof veertien dagen later weer bij elkaar kwam, was het land gekocht, opteren was niet mogelijk gebleken. De economische levering zou op 15 augustus 1989 plaatsvinden.[733] In de discussie met de pachters verwachtte Guldemond moeilijkheden van Van der Mark omdat die ook een claim op het land zou hebben. Van der Kroft, die in dit proces vaak vond dat het te snel ging, trapte ook nu weer op de rem. Waarom zo'n haast? De gemeente had ook nog een optie op acht hectare land aan de Zwartelaan voor de nieuwbouw van het LBO die 31 mei verliep. Zwetsloot was ook daarin geïnteresseerd, omdat het vlak bij Keukenhof lag. In een latere vergadering van 24 augustus zei Van der Kroft dat in het bestemmingsplan geen enkele bebouwing van het land bij Oost was toegestaan, en daarom ging er op 6 oktober 1989 een brief naar de gemeente met het verzoek het bestemmingsplan te wijzigen. De onderhandelingen met de pachters verliepen echter niet soepel, ze stelden zulke hoge eisen dat de ontpachting van drie pachters, Lemmers, Granneman en Clemens met samen ruim negen hectare (Schoorl niet meegerekend) uitkwam op twee miljoen gulden. Op 26 januari 1990 hakte het bestuur de knoop door; de onderhandelingen met de pachters werden stopgezet en Dubbelhoven zou worden verkocht. In juni 1990 was dat het geval. H. Verdegaal & Zonen uit Noordwijkerhout kocht het land voor 17,50 gulden per m²; betaling en economische overdracht vonden plaats op 21 december 1990.[734]

afb. 5
Groene veiling bij D.W. Lefeber

735 Mail van Broersen van 26 december 2009.

Tussen alle bedrijven door kwam de CTK op 24 mei 1989 weer bij elkaar met als gast H. ten Bruggencate, oud-directeur van de Efteling. Hij vond dat de markt voor attractieparken eigenlijk al sinds 1979 was verzadigd, maar dat men toch moest blijven investeren om niet weg te zakken. Na deze vijfde vergadering en een bezoek aan de kasteeltuinen in Arcen had de CTK voldoende stof om haar rapport te schrijven. Dat deed Broersen, in nauwe samenwerking met Koster. Die had een duidelijke visie op de toekomst van Keukenhof. Broersen verwoordde die en voegde daaraan de financiële en planningsaspecten toe.[735] Zie voor een schets van de inhoud van het rapport *Beleidsnota Toekomst Keukenhof* het kader.

Beleidsnota Toekomst Keukenhof

De nota van dertien pagina's en gedateerd 23 augustus 1989 begon met een inleiding. Daarin gaf de CTK als reden voor de discussie over de toekomst die de laatste jaren was gevoerd: de onzekerheid over de toekomstige eigendomssituatie en de stabilisatie van het aantal bezoekers rond de 800.000. Actie was geboden omdat het publiek van nu andere eisen stelde dan het bezoek in vijftiger, zestiger en zeventiger jaren. Daarna gaf de CTK een beschouwing over het 'fenomeen Keukenhof', mede in het kader van de mening van deskundigen en anderen die een seizoensverlenging met toevoeging van nieuwe producten voorstonden. Dat wees de CTK eigenlijk af. Men noemde dat "muziek voor een verre toekomst", juist vanwege de uniciteit van Keukenhof: "Keukenhof is als presentatie van bolbloemen, in de natuurlijke omgeving welke het terrein Zandvliet biedt, uniek in Nederland en in de wereld (...) het zijn van show-venster voor het bollenvak" (bladzijde 3). Daarnaast was Keukenhof een belangrijk toeristisch element. Beide aspecten, showvenster en toerisme waren even belangrijk. Daarom moest er naar worden gestreefd enkele spectaculaire elementen toe te voegen om de aantrekkelijkheid voor het publiek te vergroten.

Vervolgens ging de nota in op mogelijke toevoegingen bij de onderdelen terrein en gebouwen en bij de publieksbenadering. De poging om het terrein aan de oostzijde uit te breiden via de aankoop van Dubbelhoven, paste in de visie van de CTK, mits de invulling van het verworven terrein in overeenstemming met de doelstelling van Keukenhof zou plaatsvinden. De toevoegingen zouden kunnen bestaan uit meer tuinstijlen; verlichting en avondopenstelling; een doolhof; 'aangepaste' muziek; eigentijdsere verwijzingsborden en infobalies in een nieuwe huisstijl; zittend en varend genieten en meer 'verpozingruimte' op de Grote Wei. Unaniem was de CTK van oordeel dat er een nieuw, modern, centraal gebouw moest komen als vervanging van het KJP. Over het KJP was de commissie kritisch: "De vorm van het gebouw is een belemmering voor een goede presentatie. De entree en de uitgang (...) liggen verkeerd en men kan de vraag stellen of de situering (...) wel zo gelukkig is." (bladzijde 7). Elke investering in het KJP was eigenlijk weggegooid geld. De CTK deed ook een aantal aanbevelingen voor de invulling van het nieuwe gebouw dat zou moeten komen op de plaats van het Theehuis met het daarachter (over de sloot) te verwerven terrein. Bovendien zou het nieuwe paviljoen horecavoorziening moeten hebben. Het gebouw zou in 1992 klaar moeten zijn. Een aantal suggesties werd gedaan om de publieksbenadering te verbeteren, onder meer door een betere horeca (hoge prioriteit, met ter discussiestelling van de bestaande contractuele relatie), inschakeling van "modern geüniformeerde jonge mensen" als vervanging van de bestaande parkwachters en controleurs met hun sombere, donkere kleding. Als laatste beval de CTK een verbetering van het openbaar vervoer naar Keukenhof aan.

Over de financiële consequenties liet de nota zich niet uit. Die zouden pas aan de orde komen na een bestuursbesluit over de nota en dit zou dan een taak kunnen zijn van de financiële commissie.

Het bestuur besprak de nota in de vergadering van 12 september. Alleen Van der Kroft had forse kritiek: hij was het niet eens met de doelstelling van Keukenhof, wees weer op het bestemmingsplan in relatie tot de te verwerven grond en vond dat de financiën niet toereikend waren. Het bestuur wees de suggestie af om muziek in het park te brengen. Op vrijwel alle andere suggesties was er instemming en werden er acties uitgezet. Een ervan was dat de financiële commissie een onderzoek zou instellen naar de financiële haalbaarheid van het "thans in principe aanvaarde beleid." De gemeente stuurde echter op 7 december 1989, als antwoord op de brief van Keukenhof van 6 oktober, een brief met het verzoek om nadere informatie over de uitbreiding van het terrein. Daarom besloot het bestuur dat de terreincommissie eerst een ruimtelijke vertaling zou maken van de nota van de CTK.[736] Die kon dan dienen als onderbouwing van de aanvraag aan de gemeente om een herziening van het bestemmingsplan. De CTK bleef in functie.

De ruimtelijke visie

Om die visie op te stellen sprak de terreincommissie op 22 februari en 5 juli 1990 met professor Bak. De vergadering van 12 juli wijdde men in zijn geheel aan een discussie over de aanbevelingen van Bak en rubriceerde die in zaken waar men het mee eens, respectievelijk oneens was. Daarna stelde men de visie op. Op 14 september 1990 kregen de bestuursleden het rapport en het schetsplan van *Keukenhof- Spring Garden of Europe-Visie 2000* in de bus. Het plan was gebaseerd op de nota van de CTK. Die werd uitgewerkt en met enkele suggesties aangevuld, zoals het meer benadrukken van de functie als natuurpark, het trachten het corso met een week te vervroegen, en het maximaal aantal mensen per hectare en per dag te begrenzen. Aan de hand daarvan maakte de terreincommissie een schetsplan (zie **afbeelding 6**, met de toelichting in het kader).

Op 20 september kwam het plan in het bestuur. Dat ging in grote lijnen, zonder veel discussie, akkoord met het plan en gaf opdracht tot nadere uitwerking van een aantal onderdelen (prioriteiten). Zwetsloot verwoordde de mening van de vergadering "door te stellen buitengewoon ingenomen te zijn met het schetsplan, daar hiermede een aanzet voor de toekomst wordt gegeven." In de vergadering van 19 oktober 1990 werd een commissie voor de uitwerking van de Visie 2000 gevormd, bestaande uit de voorzitters van de commissies te weten: Broersen (verkeer), Van der Kroft (gebouwen), Van Zanten (terrein) en Zwetsloot (financiën). In februari 1991 kwam de adhoc commissie met een gedegen financiële exercitie over de periode 1991/92 tot en met 1999/2000. De nota bestond uit een rangschikking van uit te voeren werken en activiteiten naar urgentie en jaar van uitvoering, met de daarbij behorende investering. Die kwam uit op ongeveer 28 miljoen gulden, waarvan ongeveer 6 miljoen gulden ten laste van de Horeca. Die 28 miljoen had niet alleen betrekking op de zaken in het schetsplan, maar ook op een aantal bijkomende zaken: de invoering van de nieuwe huisstijl, begroot op 250.000 gulden; uitbreiding van de energievoorziening voor 4 ton; de ontpachting: (750.000 gulden) en de inrichting van de uitbreiding begroot op 3 miljoen.

Vervolgens werd nagegaan hoe de investeringen konden worden gefinancierd. Daarbij werd ook rekening gehouden met extra personeelskosten, onder meer vanwege de ondersteuning van de directeur en extra exploitatiekosten vanwege meer terrein, meer gebouwen en meer sanitaire voorzieningen. Uit de berekeningen bleek dat alles financieel uitvoerbaar was mits de entreeprijzen werden verhoogd van 13 gulden in 1990/1991 tot 17,50 gulden in 1998/1999. Conform het eerder geformuleerde beleid liet men de algemene reserve ongemoeid. Men verwachtte dat die per 31 augustus 1992 de 10 miljoen zou hebben bereikt,

Toelichting op de letters op het schetsplan

a. Bouw van een tweede restaurant bij de hoofdingang met uitzicht van de heuvel over de waterpartij.

b. Treintje door Keukenhof, om de ongeveer vijfhonderd meter stopplaatsen en langs de route informatie over natuur, milieu, vogels en infrarood foto's bosbestand. Lengte ongeveer 1,5 kilometer.

c. KJP wordt groenmarkt, het oude gedeelte wordt afgebroken.

d. Nieuwe ingang Oost op dezelfde plaats.

e. Multifunctioneel gebouw op de uitbreiding, ter vervanging van het Theehuis met in de noordoosthoek een cultureel centrum.

f. Terras Smalle Bos in piramidale vorm.

g. Thematuinen (al in aanleg).

h. Horeca met een verhoogd (kwaliteits)niveau, nabij de molen met toiletvoorzieningen

j. Uitbreiding KBP (optioneel; afhankelijk van de ontwikkeling van de Parades).

k. Keukenhofdorp voor kinderen ('kinderhof') op de grote weide, verpozingsruimte.

l. Nieuw entree kassencomplex met horeca, toiletten, foto- en bloemenverkoop, EHBO etc.

m. Brug over de vijver.

n. Tunnel, gebouwen en toiletten aanpassen (bij Noord).

---

736 AB Keukenhof 15-12-1989. De brief van de gemeente, van 7 december 1989 was een reactie op de brief van Keukenhof van 6 oktober 1989.

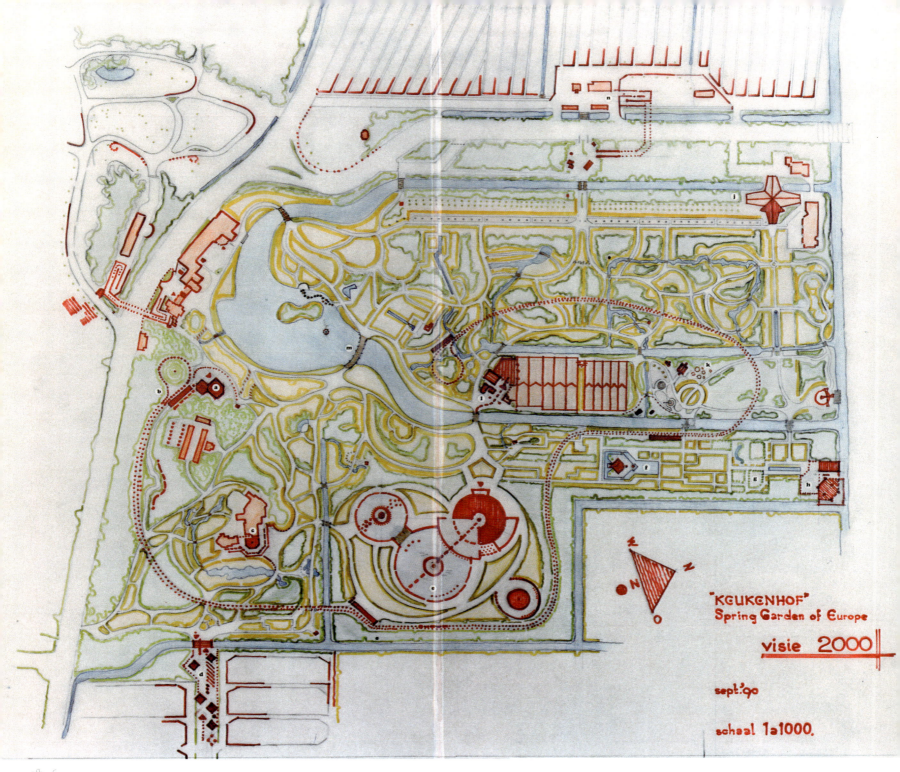

afb. 6
Keukenhof Spring Garden of Europe,
september 1990

waarna de rente daarvan (ongeveer 8 ton) voor de Visie 2000 kon worden ingezet. Over het alternatief, afschrijven op de investeringen, merkte de commissie het volgende op: "Deze weg heeft Keukenhof in het verleden bewust nooit gevolgd en ook voor de toekomst moet die weg onbegaanbaar worden geacht. De exploitatie wordt dan immers belast met rente en afschrijving bij een toch reeds afnemend batig saldo. Dat betekent dat van enige reservevorming vrij snel helemaal geen sprake meer zal zijn" (bladzijde 10). Als de toegangsprijs niet, of niet voldoende werd verhoogd dan restte alleen temporisering van het investeringsplan.

Die temporisering hoefde niet, besloot het bestuur, toen het zich op 22 februari 1991 boog over het financieringsplan. Wat wel 'hoefde' was een gesprek met graaf Carel over het plan en de kwestie van de vererving. Dat gesprek vond plaats op 4 april en Graaf Carel was vol begrip en instemming voor het plan. Hij was alleen beducht voor het treintje, sprak zijn veto uit over de brug over de vijver en hoopte dat er met zijn pachters goede overeenstemming zou worden bereikt over het verkrijgen van grond. Keukenhof praatte al sinds oktober 1990 weer met Schoorl en Lemmers. Verder zei hij niet van plan te zijn het terrein te verkopen en dat gold ook voor zijn erfgenamen. In het gespreksverslag stond dat Keukenhof zou bekijken of daarvoor een intentieverklaring aan graaf Carel kon worden gevraagd. Verder zei Hollander, die ook bij het gesprek aanwezig was, dat ze voor de uitbreiding dezelfde pacht zouden vragen als voor bloembollengrond. Dat was hoger dan voor het tentoonstellingsterrein.

Op 5 november 1990 was het schetsplan naar de gemeente gestuurd als onderbouwing van de aanvraag tot wijziging van het bestemmingsplan, en als antwoord op de brief van de gemeente van 7 december 1989. Daarmee zou het in de openbaarheid komen. Daarom besloot het bestuur de Visie 2000 bij de opening van de tentoonstelling van 1991 in de openbaarheid te brengen.[737] Bij de behandeling van de Visie 2000 in de bestuursvergadering van 22 februari 1991 besloot men dat 'low-key' te doen en niet teveel financiële details te geven, omdat het op onderdelen wellicht niet realiseerbaar was. In juni 1991 werden pogingen gedaan om voor de Visie 2000 subsidie van het rijk te krijgen en in november 1991 besloot men via de CTK een artist-impression te laten maken.

In de pers
In *CNB-Info* van 29 maart 1990 stond een interview van twee pagina's dat Van Os gaf op zijn werkkamer bij de BKD. De kop vertelde het al: "Keukenhof geen pretpark maar showvenster voor het bollenvak." Hij ging niet alleen in op de tentoonstelling van 1990, maar vertelde ook over de 'brainstorm' over de komende veertig jaar. Het showvenster zou worden aangepast aan de resultaten van de publieksenquêtes en de wensen van graaf Carel. Bij de opening vertelde Benningen dat Keukenhof weer grond nodig had. Het ging nu om twee tot vijf hectare.[738]
In een kort artikel over de opening van de tentoonstelling van 1991 schreef *Bloembollencultuur* op 4 april 1991 dat Keukenhof zich opmaakte voor de 21ste eeuw en tijdens de opening Visie 2000 had gepresenteerd: "Een uitbreiding van vier hectare, een multifunctioneel centrum in een spectaculaire waterpartij, een fluisterzachte monorail met als werktitel Tulip Train en een atriumrestaurant plus openluchttheater."[739]
Vakwerk schreef in het nummer van 5 april een artikel met als kop 'Fictieve luchtfoto Keukenhof 2000 roept bewondering op'.[740] Het artikel in *CNB-Info* van 11 april 1991 gaf de meeste informatie. Er stond zelfs een afbeelding bij van de Tulip Train (zie **afbeelding 7**). Benningen was ondervraagd en vertelde dat met de investeringen een bedrag van dertig miljoen gulden was gemoeid en dat de uitbreiding in 1998 voltooid zou zijn. De horecavoorziening in het Smalle Bos zou de vorm krijgen van een amfitheater. Over de bouw van het multifunctionele centrum op de uitbreiding zei hij het volgende: "Op dit perceel komt een kasvormig, rond gebouw met een theater dat plaats biedt aan 300 personen (...) [hierin] worden alle activiteiten samengebracht die te maken hebben met bloembollen en bolbloemen (...) [en] rekening gehouden met de mogelijkheden (...) [het] buiten het Keukenhofseizoen te kunnen gebruiken (...) Het complex zal door waterpartijen worden omgeven met als grootste blikvanger de bouw van een twee verdiepingen tellende bloembol, die alleen te bereiken is via een glazen tunnel die zich onder water bevindt."[741] De tweede grote blikvanger zou uiteraard de Tulip Train worden.

Reacties van de pachters en uit het buitenland
De pachters Schoorl en Lemmers (zie **afbeelding 8**) vertelden in

afb. 8
Ontevreden pachters aan het woord, in *Bloembollencultuur* 18-4-1999

Bloembollencultuur van 18 april 1991 niet zo gelukkig te zijn met de plannen van Keukenhof. Ze hadden wel wat tekeningen gezien, maar het meeste hadden ze via de pers gehoord, terwijl het toch om hun grond ging. Ze deden ook een boekje open over de mislukte onderhandelingen van 1990: Keukenhof wilde toen zeven hectare en zij zouden als verplaatsers (vier stuks) zes hectare mindere grond terugkrijgen. Ze hadden nu een makelaar ingeschakeld om hun belangen te behartigen.[742] Die makelaar was Trompert en Koster sprak op 28 mei met hem.
Ook de inzenders roerden zich; ze waren niet zo blij met de Tulip Train. Daarom besloot het bestuur dat ze een brief zouden krijgen met een toelichting op de Visie 2000.[743] Kennelijk hielp dat niet veel, want de terreincommissie stelde eind december 1991 voor het trein-idee te laten vallen.[744]
Ook uit het buitenland kwam een reactie. Het NBT liet in juli 1991 weten dat het motto Spring Garden of Europe niet goed was gevallen

afb. 7
Tuliptrain

737 AB Keukenhof 21-12-1990.
738 *Bloembollencultuur* 5-4-1990, aldaar 5.
739 *Bloembollencultuur* 4-4-1991, aldaar 6.
740 *Vakwerk* 5-4-1991, aldaar 10.
741 *CNB-Info* 11-4-1991, aldaar 40.
742 *Bloembollencultuur* 18-4-1991, aldaar 6.
743 AB Keukenhof 29-8-1991.
744 AB Keukenhof 19-12-1991

in Duitsland en Frankrijk vanwege de Engelse tekst. Maar toen had Keukenhof de naam al laten registeren, net als het beeldmerk. Het NBT verwachtte echter dat het een kwestie van tijd was eer het motto overal zou worden geaccepteerd.[745]

De reactie van de gemeente
We hebben al eerder gewag gemaakt van de brief die Keukenhof op 6 oktober 1989 naar de gemeente stuurde, het antwoord van de gemeente van 7 december, en de brief van Keukenhof van 5 november 1990. Alle brieven van Keukenhof waren van de hand van Broersen. In de brief van 6 oktober schreef Keukenhof dat de mogelijkheid bestond zeven hectare aan de oostzijde te verwerven, met verwijzing naar een tekening (zie **afbeelding 9**). Men vroeg de op deze grond liggende agrarische bestemming te veranderen in de bestemming TL: tentoonstellingsterrein met landschappelijke waarden. De gemeente antwoordde op 7 december, dat alhoewel het beleid van de gemeente primair was gericht op het behoud van bloembollengronden, men toch positief was over het verzoek van Keukenhof. De gemeente vond echter dat de brief van Keukenhof onvoldoende argumenten bevatte om een beslissing te nemen. Men vroeg aan Keukenhof inzicht in de noodzaak van uitbreiding. Op 4 januari vroeg Keukenhof in een brief extra tijd om tot een antwoord te komen. Dat

De noodzaak voor de uitbreiding

Een grotere spreiding van de horeca-activiteiten op het terrein;

een groter aanbod, een betere spreiding en een hoge kwaliteit van de sanitaire voorzieningen;

een betere situering van de EHBO-post;

modernisering van de presentatie van diverse aspecten van de bloembol en de bolbloem, zowel overdekt als in het terrein;

meer slecht-weer accommodatie;

de mogelijkheid bieden van het zittend beleven van het geëxposeerde;

verbetering van de 'kindvriendelijkheid' van het expositieterrein.

antwoord kwam pas op 5 november 1990, toen de ruimtelijke visie klaar was. In de brief werd een aantal noodzakelijke voorzieningen voor de toekomst genoemd (zie kader).

afb. 9
Kaart met uitbreiding Keukenhof, bij brief van 6 oktober 1989

745 AB Keukenhof 24-5; 27-6 en 25-7-1991.

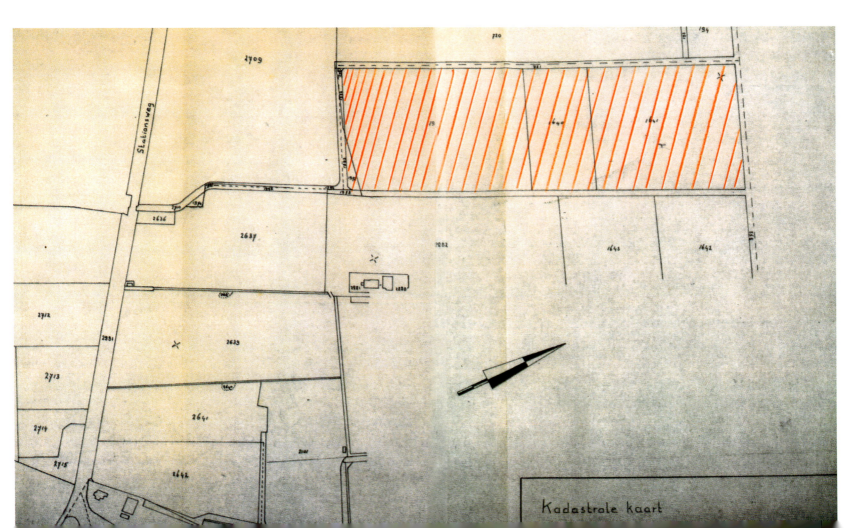

Keukenhof dacht voor de uitbreiding te kunnen volstaan met 3,75 hectare in plaats van de eerder genoemde zeven hectare en een uitbreiding van de bebouwingsoppervlakte met ongeveer 3500 m². Aan de brief was de tekening toegevoegd zoals in afbeelding 11. Op 9 december 1991 togen Van Os en Koster naar de agrarische commissie van de gemeente om de plannen toe te lichten en vonden daar een positief meedenkend gezelschap.[746]

Parkeren

In april 1987 uitte Guldemond zijn tevredenheid over de parkeerterreinen. Die lagen er prima bij. Gerekend vanaf 1984 kwamen er ook 'fors' meer auto's en minder bussen.[747] Na de tentoonstelling van 1987 bleek echter in september dat er 45.000 gulden nodig was om de rijbanen op Oost, die begonnen te scheuren, te herstellen.
Begin maart 1988 was er toch weer wateroverlast op Noord en het kasteelterrein. Daarom werd een afvoergoot gegraven. Op Noord moesten de rijbanen voor 10.000 gulden worden schoongemaakt door Hoek.
In augustus 1988 rapporteerde Guldemond aan het bestuur dat er met Van Graven moeilijk te werken viel. Hij noemde hem "een moeilijke handelspartner, die bovendien afspraken niet nakomt."[748] Keukenhof moest voortdurend 'landherstel' plegen en Guldemond werd dat zat. Hij stelde voor de jaarlijkse premie aan Van Graven van drieduizend gulden niet uit te betalen. Guldemond had ook een oplossing: voor Van Graven vervangende grond zoeken, Noord vergroten en pachtvrij maken en Oost afstoten. Het bestuur trapte wel op de rem. Zo kreeg Van Graven wel zijn premie nadat hij zijn leven had gebeterd, dankzij een overleg tussen Van Graven en Broersen, maar Guldemond kreeg ook groen licht om zijn alternatief te onderzoeken.[749] Wat dat opleverde is niet bekend, want hij kwam er niet meer op terug.
In relatie tot de renovatie van ingang Noord werden in 1989 ook de bruggen naar Noord vernieuwd en de hekken aangepast voor ruim 60.000 gulden. In 1991 kwam er een recordaantal bussen, ruim 12.000. Het parkeren verliep probleemloos, afgezien van overlast door modder. Het bestuur zag daarvoor niet zo gauw een oplossing.[750]

In 1987 paste men een andere formule toe voor het contract met Hoek. De bezoekers per bus (vastgesteld op 33 per bus) zouden nu buiten beschouwing blijven en het risico was nu voor Meeuwissen.[751] In 1987 betaalde Meeuwissen bijna 100.000 gulden aan pacht tegen begroot 105.000 gulden.[752] De werkelijke pacht werd bepaald aan de hand van het aantal bezoekers verminderd met het aantal bezoekers dat per touringcar kwam.

In 1991 stelde de verkeerscommissie voor het parkeergeld in 1992 van 2 gulden te verhogen naar 2,50 gulden, maar daar ging het bestuur niet in mee; het bleef 2 gulden voor de auto's en een kwartje voor fietsers, brommers en motorfietsen.

Vanaf 1989 mocht Tuincentrum Kooij Oost jaarlijks gebruiken om bezoekers aan zijn Kerstshow daar te laten parkeren. Er mocht namelijk niet meer in het dorp worden geparkeerd. Vanwege de belastingvrijdom vroeg Keukenhof geen huur. Kooy betaalde 1500 gulden voor het gebruik van het terrein en verstrekte een bankgarantie van 10.000 gulden om eventuele schade te herstellen. Het ging om enkele dagen in november en december.

Op 26 april 1989 was er een feestelijke ontvangst op Keukenhof. Die ochtend arriveerde de 300.000ᵉ touringcar met bezoekers voor een dagje Keukenhof.

Horeca, de bouw van het Atrium en kantoren

In juni 1987 werd de overeenkomst met de Allied Breweries (AlBr) getekend. Een paar maanden later schreef AlBr een brief met de mededeling dat ze alle verplichtingen van De Valk overnam. Daarop betaalde Keukenhof ongeveer 6700 gulden voor aanpassingen in het restaurant bij Noord en mocht Voorwalt, een fotobedrijf, in 1988 in het KJP staan, onder betaling van 4000 gulden aan energie- en schoonmaakkosten. Ook was men bereid 100.000 gulden bij te dragen aan de renovatie van het terras in het Smalle Bos (totaal investering 250.000 gulden).[753]
Wat bleef waren de klachten over de kwaliteit van de dienstverlening. Toen die ook weer sterk te wensen overliet bij de openingsborrel van de tentoonstelling van 1989 was de maat vol. Op voorstel van Benningen werd aan Horeca Nederland gevraagd de kwaliteit van de horeca eens grondig door te lichten.[754] Het onderzoek werd uitgevoerd door het Horeca Advies Centrum (HAC) en het rapport, dat in juni verscheen, was vernietigend.[755]
Alhoewel de brouwerij het rapport onderschreef, wilde de financiële commissie toch de gehele relatie met de brouwerij onder de loep nemen en nagaan of de bestaande contracten zouden kunnen worden aangepast dan wel worden opengebroken. Volgens ingewonnen juridisch advies bleek het een, zowel als het ander mogelijk.[756] Daarom werd in oktober 1989 met AlBr gesproken over exploitatie van de chauffeursruimte door Eurest en over de investeringsplannen van Keukenhof.[757] Kennelijk schrok AlBr daarvan, want al in november 1989 begon men met een kwaliteitsslag van de gebouwen: het café-restaurant zou met spoed voor zes ton worden verbouwd en het Theehuis

746 AB Keukenhof 19-12-1991.
747 AB Keukenhof 24-4-1987.
748 AB Keukenhof 3-8-1988.
749 De sfeer tussen Van Graven en Guldemond was niet optimaal. In een gesprek tussen Van Graven en Broersen werd de lucht geklaard en ontstond er meer begrip voor de moeilijkheden waaronder Van Graven zijn bedrijf moest voeren (pers.med. Broersen 9 februari 2010).
750 AB Keukenhof 24-5-1991.
751 AB Keukenhof 20-3-1987.
752 AB Keukenhof 17-8-1987.
753 AB Keukenhof 3-8-1988. Die renovatie werd later meegenomen in de Visie 2000.
754 AB Keukenhof 20-4-1989.
755 Dat rapport hebben we in het archief van Keukenhof niet kunnen vinden.
756 AB Keukenhof 24-8-1989 en AB 12-9-1989.
757 Eurest bleek echter te duur, vandaar dat Laarman daar de catering ging verzorgen. Eurest bleef echter wel in de markt voor het Theehuis.

zou worden verfraaid met lichtkoepels en schilderijen. Keukenhof had al eerder voor 16.000 gulden de brug bij het Theehuis vernieuwd. In mei 1990 werd na de tentoonstelling het effect besproken van een aantal door het HAC gedane aanbevelingen: er waren geen plastic bekertjes meer gebruikt, de bediening was vlotter geworden, de kwaliteit beter en het sortiment breder. Dat had geresulteerd in een omzetstijging van 3,5 ton. Keukenhof bleef echter de vinger aan de pols houden, want later dat jaar bleek uit een enquête onder Duitse operators dat naast klachten over de toiletten, men ook een betere horeca wilde. Ook dat werd besproken met AlBr. Afgesproken werd dat de resultaten van het onderzoek 1989 en 1990 als aanhangsel aan het contract zouden worden toegevoegd.[758] Tegen het eind van dat jaar werd met AlBr gesproken over een totale verbouwing van het Theehuis; de bouw van een nieuw horecacomplex met 350 zitplaatsen bij de kassen, en het op proef plaatsen van een poffertjeskraam van twintig bij elf meter tijdens de tentoonstelling van 1991. De terreincommissie zou de plaats op het terrein uitzoeken. De proef beviel goed en ook tijdens de tentoonstelling van 1992 stond de kraam er weer. In januari 1991 informeerde Van Os AlBr over de Visie 2000. AlBr was niet negatief, maar wilde wel het rendement onderzoeken, want de horeca bij het KBP had slechts de helft van het verwachtte rendement opgeleverd. De bezoeker besteedde weliswaar 4,72 gulden per persoon in de horeca op Keukenhof, landelijk gezien zeer hoog, maar meer groei verwachtte AlBr niet. Toch werkte men mee aan de bouw van het Atrium, zoals voorzien in de Visie 2000. Het schetsontwerp dat in juni 1991 klaar kwam (zie voor de architect bij de paragraaf over de renovatie van ingang Oost) beliep twee miljoen gulden, waarvan 1,5 miljoen ten laste van AlBr en de rest voor Keukenhof. Alhoewel het bestuur zich toen nog afvroeg of het niet een jaar moest worden uitgesteld, hakte men in augustus 1991 de knoop door. Het project werd in gang gezet en omvatte naast horeca en toiletten ook een bloemen- en een fotoshop en EHBO. Bij de uitwerking kwamen er extra elementen om de hoek kijken, zoals het verleggen van een sloot, de overkapping van de entree naar de kassen en de aanpassing van de klimaatbeheersing van de kassen. De investering kwam nu op 2,2 miljoen gulden waarvan 7 ton voor rekening van Keukenhof.[759] Daar bovenop kwamen nog de nutsvoorzieningen ad 3 ton. AlBr zou daarin voor de helft participeren en sprak met Keukenhof af dat Keukenhof dat zou voorfinancieren en dat AlBr dat over vijf jaar zou terugbetalen.
Eind 1991 zetten Broersen en Koster de aanpassing van de contracten met de horeca weer op de agenda van het bestuur. Ze vonden dat daarbij ook de contracten met Landwehr Johan en Laarman moesten worden betrokken.

Guldemond had weinig geluk met de verbouwing van de VIP-room en bestuurskamer, zoals we in het vorige hoofdstuk zagen. In deze periode zette de pech zich door. Begin januari 1987 werd besloten voor ongeveer 54.000 gulden nieuw meubilair aan te schaffen. Het meubilair van de VIP-room werd aan de ponyclub geschonken, het meubilair van de bestuurskamer ging naar een boedelveiling van de Hobaho. In maart werd de nieuwe vloerbedekking gelegd en stond de teller van de verbouwing op bijna een half miljoen gulden. In juli verving men echter de tafels in de VIP-room, omdat de kleur niet paste bij de vloerbedekking. Van de nieuwe tafels werd er een afgekeurd. In april was al gebleken dat de fineerlaag op de tafels te dun was

Eind 1987 werd voor 21.000 gulden nieuw meubilair voor het kantoor aangeschaft. Het schilderwerk van de verbouwing kwam op 150.000 gulden. De gebouwencommissie zocht voor 3200 gulden aan wandversieringen uit.

Laarman en Landwehr Johan

Begin 1987 werden nieuwe contracten met Laarman en Landwehr Johan afgesloten. In 1989 trok Keukenhof 25.000 gulden uit voor dakbedekking op de stand van Laarman en een jaar later werd ongeveer 45.000 gulden geïnvesteerd in een uitbreiding van de stand van Landwehr Johan met 18 m². Uiteraard leidde dat tot een discussie over de hoogte van de pacht. Toen Broersen daar indook deed hij een merkwaardige ontdekking. Landwehr Johan (bij Noord) betaalde ruim 32.000 gulden voor een oppervlakte van 67,50 m² zonder uitbreiding, terwijl Laarman hetzelfde bedrag betaalde voor maar liefst 225 m². Daarop besloot het bestuur dat de pacht van Landwehr Johan bij expiratie van het contract in 1992 niet zou worden verhoogd en nader worden bekeken in relatie tot de pacht van Laarman.[760]
In 1990 trok Keukenhof 72.000 gulden uit voor het vervroegd aanleggen van een hogedruk gasleiding van de Stationsweg naar Keukenhof. Dat zou namelijk op termijn 60.000 gulden besparen. Als gevolg daarvan verving men voor de tentoonstelling van 1991 de heteluchtkachel bij Laarman voor ruim 8.000 gulden door een gasverwarming. Koster en Broersen wilden eind 1991 met beide pachters praten over een afkoop, voor 40.000 gulden, van hun horecavoorzieningen op Oost. Dat hield verband met de renovatie aldaar.
In juni 1991 wees het bestuur een verzoek van Opdam en Buis, van het straatje op het kasteelterrein, om toekenning een stand op Oost van de hand.

ISS en de toiletten

Begin 1987 werd met ISS een contract afgesloten over de toiletten. Keukenhof koos het toiletpapier, betaalde dat en er kwamen nu overal tourniquetjes. Na de tentoonstelling werd de balans opgemaakt. Keukenhof had 20.000 gulden uitgegeven aan toiletpapier en ISS had 75.000 gulden opgehaald via de tourniquetjes. Na afschrijving bleef er bij ISS echter een tekort van 32.000 gulden, zodat men besloot het nog eens een jaar aan te kijken. Ook waren bouwkundige aanpassingen nodig in het restaurant bij Noord vanwege de tourniquetjes. Dat kostte 11.000 gulden; Keukenhof betaalde de helft. In 1990 werden de toiletwagens

758 AB Keukenhof 19-10-1990.
759 AB Keukenhof 3-10-1991.
760 AB Keukenhof 21-12-1990.

verkocht en trok Keukenhof in de begroting 1990/1991 26.000 gulden uit voor de exploitatie van de toiletten, gedeeltelijk bestemd om het deficit bij ISS te dekken, en 300.000 gulden voor de bouw van toiletten bij de kinderspeelplaats en het kassencomplex. Bovendien was er 125.000 gulden nodig voor de aansluiting op het persriool. In mei 1991 stelde Koster voor om de toiletten binnen de poorten gratis te maken en de opbrengst van buiten de poorten bij Noord te bestemmen voor een goed doel. Het bestuur vond dit wel sympathiek maar wilde dit toch eerst wel overleggen met ISS. Met hen moest toch worden gepraat over het aanpassen van de tourniquets aan buitenlandse valuta om wisselproblemen te voorkomen. Kennelijk verliep dat overleg positief, want in oktober nam het bestuur het voorstel van Koster over.

Het terrein

De bouw van een voetgangerstunnel
In 1988 kwam de reconstructie van de Stationsweg in beeld. Guldemond presenteerde in de bestuursvergadering van 20 mei 1988 een schetsplan voor een tunnel met liften, hellingbanen en trappen bij de hoofdingangen, een oud idee van Van der Lee. De tunnel was ook opgenomen in het reconstructieplan van de weg dat op 24 mei 1988 in de vergadering van B en W van Lisse zou worden behandeld. Een maand later waren de eerste berichten uit het gemeentehuis niet zo positief. Het was nog helemaal niet zeker of de gemeente een provinciale subsidie zou krijgen voor de reconstructie van de weg en als dat wel het geval zou zijn, zou dat zeker niet gelden voor een tunnel voor Keukenhof. Het bestuur besloot 'elders' om subsidie te vragen. In september meldde Van der Kroft echter dat Keukenhof mogelijk 25 procent subsidie van de gemeente zou krijgen, mits men zelf de resterende 5 ton op tafel legde. Dat wilde Keukenhof wel, maar toch besloot men naar aanvullende subsidies te zoeken. In november 1988 ging de raad van Lisse met één stem tegen akkoord met de subsidie voor de tunnel. In verband met de BTW zou Keukenhof als opdrachtgever optreden en niet de gemeente.[761] Op 23 november 1988 vond het eerste overleg plaats tussen Keukenhof en de gemeente over een programma van eisen voor de tunnel. De Grontmij werd benaderd voor het maken van een ontwerp. De eerste raming lag ter tafel in de bestuursvergadering van 27 januari 1989 en beliep een miljoen gulden. Een maand later nam het bestuur kennis van een brief van de gemeente aan de provincie waarin om subsidie voor de tunnel werd gevraagd. Het plan voor de tunnel was toen aangepast door de liften te laten vervallen. Dat bespaarde twee ton. In maart 1989 bleek echter dat de kosten weer hoger waren, nu negen ton. De gebouwencommissie had een bezoek gebracht aan Strukton Bouw, een specialist in de bouw van tunnels. Dat bedrijf had een tekening en een vrijblijvende begroting voor dat bedrag uitgebracht. De subsidie van de gemeente zou 25 procent van dat bedrag zijn, namelijk 225.000 gulden. Keukenhof had 5 ton toegezegd, zodat er een tekort was van 175.000 gulden. De gemeente zou bij monde van Van der Kroft bereid zijn de helft voor haar rekening te nemen. Dan zou volgens Van der Kroft: "alsdan voor rekening van Keukenhof, na aftrek van subsidie der Gemeente, en rekening houdende met het feit dat voor het subsidiebedrag de BTW, niet te verrekenen is, een saldo resteren ad ca f 630.000,-."[762] Keukenhof besloot een speciale vergadering aan de tunnel te wijden als de gemeenteraad zich zou hebben uitgesproken. Kennelijk was dat niet nodig, want in de vergadering van 20 april stelde men een stuurgroep en werkgroep in met leden van de gemeente en van Keukenhof, belast met de tunnelbouw. Meteen al kwamen er extra werkzaamheden om de hoek kijken, te weten extra parkeerruimte aan de ingang van het kasteelterrein en de bouw van een opslagruimte voor rolstoelen, archief annex kantineruimte voor de chauffeurs van bussen. Die extra's brachten het bedrag op 1,1 miljoen gulden. In juni ging men uit van een parkeerplaatsuitbreiding van 12 tot 30 auto's. Dit werd later teruggebracht tot 22 auto's. Guldemond wilde graaf Carel hiervoor 6000 gulden per jaar betalen, zonder indexatie en de 2 palen aan de ingang van de oprijlaan renoveren (begroot op 15.000 gulden). Graaf Carel wilde alleen dat bedrag met indexatie en kreeg zijn zin. Zwetsloot, die gezien de kosten pleitte voor het plaatsen van portocabines voor de chauffeurs in plaats van bouwen, kreeg zijn zin niet. Het bestuur bleef bij het besluit voor de bouw.[763] Op 13 juli ging de gemeenteraad akkoord met de aanvullende subsidie tot een bedrag van 265.000 gulden, omdat inmiddels de provincie ook een subsidie van 265.000 gulden had toegezegd uit het stimuleringsfonds werkgelegenheid. Tevens kreeg Keukenhof van de gemeente het recht van opstal van een deel van de weg (190 m²) om de tunnel in eigendom te verkrijgen.

In de begroting 1989/1990 van Keukenhof stond de tunnel voor een bedrag van ruim 1,1 miljoen gulden, inclusief een kunstwerk ter waarde van 58.000 gulden. Men verwachtte subsidies tot een bedrag van 530.000 gulden van gemeente en provincie, zodat er 598.000 gulden ten laste van de algemene reserve kwam.[764] Van der Kroft zegde toe te zullen bekijken of de gemeente het kunstwerk ook nog zou kunnen subsidiëren. De chauffeursruimte ad 245.000 gulden, waarvan 45.000 gulden voor een keuken kwam ten laste van het renovatiefonds. Een voorstel om de tunnel naar O. Guldemond te noemen wees het DB vanwege de precedentwerking af.

In oktober 1989 bleek 15.000 gulden extra nodig voor tegelwerk. De totale kosten kwamen op ruim 1,1 miljoen, 'maar' 5700 gulden boven de begroting.[765] Bij de tentoonstelling van 1990 werd de tunnel in gebruik genomen. Die kreeg in de volksmond, vanwege de tegels in de kleuren van Keukenhof (groen en blauw), al snel de naam 'badkuip'. De tunnel voldeed goed, de doorstroming van mensen leverde geen problemen op, maar wel het 'drang- en hemelwater'. In oktober 1990 bleek dat daardoor voor ruim 27.000 schade ontstond aan de trap en de tegels. Het benodigde afkitten begon in november en was voor rekening van de aannemer Strukton.

761 Vandaar ook dat Keukenhof aan de gemeente de kosten betaalde (ruim 35.000 gulden) van het inschakelen van de Grontmij (mei 1989).
762 AB Keukenhof 31-3-1989.
763 AB Keukenhof 22-6-1989.
764 AB Keukenhof 24-8-1989.
765 AB Keukenhof 26-7-1990.

In juni 1990 werd de gereconstrueerde Stationsweg officieel in gebruik genomen.

Renovatie ingangen Oost en Noord
Op voorstel van de terreincommissie kwam de renovatie van de ingangen bij Oost en Noord op de agenda van de bestuursvergadering van 20 juli 1987. De gebouwencommissie zou zich met de planvorming belasten. Volgens Guldemond zou dat veel geld gaan kosten en hij zou meer dan gelijk krijgen.
De bestuursvergadering van 16 mei 1988 gaf toestemming voor de vervanging van de brug bij Noord door twee nieuwe bruggen ad 70.000 gulden. Later dat jaar (augustus) werd dat bedrag meegenomen in de begroting voor 1988/89. Daarin trok men 150.000 gulden uit voor de verbetering van de ingang Noord, overkapping van het plein en de bouw van bruggen. In de begroting 1990/91 werd daar 75.000 gulden, later verhoogd tot 85.000 gulden, aan toegevoegd voor een informatiebalie. Eind april 1991 werd geconstateerd dat die balie, in gebruik genomen bij de tentoonstelling 1991, een succes was.

In de voorlaatste vergadering die hij als bestuurslid bijwoonde, die van 22 juni 1989, uitte Guldemond felle kritiek op de ingang Oost. Hij vond het bruggetje dat toegang gaf tot het terrein een aanfluiting voor Keukenhof en presenteerde een meerjarenplan van drie ton voor de aanpassing van de verkoopstands, de toiletten en de portocabines. In 1990 zouden de toiletwagens het veld moeten ruimen. Hij kreeg groen licht voor onderzoek (ad 10.000 gulden) maar zou dat zelf niet meer doen; dat gebeurde onder leiding van zijn opvolger Van der Kroft als voorzitter van de gebouwencommissie. Eind december 1990 bracht hij de eerste schets van de nieuwe situatie bij Oost in het bestuur en stelde ook voor een andere architect aan te trekken dan Veldhoven; 'een nieuwe blik'. Het bestuur vond dat goed en in de bestuursvergadering van 24 mei 1991 presenteerden twee architecten hun plannen. Op voorstel van Van der Kroft werd het bureau B(rouwer) en D(eurvorst) gekozen. Hun plan bood veel mogelijkheden voor gebruik buiten de tentoonstellingsperiode. De kosten bedroegen rond de 1,5 miljoen gulden. Het plan bood ook plaats aan Landwehr Johan, Laarman en Prins-van der Poel. In juni lag er een voorlopig ontwerp dat 2 miljoen bleek te kosten. Het bestuur stelde 1,5 miljoen gulden beschikbaar onder voorwaarde dat de resterende 5 ton van derden zou komen (pacht/participatie).[766] Omdat B&D ook werd ingeschakeld voor de bouw van het Atrium bedong de gebouwencommissie voor Oost een lager honorarium (230.000 gulden in plaats van 297.000 gulden)Dat gold ook voor het constructiebureau ABT (22.5000 gulden in plaats van 35.000 gulden). Aannemer Schaap, intussen de huisaannemer, zou worden uitgenodigd op de bouw van beide objecten in te schrijven en de klus te krijgen, mits men overeenstemming zou bereiken over de aanneemsom. De bouw zou dan 1 oktober 1991 kunnen beginnen.[767]
In juli 1991 sprak Van Os met AlBr (Douma van Oranjeboom) over een bijdrage in Oost. Dat wilde men wel en zegde maar liefst 750.000 gulden toe. Echter onder de voorwaarde dat men aan de parkzijde van Oost een broodjes- en souvenirshop mocht exploiteren. Het bestuur wijdde er op 25 juli een lange discussie aan, ook al omdat de brouwerij wilde dat de contracten met Laarman en Landwehr Johan na ommekomst niet zouden worden verlengd; bovendien wilde men ze ook niet als zetbazen. Het bestuur had grote aarzelingen en vroeg de financiële commissie zich erover te buigen.
In augustus wist Van der Kroft te bereiken dat de ABN 80.000 gulden bijdroeg omdat er een bankkantoortje in het gebouw zou worden opgenomen. Van AlBr had hij een zodanige toezegging dat er voor Keukenhof een miljoen aan investeringen overbleef. Maar dan wilde AlBr wel een langer contract om de investering terug te verdienen. Weer aarzelde het bestuur en vroeg om een nadere studie door de financiële commissie
Op 3 oktober 1991 sprak het bestuur over het voorstel van de financiële commissie, dat nogal controversieel was. De commissie stelde namelijk voor om de bouw van een restaurant van Oost voor eigen rekening te nemen en het dan te verhuren onder de voorwaarde dat de huur gelijk was aan het rendement van de beleggingen. De brouwerij vond dat niet haalbaar, vandaar dat men nadacht over andere gegadigden: "Mac Donald of een 'snoeppaleis'." Ook dat bleek niet haalbaar, waarna Van der Kroft voorstelde de horeca te laten vallen en te volstaan met de bouw van gebouwen buiten het park en verder een arcade met daaronder twee loketten voor de kaartverkoop. Dat kon voor 927.000 gulden, maar dat betekende wel dat als er later gebouwen onder de arcade kwamen, dat ongeveer 150.000 gulden extra zou kosten. Overigens moest naast de bouwkosten van 927.000 gulden gerekend worden op nog eens 850.000 gulden inrichtingskosten, zodat het totaal op bijna 1,8 miljoen gulden kwam. Verder moesten er veel meer activiteiten bij Oost komen zodat er meer publiek kwam, want Oost was maar gemiddeld acht dagen per jaar open. Op 17 oktober schreef Van der Kroft echter namens de gebouwencommissie aan het bestuur dat zijn voorstel moeilijk viel te realiseren, ook al omdat de architect er tegen was. Daarom stelde de gebouwencommissie voor om links en rechts van de entree, in het park, twee gebouwen neer te zetten: één tijdelijk en één definitief. Het tijdelijke gebouw was bestemd voor broodjes- en souvenirverkoop; dat zou ongeveer 130.000 gulden kosten en worden gedekt uit een jaarlijkse huuropbrengst van 13.000 gulden. Definitief zou een bankgebouw voor de ABN worden neergezet, te betalen door ABN (90.000 gulden) en een gebouw voor parkwachters, Jacoba's en rolstoelen. Dat laatste gebouw zou 80.000 gulden kosten en worden gefinancierd uit het bouwkrediet van 1,8 miljoen gulden. Een probleem was echter dat de architect vanwege de gewijzigde bouwplannen 129.000 gulden extra vroeg. Eind november had Van der Kroft weten te bereiken dat dat bedrag werd gehalveerd. Ook zou er een 'creatief deskundige' worden ingeschakeld om de verdere invulling van de arcade in studie te nemen. Bij de arcade werd een vijver gegraven en daarin werd een vijf meter hoog model geplaatst van een wipmolen. Rond de vijver kwam een zogenoemd showterras.

[766] AB Keukenhof 27-6-1991.
[767] AB Keukenhof 25-7-1991.

Zieke bomen en zieke bollen
De nasleep van de stormschade in de herfst van 1986 duurde lang, vooral vanwege perikelen met de verzekering. Zo viel de schade aan de hekken langs de Loosterweg niet onder de verzekering waarna de gemeente door Keukenhof aansprakelijk werd gesteld. Onderwijl ging men natuurlijk wel door met het herstel, daarbij geholpen door de gemeente. Gelukkig sloegen de herplante populieren goed aan. Pas in maart 1988 wikkelde de verzekering de schade af met een bedrag van ruim 63.000 gulden. De kosten die de gemeente en Keukenhof hadden gemaakt voor het opruimen werden niet vergoed. Keukenhof en de gemeente namen die elk voor de helft, ongeveer 20.000 gulden ieder, voor hun rekening.

In januari 1990 woedde er weer een zware storm. Alhoewel de schade meeviel, was die toch aanzienlijk. Zo sneuvelden tien tot vijftien beuken in het bos, zes bij het Theehuis, vielen er takken van de bomen en was er schade op Oost aan de stands van Laarman en Landwehr Johan. Eind 1988 bleek de beuk bij de hoofdingang zo slecht dat deskundigen adviseerden hem te verwijderen. In 1989 viel een tweede beuk ten prooi aan honingzwam en in 1991 werd een grote iep tegenover de Van Lyndenweg geveld door iepziekte.[768] Omdat het al weer zes jaar geleden was, werd in 1990 besloten weer infrarood opnamen van de bomen te maken.

Zoals we nog zullen zien ging het onderwerp milieu rond 1989 een steeds belangrijker rol spelen bij discussies binnen de rijksoverheid, de bloembollensector en haar maatschappelijke omgeving. Zwetsloot vroeg eind 1989 of Keukenhof wel voldeed aan alle milieueisen. Van Zanten stelde hem gerust: er werden nauwelijks bestrijdingsmiddelen gebruikt, teeltwisseling werd veelvuldig toegepast en er was een zorgvuldig boombeheer.[769] Pijnlijk was het dan ook dat er in februari 1990 in een advertentie van bestrijdingsmiddelenfabrikant Aagrunol in het blad *Groen* een relatie werd gelegd tussen chemische bestrijdingsmiddelen en Keukenhof. Koster kon niet verhinderen dat het blad ook een tweede advertentie plaatste maar wist verdere plaatsingen wel te voorkomen. Helemaal onterecht was die relatie echter niet, want regelmatig moesten er toch chemische bestrijdingsmiddelen worden ingezet tegen het onkruid en ziekten. Alhoewel men in mei 1990 besloot het onkruid handmatig te verwijderen bleek dit niet afdoend. Begin 1991 vroeg de terreincommissie aan M. de Rooy van het LBO opnieuw om advies voor chemische onkruidbestrijding en ook voor boldompeling en het spuiten tegen vuur.

Paard, molen en schaapskooi
Eind 1988 besloot men tot verplaatsen en vernieuwen van de brug bij het Witte Paard. Dat kostte 60.000 gulden. Het opknappen van de molen werd toen voor 50.000 gulden op de begroting gezet. Toen men bezig was, bleek dat er nog eens 10.000 gulden extra nodig was om het betonrot te herstellen. In september 1987 besloot men ook voor 70.000 gulden de ophaalbrug bij de molen te plaatsen en in 1988 noemde men deze de Molenbrug. Eind 1991 overlegde men met het VVV Groningen over het 100-jarig bestaan van de molen, dat in 1992 zou plaatsvinden. In de buurt van parkeerterrein Noord lag, op het land van Van Graven, een oude schaapskooi. In 1986 had Keukenhof al eens overwogen die te restaureren, maar men vond dat met 60.000-70.000 gulden toch te duur. In september 1987 bracht Van Os het ter sprake bij graaf Carel. Afgesproken werd er 45.000 gulden aan te besteden, met als verdeelsleutel een derde door de graaf, een derde door Keukenhof en een derde door de gemeente. B en W van Lisse legden dat met een positief advies eind 1987 aan de raad voor.

Mechanisatie en andere voorzieningen
Ook in deze periode schreed de mechanisering op Keukenhof voort. Zo werd in 1987 de oude Holder, een looptrekker, voor 30.000 gulden vervangen door een echte tractor. Twee jaar later trok het bestuur 75.000 gulden voor de bouw van een loods. Een jaar eerder was 40.000 gulden uitgetrokken voor nieuwe beschoeiingen.

Ook bij de kassen was zo langzamerhand het nodige onderhoud te verrichten. Zo werd in 1989 voor 125.000 gulden het glas van twee kassen vervangen door extra beveiligd glas en was er 12.000 gulden nodig, omdat de lagers van de automatische luchtramen waren versleten. Een jaar later moesten twee verzakkende poten van de warme kas worden hersteld voor ongeveer 10.000 gulden In 1991 was 30.000 gulden nodig voor de klimaatbeheersing.

Voor de dierenweide werd in 1990 30.000 gulden uitgetrokken voor een nachtverblijf en 12.500 gulden voor een volière. Op voorstel van de terreincommissie werd in 1991 het plan voor een minidoolhof geschrapt. Dat werd te duur geacht. Wel werden er in 1990 speeltoestellen voor kinderen op de Grote Wei gezet.

Ook aan de veiligheid werd weer de nodige aandacht besteed. Zo kwam er in 1991 een sleutelplan (40.000 gulden) nadat al eind december 1989 15.000 gulden was uitgetrokken voor de beveiliging van de kantoren en de centrale post. Dit gebeurde naar aanleiding van een aantal diefstallen.

Tentoonstellingen

Het verloop van de bezoekersaantallen staat in de volgende tabel

JAAR	AANTAL BEZOEKERS
1987	793.707
1988	806.586
1989	805.057
1990	809.775
1991	894.101

Tot en met 1990 stabiliseerde het aantal bezoekers rond de 800.000 en dat was mede aanleiding tot de Visie 2000. Zo vertolkten Van der

---

768 De beuk werd verzaagd tot schijven die als decoratie werden gebruikt in de parades.

769 AB Keukenhof 24-11-1989.

Meij en Zwetsloot de mening van de rest van het bestuur toen ze in de vergadering van 21 april 1988 opmerkten dat het bezoek ondanks het mooie weer tegenviel en ze bang waren dat de teruggang structureel was.

Parades
Net als in de vorige periode werden er elk jaar Parades gehouden. Naast de inmiddels bekende Parades kwamen er sinds 1989 ook nieuwe bij:
In 1989: orchideeën, van 10 tot en met 21 mei in het KBP, nadat ze al in 1988 als inzending van T. van Kampen uit Noordwijkerhout in de showkas hadden gestaan. De Parade werd mede georganiseerd door de Kring Nederlandse Orchideeën Producenten (KNOP) en de NTS-groep Cymbidium.[770]
In 1990: alstroemeria en bouvardia, van 4 tot en met 14 mei in het KBP. Het bestuur vond eigenlijk het kleurpatroon van de alstroemeria's wat te eenzijdig en dacht over een combinatie met gerbera's.[771] Maar omdat het vak aandrong op een Parade van het gewas, gaf men toch toestemming voor deze combinatie of voor een andere.
In 1991: rozen, van 24 april tot en met 20 mei in het KJP. Met rozen deden de snijbloemen hun intrede die tot dan toe waren geweerd, omdat ze werden beschouwd als concurrenten van bolbloemen. We herinneren ons dat tot dan toe het bestuur dat eigenlijk niet wilde, maar nu zag men geen problemen meer.[772] De expositie bestond uit 120 vazen.
In 1991 werd besloten om in 1992 alle Parades van de bolgewassen net als de lelies in de kassen te houden en het KBP te gebruiken voor de bloemisterijgewassen, waaronder nu ook de chrysanten.
In 1991 mocht de landelijke kalanchoëwerkgroep planten exposeren in een hoekje van het KJP. De terreincommissie had wat bedenkingen bij dit gewas, omdat men dat zag als een concurrent voor de pothyacint. Eind 1991 verzocht de NTS ook om een Anjerparade. Ook daar was men wat beducht voor, als concurrent voor bolbloemen.

De meeste Parades waren weer succesvol, alhoewel de vakbladen schreven dat de Parade van tulpen en irissen eigenlijk pas in 1987 'volwassen' was geworden en een moeizame start had gekend. Vooral de inzendingen van Van den Hoek's Broeiproevenbedrijf hadden aan die Parades een belangrijke bijdrage geleverd. De Parades kostten Keukenhof jaarlijks ongeveer 160.000 gulden waarvan de helft aan kosten voor binders en arrangeurs.

In 1989 bepaalde de terreincommissie dat kwekersverenigingen alleen onder hun eigen naam mochten inzenden op de Parades, en niet onder de naam van de veiling of het in- en verkoopbureau waarmee ze een relatie hadden. Dat gold ook voor de commissionairs in dienst van die bureaus; die mochten alleen onder hun eigen naam inzenden. Dat had waarschijnlijk te maken met het geringe aantal inzenders met hyacinten. Daarom liet men toe dat commissionairs inzonden. Zo stond in 1988 de grootste inzending op naam van de twee hyacintenspecialisten van CNB: N. Sanders en P. Brekelmans. Zij exposeerden voor het eerst en pakten uit met zestig cultivars.[773] In 1991 zond ook de KAVB-productgroep Hyacint in op de Parade, met 46 gangbare en 16 nieuwere cultivars, daarmee 90 procent van het areaal omvattend.

Eind april 1991 kondigde een van de inzenders van de Lelieparade, het lelieveredelingsbedrijf Hoff uit Steenbergen, aan dat ze op het eigen bedrijf van 7 tot en met 12 mei een Parade gingen houden van de eigen lelies met als naam Lelieparade. Koster, om commentaar gevraagd, vond dat niet 'hoffelijk'.[774] Overigens bleef Hoff ook inzenden op Keukenhof.

Inzenders
Ook in deze periode vroegen de ontheffers de aandacht van het bestuur, zij het niet zo intensief als in de vorige periode. In september 1987 nam het bestuur kennis van het accountantsonderzoek bij Frans Roozen. Dat had Keukenhof in juni laten instellen naar aanleiding van klachten over zijn verkoopprijzen. Van 1809 geboekte orders ontbraken er 133 en bovendien werden en prijsoverschrijdingen vastgesteld. Het bestuur ging daarom mee met de terreincommissie, die voorstelde de ontheffing in te trekken en het verkooppunt eventueel op te heffen. Zover kwam het niet, want tijdens de bestuursvergadering van 10 oktober tekende Van Os een aangetekende brief aan Roozen: hij kreeg een laatste waarschuwing.
Ook de verkoop van Hippeastrum bleef voor problemen zorgen. In 1987 en 1988 werden bij alle ontheffers monsters getrokken en op Keukenhof in bloei getrokken. De resultaten waren bedroevend. Steeds bracht men de ontheffers op de hoogte van de resultaten. In 1989 waren de resultaten aanzienlijk beter, alleen Roozen leverde net als het jaar daarvoor niet kleurecht. De terreincommissie wilde Roozen een verkoopverbod van een jaar geven. Roozen beklaagde zich daarover bij het bestuur en wilde komen praten met de leverancier van de bollen, Trompert van kwekerij De Oudendam, een van de grote inzenders op de Parade. In het gesprek met het bestuur bleek dat de kwekerij het zich erg aan trok en het bestuur uitnodigde voor een bezoek aan het bedrijf. Weer streek het bestuur met de hand over het hart. Roozen kreeg een ontheffing van 29 maart tot en met 30 april 1990.[775] Op 23 maart 1990 bezocht het bestuur de kwekerij, die ook leverde aan Blom, en combineerde dat met een bezoek aan de Porceleyne Fles in Delft. Ook in 1990 en 1991 waren de resultaten van de monstertrekking in het algemeen goed, tot zelfs zeer goed, zoals in 1991.
Het remplaceren (het vervangen van een cultivar door een andere, vaak goedkopere, cultivar met dezelfde kleur) werd kennelijk een probleem,

770 NTS staat voor de Nederlandse Tuinbouwstudiegroepen.
771 AB Keukenhof 26-5-1989.
772 AB Keukenhof 26-7-1990.
773 Zwetsloot had hier, als directeur van een concurrerende veiling (Hobaho), kritiek op. Vandaar dat ze op persoonlijke titel inzonden. Het blad van de veiling (*Vakwerk*) besteedde ook geen aandacht aan hun inzending.
774 *Vakwerk* 26 april 1991, aldaar 17.
775 Wellicht had dat ook te maken met de status van Frans Roozen. Zo kreeg hij in 1987 als derde Nederlander de prestigieuze Dix-penning vanwege zijn veredelingsarbeid. Hij was toen al 78 jaar. Zo had hij 39 nieuwe cultivars van tulpen gewonnen, en was zijn showtuin in Vogelenzang goed voor zo'n 250.000 bezoekers per jaar (bron: *Bloembollencultuur* 16 april 1987, aldaar 8 en 9).

want in 1990 werd daarover gepraat in het overleg met de ontheffers. De aanleiding hiervoor was dat de ontheffers wel veel nieuwe cultivars van inzenders uit de kas aanboden, maar die niet bestelden bij de inzenders die vaak de enige eigenaar ervan waren.

P. Bakker, het bekende postorderbedrijf, werd begin 1989 op de wachtlijst geplaatst. Na de tentoonstelling werd door ruilen getracht de inzending van Van Til-Hartman vrij te maken voor Bakker. Die ging akkoord met een verplaatsing naar de wildwatertuin. Bij zijn nieuwe plek werd een vijver van 40 m^2 aangelegd en een witte pergola geplaatst; alles op kosten van Keukenhof. Nog een voorbeeld van de kosten die Keukenhof maakte: toen Van Diest vertrok naar de oude plek van De Groot, kocht Keukenhof voor 25.000 gulden aan rotsblokken voor de plek die Van Diest verliet in 1989. In juni 1990 werden de speciestuin en de bijgoedborder 'opgeofferd' om plaats te maken voor twee inzenders die al lang op de wachtlijst stonden: Matze uit Sassenheim en Simon en Karin Visser uit Bovenkarspel (sinds 1982 op de wachtlijst).

Moolenaar kreeg in maart 1990 geen toestemming om bollen van zijn nieuwe iris 'Van Gogh' te verkopen (40 stuks in een doosje voor 7,50 gulden). Na de tentoonstelling van 1991 liet het bedrijf weten zich terug te trekken als inzender van de tentoonstelling. Zelfs een interventie van Van Os baatte niet. "Misschien doen we wel te weinig voor de inzenders", zei Van Zanten in de bestuursvergadering van 25 juli 1991. Het leidde tot een verzoek aan Koster om een notitie te schrijven over wat Keukenhof allemaal deed voor de inzenders. Koster zag dat eigenlijk niet zo zitten. Er was maar weinig verloop onder de inzenders en bovendien kon Moolenaar gewoon blijven inzenden op de Parades.

De val van de Muur in 1989 leidde tot meer bezoek van Oost-Duitsers. Zo was in 1990 een derde van de geplaatste orders door de ontheffers afkomstig van voormalige inwoners van de DDR.

Beelden
Broersen stelde ook in deze periode voor beelden aan te schaffen. Na de tentoonstelling van 1987 met dertig beelden geplaatst door de stichting Macadam wilde hij dat Keukenhof het beeld Dolfijn kocht. Dat beeld kostte ongeveer 9000 gulden en er waren maar 5 exemplaren van. Toen het bestuur de garantie kreeg dat er niet meer werden gemaakt kocht men het voor 8500 gulden.[776] De dolfijn werd geplaatst in de vijver in het Smalle Bos. In datzelfde jaar pleitte Broersen ervoor om bij de inzending van Van Til-Hartman een groot beeld te plaatsen. De terreincommissie nam dat in onderzoek, maar of dat leidde tot plaatsing is niet bekend.

De terreincommissie slaagde er niet in voor de tentoonstelling van 1988 passende beelden te vinden. Daarom werd het budget van 40.000 gulden aan dat voor 1989 toegevoegd. Dat was van belang, omdat in april 1988 bleek dat wellicht de koningin op 15 april 1989 Keukenhof zou bezoeken en prins Bernhard Keukenhof wilde openen. Men overwoog aan de koningin te vragen welke beelden ze wilde zien. In augustus 1988 wees het bestuur een voorstel van de terreincommissie af om beeldhouwer H. Kortekaas te vragen een internationale beeldentoonstelling in te richten. Men vond Nico Jonk beter passen bij Keukenhof. Uiteindelijk besloot men in oktober 1988 om Jonk en Jits Bakker de tentoonstelling te laten inrichten met 27 grote beelden in brons en marmer van Bakker. Na de tentoonstelling trad er door 'eigen schuld' van Keukenhof voor 5000 gulden schade op aan de marmeren beelden.[777] In juni 1989 bezocht het bestuur Bakker in De Bilt om beelden uit te zoeken om te kopen. Begin 1990 nam het bestuur voor twee jaar een optie (2000 gulden) op een beeld van beeldhouwer P. Bakker uit Bergen aan Zee. Inmiddels had de terreincommissie eind 1989 de kunstenares A. Sandberg ingeschakeld als een soort makelaar tussen de beeldhouwers en Keukenhof. In overleg met haar werden kunstenaars benaderd en beelden uitgezocht. Deze constructie beviel goed. De tentoonstelling van 1990 werd opgesierd met 26 beelden en 3 schermen. Tijdens de tentoonstelling stemde het bestuur in principe in met een voorstel van Van Zanten om beelden van twee witte bollen voor 10.000 gulden aan te schaffen.[778] Kennelijk had het beeldje van een ontluikende tulp veel indruk gemaakt, want begin 1991 kocht het bestuur het voor 1700 gulden en was er sprake van dat de openaars van de Parades een replica zouden krijgen.[779] Dat ging echter niet door. In plaats daarvan werden voor hen litho's aangekocht. De beelden van 1991 vond de terreincommissie wat te klein, zodat aan Sandberg werd gevraagd voor 1992 wat grotere beelden uit te zoeken. In 1991 kreeg de beeldhouwer H. Venema opdracht voor 75.000 gulden speelobjecten in de vorm van bloemen te ontwerpen.

Parkwachters
In het kader van discussies over de toekomst van Keukenhof was ook een rol weggelegd voor de parkwachters. Met name Zwetsloot opteerde voor een verjonging van de merendeels bejaarde parkwachters en controleurs. In de begroting 1989/90 werd geld vrijgemaakt voor een onderzoek naar de inzet van studenten. De financiële commissie nam het onderwerp in studie en betrok daarbij ook de Jacoba's. In oktober 1989 rapporteerde men aan het bestuur dat er contact was geweest met studentenuitzendbureau ASA en dat een algehele vervanging een tegenwaarde vertegenwoordigde van de recette van 25.000 bezoekers. Men ging van een model uit waarbij de Jacoba's op werkdagen zouden worden ingezet en de studenten in het weekend. Men besloot tot een proef in 1990.[780] Voor de training werd bureau Door in de arm genomen (10.000 gulden), terwijl ook nieuwe kleding werd uitgezocht. De proef werd geen succes. Er vielen zelfs ontslagen vanwege slecht gedrag en ongeïnteresseerdheid. ASA, om nadere informatie gevraagd, weet het vooral aan de te weinig opvallende kleding van de studenten. Daarom trok Keukenhof in de begroting 1990/1991 75.000 gulden uittrok voor nieuwe kleding van gastvrouwen/heren en parkwachters. Pisa uit Eindhoven leverde de nieuwe kleding. Deze werd geshowd in de marge van de bestuursvergadering van 23 november 1990. Het bestuur besloot in januari 1991 om met ingang van 1992 geen parkwachters meer aan te stellen die ouder waren dan 75 jaar.

776 AB Keukenhof 20-7-1987.
777 AB Keukenhof 26-5-1989.
778 AB Keukenhof 20-4-1990.
779 AB Keukenhof 25-1-1991.
780 AB Keukenhof 27-10-1989.

afb. 10
Nieuwe kleding wordt geshowd

afb. 11
Parachutisten bij de opening van de Amerikaanse tuin

afb. 12
Corsowagen van Keukenhof in 1987

Bij de opening van de tentoonstelling van 1991 werd de nieuwe kleding geshowd (zie **afbeelding 10**).

Tentoonstelling 1987
In januari 1987 sprak men af om samen met de NBT een Duitsland-campagne te voeren. Het NBT wilde daar 30.000 gulden voor uitgeven mits Keukenhof jaarlijks 11.000 gulden subsidie bleef geven aan het NBT. Op 26 maart opende de Duitse ambassadeur in Nederland dr. O. von der Gablenz, temidden van een select aantal genodigden, een nog kaal Keukenhof. Tijdens de opening sprak ook Benningen, die vertelde dat hij al jaren een logboek bijhield van het weer tijdens de tentoonstelling. Daaruit was hem gebleken dat bij een koud en guur jaar en vooral bij een koude Pasen zo'n 70.000 bezoekers minder kwamen. Keukenhof was dus bijzonder 'weergevoelig' en daarom waren de Parades onder 5000 m² glas zo belangrijk. Toch was het bezoekersaantal altijd ver boven het break-evenpoint zodat de investeringen op schema bleven. Hij besteedde ook aandacht aan de nieuwe dingen, zoals de nieuwe VIP-room en vergadercentrum en de Amerikaanse tuin, 4000 m² met een carport. Naast de wildwatertuin en het wilde narcissenbos was er nu ook een bijgoedborder aangelegd. De Franse kunstenaar Daniël Buren had weer een 'streep' geplant van witte en lila tulpen.
De Amerikaanse tuin was een toevoeging aan de al bestaande Nederlandse, Duitse en Franse tuinen. De aanleg kostte 43.000 gulden waaraan het IBC 20.000 gulden bijdroeg. Op 8 mei werd de opening een hele happening (zie **afbeelding 11**).
1987 was een jubileumjaar voor het corso. Zo'n 1,2 miljoen mensen keken naar het spektakel en de Keukenhofwagen won weer vele prijzen (zie **afbeelding 12**). Na de tentoonstelling bleek men toch weer wat ontevreden over de samenwerking met het NBT en overwoog men meer te gaan samenwerken met de VVV's.

Tentoonstelling 1988
Om de 'kaalheid' van 1987 te maskeren had de terreincommissie in 1987 80.000 krokussen, 20.000 tulpen en 50.000 scilla's aangekocht om, voorgetrokken, op het terrein te planten. Begin 1988 was de terreincommissie ook druk doende met de plaatsing (op proef) van een carillon en bezocht daartoe verschillende carillonbouwers. Voor plaatsing dacht men aan het Smalle Bos of de Grote Wei. Verder stelde men een proef met avondverlichting in combinatie met een avondopstelling in tijdens het zogenaamde caravanweekend van 13 tot en met 15 mei.[781] Voor die proef

781 Het parkeerterrein Oost werd van 1988 tot en met 1991 een weekend opengesteld voor caravans van de Nederlandse Caravanclub.

werd 15.000 gulden uitgetrokken. Van dat geld zou ook een enquête onder de bezoekers worden gehouden.[782] Op voorstel van de terreincommissie werden begin 1988 ook de openings- en sluitingsdata van de tentoonstellingen van 1989 tot en met 1992 vastgesteld. Dat was op verzoek van de propagandacommissie die dat nodig had om goede afspraken met de touroperators te kunnen maken. Vlak voor de opening werd er ook nog een fontein in de vijver geplaatst.

In *Bloembollencultuur* van 24 maart 1988 werd Van der Groen geïnterviewd over de komende tentoonstelling. Hij verwachtte dankzij de zachte winter een bloeiende opening en gaf enkele bijzonderheden zoals de Molenbrug, de fontein in de grote vijver en meer waterpartijen, een wijziging in de padenloop, de etagebeplanting om lege/kale plekken te voorkomen en een speelbrug bij de dierenweide.

Op 31 maart opende de zakenvrouw van het jaar 1987, A. Vogelaar, sinds 1983 directeur van de reisorganisatie Vrij Uit, als derde vrouw een bloeiend Keukenhof. De vakbladen schreven dat Keukenhof in dertig jaar niet zo mooi was geweest bij de opening. Het regende wel dat het goot en de opening was een week later dan gepland, op 23 maart, juist om meer in bloei te hebben. Vogelaar opende de tentoonstelling door de nieuwe ophaalbrug bij de molen neer te laten: 'vervolgens kwamen twaalf Haarlemse bloemenmeisjes de brug over, die op hun beurt door haar werden begroet'.[783]

Op dezelfde dag kwam *Vakwerk* (het blad van de Hobaho) uit met op de voorpagina een foto van Koster tussen de narcissen in de koude kas. T. van der Wiel schreef er een artikel over "Keukenhof's koude kas leerschool voor narcissenliefhebbers." In de kas stonden 125 cultivars die onder regie van Koster waren 'gekollekteerd' bij vijftien inzenders. Koster kreeg daarvoor veel hulde van Van der Wiel. Hij noemde hem 'koploper-woordvoerder' en 'allround marktkenner'.[784]

De eerste Binnenparade werd geopend door dr. D. Snoep, directeur van het Frans Halsmuseum uit Haarlem, die ook werd gehoord door de CTK, zoals we zagen. Van Os zei in zijn introductie dat het Frans Halsmuseum de meeste relatie had met het bloembollenvak. Daarom had Keukenhof bloembollen had geplaatst in de binnentuin van het museum, dat zijn 75-jarig bestaan vierde met een bloembollenroute langs schilderijen, voorwerpen en boeken die de bloembol als onderwerp hadden.

In *Bloembollencultuur* van 5 mei stond een verslag van de opening van de Narcissenparade. De journaliste sprak ook met Koster over de Parade van bijzondere bolgewassen. Hij had daar hoge verwachtingen van. Koster vertelde ook dat er meer bezoekers waren dan in vorige jaren, en dat leverde meer geld op. Koster was dan ook vol enthousiasme bezig met plannen voor de volgende jaren: "Het tienjarenplan 1978-'88 is voor tachtig procent uitgevoerd. Op dit moment ontwikkelen de mensen achter de Keukenhof het volgende tienjarenplan. Door de extra inkomsten kunnen er misschien wat van de spectaculaire plannen, die de heer Koster heeft bedacht, worden uitgevoerd."[785]

Dat het bezoekersaantal meeviel, waren Zwetsloot en Van der Meij niet met Koster eens. Zij vreesden voor een structurele achteruitgang. Daarom legde de financiële commissie aan de bestuursvergadering van 16 juni een notitie voor om te komen tot een aanpassing en verhoging van de entreeprijzen, met daaraan gekoppeld een investering van

Tarieven (entreeprijzen)

Al in augustus kwam de eerste kritiek. Benningen vond de tariefsprongen te groot en de Belgen en Duitsers vonden de discriminatie van 'hun' 65-plussers (zeer) onsympathiek. Het bestuur besloot met die discriminatie soepel om te gaan. Als men protesteerde dan kreeg men dezelfde behandeling als de Nederlandse bejaarden. Eind december groeide echter de kritiek uit het buitenland. Ook was men verbolgen over de tarieven voor de invaliden. Daarop paste men dat aan: de mindervalide zou het volle tarief betalen en de begeleider/ster zou gratis naar binnen mogen. Begin januari protesteerden ook de Nederlandse ouderenbonden. Zij vonden de verhoging van vijf naar tien gulden ongehoord. Keukenhof zwichtte niet, vijf gulden was te laag, maar wellicht was het beter geweest de verhoging in twee jaar door te voeren. Er rezen meer problemen toen de tentoonstelling van 1989 opening. De lokettisten kregen er meer werk door, en de doorstroming stokte. Voor 20.000 gulden stelde men extra lokettisten aan. Daarnaast was 30.000 gulden nodig om een geldtelmachine te kopen; ze waren niet meer te huur. Ook was er veel gedoe met de aparte tariefstelling voor invaliden en hun begeleiders.

Uit het recetterapport bleek echter dat het bejaardenbezoek was gedaald, en daarom bracht men voor 1991 voor hen het tarief op 6,50 gulden, net als voor kinderen. Het tarief voor volwassenen ging naar 13 gulden. Voor de tentoonstelling 1992 werden de tarieven gebaseerd op de Visie 2000. Dus volwassenen 14 gulden, bejaarden (ongeacht de nationaliteit) 11 gulden en invaliden met begeleiders, elk 6,50 gulden, net als kinderen en scholieren.

80.000 gulden om nieuwe kaartautomaten aan te schaffen. De commissie stelde onder meer voor het tarief voor volwassenen te verhogen van 10 naar 12,50 gulden. Dat was geen probleem voor het bestuur. Wel hadden ze een probleem met de gelijktrekking van de entree van kinderen (4 tot en met 12 jaar) met 65-plussers en dat te brengen op

---

782 AB Keukenhof 15-1-1988.

783 *CNB-info* 14 –4-1988, aldaar 6.

784 *Vakwerk* 31-3-1988, aldaar 8.

785 *Bloembollencultuur* 5-5-1988, aldaar 17.

10 gulden. Dat keurde men af, want die verhoging was 'erg onvriendelijk'. Daarom bracht men de entree voor kinderen op 6 gulden en die van Nederlandse bejaarden op tien gulden, een verdubbeling. Door deze aanpassing verdween de noodzaak om nieuwe automaten aan te schaffen, althans dat nam de financiële commissie verder in onderzoek Inhet kader de verdere afloop van dit tarievenhoofdstukje.

Tentoonstelling 1989
Na de tentoonstelling van 1988 bleek een integrale verlichting van het park op zeven ton te komen, nog afgezien van de jaarlijkse kosten. Daar zag men voorlopig vanaf. Waar men wel mee doorging was de proef met het carillon (veertien dagen vanaf 21 april). Een carillon met 23 klokken kostte bij eventuele aanschaf 75.000 gulden. Men besloot ook weer tot een proef met avondopenstelling in het weekend van 5 mei: van 18.00 tot 21.00 uur, tegen 20.00 uur op de andere dagen. In *Bloembollencultuur* van 23 maart 1989 blikte Koster vooruit op de tentoonstelling. Er zou geen groots feest komen vanwege de veertigste keer, maar wel was er weer een aantal nieuwe elementen. Hij noemde naast de beelden van Jits Bakker, de Orchideeënparade en een klimpiramide. Hij verwachtte tussen de 850.000 en 900.000 bezoekers. Het Frans Halsmuseum exposeerde in het KJP en ook nu weer had Keukenhof bloemen geleverd aan de binnentuin van het museum. Door het wegvallen van een inzender was de Engelse tuin verlegd en de Duitse tuin vergroot.

Omdat het veertigjarig bestaan van Keukenhof samenviel met het 150-jarig bestaan van de NS bood Keukenhof op de openingsdag (23 maart, donderdag voor Pasen) de NS een tulp aan met de naam 'Eurocity'. Keukenhof had eind 1988 contact opgenomen met de NS omdat er toen plannen waren voor een station in Hillegom en een station in Noordwijkerhout. Uiteraard wilde Keukenhof ook graag de openstelling van het station in Lisse. Dat deed de NS niet. Het station werd niet opgenomen in de dienstregeling. Wel liet men er extra treinen uit België en Duitsland (zoals elk jaar) stoppen tijdens de tentoonstellingsperiode. Daartoe was 1988 het station uitgebreid met een 400 meter lang perron. In september 1989 lieten de NS weten definitief af te zien van de opname van Lisse in de dienstregeling. Van der Kroft intervenieerde daarna nog tevergeefs bij de NS.

Rond 1989 probeerde de bloembollensector intensief de Japanse markt, die werd gekenmerkt door zeer strenge fytosanitaire eisen, verder open te breken. Handelsmissies bezochten Japan en soms nam ook Van Os als directeur van de BKD aan dergelijke missies deel. Vanwege die betrokkenheid was het de Japanse ambassadeur in Nederland, T. Otoka, die Keukenhof dat jaar officieel opende. Deze officiële persopening vond, bij wijze van proef, pas op 5 april plaats. Tijdens die opening zei Van Os dat de ambassadeur was gevraagd omdat: "wij hopen dat Japan een belangrijk afnameland wordt."[786] Op zondag 9 april bezocht de Japanse prins Fumihito Keukenhof en een paar dagen later vertrok Van Os naar Japan als lid van een delegatie van vier en boekte eindelijk succes: een verhoging van het aantal bollen dat in 1990 zonder quarantaine mocht worden ingevoerd.

In mei kreeg Keukenhof een hoge Europese onderscheiding. Die werd voor het eerst uitgereikt aan een bedrijf of instelling die zich verdienstelijk had gemaakt op het gebied van promotie en innovatie van land- en tuinbouw. Koster nam de prijs, een zilveren plaquette en een certificaat, in Milaan in ontvangst (zie **afbeelding 13**).

afb. 13
Hoge Europese onderscheiding voor Keukenhof

Tentoonstelling 1990
Het was dit keer Van Os die in een groot interview in de vakbladen vooruitblikte op de tentoonstelling van 1990. In dat interview, dat vooral was gewijd aan de Visie 2000 ("Keukenhof geen pretpark maar showvenster") gaf hij ook een overzicht van de noviteiten in 1990. Natuurlijk was dat de nieuwe voetgangerstunnel, de grotere armslag van de Parades, de betere horeca door de inschakeling van Eurest en de verjonging van de parkwachters: "strenge heren in uniform worden vervangen door kwieke jongelieden."[787]

Er waren meer kinderspeeltoestellen, mooie beelden van Jits Bakker, en de openingstijd van de tentoonstelling was verlengd tot 20.00 uur. Ook meldde hij dat Koster per 1 maart was benoemd tot directeur en vroeg hij aandacht voor een laan van 500 meter blauwe druifjes.

De openingshandeling werd op 29 maart in de nieuwe tunnel verricht door Martin Schröder, president-directeur van Martinair. Hij droeg een steentje bij aan de promotie van de bloembollen: in de week van de opening bood Martinair aan twaalf burgemeesters in Amerika een bos bloemen aan.

Nog nooit bloeide er zoveel tijdens een opening. Dat had een keerzijde, namelijk dat het park de laatste tien dagen voor de sluiting 'kaal' oogde, ondanks het feit dat de terreincommissie medio april voor 25.000 gulden aan extra bloeiende planten had gekocht. Broersen maakte

786 *Vakwerk* 13-4-1989, aldaar 7.
787 *CNB-info* 29-3-1990, aldaar 8.

daarover een opmerking in de bestuursvergadering van 26 juli 1990. Dat leidde tot een discussie over een lagere entreeprijs in die periode. Benningen haalde er weer zijn logboek bij en vertelde dat hij een analyse had gemaakt van het bezoek in de laatste weken van de tentoonstelling in de afgelopen jaren. Alleen bij sluiting op Tweede Pinksterdag liep het bezoek niet terug, anders altijd wel, ondanks extra kleur en extra reclame. Ook sluiten voor de aangekondigde datum was geen optie, gezien de afspraken met de touroperators.
Op 9 april kwam het televisieprogramma AVRO's Servicesalon rechtstreeks van Keukenhof. De kosten werden gedragen door Keukenhof (15.000 gulden), de AVRO en het IBC (elk 5000 gulden). Het was trouwens een jaar met veel bezoek van TV-makers.
Op 24 april heette Keukenhof de 10.000ste bezoeker uit de DDR welkom
In augustus discussieerde het bestuur weer over de jaarlijkse subsidie aan het corso. Inmiddels waren de kosten voor deelname opgelopen tot 24.000 gulden. Het bestuur vond eigenlijk dat het corso te laat werd gehouden en sprak af te gaan praten over een vroegere datum. Daarnaast besloot men om in 1991 weer 5000 gulden subsidie te geven. Er is niet precies bekend waar het gesprek met het corso toe leidde. Wel schreef Keukenhof in 1991 in het financieringsplan bij de Visie 2000 dat men er naar streefde het corso op Keukenhof te houden en daarvoor 35.000 gulden over te hebben. Dit als jaarlijkse bijdrage aan de corso-organisatie, die zou worden terugverdiend met kaartverkoop. In 1991 won Keukenhof met haar wagen de publieksprijs.

Tentoonstelling 1991
In oktober 1990 stemde het bestuur in met een verzoek om TV-tuinman Rob Verlinden een boek te laten presenteren op Keukenhof. Verlinden liet zich interviewen in *Bloembollencultuur* van 13 december 1990. Hij had toen inmiddels vier boeken geschreven, over elk jaargetijde één. In het laatste boek *Met Rob Verlinden in de najaarstuin* besteedde hij aandacht aan het gebruik van bloembollen en het milieubewust tuinieren. Hij vond dat er in de Bollenstreek teveel 'bonte kermistuinen' lagen en zei dat er op Keukenhof ook teveel 'kleurenpannenkoeken' lagen. Hij had tegen Koster van Keukenhof gezegd dat hij een 'aantoonbare schakel' was tussen consument en producent. Vandaar dat hij betrokken was bij de aanleg van zes nieuwe thematuinen op Keukenhof met de namen: "'White Dream', Dutch Dream', 'Ode aan Mondriaan', 'Melange' (een geurtuin), 'Dreaming Versailles' en een balkontuin en galerie waarop met allerlei potten en kuipen gewerkt zal worden"[788] (zie **afbeelding 14**). Het IBC en de PPH betaalden mee aan de aanleg (35.000 elk). Ook kwam er voor 21.000 gulden een infostand bij de tuinen, waaraan Keukenhof 7000 gulden bijdroeg.
In 1991 mondde een jarenlange discussie over de nadelige effecten van het gebruik van chemische bestrijdingsmiddelen in de land- en tuinbouw uit in het *Meerjarenplan Gewasbescherming*, in de wandeling MJP-G genoemd, een zogenaamde regeringsbeslissing.[789] Daarin was niet alleen een inventarisatie van het gebruik per sector opgenomen, maar ook een dwingende verplichting tot het terugbrengen binnen een bepaalde termijn, per sector, van het gebruik van en de afhankelijkheid

afb. 14
Directeur Keukenhof ontvangt Bollenboek

van deze middelen. De bloembollensector werd gekenschetst als een grootgebruiker van deze middelen. Vandaar dat ook de druk vanuit bijvoorbeeld de milieuorganisaties groot was om hier iets aan te doen. Om dat te bewerkstelligen had de sector begin 1989 al het Milieuplatform opgericht onder voorzitterschap van M. Zandwijk, bloembollenteler uit Noordwijk. In een interview in *Vakwerk* van 5 april 1991 toonde hij zich 'diep geschokt' over de actie van de Zuid-Hollandse Milieufederatie (ZHM). Daags voor de opening van de 42ste Keukenhof kondigde de ZHM aan in vijf landen een antireclame voor de Nederlandse bloembollen te starten: "Konsumenten in de Verenigde Staten, Japan, Duitsland, Frankrijk en Italië worden opgeroepen een milieuvriendelijke bol te kiezen. De milieu-organisatie is tot actie overgegaan omdat zij van mening is dat er te veel gewas- en grondontsmettingsmiddelen in de bollenteelt worden gebruikt."[790] Wat Zandwijk vooral stak, was dat de ZHM stelde dat er veel te weinig werd gedaan aan onderzoek naar de haalbaarheid van milieuvriendelijke teeltwijzen, de zogenoemde biologische teelt. Onder zijn leiding bracht het Milieuplatform een verklaring uit waarin stond dat het onbegrijpelijk was dat een sector die zich zo inspande voor een schoner milieu door de milieufederatie op een dergelijke onverantwoorde wijze werd aangepakt. Keukenhof werd dat jaar niet officieel geopend. Wel pakte het bestuur uit met stropdassen voor de inzenders (7500 gulden), shawls voor hun vrouwen (10.000 gulden) en paraplu's met tulpenknop voor de pers. Er was wel een persbijeenkomst onder leiding van Benningen. Die bijeenkomst stond vooral in het teken van de Visie 2000.
Wel was er de nodige TV-belangstelling voor de tuinen van Verlinden. Zo kwam RTL-4 op Tweede Paasdag opnamen maken. Dat kostte Keukenhof echter wel 25.000 gulden. Voor een optreden van Up with People betaalde men 10.000 gulden. Een kamerkoor uit Leiden kostte 750 gulden. Daartegenover kregen 50 Canadese oud-strijders vrij toegang net als 250 congresgangers die de Ikebanatentoonstelling in het KJP bezochten. In het KJP had het Frans Halsmuseum een kleine verkoopstand en stond ook glaswerk uit Israël, en daarom doopte de

788 *Bloembollencultuur* 13 december 1990, aldaar 15.
789 Zie voor de achtergronden, Timmer 2009.
790 *Vakwerk* 5-4-1991, aldaar 14.

afb. 15
Burgemeester van Jeruzalem doopt tulp

burgemeester van Jeruzalem, de bekende Teddy Kollek, op 22 april een nieuwe tulp van Gebr. Van Zanten met zijn naam. (zie **afbeelding 15**).

Enkele dagen eerder had de ex-directeur Gustav Schoser van de Palmgarten in Frankfurt, ook een tulp met zijn naam gedoopt (zie **afbeelding 16**). In *Bloembollencultuur* van 16 mei stond een interview met Frans en Rita van

afb. 16
Gustav Schoser doopt tulp

der Zalm, eigenaars van een klein bloembollenbedrijf met vele bijzondere bolgewassen in Noordwijk. Rita van der Zalm was ook een bekend publiciste over bloembollen. Zij was zeer te spreken over de voorbeeldtuinen op Keukenhof. Wel vond ze het jammer dat Keukenhof niet langer open was, om met name de zomerbloeiende bolgewassen te tonen: "Waar zie je nu Eucomis, Sparaxis of Tigridia? Ook Camassia bloeit net na het sluiten van Keukenhof. Na mei worden de showtuinen in het hele land, zoals in Arcen (bij Venlo) of van de Hobaho toch ook nog druk bezocht?"[791]
Veertien dagen later blikte in datzelfde blad Den Hoed, aangeduid als Den Hoet PR-medewerker, terug op de tentoonstelling. Alhoewel nog niet alle 300 touroperateurs alle overgebleven kaarten hadden teruggestuurd was er een toename van het bezoekersaantal geweest. Hij schreef dat toe aan de Oost-Europeanen. Zo was er een operator die

het vorige jaar 400 mensen uit die regio naar Keukenhof had gebracht tegen nu 11.000.[792]
Tijdens en na de tentoonstelling vroeg ook de situatie rondom het VVV Lisse aandacht van het bestuur. Niet alleen van het bestuur trouwens, ook van de gemeente Lisse. Door wanbeleid van het VVV-bestuur was er een groot tekort opgebouwd. In 1990 was dat opgelopen tot een bedrag van ruim 240.000 gulden, dat aanvankelijk voor de gemeente verborgen werd gehouden. In augustus 1991 werd de gemeenteraad daarover door B en W geïnformeerd gepaard gaande met het verzoek aan de VVV een renteloze lening te verstrekken van 150.000 gulden. Keukenhof behoorde tot de crediteuren omdat de VVV sinds mei 1990 de opbrengst van verkochte entreebewijzen niet had afgedragen. Dat beliep een bedrag van ruim 75.000 gulden. Aanvankelijk eiste Keukenhof dat bedrag op, maar toen de gemeente bijsprong en om clementie verzocht, nam Keukenhof, onder voorwaarden, genoegen met 40.000 gulden. Verder mocht de VVV entreebewijzen blijven verkopen, maar was Keukenhof niet bereid de jaarlijkse bijdrage van 5000 gulden te verhogen.[793]
Ook dit jaar mocht Koster namens Keukenhof een onderscheiding in ontvangst nemen. Eind augustus kreeg Keukenhof een Europese onderscheiding vanwege het bustoerisme.

Financiën

In maart 1986 had de financiële commissie aan het bestuur voorgesteld om voor 500.000 gulden te beleggen in de USA. Guldemond en Van der Meij wilden dat niet. Van der Meij had hier al regelmatig tegen geageerd, en ook weer in de bestuursvergadering van 22 juni 1987. Vandaar dat in de bestuursvergadering van 17 augustus 1987 werd op voorstel van de financiële commissie besloten het percentage buitenlandse beleggingen aan een maximum van 25 te binden. Ondanks deze beslissing bleef Van der Meij ontevreden. Bij de bespreking van de jaarstukken 1986/1987 merkte hij op dat de winst op de effectenportefeuille niet ruim 575.000 gulden was, maar ongeveer 2 ton: dat kwam door de buitenlandse beleggingen.[794] Zwetsloot merkte gebelgd op dat hij zich aan het afgesproken percentage had gehouden. Van der Meij had echter liever gezien dat er meer in pensioenfondsen was belegd.
In de vergadering van 23 november 1990 legde de financiële commissie een overzicht over van de rendementen van de obligaties in de periode 1981 tot en met 1990 (peildatum 31 augustus) in vergelijking met de rente op deposities van één maand in diezelfde periode. De rente op de laatste was regelmatig veel lager en dat vond de financiële commissie getuigen van een goed beleid.

791 *Bloembollencultuur* 16-5-1991, aldaar 25.
792 *Bloembollencultuur* 30-5-1991, aldaar 7.
793 Die bijdrage had men in 1989 verhoogd naar dat bedrag omdat de VVV toen in een gesprek met Benningen had laten weten een structureel tekort te hebben van 15.000 gulden (AB Keukenhof 20-4-1989).
794 AB Keukenhof 23-10-1987.

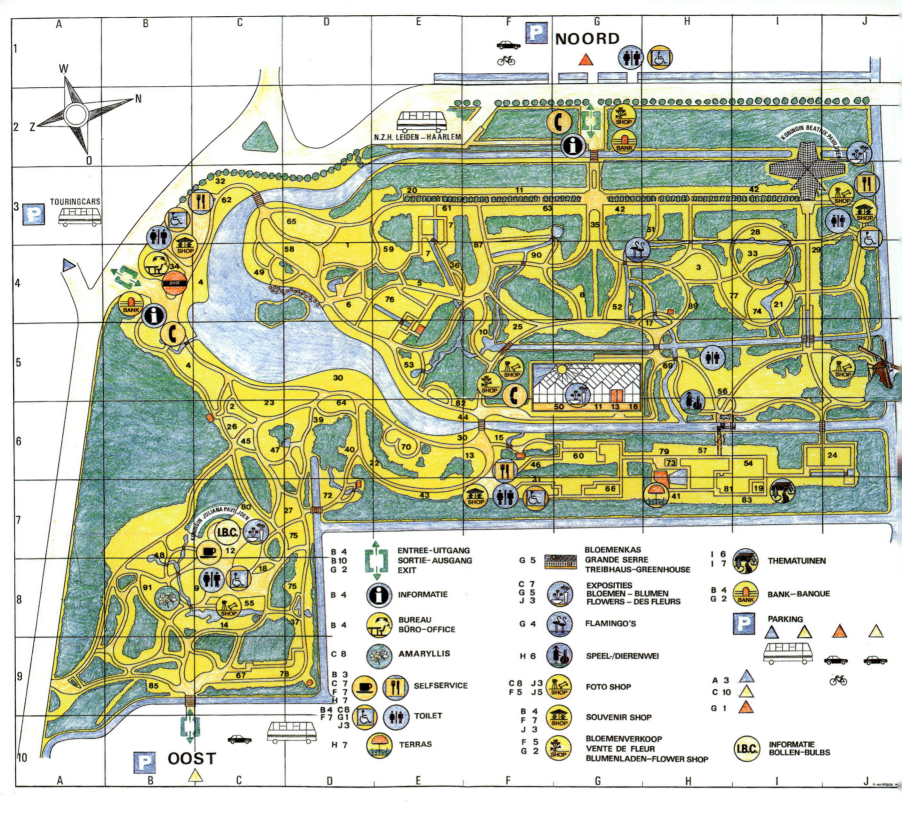

afb. 17
Plattegrond en inzenders 1991

In augustus 1988, bij de bespreking van de begroting 1988/1989, analyseerde Zwetsloot de financiële situatie aldus: "de problematiek zit niet in de liquiditeit, maar in het tot dusver gevoerde beleid, waarvan niet zonder gegronde redenen van mag worden afgeweken. Dit financiële beleid stoelt enerzijds op het uitgangspunt, dat geen investeringsuitgaven worden gedaan, die nog niet zijn 'verdiend' en anderzijds op het reserveringsbeleid [de tien miljoenregel, MT]."[795] In 1988 had Keukenhof een meevaller door een verlaging van de BTW, maar een jaar later weer een tegenvaller van 7000 gulden door het failliet van een touroperator. In dat jaar verhoogde Keukenhof de prijs van de catalogus tot vijf gulden, goed voor een financiële meevaller. Aan Madurodam werd in 1988 geen financiële bijdrage meer geleverd, omdat de samenwerking werd beëindigd. In de bestuursvergadering van 23 augustus 1990 werd de volgende beleidsregel vastgelegd: "wanneer uit de opbrengsten van interest deposito's en beleggingen de beoogde f 10 miljoen Reserve Diverse Verplichtingen wordt bereikt moet eerst uit de rente-inkomsten de eventuele inflatie-effecten worden verwerkt. Hetgeen dan resteert dient richting innovatiereserve te worden geleid. De normale exploitatierekening dient los van deze inkomsten te blijven." In het jaar 1989/1990 werd een batig saldo van bijna 1,6 miljoen bereikt. Daarvan ging 750.000 gulden naar innovatie-uitgaven en 713.000 gulden naar renovatie-uitgaven en kregen de stafleden een uitkering ineens van bijna 35.000 gulden (totaal). De begroting voor 1990/1991 beliep bijna 6,2 miljoen gulden. Een jaar later gevolgd door een begroting die bijna 8 procent hoger was. Waar dat toe leidde, wordt behandeld in het volgende hoofdstuk.

Tenslotte

In **afbeelding 17** de plattegrond en de inzenderlijst van 1991 als samenvatting van alle veranderingen in deze periode.

795 AB Keukenhof 3-8-1988.

Inzenders
Participants
Aussteller
Exhibitors
Keukenhof

– tevens exposanten in de kassen
participants exposant aussi dans les serres
stellen auch in den Treibhäusern aus
also exhibiting in the greenhouses

KEUKENHOF

- 1. Frijlink & Zn. Export b.v., Noordwijkerhout
2. J.B. Wijs & Zn. Zaadhandel bv., Amstelveen
3. Th. Langeveld bv., Lisse
- 4. D.W. Lefeber & Co., Hillegom
- 5. J.W.A. v.d. Wereld, Breezand
6. J. Heemskerk & Zn., de Zilk
7. De Vroomen Export bv., Sassenheim
8. Fa. Th. G. Apeldoorn, Egmond binnen
9. W.S. Warmenhoven, Hillegom
10. J. Onderwater & Co. Export bv., Lisse
- 11. W. Moolenaar & Zn. bv., Sassenheim
12. Wulfinghoff Freesia bv., Rijswijk
- 13. Gebr. van Zanten bv., Hillegom
14. Jac. Uitenbogaard & Zn., Noordwijkerhout
15. Waling van Geest & Zn. bv., 's Gravenzande
- 16. Van Staaveren bv., Aalsmeer
- 17. John van Grieken, Vogelenzang
18. Ruibro, Hillegom
- 19. Jan van Bentem Bloembollen, Zwaanshoek
20. J.W.A. Lefeber, Noordwijkerhout
21. Fa. Wed. G.H. van Went, Noordwijk
22. Vanhof en Blokker, Heiloo
23. Jacob L. Veldhuyzen van Zanten bv., Noordwijkerhout
24. Van Til Hartman bv., Noordwijk
25. G. Lubbe & Zn., Lisse
26. Leynse Export bv., Zwaanshoek
27. Doornbosch Export, Sassenheim
- 28. Warmerdam de Veentjes, de Zilk
29. Konijnenburg & Mark bv., Noordwijk
30. M. van Waveren & Zn. bv., Hillegom

31. Blanken Export bv., Lisse
32. K. Nieuwenhuis & Co. bv., Sassenheim
33. C.J. Ruigrok & Zn., de Zilk
34. Alfred A. Thoolen Jr. bv., Heemstede
35. Van Paridon-Philippo bv., Noordwijk
36. Nic. Dames, Lisse
37. J. Puik, Hilversum
- 39. W.F. Leenen, Sassenheim
40. P. Hopman, Hillegom
41. Th.J. Kortekaas, Heemstede
- 42. H.M.J. Willemse bv., Hillegom
43. C.S. Weijers & Zn. bv., Hillegom
- 44. P. Visser & Zn., Sint Pancras
45. Fred de Meulder bv., Lisse
- 46. Gebr. van Til bv., Hillegom
- 47. L. Rotteveel & Zn., Sassenheim
48. M. van Diest, Voorhout
49. K. van Bourgondiën & Zn. bv., Hillegom
- 50. Penning Freesia's bv., Honselersdijk
51. J.S. Pennings, Breezand
52. Simon en Karin Visser, Bovenkarspel
53. A.W. Captein & Zn., Breezand
- 54. van den Berg – Hytuna, Anna Paulowna
55. W.P. Ruigrok, Hillegom
56. C. en A. van Bentem Bloembollen, Cruquius
57. Gebr. Beelen, Lisse
58. Gebr. van Zijverden bv., Sassenheim
59. Koning-Holland bv., Voorhout
60. P. van Reisen & Zn., Voorhout
61. Van Paridon's Bloembollenbedrijf, Breezand

62. C. van der Vlugt & Zn. "Sunrise/Harmestein". Noordwijkerhout
- 63. G & M. Brouwer, Breezand
- 64. J. Schoorl, Lisse
65. Witteman & Co. bv., Hillegom
66. Leo Berbee & Zn. bv., Lisse
67. C.J.M. Vester bv., Voorhout
69. E. Griffioen, Voorschoten
- 70. W. Zandbergen & Zn., de Zilk
- 72. Walter Blom & Zn., Hillegom
- 73. De Geus-Vriend, Sint Maarten
- 74. Meeuwissen, Voorhout
- 75. W.A.M. Pennings & Zn., Noordwijkerhout
76. Van Tubergen bv., Lisse
77. C.J. Zonneveld & Zn. bv., Voorhout
78. Frans Roozen bv., Vogelenzang
79. Fa. Zeestraten, Hillegom
- 80. P. Pennings, de Zilk
81. J. & J. v.d. Berg Boltha bv., Anna Paulowna
82. W. Lemmers, Hillegom
- 83. G. Groot-Vriend, Lutjebroek
85. E.J. Hogervorst & Zn., Noordwijkerhout
87. Wed. A. van Haarster & Zn., Lisse
89. Gebr. Kapiteyn bv., Breezand
90. C. Steenvoorden & Zn., Hillegom
- 91. Gebr. Veul, Anna Paulowna

HOOFDSTUK 17

LANDSCHAP EN TOERISME IN DE BOLLENSTREEK ONDER STEDELIJKE DRUK

1992-1995. Keukenhof en Van Os

De omgeving van Keukenhof ging een steeds grotere rol spelen in het beleid van Keukenhof.
Belangrijk in deze periode was de bemoeienis met de ruimtelijke ordening van de Duin- en Bollenstreek en met het beleid van de gemeente waar het ging om de vermakelijkhedenretributie.

Bestuur en commissies

In de bestuursvergadering van 31 januari 1992 was Buddingh' voor het eerst aanwezig als lid van de propagandacommissie. Benningen was als gewoon lid aanwezig. Buddingh' behield die status tot 1 maart 1993. Toen droeg men hem voor aan de gemeente als te benoemen bestuurslid.
Benningen woonde op 24 augustus 1992 voor het laatst een vergadering van 'zijn' propagandacommissie bij. Drie dagen later was zijn laatste bestuursvergadering.[796] Hij deelde daarin mee dat de commissie voortaan door het leven zou gaan onder de naam commerciële communicatiecommissie.
In mei 1992 kreeg Van Os van de Bond van Bloembollenhandelaren de Emmanuël Sweertsprijs voor zijn rol als onderhandelaar bij de Japanse regering om de export van bloembollen een bredere basis te geven (zie **afbeelding 1**).

afb. 1
BKD-directeur Van Os krijgt
Emanuël Sweertsprijs

In de vergadering van 29 oktober 1993 werd gememoreerd dat Van Os en Zwetsloot 25 jaar in het bestuur zaten en werd kennis genomen van het overlijden van oud-bestuurslid C. Eggink, op 8 oktober van dat jaar (zie **afbeelding 2**).

afb. 2
Eggink

afb. 3
Van Os erelid KAVB

Op 28 februari 1994 ging Van Os met de VUT als directeur van de BKD. Een jaar later werd hij benoemd tot erelid van de KAVB (zie **afbeelding 3**). KAVB-voorzitter ir. J. Langeslag prees hem voor zijn werk bij de BKD, zijn inspanningen om de Japanse markt open te breken, zijn inzet voor Keukenhof en zijn bijdrage aan het tot stand komen van een kwaliteitskeurmerk voor de droogverkoopexport. Van Os was voorzitter van de Stichting Keurmerk Bloembollen die in 1992 was opgericht. Bij zijn afscheid bij de BKD doopte Van Os samen met zijn vrouw een rozerode Konijnenburg & Mark-tulp met de naam 'Henk van Os'.[797]

Op reis

In maart 1992 ging het bestuur mee met een voorstel van de terreincommissie om in juli een bezoek te brengen aan EuroDisney. Juli bleek echter niet haalbaar voor een aantal bestuursleden, zodat het bezoek uiteindelijk plaatsvond van 24 tot en met 26 mei 1993. Benningen werd uitgenodigd om als gast mee te gaan. Het bezoek was geslaagd en het zette een trend. Zo maakten Van Os, Koster en Van Zanten op verzoek van en samen met AB en Eurest in augustus 1993 een studiereis langs een aantal Amerikaanse pretparken. Kort daarna stelde de terreincommissie voor om van 23 tot en met 27 mei 1994 Britse parken

---

796 Zijn golden handshake bedroeg ruim 30.000 gulden.

797 *Vakwerk* 5-3-1994, aldaar 13.

te bezoeken. Eind november 1994 vertelde Van Os aan het bestuur over zijn ervaringen in Amerika: zeer professionele marketing, eigen exploitatie van winkeltje en horeca. Weinig raakpunten met Keukenhof, maar wel goed voor de samenwerking met Eurest en AB. In de bestuursvergadering van 30 augustus 1994 evalueerde men het bezoek aan Engeland. Behalve Zwetsloot was iedereen positief, want het verruimde de blik. Zolang het financieel uitkon zou men jaarlijks een studiereis maken. In 1995 stond Duitsland op het programma (van 28 juni tot en met 1 juli). In mei 1995 ging men in op het aanbod van De Jong Intratours om per bus diverse parken in België en Duitsland te bezoeken.

Compensatie
In oktober 1992 verhoogde men de compensatie voor de bestuursleden met 25 procent tot een totaal bedrag van 230.000 gulden jaarlijks, omdat er sinds 1982 geen verhoging meer had plaatsgevonden.

De relatie met graaf Carel
Graaf Carel was in deze periode tevreden over de relatie met Keukenhof. Hij werkte ook mee aan de ontpachting van Lemmers en had geen bezwaar tegen allerlei plannen van het bestuur. In de loop van 1992 beloofde Van Os hem dat Keukenhof het eigenaargedeelte van de OZB voor de gebouwen op het tentoonstellingsterrein zou betalen, en daar had hij ook geen bezwaar tegen. In oktober 1993 overwoog het bestuur om aan graaf Carel, in verband met de plannen bij Oost, een pachtverlenging tot 2040 te vragen.
Toch rezen er in deze tijd ook vragen over zijn handelen. Dat begon eind 1992 toen hij zijn deel van de Lageveense Polder verkocht aan het Zuid-Hollands Landschap. Eind 1994 verkocht hij ook een deel van het Keukenhofbos bij de boerderij van Van Eijk aan het Zuid-Hollands Landschap. Toen vroeg het bestuur aan Van Os om graaf Carel eens te polsen over zijn plannen met zijn eigendom na zijn dood. Men zat natuurlijk nog steeds op het vinkentouw om het tentoonstellingsterrein te kopen. Dat werd urgenter toen het bestuur eind december 1995 hoorde dat er opnieuw een deel van het Keukenhofbos van 32 hectare was verkocht.

Het vijftigjarig bestaan
In de bestuursvergadering van 5 oktober 1995 werd besloten om drie ton te reserveren voor de viering van het vijftigjarig bestaan in 1999.

Staf en personeel

De ad-hocstructuurcommissie die zich had gebogen over een tweede man bij Koster en de organisatie voor de toekomst, adviseerde in januari 1992 om een creatieve assistent aan te stellen. Op grond daarvan besloot het bestuur de procedure daarvoor in werking te stellen.[798]
De toekomstige organisatie werd gekoppeld aan het vertrek van Van Stein. Hij ging op 1 juli 1992 met de VUT en woonde de bestuursvergadering van 3 juli nog als notulist bij. Die taak werd overgenomen door mevrouw P. (Els) van der Lans. Zij notuleerde voor het eerst de vergadering van 30 juli 1992 en voegde aan de notulen een besluiten- en een actielijst toe.

Samen met Broersen stelde Koster functiebeschrijvingen op voor de assistent van Koster, een PR medewerker (stafmedewerker markt en communicatie) en een secretaresse/receptioniste. Van Stein werd niet vervangen; Den Hoed en Van der Lans namen zijn taken over. Daardoor ontstond wel weer een vacature secretaresse/receptioniste. In juli 1992 keurde het bestuur de functiebeschrijving van een 'aankomend tuinarchitect' goed. De taken waren onder meer, naast het maken van ontwerpen en beplantingsschema's, het coördineren van werkzaamheden tussen de binnen- en buitendienst, het verstrekken van begrotingsgegevens, budgetbewaking en het ontwikkelen en uitvoeren van het bomenbeleidsplan. In oktober 1992 werd Ralf Pöttgens uit Heerlen (27 jaar) gekozen uit 20 sollicitanten. Hij werd per 1 januari 1993 benoemd tot assistent-tuinarchitect. Er kwamen 360 sollicitaties binnen voor de functie stafmedewerker markt en communicatie. Per 24 maart 1993 werd Evelyn Rietveld in die functie benoemd.
Een paar maanden later vierde Koster zijn 25-jarig jubileum bij Keukenhof. Dit kreeg veel aandacht in de vakbladen. Uit die interviews zijn een paar opvallende punten samengebracht in het onderstaande kader.

afb. 4
Koster jubileert

798 AB Keukenhof 31-1-1992.

Koster 25 jaar bij Keukenhof

Het interview in *Vakwerk* van 15 mei 1993 kreeg als kop mee: 'Keukenhof te vergelijken met het paradijs op aarde'. Het onderschrift bij een foto van de jubilaris luidde dat Keukenhof nooit een pretpark zou worden (zie **afbeelding 4**). Gedurende de 25 jaar had Koster veel zien veranderen: alleen de molen en het KJP waren hetzelfde gebleven. Toen hij kwam had hij 375 'edele' boomsoorten geïnventariseerd en veel houtachtige gewassen geïntroduceerd om het eenzijdig patroon van bloembollen te doorbreken. In dat kader had hij ook de etagebeplanting ingevoerd. Over de Parades zei hij dat men toen voor de keus stond of 30.000 gulden uitgeven voor een eerste Lelieparade of dit geld te besteden aan een fontein in de vijver. Volgens hem werd toen nadrukkelijk gekozen voor het bloembollenvak "dat tot dusver weinig heil van Keukenhof had te verwachten."[799] Het was toen ook ondenkbaar dat de VKC werd toegelaten. Het was evenmin ondenkbaar, zei hij in een interview in *CNB-Info* van 6 mei, dat gewassen als rozen en orchideeën op Keukenhof zouden worden toegelaten: "nu hebben we er negen waarvan er zeven betrekking hebben op bloemisterijproducten uit de top tien van de Nederlandse export."[800] Koster opteerde voor een najaarsopening van vier tot zes weken die ook meer op het vak dan op het toerisme moest worden gericht. Verder hield hij een pleidooi om de bollenvelden in de Bollenstreek te handhaven: "Je moet die champagnestreekfunctie van het bollenvak niet van de Keukenhof afhakken. Anders wordt het een ghetto en ik zou de diverse overheden er dan ook voor willen waarschuwen van Keukenhof geen eiland in een verstedelijkt gebied te maken."[801] Hij doelde daarmee op de ruimtelijke plannen van diverse overheden. Gezien deze uitspraken en de kennelijke gang van zaken rond de vermakelijkhedenretributie mag het geen verwondering wekken dat Koster in november 1994 voor de VVD lid werd van de gemeenteraad van Lisse.

Kantoren
In juli 1992 kreeg architect Veldhoven de opdracht de kantoren aan te passen aan de uitbreiding van personeel. Ook de VIP-room werd aangepakt en kreeg op verzoek van Van Os nieuwe gordijnen en verduistering voor de ramen.[802] Dat kostte 50.000 gulden. Ook de kamer van Koster kreeg een opknapbeurt die maar liefst 115.000 gulden kostte.

De terreinuitbreiding

De procedure bij de gemeente
Pas op 11 mei 1992 reageerden B en W van de gemeente Lisse op de brief van Keukenhof van 9 november 1990, die ging over de uitbreiding van het expositieterrein. Men had na uitvoerige besprekingen besloten positief op het verzoek van Keukenhof te reageren: "U kunt op medewerking van het gemeentebestuur rekenen." Wel vond men dat het nieuwe multifunctionele gebouw moest passen in het concept van Keukenhof dat in beginsel alleen moest worden gebruikt "voor activiteiten welk verwant zijn aan de agrarische sector." Bovendien moest het goed in het landschap worden ingepast en was een 'camouflage' van het parkeerterrein ook onderwerp van studie. De gemeente zegde toe een partiële herziening van het bestemmingsplan te zullen laten maken op kosten van Keukenhof "voor het gebied van zowel het bestaande expositieterrein als het aan de oostzijde als uitbreiding daaraan toe te voegen perceel van circa 3,75 hectare." Per brief van 15 juli deelde de gemeente mee dat de kosten inclusief BTW 15.000 gulden waren. Uiteraard nam Keukenhof die kosten voor haar rekening (brief van 4 augustus aan de gemeente).
Op 22 april 1994 nodigde de gemeente haar burgers uit in te spreken op het conceptbestemmingsplan Landelijk Gebied 1981, vierde herziening.
Op 9 mei reageerde de familie Van der Mark die op Huize Zandvliet woonde, grenzend aan Keukenhof. Men vond de bebouwingscapaciteit van 20.500 m^2 [6 procent van het totale terrein, zoals al eerder was toegestaan, MT] en de meer dan verdubbelde bebouwingsmogelijkheden op parkeerterrein Oost van 300 naar 700 m^2 "een niet te onderschatten visuele aantasting van het woongenot." Ze vonden dat er daarom een bredere groenzone moest komen dan de voorziene vier meter. Verder klaagden ze er over dat ze elk voorjaar in toenemende mate werden geconfronteerd met "de muzikale opluistering door drumbands, draaiorgels, carillon en gezang van het Keukenhofgebeuren."
Op 9 mei zou de commissie RO van de gemeente zich ook over deze reactie buigen in een hoorzitting en Van Os en Koster zouden naar die vergadering gaan. Van der Kroft adviseerde tot een vooroverleg met de familie Van der Mark.[803] Dat gebeurde inderdaad, zoals bleek uit het verslag van de hoorzitting, maar de familie Van der Mark handhaafde een deel van haar bezwaren. Hun bezwaar werd door de gemeente

---

799 *Vakwerk* 15-5-1993, aldaar 4. De kop van het artikel was ontleend aan een uitspraak van Kooymans, minister van Buitenlandse Zaken tijdens een diner met 700 honorair consuls en een bezoek aan Keukenhof.
800 *CNB-Info* 6-5-1993, aldaar 6.
801 Ibidem, aldaar 7.
802 AB Keukenhof 1-10-1992.
803 AB Keukenhof 29-4-1994.

niet gehonoreerd. Op 14 oktober 1994 legde de gemeente het ontwerpbestemmingsplan ter inzage. Tegen het plan kwamen drie bezwaarschriften binnen, waarvan twee eensluidend. Die waren van de erven C.W. van der Mark en de familie R.T. van der Mark, Stationsweg 162. Het derde bezwaarschrift kwam van het Milieuoverleg Duin- en Bollenstreek (MODB). Het bezwaarschrift van Van der Mark c.s. was inhoudelijk gelijk aan hun inspraakreactie. Keukenhof had toestemming gevraagd voor een gebouw van ongeveer 4500 m² op de uitbreiding en van ongeveer 3500 m² binnen het bestaande tentoonstellingsterrein en de Van der Marken waren bang dat dit één groot gebouw zou worden. Ten onrechte vond de gemeente, die het bezwaarschrift afwees. Het MODB vond de komst van een multifunctioneel centrum ongewenst in een landschappelijk park: "Het zal een verstoring in de richting van verstedelijking bewerkstelligen."[804] Ook vond het MODB het onbegrijpelijk dat er op het terrein een "intern rijdend rondleidingssysteem" kwam. Dat zou een te grote aantasting van het park betekenen. Verder was men niet gelukkig met de extra bebouwingsmogelijkheden bij Noord tot 500 m en bij de andere parkeerterreinen. Pikant was hun pleidooi om de busparkeerplaats bij het kasteel te verplaatsen, omdat dit een te grote aantasting van het bomenbestand was: "de economische belangen en het geïnvesteerde kapitaal voor de voetgangerstunnel ten spijt." Op grond van de bewaarschriften scherpte de gemeente de bebouwingsvoorschriften wat aan. Aldus gewijzigd stelde de gemeenteraad het plan op 26 januari 1995 vast. De gemeente legde het vastgestelde plan op 3 februari 1995 vier weken ter inzage. De Van der Marken kwamen weer met bedenkingen. Op 15 augustus 1995 keurde de provincie het bestemmingsplan goed, na de bedenkingen van de reclamanten ongegrond te hebben verklaard. Vervolgens spanden de reclamanten op 7 november 1995 een procedure aan bij de Raad van State.

De onderhandelingen met de pachters
Tijdens de procedure met de gemeente begonnen de onderhandelingen met Lemmers en Schoorl, de pachters waarmee al eerder, vruchteloos was onderhandeld. In maart 1992 hield de terreincommissie ontwikkelingen omtrent het land van Lemmers nauwlettend in de gaten. De pacht liep namelijk af, maar Lemmers trachtte die beëindiging te voorkomen door zijn broer in zijn BV op te nemen. Graaf Carel accepteerde dat niet als een reden om de pacht te verlengen en de pacht bleef op naam van W. Lemmers staan. In oktober ontstond er een probleem, omdat Lemmers na herhaaldelijk aanmanen geen bollen leverde voor zijn inzending. De terreincommissie besloot, als het niet anders kon, zelf maar te zorgen voor een beplanting. Lemmers kreeg echter eerst nog een brief over de consequenties van het niet-leveren. Maar ook dat leverde geen reactie op, zodat hij als inzender werd geschrapt.[805] In augustus 1993 wilde het bestuur haast maken met het afkopen van Lemmers, omdat anders er weer een tentoonstellingsjaar verloren zou gaan. Toen ging het snel. Al een maand later werd in het bestuur meegedeeld dat Lemmers wilde ontpachten voor een bedrag van 150.000 gulden.[806] Van Os vertelde dat dit vooral kwam door de medewerking van graaf Carel. Er gingen stemmen op om hem daarvoor te belonen.

Op 22 september 1993 had W. Lemmers een zogenoemde ontbindingsovereenkomst van de pachtovereenkomst getekend met Egbert Hollander, als lasthebber van graaf Carel. Het betrof een oppervlakte bloembollenland Lisse C no 2100 groot 4.33.21 hectare. De pacht bedroeg 15.285 gulden en liep die maand af. Nadat, per overeenkomst van 20 oktober 1993, graaf Carel de pacht had overgedragen aan Keukenhof voor 15.378,96 gulden, tekende Lemmers op 11 februari 1994 een overeenkomst met Keukenhof. Hij deed afstand van de pacht voor 150.000 gulden zodat Keukenhof begin 1994 over het land kon beschikken. Het land van Lemmers bestond uit een stuk van 2.92.21 hectare tegen Keukenhof aan en een ander stuk van 1.41 hectare. Keukenhof nam de pacht van het gehele stuk over voor 3550 gulden per hectare. Keukenhof kon het nog niet in gebruik nemen en gaf het stuk tegen Keukenhof aan, voor een jaar in onderhuur aan de firma W.A.M. Pennings & Zoon uit Noordwijkerhout. Op 21 oktober 1993 huurde de firma, via bemiddeling van de Hobaho, voor één seizoen (1993-1994) van Keukenhof 2000 Roe voor de teelt van krokussen en tulpen, voor zes gulden per roe en acht gulden per roe voor de opleveringskosten. Men moest het land in de vierde week van juni weer schoon opleveren. Het bestuur van Keukenhof nam hier op 29 oktober tevreden kennis van en besloot graaf Carel als dank 25.000 gulden te betalen en het verschil in pacht en onderhuur.[807]

Uiteraard wilde men toen met Schoorl ook snel tot zaken komen. Maar dat lag wat gecompliceerder. In een memo schreef Koster op 7 oktober aan de terreincommissie: "Land van Schoorl tegen Keukenhof aan: 1.83.55 hectare en stuk tegen Van der Mark aan: 0.4570 hectare (...) op [dat] stuk zit een claim van eerste koop voor de fam. Van der Mark (...). Om voor Schoorl een aaneengesloten stuk terrein te verkrijgen zal de firma Clemens moeten opschuiven. Totaal terrein wat tegen Keukenhof aan vrij zal komen: 4.7576 hectare, uitgangspunt uitbreiding Keukenhof 3.75 hectare. Verder zal i.v.m. de bereikbaarheid van achter gelegen stukken terrein Granneman/Clemens een aanvoerpad moeten worden aangelegd + een dam/brug over de sloot. Aanvoerpad kan worden gesitueerd op de grens tussen vrijgekomen land Lemmers (2.9221 hectare) en het land firma Leyten (...). Om souplesse te krijgen voor doorschuiven van (...) Clemens ten behoeve van Schoorl kan worden overwogen het vrijgekomen land Lemmers (1.41 hectare) nu reeds aan Clemens aan te bieden." Koster wilde dat snel regelen, maar dat bleek een illusie. In de bestuursvergadering van Keukenhof van 26 november 1993 bleek dat Schoorl wel beheerder wilde worden van de proeftuin van de KAVB, als die proeftuin op zijn land kwam. Een week later bleek in de vergadering van de terreincommissie dat de landruil Schoorl/Clemens 350.000 gulden moest kosten. Dat vond de commissie te duur. Hollander, de 'lasthebber' van graaf Carel, zou een hectare op De Wolf beschikbaar hebben voor Schoorl. Ook dat ging niet door.

804 GA Lisse, inv.nr. 2560a.
805 AB Keukenhof 27-11-1992.
806 AB Keukenhof 28-9-1993.
807 Hij had Van Os in 1992 beloofd dat hij de pacht van Lemmers ultimo 1994 zou beëindigen (AB Keukenhof 27-8-1992).

Schoorl had voorgesteld 1,4 hectare van zijn land beschikbaar te stellen als proeftuin voor de KAVB. Hij zou dan beheerder worden en kon nog 50 roe zelf gebruiken. Aanvankelijk zag de KAVB dat wel zitten, maar later rezen toch wel wat bezwaren van die kant. De onderhandelingen tussen Schoorl, de KAVB en Keukenhof liepen zo lang dat inmiddels het land bij De Wolf tot 1 oktober 1994 was verhuurd (februari 1994). In april 1994 meldde de KAVB dat de proeftuin niet op het land van Schoorl kwam. In juni leidde een overleg met Schoorl en Clemens ook niet tot een positief resultaat, zodat Keukenhof besloot het land van Lemmers voor nog een jaar te verhuren aan Pennings. Toen een gesprek met Schoorl eind augustus ook geen resultaat had werd het resterende land van Lemmers (1.4 hectare) voor een jaar verhuurd aan Clemens voor het telen van narcissen. De terreincommissie was voor het moment tevreden: "nu zullen de bollenvelden rond Keukenhof weer in bloei staan."[808] In november 1994 kwam er weer beweging in het dossier doordat Koster sprak met Schoorl en zijn bemiddelaar Trompert. Schoorl wilde zijn bedrijf beëindigen en wilde alles, pacht en eigendom, een stuk land met schuur, voor 450.000 verkopen aan Keukenhof en zelf voor twee dagen per week in dienst komen bij Keukenhof. De financiële commissie boog zich over de financiële aspecten en stelde aan het bestuur voor de 1,85 hectare te ontpachten voor twee ton en dat eventueel te koppelen aan een arbeidscontract met Schoorl voor twee dagen in de week. Tevens werd twee ton betaald voor de ontpachting van 0,45 hectare en de eigendomsoverdracht van een deel van de opstallen. Ondanks dat dit een overschrijding met 45.0000 gulden betekende van de begroting in de Visie 2000 voor ontpachting en meer land dan beoogd zou worden verkregen, stemde het bestuur met het voorstel in.[809]

Op 21 juli 1995 tekende Schoorl een overeenkomst met Keukenhof waarin hij zijn land (1.83.55 hectare) ontpachtte en per 1 september 1995 aan Keukenhof ter beschikking stelde. Hij kreeg daarvoor 200.000 gulden en bedong een dienstverband voor drie dagen per week bij Keukenhof (CAO-Bloembollen: klasse IV).[810] Op 25 juli tekende Schoorl de ontbindingsovereenkomst met Hollander voor 1.83.55 hectare (C 1972 en C 1976), vanwege een inkrimping van zijn bedrijf. C 1977: 0.45.70 hectare bleef echter in pacht bij Schoorl. Gezien deze ontwikkeling werd wederom de verhuur aan Pennings met een jaar verlengd en dat gold ook voor Clemens. In september besloot men dat Schoorl het land nog een jaar mocht gebruiken (huren. Op 31 augustus 1995 tekende Keukenhof een overeenkomst met graaf Carel. Keukenhof pachtte het land van Schoorl voor 6681,22 gulden. Per 1 januari 1996 trad Schoorl in dienst bij Keukenhof.

De inrichting

Op 9 januari 1995 legde Koster een eerste schets over de inrichting van de terreinuitbreiding voor aan de terreincommissie. Op 24 februari 1995 boog het bestuur zich hierover en Koster werkte de opmerkingen die daar waren gemaakt verder uit. Hij beloofde dat het definitieve plan voor het eind van het jaar klaar zou zijn. Nadat de terreincommissie er in oktober weer over praatte besloot men in de vergadering van 23 november 1995 alvast 103 eiken bij de Gebrs. Berk in Sint Oedenrode te reserveren. Zij vroegen 4000 tot 5000 gulden per stuk. Keukenhof wilde ze hebben voor 3000 gulden, inclusief transport, en dat lukte ook. In de bestuursvergadering van 22 december 1995 lichtte Koster zijn schetsontwerpen toe. Hij had, gezien de financiële haalbaarheid en logistieke problemen, zijn eerder ambities wat bijgesteld: "vervallen zijn de niveauverschillen d.m.v. terrasvormen en de arena alsmede de grote waterpartijen." Zie verder het kader.

Beschrijving van de inrichting van de terreinuitbreiding

"Het hoofdpad (...) loopt rondom het nieuwe gedeelte (...) [en] zal worden omzoomd door de aangekochte eiken en zal worden doorgetrokken naar ingang Oost, hetgeen betekent dat ca 30 st. eiken extra zullen worden aangekocht. Er zijn directe verbindingen (...) met de kassen, de Verwilderingstuin en het Smalle Bos. Kleine waterelementen op centrale punten en aan de rand van het park (Randwegzijde) een dijk met bomen, in noordelijke richting uitmondend in een open gedeelte met een waterpartij waarin een gebouw, bijv. in de vorm van (tulpen)bol, dat zichtbaar moet zijn vanaf de openbare weg. Dit gebouw kan voor educatieve en/of culturele doeleinden worden gebruikt. Buiten het in het centrum geplande multifunctionele gebouw (ca 2400 m^2) met horecafaciliteiten om, langs de Randwegzijde een extra horecavoorziening. In de grensgebieden o.a. een formele tuin en een doolhof. Qua beplanting wordt gedacht aan coulissen van beukenhagen, geleide bomen en voorjaarsbloeiende bomen. Massale bollenperken en, voor een gedeelte betreedbare grasbanen. Twee grote gebieden zullen sec. met bomen worden beplant en reservegebied blijven tot nadere bestemming. Ca ½ miljoen bollen zullen nodig zijn. Met de vijver zal een open waterverbinding komen, de sloot achter het voorm. Theehuis komt te vervallen."

808 TC Keukenhof 29-8-1994.
809 AB Keukenhof 23-12-1994.
810 Het beding zou niet ingaan als Schoorl op een andere wijze in zijn bestaan kon voorzien. Er was namelijk sprake van dat hij bij de Hobaho in dienst zou kunnen treden. Ook dat ging echter niet door.

Het bestuur was onder de indruk, maar er ontstond wel discussie over het gebouw (de bol) dat de groene wal zou onderbreken. Van der Kroft zei dat de gemeente hiertegen zeker bezwaar zou aantekenen. Verder bleek dat het bezwaar van Van der Mark bij de Raad van State kon vervallen nu er toch een groenstrook van tien meter kwam.

Het gebouw in de vorm van een tulpenbol was ontleend aan een rapport van Morre en Lambooy, *The Tulip Experience*, een betreedbaar object inclusief een gebouw in het water voor de terreinuitbreiding, dat begroot werd op veertien tot achttien miljoen gulden. De terreincommissie nam er in de vergadering van 20 december 1995 kennis van en was onder de indruk.

In de begroting 1994/1995 en die van 1995/1996 trok men in totaal drie miljoen gulden uit voor de inrichting van de terreinuitbreiding. Op de terreinuitbreiding zou ook een nieuw multifunctioneel gebouw komen. In de bestuursvergadering van 26 januari 1994 werd over de functies gebrainstormd. Het gebouw moest de attractiewaarde verhogen en de volgende trefwoorden passeerden de revue: "expositie, cultureel, Hollands/nostalgie, extra entreegeld-openstelling buiten Keukenhofseizoen t.b.v. sierteeltsector, informatiecentrum sierteeltliefhebber, cursussen vakgericht."

Beurs en keuring van de KAVB komen op Keukenhof

In 1995 werd Van Os erelid van de KAVB. Dat kwam mede door een verbetering van de relatie met de KAVB. In de bestuursvergadering van 20 februari 1987 vertelde Van Os dat hij diplomatiek een verzoek had afgewezen om één van de gebouwen van Keukenhof aan de KAVB ter beschikking te stellen voor hun jaarlijkse Kerstflora annex Kerstkeuring. Wel wist hij te bereiken dat Keukenhof zich mocht presenteren op de Kerstflora van 1988 die weer plaatsvond in het eigen gebouw van de KAVB in Hillegom.[811] In februari 1992 nam KAVB- voorzitter J. Veldhuyzen van Zanten afscheid. Samen met zijn vrouw schreef hij op 1 maart 1992 een bedankbrief die *Bloembollencultuur* opnam in het nummer van 5 maart. In een PS schreven ze dat ze nog wat goed hadden te maken bij twee belangrijke Henken: "de een is onder andere voorzitter van de Raad van Bestuur, de ander is architect. Beiden hebben veel met Keukenhof te maken. Ik noemde dit fraaiste stukje Nederland bij mijn afscheid niet of onvoldoende (...)."[812] Ze vergeleken Keukenhof met de Hof van Eden, zij het dat daar geen appelbomen stonden.

Een jaar later, in de vergadering van 23 juli, vroeg Zwetsloot naar geruchten als zou de KAVB kantoor gaan houden op Keukenhof. Van Os zei dat hij daar wel over was benaderd door de nieuwe voorzitter van de KAVB, ir. J. Langeslag, maar dat het geen optie was. Een kantoorcombinatie KAVB/Keukenhof was volgens Van Os niet mogelijk. Wel bleek een andere combinatie mogelijk. Begin 1993 had de KAVB besloten onroerend goed af te stoten. Het kantoorgebouw in Hillegom zou worden gesloopt, restaurant Treslong zou een nieuwe eigenaar krijgen en voor de KAVB werd een nieuw gebouw gezocht. Dat moest nog worden gebouwd. In dat concept was geen plaats meer voor de wekelijkse beurs en de maandagse bloemenkeuring. Daarom was de KAVB op zoek was gegaan naar een aantal locaties om die onder te brengen, zo schreef *Bloembollencultuur* van 25 november 1993. Dat lukte niet erg vertelde Frits Zandbergen, secretaris bij de KAVB: "Toen kregen we de tip eens met de Keukenhof te gaan praten. Na een informatief gesprek bleken de mogelijkheden dermate interessant dat we deze optie nader zijn gaan bestuderen. Bovendien ligt de Keukenhof op een steenworp afstand van de IVB's, een groot voordeel lijkt ons."[813] Dat eerste gesprek vond plaats in augustus 1993.[814] Half november gaf de gemeente toestemming om beurs en keuring op Keukenhof te houden en ook graaf Carel had er geen problemen mee. In december was men er ook met de KAVB uit. Beurs en keuring zouden vanaf 1 januari tot en met 21 maart plaatsvinden in het KJP, van 28 maart tot en met 24 mei in het AP en daarna weer in het KJP. De huur bedroeg voor 50 weken 800 gulden per week naast kosten voor de huur van tafels en stoelen ad 7500 gulden en andere inrichtings- en beheerskosten.[815] Op 8 januari 1994 schreef *Vakwerk* dat de eerste keuring op Keukenhof enthousiast was ontvangen (zie **afbeelding 5**). Die was op maandagochtend 3 janu-

afb. 5
Eerste KAVB-keuring op Keukenhof

ari en 's middags was de eerste beursdag. Daar kwamen driehonderd bezoekers op af en vier sprekers lieten positieve geluiden horen over het initiatief. Van Os herinnerde nog aan de perikelen met de KAVB in 1949 en vond het maar gelukkig dat de verhoudingen zodanig waren verbeterd dat beide partijen elkaar hadden gevonden. Eind januari 1994 meldden de vakbladen dat Langeslag tijdens de beursdag aan drs. P. Vermeulen, de voorzitter van de Bond van Bloembollenhandelaren, het eerste

---

812 In 1985 had men de Kerstflora van Hillegom verplaatst naar de RAI, zo ook in 1986. Vanwege het geringe bezoek week men in 1987 uit naar de veiling Flora in Rijnsburg, maar ook dat was geen succes, en daarom keerde men in 1988 weer terug naar het eigen gebouw.

812 *Bloembollencultuur* 5-3-1992, aldaar 44.

813 *Bloembollencultuur* 25-11-1993, aldaar 9.

814 AB Keukenhof 26-8-1993.

815 AB Keukenhof 21-12-1993. Brief van Keukenhof aan KAVB d.d. 12 januari 1994.

De aanleiding

De gemeente hief sinds 1975 een toeristenbelasting bij Keukenhof van 50 cent per bezoeker aan de gemeente en verhoogde in 1981 het tarief naar 55 cent. In die periode steeg de entreeprijs van Keukenhof van vijf gulden naar 6,50 gulden en was nu 14,50 gulden. Voor verhoging van het tarief was een wijziging van de verordening nodig maar: "gezien de uitspraak van de Hoge Raad in 1983 m.b.t. de watertoeristenbelasting [dat speelde in Amsterdam, MT] is de kans groot, dat de minister de verordening zal intrekken. De heffing van de toeristenbelasting is op dit moment gebaseerd op de goede verhoudingen tussen de gemeente en het bestuur van de Keukenhof. Zou de Keukenhof bezwaar maken tegen de heffing dan zal de verordening naar alle waarschijnlijkheid onverbindend verklaard worden." Op 1 januari was de nieuwe gemeentewet in werking getreden en daarin was bepaald dat besluiten waarvan de inhoud in strijd was met de wet binnen twee jaar (dus voor 1 januari 1996) daarmee in overeenstemming moesten worden gebracht of ingetrokken. Als de gemeente en Keukenhof niets zouden doen dan zou de situatie blijven zoals die was, maar de gemeente wilde voorkomen dat rijk en/of provincie na 1 januari 1996 actie zou gaan ondernemen. Er waren twee moge-lijkheden: het heffen van een vermakelijkhedenretributie of het aangaan van een privaatrechtelijke overeenkomst. Zoals de gemeentewet toen luidde was retributie slechts mogelijk tot maximaal het bedrag dat de gemeente aan kosten maakte voor Keukenhof en dat bedroeg ongeveer 30.000 gulden per jaar. Aangezien de gemeente een hogere opbrengst wilde, opteerde zij voor een privaatrechtelijke overeenkomst. In de visie van de gemeente was men namelijk veel geld misgelopen door het niet verhogen van de toeristenbelasting. Gebaseerd op de systematiek van de oude vermakelijkheidsbelasting zou dat 73,5 cent per bezoeker zijn geweest in 1993: ruim 1,6 miljoen gulden. In de notitie werd echter nog geen bedrag per kaartje genoemd Wel ging men in op het voordeel dat Keukenhof genoot op het gebied van de vennootschapsbelasting doordat het een publiekrechtelijke stichting was. De notitie concludeerde als volgt: "Vastgesteld kan worden dat door de gekozen juridische constructie de Keukenhof gelden bespaart (vennootschapsbelasting) en die gelden of een deel daarvan aan de gemeente betaalt (toeristenbelasting). Gelden die anders in de grote rijkspot zouden vloeien, komen nu ten goede aan de directe leefomgeving van de Keukenhof. Daarnaast komt het verschil tussen de vennootschapsbelasting en de toeristenbelasting ten goede aan de Keukenhof zelf."

---

exemplaar had overhandigd van het programmaboekje van de New Jersey Flower & Garden Show die van 26 februari tot en met 6 maart 1994 in Somerset bij New York zou worden gehouden. Keukenhof had door een financiële bijdrage van 7500 gulden en de verzorging van het programmaboekje mede deze show met 3000 m² Hollandse bloembollen mogelijk gemaakt.[816] Op 21 maart verhuisde de beurs naar het restaurant in het AP en dat bleek geen succes, getuige een artikel in *Vakwerk* van 7 mei 1994. De kop zei al genoeg: "Bloembollenbeurs Keukenhof onder vuur. Handel wurmt zich tussen etende bezoekers door." Koster wuifde alle kritiek weliswaar weg, maar toch werd er met de KAVB gesproken over een alternatieve locatie, zoals bijvoorbeeld het achterste deel van het restaurant bij de hoofdingang.[817] De KAVB was niet ontevreden over de locatie, maar wel over het tegenvallend bezoek aan de beurs. Toch verlengde men het contract met één jaar, zij het tegen 35.000 gulden.[818] Langeslag wijdde zijn column in *Bloembollencultuur* van 3 januari 1995 geheel aan de beurs en schreef dat het door elkaar lopen van beursbezoekers en Keukenhofbezoekers niet meer zou voorkomen. Hij hoopte dat dit zou leiden tot meer bezoek aan de beurs. Tijdens de tentoonstelling zou de beurs in het Theehuis plaatsvinden en de keuringen in het AP. Het hielp niet, de beursbezoekers bleven weg. Eind november 1995 vroeg de KAVB aan Keukenhof of de keuring op Keukenhof kon blijven totdat men een andere locatie had gevonden.[819]

Het conflict met de gemeente over de vermakelijkhedenretributie[820]

Ontwikkelde de relatie met de KAVB zich positief; met de gemeente verslechterde de relatie vanwege de vermakelijkhedenretributie.

De aanleiding
In de eerste vergadering van 1994 (21 januari 1994) kwam ter sprake dat door de nieuwe gemeentewet de toeristenbelasting per 1 januari 1996 zou vervallen en zou worden vervangen door een vermakelijkhedenretributie. Op 10 februari zou daarover een gesprek met de gemeente zijn. Van de zijde van Keukenhof namen daaraan Van Os, Broersen en Zwetsloot deel.[821] De notitie die de gemeente ten behoeve van dit gesprek schreef, geeft een goed beeld van de problematiek en het langjarige conflict dat daarna volgde (zie kader boven).

816 *CNB-Info* 21-10-1993, aldaar 6.
817 AB Keukenhof 24-6-1994.
818 AB Keukenhof 27-10-1994.
819 TC Keukenhof 23-11-1995.
820 Voor zover het stukken van de gemeente betreft zijn die ontleend aan de inv.nr. 2011/77 en 1693 in het gemeentearchief.
821 Broersen had de gemeente per 1-9-1988 met VUT verlaten, hij werd opgevolgd als gemeentesecretaris door H. de Vries.

Het conflict
Het conflict bleek in een extra vergadering van het bestuur van Keukenhof op 30 augustus 1994. Van der Kroft bezocht deze wegens verstrengeling van belangen niet. Broersen notuleerde. Van Os gaf voor het eerst opening van zaken. De gemeente wilde langs privaatrechtelijke weg tenminste het bedrag van de toeristenbelasting voor de toekomst veilig stellen en eigenlijk verhogen omdat het tarief sinds 1981 gelijk was gebleven. Dat voorstel werd door Keukenhof niet geaccepteerd. Volgens de notulen gebeurde er toen het volgende: 'Er was weinig sprake van overleg. Het voorstel van de gemeente liet geen ruimte voor een gedachtewisseling over alternatieven. Uiteindelijk is afgesproken, dat Keukenhof zich nader op haar standpunt zou beraden. Bij brief van 15 mei 1994 heeft Keukenhof vervolgens aan de gemeente meegedeeld, dat zij niet bereid is belasting te betalen, als daar geen rechtsgrond voor aanwezig is. Het aanbod tot vergoeding van door de gemeente te maken kosten is in die brief herhaald. Deze brief is bij de gemeente slecht gevallen en geïnterpreteerd alsof Keukenhof elk verder gesprek overbodig vond. De burgemeester heeft de voorzitter en later ook de secretaris van Keukenhof dit duidelijk laten blijken. Bij brief van 20 juni ontving Keukenhof een uiterst negatieve en volkomen overtrokken reactie van de gemeente. Meegedeeld werd, dat burgemeester en wethouders "de raad zullen voorstellen ingaande 1 januari 1995 een vermakelijkhedenretributie van de Keukenhof te heffen van 83 cent per bezoeker." Door een wetswijziging die per 1 januari 1995 zou ingaan werd namelijk de retributie niet meer gebonden aan een maximum. Daarop had Keukenhof laten weten dat men verder wilde praten. Dat gebeurde op 15 augustus. Toen vroeg de gemeente (Van der Kroft en wethouder Stapel) of Keukenhof de brief van 15 mei wilde intrekken. Daar ging Keukenhof niet op in. De gemeente stelde dat men door zou gaan met het opleggen van de retributie. Op 12 september zou daar verder met de gemeente over worden gepraat. Ook dat gesprek leidde niet tot overeenstemming. In dat gesprek werd ook over een statutenwijziging gesproken. In de bestuursvergadering van Keukenhof van 30 augustus had Zwetsloot namelijk de vraag opgeworpen of er niet aan een andere juridische structuur moest worden gedacht, een BV of NV, zodat Keukenhof zich in de toekomst commerciëler zou kunnen opstellen. De gemeente zou daar ook een plaats in kunnen krijgen zonder verantwoordelijk te zijn voor de exploitatie van Keukenhof. Bijvoorbeeld in de vorm van een commissariaat en op die manier zou de gemeente mee kunnen delen in de winst. Dat stelde Van Os op 12 september aan de gemeente voor.
Op 20 september 1994 legden B en W aan de gemeenteraad een notitie voor over de invoering van een verordening vermakelijkhedenretributie per januari 1995 met daarin, voorshands, een heffing van 65 cent per bezoeker.[822] De raad nam die verordening aan op 11 oktober 1994. Mens van de VVD vond eigenlijk dat de gemeente nog veel meer had kunnen heffen, want hij vond Keukenhof een 'rijke club'.[823]
In een brief, gedateerd 30 september, schreef de gemeente aan Keukenhof dat ze niet zou meewerken aan een wijziging van de statuten, voor zover daarin was voorzien in een vertegenwoordiging van het gemeentebestuur. Men vond dat geen kerntaak van de gemeente. Maar dat was maar een deel van het verhaal. In een intern ambtelijk advies van de gemeente van 12 september 1994 stond de ware reden: "Indien het tot een gerechtelijke procedure komt, dan is niet alleen de relatie kosten/opbrengsten doorslaggevend [van de retributie, MT] maar tevens de bestuursstructuur'. In de gemeentewet stond namelijk dat er om de retributie te heffen er een bijzondere vorm van toezicht of anderszins van de zijde van het gemeentebestuur moest zijn. Met andere woorden, de statutaire plaats van de gemeente bij Keukenhof mocht niet verloren gaan.
In een extra vergadering op 23 november 1994 behandelde het bestuur van Keukenhof een discussienotitie van Van Os over de toekomst van Keukenhof. Daarin stond de volgende passage: "Veranderingen in de relatie tussen de gemeente Lisse en de Keukenhof kunnen leiden tot hogere financiële lasten ten opzichte van de gemeente. Vanuit het kerntakenbeleid kan ook verandering komen in de bestuurlijke relatie, waardoor Keukenhof wellicht een meer commerciële vorm zal kunnen en misschien ook moeten verkrijgen. Hoewel op dit moment geen punt van discussie, moet deze ontwikkeling om volledig te zijn wel worden vermeld." Het bestuur wilde het echter wel tot een punt van discussie maken omdat men minder 'gebondenheid' met de gemeente wilde en besloot extern advies te vragen over een statutenwijziging. Kennelijk was dat advies in januari binnen want in de vergadering van 20 januari 1995 las Van Os een concept van een brief aan de gemeente. Hiervan was de kern dat de stichting een privaatrechtelijk karakter zou krijgen met allerlei consequenties voor de benoeming van bestuursleden, de statuten en de eventuele beëindiging van Keukenhof als tentoonstelling. Men besloot aleer de brief te versturen te gaan praten met de gemeente en ook advies in te winnen over de fiscale aspecten (waarschijnlijk doelde men op de vrijstelling van de vennootschapsbelasting).

Keukenhof schakelde voor dit dossier twee adviseurs in, die beiden in dienst waren van Moret Ernst & Yuong (MEY) namelijk mr. S. Bosma van de Adviesgroep Heffingen Lagere Overheden waar het ging om de vermakelijkhedenretributie en mr. F.W. Algie waar het ging om de toekomstige juridische structuur. De gemeente liet zich bijstaan door mr. J. Monsma.

Op 2 november kreeg Keukenhof een aanslag gedateerd 30 november 1995. Het bestuur besloot in de vergadering van 24 november 1995 tegen die aanslag in beroep te gaan. In die vergadering vertelde Van Os dat pogingen om met Lisse een onderhandse overeenkomst te sluiten die de gemeente verplichtte de voordrachten ter benoeming van Keukenhof te volgen was afgewezen door de juristen. Het moesten vrije benoemingen zijn. Keukenhof wilde zo'n overeenkomst om de vrijstelling vennootschapsbelasting te houden. Inmiddels had Keukenhof ook van een medewerker van de Belastingdienst die kennelijk niet op de hoogte was van de vrijstelling van Keukenhof te horen gekregen dat er

---

822 Het plan was de retributie in 1996 en 1997 met tien cent te verhogen.

823 *Leidsch Dagblad* 13-10-1994.

een aanslag kon worden opgelegd met een eventuele navordering over vijf jaar. Hij had inmiddels bij de gemeente de benoemingsbesluiten opgevraagd. Keukenhof besloot dat maar af te wachten maar los daarvan hun belastingadviseur te vragen te gaan praten met de Belastingdienst over de fiscale aspecten van een wijziging van de stichtingsvorm omdat Keukenhof van mening was dat die niet meer van "deze tijd was en aangepast diende te worden."[824]

Het gevolg
Op 1 december stuurde Bosma een bezwaarschrift naar de gemeente inzake de aanslag vermakelijkhedenretributie 1995. Hiermee begon een procedure die vijf jaar zou duren en vergaande consequenties zou hebben. Materieel ging het om het volgende: de gemeente legde een retributie op van 65 cent per bezoeker: 523.877,90 gulden; Keukenhof bestreed de rechtmatigheid van de heffing en wilde niet verder gaan dat 24.497 gulden, zijnde de jaarlijkse kosten van de subsidie van de gemeente aan de voetgangerstunnel. Keukenhof ontleende dit aan een kostenoverzicht dat de gemeente op 22 december had gestuurd van de jaarlijkse kosten ten behoeve van Keukenhof en die uitkwamen op 215.000 gulden. De gemeente noemde die kosten: "de jaarlijkse kosten (...) ten behoeve van de bevordering van het toerisme in het algemeen en het geven van vermakelijkheden in het bijzonder."

De andere recreatieparken volgden de ontwikkelingen in Lisse met een zekere verontrusting en informeerden regelmatig naar de stand van zaken. Men wilde samen optrekken in het kader van de Club van Elf, een samenwerkingsverband dat in 1973 was opgericht en waarvan Keukenhof eerder het lidmaatschap had geweigerd, maar eind 1993 lid van werd. Dat lukte niet, de Efteling koos in 1995 eieren voor haar geld en kocht de vermakelijkhedenretributie af voor vijf jaar en 500.000 gulden.[825] Wel trok men samen op toen er sprake was van een verlaging van de BTW voor attractieparken.

Hou het bloeiend, de strijd tegen de verstedelijking

Er was Keukenhof natuurlijk alles aan gelegen om het park omringd te laten blijven door bloeiende bloembollenvelden. Vandaar dat men actief meedeed in de strijd tegen een toenemende verstedelijking van de Duin- en Bollenstreek. Een overzicht.

De Vierde Nota, de Vierde Nota Extra en de Nota van de werkgroep Op Bollengrond
In maart 1988 bracht de regering het beleidsvoornemen van de Vierde Nota over de Ruimtelijke Ordening uit met daarin een forse taakstelling voor extra woningen in de Randstad. Zo zouden er tot 2015 een miljoen woningen bij moeten komen. Meteen al rees de vrees dat dit ten koste zou gaan van bloembollengrond in de Bollenstreek. *Bloembollencultuur* wijdde er in het nummer van 24 maart 1988 een commentaar aan en vreesde dat er steeds meer 'bollentelers' zouden moeten wijken voor woningen, wegen en bedrijven. *Bloembollencultuur* meende dat de sierwaarde en niet de economische waarde de bloembol ervoor zou behoeden niet helemaal uit zijn eigen streek te worden verdreven: "Samen met de Keukenhof, het Bloembollenmuseum, de handel, onderzoek en voorlichting en andere ondersteunende organisaties zullen zij in het magische jaar 2015 invulling moeten geven aan het begrip Bollenstreek."[826] Zwetsloot bracht het ter sprake in de bestuursvergadering van 19 oktober 1990 en vroeg of Keukenhof geen tegendruk moest bieden aan de onttrekking van bloembollengrond. Van Os achtte het in de eerste plaats een zaak van de politiek en vond dat Keukenhof weinig kon doen. Van der Kroft vond dat het zo'n vaart niet zou lopen, want in de Vierde Nota stond niet dat de bloembollengronden in de Bollenstreek gevaar liepen.

Aan de vooravond van de parlementaire behandeling van de nota, op 3 mei 1989, viel het tweede kabinet-Lubbers [over het reiskostenforfait, MT]. Op 7 november 1989 trad het derde kabinet-Lubbers aan, waarin de VVD was 'vervangen' door de PvdA. Dat kabinet bracht op 14 november 1990 de ontwerp-PKB (Planologische Kern Beslissing) van de Vierde Nota over de Ruimtelijke Ordening Extra, de zogenaamde Vinex, uit. Een nieuw onderdeel in de Vierde Nota vormde het koersenbeleid. Nederland werd door middel van watersysteemeenheden verdeeld in een viertal koersen. De Bollenstreek werd verdeeld in twee koersen: geel en bruin. Geel, het noordelijk deel, betekende een primaat aan de landbouw, dus een soort planologische bescherming van het areaal bloembollen, en bruin betekende dat er daarnaast ook plaats was voor andere functies, zoals meer natuur in de binnenduinrand. Er was dan wel geen plaats voor een bollenstad in de streek, maar wel moest er gebouwd kunnen worden voor de eigen behoefte (in één of meer kleinschalige locaties aan de spoorlijn). Als dat ten koste ging van bloembollengrond werd daarvoor compensatie geboden in de Haarlemmermeer. De nota sprak over een 'aanzienlijk' areaal.

Op 26 november 1991 vierde de Jongeren LTB Duinstreek haar twintigjarig bestaan met een thema-avond in Treslong in Hillegom: "Geef de jongeren de ruimte." Op dat moment had het Samenwerkingsorgaan Duin- en Bollenstreek (SDB) een structuurschets vastgesteld met daarin de ruimtelijke consequenties van het rijks- en provinciaal beleid. Volgens een verslag van die avond in *CNB-Info* betekende dat het volgende: "In de komende 25 jaar wordt de bouw van 15.000 woningen (400 ha) voorgesteld. Verder zal er 100 hectare extra ruimte voor bedrijfsterreinen nodig zijn, evenals grond voor recreatie en infrastructurele werken. De ontwerp-schets onderkent dat er per jaar eigenlijk 40 hectare extra grond voor de tuinbouw nodig is, alsmede 300 hectare (...) [voor] een ruimere vruchtwisseling. Helaas aldus de SBD-nota: die ruimte is er niet."[827] Wel kon er geschikte vervangende zandgrond

---

824 Op 23 november 1995 kreeg Keukenhof de uitslag van het boekenonderzoek inzake de vennootschapsbelasting. Daaruit bleek volgens de Belastingdienst uit Leiden dat de stichting, op grond van de 'huidige wetgeving', niet belastingplichtig was omdat Keukenhof gezien moest worden als een publiekrechtelijke stichting.

825 AB Keukenhof 23-6-1995.

826 *Bloembollencultuur* 24-3-1988, aldaar 3.

827 *CNB-Info* 5-12-1991, aldaar 44.

worden gevonden of gemaakt (door omspuiten) in de Haarlemmermeer. Daarvoor dacht men aan vijfhonderd hectare.

Niet zo erg, vond de consulent voor de Landbouw in Zuid-Holland, ir. A.J. Vijverberg. De centrumfunctie van de Bollenstreek werd niet meteen bedreigd als er de komende twintig jaar nog eens honderden hectares bloembollengrond zouden verdwijnen. Want de teelt was toch al aan het verschuiven naar de Kop van Noord-Holland en Flevoland, en de centrumfunctie was vooral gestoeld op handel, transport en onderzoek. Zwetsloot, aanwezig als directeur van de Hobaho, bestreed die opvatting fel. Hij betoogde dat elke meter bloembollengrond die werd prijsgegeven het begin van het einde was van de centrumfunctie. Hij riep op tot actie richting overheden. En die kwam er die avond al. Zwetsloot werd voorzitter van een werkgroep *Op Bollengrond*, waarin onder meer ook Van der Kroft als burgemeester van Lisse en Van Os als voorzitter van Keukenhof zitting namen. Op 30 juni 1992 bood Zwetsloot het rapport van de werkgroep *De Bloembollenstreek mag niet verdwijnen* aan mevrouw L. Stolker aan, gedeputeerde van de provincie Zuid-Holland. Het rapport ging onder meer in op de landschappelijke, economische en toeristische betekenis van de Bollenstreek en bevatte een pleidooi voor 2750 tot 3100 hectare grond voor de teelt van bloembollen, tegen het bestaande areaal van ongeveer 2250 hectare. Zie het kader voor de onderbouwing van die claim.

De Bollenstreek mag niet verdwijnen

"Voor de hyacinthenteelt is (…) de Bollenstreek bij uitstek geschikt, alleen hier en in het zandgebied van Noord-Holland wordt dergelijke grond aangetroffen (…) en 547 ha werd in 1990 hiermee [hyacint, MT] beteeld (426 ha in het overige Noord-Hollands zandgebied (….)). Willen we nu volgens de nieuwe milieunormen wisselteelt bedrijven (d.w.z. een roulatie van 1 op de 5 jaar) dan hebben we (…) ca 2750 ha nodig. (…) Een andere invalshoek voor de minimumareaalbenadering is de volgende: het huidige beteelde areaal is ca 2500 ha. Bij een goed teelt-roulatiesysteem hoort het land eens in de 5 jaar leeg te liggen. Dat betekent dat er (…) 2500 x 125% = ca 3100 ha bollengrond ter beschikking moet zijn." Het rapport bevatte ook een paar grafieken over het verloop van het areaal en het aantal bedrijven.

Stolker gaf in haar reactie aan dat ze echt niet zou weten waar ze die extra hectares, ongeveer 700, vandaan moest halen.[828] Wel deelde ze mee dat de provincie hard studeerde op de ruimtelijke invulling van onder andere de Bollenstreek en dat het rapport van de werkgroep daarin zou worden meegenomen.

In opdracht van de provincie Zuid-Holland bracht het Bureau Nieuwland uit Wageningen in juni 1992 een onderzoek uit naar de ruimtelijke claims op bloembollengrond in de Bollenstreek. Daaraan is bijgaand overzicht ontleend (zie **afbeelding 6 (tabel)**). Alhoewel de claims vele honderden hectaren beliepen concludeerden de onderzoekers dat de claims tot 2000 nauwelijks gevolgen hadden voor de potentiële bollengrond.

JAAR	NOTA'S	FUNCTIES	CLAIMS OP ACTUELE BOLLENGROND (HA)
2000	Streekplan Zuid-Holland West	stedelik	48,9
		groen	1,8
		glastuinbouw	27,1
2000	Beleidsplan natuur en Landschap Zuid-Holland	stedelijk	0
		groen	18,0
		glastuinbouw	0
	TOTAAL 2000		95,8
2015	Structuurschets Duin- en Bollenstreek	stedelijk	128,7
		groen	0
		glastuinbouw	73,1
2015	Beleidsplan Natuur en Landschap Zuid-Holland	stedelijk	-
		groen	45,9
		glastuinbouw	-
2015	Verstedelijkingsnota Zuid-Holland	stedelijk	116,0 - 166,0
		groen	-
		glastuinbouw	-
2015	Rijksnota's	stedelijk	idem verst. nota
		groen	idem groen
		glastuinbouw	geen indicatie
	TOTAAL 2000 - 2015		337,7 - 387,7
	TOTAAL 1992 - 2015		433,5 - 483,5

afb. 6
Claims op actuele bollengrond, in het rapport van Bureau Nieuwland, uit 1992

KPMG doet in opdracht van Keukenhof onderzoek

Van der Kroft sloeg in de bestuursvergadering van 30 oktober 1992 alarm over die studie die in RORO-verband werd uitgevoerd. RORO

[828] *Bloembollencultuur* 9-7-1992, aldaar 6.

stond voor het Randstad Overleg Ruimtelijke Ordening van de vier Randstadprovincies. In die studie zou worden nagegaan in hoeverre een deel van de teelt uit de Bollenstreek kon worden verplaatst naar de Haarlemmermeer. Het LEI deed, in opdracht van de vier provincies, al onderzoek naar de ruimtebehoefte voor de teelt van bloembollen voor de periode tot 2015. Er ontstond volgens de notulen een uitvoerige gedachtewisseling, die als volgt werd samengevat door Broersen: "dat de Keukenhof zelf zich nu ook in de strijd moet mengen, door gefundeerd aan te tonen, dat er sprake is van een onaanvaardbare ontwikkeling." Buddingh' pleitte voor een onderzoek naar de economische waarde van Keukenhof voor de streek. Van Os stak hier en daar zijn voelhorens eens uit en praatte ook met de gedeputeerde. Hij rapporteerde mismoedig aan zijn bestuur, in de vergadering van 27 november 1992, dat men geen besef had van het unieke karakter van de grond in de Bollenstreek (met name voor de teelt van hyacinten) en men ook geen oog had voor de toeristische uitstraling van het gebied. In een interview in *Vakwerk* van 27 maart 1993 zei hij daarover: "Soms kijken ze je aan met een gezicht van: 'geloof je zelf wel wat je vertelt'."[829] Voor Van Os stond het vast dat Keukenhof bij haar inmenging met goed gefundeerde argumenten moest komen. Daarom had hij KPMG uit Leiden al gepolst over een onderzoek.

In de vergadering van 22 december 1992 presenteerde KPMG een onderzoeksvoorstel dat de goedkeuring van het bestuur niet kon wegdragen. Men vond het probleem niet duidelijk genoeg gedefinieerd en men kwam na het vertrek van KPMG tot het volgende onderzoeksonderwerp: "gefundeerde argumenten met voldoende draagvlak vinden, teneinde het belang van Keukenhof uit toeristisch oogpunt, nu en in de toekomst voor de Bollenstreek vast te stellen."

In de vergadering van 29 januari 1993 stelde het bestuur een notitie vast van Van Os met daarin een nadere uitwerking van dat onderwerp. Nadat de ingewonnen referenties over KPMG goed uitvielen gaf men die organisatie de opdracht met als doelstelling dat het rapport in april klaar moest zijn. Intussen bleef men in gesprekken met de provincie hameren op het aambeeld van de uniciteit van de grond voor de teelt van hyacinten. Het onderzoek duurde langer dan verwacht. Pas in de bestuursvergadering van 21 mei gaf de onderzoeker ir. Hodes een presentatie en deelde een concept van het rapport uit. Het bestuur was er niet tevreden over. Pas nadat er een aantal correcties in het concept waren aangebracht lag er in de vergadering van 25 juni een "aanvaardbare tekst." Van der Kroft bleef echter kritisch. Hij zei dat het rapport niet bracht wat werd beoogd: "d.w.z. dat het de gevaren van de verstedelijking in de bollenstreek voor de Keukenhof niet duidelijk aantoont. Het rapport brengt geen schokeffect." Hij kreeg gelijk.

In het kader meer informatie over het rapport.

Een onderzoek naar de toeristische betekenis van de Keukenhof en de invloed die de verdergaande verstedelijking heeft op de Keukenhof.

In het rapport werd een inventarisatie gemaakt van de ruimtelijke plannen. De inzenders werden bevraagd [eigenlijk voor het eerst, MT]; en de toeristische aspecten onder de loep genomen.

Van de inzenders was [maar, MT] twintig procent het geheel eens met de stelling dat een sterke afname van het areaal bloembollengrond in de streek zou leiden tot minder inzendingen. De meerderheid van 78 procent verwachtte geen invloed van een vermindering van het areaal op het aantal bezoeken van handelaren/professionele kopers. Ook had de alreeds plaatsgevonden afname van het areaal van 1967-1992 geen invloed gehad op het aantal inzenders.

22 procent van de buitenlandse touroperators was het eens met de stelling dat Keukenhof minder aantrekkelijk was zonder de aanwezigheid van de bollenvelden in de omgeving. Bij de Nederlandse touroperators was dat 75 procent. Toch concludeerde het rapport dat het geheel verdwijnen van de bollenvelden een negatieve werking zou hebben op de omvang van het bezoek. Ook over de centrumfunctie was het rapport vaag. Men gaf toe dat de afname van een kwart van het areaal gedurende de laatste 25 jaar geen zichtbare negatieve invloed had gehad. Men had ook geen onderzoek gedaan naar de 'kritische massa' om de centrumfunctie overeind te houden. Maar wel trok men de conclusie dat bij een verdere afname van het areaal de kritische massa "onder het toelaatbare zal vallen waardoor de centrumfunctie zal afnemen en mogelijkerwijs zal verdwijnen".

---

829 *Vakwerk* 27-3-1993, aldaar 5. Eind maart 1992 had Zwetsloot tijdens een werkbezoek van de CDA-Tweede Kamerfractie aan de Bollenstreek gezegd: "Iedereen die daar zin in heeft, kan het bollenvak maar treiteren. Dat begint wel een rotgewoonte te worden." (*Bloembollencultuur* 2-4-1992, aldaar 4).

Op 18 augustus 1993 biedt Van Os het rapport aan Commissaris der Koningin van Zuid-Holland mr. S. Patijn aan en gaat het ook met een aanbiedingsbrief naar B en W van Lisse en het College van Gedeputeerde Staten van de provincie. Van Os stelde tijdens die presentatie dat verdergaande verstedelijking van de Randstad nadelig was voor het bezoek aan Keukenhof en dat het bezoek snel zou teruglopen als er geen bollenvelden meer waren: "Wij hopen dat we met dit rapport de beslissers in Den Haag wakker schudden. Ze hebben daar oogkleppen op en realiseren zich niet wat er in de Bollenstreek gebeurt."[830] (Zie **afbeelding 7**.)

afb. 7
Van Os biedt Patijn het KPMG-rapport aan

Dat had hij beter niet kunnen zeggen, want Patijn gaf hem lik op stuk. Hij zei dat de betrokken gemeenten en de telers zelf de hand in eigen boezem moesten steken als het ging om de verdwijning van het areaal. Hij had kritiek op het toelaten van de bouw van kassen op bloembollengrond en zei verder over de situatie: "De gemeenten zijn gebaat bij het behoud van het karakter van de Bollenstreek. Maar alle gemeenten willen uitbreiden, terwijl er nog steeds geen duidelijkheid is over welke gronden definitief bestemming 'teelt' houden. (...) Het gevolg is dat veel telers (...) hun grond verkopen aan projectontwikkelaars voor een vijfvoud van wat ze van een collega-teler krijgen."[831]
Patijn was het met Van Os eens dat Keukenhof niet als een oase tussen de bebouwing kon liggen, maar daarbij merkte hij wel op, dat alhoewel het areaal bloembollen al jaren terugliep, het bezoekersaantal aan Keukenhof ieder jaar steeg.

De Randstadbollennota, de Corridorstudie, de stichting Hou het Bloeiend en LEI-onderzoek
In september 1993 verscheen de *Randstadbollennota. Een ruimtelijk ontwikkelingsperspectief voor de bollenteelt*, de al eerder genoemde RORO-studie. Een van de conclusies was dat het beleid gericht diende te worden op een versterking van de Bollenstreek als hoofdcentrum, naast het verder ontwikkelen van subcentra in de andere teeltcentra: "alsmede op het verbreden van de complexfunctie in de Bollenstreek, door uitbreiding van het pakket met produkten van andere agrarische sectoren [zoals vaste planten en boomkwekerijproducten, MT]. Het handhaven van het areaal van de Bollenstreek, inclusief De Haarlemmermeer, op een omvang van 2000 à 2500 ha en zo mogelijk uitbreiden hiervan, vormt hiertoe een voorwaarde. Uitbreiding van het bollenareaal in de Haarlemmermeer met 500 à 600 ha wordt wenselijk geacht, vooral in verband met de bedrijfsstructuur en de toeristische recreatieve belangen." In februari 1994 publiceerde het RORO *De Corridor van de Randstad. Naar een integraal ruimtelijk ontwikkelingsperspectief* waarin de claim op de Haarlemmermeer werd opgenomen in het beleidspakket voor de periode tot 2005. Voor de jaren daarna werd voorzien in 450 tot 550 hectare voor bosaanleg rondom de Keukenhof en circa 300 hectare voor extra natuurontwikkeling in de binnenduinrand.

Intussen gingen de acties van de Werkgroep Op Bollengrond door. Die acties bereikten een hoogtepunt nadat de provincie Zuid-Holland in september 1993 de *Notitie Keuzevarianten & Keuzebepaling voor de Duin- en Bollenstreek & Leidse Regio* uitbracht. Er volgde, onder meer, een rumoerige, massaal bezochte discussieavond op 21 december, omdat uit de nota zou blijken dat de provincie in de Bollenstreek nog 27.000 woningen wilde bijbouwen.[832] Die avond deed de werkgroep een beroep op geld en handtekeningen om acties te kunnen voeren. Er kwamen binnen de kortste keren 7500 handtekeningen binnen en vele duizenden guldens. Van dat geld plaatste men grote reclameborden met teksten als 'Vroeger was de streek wereldberoemd' en 'Vroeger fietsten we door 't open veld'.[833] (Zie **afbeelding 8**). Er was er ook een bord bij met

afb. 8
Wereldberoemde streek

830 *Bloembollencultuur* 19-8-1983, aldaar 5.
831 *Vakwerk* 21-8-1993, aldaar 7.
832 *Bloembollencultuur* 3-1-1994, aldaar 6 en 7.
833 *Bloembollencultuur* 19-1-1994, aldaar 4.

de tekst 'Vroeger hadden we de Keukenhof'. Die tekst riep de ergernis op van het bestuur van Keukenhof. Zwetsloot zegde toe, samen met Buddingh', voor een andere tekst te zorgen.[834] In januari 1994 kwam een groep verontruste bestuurders, waaronder Van Os en Zwetsloot, bijeen in het gemeentehuis van Rijnsburg om met elkaar de zorgen te delen over de woningbouwplannen en over de toekomst van de streek. Men verenigde zich in de Stichting Duin- en Bollenstreek Houd het Bloeiend (HHB) die op 21 september 1994 formeel werd opgericht. Dat was nadat in augustus 1994 een aantal organisaties 30.000 gulden bij elkaar had gebracht om de werkzaamheden van de stichting mogelijk te maken. Keukenhof zorgde voor 5000 gulden en belastte de helft daarvan door aan het NBT. Voorzitter van HHB werd drs. J. Pitlo en Zwetsloot en Van Os zaten in het bestuur (zie **afbeelding 9**).

afb. 9
Nieuwe stichting 'Hou het bloeiend' opgericht

In augustus 1995 publiceerde het LEI een, in opdracht van het ministerie van LNV uitgevoerde, studie naar de gevolgen van woningbouw op huidige en toekomstige locaties voor de teelt van bloembollen in de Bollenstreek. In die studie werd ook aandacht besteed aan de recreatief economische waarde en de landschappelijke waarde. Daarover werd in het 'Woord Vooraf' opgemerkt dat HHB op die terreinen aanvullende opdrachten had gegeven waarover afzonderlijk zou worden gepubliceerd.[835] Dat onderzoek kostte 100.000 gulden. In dat kader vroeg Keukenhof in juli 1995 aan alle inzenders om een bijdrage van 100 gulden. Het onderzoek werd in september 1995 gepubliceerd in publicatie 2.2.03 van het LEI: *Landschap en toerisme in de Bollenstreek onder stedelijke druk*. De onderzoekers, B.M. Kamphuis en C.M. Volker baseerden hun studie enerzijds op ruim dertig interviews onder bewoners, telers, experts en anderzijds op een raming van de economische betekenis van de bloeiende bollenvelden, de Keukenhof en het Bloemencorso voor het toerisme in Nederland. Van de zijde van de opdrachtgever (HHB) werd het onderzoek begeleid door onder meer Zwetsloot als directeur van Hobaho Hortigroep, en Van Os en Koster, beiden namens Keukenhof. In het kader wat resultaten uit het onderzoek.

Landschap en toerisme in de Bollenstreek onder stedelijke druk

Op basis van de beschikbare informatie werd geraamd dat de gemiddelde dagtoerist aan de Keukenhof 40 gulden uitgaf en de verblijfstoerist 150 gulden per etmaal. Bij het Corso lag dat op 13,50 gulden. Uitgaande van 900.000 bezoekers aan de Keukenhof en rond een miljoen bezoekers aan het Corso kwam men uit op een jaarlijks bedrag aan bestedingen aan het bollentoerisme van 100 tot 200 miljoen gulden. De bruto toegevoegde waarde schatte men tussen de 70 en 160 miljoen gulden; dat wilde zeggen tien tot twintig procent van de totale toegevoegde waarde van het Nederlandse bollencomplex. Alhoewel er onder de geïnterviewde bewoners begrip bestond voor de bouw van extra woningen in de Randstad, vond men wel dat zo langzamerhand een kritische grens was bereikt. Grootschalige verstedelijking betekende in hun ogen dat de 'ziel' uit het gebied verdween. Ook een groot deel van de experts was de mening toegedaan dat een verdere verstedelijking het landschap zou aantasten en zou leiden tot negatieve effecten op het bollentoerisme.

Van Os meldde in de bestuursvergadering van 15 september 1995 dat HHB het rapport op 13 september aan minister Van Aartsen van LNV had aangeboden en dat Van Aartsen ook vond dat het bollencomplex in stand moest blijven. Naar aanleiding daarvan vroeg Zwetsloot wat Keukenhof zou doen als er een bollenstad zou komen en de helft van het areaal bloembollen zou verdwijnen. Het bleek een retorische vraag. In de notulen werd niet gerept van een discussie. Die vond inmiddels elders plaats. In diezelfde vergadering werd namelijk verteld dat er op 14 september op Keukenhof een voorlichtingsavond was geweest over het Pact van Teylingen.

Het Pact van Teylingen

HHB stak aanvankelijk al haar energie in het verzet tegen de provinciale gedachte van een 'bollenstad' op 'kostbare' bloembollengrond ('in 2005 bollen in de Haarlemmermeer tegen woningen in Zuid-Holland'). Verzet werd meedenken toen bij de provincie in de loop van 1994 de filosofie van de publiek-private samenwerking postvatte en men besloot met alle partijen een toekomstperspectief voor de Duin- en Bollenstreek op te stellen. Een van de betrokken ambtenaren, H. Roem, beschreef later hoe dat ging (zie het kader op de volgende pagina).

834 AB Keukenhof 21-1-1994.
835 De studie verscheen als *Mededeling 542* van het LEI: *Functioneren centrum bollenteelt onder stedelijke druk*, met als auteurs B.M. Somers en C.O.N. de Vroomen.

Op weg naar het Pact van Teylingen

Het begin was volgens Roem moeilijk. Hij begon namelijk alle partijen te benaderen om hen te vragen mee te doen, hetgeen niet overal in goede aarde viel. De omslag kwam volgens hem in oktober 1994 tijdens een brainstormbijeenkomst op Leeuwenhorst. Elke partij legde zijn wensen op tafel en daaruit ontstonden zes werkgroepen: "Daarnaast lieten we via excursies elkaar de diverse problemen en belangen van de streek zien. Zo bezochten we echte duinrellen in Noord-Holland, we gingen bollenbedrijven bekijken en we vergaderden in een kleurrijke Keukenhof. Er ontstond langzaam een proces van vertrouwen en erkenning van elkaars wensen en zorgen en soms zochten we elkaar zelfs op."[836]

Een van de projectgroepen was de Cluster Bollen-Bloemen-Toerisme. Daar zat Zwetsloot in namens de Werkgroep op Bollengrond en als directeur van de Hobaho en Van Os nam deel als voorzitter van Keukenhof. Van Os zat ook in de werkgroep Recreatie, Landschap en Toerisme, terwijl Zwetsloot voorzitter was van de werkgroep Bollen en Bollencomplex.

In juli 1995 verscheen het eerste concept van het Pact van Teylingen. Het plan van de provincie om duizenden woningen te bouwen was van tafel. In plaats daarvan ging het om tweeduizend woningen bij Voorhout voor de eigen behoefte. Het centrale bloembollenareaal zou worden beschermd maar er moest wel zestig hectare in Wassenaar, de locatie Lentevreugd, worden 'opgeofferd' aan natuur. De bloembollentelers daar, gesteund door Kring Bloembollenstreek van de KAVB, waren woedend. Die woede kwam tot uiting tijdens de eerste voorlichtingsbijeenkomst over het Pact die op 14 september 1995 op Keukenhof werd gehouden. "Wij voelen ons bekocht", stond er boven een artikeltje over die bijeenkomst in *Bloembollencultuur*.[837] De meeste betrokkenen, waaronder Zwetsloot en ir. J. Langeslag, voorzitter van de KAVB, vonden het echter het minste van twee kwaden, omdat met het opgeven van Lentevreugd voorkomen werd dat elders tweehonderd hectare bloembollengrond 'natuur' zou worden. .

De reactie van Keukenhof

Leidde het geschil met de gemeente over de vermakelijkhedenretributie tot een discussie over de juridische structuur van Keukenhof, de ruimtelijke problematiek maakte een gedachtewisseling los over langere openingstijden. Dat was al eerder te sprake gekomen, onder andere in 1989 in de Visie 2000, maar werd toen nog beschouwd als 'verre toekomstmuziek'. Op 18 november 1994 schreef Van Os een notitie voor het bestuur over de toekomst van Keukenhof. Hij noemde dat, bescheiden, een "aanzet tot een discussie." Niet alleen schreef hij daarin over de relatie met de gemeente maar ook over "de drang om de Keukenhof-periode te verlengen." Die drang werd steeds groter. Enerzijds vanuit de behoefte om zomerbloeiende (bol)gewassen te tonen, anderzijds vanuit een onverwachte hoek: "In de gesprekken over de ruimtelijke ontwikkeling van de duin- en bollenstreek is al naar voren gekomen dat in hoge mate rekening gehouden moet worden met een bezetting in ruimte, die slechts voor 6-8 weken rendement geeft, niet verantwoord zou zijn. Hoewel op dit moment niet serieus genomen, is het toch een reflectie van de gedachten die bij sommige beleidsmakers leven." Op 23 november besprak het bestuur de notitie van Van Os. Over een langere openstelling notuleerde men het volgende, zie kader.

Uit de notulen van 23 november 1994

"Er blijken voldoende draagvlakken voor **verlenging van de opening**. De bollenstreek blijft voorlopig bloembollenstreek en de regio kan, toeristisch gezien toevoeging gebruiken. Ook vanuit het vak en de toeristische industrie bestaat de behoefte aan een langere presentatie. Essentieel punt is echter, het imago (Keukenhof= tulpen cq bloemen) dat Keukenhof de afgelopen jaren heeft opgebouwd, niet te ondergraven. Belangrijk is dus, duidelijk onderscheid te maken in voor- en najaarsopenstelling en de naam Keukenhof te behouden voor bestaande voorjaarsopenstelling. De Terrein Commissie wordt verzocht het concept van openstelling in het najaar in combinatie met het voorjaar nader te onderzoeken. In deze notitie, die eind januari 1995 wordt verwacht, zullen de **produkten**, de **periode**, het **management** en de **kosten** worden belicht."

Op 26 januari 1995 reageerde Keukenhof op de nota *Beslispunten Zuid-Holland West* van de provincie en maakte de provincie deelgenoot van haar zorg "omtrent van het behoud van het bollencomplex met zijn economische en landschappelijke waarden en de plaats van Keukenhof daarin."[838] Rond die tijd reageerde Keukenhof ook op de startnotitie *Lisse rond de eeuwwisseling* van de gemeente. Keukenhof ondersteunde de daarin neergelegde visie en stipuleerde dat de gemeente voorwaarden diende te scheppen opdat Keukenhof zich verder kon ontwikkelen.[839] Per brief

836 *Een document van samenwerking*, voorjaar 1996.
837 *Bloembollencultuur* 28-9-1995, aldaar 4 en 5.
838 Brief van 26 januari 1995 (Archief Keukenhof).
839 Brief van 24 januari 1995 (Archief Keukenhof).

van 16 maart antwoordde de gemeente en onderkende het belang van Keukenhof. Ze honoreerde ook de vraag om een keer per jaar met elkaar te praten over de ontwikkelingen met betrekking tot Keukenhof.

De 'najaarsopenstelling'

De terreincommissie boog zich in haar vergadering van 9 januari 1995 over wat toen nog, enigszins ten onrechte, de najaarsopenstelling werd genoemd en vond het maar een moeilijke klus. Ook bleek later dat de commissie niet unaniem voorstander was van een najaarsopenstelling. Er was geen duidelijke prognose te maken van het management en de kosten, Wel dacht men aan de periode 20 augustus tot en met 20 september en aan de gewassen dahlia, begonia, lelie en andere planten. Koster maakte aan de hand van die summiere aanwijzingen een notitie die de commissie op 2 februari behandelde. Op grond daarvan concludeerde de voorzitter dat het aanbeveling verdiende alvast proefplantingen op te zetten met najaarsgewassen [in feite zomerbloeiers, MT]. Op 24 februari behandelde het bestuur de notitie van Koster (*Discussiestuk voor nadere en duidelijke invulling van Keukenhof in relatie tot de plannen "Visie 2000" van 8 februari 1995*)[840] en daar twijfelde men aan de stelling in de notitie dat het grootste deel van de Bollenstreek als cultuurgrond voor de bloembollenteelt zou blijven bestaan. Men vroeg zich af of, gezien de nieuwe bedreigingen, het niet nodig was KPMG een nieuw onderzoek te laten doen. Ook was men verdeeld over de najaarsopenstelling. Men vond het pas iets voor na 1999 en dan niet onder de naam Keukenhof, maar onder een naam als Zomerhof. Wel keurde men de proefplantingen goed, waarna de terreincommissie besloot 25.000 gulden op de begroting te zetten voor proefplantingen in het Smalle Bos.[841] In september vond de terreincommissie dat de proef redelijk was geslaagd. Met name de lelies stonden er prima bij. De andere gewassen hadden wat meer kunstmest moeten hebben. Men besloot volgend jaar de proef met een uitgebreider sortiment te herhalen.[842] De terreincommissie bleef echter verdeeld over nut en noodzaak van de najaarsopenstelling.

Milieuzaken, het Milieu Overleg Duin- en Bollenstreek (MODB)

Net als de bloembollensector kreeg ook de Keukenhof te maken met de grotere aandacht voor het milieu en de actiegroepen. In januari 1993 dreigde de Milieufederatie Noord-Holland met een bollenboycot. Het *Leidsch Dagblad* wijdde er op 6 februari 1993 een artikeltje aan en A. van Loef, een boomkweker uit Boskoop, schoot dat zo in het verkeerde keelgat dat hij in het nummer van 24 februari 1993 een boze brief schreef. Hij zou niet aan de boycot meedoen, maar zijn buitenlandse afnemers meenemen naar Keukenhof om te laten zien hoe men tuin en park kon opfleuren met Hollandse bloembollen. Keukenhof stuurde hem op 10 maart als dank twee vrijkaarten voor Keukenhof.
Op 13 mei schreef de Milieugroep Bollenstreek een uitgebreide brief aan Keukenhof. Ze wilden graag een gesprek over de stimulerende rol die Keukenhof volgens hen zou kunnen spelen op het gebied van een natuur- en milieuvriendelijke bloembollenteelt. Men dacht aan voorlichting en de natuur- en milieuvriendelijke inpassing van een mogelijke uitbreiding van Keukenhof; 'de groene of ecologische bloembol'. Ook pleitte men ervoor de uitbreiding in te passen in de ecologische infrastructuur van het Strandwallengebied, Keukenhof lag immers op een strandwal, en voor een goed vervoersplan, met name op het gebied van openbaar vervoer. Het bestuur zat een beetje met die brief en vroeg aan de terreincommissie om een advies.[843] Die was positief en adviseerde de groep in september voor een gesprek uit te nodigen.[844] Of dat gesprek heeft plaatsgevonden weten we niet, maar Keukenhof was op dat moment druk bezig met het aanvragen van een milieuvergunning bij de gemeente. Eind augustus 1992 was daarop al gepreludeerd doordat het bosafval niet meer mocht worden verbrand en hiervoor in de plaats een versnipperaar werd aangeschaft. Eind november 1993 kreeg Keukenhof een, door een extern bureau gemaakt, rapport over milieuzorg en ARBO-zaken. In april 1994 werd in goed overleg met de gemeente door Pöttgens een milieuzorgsysteem opgezet dat 50.000 gulden kostte. In juni 1994 werd de milieuvergunning bij de gemeente aangevraagd. Het MODB maakte bezwaar tegen de milieuvergunning (23-9-1994) met ook volgens de gemeente zulke extreme eisen aan Keukenhof dat een gesprek geen zin had. De gemeente zou de procedure voortzetten en het MODB kon eventueel bezwaar maken bij de Raad van State.[845] Nu die situatie zo lag zag het bestuur af van overleg met het MODB.[846] Eind december gaf de gemeente de vergunning af na de bezwaren van het MODB ongegrond te hebben verklaard. In die tijd speelde ook een andere kwestie: de Oostenrijkse dennen aan de Stationsweg. Die waren inmiddels vijftig jaar oud en aangetast door de dennenscheerder: kappen was de enige oplossing. De gemeente verleende de vergunning op 14 november 1994. Het ging om 140 dennen en om problemen te voorkomen had Keukenhof het MODB hierover vooraf geïnformeerd.[847] Begin januari 1995 begon het kappen, zodat voor de tentoonstelling opening, weer kon worden geplant. Rond die tijd praatte Keukenhof met het MODB over de milieuvergunning. Van Os was daar terughoudend over; hij vond dat het MODB teveel invloed wilde op de gang van zaken op Keukenhof zoals volgens hem bleek uit het bezwaar van het MODB tegen de wijziging van de milieuvergunning.[848] Op 3 februari 1995 berichtte de Raad van State Keukenhof dat het MODB in beroep was gegaan tegen milieuvergunning die gemeente op 6 december 1994 had verstrekt.

Parkeren

In de bestuursvergadering van 22 mei 1992 vroeg de verkeerscommissie om een krediet van 350.000 gulden om de problemen bij het parkeren van de bussen op te lossen. Het bestuur zegde dat wel toe,

840 Die notitie was niet meer aanwezig in het archief van Keukenhof.
841 TC Keukenhof 24-2-1995.
842 TC Keukenhof 4-9-1995.
843 AB Keukenhof 21-5-1993.
844 TC Keukenhof 19-5-1993.
845 TC Keukenhof 12-10-1994.
846 AB Keukenhof 27-10-1994.
847 AB Keukenhof 23-11-1994.
848 AB Keukenhof 20-1-1995.

maar wilde eerst een deskundigenadvies zien. Dat leidde in juli tot een voorstel om een stukje van het kasteelterrein als proef te verharden met graskeien. Die werden ook op Oost gelegd en ook graaf Carel was tevreden over het resultaat. Vervolgens ging men door met de aanleg. In oktober 1993 werd de laatste kei op Oost gelegd. Tijdens het corso van 23 april 1994 stonden er maar liefst 1171 bussen op de parkeerterreinen en kwam de verdere aanpassing van Oost aan het parkeren van bussen in discussie. In september trok men 375.000 gulden uit voor de renovatie op Noord. Daar rees weer een probleem met Van Graven. Hij maakte bezwaar tegen het opgeven van een deel van zijn terrein vanwege de graskeien, omdat het hem melk- en mestquotum zou kostten. Daar wilde hij een ontpachtingsvergoeding van 150.000 gulden voor hebben. Dat was reden voor Broersen om de pachtsituatie onder de loep te nemen, omdat ook Keukenhof van graaf Carel pachtte. Broersen schreef daarover op 21 april 1995 een nota die het bestuur in de vergadering van 28 april behandelde. Er was in het verleden een fout gemaakt door graaf Carel, die zich daarvan volgens Hollander niets meer herinnerde, waardoor Keukenhof en Van Graven beiden hetzelfde perceel hadden gepacht. Daardoor had Van Graven geen recht op schadevergoeding. In september liepen nog steeds de onderhandelingen met Van Graven, zodat men besloot de 375.000 gulden te gebruiken voor Oost en het bedrag daarvoor te bepalen op 415.000 gulden. Van Graven had erkend dat hij geen recht had op schadevergoeding, maar nu wilde hij in plaats daarvan een verhoging van zijn jaarlijks vergoeding van 10.000 naar 15.000 of 17.500 gulden. Dat vond Keukenhof een redelijke onderhandelingsbasis.[849] De verkeerscommissie speelde verder met het idee om Oost in plaats van Noord tot permanent parkeerterrein te maken.

Het parkeertarief werd in deze periode verhoogd: in 1993 van 2,50 naar 3 gulden en voor 1996 van 3 naar 5 gulden.

Er kwamen steeds meer campers overnachten, waarvoor een tarief gold van vijf gulden per dag en vijf gulden per nacht.[850] Het liep echter zo uit de hand dat men het in 1993 weer verbood, maar in 1994 met enige coulance weer toestond.

Het terrein

De Arcade, showterrassen en een multifunctionele ruimte bij Oost
In de bestuursvergadering van 21 januari 1992 werd een voorstel van de CTK aangenomen om extra geld uit te trekken voor optredens en festiviteiten op het showterras onder de Arcade op Oost. Ook werd voorgesteld om de woensdagse gezinsdag weer in te voeren (op woensdagmiddag was het gratis voor kinderen). Er kwam ook een draaiorgel en daarbij mocht worden 'gemanst', maar niet opdringerig en door slechts één persoon, verordonneerde het bestuur.[851] De terreincommissie wilde, na afloop van de tentoonstelling van 1992, bloembakken bij de Arcade plaatsen en de molen in de vijver bij Arcade vervangen door een 'spektakelfontein'. Later werd besloten om voor de tentoonstelling van 1993 een eenvoudig gebouw neer te zetten. Dit moest kostendekkend worden verhuurd als expositieruimte van oud-Hollandse producten. Als proef werd er ook een poffertjeskraam bij gezet, met een toilettenvoorziening buiten de poort. De molen werd vervangen door een water-bloemen-fontein. In februari 1993 werden contracten afgesloten met Ecri Pottenbakkers uit Katwijk en Israelean European Jewellery Corporation uit Breda om hun producten te etaleren en te verkopen gedurende de tentoonstelling van 1993 in de ruimte bij Oost. Keukenhof vroeg daar aan beide 4000 gulden voor.

Ook het terras bij het Smalle Bos kreeg een facelift tot showterras, met een overkapping als kleed- en schuilruimte. Het bestuur stelde ongeveer 60.000 gulden beschikbaar om de plannen uit te werken. Dat leidde begin januari 1994 tot een begrotingspost van 6 ton voor Keukenhof en 1,5 ton voor AlBr om in de periode 1995/1996 de bebouwing te vervangen. De horecabestemming zou de status van een buffet krijgen.

In oktober 1992 werd de gebouwen bij Oost en Atriumrestaurant opgeleverd en wilde de gebouwencommissie drie ton hebben voor het gebouw, de multifunctionele ruimte, bij Oost. Dat riep weerstanden op bij het bestuur omdat de ad hoc evenementencommissie nog geen plan had opgeleverd. Men besloot de voorbereidingen wel door te zetten maar pas tot uitvoering over te gaan als er een plan voor de inrichting was. Wel trok men ongeveer een ton uit voor de vijver en het showterras bij de Arcade.

Er begon ook een discussie met AlBr 'horeca' over de invulling van Oost. Daar bleek een spanning op te treden tussen Keukenhof dat op lange termijn dacht, en AlBr die opteerde voor de korte termijn. Aan AlBr was in februari 1992 een contractverlenging aangeboden voor 130.000 gulden. Daar ging men wel mee akkoord, zij het dat men in twee jaarlijkse stappen naar dat bedrag wilde toegroeien: 1992 plus 10.000 gulden en 1993 plus 25.000 gulden. Dat was voor Keukenhof geen bezwaar.[852]

Tegen het eind van het jaar besloot men toch 3 ton uit te trekken voor het gebouw bij Oost. Al gauw bleek dat er meer geld nodig was, omdat de gebouwencommissie naar een oppervlakte wilde van 225 m² in plaats van de begrote 130 m². Van der Kroft zegde aan het bestuur toe dit te proberen met hetzelfde budget.[853]

Het showterras en de poffertjeskraam werden een succes. Daarom besloot men na de tentoonstelling van 1993 met de uitbreiding van Oost door te gaan en te streven naar een permanente poffertjeskraam. Ook het draaiorgel bleef.

Tevens bestudeerde men de fiscale aspecten van het toestaan van de verkoop van artikelen in het gebouw door huurders. Aan die huurders werd een huurprijs per m² gevraagd en een exploitatierecht ook per m². Zo betaalde AlBr voor de poffertjeskraam 200 gulden per m² aan huur en 20 gulden per m² aan exploitatierecht.

---

849 AB Keukenhof 15-9-1995.
850 AB Keukenhof 27-4-1992.
851 AB Keukenhof 20-3-1992.
852 AB Keukenhof 27-4-1992. Ook de contracten met de andere pachters werden in 1992 aangepast en bij Hoek aangedrongen op betere kleding en een beter gedrag van de parkeerwachters.
853 AB Keukenhof 22-12-1992.

Uiteindelijk was de multifunctionele ruimte niet met 3 ton te realiseren. In oktober 1994 bleek dat daar, inclusief poffertjeskraam en de toiletten (bijgekomen investeringen), 565.000 gulden voor nodig was. Als AlBr in 1995 voor de exploitatie ruim 50.000 gulden neertelde en de inrichting financierde dan was het financieel haalbaar.

Eind 1994 ontving Keukenhof bericht dat AlBr was overgenomen door Interbrew Nederland (IB).

Theehuis, Koningin Juliana Paviljoen en Koningin Beatrix Paviljoen
In de bestuursvergadering van oktober 1992 stelde de gebouwencommissie het KJP ter discussie. Als dat moest blijven dan was er wel het nodige aan op te knappen. Het bestuur vond dat het KJP moest blijven. Vandaar dat de gebouwencommissie aan de gang ging met een voorstel om het op te knappen. Het was maar goed dat men dat besloot, want op 20 november 1992 brandde het Theehuis, vanwege een 'technische oorzaak', geheel af, met de daarin opgeslagen bollen (zie **afbeelding 10**).

afb. 10
Brand legt Theehuis volledig in as

Het KJP kreeg toen ook de functie van bollenopslagplaats die later weer moest wijken toen de KAVB de ruimte huurde. Men legde toen ook een nieuwe vloer in het KJP voor 30.000 gulden, verwijderde de wandschildering ('World Clean') en deelde de ruimte opnieuw in.
AlBr zette tijdens de tentoonstelling van 1993 tenten neer om de restaurantfunctie van het Theehuis op te vangen en vergoedde bovendien de schade aan de toiletten volledig aan Keukenhof. Dit nadat de verzekering de totale schade had betaald.
In september 1993 trok men een ton uit voor de verwarming met CV en gasaansluiting van het KJP. Begin januari 1994 besloot men 350.000 gulden uit te trekken om het KJP te renoveren, als onderdeel van een plan om hier in totaal 1 miljoen voor uit te trekken. Omdat Keukenhof in deze periode steeds meer last kreeg van criminaliteit, trok men in februari 1994 50.000 gulden uit om het gebouw te beveiligen.

Tezelfdertijd werd 150.000 gulden in de begroting opgenomen om, ten laste van AlBr, door middel van een overdekte gang van het KBP naar het restaurant "de enigszins strategische ongunstige ingang van het restaurant te ondervangen. De 'gang' kan eventueel gebruikt worden voor tentoonstellingen en winkeltjes en zal logistiek een verbetering zijn."[854] In juni 1995 brak er plotseling door rotting een punt van het dak van het KBP af. Aannemer Schaap voelde zich daar als bouwer verantwoordelijk voor en voerde het herstel tegen kostprijs uit. Ook de lichtval en de ventilatie lieten te wensen over. Daarvoor was het nodig het dak van de entree te vernieuwen met helder glas en brede ribbels van koper. Daarnaast trok men geld uit voor nieuwe motoren voor beluchten en schermen.[855] Al met al kostte dit ongeveer 240.000 gulden.

De tunnel
In april 1994 trad er weer schade aan de tegels (graffiti) en lekkage in de voetgangerstunnel op. Een half jaar later had Strukton de schade hersteld en probeerde Keukenhof de schade te verhalen op Strukton en de onbekende graffitispuiters. Maar Strukton weigerde daarvoor op te draaien, ondanks het feit dat een TNO-onderzoek had uitgewezen dat de schade mede te wijten was aan de constructie. Het duurde tot april 1995 eer men besloot de schade te delen. Strukton betaalde de helft van de schade aan de tegels, 30.000 gulden. Later dat jaar bleek dat de schade het dubbele bedroeg, omdat ook de oude lijmlaag onder de tegels moest worden verwijderd. Weer betaalde Strukton de helft.

Mechanisatie en automatisering
In 1993 werd begonnen met de automatisering (computerisering) van de terreintekeningen en een landmeting van het park, omdat de gegevens bij de gemeente te summier waren. Men trok 70.000 gulden uit voor de automatisering van de tekenafdeling. Er kwam in 1994 voor 140.000 gulden ook een nieuwe telefooncentrale. Op de tuin was een van de duurste aanschaffingen een Argenterio kraan voor 115.000 gulden (1995).

De kassen
In juli 1992 kregen de kassen ook de naam Atriumpaviljoen (AP). Dit was op voorstel van de terreincommissie die ook in oktober aan het bestuur meldde dat het opknappen van de kassen meer kostte dan vervanging en nieuwbouw. De terreincommissie en de gebouwencommissie kregen groen licht om met een voorstel te komen. Dat lukte, maar het lukte niet om binnen het bestuur en met de ingeschakelde architecten tot een eensluidend programma van eisen en een algemeen gedragen ontwerp te komen. Men wilde iets moderns, maar het moest

854 AB Keukenhof 26-1-1994.
855 AB Keukenhof 5-10-1995.

afb. 11
Overzicht van de parades en presentaties in 1994 en het aantal bekers dat in 1995 werd uitgereikt

Opening 1994

24 maart tot en met 23 mei (2e Pinksterdag)
Corso 23 april

Parades

Amaryliss-Freesia-Hyacinten	24.03 t/m 04.04
Sering-Forsythia-Prunus	24.03 t/m 18.04
Orchideeën	24.03 t/m 11.04
Tulpen-Irissen	06.04 t/m 18.04
Alstroemeria	13.04 t/m 25.04
Narcissen	20.04 t/m 01.05
Rozen-Anjer	27.04 t/m 09.05
Bijzondere Bolgewassen-Bouvardia	03.05 t/m 10.05
Chrysanten	11.05 t/m 23.05

Presentaties in Koningin Juliana Paviljoen

Anthurium - Iris - Nerine - Kalanchoë - Azalea - St. Paulia.

Lelie	6
Bijzondere Bolgewassen	3
Zomerbloemen	1
Narcissen	7
Hydrangea	2
Orchideeën	9
Hyac. Am.Freesia	4
Geforceerde Heesters	3
Tulpen Iris	8
Chrysanten	8
Anjers Rozen	8
Alstr. Bouvardia	7
Lathyrus	2
Kalanchoë	2
Nerine	1
Azalea	2
Kuip Terrasplanten	1
Anthurium	2
Vaste Planten	3
	79 bekers

wel herkenbaar als kassen blijven. In de bestuursvergadering van 23 juni 1995 gooide Van der Kroft de handdoek in de ring: er kon geen opdracht voor de bouw van nieuwe kassen worden gegeven omdat men het niet eens was. Hij hoopte dat men tijdens de studiereis inspiratie zou opdoen.[856] Koster wist met een tekening die de elementen bevatte waar men het wel over eens was in een bijeenkomst van de terrein- en gebouwencommissie op 15 september 1995 de impasse te doorbreken. Helaas wisten beide architecten Hoogstad en Van Benthem en Crouwel (het bureau B en D was al eerder afgevallen) niet met een uitwerking te komen die genade vond in de ogen van het bestuur. Eind 1995 werden twee andere architecten ingeschakeld om een ontwerp te maken: J. Vermeer en R. van der Kroft, zoon van bestuurslid Van der Kroft.

De tentoonstellingen

Was het aantal bezoekers in 1991 nog ruim 894.000, in 1992 daalde dat, vooral vanwege de Floriade, tot 762.579. Op 7 mei van dat jaar werd wel de 30 miljoenste bezoeker welkom geheten. In 1993 steeg het aantal bezoekers weer tot 860.729 en in 1994 werd een ongekend hoge top bereikt van 906.462. Dat aantal daalde weer naar 840.921 in 1995. Men weet dat aan de vele festiviteiten rond 50 jaar bevrijding.

Parades
Begin 1992 signaleerde de terreincommissie dat de belangstelling voor de Parades wat tanende was. Ze stelde voor die te stimuleren door bij een puntentotaal van negen of meer bij de VKC-keuring een blijvend aandenken te verstrekken. Men trok 10.000 gulden uit voor een kunstwerkje. Bovendien kregen de inzenders extra vrijkaarten. Dat kunstwerk werd een vaasje. De importeur van het vaasje mocht tegen betaling ook exposeren en verkopen onder Arcade. Toen men later dat jaar de kassen ook de naam Atrium, gaf voegde men aan de Parades het adjectief 'overdekte bloementoonstelling' toe.

Tijdens de Lelieparade van 1992 ontstond er een conflict met inzender P. Hoff. Volgens Koster was hij op 16 mei zonder toestemming en met de sleutel van de nachtwaker op het terrein geweest om zijn stand op te bouwen. Dat was niet de eerste keer dat er moeilijkheden waren met Hoff, en daarom besloot het bestuur in mei dat hij niet meer voor de Lelieparade zou worden uitgenodigd. Van Os en Koster deelden hem dat in juni mee. Het gevolg was een uitvoerige brief van Hoff aan het bestuur van 12 juni 1992 vol met verwijten aan Koster. Hij zou autoritair optreden en weinig openstaan voor kritiek. Hoff gaf aan namens meer inzenders te spreken en eindigde zijn brief met: "Door het wegsturen van Hoff stuurt u een belangrijke Aziatenveredelaar weg. De tentoonstelling is dan niet meer compleet en verliest o.i. aan waarde voor met name vakmensen." Wel stond hij nog open voor een gesprek om de problemen op te lossen. Door drukke werkzaamheden van Hoff lukte dat pas in januari 1993. Dit gesprek verliep positief, alle plooien werden gladgestreken en Hoff mocht weer meedoen.[857]
In 1993 probeerde men meer hyacinten in de Parade te krijgen door de Hobaho erbij te betrekken en de Productgroep Hyacint van de KAVB drie jaar 2500 gulden vergoeding te betalen, omdat hun inzending 10.000 gulden per jaar kostte.[858] De Hyacint zegde daarop toe met minstens 4000 planten te komen. In dat jaar kocht men wijnglazen 'op een bijzondere voet' (voor 45 gulden per stuk) voor inzenders met 9 punten of meer. Ook betrok men meer gewassen bij de Parades. In **afbeelding 11 (tabel boven)** een overzicht van de Parades en presentaties in 1994 en het aantal bekers dat in 1995 werd uitgereikt. In 1995 mochten de bemiddelingsbureaus van de Hobaho en Cebeco zich 'bescheiden' presenteren op de Parades.[859]

856 Rond die tijd bezochten de beide commissies met architect Hoogstad in Frankrijk een aantal kassen bij botanische tuinen.
857 AB Keukenhof 29-1-1993.
858 Brief KAVB-Hyacint van 12 juli 1993 (Archief Keukenhof).
859 TC Keukenhof 9-3-1995.

Inzenders

De Koninklijke Bloembollen- en Zaadhandel Van Tubergen uit Haarlem was een van de meeste gerenommeerde bedrijven in de sector. Opgericht in 1868 waren zij sinds 1984 inzender en wederverkoper op Keukenhof. In 1979 werd T. Goemans directeur van het bedrijf dat toen werd gevestigd in Lisse. In *Vakwerk* van 29 augustus 1992 werd hij geïnterviewd. Hij toonde zich een veelzijdig man. Hij was niet alleen bloembollenhandelaar, maar ook wijngaardenier en olijvenkweker. Hij woonde toen al een aantal jaren in Toscane temidden van zijn bezittingen en op de vraag hoe hij dat managede antwoordde hij: "Een kwestie van ruim denken, eelt op je handen hebben, wat kilometers overbruggen en verder niets aan de hand."[860] Hij toonde zich een geharnast tegenstander van remplaceren. Het was beter om nee te verkopen en de relatie warm te houden tot een volgend seizoen. Rond die tijd werd de terreincommissie van Keukenhof opgeschrikt door een groot aantal klachten van bezoekers van Keukenhof die bloembollen hadden besteld bij Van Tubergen en die niet hadden gekregen.[861] Men besloot Goemans telefonisch en schriftelijk te informeren en een dossier aan te leggen en in het voorjaar te bekijken of de ontheffing moest worden ingetrokken. Een maand later, nadat er steeds meer klachten binnenkwamen, vond de terreincommissie het een zeer ernstige zaak. Goemans had toegezegd alle orders uit te voeren of de klanten hun geld terug te storten en gratis een Hippeastrum te sturen. Weer een maand later velde de terreincommissie een harder oordeel: aan het bestuur zou worden voorgesteld de ontheffing in te trekken. Het bestuur nam dat voorstel over in de vergadering van 29 januari 1993. Kennelijk hielden de klachten aan, want in de vergadering van 26 februari 1993 was de maat vol: Keukenhof verbrak alle relaties met Van Tubergen. De naam Van Tubergen moest van Keukenhof worden verwijderd en Keukenhof nam het op zich alle klachten af te handelen. Een dergelijk besluit was zonder precedent in de geschiedenis van Keukenhof. In juni kocht Keukenhof het huisje van Van Tubergen voor 40.000 gulden en verhuurde dat voor 5600 gulden per jaar (aantal m² maal 200 gulden, geïndexeerd) in oktober 1993 aan Frijlink & Zonen die ook de ontheffing van Tubergen overnam.

Deze zaak en het feit dat er steeds meer bedrijven van inzenders in andere handen kwamen en fuseerden was aanleiding tot een kritische bezinning op alle reglementen van Keukenhof. Men wilde zo voorkomen dat er te grote machtsconcentraties ontstonden. In oktober 1992 begon Broersen met de terreincommissie nieuwe reglementen te ontwerpen. Er kwam een inzenderovereenkomst waarin Keukenhof zich verplichtte aan de inzenders om niet ruimte beschikbaar te stellen en waarin de inzender zich verplichtte zich te gedragen naar de inhoud van het tentoonstellingsreglement. In het tentoonstellingsreglement stond in artikel 2 een omschrijving van de inzenders: "In Nederland gevestigde en bij de Kamer van Koophandel ingeschreven zelfstandige bloembollenkwekers en/of handelaren, die op uitnodiging en met toestemming van het Keukenhofbestuur jaarlijks hun produkten tentoonstellen op voor hen gereserveerde plaatsen in de buitentoonstelling van Keukenhof." In artikel 3 (nieuw) kreeg Keukenhof het recht de toestemming in te trekken als de inzender de reglementen overtrad, "dan wel wanneer hij door zijn handelwijze naar het oordeel van Keukenhof schade toebrengt aan de goede naam van Keukenhof." De artikelen 11 en 12 regelde bij ontheffing het verbod op verkoop en het plaatsen van 'objecten' en in artikel 14 kregen de inzenders het recht op hun correspondentiepapier het beeldmerk van Keukenhof te plaatsen in combinatie met de aanduiding 'inzender Keukenhof'.

In het reglement over ontheffing en toestemming werd voor het eerst de bepaling opgenomen dat de ontheffer (de wederverkoper) moest betalen voor de ontheffing. Men bepaalde deze betaling op 3 procent van de omzet, gerekend in staffels. Zo betaalde men over een omzet van 100.000 gulden 1500 gulden en verder ging men met staffels van 50.000 gulden omhoog. Bij 100.000 tot 150.000 gulden betaalde men 3000 gulden, totdat bij een omzet van 500.000 gulden en meer 15.000 gulden moest worden betaald. In dit reglement stonden ook de bepalingen dat de ontheffing niet overdraagbaar was, er geen verkoop door derden mocht plaatsvinden en dat Keukenhof bij overtreding de ontheffing zou intrekken.

Na het inwinnen van juridisch advies stelde het bestuur in de vergadering van 26 augustus 1993 de nieuwe reglementen vast. In oktober werden die getekend door de inzenders.

In februari 1994 constateerde de terreincommissie dat de firma van W. (Bill).K. Heyl verkocht in de stand van Wijs en ook de stand verzorgde. De terreincommissie vroeg een uittreksel op bij de Kamer van Koophandel. Een maand later bleek dat op de afleveringsbonnen van Wijs ook het adres van de firma Heyl stond. De terreincommissie besloot de vinger aan de pols te houden en in juni, na de tentoonstelling, werd Wijs ter verantwoording geroepen wegens een overtreding van het reglement. Hij gaf dat toe en kreeg in augustus 1994 een brief waarin zijn ontheffing voor 1995 werd ingetrokken. Wijs verzocht om clementie omdat hij de amaryllissen voor 1995 al had ingekocht. Het bestuur streek dit keer met de hand over het hart en stond dat nog een keer toe. Na de tentoonstelling van 1995 bood de terreincommissie Wijs aan het huisje te verrekenen met zijn heffing Dite was in 1994 10.500 gulden en dat was volgens de commissie ook de waarde van zijn huisje, en daarmee ging hij akkoord.

De wederverkopers (ontheffers) werden in de nieuwe overeenkomst verplicht elk jaar om niet twee maal vijf Hippeastrumbollen beschikbaar te stellen om als monster te worden opgeplant. De uitslag daarvan was bindend. Omdat de wederverkopers sinds 1992 de bollen verpakt kregen aangeleverd was hun controle op de bollen minimaal. Dat kwam regelmatig naar voren in slechte resultaten van de opplant. Een oplossing voor dat probleem werd echter in deze periode niet gevonden. Het bleef bij waarschuwingen, zoals in 1992 aan Wijs en Warmenhoven, dat ze te kleine bollen verkochten.

In 1995 waren de resultaten van de Hippeastrums van Warmenhoven zo slecht dat de terreincommissie ze niet 'Keukenhofwaardig' achtte.

860 *Vakwerk* 29-8-1992, aldaar 15.
861 TC Keukenhof 30-10-1992.

afb. 12
Vernieuwde oostelijke ingang

Koster vond dat de ontheffing moest worden ingetrokken. Met Warmenhoven waren er namelijk al sinds 1989 problemen, omdat ook hij niet adequaat reageerde op klachten van kopers. De terreincommissie had hem regelmatig gewaarschuwd, maar dat hielp niet veel. Toen men in mei 1995 een uittreksel van zijn bedrijf bij de Kamer van Koophandel opvroeg, kwam de terreincommissie tot haar grote ergernis tot de ontdekking dat zijn BV sinds 1986 was ontbonden, zodat men sinds die tijd het recht tot inzending en verkoop had gegund aan een privépersoon. Ter verantwoording geroepen, verklaarde Warmenhoven dat hij sinds 1986 opereerde onder de naam Warmenhoven's Handelsonderneming, maar dat hij ook nog gewoon tekende op naam van de BV. De maat was hiermee voor Keukenhof vol. In een gesprek met Van Os en Koster kreeg hij te verstaan dat hij nog twee jaar mocht blijven en dat dan zijn plek werd ingenomen door zijn zoon, die al sinds 1981 op de wachtlijst stond. In de zogenaamde Amarylliskas zouden zijn Hippeastrums worden vervangen door een permanente orchideeinzending. Zijn zoon kon het huisje van Wijs huren en wederverkoper worden.

Op 16 november 1995 verhuurde Keukenhof voor een jaarlijkse, geindexeerde huur van 4500 gulden het huisje van Wijs aan de BV W.S. Warmenhoven Export, waarin naast Warmenhoven ook zijn zoon en schoondochter participeerden.

In 1994 mislukte een experiment om de wederverkopers naast de Hippeastrums ook verpakte leliebollen te laten verkopen en in 1995 besloot men tot een experiment om in 1996 vaste planten in de orderboeken op te nemen.

Tentoonstelling 1992
De tentoonstelling ging op 26 maart open en werd op 2 april officieel geopend door prof. H. van Os, directeur van het Rijksmuseum. Hij noemde de tulp een icoon van Nederland en vertelde ook dat het effect van de opening van Keukenhof goed was te merken aan het aantal bezoekers dat zijn museum bezocht. In de voorbeschouwing wees Koster erop dat Keukenhof behoedzaam omging met de grond in Keukenhof: "We staan hier nu al 43 jaar met bol op bol en het is nog steeds een optimaal en gezond product dat we laten zien."[862] Dat weerhield de Zuid-Hollandse Milieufederatie er niet van om bij de opening een 'groene' bloembol te overhandigen aan Elly Zandwijk, een LTO-bestuurster en de vrouw van Martien van Zandwijk, onder meer de voorzitter van het Milieuplatform bloembollen. Eind november verschenen er in de vakbladen berichten dat het corso op losse schroeven stond. Door actie van de milieufederaties uit Noord- en Zuid-Holland was het verboden het stro en de bloemen na afloop van het corso te verbranden, omdat dat milieubelastend zou zijn. De voorzitter van het corso was daar erg boos over ("het Corso heeft een enorme draai om de oren gekregen") en begreep niet waarom "een gemeente via een zogenaamde APV (Algemene Politie Verordening) zich laat inpakken door ambtenaren en milieufanaten, die echter op hun beurt geen adequate oplossingen bieden."[863] Ook het bestuur van Keukenhof maakte zich zorgen over de negatieve publiciteit en pleegde overleg met het bestuur van het corso.[864] Uiteraard werd bij de opening van de tentoonstelling de nodige aandacht besteed aan de vernieuwde oostelijke ingang (zie **afbeelding 12**). Bij de borrel bij de opening kregen alle inzenders het boekje *51 goede manieren,* geschreven door Herman van Amsterdam.

Tentoonstelling 1993
Begin januari 1993 besloot het bestuur Keukenhof dat jaar niet officieel te laten openen. Voor de pers was de opening toch geen nieuws meer en men kwam alleen als er op de opening iets actueels was te vertellen. Om het bezoek te promoten zou radio Holland FM het gehele seizoen vanuit Keukenhof uitzenden. Wel werd er natuurlijk de inzendercocktail gehouden en bestond het presentje uit een glazen schaal met een tulpmotief.

Primeur dit jaar was het concept de vroege vogels. Keukenhof zou op 11 en 18 april en 9 en 16 mei al om 6.00 uur opengaan en het was mogelijk in het AP te ontbijten. Dat concept sloeg aan en werd een blijvertje met meer dagen. Bovendien werden er nieuwe speeltoestellen geplaatst op de Grote Wei voor in totaal bijna 50.000 gulden, nadat daar in 1992 voor ongeveer dezelfde prijs een speeltoestel met 2 tulpen van 3 en 5 meter hoog was geplaatst.

Op 15 april berichtten de vakbladen dat het corso was gered. Het afval werd gescheiden afgevoerd en niet meer verbrand. De extra kosten die dat veroorzaakte werden gedekt uit hogere subsidies. Zo droeg Keukenhof eenmalig in plaats van 5000 nu 7500 gulden bij.[865]

Het zittend beleven kreeg op Keukenhof een nieuwe invulling doordat men voor 10.000 gulden een proef nam met elektroscooters. Ook dat werd een succes.

In 1993 begonnen ook de voorbereidingen voor de Floriade van 2002. Zwetsloot kreeg in april van het bestuur toestemming om zitting te nemen in de stichting die een Floriade rond Heerhugowaard (HAL) voorbereidde. Toen werd ook bekend dat Haarlemmermeer in de markt was voor die Floriade. Die gemeente zocht steun, onder meer bij de gemeente Lisse. Lisse wilde die steun wel geven, maar op voorwaarde dat er een samenwerking met Keukenhof tot stand zou komen, bijvoorbeeld op het gebied van de promotie. Ook Van Os stond dat voor en had daarvoor gepleit in het bestuur van de NTR, waarin hij zitting

862 *CNB-Info* 26-3-1992, aldaar 42.
863 *CNB-Info* 19-11-1992, aldaar 42. De gemeente was Noordwijkerhout. Het verbod werd door de provincie Zuid-Holland overgenomen (*Vakwerk* 12-9-1992, aldaar 22).
864 AB Keukenhof 27-11-1992.
865 AB Keukenhof 27-8-1992.

had.⁸⁶⁶ Begin 1994 nam de gemeente Lisse het voortouw voor een overleg terzake. Met wilde met behoud van ieders zelfstandigheid dubbelbezoek promoten.

Na de tentoonstelling werd 17.000 gulden uitgetrokken voor een uitbreiding van het carillon met vijf klokken.

Met ingang van 1 juni 1993 zegde men het contract met her reclamebureau IP op en werd Wave de opvolger. Op hun advies werd in 1994 de krantenreclame vervangen door free publicity.

Tentoonstelling 1994
In het voorjaar van 1993 gaven het IBC en het NBT de aftrap voor het project Tulp 400 om te herdenken dat het in 1994 vierhonderd jaar geleden was dat Clusius zijn eerste tulpen in Leiden plantte. Eind september 1993 plantte minister Bukman bollen uit van de uit 1620 stammende tulp 'Zomerschoon' in de Leidse Hortus. Ook Keukenhof besteedde veel aandacht aan dit jubileum en trok 25.000 gulden uit voor een tentoonstelling van 50 tulpenschilderijen, zoals die stonden in het boek *Bloemen achter de duinen*, in het KJP. De terreincommissie had bij kweker J. de Boer in Lisse 1000 bollen van 'Zomerschoon' gekocht. Deze werden geplant bij het KJP, te midden van oude tulpen van de Hortus Bulborum en tulpen met koninklijke namen.

Keukenhof had dit jaar weer een openaar. Op 24 maart gebeurde dat door de Leidse burgemeester mr. C. Goekoop. Hij ging in op de toen actuele ruimtelijke discussie, en pleitte ervoor de Duin- en Bollenstreek de status van landschapspark te geven om zo een dam op te werpen tegen de verstedelijking. Verstedelijking kon dan plaatsvinden op het terrein van het voormalige vliegkamp Valkenburg. Voor een vrolijke noot zorgde de cabaretière Karin Bloemen door een nieuwe, rode tulp van K&M de naam Bloemen te geven. Zij had ook haar stem, samen met die van J. Kraaykamp jr., gegeven aan de radioreclame voor Keukenhof. Tijdens de inzendercocktail speelde de luchtmachtkapel.

Tijdens de tentoonstelling bloeide een werk van de Franse kunstenares Martine Aballéa, een labyrint van 8 bij 12,5 meter. Deze kunstenares kreeg in 1995 opnieuw ruimte op Keukenhof.

Ook het corso stond weer op de agenda van de bestuursvergadering van 24 juni 1994, omdat het bestuur bang was dat door een wijziging van de route (de stoet zou niet meer door het centrum van Lisse gaan, dit tot ongenoegen van ook de gemeente) en het tijdschema in 1995 Keukenhof minder bereikbaar werd voor de bezoekers. Men besloot dat met de gemeente Lisse en het bestuur van het corso te bespreken alvorens weer de jaarlijkse subsidie van 5000 gulden over te maken. Eind van het jaar zegde het corso toe rond 14.00 uur weer door Lisse te trekken en daarom werd de subsidie weer overgemaakt. Het resultaat viel echter tegen. Er kwamen door de omzetting van de route in 1995 (in plaats van Noordwijk werd Haarlem eindpunt en Noordwijk beginpunt) 9000 bezoekers minder dan de gewoonlijke 50.000 op een corsodag.⁸⁶⁷

Tentoonstelling 1995
Omdat vaste planten een steeds groter aandeel vormden in het pakket van exporteurs naar Amerika, verzocht de Amerikaanse Groep van de Bond van Bloembollenhandelaren in juli 1992 om de aanleg van een zogenaamde verwilderingtuin met vaste planten en bloembollen. Het werd een groot project van ongeveer 7000 m² met daarin 110 meter verhoogde houten looppaden met droge en natte zones en schaduw- en zonplekken. Aan het ontwerp verleenden ook groenschrijver Wim Oudshoorn en tuinarchitect Piet Oudolf hun medewerking. Keukenhof begrootte de aanleg op 250.000 gulden en vroeg daarvoor in september 1994 van het IBC een bijdrage van 100.000 gulden. Dat leidde ertoe dat het IBC 50.000 gulden bijdroeg, evenals het Productschap Tuinbouw.⁸⁶⁸ Eind 1994 bleek nog eens 30.000 gulden nodig te zijn. In *Vakwerk* van 26 februari 1994 werd de aanleg aangekondigd in een interview met Koster. Het was al een oud idee van hem, zei hij, omdat hij er heilig van overtuigd was dat "de solotoer van bloembollen in de voorjaarstuin definitief tot het verleden behoort."⁸⁶⁹ De geïnterviewde vakgenoten, telers van vaste planten, waren enthousiast en het artikel sloot als volgt af: "Vast staat dat de fascinatie voor bijvoorbeeld de Hosta, de Dicentra dankzij geslaagde acties van Keukenhof in het beeld zijn gekomen van tienduizenden consumenten."⁸⁷⁰ De aanleg begon in juni en op 25 maart 1995 publiceerde *Vakwerk* de eerste foto van de tuin (zie **afbeelding 13**). In het bijgaande artikel stond dat het idee van een dergelijke tuin afkomstig was van prof. Gus de Hertogh van de North-

afb. 13
Verwilderingstuin

Carolina State University die al sinds jaar en dag onderzoek deed met bloembollen in opdracht van en betaald door de Nederlandse bloembollensector.⁸⁷¹ De voorplaat van het nummer van *Vakwerk* van 20 mei

866 AB Keukenhof 25-6-1993. Ook de gemeente Hillegom stelde zich kandidaat voor de Floriade.
867 AB Keukenhof 28-4-1995.
868 AB Keukenhof 27-10-1994.
869 *Vakwerk* 26-2-1994, aldaar 32.
870 *Vakwerk* 26-2-1994, aldaar 33.
871 *Vakwerk* 25-3-1995, aldaar 6-7. De Hertogh had dat geopperd tijdens de voorjaarsvergadering van Groep I (VS en Canada) van de Bond van Bloembollenhandelaren die op 23 juni 1992 werd gehouden (*Bloembollen-Export* 7-7-1992, aldaar 4). In augustus 1995 kwamen plannen naar buiten om te komen tot een fusie tussen de Bond van Plantenhandelaren en de Bond van Bloembollenhandelaren (*CNB-Info* 10-8-1995, aldaar 39).

afb. 14
Verwilderingstuin

1995 liet de tuin in al zijn glorie zien (zie **afbeelding 14**). Daarnaast werden vaste planten opgenomen in de Parades. Eind 1995 besloot men door de aankoop van meer vroegbloeiende bolgewassen de tuin meer kleur te geven.

Op 23 maart opende president-directeur P. Bouw van de KLM Keukenhof. Het was toen lente met veel zon. Hij vond Keukenhof het visitekaartje van Nederland. Hij hoopte dat de tentoonstelling dit jaar één miljoen bezoekers zou trekken. Bouw vertelde ook dat de nieuwste promotiefilm over Keukenhof, met een investering door Keukenhof van ruim 2 ton gemaakt met het ministerie van Buitenlandse Zaken, die in januari in première was gegaan, op alle intercontinentale vluchten van de KLM werd vertoond. Deze film van ongeveer 20 minuten was gemaakt door de cineast Anton Stoelwinder en kreeg als titel mee 'Keukenhof Holland Spring Garden of Europe'.[872] Zie voor een korte inhoud het kader.

De Keukenhoffilm van Anton Stoelwinder

'De film begint met een historisch gedeelte, waarin Jacoba van Beieren op valkenjacht gaat (...). Vervolgens komt de Keukenhof zelf in beeld. Shots met najaars- en voorjaarssituaties op dezelfde plaats zijn verassend. Ook de beelden die zijn genomen met een camera die aan een kabel het hele park doorgaat, leveren een ongewoon beeld van de Keukenhof. Aan het slot (...) rijdt Jacoba van Beieren door een bloeiende Keukenhof, om vervolgens weer in het woeste duingebied te verdwijnen."[873] De première was op 11 januari 1995 in Tuschinsky Amsterdam. Er waren 400 genodigden.

In de bestuursvergadering van 29 april 1994 wijdde men een lange discussie aan de sluitingsdatum van de tentoonstelling van 1995. Dat kwam omdat Hemelvaartsdag op 25 mei viel en veel bestuursleden de tentoonstelling tot die dag open wilde houden. Met name de voorzitter van de terreincommissie voelde daar niets voor. Het publiek associeerde Keukenhof nu eenmaal met tulpen en als die niet meer bloeiden op 25 mei dan was dat een desillusie, een antireclame dus. Die verontrusting werd gedeeld door Van der Zijpp in de bestuursvergadering van 20 mei. Van Os had volgens hem in een bijeenkomst van Theorie en Praktijk (de oud-leerlingen vereniging van de Middelbare Rijkstuinbouwschool uit Lisse) gezegd voor een najaarsopening te zijn. Van Os benadrukte dat hij dat bedoeld had voor de lange termijn. Maar een verslag van die bijeenkomst met Van Os in *CNB-Info* van 24 maart 1994 kreeg als kop mee: "Keukenhof later in het seizoen open voor zomerbloeiers" (aldaar 18).

Vanwege deze discussie werd na de tentoonstelling van 1995 uitgerekend dat de laatste week 38.000 bezoekers had getrokken, die 4 ton hadden opgebracht. Dat was meer dan voldoende geweest om de extra kosten van onder meer de aankoop van bloeiende bolgewassen goed te maken.[874]

Ook werd, als nasleep van Tulp 400, een internationale cartoonwedstrijd gehouden waaraan 467 kunstenaars uit 24 landen deelnamen die 923 cartoons instuurden. Daarvan kwamen er 100 in het KJP te hangen (zie **afbeelding 17**) en er 93 in een boekje dat in 1995 uitkwam onder de titel *Tulip Cartoons*. De prijzen werden op 1 april op Keukenhof uitgereikt.

afb. 15
Tulip Cartoon

Een pittige 'Vrouwe Antje' van de cartoonist Mat Rijnders uit eigen land.

872 Een jaar eerder had Keukenhof (financieel) meegewerkt aan een promotiefilm van het NTB, de KLM en het ministerie van LNV *Holland Flower Parade*. Deze video van 14 minuten, die ook werd gemaakt door Stoelwinder, stond ook in het kader van 400 jaar Tulp. Die kwam echter in de film niet tot uiting vandaar dat die film slechte recensies kreeg (zie *Vakwerk* 29-1-1994, aldaar 5 en *Bloembollen-Export* 25-1-1994, aldaar 10).

873 *Bloembollencultuur* 19-1-1995, aldaar 4. *Vakwerk* van 21-1-1995, aldaar 4 vond ook dit een minder geslaagde film en vond dat Stoelwinder hiermee zijn (voorlopig) laatste bollenfilm had gemaakt.

874 AB Keukenhof 23-6-1995.

Begin januari 1995 besloot Keukenhof een bijdrage te leveren aan de festiviteiten van drieduizend jaar Jeruzalem in 1996. Daartoe toog Koster van 9 tot en met 13 februari naar Jeruzalem. Keukenhof zou een 'bollengroet' verzorgen. Medio december vertrok T. van Keulen naar Jeruzalem om samen met IBC-medewerker J. Eijking bollen in mozaïekvormen te planten (zie **afbeelding 16**). Bestuurslid Veldhuyzen van Zanten bezocht tijdens de bloei Jeruzalem.

afb. 16
Een van de drie bloembollen-
mozaïeken

In april 1995 kreeg Magazin Partners de opdracht een nieuwe huisstijl voor Keukenhof te ontwerpen.

Eind september beschikte Keukenhof positief op een verzoek van het Breezandse bedrijf Van der Berg/Hytuna om in 1996 in het kader van de honderdste geboortedag van stichter Jo van den Berg al zijn aanwinsten van tulpen te mogen planten. Het zou een herinneringstuin worden waarin 95 cultivars zouden worden geplant van de 130 die hij had gewonnen.

Financiën

Bij de behandeling van de balans 1991/1992 in oktober 1992 besloot het bestuur op advies van de financiële commissies om de drie bestaande reservefondsen samen te voegen tot een reservefonds investeringen voor calamiteiten en algemene voorzieningen en een reservefonds diverse verplichtingen ook ter grootte van vijf ton. Alhoewel de Visie 2000 van het najaar van 1990 fungeerde als leidraad voor het investeringsprogramma bleek in de loop van de jaren dat inzichten veranderden en prioriteiten verschoven. Daardoor viel de noodzaak voor bepaalde projecten weg, terwijl er ook projecten nieuw in beeld kwamen. Daarom nam Broersen het op zich om de Visie 2000 te actualiseren. In oktober 1993 schreef hij de nota *Visie 2000 Nader beschouwd*. De nota begon met een evaluatie van het gevoerde beleid en signaleerde dat het uitgavenpatroon aanmerkelijk hoger was geweest dan gepland en dat het bestuur zich te weinig had gehouden aan de begrotingsdiscipline (een accres van jaarlijks drie procent). Broersen vond dat problematisch en concludeerde: "Zelfs de vele en mooie bomen op Keukenhof groeien niet tot in de hemel. Daarom zal geprobeerd moeten worden bij het toekomstige beleid dichter bij Visie 2000 te blijven, zowel wat exploitatie-uitgaven als wat investeringen betreft". Het bestuur boog zich erover in de vergadering van 29 oktober 1993 en schrok van de cijfers: er was sinds 1991 1,3 miljoen meer geïnvesteerd dan gepland; de exploitatie was met 5 in plaats van 3 procent per jaar gestegen; het totaal batig saldo, gebaseerd op 800.000 bezoekers, was met 1,2 miljoen achtergebleven en de reserve investeringen was 'maar' 4,9 miljoen, terwijl 6,7 miljoen was gepland. Dat liet maar één conclusie toe: de begrotingsbewaking moest stringenter en de rapportage van de financiële commissie naar het bestuur moest beter worden.

De nota bevatte ook een investeringsplan 1993/1994 tot en met 1999/2000. Daarover sprak het bestuur op 26 januari 1994. Dat investeringsplan is opgenomen in **afbeelding 17**. Het beliep totaal 23,8 miljoen gulden voor die periode, waarvan 2,8 miljoen ten laste van de 'horeca'. Broersen stelde ook voor het reserveringsfonds investeringen dat in 1992 was gevormd weer te splitsen in een reserve Visie 2000 en een renovatiereserve. In de laatste reserve zou jaarlijks een bedrag van 40 procent van het batig saldo worden gestort met een maximum van 500.000 gulden per jaar (het meerdere en 60 procent van het batig saldo kon naar de reserve Visie 2000). De reserve diverse verplichtingen diende te worden gefixeerd op 10 miljoen gulden. In de vergadering van 3 maart 1994 bracht de financiële commissie haar advies uit over de nota-Broersen. Dit advies was positief. Er ontstond wel een discussie over de hoogte van de reserve diverse verplichtingen (de 10 miljoen). Zwetsloot deelde toen mee dat volgens recente informatie graaf Carel de continuering van zijn bezit in de familie had veilig gesteld, zodat de reserve royaal voldeed, maar hij wilde vooralsnog de reserve niet verlagen. Het bestuur was dat met hem eens.

In de financiële commissie van 17 september 1993 werd de exploitatiebegroting 1993/1994 gepresenteerd. Die is opgenomen in **afbeelding 18**. Daaruit blijkt dat de opbrengst van het Keukenhofboekje met 340.000 gulden de hoogste opbrengst genereerde. Het terrein was met 2,7 miljoen gulden de grootste uitgavenpost, maar hier zaten ook de salarissen van het tuinpersoneel in. De inkomsten uit rente hypotheken en leningen bedroeg 30.000 gulden. Om de exploitatie rond te zetten, de zogenaamde 'break-even', waren 662.270 bezoekers nodig in 1994. Er kwamen er meer dan 904.000. Uit het batig saldo dat dit opleverde van rond de 2,5 miljoen gulden werden de reserves gevuld en de investeringen gedaan.

Investeringsplan 26.01.1994

Investering	totaal	1993/94	1994/95	1995/96	1996/97	1997/98	1998/99	1999/2000	na planperiode
1 Pachtvrij maken land tbv. uitbreiding terrein	350.000,--	350.000,--							
2 Huisstijl	250.000,--		250.000,--						
3 Vervanging Atrium kassencomplex	2.500.000,--		2.500.000,--						
4 Inrichting terrein-uitbreiding	3.000.000,--		1.500.000,--	1.500.000,--					
5 Energievoorziening	300.000,--		100.000,--		200.000,--				
6 Verbinding Beatrixpaviljoen met horeca:									
a. tlv. Keukenhof	150.000,--		150.000,--						
b. tlv. horeca	150.000,--H		150.000,--H						
7 Reconstructie Terras Smalle Bos:									
a. tlv. Keukenhof	600.000,--			600.000,--					
b. tlv. horeca	150.000,--H			150.000,--H					
8 Renovatie Julianapaviljoen	1.000.000,--		350.000,--		650.000,--				
9 Multifunctioneel gebouw op terreinuitbreiding:									
a. tlv. Keukenhof	7.500.000,--					6.000.000,--	1.500.000,--		
b. tlv. horeca	2.500.000,--H					1.250.000,--H	1.250.000,--H		
10 Cultureel Centrum op terreinuitbreiding	1.500.000,--								1.500.000,--
11 Situatie Loosterweg;									
a. Nieuwe entree	1.000.000,--					1.000.000,--			
b. Voetgangerstunnel	1.500.000,--								1.500.000,--
13 Verlichting;									
a. Functionele verlichting	600.000,--					600.000,--			
b. Showverlichting	800.000,--								800.000,--
tlv. Keukenhof	21.050.000,--	350.000,--	4.850.000,--	2.100.000,--	850.000,--	7.600.000,--	1.500.000,--		3.800.000,--
tlv. horeca	2.800.000,--		150.000,--	150.000,--		1.250.000,--	1.250.000,--		
Totaal	23.850.000,—	350.000,—	5.000.000,—	2.250.000,—	850.000,—	8.850.000,—	2.750.000,—		3.800.000,—

afb. 17
Investeringsplan uit de nota Broersen

INKOMSTEN		
Parkeren Noord + Oost	ƒ	160.000,--
Pacht consumptie- en souveniersstand	ƒ	73.000,--
Pacht bloemenstands	ƒ	11.500,--
Pacht Inzenders/wederverkopers	ƒ	65.000,--
Pacht restaurant	ƒ	170.000,--
Koersverschillen	ƒ	2.500,--
Rente rekening courant	ƒ	500,--
Opbrengst Keukenhof-boekje	ƒ	340.000,--
Huur bankgebouw	ƒ	4.600,--
Subsidies molen	ƒ	1.000,--
Opbrengst vitrinehuur	ƒ	700,--
Huren	ƒ	9.000,--
Rente hypotheken en lening	ƒ	30.000,--
662.270 bezoekers à ƒ 9,90	ƒ	6.556.450,--
	ƒ	7.424.250,--

UITGAVEN		
Terreinen	ƒ	2.725.000,--
Financiën	ƒ	2.053.000,--
Commerciële Communicatie	ƒ	1.300.000,--
Compensaties	ƒ	245.000,--
Koningin Juliana Paviljoen	ƒ	122.500,--
Verkeer	ƒ	319.500,--
Molen	ƒ	41.500,--
Gebouwen	ƒ	203.000,--
Drukkosten Keukenhof-boekje (incl. plattegronden en stickers)	ƒ	136.000,--
Lelie Parade	ƒ	58.500,--
Toiletten	ƒ	117.000,--
Koningin Beatrix Paviljoen	ƒ	103.250,--
	ƒ	7.424.250,--

afb. 18
Inkomsten en uitgaven, zoals behandeld in de Financiële Commissie van 17-9-1993

Tot slot

In **afbeelding 19 en 20** zijn de plattegronden 1993 en 1995 en de lijsten van deelnemers opgenomen als illustratie van de veranderingen in deze periode.

afb. 19
Plattegrond en lijst deelnemers 1993

Inzenders
Aussteller
Exhibitors
Participants
Produttori
Proveedores
出品者
Keukenhof

- tevens exposanten in de kassen, 'Atrium Paviljoen'
  stellen auch in den Treibhäusern aus, 'Atrium Paviljoen'
  also exhibiting in the greenhouses, 'Atrium Paviljoen'
  participants exposant aussi dans les serres, 'Atrium Paviljoen'
  che hanno inviato bulbi e espongono nelle serre 'Atrium Paviljoen'
  que también son los expositores en los invernaderos 'Atrium Paviljoen'
  温室・アトリウム・パビリオンにおける同時展示品種

KEUKENHOF

1 Frijlink & Zn. Export bv., Noordwijkerhout
2 J.B. Wijs & Zn. Zaadhandel bv., Amstelveen
3 Th. Langeveld bv., Lisse
4 D.W. Lefeber & Co. bv., Voorhout
5 J.W.A. v.d. Wereld World Flower bv., Breezand
6 J. Heemskerk & Zn., De Zilk
7 De Vroomen Export bv., Sassenheim
8 Firma Th. Apeldoorn, Egmond Binnen
9 W.S. Warmenhoven, Hillegom
10 J. Onderwater & Co. Export bv., Lisse
11 W. Moolenaar & Zn. bv., Sassenheim
12 Wülfinghoff Freesia bv., Rijswijk
13 Koninklijke van Zanten bv., Hillegom
14 Jac. Uittenbogaard & Zn., Noordwijkerhout
15 Waling van Geest & Zn. bv., 's Gravenzande
16 Van Staaveren bv., Aalsmeer
17 John van Grieken, Vogelenzang
18 Firma Ruibro, Hillegom
19 Jan van Bentem Bloembollen, Zwaanshoek
20 J.W.A. Lefeber Vof., Noordwijkerhout
21 Wed. G.H. van Went, Noordwijk
22 Hof & Blokker bv., Heiloo
23 A.A. Matze, Sassenheim
24 Van Til Hartman bv., Noordwijk
25 G. Lubbe & Zn., Lisse
26 Firma Leynse Export, Lisse
27 Doornbosch Export, Sassenheim
28 Warmerdam de Veentjes, De Zilk
29 Konijnenburg & Mark bv., Noordwijk
30 M. van Waveren & Zn. bv., Hillegom
31 Blanken Export Lisse bv., Lisse
32 K. Nieuwenhuis & Co. bv., Sassenheim
33 C.J. Ruigrok & Zn., De Zilk
34 Alfred A. Thoolen Jr. bv., Heemstede
35 Van Paridon - Philippo bv., Noordwijk
36 Nic. Dames, Lisse
39 W.F. Leenen & Zn., Sassenheim
40 P. Hopman, Hillegom
41 P.J. Komen Export bv., Anna Paulowna
42 H.M.J. Willemse bv., Hillegom
43 C.S. Weijers & Zn. bv., Hillegom
44 P. Visser Czn., Sint Pancras
45 Fred de Meulder Export bv., Lisse
46 Gebr. van Til bv., Hillegom
47 L. Rotteveel & Zn., Sassenheim
48 Martin van Diest, Voorhout
49 K. van Bourgondiën & Zn. bv., Hillegom
50 Penning Freesia bv., Honselersdijk
51 J.S. Pennings, Breezand
52 Simon en Karin Visser, Bovenkarspel
53 J.N.M. van Eeden bv., Noordwijkerhout
54 Van den Berg - Hytuna, Anna Paulowna
55 W.P. Ruigrok, Hillegom
56 Van Bentem Bluefields, Cruquius
57 Gebr. Beelen, Lisse
58 Gebr. van Zijverden bv., Sassenheim
59 L. Koning Holland bv., Voorhout
60 P. van Reisen & Zn., Voorhout
61 Van Paridon's Bloembollenbedrijf, Breezand
62 C. v.d. Vlugt & Zn., Noordwijkerhout
- 63 G. & M. Brouwer, Breezand
64 L.J.C. Schoorl, Lisse
65 Witteman & Co. Export, Hillegom
- 66 Leo Berbee & Zn. bv., Lisse
67 C.J.M. Vester bv., Voorhout
69 E. Griffioen, Voorschoten
70 Firma Nic. Zandbergen Export, De Zilk
72 Walter Blom & Zn., Hillegom
- 73 Firma de Geus - Vriend, Sint Maarten
74 Firma Meeuwissen, Voorhout
- 75 W.A.M. Pennings & Zn., Noordwijkerhout
76 Van Tubergen bv., Heemstede
77 C.J. Zonneveld & Zn. bv., Voorhout
78 Tulipshow Frans Roozen bv., Vogelenzang
79 Firma Zeestraten, Hillegom
80 P. Pennings, De Zilk
81 J. & J. v.d. Berg Boltha bv., Breezand
83 G. Groot - Vriend, Lutjebroek
85 E.J. Hogervorst & Zn., Hillegom
87 Wed. A. van Haaster & Zn., Lisse
- 89 Gebr. Kapiteyn bv., Breezand
90 C. Steenvoorden bv., Hillegom
91 Firma Gebr. Veul, Anna Paulowna

afb. 20
Plattegrond en lijst deelnemers 1995

 **Keukenhof** LISSE HOLLAND

Inzenders
Aussteller
Exhibitors
Participants
Produttori
Proveedores
出品者

tevens exposanten in de kassen,
'Atrium Paviljoen'
stellen auch in den Treibhäusern aus,
'Atrium Paviljoen'
also exhibiting in the greenhouses,
'Atrium Paviljoen'
participants exposant aussi dans les serres,
'Atrium Paviljoen'
che hanno inviato bulbi e espongono nelle serre 'Atrium Paviljoen'
que también son los expositores en los invernaderos 'Atrium Paviljoen'
温室 - アトリウム・パビリオンにおける同時展示品

- 1 Frijlink & Zn. Export bv., Noordwijkerhout
- 2 J.B. Wijs & Zn. Kon. Zaadhandel bv., Aalsmeer
- 3 Th. Langeveld bv., Dutch Gardens Lisse
- 4 D.W. Lefeber & Co. bv., Voorhout
- 5 J.W.A. v.d. Wereld World Flower bv., Breezand
- 6 J. Heemskerk & Zn. bv., De Zilk
- 7 Holland Park bv., Sassenheim
- 8 Firma Th. Apeldoorn, Egmond Binnen
- 9 W.S. Warmenhoven, Hillegom
- 10 J. Onderwater & Co. Export bv., Lisse
- 11 W. Moolenaar & Zn. bv., Sassenheim
- 12 Wulfinghoff Freesia bv., Rijswijk
- 13 Koninklijke van Zanten bv., Hillegom
- 14 Jac. Uittenbogaard & Zn. bv., Noordwijkerhout
- 15 Waling van Geest & Zn. bv., 's Gravenzande
- 16 Van Staaveren bv., Aalsmeer
- 17 John van Grieken, Vogelenzang
- 18 Firma Ruibro, Hillegom
- 19 Jan van Bentem Bloembollen, Zwaanshoek
- 20 J.W.A. Lefeber Vof., Noordwijkerhout
- 21 Wed. G.H. van Went en Zn., Noordwijk
- 22 Hof & Blokker bv., Heiloo
- 23 A.A. Matze bv., Voorhout
- 24 P. van Dijk & Zn., Lisse
- 25 G. Lubbe & Zn. bv., Lisse
- 26 Van Bloem Holland bv., Sassenheim
- 27 Doornbosch Export, Sassenheim
- 28 Warmerdam de Veentjes V.O.F., De Zilk
- 29 Konijnenburg & Mark bv., Noordwijk
- 30 M. van Waveren & Zn. bv., Hillegom
- 31 Blanken Export Lisse bv., Lisse
- 32 K. Nieuwenhuis & Co. bv., Sassenheim
- 33 C.J. Ruigrok & Zn., De Zilk
- 34 Thoolen Int. bv., Heemstede
- 35 Van Paridon - Philippo bv., Noordwijk
- 36 Nic. Dames, Lisse
- 37 Fa. C.G. v.d. Berg & Zn., Anna Paulowna
- 38 Firma P. Verdegaal en Zn., Voorhout
- 39 Fa. W.F. Leenen & Zn., Sassenheim
- 40 P. Hopman, Hillegom
- 41 P.J. Komen, Anna Paulowna
- 42 H.M.J. Willemsen bv., Hillegom
- 43 C.S. Weijers & Zn. bv., Hillegom
- 44 A.T. Zeestraten, Sint Pancras
- 45 Fred de Meulder Export bv., Lisse
- 46 Gebr. van Til bv., Hillegom
- 47 Fa. L. Rotteveel & Zn., Sassenheim
- 48 Martin van Diest, Voorhout
- 49 K. van Bourgondien & Zn. bv., Hillegom
- 50 Penning Freesia bv., Honselersdijk
- 51 J.S. Pennings, Breezand
- 52 Simon en Karin Visser, Bovenkarspel
- 53 Van Eeden Goohof bv., Noordwijkerhout
- 54 Van den Berg - Hytuna, Anna Paulowna
- 55 W.P. Ruigrok, Hillegom
- 56 Van Bentem Bluefields, Cruquius
- 57 Firma Gebr. Beelen, Lisse
- 58 Gebr. van Zijverden bv., Sassenheim
- 59 L. Koning Holland bv., Voorhout
- 60 P. van Reisen & Zn., Voorhout
- 61 Van Paridon's Bloembollenbedrijf, Breezand
- 62 C. v.d. Vlugt & Zn., Noordwijkerhout
- 63 Fa. G. & M. Brouwer, Breezand
- 64 L.J.C. Schoorl, Lisse
- 65 Witteman & Co. Export, Hillegom
- 66 Leo Berbee & Zn. bv., Lisse
- 67 C.J.M. Vester bv., Voorhout
- 69 Fa. E. Griffioen en Zn., Voorschoten
- 70 Nic. Zandbergen Export, De Zilk
- 72 Walter Blom & Zn., Hillegom
- 73 Firma de Geus - Vriend, Sint Maarten
- 74 Firma Meeuwissen, Voorhout
- 75 W.A.M. Pennings & Zn., Noordwijkerhout
- 77 C.J. Zonneveld & Zn. bv., Voorhout
- 78 Tulipshow Frans Roozen bv., Vogelenzang
- 79 H.E. Zeestraten, Hillegom
- 80 P.ennings, De Zilk
- 81 J. & J. v.d. Berg Boltha bv., Breezand
- 83 G. Groot - Vriend, Lutjebroek
- 85 E.J. Hogervorst & Zn., Noordwijkerhout
- 87 Wed. A. van Haaster & Zn., Lisse
- 89 Gebr. Kapiteyn bv., Breezand
- 90 C. Steenvoorden bv., Hillegom
- 91 Firma Gebr. Veul, Anna Paulowna

HOOFDSTUK 18

TROETELKIND VAN HET BOLLENVAK

1996-1999. Rondom vijftig jaar Keukenhof

Op 22 december 1998 schreef Van Os, als voorzitter van Keukenhof, een brief aan graaf Carel. Hij stelde hem op de hoogte van een aantal ontwikkelingen die bij Keukenhof gaande waren. Na 'ampele' overwegingen, die Van Os ook in de brief noemde, was gekozen voor een nieuwe organisatiestructuur: "Hierbij zal de huidige stichting in een iets aangepaste vorm gaan fungeren als commanditair of stille vennoot in een op te richten commanditaire vennootschap. De rechten en verplichtingen van de Stichting blijven ongewijzigd. Als beherend vennoot zal de eveneens nog op te richten Keukenhof Beheer BV gaan optreden." Naar buiten toe zou er in principe niets veranderen, maar intern zou Keukenhof veranderen in een bij de 'huidige tijd' passende professionele en flexibele organisatie. Van Os besloot de brief 'dat het ons streven was de nieuwe organisatie per 1 januari 1999 in werking te doen treden'. Een dergelijke brief ging ook naar het personeel (4 december) en de inzenders (11 december).
Aan dit streven is een groot deel van dit hoofdstuk gewijd.

Bestuur en commissies

In juli 1996 vroeg Van Os aandacht voor het feit dat Broersen per 1 september 1997 statutair zou aftreden. Dat leidde niet tot het noemen van namen en een jaar later bleek dat Broersen na zijn aftreden zou aanblijven als adviseur vanwege zijn kennis van een aantal belangrijke dossiers. Dat gebeurde op één uitzondering na niet, waarover later meer. Over zijn opvolging werd weer kort gesproken in de bestuursvergadering van 9 juli 1998. De naam van H. de Boer viel, maar er werd in verband met de herstructurering verder geen actie ondernomen. Leemborg volgde Broersen op als secretaris. Hij werd ook voorzitter van de verkeerscommissie en Philippo werd lid van deze commissie. In juni 1998 trad Van der Kroft af als burgemeester van Lisse en mevrouw C. van Zon-Langelaar volgde hem op. Over een bestuursplaats voor haar werd niet gerept. Van der Kroft bleef in het bestuur. In die tijd werd Benningen koninklijk onderscheiden (ridder in de orde van Oranje Nassau) en overleed J. Tegelaar (9 juli 1998). Benningen overleed bijna een jaar later (30 mei 1999).[875]
De Hobaho bestond in 1996 75 jaar. Ter gelegenheid daarvan ontvingen de beide directeuren, J. Plug en J. Zwetsloot een koninklijke onderscheiding. Ze werden officier in de orde van Oranje Nassau (zie **afbeelding 1**). Op 1 oktober 1998 werden beiden als directeur gepensioneerd, maar ze bleven aan het bedrijf, de Hobaho Hortigroep BV, als commissarissen verbonden.
Veldhuyzen van Zanten bracht het op 2 april 1997 tot ridder in de Orde van Oranje Nassau bij zijn afscheid vanwege pensionering in maart 1997 als directeur van de Koninklijke Van Zanten en voorzitter van de

afb. 1
Plug en Zwetsloot worden officier

directie van Van Zanten International Holding BV. Van Os zat op 25 juni 1999 de laatste vergadering voor van het bestuur van de stichting. Op 15 juli 1999 presideerde hij de eerste vergadering van de Raad van Commissarissen van Keukenhof Beheer BV. Toen ging in feite de nieuwe organisatie van start.

Het vijftigjarig bestaan in 1999

Nadat het bestuur in oktober 1995 al drie ton had gereserveerd voor het vijftigjarig jubileum, verhoogde men dat bedrag een jaar later nog eens met twee ton. Ook sprak men toen af dat de commerciële communicatie commissie (de CCC) een actiepuntenoverzicht zou maken dat in elke bestuursvergadering zou worden behandeld.[876] In december 1996 zegde Broersen toe te willen assisteren bij het schrijven van een jubileumboek. Dat was naar aanleiding van het eerste overzicht dat de CCC presenteerde en dat is opgenomen in **afbeelding 2**. Al meteen viel het aanvragen van het predicaat Koninklijk af, zoals eerder al tevergeefs bepleit door Van der Meij. De actie voor een jubileumpostzegel liep toen

875 AB Keukenhof 25-6-1999.
876 AB Keukenhof 25-10-1996.

Bijlage 2 d.d. 19.12.1996

50-jarig jubileum Keukenhof in 1999.

Doelgroepen:
7.1   Nederlandse consument cq. bezoeker
7.2   Buitenlandse consument cq. bezoeker
7.3   Nederlandse wederverkoper
7.4   Buitenlandse wederverkoper
7.5   Het vak/de inzenders
7.6   Personeel
7.7   Regio Lisse (SDB-gemeenten)
7.8   Media algemeen
7.9   Grenzen van Nederland

Acties die betrekking hebben op bovenstaande doelgroepen:
7.1.1   Reünie van alle Van Beieren-families
7.1.2   Elke 50e bezoeker gratis entree
7.2.1   Elke 50e bezoeker gratis entree
7.3.1   Prijsvraag: vanaf welk jaar zat Keukenhof in pakket (met brochure aantonen)
7.4.1   Ideeënwedstrijd onder medewerkers NBT, KLM, touroperators
7.4.2   Prijsvraag: vanaf welk jaar zat Keukenhof in pakket
7.7.1   Eenieder die 50 jaar wordt in 1999 gratis toegang
7.7.2   Iets speciaals voor de kinderen die worden geboren in 1999
7.8.1   Keukenhof gedenkboek
7.8.2   Tentoonstelling '50 jaar Keukenhof-reclame'
7.8.3   Postzegel
7.8.4   Bollenmozaiek op luchthaven Schiphol
~~7.8.5   Predikaat Koninklijk aanvragen~~
7.9.1   Bebording bij grenzen

Evenementen op Keukenhof:
7.10   Exclusieve beeldententoonstelling
7.11   Muzikale topper
7.12   Symbool
7.13   Slogan
7.14   Persconferentie i.s.m. 450 jr. bloembollenvak
7.15   Terreinuitbreiding + nazomeropenstelling KKH

afb. 2
Voorgenomen activiteiten 50-jarig jubileum

al, maar die leverde uiteindelijk geen resultaat op. Wel bracht de PTT op 2 maart een serie van vier postzegels van 80 cent uit met als thema 'seizoenswisseling'. Keukenhof sierde de lentezegel.
Het overzicht werd steeds bijgewerkt. Zo werd in januari 1997 een activiteit toegevoegd in het kader van 400 jaar handelsrelaties met Japan dat in 2000 zou worden gevierd.[877] In maart 1997 werd, op verzoek van Zwetsloot, aan het overzicht het binnenhalen van een muzikale 'topper' toegevoegd. In de bestuursvergadering van 15 oktober 1997 deelde Straathof mee dat Broersen had toegezegd, om in het kader van het jubileum eenzelfde notulenoverzicht te maken als zijn voorganger Van Dijk eerder had gedaan. Alhoewel hij daar wel een begin mee maakte kwam het niet af. In december 1997 boog het bestuur zich over een verslag van Marscha Leautau, een stagiaire van de Nationale Hogeschool voor Toerisme en Verkeer. Zij had vier maanden stage gelopen bij Keukenhof en als opdracht gekregen een jubileumactiviteitenplan te schrijven. Men besloot dat als leidraad voor het jubileum te gebruiken en stelde een projectgroep in onder leiding van Van Os. Eind juli 1998 keurde het bestuur het logo voor vijftig jaar Keukenhof goed. De missie van het jubileum was: "Het ontwikkelen en realiseren van activiteiten voor de jubileumviering, gericht op de doelgroepen van Keukenhof, teneinde het bezoek aan de Keukenhof te bevorderen."[878] Bovendien moest het jubileum zich kenmerken als een "gezellige, kwalitatief hoogstaande verjaardag (...) waarbij de Keukenhof zich zal profileren als organisatie die zich vernieuwt en met haar tijd meegaat door een aantal belangrijke vernieuwende elementen door te voeren."[879]

In 1997 besloot het bestuur om bij de receptie tijdens de opening van de tentoonstelling van 1999 aan de inzender met nummer 1, het bedrijf A. Frijlink en Zn, een speciaal deelnemerscertificaat uit te reiken. Omdat het bedrijf zich echter niet hield aan de afspraak omtrent het gebruik van de naam Keukenhof op internet kreeg inzender nummer 40, P. Hopman uit Hillegom, dat certificaat bij de opening van de tentoonstelling van 1997.
Het jubileumboek werd geschreven door A in 't Veld, redacteur van *Vakwerk*. Bij wijze van openingshandeling van de jubileumtentoonstelling kreeg de koningin het eerste exemplaar (zie **afbeelding 3**). In het kader meer informatie over dit boek.

afb. 3
Koningin opent Keukenhof

877   Dit jubileum was voor het museum De Zwarte Tulp (Lisse) aanleiding om een boek uit te geven (geschreven door dr. J. Beenakker) over vier eeuwen bloembollencultuur Nederland-Japan. Dat boek verscheen in 2000 en was geschreven in het Nederlands, Engels en Japans.
878   *Jublieumactiviteitenplan*, aldaar 1.
879   Ibidem.

50 jaar Keukenhof. Een terugblik op vijf decennia van een uniek voorjaarspark

Het boek van 104 bladzijden, een uitgave van Keukenhof, was naast in het Nederlands in nog vijf talen geschreven: Duits, Engels, Frans, Italiaans en Spaans. De eindredactie was in handen van Koster, samen met Evelyn Rietveld en Miranda de Keizer. De geschiedenis van Keukenhof werd beschreven met daarin ook een blik op de toekomst. Daarna werd in perioden van tien jaar, te beginnen in 1950, een overzicht gegeven in de vorm van foto's en plattegronden (zie voor een impressie **afbeeldingen 4 en 5**). Het boek werd afgesloten met een overzicht van de inzenders van de eerste en de laatste (1999) tentoonstelling, een overzicht van de openingsperioden, het aantal bezoekers, de voorzitters en de samenstelling van de Raad van Beheer in 1999.

afb. 4
Plaat die de voorkant van het jubileumboek sierde

afb. 5
Impressie van de inhoud van het jubileumboek

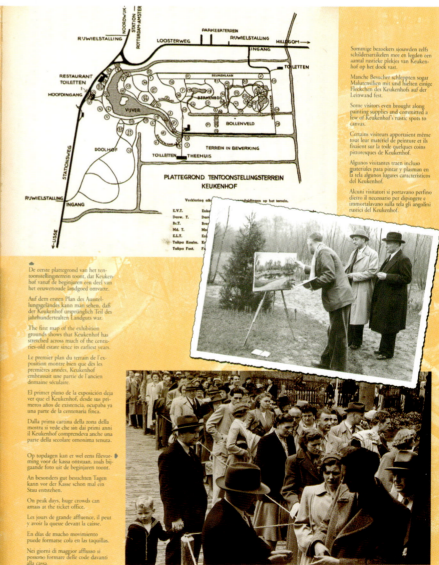

afb. 6
50 jaar posters Keukenhof

G. de Wagt over het bollenvak en Keukenhof

De Wagt sprak zijn verbazing uit over het feit dat het niet mogelijk was de Openingsparade geheel in het teken van de tulp te plaatsen. Was de betrokkenheid zo gering dat er andere bloemen bij moesten, was er iets fundamenteel mis in de communicatie tussen het vak en Keukenhof: "of is het bollenvak zelf te zeer onderverdeeld in moeilijk overbrugbare eilanden van kwekerij en handel? En waar blijven de detaillisten in het verhaal."[881] Hij vergeleek dit met de gang van zaken in de bloemisterij: daar was het vak tot in alle geledingen 'stinkend' enthousiast om van elke Parade iets heel goeds te maken. De Wagt weet dit verschil aan het feit dat het niet de kwekerij was die de bollen leverde aan Keukenhof, maar de handel: "Misschien dat daar nu juist geen handen-uit-de-mouwen-mentaliteit heerst. Iets wat je juist zo sterk ziet bij de kwekers in de Noord (…) bij hun shows [de Westfriese Flora en de Lentetuin in Breezand, MT] (…) de betrokkenheid daar is enorm groot."[882] Hij vond Keukenhof te weinig een ontmoetingsplaats voor het bollenvak: "Dat zou veel meer moeten gebeuren."[883]

Tevens was er een tentoonstelling van 50 jaar affiches (zie **afbeelding 6**) en veel positieve publiciteit. Zo schreef *Bloembollencultuur* van 4 maart 1999 over Keukenhof als "troetelkind van het bollenvak" (bladzijde 5). Toch ontbrak een kritische noot niet. Die kwam van de secretaris van de Vaste Keurings Commissie (VKC), G de Wagt, die veel keuringscommissies leverde voor de Parades op Keukenhof en andere tentoonstellingen. *Vakwerk* wijdde een coverstory in het nummer van 10 april 1999 aan zijn kritiek in de vorm van een interview. De kop boven het artikel was veelzeggend: "Waar is de betrokkenheid van het bollenvak bij de Keukenhof?"[880] In het kader wat van zijn uitspraken.

Op 10 maart 1999 bood het personeel als jubileumgeschenk een tulpenboom (*Liriodendron tulipefera*) aan die op de grens van de uitbreiding werd geplant.

Koster wordt directeur Vormgeving, Troelstra wordt directeur Beheer en Exploitatie
Begin januari 1996 heette het bestuur Koster apart welkom omdat hij na vier weken ziek te zijn geweest weer aanwezig was. Op 16 februari 1998 schakelde een hartinfarct hem echter langdurig uit. Het bestuur trok het echtpaar Joukes aan om zijn PR-taken tijdens de tentoonstelling over te nemen, dit tegen een tarief van 75 gulden per uur.
In de bestuursvergadering van 22 mei 1998 vertelde Van Os dat Koster vanaf 15 juni weer voor halve dagen aan het werk zou gaan, zij het met een beperkt takenpakket: alleen taken op het gebied van ontwerp en design. Niet alleen voor Keukenhof, maar ook voor derden zodat het een kostendekkende activiteit zou kunnen worden: "over de huidige exploitatie en uitvoerende activiteiten voor Keukenhof heeft Koster (…) geen verantwoordelijkheden." Holtrop Ravesloot en Partners Management Consultants uit Amstelveen was al in maart 1998 ingeschakeld om voor 60.000 gulden een algemeen directeur te werven. Samen met Van Os had men een profiel opgesteld. De algemeen directeur zou eindverantwoordelijk worden voor de totale Keukenhoforganisatie en de rendabele exploitatie van gebouwen en terreinen. Hij diende tevens leiding te geven aan het veranderingsproces dat gericht was op een 'jaarrond' exploitatie van Keukenhof: "Van de algemeen directeur wordt (…) verwacht dat hij in een periode van een aantal jaren Keukenhof een ander imago weet te geven en de multifunctionaliteit op een sprankelende en commerciële manier weet te integreren tot een renderende exploitatie."[884]
Koster was het echter verre van eens met de gang van zaken. Op 19 mei kreeg hij thuis bezoek van Van Os en Veldhuyzen van Zanten, die hem

---

880 *Vakwerk* 10-4-1999, aldaar 8-11.
881 *Vakwerk* 10-4-1999, aldaar 8.
882 Ibidem.
883 Ibidem.
884 Brief van Holtrop c.s van 25-3-1998 (Archief Keukenhof).

op de hoogte brachten van het voornemen van het bestuur om hem, gezien zijn gezondheid en de structuurwijziging, te ontlasten van zijn taken als algemeen directeur en voor hem een nieuw bedrijf te stichten: 'Keukenhof Design and Consultancy'.

Tijdens zijn afwezigheid zouden de managementtaken van Koster worden overgenomen door de commissievoorzitters. Zwetsloot en Van Zanten zouden Koster na terugkomst begeleiden: "in principe ontvangt de heer Koster opdrachten van de voorzitters van de commissies en de algemeen voorzitter."[885] Toen Koster op 15 juni weer voor halve dagen aan het werk ging trok hij zich niets van de afspraken aan en wilde hij weer als vanouds optreden. Daartoe gealarmeerd door de staf greep Zwetsloot in en verbood hem dat met zoveel worden. Op 30 juni escaleerde het: Koster gaf in een gesprek met Van Os, Zwetsloot en Veldhuyzen van Zanten aan niet te accepteren dat een ander in zijn plaats zou worden aangesteld. Hij zou zich niet verzetten tegen het aantrekken van een tweede directeur, maar hij wilde zijn taken tot die tijd niet aanpassen. Ook was hij tegen de voor hem bedachte functie. Zwetsloot wilde toen van Koster af en men kwam gezamenlijk tot de conclusie dat er een patstelling was ontstaan. Koster schakelde vervolgens advocaat mr. G. Roeters van Lennep van Nauta Dutilh in die Keukenhof per brief van 16 juli 1998 sommeerde op straffe van een rechtsgeding zich te onthouden van iedere mededeling dat Koster zich zou terugtrekken uit zijn huidige functie. Keukenhof schakelde mr. F. Venbroek van Smithuijsen Advocaten in die op 29 juli aan Roeters schreef dat er kennelijk misverstanden in het spel waren en een gesprek voorstelde. Omdat Keukenhof echter niet voldeed aan de eis van Koster kwam dat gesprek er niet en spande Koster een kort geding aan dat op 3 november 1998 in Leiden diende. De kantonrechter vond enerzijds dat Keukenhof niet gelukkig had geopereerd, maar ook dat Koster het gesprek moest aangaan. Hij deed dan ook nog geen uitspraak en riep op tot een gesprek. Dat vond plaats op 6 november. Daarin deed Keukenhof de toezegging dat naar buiten toe niet gesproken zou worden over een nieuwe algemeen directeur, maar over een directeur Beheer en Exploitatie en een directeur Vormgeving (Koster). Ook het nieuwe bedrijf zou er niet komen. Koster stemde daarmee in, maar wilde ook nog een vergoeding van zijn advocaatkosten en alvast een regeling afspreken als de zaak mislliep. Daar ging Keukenhof niet in mee. Inmiddels was een arbeidsovereenkomst afgesloten met de nieuwe directeur. Op 27 november 1998 stelde het bestuur de functiebeschrijvingen van beide directeuren vast en werd het personeel per brief van 4 december ingelicht over de nieuwe situatie. Hun dienstverband zou op 1 januari 1999 overgaan naar de CV: "het bestuur van de commanditaire vennootschap zal worden gevormd door een van buiten af nieuw aan te trekken directeur, die belast zal worden met het beheer en de exploitatie (...) met daarnaast een directeur vormgeving, die verantwoordelijk is voor het ontwerpen van en de uitvoering van tentoonstellingen. Deze functie zal vervuld blijven worden door (...) Koster." Op 27 januari 1999 berichtte de griffier Keukenhof dat de zaak op aanvraag was geroyeerd en afgedaan was zonder uitspraak.

Op 29 juni 1998 woonde Koster weer voor het eerst een bestuursvergadering bij en op 29 januari 1999 werd hij vergezeld door de nieuwe directeur drs. Johan Troelstra, die toen voor het eerst een bestuursvergadering bijwoonde. Troelstra was 38 jaar, bedrijfseconoom, en directeur geweest bij Dierenpark Amersfoort. In een persbericht over zijn benoeming schreef Keukenhof dat men de directie wilde uitbreiden vanwege "de verzakelijking en toenemende concurrentiepositie. Dit heeft al geleid tot de nazomeropenstelling. Verder zijn de horeca- en souveniractiviteiten in eigen beheer genomen (...) en [die] vragen om een meer marktgerichte en commerciële aanpak."[886] Verder schreef men van plan te zijn een fundamentele wijziging in de organisatiestructuur door te voeren: 'De stichting zal gaan fungeren als commanditaire of stille vennoot in een op te richten commanditaire vennootschap'.[887]

Staf en personeel

Pöttgens nam, vrij plotseling, op 1 augustus 1996 ontslag en dat zorgde voor een probleem. Niet alleen voor wat betreft zijn opvolging, maar met hem verdween ook de kennis van het ontwerpen met behulp van de computer. Omdat ook Den Hoed te kennen had gegeven onder bepaalde voorwaarden wel met de VUT te willen, stelde het bestuur profielen op voor de opvolgers na de interne organisatie weer eens onder de loep te hebben genomen. Met Den Hoed werd afgesproken dat hij voor de tentoonstelling van 1998 met de VUT zou gaan. Hij nam in de bestuursvergadering van 26 september 1997 afscheid en ging op 1 oktober in de VUT. In het kader van zijn opvolging praatte men ook met Els van der Lans en zette men een advertentie waarin men een financieel-administratief manager zocht. Dat leverde eind 1996 zestien sollicitaties op waaruit D. Straathof werd gekozen. Hij trad op 1 februari 1997 aan en woonde op 14 februari 1997 zijn eerste bestuursvergadering bij. In juni schreef hij zijn "bevindingen van 4 maanden werken bij Keukenhof Lisse" op. Die notitie behandelde het bestuur in de vergadering van 27 juni. Men was onder de indruk van de aanbevelingen en besloot ze alle uit te voeren. Zie het kader op de volgende pagina voor een aantal van zijn bevindingen.

Eind mei 1997 zegde Els van der Lans met onmiddellijke ingang op. Zij werd in juni vervangen door Elly Christoffersen-Schalk, aanvankelijk op uitzendbasis en vanaf 1 augustus 1997 in dienst van Keukenhof. Zij werd ingezet voor het notuleren van een aantal commissies en voerde het secretariaat van het bestuur.

T. van Keulen, van het tuinpersoneel, werd op 1 januari 1997 bevorderd tot hoofd buitendienst, een nieuwe functie die gedeeltelijk voorzag in het vertrek van Pöttgens. Hij woonde in zijn plaats de vergaderingen van de terreincommissie bij. Na een sollicitatieprocedure stelde men op 1 juni 1997 A. Kranendonk uit Woudenberg aan als opzichter buitendienst, als assistent van Van Keulen. Omdat in januari 1998 bleek

885 AB Keukenhof 27-5-1998.
886 *Bloembollencultuur* 21-1-1999, aldaar 5.
887 Ibidem.

> **Straathof over vier maanden werken bij Keukenhof**
>
> Straathof excuseerde zich al bij voorbaat over zijn kritische toon. Deze was opbouwend bedoeld, maar in het licht van de komende veranderingen was het nodig tot een professionelere opzet te komen. Het grootste manco vond hij het ontbreken van een duidelijke structuur in de werkorganisatie. Zo ontbrak er structuur in de voorbereiding op het seizoen; er was geen gedetailleerd draaiboek, geen gestructureerd personeelsbeleid en een verouderd automatiseringssysteem voor de financiële administratie; "het toegepaste boekhoudsysteem leidt er toe dat er geen bedrijfseconomisch inzicht verkregen kan worden." De telefonische bereikbaarheid was eigenlijk onvoldoende evenals de archiefvoorziening en het relatiebeheer. Aan het slot van zijn notitie deed hij een aantal aanbevelingen op het gebied van automatisering en organisatie. Dat had onder meer tot gevolg dat het bestuur in oktober 1997 160.000 gulden beschikbaar stelde voor de implementatie van een door hem opgesteld automatiseringsplan, inclusief 20.000 gulden voor de vervanging van het ontwerpprogramma met bijbehorende hardware.

dat hij ondanks de afspraak niet wilde verhuizen werd hij op non-actief gesteld tot 31 mei en werd zijn contract ontbonden. De sfeer onder het tuinpersoneel werd door deze affaire zodanig negatief beïnvloed dat men kwam tot het instellen van Personeelsvertegenwoordiging (PVT), een officieel overlegorgaan met een in vergelijking met een Ondernemingsraad, beperkt advies- en instemmingsrecht.
Men voorzag in de vacature-Kranendonk door de aanstelling van M. Efdée op 1 april 1998.

De PR werd in mei 1998 versterkt door de aanstelling van Miranda de Keizer. Zij had als stagiaire van de Nationale Hogeschool voor Toerisme en Verkeer haar eindexamenscriptie *Van lentebol tot zomerknol* gewijd aan een marketing- en promotieplan voor de zomeropenstelling op Keukenhof in 1999 en werd daar voltijds op ingezet.
De kennis die nodig was voor het computertekenen werd ingehuurd via het bureau RIET.

In het kader van de uitbreiding van terrein en openingstijden werd het tuinpersoneel uitgebreid in augustus 1998 van 23 tot 29 mensen. Daardoor werd de personeelskantine te klein en eind 1998 stelde het bestuur rond de 160.000 gulden beschikbaar voor de uitbreiding.

Eind 1997 overleed oud-medewerker D. Schoone die in een huis van Keukenhof woonde. Het bestuur besloot die woning aan de Van der Veldstraat 30 te verkopen.[888] De huur werd per 1 december 1997 opgezegd. Er kon schriftelijk op het huis worden geboden. De belangstelling was echter niet groot, zodat het bestuur een bodemprijs van 160.000 gulden vaststelde. In januari 1998 kwam er een bieding van 2 ton. Het huis werd verkocht nadat Keukenhof 10.000 gulden besteedde aan het verwijderen van asbest uit de slaapkamer.
Net als Straathof had gedaan in 1997, deed ook Troelstra verslag van zijn bevindingen. Dat was, na acht maanden werken bij Keukenhof, tijdens de vergadering van de Commissarissen van Keukenhof Beheer BV van 24 september 1999.

> **Troelstra over acht maanden werken bij Keukenhof**
>
> Hij vond de Lentehof uniek en levensvatbaar, maar het inhaken op ontwikkelingen in de markt was de laatste jaren, getuige het teruglopende bezoek minder goed gelukt. Om dat wel te bewerkstelligen pleitte hij voor de komende jaren voor een beleid op de volgende drie onderdelen:
> 1. De personeelsformatie. Die moest kwantitatief en kwalitatief worden versterkt, met meer aandacht voor ICT en het "introduceren van een manier van organiseren die uitnodigt tot samenwerking tussen de verschillende disciplines."
> 2. Productontwikkeling. Door meer evenwicht te brengen in de kenmerkende bouwstenen van de voorjaars- en zomershow en nog toe te voegen activiteiten: "de drie-eenheid decor, auteur en verhaallijn", en het structureel inbedden van research en development.
> 3. Professionalisering van marketing en sales door, onder meer, de invoering van een meerjarige productiecyclus, het beter anticiperen op de ontwikkeling van de vraag, en het ontwikkelen van businessplannen op het gebied van de horeca en de merchandising.
>
> Ook vond hij dat er geen ruimte was om de komende twee jaar grote investeringen te doen.

[888] AB Keukenhof 15-10-1997.

Volgens Troelstra was niet iedereen even goed toegerust om aan de veranderingen een wezenlijke bijdrage te leveren. Het vertrek van M. Efdée, de rechterhand van T. van Keulen, had hiermee te maken. Ook Koster had zichtbaar moeite met zijn rol in dit proces en hij uitte zich nogal eens negatief, zowel intern als extern. De commissarissen vonden dat dit afgelopen moest zijn en dat Troelstra de taken van Koster als directeur vormgeving nog eens goed moest vastleggen. Als de problemen dan nog bleven "dan zal [voor Koster, MT] worden aangekoerst op het vinden van een oplossing buiten de organisatie."
Kennelijk kwamen de heren er toen uit met elkaar, want in de vennotenvergadering van 29 oktober presenteerden zij een door hen geschreven notitie met de uitgangspunten voor de komende drie jaar, langs de lijnen zoals Troelstra die in september had uitgezet.

De terreinuitbreiding, de inrichting

Op 31 oktober en 1 november 1996 bezocht mr. H. Uittenbroek, door de Raad van State ingeschakeld als deskundige, Keukenhof voor een zogenaamd deskundigenbericht. Dit was in het kader van de behandeling van het beroep van de gebroeders Van der Mark (namens de erven C.W. van der Mark) voor de Raad van State tegen het besluit van GS van Zuid-Holland omtrent de goedkeuring van de herziening van het bestemmingsplan van de gemeente Lisse. Hij sprak niet alleen met Koster maar ook met de gemeente en met de appelanten. Uittenbroek concludeerde in zijn rapport, gedateerd 15 november dat "in het beroep van appellanten onvoldoende aanleiding kan worden gevonden om te stellen dat Gedeputeerde Staten niet in redelijkheid tot hun besluit hadden kunnen komen." In januari 1997 berichtte de Raad van State Keukenhof dat de openbare behandeling op 7 april zou plaatsvinden. Het bestuur besloot een pleitnota te schrijven en foto's te maken. Van Os en Koster woonden de zitting bij. Op 1 mei 1997 deed de Raad uitspraak en verklaarde het beroep van de appellanten ongegrond.

Gelukkig hadden de appellanten niet gevraagd om een schorsing van de werkzaamheden aan de uitbreiding. Deze waren gewoon doorgegaan. Zo werden begin januari 1996 130 eiken besteld bij Gebrs. Berk en later ook andere boomsoorten zoals platanen en prunussen. De eerste eiken werden in oktober 1996 geplant, maar het merendeel ging in maart 1997 in de grond.[889] In november 1996 maakte Koster de laatste en definitieve schets van de inrichting van de uitbreiding. Er was eind 1997 ook sprake van het verplaatsen van 67 linden uit de Beukenlaan naar het uitbreidingsgebied, maar daar zag men vanaf: het zou een te grote aantasting van de Beukenlaan betekenen en verplaatsen zou 150.000 gulden kosten tegen 2000-3000 gulden voor een nieuwe linde. Men besloot tot het laatste. In augustus 1997 rees het plan een doolhof van 1000 m² aan te leggen in het uitbreidingsgebied. Aanvankelijk dacht men aan de aanplant van Leylandii maar later besloot men daarvoor taxussen te gebruiken. In februari 1998 was het doolhof klaar. Aanvankelijk besloot het bestuur het nog niet open te stellen, maar later kwam men daarop terug.[890] Bij de opening van de tentoonstelling van 1998 werd het doolhof gepresenteerd als een belangrijke noviteit

en uniek in Europa (alleen in Wales was iets dergelijks): er waren 600 *Taxus baccata* voor gebruikt en in het midden stond een uitkijktorentje. In datzelfde jaar lag er ook een nieuwe ophaalbrug op de grens van oud en nieuw, aangeschaft voor 100.000 gulden), met daarop het jaartal 1998. In de uitbreiding was ook 5 ton gereserveerd voor de bouw van een openluchttheater, maar op voorstel van Koster werd dat vervangen door een ommuurde kloostertuin met daarin historische bolgewassen. De Hortus Bulborum zou daarvoor jaarlijks 5000 bollen leveren zonder daarvoor subsidie te ontvangen. Koster begrootte de aanleg van de tuin op ongeveer 5 ton. Dat was al uitgetrokken voor het theater. Het theater kwam er toch, maar in een eenvoudiger vorm. Een en ander leidde wel tot een overschrijding van de begroting en dat leidde weer tot een verschil van mening met de nieuwe directeur Troelstra, die vond dat begrotingen er niet waren om overschreden te worden.[891]
Daarnaast kwam in de uitbreiding een waterpartij die ruim 6 ton kostte. In de catalogus van 1997 was op de plattegrond al de uitbreiding 1999 aangegeven (zie **afbeelding 7**). In *Vakwerk* van 23-7-1998 stond op bladzijde 52 dezelfde plattegrond met daarop in het midden het nieuwe multifunctionele gebouw dat niet op de plattegrond van 1997 stond. In hetzelfde blad stond in het nummer van 20-3-1999 op bladzijde 40 ook een plattegrond met het gebouw dat een interview met Koster lardeerde (zie **afbeelding 8**). Over dat interview meer in het bijgaande kader.

"Niet meer van hetzelfde maar echt nieuw. Een knipoog naar Versailles."

Dat was de kop boven het artikel. Auteur, Ale Ypma deed de plattegrond met zijn sterk symmetrische inrichting denken aan de Franse tuinen van Versailles. Koster vond die vergelijking terecht, maar voegde eraan toe: "maar dan wel met eigentijdse invulling en visie." Verder zei hij over het ontwerp het volgende: "Het (...) vertoont opmerkelijke uitgangspunten. Zo vinden we er een duinenrij als waterkeerder, een dijk en een terp als veilig toevluchtsoord. De drie elementen vormen min of meer een driehoek en tegelijk een vloeiende lijn in het plan. De 50 jaar oude eiken (vormen) de 'ekologische verbinding' tussen de twee reeds bestaande delen van de Keukenhof."

---

889 De eiken zouden, net als Keukenhof, in 1999 vijftig jaar oud zijn.

890 AB Keukenhof 27-2-1998 en AB 20-3-1998.

891 TC Keukenhof van 9-2-1999.

afb. 7
Uitbreiding 1999 op plattegrond 1997

afb. 8
Uitbreiding 1999 met nieuwe gebouw

Vlakbij het centrale punt, een waterpartij van 150 meter lang, stond het multifunctionele gebouw waarvan door de nieuwe burgemeester van Lisse op 8 juli 1998 de eerste paal werd geslagen (zie **afbeelding 9**). Over dit gebouw gaat de volgende paragraaf.

afb. 9
Start bouw multifunctioneel paviljoen

Het multifunctionele gebouw
De ene burgemeester sloeg de eerste paal voor het nieuwe gebouw en haar voorganger gaf, in zijn functie bij Keukenhof, leiding aan de bouw ervan. Begin 1997 begon het bestuur met de voorbereidingen. Op 14 februari praatte men erover aan de hand van een notitie van de financiële commissie. Wederom bevestigde men de financieringsgrondslag: dat wil zeggen voor de helft ten laste van de reserves en voor de helft uit extra inkomsten, waaruit ook de exploitatie diende te worden betaald. Zo moesten de investeringen in de horeca geheel worden gedekt uit de pachtinkomsten. Het gebouw zou primair worden bestemd voor de horeca, als vervanging van het afgebrande Theehuis en de Parades, maar ook worden ingericht voor evenementen: "die min of meer passen bij het park en geen bovenmatig risico voor vernielingen e.d. genereren." De commissie gebouwen en de terreincommissie stelden op 14 maart 1997 een programma van eisen op en op basis daarvan trok men, op voorstel van de commissie, Piet Koster uit Heemstede als architect aan. Hij presenteerde in april een schetsplan. Dat gaf meteen een probleem, omdat de goothoogte de in het bestemmingsplan toegestane tien meter overschreed. Dat vroeg om nader overleg met de gemeente, mede om het gebruik van het gebouw buiten de openstelling van de tentoonstelling te legaliseren. Desondanks gaf het bestuur groen licht voor de verdere voorbereidingen. In mei rees nog een probleem: om binnen het budget van drie miljoen te blijven moest het gebouw 300 m² kleiner worden. Ook de horeca werd 1,5 miljoen gulden duurder dan in Visie 2000 voorzien (daarin was zes miljoen uitgetrokken). De problemen werden een voor een opgelost. De gebroeders Van der Mark, die bezwaar hadden gemaakt tegen het bestemmingsplan, hadden geen bezwaar tegen een hogere goot. Ze schreven eind augustus geen bezwaar te hebben tegen een goothoogte van 13,5 meter, maar vroegen eind september wel een extra verkooppunt in het park met een breder sortiment. Een beslissing daarover hield het bestuur echter aan. De financiële problemen waren voor het bestuur aanleiding om zich nog eens te bezinnen op het toekomstige gebruik van het gebouw, want met name de situering van de horeca boven in het gebouw gaf nogal wat extra kosten omdat de 'horeca' een roltrap wilde. Van der Kroft zette de architect aan het werk om een gewijzigd plan te maken met de horeca op de begane grond en een VIP-ruimte op de eerste verdieping. Zie voor een overzicht van de wijzigingen het kader.

> **De aanpassingen aan het gebouw (oktober 1997)**
>
> "Het totale oppervlak is teruggebracht van 4600 naar 3800 m² met de volgende verdeling: expositieruimte circa 1620 m² (was 2300 m²); horeca circa 820 m² (=10% minder); kelder circa 800 m²; vip circa 160 m²; technische ruimtes circa 400 m². De expositieruimte is toereikend voor 700 à 800 zitplaatsen. Het gevolg van deze laagbouw is een aanzienlijke toename van het bouwoppervlak. Met de geplande bouwlocatie wordt een afstand van 70 meter tot het Prins Willem Alexander Paviljoen gerealiseerd [zie verder, MT]. Het gevaar bestaat dat een gebouw van deze afmeting te massaal overkomt in het uitbreidingsgebied. Daarnaast moet gewaakt worden voor een verstedelijkt aanzicht. In het gewijzigde plan blijft de ronde vorm aan de voorzijde gehandhaafd. De architect werkt aan oplossingen om het aanzicht minder massaal te laten zijn."[892]

De wijzigingen betekenden een extra honorarium van twee ton voor de architect en een verlating van de oplevering tot na het voorjaar van 1999. Verder moest het bestuur nog een discussie voeren over de functionaliteit van het gebouw. Eind oktober keurde het bestuur een maquette van het gewijzigde ontwerp goed en gaf opdracht dit verder uit te werken. Het budget bleek door deze wijzigingen maar met een ton te stijgen zodat men besloot met de bouw op 1 juni 1998 te beginnen. Bovendien kon met dat geld de kelderruimte met 300 m² worden vergroot.[893]

[892] AB Keukenhof 15-10-1997.
[893] AB Keukenhof 18-12-1997.

Begin 1998 werden de aannemers die konden inschrijven geselecteerd en besloot men te mikken op de opening van het gebouw bij de opening van de Zomerhof, medio augustus 1999. Eind mei vond de aanbesteding plaats en die kwam op ruim 10,4 miljoen gulden (gebouw, installaties, horeca, honoraria en toezicht op de vier aannemers). In september werd de eerste financiële tegenvaller genoteerd: er was 350.000 gulden extra nodig voor verzwaarde voorzieningen voor energie en water. Op 17 februari 1999 werd feestelijke aandacht besteed aan het bereiken van het hoogste punt van het gebouw. Een paar weken later meldde Van der Kroft de eerste tegenslag in de voortgang van de bouw, niet alleen vanwege het slechte weer, maar ook vanwege onvoldoende communicatie tussen de architect en de bouwers. Hij hoopte desondanks dat het gebouw op 16 juli kon worden opgeleverd, zes weken later dan gepland. De slechte communicatie was te wijten aan de architect, die niet genoeg tijd besteedde aan de directievoering. Hij beloofde in april beterschap en er zou een coördinator komen voor de afstemming met de bouw van de horeca. Ook bleek dat er een 'foutje' was gemaakt bij het aanvragen van de hinderwetvergunning. Daardoor was parkeren op Oost buiten de openstelling van de voorjaarstentoonstelling onmogelijk. Een hersteloperatie werd op gang gebracht, maar men vreesde bezwaren van de kant van de gebroeders Van der Mark. Eind mei meldde Van der Kroft aan het bestuur dat het gebouw aanmerkelijk duurder zou worden "door onzorgvuldig voorwerk door de architect en de constructieadviseur."[894] In juni besloot het bestuur de schuldvraag van de overschrijdingen nader te onderzoeken en het gebouw de naam Oranje Nassau Paviljoen (ONP) te geven.

Tijdens enorm slecht weer opende ir. J. van Doesburg, voorzitter van de Floriade 2002, op 19 augustus de Zomerhof en onthulde hij de naam van het gebouw.

Hij vond de Zomerhof van groot belang om de zomerbollen en andere zomergewassen onder de aandacht van een groot publiek te brengen. Dat kon alleen een succes worden als het vak er achter zou gaan staan en erop zou inspelen en de kans zou "nemen om weinig of niet bekende bol- en knolgewassen te laten zien. Er is nog zoveel moois, dat bij het publiek onbekend is."[895] Later meer over dit initiatief.

Na de Zomerhof bleek dat de vloer van het ONP onvoldoende was uitgehard. Vocht had de toplaag zodanig beschadigd dat er een nieuwe toplaag moest worden aangebracht.

Beurs en keuring van de KAVB verlaten Keukenhof

Tijdens de nieuwjaarsreceptie van de KAVB op 8 januari 1996 kondigde voorzitter Langeslag aan dat wegens te weinig belangstelling de beurs op Keukenhof zou sluiten. Er waren in 1995 gemiddeld maar 100 bezoekers per wekelijkse beursdag geweest, te weinig om dit instituut dat als sinds 1860 bestond in stand te houden. De laatste beursdag op Keukenhof zou op 11 maart zijn en ook voor de keuringen werd een andere locatie gezocht. Algemeen vond men het een zwarte dag voor de beurs en het bollenvak. Bij de Bond van Bloembollenhandelaren gingen toen stemmen op om een eigen beurs te organiseren, maar dat streven werd door voorzitter P. Vermeulen de kop ingedrukt. Wel vond hij dat er samen met de KAVB moest worden gezocht naar mogelijkheden om de contacten tussen teelt en handel te intensiveren. Ook Langeslag was die mening toegedaan, maar tot daadwerkelijke initiatieven kwam het niet.

Vlak voor de opening van de Keukenhof op 21 maart werd een alternatieve locatie voor de keuringen gevonden: de Hobaho. In *Vakwerk* van 30 maart 1996 lichtte KAVB-secretaris F. Zandbergen de verhuizing toe. Op 20 mei zou de laatste keuring in het KJP plaatsvinden en op 3 juni zou de Hobaho in Lisse aan de Haven haar eigen gebouw zodanig hebben aangepast dat daar dan de eerste keuring kon zijn.

Het conflict met de gemeente over de vermakelijkhedenretributie

Op 25 april 1996 hield de gemeente een hoorzitting over de bezwaren van Keukenhof tegen de vermakelijkhedenretributie 1995. Een maand later wees de gemeente de bezwaren af en verwees Keukenhof naar het Gerechtshof in Amsterdam voor een beroepsprocedure. Op 24 juni ging ME&Y daar namens Keukenhof tegen in beroep. Inmiddels, per brief van 14 juni, had de gemeente laten weten dat de retributie in 1997 75 cent per bezoeker zou worden. Uit de stukken die van de gemeente en Keukenhof naar Amsterdam gingen bleek van enige toenadering geen sprake. Integendeel, de standpunten verhardden zich. Zo stelde Keukenhof dat men van de gemeente over 1995 een rekening had gekregen van ruim 4000 gulden voor het opbergen van de richtingsborden voor Keukenhof en presenteerde de gemeente een begroting van maar liefst 9,3 miljoen gulden als een 'globaal' overzicht van "indirecte lasten en kosten in verband met vermakelijkheden."[896]

Ook Van Os merkte dat toen hij op 24 juni 1997 met Zwetsloot en Leemborg met de gemeente sprak over de terreinuitbreiding en de najaarsopenstelling. Hij karakteriseerde dat gesprek als een goed en zakelijk overleg, zij het dat de gemeente vond dat ze wat laat werden geïnformeerd. Dat vond Van Os merkwaardig. Hij had dat gebrek aan communicatie niet verwacht.[897] Maar toen het ging over de structuurwijziging waar een statutenwijziging voor nodig was, veranderde de sfeer. De hakken ging in het zand en met name wethouder Prins wierp een blokkade op die verband hield met het geschil over de vermakelijkhedenretributie.[898]

Zo dreigde hij, volgens het gespreksverslag van de gemeente: "Keukenhof moet daarbij beseffen (...) dat de gemeenteraad in vacatures wel eens andere personen kan voordragen dan die welke voorgedragen worden door het bestuur."[899] Hij vond dat er nu 'vijanden' in het bestuur zaten. Wel vonden B en W dat de huidige structuur van Keukenhof niet paste bij een zakelijke exploitatie.

Zwetsloot wilde schikken. Hij was bang voor imagoschade van Keukenhof, zo schreef hij op 3 juli 1997 in een fax aan het bestuur. De

---

894 AB Keukenhof 28-5-1999.
895 *Markt Visie* 26-8-1999, aldaar 50.
896 Conclusie van dupliek d.d. 24-1-1997.
897 Volgens het verslag dat Keukenhof maakte van dat gesprek.
898 AB Keukenhof 27-6-1997
899 GA Lisse, inv.nr 1693.

gemeente vond dat Keukenhof een "rijke bollenboerenclub was" die de gemeente geen profijt gunde, zich arrogant gedroeg ("laat nooit iets van zich horen"), lomp was en zelfs met de gemeente voor de rechter wilde. Vandaar dat de financiële commissie van Keukenhof, waarvan hij de voorzitter was, in een notitie voorstelde te schikken op een retributie van 55 cent. Het bestuur reageerde verdeeld. Met name Broersen, die zijn laatste vergadering bijwoonde, was fel tegen: "hij vond de angst voor tegenwerking van de gemeente bij de statutenwijziging onterecht en stelt dat beter gekozen kan worden voor aanval richting de politiek. Kamerleden dienen benaderd te worden."[900] Bovendien vond hij dat eerst de beroepsprocedure moest worden afgewacht. Men besloot tot een pas op de plaats en eerst de structuurwijziging uit te werken.
In september bevestigde de gemeente in een brief de blokkade: men zou, lopende de retributieprocedure, niet meewerken aan een statutenwijziging. Keukenhof wilde toen de gemeenteraad informeren maar zag daar, hangende de gemeenteraadsverkiezingen, vanaf. Wel nodigde men B en W uit voor een gesprek. Een antwoord bleef echter uit ondanks een toezegging van Van der Kroft dat er een gesprek zou komen. Eind januari 1998 meldde hij echter aan het bestuur dat er geen gesprek kwam omdat de gemeente bleef bij haar standpunt. Tot overmaat van ramp bleek eind 1997 dat het Gerechtshof in Amsterdam niet bevoegd was het geschil te beoordelen en dat men naar het hof in Den Haag moest.[901] Uiteindelijk kwam het op 17 maart 1998 tot een gesprek met de gemeente en bereikte men overeenstemming over het gescheiden behandelen van de beide dossiers en men stelde onderhandelingsdelegaties in. Een maand later bepaalde Keukenhof de inzet voor de onderhandelingen en op 4 mei bracht wethouder Prins het resultaat in een vergadering van Burgemeesters en Wethouders in (zie kader).

Onderhandelingsresultaat d.d. 4 mei 1998

"Onderhandelingen tussen weth. Prins en dhr Zwetsloot (...) leidden tot voorlopige overeenstemming, die moet uitmonden in een convenant tussen beide partijen waarin o.a. de noodzaak van samenwerking wordt uitgesproken, de statutair geregelde relatie tussen de gemeente en Keukenhof wordt opgeheven en een jaarlijkse financiële (geïndexeerde) afdracht van f 600.000,--- i.p.v. de vermakelijkhedenretributie, aan de gemeente wordt overeengekomen. Afdracht met inachtneming van marges naar boven en beneden, gerelateerd aan aantal betalende bezoekers van Keukenhof in een jaar. Afdracht stijgt of daalt bij overschrijding van die marges. Looptijd convenant, in te gaan op 1-1-1998, 10 jaar."[902]

Keukenhof aarzelde echter vanwege de bezwaren die uit de Club van Elf klonken. Die vond de koppeling met de statutenwijziging bezwaarlijk. Op 31 juli ging er een brief naar de gemeente om in de statuten een wijziging in het boekjaar van 1 september naar 1 januari toe te staan. Dat hield verband met de structuurwijziging die hierna aan de orde komt. Eind augustus ging de raad van Lisse daarmee akkoord. De statutenwijziging kreeg op 27 oktober 1998 zijn beslag. Zwetsloot pakte de onderhandelingen over de afdracht met de gemeente weer op. In de bestuursvergadering van 25 september meldde hij dat ze overeenstemming hadden bereikt. Op 12 januari 1999 ging er vanuit B en W een voorstel naar de raad om de statuten van Keukenhof te wijzigen, zodanig dat de goedkeuringsvereiste voor de benoeming van het bestuur verviel. B en W schreven daarover dat Keukenhof zich had ontwikkeld tot een geheel zelfstandige, privaatrechtelijke instelling en dat er voor de gemeente geen aanleiding was om de bestaande statutaire binding met Keukenhof te handhaven: "Deze opvatting wordt versterkt door de in de loop der jaren veranderde taakopvatting van de overheid, waarvan de praktische vertaling is neergelegd in de kerntakendiscussie zoals die in Lisse is gevoerd." Omdat met Keukenhof overeenstemming was bereikt over een jaarlijkse bijdrage per 1 juli stopte Keukenhof de gerechtelijke procedure, terwijl de gemeente de verordening Vermakelijkhedenretributie 1998 introk. Op 28 januari 1999 stemde de raad daarmee in. De overeenkomst tussen Keukenhof en de gemeente werd op 14 januari 1999 getekend. Er was toen nog steeds discussie tussen de gemeente en Keukenhof over wat er moest gebeuren bij prijswijzigingen (de 'marge'). Die discussie duurde voort, totdat Keukenhof in een brief van 10 augustus 1999 een redactie voorstelde die eenduidig was. Op 23 december ging de gemeente akkoord en legde deze een nieuwe overeenkomst met de gewijzigde redactie voor aan de raad van 27 januari 2000. Op 18 februari stuurde Troelstra als directeur Beheer en Exploitatie van de Bloementoonstelling Keukenhof CV de door hem getekende overeenkomst naar de gemeente. De overeenkomst ging in op 1 januari 1999 en liep tot 1 januari 2009.

Ondanks de ietwat verstoorde verhoudingen schonk Keukenhof ter gelegenheid van het 800-jarig bestaan van de gemeente Lisse, dat werd gevierd in 1998, eind 1997 5000 gulden aan de gemeente om een concert van de Marinierskapel mogelijk te maken. De gemeente verraste Keukenhof door ter gelegenheid van het 50-jarig jubileum een interactieve informatiezuil met onder meer toeristische informatie over de gemeente ter waarde van 50.000 gulden te schenken.[903]

De herstructurering

In juni 1998 behandelde het bestuur een door Zwetsloot ingebrachte notitie getiteld *Visie Keukenhof 1999-2009*. Naast een korte terugblik op

900 AB Keukenhof 29-8-1997.
901 Dat had te maken met een wijziging van de grenzen van de rechtsgebieden van Amsterdam en Den Haag.
902 GA Lisse, inv.nr. 1693.
903 Vennotenvergadering 6-8-1999.

de geschiedenis, een beschrijving van de huidige positie, een sterkte-zwakteanalyse en een signalering van trends gaf de notitie een beschrijvende visie op de toekomst. Er werden drie ambities geformuleerd:
Keukenhof wil een bedrijf worden
Keukenhof wil marktgericht werken
(ambitie: het toeristisch centrum van de bollenstreek)
Keukenhof wil hét platform voor de groene sector worden
Activiteiten die in verband hiermee werden ondernomen waren de verandering van de juridische structuur en de overname van horeca. Ze komen hieronder aan de orde.

De verandering van de juridische structuur
Op 4 januari 1996 overlegde een delegatie van het bestuur, vergezeld door Algie van ME&Y met H. van Teijlingen van de Belastingdienst in Leiden. Men polste hem over de vrijstelling van de vennootschapsbelasting in een nieuwe structuur. Van Teijlingen vertelde volgens de notulen van het AB van 22 januari 1996 dat Keukenhof vrijstelling genoot, ook als ze commerciële activiteiten ontplooide maar dat er een wetswijziging op komst was die die vrijstelling teniet zou kunnen doen. Hij wilde de nieuwe structuur van Keukenhof wel beoordelen maar wilde geen advies uitbrengen. Omdat zijn uitleg over de vennootschapsbelasting misschien 'bevreemding' had gewekt, schreef hij op 23 januari 1996 een brief aan Van Os waarin hij het nog eens uitlegde. Omdat volgens de statuten Keukenhof een 'indirect overheidsbedrijf' was, was er geen belastingplicht. Ook niet als er commerciële activiteiten werden ontplooid, mits die maar niet vielen onder de activiteiten die in de wet werden genoemd. Hij gewaagde niet van een wetswijziging terzake, maar vroeg zich wel af of de gemeente bereid zou zijn een vergunning te verlenen om commerciële activiteiten te ontplooien. Men kon dus zonder statutenwijziging commercieel worden. En dat was dan ook de kern van de notitie die Broersen, na overleg onder meer met Algie, op 8 juli 1996 schreef over een nieuwe structuur.
Het bestuur aanvaardde die notitie in de vergadering van 15 juli als marsroute. De gemeente zou pas worden geïnformeerd als de structuur vorm had gekregen, maar wel zou Van Teijlingen worden geïnformeerd. Algie schreef hem op 9 oktober 1996 een brief waarin hij een wel zeer breed en ambitieus panorama schetste. Keukenhof had voor de lange termijn twee hoofddoelstellingen, gebaseerd op de notitie die in juli in het bestuur was behandeld. De ene hoofddoelstelling was het waarborgen van de continuïteit van het bedrijf en de andere hield verband met het feit dat Keukenhof zich zag als een belangrijke vertegenwoordiger van de bloembollensector en de Bollenstreek. In dat kader vond Keukenhof "'behoud van de Bollenstreek' als een belangrijke taak, dit mede gezien de continue druk van de verstedelijking in de regio. Tevens streeft de Stichting naar een stimulerende rol op het gebied van een verantwoord milieubeleid binnen de bollensector."[904]
Omwille van de continuïteit was het nodig een inkomensstroom naast die van de entreegelden te genereren. Gedacht werd aan het uitbaten van de naam Keukenhof in de vorm van het zelf verkopen van allerlei artikelen, zoals bloembollen en souvenirs onder een Keukenhofkeurmerk (de zogenaamde branding). Ook streefde men naar een nauwere samenwerking met de inzenders en de horeca. Keukenhof zou zich daarbij vooral richten op de maatschappelijke taken, terwijl er een nieuwe CV kwam voor de exploitatie van de tentoonstelling en de commerciële activiteiten. Men verwachtte dat dit op termijn een betere garantie bood voor de continuïteit van Keukenhof. Zie kader.

904 Brief van 9 oktober 1996, aldaar 1.   **905** Brief 9-10-1996, aldaar 3.

Eerste voorstel nieuwe structuur Keukenhof

"Opgericht wordt Keukenhof BV, waarvan de aandelen worden gecertificeerd bij de Stichting Zandvliet. Vervolgens worden de certificaten overgedragen aan de verschillende inzenders. De Stichting Keukenhof en Keukenhof BV sluiten een overeenkomst tot het aangaan van een commanditaire vennootschap, genaamd Bloemententoonstelling CV (hierna de CV), waarbij eerstgenoemde commanditair vennoot en de laatstgenoemde beherend vennoot wordt. Het doel van de CV is het exploiteren van de Keukenhof. Hiertoe draagt de Stichting Keukenhof de exploitatie, inclusief personeel, doch exclusief onroerende zaken en stille reserves, over aan de CV. De grond, die door de Stichting Keukenhof in pacht is verkregen, wordt ter beschikking gesteld aan de CV. De onroerende zaken worden door de Stichting Keukenhof verhuurd aan de CV" (zie **afbeelding 10**).[905]

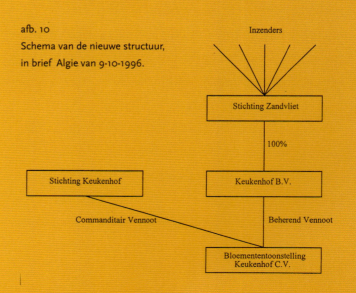

afb. 10
Schema van de nieuwe structuur, in brief Algie van 9-10-1996.

De brief gaf verder een nadere toelichting op de diverse lichamen. Algie sloot af met de opmerking dat er uiteraard nader overleg met de Belastingdienst nodig was vanwege de hieraan verbonden fiscale aspecten. Dat overleg vond plaats op 10 januari 1997. Naast Van Teijlingen was ook B. Devilee van de Belastingdienst aanwezig. Hij concludeerde aan het eind van het gesprek dat hij op zich niet negatief stond tegenover de voorgenomen structuur. Wel twijfelde hij aan de "zakelijkheid van de verhoudingen tussen de Stichting Keukenhof en Bloementoonstelling Keukenhof CV en of de Stichting Keukenhof als commanditair vennoot niet een onderneming zal drijven."[906]

Dat was voor Keukenhof echter geen beletsel om er naar te streven de nieuwe structuur per 1 september 1997 in te voeren.[907] Vandaar dat er op 4 augustus 1997 weer een brief naar de gemeente ging met daarbij een voorstel voor de nieuwe doelstelling, zoals op te nemen in artikel 2 van de statuten (zie **afbeelding 11** en het kader).

Voorstel doelstelling

Artikel 2
De stichting heeft tot doel:

- Het bevorderen van een sterke positionering van Nederland als "Bol-bloemenland" in de wereld.
- Het bevorderen van het gebruik van siergewassen in het algemeen en van bloembollen en vaste planten in het bijzonder.
- Het bevorderen van een duidelijke positionering van de "Duin- en Bollenstreek" als cultuur- en natuurgebied vanuit regionaal en nationaal belang.
- Het bevorderen van de kwaliteit van de Duin- en Bollenstreek:
  * als zwaartepunt van de bloembollensector
  * als toeristisch attractiegebied èn
  * Als interessant woon- en werkgebied midden in de Randstad, door handhaving van het landschappelijk karakter.

Zij tracht dit doel te bereiken door:

1. het (doen) voorbereiden, organiseren, realiseren en in stand houden van tentoonstellingen van siergewassen;
2. het (doen) stimuleren van de verkoop en export van siergewassen;
3. het (doen) ondersteunen van (wetenschappelijk) onderzoek terzake van de sierteelt, zowel op het terrein van produktverbetering als op het terrein van marktanalyse en milieubeleid;
4. het (doen) stimuleren van het ondernemerschap in de onderhavige bedrijfstak en het (doen) bevorderen van het onderwijs en de permanente educatie van ondernemers en werknemers daarin;
5. het (doen) ondersteunen van (wetenschappelijk) onderzoek terzake van de Duin- en Bollenstreek, onder meer op het cultuur-historisch en economisch terrein;
6. het (doen) ontwikkelen en ondersteunen van projecten ter verbetering van de kwaliteit van de Bollenstreek en haar specifieke cultuur;
7. het (doen) bevorderen van het toerisme, zowel in de regio als nationaal;
8. het aanvaarden van legaten, erfstellingen, giften en subsidies, dan wel geldelijke ondersteuning hoe dan ook genaamd;
9. het geldelijk dan wel anderszins ondersteunen van en samenwerken met (rechts)personen met een aan de doelstelling van de stichting verwante doelstelling, ondermeer door het aangaan van strategische allianties;
10. het verrichten van al hetgeen met het vorenstaande verband houdt of daartoe bevorderlijk kan zijn, alle in de meest ruime zin van het woord.

afb. 11
Voorstel nieuwe doelstelling in brief aan gemeente van 4-8-1997

Nieuwe doelstelling in artikel 2

De stichting had als eerste doel het "bevorderen van een sterke positionering van Nederland als 'Bol-bloemenland' in de wereld" en vervolgens het bevorderen van het gebruik van siergewassen. Daarna kwam het bevorderen van een "duidelijke positionering van de 'Duin- en Bollenstreek' als cultuur- en natuurgebied" en het bevorderen van de kwaliteit ervan (onder meer ook als toeristisch attractiegebied. De stichting wilde dit bereiken door "het (doen) voorbereiden, organiseren, realiseren en in stand houden van tentoonstellingen van siergewassen", naast zaken als het bevorderen van de afzet, wetenschappelijk onderzoek, ondernemerschap en het samenwerken met andere rechtspersonen.

Door de perikelen met de gemeente over de vermakelijkhedenretributie bleek 1 september 1997 niet haalbaar. Pas in juli 1998 kwam weer beweging in dit dossier, nadat de moeilijkheden met de gemeente zo goed als waren opgelost. Wel was daarvoor, op 25 maart 1998, door Broersen als particulier persoon de stichting Sandvliet opgericht met een doelstelling als geformuleerd in bovenstaand kader (en in **afbeelding 12 en 13**).

afb. 12
Ondertekening van het Pact van Teylingen op Keukenhof

Het was voor het eerst dat hij na zijn aftreden werd ingeschakeld door Keukenhof. Het bestuur van Sandvliet bestond uit alleen Broersen. Na zijn defungeren zou het bestuur uit twee personen bestaan. Broersen benoemde dan ook op 25 maart Van Os en Zwetsloot tot bestuursleden

[906] Verslag bespreking 10 januari 1997, aldaar 2.   [907] AB Keukenhof 24-1-1997.

Namens de Provincie Zuid-Holland, (handtekening)
T.F.J. Jansen, lid van gedeputeerde staten van Zuid-Holland (gemachtigd)

Namens het Samenwerkingsorgaan Duin- en Bollenstreek, (handtekening)
F. Jonkman, voorzitter.

namens de gemeente Hillegom, (handtekening)
drs. J.L.E.M. Hermans, burgemeester.

namens de gemeente Lisse, (handtekening)
G.J. van der Kroft, burgemeester.

namens de gemeente Sassenheim, (handtekening)
drs. F.H. Buddenberg, burgemeester.

namens de gemeente Noordwijk, (handtekening)
drs. J.W. van der Sluijs, burgemeester.

namens de gemeente Noordwijkerhout, (handtekening)
J.R. Andel, burgemeester.

namens de gemeente Katwijk, (handtekening)
B. van Wouwe, burgemeester.

namens de gemeente Rijnsburg, (handtekening)
F. Jonkman, burgemeester.

namens de gemeente Valkenburg, (handtekening)
mw. A.C. Hommes, burgemeester.

namens de gemeente Warmond, (handtekening)
J.C.M. Wassenaar, wethouder (gemachtigde)

namens het Hoogheemraadschap van Rijnland, (handtekening)
ir. E.H. Baron van Tuyll van Serooskerken, dijkgraaf.

namens de Westelijke Land- en Tuinbouworganisatie, (handtekening)
J. de Groot, voorzitter.

namens de Koninklijke Algemeene Vereeniging voor Bloembollencultuur, (handtekening)
ir. J.J.J. Langeslag, voorzitter.

namens de Werkgroep op Bollengrond, (handtekening)
J.Th.M. Zwetsloot.

namens de toeristische sector in de Duin- en Bollenstreek, (handtekening)
Ir. H. van Os.

het Milieu Overleg Duin- en Bollenstreek, (handtekening)
ing. U.A. Hassefras, voorzitter.

de Stichting Duinbehoud, (handtekening)
mr. P. Cannegieter, voorzitter.

afb. 13
Ondertekening van het Pact van Teylingen op Keukenhof

ingeval hij zou overlijden. Sandvliet was gevestigd op het huisadres van Broersen.

Op 7 juli 1998 schreef Algie een stappenplan om tot de nieuwe structuur te komen. In september adviseerde hij het bestuur tot een bijstelling van de eerder gemaakte plannen met het oog op fiscale en financieel-administratieve aspecten. Hij stelde voor dat alle roerende en onroerende activa van de stichting moesten worden ondergebracht in de CV en de stichting een nieuwe naam te geven, zoiets als Keukenduin. In het plan stond ook dat de statuten van de stichting Sandvliet moesten worden gewijzigd om de rol van administratiekantoor (uitgifte van aandelen en certificaten van aandelen) op zich te nemen. Deze constructie zou het best met terugwerkende kracht op 1 september 1998 kunnen ingaan. Dan konden alle formele activiteiten tot 31 december 1998 afgewikkeld worden, zodat alles op 1 januari 1999, met ingang van het nieuwe boekjaar, operationeel zou zijn.[908]

Op 5 oktober 1998 tekenen de stichting Keukenhof en de stichting Sandvliet een (vaststellings)overeenkomst. Hierin stond dat laatstgenoemde voornemens was Keukenhof Beheer BV op te richten, die voornemens was een commanditaire vennootschap aan te gaan met de stichting Keukenhof met als doel het exploiteren van de bloementoonstelling: "de onderneming van de Stichting Keukenhof wordt met werking vanaf 1 september 1998 overgedragen aan Bloementoonstelling Keukenhof CV i.o." Namens Sandvliet tekende voorzitter Broersen, namens Keukenhof Van Os en Leemborg, terwijl Zwetsloot tekende namens Keukenhof Beheer BV i.o. De stichting Keukenhof zou stichting Keukenduin worden, later gespeld Keukenduyn.

De bestuursvergadering van 27 november 1998 was volgens Van Os de laatste vergadering in de oude samenstelling. In die vergadering werden de bestuurders verdeeld over de nieuwe entiteiten. Zie kader.

Bestuursleden voor de nieuwe entiteiten, zoals voorgesteld in de AB van 27 november 1998

Stichting Keukenduyn:
Van der Kroft, Philippo en Van der Zijpp

Stichting Sandvliet:
Buddingh', Leemborg, Zandbergen, Veldhuyzen van Zanten en Zwetsloot

Keukenhof Beheer BV:
Buddingh', Veldhuyzen van Zanten, Zwetsloot, Van Os en de statutaire directeur

Exploitatiemij. Keukenhof CV,
[de Bloementoonstelling CV, MT]:
Statutaire directeur Keukenhof Beheer BV en de directeur vormgeving (Koster)

In die vergadering werd tevens besloten dat de inzenders geen aandelen zouden krijgen, Want dat werd administratief te bewerkelijk gevonden. Voorlopig zouden de aandelen in Sandvliet blijven. In de loop van december werd de *Commanditaire Vennootschapsakte tussen: Keukenhof Beheer BV en Stichting Keukenduin (thans nog geheten: Stichting Nationale Bloementoonstelling Keukenhof)* opgesteld waarin de oprichting van de CV werd geregeld. De akte werd mede ondertekend door de stichting Sandvliet. Op 27 december praatte het bestuur ook over de invulling van de maatschappelijke taken in de stichting Keukenduyn. Die zouden zich ook richten op de bevordering van de positie van Nederland als 'Bol-bloembollenland'. Dat maakte de weg vrij voor Broersen, als nog steeds de enige bestuurder van Sandvliet. Op 30 december 1998 toog hij naar notaris Kompier in Lisse om een besloten vennootschap met beperkte aansprakelijkheid Keukenhof Beheer BV op te richten. Het voornaamste doel was het exploiteren van de tentoonstelling. Met een maatschappelijk kapitaal van twee ton, verdeeld in aandelen van één gulden, waarvan 40.000 gulden geplaatst.

Van Os en Zwetsloot werden benoemd tot algemeen directeur en de enige aandeelhouder was Sandvliet. Op 11 januari 1999 nam de BV drs. J. Troelstra in dienst als eerste werknemer.

Op 30 december 1998 gebeurde nog meer: de commanditaire vennootschapsakte tussen Keukenhof Beheer en Keukenduyn werd getekend (met ingangsdatum 1 september 1998) en de akte van inbreng voor de CV werd getekend. Keukenduyn bracht haar economisch en juridisch eigendom in en alle 35 werknemers. De waarde van de ingebrachte onderneming werd bepaald op ruim 22 miljoen gulden, later aangepast tot bijna 22 miljoen gulden. Keukenduyn werd voor haar inbreng gecrediteerd voor 19 miljoen gulden en verstrekte bovendien een langlopende lening van tien jaar en een middellanglopende lening van vijf jaar, van respectievelijk vijf en vier miljoen gulden. De CV kreeg ook een rekening-courantvordering op Keukenduyn van ruim vijf miljoen gulden. Die overeenkomsten werden op 30 december getekend. Ook de huurovereenkomst met graaf Carel werd overgedragen. Daarover stond in de akte dat die overeenkomst was aan te merken als een overeenkomst in de zin van de Pachtwet en dat alle bepalingen in het huurcontract daaraan moesten voldoen. Dat was opvallend omdat de Pachtwet in artikel 31 het zogenaamde melioratierecht kende. Dat hield in dat bij het einde van de pacht de verpachter verplicht was de pachter voor de verbeteringen welke door hem zijn aangebracht "een naar billijkheid te bepalen vergoeding te geven." En dat verschilde nogal met de tekst van de huurovereenkomst op dat punt: "geen recht op tegenprestatie bij het einde van de huur."

Op dat punt werd echter geen actie richting graaf Carel ondernomen, althans daarover werd niets gevonden in de geraadpleegde stukken.

Op 12 februari 1999 toog Broersen weer naar notaris Kompier in Lisse om de statuten van Sandvliet te wijzigen, zoals eerder door Algie was geadviseerd. Sandvliet ging functioneren als stichting administratiekantoor en het bestuur werd gebracht op drie tot vijf leden. Het werden

[908] AB Keukenhof 25-9-1998.

er vijf en Broersen hoorde daar niet bij. Zijn rol was uitgespeeld. Op 28 juni werden de statuten weer gewijzigd, Leemborg en Zandbergen werden bestuurslid, en in het artikel dat regelde dat de bestuursleden geen beloning kregen werd het woord 'geen' geschrapt.

Nadat de besluitvorming daarover in de bestuursvergadering van 29 januari 1999 was afgerond, schreef Algie 11 februari aan notaris Kompier een brief met het verzoek een statutenwijziging van de stichting Keukenhof tot de stichting Keukenduyn per 1 maart 1999 te doen plaatsvinden. Daarin waren de maatschappelijke taken uitgesplitst weergegeven. Dat lukte echter niet. Dat werd pas 28 mei 1999. Tot die tijd had het bestuur nog een aantal zaken te regelen. Dat gebeurde in een speciale vergadering van 12 maart 1999. Volgens de notulen werden de volgende zaken behandeld: "De toekomstige bemanning van de verschillende Stichtingen en Keukenhof Beheer, de daarbij behorende beloningsstructuur, de afregeling van de verschillen tussen de oude en de nieuwe beloningen voor de huidige leden van de Raad, als gevolg van de reorganisatie en bepaling van de afscheidsdatum, van de huidige Raadsleden."
Bij Keukenduyn werden dezelfde bestuursleden benoemd als in november 1998 was bepaald. Zij zouden onderling een voorzitter en een secretaris kiezen. Bij Keukenduyn werd Van der Kroft voorzitter en Van der Zijpp secretaris-penningmeester. De vijf bestuursleden van Sandvliet werden Leemborg (voorzitter), Zandbergen (secretaris-penningmeester) en de leden Zwetsloot, Buddingh' en Veldhuyzen van Zanten. Uit deze vijf werden drie commissarissen voor Keukenhof Beheer gekozen: Buddingh', Veldhuyzen van Zanten en Zwetsloot. Van Os werd voorzitter van de Raad van Commissarissen.[909] Troelstra werd algemeen directeur. Bestuursleden zouden, per 1 januari 2000, een vergoeding krijgen van 7500 gulden per jaar, commissarissen 20.000 gulden en de voorzitter van de raad van commissarissen 25.000 gulden. Omdat die bedragen soms fors lager waren dan wat de bestuursleden tot dan toe kregen werd de contante waarde (tegen vier procent) van het bedrag waar ze recht op hadden over de resterende looptijd direct uitbetaald. Dat was een bedrag van bijna 595.000 gulden. Ook de Golden Handshake werd per direct afgeschaft en ook afgekocht. Dat kostte 270.336 gulden. De Golden Handshakereserve bedroeg ruim 432.000 gulden en dat was voldoende om de Golden Handshake af te kopen, maar niet voldoende om ook de inkomensderving te compenseren; daarvoor moest 433.235 gulden uit de andere reserves worden geput.
De aftreedleeftijd bleef 70 jaar. Vanwege de verandering van het boekjaar naar kalenderjaar kregen Van Os en Leemborg 'dispensatie'. Zij zouden aanblijven tot eind 2001.[910]
Op 28 mei 1999 'compareerden' Van Os en Leemborg voor notaris Kompier om de statuten van Keukenhof te wijzigen tot stichting Keukenduyn. In die statuten werd bepaald dat de voorzitter zou worden benoemd door de stichting Sandvliet en dat Keukenduyn op 29 mei werd opgericht. Op die dag werden ook de andere benoemingen in statutenwijzigingen vastgelegd.
Op 25 juni 1999 vergaderde het bestuur voor het laatst.

De Raad van Commissarissen van Keukenhof Beheer BV kwam voor het eerst bij elkaar op 15 juli 1999 en daarna nog op 29 september en 3 december van dat jaar. De vennoten kwamen bij elkaar op 6 augustus en 29 oktober. Omdat er behoefte was aan de onderlinge positiebepaling werd die in de eerste vergaderingen bepaald aan de hand van een notitie over de bestuurlijke vernieuwing van 29 juni. [911]
Het zwaartepunt van het bestuurlijke werk kwam te liggen bij de Raad van Commissarissen (RvC) van Keukenhof BV, die in principe elke twee maanden bij elkaar zouden komen. Keukenduyn zou twee maal per jaar bij elkaar komen ter voorbereiding van de behandeling van begroting en jaarrekening in de vennotenvergadering. Keukenhof CV zou tweemaal per jaar een vennotenvergadering houden ter goedkeuring van begroting en jaarrekening van de CV. Daarnaast zouden er jaarlijks minimaal twee informatieve bijeenkomsten worden belegd. Sandvliet zou eenmaal per jaar vergaderen en was toehoorder bij de vennotenvergadering en de informatieve bijeenkomsten. Omdat de directie per 1 juni 1999 integraal verantwoordelijk werd voor de bedrijfsvoering, werd de vergaderfrequentie van de commissies aanzienlijk teruggebracht en verloren ze hun officiële status. In 1999 bleven ze nog wel in stand als klankbordgroep. Zo vergaderde de financiële commissie op 27 augustus en 19 november over een nieuwe opzet van de financiële rapportages.

De overname van de horeca
Eind 1996 besprak van Van Os met I. van Doorselaere, de nieuwe directeur van Interbrew uit Breda, het streven van Keukenhof om "meer inkomsten te trekken uit de bezoekers."[912] Twee opties lagen voor: Keukenhof zou de samenwerking verbreken en zelfstandig doorgaan of Keukenhof zou een hogere vergoeding (men dacht aan minstens een half miljoen per jaar) krijgen van Interbrew.

Om goed beslagen ten ijs te komen liet Keukenhof zich bijstaan door verschillende adviseurs, zoals KPMG, en organiseerden tuin- en landschapsarchitecten Bosch en Slabbers voor Keukenhof enkele workshops om na te gaan welke mogelijkheden er waren om aan het park attracties toe te voegen. Businessplannen werden opgesteld, er werd overleg gevoerd en eind februari 1998 was men eruit. De relatie met Interbrew zou worden verbroken en Keukenhof zou verder gaan met Eurest in een opdrachtgever-opdrachtnemer relatie.[913]
Op 26 maart 1998 ondertekenen Van Doorselaere en Van Os op Keukenhof een overeenkomst waarin tussentijds de bestaande huurovereenkomst per 1 januari 1998 werd ontbonden. Als schadeloosstelling ontving Interbrew acht miljoen gulden ex. BTW. Bovendien betaalde Keukenhof 4,6 miljoen gulden, k.k. voor de rechten op de opstallen en

[909] AB Keukenhof 12-3-1999 en AB 19-3-1999.
[910] AB Keukenhof 12-3-1999.
[911] Die notitie was niet meer in het archief aanwezig.
[912] AB Keukenhof 19-12-1996.
[913] In 1997 had Keukenhof juridisch advies ingewonnen over de ontbindingsmogelijkheden van het contract met Interbrew, dat liep tot 1 januari 2017. De conclusie was dat dat alleen kon met schadevergoeding.

6 ton voor de inventarissen. Gedurende de tentoonstelling 1998 zou Interbrew nog opereren als ware er geen overeenkomst en bovendien kreeg Interbrew "het exclusieve recht (...) op het leveren, of door een door haar, (...) aan te wijzen wederverkoper te doen leveren, van de voor de horeca-exploitaties op het tentoonstellingsterrein benodigde bieren voor een periode van 10 jaren ingaande de ontbindingsdatum."[914] Ook ondersteunde Interbrew Keukenhof bij het uitvoeren van de horeca door Eurest. Die ook zou meebetalen aan de uitkoop van Interbrew.[915] Keukenhof, in de persoon van Van der Kroft, en Eurest begonnen in juli 1998 overleg over de optimalisering van de horeca. Eén van de punten die daarbij aan de orde kwam, was het scheppen van een faciliteit voor groepen en meer mobiele verkooppunten. Verder stelde Eurest voor een thematisering bij de restaurants in te voeren. Van Keukenhof-branding, ofwel het voeren van een eigen merk, zag men voorlopig af. Daarnaast werden afspraken gemaakt over de vergoeding voor Eurest, een combinatie van percentages over de omzet en het beïnvloedbaar resultaat. De souvenirverkoop door Eurest werd voor 1999 gecontinueerd, maar voor 2000 zou een nieuwe souvenirlijn worden ontwikkeld: "gericht op betere kwaliteit en vergroting van omzet en resultaat."[916] Uiteraard waren er weer de nodige investeringen nodig om tot een omzetverhoging te komen. Zo trok het bestuur in oktober 1998 op verzoek van Eurest meer dan een miljoen gulden uit voor de horeca-inrichting in het ONP en ruim 2,5 ton voor voorzieningen voor groepslunches en 3 ton voor het restaurant Voorzijde (bij de hoofdingang) voor een uitbreiding met ongeveer 100 zitplaatsen en de vernieuwing van het verkooppunt voor souvenirs. Door die investeringen zou naar verwachting niet alleen de omzet, maar ook de winst stijgen. Volgens Eurest zat er een verdubbeling van de winst er wel in.

In november 1998 tekenen Eurest en Keukenhof een contract met een looptijd van een jaar. Daarin verleende Keukenhof voor haar rekening en risico aan Eurest opdracht tot het "exclusieve beheer van de horeca- en zalenexploitatie (...) alsmede het verzorgen van maaltijden, dranken, overige verstrekkingen en de verkoop van souvenirs, versnaperingen en rookwaren." Eurest aanvaardde de opdracht onder een aantal voorwaarden en bepalingen die in het contract nauwkeurig werden omschreven. Keukenhof stelde de werkruimten en inventaris om niet beschikbaar en betaalde ook alle kosten. Binnen drie maanden na afloop van de contractperiode vond verrekening plaats en kreeg Eurest een beheersvergoeding van twee procent van de horeca-omzet en vier procent van het horecaresultaat. Ook droeg Eurest, via een ingewikkelde constructie, financieel bij aan de thematisering en bouwkundige uitbreiding van het restaurant Voorzijde, een investering van ruim vijf ton voor rekening van Keukenhof.

Toen de omzetcijfers van Eurest in april 1999 op de bestuurstafel lagen was er toch een lichte teleurstelling. De omzet was wel gestegen, maar toch met drie procent achter gebleven bij de doelstelling van acht procent. Wel waren de groepslunches volgeboekt en was de omzet van het restaurant Voorzijde gestegen met bijna dertig procent.[917]

Daarnaast waren de personeelskosten meer gestegen dan was begroot. Na afloop van de tentoonstelling was men positiever. De netto-opbrengst van de horeca-exploitatie kwam dan wel overeen met de begroting, maar die was gebaseerd op 850.000 bezoekers. En dat waren er aanzienlijk minder geweest, hetgeen een groei van de besteding per bezoeker betekende.

De contacten met graaf Carel

Begin 1996 meldde Van der Kroft in het bestuur dat graaf Carel het Keukenhofbos aan de overzijde van de Stationsweg had verkocht aan het Zuid-Hollands Landschap. In juni 1997 praatte Van Os graaf Carel bij over de najaarsopenstelling en over een verlenging van het contract met drie keer vijf jaar. Graaf Carel stemde in met twee keer vijf jaar en nam de laatste optie in overweging. Hij vroeg en kreeg voor de najaarsopenstelling een huurverhoging van 20.000 gulden. In die tijd werd ook bekend dat graaf Carel voor het beheer van het kasteel en landerijen een stichting had opgericht. Leemborg zou nagaan wat dat betekende voor Keukenhof, terwijl Koster bij Hollander zou informeren of Keukenhof ook onder de stichting zou vallen.[918] In augustus 1997 meldde Leemborg aan het bestuur dat de stichting nog niet was opgericht, maar dat die in voorbereiding was. Ook was er sprake van dat graaf Carel de verpachting van zijn landerijen tot 2026 had verlengd met twee periodes van vijf jaar. Op 31 augustus 1997 tekenden Keukenhof en de graaf een verlenging van de huurovereenkomst tot en met 31 december 2025 als vervolg op de eerdere verlenging van 24 november 1988 die liep tot en met 31 december 2015.

In juli 1998 berichtte de rijksdienst voor de Monumentenzorg Keukenhof dat er een aanvraag lag om Keukenhof aan te wijzen als beschermd monument. Het zou vooral gaan om het landgoed. Dat bleek later inderdaad het geval. Naast het landgoed vielen alleen de huisjes op 't Hoogje, die bij Keukenhof stonden, eronder.

Hou het bloeiend

In het vorige hoofdstuk werd de toenemende bemoeienis van Keukenhof met de ruimtelijke ordening beschreven en zagen we dat Keukenhof dat beschouwde als een belangrijke doelstelling. Daarom participeerde men ook actief bij het tot stand komen van het Pact van Teylingen. Toen de onderhandelingen moeilijk liepen, vanwege de problemen rondom het opgeven van bloembollengrond bij Lentevreugd in Wassenaar, wijdde Van Os daar bij de opening van de tentoonstelling op 21 maart 1996 een waarschuwend woord aan. Hij vond het jammer dat de bollensector aarzelde om het Pact te ondertekenen, want zo zei hij: "Als het pact niet wordt getekend is Leiden de lachende derde en verdwijnt de teelt echt uit de streek."[919] Pas toen de provincie financiële compensatie toezegde voor de tien bloembollenbedrijven in Lentevreugd was de weg vrij voor de ondertekening van het Pact. Dat gebeurde met enig ceremonieel en in aanwezigheid van Jacoba van

914 Artikel 4 in de overeenkomst van 26 maart 1998. Zie voor de financiering onder de paragraaf financiering.
915 AB Keukenhof 27-2-1998.
916 AB Keukenhof 9-7-1998.
917 AB Keukenhof 23-4-1999.
918 AB Keukenhof 27-6-1997.
919 *Bloembollencultuur* 28-3-1996, aldaar 4.

Beieren op 26 maart 1996 op Keukenhof. Alleen de gemeente Voorhout tekende niet. Er was te weinig grond gereserveerd voor woningbouw. Ook Leiden tekende niet. Men wilde de optie voor woningbouw in de Bloembollenstreek niet opgeven. In het op 24 mei 1996 vastgestelde *Streekplan Zuid-Holland West* werd het Pact integraal opgenomen en daarmee verheven tot provinciaal beleid.

Een jaar later opende de Commissaris van de Koningin, mevrouw Leemhuis-Stout, Keukenhof. Zij bevestigde, tot opluchting van de bloembollensector, nog eens de waarde van het Pact door er zich onomwonden achter te scharen. Dit als reactie op opmerkingen van een lid van de Tweede Kamer, dat provincie en rijk niet waren gebonden aan het Pact.

In augustus 1997 startte Hou het Bloeiend een campagne 'Een pac(t) van het hart', bedoeld om het belang van het Pact duidelijk te maken aan de bewoners van de streek. In mei 1998 besloot Keukenhof goedgunstig op het verzoek van Hou het Bloeiend om een bijdrage voor het samenstellen van een actieplan. Men schonk 5000 gulden. Het plan: *Actieplan Duin en Bollenstreek Bloem en Zee Holland. Ambitie, acties en communicatieplan voor de Bloem en Zee Holland* werd op 8 juli 1998 aangeboden aan gedeputeerde T. Jansen van Zuid-Holland. Een van de actiepunten was een zogenaamd 'stofferingsplan', gericht op een zodanige teelt dat de bollenvelden jaarrond het bewonderen waard zouden zijn. Ook wilde men de traditionele Lisser bollenmarkt grootser aanpakken. Daar ging Keukenhof een belangrijke rol bij spelen.

Begin 1999 attendeerde Zwetsloot Keukenhof op een dreigend gevaar. Hij was betrokken bij de zogenaamde gebiedsuitwerking Leiden-Haarlem-Amsterdam 2010-2030, gebaseerd op een actualisering van de *Vierde Nota over de Ruimtelijke Ordening Extra* in het jargon Vinac genoemd. In het meest negatieve scenario zou er volgens hem van de Bollenstreek weinig overblijven vanwege verdere verstedelijking. De bandbreedte voor de woningbehoefte liep uiteen van 31.000 tot 98.000 woningen). Op 12 februari 1999 sprak Van Os in een brief aan Gedeputeerde Staten van Zuid-Holland zijn "ernstige bezorgdheid" uit over deze gebiedsuitwerking en riep het College op "weerstand te bieden aan de Noord-Hollandse en landelijke verstedelijkingsplannen." Dergelijke brieven gingen ook naar het College van GS van Noord-Holland, VROM, de Tweede Kamer en het NBT. Per brief van 1 juni 1999 beloofde VROM met de zorgen van Keukenhof rekening te houden. Bij de opening van de tentoonstelling van 1999 hield Van Os een pleidooi om de kern van het 'bollengebied' te behouden: "én niet te zwichten voor de economische voordelen van oprukkende industrie en woningbouw."[920] In een interview ter gelegenheid van de vijftigste tentoonstelling legde hij zelfs een direct verband tussen het Pact van Teylingen en de veranderingen op Keukenhof: "Op grond van de uitgangspunten van dat Pact, durven we vele miljoenen gulden te investeren in een forse uitbreiding, in (nieuwe) gebouwen, uitbreiding van het management en noem maar op, hetgeen niet wegneemt dat er ook in de streek veel inzet en geld moet worden geïnvesteerd in het behouden ervan en het opwaarderen van de uitstraling."[921]

Het MODB en de milieuvergunning

In 1996 trok Keukenhof 40.000 gulden uit voor voorzieningen ten behoeve van het milieu (een wasplaats) en 10.000 gulden voor een risico-inventarisatie in het kader van de ARBO-wet. Een jaar later werd een gescheiden afvalsysteem ingevoerd. Op 24 april 1998 behandelde de afdeling Bestuursrechtspraak van de Raad van State het geschil tussen het MODB als appellant en B en W van Lisse als verweerders. Namens Keukenhof was Leemborg aanwezig, die ook het woord voerde. Het ging om de eerste milieuvergunning die Keukenhof had aangevraagd bij de gemeente en die het oprichten en in werking zijn van Keukenhof betrof. Een van de bezwaren van het MODB was dat er geen nulonderzoek naar de bodem verplicht was gesteld. Daarbij doelde men vooral op het parkeerterrein bij het kasteel. De gemeente verweerde zich dat zij zich hierbij op richtlijnen van VROM en het VNG had gebaseerd en betoogde voorts dat het parkeerterrein slechts twee maanden per jaar werd gebruikt. Leemborg merkte op dat de eventueel met bestrijdingsmiddelen verontreinigde toplaag in het park elk jaar samen met de bloembollen werd afgegraven en afgevoerd. De Raad van State vond dat redelijk en verwierp op dit punt eveneens de eis van het MODB. Tot slot verklaarde de Raad van State in haar uitspraak op 11 september 1998 het beroep van het MODB ongegrond. Later dat jaar maakte Keukenhof een rapport over de interne milieuzorg.

Nadat Keukenhof op 6 december 1994 een WM (Wet Milieubeheer)-vergunning had gekregen voor het oprichten en in werking hebben van de tentoonstelling voor maart, april en mei, kreeg men op 25 augustus 1997 een vergunning die de parkeertijden regelde. Om geluidoverlast voor de woning van Van der Mark te vermijden mocht niet op Oost worden geparkeerd. In januari 1999 kwam Keukenhof hierop terug. Noord lag te ver van de Zomerhof en het ONP. Op 14 juni vroeg Keukenhof weer een verandervergunning aan. In de ontwerp-beschikking van 15 juni 1999 werd het gebruik van Oost uitgebreid met maart, april en mei van 19.00 tot 02.00 uur en voor juli tot en met februari dagelijks van 7.00 tot 02.00 uur. Dat had natuurlijk te maken met het organiseren van evenementen in het ONP, waarvan de vergunning er maximaal twaalf per jaar toeliet. Op 6 juli 1999 maakte Van der Mark bezwaar, maar trok dat op 8 juli weer in. De veranderingsvergunning werd op 19 juli 1999 verleend. Net op tijd voor de opening van de Zomerhof[922]

Parkeren

Begin 1996 startte de uitbreiding van het bussenparkeerterrein en de aanleg van gehandicaptenparkeerplaatsen. Het bestuur behandelde op 23 februari 1996 een vertrouwelijke notitie van de verkeerscommissie om het autoparkeren van Noord naar Oost te verplaatsen en over de wijziging van het systeem van parkeergeldinning. Het bestuur was enthousiast over het plan voor de verplaatsing naar Oost en gaf opdracht het verder uit te werken. Het plan keerde echter niet meer terug op de bestuurstafel.

---

920 *Bloembollencultuur* 8-4-1999, aldaar 14.
921 *Vakwerk* 20-3-1999, aldaar 15
922 GA Lisse, inv.nr. 59.

Integendeel, op 11 maart 1996 tekenen Keukenhof en Van Graven een uitgebreide overeenkomst waarin voor de laatste de vergoeding op 17.500 gulden en geïndexeerd per jaar werd vastgesteld. De overeenkomst ging op 1 maart in en had een looptijd, gelijk aan die van het contract tussen Keukenhof en graaf Carel.

De verkeerscommissie vond dat het ook tijd werd om tot een geautomatiseerd systeem van parkeergeldinning over te gaan. Het contract met Meeuwissen zou dan vervallen en het beheer zou door eigen mensen overgenomen kunnen worden. Ook dit plan kwam niet meer terug in het bestuur.

Eind 1996 trok men 150.000 gulden uit voor de renovatie van de toiletten bij de hoofdingang. Eind 1997 besloot men tot de renovatie van de toiletten bij Noord en hield men rekening met de aanleg van een tunnel. De tunnel was gedacht bij de ingang Noord onder de Loosterweg door. De ideeën daarover stoelden op het succes van de tunnel onder de Stationsweg. Ook het loketgebouw werd bij de renovatie betrokken, omdat men er van uitging dat Noord een permanent parkeerterrein voor auto's zou blijven. De uitvoering werd op de rol gezet voor 2000.[923] Daarnaast vond de verkeerscommissie dat er iets moest gebeuren aan de kwaliteit en de uitstraling van de parkeerwachters, want die lieten te wensen over.[924] Eind 1997 werd ook 150.000 gulden uitgetrokken voor de aanpassing van het kantoor bij de hoofdingang. Na de tentoonstelling van 1998 evalueerde de verkeerscommissie de parkeerervaringen op Noord en Oost en formuleerde het voorstellen ter verbetering. Het ging met name om asfaltering van een deel van de terreinen, verbreding van de betonpaden en het doorspuiten van de drainage (65.000 gulden). Het bestuur voteerde in juli 1998 hiervoor 50.000 gulden.[925] Later dat jaar werd wel bijna 460.000 gulden uitgetrokken voor een nieuwe bewegwijzering en renovatie van Oost. Het betrof de aanleg van drainage en grasbetontegels en de renovatie begon in januari 1999. De parkeerterreinen kregen ook nieuwe namen. In 1999 heette Noord: Tulp, Oost: Narcis en het parkeerterrein bij het kasteel kreeg de naam Hyacint.

In 1997 werd het tarief voor het parkeren van campers en caravans verhoogd van vijf naar tien gulden.

Het terrein

De nieuwe kassen: het Willem Alexander Paviljoen (WAP)

Alhoewel Van der Kroft het betreurde dat zijn poging om modern te bouwen was mislukt, had hij er vrede mee dat architect Vermeer van Alynia Vermeer Architecten het idee van Koster ging uitwerken. Zijn honorarium bedroeg 3,5 ton. De terreincommissie zou de bouw begeleiden en Van der Kroft verzekerde het bestuur begin januari 1996 dat het budget van vier miljoen niet zou worden overschreden. Eind maart kwam de eerste overschrijding al op de bestuurstafel: er moest 4,5 miljoen worden uitgetrokken, of de kassen werden 300 m² kleiner dan beoogd. Een maand later bleek echter dat het waarschijnlijk ook niet mogelijk bleek voor 4,5 miljoen. Na de tentoonstelling was men eruit: voor de kassen werd 4,5 miljoen beschikbaar gesteld en men begon met de afbraak van de oude kassen. Ter gelegenheid daarvan vertelde

afb. 14
Nieuwe exporuimte krijgt glazen dak

Koster aan de pers dat de kassen van 6000 m² zouden worden gebouwd door Smiemans, een bedrijf dat gespecialiseerd was in de bouw van boogkassen (zie **afbeelding 14**).[926] Het restaurant zou meer in de kas worden gebouwd, zodat de bezoekers het gevoel kregen tussen de bloemen te zitten. In augustus 1996 besloot het bestuur, op voorstel van de terreincommissie, aan het nieuwe complex de naam Willem Alexander Paviljoen (WAP) te verbinden, waarmee de prins in oktober akkoord ging. De bouw van de kassen lag toen op schema. Er werden plannen ontwikkeld om ook de omgeving op de schop te nemen, zoals het verplaatsen van de Dierenwei, het aanpassen van de Grote Wei en de aanleg van paden en beplantingen, samen goed voor een investering van zes ton.

In januari 1997 legde Koster een schets voor aan het bestuur over de inrichting van het WAP. Er zouden onder meer geluidsarme fonteinen in worden aangelegd (65.000 gulden).

De terreincommissie kwam er eind oktober 1997 achter dat het in het WAP te warm bleef. Vanwege bezuinigingen had men afgezien van het aanleggen van een koeling en nu probeerde men met isoleren en het impregneren van de wanden het probleem op te lossen. Dat zou echter niet al te best lukken en de te hoge temperaturen bleven een probleem waartegen uiteindelijk alleen het kalken van het glas, gecombineerd met luchten en schermdoek, hielp.

Op 27 maart 1997 verrichtte de Commissaris van de Koningin in Zuid-Holland, mevrouw J. Leemhuis-Stout, niet alleen de opening van Keukenhof, maar ook de opening van het WAP (**afbeelding 15**).

923 AB Keukenhof 15-10-1997.
924 AB Keukenhof 29-8-1997.
925 AB Keukenhof 31-7-1998.
926 *Bloembollencultuur* 20-6-1996, aldaar 6.

afb. 15
WAP in het jublieumboek

Het KBP

Het KBP bleef voor problemen zorgen nadat er al veel geld was besteed aan het dakherstel en andere voorzieningen. Ondanks het feit dat de aannemer failliet was, werd dankzij architect Veldhoven eind 1996 de schade aan het dak hersteld. Het bleek niet afdoende. Eind 1997 vond de terreincommissie dat er op termijn 250.000 gulden moest worden uitgetrokken om het KBP te renoveren.

Tentoonstellingen

Zomerhof

Eind 1996 stemde het bestuur in met het voorstel van Koster om de najaarsopenstelling in het vervolg correcter aan te duiden met Zomerhof. Ook besloot men in te gaan op een offerte van Deloitte en Touche om de subsidiemogelijkheden ervoor te onderzoeken. Van Os overwon de aarzelingen hierover in zijn bestuur door als randvoorwaarde te stellen dat de onafhankelijkheid van Keukenhof niet mocht worden aangetast.[927] Tijdens die vergadering, van 24 januari 1997, twijfelde het bestuur nog steeds over nut en noodzaak van de Zomerhof. Buddingh' twijfelde aan de behoefte vanuit de toeristische sector en Zandbergen wees erop dat er nog steeds geen officieel besluit was genomen over het doorgaan ervan. Veldhuyzen van Zanten betoogde dat de plantproeven maar weinig geschikte nazomerbloemen hadden opgeleverd. Van Os betoogde echter dat er druk vanuit het vak was om het wel te doen en vroeg aan Buddingh' en Veldhuyzen van Zanten met hun commissies binnen een maand een uitwerking te geven van het rapport van februari 1995 van Koster over de nadere uitwerking van de Visie 2000. Als randvoorwaarde gaf hij mee dat de Zomerhof geen geld mocht kosten en dat elke opbrengst meegenomen was. In mei 1997 besloot het bestuur, ter gelegenheid van het jubileum in 1999, eenmalig een Zomerhof te organiseren. Als voorbereiding daarop zou de terreincommissie een park bezoeken met een najaarsopenstelling. De dreigende overschrijding van de bouwkosten van het ONP gooide in september roet in het eten. De Zomerhof zou ten offer kunnen vallen aan een bezuiniging. Een maand later was men er echter uit en besloot het bestuur het volgende: "voor de Zomerhof wordt het uitbreidingsgebied, het Prins Willem Alexander Paviljoen en de Natuurtuin ingezet. De totale oppervlakte bedraagt ca 10 ha. Daarbij zal Ingang Oost gebruikt worden."[928] De Zomerhof zou worden gehouden van 19 augustus tot

[927] AB Keukenhof 24-1-1997. Er bleek geen subsidie mogelijk.

[928] AB Keukenhof 15-10-1997.

en met 19 september en men besloot tevens de naam te laten registreren. Dat had echter geen zin volgens het geraadpleegde merkenbureau. Vrijwel onmiddellijk na het groene licht van het bestuur werd Keukenhof benaderd door het CNB en de Hobaho met het aanbod te adviseren bij de aanleg en de beplanting van de Zomerhof. Beide organisaties hadden bemiddelaars in dienst voor vaste planten en zomerbloemen die hun deskundigheid aanboden. Uiteraard zagen zij de Zomerhof ook als een belangrijk promotiemiddel. Vandaar dat Keukenhof besloot die samenwerking aan te gaan zonder hen exclusiviteit te bieden. In een gesprek met Zwetsloot, als directeur Hobaho, en met Veldhuyzen van Zanten als voorzitter van de terreincommissie werd zelfs serieus gesproken over de wens van Zwetsloot om de Buitenhof van de Hobaho te integreren in Keukenhof. De terreincommissie zag er wel wat in mits het tentoonstellingsterrein op termijn kon worden vergroot.[929]

In het najaar van 1997 zette de terreincommissie weer uitgebreide plantproeven in en poogde verder inzenders aan te trekken. Eind december 1997 besloot de terreincommissie de planvorming te starten, zodanig dat eind december 1998 alles klaar was.
In het kader van de onderhandelingen met IB over de overname van de horeca en het maken van een businessplan, had IB in december 1997 gezegd dat bij een Zomerhof, die maar een keer zou worden gehouden, geen businessplan te maken was. Eind januari 1998 kreeg IB zijn zin: Keukenhof besloot dat het niet bij één keer zou blijven.
In mei 1998 rondde Miranda de Keizer haar eindexamenscriptie *Van lentebol tot zomerknol* af. Het was een gedetailleerd marketing- en promotieplan voor de zomeropenstelling op Keukenhof in 1999. Het bestuur nam er in mei kennis van en besloot het als leidraad voor de planvorming te gebruiken en De Keizer er fulltime voor in te zetten. Zomerhof zou een eigen logo krijgen om verwarring met Keukenhof te voorkomen. In het kader informatie over het afstudeerverslag, waarop een embargo rustte tot 21 mei 2000.

Eind september 1998 besloot het bestuur het voorstel van de terreincommissie te volgen om, naast het nieuwe gebied, bij de Zomerhof de volgende onderdelen te betrekken: Grote Wei, Terras Smalle Bos, Natuurtuin, Vijvertuin, KJP en de Thematuinen. Voor het inrichten van de thematuinen stelde men 75.000 gulden beschikbaar. Daarnaast vond de terreincommissie het nodig een tent te plaatsen bij de nieuwe ophaalbrug, een infocentrum in te richten op de terp, irrigatie en drainage aan te leggen rond de terp en muurtjes aan te leggen als terrasafscheiding (voor 150.000 gulden) naast andere voorzieningen, als een tribune in het nieuwe gebied en uitkijkposten.[930] Daar kwam nog eens 30.000 gulden bij voor een subsidie aan de Kring van Fuchsiavrienden als ze exclusief aan de Zomerhof deelnemen. Alhoewel ze eerst 50.000 gulden vroegen, deden ze toch mee.[931] Met maar liefst 5000 planten. Een van de eerste concrete mededelingen in de vakpers over de Zomerhof kwam van Van Os in een interview ter gelegenheid van de opening van de 49e tentoonstelling. In *Bloembollencultuur* van 26 maart 1998 deelde hij mee dat er van 19 augustus tot 18 september 1999 een zomershow zou worden gehouden met lelies, gladiolen en dahlia's.[932]

Van lentebol tot zomerknol

Keukenhof zag de zomertentoonstelling 1999 als pilot. Bij succes zou die in de toekomst worden voortgezet. De promotie zou in juni 1998 beginnen aan de hand van een concreet plan. Alvorens dat te beschrijven besteedde De Keizer aandacht aan aanleiding en achtergrond en schiep zij een theoretisch kader voor het marketing- en promotieplan. Voorts maakte zij een sterke/zwakte analyse van de zomertentoonstelling op Keukenhof. Het creëren van naamsbekendheid van de zomertentoonstelling zag zij als een van de belangrijkste speerpunten in de marketingstrategie. Als marketingdoelstelling gaf ze mee dat er minimaal 100.000 bezoekers moesten komen tegen een entree van 12,50 gulden. Dat was gebaseerd op een voorlopige begroting die de operationele kosten schatte op 858.000 gulden.

Jan Guldemond, naast ontwerper ook de coördinator van de Parades, zei in *Vakwerk* van 30 mei 1998 dat hij verwachtte dat de Zomerhof een 'vast' gebeuren zou worden: "in de Zomerhof zal een presentatie plaatsvinden van talrijke zomerbloeiers zoals vele vaste planten, dahlia's, gladiolen, lelies, begonia's enzovoort. Het wordt zogezegd, een echte najaarstuin. Kwekers en exporteurs hebben al bijzonder enthousiast op de plannen gereageerd. Nadat het eerste jaar min of meer is geëxperimenteerd met de uitbreiding is het de bedoeling dat ook in de daarop volgende jaren de Zomerhof een vaste plek op de kalender zal krijgen. Dat betekent wel een forse exercitie op het moment dat de Keukenhof sluit."[933] Hij doelde op het feit dat vlak na het rooien van de voorjaarstuin, de najaarstuin moest worden geplant. Dat bleek meteen al een jaar later toen er in allerijl extra personeel moest worden ingezet om het planten voor de eerste Zomerhof op tijd klaar te krijgen.[934]
In juni 1999 verschenen de eerste artikelen over de Zomerhof in de vakbladen. Het spits beet *MarktVisie* af met een artikel in het nummer van 3 juni. Daarin werd gewag gemaakt van de medewerking van het CNB en de Hobaho aan de Zomerhof: "Beide bemiddelingsbureaus nemen in het zogenaamde 'Smalle Bos' en het gebied rond de molen een oppervlakte van duizend m² netto voor hun rekening."[935] Het affiche van Zomerhof illustreerde het artikel (zie **afbeelding 16**). De Zomerhof zou ongeveer 7 hectare beslaan en men hoopte op 150.000 bezoekers:

929 Vergadering terreincommissie 4-8-1998.
930 Vergadering terreincommissie 31-8-1998.
931 AB Keukenhof 22-5-1998.
932 *Bloembollencultuur* 26-3-1998, aldaar 6 en 7.
933 *Vakwerk* 30-5-1998, aldaar 7.
934 AB Keukenhof 28-5-1999.
935 *MarktVisie* 3-6-1999, aldaar 6.

afb. 16
Affiche Zomerhof

"waarbij de landen rond de Middellandse Zee de belangrijkste doelgroepen zijn."[936] Zomerhof kreeg drie jaar om het bestaansrecht te bewijzen.

Tijdens de Zomerhof zouden er ook Zomerparades worden gehouden in het ONP. CNB en Hobaho coördineerden het aanbod en Keukenhof zorgde voor opplant en onderhoud. In *MarktVisie* van 15 juli vertelde M. Efdée iets over de grote impact van de Zomerhof op de medewerkers (zie **afbeelding 17**). Er hadden zich voor de buitenbeplanting 43 inzenders aangemeld en hij vond dat een prima score als je dat afzette tegen het aantal van 90 voor de voorjaarsinzending (nu ook Lentehof genoemd). In *Marktvisie* van 12 augustus werd Troelstra geïnterviewd (zie **afbeelding 18**). Hij vond dat Keukenhof omgevormd moest worden van een productgerichte naar een klant- en marktgerichte organisatie. Zo zou in de Zomerhof de nadruk niet liggen op de productpresentatie als bij de Lentehof, maar op de consument door allerlei activiteiten om de tentoonstellingen heen. Voor de toekomst dacht hij aan een jaarrondopening met bezoekersaantallen die "een gezonde bedrijfsvoering mogelijk maken."[937] Hij verwachtte dat Zomerhof zou weten op te klimmen tot een bezoekersaantal van 250.000. Een misrekening, zoals later zou blijken.

Tijdens de Zomerhof werden op de vier zaterdagochtenden met CNB en Hobaho speciale vakbijeenkomsten georganiseerd die tegen gereduceerd tarief toegankelijk waren voor de lezers van de vakbladen. Het stormde en regende toen Van Doesburg, de voorzitter van de Floriade 2002, op 19 augustus het ONP en de Zomerhof opende. De plaatjes in de vakbladen waren echter zonnig (zie **afbeelding 19 en 20**).

Keukenhof zag de opening door Van Doesburg als een politiek statement dat wilde uitstralen dat men geen concurrentie tussen de twee tentoonstellingen (meer) wilde. In het kader meer informatie over de Floriade 2002 door de bril van Keukenhof.

afb. 18
Troelstra over de Zomerhof

936 *MarktVisie* 3-6-1999, aldaar 6.
937 *MarktVisie* 12-8-1999, aldaar 61.

afb. 17
Efdée over de Zomerhof

Volgens Martin Efdée, opzichter buitendienst van de Keukenhof, heeft de komst van de Zomerhof een grote impact op de medewerkers gehad. Vijftig jaar lang kende Keukenhof de vaste cyclus van twee maanden showtijd en tien maanden afbouwen en weer opbouwen. Van die cyclus is niet veel meer over. "We hebben na de sluiting in mei eerst het Zomerhof-gebied gerooid. In de afgelopen vier weken zijn alle dertig vaste medewerkers ingeschakeld plus nog tien losse arbeidskrachten. Wat zij in die vier weken aan werk verzet hebben is gigantisch geweest en verdient een compliment. Ook de vakanties moesten worden aangepast, maar het is allemaal gelukt. De medewerkers van Keukenhof hebben letterlijk bergen werk verzet. Deze week zijn de laatste knollen en planten de grond ingegaan, op de containerplanten na, zoals de Hosta's. Het gebied van de Zomerhof strekt zich uit vanaf de Molen via het Smalle Bos naar het uitbreidingsgebied rond ingang Narcis (het vroegere ingang Oost-red.), dat de hoofdentrée van de Zomerhof wordt. In totaal hebben zich 43 buiten-inzenders aangemeld. Een prima score als je dat afzet tegen de 90 inzenders in het voorjaar. Bovendien staan CNB en Hobaho als één inzender te boek, terwijl onder die noemer nog zo'n dertig andere inzenders zitten.' Veel lof heeft Martin Efdée ook voor de medewerking van de inzenders. "Uiteraard beschikken we zelf over voldoende basiskennis, maar voor de verzorging en het tijdig in bloei krijgen heb je deskundige hulp nodig. Het vak reageert heel enthousiast en doet massaal mee. Het stimuleert over en weer. Nu al komen mensen uit het vak regelmatig kijken en advies geven over terugsnoeien, bemesten etcetera. Deze uitbreiding heeft allure. Daarvan ben ik overtuigd."

Keukenhof-medewerkers planten dahliaknollen.

afb. 19
Opening Zomerhof

ZOMERHOF OP KEUKENHOF

Dahlia's in de duinen

Vandaag opent de Keukenhof een nieuw gedeelte: de Zomerhof. Na 49 jaar alleen een voorjaarsshow laat de Keukenhof in het vijftigste jaar ook in de zomer allerlei siergewassen zien.

Aan het bestaande Keukenhofterrein is vier hectare toegevoegd. Er is een formele tuin aangelegd met zichtassen die uitkomen bij een nieuw paviljoen met tentoonstellings- en horecagelegenheid. Het landschap op het terrein is zeer gevarieerd: duinen met uitzicht over de Bollenstreek, een doolhof, een dijk, waterpartijen, en een laan met vijftig jaar oude eiken. Tevens is een gedeelte van het bestaande park erbij getrokken. Dat betreft het Koningin Julianapaviljoen, de natuurtuin en het omliggende bos. Ook de poffertjeskraam bij ingang Oost is open. Via die ingang kunnen de bezoekers naar de Zomerhof.
Vier thema's staan in de tijdelijke shows centraal: spelen met bloemen, spelen met water, spelen met tuinen en spelen met muziek.
Voor de buitenbeplanting hebben 43 bedrijven zich aangemeld. De variatie is groot: dahlia's knolbegonia's, canna's, allerlei vaste planten, vlinderbomen, eenjarig perkgoed en bloeiende borders met wilde bloemen.
De Zomerhof is van 19 augustus tot en met 19 september dagelijks van 09.00 tot 18.00 uur geopend. De toegangsprijs bedraagt ƒ 12.50 voor volwassenen en ƒ 6,25 voor kinderen tot 12 jaar. Meer informatie over de tijdelijke tentoonstellingen biedt de Agenda op de servicepagina.

Arie Dwarswaard

foto's Henk Bouwman

Onderdeel van de Zomerhof is ook de natuurtuin naast het Koningin Julianapaviljoen. Hier is een groot sortiment fuchsia's te zien, evenals allerlei vaste planten zoals Hosta, Heuchera en varens

De Zomerhof kent een grote variatie aan gebieden. Eén ervan is een duinlandschap. Hier staan dahlia's tussen de vliegdennen, geshowd door G. Rotteveel & Zn. uit Sassenheim

Op de terp staan de nieuwste selecties van de Fleuroselect-bedrijven: eenjarig perkgoed met onder meer Petunia en Ageratum

Water speelt een belangrijke rol op de Zomerhof. Vanuit het paviljoen loopt als een naald van Cleopatra een kanaal met een aantal watervallen en een fontein waarmee twaalf verschillende waterfiguren zijn te maken

Het nieuwe paviljoen is ruim van opzet. In de tentoonstellingshal komen tot en met 19 september vijf tijdelijke tentoonstellingen. Volgend voorjaar gaan hier een aantal van de parades plaatsvinden. Onder het paviljoen zijn grote ruimtes aangelegd voor materiaalopslag

afb. 20
Inzendingen op de Zomerhof

Floriade 2002

In maart 1996 vroeg de Floriade, die in de Haarlemmermeer zou komen, om financiële steun van de gemeente Lisse. Aan Keukenhof om advies gevraagd was die positief. Van Os zag het als een voordeel dat de Floriade in de Haarlemmermeer zou komen.

In oktober 1997 praatte het bestuur van Keukenhof over een voorstel van de Floriade om door samenwerking een dip in het bezoek aan Keukenhof te voorkomen. Koster geloofde daar niet zo in, maar de rest van het bestuur wilde dat best met de Floriade onderzoeken. De commissie van Buddingh' belastte zich daarmee en rapporteerde begin 1998 dat de Floriade een tuinbouwbrede afstemming wilde van de grote tentoonstellingen. Daarover werd verder gepraat. Tot een eerste gesprek over samenwerking kwam het echter pas op 1 juli 1999. Hoe dat verliep weten we niet. Wel dat Keukenhof zich in augustus zorgen maakte over uitlatingen van de zijde van de Floriade die wezen op concurrentie.

Ook de binnenshows (de Zomerparades) hadden een redelijke start, maar die vielen later vanwege het gebrek aan inzenders tegen. Zo kopte *Vakwerk* op 11 september "waar blijven de dahlia-inzenders?" en gewaagde *MarktVisie* op 23 september van een tegenvallende lelieshow, omdat er maar twee inzenders waren. Op 25 september meldde *Vakwerk* dat de vaste planten ten onder gingen in een zee van chrysanten: "Die weigering van kwekerij en handel om de handen uit de mouwen te steken is op z'n minst merkwaardig. Men zit toch te springen om de gunst van de consument en het smoesje dat er geen materiaal was ging toch zeker ook niet op."[938] Op 9 september verwelkomde de Zomerhof de familie De Munk uit Lisse als 50.000e bezoeker en toen de Zomerhof sloot waren er 71.000 bezoekers geweest. Ondanks dat overtrof het de verwachtingen van Keukenhof die op 50.000 bezoekers had gerekend, volgens een bericht in *Vakwerk* van 25 september 1999. Daarom ging Keukenhof er mee door. Dat was gebaseerd op een door het bestuur aanvaard voorstel van de financiële commissie in een vergadering van 6 mei 1998, dat de volgende uitgangspunten bevatte: na drie jaar kostendekkend, maximaal te accepteren aanloopverlies 500.000 gulden en investeringen in gebouwen en terreinen komen niet ten laste van de Zomerhof. Het exploitatieverlies over 1999 schatte men na afloop (eind oktober) op ruim 15.000 gulden. De begroting was gebaseerd op 78.000 bezoekers.

Vandaar waarschijnlijk, dat de Raad van Commissarissen in de vergadering van 27 augustus 1999 besloot om op advies van de directie de Zomerhof 2000 veertien dagen eerder te laten beginnen en de entree op vijftien gulden te stellen. Buddingh' die tijdens deze vergadering op vakantie was, was daar later ontstemd over, omdat de folders al de deur uit waren met daarin als openingsdatum 17 augustus. "Het kon niet anders", zei Van Os: "de exploitatietechnische terugverdienperiode was [te] (...) kort en de wens was om die te verlengen."[939]

Troelstra bleef onveranderd positief. In een interview in *Bloembollencultuur* van 25 november zei hij onder meer: "We moeten nog wel afwachten of de lijn van 1999 doorzet (...) Zet de lijn door, dan richten we een groter deel van het terrein in voor de Zomerhof. Dan kunnen we nog meer accent leggen op rust en toch meer mensen ontvangen. We denken dat het aantal bezoekers tot 300.000 kan groeien."[940]

Wat ook goed was bevallen, was dat het parkeren voor de Zomerhof in eigen beheer was uitgevoerd: er kwamen bijna 14.000 auto's, tegen 5 gulden, en bijna 1000 touringcars die gratis mochten parkeren. Keukenhof was er tevreden over: de kwaliteit was beter dan bij de Lentehof en men ging onderzoeken of parkeren in eigen beheer mogelijk zou zijn.[941]

In januari 1999 had Koster voorgesteld om te proberen de wagens van het bloemencorso van Aalsmeer op de Zomerhof te showen. Het bestuur van Keukenhof was enthousiast en vroeg ondanks de kosten van 50.000 gulden dit verder uit te werken. Al gauw bleek echter dat er onvoldoende geld voor was. Toch bleef het op de agenda van Keukenhof, zodat het idee na de sluiting van de Zomerhof, eind september 1999 weer werd opgepakt. De kosten werden inmiddels begroot op bijna een ton en het bleek logistiek onmogelijk. Als alternatief probeerde Keukenhof toen het corso langs Lisse te laten rijden. Maar ook dat lukte niet.[942] Toch bleef men met de hoofdsponsor de VBA in gesprek en Troelstra praatte ook met de organisatoren van het Rijnsburgse Corso. Eind 1999 liepen die gesprekken nog.

De Herstflora en de Nationale Bollenmarkt
Sinds 1973 werd in de hallen van het CNB in oktober een Bollenmarkt gehouden waarin kwekers hun bollen aan particulieren verkochten. Zie voor een overzicht van de historie daarvan het kader.

De Nationale Bollenmarkt

De oliecrisis in de jaren zeventig zorgde voor een neergaande economie, overschotten aan bloembollen en creatieve ideeën. Een daarvan was de directe verkoop van bloembollen aan consumenten. Een van de initiatiefnemers was H. Vreeburg, exporteur en voorzitter van de KAVB-afdeling Lisse. Hij vertelde daar in een interview in *Vakwerk* van 15 mei 2009 het volgende over: "In de Kapelstraat werden marktkramen gehuurd. Het avontuur werd een grote mislukking. De regen kwam met bakken uit de lucht en het was ontzettend koud. De huur per kraam was vijfentwintig gulden. Met een omzet van vijfendertig gulden was dit nauwelijks kostendekkend." Men wilde echter doorgaan en zocht in 1973 onderdak bij het CNB en het concept sloeg aan. "In plaats van overschotten werden voor de Bloembollenmarkt al snel partijen bollen vrijgehouden van goede kwaliteit. Tegelijkertijd werd sterk vastgehouden aan voorlichting rechtstreeks van de kweker." Daarna begon men aan de promotie ook buiten Lisse en in 1980 werd de Nationale Bloembollenmarkt in een stichting ondergebracht. Vreeburg vertelde ook dat ze naar de pers altijd gewaagden van zo'n 10.000 bezoekers: "In werkelijkheid waren dat er 3.000 à 4.000, wat overigens niet afdeed aan het welslagen van dit evenement."[943]

938 *Vakwerk* 25-91-1999, aldaar 8. Al eind 1998 hadden de inzenders van de Lelieparade Keukenhof er in een brief opgewezen dat de Zomerparade gelijk viel met de landelijke lelieshow in 't Zand en dat een expositieduur in Lisse van vijf tot zeven dagen te lang was. Op advies van Koster legde Keukenhof die bezwaren naast zich neer (vergadering terreincommissie 27-11-1998). Dat kwam Keukenhof op veel kritiek te staan.
939 Vennotenvergadering 29-10-1999.
940 *Bloembollencultuur* 25-11-1999, aldaar 17.
941 Vennotenvergadering 29-10-1999. Een rol zal ook wel gespeeld dat met ruim 58.000 gulden het parkeergeld 134 % boven de begroting was uitgekomen.
942 Vennotenvergadering 29-10-1999.
943 *Vakwerk* 15-5-2009, aldaar 16-17.

In april 1998 kreeg Keukenhof van de organisatie de stichting Nationale Bollenmarkt het verzoek de 25ᵉ markt op Keukenhof te mogen houden. Ook de organisatoren van de Herfstflora, die sinds jaar en dag in de kerk in Naarden werd gehouden en die door ongeveer 10.000 mensen werd bezocht, vroegen om een plaats op Keukenhof omdat de kerk werd gerestaureerd. De bollenmarkt trok elk jaar ongeveer 5000 bezoekers. De terreincommissie begrootte de kosten van beide evenementen op 50.000 gulden en schatte het aantal bezoekers op 10.000, die 7,50 gulden entree moesten betalen. Het batig saldo dat dit zou opleveren was voor Keukenhof, evenals het verlies als er minder bezoekers kwamen. De bezoekers zouden parkeren op Oost, die ook als ingang werd gebruikt. De markt en de Herfstflora vonden van 15 tot en met 18 oktober plaats in het WAP en vielen qua bezoek tegen. Er kwamen maar 5500 betalende bezoekers. Volgens een artikel in *Bloembollencultuur* kwam dat door de lange loopafstand van auto tot markt en de toegangsprijs. Bij het CNB kon in de directe omgeving worden geparkeerd en was de toegang tot de markt gratis. Toen de organisatie de lange loopafstand opmerkte, had men na een dag pendelbusjes ingezet, maar dat had maar een deel van het probleem opgelost.944 Miranda de Keizer toonde zich in *Marktvisie* van 29 oktober 1998 echter niet ontevreden en vond het een goed voorproefje voor de zomeropenstelling in 1999: "Nu al konden bezoekers kennismaken met Keukenhof in een andere periode dan het voorjaar. En dat is wel aangeslagen (...) we kregen leuke reacties."945

De terreincommissie die aanvankelijk overwoog om ook in het voorjaar voor de opening een bollenmarkt in eigen beheer te organiseren was echter teleurgesteld. De combinatie markt/flora had niet gewerkt en was niet voor herhaling vatbaar. Verder wilde men de toegang gratis maken en de markt meer in eigen beheer houden door kramen te verhuren.946

In 1999 vond de markt van 14 tot en met 17 oktober plaats, nu in het nieuwe ONP, met net als in 1998 een thematische opzet. Weer viel het aantal bezoekers met 4100 wat tegen, maar dat zou wel beter worden, volgens Keukenhof, als er beter zou worden gecommuniceerd dat de toegang nu gratis was. Men ging er mee door, mede omdat men het format in eigen handen had genomen en de promotie zou intensiveren. Op grond daarvan verwachtte men over drie jaar 10.000 bezoekers te kunnen halen.947

De Parades
Op de dag van de opening van de tentoonstelling van 1996 begonnen vier Parades. In het Atriumpaviljoen de Hyacinten-Tulpen-Hippeastrumparade en de Sering-Forsythia-Prunusparade; in het KBP de Orchideeënparade (voor het eerst als een vervanging van de Hippeastrums als permanente show) en in het KJP een show van diverse gewassen, waaronder irissen en Anthurium.
De eerste Parade liet een hoge kwaliteit aan tulpen zien. Vooral door Van den Hoek's Broeiproevenbedrijf dat aanwezig was met honderd cultivars.
Op 3 april volgde de Irissenparade die voor het eerst gecombineerd was met fresia's en die volgens de vakbladen van een zo hoog gehalte was dat het gouden medailles regende. Op 17 april werden de narcissen voor het eerst gecombineerd met Hortensia's. Vanwege de kou waren er echter zo weinig narcissen dat er een paar weken later een tweede editie werd ingelast om de VKC-keuring goed tot haar recht te laten komen.
De Parade van bijzondere bolgewassen begon op 30 april. Twee dagen later startte de Alstroemeria-Bouvardiaparade. Zoals gewoonlijk sloot de Lelieparade van 10 tot 22 mei de tentoonstelling af.

In oktober 1996 vond Zwetsloot dat het bestuur niet met zijn tijd meeging, omdat die het advies van de terreincommissie volgde om Remarkable, een commanditaire vennootschap van het Testcentrum van de Hobaho en het bedrijf Konijnenburg en Van der Mark om nieuwe cultivars van tulpen te winnen en te vermarkten, nog niet toe wilde laten als inzender. Een dergelijke combinatie was in het vak nog te onbekend volgens de commissie. Het bestuur volgde dat advies, maar stelde wel dat het Remarkable vrij stond bollen in te zenden om in de kas op te laten planten.948 Het verzoek zou worden heroverwogen als er nieuwe inzenders voor de uitbreiding van het terrein nodig waren. Inmiddels vormde het Testcentrum ook cultivars met veredelaars van gladiolen (Markflower) en in september 1997 met veertien leliebedrijven: Marklily. Die combinatie trad voor het eerst naar buiten op de Lelieparade van 1998 en won een tweede prijs voor de algehele presentatie.949

In 1997 werd het nieuwe WAP gebruikt voor de Parades. De eerste Parade, bij de opening, was die van tulpen, fresia's en Hippeastrum, ook nu weer met een grote, goede tulpeninzending van Van den Hoek's Broeiproevenbedrijf. Die Parade duurde van 27 maart tot 7 april. Hyacinten en irissen waren in een Parade bijeengebracht die op 9 april begon en tot 21 april duurde. Het sortiment was er wel volgens de vakbladen, maar imponerende kwaliteit nauwelijks. Dat was in die tijd van het jaar ook niet eenvoudig.

De keuringen vormden een steeds grotere belasting voor de VKC, en daarom stelde Keukenhof in 1997 voor het eerst 25.000 gulden beschikbaar als vergoeding voor de reiskosten van de keurmeesters.950

In 1998 werden hyacinten en irissen weer in aparte Parades ondergebracht. De presentaties van vaste planten en kuip- en terrasplanten werden tot Parades verheven, dus met VKC-keuring. Hyacinten bleven echter zorgen baren en het aantal inzenders daalde tot vijf, waarvan twee particuliere inzenders. Een zorgelijke ontwikkeling, schreef *Bloembollencultuur*: "Voor een gewas waar 1300 hectare van staat een povere bijdrage."951 Ook bij de tulp vielen kwaliteit en belangstelling

944 *Bloembollencultuur* 5-11-1998, aldaar 5.
945 *MarktVisie* 29-10-1998, aldaar 54.
946 Vergadering terreincommissie 11-1-1999.
947 Vennotenvergadering 29-10-1999.
948 AB Keukenhof 25-10-1996.
949 *Vakwerk* 23-5-1998, aldaar 13.
950 AB Keukenhof 14-2-1997.
951 *Bloembollencultuur* 9-4-1998, aldaar 18.

tegen, waarschijnlijk omdat Van den Hoek's Broeiproevenbedrijf ontbrak. Narcissen straalden met 350 cultivars weer als vanouds en de Vaste Planten Parade was een succes. In dat jaar begon het bedrijf Royal van Zanten ook met een permanente show in het WAP.

In 1998 trok Keukenhof ten behoeve van de Parades in 1999 60.000 gulden uit voor nieuwe bekers. En in 1999 werden de Parades van irissen en narcissen samengevoegd. 'Een gouden greep' vonden de vakbladen. Minder te spreken waren ze over de eerste Parade van tulpen en hyacinten samen met Hippeastrum en fresia's in het WAP. Dat leidde tot zoveel planten dat de hyacinten in verdrukking kwamen. Het bestuur van de productgroep Hyacint van de KAVB dacht Keukenhof te eren met een extra grote inzending. Bijna dertig bedrijven zonden zo'n zestig cultivars in naast een grote collectie snijhyacinten: "Het resultaat was bedroevend. Op een zeer beperkt oppervlak was het hele sortiment weggezet, deels onder struiken, deels achter hoge staanders. Het gevolg was dat maar een klein deel goed te zien was. Een gemiste kans voor Keukenhof."[952]

Bij de tulpen zond voor het eerst de kwekersvereniging Hybris, een vereniging van veredelaars-kwekers, in. Om hun nieuwe cultivars te promoten kregen zij ook toestemming om een permanente stand te verzorgen in het WAP. In datzelfde WAP stond ook een permanente show van snijlelies van het bedrijf W. Moolenaar en Zonen uit Voorhout, dat voor het eerst weer met een permanente show aanwezig was, zij het nu niet met irissen. Niet alleen ter gelegenheid van het jubileumjaar van Keukenhof, maar ook vanwege de recente overname van het bekende leliebedrijf Bischoff Tulleken uit Wieringerwerf.
Zie voor een overzicht van de andere Parades, **afbeelding 21**.

De wisselende bloementoonstellingen, 'Parades' genaamd, in het Prins Willem Alexander Paviljoen (WA) en het Koningin Beatrix Paviljoen (B) zijn:
25/3 - 6/4	Amaryllis-Hyacinten-Freesia-Tulpen (WA)	
25/3 - 2/5	Sering-Prunus-Viburnum (WA)	
25/3 - 12/4	Orchideeën (B)	
8/4 - 18/4	Alstroemeria (WA)	
8/4 - 19/5	Hortensia (WA)	
14/4 - 20/4	Rozen (B)	
20/4 - 25/4	Narcissen-Irissen (WA)	
22/4 - 3/5	Chrysanten (B)	
27/4 - 3/5	Bijzondere Bolgewassen (WA)	
5/5 - 10/5	Anjers-Zomerbloemen-Bouvardia (B)	
5/5 - 19/5	Vaste Planten-Kuip-en Terrasplanten (WA)	
7/5 - 19/5	Lelies (WA)	
NIEUW: 12/5 - 19/5 Gerbera (B)

afb. 21
Overzicht Parades in
de *Parkgids* van 1999

Na de tentoonstelling van 1999 evalueerde het bestuur de Parades. Geconcludeerd werd dat de belangstelling voor de Binnenparades zorgen baarde, het budget voor de Zomerparades tekort schoot, en dat alle Parades vanaf 2000 in het ONP zouden worden gehouden.[953]

De inzenders
Warmenhoven bleef de aandacht van de terreincommissie en het bestuur vragen. Begin 1996 kreeg hij toestemming zijn verkoophuisje op eigen kosten uit te breiden. Het bestuur wees echter zijn verzoek af om ook gladiolen te mogen verkopen. In november 1996 ontving Keukenhof weer klachten over de afhandeling van orders. Men besloot hem een gele kaart te geven als hij de klachten niet goed afhandelde. In april 1997 bleek dat hij dat maar beperkt had gedaan. Hij ontving een schriftelijke waarschuwing. Later dat jaar bleek dat hij Keukenhof onjuist had geïnformeerd en dat er opnieuw klachten waren. Keukenhof ging met hem in gesprek. In dat gesprek (op 8 december) werd hem te verstaan gegeven dat Keukenhof geen klachten meer wenste te horen en dat hij een proeftijd van één jaar als wederverkoper kreeg. In maart 1998 kwamen er echter nog steeds klachten binnen over door Warmenhoven wel verkochte, maar niet geleverde bloembollen. Voor de terreincommissie was nu de maat vol. De klachten werden nagetrokken en als ze waar bleken dan ging er een streep door de vergunning van Warmenhoven. Dat bleek het geval en vervolgens besloot de terreincommissie aan het bestuur voor te leggen om de vergunning in te trekken. Het bestuur besloot conform.[954] Warmenhoven bepleitte echter zijn zaak zodanig bij de voorzitter van de terreincommissie dat men (weer) met de hand over het hart streek. Hij kreeg een verlenging met een jaar.[955] De brief die hij daarover schreef was echter op een dusdanige toon gezet, dat dit bij Keukenhof weer in het verkeerde keelgat schoot.
Ook Frans Roozen was in 1998 in overtreding door zijn verkopen alleen onder nummer en niet op naam te registreren. Ook hij kreeg een waarschuwing. Eind 1997 had Keukenhof nog 10.000 gulden beschikbaar gesteld om zijn huisje te vergroten.

Inzenders/wederverkopers maakten veel werk van de inrichting van hun verkooppunt. Zo ook Walter Blom die met de inrichting van zijn 'blokhut' veel aandacht trok. 'Je kunt het zo gek niet bedenken of het staat letterlijk op de toonbank die Walter Blom en Zn. B.V. Hillegom heeft opgetrokken in zijn promotie- en verkoop blokhut op de Keukenhof', schreef *Vakwerk* in 1998 bij een foto ervan en een positief getinte beschrijving van het sortiment.[956]
De terreincommissie was niet zo positief en liet Blom in april 1998 weten een klacht over zijn leveringen te hebben ontvangen.

952 *Bloembollencultuur* 15-4-199, aldaar 40.
953 AB Keukenhof 25-6-1999. De terreincommissie wilde om verwarring te voorkomen de zomerparades liever aanduiden als 'tentoonstellingen' (vergadering 9-2-1999).
954 AB Keukenhof 29-6-1998.
955 Vergadering terreincommissie 4-8-1998.
956 *Vakwerk* 25-4-1998, aldaar 58.

afb. 22
Groothertogin van Luxemburg doopt tulp met haar naam

Begin januari 1998 werden ook de teugels bij de andere wederverkopers aangehaald. Hen werd te verstaan gegeven dat de naam Keukenhof alleen mocht worden gebruikt bij het boeken van orders in het park en niet daarbuiten. Tevens diende men zich te houden aan de afgesproken leverdata, want ook daarover kwamen klachten bij Keukenhof binnen.

Toen het plan voor de Zomerhof bij de inzenders bekend werd, stelden zij de vraag of ze ook op de Zomerhof orders mochten boeken. De terreincommissie voelde er niet veel voor, maar toen de vraag aanhield legde men de zaak aan het bestuur voor. Het bestuur kwam er ook niet uit. Besloten werd tot een fundamentele discussie over het gehele fenomeen 'wederverkoop'. Het bestuur overwoog dat het goed in het nieuwe commerciële beleid van Keukenhof zou passen om die verkoop in eigen beheer te nemen. Om die discussie te voeren werd aan de financiële commissie om een nota gevraagd.[957] Die kwam er kennelijk, want in oktober 1999 praatte men er weer over. De Zomerhof had geleerd dat er potentie zat in de verkoop van bloemen en bollen tijdens dat evenement. Men zette het weer op de agenda als een te onderzoeken item in het kader van de ontwikkeling van de merchandising. Wat Keukenhof wel toestond, was dat de inzenders op de Zomerhof op hun naambord in het klein de naam van hun leverancier mochten zetten. Dat was op de Lentehof niet toegestaan.

In augustus 1996 vroeg inzender W. Moolenaar of hij in het vervolg honderd gratis kaarten per tentoonstelling kon krijgen. Tot die tijd kregen de inzenders een kleiner aantal gratis kaarten en konden ze kaarten kopen voor de helft van de prijs. De terreincommissie die zijn verzoek in eerste instantie behandelde, liet nagaan hoeveel kaarten de inzenders voor de tentoonstelling hadden gekocht. Dat bleken er ruim 6800 te zijn voor ongeveer 72.000 gulden. Na een lange discussie stelde de commissie aan het bestuur voor om in het vervolg elke inzender vijftig gratis kaarten te schenken.[958] Het bestuur besliste in de vergadering van 23 augustus 1996 dat die vijftig gratis kaarten alleen golden voor de inzenders van de buiteninzending.

Op 30 januari 1997 kregen de inzenders, de "geachte hofleveranciers", het eerste exemplaar van de *Nieuwsbrief*, een periodiek dat sinds die tijd verscheen. Deze was bedoeld om de band tussen Keukenhof en de inzenders te versterken en was geschreven door Arie in 't Veld.

Tentoonstelling 1996

Voorafgaande aan de tentoonstelling van 1996 gaf de groothertogin van Luxemburg op 6 maart in haar paleis haar naam aan een nieuwe tulp van Konijnenburg en Van der Mark. De doop was een coproductie van Keukenhof, het NBT en de Nederlandse ambassade in Luxemburg (zie **afbeelding 22**). Evelyn Rietveld had zich voor die gelegenheid in een Jacobakostuum gestoken.
Een andere grande dame, Erica Terpstra, staatssecretaris van het ministerie van WVS, opende op 21 maart Keukenhof met de kreet "Jottum, het wordt weer lente."[959] Maar de lente "zat nog binnen", merkte een vakblad op, want het was koud en buiten was weinig bloei te zien. Zo weinig dat het Keukenhofboekje (de catalogus) de eerste tijd gratis werd uitgedeeld. Omdat bloembollen en tulpen op nieuwe postzegels van de PTT stonden overhandigde de voorzitter van de raad van bestuur van de PTT ir. W. Dik de nieuwe serie voorjaarsbloeiers aan Terpstra (zie **afbeelding 23 en 23A**). Tijdens de tentoonstelling was de film die Stoelwinder van Keukenhof had gemaakt voor 25 gulden te koop.[960]

afb. 23
Terpstra ontvangt postzegels

afb. 23a
Tulp en milieu op postzegels

957 AB Keukenhof 17-12-1998.
958 Terreincommissie vergadering 22-8-1996.
959 *Vakwerk* 30-3-1996, aldaar 7.
960 In 1997 trok Keukenhof 150.000 gulden uit voor een nieuwe film.

Het bosgebied tussen de molen en het KBP was opnieuw ingericht als stiltegebied met bankjes, stinzeplanten, boomschorspaden, heuveltjes en rustgevende muziek. Vandaar de naam muziektuin.
Op het tentoonstellingsterrein stonden voorts vijftig kunstwerken van tien kunstenaars. Het was een bijzonder seizoen vanwege de lange vorstperiode, late bloei en daarna een snelle doorgroei.
Begin april vierde de voorzitter van de Bond van Plantenhandelaren zijn afscheid met het planten van bomen op Keukenhof: elke sectie plantte een boom uit 'haar' exportland.
Medio april ontving Keukenhof een staatsbezoek uit Noorwegen en op 26 april doopte Albert Heijn een nieuwe tulp met zijn naam. Het was een bijzondere oudroze tulp met een lichtroze rand. De bedoeling was dat de bollen exclusief zouden worden verkocht door het Zaandamse concern.
Een andere bijzondere gebeurtenis vond plaats op 17 mei. Op die dag nam de bloembollensector op Keukenhof afscheid van professor Gus de Hertogh, die in opdracht van en betaald door de sector jarenlang onderzoek naar het gedrag van bloembollen onder Amerikaanse omstandigheden (zie **afbeelding 24**). Hij zou zijn werkzaamheden op 1 januari 1997 beëindigen.

afb. 24
Laatste werk van Gus de Hertogh
(rechts)

Na de sluiting van de tentoonstelling op 22 mei vond Van Os dat die te vroeg was gesloten, omdat de bezoekers op de laatste dag nog bloemen sneden en er nog veel in knop stond. Het leidde tot een lange discussie in het bestuur, die echter niet tot besluitvorming leidde.[961] Ook tijdens de tentoonstelling was er over gepraat om de tentoonstelling tot en met de Pinksterdagen (27 mei) op en te houden.[962]

Er kwamen er 807.266 bezoekers, ruim 30.000 minder dan het jaar daarvoor. Daarover toonde Keukenhof zich tegenover de vakpers, bij monde van Koster, niet ontevreden. Er was wel overwogen de tentoonstelling langer open te houden zei hij, maar door het warme weer in mei was daar van afgezien.

Net als in eerdere jaren had Keukenhof nu ook weer te kampen met vernielingen en diefstallen en was er ongeveer 10.000 gulden nodig om extra bewaking mogelijk te maken.[963]
Keukenhof had ook last gehad van het teruglopen van het busbezoek uit Duitsland, overigens een landelijk verschijnsel. Rederij Kamstra, een van de grootste vervoerders, had maar 35.000 kaarten afgenomen in plaats van de gebruikelijke 50.000. Daarom werd in de promotie extra aandacht besteed aan de Duitse markt. Kamstra werd een extra korting beloofd als hij voor 1997 minimaal 40.000 kaarten zou afnemen.
Na de tentoonstelling werden in juni weer, na zeven jaar, infrarood opnamen van het bomenbestand gemaakt. Na analyse bleek dat de resultaten geen aanleiding gaven tot maatregelen. Op initiatief van Keukenhof plantte mevrouw Dok-van Weele, staatssecretaris van het ministerie van EZ op 4 november 1996, in het kader van een werkbezoek aan enkele Duitse steden, op de Alexanderplatz in Berlijn de eerste van 20.000 tulpen. Keukenhof was daarbij aanwezig. Dat gold ook voor beurzen in Leipzig, Gent, Parijs, Londen, Brussel, Götborg, Milaan en Montreux.
Na de tentoonstelling werd de relatie met het Rotterdamse reclamebureau Wave verbroken en een contract aangegaan met het Amsterdamse bureau Catchline.

Tentoonstelling 1997
De voorbeschouwingen van de tentoonstelling stonden vrijwel geheel in het teken van de toekomst. Zo was er veel aandacht voor het planten van de eikenbomen in de uitbreiding. Ze wogen 3,5 ton per stuk, waren 40 jaar oud, 12 meter hoog en hadden een kroonbreedte van 4 tot 6 meter: kosten circa 5000 gulden per stuk.[964] Daarnaast waren er de nieuwe kassen, een nieuwe inrichting tussen kas en de molen met onder meer speeltoestellen voor kinderen en rood asfaltpad van Noord naar de kassen.
Begeleid door vuurwerk opende Commissaris van de Koningin in Zuid-Holland, mevrouw ir. J. Leemhuis-Stout op 27 maart Keukenhof en het nieuwe kassencomplex. Ze zei tijdens de opening: "Er is maar één Keukenhof, en die is in Lisse", daarmee reagerend op plannen om in de kop van Noord-Holland een permanente bloementoonstelling, Hollands Bloementuin, op te zetten.[965]
In de muziektuin werd aandacht besteed aan de honderdste sterfdag van Brahms en kon de bezoeker een CD met zijn muziek kopen. Bovendien lag er een mozaïek van de componist.
De Bollenstreek kreeg er wel een attractie bij. Op 19 maart 1997 opende Harry Mens Panorama Tulipland, gevestigd in het oude bloembollencomplex van C. Colijn & Zonen te Voorhout (zie **afbeelding 25**). Een van de initiatiefnemers was Herman van Amsterdam, bekend van het schrijven van historische boeken over de streek en de bloembollen-

961 AB Keukenhof 31-5-1996.
962 AB Keukenhof 26-4-1996.
963 AB Keukenhof 26-4-1996.
964 *Vakwerk* 8-3-1997, aldaar 15.
965 *Bloembollencultuur* 10-4-1997. Die tentoonstelling kwam er overigens niet. Zie over Hollands Bloementuin Dwarswaard en Timmer 2010.

afb. 25
Panorama Tulipland geopend

sector. Hij schreef in november 1998 een brief aan Keukenhof met het verzoek de tentoonstelling een plaats te geven in het nieuwe ONP. De terreincommissie wees dat verzoek af: het paste niet bij Keukenhof.[966] Later zou men hier anders over gaan denken.

Tegen eind april 1997 werd er voor 25.000 gulden aan plantmateriaal aangekocht om de vorstschade te herstellen. De geplande sluiting van de tentoonstelling op 22 mei werd nu wel met drie dagen uitgesteld. Dit tot groot ongenoegen van de deelnemers aan de Lelieparade, omdat die tentoonstelling al twee dagen langer duurde dan normaal het geval was. Het leidde tot een bezoekersaantal van 853.845 bezoekers, ruim 50.000 meer dan het jaar daarvoor.

Op 24 oktober 1997 plantte de burgemeester van Berlin-Mitte de eerste van duizenden tulpen op 450 m² van de Pariser Platz aan de voet van de Brandenburger Tor, een initiatief van Keukenhof en het IBC (zie **afbeelding 26**).

verjaardag van de koningin. Dat kostte 20.000 gulden, waarvan het IBC de helft voor haar rekening nam.

Van Os mocht in dezelfde maand van het bestuur maximaal 2500 gulden bieden op een tulpenschilderij van Jan Wolkers dat werd aangeboden op een kunstveiling in de Hobaho. Dat schilderij hangt nu nog in Keukenhof.

Het doolhof en twee nieuwe Parades: dat waren de belangrijkste noviteiten van de tentoonstelling die op 26 maart door mr. J. Cornelissen, de directeur van het NTB, werd geopend. Voor die opening was Keukenhof al opengesteld voor de president van Venezuela die op bezoek was bij koningin Beatrix. Cornelissen was niet alleen gevraagd omdat hij afscheid nam als directeur van de NTB, maar ook omdat hij kort daarvoor pittige kritiek had geleverd op de tentoonstelling. Men zou een voorbeeld moeten nemen aan Hollands Bloementuin, waar naast aandacht voor het product meer aan entertainment voor de gasten zou worden gedaan. Keukenhof besteedde volgens hem ook te weinig aan vermaak voor kinderen.[967] Hij werd van repliek gediend door medewerkers van het IBC (zie artikel in voetnoot). Bij de opening was Cornelissen echter niet kritisch. Hij zwaaide Keukenhof juist lof toe als belangrijke toeristische attractie. Bij de opening was ook zijn opvolger: mr. Th. Schmitz (zie **afbeelding 27**).

Keukenhof stond al bijna in volle bloei toen de tentoonstelling werd

afb. 26
IBC en Keukenhof planten bollen in Berlijn

afb. 27
Alleen nog lof voor Keukenhof

geopend, sterker nog, de krokussen waren al bijna uitgebloeid. Van Os verwachtte dat er veel zou moeten worden bijgeplant omdat de natuur veertien dagen voor was. Dat was het geval en dat kostte Keukenhof bijna 50.000 gulden aan plantmateriaal.[968] Na bijna een jaar onder-

Tentoonstelling 1998

In januari 1998 vroeg een hofdame aan Keukenhof om een versiering van het Concertgebouw ter gelegenheid van de viering van de zestigste

966 Vergadering terreincommissie 9-11-1998.
967 *Handelswijzer* 14-4-1998, aldaar 14 en 15.
968 AB Keukenhof 17-4-1998.

afb. 28
Keukenhof Expres

handelen was Keukenhof erin geslaagd de nieuwe Loverstrein te laten stoppen in Lisse. De wandelroute naar Keukenhof werd ter gelegenheid daarvan versierd en er kwamen beveiligde oversteekplaatsen bij het station en bij Keukenhof (zie **afbeelding 28**).[969]
In de loop van 1997 had Keukenhof met het ministerie van Buitenlandse Zaken een plan ontwikkeld voor een reizende fototentoonstelling van 25 grote foto's (één meter bij één meter) uit de collectie van Koster. Keukenhof stelde voor die tentoonstelling: *Spelen met licht en kleur*', 15.000 gulden beschikbaar. De rest financierde het ministerie. Het was de bedoeling dat die tentoonstelling over de wereld zou trekken.[970] Bij de opening van Keukenhof deelde Van Os mee dat de foto's binnenkort waren te zien in Sint Petersburg en dat er ook aanvragen waren uit Duitsland en China.[971] Het bleek een succes. In november stond er in de vakbladen dat de tentoonstelling in Sint Petersburg was gecombineerd met werken van Cremer en Corneille en dat hij nu te zien was in Beijng en ook op Keukenhof zou komen tijdens het jubileumjaar.[972]
Het IBC, met een informatiestand al sinds jaar en dag aanwezig, toonde in het WAP de bloembol van het jaar). In hetzelfde paviljoen verzorgde inzender Meeuwissen een permanente show van narcissen uit eigen kraam van 6 hectare met 75 cultivars.[973]

Rond Koninginnedag verwelkomde Keukenhof de vijftienmiljoenste bezoeker

Net als in 1997 toog een delegatie van Keukenhof naar Duitsland om bij een tulpdoop aanwezig te zijn: in 1997 op 3 mei in Berlijn en in 1998 zette op 18 april 1998 Van Os in Potsdam zijn handtekening onder een *Urkunde* die melding maakte van de doop van de tulp 'Potsdam'. In de herfst organiseerde Keukenhof ook weer bollenplantacties in Duitsland.

Omdat Koster ziek was, stond Jan Guldemond, de coördinator van de Parades, de pers te woord over een terugblik op de tentoonstelling. Er waren 825.000 bezoekers geweest, 25.000 minder dan het jaar daarvoor, maar Guldemond vond het toch een "topjaar (...). We hebben alles gehad (...) sneeuw, onweer, een hittegolf en afsluitend een koude lente." [974] De corsodag, 25 april, had ondanks het slechte weer gezorgd voor 53.000 bezoekers en 1007 bussen.

In het kader van de promotie in Duitsland plantte Keukenhof dit jaar geen bollen in Duitsland, maar sponsorde men met 25.000 gulden een tulpenrally met historische auto's naar Duitsland. Ook het NBT stelde een dergelijk bedrag beschikbaar. Men zou vanaf parkeerterrein Oost vertrekken.[975]

Eind november 1998 lanceerde Keukenhof zijn website, nadat men al in november 1996 de domeinnaam had geregistreerd.

Tentoonstelling 1999
Begin 1999 wijdde het bestuur weer eens een discussie aan het Corso. De belangstelling was tanend. Er waren vijf wagens minder aangemeld dan het jaar daarvoor en dat bracht de continuïteit van het Corso in gevaar. Vandaar dat het bestuur van het Corso aan Keukenhof vroeg om een extra wagen te willen verzorgen. Omdat Keukenhof er nu van overtuigd was dat het Corso moest blijven trok men daar de benodigde 10.000 gulden voor uit. Wel vond men dat de organisatie professioneler moest worden.[976]
Voordat Keukenhof opende trok men op 8 maart naar België voor een tulpdoop door koningin Fabiola.
Op 25 maart opende koningin Beatrix de jubileumtentoonstelling, die tot 19 mei zou duren. In verband met het bezoek van de koningin stond in het park een collage van de beste beelden en kunstwerken van de laatste 10 jaar. Het park lag er fleurig bij, ook al omdat er voor 225.000 gulden een nieuwe bewegwijzering en inzenderborden waren aangebracht.
Eind augustus 1997 had het IBC overleg gevoerd met de terreincommissie over de aanpassing van de thematuinen. Aanvankelijk dacht men aan een rigoureuze aanpassing, maar dat bleek bij nader inzien niet nodig. Volstaan kon worden met een aanpassing in de vorm van beplantingen, gebruik van materialen en het bloembollensortiment. Keukenhof betaalde daaraan ongeveer 20.000 gulden, inclusief de kosten voor de informatrice. Ook het HIC droeg 5000 gulden bij en het IBC rond de 20.000 gulden. PPH leverde een bijdrage in de vorm van een de top tien van de Boskoopse gewassen die Keukenhof zou aanschaffen. In 1999 waren de tuinen nog niet volledig aangepast; dat zou in 2000 het geval zijn.
Ook de Muziektuin trok de nodige belangstelling, vooral vanwege de lintbeplantingen van narcissen en andere bolgewassen.[977]
Door slecht weer met Pasen (10.000 bezoekers minder dan in 1998) en de Balkanoorlog die veel publiciteit van Keukenhof wegtrok, bleef het aantal bezoekers steken op 790.000, voor het eerst sinds 1992 beneden de 800.000. Koster zei tegen *Bloembollencultuur* (10-6-1999, dat het resultaat hem niet tegenviel. Het bestuur was in een terugblik niet erg tevreden en Troelstra nog minder. Hij betoogde dat het beeld van Keukenhof in Nederland bijstelling behoefde, want het marktaan-

969 AB Keukenhof 27-2-1998.
970 AB Keukenhof 15-10-1997.
971 In juli 1998 had Van Os hierover gesproken met een Chinese delegatie die door bemiddeling van het IBC Nederland bezocht.
972 *Markt Visie* 26-11-1998, aldaar 53.
973 *Vakwerk* 11-4-1998, aldaar 42.
974 *Vakwerk* 30-5-1998, aldaar 7.
975 AB Keukenhof 31-7-1998.
976 AB Keukenhof 29-1-1999.
977 *Vakwerk* 22-5-1999, aldaar 34-35.

deel was te laag volgens hem. Hij weet dat ook aan "ongestructureerde PR."⁹⁷⁸ Hij lichtte dat nader toe in een interview in *Bloembollencultuur* van 25 november 1999. Sinds de jaren vijftig, toen het merendeel van de bezoekers uit Nederland kwam, was dat percentage gedaald tot tussen de 25 en 30 procent; "Kennelijk heeft...Nederland een beeld van de Keukenhof dat geen recht doet aan wat het is (...) misschien ervaren Nederlanders het decor en zijn acteurs, het park en de bloemen, wel als te vanzelfsprekend. Toch is het onze doelstelling ook de Nederlander iets te vertellen over de bloemenpracht."⁹⁷⁹ Hij schetste het volgende beeld voor 2009: "(...) Hier worden trends gemaakt, hier zijn verhalen te beleven van bloemen. We willen dat misschien wel jaarrond gaan doen met meerder momenten van openstelling." ⁹⁸⁰ Hij maakte dat niet meer mee; begin 2001 legde hij zijn functie neer.

In december bleek dat Lovers wegviel en kwam er een discussie op gang over alternatieven via Connexion en de NS. Keukenhof startte een lobby om het station Lisse weer in gebruik te nemen. Ook bezon men zich op een betere ontsluiting van het parkeerterrein Narcis.

Financiën

BTW
Op 21 december 1995 verscheen er een persbericht van het ministerie van Financiën waarin werd aangekondigd dat de BTW vanaf 1996 werd verlaagd tot zes procent voor bioscopen, musea, tentoonstellingen, sportprestaties en voorbehoedmiddelen. Keukenhof had er al eerder van gehoord via de Club van Elf. Men wist dat Madame Tussaud ook voor deze verlaging opteerde en wilde dat uiteraard ook wel, omdat nu 17,5% werd betaald. Op 16 januari 1996 stuurde Den Hoed een brief aan de Belastingdienst in Leiden met de vraag om een verlaagd tarief. Op 30 januari antwoordde de Belastingdienst dat Keukenhof hier niet voor in aanmerking kwam, omdat Keukenhof niet voldeed aan de criteria "het leveren van een culturele prestatie" en "openbare musea en verzamelingen." De wetgever had er niet voor gekozen tentoonstellingen en amusementsparken onder het verlaagde tarief te brengen, alhoewel de EG-richtlijn wel die mogelijkheid bood. Wilde Keukenhof een verlaagd tarief dan moest men zich wenden tot het ministerie. Keukenhof schakelde ME & Y in en die richtte op 28 februari 1996 een verzoek terzake aan het ministerie. Broersen, die binnen het bestuur dit dossier behandelde, wilde ook gaan praten met de staatssecretaris en eventueel een beroepsprocedure starten.⁹⁸¹ Toen de Belastingdienst dan ook in april een aanslag oplegde van 475.244 gulden tegen het tarief van 17,5 procent, maakte ME & Y daartegen namens Keukenhof bezwaar (op 6 juni 1996) en besloot het bestuur dat ME & Y in het vervolg de aangifte zou baseren op 6 procent.⁹⁸² Ook de Floriade had aan het ministerie van Financiën om een verlaagd tarief verzocht. Toen LNV-minister J. van Aartsen op 23 april de eerste Floriadeboom plantte, vertelde hij dat hij die aanvraag ondersteunde. Onmiddellijk werd hij aangeschoten door Van Os met de vraag om ook Keukenhof te steunen. Van Aartsen zegde die steun toe en kreeg op 25 april 1996 het gevraagde dossier. Het wachten was nu op een beslissing van het ministerie van Financiën. Maar dat duurde lang en inmiddels kreeg in mei 1996 Madurodam het verlaagde tarief als lid van de Nederlandse Museumvereniging. Op 30 mei 1997 wees de Belastingdienst het bezwaar van Keukenhof af en ging men op 17 juni 1977 in beroep bij het Gerechtshof in Den Haag. Nog steeds had het ministerie niet gereageerd.

In augustus 1997 meldde Van Os zijn bestuur dat de attractieparken onder het verlaagde tarief vielen en hij hoopte dat dit ook voor Keukenhof het geval zou zijn. En dat was het geval, want op 28 augustus schreef staatssecretaris van EZ, A. van Dok-van Weele aan de Club van Elf dat de attractieparken per 1 januari onder het verlaagde tarief zouden vallen. Op 29 oktober 1997 reageerde het ministerie van Financiën eindelijk op het verzoek van Keukenhof. Op basis van de argumenten van Keukenhof (lees ME & Y) had men een wetswijziging in voorbereiding waardoor Keukenhof, behoudens parlementaire goedkeuring, per 1 januari 1998 onder het verlaagde tarief zou kunnen vallen. Dit was echter op dat moment nog niet het geval. Keukenhof besloot hierop een actie richting het parlement te starten en het beroep bij het gerechtshof gewoon voort te zetten. Ook dat hielp. De wetswijziging ging per 1 januari 1998 in. Blijkens een bericht in *de Volkskrant* van 28 maart 1998 reageerden de meeste attractieparken met een niet-verhogen van de toegangsprijs. Alleen Keukenhof maakte de toegang twee kwartjes duurder: "dat is nodig omdat de Keukenhof uitbreidt en gedeeltelijk moet renoveren, zegt de directie."

Op 15 mei 1998 behandelde het gerechtshof in Den Haag het beroep tegen de aanslagen en op 22 juli 1998 wees het gerechtshof alle bezwaren die inmiddels waren ingediend tegen zes naheffingsaanslagen omzetbelasting af. Op advies van ME & Y stelde Keukenhof een beroep in cassatie in bij de Hoge Raad der Nederlanden. ME & Y kwam met Keukenhof overeen dat voor 1000 gulden te doen op basis van 'no cure no pay'.⁹⁸³ Ook dat hielp niet: op 30 juni 1999 wees de Hoge Raad arrest en achtte de zaak geen cassatie waardig. Er was volgens de Hoge Raad geen wettelijke of andere rechtsregel geschonden.

Visie 2000. Keukenhof over de grens van eeuw en millennium
Op 29 maart 1996 behandelde het bestuur een notitie van Broersen die hij bovenstaande titel meegaf. Het was een vervolg op zijn notitie van maart 1994. Hij vond het tijd om eens na te gaan wat die notitie voor invloed op het beleid had gehad, en om de lijnen voor de komende jaren uit te zetten. De eerste conclusie die hij trok, was dat er een grotere begrotingsdiscipline was geweest, een manco dat hij eerder had gesignaleerd. Ook was er minder geïnvesteerd dan verwacht en dat was verheugend voor de financiële positie. Tevens had het batig saldo zich boven verwachting ontwikkeld. Dat had geleid tot een ruim 6,5 miljoen gulden hogere reserve per 31 augustus 1995 (balansdatum) dan was verwacht. Vervolgens bevatte de nota een investeringsplan dat reikte tot 2001/2002 en dat bijna 24 miljoen gulden beliep met een daarbij

978 AB Keukenhof 28-5-1999.
979 *Bloembollencultuur* 25-11-1999, aldaar 17.
980 *Bloembollen cultuur* 25-11-1999, aldaar 17.
981 AB Keukenhof 29-3-1996.
982 AB Keukenhof 26-4-1996.
983 AB Keukenhof 25-9-1998.

afb. 29
Plattegrond 1999

984 AB Keukenhof 26-4-1996.
985 Brief financiële commissie van 28-7-1998.
986 AB Keukenhof 17-12-1998. Overigens was bank al huisbankier van de Keukenhof en had het alleenrecht om aanwezig te zijn op Keukenhof. In deze periode had Keukenhof ongeveer 120.000 gulden bijgedragen aan de herinrichting van de kantoren op Keukenhof.

behorend financieringsplan. Broersen deed de aanbeveling om een blijvend streng begrotingsbeleid te blijven voeren en om aan het dalen van de nettorecette een halt toe te roepen door het systeem van reducties eens kritisch tegen het licht te houden. De teruggang van het particulier bezoek was voor hem aanleiding te adviseren tot een onderzoek naar de publieksgroepen die Keukenhof bezoeken.
Alle berekeningen had hij gebaseerd op 800.000 bezoekers. Daarbij signaleerde hij wel dat het break-even punt steeds verder steeg. Dat zou op den duur kunnen leiden "tot verstarring van de dynamiek van Keukenhof", en daarom vond hij dat er een flinke marge moest blijven tussen dit punt en de 800.000 bezoekers.
Het bestuur aanvaardde de notitie en stelde die vast op 29 maart, maar een maand later merkte Zwetsloot dat men al achterliep op de prognose. Zo waren de kassen een half miljoen duurder dan begroot en was er een half miljoen minder ontvangen aan recette.[984]
Twee jaar later gooide de overname van de horeca, als onderdeel van de herstructurering, de hele planning in de war en noopte de herstructurering zelf ook tot een totaal andere benadering van het financiële stelsel.

Herstructurering
Nadat Van Os op 26 maart 1998 het brouwerijcontract had getekend, boog de financiële commissie zich over de financiële consequenties en presenteerde die aan de bestuursvergadering van 31 juli 1998. Men presenteerde een nieuwe verkorte balans na overname van de horeca en de bouw van het ONP. De financiële commissie voorzag als gevolg daarvan een 'piekfinanciering' voor de komende jaren van ongeveer twintig miljoen gulden en stelde om die te dekken het volgend voor; "a. Liquidatie van de belegde reserve waarmee ca. f 13.725.000,= vrijkomt. Hierin is thans een koerswinst te behalen van ongeveer f 1.500.000,- welke bij normale afloop van de leningen niet gemaakt wordt.

b. Aantrekken van een externe financiering van maximaal f 7.500.000,=.
c. Gesprekken met ABN-AMRO en de ING-Bank aangaan teneinde voor deze financieringsvorm een offerte te krijgen."[985]
Verder vond de commissie het noodzakelijk dat Keukenhof uiterst terughoudend zou moeten zijn met nieuwe investeringen. Tot slot stelde men voor om in verband met de herstructurering in de financiële rapportage over te schakelen naar een systeem van kostenplaatsen in plaats van een indeling naar commissies. Bovendien zouden er ook afschrijvingen worden opgenomen. Tot dan toe werd alles in één jaar afgeschreven. Het bestuur nam alle voorstellen over.
Alhoewel de offerte van de ING ongeveer 0,1% gunstiger was, gaf het bestuur in december de voorkeur aan de offerte van de ABN-AMRO, omdat die volgens Zwetsloot "partner in business" wilde worden. Het ging om een lening van 7,5 miljoen gulden. Tevens liquideerde de ABN-AMRO ook de effectenportefeuille, tegen een commissie van 0,2 procent.[986]
Op 26 oktober 1999 maakte de Bloamententoonstelling Keukenhof CV de balans op van de periode 1 januari tot en met 30 september, die sloot met een positief exploitatiesaldo van ruim 3,7 miljoen gulden. Dat was bijna net zo hoog als in het jaar daarvoor en ruim een miljoen hoger dan in de periode 1992-1993 tot en met 1996-1997 was bereikt.
Een daarna gemaakte meerjarenraming van de exploitatie, van 1999 tot en met 2004, kwam voor 1999 uit op een verlies van 655 duizend gulden als gevolg van de herstructurering. Voor het eerst werden ook kosten voor de afschrijving en de herstructurering opgenomen. Toen de echte rekening werd opgemaakt resteerde een overschot van 224 duizend gulden.

Tot slot
Alle veranderingen zijn in beeld gebracht op de plattegrond van de tentoonstelling van 1999 (zie **afbeelding 29**).

HOOFDSTUK 19

RUIMTE MAKEN, RUIMTE DELEN

Tot 2003 en daarna. Eerste gedeelte. Veranderingen in bestuurlijke en ruimtelijke structuur.

Een nieuwe visie en een nieuwe huurovereenkomst

Op 19 december 2002 verschenen Walter Jansen en Jaap Buddingh' als voorzitter en secretaris/penningmeester van de stichting Keukenduyn voor notaris Kompier in Lisse om de statuten van Keukenduyn te wijzigen. Per 1 januari 2003 zou de naam veranderen in stichting Internationale Bloententoonstelling Keukenhof. Dat was de voorlopige afsluiting van een roerige periode in het bestaan van Keukenhof. Van die periode wordt in dit hoofdstuk verslag gedaan.

Het ruimtelijk beleid van de overheden ondergind ook veranderingen met belangrijke gevolgen voor Keukenhof. Dat noopte tot een nieuwe visie op de toekomst van Keukenhof. Daarvan doet dit hoofdstuk ook verslag, evenals van de totstandkoming van een nieuwe huurovereenkomst.

De veranderingen in de bestuurlijke structuur. Een chronologisch overzicht van 14 november 2000 tot 19 december 2002

14 november 2000: ontslag Troelstra
Op 14 november 2000 besloot de algemene vergadering van aandeelhouders van Keukenhof Beheer BV het contract met directeur Troelstra per 1 februari 2001 te beëindigen. Ir. Arie L. Breure uit Lisse zou hem per die datum opvolgen als algemeen directeur ad interim. Die vergadering volgde kort op de vennotenvergadering van 3 november die voor Troelstra dramatisch verliep. Al het gehele jaar hadden bestuurders tevergeefs gevraagd om allerlei plannen op het gebied van personeel en organisatie. De bom barstte bij de behandeling op 3 november van de conceptbegroting 2001. Die werd slecht ontvangen. Uiteindelijke concludeerde de vergadering: "Een en ander leidt tot de discussie of het negatieve exploitatiesaldo op de conceptbegroting 2001, waarbij de visie om dit negatieve resultaat te verbeteren momenteel ontbreekt geaccepteerd wordt of dat een nieuwe begroting gepresenteerd dient te worden." De vergadering besloot tot het laatste en op 14 november zegde men in een aparte vergadering het vertrouwen in Troelstra op. *Bloembollencultuur* maakte in het nummer van 15 februari 2001 het vertrek van Troelstra bekend. "In goed overleg", aldus Van Os: "In eerste instantie leek ons een tweekoppige leiding goed. Eén directeur voor de tuin en één directeur voor marketing en sales. We zijn er gaandeweg achter gekomen dat dit toch niet de meest ideale oplossing is. We willen toe naar één directeur met enige affiniteit met de groene sector. Troelstra vond zichzelf niet in die functie passen."[987] Van Os benadrukte ook dat Troelstra zich altijd beschouwd had als veranderingsmanager.

1 mei 2001: aantreden J. van Riesen als directeur
Breure bleef niet lang. Op 24 mei droeg hij zijn tekenbevoegdheid over aan J. van Riesen (53). Deze solliciteerde op 5 februari 2001 als reactie op een advertentie in *De Telegraaf*. Hij werd uit vijf kandidaten gekozen en per 1 mei benoemd tot algemeen directeur bij Keukenhof Beheer BV. In het persbericht over zijn benoeming werd zijn lange staat van dienst in de recreatieve sector geroemd, onder meer als statutair directeur bij Recreatiepark De Bergen in Wanroy. Hij zou zich primair richten op strategisch en resultaat gericht ondernemen.[988] In een interview in *Duin & Bollenstreek* van 9 juni vertelde hij iets over zijn plannen. Hij wilde andere elementen aan Keukenhof toevoegen. Zo dacht hij aan een geurlijn bij de entree om het lange wachten te veraangenamen; een verduisterd paviljoen waar met licht en bloemen werd gespeeld; een paviljoen met muziek; en een beeldenpaviljoen. Het interview eindigde als volgt: "Waar zijn voorganger door een 'verschil van inzicht' al snel zijn biezen pakte, lijkt deze directeur een blijvertje. Ik heb mijn afscheid al bepaald. In 2015, dan ga ik met pensioen." Dat bleek een misrekening te zijn.

Juli 2001: Van Riesen schrijft een nota
De Raad van Commissarissen behandelde in de vergadering van 17 augustus 2001 een nota die Van Riesen de titel meegaf *Con Toeren. Op weg naar 2006*. Het was een lijvig stuk van 54 pagina's met een essayistisch karakter en de nodige bijlagen Het behelsde de visie van Van Riesen op Keukenhof. Hij vond dat Keukenhof in een situatie van structureel verlies verkeerde en daardoor waren ingrijpende maatregelen nodig: "De top van de huidige organisatiestructuur functioneert onvoldoende (...). De commandostructuur is versnipperd en er is geen sprake van eenhoofdige leiding. Deze structuur kan mogelijk behouden blijven, mits er duidelijke rollen worden afgesproken m.b.t. het besturen en de controle daarop, alsmede tot het vermogensbeheer. Met een fiscaal adviseur dient overlegd te worden of de huidige structuur daartoe, na aanpassingen, voldoende mogelijkheden biedt, dan wel een structurele wijziging noodzakelijk is."[989] Elders in het rapport opteerde hij voor een constructie met de algemeen directeur als enig bestuurder van de vennootschap, met veel vrijheid en veel macht. Omdat de Raad van Commissarissen instemde met zijn rapport, nam Van Riesen contact op met mr. H.A. Tulp van Ernst & Young, accountants en belasting adviseurs (E&Y), de nieuwe adviseur van Keukenhof. Tot voorstellen aan de Raad van Commissarissen kwam het echter niet meer.

987 *Bloembollencultuur* 15-2-2001, aldaar 5.
988 *Vakwerk* 28-4-2001, aldaar 31.
989 *Con Toeren*, aldaar 53-54.

afb. 1
De toegang tot de Japanse tuin op de Zomerhof

10 september 2001: moet stichting Keukenduyn toch vennootschapsbelasting betalen?
In een brief van 10 september 2001 deelde de Belastingdienst uit Leiden aan Algie (E&Y) mee dat na men na (lange) bestudering van het CV-contract tot de conclusie was gekomen dat de stichting Keukenduyn venootschapsbelasting-plichtig was. De stichting hield zich namelijk wel degelijk bezig met bestuurs- en beheersdaden van de CV. Ook beschouwde de Belastingdienst de rekening-courantrelatie en de investering van ruim negentien miljoen gulden (bijna het gehele vermogen) in de CV niet als een belegging: "dat is een risico dat een particulier belegger niet zou nemen." Met andere woorden: de stichting dreef een onderneming en zou een aangifte vennootschapsbelasting over 1998 krijgen. Uiteraard was E&Y het met deze beslissing niet eens. Op 31 januari 2002 reageerde men met een brief naar Leiden met de mededeling dat er volgens hen geen sprake was van belastingplicht. Weer volgde een ronde van besprekingen tussen E&Y en Belastingdienst. Op 14 augustus 2002 deelde E&Y de Belastingdienst mee dat Keukenhof niet gediend was van een mogelijke fiscale procedure. Men stemde in met de zienswijze van de Belastingdienst: Keukenduyn was in beginsel belastingplichtig. Wel wist E&Y te bereiken dat de belastingplicht begon na de wijziging van de statuten, zodanig dat de rol van de gemeente wegviel. Dat was per 1 juni 1999. Aangezien echter de exploitatie van Keukenhof na 1 september 1998 verlieslatend was, betekende de belastingplicht per 1 juni 1999 dat de flinke verliezen daarna met toekomstige winsten konden worden verrekend.

September 2001: Keukenhof stopt met de Zomerhof
Tottori is een van de 48 provincies van Japan. Midden jaren negentig besloot de toenmalige gouverneur van de provincie ook in Tottori een toeristisch bloemenpark aan te leggen: Tottori Hanakairo. Men legde daarover contact met Keukenhof en dat resulteerde in regelmatige bezoeken over en weer: van Keukenhofzijde door Van Os en Koster.[990] Zij brachten advies uit over de inrichting van het park. Tevens betaalde Keukenhof mee aan de inrichting van een "Klein Keukenhof" op het park en stuurde elk jaar bloembollen om in het park geplant te worden. Elk jaar bezocht een delegatie uit Tottori ook Keukenhof. In 2000 hielpen de Japanners mee met de inrichting van een Japanse tuin bij de molen. De tuin werd bij de start van Zomerhof 2000 officieel geopend, ter gelegenheid van vier eeuwen betrekkingen op bloembollengebied tussen Japan en Nederland (zie **afbeelding** 1).[991] Meer bezoek aan de Zomerhof bracht het echter niet. Integendeel, er kwamen minder bezoekers dan in 1999. In de zes weken dat de Zomerhof open was, van 3 augustus tot en met 17 september en daarmee langer dan in 1999, bleef de teller steken op 59.199 bezoekers, ruim 10.000 minder dan in 1999. Uiteraard leidde dat tot een discussie binnen Keukenhof. Die begon al in augustus vlak na de opening. Troelstra gaf in de vennotenvergadering van 11 augustus een ontmoedigende opsomming van alles wat er mis was gegaan. De oppervlakte was twee maal groter dan indertijd in de begroting was opgenomen. Er was onvoldoende rekening gehouden met de tijd die het rooien van de voorjaarstentoonstelling en het weer planten van de Zomerhof kostte. Men had onderschat hoe snel het onkruid groeide na het besluit geen chemische onkruidbestrijdingsmiddelen toe te passen. Daarvoor moest ook weer extra handenarbeid worden ingezet (wieden). Al met al zou het personeelsbudget met maar liefst vijf ton worden overschreden. Later, in februari 2001, bleek ook dat de horeca op de Zomerhof met 170.000 gulden negatief was geweest: er was op verzoek van Keukenhof te veel personeel ingezet.[992] Toch ging de Raad van Commissarissen op 27 april 2001 akkoord met een strategisch plan van Breure en Molenkamp van 14 april 2001, waarin onder meer werd voorgesteld de Zomerhof een facelift te geven om een 'wauw-effect' te bereiken en de Zomerhof nog drie jaar de kans te geven.[993] Men trok voor het 'wauw-effect' drie ton uit.

990 De laatste keer dat ze er samen heengingen was in april 2001.
991 In 2000 gaf het museum De Zwarte Tulp een boek uit, geschreven door J. Beenakker: *Nederland-Japan. Vier eeuwen bloembollencultuur*, met op elke bladzijde naast de Nederlandse ook een Engelse en Japanse vertaling.
992 RvC Keukenhof 23-2-2001.
993 Drs. Johan Molenkamp kwam via het NBT (hij had daar gewerkt) als interim manager bij Keukenhof om Breure te ondersteunen. Het plan gaf de aanbeveling de kern van Keukenhof gelijk te houden, maar die aan te vullen met schilderen, muziek en avondopenstelling; aan de Zomerhof elementen toe te voegen als sculpturen, muziek spectaculairder bloemen; de bloembollenmarkt uit te breiden tot nationaal evenement en de haalbaarheid van een winterhof te onderzoeken en veel eenmalige evenementen te organiseren in het ONP.

Op 2 augustus opende Van Riesen vol vertrouwen en in zijn eigen, wat barokke stijl de Zomerhof 2001. Er was een levensgroot boek van ijs met ingevroren bloemen op parkeerterrein Narcis geplaatst en Van Riesen las een brief aan één van zijn kinderen voor.[994] Daarin trachtte hij de emotie te vertalen die de schoonheid van de Zomerhof teweegbracht: "Kort gezegd kwam het er op neer dat de reis van je dromen begint bij de Zomerhof in Lisse (...) de Keuken van de Hof, een plek van volmaakte harmonie waar bloemen weer van je gaan houden en zintuigen worden geprikkeld."[995] Ook had hij gezorgd voor een kunstroute langs maar liefst 175 beelden, sculpturen, objecten en schilderijen van 23 kunstenaars, die in het teken stond van zomervertellingen. In het ONP was een fototentoonstelling gewijd aan "zand, water en veen." Na dit sprookje was de realiteit des te rauwer: er kwamen 'maar' 54.491 bezoekers en dat was het trieste einde van de Zomerhof.[996]

De op 1 augustus in dienst getreden manager Marketing, Sales en PR, Annemarie Gerards-Adriaansens, voorheen directeur VVV Noordwijk, had zich waarschijnlijk een vrolijker eerste taak voorgesteld dan het bericht naar buiten te brengen dat de Zomerhof definitief was beëindigd. Zij zei tegen de vakpers dat de hoge kosten niet de hoofdreden waren om te stoppen met de Zomerhof, maar dat de hoofdoverweging was: "het teruggaan naar de kernactiviteiten."[997] Wat wel om financiële redenen was gestopt was de avondopenstelling Keukenhof by night, die in 2001 was ingevoerd tijdens de voorjaarstentoonstelling. Dat was ook een idee geweest van het duo Breure/Molenkamp. Ondanks het feit dat de tentoonstelling 752.000 bezoekers had getrokken was de avondopenstelling, van 20 april tot en met 19 mei elke vrijdag- en zaterdagavond tot 23.00 uur met sfeerverlichting en muziek door studenten van Rotterdams Conservatorium, niet rendabel gebleken.

25 oktober 2001: Koster neemt afscheid van Keukenhof
Het besluit van de Raad van Commissarissen om na het vertrek van Troelstra door te gaan met één directeur betekende ook het begin van het einde van de loopbaan van Koster bij Keukenhof. Ook al omdat in de loop van 2000 bleek dat hij geen goede werkverhouding wist op te bouwen met Troelstra. Met name Zwetsloot nam hem dat zeer kwalijk.[998] Alhoewel Koster voor de tentoonstellingen van 2001 nog volop in het nieuws was om die te promoten, werkte hij toen al niet meer op het kantoor van Keukenhof. Sinds 1 januari 2001 hield hij kantoor aan huis en begonnen met hem besprekingen over zijn vertrek. Op 10 september 2001 tekenden Koster en Van Riesen de beëindiging van de arbeidsovereenkomst. Koster zou tot 2 december 2002 in dienst blijven en dan met de VUT gaan. Tot die tijd zou hij voor Keukenhof nog ontwerpopdrachten uitvoeren. Voor de periode tot 2 december 2007, wanneer hij met pensioen zou gaan, werd een afvloeiingsregeling getroffen.

Op 25 oktober 2001 nam hij met een drukbezochte receptie in het ONP afscheid van Keukenhof. In zijn afscheidstoespraak zei Van Os dat hij hoopte dat Koster meer tijd zou krijgen voor zijn hobby: de fotografie: "die ons steeds weer prachtige posters, boekjes, folders en kaarten heeft opgeleverd." Conform de afspraken in de overeenkomst die met Koster waren gemaakt droeg hij zijn dia-archief, dat hij grotendeels thuis be-

waarde, in december 2001 over aan Keukenhof. Vervolgens duurde het nog tot juni 2003 eer het hem duidelijk was dat het auteursrecht op dit materiaal berustte bij Keukenhof. Zijn claim dat het bij hem berustte hield geen stand. Hij had de foto's gemaakt in dienst van Keukenhof en met apparatuur die Keukenhof had betaald.

Bij de opening van de 53ste editie van Keukenhof, op 21 maart 2002, kreeg Koster door de burgemeester van Lisse een koninklijke onderscheiding opgespeld: Officier in de Orde van Oranje Nassau (zie **afbeelding 2**).

afb. 2
Koster krijgt een lintje

1 november 2001: Walter Jansen treedt aan
Na een kort ziekbed overleed op 22 februari 2000 op 62-jarige leeftijd G.C. van der Zijpp. Kort daarvoor, op 18 januari, was Berends overleden. Van der Zijpp was bestuurslid van de stichting Keukenduyn. Op 1 september 2000 volgde C. Kuyvenhoven uit Hoek van Holland, op dat moment directeur-secretaris van het Productschap Tuinbouw, hem op. Hij werd voor drie jaar benoemd. Oud-bestuurslid O. Guldemond overleed op 23 februari 2001. Men herdacht hem in de vergadering van de Raad van Commissarissen van 27 april 2001. In die vergadering wijdde men ook een eerste discussie aan de vacatures-Van Os en Veldhuyzen van Zanten die op 1 januari 2002 respectievelijk 1 januari 2004 zouden ontstaan. Men besloot, om financiële redenen het aantal commissarissen te beperken tot drie. Op 7 juli 2001 schreef Zwetsloot een brief dat hij om gezondheidsredenen op 13 juli voor het laatst de vergadering van de Raad van Commissarissen zou bijwonen. Hij wilde een 'stil' afscheid en dat werd gerespecteerd. In de volgende vergadering van de Raad van Commissarissen, die van 14 september 2001, droeg men Walter Jansen voor in de vacature-Zwetsloot en ook als opvolger van de voorzitter Van Os. Zie het kader voor informatie over Walter Jansen.

994 Die had hij ook opgenomen als inleiding van zijn nota *Con Toeren. Op weg naar 2006.*
995 *Vakwerk* 11-8-2001, aldaar 4.
996 Eigenaardig genoeg konden we geen formeel bestuursbesluit vinden om de Zomerhof te beëindigen.
997 *Bloembollencultuur* 27-9-2001, aldaar 7.
998 RvC Keukenhof 5-5-2000.

Drs. Walter Jansen

Na bij diverse ondernemingen directiefuncties te hebben vervuld, waaronder die van algemeen directeur van Philips-organisaties in Europa, Azië en Afrika, trad drs. W.W.H. (Walter) Jansen op 51-jarige leeftijd de wereld van de tuinbouw binnen. In juni 1995 werd hij algemeen directeur van Bloemenveiling Flora in Rijnsburg. Op 1 januari 2000 fuseerde Bloemenveiling Flora met Bloemenveiling Eelde en op 1 januari 2002 met Bloemenveiling Holland en zo ontstond een veiling met een jaaromzet van 3.9 miljard gulden. Eind september 2001 gingen de leden van Bloemenveiling Flora akkoord met de voorgenomen fusie en werd bekendgemaakt dat Jansen zou vertrekken en dat Jacques Teelen, afkomstig van Bloemenveiling Holland, algemeen directeur werd.

afb. 3
Walter Jansen

Op 30 september stemde het bestuur van de stichting Sandvliet in met zijn benoeming op 1 januari 2002. Een maand later kreeg hij een brief van de stichting dat zijn benoeming al op 1 november inging en dat de verwachting was dat hij per 1 januari 2002 voorzitter zou worden. De brief vervolgde: "Het management van de Keukenhof vraagt op dit moment door de omstandigheden veel aandacht. Wij hebben er vertrouwen in, dat dit bij u in goede handen is." Die aandacht had te maken met de problemen die inmiddels waren gerezen met het functioneren van Van Riesen.

5 november 2001: Van Riesen dient zijn ontslag in als algemeen directeur

Op 18 oktober 2001 sprak het managementteam (MT) van Keukenhof tegenover Van Os haar grote zorg uit over het functioneren van Van Riesen. Een vertegenwoordiging van de Raad van Commissarissen sprak daarover op 26 oktober met Van Riesen en schreef hem daarover na juridisch advies te hebben ingewonnen op 27 oktober een brief. Hem werd te verstaan gegeven dat hij zijn functioneren moest veranderen en dat de commissarissen nauwer toezicht zouden houden. Meer in concreto hield dat in dat hij eind december 2001 een cijfermatig onderbouwd businessplan moest produceren en dat hij de verhouding met het MT moest herstellen. Het MT had daar echter geen vertrouwen meer in. Op 29 oktober drong men in een brief aan de Raad van Commissarissen aan op het beëindigen van de samenwerking met Van Riesen en schreef men dat men het vertrouwen in hem per dato had opgezegd. Dat gaf de doorslag. Op 5 november diende hij zijn ontslag in. Eén van de afspraken die in dat kader werden gemaakt behelsde dat men naar buiten en naar binnen zou communiceren dat het ontslag was gebaseerd op een verschil van inzicht in het te voeren strategische beleid.

Op 8 november interviewde de *NRC* hem ("Getob over opzet Keukenhof") en Van Riesen vertelde dat hij niet alleen het oog van de bezoeker wilde prikkelen, maar ook zijn neus en dat hij plannen had voor een geurlijn, een lichtshow en meer culturele activiteiten. Dat vonden de eveneens ondervraagde Van Os en Buddingh' geen goed idee: men vond zijn plannen te duur. "Voorzitter Van Os wil dat de Keukenhof zich ging bezighouden met de core-business: de bloembollen. Je moet niet proberen te concurreren met andere evenementen en dan je eigen achterban verliezen."

Op de dag dat het artikel in de *NRC* verscheen, tekende Van Os een besluit van de aandeelhouders van Keukenhof Beheer BV dat Jansen als gedelegeerd commissaris de directie van de BV zou waarnemen. Begin januari 2002 zat hij de eerste vergadering van het Managementteam voor. In de maanden november en december deed Tiny Jacobs dat. Hij was in het seizoen 2001 op Keukenhof werkzaam geweest bij Eurest als manager horeca en door Van Riesen per 1 oktober bij Keukenhof aangesteld als hoofd Beheer en Exploitatie.

10 januari 2002: Van Os neemt afscheid

Op 4 januari 2002 namen Leemborg en Van Os afscheid van het personeel van Keukenhof. Op 10 januari werd er een receptie georganiseerd ter gelegenheid van het afscheid van Van Os. Bij die gelegenheid werd hij bevorderd tot ridder in de Orde van de Nederlandsche Leeuw. Verschillende inleiders roemden hem bij zijn afscheid als 'Mister Keukenhof'. Hij roemde in zijn afscheidswoord vooral de samenwerking met Koster: "We voelden elkaar goed aan in de verhouding voorzitter-directeur."[999] Van Os zei ook dat de laatste jaren niet de eenvoudigste waren: "Ik heb er door vallen en opstaan van geleerd dat je je niet door trendgevoelige adviseurs van de wijs moet laten brengen. De waarde van de Keukenhof is het produkt dat bestaat uit bolbloemen en andere siergewassen. Primair is het park met bloemen, alle andere zaken zijn

[999] *MarktVisie* 24-1-2002, aldaar 50.

Walter Jansen na vier maanden Keukenhof

Hij begon met een korte beschrijving van de structuur en de redenen waarom zijn voorgangers voor deze structuur hadden gekozen: "losmaken van de statutaire banden met de Gemeente (...), professionalisering van de organisatie, zorgen dat elk voormalig bestuurslid een functie kreeg en voorkomen dat er belasting betaald zou moeten worden." Hij zegde toe op korte termijn te zullen evalueren of doeleinden waren gerealiseerd en of de gekozen structuur de juiste was. Het bedrijf had geleden onder de directiewisselingen, er was wantrouwen, onzekerheid en een eilandcultuur. Bovendien waren er nauwelijks draaiboeken en waren de rechten en verantwoordelijkheden nog altijd niet duidelijk belegd. De financiën waren zorgelijk, omdat Keukenhof alle financiële middelen had geïnvesteerd in het ONP en de overname van de horeca: "Het resultaat is dat er in 2000 en 2001 grote verliezen zijn geleden, terwijl in 2000 zelfs sprake was van een negatieve cashflow."[1001] De inrichting van de tuin was meer gebaseerd op langjarige praktijkervaring dan op een systematische, gestructureerde en gedocumenteerde aanpak: "Onduidelijkheid in de organisatie, gebrek aan ontwerpcapaciteit en krappere financiële middelen kunnen tot onacceptabel achterstallig onderhoud leiden." Over de Parades schreef hij dat de kosten hoog waren, de decorstukken oud en de presentatie traditioneel. Niemand was voor de gebouwen verantwoordelijk, zodat ze na de tentoonstelling als opslagplaats werden gebruikt. Het tot waarde brengen van het ONP buiten het seizoen was door ligging, indeling en bestemmingsplan vrijwel onmogelijk.[1002] Drie parkeerterreinen en drie ingangen was weinig efficiënt en diende nader te worden bekeken alsook de gehele ruimtelijke ordening en het huurcontract met graaf Carel en de afspraken met Van der Mark: "Verkoop buiten de poort door niet aan Keukenhof gebonden derden, is niet in het belang van Keukenhof." Zelf de catering verzorgen was geen optie, dus moest de horeca worden uitbesteed aan een gespecialiseerd bedrijf en de verkoop van 'non food' diende ook bij te dragen aan de exploitatie van Keukenhof: "kwaliteit en prijsstelling mogen echter nooit ten koste gaan van de bezoekers." Over de wederverkoop was hij ook duidelijk: "De verkoopprijzen zijn hoog, de marge van Keukenhof staat ter discussie en nieuwe wederverkopers [er waren er vijf, MT] krijgen geen kans."

secundair."[1000] Walter Jansen sprak ook tijdens dit afscheid. Hij zei het werk van Van Os te willen continueren en de Keukenhof als showvenster voor de sierteelt verder te willen uitbouwen. Wat hij uiteraard niet zei, was dat Keukenhof vele miljoenen bankschuld had en dat er eerst het nodige puin moest worden geruimd. Dat schreef hij twee maanden later wel op in een heldere, korte discussienota die de vinger legde op alle zere plekken. Na het vertrek van Van Os werd Veldhuyzen van Zanten vicevoorzitter en Buddingh' secretaris van de Raad van Commissarissen. Leemborg werd niet vervangen.

15 maart 2002: Jansen schrijft een discussienota over Keukenhof
Het duurde niet lang eer Jansen de situatie op Keukenhof die hij "zorgelijk" noemde had doorgrond. Op 15 maart 2002 schreef hij in heldere taal een korte scherpe analyse die hij de titel *Discussienota Keukenhof* meegaf. In het kader wat citaten.
Het was niet alleen een discussienota maar ook een agenda voor de toekomst.

Mei 2002: Jansen zoekt een nieuw lid voor de Raad van Commissarissen en een nieuwe directeur
Een van de meest urgente problemen die op het bureau van Jansen terecht kwam, was het probleem van de ruimtelijke ordening. Tot zijn schrik las hij in het voorontwerpbestemmingsplan Landelijk gebied 2002 dat de visie op Keukenhof onvoldoende was uitgekristalliseerd om in het plan te worden opgenomen. Als dat zo zou blijven, zou dat de ontwikkelingen die hem voor ogen stonden ernstig frustreren. Haast was geboden, want de inspraaktermijn was bijna verstreken. Hulp was nodig en daarvoor deed hij een beroep op J. de Mol, vestigingsmanager van de veiling Rijnsburg, gepokt en gemazeld door onderhandelingen over dit onderwerp. De Mol vergezelde Jansen bij de gesprekken met de gemeente, het Kasteel en Van der Mark, die eind mei plaatsvonden. Het leidde ertoe dat hij De Mol begin juni voordroeg als lid van de Raad van Commissarissen, ook al omdat hij iemand nodig had om de gebouwensituatie, zoals onderhoud, inrichting en vergunningen van Keukenhof in kaart te brengen en te optimaliseren. Ook op dat vlak had De Mol zijn sporen bij de veiling verdiend. De Katwijker De Mol, die op 15 juni 56 jaar werd, werd op 1 juli 2002 lid van de Raad van Commissarissen.

1000 Ibidem. Henk van Os overleed op 21 mei 2011. Op 27 mei werd op Keukenhof afscheid van hem genomen.
1001 In 1998 raamde men voor 2000 (na alle wijzigingen) nog een positieve cashflow van ruim 3,3 miljoen gulden.
1002 Bij het bouwbesluit ging men uit van een opbrengst van 450.000 gulden per jaar.

Nadat hij met zijn medecommissarissen had afgesproken dat de nieuwe directeur een titulaire en geen statutaire functies zou hebben in verband met de structuurverandering stuurde Jansen begin juni een brief zijn netwerk in. Keukenhof zocht een nieuwe algemeen directeur met wortels in de sector. Het leverde eind juni dertien sollicitanten op waaruit begin november mr. drs. J.W. Wessel werd gekozen. Jan Willem Wessel was op dat moment vijftig jaar, geboren Rijnsburger en sinds 1992 directeur-secretaris van het Bedrijfschap voor de Groothandel in Bloemkwekerijproducten.[1003] In een door Keukenhof uitgegeven persbericht stond dat hij als voornaamste taak had de uitbouw van de tentoonstelling tot het "showvenster van de sierteelt."[1004] Alhoewel zijn benoeming per 1 februari 2003 inging, stond er al een interview met hem in *MarktVisie* van 12 december. Hij vertelde dat hij Keukenhof al meer dan veertig jaar had bezocht: "Als kind ging ik er al naar toe, achter op de Solex van mijn vader."[1005] Hij noemde Keukenhof een promotie-instrument voor de hele sierteelt en zag nog een groot potentieel aan bezoekers uit de regio (die kwamen nog te weinig), tuinliefhebbers, en Oost-Europeanen. Tot slot beloofde hij geen gekke dingen te doen om 100.000 bezoekers meer te halen.

In maart 2004 viel een beoordelingsgesprek met het bestuur hem zo tegen dat hij ziek werd en het bestuur het vertrouwen in hem opzegde. Hij vertrok per 1 oktober 2004 vanwege een "verschil in inzicht over het te voeren beleid", zo schreef *Bloembollenvisie* in het nummer van 22 juli 2004 en voegde daaraan toe: "De directietaken zijn inmiddels overgenomen door het bestuur, waarbij de dagelijkse leiding in handen is van voorzitter Jansen."[1006]

Mei 2002: Missie, projecten en actiepunten
Nadat Walter Jansen, op basis van zijn discussienota van 15 maart met alle betrokkenen had gesproken schreef hij op 22 april een *Uitgangspuntennota* met daarin een inventarisatie van de stand van zaken. Ook nu weer wist hij in zes pagina's het gehele veld in kaart te brengen en aan te geven hoe de toekomst van Keukenhof kon worden vormgegeven. De Raad van Commissarissen praatte er in de vergadering van 2 mei over en ging na lange discussie akkoord met de omslag naar weer een stichting en met de missie zoals Walter Jansen die had geformuleerd (zie kader).

> **Missie Keukenhof**
>
> Keukenhof is nu en in de toekomst het internationale en zelfstandige showvenster van de Nederlandse sierteeltsector, met de nadruk op bolbloemen.

In mei 2002 vatte hij alle plannen en discussie samen in *Keukenhof 2002* met naast de missie een groot aantal projecten en actiepunten die in 2002 tot een afronding moesten komen. Zie kader.

Toen op 1 februari 2003, Wessel aantrad als (titulair) algemeen directeur, waren deze projecten en actiepunten uitgevoerd of in een afrondende fase. Een aantal van deze punten worden nader toegelicht in het vervolg van dit hoofdstuk.

27 juni 2002: eerste stap in het draaiboek structuurwijziging Keukenhof
Het werd nooit hardop uitgesproken of opgeschreven, maar bij de in 1999 ingevoerde nieuwe structuur hoorde ook dat alle bestuursleden van de stichting weer een plaats moesten krijgen. Maar wel met de macht bij de Raad van Commissarissen, want men vond dat het aantal bestuursleden te groot was. De bestuursleden van de stichtingen zaten dus duidelijk op het tweede plan en maakten ook weinig tot geen werk van de ideele doelstellingen, zoals die bijvoorbeeld in de statuten van Keukenduyn waren opgeschreven. In de praktijk zagen zij machteloos en vaak gefrustreerd toe hoe de ene na de andere ramp zich over Keukenhof voltrok. Het duurde dan ook niet lang eer Walter Jansen de conclusie trok dat het belangrijkste nadeel van de structuur die hij aantrof het grote aantal personen was dat bij de exploitatie van Keukenhof was betrokken: "Dit vermindert de slagkracht van de bedrijfsvoering (...) welk bezwaar als belastend wordt ervaren."[1007] Dit citaat uit een brief van Tulp (E&Y) aan Walter Jansen over de reorganisatie bevatte ook het advies om die reorganisatie te laten verlopen via een statutenwijziging van Keukenduyn en de ontbinding van de CV: "Gezien echter de keten van besluitvorming ligt het voor de hand de eerste stap te doen zijn het wijzigen van de Stichtingsbesturen in zowel Stichting Sandvliet als Stichting Keukenduyn, waarbij de besturen worden samengesteld uit personen die deze reorganisatie steunen."

Op basis van deze en andere adviezen stelde Walter Jansen een *Draaiboek Structuurwijziging Keukenhof* op dat begon op 27 juni en eindigde op 31 december 2002. De eerste stap was het "telefonische informeren/uitnodigen commissarissen en voorzitters stichtingen voor overleg op 15 juli a.s. om 11.00 uur na de vergadering van de RvC." Tijdens die vergadering accordeerde de RvC het draaiboek en bereidde men de volgende stap voor: die van 9 augustus.

9 augustus 2002: alle besturen vergaderen over de reorganisatie en keuren die goed
Negen augustus was een drukke, belangrijke dag. Op die dag werd de basis gelegd voor een nieuwe, meer solide structuur.
Om 8.30 uur kwamen de vennoten bijeen en besloten de CV per 31 december 2002 te ontbinden.

1003 Op 4 maart 2002 werd dat Hoofdbedrijfschap samen met twee andere (dat voor aardappelen en dat voor groenten en fruit) opgeheven en gingen de werkzaamheden over in een nieuw Hoofdbedrijfschap Agrarische Groothandel.

1004 *Bloembollencultuur* 21-11-2002, aldaar 7.

1005 *MarktVisie* 12-12-02, aldaar 12 en 13.

1006 *Bloembollen Visie* 22-7-2004, aldaar 8.

1007 Tulp (E&Y) in een vertrouwelijke brief aan Walter Jansen over het onderwerp reorganisatie (30-5-2002). Archief Keukenhof.

Projecten en actiepunten 2002

Structuur: bestaande structuur terugbrengen naar een stichting.

Directie: bestuur weer verantwoordelijk, aanstellen van één titulair directeur.

Personeel: functiebeschrijvingen, handboek personeel, één loongebouw voor al het personeel met de CAO Open Teelten als basis.

Financiën en Administratie: in 2002 een goedkeurende accountantsverklaring; een helder bevoegdhedenmodel; een duidelijker meerjarige begrotingsprocedure en een risicoanalyse (verzekeringsportefeuille).

De Tuin: een mooier park zonder achterstallig onderhoud

Inzenders (bolbloemen): een blijvende, constructieve relatie met de bloembollensector.

Productshows (snijbloemen, planten heesters, boomkwekerijproducten): alle paviljoens leeg voor noodzakelijk onderhoud en alle rotzooi weg; een intensievere samenwerking met de sierteeltsector.

Gebouwen: per gebouw een inventarisatie van de staat van onderhoud, veiligheid etc. met meerjaren-onderhoudsplannen.

Infrastructuur (wegen, hekwerken, bruggen etc.): inventarisatie stand van zaken en meerjaren-onderhoudsplannen

Infrastructuur (nutsvoorzieningen): zie boven.

Vergunningen: alle vergunningen moeten 100% in orde zijn.

ONP: een molensteen om de nek van Keukenhof, onderzoeken hoe het ONP tot waarde kan worden gebracht.

Kantoren: een plan van eisen voor centralisatie.

Terreinen en ruimtelijke ordening: nu en in de toekomst voldoende gronden ter beschikking tegen acceptabele prijzen en onder acceptabele wettelijke bepalingen en contractuele voorwaarden.

Parkeren: efficiënt en economisch parkeer- en toegangsbeheer (in eerste instantie concentreren op twee terreinen, met twee ingangen en twee kassagebouwen).

Veiligheid: uitbreiding en aanpassing van het dit jaar ingevoerde calamiteitenplan.

Horeca: sluiten van een financieel interessante meerjarenovereenkomst met een cateraar die alle cateringzorgen uit handen van Keukenhof neemt.

Non food verkoop: alle afspraken etc. in kaart brengen en financieel interessante overeenkomsten sluiten.

Sierteeltverkoop: financieel interessante overeenkomsten die garanderen dat onze bezoekers graag en tevreden hun geld uitgeven aan kwalitatief goede bloembollen en snijbloemen.

Marketing: actuele, gedetailleerde jaarplannen; een praktische huisstijl; een actueel en overzichtelijk fotoarchief; praktisch hanteerbare mailingbestanden en een consistente doelgroepaanpak en meer waarde aan het product Keukenhof toevoegen.

Bloembollenmarkt: de nationale aftrap van het bollenplantseizoen.

Om 9.00 uur vergaderde het bestuur van de stichting Sandvliet en keurde zonder discussie het besluit van Keukenhof Beheer BV goed tot ontbinding van de CV-akte per 31 december 2002, conform de opgestelde ontbindingsakte. Tevens werd Keukenhof Beheer BV per die datum ontbonden, evenals Sandvliet. Verder adviseerde men Buddingh', De Mol en Veldhuyzen van Zanten te benoemen tot bestuurders van Keukenduyn per 9 augustus 2002. Omdat Van der Kroft op 9 augustus aftrad als voorzitter benoemde men Walter Jansen per die datum tot voorzitter van Keukenduyn.

Om 9.30 uur trof het bestuur van Keukenduyn elkaar in een bijzondere vergadering en benoemde Buddingh', De Mol en Veldhuyzen van Zanten tot bestuursleden onder gelijktijdig aftreden van Van der Kroft, Kuyvenhoven en Philippo. Bovendien besloot men de CV-akte per 31 december 2002 te ontbinden. Deze vergadering was niet zonder emotie, enerzijds doordat een aantal bestuursleden eigenlijk niet wilde opstappen en anderzijds omdat er zorg was over de eventuele fiscale consequenties van de ontbinding: "Wanneer er zich toch belastingproblemen zouden voordoen in het vervolgtraject, dan nemen zij het minderheidsstandpunt in dat de gehele besluitvorming opnieuw tegen het licht gehouden moet worden en mogelijk moet worden teruggedraaid." Het noopte Jansen en H.A. Tulp tot een snelle actie om die tijdbom onschadelijk te maken. Dat lukte en men ging door met het maken van de nieuwe statuten. Op 7 oktober kwamen de heren in wisselende samenstelling weer bijeen om de notulen van 9 augustus goed te keuren.

Jansen rondde deze periode af met een *Informatieset* met daarin de missie en een beschrijving van de structuur, cultuur en bestuur, aangevuld met organisatieschema's. In het stuk, gedateerd augustus 2002, onderscheidde hij vier afdelingen: Marketing, Sales en PR (MSPR) geleid door A. Gerards-Adriaansens; Park- en Tuinbeheer (P/T) geleid door E. Mol; Beheer& Exploitatie (B/E) geleid door M. Jacobs en Financiën, Administratie en Stafdiensten (F/A) geleid door T. Straathof.[1008] Het bestuurs- en directiesecretariaat was in handen van E. Christoffersen. De (titulair) algemeen directeur was verantwoordelijk voor de dagelijkse gang van zaken, rapporteerde aan het bestuur en was voorzitter van het Managementteam dat elke veertien dagen zou vergaderen. Het bestuur zou minstens twintig maal per jaar bij elkaar komen.

19 december 2002: de statuten van Keukenduyn worden gewijzigd
Nadat begin december de nog aanwezige bestuurders de statutenwijzigingen hadden goedgekeurd, togen Jansen en Buddingh' naar de notaris om die te laten vastleggen. De naam van Keukenduyn werd per 1 januari 2003 gewijzigd in Stichting Internationale Bloemententoonstelling Keukenhof. Zie voor een aantal belangrijke bepalingen uit de statuten het kader.

8 december 2003: de stichting Voorzieningenfonds Keukenhof wordt ontbonden

Nadat in 1995 alle bestuursleden van Keukenhof waren opgenomen in het bestuur van de stichting Voorzieningenfonds Keukenhof, besloot het bestuur in de vergadering van 8 december 2003 de stichting te ontbinden omdat er geen activiteiten meer plaatsvonden. Het bestuur van Keukenhof verleende op diezelfde dag toestemming voor deze ontbinding.

Bestuur en directie in 2003 en volgende jaren

In de vergadering van 27 januari 2003 stelde het bestuur de vergoeding voor de leden vast op 10.000 euro per jaar en voor de voorzitter op 12.500 euro. Bovendien kreeg de voorzitter een extra eenmalige bijdrage van 15.000 euro voor al zijn activiteiten buiten het bestuur.
In die tijd begon men ook te werken aan de opvolging van Veldhuyzen van Zanten, die statutair per 1 januari 2004 zou aftreden. Men zocht een inzender en uit een lijst van zestien viel de keus op inzender Jan Pennings (62 jaar), eigenaar van een bloembollenbedrijf in Breezand. Hij was voor het eerst aanwezig in de bestuursvergadering van 21 januari 2004. Toen besloot men ook dat de voorzitter nog één jaar de directie zou ondersteunen. In februari werd Buddingh' gekozen tot vicevoorzitter en De Mol tot secretaris-penningmeester. Rond die tijd werd er ook gediscussieerd over de instelling van een Raad van Advies, maar daar werd later toch van afgezien. In de bestuursvergadering van 6 oktober 2004 besloot men die zaak te laten rusten totdat er opnieuw aanleiding was om dit punt op de agenda te zetten.
In januari 2005 begon men met het werven van een nieuwe directeur. Er werden, onder meer in de vakbladen, advertenties geplaatst en het bureau Erly werd ingeschakeld voor de selectie.[1009] Begin juni bleven

De stichting Internationale Bloemententoonstelling Keukenhof

Artikel 2 omschreef het doel als volgt: "het exploiteren van de internationale Bloemententoonstelling, waaronder (...) de (...) opstallen en andere faciliteiten (...); het (doen) voorbereiden en organiseren van tentoonstellingen; het bevorderen van het gebruik van siergewassen (...) en van bloembollen; het bevorderen van het toerisme in Nederland en de 'duin- en bollenstreek'; (...) het oprichten en verwerven van, het deelnemen in, het samenwerken met, het voeren van de directie over, het aangaan van strategische allianties met, alsmede het (doen) financieren van (rechts)personen met een aan de stichting verwante doelstelling."
Het bestuur (de 'Raad van bestuur') zou bestaan uit tenminste drie en ten hoogste vijf leden, benoemd voor een periode van drie jaar. Tweemaal aansluitend herbenoemen was mogelijk behalve voor de voorzitter, die mocht twaalf jaar aanblijven. Zij genoten een marktconforme beloning die jaarlijks werd vastgesteld. Het bestuur benoemt een titulair directeur met de titel algemeen directeur en stelt zijn arbeidsvoorwaarden en een directiereglement vast. Hij woont alle bestuursvergaderingen bij, maar heeft geen stemrecht. Het bestuur kan besluiten tot het instellen van een college van advies om het bestuur ter zake van algemeen beleid van advies te dienen. De stichting kent geen winststreven en kan binnen haar doelomschrijving subsidies en geldelijke steun verstrekken. Veldhuyzen van Zanten werd vicevoorzitter, Buddingh' secretaris-penningmeester en De Mol lid.

uit meer dan driehonderd sollicitaties twee personen over uit wie het bestuur Piet de Vries (53 jaar) koos. Onder meer vanwege de ervaring met Wessel, kreeg hij per 1 augustus 2005 een aanstelling tot interimmanager. Tegen het eind van dat jaar zou hij worden beoordeeld op zijn geschiktheid als directeur. Dat was het geval, zodat hij bij de bestuursvergadering van 11 januari 2006 voor het eerst aanzat als algemeen directeur.

1008 Jacobs vertrok per 1-2-2005, hij was ziek en dat bleek werkgerelateerd.

1009 In *Bloembollen Visie* van 3 februari 2005 plaatste Erly een paginagrote advertentie.

afb. 4
Bestuur en directie van Keukenhof, van links naar rechts: De Vries directeur, Jansen, Moreu, Pennings en De Mol

In mei 2005 kondigde Buddingh' zijn aftreden aan en zocht men naar een opvolger voor hem.

Vier kandidaten werden beoordeeld en daaruit koos men John Moreu (61 jaar), voormalig directeur VVV Amsterdam en eigenaar van een marketing- en communicatiebureau. Hij trad aan op 1 januari 2006 en was al aanwezig op de bestuursvergadering van 23 november 2005. Door zijn aantreden werd Pennings per 1 januari 2006 vicevoorzitter van het bestuur. De Mol bleef secretaris-penningmeester. Na een discussie die tot in maart 2006 liep, stelde het bestuur een eigen reglement vast dat per 1 januari 2006 inging. Het was opgesteld door Jansen en De Mol en bedoeld als aanvulling op en uitwerking van de statuten van 19 december 2002. In het reglement was een rooster van aftreden opgenomen. Tevens werd bepaald dat bestuursleden in ieder geval zouden aftreden aan het eind van het kalenderjaar waarin ze zeventig jaar werden. Verder regelde het reglement de bestuursvergoedingen, zoals vastgesteld in januari 2003 met een indexering conform de CAO Open Teelten en de mogelijkheid van een extra honorering voor extra activiteiten. Vandaar ook dat er in het reglement een jaarlijkse activiteitenkalender stond. De vergaderfrequentie van het bestuur werd nu bepaald op minimaal tien maal per jaar. Ook was voorzien in een jaarlijkse bestuur/stafconferentie, plaatsvindend in september/oktober die een dag duurde en afgesloten werd met een diner.

Rondom het thema bestuurlijke structuur keerde de rust terug. Wel discussieerde men in 2007 kort over een advies van Ernst & Young over de voor- en nadelen van de ANBI-status. Een Algemeen Nut Beogende Instelling heeft namelijk bepaalde fiscale voordelen. Omdat Keukenhof toen nog fiscaal de resultaten kon verrekenen met de cumulatieve verliezen uit het verleden, was dat eigenlijk niet aan de orde. Dat veranderde toen er in 2009 geen verrekenbare verliezen meer waren en een aanslag van de vennootschapsbelasting weer 'dreigde'. Het was aanleiding tot een bezinning op de ANBI-status en andere fiscaaldrukkende maatregelen. De besluitvorming over de ANBI-status werd in februari 2010 tot nader aangehouden.[1010] Wel stipuleerde men nog eens uitdrukkelijk dat Keukenhof een ideële en geen commerciële stichting was en dus niet verslagplichtig was.[1011]

In de loop van de tijd werd een aantal belangrijke functies ingevuld. Zo werd op 1 april 2006 T. Aker manager Parkbeheer en werd W. van Meerveld op 9 oktober 2006 aan het bestuur voorgesteld als manager Marketing en Communicatie. Op 1 juni 2007 ging ontwerper J. Guldemond met prepensioen en als zijn opvolger als tuinarchitect werd op 1 februari 2007 J. van der Zon aangesteld

Dit gezelschap (zie **afbeelding 4**) kreeg te maken met de ontwikkelingen rond het bestemmingsplan, een nieuwe huurovereenkomst, en de realisatie van de visie die Jansen in mei 2002 had opgesteld. We beginnen met de totstandkoming van de nieuwe huurovereenkomst. Dat begon al onder Van Os als voorzitter.

De huurovereenkomst

Van Os meldde in de vennotenvergadering van 26 januari 2001 dat graaf Carel zonder Keukenhof daarover te informeren een stichting had opgericht met daarin Hollander en Van der Mark als bestuursleden. Van Os vond dat zorgelijk. Hij wilde graaf Carel hierover benaderen en de statuten van de stichting opvragen om te beoordelen of de tentoonstelling hier ook onder viel. Dat bleek niet het geval. Bovendien wilde hij gaan praten over een nieuw contract. Kennelijk liet hij zich hierbij leiden door een advies dat ME&Y eerder had uitgebracht en waarin het huurcontract was bestempeld als een erfpachtcontract. Van Os wilde, zei hij in de vennotenvergadering van 27 april 2001, het huurcontract omzetten in een erfpachtcontract en had het advocatenkantoor Smithuijsen om advies gevraagd en daarvoor een concept laten opstellen. Dat was al in februari gebeurd en op 2 maart leverde H. Garvelink van Smithuijsen een eerste concept af, dat hem nogal wat hoofdbrekens had gekost, zo schreef hij.[1012] In juni was er een bevredigend concept, dat via Hollander naar graaf Carel ging voor een reactie. In het kader wat bijzonderheden over dat contract.

Op 11 juli kreeg Van Os al een eerste, afwijzende, reactie van Hollander. Hij wilde geen erfpacht, maar een huur van 350.00 euro per jaar, inclusief de vergoeding aan Van Graven en het bussengeld. Ook gold de verplichting dat er minimaal 10.000 bussen per seizoen kwamen tegen

1010 AB 24-2-2010.
1011 AB 1-9-09.
1012 Brief van 2 maart 2001.

Concept van een erfpachtcontract

Alhoewel de huidige huurovereenkomst tot 2017 liep, met daarna nog twee opties van vijf jaar, waren beide partijen van oordeel dat erfpacht meer dan een huurovereenkomst voor de nabije en verre toekomst het gebruik van het tentoonstellingsterrein zeker zou stellen en ongewenste ontwikkelingen op het terrein en de aan- en omliggende percelen zou voorkomen. De erfpacht zou niet opzegbaar zijn door eigenaar noch erfpachter en de canon zou 192.693 gulden zijn ex BTW en geïndexeerd vanaf 1 januari 2002. De erfpachter mocht de terreinen naar eigen goeddunken gebruiken, splitsen en onderverhuren. Bovendien had de erfpachter eerste recht van koop en wanneer aan de pacht een eind kwam was de eigenaar verplicht aan de erfpachter een vergoeding te betalen voor de door de erfpachter op de terreinen gestichte bebouwing en aangelegde werken. Voor het parkeren van de bussen zou erfpachter een gulden per bus betalen. Verder werden er in het contract bepalingen opgenomen over de huur van de beide huizen op het Hoogje en de winkels op het Straatje langs de Stationsweg op het kasteelterrein, de zogenaamde Kalverstraat. Daar mochten geen bloembollen en aanverwante artikelen worden verkocht.

een boete van vijftien gulden voor elke bus minder. Daarna begon er een overleg tussen Van Riesen en Hollander dat nog niet was afgerond toen Van Riesen vertrok. Het bracht Jansen tot de verzuchting in zijn nota van 22 april 2002 dat iedereen (de gemeente, Van der Mark en het Kasteel) geld van Keukenhof wilde, maar niet besefte dat dit er niet was. Vandaar ook dat Keukenhof in oktober een verzoek van het Kasteel afwees om een bijdrage in het aanbrengen van verlichting langs de oprijlaan. Het maakte de verhoudingen er niet beter op en het kwam zelfs tot een groot conflict. Keukenhof wilde meer cachet geven aan de bloembollenmarkt. Op advies van Warre de Vroe, directeur van Alpha Communications, een PR-bureau, dat werkte voor het IBC, werd in maart 2003 contact opgenomen met Estate Events (EE) uit Apeldoorn, gespecialiseerd in country-, life- en gardenstyle evenementen. Er kwam een contract waarbij EE van 26 tot en met 28 september 2003 een dergelijk evenement onder de naam "Hoffelijk 2003" zou organiseren op Keukenhof met stands, proeverijen en workshops. Als dat een succes werd, zou het een meerjarig evenement in voor- en najaar worden. Toen het Kasteel daar medio augustus achter kwam, verbood men dat omdat het een 'kermisachtige attractie' was die in strijd was met het huurcontract. Om dezelfde reden maakte men bezwaar tegen de milieuvergunning die Keukenhof bij de gemeente had aangevraagd om twaalf van dergelijke evenementen per jaar te houden. In een gesprek met Wessel lichtte Hollander toe dat het Kasteel na het overlijden van graaf Carel, op 6 augustus 2003, veel geld nodig had, zo'n tien tot twaalf miljoen euro om de restauratie van het landgoed te financieren. De pachters hadden drie jaar geleden al ingestemd met een verhoging van de pacht met vijftien procent en een verhoging wilde hij ook van Keukenhof. Zo niet, dan zou hij alle plannen van Keukenhof blokkeren. Keukenhof polste bij de gemeente of die bereid was een deel van de retributie, bijvoorbeeld drie ton, naar het Kasteel door te sluizen. Maar dat wilde de gemeente niet. Wel wilde men bemiddelen. Dat was toen niet nodig. Hollander hief de ban op Hoffelijk 2003 op, tegen een vergoeding van 5000 euro voor het Kasteel en de toezegging van Wessel dat er, voor dat Hoffelijk 2003 begon, een nieuw huurcontract zou zijn. Toen het tot onderhandelingen daarover kwam, eiste het Kasteel een huur van 450.000 euro, maar liefst vijf maal meer dan het vigerende contract. Wessel wilde wel 'meebewegen' met het Kasteel en stelde aan het bestuur voor in vijf jaar te groeien naar een vaste huur van 300.000 euro met een variabel deel afhankelijk van het aantal bezoekers en een schenking van bijvoorbeeld een miljoen. Keukenhof bleef echter bij de wens van een eeuwigdurende erfpacht en wilde de schenking voorlopig laten rusten gezien de "onprettige onderhandelingssituatie."[1013]
Inmiddels was Hoffelijk 2003, ondanks meer dan honderd stands en een bezoek van prins Willem-Alexander (**afbeelding 5**) geen succes. Er

1013   AB Keukenhof 8-10-2003.

afb. 5
Najaar 2003. Keukenhof is synoniem met vorsten en met sport en dus ook met de combinatie. Z.K.H. Prins Willem-Alexander en de Olympisch medaillewinnaars Anky van Grunsven en Pieter van den Hoogenband planten symbolisch de eerste bol voor de Olympische ringen

kwamen in plaats van de verwachte 20.000 betalende bezoekers maar 8.000. EE wilde dat verlies alleen dragen als er ook een Hoffelijk 2004 kwam. Dat moest dan wel voor eind 2003 bekend zijn. Op vragen van Keukenhof aan het Kasteel om toestemming voor een Hoffelijk 2004 reageerde Hollander niet. Keukenhof kon dus aan EE geen garantie geven; er kwam geen Hoffelijk 2004 en EE diende bij Keukenhof een schadeclaim in van 169.000 euro.[1014] Het kwam tot een rechtszaak die er begin juli 2005 toe leidde dat Keukenhof ruim 11.000 euro aan EE moest betalen.

Inmiddels had het Kasteel in december 2003 de eis teruggebracht door jaarlijks vaste huurbedragen te vragen, plus daarboven een variabele huur naar rato van het aantal bezoekers. Het mocht in de vorm van erfpacht van twintig jaar met een aanpassing na tien jaar. Keukenhof mocht een onbeperkt aantal evenementen organiseren, mits het Kasteel kon beschikken over de parkeerterreinen en de gebouwen om evenementen op en in te organiseren. Keukenhof en het Kasteel zouden een samenwerkingsovereenkomst kunnen afsluiten om gezamenlijk evenementen te organiseren. Het bestuur van Keukenhof besloot in februari een brainstorm aan de verhouding met het Kasteel te wijden en Wessel maakte daar een dossier voor met relevante documenten.

Op 8 maart 2004 kreeg Keukenhof in een aangetekende brief van het Kasteel het verzoek om, in verband met een inventarisatie van de nalatenschap van graaf Carel, een opgave te doen van de ingeroepen opties van het huurcontract: "van de data waarop u deze aangetekend, met een kopie bewijs van aantekening, destijds aan de heer van Lynden deed toekomen." Men wist natuurlijk heel goed dat dit niet gebeurd was, hetgeen volgens het Kasteel zou inhouden dat het huurcontract niet meer rechtsgeldig was. Tevens schreef Hollander dat het 'gehuurde' alleen mocht worden gebruikt voor tentoonstellingen op het gebied van de sierteelt en als wandelpark. Op 26 maart meldde *Vakwerk* dat Keukenhof met het ministerie van LNV een contract had getekend om de informele EU-Landbouwtop op 6 en 7 september 2004 op Keukenhof te houden. In dat jaar was Nederland voorzitter. Tijdens de onderhandelingen met LNV, die al in oktober 2003 waren begonnen, had Keukenhof niet overwogen het Kasteel hierover te informeren: de bijeenkomst was immers besloten en tuinbouwgerelateerd. Na de brief van 8 maart besloot men Hollander toch maar toestemming te vragen voor een CNB-bijeenkomst in juni en de Landbouwtop. Op 19 april verbood Hollander de Landbouwtop; het was geen specifieke sierteeltbijeenkomst. Inmiddels had Keukenhof op 2 april in een uitvoerige brief het Kasteel geïnformeerd over haar brainstorm met betrekking tot het Kasteel. Als eerste optie zag Keukenhof de aankoop van het tentoonstellingsterrein. Zo zouden er twee gelijkwaardige stichtingen ontstaan die een dialoog tot fusie zouden kunnen starten die zou kunnen leiden tot "het ideaal van een onverdeeld Landgoed." De tweede optie was een erfpacht die langer zou duren dan tot 2027 (het laatste jaar van het huidige contract) met een hogere canon dan de huurprijs. Als derde optie zag men een nieuwe huurovereenkomst. Verder was men bereid aan het Kasteel een lening te verstrekken en een onderzoek te starten naar verdergaande samenwerking: "door (...) bijvoorbeeld (...) beide stichtingen onder te brengen in een holdingstructuur of door een gemeenschappelijke dochteronderneming op te richten die zich gaat bezighouden met de exploitatie van het landgoed buiten het seizoen."
Het Kasteel antwoordde op 7 april met weer een aangetekende brief waarin men de brief van Keukenhof van 2 april voor kennisgeving aannam en aandrong op een antwoord op de brief van 8 maart.

Jansen vond het toen tijd eens te gaan praten met Hollander. Dat gebeurde op 10 mei en hij kwam met een kater thuis. Het gesprek kwam er op neer, schreef hij in een memo aan het bestuur, dat Hollander Keukenhof het beste wenste en alle vrijheid gunde mits hij eens antwoord kreeg op de toezeggingen van Wessel om voor 1 januari 2004 een contract te hebben en zijn notitie met voorstellen van december. Hij zou dan ook niet antwoorden op de brief van Keukenhof van 2 april. Het huidige huurcontract was niet rechtsgeldig en het Kasteel was bereid naar de rechter te gaan om het te laten ontbinden en ook de Landbouwtop te laten verbieden, tenzij er een nieuwe huurovereenkomst was. Het enige lichtpunt was dat Hollander zei dat hij en Jansen op 19 mei bij B en W waren ontboden om te praten over het conflict. Bemiddeling was nu onontkoombaar en die kwam er dankzij de burgemeester van Lisse, C. Langelaar, die daarvoor de CdK van Zuid-Holland, J. Franssen, bereid had gevonden. De Landbouwtop mocht doorgaan onder de voorwaarde van een onafhankelijke, niet-bindende taxatie van de terreinen die Keukenhof huurde. De taxatie zou de grondslag vormen voor een nieuwe overeenkomst die voor 1 oktober 2003 getekend moest zijn en per 1 januari 2004 zou ingaan. Een stuurgroep met daarin beide partijen zou de taxatie aansturen. Per brief van 27 mei aan Keukenhof bevestigde het Kasteel de afspraak en voegde daaraan het volgende toe: "Onze insteek voor de nieuwe overeenkomst is u meer vrijheden te verschaffen voor een gezonde en verantwoorde groei, waarbij ook een (groot) aantal evenementen buiten het bolbloemenseizoen kunnen plaatsvinden. (Hoffelijk 2004 zou zelfs nog door kunnen gaan mits de nieuwe overeenkomst voor 1 oktober a.s. is getekend)."
Keukenhof schreef terug niet een, maar twee taxateurs (een van elk van de partijen) te willen en akkoord te gaan met het voorstel van het Kasteel, mits men met een schone lei begon. De eerste vergadering zou op 29 juni kunnen plaatsvinden en de eerste taak zou het vinden van een kundige en onpartijdige voorzitter zijn. Dat duurde niet lang: Franssen werd voorzitter en Ger de Graaff, die tot 2002 gemeentesecretaris van Alphen aan de Rijn was geweest en sinds 2003 zelfstandig adviseur en interim-manager was, werd secretaris. Van Keukenhof namen De Mol en Pennings plaats in de stuurgroep, en van het Kasteel Hollander en Van der Mark. Dit gezelschap kwam niet op 29 juni maar op 14 juli 2004 voor het eerst bijeen.

Het werd geen succes. Het wantrouwen over en weer was kennelijk te groot. Keukenhof kreeg het idee dat het Kasteel de stuurgroep manipuleerde en het Kasteel verdacht Keukenhof van tijdrekken.[1015] Tekenend waren de verschillende conclusies die beide partijen trokken uit een gesprek dat Franssen op 23 november 2004 met beide partijen afzon-

1014 AB Keukenhof 11-2-2004.
1015 Typerend was in dit verband dat het Kasteel weigerde de helft van de kosten van De Graaff te betalen. Die kwamen volledig voor rekening van Keukenhof.

derlijk had. Keukenhof vond het een constructief gesprek en bepaalde op grond daarvan de inzet voor de huurverhoging (50 procent meer huur met ingang van 2005) en de andere voorwaarden.[1016] Het Kasteel trok echter de stekker uit de stuurgroep. In een brief schreef men op 30 november aan Franssen dat het gesprek op 23 november had geleerd dat er geen basis meer was om verder te gaan. Men had geen tijd en geld meer over voor verder overleg zoals Franssen had voorgesteld. Keukenhof kreeg bericht dat het Kasteel zich beraadde op stappen tegen Keukenhof en alleen bereid was verder te praten als Keukenhof daartoe het initiatief nam. Ook de gemeente werd door het Kasteel geïnformeerd. Keukenhof zag het aan met 'stijgende verbazing', maar omdat men een verdere polarisatie niet in het belang van Keukenhof achtte, lieten ze het Kasteel weten bereid te zijn de huur te verhogen.[1017]

Op 20 januari 2005 kwam de stuurgroep weer bij elkaar voor een bemiddelingsgesprek. De CdK haalde eerst hard uit naar het Kasteel: "De voorzitter kan niet verhelen dat hij signalen krijgt uit de streek dat men aldaar de indruk krijgt dat het kasteel een houding aanneemt van onverschilligheid over een eventueel 'naar de knoppen gaan' van de bloemententoonstelling, omdat het bestuur van het kasteel zich uitsluitend verantwoordelijk voelt voor het kasteel." Vervolgens stelde hij voor drie taxateurs, een van elke partij die een derde aanstelden, aan het werk te laten gaan op basis van een opdracht die hij zou opstellen. Pas na het zesde concept daarvoor was men eruit. Op 27 september 2005 schreef Franssen een voorstel tot beslechting van het geschil dat door beide partijen op 30 september werd aanvaard. Het Kasteel benoemde mr. J. Luijendijk tot taxateur en Keukenhof mevrouw ir. C. Westendorp-Frikkee. Zij kozen mr. ing. A. van Heesbeen tot onafhankelijk voorzitter. De commissie, werkend in opdracht van de provincie Zuid-Holland, organiseerde op 22 november een hoorzitting waarin beide partijen hun standpunt konden uiteenzetten. Bovendien brachten zowel Keukenhof als het Kasteel ook nog schriftelijke stukken in. Op 5 mei 2006 bracht de commissie haar *Waardebepaling Keukenhof* als concept uit waarop partijen binnen zes weken konden reageren.

De waarde van het complex, vastgesteld op een oppervlakte van 51,3 hectare werd, uitgaande van een meerjarig grondgebruik, vastgesteld op 6,9 miljoen euro. Over de gebruiksvorm schreef de commissie van mening te zijn, "mede gelet op het (…) langdurig gebruik (…) en de opstallen in eigendom toebehoren aan de Bloemententoonstelling, een gebruiksvorm gebaseerd op het zakelijk recht van erfpacht het meeste aansluit bij hun doelstellingen. Juridisch-technisch kan het gebruik ook in de vorm van een huurcontract worden geregeld. In dat geval moeten aanvullend afspraken worden gemaakt die bij erfpacht reeds zorgvuldig bij de wet geregeld zijn."[1018] Tot de regelingen die de commissie ter zake noemde, behoorde ook het melioratierecht. De commissie adviseerde tot een jaarlijkse tegenprestatie (canon) van 310.500 euro (0,605 euro per m²).

Afgesproken was dat de commissie alleen de waarde in het economisch verkeer zou vaststellen. Het vaststellen van de hoogte van de vergoeding (huur, erfpacht, koopsom) was een zaak tussen Keukenhof en het Kasteel die dat zouden doen aan de hand van die waarde. Het Kasteel maakte daarvoor haast. Nog in mei ging er een mail naar Keukenhof met 36 aandachtspunten voor de nieuwe overeenkomst: meer beperkingen en een hogere huur. Keukenhof wachtte echter tot het taxatierapport definitief was vastgesteld.

Op 17 oktober 2006 was het zover en tekenden beide partijen de huurovereenkomst die degene van 1972 verving. In het kader wat belangrijke bepalingen.

Twee dingen vallen op: in de eerste plaats het niet toepassen van het melioratierecht en als tweede het ontwikkelen van het toeristisch centrum door het Kasteel. Het melioratierecht werd om fiscale redenen niet toegepast. Zou namelijk een erfpachtconstructie zijn gekozen dan zou overdrachtbelasting verschuldigd zijn. Die fiscale last wilde men vermijden, vandaar dat van erfpacht werd afgezien.

Daartegenover stond dat Keukenhof in de financiële stukken een voorziening opnam van ongeveer 6,5 miljoen euro, zijnde de geschatte kosten van het aan het einde van de huurovereenkomst terugbrengen van het park in de oorspronkelijke staat.

Omdat Hollander het toeristisch centrum wilde ontwikkelen, zoals we zagen een initiatief van Jansen uit 2002, werd hem dat gegund. Over de plaats werd nog geen uitspraak gedaan.

De kadastrale meting van de percelen begon in januari 2007 en werd uitgevoerd door ingenieursbureau Advin. In december bleek dat het gehuurde kleiner was dan in de huurovereenkomst stond en dat liet Keukenhof op 8 december in een mail aan het Kasteel weten. De daarin opgenomen metingen staan in onderstaande tabel.

Oppervlaktes in hectares

TERREIN	ADVIN	OVEREENKOMST
Suikerkamp		0,77
Parkeren Extra	2,77	2,80
Parkeren Extra (uitgangsweg)	0,17	0,15
Bloementoonstelling	31,91	27,33
Nieuwe land	Inclusief	4,76
Nieuwe land	Inclusief	4,00
Hoofdparkeerplaats	9,72	10,28
Pachter Clemens (inclusief sloot)	1,47	1,41
Totaal	46,04	51,53
Verschil	4,72	

Het leidde tot een creditnota van ruim 28.000 euro. De huurovereenkomst leidde tot een verbetering van de verhouding met het Kasteel. Toch traden er over allerlei zaken nog conflicten op.

1016 AB Keukenhof 24-11-2004.
1017 AB Keukenhof 15-12-2004 en brief 17-12-2004 aan het Kasteel.
1018 *Waardebepaling Keukenhof*, aldaar 20.

De huurovereenkomst van 17 oktober 2006

Het gehuurde omvatte met name omschreven percelen en perceelsgedeelten met een omvang van 51.30.00 hectare. Zo spoedig mogelijk na het sluiten van de overeenkomst zouden de percelen echter voor gezamenlijke rekening worden ingemeten door een gezamenlijk aan te wijzen deskundige. Het verschil zou worden verrekend. Het gebruik was conform dat wat was toegestaan in het op 2 oktober 2003 door de raad vastgestelde Bestemmingsplan Landelijk Gebied dat op 8 mei 2004 door GS op enkele onderdelen na was goedgekeurd. Verhuurder zou meewerken aan de in het bestemmingsplan genoemde wijzigingsmogelijkheden. Huurder was verplicht onder de naam Keukenhof een tentoonstellingspark op het gebied van de sierteelt ingericht te blijven houden.

De overeenkomst liep tot 30 juni 2040, met een mogelijkheid tot verlenging en de huurprijs was 0,605 euro per m² (met ingang van 1 januari 2005), met een indexatie vanaf 1 juli 2007 en kon nader worden vastgesteld per 1 juli 2017 en dan weer na tien jaar. Huurder had het recht van onderhuur en verstrekte daarover jaarlijks gegevens (namen en activiteiten) aan de verhuurder. Huurder was bevoegd gebouwen, werken of andere opstallen op te richten. Bij het einde van de overeenkomst zou de huurder alle gebouwen en de tunnel onder de Stationsweg verwijderen. Verhuurder kon tegen vergoeding aangeven welke gebouwen hij wilde overnemen. Huurder zou medewerking verlenen aan het verkrijgen van de status van monument van het Zocherpark en aan het verkrijgen van de status landgoed in de zin van de Natuurschoonwet. Bij afbraak van de (oude) hoofdingang (Wilhelminacomplex) zou gezocht worden naar mogelijkheden de zichtas van het Zocher-ontwerp van kasteel naar grote vijver te herstellen. Beide partijen hadden recht op de naam Keukenhof, verhuurder echter alleen in combinatie met Kasteel en/of Landgoed. Wanneer er grond van verhuurder vrij van pacht kwam en gelegen tussen de Stationsweg, de Loosterweg Noord, de N 208 [de Randweg, MT] en de sloot aan de noordzijde van het eigendom dan zou dat aan huurder te huur worden aangeboden. Dat gold niet voor de gronden die verhuurder nodig had om het beoogde toeristisch centrum waaronder begrepen het Museum de Zwarte Tulp en Panorama Tulipland te ontwikkelen en te ontsluiten.

De zaak liep in 2009 zo hoog op dat het Kasteel het jaarlijkse bestuursdiner afzegde omdat Keukenhof zich niet zou hebben gehouden aan de afspraken. Wel zouden de voorzitters (Jansen en Hollander) periodiek met elkaar overleggen, maar ook dat kwam er niet altijd van. Een voorstel van Hollander om elk een bestuurslid uit te wisselen werd door Keukenhof afgewezen.[1019] In dat jaar betaalde Keukenhof bijna 500.000 euro aan het Kasteel vanwege huur en bijkomende kosten. Toch leverde dat voor het Kasteel onvoldoende op om alle financiële lasten op te brengen. Toen Keukenhof dan ook aangaf nog steeds geïnteresseerd te zijn om het tentoonstellingsterrein te kopen, gaf het Kasteel in eerste instantie aan hier niet afwijzend tegenover te staan. Het bedrag dat het bestuur uiteindelijk eind 2008 vroeg, 25 tot 35 miljoen euro, was echter zo buiten elke realiteit dat het niet eens tot onderhandelingen kwam. Volgens Hollander had het Kasteel ongeveer de helft nodig, maar dat lag al ver boven de taxatie in het kader van de huurovereenkomst.[1020]

Veranderingen in de ruimtelijke structuur

Deze werden zowel veroorzaakt door een nieuw bestemmingsplan van de gemeente als door nieuw rijksbeleid.

Het bestemmingsplan 2002 van de gemeente Lisse
Als afgevaardigde van Hou het Bloeiend zat Zwetsloot in een klankbordgroep die de gemeente had ingesteld om de totstandkoming van het bestemmingsplan Landelijk Gebied 2002 inhoudelijk te begeleiden. Op 28 juli 2000 praatte de RvC van Keukenhof over de mogelijkheid om parkeerterrein Tulp op de Randweg te ontsluiten om zo de capaciteit te verhogen. Dat was moeilijk omdat de provincie dat niet toeliet. Zwetsloot zei toen dat hij in die klankbordgroep zat en raadde aan dat Troelstra dit ging bepleiten bij wethouder Prins. Wellicht was een en ander mee te nemen in het nieuwe bestemmingsplan.
Toen Walter Jansen aantrad, was er echter door Keukenhof niet veel meer aan gebeurd, terwijl de gemeente gestaag had doorgewerkt aan het bestemmingsplan. Zo waren er in september 2000 inloopdagen georganiseerd voor agrarische en andere ondernemers om hun wensen te horen, en waren ook andere belangstellenden in staat gesteld te reageren op de beschikbare inventarisatiegegevens. Nadat de gemeenteraad op 12 februari 2001 een nota van uitgangspunten had vastgesteld werd

1019 AB Keukenhof 21-10-2009.
1020 AB Keukenhof 26-11-2008.

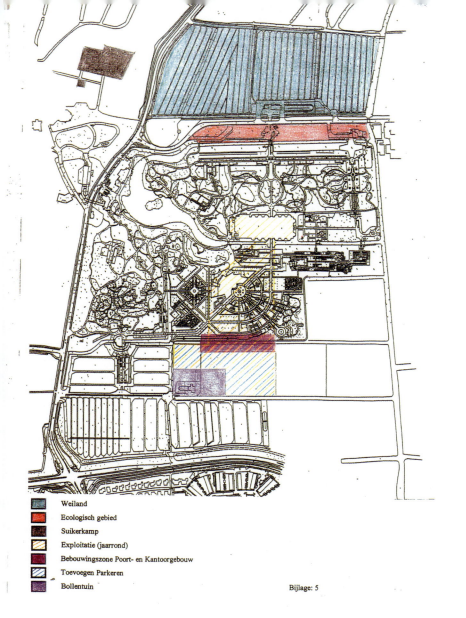
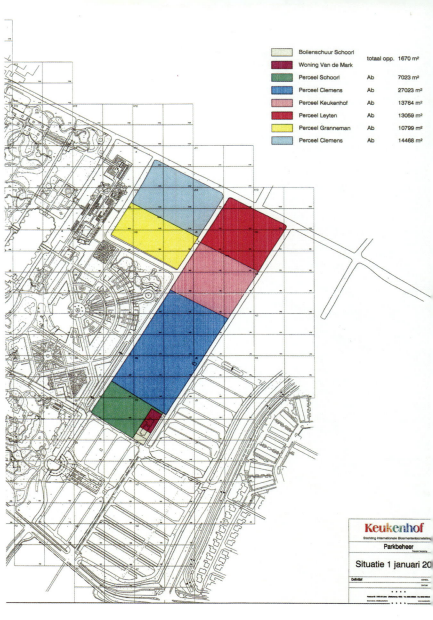

afb. 6
Door Keukenhof gewenste bestemmingen

afb. 7
Grondgebruik bij Keukenhof

die op 13 maart 2001 op een informatieavond toegelicht. Daarna stelde de gemeente op 2 mei het *Voorontwerpbestemmingsplan Landelijk Gebied 2002* op. Dat lag zes weken ter inspraak en daarin las Walter Jansen met betrekking tot Keukenhof de zin: 'De Keukenhof werkt thans aan een eigen visie op de toekomst van dit attractiepark. Deze visie is echter nog onvoldoende uitgekristalliseerd om in het thans voorliggende plan betrokken te kunnen worden', die hem tot een snelle actie bracht. In het voorontwerp was de bestemming van Keukenhof namelijk beperkt gebleven tot uitsluitend bloemen en siergewassen gerelateerde evenementen (net als in het vigerende bestemmingsplan) en dat bood onvoldoende mogelijkheden tot het tot waarde brengen van het ONP. Daar kwam nog iets bij. Op 1, 2 en 3 maart was er op Keukenhof een woonbeurs gehouden die veel kritiek uitlokte van de Lissese ondernemers. Zij beklaagden zich bij de gemeente. Men vond dat de gemeente die ten onrechte had gedoogd, omdat het geen aan bollen gerelateerd evenement was. De gemeente gaf als reactie dat ze door Keukenhof voor het blok was gezet. Men had het noodgedwongen maar gedoogd. Wel ging er op 8 maart 2002 een boze brief naar Keukenhof. De gemeente schreef in het vervolg strikt het bestemmingsplan 1981 te zullen handhaven en geen toestemming meer te geven voor activiteiten die geen strikte relatie hadden met het bloembollententoonstellingsterrein. Het was dus zaak dat strikte verbod niet meer in het nieuwe bestemmingsplan te laten opnemen.

De visie van Keukenhof als reactie op het voorontwerp bestemmingsplan
Op 10 juni 2002 schreef Jansen voor de RvC een notitie met de door hem voorgestane en al ingezette strategie. Om die zichtbaar te maken zijn twee kaartjes bijgevoegd (zie **afbeelding 6** en **afbeelding 7**). Centraal stond het verbeteren van de infrastructuur en het tot waarde brengen van het ONP door een jaarrondexploitatie. Dat was volgens hem de enige mogelijkheid om de (structureel) verliesgevende situatie van Keukenhof op te lossen. Daarom wilde hij zo dicht mogelijk bij het ONP een nieuwe ingang bouwen met een Poort- en Kantoorgebouw (zie **afbeelding 6**) omdat ook een nieuwe kantooraccommodatie nodig was. Dit grote nieuwe gebouw zou echter alleen functioneel zijn wanneer parkeerterrein Narcis – tegenwoordig Hoofdparkeerterrein

genoemd – aanzienlijk zou worden vergroot. Dan kon parkeerterrein Tulp – tegenwoordig parkeerterrein Extra genoemd – ("drassig en onveilig") worden gesloten. **Afbeelding 7** met het gebruik van de grond bij het nieuwe gebouw toont wat daarvoor moest gebeuren: "met name het omzetten van de bestemming bollengrond in parkeren/evenementen zal (onder Pact van Teylingen) wel heel goed beargumenteerd moeten worden. Ook zullen de huurders (...) Clemens (huurt 2,47 hectare) en Schoorl (huurt 0,45 hectare) bereid moeten zijn om mee te werken evenals de eigenaar van het huis op het parkeerterrein Narcis (...) Van der Mark."[1021] Ook de bollenschuur van Schoorl, gezamenlijk eigendom van Schoorl en Van der Mark en in gebruik als opslagplaats, zou moeten wijken. Omdat de huurcontracten van graaf Carel met de winkeliers van het Straatje na het seizoen 2011 afliepen, opteerde Keukenhof er voor het parkeren van de touringcars ook te verplaatsen van Hyacint naar Narcis. Daar zou dus nu al rekening mee moeten worden gehouden.

Om dat alles te bewerkstelligen begon Keukenhof eind mei 2002 overleg met Van der Mark, de gemeente en het Kasteel. Van nu af aan wordt niet meer over graaf Carel gesproken, maar over het Kasteel. Dat heeft te maken met de oprichting van de stichting Kasteel Keukenhof. Die stichting waarover al in het vorige hoofdstuk sprake was, werd op 30 november 2000 opgericht.

Herman Hollander schreef in het eerste *Jaarboek Kasteel Keukenhof* dat in 2007 uitkwam een artikel over deze stichting. In het kader wat aan dat artikel ontleende informatie.[1022]

Van der Mark was niet alleen bewoner van het huis op parkeerterrein Narcis en mede-eigenaar van de bollenschuur, maar ook bestuurslid

[1021] Daarnaast huurde Keukenhof nog 1,41 hectare, in gebruik als bollengrond.
[1022] Hollander 2007.
[1023] Holander 2007, aldaar 26.
[1024] Hollander 2007, aldaar 26.
[1025] Hollander 2007, aldaar 26.

De Stichting Kasteel Keukenhof

Op 14 augustus 1995 richtte graaf Carel de stichting Tot Behoud van het Landgoed "Keukenhof" op. Het doel was het in stand houden van het landgoed in de breedste zin van het woord, dus inclusief de tentoonstellingsterreinen. De stichting mocht geen winst maken; als er een surplus ontstond dan moest dat worden aangewend voor het doel van de stichting. Het bestuur bestond uit één lid: de oprichter en in zijn defungeren zouden vijf andere met name genoemde personen voorzien.

Herman Hollander was de zoon van Egbert Hollander die sinds 1936 voor graaf Carel werkte. Rond 1993 werd ook zijn zoon Herman (geboren in 1955) bij het beheer van het landgoed betrokken. Hij praatte met graaf Carel regelmatig over de toekomst van het kasteel: '(het) bleek dat Graaf Carel daarin weliswaar in zijn testament had voorzien, maar dat hij achteraf over zijn plannen niet bijster tevreden was. Daarom werden er diverse andere constructies overwogen en uiteindelijk veranderde Graaf Carel zijn testament op 27 november 2001. Kern daarvan was dat het bezit in Lisse in één hand zou komen. Bijna een jaar eerder, op 30 november 2000, was door Hollander de stichting Kasteel Keukenhof opgericht.[1023] Hollander werd voorzitter en ook Robert van der Mark nam daarin plaats: "de naam Van der Mark (...) die reeds gedurende twee generaties bij het landgoed behoorde, te beginnen bij grootvader Van der Mark, die als plaatselijke kruidenier de huisleverancier van Keukenhof was geweest."[1024] Ook Dick de Vroomen werd lid van het bestuur. Twee generaties waren de De Vroomens pachter van bloembollengrond van de graaf en graaf Carel had tijdens de oorlog bij De Vroomen ondergedoken gezeten. Het bestuur werd gecompleteerd door de bouwkundige Ignatius Maes. Men begon met het taxeren van de staat waarin gebouwen en terreinen verkeerden: "Daarbij bleek meteen al dat er decennia lang onvoldoende financiële middelen beschikbaar waren gesteld voor het landgoed."[1025] En dat was een probleem omdat de stichting het landgoed weer in oude luister wilde herstellen. Daarvoor werd op 15 januari 2002 een aparte stichting opgericht: de stichting Restauratie Landgoed Keukenhof te Lisse. Voorzitter daarvan werd de bouwkundige Maes en leden R.T. van der Mark, Hollander en J. de Vroomen.

In 2002 overleden kort na elkaar Egbert Hollander en Dick de Vroomen. Op verzoek van graaf Carel volgde Herman op 1 september 2002 zijn vader op en ook Jack de Vroomen volgde zijn vader op.

van het Kasteel en eigenaar van Blokhuis Beleggings- en Beheermaatschappij BV. Die had bloembollengrond in bezit op Sixenburg in Noordwijkerhout. Bovendien was hij eigenaar van Maro BV. Dat bedrijf exploiteerde de toiletten bij het winkelstraatje op parkeerterrein Hyacint bij het kasteel en verhuurde de winkeltjes aan enkele exploitanten. Van der Mark was bereid om zijn huis bij parkeerterrein Narcis te verkopen aan Keukenhof als hij een nieuw huis mocht bouwen op Suikerkamp (0,72 hectare) dat Keukenhof huurde van het Kasteel. Bovendien zou Sixenburg een rol kunnen spelen om vervangende bollengrond te verwerven voor Clemens. Schoorl en Van der Mark zouden dan ook de bollenschuur aan Keukenhof moeten verkopen en Schoorl zou bereid moeten zijn uiterlijk 2011 de door hem gebruikte grond te verlaten. Keukenhof zou dan de gronden kunnen huren van het Kasteel en bestemmen als parkeerterrein. Bovendien wilde Keukenhof voor het ONP en omgeving een evenementenbestemming, zodat jaarrondexploitatie mogelijk was. Dat kwam aardig in de buurt van wat de gemeente wilde, want die zocht al jaren naar een evenemententerrein en had daarvoor ook parkeerterrein Narcis op het oog.

Keukenhof wilde ook alle bebouwing bij parkeerterrein Tulp verwijderen en het terrein zelf weer een veehouderijbestemming geven. Aan de Keukenhofkant kon dan een natuurgebied van twee hectare worden ingericht tussen Loosterweg en het tentoonstellingsterrein, die ook als windscherm kon dienen voor de Beukenlaan. Men streefde ernaar al in 2003 Tulp te sluiten.

Jansen presenteerde ook een langetermijnvisie en in die visie bood Keukenhof op basis van gesprekken die gevoerd waren aan verschillende 'partijen' ruimte aan (in de omgeving van het ONP) en samenwerking met Keukenhof aan. Het betrof Panorama Tulipland, museum De Zwarte Tulp, Madurodam, de Floriade, Showtuin CNB en ook het Kasteel. Met hen wilde Keukenhof een integrale landgoedvisie opstellen. Op die samenwerking wordt apart ingegaan.

Keukenhof stuurde op 21 juni (als stichting i.o.) de reactie naar de gemeente. Daar stond ook in dat die was afgestemd met die van het Kasteel, sterker, het Kasteel ondersteunde de visie van Keukenhof met 'kracht'. Keukenhof was bereid statutair vast te leggen dat eventuele overwinsten zouden worden 'teruggeploegd' in projecten ter ondersteuning van het bollencomplex in de streek, extensief toerisme, milieu, en, bij voorkeur, ten behoeve van het Kasteel.

Aan de reactie was onder meer een kaartje toegevoegd met de nieuwe indeling (zie **afbeelding** 6).

Dat nam niet weg dat ook het Kasteel een reactie stuurde naar de gemeente. Dat gebeurde op 18 juni.

De reactie van het Kasteel op het voorontwerp bestemmingsplan
Het bestuur van de stichting Kasteel Keukenhof en het bestuur van de stichting Restauratie Landgoed Keukenhof gaven per brief van 18 juni 2002 een inspraakreactie op het voorontwerpbestemmingsplan. Het was een door hen ontwikkelde landgoedvisie: *Landgoedvisie Historische Buitenplaats Keukenhof te Lisse*, die als datum 14 juni meekreeg. In negen pagina's bepleitte men een door hen opgestelde definitie van het landgoed in het bestemmingsplan op te nemen waarbij ook recht werd gedaan aan de economische functies. Op 23 oktober 2002 brachten de beide besturen een iets uitgebreidere visie uit van twaalf pagina's, waarbij ook een kaartje was gevoegd met de gewenste bestemmingen. De visie was een uitwerking van de doelstelling: "Behoud en ontwikkeling van het landgoed als economische, landschappelijke, cultuurhistorische en natuurlijke eenheid, waarbij een duurzaam evenwicht tussen alle aanwezige functies gehandhaafd blijft of hervonden wordt en de diverse functies elkaar zowel in functionele als economische zin ondersteunen."

De visie beschreef vervolgens hoe men deze doelstelling wilde bereiken. Dat mondde uit in een kaartje met de gewenste bestemmingen. Voor Keukenhof bepleitte men extra ruimte, bijvoorbeeld voor de functies horeca, recreatie, maatschappelijke functies en kantoren.

Om al die bestemmingen mogelijk te maken, stelde men aan de gemeente voor om de gronden, vallend onder het Landgoed Keukenhof, de gebiedsbestemming landgoed te geven in de vorm van een zogenaamde dubbelbestemming. Zo kon bijvoorbeeld agrarische grond behorend tot het landgoed vallen onder de bestemming landgoed. Dat bood de mogelijkheid tot meer flexibiliteit in de gebruiksmogelijkheden.

Keukenhof en het Kasteel in het bestemmingsplan
Op 28 maart 2003 reageerde Keukenhof op het voorontwerp bestemmingsplan. In een brief zette Wessel een paar foute interpretaties van de visie van Keukenhof recht, die de gemeente overnam.

Op 16 april 2003 had de gemeente alle inspraak verwerkt tot een *Ontwerpbestemmingsplan Landelijk Gebied 2002*. Dat lag van 9 mei tot 15 juni ter inzage. In het bestemmingsplan werd met drie lagen gewerkt: een beschrijving in hoofdlijnen, bestemmingen op gebiedsniveaus (zones) en bestemmingen op perceelsniveaus. In de beschrijving op hoofdlijnen en de bestemmingen op gebiedsniveau kreeg Keukenhof volledig zijn zin. Alleen in de bestemmingen op perceelsniveau honoreerde de gemeente de wensen van Keukenhof onvoldoende. Vandaar dat Wessel per brief van 4 juni 2003 daarop reageerde met een aantal opmerkingen. Zo wilde men een hogere bouwhoogte dan in het plan stond en meer bebouwingsmogelijkheden. Voor een groot deel honoreerde de gemeente die reactie in het plan dat op 2 oktober 2003 werd vastgesteld. Het Kasteel kreeg zijn zin niet voor wat betreft de dubbelbestemming en de perceelswensen. Daarom besloot Keukenhof het Kasteel eventueel bij te staan in een gesprek met de gemeente: "ter bevordering van de open relatie."[1026]

Op 30 oktober 2003 legde de provincie, die het bestemmingsplan moest goedkeuren, het plan gedurende vier weken ter visie. Het Kasteel reageerde daar niet op, Keukenhof wel. Op 6 november schreef Wessel namens Keukenhof een brief met daarin 'bedenkingen'. Die kwamen neer op een bestemmingsverandering van een perceel ten behoeve van jaarrondexploitatie. De provincie wees die bedenkingen per brief van 18 mei 2004 aan Wessel af. De bestaande bestemming bood voldoende mogelijkheden voor een jaarrondexploitatie. Bovendien had de provin-

1026 AB Keukenhof 19-5-2003.

cie niet de bevoegdheid bestemmingen te wijzigen. In die brief, waarin de provincie het bestemmingsplan op een paar details na goedkeurde, ging men ook uitvoerig in op de manier waarop Keukenhof in het plan was opgenomen. Uiteraard was men het eens met het versterken van de toeristisch-recreatieve functie van Keukenhof. Dat paste naadloos binnen het provinciale beleid. Wat echter ook paste in het provinciale beleid was de bescherming van het "bollenteeltcomplex in de Duin- en Bollenstreek." Vandaar dat voor de bestemmingsplanwijziging van bollengrond tot bouwgrond/parkeerterrein een wijziging van het streekplan noodzakelijk was. Voorafgaand aan die procedure diende er in overleg tussen gemeente en provincie duidelijkheid te worden geschapen of het parkeerterrein genoeg ruimte bood, het landschappelijk werd ingepast en er compensatie kwam voor de verloren gegane bollengrond: "dit verlies aan bollengrond en de landschappelijke aantasting dient met meer te worden gecompenseerd dan het weghalen van de bestemming parkeren van een bestaand weiland; compensatie zou plaats kunnen vinden door bijvoorbeeld bij te dragen aan het saneren van storende bebouwing (schuren, glas) in het bollengebied." Door omstandigheden, waarschijnlijk samenhangend met het functioneren van Wessel in deze periode, bereikte deze brief de bestuurstafel pas een jaar later. Uiteraard wist het bestuur sinds juni 2004 al wel dat de provincie het bestemmingsplan had goedgekeurd.

Voordat beschreven wordt wat het Kasteel en Keukenhof deden om te komen tot de door hen gewenste wijzigingen van het bestemmingsplan, wordt eerst nader ingegaan op de ontwikkelingen in de ruimtelijke ordening in de Duin- en Bollenstreek. Dat bepaalde immers het kader voor Kasteel en Keukenhof.

De veranderingen in het rijksbeleid: Duin- en Bollenstreek wordt Greenport (2004)

Onder de titel *Ruimte maken, ruimte delen,* stelde de ministerraad van het kabinet-Kok II op 15 december 2000 de *Vijfde Nota over de Ruimtelijke Ordening* vast. In de Bollenstreek moest volgens de nota ruimte worden gemaakt voor verstedelijking en voor verbreding van de duinen. In de 'Ontwerp Planologische Kernbeslissing', die in de nota was opgenomen stond het volgende (punt C21, bladzijde 53): "Vanwege de ingrijpende gevolgen van de bollenteelt voor de bodem en het milieu, streeft het rijk naar een extensiever grondgebruik in zowel bestaande bollenteeltgebieden als in gebieden van nieuwe vestiging (…) Het Kabinet zal in het herziene Structuurschema Groene Ruimte enkele gebieden aanwijzen waar nieuwvestiging van gespecialiseerde bollentelers kan plaatsvinden." In dat structuurschema, waarvan het concept op 17 oktober 2001 en de definitieve versie in januari 2002 verscheen, werd op bladzijde 140 het beleid voor de permanente bollenteelt op zeezandgronden beschreven.[1027] Voor de bestaande gebieden, zoals de Bollenstreek, betekende dat een herstructurering en een "beperkte verplaatsing" van de bloembollenteelt. Die verplaatsing werd geconcentreerd op projectlocaties die "duurzaam zijn ingericht en landschappelijk goed zijn ingepast." De locaties – zeven in totaal – werden indicatief op een kaart weergegeven: ook één in de Haarlemmermeer.

Al in *Bloembollencultuur* van 6 december 2001 wijdde KAVB-voorzitter Langeslag, er een column aan. Onder de titel 'Weg ermee' veegde hij de vloer aan met dit beleid en het ministerie. 'Weg ermee' sloeg zowel op de bollentelers die moesten verdwijnen, maar ook op LNV en minister Pronk van VROM: "En Pronk? Daarvoor vragen wij een exportvergunning aan. Gewoon weg ermee. Zo moet je er mee omgaan blijkbaar."[1028] Ook Van Os haalde uit bij zijn afscheid van Keukenhof op 10 januari 2002. Hij zei het 'ongelofelijk te vinden dat het overheidsbeleid lijkt te zijn gericht op het "oprotten van bollenkwekers zonder oprotpremie."[1029]

Alhoewel de Vijfde Nota wel in de inspraak werd gebracht, hanteerde het inmiddels aangetreden kabinet-Balkenende (juli 2002) een andere sturingsfilosofie over de ruimtelijke ordening dan het kabinet-Kok: "decentraal wat kan, centraal wat moet", werd het motto. Meer sturen op doelen dan met instrumenten. Vandaar dat de vijfde nota en het structuurschema op 23 april 2004 werden 'omgebouwd' tot een *Nota Ruimte. Ruimte voor ontwikkeling*. Over de permanente bloembollenteelt schreef men nu dat door de milieuproblematiek "verdunning op gebiedsniveau gewenst was" (bladzijde 129). Het aanwijzen van de extra ruimte die daarvoor nodig was werd aan de provincies overgelaten. Die konden daarvoor zogenaamde Landbouwontwikkelingsgebieden (LOG's) aanwijzen. Het Rijk wees voor bloembollen ook al drie gebieden aan als LOG namelijk Kennemerland, het Noordelijk Zandgebied en Hollands Bloementuin, een projectlocatie in de gemeente Anna Paulowna: "Deze gebieden vormen samen met Greenport de Bollenstreek het Hollands Bloembollendistrict" (bladzijde 129). (Zie **afbeelding 8**). Greenports waren een nieuw begrip, door de Vereniging van Bloemenveilingen (de VBN) ingebracht tijdens de inspraak op het structuurschema. De VBN betoogde dat het glastuinbouwcomplex in het westen als het ware de derde mainport naast Schiphol en de Rotterdamse haven van Nederland was: een greenport.[1030] De regering nam dat begrip over en benoemde vijf greenports, waarvan de Bollenstreek er één was.[1031] Het Rijk zou haar ruimtelijk beleid zo inrichten dat de greenports zouden kunnen blijven functioneren, maar garandeerde niet dat er uitbreidingsruimte ter plekke kwam. Die ruimte zou eventueel in de LOG's komen. Aan de provincies werd gevraagd een beleid uit te werken ter behoud, versterking en herstructurering van de greenports en dat ook ruimtelijk te verankeren. Het begrip sloeg aan. Al op 23 juni 2005 vond de eerste greenportconferentie plaats. In deze bijeenkomst stelden vertegenwoordigers uit de vijf greenports en de LOG's, het bedrijfsleven en de overheid een strategische agenda op.

1027 *Structuurschema Groene Ruimte 2. Samen werken aan groen Nederland.* Een uitgave van het ministerie van Landbouw, Natuurbeheer en Visserij.

1028 *Bloembollencultuur* 6-12-2001, aldaar 35.

1029 *MarktVisie* 24-1-2002, aldaar 50.

1030 Het onderliggende gedachtegoed ontleende men aan het werk van de Amerikaanse econoom M. Porter en zijn zogenaamde diamant: factoren die concurrentiekracht van sectoren beïnvloeden.

1031 De andere waren Aalsmeer en omstreken, Westland- en Oostland (Zuid-Hollands glasdistrict), Boskoop en Venlo.

KAART B Nationale Ruimtelijke Hoofdstructuur: economie, infrastructuur, verstedelijking

economie
- economisch kerngebied
- economisch kerngebied buitenland (illustratief)
- mainport
- brainport
- greenport

infrastructuur
- hoofdverbindingsas water
- hoofdverbindingsas spoor (w.o. Hanzelijn)
- Zuiderzeelijn / ontbrekende schakel IJzeren Rijn
- hoofdverbindingsas weg
- ontbrekende schakel hoofdverbindingsas weg
- scheepvaartroutes

verstedelijking
- nationaal stedelijk netwerk
- stedelijk netwerk buitenland (illustratief)
- Nationaal Sleutelproject

ondergrond
- vereenvoudigde topografie
- grens Exclusieve Economische Zone (EEZ) en 12-mijlszone

(1:1.500.000)
0 15 30 60 90 km

De nationale Ruimtelijke Hoofdstructuur omvat gebieden en netwerken, die voor de ruimtelijke structuur en het functioneren van Nederland van grote betekenis zijn. Voor deze elementen draagt het rijk dan ook in het algemeen een grotere verantwoordelijkheid dan daarbuiten. Ze staan voor complexe en/of kostbare opgaven die rijksbemoeienis noodzakelijk maken. Het gaat in de stedelijke sfeer om elementen en opgaven, die voortkomen uit ontwikkelingen met betrekking tot de economie, de infrastructuur en de verstedelijking en uit het onderlinge verband van deze drie ruimtevragende functies.

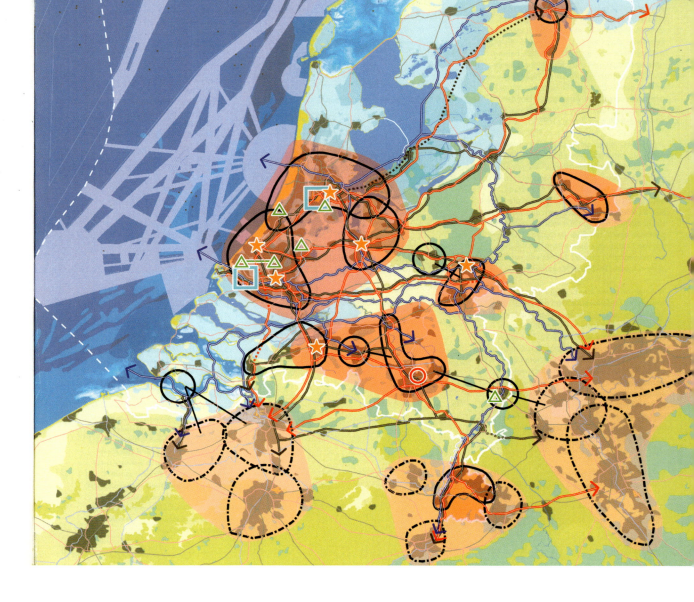

afb. 8
Kaart uit Nota Ruimte 2004

Er kwam daarna een proces op gang met veel bestuurlijk overleg, nota's, visies en discussies cumulerend in juni 2010 in een rapport van de Adviesgroep 'Tuinbouwcluster Greenport.NL':

Vitaal tuinbouwcluster 2040. Een toekomststrategie voor Greenport Holland
In dit rapport –een advies aan het kabinet – en geschreven onder leiding van professor P. Nijkamp, stond onder meer: "Er is behoefte aan een offensieve en innovatieve herstructurering van de huidige omvang van de vier kernclusters in het Westen (dus geen passieve bescherming)" (bladzijde 8).
In de Bollenstreek leidde al dat overleg in december 2009 tot de *Greenport Duin- en Bollenstreek. Intergemeentelijke Structuurvisie Greenport* waarin al dat beleid in een wettelijk bindend planologisch kader werd vastgelegd. Een prestatie van formaat van de zes betrokken gemeenten: Hillegom, Noordwijk, Teylingen, Noordwijkerhout, Lisse en Katwijk.
Voordat daar nader op ingaan wordt, eerst aandacht voor een andere opdracht van Nota Ruimte en de ontwikkelingen bij Hou het Bloeiend in het kader van de uitwerking van het greenport-concept voor de Bollenstreek.

De gebiedsuitwerking Haarlemmermeer-Bollenstreek (2006)
De provincies Noord- en Zuid-Holland kregen in de Nota Ruimte ook een andere opdracht: het maken van een gebiedsuitwerking voor de Haarlemmermeer en de Bollenstreek om ruimte te vinden voor 10.000 tot 20.000 woningen in de periode 2010 tot 2030.
In 2005 ging een projectgroep aan de gang onder leiding van de Noord-Hollandse gedeputeerde T. Hooijmaijers. Het projectbureau liet de Grontmij een inventarisatie uitvoeren naar de oppervlaktes bollen, gras en glas in de Bollenstreek. Onder die titel verscheen het rapport op 28 februari 2006. De Grontmij was nagegaan hoe de bloembollengrond, die nodig was voor woningbouw, kon worden gecompenseerd door bijvoorbeeld het omzetten van grasland naar bollenland of door het

verplaatsen van verspreid liggend glas. Men ging dus na hoeveel glas en hoeveel gras er eventueel beschikbaar was gegeven de planologische typering van grasland. Een belangrijke conclusie was: "Fysiek gezien zijn vrijwel alle in de bollenstreek voor veehouderij gebruikte gronden geschikt voor omzetting naar bollengrond. Dit mits ze mogen worden omgezand" (bladzijde 16).

Toen de concept-rapportage van de projectgroep in maart 2006 verscheen, waarin stond dat het mogelijk was in de Bollenstreek na 2010 nog 3300 woningen te bouwen en dat de bollengrond die dat kostte kon worden gecompenseerd volgens het rapport van de Grontmij, protesteerde Hou Het Bloeiend (HHB) heftig.

Op 31 maart schreef ze in een nota dat twee van de drie gekozen woningbouwlocaties op de strandwallen lagen en dat was de beste grond voor de teelt van hyacinten. Daarom was men tegen deze locaties, want de hyacint was de "economische kurk waarop de bollenteelt drijft. Zonder de hyacintenteelt zou het in de Duin- en Bollenstreek gedaan zijn met de bollensector als geheel."[1032] Het areaal bloembollen mocht dus niet beneden de 2700 hectare komen: de compensatiemogelijkheden die de gebiedsuitwerking bood door omzetten van grasland in de regio en in de Haarlemmermeer waren onvoldoende (grasland) en onacceptabel (Haarlemmermeer) om te waarborgen dat het areaal hyacinten in stand bleef. HHB was van mening dat de bedoelde graslanden niet of nauwelijks geschikt te maken waren tot goede hyacintengrond, omdat er onvoldoende fijn zand in de bouwvoor aanwezig was.

Dat standpunt speelde een belangrijke rol bij de behandeling van de gebiedsuitwerking op 26 april 2006 in de Provinciale Staten. De Staten vonden dat er minimaal 2625 hectare bloembollen in de Bollenstreek moest blijven en dat er nader onderzoek moest worden gedaan naar de mogelijkheden van compensatie in de regio als er hectares wegvielen. Het eindrapport over de gebiedsuitwerking werd op 25 juli 2006 aan de minister Dekker van VROM aangeboden. Het aantal woningen in de Bollenstreek werd in het rapport bepaald op 2900, maar de minister wilde bekijken of meer ruimte mogelijk was. Voor het onderzoek naar de compensatie ging een commissie onder leiding van LTO-Noord-voorzitter J. Heijkoop aan de gang. Die liet Arcadis een nader onderzoek doen.[1033] Op grond daarvan rapporteerde de commissie op 15 februari 2007 aan GS. Het ging om een verlies van 180 tot 200 hectare bloembollengrond waarvoor inderdaad compensatie in de Bollenstreek gevonden werd. Zo was het onder meer mogelijk 325 hectare tweede kwaliteit bloembollengrond om te zetten naar hyacintengrond (eerste kwaliteit bloembollengrond) door die te bezanden.

Van het Hou het Bloeiend tot de stichting Greenport en de GOM
Op 6 november 2002 stuurde Zwetsloot als voorzitter van Hou het Bloeiend een brief rond met een verzoek om financiële steun. De verwachting dat in 2003 de planologische strijd tegen de verstedelijking van de Bollenstreek zou zijn gestreden was niet uitgekomen. Er was meer tijd en geld nodig: ongeveer 35.000 euro per jaar en dat geld raakte op. Hij vroeg dan ook om een bijdrage. Toen dat verzoek in het bestuur van Keukenhof werd behandeld uitte De Mol kritiek op de gang van zaken bij HHB: het was te veel een bollenclub en men opereerde te defensief. Men moest zich herpositioneren, met meer aandacht voor de andere sectoren zoals bloemen, en een businessplan opstellen. Vandaar wellicht dat Keukenhof niet verder ging, ook vanwege de moeilijke financiële positie, dan tot het eenmalig beschikbaar stellen van 1500 euro. De kritiek van Keukenhof werd kennelijk breed gedeeld, want ook FloraHolland (de veiling Rijnsburg) verstrekte geen bijdrage meer. Zwetsloot trad op 30 april 2003 terug als voorzitter van HHB, maar bleef bestuurslid. Oud-burgemeester van Rijnsburg, F. Jonkman volgde hem op. De kas was leeg en een herstructurering was geboden. Onder zijn leiding maakte HHB een herstructurering door die op 1 januari 2004 haar beslag kreeg. In een persbericht van 12 januari 2004 werd daarvan melding gemaakt. De naam van de stichting werd Greenport Duin & Bollenstreek (GPDB), met als subtitel Hou het Bloeiend. De bestuursleden, die op persoonlijke titel functioneerden, vormden een raad van advies. Daarvoor in de plaats kwam een bestuur namens een achterban uit vijf clusters van organisaties: bloemen, bollen en vaste planten (M. Zandwijk); handel en het bollencomplex (H. Westerhof); veilingen en de sierteeltsector (J. de Mol); toerisme (F. Jansen) en 'overig bedrijfsleven' (V. Salman). De ad hocfinanciering werd vervangen door een structurele financiering vanuit die organisaties en de ondersteuning werd geprofessionaliseerd door de Kamer van Koophandel Holland Rijnland. Holland Rijnland, een bestuurlijk samenwerkingsverband van gemeenten, was per 1 oktober 2004 ontstaan uit een fusie van de gemeentelijke samenwerkingsverbanden in de Duin- en Bollenstreek, de Leidse regio en de Rijnstreek.

Op 24 januari 2005 bood GPDB aan J. van Nieuwenhoven, de nieuwe gebiedsgedeputeerde van Zuid-Holland, een brochure aan met daarin de ambities, beschreven vanuit het oogpunt 2020, onder het motto "een vitale economie in een vitaal landschap." GPDB positioneerde zich ook om in het kader van de greenport de gesprekspartner voor de overheid namens de private sector te zijn. Dat kwam ook tot uiting in het businessplan dat een paar maanden later verscheen. Dat was helemaal toegeschreven naar de rol bij de greenports. Binnen GPDB zou een Platform Greenport Duin- en Bollenstreek worden opgericht waarin vijftien organisaties en instellingen een plaats kregen. Dat Platform werd rond juli opgericht.

De Nota Ruimte was in de Bollenstreek met bescheiden gejuich ontvangen, vooral vanwege de aanwijzing tot greenport. In een gezamenlijk persbericht van 28 april 2004 schreven GPDB en de Stuurgroep Pact van Teylingen dat ze niet 'ontevreden' waren. Dankzij gemeenschappelijke inspanning kreeg de bollen- en sierteeltsector alle ruimte en was grootschalige verstedelijking tegengehouden: "Wij zijn dan ook tevreden dat het Rijk verdere verstedelijking van de Bollenstreek nu definitief van de hand heeft gewezen."

In de Nota Ruimte had het kabinet gevraagd om een provinciale beleidsvisie op de greenports. Voor de Bollenstreek pakte GPDB dit samen met de provincie en Holland Rijnland op. GPDB trad op als

1032 Hou het Bloeiend, *Compensatiemogelijkheden Bloembollenareaal Duin- en Bollenstreek*, aldaar 2.

1033 Arcadis: *Compensatie bollengrond. Aanvullend onderzoek*, Hoofddorp, 12 februari 2007.

opdrachtgever en het bureau Ecorys schreef het rapport *Greenport Duin- en Bollenstreek: Analyse en uitvoeringsagenda*, dat op 8 februari 2006 verscheen. In die nota werd de greenport uniek genoemd vanwege drie clusters: bloemen, bollen en toerisme en werden alle relaties in kaart gebracht (zie **afbeelding 9**).

Een van de aanbevelingen van Ecorys was om een Regionale Ontwikkelings Maatschappij Duin- en Bollenstreek (ROMDuBo) op te richten: een maatschappij om de streek te herstructureren en deze als uitvoeringsorganisatie te laten ressorteren onder de Stuurgroep Pact van Teylingen. De zes greenportgemeenten zouden aandeelhouder van de ROM kunnen zijn die samen met Rijk en provincie het investeringsfonds van de ROM zouden kunnen vullen. GPDB zou deelnemer van de ROM kunnen zijn, net als de Kamer van Koophandel en de Rabobank. Tevens zou volgens Ecorys moeten worden gestreefd naar een intensievere samenwerking tussen de Stuurgroep Pact van Teylingen en GPDB. In maart 2004 was het Pact van Teylingen gevolgd door het Offensief van Teylingen, omdat in de praktijk was gebleken dat het Pact naast voordelen ook leidde tot een rem op positieve en wèl gewenste ontwikkelingen. Om die te stimuleren werkte men in het Offensief aan het realiseren van een aantal wel gewenste ontwikkelingen in de vorm van modules. Dit waren kleinschalige projecten van 10 tot maximaal 250 hectare. De uitvoering werd een taak van de Stuurgroep Pact van Teylingen, waarin overheden, maarschappelijke organisaties en bedrijfsleven waren vertegenwoordigd. De Stuurgroep was dan ook, in tegenstelling tot GPDB, ingebed in de structuur van Holland Rijnland. GPDB was overigens wel lid van de stuurgroep.

Dat het nogal schortte aan de samenwerking tussen GPDB en de Stuurgroep bleek wel uit de aanbiedingsnota die GPDB op 7 februari 2006 bij het Ecorysrapport schreef en die zij beschouwde als een integraal onderdeel van het rapport. Impliciet nam men afstand van de aanbeveling van een ROM onder de Stuurgroep, door voor de ROM een PPS-constructie (samenwerking overheid-particuliere sector) met grondbank/ontwikkelingsfonds/ investeringsfonds, te bepleiten: "De overheden zullen het bedrijfsleven daartoe ook kansen moeten bieden" (bladzijde 3).

Achteraf gezien moet worden geconstateerd dat het Ecorys rapport een belangrijke aanjager is geweest om te komen tot meer samenwerking bij de gemeenten en het tot stand komen van de Integrale Structuurvisie.

Ook de Stuurgroep leed echter aan een gebrek aan slagkracht. Vandaar dat het op 20 oktober 2006 tijdens een bestuurlijke conferentie in De Witte Raaf in Noordwijk, met vertegenwoordigers vanuit het gehele veld het er vooral in het teken stond van de urgentie om tot de herstructurering te komen te vergroten. Dat lukte en dat tekende het belang van deze conferentie voor de latere ontwikkelingen. Drie kwartiermakers kregen de taak en een informeel mandaat tot het opzetten van een Greenport Ontwikkelings Maatschappij (GOM). Een van de drie was J. de Mol die dat namens GPDB deed. Nummer twee was H. Groen, burgemeester van Noordwijk en sinds de zomer van 2006 voorzitter van de Stuurgroep. De derde was J. Wienen, burgemeester van Katwijk. De wethouders van de zes gemeenten met ruimtelijke ordening in hun portefeuille zegden toe binnen een maand eensluidend commitment aan hun colleges te vragen om te investeren in dit proces. Dat had tot gevolg dat de gemeenteraden in 2007 en begin 2008 ieder 65.000 euro beschikbaar te stellen als aandelenkapitaal voor de start van de GOM.

Op 1 juli 2008 tekenden de B en W's van de zes gemeenten een *Memorandum of understanding Greenport Ontwikkelingsmaatschappij Duin en Bollenstreek* waarin een blauwdruk voor de GOM was opgenomen. GPDB werd in feite buitenspel gezet en kreeg een vaag omschreven rol als adviseur bij de meerjarenplanning van de GOM.[1034] Men ging daarmee uitdrukkelijk in tegen de bezwaren van GPDB en een groot deel van het bedrijfsleven tegen de GOM: zij voelden zich buitenspel gezet. Op 28 april 2008 schreef Jonkman als voorzitter van GPDB in een brief dat als dat niet veranderde men niet deelnam aan de GOM.

Op 1 januari 2009 tekenden de zes gemeenten de *Samenwerkingsovereenkomst Greenport Duin- en Bollenstreek*. Daarmee was bestuurlijk gezien de GOM een feit. De GOM werd gepositioneerd als een uitvoeringsorganisatie zonder publiekrechterlijk karakter, gericht op het daadwerkelijk realiseren van de herstructurering en gebiedsontwikkeling van de Greenport, door middel van het zelfstandig realiseren van ruimtelijke projecten. De juridische vorm was die van een BV met de gemeenten als aandeelhouders, een directeur en een Raad van Commissarissen, bestaande uit minimaal drie en maximaal vijf personen, inclusief de voorzitter. Omdat GPDB in die overeenkomst nu duidelijk werd neergezet als het aanspreekpunt vanuit de private sector voor de GOM en een duidelijke adviestaak kreeg, schreef de nieuwe voorzitter van GPDB, A. Meerburg, op 9 november 2009 aan de kwartiermakers Wienen en Groen dat men weer meedeed. Dat maakte de weg vrij om op 17 februari 2010 de kwartiermakers te bedanken voor hun werk en de GOM op te richten. J. Teelen, B. Heemskerk en W. Duursema werden daar geïntroduceerd als de eerste Raad van Commissarissen. Meerburg zei op die bijeenkomst: "het vertrouwen is gewonnen en de scepsis overwonnen sinds de aanstelling van de kwartiermakers."[1035] GPDB noemde zich sinds 1 november 2009 Stichting Bedrijfsleven Greenport Duin- en Bollenstreek. Het bestuur van vijf leden ging verder als DB terwijl het AB werd gevuld door de vijftien organisaties die eerder in het Platform hadden gezeten. J. de Mol had in het een noch het ander zitting, maar bleef adviseur. Het Platform werd een taak van de GOM. In dit Maatschappelijk Platform Greenport (het 'Greenporthouse') werd de Stuurgroep Pact van Teylingen opgenomen, uitgebreid met vertegenwoordigers van onderzoeks- en onderwijsinstellingen.

Een van de taken van de GOM was: "Zorg dragen voor de realisatie van nieuwe bollengrond ter compensatie van bollenareaal dat verloren gaat door woningbouw en de realisering van andere (rode) functies, waardoor het 1e klas bollenareaal in de Duin- en Bollenstreek duurzaam gehandhaafd kan worden op ca. 2.625 hectare."[1036] De nadere spelregels daarvoor nam men op in de *Intergemeentelijke Structuurvisie Greenport* die december 2009 door de gemeenteraden werd vastgesteld.

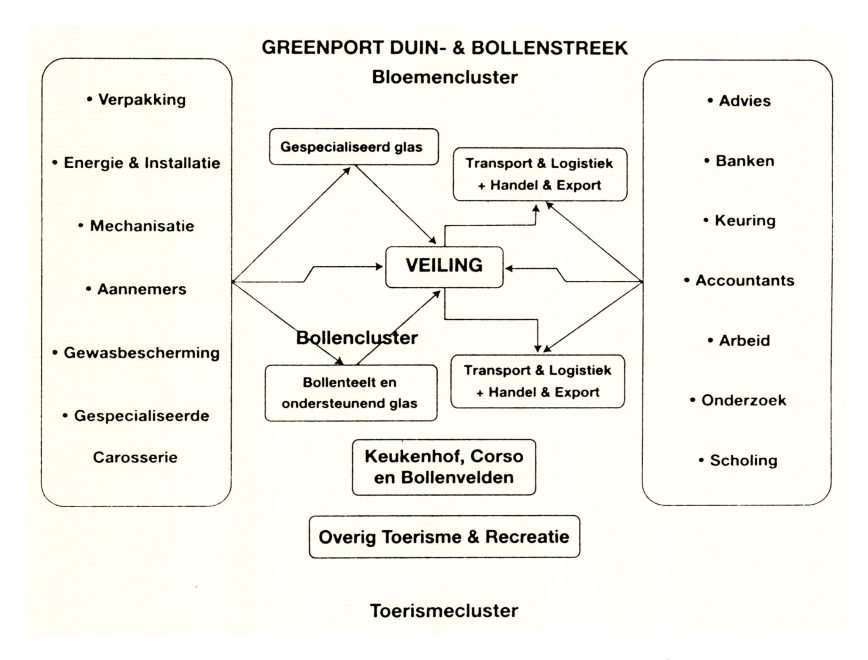

afb. 9
Schema greenport Duin- en Bollenstreek

1034 Overigens waren zowel De Mol als de directeur van de Kamer van Koophandel betrokken bij alle ambtelijke en bestuurlijke besprekingen en had het bedrijfsleven toch heel wat invloed gehad (mail De Mol 4-10-2010).

1035 Persbericht 19 februari 2010 van Greenport Duin- en Bollenstreek.

1036 *Samenwerkingsovereenkomst etc.*, aldaar 16.

HOOFDSTUK 20

MÉÉR DAN BLOEMEN

Tot 2003 en daarna. De gevolgen van het ruimtelijk beleid voor Keukenhof.

Van visie naar realisatie

In dit hoofdstuk wordt enerzijds het moeizame en langdurige proces van visie tot werkelijkheid beschreven en anderzijds wordte een overzicht gegeven van de tentoonstellingen tot en met 2009.

Intergemeentelijke Structuurvisie Greenport (2009)

In het eerder genoemde *Memorandum* van 1 juli 2008 waren ook de hoofdlijnen opgenomen van een ruimtelijk streefbeeld tot 2030. Vanaf 1 juli werd in opdracht van de kwartiermakers en de zes wethouders RO van de Greenportgemeenten gewerkt aan het vertalen en detailleren van dit streefbeeld in een intergemeentelijke structuurvisie voor het grondgebied van de zes gemeenten, met uitzondering van de duinen. In tegenstelling tot een streefbeeld heeft een structuurvisie, na vaststelling door de gemeenteraden, wel een zelfbindend karakter. Het is een wettelijk verankerd toetsingskader voor het vaststellen van nieuwe bestemmingsplannen en bestemmingsplanwijzigingen. Na al het bovenstaande is het niet verwonderlijk dat de visie zich richtte op de herstructurering en revitalisering van de Greenport. Omdat het een integrale visie was, deed het dat in samenspraak met de verbetering van de natuurlijke, landschappelijke en recreatieve kwaliteiten. Ook alle beleidselementen die bij de Greenport en de gebiedsuitwerking Haarlemmermeer-Bollenstreek in het vorige hoofdstuk aan de orde waren, vonden hun plek in de visie. Uiteraard ook de GOM die een heel set spelregels meekreeg voor de bollencompensatie. Dat viel uiteen in een fysieke compensatie en een geldelijke. De laatste bedroeg voor het onttrekken aan de bestemming eerste klas bollengrond, indicatief, veertig euro per m². De hoogte van die bijdrage was een zaak van de GOM. De definitieve versie van de visie werd in december 2009 vastgesteld door de gemeenteraden en kreeg als titel mee *Greenport Duin- en Bollenstreek. Intergemeentelijke Structuurvisie Greenport*.

Het Masterplan Keukenhof (2007)

De modules twee en zeven van het Offensief van Teylingen betroffen het ondersteunen van Keukenhof en het Kasteel om te komen tot een toeristisch en recreatief netwerk. Vandaar dat Hollander aan het Samenwerkingsorgaan Duin- en Bollenstreek op 15 juli 2004 om een subsidie verzocht om de landschapsvisie met behulp van deskundigen uit te bouwen tot een Masterplan. Hij vroeg ook subsidie aan de provincie. Kennelijk leidde het overleg daarover tot het betrekken van meer partijen dan alleen het Kasteel bij het maken van het Masterplan.[1037]
Zo zat Keukenhof op 22 mei 2006 aan aan een 'diner pensant' georganiseerd door het Kasteel. Men wilde nadenken over het regionale toeristisch centrum waartoe Jansen in 2002 een aanzet had gegeven en dat de gemeente liever gesitueerd zag bij het Kasteel dan bij Keukenhof. Uit dat diner kwam een stuurgroep voort met daarin ook Keukenhof, om voor het Kasteel een toekomstvisie te ontwikkelen; het zogenoemde Masterplan. Dat was zowel een wens van de provincie als een 'opdracht' van het gemeentelijk bestemmingsplan. Dat bond de uitvoering van de wensen van het Kasteel uit de Landschapsvisie aan een nader onderzoek naar de toekomst. Daarom namen naast de gemeente ook andere actoren deel, zoals het Zuid-Hollands Landschap als eigenaar van het Keukenhofbos. Voor Keukenhof namen Jansen en De Mol zitting in de stuurgroep, terwijl De Vries deel uitmaakte van de projectgroep. Die stond onder leiding van A. Fennema van SIGHT (adviseurs voor milieu & landschap). Een andere medewerker van SIGHT, A. Dijkstra, maakte, als rentmeester van het Kasteel, ook deel uit van de projectgroep.

Op 25 augustus kwam men voor het eerst bij elkaar en op 19 oktober bereikte de stuurgroep overeenstemming over een Projectstatuut Masterplan (Plan van Aanpak). Het was niet alleen een vervolg op de landgoedvisie van oktober 2002, maar ook op een onderzoek dat in 2004 was gedaan door M. Breure en M. Nijhoff naar de ontstaansgeschiedenis, het landschap en de aanwezige waarden van het landgoed.[1038] Beide visies vroegen echter om een concreet plan van aanpak, voorafgegaan door duidelijke strategische keuzes. Dat was de opdracht aan de stuurgroep. Die zou leiding geven aan de projectgroep die, bijgestaan door werkgroepen, het Masterplan zou opstellen.

Ondersteunend onderzoek zou worden uitgevoerd door de bekende stedenbouwkundige Riek Bakker. Zij zou een ruimtelijke analyse uitvoeren en een ruimtelijke visie opstellen. De stichting Tot Behoud van Particuliere Historische Buitenplaatsen (PHB) zou de ontwikkelingsgeschiedenis van de tuin- en parkaanleg onderzoeken, die E. de Jong, hoogleraar in de geschiedenis van de Nederlandse tuinkunst, zou vertalen naar het Masterplan.[1039] Fakton (een adviesbureau op het gebied van vastgoedontwikkeling) werd belast met een financiële analyse. Het Kasteel was opdrachtgever. De kosten werden begroot op ruim 70.000 euro, waaraan Keukenhof en het Kasteel ieder tien procent zouden bijdragen, net als het Pact van Teylingen.

1037 In de eerste vergadering van de stuurgroep Keukenhof (op 14 juli 2004) had de CdK al gepleit voor een nieuwe totale visie op het totale complex: een zogenaamde brede visie. Hollander opteerde toen voor een 'smalle' visie.

1038 Als afstudeeropdracht van Hogeschool Larenstein, zie ook Breure 2007, in het eerste jaarboek van Kasteel Keukenhof.

1039 Het onderzoek van PHB werd in december 2007 gepubliceerd en staat op de website van het Kasteel.

Masterplan méér dan bloemen.
Transformatie van de Keukenhof

In de inleiding wordt uiteengezet dat het plan het karakter heeft van een gebiedsvisie en in het tweede hoofdstuk, geschreven door Riek Bakker en Janet van Bergen, wordt het nieuwe concept voor het Kasteel beschreven en geïllustreerd met kaarten. Zij constateerden dat de Duin- Bollenstreek een 'fors' probleem heeft: de ontsluiting. Bovendien werkte de Stationsweg als een 'splijtzwam' tussen Bloementoonstelling en Kasteel. Vandaar dat er een noordelijke ontsluiting van de streek, net ten noorden van Keukenhof soelaas zou bieden. De Stationsweg zou op die manier een 'samenbindend element' worden.[1044] Gecombineerd met één nieuw parkeerterrein voor de Bloementoonstelling met de ontsluiting op de Randweg loste dat veel problemen op. Het landgoed moest in de visie van Bakker en Van Bergen transformeren naar 'verdienplaats'. Hierbij konden de Zochers als inspiratiebron dienen en zou de inrichting weer teruggebracht moeten worden naar hun concept. Zo zou het Wilhelminacomplex van Keukenhof moeten verdwijnen om weer een zichtlijn naar de vijver te krijgen opdat de beide delen Kasteel en Overplaats [het tentoonstellingsterrein, MT] weer één geheel zouden worden (zie verder de **afbeelding** 1 met een overzicht van de voorgestelde ingrepen). Op bladzijde 42 stond een plaatje met een zoekgebied voor bollencompensatie, **(zie afbeelding 2)** waarover op bladzijde 43 werd opgemerkt dat dit 'eventueel' kon in het noordwestelijk deel van het landgoed: "Dit betekent dan wel dat er een klein deel van het kerngebied van de ecologische hoofdstructuur moet worden opgeofferd."[1045] Het toeristisch centrum met als elementen het museum De Zwarte Tulp en het Panorama Tulipland konden ook deel uit maken van het Kasteel als toeristisch centrum: "Hoogtepunt is de twee maanden per jaar toegankelijke Bloementoonstelling. Het kasteel met diverse horecafaciliteiten, kunstexposities, kleinschalige elementen te midden van de prachtig gerestaureerde tuin- en parkaanleg zorgen er voor dat de Keukenhof ook de rest van het jaar aantrekkelijk is" (bladzijde 43). In het derde hoofdstuk vertaalde E. de Jong de historie van vierhonderd jaar naar het Masterplan aan de hand van een samenvatting van het PHB-onderzoek. Hij beval aan het historisch casco van Kasteel en Keukenhof (de bloementoonstelling) veilig te stellen in beheersplannen. Vooral de kruising van Loosterweg en Stationsweg "van waaruit alles is ontstaan"(bladzijde 77) mocht niet worden aangetast. Het laatste hoofdstuk bevatte de financiële analyse van Fakton. Voor het concept was 22,3 miljoen euro nodig maar die vielen buiten de verantwoordelijkheid van het Kasteel omdat die 'bovenplans' waren, zoals bijvoorbeeld de infrastructuur. Voor de exploratie werd uitgegaan van een investeringstekort van 5,5 tot 13,2 miljoen, waarbij de bandbreedte werd veroorzaakt door het potentiële aantal betalende bezoekers. De tekorten zouden gedekt kunnen worden door woningbouw ('landgoedvilla's) op het landgoed. Het rapport sloot met een aantal thematische bijlagen: over natuurontwikkeling, de biomassacentrale die mogelijkheden bood, omdat het Kasteel jaarlijks circa 1000 ton schoon hout produceerde, goed voor 300.000 m² equivalenten aardgas, en de buitenplaats als toeristisch concept met in beginsel 150.000 bezoekers per jaar.

Op 25 oktober werd het plan gepresenteerd tijdens een symposium. Fennema verwachtte dat er begin 2007 een plan op hoofdlijnen zou kunnen liggen waarna men kon beginnen met de strategiebepaling en met de uitwerking. Het geheel zou ongeveer twee jaar in beslag nemen. Niet in stilte, als het aan Riek Bakker lag: "We zullen communiceren over dit project tot we een ons wegen."[1040] Vervolgens is hiervan geen melding meer gemaakt in de vakbladen tot de presentatie. Verder werd bij de presentatie gesproken over zaken die in het Masterplan zouden komen, zoals de ontwikkeling van het gebied als toeristisch centrum, de ontwikkeling van de buitenplaats, de bouw van een biomassacentrale en eventueel landhuizen, natuurontwikkeling en de infrastructuur. Keukenhof was zeer ongelukkig met deze presentatie, omdat daar de indruk werd gewekt dat ook Keukenhof er integraal bij zou worden betrokken. Dat wilde men absoluut vermijden: het was iets van het Kasteel. Daarom reageerde men ook afwijzend toen Hollander projecten en bedragen vroeg om een beroep te kunnen doen op FES-gelden.[1041] Riek Bakker had namelijk bij de presentatie opgemerkt dat de financiering van de plannen alleen mogelijk was met FES-gelden. Hollander kreeg wel een lijstje van de (bekende) projecten maar Keukenhof verstrekte geen bedragen.[1042] Ook kreeg SIGHT te horen dat het toeristisch project alleen mocht gaan over het Kasteel en niet over de Keukenhof.[1043] Verder waren Jansen en De Mol niet te spreken over de kwaliteit van het plan en de financiële onderbouwing. Aanvankelijk was het de bedoeling het Masterplan in juni te presenteren maar dat werd vanwege de ontoereikende kwaliteit een paar keer uitgesteld. Uiteindelijk werd het officieel gepresenteerd op 24 oktober 2007. In het kader wat informatie over het plan.

Ingrepen

A Restauratie toegang in combinatie met toeristisch centrum/entreegebouw.
B Deel afsluiten, nieuwe wandeling + functies/evenementen in de Plantage + route naar parkeerterrein.
C Herstel boomgroepen/heesterbeplanting + herstel structuur voorplein.
D Herstel zichtlijnen en parkstructuur.
E Herstel paden, uitzichtpunten en grondlichaam Plantage.
F Nieuwe functies en gedeeltelijke sloop grote schuren hofboerderij.
G Herstel verdienfuncties (moestuin, boomgaard, kwekerij).
H Herstel stinzenbeplanten en onderbegroeiing.
I Nieuwe route van grote parkeerterrein bij bloementoonstelling naar kasteel (achterom de Plantage) en kleine parkeerplaats bij de hofboerderij.

afb. 1
Voorgestelde ingrepen

afb. 2
Zoeklocatie eventuele compensatie bollengrond

Bloembollen Visie van 8 november 2007 maakte in een kort berichtje melding van de presentatie van het Masterplan. Meer aandacht besteedde het blad eraan in het nummer van 13 maart 2008, in de vorm van een interview met Hollander. Hij vertelde dat het Masterplan het Kasteel wilde omvormen tot een toeristisch aantrekkelijke buitenplaats inclusief kunst- en zomerbloementoonstellingen die op termijn 200.000 tot 400.000 bezoekers konden trekken. Het geld dat binnenkwam via het nieuwe huurcontract met Keukenhof "na het nodige geharrewar", was net voldoende om de vier man op de loonlijst te betalen en wat 'cosmetisch onderhoud'. Om het achterstallig onderhoud aan te pakken was de komende jaren zo'n 7,5 miljoen euro nodig. Om aan dat geld te komen was verkopen [van het tentoonstellingsterrein, MT] geen optie, vandaar dat het Masterplan was opgesteld. Over de zomerbloementoonstellingen zei hij: "We hebben nu al in het voorjaar een grote Pioenententoonstelling in het Koetshuis. De basis hiervoor vormt onze referentietuin van 170 verschillende soorten pioenrozen. We hebben ook een referentietuin met 120 soorten Iris germanica. Wij denken dat er in het buitenplaatsgebeuren plaats is voor zo'n 8-10 florale elementen, vergeleken met de parades op de Keukenhof."[1046] Voor de financiering van het Masterplan was hij in gesprek met het ministerie van LNV. Van de gemeente verwachtte hij niets want die wilde niet meebetalen en hij hield de bouw van landgoedvilla's, die in de publiciteit veel beroering hadden gewekt, achter de hand. De begroting van het Kasteel was afgesteld op een begin van de uitvoering van het Masterplan in 2010 en hij wilde in 2012 200.000 bezoekers halen. Daarvoor was wel een bestemmingsplanwijziging nodig, waarvan hij hoopte dat die snel afkwam.

1040 *Bloembollen Visie* 9-11-2006, aldaar 16.
1041 FES staat voor Fonds Economische Structuurversterking. Een Nederlands fonds in 1995 opgericht, gevuld met aardgasbaten en bedoeld om de economische en infrastructuur te versterken.
1042 AB Keukenhof 30-3-2007.
1043 AB Keukenhof 27-6-2007.
1044 Dat element was ook al in de landgoedvisie opgenomen.
1045 In opdracht van het Kasteel was Arcadis in april 2007 nagegaan wat voor mogelijkheden er waren in dat gebied voor compensatie bollengrond. Zonder dat Arcadis bodemkundig onderzoek had gedaan gaf men aan dat er mogelijkheden waren. Vanwege de grote variabiliteit van de bodem zouden de kosten variëren van 20.000 tot 120.000 euro per hectare en zou 'slechts' ten dele hyacintengrond kunnen worden 'gemaakt' (Brief van Arcadis van 20 april 2007).
1046 *Bloembollen Visie* 13 maart 2008, aldaar 13. De eerste pioenenshow (met VKC-keuring) werd in 2005 georganiseerd. Toen, en in de jaren daarna, steeds in het eerste weekend van juni, vlak na de sluiting van Keukenhof. Plannen van Keukenhof om ook een dergelijke show te organiseren kwamen niet van de grond.

De Gebiedsvisie Keukenhof (2009)

Ook Keukenhof had te maken met het bestemmingsplan waarin stond dat de wijzigingen die men wilde tot een uitwerking van de langetermijnvisie noopten. Zo stond er op bladzijde 54 van het bestemmingsplan: "Landgoed Keukenhof, het kasteel en omgeving en tentoonstellingsterrein van Keukenhof zijn onlosmakelijk met elkaar verbonden. In dat kader is een oplossing voor de barrièrewerking van de Stationsweg gewenst. De noodzaak om op korte termijn tot een herinrichting van het tentoonstellingsterrein te komen wordt door de gemeente onderkend en onderschreven. Omdat een nadere uitwerking van de gepresenteerde kortetermijnplannen [die van Keukenhof en het Kasteel, MT] nog gewenst is, is ten behoeve van deze herinrichting een specifieke wijzigingsbevoegdheid in het bestemmingsplan opgenomen, op basis waarvan de voorgenomen ontwikkelingen in onderlinge samenhang geregeld kunnen worden. De langetermijnvisie zal eerst nader onderbouwd en uitgewerkt moeten worden alvorens vertaling in het bestemmingsplan kan plaatsvinden." Ook de provincie vond een dergelijke visie noodzakelijk eer men begon aan de procedure tot wijziging van het streekplan.

Daarom ging er eind 2007 een breed samengestelde stuur- en werkgroep aan de gang. Deze bestond uit vertegenwoordigers van Keukenhof, Kasteel, gemeente en provincie. Projectmanager werd F. de Brabander van het gelijknamige bouwkundige adviesbureau. Adviesbureau voor ruimtelijk beleid RBOI kreeg de opdracht om een integrale gebiedsvisie voor Keukenhof en Kasteel op te stellen en in het verlengde daarvan een voorontwerp-bestemmingsplan. Dat was nodig omdat de wensen van Keukenhof, vooral met betrekking tot een nieuwe ontsluiting aan de provinciale weg wanneer alle parkeerbewegingen op één vergroot Hoofdparkeerterrein geconcentreerd zouden zijn, inmiddels de wijzigingsbevoegdheden van het bestaande bestemmingsplan te boven gingen. Op 19 augustus 2008 was het concept van wat voortaan Gebiedsvisie (met *m.e.r.-beoordeling*) ging heten klaar en dat werd op 17 september gepubliceerd om daarop te kunnen reageren. Die reacties werden verwerkt in een *Nota van Beantwoording* die weer de basis vormde voor de definitieve versie van de Gebiedsvisie die begin 2009 af was. Keukenhof ging ervan uit dat de Gebiedsvisie in maart 2009 door de raad van Lisse kon worden behandeld. Dat werd pas 29 oktober, omdat de gemeente eerst overeenstemming wilde bereiken over de jaarlijks door Keukenhof aan de gemeente te betalen retributie. Het kwam Keukenhof op een woedende, aangetekende brief van het Kasteel te staan van 15 april 2009 met daarin het verwijt dat het de schuld van Keukenhof was dat de behandeling van de Gebiedsvisie was vertraagd. Na de behandeling van de Gebiedsvisie in de gemeenteraad van 29 oktober 2009 en in de Provinciale Staten van 24 februari 2010 en de totstandkoming van nadere afspraken over de bollencompensatie werd begin juli 2010 de volgende stap gezet. Toen boden het Kasteel en Keukenhof aan B en W van Lisse een ontwerpbestemmingsplan aan. Toen men aan de Gebiedsvisie begon, dacht Keukenhof dat de kosten aan leges ongeveer 130.000 euro zouden bedragen.[1047] In de loop van 2008 bleek echter dat de gemeente niet mee wilde betalen aan de kosten van het bestemmingsplan, dat men op drie ton begrootte.[1048] Eind 2009 bleken de kosten van de Gebiedsvisie bijna 240.000 euro te hebben bedragen, waarvan bijna 156.000 euro voor rekening van Keukenhof kwam en de rest voor het Kasteel.[1049] Het ontwerpbestemmingsplan werd voor ruim 31.000 euro opgesteld door het RBOI.[1050]

In de Gebiedsvisie werden alle voorgestelde 'ingrepen' netjes bijeen gezet en voorzien van beleidsachtergronden en maatregelen. Een samenvattend overzicht staat in **afbeelding 3a**. Kern van de Gebiedsvisie was de zogenaamde driehoeksruil (zie hiervoor het kader en **afbeeldingen 3b en 3c**).

De driehoeksruil

Huidige situatie (in 2009):
1. parkeerterrein Extra (bij Van Graven): in bestemmingsplan 'agrarisch veeteelt, parkeren toegestaan', bestemming op streekplankaart aangeduid als gebied met natuurwaarden;
2. Uitbreiding Hoofd parkeerterrein: in bestemmingsplan 'agrarisch bloembollenteelt', bestemming op streekplankaart aangeduid als bollengrond;
3. 2ᵉ Poellaan (Land van Rotteveel): in bestemmingsplan 'agrarisch veeteelt, bestemming op streekplankaart aangeduid als A+ (geen weidevogelgebied.

Na toepassing van de driehoeksruil:
De bestemming 'agrarische veeteelt, parkeren toegestaan' van parkeerterrein Extra (1) verschuift naar Uitbreiding Hoofdparkeerterrein (2). De bestemming 'agrarisch bloembollenteelt' van Uitbreiding Hoofdparkeerterrein verschuift naar de 2ᵉ Poellaan (3). De bestemming 'agrarisch veeteelt' van de 2ᵉ Poellaan verschuift naar het voormalig parkeerterrein Extra (1). Hier zullen de betonnen verharding uit de grond worden gehaald en de oude waarden worden hersteld als onderdeel van de ecologische hoofdstructuur. Per saldo vindt geen aantasting plaats van bollengrond of A+ grasland.

1047 AB Keukenhof 23-1-2008.
1048 AB Keukenhof 4-6-2008.
1049 AB Keukenhof 21-10-2009.
1050 AB Keukenhof 7-4-2010.

afb. 3a
Voorgestelde ingrepen in brochure *Gebiedsvisie*, 2009

afb. 3b
Driehoeksruil zoals voorgesteld in brochure *Gebiedsvisie*, 2009

afb. 3c
Situatiefoto driehoeksruil

Hoe het met de driehoeksruil afliep komt aan de orde nadat eerst de gang van zaken rond het toeristisch centrum wordt geschetst.

In het verleden zijn wisselende namen gebruikt voor de diverse parkeerplaatsen. In het vervolg zullen we ons beperken tot de huidige namen. Hoofdparkeerterrein voor het parkeerterrein dat aangewezen was om na de geplande uitbreiding als enige parkeerterrein over te blijven, in het verleden ook genoemd Oost of Narcis. Parkeerterrein Extra, het weiland bij Van Graven, in het verleden ook genoemd Noord of Tulp.

Toeristisch centrum

In de bestuursvergadering van 3 december 1999 viel het besluit om de verkoopactiviteiten van de twee musea op Keukenhof, het Frans Halsmuseum en het museum De Zwarte Tulp (ZT) binnen twee jaar te beëindigen. Men vond deze activiteiten te concurrerend voor de eigen souvenirverkoop. Uiteraard vond Zwetsloot, die voorzitter was van de Zwarte Tulp, dat niet leuk. In maart 2000 stelde hij voor als compensatie een 'oude' bloembollenschuur aan te kopen (die van Zeestraten) die op Keukenhof te plaatsen en daarin figuranten van de Zwarte Tulp te laten optreden. Dat zou dan kunnen worden gecombineerd met een bezoekerscentrum dat de gemeente wilde stichten. Rond die tijd nam ook Van Amsterdam weer contact op met Keukenhof. Hij wilde Panorama

Tulipland (PTL) een plaats geven in het ONP. Hij kreeg de wat vage toezegging dat zijn verzoek zou worden bekeken in het voorjaar van 2001. Het bleek technisch en financieel onmogelijk om aan het verzoek van Zwetsloot te voldoen. Daarom stelde hij in februari 2001 voor om de Zwarte Tulp financieel voor ongeveer 20.000 gulden in staat te stellen twaalf grote foto's te laten maken voor een reizende expositie langs de gemeentehuizen. Zijn verzoek viel samen met een verzoek van de Hobaho om de Buitenhof (showtuin) over te nemen. Het bestuur zag daar vanwege de kosten van vier ton per jaar vanaf en wees ook het verzoek van Zwetsloot af. Dat leidde tot een pijnlijke situatie, omdat het bestuur van de Zwarte Tulp schermde met een toezegging van de zijde van een vertegenwoordiger van Keukenhof.

Toen Jansen zijn nota in mei 2002 schreef, haakte hij in op bestaande ontwikkelingen. Op basis van die nota knoopte hij gesprekken aan met de betrokkenen. Eind 2002 was men zover dat PTL en de ZT zich bereid verklaarden om met Keukenhof de mogelijkheid te onderzoeken "een toeristisch centrum voor de Duin- en Bollenstreek/Holland Rijnland op te richten, in te richten en te exploiteren." Dat schreef Jansen in een discussienota van 20 juni 2003 aan zijn bestuur. Hij omschreef dat centrum als volgt: "een museale collectie op het gebied van bolbloemen (kunst, historie, teelt en regionale ontwikkeling), een panorama van de bloembollenstreek, een wisselende kunstexpositie, een toeristisch informatiecentrum (...), horecafaciliteiten, souvenirverkoop, en een showtuin [Hobaho of CNB, MT] (...) op het terrein van Keukenhof, maar buiten de poort." Voor die locatie gold als eerste optie de woning van Van der Mark en de aangrenzende bollenschuur, plus een gebouw voor het PTL. Jansen schreef die nota ook voor de betrokken partijen om de gesprekken die stroef verliepen met een concreet voorstel weer op gang te krijgen. In die tijd sprak hij ook met de Zaanse Schans, met Madurodam en met de Floriade. De gemeente had ook zo haar wensen. Eerst verzocht men Keukenhof ruimte beschikbaar te stellen voor de nieuwbouw van CNB en Hobaho die uit Lisse dreigden te verdwijnen en begin 2004 om de monumentale gebouwen van het LBO naar Keukenhof te verplaatsen, omdat die moesten wijken voor nieuwbouw van het CNB. Beide plannen gingen niet door. De veilingen wilden niet naar Keukenhof en de gebouwen van het LBO vond Keukenhof te bouwvallig.[1051]

Op 14 oktober 2003 schreef Zwetsloot namens De Zwarte Tulp aan Keukenhof dat men het museum 'in het hart van Lisse' niet wilde opheffen. Wel wilde men op Keukenhof een 'cultuurhistorische presentatie' inrichten. Keukenhof antwoordde hem dit te betreuren en vond het een 'gemiste kans'. De gesprekken met PTL gingen wel door en ook met de ZT bleef Jansen op voet van gesprek. Daarbij bleek hem dat er nog steeds veel oud zeer zat om de 20.000 guldenkwestie uit 2001. Daarom honoreerde hij ter compensatie een verzoek van de ZT om op Keukenhof een collectie hyacintenglazen te showen. Verkopen mocht de ZT echter niet meer.

De volgende stap werd gezet door, gesteund door een subsidie van de provincie, Marktplan Adviesgroep een haalbaarheidsstudie te laten doen. Dat bureau had eind december 2002 in opdracht van de gemeente Lisse een marktverkenning en een actieplan toerisme Lisse uitgevoerd. Aan dat onderzoek, waarvan de eindrapportage op 25 juli 2003 verscheen, had Keukenhof ook meegewerkt. Hierin werd voorgesteld om de ZT en PTL op het parkeerterrein van Keukenhof te vestigen. Op 17 november 2004 organiseerde Keukenhof een startgesprek met de onderzoekers waarbij naast de ZT en PTL ook het Kasteel en de VVV Holland-Rijnland aanwezig waren. In juni 2005 was Marktplan klaar met het onderzoek. Uitgaande van 100.000 bezoekers en een investering van 1,6 miljoen euro kwam men tot een jaarlijks exploitatieresultaat van bijna 119.000 euro. In de berekeningen ging men ervan uit dat PTL de ruimte zou huren, zodanig zodat Keukenhof in vijftien jaar de investering zou 'terugverdienen.'[1052] Keukenhof besloot het rapport breed te verspreiden en te opteren voor een stuurgroep met daarin de gemeente om een Plan van Aanpak op te stellen. Maar weer kwam er een kink in de kabel. Dit keer in de vorm van Leo van den Ende, de schilder van het Panorama die in conflict raakte met de BV Panorama Tulipland over het eigendom en de exploitatie van het schilderij. In maart 2006 ontving Keukenhof een in het Engels gestelde brief van de Leo van den Ende Foundation dat zij terzake de belangen van de schilder behartigde.

Ook de gemeente had andere ideeën over het toeristisch centrum dan Keukenhof. Toen Hollander dan ook in het kader van de contractonderhandelingen het centrum wilde 'hebben' trok Keukenhof de handen af van dit project. Eind 2006 bleek dat ook het VVV en de ZT afhaakten en zocht het PTL naar een andere locatie dan Keukenhof. Toen in mei 2008 geruchten gingen dat Keukenhof toezeggingen had gedaan aan PTL, stuurde Jansen op 30 mei een brief het netwerk in. Hij schreef daarin over de plannen van Keukenhof sinds 2002 en hoe die geen draagvlak hadden gevonden: "Helaas hebben wij na verloop van tijd moeten constateren dat er bij diverse partijen onvoldoende draagvlak was om een dergelijk plan te realiseren." Vandaar dat Keukenhof had besloten geen initiatieven meer te nemen met betrekking tot het regionaal toeristisch centrum. Wel bleef men openstaan voor verder overleg als de andere partijen weer wilden praten. In de Gebiedsvisie die op 29 oktober 2009 door de raad werd vastgesteld werden de museale functies gesitueerd bij het Kasteel (zie **afbeelding 3a** en kader).

Parkeren

Het parkeerdossier bevatte sinds 2002 twee hoofdpunten: de discussie over de grootte, inrichting en ontsluiting van het centrale Hoofdparkeerterrein aan de oostkant van Keukenhof (Narcis) en het conflict met het Kasteel over de parkeervergoedingen. Beide zaken hingen met elkaar samen, maar zullen afzonderlijk worden behandeld.

1051 AB Keukenhof 11-2-2004.
1052 *Conceptstudie en businesscase Toeristisch centrum Duin- en Bollenstreek/Holland Rijnland*. Marktplan Adviesgroep, juni 2005.

De Gebiedsvisie over het toeristisch centrum

"Aan de oostzijde van het landgoed ligt te midden van de strook bollengrond die het Landgoed scheidt van de kern van Lisse, een woonhuis (monument) en een daaraan vastgebouwde bollenschuur (...) [die] zijn functie (...) heeft verloren. Om het ensemble van woonhuis en bollenschuur te kunnen behouden, is een nieuwe passende functie noodzakelijk. De voorkeur gaat uit naar een museale functie (bijvoorbeeld Panorama Tulipland en/of museum de Zwarte Tulp) die de recreatieve ontwikkeling van het Landgoed en de Bloementoonstelling ondersteunt. Eventueel benodigde uitbreiding van de bebouwing zal qua vormgeving aansluiten op het karakter van de bollenschuur. De mogelijke ontwikkeling op deze locatie is nog onderwerp van nadere studie".

Grootte, inrichting en ontsluiting van het Hoofdparkeerterrein
In juli 2002 schreven twee studenten van de Christelijke Agrarische Hogeschool (CAH) uit Dronten, B. Janssens en J. Wind als afstudeeropdracht voor Keukenhof een toekomstvisie 2003-2013 voor het Hoofdparkeerterrein. Het was een studie naar de mogelijkheid om dit parkeerterrein in te richten voor alle 'rijdende' bezoekers. De bestaande situatie (zie **afbeelding 4**) was dat parkeerterrein Extra werd gebruikt voor personenvervoer, het voorterrein van het Kasteel (Hyacint) voor bussen en het Hoofdparkeerterrein werd op drukke dagen gebruikt als overflow. Op basis van historische parkeergegevens adviseerden de studenten het Hoofdparkeerterrein te renoveren en uit te breiden met 2,4 hectare en parkeerterrein Extra en het voorterrein van het Kasteel te sluiten. Dan was de renovatie en uitbreiding van het Hoofdparkeerterrein gerealiseerd.[1053] In maart 2003 bracht de provincie een Nieuwsbrief (*Nieuws 208*) uit waarin een overzicht werd gegeven van de werkzaamheden aan de N 208. In de omgeving van Keukenhof zouden twee rotondes worden aangelegd: Heereweg-Noord en Keukenhofdreef/Stationsweg. De werkzaamheden zouden half maart beginnen, tijdens de opening van Keukenhof (18 maart tot 18 mei) worden opgeschort en naar verwachting in augustus klaar zijn. In dat jaar begon Keukenhof ook met het dirigeren van bussen naar het Hoofdparkeerterrein terwijl het voorterrein van het Kasteel nog niet vol was. Dat schoot de winkeliers van de 'Kalverstraat' in het verkeerde keelgat. Ze vreesden omzetderving (zie de **afbeelding 5** voor een situatiefoto). Namens hen beklaagde Hollander zich daarover bij Keukenhof. Daar had men intussen andere zorgen. Door de te kleine capaciteit van de nieuwe rotonde op de Keukenhofdreef ontstonden regelmatig lange files. Een wachttijd om de volle parkeerplaats te verlaten van een half uur was eerder regel dan uitzondering.[1054]

Dat herhaalde zich in 2004. Ook de exploitanten van de 'Kalverstraat' bleven boos. Hollander claimde namens hen medio april 2004 een schade van twintig procent: "Na sluiting van de tentoonstelling zullen de 4 ondernemers u een rekening voor 20% van hun omzet presenteren. Het landgoed zal toezien op een juiste afwikkeling."[1055] Keukenhof wees de claim af omdat er nergens in de huurovereenkomst stond dat het voorterrein van het Kasteel eerst vol moest zijn aleer het Hoofdparkeerterrein mocht worden gebruikt. In het kader wat meer informatie over dit conflict dat in 2009 leidde tot een rechtszaak.

1053   B. Janssen en J. Wind 2002 *Parkeerplaats Narcis. Toekomstvisie 2003-2013*.
1054   Brief van Keukenhof aan de gemeente, 18 mei 2007.
1055   Brief van Hollander, 19 april 2004.

afb. 4
Huidige en gewenste parkeersituatie

Huidige situatie en oppervlakten parkeerterreinen

Huidige oppervlakten parkeerterreinen geprojecteerd op één locatie

Voorstel en gewenste situatie parkeren, uitbreiding en locatie entree

afb. 5
Situatiefoto 'Kalverstraat' ('winkeltjes' op de foto)

Het kort geding over de 'Kalverstraat'

Op 20 november 2008 vertelde Jansen aan Hollander dat met ingang van 2009 niet meer bij het Kasteel zou worden geparkeerd. Over het waarom en hoe wordt nader ingegaan in de paragraaf over het conflict met het Kasteel. Op 6 februari 2009 sommeerde de advocaat van de Kalverstraathuurders (Laarman's Horecabedrijven, Hobu Holding en de firma P. Opdam) Keukenhof binnen vijf dagen te bevestigen dat het parkeren bij het Kasteel zou worden gecontinueerd. Keukenhof weigerde dat, hetgeen leidde tot een kort geding dat op 18 maart diende voor de rechtbank in Den Haag. De huurders eisten van Keukenhof de voortzetting van het parkeren en vorderden daarnaast van het Kasteel om het gebruik van het parkeerterrein daarvoor te gedogen. Aan beide vorderingen wensten zij een dwangsom verbonden te zien. Omdat Keukenhof op 19 maart opening, deed de rechter op 20 maart in een verkort vonnis uitspraak in de zaak tegen Keukenhof en wees beide eisen af. Daarmee verviel ook de zaak van de huurders tegen het Kasteel. De gedaagden moesten ook de kosten van het Kasteel en Keukenhof (ieder 1078 euro) betalen. De belangrijkste overweging van de rechter was dat de winkeliers al sinds 2006 hadden kunnen weten dat het parkeren bij het Kasteel zou kunnen wijzigen.

Inmiddels had de gemeente een werkgroep Evaluatie Rotonde Keukenhof, bestaande uit vertegenwoordigers van gemeente, provincie en politie, ingesteld, die op 1 februari 2005 een ambtelijk advies uitbracht. Dat advies hield in om de uitrit van het Hoofdparkeerterrein te verplaatsen richting Van Lyndenweg, ieder weekend parkeerterrein Extra open te stellen en parkeerterrein Extra aan te wijzen als eerste parkeerterrein. Voor wat betreft de verplaatsing van de uitrit ging Keukenhof akkoord. De andere adviezen wees men af.[1056] Wel besloot Keukenhof de het ingangsgebied bij parkeerterrein Extra te renoveren. Keukenhof had al eind februari aan het Kasteel gevraagd om medewerking om de uitrit van het Hoofdparkeerterrein te verplaatsen naar de overkant van de Van Lyndenweg. Daartoe moest de sloot langs de Stationsweg worden gedempt. Hiervoor was toestemming nodig van het Kasteel als grondeigenaar. Dat weigerde Hollander en hij bleef dat weigeren, ook na druk van gemeente en provincie. We kunnen ons niet aan de indruk onttrekken dat die weigering ook te maken had met de weigering van Keukenhof om in juli 2004 een 'handtekening' te zetten onder een aanvraag van het Kasteel aan de ministeries van LNV en Financiën tot een (her)rangschikking van het landgoed, inclusief het tentoonstellingsterrein en het parkeerterrein onder de Natuurschoonwet 1928.[1057]
Omdat Keukenhof de studie van de CAH onvoldoende basis vond om de inrichting van het parkeerterrein op te baseren, schakelde men verschillende andere bureaus in. Daarbij ging het niet alleen om de

1056 Brief van B en W Lisse, 9 maart 2005.
1057 Het Kasteel diende die aanvraag toch in en de ministeries wezen die, voor wat betreft Keukenhof, af. Op 28 oktober 2009 gaf de Raad van State de ministeries wat dat betreft gelijk (na een beroep van het Kasteel). Daardoor liep het Kasteel fiscale voordelen (successierecht) mis.

Ontsluiting

Ontsluiting van Keukenhof vindt hoofdzakelijk plaats via de snelwegen A4 en A44 en de provinciale wegen N207 en N208. Vanaf de N208 gaat het verkeer de Stationsweg op, hieraan zijn de parkeerterreinen gelegen. Een klein deel van de bezoekers komt via de provinciale weg N206 en de Stationsweg naar Keukenhof. In drukke perioden ontstaan files op deze ontsluitingswegen.

Huidige situatie ontsluiting

In de nieuwe situatie wordt de N208 ontlast door twee nieuwe afritten te maken ter hoogte van de twee rotondes. Op het parkeerterrein is door gebruik te maken van éénrichtingswegen een duidelijke structuur ontstaan. Dit bevordert de doorstroming van het verkeer, waardoor er minder kans is op files. Door een parallelweg langs de N208 aan te leggen ontstaat er een buffer voor het parkeerterrein. Daarnaast zijn de verschillende verkeersstromen op het parkeerterrein zoveel mogelijk gescheiden.

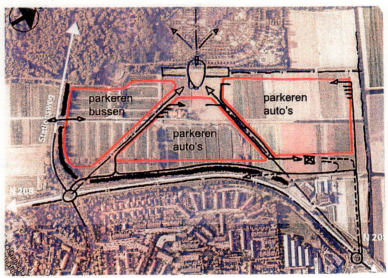

Nieuwe situatie ontsluiting

afb. 6
Ontsluiting en parkeren, in
Visie Van Manen en Hollandschap 2006

grootte en de inrichting van het parkeerterrein, maar vooral ook om de ontsluiting op de N 208.
Het leidde ertoe dat architectenbureau Van Manen en het bureau Hollandschap voor stad- en landschapsinrichting een plan maakten dat op 28 november 2006, in een openbare vergadering van de gemeenteraad die op Keukenhof plaatsvond, werd gepresenteerd. Een impressie uit deze *Visie op de ontsluiting en entree van het tentoonstellingsterrein* is opgenomen in **afbeelding 6**. De visie was ontleend aan het *Masterplan Keukenhof Bloementoonstelling* van 31 oktober 2006, een studie van beide bureaus. Aan die visie zijn de volgende **afbeeldingen 7a en 7b** ontleend, één van de toenmalige situatie en één van nieuwe situatie. Keukenhof vond deze visie te ambitieus en te duur en gaf in mei 2007 aan DHV BV opdracht een verkeerstechnische uitwerking te maken van het toekomstige parkeerterrein. In 2008 begrootte dit bureau dat op circa tien miljoen euro. Dat vond Keukenhof te veel geld. Men had er niet meer dan 5,5 miljoen voor over, zo bleek uit de meerjarenbegroting 2010-2015.
Het duurde tot juli 2008 eer het bestuur zich wilde vastleggen op de uitgangspunten voor het bepalen van de omvang van het parkeerterrein.[1058] Toen liet men DHV weten uit te gaan van een capaciteit van 5000 auto's, 280 bussen (lager dan eerst vanwege de tendens dat er minder bussen kwamen) en 100 plaatsen voor campers en andere auto's. Het ontwerp dat DHV op die basis maakte, werd niet opgenomen in de eerste versie van de Gebiedsvisie die als concept op 19 augustus 2009 verscheen. De verschijning daarvan werd door de gemeente aangekondigd in het weekblad *De Lisser* van 17 september, om iedereen in de gelegenheid te stellen opmerkingen te plaatsen. In de reacties domineerden twee zaken: bollencompensatie en parkeren. Vandaar dat in de *Nota van beantwoording* een uitgebreide onderbouwing van het parkeerterrein werd opgenomen. Daarin stond de tabel van **afbeelding 8** over het verschil tussen het huidige en toekomstige aantal parkeerplaatsen en het daarmee gemoeide ruimtebeslag. Daaraan lagen weer nieuwe berekeningen, onder andere van het RBOI (de opsteller van de Gebiedsvisie), ten grondslag. Ook in de later verschenen *m.e.r.-beoordeling* ging men, mede naar aanleiding van de behandeling in de raadscommissie van 4 oktober 2009, waar vragen werden gesteld over de omvang van het parkeerterrein, weer diep in op deze materie. In die nota stond bijgaande inrichtingsschets van DHV, die deels werd opgenomen in de Gebiedsvisie die op 29 oktober 2009 door de raad werd vastgesteld. In het kader wat citaten uit de tekst van de Gebiedsvisie over het parkeren.

1058 AB Keukenhof 9-7-2008.

afb. 7a
Situatiefoto's parkeren, in Masterplan Van Manen en Hollandschap

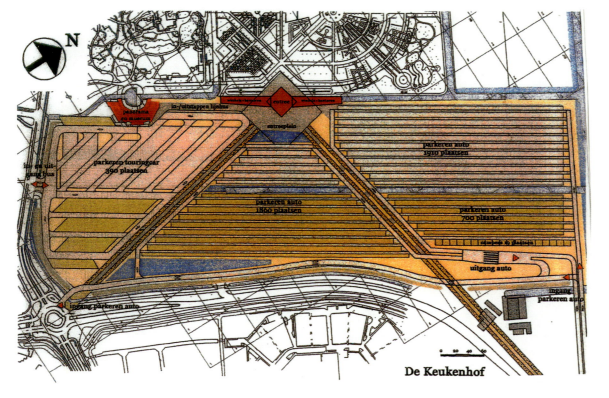

afb. 7b
Mogelijke toekomstige inrichting parkeerterrein in Masterplan Van Manen en Hollandschap 2006

parkeerterrein	oppervlakte huidige situatie	aantal parkeerplaatsen huidige situatie	oppervlakte nieuwe situatie	aantal parkeerplaatsen nieuwe situatie
P-west	9,8 ha	4.500 auto's	-	-
P-oost	8,6 ha	2.500 auto's	19 ha	4.690 auto's bezoeker 83 auto's personeel 211 bussen
parkeerterrein Kasteel	2,1 ha	180 bussen 35 auto's personeel	-	-
totaal	**20,5 ha**	**7.035 auto's** **180 bussen**	**19 ha**	**4.773 auto's** **211 bussen**

Op basis van bovenstaande tabel kan het volgende worden geconcludeerd:
- aanzienlijk minder parkeerplaatsen voor auto's (4.800 in plaats van 7.000); hierbij is van belang dat ook bij dit kleinere aantal parkeerplaatsen de maximale parkeerbehoefte kan worden opgevangen. Daarnaast is vermeldenswaardig dat de huidige 7.000 parkeerplaatsen in de huidige situatie voor een deel niet worden benut: van P-oost met een capaciteit van 2.500 parkeerplaatsen worden meestal slechts 1.500 parkeerplaatsen benut, omdat dit anders tot knelpunten in de verkeersafwikkeling leidt;
- meer touringcarparkeerplaatsen (211 in plaats van 180);
- parkeerterrein omvat 19 ha in plaats van 20,5 ha in de huidige situatie;
- er wordt ten opzichte van de huidige situatie meer ruimte ingezet voor:
    . landschappelijk inpassing van het parkeerterrein (oplopend maaiveld aan de noordrand);
    . vereiste waterberging op het parkeerterrein;
    . ruime en veilige looproutes op het parkeerterrein;
    . meer verkeersruimte ten gunste van een vlotte verkeersafwikkeling en het voorkomen van congestie op de openbare weg;
    . een exclusieve en vlot bereikbare halte- en aanrijvoorziening voor het openbaar vervoer met een halteplaats nabij de hoofdingang.

afb. 8
Tabel met toelichting over parkeren, in Gebiedsvisie, nota van beantwoording, 2009

De Gebiedsvisie over het parkeren

"Het nieuwe centrale parkeerterrein krijgt 4690 autoparkeerplaatsen, 83 parkeerplaatsen voor het personeel en 211 parkeerplaatsen voor touringcarbussen. Een deel is verhard, een deel halfverhard en een deel onverhard. Een groot deel (...) zal een uitstraling van grasland hebben (...) de parkeerterreinen voor autoverkeer en voor bussen worden gescheiden. Het parkeerterrein voor touringcars wordt ontsloten vanaf de Stationsweg(...) Een ligging aan de oostzijde (...) maakte het (...) mogelijk het verkeer van/naar de Bloementoonstelling op twee toevoerpunten naar de N 208 te geleiden, namelijk via de Stationsweg (...) en via een nieuwe directe aansluiting op de rotonde N208/Heerweg (...) Ten behoeve van de bezoekers (...) wordt de oversteekbaarheid van de Stationsweg verbeterd. De oversteek zal in samenhang met de entree van het parkbos ten zuiden van de Stationsweg tegenover het parkeerterrein worden gerealiseerd (...) Openstelling van de evenementenhalte NS-station Lisse-Keukenhof tijdens de Bloementoonstelling.[1059] (...) [met] een frequentie van twee keer per uur per richting (...) De bezoekers zullen met een pendelbus van en naar de Bloementoonstelling worden vervoerd. Eveneens zullen bij het station circa 70 parkeerplaatsen gerealiseerd worden en kan het station gaan fungeren als recreatief transferium, waar vandaan men in het plangebied en omgeving kan fietsen en wandelen."

Een van de insprekers bij de raadsvergadering van 29 oktober was oud-directeur Koster. Hij vond dat Keukenhof kon volstaan met een uitbreiding van het parkeerterrein met vijf in plaats van tien hectare. "De voorgestelde driehoeksruil ging ten koste van het landschap" zo schreef hij in een brief die hij op 13 oktober ook aan Keukenhof stuurde: "De kleurige aanblik van de bloeiende bollen maakt dan plaats voor de kleurige aanblik van (...) blik."[1060] Hoewel hij medestanders had ging de raad niet met hem mee en kreeg hij geen antwoord van Keukenhof.

Op 6 januari 2010 besloten GS van Zuid-Holland aan Provinciale Staten voor te stellen in de te stemmen met de zogenaamde 'driehoeksruil' uit de Gebiedsvisie. De Statencommissie Ruimte en Wonen dacht er echter op 10 februari anders over, met name waar het ging om de omvang van het parkeerterrein en de bollencompensatie. Vandaar dat GS op 24 februari een gewijzigd voorstel aan de Staten voorlegden dat echter alleen betrekking had op de bollencompensatie. Dat was voor Jansen en Hollander aanleiding om op 18 februari een gezamenlijke brief naar de Staten te schrijven. Over de parkeerproblematiek schreven zij het volgende (zie kader).

> **Brief van Keukenhof en Kasteel van 18 februari 2010**
>
> "In de commissievergadering is opgemerkt dat de verwerking van het parkeerverkeer in 2009 prima is verlopen zonder gebruik te maken van het terrein voor touringcars bij het Kasteel. Deze 2 ha zou dus ook op een andere plek niet meer nodig zijn. Dat klopt echter niet met de werkelijkheid. Het terrein voor touringcars bij het Kasteel is weliswaar in 2009 opgeheven, vooruitlopend op de plannen uit de Gebiedsvisie (...) Echter om het parkeren te kunnen opvangen was de parkeerruimte op P-Oost [het Hoofdparkeerterrein, MT] op veel meer dagen onvoldoende en is op 100 % van de dagen gebruik gemaakt van P-West [parkeerterrein Extra, MT] (toekomstige EHS). Dit toont nog eens extra aan de noodzaak P-Oost uit te breiden…Tot slot wijzen wij u er op dat ook in de nieuwe situatie het noodzaak blijft om op de dagen rond het Bloemencorso noodgrepen toe te passen om het parkeren van bijvoorbeeld bussen. Dat toont aan dat de uitbreiding zeker niet op de allerdrukste dagen is uitgelegd."

Net als de Lissese wethouder Brekelmans spraken Jansen en Hollander in tijdens de Statenvergadering van 24 februari. Daar lag een motie ter tafel van CDA, VDD, D66 en CHU/SGP om de gevraagde tien hectare voor het parkeerterrein wel planologisch mogelijk te maken, maar gefaseerd uit te voeren: "Fasering van aanleg van de 10 ha parkeerruimte (is) voor ons van belang (...) vanwege het behoud van bollengrond, zolang de noodzaak voor gebruik van alle 10 ha nog niet volledig is aangetoond." Groen Links, SP en Partij voor de Dieren dienden een amendement in waarin 'vooralsnog' een uitbreiding met vijf hectare mogelijk werd gemaakt. Na de beraadslagingen werd de motie ingetrokken en het amendement zonder hoofdelijke stemming verworpen. Dat kwam doordat gedeputeerde Van Egelshoven-Huls aan de gemeente Lisse zou vragen in het bestemmingsplan [Keukenhof, MT] dat nu moest worden opgesteld nogmaals te onderbouwen waarom de uitbreiding van het Hoofdparkeerterrein met 10 ha noodzakelijk is: "Het lijkt ook goed GS dan in de gelegenheid te stellen daarop te reageren, ook indachtig de discussie die hierover is gevoerd en de vraag of het feitelijk nodig is, of er een fasering toegepast kan worden of dat er nog ingedikt kan worden."[1061]

We sluiten deze paragraaf af met de **afbeelding 9** met een kaartje van grootte en inrichting van het gewenste uitgebreide Hoofdparkeerterrein.

Het conflict met het Kasteel over de parkeervergoedingen
Volgens het Kasteel werd bij het ondertekenen van het huurcontract op 17 oktober 2006 hun voorstel om parkeerterreinen over en weer om niet te gebruiken niet in de huurovereenkomst opgenomen.[1062] Omdat echter toen al bekend was dat Keukenhof naar één parkeerterrein streefde, werd er in de huurovereenkomst niet meer gesproken over het parkeren bij het Kasteel. Waar wel over werd gesproken was over een schadevergoeding aan de winkeliers als dat het geval zou zijn. Hollander wilde dat laten opnemen in het contract, maar dat had Keukenhof geweigerd. Volgens Jansen had het Kasteel dat punt toen laten vallen: "Herman (...) zei dat hij het dan zelf verder zou oplossen met de winkels (...) Zijn woorden waren: "Dan los ik dat wel op"."[1063]
In de loop van de tijd organiseerde het Kasteel meer evenementen en deed daarvoor een beroep op het Hoofdparkeerterrein. Ze betaalden dan de kosten die Keukenhof daarvoor moest maken. Het gebruik (tijd en duur) was onderwerp van gemeenlijk overleg tussen Kasteel en Keukenhof. Dat gemeenlijk overleg liep in 2006 een deuk op toen Keukenhof weigerde het Hoofdparkeerterrein en de tunnel tijdens het Pinksterweekend (3 tot en met 5 juni) open te stellen voor een Landgoedfair

1059 Dit station was in maart 2008 door het Kasteel gekocht (zie *Jaarboek Kasteel Keukenhof* III, 2000, aldaar 7).
1060 In de *Woensdagkrant* van 4 november 2009.
1061 PS Vergadering 24-2-2010, aldaar 18762.
1062 Mail van Hollander 1-10-2008.
1063 Verklaring Walter Jansen 12 maart 2009, aldaar 2. Verklaring werd opgesteld ten behoeve van het kort geding.

afb. 9
Inrichting en oppervlaktes parkeerterrein, in *Gebiedsvisie, m.e.r. beoordeling*.

op het Kasteel als reactie op de "thans lopende discussie tussen onze stichtingen."[1064] Men verwees het Kasteel naar het 'weiland van Van Graven'. Hollander beklaagde zich bij B en W en alles afwegende, besloot Keukenhof alsnog mee te werken. Op 1 juni stond men het gebruik van het Hoofdparkeerterrein toe en wel "om niet, vooruitlopend op de oplossing van de problemen tussen onze stichtingen."[1065] Toen het Kasteel op 3 januari 2007 weer het jaarlijkse verzoek deed voor het gebruik van het Hoofdparkeerterrein voor een aantal evenementen besloot Keukenhof niet alleen vergoeding te vragen voor de gemaakte kosten, maar ook huur, gebaseerd op het tarief van Keukenhof, op dat moment vijf euro per auto.[1066] In april had het bestuur de omliggende gemeenten bericht dat Keukenhof in het vervolg gedurende de kermisweken 10.000 euro per week zou vragen voor het gebruik van het Hoofdparkeerterrein als parkeergebied voor de kermisexploitanten. Op basis daarvan wilde Keukenhof aanvankelijk (juni 2007) aan het Kasteel een huur vragen van 1500 euro per dag per hectare, maar dat werd na protesten van het Kasteel, in februari 2008 teruggebracht tot 800 euro. In augustus legde het Kasteel aan Keukenhof een zogenoemde allonge (verlengstuk) voor aan het huurcontract. Daarin werd een regeling voorgesteld voor het gebruik door het Kasteel van het Hoofdparkeerterrein. Bij gebruik gedurende de tentoonstelling zou het Kasteel het parkeertarief per auto betalen. Buiten de tentoonstelling gold de volgende regeling: "Ten aanzien van een gebruik buiten (...) [de] voorjaarstentoonstellingsperiode is de huurprijs (...) gebaseerd op de huurprijs die de Huurder [Keukenhof, MT] aan Verhuurder verschuldigd is voor het Parkeerterrein (...) De huurprijs (...) bedraagt tweemaal de huurprijs die Huurder aan Verhuurder verschuldigd is voor het Parkeerterrein. De huurprijs, (...) is op dagbasis verschuldigd." Keukenhof nam deze allonge echter zonder commentaar voor kennisgeving aan en ondernam verder geen actie. Hollander mailde op 25 september aan De Vries dat hij de nota's over 2007 en 2008 zou betalen tegen het door Keukenhof gewilde tarief van 800 euro en voegde daar het volgende aan toe: "Wij zullen een nota opstellen voor het gebruik van ons voorplein tijdens de openstelling in de jaren vanaf inwerkingtreding nieuwe overeenkomst." [1 januari 2005, MT]. Die nota kwam op 30 oktober en bedroeg inclusief BTW 714.000 euro. Gebaseerd op 50 dagen per jaar van 2005 tot en met 2008; prijs per dag 1500 euro per hectare, bij een grootte van twee hectare. Keukenhof zag dit als chantage, weigerde te betalen en onderzocht vervolgens welke voorzieningen moesten worden getroffen om de bussen op het Hoofdparkeerterrein te parkeren en de auto's op parkeerterrein Extra. Daar was ongeveer 155.000 euro voor nodig. Vervolgens schreef De Vries op 23 december in een brief aan Hollander dat Keukenhof de factuur beschouwde als een signaal dat het Kasteel de bussen niet langer op het voorterrein wilde hebben: "Alhoewel wij graag anders hadden gewenst zullen we met ingang van het komende seizoen 2009 geen bussen meer parkeren op het voorterrein." Wat nog niet ter discussie was, was het gebruik van de kraal, een parkeerplaats voor personeel en bezoekers van Keukenhof direct aan de oprijlaan van het kasteel. Toen Keukenhof daar eind februari 2009 bordjes plaatste met 'gereserveerd' stuurde het Kasteel een brief (2 maart) met de sommatie de bordjes weg te halen en de mededeling een rekening te zullen sturen voor het gebruik. Dat kostte 500 euro per dag,

totaal 45.000 euro gedurende de tentoonstelling. Vandaar dat Keukenhof besloot die parkeerplaats in die periode niet meer te gebruiken. De volgende zet was weer aan het Kasteel. Per aangetekende brief van 14 april 2009 sommeerde Hollander Van Graven om per 1 april 2010 de verhuur van zijn gepachte grasland als parkeerterrein Extra aan Keukenhof te beëindigen. Allen & Overy, als adviseur van Keukenhof, noemde dit gedrag van het Kasteel in een juridisch advies (12 november 2009) het aanzetten tot een wanprestatie jegens Keukenhof en merkte het aan als een 'onrechtmatige daad'. Zolang Van Graven pachter zou blijven van het Kasteel was er niet zoveel aan de hand, maar het Kasteel wilde hem ook uitkopen. Dan zou het Kasteel een heel hoge vergoeding kunnen gaan vragen voor het parkeren. Vandaar dat Keukenhof in augustus 2009 overwoog in dat geval bollengrond bij het Hoofdparkeerterrein in te zaaien met gras om daar desnoods te parkeren. Van Graven wilde zich echter niet door het Kasteel laten uitkopen.

Plan B en plan C
Naarmate de tijd verstreek maakte het bestuur van Keukenhof zich steeds meer zorgen over de tijdige realisatie van de plannen die in 2002 ontwikkeld waren. Op 29 oktober 2008 wijdde men er weer eens een discussie aan in het bestuur. Wanneer in het voorjaar 2009 nog geen toestemming voor de bouwen van het nieuwe entreegebouw en de daarbij behorende parkeerplaats zou zijn, dan zouden plan B en/of plan C naar buiten worden gebracht: "Plan B houdt in dat wordt afgezien van het parkeren op één parkeerterrein. De touringcars zullen in dat geval parkeren op wat nu het Hoofdparkeerterrein is en de personenauto's op wat nu Parkeerterrein Extra is, met het niet door touringcars gebruikte deel van het Hoofdparkeerterrein als overloopgebied voor personenauto's. Plan C is om P-Extra uit te breiden en te gebruiken als het enige parkeerterrein. In dat geval zou het Hoofdparkeerterrein misschien weer bollengrond worden en de compensatierechten verkocht worden."[1067] Men besloot om plan B verder uit te werken. Dat leidde er mede toe dat de bussen in 2009 werden geconcentreerd op het Hoofdparkeerterrein. Op 6 januari 2009 schreef Jansen een brief aan provincie, gemeente en het Kasteel over de stand van zaken en plan B. Het bestuur had in december besloten de deadline te verschuiven naar oktober 2009. In het kader wat informatie over en citaten uit de brief. Gelukkig bleek het niet nodig dat plan A werd verlaten. Dat had te maken met de overeenkomsten die in september 2009 met de gemeente werden gesloten. Daarover meer in de volgende paragrafen.

Grondverwerving, retributie en bollencompensatie

Zoals zal blijken in dit verhaal werden de drie bovenstaande begrippen in de loop van de tijd met elkaar verbonden. Dat veroorzaakte aanzienlijke complicaties, waar in het volgende verslag van gedaan wordt.

1064 Brief van Keukenhof van 21-2-2006.
1065 Dat ging over de moeizame onderhandelingen over het huurcontract.
1066 AB Keukenhof 7-2-2007.
1067 AB Keukenhof 29-10-2008.

De brief van 6 januari 2009

Het bestuur had tijdens de laatste vergadering van 2008 [die van 17 december, MT] de stand van zaken geëvalueerd en was daar niet 'vrolijk' van geworden. Jansen gaf in de brief een overzicht van alle activiteiten en plannen sinds 2002. Veel aandacht was gegeven aan het creëren van draagvlak en het was 'verheugend' dat iedereen het belang inzag van de plannen voor de toekomst van Keukenhof: 'Tegelijkertijd moeten we echter constateren dat er belangengroepen zijn die desondanks de eigen prioriteiten voorop stellen en van mening blijven dat onze plannen aangepast zouden moeten worden overeenkomstig hun (uiteenlopende) wensen'. Er was inmiddels al meer dat een miljoen euro uitgegeven aan de voorbereidingen en Jansen verwachtte dat de teller in 2009 op meer dan 3,7 miljoen euro zou staan: "Dit is heel veel geld aan voorbereidingskosten voor een project dat dan nog moet worden uitgevoerd." Veel hoger dan men had begroot, maar nog steeds verantwoord. Wat zorgen baarde was dat het wel "een heel lang en moeizaam proces aan het worden is." Vandaar dat Keukenhof zich had afgevraagd hoe lang het nog verantwoord was om op deze ingeslagen weg verder te gaan. Als alle betrokkenen zich zouden inspannen, dan was het volgens Keukenhof mogelijk om in oktober 2009 met de uitvoering van de plannen te beginnen. Keukenhof noemde dit plan A. Als Keukenhof in oktober 2009 tot de slotsom zou komen dat nog steeds niet 'vaststaat dat we plan A in uitvoering mogen en kunnen nemen', dan zou men daar geen energie meer insteken. Men zou dan beginnen aan plan B. Voor dat plan waren er al verkennende besprekingen begonnen en "voor het eerst in onze 60-jarige geschiedenis, zullen er in 2009 geen touringcars geparkeerd worden op het voorterrein van het Kasteel. We gaan er van uit dat we plan B na de zomer kunnen afronden. Zodat, mocht de situatie in oktober 2009 ons daartoe dwingen, we zonder verder tijdverlies van plan A naar plan B kunnen omschakelen."[1068]

Grondverwerving

In het vorige hoofdstuk kwam al aan de orde dat de plannen van Keukenhof afhankelijk waren van het kunnen beschikken over de benodigde gronden voor de uitbreiding van het Hoofdparkeerterrein. Enerzijds door het huren van bloembollengronden die door diverse kwekers van het Kasteel gepacht werden. Anderzijds door het aankopen van onroerende goederen. Dit laatste betrof de woning van R. van der Mark en de schuur die gemeenschappelijk eigendom was van Van der Mark en L. Schoorl. De gesprekken daarover begonnen al in januari 2002.

Eind 2002 was er al sprake van een taxatie van de woning van Van der Mark. In 2003 sprak Keukenhof ook met pachter W. Clemens. Vlot liep het echter allemaal niet, omdat de pachters en ook Van der Mark nogal wat financiële noten op hun zang hadden. Ook in 2004 en 2005 maakte men weinig voortgang. Wel was er sprake van het sluiten van een intentieverklaring met Van der Mark en het Kasteel. Die, door notaris Kompier opgestelde verklaring werd echter pas op 14 augustus 2006 door het Keukenhof, Kasteel en Van der Mark getekend. In die verklaring gaf het Kasteel Keukenhof toestemming Schoorl en Clemens (beiden pachter van het Kasteel) te benaderen om te onderzoeken of Schoorl zijn schuur en grond wilde verkopen en of Schoorl en Clemens bereid waren afstand te doen van de pachtrechten.[1069]

Tevens verklaarde het Kasteel zich bereid een deel van Suikerkamp (ongeveer 5.000 m²) in erfpacht/opstalrecht aan Van der Mark uit te geven, zodat hij daar vervangende woonruimte kon realiseren. Daar stond dan wel tegenover dat het Kasteel 'om niet' eigenaar zou worden van het perceel van Van der Mark en het perceel van Schoorl als die twee hun onroerend goed aan Keukenhof hadden verkocht. Binnen acht weken na de ondertekening van de overeenkomst zouden Kasteel en Keukenhof een projectgroep vormen ten behoeve van de realisering van de nieuwe entree bij het hoofdparkeerterrein en de uitbreiding van het parkeerterrein.

Al eerder, in 2004, was A. Dijkstra van Sight Rentmeesters uit Veenendaal, door het Kasteel aangesteld om alle pachtovereenkomsten in kaart te brengen. Hij was, als deskundige, bij vrijwel alle onderhandelingen betrokken.

Een jaar later, op 16 augustus 2007, gaven Jansen en De Vries in een memo aan het bestuur een overzicht van de stand van zaken. Na een overzicht van de onderhandelingen met Schoorl, Clemens en Van der Mark, die alle nog niet waren afgesloten, concludeerden zij dat als die gronden verworven waren het verantwoord was om met de uitvoering van de plannen van Keukenhof (entreegebouw en uitbreiding parkeerterrein) te beginnen. Verder stelden zij dat het voor de toekomst van Keukenhof van pas zou komen "om de beschikking te hebben over alle gronden omsloten door het tentoonstellingsterrein, de Zandsloot en de

---

1068 Bij sommige ontvangers van de brief rees het misverstand dat Keukenhof al had gekozen voor plan B.

1069 In het bestemmingsplan van 2002 vielen hun gronden onder de 'Wijzigingsbevoegdheid Keukenhof' bestemmingswijziging van agrarisch naar 'recreatieve doeleinden, parkeren, mede bestemd voor incidentele elementen'.

N208." Dat was nog niet echt noodzakelijk voor de uitvoering van de plannen, met als belangrijke uitzondering de grond die nodig was om de ontsluiting op de Heereweg/Noord te kunnen realiseren. Dat betrok ook de percelen van Beelen en De Vroomen (1, 13, 73 hectare) in het proces (zie **afbeelding 10**).

Zicht vanaf de N208 richting locatie nieuwe entree en parkeerterrein. Locatie mogelijke afrit vanaf de rotonde (noord). In de verte ziet men de molen van Keukenhof.

afb. 10
Kaartje en foto's ligging percelen.

De volgende stap was op 21 december 2007 het tekenen door Keukenhof en Kasteel van een allonge bij de huurovereenkomst: "Betreffende aanpassing van de onder de Huurovereenkomst begrepen percelen." Dat betrof de percelen van de pachters Clemens, Schoorl, Leijten en Granneman maar ook van de eigendommen van Van der Mark en Schoorl. Het Kasteel en Keukenhof kwamen overeen dat de percelen na pachtbeëindiging, waarvan de vergoeding door Keukenhof moest worden betaald, onder de huurovereenkomst kwamen. Het Kasteel zou zorgen dat de percelen, "geheel leeg en ontdaan van beplantingen, ondergrondse obstakels, opstallen en bodemverontreiniging" werden opgeleverd. Als datum hiervoor gold in de meeste gevallen augustus of september 2008. Voor Van der Mark werd geen datum genoemd. Met Schoorl werd de pacht eerder beëindigd dan voorzien, namelijk op 15 december 2007. Toen werd met hem ook overeenstemming bereikt over de verkoop van zijn gedeelte van de schuur. Die vond plaats op 24 januari 2008. Op die dag kocht Keukenhof de schuur van Schoorl en verkocht die op dezelfde dag door aan Van der Mark, als onderdeel van de afspraken die met Van der Mark waren gemaakt over de aankoop van zijn huis en de schuur. Op 3 juli 2008 bereikte Keukenhof met Clemens een overeenkomst. Hij had niet alleen land in pacht van het Kasteel, maar huurde al vele jaren ook los land van Keukenhof. Omdat die huur de wettelijk gestelde termijn overschreed moest Keukenhof ook over dat land pachtbeëindiging betalen. Met J. Leijten werd de pacht beëindigd op 1 september 2008. Het perceel van Granneman was door het Kasteel in losse verhuur gegeven aan Warmerdam. Die huur werd per 1 november 2008 beëindigd. Per 1 mei 2009 beëindigde het Kasteel de pachtovereenkomst met J. de Vroomen van het bedrijf J. Th. De Vroomen BV en zoals afgesproken betaalde Keukenhof de vergoeding, in dit geval rond 100.000 euro. In totaal betaalde Keukenhof, nog afgezien van de aankoop van de schuur van Schoorl, een bedrag van ruim 500.000 euro aan pachtbeëindigingen. Zolang Keukenhof de percelen nog niet kon gebruiken, werden ze als los land verhuurd, in een aantal gevallen als onderdeel van de pachtbeëindigingsovereenkomst 'om niet'. De plannen van Keukenhof voor het parkeren werden openbaar gemaakt op 28 november 2006, tijdens de openbare raadsvergadering op Keukenhof. Op 20 november bezochten Jansen en De Vries de grondgebruikers om hen te informeren over de plannen. Zo bezochten ze ook de gebroeders Hans en Thijs Beelen. Die wilden best aan de plannen meewerken en die medewerking was cruciaal. Niet alleen omdat ze ongeveer drie hectare pachtland hadden van het Kasteel dat parkeerterrein moest worden, maar ook omdat hun eigendom, grond en gebouwen van bijna twee hectare nodig was voor de ontsluiting (zie **afbeelding 11**). Op 26 mei 2010 kocht Keukenhof hun eigendom en werd de pacht beëindigd. Hun pachtperceel mochten ze om niet nog een jaar gebruiken; voor hun eigendom gold een gebruik om niet tot 1 augustus 2015.

De onderhandelingen met Van der Mark liepen nog steeds door. Ze werden bemoeilijkt door het besluit van Keukenhof om de bussen niet meer bij het Kasteel te parkeren. Van der Mark kreeg ze nu te dicht bij zijn huis en wierp allerlei obstakels op. Het liep zo hoog op dat in april 2009 Keukenhof moest dreigen met politiedwang om het recht

Huidige situatie oostelijk terrein   Huidige situatie oostelijk terrein

Topgrafische en kadastrale kaart en pachtsituatie
perceel Lisse, sectie C, nummer 3679

Pachters: Beelen, Clemens, Granneman, Leijten, Schoorl, Vroomen de

Kadastrale grenzen

afb. 11
Kaartje en foto's ligging percelen

op overpad te realiseren. Rond die tijd kwam er wat schot in de onderhandelingen over de aankoop van zijn huis en schuur. Zo werd er gesproken over koop per 31 oktober 2010 en ontruiming per 1 januari 2011, onder de ontbindende voorwaarde van een sloopvergunning voor Keukenhof. Ook over de prijs werd men het in principe eens. Van der Mark trok bij nader inzien zijn deel van de afspraak in. Hij wilde wachten tot hij op de Suikerkamp mocht bouwen. Keukenhof liet toen de ontbindende voorwaarde vallen en wilde kopen. Van der Mark mocht er tot zijn verhuizing om niet blijven wonen. Het kwam in september 2009 tot een overleg waarin werd afgesproken om aan notaris Kompier te vragen een koopovereenkomst op stellen. Zijn collega, J. Boon, stelde begin december 2009 de eerste overeenkomst op.[1070] Keukenhof stelde als voorwaarde dat Van der Mark geen bezwaar zou maken tegen de vergunningen die Keukenhof zou aanvragen voor de bouw van het nieuwe entreegebouw en de aanleg van het parkeerterrein, noch planschade zou vorderen ingeval hij nog niet was verhuisd. Op 22 maart 2011 werd de koopovereenkomst ondertekend. Het totaal van de aankoop van Beelen en Van der Mark gevoegd bij de kosten van de pachtbeëindigingen komt daarmee uit op ruim 3,8 miljoen euro. Maar dat was nog niet alles. Daar kwamen de kosten voor de retributie aan de gemeente en de bollencompensatie nog bij.

Retributie
Hoofdstuk 18 beschrijft het moeizame proces dat in 1999 leidde tot de privaatrechtelijke overeenkomst met de gemeente over de vermakelijkhedenretributie. In die overeenkomst, die liep van 1 januari 2000 tot 1 januari 2009, was vastgelegd dat partijen één jaar voor afloop van de overeenkomst overleg zouden plegen over het al dan niet verlengen van de overeenkomst. Vandaar dat op 19 december 2007 P. de Vries van Keukenhof op het gemeentehuis aanwezig was om op uitnodiging van de gemeente over die verlenging te praten. Voornaamste gesprekspartner was wethouder B. Brekelmans. Hij vertelde De Vries dat de gemeente per 1 januari 2009 af wilde van een privaatrechtelijke overeenkomst en opteerde voor een retributie: "Het heffen van een retributie geeft namelijk voldoende mogelijkheden om de heffing toe te snijden op de situatie. Daarbij geldt als uitgangspunt dat Lisse minimaal eenzelfde bedrag wenst te verkrijgen als het laatst verkregen geïndexeerde bedrag (…) Vervolgens zal ook indexering plaatsvinden."[1071] Om de gedachten te bepalen: over 2008 zou Keukenhof 321.106,37 euro zijn verschuldigd. Uiteraard voelde Keukenhof hier niets voor. Sterker nog, men wilde vrijgesteld worden van 'welke heffing' dan ook.[1072] Dat weerhield de gemeente er niet van om het voornemen tot heffing van een retributie per 1 januari 2009 officieel per brief van 10 maart 2008 aan te kondigen.

1070 In juli 2008 werd notariskantoor Kompier onderdeel van Teekens-Karstens Advocaten en Notarissen, dat ook een kantoor in Lisse had. Na de fusie betrok men het kantoor van Kompier.

1071 Gespreksverslag 19 december 2007.
1072 Brief van Keukenhof aan de gemeente, 28 mei 2008.

afb. 12
Perceel aan de 2e Poellaan en ondertekening overeenkomsten

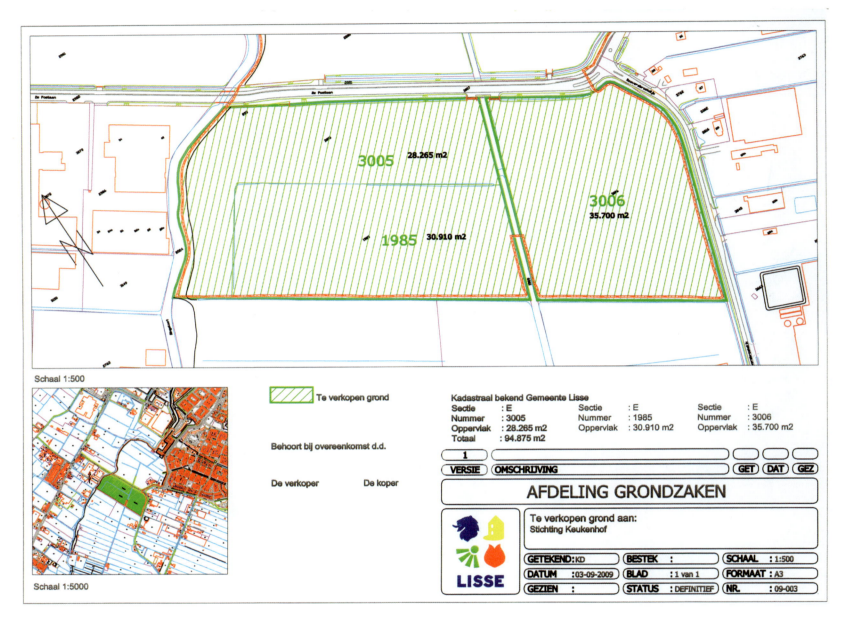

In deze periode was er ook volop overleg met de gemeente over de Gebiedsvisie en de bollencompensatie en, net als bij de overeenkomst van tien jaar eerder, verbond de gemeente ook nu de wensen van Keukenhof op dat vlak aan het door Keukenhof honoreren van de wensen van de gemeente met betrekking tot de retributie.

Op 27 oktober 2008 legden burgemeester C. Langelaar en wethouder B. Brekelmans deze eis bij Jansen op tafel. Jansen kon niet veel anders dan hierop in principe en onder voorwaarden constructief op reageren. Wat volgde was een periode met verwijten over en weer over de voorwaarden die men elkaar stelde. Dat leidde tot gepeperde brieven en verhitte gesprekken. Zo verzuchtte Jansen in een mail aan zijn bestuursleden op 2 maart 2009 dat ze wellicht toch op een aanbod hadden moeten ingaan om het Floriadeterrein in de Haarlemmermeer te kopen, terwijl de gemeente gewoon de retributie doorzette. Op 12 december 2008 schreef men aan Keukenhof een heffing van 50 cent per bezoeker te zullen opleggen in het belastingjaar 2009. De raad stelde die per verordening op 26 februari 2009 vast. Deze ging op 1 maart in. De eerste 10.000 bezoekers werden vrijgesteld. Dat betekende in feite dat alleen Keukenhof eronder viel en bijvoorbeeld de Zwarte Tulp niet. Het betekende ook dat Keukenhof over 2009 kon worden aangeslagen voor een bedrag van rond de 425.000 euro.

Pas op 31 augustus 2009 was men er met elkaar uit. Dit leidde tot twee overeenkomsten die op 29 september 2009 werden getekend.[1073] (zie **afbeelding 12**). Om die overeenkomsten goed te kunnen begrijpen dienen we echter eerst nader in te gaan op de bollencompensatie. Als gevolg van die overeenkomsten trok de raad de verordening 'heffing en invordering van Vermakelijkhedenretributie 2009' op 17 december 2009 in.

Overigens was dit niet het enige financiële conflict met de gemeente. In 2008 verlaagde de gemeente, na een bezwaar van Keukenhof, de waarde voor de WOZ van dertien naar vier miljoen euro.

De bollencompensatie

Zoals we zagen was in het Masterplan van het Kasteel van oktober 2007 een kaartje opgenomen met mogelijke zoekgebieden voor de bollencompensatie. Het leidde niet meteen na publicatie al tot een reactie. Dat gebeurde wel toen Keukenhof en Kasteel op 28 februari 2008 aan de Statencommissie Streekplan West Provincie Zuid-Holland een brief schreven. Daarin gaven ze onder meer een nadere detaillering van de ingrepen uit het Masterplan, waaronder de bollencompensatie. Niet alleen voor de aanleg van het parkeerterrein maar ook voor de bouw van zes landhuizen (zie daarvoor **afbeeldingen 13**). Opmerkelijk was dat de directeur van het Zuid-Hollands Landschap de brief ook ondertekende maar daarin liet opnemen bezwaar te hebben tegen de bollengrondcompensatie voor de bouw van de landhuizen. Het Kasteel vond dat echter, gezien het "structurele tekort aan inkomsten", noodzakelijk.[1074] Het leidde onder meer tot een boze brief aan Provinciale Staten van het CultuurHistorisch Genootschap Duin- en Bollenstreek (CHG), in 1997 opgericht als een samenwerkingsverband (stichting) van lokale en regionale verenigingen. Met "verbazing" en "verbijstering" had men van de voorgestelde maatregelen kennis genomen. Dat sloot aan op een brief van 1 april van het MODB aan de staten dat ook tegen deze maatregelen was. Het was een voorbode van wat zou volgen toen het concept van de Gebiedsvisie in augustus 2008 werd gepubliceerd. Alhoewel de zes landhuizen daarin niet meer voorkwamen, riep de voorgestelde bollencompensatie op het land van Van Graven grote weerstand op bij de insprekers.

Vandaar dat de gemeente en Keukenhof naar een alternatief zochten voor het land van Van Graven. En dat vonden ze, naar een idee van de gemeente, in oktober in de circa tien hectare grasland aan de 2e Poellaan.[1075] Die had de gemeente indertijd aangekocht om te bewerkstelligen dat de CNB in Lisse bleef. Dat was achteraf niet nodig gebleken. Daarom werd de grond verhuurd aan een veehouder. Van dat grasland zou bollenland kunnen worden gemaakt. Op 30 oktober 2008 gaf adviesbureau IDDS uit Noordwijk aan Keukenhof een raming van de kosten van de cultuurtechnische ingrepen die daarvoor nodig waren. Die ingrepen hielden in: de verwijdering van de klei- en veenlagen tot een diepte van 1,2 meter en geschikt zand uit de ondergrond naar boven brengen en daarnaast zand van het Hoofdparkeerterrein van Keukenhof daarvoor te gebruiken. Dat zand kon dan weer worden vervangen door klei van de 2e Poellaan. IDDS begrootte de kosten op ongeveer zeven ton, die voor rekening kwamen van Keukenhof. Het bestuur besloot daarvoor maximaal één miljoen uit te trekken.[1076] De gemeente stelde echter de grond alleen beschikbaar als Keukenhof bereid was om opnieuw een tienjarige privaatrechtelijke overeenkomst te sluiten als vervanging voor de retributie. Twee zaken die feitelijk geheel los van elkaar stonden. In de onderhandelingen die toen volgden stelde de gemeente in juli 2009 voor dat Keukenhof de grond zou kopen. Uiteindelijk stemde Keukenhof daarmee in. Men zou de grond kopen voor het miljoen dat was bestemd voor de omzetting tot bollengrond. Een van de ontbindende voorwaarden was dat de provincie akkoord zou gaan met de bollengrondcompensatie.

Twee overeenkomsten

Het resultaat van de besprekingen over de retributie en de bollencompensatie werd opgenomen in twee overeenkomsten die beiden op 29 september werden getekend (zie **afbeelding 12**).

De *Bijdragenovereenkomst* regelde dat de gemeente de Gebiedsvisie zo snel mogelijk zou goedkeuren en het bestemmingsplan, dat daaruit moest voortvloeien, zo snel mogelijk in procedure zou nemen. Verder zou de gemeente ook zo snel mogelijk allerlei procedures starten en vergunningen verlenen die nodig waren voor de ontsluiting van het parkeerterrein, de bouw van het woonhuis van Van der Mark op Suikerkamp, en de bollencompensatie. In verband met die medewerking betaalde Keukenhof aan de gemeente 1,5 miljoen euro en vervolgens 150.000 euro in verband met de aanwezigheid van "activiteiten van Keukenhof." Die betaling van 150.000 euro zou jaarlijks geschieden gedurende negen jaar, en geïndexeerd zijn (CBS consumptieprijsindex werknemersgezinnen).

De *Koopovereenkomst* regelde de aankoop van 94.875 m² grond aan de 2e Poellaan door Keukenhof voor een bedrag van een miljoen euro met daarbij de eerder genoemde ontbindende voorwaarde. De gemeente zou zich er ook voor inspannen dat de grond de bestemming bollengrond kreeg en de bouw van woning van Van der Mark op Suikerkamp mogelijk maken. Daar tegenover stond dat de gemeente tien jaar lang een gedeelte van het parkeerterrein onder bepaalde voorwaarden mocht gebruiken om evenementen te organiseren.

1073 Tot die tijd was de oude regeling met een jaar verlengd.

1074 Uit het archief blijkt dat Kasteel en Keukenhof hierover een convenant wilden afsluiten met Holland Rijnland, de gemeente, stichting Greenport Duin- en Bollenstreek en Zuid-Hollands Landschap. Alleen de laatste tekende echter mee.

1075 In mei 2008 had de provincie gezegd genoegen te nemen met tien in plaats van twaalf hectare voor de compensatie.

1076 AB Keukenhof 29-10-2008. Latere berekeningen wezen uit dat de kosten wel eens tot meer dan twee miljoen euro zouden kunnen oplopen.

De bollencompensatie in de gemeenteraad op 29 oktober 2009
Op 22 september stuurde wethouder Brekelmans namens B en W een besluitvormend voorstel aan de raad met het verzoek in te stemmen met de Gebiedsvisie Keukenhof en bijbehorende *m.e.r.-beoordeling*. Onderdeel van het voorstel was ook de inhoud van de overeenkomsten. In de vergadering vormde de bollencompensatie een 'zeer heikel' punt. CDA, D66, PvdA en de VVD dienden op dat punt een amendement in op de Gebiedsvisie, dat werd aangenomen. Daarin stonden twee opties, namelijk de compensatie toepassen zoals in de Gebiedsvisie stond, (de driehoeksruil) of die niet toe te passen (de nuloptie). De GOM i.o. had namelijk laten weten geen mogelijkheden te zien de tien hectare te compenseren bollengrond in 'rekening courant' te nemen en de stuurgroep Pact van Teylingen had laten weten onverkort vast te houden aan het compensatiebeleid. Bovendien waren in de Duin- en Bollenstreek geen geschikte alternatieve locaties.

De partijen die het amendement hadden ondertekend konden met beide opties instemmen en stelden voor dat de in de stuurgroep Pact van Teylingen vertegenwoordigde partijen hun voorkeur ('met duidelijk onderbouwde argumenten') zouden uitspreken voor één van de opties. Die voorkeur zou worden voorgelegd aan provinciale staten voor een "definitieve besluitvorming terzake." Niet alle partijen gaven hieraan gehoor. De ontvangen voorkeuren spraken zich allemaal uit voor compensatie.

Op 24 november schreef de gemeente aan GS-lid Van Egelshoven-Huls of zij wilde bevorderen dat Gedeputeerde en Provinciale Staten zouden instemmen met de Gebiedsvisie: "op een zodanige wijze dat bij één op één vertaling van de gebiedsvisie in het bestemmingsplan Keukenhof geen zienswijzen door GS zullen worden ingediend." Verder verzocht men aan PS om een besluit over de bollencompensatie en wilde men de Gebiedsvisie laten implementeren in de provinciale structuurvisie.

De bollencompensatie in Provinciale Staten op 24 februari 2010 en het vervolg daarop
Op 5 januari besloten GS de Keukenhof de ruimte te geven. Zo stond het ook boven een persbericht dat op 6 januari uitkwam. GS stelden aan Provinciale Staten voor, in te stemmen met de zogenaamde 'driehoeksruil'. Ongetwijfeld tot grote opluchting van Keukenhof en het Kasteel. Die opluchting duurde tot 10 februari. Toen vergaderde de Commissie Ruimte en Wonen, die een streep haalde door de compensatie aan de 2^e Poellaan. GS zag zich gedwongen om een gewijzigd voorstel aan de Staten voor te leggen voor de vergadering van 24 februari. GS schreven daarin het volgende over de vergadering van de commissie: "Daar is toen nadrukkelijk gesteld dat het inzetten van graslanden aan de 2^e Poellaan voor de compensatie geen oplossing is. De commissie heeft ons college verzocht een gewijzigd besluit aan Uw Staten voor te leggen. Er is door commissieleden geopperd om de compensatieopgave neer te leggen bij de (...) GOM, of om anders helemaal af te zien van compensatie (...) Wij stellen voor om niet in te stemmen met de zogenaamde driehoeksruil en onderzoek te verrichten naar de compensatiemogelijkheden. Hiertoe dient overleg te worden gevoerd met de GOM, de regio en andere betrokken instanties."

Keukenhof en Kasteel lobbyden actief richting Staten om de besluitvorming in hun richting te beïnvloeden. Zo maakten Jansen, Hollander en Brekelmans gebruik van het recht in te spreken in de statenvergadering van 24 februari.

In het gewijzigde voorstel van GS was ook een verduidelijking opgenomen van het overleg met de GOM, de gemeente en Keukenhof over de mogelijkheden van de bollencompensatie los van de 2^e Poellaan. GS wilde daarbij aansluiten bij het aanpakken van de 'verrommeling' zoals in het rapport van de ad-hoc commissie Heijkoop was aangegeven. Volgens de systematiek van de GOM betekende dat echter dat Keukenhof een bedrag zou moeten betalen van 40 euro per m^2, totaal bijna vier miljoen euro. In de statenvergadering vond men dat toch wel een beetje te gortig. Vandaar dat de gedeputeerde toezegde in het overleg ook te zullen meenemen een compensatie met een lager bedrag dan 40 euro per vierkante meter dan wel een bedrag om de compensatie af te kopen. Begin juni kwam het tot dat overleg en besloot men tot een financiële compensatie van een miljoen. GS verwoordden het in een brief aan B en W van Lisse van 29 juni als volgt: "Wij kunnen ermee instemmen als de regio in dit geval, gelet op het urgente en grote belang van Keukenhof bij een afdoende parkeervoorziening, volstaat met een financiële compensatie van 1 miljoen euro. Dit bedrag zal worden gestort in het algemene compensatiefonds van de GOM." De besteding van dit bedrag werd aan de regio overgelaten.

Per brief van 13 augustus 2010 vroeg Keukenhof aan B en W van Lisse om instemming van de gemeenteraad met het nieuwe compensatievoorstel. Het miljoen zou worden aangewend "voor het opruimen van verrommeling in het bollengebied (...) binnen het grondgebied van de gemeente Lisse." De instemming van de raad was nodig, omdat het voorstel afweek van de eerder vastgestelde Gebiedsvisie en de nuloptie ook geen optie meer was. Als de raad akkoord zou gaan dan zou de gemeente ook al het nodige doen om de instemming van de andere aandeelhouders van de GOM te verkrijgen.

Op 24 augustus legde de gemeente een dergelijk 'besluitvormend' voorstel voor aan de raad. Verzocht werd in te stemmen met het nieuwe compensatievoorstel en dat vervolgens ter accordering voor te leggen aan de andere greenportgemeenten. Na verkregen instemming zou een contract worden afgesloten. Aangezien het geld zouden worden gebruikt voor het opruimen van verrommeling in de gemeente Lisse, zou de gemeente, naast de GOM en Keukenhof, dat contract ook moeten tekenen. De raadsvergadering vond op 28 oktober 2010 plaats. De raad stemde in met het voorstel van B en W.

De andere gemeenten binnen de GOM hielden echter vast aan de compensatie van 40 euro per m2. Pas op 26 oktober 2011 was men eruit. Op die datum tekenden Keukenhof, de GOM, en de gemeente Lisse een overeenkomst waarbij Keukenhof en GOM beiden de helft van de benodigde bijna vier miljoen euro voor hun rekening namen. Bovendien zou worden onderzocht of een deel van de kosten die Keukenhof draagt, kan worden opgebracht uit- de overigens nog nadere uit te werken- herontwikkeling van de locatie Beelen achter het bestaande benzinestation aan de Westelijke Randweg. De maakte voor de gemeente Lisse de weg vrij om het bestemmingsplan Keukenhof in procedure te brengen waardoor het parkeerterrein zou kunnen worden uitgebreid met bijna tien hectare en een nieuw entreegebouw kon worden gebouwd, een en ander conform de gebiedsvisie.[1077]

Het nieuwe poortgebouw

Nadat eerder de voorstellen van een architectenbureau uit Sassenheim door het bestuur waren afgewezen, liet men het 'vaste' adviesbureau Avant een programma van eisen uitwerken, dat werd behandeld in de bestuursvergadering van 19 mei 2004. Ook daar was Keukenhof niet tevreden over en er werd besloten de relatie met Avant 'af te bouwen.'[1078] In 2006 besloot Keukenhof een extern projectmanagementbureau in te schakelen voor de bouw van het poortgebouw, ervan uitgaande dat de bouw in 2010 kon worden gerealiseerd. Dat leidde in oktober 2007 tot de opdracht aan F. de Brabander van het gelijknamige bouwadviesbureau om een projectorganisatie op te zetten en een update te maken van het programma van eisen. Diezelfde maand nog stelde het bestuur een projectteam samen voor het Entree Poortgebouw zoals het inmiddels werd genoemd. Het Kasteel zou wel over de voortgang worden geïnformeerd, maar niet alle informatie krijgen.[1079] Kort daarna besloot men het gerenommeerde architectenbureau Mecanoo uit Delft in te schakelen voor schetsen en voorontwerpen.[1080] Toen ging men ervan uit dat er een budget van ongeveer 6,5 miljoen nodig was (later, in augustus, opgehoogd tot 10,5 miljoen euro). Mecanoo ging voortvarend aan de gang met ontwerpen. Na aanvankelijke afwijzingen door het bestuur vond men elkaar in september 2008 op een door beide partijen 'mooi' en betaalbaar gevonden ontwerp. Voordat daadwerkelijk met de bouw begonnen kan worden, zullen echter eerst bestemmingsplan en omgevingsvergunning geregeld moeten zijn. Op het moment van schrijven is nog niet bekend wanneer dit wel het geval zal zijn.

Tentoonstellingen

Tot slot van dit hoofdstuk worden de tentoonstellingen in de periode 2000 tot en met 2009 beschreven. Zie voor een overzicht de bijgaande tabel.

2000

Op 10 februari 2000 vierde de groothandelsbond KBGBB, voortgekomen uit de Bond van Bloembollenhandelaren) het 100-jarig bestaan. Ter gelegenheid daarvan reikte de voorzitter, J. Hooftman, de Emmanuel Sweertsprijs uit aan Keukenhof. Van Os nam de prijs, een bronzen beeldje van Kees Verkade, in ontvangst (zie **afbeelding 14**). Dat was bijzonder, omdat hij hem zelf ook had gekregen bij zijn afscheid als directeur van de BKD. Keukenhof was de vierde die de onderscheiding ontving. Het beeldje kreeg een prominente plaats in de bestuurskamer van Keukenhof, waar het nog steeds staat. Ruim een maand later opende A. van Hooff, directeur Burgers' Zoo en voorzitter van de Club van Elf, Keukenhof en de nieuwe ommuurde historische tuin. Na twee jaar naast het KJP verhuisde de (permanente) orchideeëntentoonstelling naar het KBP. Het was en is één van de toppers van Keukenhof. Met Pasen verheugde Keukenhof zich weer eens in een topdrukte: met 100.000 bezoekers, tegen 60.000 het jaar daarvoor.

Overzicht data van tentoonstellingen in de periode 2000 tot en met 2009, de bezoekersaantallen en de openaars

JAAR	OPENING	BEZOEKERS	OPENAAR	OPMERKINGEN
2000	23 maart -21 mei	797.829	A. van Hooff, directeur Burgers' Zoo	Ook voorzitter Club van Elf, opende de ommuurde historische tuin
	3 aug. –17 sept.	59.199		Zomerhof
2001	22 maart-24 mei	752.072	Geen	
	2 aug-16 sept.	54.491		Zomerhof
2002	21 maart -18 mei	677.000	H. Karube	Namens Japanse ambassadeur
2003	21 maart-18 mei	657.358	Jan des Bouvrie	Er stonden drie tuinhuizen naar zijn ontwerp op Keukenhof
2004	25 maart-20 mei	737.000	C. Langelaar	Burgemeester Lisse, verving Prinses Margriet
2005	24 maart-20 mei	694.771	Prinses Margriet	Onthulde ontwerp van heringerichte Smalle Bos
2006	23 maart-19 mei, verlengt tot en met 21 mei	759.000	Henk van der Meijden, vanwege het thema Rembrandt	Verving zieke Jan Wolkers, onthulde beeld van Wolkers dat Keukenhof had gekocht
2007	23 maart-19 mei	836.386	Prinses Victoria (Zweden), vanwege het thema Linnaeus, 300 years King of Flowers	Opende fototentoonstelling Herbarium Armoris. Premier Balkenende aanwezig
2008	20 maart-18 mei	834.883	Prins Willem Alexander vanwege het thema China, Olympic Games Beiijng 2008	Chinese ambassadeur en Erica Terpstra, voorzitter NSO/NSF aanwezig
2009	19 maart-21 mei	868.078	Koningin Beatrix	60-jarig bestaan, koningin doopte tulp 'Spring Garden'
2010	18 maart-16 mei	779.825	Mevrouw Medvedeva, echtgenote Russische president	Prinses Maxima aanwezig bij opening
2011	24 maart-20 mei	884.193	Mevrouw Wulff, echtgenote van de Duitse bondspresident	Prins Willem Alexander en Duitse bondspresident aanwezig

afb. 14
Emmanuel Sweerts-prijs voor Keukenhof

Ruim een maand later opende A. van Hooff, directeur Burgers' Zoo en voorzitter van de Club van Elf, Keukenhof en de nieuwe ommuurde historische tuin. Na twee jaar naast het KJP verhuisde de (permanente) orchideeëntentoonstelling naar het KBP. Het was en is één van de toppers van Keukenhof. Met Pasen verheugde Keukenhof zich weer eens in een topdrukte: met 100.000 bezoekers, tegen 60.000 het jaar daarvoor.

2001
De vennoten besloten in de vergadering van 26 januari 2001 Keukenhof niet meer te laten openen door een "VIP die een lint doorknipt." Dat gebeurde dan ook niet. Wel brachten Máxima en Prins Willem-Alexander een bezoek. **(zie afbeelding 15)**. Verder was er voor alle beplantingen een nieuw ontwerp gemaakt en waren er manshoge, 50 jaar oude Azalea's aangeplant. Het koude voorjaar speelde Keukenhof parten zodat de teller bleef steken op ruim 750.000 bezoekers.

2002
In 2002 was er wel weer een openaar en dat zou verder zo blijven. H. Karube opende namens de Japanse ambassadeur Keukenhof en Koster kreeg bij de opening een Koninklijke onderscheiding. In de pers ventileerden Jansen en Gerards (PR-manager) dat de Floriade dat jaar, die op 6 april in de Haarlemmermeer van start was gegaan, Keukenhof 100.000 bezoekers zou kosten: ze rekenden op 650.000 bezoekers.[1081] Na sluiting spraken ze toch van een geslaagd seizoen: 700.000 bezoekers. In werkelijkheid waren het er 677.000.[1082]

2003
Op de Floriade stond een permanente binnenshow van bolgewassen uit de Duin- en Bollenstreek. Keukenhof had daarbij een groot bord geplaatst om de bezoekers te attenderen op het feit dat Keukenhof in 2003 van 21 maart tot 18 mei open zou zijn. In zijn voorbeschouwing op de tentoonstelling kondigde Jansen aan dat Keukenhof meer activiteiten gericht op de bloembollensector zou organiseren. Zo zou er tijdens de tentoonstelling een bollencafé worden geopend in het ONP en zou er begin mei een zomerbollenweekend worden gehouden en vakavonden worden georganiseerd.[1083] Ook was veel achterstallig onderhoud in het park weggewerkt. Jan des Bouvrie kwam in 2003 naar Keukenhof, er stonden drie tuinhuizen naar een ontwerp van zijn hand. Eén ervan werd geschonken aan een instelling voor gehandicapte kinderen. Keukenhof schonk daarbij 1000 narcissen voor in de tuin. Nog voor de opening ontstond er een schandaal rondom de kunstwerken. In 2002 was de Stichting Kunst en Openbare Ruimte (SKOR) benaderd om de beeldententoonstellingen nieuw leven in te blazen. SKOR stelde voor een driejarige verbintenis aan te gaan met elk jaar een nieuw thema. Het werd geen succes. Zie hiervoor het kader, ontleend aan verslag van de SKOR op haar website.

afb. 15
Bezoek ZKH Prins van Oranje en HKH Prinses Maxima (2001)

afb. 16
Oorkonde leliedoop door Simone Kleinsma

1077	Persbericht gemeente Lisse, 26-10-2011.
1078	AB Keukenhof 17-11 2004.
1079	AB Keukenhof 23-1-2008.
1080	AB Keukenhof 13-2-2008.
1081	Handelswijzer april 2002, aldaar 10.
1082	Vakwerk 25-5-2002, aldaar 13
1083	Vakwerk 15-3-2003, aldaar 6 tot en met 9.

Gnome Sweet Gnome

"Het eerste jaar [2003, MT] werd gekozen, voor [het] (...) thema, de kabouter, [met] (...) als titel 'Gnome Sweet Gnome'. Omdat de voorbereidingstijd (...) slechts een half jaar was (...), werd gezocht naar een combinatie van bestaande werken (...) als van nieuw werk (...) Er werd gezocht naar plekken, waar van de bestaande infrastructuur gebruik kon worden gemaakt. Zo benutte (...) Cameron de aanwezige geluidsinstallaties voor soundscapes (...) Gudmundsson (maakte) reusachtige bonbons en hing (...) Havas een enorme schooltas in de bomen (...) Müller bouwde een kabouterstad, een soort kasbah in het gras, met huisjes op modeltreinformaat (...) Katzir ontwierp (...) opblaasbare kabouters in gevechtstenue en uitgerust met een M16. Het was de bedoeling om deze (...) rustig tussen de bloemen te laten zweven. Maar door de dreigende aanval van Amerika op Irak, vond het bestuur dit kunstwerk te gevoelig liggen (...) Toen de nacht voor de opening (...) de Amerikanen Irak ook daadwerkelijk binnenvielen, werden de (...) soldaten naar een plek achteraf in het park verplaatst, waar ze ontdaan van hun geweren (...) in slagorde stonden opgesteld. De opstelling ging gepaard met een computerspel (...) waarbij kabouters uit de bomen konden worden geschoten (...) Claassen wilde van boomstronken gemaakte overgedimensioneerde marionetten aan balken hangen. Maar ook van deze Hangende Mannen vond het bestuur de aanblik te luguber, alsof ze waren geëxecuteerd. Besloten werd de poppen op de grond te leggen, waarmee ze in feite nog explicieter associaties opriepen met de dood (...) Het personeel bleek ook vaak niet goed op de hoogte (...) van de kunstwerken. Zo zorgde een grasmaaier ervoor dat de architectonische modellen van (...) Müller werden beschadigd. De kabouterjuwelen die door (...) De Vries waren ontworpen en bedoeld om door het personeel gedragen te worden, werden niet gedragen (...) 'Gnome Sweet Gnome' kreeg geen vervolg."

afb. 17a
Ontwerp Van der Kloet

Omdat het woord Parade regelmatig bij bezoekers tot verwarring leidde, werd besloten deze aanduiding niet langer te gebruiken. Men sprak nu van binnententoonstellingen of binnenshows. De VKC-keuringen werden ook meer consumentgericht opgezet. Simone Kleinsma kwam op 13 mei naar Keukenhof om een lelie met haar naam te dopen ter gelegenheid van de 25ste lelietentoonstelling (zie **afbeelding 16**). Samen met FloraHolland werden twee productbijeenkomsten lelie op Keukenhof gehouden. Het koude voorjaar, de oorlog in Irak en de ziekte SARS zorgden voor een dieptepunt in het aantal bezoekers, een laagterecord, met volgens mededelingen van Keukenhof in de vakpers, 670.000 bezoekers. In werkelijkheid waren het echter nog minder bezoekers.[1084] Sinds die tijd besloot Keukenhof geen exacte bezoekersaantallen meer te noemen in de pers en ook geen prognoses meer te geven.

2004

In oktober 2003 besloot Keukenhof te stoppen met SKOR en een verbintenis aan te gaan met Smelik & Stokking Galleries die van 2004 tot en met 2007 zou zorgen voor tachtig beelden op Keukenhof die ook verkocht mochten worden, met een commissie voor Keukenhof. Daarnaast hield men de relatie met mevrouw Sandberg aan. Zij zorgde sinds jaar en dag dat er kunstenaars op Keukenhof exposeerden en doet dat tot op de dag van vandaag.
Verder verwachtte men dat prinses Margriet de tentoonstelling van 2004 zou openen. Zij moest echter op het laatste ogenblik verstek laten gaan in verband met het overlijden van prinses Juliana. Vandaar dat de burgemeester van Lisse de opening verzorgde. Op 15 mei zette Keukenhof elf inzenders van het eerste uur in het zonnetje op het inzendersfeest. Ze kregen een persoonlijke Jacoba.[1085] Er was reden tot vreugde, want het bezoekersaantal was met twintig procent gestegen. In die tijd werd er ook een vakavond en een binnententoonstelling over en met Zantedeschia gehouden, een bolgewas in opkomst.

2005

Het jaar 2005 was een belangrijk jaar. Niet alleen kwam prinses Margriet de tentoonstelling openen, ook werd de renovatie van het Smalle Bos voltooid. Dit volledig vernieuwde gebied van 4,5 ha werd door Prinses Margriet officieel geopend. (zie **afbeelding 17a**). De inrichting van het Smalle Bos tot dan toe was ontworpen door Van der Lee, bestond uit rechthoekig aangelegde perken. Het bestuur besloot begin 2003 dat hele gebied op de schop te nemen.[1086] Keukenhof trok hiervoor tuinarchitecte Jacqueline van der Kloet aan, die de aandacht had getrokken door de aanleg van de Groene Vallei op de Floriade 2002 en die in 1999 het boek *Toveren met bollen* had geschreven. Zij verving de rechthoekige perken door een inrichting die meer recht deed aan de inrichting zoals de Zochers voor de rest van het park hadden gebruikt. Zie hiervoor haar ontwerp getekend op het stramien van Van der Lee, (in **afbeelding 17a, 17b en 17c**).

1084 *Vakwerk* 24-5-2003, aldaar 5.
1085 *Bloembollen Visie* 27-5-2004, aldaar 7.
1086 AB Keukenhof 24-2-2003.

afb. 17c
Prinses Margriet en Jacqueline van der Kloet

afb. 17b
Ontwerp Van der Kloet (rood) over ontwerp Van der Lee

Het leverde een grondige metamorfose op, kosten ongeveer een miljoen. Zie hierover het kader.

afb. 18
Impressies van uitvoering Smalle Bos
naar het ontwerp van Van der Kloet

De renovatie van het Smalle Bos door Jacqueline van der Kloet

Het ging om twee langgerekte percelen, gescheiden door water, aan de oost- en noordzijde van het PWA die werden ingericht in de oude Engelse landschapsstijl, zoals vader en zoon Zocher die hadden gebruikt voor de rest van het park. Na de tentoonstelling van 2004 werd ermee begonnen. Het rechtlijnige padenstelsel van Van der Lee werd weggebroken en de soms vijftig meter diepe bosschages werden uitgedund. De volgende fase was het opnieuw aanbrengen van asfalt- en klinkerpaden. Daarna werd een nieuwe aanplant aangebracht van vele grote bomen en heesters, waaronder beuken, Prunus avium 'Plena' en zestien hoogstam-perenbomen. Van de nieuw aangeplante heesters maakten onder andere zeven forse Sneeuwklokjesbomen deel uit. Die gedeelten kregen de namen van Bloemenbos en Lenteweide mee. Er werd ook een kinderparadijs aangelegd bij het doolhof met een speeltuin, een kinderboerderij en een snoephuis. Annex aan het Bloemenbos werden zeven zogenaamde Inspiratietuinen aangelegd, ieder met een eigen thema en geadopteerd door life-style en tuinbladen, en uitlopend op de Bloemenzee, zacht glooiende heuvels met vaste planten en bloembollen beplant, per heuvel in een bepaald kleurschema. Om op de Lenteweide te komen moest de brug naar het Molenplein worden overgestoken met daarin een tulpenprint (zie voor een impressie de foto's in **afbeelding 18**).

Alhoewel het Smalle Bos een publiekstrekker was, bleef vanwege het koude voorjaar het bezoek weer achter bij dat van het jaar daarvoor. Verder was een enorme waterschade in het ONP, vanwege een gesprongen sprinklerinstallatie, ook een tegenvaller. Tevens speelden er, ondanks het aanbrengen van kasdeuren, weer klimaatproblemen in het WAP en was de begroting voor de renovatie van het KJP veel te bescheiden opgesteld, zodat de post meerwerk bijna op een ton uitkwam. Uiteindelijk (2005/06) kostte de renovatie bijna een miljoen euro.

2006
In 2006 begon Keukenhof met het thematiseren van de tentoonstellingen. In 2006 werd dat het thema Rembrandt. Van Jan Wolkers was een kunstwerk 'Ode aan Rembrandt' aangekocht (zie **afbeelding 19**).

afb. 19
Ode aan Rembrandt, beeld van Jan Wolkers

Omdat Wolkers ziek werd, onthulde Henk van der Meijden, als producent van de aan Rembrandt gewijde musical, het beeld en doopte Henk Poort, Rembrandt in de musical, een tulp (zie **afbeelding 20a**). Er was ook een mozaïek, voorstellende een zelfportret van Rembrandt, geplant dat in bloei kwam. Het voorstel om het beeld van Wolkers aan te kopen (29.000 euro) kwam van de kunstcommissie die het bestuur op 20 juli 2005 had ingesteld en waarvan de voorzitter als vast lid deel uitmaakte. Alhoewel het toen niet de bedoeling was een eigen kunstcollectie aan te leggen gebeurde dat in de jaren daarna wel. Zo besloot men in 2007 in het vervolg jaarlijks, wanneer de resultaten dat toelieten, 25.000 euro uit te trekken voor collectievorming.[1087]

Naast de inspiratietuinen had het IBC in het vernieuwde paviljoen zes stijlkamers gericht op consumenten ingericht en kon het publiek in een tunnel tussen wortels van bolgewassen wandelen.
Vanwege de kou werd de sluitingsdatum verzet naar 21 mei, maar dat werd geen succes, zodat men besloot niet meer na 20 mei open te blijven.[1088] Bij uitzondering week men daar in 2009 vanaf, omdat Hemelvaart op 21 mei viel.

2007
Op 19 oktober kwam Pippi Langkous haar portret in tulpenbollen planten in verband met het thema voor 2007: Linnaeus, 300 years King of Flowers. Het portret mat zestien bij elf meter. Het bracht ook de Zweedse kroonprinses Victoria naar Keukenhof voor de opening. **(afbeelding 21)**. In gezelschap van premier Balkenende opende ze de fototentoonstelling Herbarium Armoris in het KJP. Op 27 maart organiseerde Keukenhof samen met andere organisaties het eerste nationale tulpensymposium op Keukenhof. Niet alleen om Keukenhof op de kaart te zetten, maar ook om een forum te bieden om over de toekomst van dit gewas te praten. De toegang kostte 95 euro en de zaal was uitverkocht. Aan het eind van de dag stelde Keukenhof drie innovatie-

afb. 20a en 20b
Oorkonde tulpdoop door Henk Poort

[1087] AB Keukenhof 27-6-2007.   [1088] AB Keukenhof 26-7-2006.

afb. 21
Opening 2007 met Zweedse Kroonprinses.

vouchers beschikbaar van 12.000, 9.000 en 6.000 euro voor creatieve ideeën. In juli werden
de vouchers uitgereikt en werd meegedeeld dat er in 2008 weer een symposium zou worden gehouden.[1089] Dat gebeurde inderdaad, net als in 2009.
Eind mei deelde De Vries aan de pers mee dat Keukenhof verwachtte op 830.000 bezoekers uit te komen, het hoogste aantal in tien jaar. Het thema voor 2008 zou over de Olympische Spelen van 2008 gaan: China, Olympic Games Beijing 2008.[1090] Die aankondiging leverde veel reacties en publiciteit op. Op 26 september begon het planten van de bollen op Keukenhof en kwamen de Teletubbies eerder door hen gedoopte tulpen planten. Ongeveer veertien dagen later plantte Keukenhof zelf een Chinese draak van vijftien bij tien meter.

2008
Keukenhof had natuurlijk niet voorzien dat de opening in het teken zou staan van de Chinese inval in Tibet. Vandaar dat er een grote mediabelangstelling was toen Prins Willem-Alexander, vergezeld door de Chinese ambassadeur en Erica Terpstra als voorzitter van NOC*NSF, op 19 maart 2008 naar Keukenhof kwamen voor de opening. De vragen over Tibet werden bekwaam gepareerd door Erica Terpstra, die in haar toespraak applaus kreeg voor de oproep de handen af te houden van de atleten die op 8 augustus aan de Olympische Spelen zouden beginnen.[1091]
Keukenhof had het bezoekersaantal conservatief begroot op 725.000, er kwamen er ruim 100.000 meer.

2009
In mei maakte Keukenhof bekend dat het thema voor 2009 in het teken zou staan van 400 jaar Nieuw-Amsterdam- New-York 400 jaar. Omdat het voor Keukenhof ook een jubileumjaar was, kwam koningin Beatrix naar de opening. (**afbeelding 22**). Ze doopte een nieuwe tulp met de naam 'Spring Garden'. Ter gelegenheid van de 60ste tentoonstelling was er een tentoonstelling ingericht met films en foto's van koninklijk bezoek aan de Keukenhof. Op 23 oktober 2008 was het Vrijheidsbeeld in bollen geplant.

afb. 22
Opening Keukenhof 2009 door HM Koningin Beatrix

Na jaren van voorbereiding begon nu ook de renovatie van de beroemde Beukenlaan. Daarbij waren bijna vijftig bomen betrokken. In maart werd een afgezaagde boom in de laan neergelegd om de bezoekers te informeren. Omdat ook het andere bomenbestand, zoals de populieren langs de Loosterweg, aandacht behoefde, werd in 2005 een werkgroep bosontwikkeling ingesteld met daarin ook externe deskundigen.[1092]

2010
Het thema was Rusland en de echtgenote van de Russische president, mevrouw Medvedeva opende de tentoonstelling op 18 maart in aanwezigheid van Prinses Maxima.

2011
Vanwege het Thema Duitsland opende mevrouw Wulff, de echtgenote van de Duitse Bondspresident op 24 maart de tentoonstelling in aanwezigheid van prins Willem Alexander. Het was een topjaar met 884.193 bezoekers.

1089 *Bloembollen Visie* 5-7-2007, aldaar 47.
1090 *Bloembollen Visie* 24-5-2007, aldaar 9.
1091 *Bloembollen Visie* 27-3-2008, aldaar 29.
1092 AB Keukenhof 23-11-2005.

De inzenders

In een vooruitblik op de 60ste tentoonstelling verbaasde voorzitter Jansen zich erover dat het park na al die jaren intensief gebruik nog steeds zo "fraai oogde." Dat was natuurlijk in niet geringe mate mede te danken aan de inzenders. Vooral bestuurslid Jan Pennings, zelf inzender, deed er veel aan om de communicatie met de inzenders en ook de bloembollensector optimaal te houden. Daaraan ontbrak het wel eens. Zo vertelde manager parkbeheerder T. Aker aan *Bloembollenvisie* dat het voor kwam dat een inzender alleen maar bollen stuurde en verder het park nauwelijks meer bezocht. Hij vond dat een gemiste kans.[1093] Een kwalijker praktijk signaleerde R. Nieuwenhuis uit Lisse in een ingezonden brief in *Bloembollenvisie* van 24 mei 2007. Hij haakte in op de uitspraken van Aker en schreef: "Wanneer de tuinarchitect een bepaald soort voorschrijft en de exposant dat niet meer in voorraad heeft is het helemaal geen ramp als daar iets anders komt te staan met dezelfde kleur en bloeitijd. Maar dat men dan niet de moeite neemt om de correcte naam te vermelden is een blamage voor een tentoonstelling op het niveau van Keukenhof."[1094] Het was wat dat betreft toch een slecht jaar voor Keukenhof, want men moest heel veel bollen bijkopen, omdat een aantal inzenders 'onzorgvuldig' leverde.[1095]

In de bestuursvergadering van 4 juni 2008 behandelde het bestuur een kritische notitie van bestuurslid Pennings. Hij beklaagde zich over de verkeerde naambordjes (waarschijnlijk als gevolg van de door Nieuwenhuis gesignaleerde praktijk) en vond dat er te veel bordjes met 'buy your bulbs here' stonden van de wederverkopers. In het verleden was er een groot probleem geweest toen Roozen in juli 2001 failliet ging en een erfenis achterliet van voor 180.000 gulden verkochte, maar niet te leveren bollen. Het leidde tot een jarenlange moeizame discussie met advocaten en wederverkopers over nieuwe voorwaarden aan de wederverkopers. Keukenhof wilde geen meerjarige contracten meer en wilde een hogere commissie, een bankgarantie en een fonds voor de opvang van calamiteiten. Pas eind 2007 bereikte men overeenstemming. Er waren toen nog vier wederverkopers. Keukenhof vond dat eigenlijk meer dan genoeg. Maar dan wel in een passende omgeving. Zo besteedde Keukenhof na de tentoonstelling van 2007 ruim 100.000 euro aan een nieuw design van het 'verkoophuisje' en de omgeving ervan van Frijlink.

Catering en retail

Alhoewel Keukenhof de catering, de souvenirverkoop, het toilettenbeheer en de schoonmaak bleef uitbesteden, had het bestuur er toch het nodige mee te maken. Dan ging het niet alleen om het bewaken van de kwaliteit/prijsverhouding maar ook om de contractonderhandelingen met marktpartijen. Aan de hand van programma's van eisen beoordeelde het bestuur de offertes die in de vorm van bidbooks en tenders werden uitgebracht. Zo besloot men in december 2008 het horecacontract voor de seizoenen 2010 tot en met 2014 niet meer te gunnen aan de Compassgroep, maar aan Albron Foodservice. Dit op basis van de ingediende voorstellen, de uitwerking van de gestelde vragen en de financiële bieding. De cateraar stond voor de uitdaging om gedurende het seizoen alle 48 horeca-uitgiftepunten optimaal te laten functioneren. Daarbij waren tweehonderd tot vierhonderd medewerkers betrokken. In het kader van dat contract verbouwde en vernieuwde Albron de restaurants, ieder met een eigen sfeer; "Zo is het restaurant in het Wilhelmina Paviljoen huiselijk en typisch Hollands, terwijl het Beatrix een wat uitbundigere, koninklijke uitstraling heeft en met name Italiaanse gerechten biedt. Het Oranje Nassau Paviljoen staat in het teken van het Ruslandthema [voor 2010 gekozen, MT]. In het Willem Alexander Paviljoen hebben we gewerkt met veel kleur en natuurlijke elementen en staan er Aziatische gerechten op de kaart", aldus E. Bemelmans, accountmanager van Albron in een interview met *Bloembollenvisie*.[1096] Het betekende voor Albron een investering van ongeveer twee miljoen euro in de inrichting van de restaurants en voor Keukenhof ongeveer een half miljoen euro aan verbouwingskosten ervan.[1097] Daar tegenover stond een jaarlijkse bijdrage van Albron aan Keukenhof welke volgens een vaste formule gerelateerd is aan het aantal bezoekers.

Zoals we in de vorige hoofdstukken zagen, sloot Keukenhof de eerste contracten voor de catering en de retail af met Compass. In 2005 verbrak Keukenhof het retailcontract (souvenirs) met Compass en bracht dat onder bij World of Delights (WoD). Sinds dat jaar exploiteert WoD negen souvenirwinkels op Keukenhof en betaalt daarvoor een bedrag per bezoeker aan Keukenhof. Al met al werken er tijdens de voorjaarstentoonstelling zo'n 650 seizoenkrachten op Keukenhof.

We sluiten af met in **afbeelding 23a, 23b en 23c** de plattegronden en inzenders van 2004 en 2009.

[1093] *Bloembollen Visie* 15-3-2007, aldaar 32.

[1094] *Bloembollen Visie* 24-5-2007, aldaar 9.

[1095] AB Keukenhof 12-12-2007.

[1096] *Bloembollen Visie* 20-5-2010, aldaar 78.

[1097] In 2004 had Keukenhof ook al een miljoen euro uitgegeven aan de renovatie van winkels en restaurants.

afb. 23a en 23b
Plattegrond en inzenders 2004

afb. 23c
Plattegrond 2009

EPILOOG

In de herfst van 1949 gingen de eerste bloembollen de grond in op Zandvliet, de overtuin van het landgoed Keukenhof. Deze handeling vormde het begin van de inmiddels ruim zestigjarige geschiedenis van Keukenhof als internationale bloementoonstelling. Een in vele opzichten succesvolle geschiedenis.
Een initiatief als Keukenhof was er eerder niet. Het laten zien van tulpen, narcissen, hyacinten en andere bolgewassen in een fraai aangelegd negentiende-eeuws park bleek een gouden greep.
Anno nu laten 92 bedrijven zien welk sortiment voorjaarsbloeiers ze voeren. Aan de binnententoonstellingen doen meer dan zeshonderd bedrijven mee, die op een of meer shows hun producten showen. Zij zijn het die in feite de missie van Keukenhof vervullen: een onafhankelijk showvenster te zijn van wat bloembollen en andere siergewassen vermogen. Het belangrijkste facet dat aan dat succes heeft bijgedragen is de kracht van de bloembollen zelf. Zij hebben nog niets ingeboet aan hun imago van unieke voorjaarsboden. Integendeel. Elk jaar verrassen ze weer, buiten en in de kassen en paviljoens, door nieuwe vormen en kleuren; een gevolg van de niet aflatende activiteit van veredelaars en telers.

In 2004 besloot het bestuur van Keukenhof onderzoek te laten doen naar de toeristische functie van Keukenhof. Met subsidie van de provincie Zuid-Holland voerde Atos Consulting dat onderzoek uit en rapporteerde daarover in december 2005.[1098] Het was niet voor niets dat het rapport in de titel gewaagde van Keukenhof als 'toeristische magneet'. Want voor toeristen van buiten Europa, 57 procent van de bezoekers, vormen 'bloemen en bollen' één van de vier pijlers van het Nederlands toerisme. Deze pijlers waren in volgorde van belangrijkheid: Amsterdam, Van Gogh, molens/oude ambachten/kaas en de bloemen en bollen. Binnen die laatste pijler had Keukenhof de belangrijkste gezichtsbepalende 'magneetfunctie'. Het toerisme voor Keukenhof concurreerde door zijn voorjaarspiek niet met het bestaande toerisme dat de piek in de zomermaanden had. Integendeel, Keukenhof genereerde zelfstandig extra toerisme met toeristen die relatief veel geld uitgaven. Zo waren de bezoekers aan Keukenhof veelal verblijfstoeristen die gemiddeld per persoon 110 euro per dag uitgaven, tegen 20 euro van dagtoeristen. Daarbij kwam dat Keukenhofs buitenlandse bezoekers (Amerikanen, Aziaten en Zuid-Europeanen) goed waren voor een besteding van gemiddeld 130 euro per dag tegen 80 euro per dag voor andere buitenlandse bezoekers (Duitsland, België en Engeland). Het rapport concludeerde dan ook dat Keukenhof een grote toegevoegde waarde had voor het toerisme in Nederland en de regio. En uiteraard ook voor de bloembollensector. Op basis van dit rapport gaf Keukenhof in 2006 een brochure uit onder dezelfde titel met daarin de volgende visualisatie van de magneetwerking:

'Magneetwerking' Keukenhof binnen het Nederlands toerisme
Bron: Atos Consulting (2006) gebaseerd op CBS Toerisme en Recreatie in Cijfers (2003-2005), bezoekersaantallen Keukenhof (2004).

*Toeristen worden hier gedefinieerd als de optelling van dagtoeristen en verblijfstoeristen

Natuurlijk was Keukenhof trots op dit resultaat. In de perspublicaties naar aanleiding van het uitbrengen van deze brochure werd ook vicevoorzitter J. Pennings geïnterviewd. Hij was uiteraard ook blij met de resultaten van het onderzoek en straalde volgens de interviewer (A. Dwarswaard) veel enthousiasme uit voor Keukenhof. Hij zou het mooi vinden als dat enthousiasme in de hele sector voelbaar en zichtbaar zou zijn en vond dat er nu al moest worden nagedacht over Keukenhof over vijftig jaar.[1099] Daarbij speelt, gezien ons onderzoek, de relatie met de volgende partijen een belangrijke rol.

1098 Atos Consulting, *Het belang van Keukenhof als toeristische magneet*, (Lisse, 2005).

1099 *Bloembollen Visie* 16-3-2006, aldaar 28 en 29.

Bloembollenvak en de inzenders

Pennings was en is een van die mannen uit de bloembollensector die Keukenhof hebben bestuurd en die dat op bewonderenswaardige wijze hebben gedaan. Naast hun bedrijf maakten ze zeer veel tijd vrij om Keukenhof tot een succes te maken. Velen bleven ook lang lid van het bestuur, totdat een leeftijdsgrens zorgde voor een wat snellere doorstroming. Domineerden in de beginperiode de mannen uit het vak het bestuur, in de loop van de tijd veranderde dat. Pennings is van het bestuur nog de enige die een bloembollenbedrijf heeft, de anderen hebben een andere achtergrond. Dat is verklaarbaar, omdat naast het showen van bloembollen er steeds meer bij kwam kijken om Keukenhof elk jaar weer die functie te laten vervullen. Wij hebben daar vooral in de laatste hoofdstukken uitgebreid verslag van gedaan. Wel duidt de opmerking van Pennings in het interview erop dat Keukenhof niet vanzelfsprekend op een groot draagvlak binnen de bloembollensector zou kunnen rekenen. Voor een deel is dat historisch verklaarbaar: Keukenhof is ontstaan en heeft zich ontwikkeld buiten de instituties van de bloembollensector om. Alhoewel in de loop van de tijd het antagonisme dat dit opriep is veranderd in de nodige samenwerking met de KAVB, Anthos en IBC[1100], is het niet zo dat Keukenhof bestuurlijk is ingebed in de bestuurlijk kaders van de bloembollensector. Het huidige bestuur van Keukenhof hecht grote waarde aan een open en constructieve samenwerking met alle betrokken partijen, maar wenst tegelijkertijd onafhankelijk de eigen koers te kunnen bepalen.

In dit kader past ook een nadere bezinning op de verhouding met de inzenders voor het park. Keukenhof heeft tot nu toe het beleid dat de inzenders hun bollen (jaarlijks circa zeven miljoen stuks) gratis ter beschikking stellen en dat Keukenhof zorgt voor ontwerp, beplanting en verzorging. In de beginjaren was de keuze van de bollen geheel aan de inzenders. In de loop van de jaren is er op basis van het door Keukenhof gekozen tuinontwerp een dialoog ontstaan. Het is echter de vraag of op die manier de best mogelijke beplanting tot stand komt; een beplanting die bloei garandeert van opening tot sluiting. In theorie is dat met het bestaande sortiment bloembollen zeer wel mogelijk, maar niet altijd realiseerbaar doordat de inzenders in grote mate de keuze van de bollen bepalen. Keukenhof probeert dan door eigen aankopen een grotere bloeispreiding te realiseren. Het zou voor de aantrekkelijkheid van het park beter zijn als het ontwerp voor de inzenders bepalender zou zijn dan nu het geval is. De financiële en beleidsmatige consequenties daarvan zijn een nader onderzoek waard. Zo kan ook worden nagegaan of het gratis geven van de bollen waarborgt dat de inzenders inderdaad hun beste kwaliteit, soortecht leveren, zoals voorzitter W. Jansen in maart 2010 stelde in een interview.[1101]

Kasteel Keukenhof

Op basis van ons onderzoek valt de relatie met graaf Carel van Lynden, de eigenaar en verhuurder van het tentoonstellingsterrein aan Keukenhof, het beste te omschrijven als een haat-liefde verhouding. Meermalen werd een aanvankelijk gemakkelijk verkregen toezegging van zijn kant gevolgd door langdurige marchanderingen door hem. Na zijn overlijden zette de stichting die het landgoed in eigendom verkreeg die lijn door. Daar komt nog bij dat die stichting ('het Kasteel') ook toeristisch gezien steeds meer aan de weg timmert om additionele inkomsten te verwerven. Ook dat heeft fricties opgeleverd tussen Kasteel en Keukenhof. Het is een treurig makende geschiedenis die in dit onderzoek naar voren kwam en die hier nog in zeer terughoudende termen is beschreven. Intussen is de verhouding tussen de besturen van beide stichtingen aanzienlijk verbeterd. Er is regelmatig overleg, ook op voorzittersniveau, en er wordt constructief samengewerkt om het nieuwe bestemmingsplan vastgesteld te krijgen.

De gemeente

Alhoewel uit ons onderzoek bleek dat burgemeester Lambooy van Lisse niet de enige initiatiefnemer van Keukenhof was, is het wel zo dat zonder hem en de gemeente Lisse Keukenhof niet tot stand was gekomen. Niet alleen vanwege het krediet dat de gemeente verstrekte, maar ook doordat Lambooy en de gemeentesecretaris Van Dijk en hun opvolger(s) decennia lang veel bestuurlijke kwaliteit aan Keukenhof leverden. Na het vertrek van burgemeester Berends en gemeentesecretaris Broersen kwam daaraan vrijwel een eind. Toen verslechterde ook de verhouding tussen de gemeente en Keukenhof als gevolg van een verschil van mening over de vermakelijkhedenretributie. De bestuurlijke inbreng verdween en de welwillende houding van de gemeente sloeg om. De gemeente lijkt Keukenhof soms meer te beschouwen als een interessante bron van inkomsten dan als een toeristische magneet, zoals uit het onderzoek van Atos bleek.

De ruimtelijke ordening

Als een rode draad door deze geschiedenis loopt de betrokkenheid van Keukenhof bij het streven naar het behoud van bloembollenvelden, niet alleen rond Keukenhof maar ook in de gehele Duin- en Bollenstreek. Men meent en meende, en niet ten onrechte, dat men niet buiten elkaar kon. Keukenhof koos daarbij voor een directie participatie met mankracht en geld in de acties om het bloembollenareaal in de Duin- en Bollenstreek niet onder een bepaald minimum te laten zakken. Dat was succesvol. De ondergrens werd wettelijk verankerd en hield ook een compensatieplicht in grond of geld) in als bloembollengrond een andere bestemming zou krijgen. Ironisch genoeg kreeg Keukenhof daarmee als eerste te maken, omdat bloembollengrond zou moeten worden 'omgezet' in parkeerterrein. Het voegt een aanzienlijke financiële last toe aan de vele miljoenen die Keukenhof al heeft uitgegeven aan nog steeds niet gerealiseerde plannen voor een nieuwe hoofdingang en de centralisatie van de parkeerterreinen. Deze plannen lopen inmiddels al bijna tien jaar en hadden allang uitgevoerd kunnen zijn zonder de financiële conflicten met het Kasteel en met de gemeente en zonder de stroperige beleidsuitvoering bij de diverse overheden.[1102]

[1100] Stichting IBC wordt per 31 december 2011 opgeheven.

[1101] *Bloembollen Visie* 25-3-2010, *Bijlage*, aldaar 1.

[1102] Pas op 26 oktober 2011 werd overeenkomst bereikt tussen de overheden en Keukenhof over de bollencompensatie

Ten slotte

Uiteraard wil Keukenhof, indachtig de missie, dat er tot in lengte van jaren nog elk najaar bloembollen worden geplant om die in al hun glorie, geur en kleur aan zo'n 800.000 bezoekers aan de hele wereld te laten zien. Maar niet Keukenhof, maar de omgeving lijkt steeds meer te bepalen in hoeverre dat inderdaad mogelijk zal zijn. Het zou van wijsheid getuigen als alle betrokkenen bij Keukenhof zich realiseren hoe waardevol het initiatief was dat in 1949 leidde tot het planten van de eerste bollen op Keukenhof. Dat het besef doordringt dat dit waard is om behouden; te blijven en dat dit inhoudt dat Keukenhof in een werkbaar klimaat voldoende ruimte wordt geboden. Immers, en daar lijken alle betrokkenen het roerend over eens te zijn, het gaat hier om een icoon van Nederland: Keukenhof, de mooiste lentetuin van de wereld!

November 2011

Maarten Timmer en Arie Dwarswaard

LIJST VAN ALLE INZENDERS KEUKENHOF

Inz.nr.	Naam	woonplaats	van	tot	opvolger
1	A. Frylink & Zn.	Sassenheim	1949	heden	
2	Turkenburg's Zaadhandel NV	Bodegraven	1950		
2	J.B. Wijs & Zn. BV	Amsterdam	1978	1995	
	nr. 2 = in 1996 niet in gebruik				
	idem in 1998+99				
2	Wout Philippo Export	Hillegom	2000	heden	
3	Firma Wesselo v/h Nieuwenhuis	Lisse	1950	1963	
	nr. 3 = in 1964 niet in gebruik				
3	Gebr. Van Eeden	Noordwijkerhout	1967		
3	Th.Langeveld BV	Lisse	1980	2008	
3	Meelébo BV	Breezand	2009	heden	
4	D.W. Lefeber & Co.	Lisse	1950		
4	Molenaar & Van Ginhoven BV	Voorhout	1999	heden	
5	C.A. v.d. Wereld	Roeloarendsveen	1949	verder onder naam:	
5	Fa.J.W.A. v.d. Wereld	Breezand	1967	verder onder naam:	
5	JWA vd Wereld/World Flower BV	Breezand	1998	heden	
6	Belle & Teeuwen	Lisse	1950		
6	A. Nijssen & Zn. NV	Santpoort	1973		
6	J. Heemskerk & Zn.	De Zilk	1982	heden	vof J. Heemskerk & Zn. De Zilk
7	N.V. G.B. de Vroomen & Zn.	Sassenheim	1950		
7	De Vroomen Export BV	Sassenheim	1978		
7	Holland Park BV	Sassenheim	1995		
	nr. 7 = in 1996 niet in gebruik				
	idem in 1998+99				
7	De Kiepenkerl BV	Voorhout	2000	heden	
8	N.V. Gebr. Eggink	Voorschoten	1950		
8	Fa.Th.G. Apeldoorn " Mooyekind'	Egmond Binnen	1982	heden	
9	Ant. V.d. Vlugt & Zn	Lisse	1950		
9	Fa. W.S. Warmenhoven	Hillegom	1968?	verder onder naam:	
9	W.S. Warmenhoven Export BV	Hillegom	1998	heden	
10	Leo van Grieken & Zn.	Lisse	1950		
10	J. Onderwater & Co. Export NV	Lisse	1964		
10	Stuifbergen Bloemb.Export BV	Noordwijkerhout	2000	heden	
11	N.V. J.J. Grullemans & Zn.	Lisse	1950		
11	W. Moolenaar & Zn. NV	Sassenheim	1973	2002	
11	Bulb & Flowers International	Sassenheim	2003		
11	Vanderschoot BV Bulbs & Flowers Group	Sassnheim	2005	heden	
12	N.V.Supergran	Delft/Haarlem?	1950		
12	Wülfinghoff Freesia BV	Rijswijk	1977	2007	
12	Ligthart Breezand	Breezand	2008	heden	
13	N.V. Gebr. Van Zanten	Hillegom	1949	verder onder naam:	
13	Koninklijke Van Zanten BV	Hillegom	1995	verder onder naam:	
13	Van Zanten Flowerbulbs BV	Hillegom	1998	heden	
14	N.V. Ver.Bloembollencultuur	Noordwijk	1950	?	
	NV de Graaff Bros & S.A.				
	van Konijnburg & Co.	Noordwijk	1954		

Inz.nr.	Naam	woonplaats	van	tot	opvolger
14	Fa. J.A. Uittenboogaard	Noordwijkerhout	1973		1949???
14	Jac. Uittenboogaard & Zn.	Noordwijkerhout	1978		
15	A.J. van Engelen N.V.	Hillegom	1950		Hortico?
15	Hortico NV	Hillegom	1973		
15	Waling van Geest & Zn. BV	s Gravenzande	1985		1949???
15	Waling van Geest Nederland BV	Lisse	1998		
16	L. van Staalduinen jr.	Bennebroek	1950		
16	Handelskw. M.C. v. Staaveren NV	Aalsmeer	1973		
16	Van Staaveren B.V.	Aalsmeer	1990		
	nr. 16 = in 2002 niet in gebruik				
16	Nic van Schagen & Zn. BV	Bergen	2003	heden	
17	John van Grieken	Bennebroek	1949	heden	
18	Gebr. Nieuwenhuis N.V.	Lisse	1950		
18	Ruibro	Hillegom	1973	2007	
18	Jan de Wit & Zn.	Bovenkarspel	2008	heden	
19	F. Rijnveld & Zn. N.V.	Hillegom	1950		
19	D. Nieuwenhuis & Zn.	Lisse	1973		
19	Jan van Bentum Bloembollen	Zwaanshoek	1986		
19	Paul van Bentum Bloembollen	Noordwijkerhout	2004		
20	J.W.A. Lefeber	Lisse	1950		later Noordwijkerhout (vof)
21	Gebr. Nieuwenhuis N.V.	Lisse	1950	1951	Goemans-Prins Hillegom
21	Fa. Freriks & Co.	Hillegom	1954		
21	Fa. K. de Jong	Andijk	1967		later De Jong Lelies Holland BV
21	De Jong Lelies Holland BV	Andijk	1978		
21	Fa. Wed. G.H. van Went	Noordwijk	1982	2007	
21	Fa. J.Th. Kreuk & Zn.	Julianadorp	2008	heden	
22	Gebr. Nieuwenhuis N.V.	Lisse	1950	1951	Harry Vreeburg Lisse
22	Fa. Harry Vreeburg	Lisse	1954		
22	VanHof en Blokker BV	Heiloo	1989		
22	Holland Bulb Market BV	Heiloo	1996		
22	Floral Dispatch BV	Voorhout	2003	heden	
23	Rutgerd Veldhuyzen v. Zanten + Jacob L. Veldhuizen v. Zanten	Lisse	1950		
23	NV Jacob L. Veldhuyzen vZanten	Lisse	1973		
23	A.A. Matze BV	Voorhout	1995	heden	1992?
24	Warnaar & Co N.V.	Sassenheim	1950		
24	Van Til Hartman B.V.	Hillegom	1973		
24	P. van Dijk & Zn.	Lisse	1994	heden	
25	H. de Graaff & Zn. N.V.	Lisse	1950		
25	G. Lubbe & Zn.	Lisse	1977	heden	
26	H. de Graaff & Zn. N.V.	Lisse	1950	?	
26	NV G.C. van Meeuwen & Zn.	Heemstede	1954		
	nr. 26 = niet in gebruik in 1973				
26	BITO B.V.	St. Pancras	1977		
26	Leynse Export BV	Lisse	1980	1994	
26	Van Bloem Holland BV	Sassenheim	1995		

Inz.nr.	Naam	woonplaats	van	tot	opvolger
26	Gardenvision BV	Voorhout	2001	heden	
27	Jac. Uittenbogaard	Oegstgeest	1950	?	
27	NV Gebr. Doornbosch	Sassenheim	1954		
27	Doornbosch Export	Sassenheim	1998	gestopt, wanneer??/	
27	Zonneveld & Teeuwen BV		2006	heden	
28	Jan Roozen	Haarlem	1950		
28	Fa. Witteman & Zn	Sassenheim	1951		
28	NV Van Zonneveld & Co.	Sassenheim	1954		
28	C. Breed	Noordwijkerhout	1973		
28	Fa. J.P.M. Warmerdam	De Zilk	1977	verder onder naam:	
28	Fa. Warmerdam-de Veentjes	De Zilk	1982		
28	The Daffodil 10	Burgerbrug	2005	heden	
29	v. Konijnenburg & Mark	Noordwijk	1949	heden	De Leeuw Flowerbulb Group BV
30	M. van Waveren & Zn. N.V.	Hillegom	1950		
30	Van Waveren BV	Hillegom	1998		
30	Q.J. Vink & Zn. BV	St. Maartensvlotbrug	2002	heden	
31	Jac. Tol	Sint Pancras	1950		Bito?
31	Blanken Export BV	Lisse	1980		
31	W. van Lierop & Zn	Anna Paulowna	2002	heden	
32	K. Nieuwenhuis & Co.	Sassenheim	1950		
32	Jac.Th. De Vroomen BV	Lisse	2000		
32	De Vroomen Holland Garden Products	Lisse	2003	heden	
33	Fa. J.H. Hageman & Zn.	Lisse	1950	?	
33	Gebr. V.d. Poel	Lisse	1954	?	
	in 1959 is dit nr. Niet in gebruik				
	in 1960 is dit nr. Niet in gerbuik				
33	Fa. Weijers-Mense	Hillegom	1962		
	nr. 33 = in 1977 niet in gebruik				
33	C.J. Ruigrok & Zn.	De Zilk	1978	heden	
34	Gebr. Van Klaveren	Hazerswoude	1950	?	
	in 1960 is dit nr. Niet in gebruik				
34	Q.v.d.Berg & Zn. NV	Heemstede	1962		
34	Alfred A. Thoolen junior	Heemstede	1964		
34	Thoolen Int. BV	Heemstede	1995		
	nr.34=in 2001niet in gebruik+2002				
34	Gebr. Klaver	Spanbroek	2003	2006	
34	Florex BV	Bovenkarspel	2008	heden	
35	B. de Wreede Junior	Hillegom	1950	?	
35	NV Gebr.v.Zonneveld & Philippo	Sassenheim	1954		
35	Van Pariodon-Philippo BV	Noordwijk	1977		
	35 =in2002niet in gebruik				
35	Fa. Koeman-vd Burg	Zwaagdijk	2003	heden	Boburg BV
36	Gebr. Lefeber + P. Dames	Lisse	1950		
36	Fa. P. Dames Nzn.	Lisse	1962		
36	N. Dames	Lisse	1982		
36	M.J. de Groot	Lisse	2000	heden	
37	P.C. Hoek	s Gravenzande	1950	?	
37	FA. J. Puik	Hilversum	1954		
37	Fa. C.G. v.d. Berg & Zn.	Anna Paulowna	1994	heden	

Inz.nr.	Naam	woonplaats	van	tot	opvolger
38	J.W. van Reisen	Voorhout	1950		
	nr. 38 = niet in gebruik in 1973				
38	J. Bonkenburg & Zn. BV	Heemstede	1977	t/m 1989	
	nr. 38 = in 1990 niet in gebruik				
38	Wed. P. Verdegaal & Zn.	Voorhout	1995	2006	
38	W.P.C. Prins	Voorhout	2007	heden	
39	H. Homan & Co. NV	Oegstgeest	1950		
39	Fa. W.F. Leenen	Sassenheim	1982	heden	
40	P. Hopman & Zn.	Hillegom	1950	overgegaan in:	
40	Present Garden/P.Hopman Kroonjuwelen	Hillegom	2004	heden	
41	Fa. Maas & Van Steijn	Hillegom	1950	?	ged. Samen met Piet Bakker (66)
41	NV. L. Kortekaas & Zn.	Breezand	1954		
41	Fa. Th.J. Kortekaas	Heemstede	1980		
41	P.J. Komen	Anna Paulowna	1995		
41	P.J. Komen Export BV	Anna Paulowna	1998		
41	Komen- v.d. Veek	Burgerbrug	2002	heden	Fluwel (CVD Veek)?
41	C. van der Veek	Burgerbrug	2005		
42	W. Huug	Haarlem	1950	1951	
42	Fa. G. Kamp	Winkel	1951		
42	Fa.H.M.J. Willemse	Hillegom	1973		
42	P. Bakker Hillegom BV	Hillegom	1999		1993??
42	De Tuinspecialist	Lisse	2000		slechts naamswijziging
42	Bakker Hillegom BV	Lisse	2004		
43	P. van Reizen & Zn.	Voorhout	1950	1951	
43	Fa. C.S. Weijers	Hillegom	1951	heden	
44	Gebr. Lommerse	Hillegom	1950	?	
44	Fa. George v.d. Veld	Lisse	1954	?	
44	KAVB afd. Lisserbroek		1956		
	nr. 44 = in 1962 niet in gebruik				
	idem in 1963				
44	Fa. P. Drost	Lisse	1964		
44	Fa. P. Visser Czn.	St. Pancras	1973		
44	A.T. Zeestraten	Sint Pancras	1995		
45	Afd. Berkhout & Omstr.		1950	?	
45	NV Fred. De Meulder	Sassenheim	1954	heden	1952?
46	G. v.d. Mey & Zn.	Lisse	1950		
46	Gebr. Van Til BV	Hillegom	1978	2008	
47	D. Nieuwenhuis & Zn.	Lisse	1950	?	
47	Fa. L. Rotteveel & Zn.	Sassenheim	1955	heden	
48	Karel Verdegaal	Lisse	1950		
48	FA. M. van Diest	Sassenheim	1977		
48	J. van Haaster & Zn.	Vijfhuizen	2004	heden	
49	George Vreeburg	Lisse	1950		
49	K. van Bourgondien & Zn. BV	Hillegom	1982	heden	
50	G. Lubbe & Zn.	Oegstgeest	1950	?	
50	NV van 't Hof & Blokker	Limmen	1954		
50	Penning Freesia's BV	Honselersdijk	1982		
	nr. 50 = in 2001 niet in gebruik				
50	Fa. W.A.M. Berbeé & Zn.	Breezand	2004	heden	

Inz.nr.	Naam	woonplaats	van	tot	opvolger
51	J.W. van Reisen		49/'50	1951	
51	Fa. P. van Deursen	Sassenheim	1951		
51	Fa. F. Pijnacker	Lisse	1977		
51	J.S. Pennings ' de Bilt'	Breezand	1983	heden	
52	Terra Nova' W. Keessen Jr. & Zn.	Aalsmeer	1950	1951	Jan Roozen Nzn. Overveen
52	Jan Roozen Nzn.	Overveen	1951	?	
52	Fa. J.R. v. Grieken & Co.	Lisse	1954		
52	Fa. Jac.Th. De Vroomen	Lisse	1964		
52	Jac.M. van Dijk	Hillegom	1973		
52	Simon en Karin Visser	Bovenkarspel	1990	heden	
53	de Ruyter & Son	Noordwijk	1950		
53	Gebr. Captein	Breezand	1967		
53	A.W. Captein & Zn.	Breezand	1980		
53	Van Eeden Goohof BV	Noordwijkerhout	1995	2004	
53	vof Th.A. Pennings & Zn.	Breezand	2005	heden	
54	Fa. J.F. v.d. Berg & Zn.	Breezand	1949		
54	van der Berg-Hytuna	Anna Paulowna	1986	heden	
55	N.V. H. Verdegaal & Zn.	Sassenheim	1950		
55	W.P. Ruigrok	Hillegom	1979		
55	W.P. Ruigrok & Zn.	Hillegom	1998	heden	
56	N.V. Ver. Cult. Noordwijk		1950	1951	
56	NV Guldemond & Zn.	Lisse	1951		
56	A.L. van Bentum & Zn.	Hoofddorp	1978		later Cruquius (1980)
56	C & A. van Bentum Bloembollen	Cruquius	1986		
56	Van Bentum Bluefields	Cruquius	1995	heden	v.a. 2001 Marknesse
57	Fa. M. Beelen	Lisse	1951		1949?
57	Gebr. Beelen	Lisse	1986		
58	van der Kraats & C.	Boskoop	1951	?	van Zyverden?
58	NV Gebr. V. Zyverden	Hillegom	1954		
58	Van Zijverden BV	Sassenheim	1999	heden	
59	Jan van Gelderen	Boskoop	1951	?	
59	Fa. Jan Dix jr.	Heemstede	1954		
59	Gebr. Koning	Sassenheim	1985		
59	Koning-Holland BV	Voorhout	1990	2008	
59	H.G.M. Huyg & Zn	Breezand	2009	heden	
60	Kraats & Co.	Boskoop	1950	1951	
	Fa. Van Empelen & Van Dijk	Aerdenhout	1951	?	
	Fa. Braam & Zn.	Heemstede	1956		
	nr. 60 = in 1962 niet in gebruik idem in 1963				
60	Fa. P. van Reisen & Zn.	Voorhout	1963	heden	
61	Jan van Gelderen	Boskoop	1950	1951	
61	Fa. Th.J. Witteman	Oegstgeest	1951	?	
61	Fa. Van Empelen & Van Dijk	Aerdenhout	1956		
	nr. 61 = in 1964 niet in gebruik				
61	Tegelaar & Zn. NV	Lisse	1967		
61	Holland Flower Bulbs	Lisse	1973		
61	Matt. Verdegaal	Hillegom	1977		
61	Van Paridon's Bloembollenbedrijf	Breezand	1979	heden	

Inz.nr.	Naam	woonplaats	van	tot	opvolger	
62	Fa. J. Puik	Hilversum	1950	1951	J. Abbing & Zn.	Zeist
62	J. Abbing & Zn.	Zeist	1951	?		
62	Fa. Koper	Bennbroek	1954	?		
62	Fa. C. vd. Vlugt & Zn.	Voorhout	1959	heden		
63	Fa. Gebr. Van Egmond		1950	1951		
63	Fa. Carl van Empelen	Heemstede	1951	?		
63	Fa. A.v.d. Vlugt Antzn.	Lisse	1959			
63	Fa. G.&M Brouwer	Breezand	1980			
	63=in2002+2003+2004niet ingebruik					
63	KAVB afd.Breezand/Anna P.	Breezand	2005	heden		
64+69	Tulpo" Tuin- en Landschapsarchitectuur	Wassenaar	1950			
64	Fa. J. Schoorl	Lisse	1973			
64	L.J.C. Schoorl	Lisse	1995			
	nr. 64 = in 1998 niet in gebruik					
64	Hoog & Dix Export	Heemstede	2000			
64	Dix Export BV	Heemstede	2005	heden		
65	Koper's Tuinaanleg	Bennebroek	1950	1951		
65	N.C. Veldhuis	Hillegom	1951	?		
65	Tulpo	Wassenaar	1954	?		
65	Fa. G. Faase	Noordwijk	1956			
65	Fa. Witteman & Co. Export	Hillegom	1977	???		
65	Dutch Gardens	Voorhout	2006	heden		
66	P. Bakker	Hillegom	1950	?	ged. Maas & Van Stijn	
66	Fa. Leo M. van Reisen	Voorhout	1954	?		
66	Fa. C.P. Alkemade Czn.	Noordwijk	1956			
66	Leo Berbée & Zn. NV	Lisse	1972	2009		
67	K. Wezelenburg & Zn.	Boskoop	1950	?	ged. Turkenburg	
	nr. 67 in 1959 niet in gebruik					
67	NV v/h Belle & Teeuwen Export	Lisse	1960			
67	Fa. C.J.M. Vester	Voorhout	1968	heden		
68	Gebr. Van Egmond	Oegstgeest	1951	?		
68	Fa. Gebr. Verdegaal	Sassenheim	1956			
68	M. Veldhuijzen van.Zanten & Zn. NV	Lisse	1967			
68	Fa. D. Maarssen & Zn.	Aalsmeer	1973			
68	K.J. v.d. Veek	Burgerbrug	1984			
	nr. 68 = in 1990 niet in gebruik					
	nr. 68 = in 1995 niet in gebruik					
	nr. 68 = in 1998 niet in gebruik					
68	C. Colijn & Zn. BV	Voorhout	2000			
68	Colyn Flowerbulbs	Voorhout	2002	2004		
68	M. Thoolen BV	Velserbroek	2005	heden	2000?	
69	zie 64			?		
69	C.V. Hybrida	Schoorl	1956			
	nr. 69 = in 1977 niet in gebruik					
69	Koster's Bloembollenpakkethandel	Westwoud	1978			
	nr. 69 = in 1980 niet in gebruik					
69	Fa. E. Griffioen	Voorschoten	1982			
69	Griffioen Wassenaar BV	Wassenaar	1996	heden		
70	P. van Leeuwen	Lisse	1951			

Inz.nr.	Naam	woonplaats	van	tot	opvolger
70	Fa. W. Zandbergen Nzn.	Hillegom	1973		
70	Nic. Zandbergen Export	De Zilk	1995		
	nr. 70=in2001+2002, 2003+2004niet in gebruik				
70	P.F. Onings BV	Poeldijk	2005	heden	
71	J. Puik	Hilversum	1951	?	
71	NV L. Stassen Junior	Hillegom	1954		
71	Stassen Nederland BV	Hillegom	1980		
71	J.H. de Groot BV	Noordwijkerhout	1986	1988	
	71 = in 1989 niet in gebruik				
	71 = in 1990 niet in gebruik				
	71 = in 1998 niet in gebruik				
71	De Ruyter & Son Trading Group bv	Noordwijkerhout	2000	heden	
72	Handelmij. ' Dujardin'	Den Hoorn/Texel	1951	?	
72	NV Walter Blom & Zn.	Hillegom	1954	heden	1951?
73	Fa. Waling van Geest & Zn.	s Gravenzande	1954	1972	
	nr. 73 = in 1973 niet in gebruik				
73	Fa. P.C. de Geus	St. Maarten	1977		
73	De Geus-Vriend/Maveridge Int. BV	St. Maarten	1989	heden	1972?
74	FA. G.H. Hageman & Zn.	Heemstede	1954		
74	Fa. J. de Waard & Zn.	Egmond a.d. Hoef	1973		
	nr. 74 = in 1977 niet in gebruik				
74	J.H. Veldhuizen van Zanten Azn.	Hillegom	1978		
74	Meeuwissen-van Zanten	Hillegom	1986		
74	Firma Meeuwissen	Voorhout	1996		1990?
75	Fa. W. Topsvoort	Aalsmeer	1954	?	
	nr. 75 = in 1959 niet in gebruik				
	nr. 75 = in 1960 niet in gebruik				
	nr. 75 = in 1962 niet in gebruik				
	nr. 75 = in 1963 niet in gebruik				
75	Fa. WAM. Pennings	Noordwijkerhout	1964		
76	NV G.C. van Tubergen	Haarlem	1956		
76	Van Tubergen B.V.	Lisse	1984		
	nr. 76 = in 1995 niet in gebruik				
	idem in 1996 + 1998+99				
76	Q. van den Berg & Zn. BV	Heemstede	2000		
76	Unex Inc.	Sassenheim	2002	heden	
77	NV J. Amand	Breezand	1956	?	
	nr. 77 = in 1960 niet in gebruik				
	nr. 77 = in 1962 niet in gebruik				
	nr. 77 = in 1963 niet in gebruik				
	nr. 77 = in 1964 niet in gebruik				
77	NV C.J. Zonneveld & Zn.	Voorhout	1967	heden	1955?
78	Fa. Frans Roozen	Vogelenzang	1956	t/m 2002	
	78=in2003+2004+2005 niet in gebruik				
78	HOBAHO	Lisse	2006		
79	Gebr. Biemond N.V.	Lisse	1967		
	nr. 79 = in 1980 niet in gebruik				
79	Fa. Zeestraten	Hillegom	1982		
79	H.E. Zeestraten	Hillegom	1995	heden	

Inz.nr.	Naam	woonplaats	van	tot	opvolger
80	Breck Holland NV	Hillegom	1967		
80	Fa. Gebr. J&P Passchier	Noordwijk	1977		
80	P. Pennings Bloembollenbedrijf	De Zilk	1986	heden	
81	Fa. J. Gerrtisen & Zn.	Voorschoten	1973		
81	J&J vd. Berg Boltha BV	Anna Paulowna	1982	heden	
82	W. Lemmers	Lisse	1973		
	nr 82 = in 1995 niet in gebruik				
	idem in 1996 + 1998+99				
82	Fa. J. Haakman & Zn.	Wervershoof	2000	gestopt	wanneer?
	82=in2004+2005nietingebruik				
82	Firma Patrick van Steijn	Noordwijkerhout	2007	heden	
83	D. Guldemond NV	Lisse	1973		
83	J. Guldemond BV	Lisse	1980	1981	
	nr. 83 = in 1982 niet in gebruik				
83	G. Groot-Vriend	Lutjebroek	1984	heden	
84	nr. 84 = in 1973 niet in gebruik				
84	A'dam-Bulb BV	Noordwijkerhout	1977		
	nr. 84 = in 1978 niet in gebruik				
	nr. 84 = in 1980 niet in gebruik				
84	Den Ouden Dam Kwekerij BV	Woerdense Verlaat	1982		
84	j. Bijl	Breezand	1985		
84	H.J.M.J. Clemens	Anna Paulowna	1986		
	nr. 84 = in 1995 niet in gebruik				
	idem in 1996 + 1998+99				
84	Verver Export BV	Limmen	2000	heden	
85	Kooy & Blanken NV	Lisse	1973		
85	Kooy BV	Lisse	1977		
85	E.J. Hogervorst & Zn.	Noordwijkerhout	1985	1997	
	nr. 85 = in 1999 niet in gebruik				
85	P.J. Rotteveel Export	Voorhout	2000	heden	
86	P. Aker NV	Hoogkarspel	1973		
	nr. 86 = in 1990 niet in gebruik				
	nr. 86 = in 1995 niet in gebruik				
	idem in 1996 + 1998+99				
86	Tuberbulb Export BV	Hillegom	2000	heden	
87	Wed. A. van Haaster & Zn.	Lisse	1977	heden	1973?
88	Fa. M.C. Enthoven	Poeldijk	1977	t/m 1989	
	nr. 88 = in 1990 niet in gebruik				
	idem in 1995+96+98+99				
88	C.J. Dobbe Export	Voorhout	2000	heden	
89	Fa.J. Valkering	Limmen	1977		
	nr. 89 = in 1978 niet in gebruik				
	nr. 89 = in 1980 niet in gebruik				
	idem in 1981, 1982 en 1983				
89	Gebr. Kapiteyn BV	Breezand	1984	heden	later Kapiteyn Group 1989?
90	C. Steenvoorden BV	Hillegom	1986	heden	
91	Gebr. Veul	Anna Paulowna	1986	heden	
92	Heemskerk Vaste Planten	Noordwijk	2001	heden	
93	Van Haaster-Nevada	De Zilk	2007	heden	

ENGLISH SUMMARY

Summary of Chapter 1

It seemed like a new idea, and in a way it was: showing tulips, daffodils, hyacinths and other spring flowers to the public for two months in a park-like setting. That is exactly what Keukenhof, which first opened to the public in 1950, offered its visitors. But this was not an isolated initiative. It was part of a bulb-growing industry that had made a habit of exhibiting its products. It was a sector involving a large number of organisations, and one with a long history.

From the mid-sixteenth century, when flower bulbs were first introduced, they became increasingly popular in the Low Countries, the area stretching from Calais to the northern tip of the Dutch province of Groningen. Tulips in particular were much sought after, leading to the famous tulip mania of 1634-1637, when bulbs were sold for absurd prices. Although the market later collapsed, tulips and other bulbs remained extremely popular in the Netherlands. The town of Haarlem became the centre of the industry, with bulb farms located mostly to the south of the town, where the sandy soil was highly suitable for bulb cultivation.

For a long time, bulbs remained the exclusive domain of the nobility and the well-to-do middle classes. This changed after the French Revolution, however, when larger sections of the public became more affluent and could afford to buy luxury goods, including bulbs.

The increasing demand was met by expanding production. With more and more growers entering the market, they felt the need to get organised. The Haarlem bulb grower and trader Jacob Krelage played a major part in professionalising the sector. Together with ten other growers, he founded the *Algemeene Vereeniging voor Bloembollencultuur* (general association for bulb cultivation, AVB) in 1860. The membership soon included several hundred growers and traders. Since most growers in the second half of the nineteenth century also exported bulbs, no distinction was initially made between growers and traders. But as the number of growers increased, they became dissatisfied with the behaviour of the exporters, so in 1895 they founded their own organisation, the *Hollandsch Bloembollenkweekers Genootschap* (Dutch flower bulb growers association, HBG). The exporters, too, started their own association. After a first attempt in 1868, the *Bond voor Bloembollenhandelaren* (bulb traders union) was founded in 1900.

The HBG started an auction room in the town of Lisse in 1906, using an auction clock system to sell bulbs. Before this time, most bulbs had been sold in the field in the month of May (a practice known as 'green auctioning'). In 1921, three traders, Lau Homan, Hein Bader and Daan Hogewoning, started their own auction company for dried bulbs, also in Lisse. As their telegram address was Hobaho, the company soon came to be known under the same name.

Meanwhile, the president of the AVB, Ernst Krelage (son of Jacob Krelage), and an agricultural official, Herman Lovink, came up with the idea of starting the *Nederlandsen Tuinbouwraad* (Dutch Horticultural Council, NTR) to facilitate the development of horticulture in the Netherlands. The Council was established in 1908 and occupied itself with such matters as setting up a mutual accident insurance company for employees and organising international horticultural shows. All organisations of bulb growers and traders were members of the Council.

The expansion of bulb cultivation also meant that problems with various plant diseases had to be dealt with decisively and professionally. At the same time, there was a growing call for further promotional efforts for bulbs. In 1922, the general association for bulb cultivation AVB, the bulb growers association HBG and the bulb traders union set up a joint committee to stimulate bulb research and promotion, the *Centraal Bloembollen Comité* (CBC). The committee's activities were funded by contributions from all bulb growers and traders.

One of the AVB's objectives was to organise flower shows, which had been regularly held in Haarlem from as early as 1818, and later in other towns as well. Right from the start, the AVB regarded these shows as an effective way to stimulate the public to buy bulbs. Initially, the association organised a winter show each year, later once every five years. They were held indoors until 1910, when the association celebrated its fiftieth anniversary, and organised the first outdoor flower show at the Haarlemmerhout park in the spring. Two more outdoor shows, called Floras, were held at the Groenendaal country estate in Heemstede in 1925 and 1935. When the plans for founding Keukenhof were announced in 1949, the AVB was already planning a third Flora, which it intended to organise in 1953.

The Keukenhof estate itself had had a chequered history before 1950, and had changed ownership many times. In 1846, the estate came into the possession of Cecilia Steengracht van Oostcappelle, who married Carel A.A. Baron van Pallandt. Together they restored the house and commissioned Jan. D. Zocher and his son to design an English-style landscaped garden on the Zandvliet estate (which had become part of the Keukenhof estate). In 1930, their great-grandson Jan Carel Elias van Lynden became the last owner of the estate. The Keukenhof exhibition park was laid out at the Zandvliet estate.

Summary of Chapter 2

On New Year's Day of 1949, the mayor of Lisse, Wim Lambooy, and the town clerk, Thijs van Dijk, hastened to the Keukenhof estate to attend a fire drill. After the drill was over, Lambooy in a flash of inspiration saw how the Zandvliet part of the estate might be transformed into a permanent site for a flower bulb show. At least, that is the official tale. The real story is more complex and begins much earlier than the first of January 1949.

Founded in 1860, the AVB bulb growers association was not the only party to organise flower bulb shows. In fact, an indoor flower show had been organised at Noordwijk two years before that date, as an initiative of the *Flora van Noordwijk* society. The Noordwijk area had been accommodating professional bulb farming since the eighteenth century, which gradually came to overshadow the traditional herb cultivation. After twenty years of indoor shows at Noordwijk, 1887 saw the first outdoor show, which was repeated in 1896 and 1932, at the Offem estate. Seventeen years after the last Noordwijk show, Dirk Lefeber, one of the initiators of the Keukenhof project, recalled how the idea of such a permanent park at Lisse, where Lefeber was growing and exporting bulbs, had already suggested itself during the 1932 event. At the time, however, the owner, Count Van Lynden, was unwilling to cooperate. Bulb shows were also held in other places, such as Sassenheim. Daffodil breeding was yielding so many new varieties that growers and traders were looking for ways to present them to the public. Annual outdoor presentations at Sassenheim were held from 1905 to 1907. An exhibition hall called Bloemlust was set up in 1925, but was forced to close down in 1929 during the economic crisis. After World War II, the Bloemlust tradition was revived at Lisse, starting in 1946. The show was designed by Willem van der Lee, and laid out by the Koper gardening company from Bennebroek, where Van der Lee worked.

The Hillegom branch of the AVB growers association decided to set up a demonstration garden at the Treslong estate, which was owned by the municipality. The park was designed by AVB secretary and treasurer Harry Voors, who was also a landscape gardener, and was developed with the help of a grant from the CBC bulb promotion committee. The first trees and shrubs were planted in the spring of 1949.

A year earlier, the town of Hillegom had also managed to catch the public's eye with a flower-decked float, shaped like a whale, which was paraded through the town. Designed by Willem Warmenhoven, it was intended to mark the resumption of Dutch whaling. The next year saw a much longer parade (or 'Corso') touring the region, and a new annual tradition was born.

It was in this same period that the AVB members were discussing a new location for the association's headquarters. Their Krelagehuis building at Leidsevaart in Haarlem had opened its doors in 1928. A bulb fair was held there every Monday, while Hillegom had a fair every Thursday. As the Haarlem building had been seriously damaged during World War II, Bernard Rijnveld, president of the Hillegom fair, proposed to move the AVB's offices to Hillegom. Plans for this move had already been made before the war, at which time cost estimates had been made. Although the 1946 annual meeting of the members of the association voted in favour of the plan, it was withdrawn six months later, as estimated building costs proved to have tripled since the original calculations were made.

The Keukenhof manor, known as Castle Keukenhof, and its gardens had also suffered considerable damage during the war. The house had been requisitioned by the occupying German forces, and the people of Lisse had cut down many trees on the estate to get firewood. Further damage had been done when the Germans constructed a V2 rocket launch base on the estate.

After the war, Count Van Lynden made use of the Dutch government's invitation to file claims for compensation of financial damages. In 1947, he was awarded the sum of 212,000 Dutch guilders, half of which was paid out immediately and the other half after the Zandvliet estate had been replanted.

Was mayor Lambooy aware of all this? And did he therefore suggest combining the replanting campaign with an open-air bulb exhibition park? What is certain is that Lambooy was looking to attract tourists to Lisse not only for the annual flower parade but at other times of the year as well. And so the year 1949 saw the start of the history of Keukenhof as we now know it.

Summary of Chapter 3

On New Year's Day 1949, the Lisse fire brigade was called out to the Keukenhof estate, for a fire drill. Also present at the scene were the mayor of Lisse, Wim Lambooy, and the town clerk, Thijs van Dijk. After the drill was over, Lambooy said 'It's a good thing for Count Van Lynden that it wasn't a real fire, but not for us. If that manor had really gone up in smoke, this would have made a perfect site for a flower show.' Van Dijk, who was to become the secretary of the Board of the Keukenhof Foundation from 1949 to 1977, quoted these words in his commemorative book on the exhibition park's first 25 years. He encouraged the mayor to press ahead with the plan, and Count Van Lynden at the time also gave his support. The municipal authorities invited Willem van der Lee, the designer of the Bloemlust flower show, to produce a draft design for a flower show at the Zandvliet park.

Things began to move rapidly in 1949. Two large indoor flower shows, in Lisse and Haarlem, opened in February. And on 1 March, twenty representatives of the bulb trade met at Lisse's town hall, where Lambooy announced the plans for the Keukenhof exhibition park. Although the initial response was lukewarm, his audience grew more enthusiastic when the mayor announced that the municipal authorities would act as guarantor to the amount of 60,000 guilders.

The traditional annual press conference by the mayors of the towns and villages in the bulb growing region took place on 6 April. Usually, the event was eagerly seized upon by every mayor with new developments to report. The mayor of Hillegom, Dr. Otto van Nispen tot Pannerden esq., who was also the president of the general association for bulb cultivation, AVB, counted on stealing the limelight with his announcement of a demonstration garden at Treslong. But Lambooy one-upped him by announcing that Keukenhof would open its gates to the public within a year. Van Nispen was not at all pleased, as his AVB had already started preparations for a new international outdoor flower show, to be held at Heemstede in 1953. The AVB's executive accepted the plan in May.

In the meantime, Count Van Lynden had changed his mind and now opposed the Keukenhof plans. In the hope of winning him over to the cause of Keukenhof, Dirk Lefeber had a contract drafted for the term of ten years, in which he, Lefeber, bore the entire risk, relieving Van Lynden of any responsibility. The Count consented, and preparations were once again underway. In fact, Lefeber was a major stakeholder in the realisation of the Keukenhof plan. As a tulip breeder, he had bred a large number of novel varieties in recent years, and Keukenhof seemed to him the ideal site to display them to the public.

The South Holland provincial government approved the decision by the Lisse municipal authorities to support the Keukenhof project with a loan of 60,000 guilders free of interest, clearing the way for the rest of the plan to be implemented. This involved not only designing the layout of the show, but also setting up a foundation and appointing a Board. A large number of bulb growers and exporters were represented in the foundation, as were representatives of the Lisse local authorities, and the former Head of the Horticultural College. A request from the AVB to include a representative of their association was rejected, whereas two representatives of the bulb traders union (*Bond van Bloembollenhandelaren*), Dorus de Vroomen and Bram Warnaar, were admitted. In addition, the president of the union, Tom van Waveren, had been one of the twenty founding members. The union felt that Keukenhof was the perfect stage to celebrate its fiftieth anniversary in 1950. In fact, the list of Board members shows that interest in the Keukenhof project was largely limited to growers who were also exporters.

The final decision to go ahead with the Keukenhof plan was taken in August, when a constitution and a set of rules and regulations were drawn up. A Board of Directors was appointed to govern the Keukenhof Foundation. The Board established four committees: a financial committee, a site management committee, a traffic management and parking committee and a PR committee.

To provide further support for the initiative, the Board invited many people to sit on a Committee of Honour. One of the people invited was Ernst Krelage, former president of the AVB. But Krelage declined because of serious objections against the exhibition park. And the then president of AVB, Van Nispen tot Pannerden, would only sit on the committee in his capacity as mayor of Hillegom.

Summary of Chapter 4

From the start, there was no lack of interest in participating in the Keukenhof project. By October 1949, it was clear that the entire available area would be fully planted. In that same month, the Board invited the national press to come and view the park and be updated about the plans. The journalists witnessed the planting of the first bulbs, which were to flower when the show opened its gates in 1950.

In November, the Board had to take a decision on the show's designer, Willem van der Lee. The company he was working for, the firm of Koper in Bennebroek, was going out of business, and Van der Lee was not willing to take it over. The Keukenhof Board decided to employ him on certain terms.

Meanwhile, Keukenhof and the AVB bulb cultivation association continued to disagree about the plans for the near future. In November 1949, the AVB proposed to the Keukenhof Board that it should keep the park closed in 1953, the year the AVB intended to hold its own outdoor show, called Flora. The argument they used was that the soil needed to lie fallow for a year anyway after having been used to grow bulbs for three years. At the same time, they continued to plan their own 1953 Flora event. The AVB's executive committee endorsed the further development of the plan in December 1949, to the consent of the members. Once this decision had been taken, the AVB could apply for a grant from the joint committee to stimulate bulb research and promotion (CBC), which had a fund for general PR activities. The CBC's decision came in January 1950: Keukenhof did not receive a grant.

In January 1950, the president of the Keukenhof Foundation, mayor Lambooy of Lisse, announced his retirement. The new president was Tom van Waveren, while Bram Warnaar and Daan Hogewoning joined the Board.

Relations between the Keukenhof Foundation and the AVB continued to be strained. In March, the Keukenhof Foundation proposed that the 1953 Flora event could be held at Keukenhof, which was dismissed by the AVB's president Van Nispen. Yet another suggestion made by Keukenhof, to have the event take place not in Heemstede but at another site, at some distance from Keukenhof, could not find favour in the eyes of the AVB either. Van Nispen was nevertheless prepared to keep the communication lines with the Keukenhof Foundation open.

The Keukenhof exhibition park first opened its gates on 23 March 1950, with the then Minister of Agriculture and Food Supplies, Sicco Mansholt, officially opening the show. The organisers had hoped that some 60,000 visitors would turn up, but in the end there were nearly four times as many: 236,000. When the show closed on 18 May 1950, the Board made some critical comments about these unexpectedly large numbers. On certain days, the crowds had been so huge that it had led to congestion in and around the park. In addition, there were not all that many flowers to be seen during the first few weeks, due to the cold weather, and the condition of the soil at some sites in the park was not ideal for bulb growing. In the summer of 1950, the Board decided to add another 5 hectares to the park, to a total of 21 hectares. As a result, the number of growers taking part in the show could increase from 50 to 70. At the same time, it was agreed to build a hothouse, so that visitors would be able to admire enough flowering bulbs during the first few weeks.

Meanwhile, the AVB continued its preparations for the 1953 Flora event. On 19 June, it was decided that the venue for the event would be Groenendaal park in Heemstede, where the 1925 and 1935 Floras had also been held. The local branches endorsed this decision a week later. The design for the show was made by Harry Voors, while H. de la Mar was appointed secretary for the event.

The ongoing dispute between AVB and Keukenhof was a hot topic in the bulb sector. Numerous letters to the editor were published in the three trade journals, most of which called on the two parties to put aside their differences.

In the summer of 1950, the Keukenhof Board presented the accounts for the first year of its existence, which showed a surplus of 70,000 guilders. But the Board did not rest on its laurels. Far from it: it drew up a budget proposal for the year 1950/51 involving investments to a total of 205,000 guilders. The funds would be used largely to build the greenhouse, to finance PR campaigns and to hire more administrative staff.

Summary of Chapter 5

After Wim Lambooy had retired as mayor of Lisse, Theo de Graaf was appointed as the new mayor on 16 November 1950. He immediately joined the Board of the Keukenhof Foundation. He was even asked to become its chairman, but felt it was too early for him to accept. At the time when De Graaf was appointed, the Dutch government under Prime Minister Drees had to introduce drastic spending cuts. And the fact that the bulb growing sector announced not just one but two plans for large-scale flower shows – Keukenhof and Flora 1953 – at a time of national cutbacks, seemed strange to many outsiders. Representatives of Keukenhof and the AVB bulb cultivation association were even summoned to The Hague to explain themselves. Although the government did not want to veto the plans, it did urge the two parties to avoid competing with each other and to try and collaborate where possible.

It seemed like an agreement to collaborate was indeed on the cards, although it took considerable time to negotiate, and the members of the Keukenhof Board themselves did not always see eye to eye on the issue. Keukenhof and AVB agreed to jointly promote the bulb show activities for 1953, under the name International Flower Festival of Holland. The joint committee to stimulate bulb research and promotion, CBC, earmarked 10,000 guilders for this purpose.

The contracts for the Keukenhof site that had been signed in 1949 were reviewed in 1951. The contract that Dirk Lefeber had entered into with Count Van Lynden was taken over by the Keukenhof Foundation, and new contracts were signed between the Count and the Keukenhof Board, and between Lefeber and Keukenhof, which gave the flower show a new twenty-year lease on life. The Count agreed to a fixed sum for the first ten years and a new fixed sum to be established for the remaining ten. In the same year, the constitution of the Keukenhof Foundation was adjusted, and new committee members were appointed. Lefeber already expressed his concern over Keukenhof's weak financial basis in 1951. He reckoned that more substantial financial reserves would be needed, especially in view of possible financial losses in 1953. No action was taken on this in 1951, but Keukenhof's position within the bulb growing sector changed drastically in 1952. Board member Daan Hogewoning (who was also the director of Hobaho) nearly succeeded in shifting the management of the flower show to the AVB, the CBC and the bulb traders union. This would have cleared the way for CBC to cover any deficits. The union's executive agreed to the plan, as did the Keukenhof Board. The third party that had to give its consent was the AVB, whose members had to decide on the matter. The issue was raised at the annual general meeting on 7 April 1952. Despite pleas by some members, who were also on the Keukenhof Board, most members did not embrace the proposal. When it became clear to the meeting that the proposed arrangement concerned a twenty-year period, the sceptics won the day and the majority rejected the plan.

Since the Keukenhof Board was still seeking to secure a solid financial basis, it looked for other backers, which it found in Hobaho, the Twentsche Bank, the Lisse municipal authorities and the CBC. CBC agreed to stand surety to an amount of 200,000 guilders, while the municipal authorities and Twentsche Bank each pledged to act as guarantors for 100,000 guilders and Hobaho for 50,000 guilders. In addition, the Oranjeboom brewery and the Koninklijke Nederlandsche Spiritus- en Gistfabrieken company together agreed to transfer 10,000 guilders a year to the Foundation, without guaranteed repayment, from 1952 to 1971.

In 1953, the Dutch Queen made Daan Hogewoning an Officer of the Order of Orange-Nassau, partly in recognition of his work at Keukenhof.

Summary of Chapter 6

Throughout 1952, relations between the Keukenhof Board and the AVB bulb cultivation association remained rather tense. Both organisations wanted their own flower show to be a success, and used all available occasions to get results. Any newspaper report on one of the shows automatically caused irritation in the other camp. Even the joint promotion campaign that had been agreed upon in 1951 was coming under pressure in 1952.

The Keukenhof Board was also spending a lot of time negotiating the new contract with Count Van Lynden. Some of the details of this 20-year contract caused astonishment or anger. Although the annual rent was settled at 7,000 guilders for the first ten years, it was to increase whenever Keukenhof decided to raise the admission price for the park. Despite some protests, the Foundation in the end agreed to the contract.

At the end of February, 1953, Keukenhof and AVB held a joint press conference about the two flower shows that were to be organised simultaneously that spring. The recent major flood disaster in the south-east of the country had helped to allay tensions between the two organisations, which announced a number of activities to be held under the flag of the International Flower Festival of Holland, including a joint float in the annual flower parade (Corso) through the bulb-growing region. The flower parade was not doing too well in its first few years. Although there was great enthusiasm in the region, the bulb growers themselves were reluctant to take part. In 1951, only 9 of the 41 floats were supplied by bulb farms, and the next year only 4 of the 32. The poor turnout convinced mayor De Graaf of Lisse to urge a number of leading traders and growers to begin campaigning within the bulb sector. His move turned out to be effective: the 1953 parade featured not only the joint Keukenhof/Flora float, but also a considerable number of floats entered by bulb farms, and the Corso was very favourably commented on. Nearly half a million spectators watched the impressive pageant.

The AVB's 1953 Flora flower show at Heemstede closed on 17 May. It had drawn 700,000 visitors, far more than Keukenhof, so the AVB was pleased. The show had yielded a surplus of 162,000 guilders, which was allocated to the construction of a new headquarters.

That year, Keukenhof had only drawn 210,383 visitors, over 100,000 fewer than the year before. As agreed, the joint committee to stimulate bulb research and promotion, CBC, paid the Keukenhof Foundation 25,000 guilders, enabling it to end the year with a positive balance. During the spring of 1953, the Keukenhof Board was already discussing options for the show's fifth anniversary in 1954. Various projects were proposed, including a new pavilion for temporary flower shows. This proposal was accepted in the autumn of 1953. Part of the cost was to be borne by five exhibitors, each pledging 5,000 guilders a year for a period of five years.

The anniversary plans were made public by the Board on 15 November. In addition to the new pavilion, they also included expanding the park to 23 hectares, the creation of a rock garden and a competition to design statues. At the press conference, the Board claimed that Keukenhof had become a major tourist attraction, which had brought the start of the Dutch tourist season forward by four weeks. The Board also discussed the development of bulb exports, which had grown considerably in recent years. Exports in 1952 had exceeded those of the previous year by 1.7 million kilograms, representing a value of 1.2 million guilders. The fifth anniversary celebrations had a less than perfect start. With the new pavilion not yet completed, the opening ceremony had to be postponed by a week. One week later, a festive reception took place at the Lisse town hall, where Tom van Waveren was made a Knight of the Order of the Netherlands Lion. The Danish royal couple visited Keukenhof on 28 April, accompanied by the Dutch Queen Juliana and her husband Prince Bernhard.

When the 1954 Keukenhof show ended on 23 May, it had attracted 500,246 visitors, more than double the number of the previous year. On some days, as many as 600 coaches had arrived, and the car parks were often filled beyond their capacity.

Summary of Chapter 7

After the fifth anniversary show had attracted just over 500,000 visitors, visitor numbers over the next years remained stable or showed a slight increase, reaching a preliminary peak in 1959, with 630,000 visitors. The park's second five-year period (1955-1959) in particular made Keukenhof a well-known name abroad.

During this same period, however, the Board also found that certain trends might have an adverse effect on the park's success. This started in 1954, as the bulb cultivation association, which had in the meantime obtained a royal warrant and was now the KAVB, began discussing a sequel to its successful 1953 Flora show. The first proposal was to hold the event in 1959, the very year when Keukenhof wanted to celebrate its tenth anniversary in grand style. This caused renewed friction between the two organisations, especially as the KAVB simply assumed that Keukenhof would remain closed that year. In the end, however, the KAVB plan was cancelled.

Another initiative that caused headaches for the Keukenhof Board occurred in 1955, when bulb grower Frans Roozen from the village of Vogelenzang bought a plot of land in Bennebroek with the intention of creating a spring bulb exhibition garden called Linnaeushof. In effect, this meant a competitor within ten kilometres of the Keukenhof site. The media were soon referring to Linnaeushof as the second Keukenhof, an image which did not exactly please the Keukenhof Board. The new park first opened its gates in 1956.

In 1955 it also became clear that KAVB's plan for a 1959 Flora show had been cancelled. The president of the Dutch Horticultural Council (NTR), Dr. A.J. Verhage, then proposed to hold an international horticultural exhibition in 1960. Members of the Council included numerous horticultural organisations, including KAVB. Verhage had been inspired by a visit to a show called Floraliën, in Ghent (Belgium). A major difference between the Ghent show and the KAVB's Flora tradition was that the former included the whole horticultural sector. The year 1960 suited KAVB very well, as it would coincide with the association's first centenary, as well as with the 400th anniversary of the arrival of the first tulip bulbs in the Low Countries. The site chosen for the first 'Floriade' was the park at the foot of the famous Euromast tower in Rotterdam.

In 1957, a very attractive new feature was added to Keukenhof, when the Holland Amerika Lijn shipping company presented the park with a flourmill it had bought in the Northern Dutch province of Groningen. The mill was placed at the northern side of the park, and visitors were invited to climb the mill's gallery to get an excellent view not only of Keukenhof itself but also of the surrounding bulb fields.

The name Keukenhof became familiar far beyond the Netherlands, and its fame even boosted the demand for garden tulips in the US. The Keukenhof Foundation tried to enhance its publicity in that country by cooperating in the creation of a 60 hectare park situated in the Sterling Forest wildlife area (NY). The park was opened in 1960 and soon attracted 180,000 visitors.

The 1955-1959 period was a difficult one for the Keukenhof management. The rapid growth of visitor numbers in 1954 meant that various problems had to be solved, such as creating enough parking space for private cars and coaches, a restaurant with sufficient capacity, and dust-free footpaths. Although Keukenhof was doing well financially, its liquid assets were insufficient to allow large investments to be made.

In the run-up to the anniversary year, the Foundation's president Tom van Waveren fell ill, while Board members Bram Warnaar and Theo Zwetsloot were also struggling with their health for prolonged periods. As a result, some of Van Waveren's grand schemes had to be abandoned. Van Waveren died in April 1959, and the Keukenhof Foundation had lost an energetic president. The acting president, Dorus de Vroomen, had a hard time keeping the Foundation going, and it took a long time before a new president could be appointed. It was not until the autumn of 1959 that mayor De Graaf of Lisse was unanimously elected by the executive committee. In the same year, the landscape gardener and garden designer Willem van der Lee was appointed managing director.

Summary of Chapter 8

The tenth anniversary of the Keukenhof flower show marked the beginning of a steady growth in the number of visitors to the park. Whereas numbers had fluctuated around 500,000 a year between 1955 and 1959, the subsequent years saw them rise to between 600,000 and 800,000 annually. This increase required a professional approach to several issues regarding finances, management and exhibition. Theo de Graaf, who had been appointed president of the Keukenhof Foundation in 1959, addressed them effectively.

One of the changes he introduced was a new managerial style, which implied, for instance, that Board members would receive a remuneration. Until 1960, the Board members were not paid for their work, but only received reimbursement for claimable expenses. De Graaf felt that this system was no longer adequate to compensate for the considerable amount of time the members were investing in their work for Keukenhof. De Graaf also saw the new remuneration system as a way to ensure that being on the Board would remain attractive to new candidates.

In addition, De Graaf proposed to set up a compensation fund, to which money would be added if the show's operational surplus exceeded 25,000 guilders. The fund was to be used to financially compensate Board members who had invested a great deal of effort in the Keukenhof work.

Thirdly, the Board created the option of paying an annual fixed sum to cover non-claimable expenses. The amount depended on the position held within the organisation and ranged from 500 to 1500 guilders. Dutch wage levels rose spectacularly in 1964, with many employees seeing their salaries raised by ten percent. In view of this, the Keukenhof Board reviewed the remunerations for board membership, and decided to raise the sums by twenty percent. This meant that De Graaf himself, who did not receive any remuneration when he was appointed, saw his allowance rise to 25,000 guilders a year, in addition to his regular salary as mayor of Lisse. The Board felt slightly embarrassed about this increase, and agreed among themselves not to advertise the fact.

A further arrangement was to be added in 1967, when the Board decided to create a compensation scheme for former Board members and their widows. The system was only intended for members who had served on the Board for at least ten years.

The consistently high numbers of visitors created another financial problem for Keukenhof. The tax authorities assumed that the park was now making such large profits that it would have to start paying corporation tax. The authorities demanded to see the account books over the previous few years, to determine the amount of tax to be paid. If the municipal council of Lisse assigned to Keukenhof the status of a company founded by a public body, however, it would be exempt from taxes. This would imply that the Lisse municipal authorities would appoint the Board members and decide upon a resignation rota. Although some of the Board members resented this loss of control, the tax expert Dr. David Simons advised the Board to agree to the proposal, which it eventually did. One of the features of the new arrangement was that according to the resignation schedule, the statutory retirement age was 75. Some of the members who had served on the Board since its beginning found this hard to accept.

De Graaf resigned from the Board in 1968, after being appointed mayor of Nijmegen in January of that year. He did not actually leave Lisse until June, to allow his children to complete the school year. The Board appointed its member Jan Tegelaar as vice-chairman. When De Graaf left, the new mayor of Lisse, Ton Berends, joined the Board. Other members newly appointed to the Board in 1968 included Joop Zwetsloot, Fred van der Mey and Henk van Os. Van Os had been managing director of the bulb inspection service since 1962.

At the time of De Graaf's resignation, the town clerk of Lisse, Thijs van Dijk, was asked to write a historical survey of the first twenty years of the Keukenhof flower show.

Another appointment in 1968 was that of a successor to garden designer Van der Lee. He was replaced by Henk Koster, who was helping the Amsterdam municipal authorities to design the 1972 Floriade show. He was now asked to continue the work started by Van der Lee.

Summary of Chapter 9

Although in 1952, the Keukenhof Foundation had concluded a long-term contract with the estate's owner, Count Van Lynden, which ran until 1971, Theo de Graaf wanted to enter into negotiations with the Count about renewing the contract as early as 1960. He was motivated to do so because Keukenhof was about to make substantial investments, which would only be financially viable if the Foundation could use the site long enough to recoup them. After extensive negotiations with the Count, the Board finally managed to enter into a contract that would terminate in 1986 at the latest.

From the start, the Keukenhof flower show drew large crowds of tourists, most of whom came by car. As a result, visitors were often cramped for parking space, and the Traffic Management and Parking Committee, chaired by Otto Guldemond, developed plans to improve the situation. This involved using a larger part of the meadowland along Loosterweg road. The Van Graven family, who had owned the livestock farm called Middelburg for many decades, were leasing this land from Count Van Lynden. The meadow had to be prepared for use as a car park by laying out paths and putting in a drainage system. Ten years later, this site was no longer large enough to accommodate all vehicles, and the Committee started to look at the land to the east of Keukenhof, where a number of bulb growers had leased plots. They were offered new land in the Reigersbos forest along Essenlaan road, where the sandy top layer was removed to prepare the soil for bulb growing. Most of the farmers accepted the offer, including the Lisse firm of growers and exporters Fred de Meulder. They had actually been leasing land not at the proposed site of the car park, but within the park itself, near the flour mill. When their 1.5 hectares of land became available, the park's designer Willem van der Lee developed various proposals for its use. The Board ultimately opted for a children's playground and an unheated greenhouse.

Collecting the parking fees was the responsibility of the Board, which had contracted this out to various persons, including Peter van Dam, whose relations with the Board were often troublesome.

Coaches were always directed to park near Castle Keukenhof, and the fees went to the Count, who also rented out the shops near the house. The condition of the car park and clandestine sales of flower bulbs to visitors frequently led to conflicts between the Board and Van Lynden. The board had banned all sales of bulbs at or near Keukenhof, as the bulbs on offer were frequently of inferior quality.

The growing stream of visitors also made it necessary to change or improve certain features of the park itself. A new office building was constructed for the staff, and a tearoom and a restaurant were added for the visitors. The Board had to negotiate with the managers of the tearoom and restaurant, and frequently had to urge them to improve the quality of their staff and products. Poor quality would lead to complaints, which the Keukenhof Board wanted to avoid at all costs. After the first ten years, the show grounds themselves also needed to be improved, with footpaths and groves having to be tidied up. The park's designer Van der Lee drew up a long-term plan for this, which included work on the Beukenlaan road. This impressive lane was lined with beeches that were over a hundred years old, and was a major visitor attraction. The first of the trees had to be removed in 1962, as it had become unsafe. To reduce the risk of damage in a gale, Van der Lee proposed to plant a row of limes to the west of the lane. The land required for this was acquired by ending the farmer's lease on it.

Summary of Chapter 10

The development of the Keukenhof Foundation under the presidency of mayor De Graaf can best be described as one of further professionalisation. This transformation manifested itself not only in the park itself, but also in its promotion to the public.

De Graaf's first Keukenhof flower show was in 1960, the year when the first Floriade international horticultural show was also held, partly coinciding with the Keukenhof event. While HRH Princess Beatrix officially opened the Floriade in Rotterdam, her sister Princess Irene did the same at Keukenhof. Just as in 1953, the competition meant fewer visitors than usual for Keukenhof. Nevertheless, the Board was quite pleased with the 510,000 visitors the show still managed to attract.

In 1961, Keukenhof and the CBC bulb promotion committee collaborated in a large publicity campaign, called Tulip Sailings. This involved flower girls from Haarlem promoting tulips and the Keukenhof show aboard the ships of the Holland-America Line. The next year saw a large Holland promotion campaign at Selfridge's in Oxford Street, London, which resulted in a good deal of favourable publicity. And in the same year, Keukenhof received considerable media attention when Queen Juliana and her husband Prince Bernhard chose the park as the venue to celebrate their 25th wedding anniversary. Never before had so much royalty been seen among the spring flowers at Keukenhof. Images of the visit were shown around the world.

The theme of the 1964 Keukenhof show was (Western) Germany, which naturally drew even more visitors from that country than usual. Two years later, Sweden was centre stage at Keukenhof. A preliminary peak in visitor numbers was reached in 1967, as 810,000 people came to Lisse in just ten weeks. The next year also saw an excellent turnout, with the ten millionth visitor being welcomed at Keukenhof. But not everything at the park was always running smoothly. The Board was less than happy with the attempts to produce a promotional film about Keukenhof. Although various filmmakers submitted plans, and sometimes hefty bills as well, it was not until the late 1960s that the Stuyvesant film company managed to produce a film that went down well with the Board.

The statues exhibited in the park were also a frequent source of debate between Board members during the first few decades. Members sometimes held very different views on the aesthetic merits of the modern sculptures, and the Board was keenly aware of criticisms expressed by trade journals and the public.

The bulbs in the park were usually planted in more or less the same places each year. Right from the start, however, the Lisse bulb research laboratory (*Laboratorium voor Bloembollenonderzoek*, LBO) had warned the Board about the risk of the soil-borne fungal infection Rhizoctonia, which can cause severe damage if bulbs are planted in the same soil year after year. This disease became a growing worry for the Board and the show's designer in the course of the 1960s.

Another threat came from the tax authorities. As of the mid-1960s, the park was suddenly required to charge VAT on its tickets, an unwelcome novelty. The tax authorities regarded this as a reasonable demand, and although the Board obviously disagreed, it was still forced to start charging VAT.

The Keukenhof Board was also less than pleased about the choice of location for the 1972 Floriade horticultural show, namely the Amstelpark in Amsterdam. This was felt to be too close to Keukenhof for comfort, but the Board failed to persuade the Floriade organisation to look for an alternative location. And the Board's proposal to plant all the bulbs for the 1972 Floriade at Keukenhof was also rejected.

On the other hand, 1968 saw the demise of the other competitor, the Linnaeushof flower show. Although the park had already been transformed from a flower show into a children's playground, Roozen's initiative ended in bankruptcy. The site was later used to construct the largest playground in Europe, still using the name Linnaeushof.

Another positive development was Keukenhof's growing reputation abroad. Any site where substantial numbers of spring flowers were planted in the 1960s was soon referred to as the Danish, English or American Keukenhof.

Finally, the Board had several discussions with the exhibitors about the range of flowers they were presenting. Names were often incorrect, and they also frequently presented varieties that were not yet commercially available. The Board was unhappy about both.

Summary of Chapter 11

The chair of the Keukenhof Board passed smoothly from Theo de Graaf to Ton Berends. Having succeeded De Graaf as mayor of Lisse in 1968, Berends was invited to join the Board. Within a year, he was asked to become its chairman.

Some of Keukenhof's pioneers died during the first years of his chairmanship. Bram Warnaar, who had been involved in many projects in the bulb growing sector, including Keukenhof, passed away in 1969. Theo Zwetsloot died in 1971, Willem Lefeber in 1973 and Dorus de Vroomen in 1974. Other pioneers left the Board at the now statutory retirement age of 75: Dirk Lefeber in 1969 and Marinus Veldhuyzen van Zanten in 1972.

The managing director and garden designer Willem van der Lee resigned at 65 in 1971. He was succeeded by Henk Koster, who had joined the Keukenhof staff in 1967. He was not immediately appointed as managing director in 1971. however. Van der Lee was offered a seat on the Board.

In the early 1970s, the Board regularly discussed the clandestine sales of bulbs at the coach parking site near Castle Keukenhof. The Board had no authority there, as the site was managed by Count Van Lynden. His steward Pieter van der Leede repeatedly offered bulbs for sale there against the Board's wishes. Tensions rose to such levels that the issue even had to be put on the agenda of the Lisse municipal council.

Financially, Keukenhof was doing well in the early 1970s, with visitor numbers still increasing. Even in 1972, when another Floriade was organised, the park still attracted 650,000 people. A preliminary record was attained in 1974, with 907,000 visitors. The growth in visitor numbers meant an equivalent increase in the Foundation's financial assets, which in 1971 prompted new discussions about raising the remunerations for Board members and awarding bonuses to some of the staff.

The park was the subject of several new publications in this period. In 1971, historian Fons Hulkenberg published a book called *De Kleurige Keukenhof* (Colourful Keukenhof), as a companion to the park's annual guidebook. It sold well and went through two reprints.

In 1972, Thijs van Dijk retired as town clerk, but remained eligible to stay on the Board for another five years. With more time on his hands, he offered to sort out the archives relating to the first 25 years of Keukenhof. Van Dijk had the minutes of the Board meetings bound in four massive volumes, together forming a chronological record of this period. He later used this material to write a historical survey.

On the occasion of the park's 25th anniversary in 1974, journalist Leo Staal was commissioned by the Board to write a jubilee book. The three trade journals for the bulb sector also wrote extensively about the history of the flower show.

The Board also had a commemorative medal struck, in two sizes. The larger ones were to go to exhibitors, the smaller ones to employees. Ex-chairman Theo de Graaf was invited to give a festive speech, in which he singled out the garden designer Willem van der Lee, as well as praising the financial talents of Daan Hogewoning.

A study by the Economisch-Technologisch Instituut Zuid-Holland (South Holland institute for economy and technology) turned out to be a problematic issue for the Board under the chairmanship of Berends. Its report recommended that greater openness be shown about the Foundation's finances, which was a particularly awkward matter for the Board. Led by Berends, a group of Board members started to revise the report so as to edit out the most sensitive information. What remained was a clear account of Keukenhof's development from an economic and tourist perspective.

Summary of Chapter 12

The contract with Count Van Lynden which ensured the use of the Keukenhof site, was to end in 1972. With that date in mind, the chairman of the Board, Ton Berends asked the Board in 1970 to start thinking about the renewal of the contract. Thijs van Dijk made the necessary calculations, while the Foundation's legal advisor Hans Smithuijsen looked at the legal aspects. After eighteen months of negotiations between the Board and Van Lynden and their respective advisors, a new contract was indeed signed in 1972. A major issue was the indexation of the rent. In the end, the contract was based on the index as provided by the Dutch national statistics office, as proposed by the Keukenhof Board. The contract had a five-year term, with the option of renewal every five years, until 1986 at the latest.

The total of 650,000 people visiting Keukenhof in the Floriade year 1972 was a better than expected result, as the Board had been seriously worried in the run-up to that year. The issue was first raised as early as 1969. The Board anticipated a serious financial setback, as the 1972 Floriade was going to be held relatively close to the Keukenhof site, at the Amstelpark in Amsterdam. The Board made several unsuccessful attempts to get some sort of collaboration going between the two shows. At the same time, the Board asked for some form of financial compensation should Keukenhof's visitor numbers prove to be disappointing in the fateful year 1972. The *Raad van Nederlandse Bloembollenondernemers* (bulb growers and traders council, known as *Bloembollenraad* for short), the successor of the CBC bulb promotion committee, was prepared to put up a guarantee to the sum of 200,000 guilders. The offer was valid until 1987, and was mostly a continuation of the surety previously offered by CBC. The Board also contacted the parties that had acted as guarantors back in 1953, like the Lisse municipal authorities, the Algemene Bank Nederland (the successor of the Twentsche Bank) and Hobaho, and they once again agreed to back Keukenhof, to a total of 600,000 guilders. At the time, however, Keukenhof was actually earning more money than it was spending. The interest on these assets alone brought in a fair amount each year.

The growing visitor numbers led to renewed worries about parking space. It proved impossible to implement the plans for the east car park developed under the chairmanship of Theo de Graaf in the early 1970s: the municipal authorities were uncooperative, tenants rejected the proposals for land exchange, and Robert van der Mark, one of the residents living on the site that was destined to become a car park, objected to the Keukenhof's plans. Parts of the site were already available, though, and could be developed for the annual funfair and as a parking space for lorries.

The coach parking site near Castle Keukenhof was not up to standards, especially in wet springs. The Board therefore urged Count Van Lynden to improve the site. Van der Lee developed plans for its improvement, which were implemented with the Count's consent.

The collection of parking fees and the management of incoming and outgoing traffic flows had been contracted out to Peter van Dam, but the Board found him unreliable and uncivilised. After several conflicts between Van Dam and the Board, his contract was terminated, and he was replaced by Henk Meeuwissen, a contractor from Voorhout. The figures Meeuwissen reported were so much different, that is to say so much higher, than those reported by Van Dam, that the Board decided to start an investigation into the matter.

In 1971, the Board reached an agreement with the De Valk company, who had secured the catering contract, to make further investments in the tearoom. With money borrowed from Keukenhof, De Valk doubled the size of the tearoom. The contract was renewed in 1973, for a period of fifteen years.

A number of outside contractors used the north car park to sell various products, including flowers, but the accommodation was hopelessly outdated. In 1971, architect Aad Paardekooper from Lisse was commissioned to design a new building, which was built at a cost of 140,000 guilders. As a result, the northern entrance remained the main entrance for private cars.

Summary of Chapter 13

By the end of the 1960s, it became clear that Keukenhof could no longer avoid paying VAT. In 1969, the Ministry of Finances decided that 12% VAT would have to be charged on the entrance fee. A subsequent request for exemption was rejected by the Ministry. The addition of VAT meant that ticket prices went up by half a guilder. Keukenhof had also been paying so-called entertainment tax on the entrance fees to the Lisse municipal authorities ever since it had opened its doors in 1950. The introduction of VAT thus meant that the park would have to pay tax on tax. At first the municipal authorities were reluctant to reconsider the matter, but in 1970 they relented and no longer charged entertainment tax on the VAT. In 1975, the entertainment tax was replaced by a tourist tax, the only taxpayer being Keukenhof.

The number of exhibitors in the show rose steadily between 1969 and 1974. In 1974, there were a total of 88 participants, more than double the number at the first show. Some of the new exhibitors lodged requests with the Board to be allowed to sell flower bulbs to the public, as a few exhibitors were already doing. Two of the new exhibitors were given permission to do so, raising the number of outlets to ten. Exhibitors were now also given the option of showing their products in the hothouse only and not in the park.

The first five years of Ton Berends' chairmanship saw major investments in and around the park. The twentieth anniversary of the show in 1969 was celebrated in style with a royal opening by Crown Princess Beatrix and her husband Prince Claus. Unfortunately, due to the persistently cold spring that year, the park was not very colourful and the number of visitors at Easter remained below expectations.

A year later, an unheated greenhouse was erected next to the hothouse, as proposed by Willem van der Lee. The new greenhouse could be used to show flowers that were unsuitable for the hothouse. It also offered visitors an extra option in poor weather conditions. The greenhouse was located at the site where Fred de Meulder used to grow bulbs, and it was an immediate success. Two special exhibitions in the 1970 show were those by the Warnaar and Rijnveld bulb farms, which used the greenhouses to display the range of bulbs they were going to auction in the bulb fields later that spring, by way of 'living catalogue'.

Another major attraction was added when the heath garden was created near the pavilion in 1971. A year later, the completely renovated hothouse was reopened. After the unheated greenhouse had been built, it became clear that the original hothouse was in urgent need of modernisation. The new hothouse was higher and wider, and offered more opportunities for temporary exhibitions. In 1973, a children's farm was constructed alongside the greenhouses, in collaboration with Blijdorp Zoo in Rotterdam, which supplied the flamingos and other animals.

In 1974 Keukenhof celebrated its 25th anniversary and wanted a grand opening. The Board invited Queen Juliana, Keukenhof's patroness from the start, to perform the official opening. On 26 March 1974, she opened the greatly enlarged and renovated pavilion, which was named after her. The pavilion offered facilities for temporary flower exhibitions, such as iris and daffodil shows, as well as outlets for companies like Kodak, the Porceleyne Fles earthenware company and the Kempen & Begeer manufacturers of cutlery, cookware and kitchen utensils. A major role in this project was played by Board member Henk van Os.

Two issues were frequently on the agenda of Board meetings in this five-year period. The first was the ongoing debate about the sculptures in the park. Their presence was a perpetual source of strife among the members, while opinions on the exhibits also varied from year to year. The second issue was Keukenhof's participation in the flower parade (Corso) that toured the bulb-growing region each year. The parade's organisation was always short of funds. Each year Keukenhof ended up entering a float in the parade and supporting the organisation financially.

Summary of Chapter 14

After 1975, a number of Board members were replaced, which meant that Keukenhof had to say goodbye to the last of its pioneers. Garden designer Willem van de Lee, who had been made a Board member in 1971, resigned in 1976. The Board's Secretary Thijs van Dijk turned 70 in 1977, marking the end of his long tenure as a Board member. On the occasion of his retirement, Van Dijk presented a 200-page history of the first 25 years of Keukenhof, including a brief summary of the minutes of the Board meetings and an alphabetical list of the topics raised at the various meetings. Sadly, Van Dijk died shortly after having retired. Van der Lee and Van Dijk were replaced by Ed Veldhuyzen van Zanten of the bulb growers and exporters firm Koninklijke Van Zanten in Hillegom, and Siem Broersen, the town clerk of Lisse. This period also saw the demise of three other pioneers, Hogewoning, Belle and Lefeber.

Further negotiations with Count Van Lynden on the renewal of the contract were held in 1979, mainly prompted by the catering firm, De Valk. After prolonged talks, the contract was extended to 2001 at the latest.

In 1975, VAT on ornamental flowers was reduced to four percent. The Board then decided to consult with the KAVB's tax committee to see whether Keukenhof might also be eligible for this reduced rate, instead of the twelve percent they were then paying. Another argument was that the lower rate now also applied to amusement parks. The Ministry of Finance nevertheless rejected the Board's request.

In the same year, the Lisse municipal authorities replaced the entertainment tax by a tourist tax, and set the rate at half a guilder per ticket, with an exemption for the first 40,000 visitors. This number corresponded to twice the number of inhabitants of Lisse, who did not have to be regarded as tourists.

In the second half of the 1970s, redevelopment of the east car park was resumed, partly because tenants ended their leases, and partly because the municipal authorities of Lisse began implementing their own plans for a western bypass road.

A new entrance building, with offices for Keukenhof staff, was erected at Stationsweg road. The first plans for this building were made in 1975, and it was taken into use in 1980.

Beukenlaan road with its ancient beech trees was thoroughly refurbished in 1975. All 87 trees were treated to ensure a longer lifespan. The following year, the large pond was cleaned up and fitted with new campsheeting.

Between 1975 and 1980, Keukenhof drew huge numbers of visitors each year. Their numbers never dropped below 820,000 and twice reached about 940,000.

Lilies were first shown at Keukenhof in 1975, by the Hillegom firm of Van Til-Hartman. As they proved very popular with the public for the next five years, the decision was easily made in 1977 to plant more lilies the next year, which again proved a great success. On the occasion of Keukenhof's 30th anniversary in 1979, this show was further expanded, with 16 growers presenting an impressive assortment of lilies. The show was given the name Liliade, which meant the end of a similar event of that name, which had traditionally been held at the village of Akersloot for many years. The lily show was such a success that the park was kept open for an extra week and drew in another 50,000 visitors.

In 1976, the Board was alarmed by a gift of bulbs to the Flevohof, an agricultural theme park at Biddinghuizen in the province of Flevoland, which had opened in 1971. The park did not prove to be a serious competitor, however, and went out of business in 1992. In 1971 the Board was informed that the 1982 Floriade agricultural show would once again be held in Amsterdam. This time there was no cause for alarm, as the two organisations agreed to advertise each other's activities.

More worrying were adverse developments at Van den Hoek's Flower Bulb Forcing research Facility, a subsidiary of the Triflor company since 1976, but working at a loss. The firm had to put up its prices, which was accepted by the Board, as Van den Hoek was supplying vast numbers of high-quality bulbs for Keukenhof.

The 30th anniversary sparked off a series of articles in the Hobaho journal, where prominent KAVB officials Van Nispen tot Pannerden and De la Mar sang Keukenhof's praises. That same year, KAVB president Jan de Jonge opened the Liliade show.

In 1981, the Board was able to notify the parties acting as guarantors that their surety was no longer required. Keukenhof now had sufficient financial assets and could do without the safety net of guarantor arrangements.

Summary of Chapter 15

The mayor of Lisse, Ton Berends, continued as chairman of the Keukenhof Board until 1986. The proposal to appoint as his successor Henk van Os, director of the BKD bulb inspection service, was accepted without much debate. This appointment marked the end of the tradition that the mayor of Lisse was automatically invited to become chairman of the Keukenhof Board. Mayor Gerard van der Kroft, who had been appointed in 1985, became a member of the Board, but not its chairman.

In 1985, the Board commissioned Roelf Leemborg, steward for the Countess Van Rechteren Limpurg, to investigate possible threats to the future of Keukenhof. Leemborg presented his report in May of 1986. In view of the advanced age of Count Van Lynden and the limited chance of succession by an heir, Leemborg advised the Board to buy the Keukenhof estate from the Count. The rent had risen to such a level that the move would be financially justified. His proposal was not adopted, however.

Improvements continued to be made to the parking facilities until the mid-1980s. The roads leading into and out of the car parks were surfaced, drainage systems were replaced, and the quality of the coach parking space near Castle Keukenhof was considerably improved. Most of the costs were borne by Keukenhof. A new building was erected near the house to accommodate four shops run by outside operators. In 1986 the main entrance at Stationsweg road was extended with a reception room big enough to host a hundred people.

After much debate, it was also decided to introduce toilet charges, collected by means of turnstiles. Maintenance was contracted out to the ISS firm of cleaners. The project was initially limited to one site, the north car park, but the Board's initial scepticism was soon overcome, and the system was introduced in all Keukenhof buildings. When the municipal authorities constructed a sewer system along Stationweg road in 1985, Keukenhof was also connected to it.

After the rapid growth of visitor numbers between 1975 and 1980, figures remained at the same level or showed a slight decrease during the following six years. The average was about 800,000 a year. The financial committee therefore recommended lowering the break-even point used in the budget, that is, the minimum number of visitors required for Keukenhof to be profitable.

The success of the 1978-1980 lily shows was such that Keukenhof decided to organise further 'Liliades' in 1981, 1982 and 1983. At the same time, the events of the same name that had been held in Akersloot for many years came to an end. The lily shows marked the start of a growing number of temporary exhibitions. From 1985, these were held under the name Parade, preceded by the names of the flowers on display. The first temporary daffodil show and a special bulb show were held in 1982. Five Parade shows were organised in 1986, featuring seven different bulb flowers and specialties. The success of this type of presentation led to the decision to build a new pavilion in the north-western corner of the park. It was opened in 1985 and was named after Queen Beatrix (who by then had succeeded her mother, Queen Juliana). In that same year, the old Queen Juliana pavilion was given a major facelift. From 1985 the permanent inspection committee (*Vaste Keuringscommissie*, VKC) began judging the Parade exhibitions.

Nine of Keukenhof's exhibitors were allowed to take orders for flower bulbs and Hippeastrum bulbs from the public, under strict conditions. The Board was worried about the quality of the Hippeastrum bulbs. Samples that were regularly taken often yielded different colours than promised on the packaging.

In 1981, Van den Hoek's Flower Bulb Forcing Research Facility, which had become part of Triflor, ran into financial difficulties. At this time, Keukenhof's annual budget was high enough to hire Van den Hoek to carry out the forcing at Keukenhof itself. This idea was not realised, however, as the company was saved by support from the bulb growing sector and was converted into a foundation. Keukenhof remained a loyal client.

The 1982 Floriade show hardly affected visitor numbers at Keukenhof. The Board was highly pleased with its 790,000 visitors. A year later, Nic Hofman, president of the KMTP horticultural and botanical society, surprised everyone by proposing a permanent Floriade show, to take place at and around the Keukenhof site. Though the announcement raised a few eyebrows at the Keukenhof Board meeting, it was decided an official reaction was not necessary.

Summary of Chapter **16**

Whereas in the past, the annual number of Keukenhof visitors had reached peaks of over 900,000, figures stabilised at around 800,000 between 1987 and 1991. Under the chairmanship of Henk van Os, the Board developed a strategy for the future, which involved allocating money to buy the site should Count Van Lynden die and the opportunity to buy the estate present itself. In 1988, the Count agreed to extend the lease contract by another fifteen years, to 2003. In this same period, the Board decided to make further investments in the park, for instance by adding a carillon and installing lighting to allow evening openings. A special committee was installed with the assignment to look into the options for Keukenhof's future. The *Commissie Toekomst Keukenhof* (CTK) was set up in September 1988, and was expected to liaise with experts on the issue of preserving Keukenhof's special character while introducing new initiatives. The vision statement, entitled *Beleidsnota Toekomst Keukenhof* (Policy Memorandum on the Future of Keukenhof) was presented within a year. One of its recommendations was to build a new pavilion to replace the old Queen Juliana pavilion. The new pavilion was to be situated where the current park bordered the planned north-eastern extension. Other recommendations were aimed at providing better service to visitors, both inside the park and while travelling to and from the park by public transport. Most of the recommendations were adopted.

The Lisse municipal authorities started the reconstruction of Stationsweg road in 1988. Keukenhof seized the opportunity to build an underpass between the coach parking space at Castle Keukenhof and the main entrance to the flower show. The underpass was ready for use in March 1990.

At the end of 1989, the Board decided to appoint garden designer Henk Koster as Keukenhof's managing director. The park had been without a managing director since Willem van der Lee left in 1971. The day-to-day running of the park was left to the Board, resulting in less than consistent policies. Koster's appointment changed all this. He was put in charge of everyday management, enabling the Board to concentrate on policy issues. In 1991, the Board decided to add a further attraction to the park in the form of a new building, to the south of the hothouse. The Atrium, as it was called, included a restaurant offering a view of the hothouse, some shops and toilet facilities. Plans for a new entrance building at the east car park were also implemented the same year. The building not only had room for box offices but also for catering facilities and a few shops selling souvenirs and flowers.

The number of temporary exhibitions increased steadily between 1989 and 1992. The traditional bulb flowers were now joined by other cut flowers like roses, Alstroemerias and chrysanthemums. As of 1992, all bulb flowers were shown in the greenhouses, while other ornamental plants were presented at the Queen Beatrix Pavilion. A special space in the Queen Juliana Pavilion was created to exhibit Kalanchoes. Following the creation of Dutch, German and French gardens, an American garden was laid out in 1987, one of its features being a carport. In 1988, an eye-catching fountain was added to the large pond near the entrance. It was in this same period that the designers started to use layered planting, a method whereby bulbs whose flowers differ in height or time of flowering are planted together.

The fortieth anniversary celebrations in 1989 were fairly low-key. As the Dutch national railway company NS was that year celebrating its 150th anniversary, Keukenhof used the opening day to name a new tulip variety 'Eurocity', after one of the NS train services. In order to stimulate the growing sales of bulbs in Japan, the Japanese ambassador Mr. T. Otaka, was invited to officially open the show.

In 1991, the whole bulb growing sector, including Keukenhof, received some bad publicity due to its large-scale use of pesticides and artificial fertilisers. Shortly before the opening of the Keukenhof show, an environmental action group, the *Zuid-Hollandse Milieufederatie*, announced it would start an advertising campaign against Dutch bulbs in five countries.

Summary of Chapter 17

In 1993, managing director Henk Koster had been on the Keukenhof staff for 25 years, which was celebrated in grand style. In interviews he gave at the time, Koster repeatedly stressed the relationships between Keukenhof and the surrounding bulb farms. In fact it became a frequent topic of discussion between the Board and the management from 1992 onwards. Government plans to build large numbers of houses in the bulb-growing region might have serious consequences for the future of Keukenhof, and Koster's comments reflected this concern. The Keukenhof Board took the initiative to commission an investigation into the park's value as a spring tourist attraction. The report was presented to the South Holland provincial government in 1993. In addition, several Board members and the management started to participate in various consultative bodies working on the preservation of the bulb growing industry in the region.

Another topic in which much time and effort was invested was the plan to expand the park in a north-easterly direction. To ensure a smooth procedure, lease contracts were terminated, while the Lisse municipal authorities and the South Holland provincial authorities agreed to adapt the local land-use plan. This cleared the way for the construction of a new multifunctional building, which was going to be situated partly in the existing grounds and partly in the new extension. A draft design for the park extension was presented by Koster in 1995. The definitive design was completed by the end of 1995, and was approved by the Board.

In 1994, the KAVB bulb cultivation association relocated its weekly bulb inspection and bulb fair to Keukenhof. A new location was required as the planned new building at Treslong would not be able to accommodate these functions. Neither inspection nor fair presented any problems during the months when the park was closed to the public, but during the flower show months it was not easy to separate the thousands of flower show visitors from those visiting the bulb inspections and fairs.

The tourist tax that Keukenhof had to pay was to be replaced by an entertainment charge on 1 January 1996. The first discussions with the municipal authorities on the subject of this charge started in 1994. At once, a fundamental difference of opinion developed over the level of the new charge, a dispute which took years to settle. At the same time, the Board turned its attention to the most suitable type of legal structure for Keukenhof.

In 1995, plans were underway to introduce autumn or summer shows, which had been called for by exhibitors, bulb growers and visitors for years. The first trial planting was made in 1995, and a name for the event was soon found: Zomerhof (summer garden).

The redevelopment of the east car park was completed in 1993. When the annual flower parade toured the bulb growing region on Saturday 23 April, the car park was able to accommodate 1171 coaches. The new entrance included a stand selling '*poffertjes*', a typically Dutch type of mini-pancake, and a display terrace.

Between 1992 and 1995, visitor numbers increased again compared to the previous five-year period, with 800,000 in four of the five years and as many as 900,000 in one year, though numbers were slightly down again (to 760,000) in the Floriade year 1992.

Many exhibitors were replaced by new ones after the 1980s, due to firms going out of business or merging. This trend prompted the Board to modernise the regulations for exhibitors and retailers. The new regulations enabled the Board to deal more firmly with any irregularities. A few retailers were called to account.

A new feature in 1993 was early opening hours, with the park opening its gates from 6 am on certain days, such as Easter Sunday and Mother's Day. It was a huge success. One year later, the show was designed around a distinctive theme, the 400th anniversary of the introduction of the tulip in Holland. The Queen Juliana Pavilion exhibited 50 paintings of tulips, and historical cultivars were planted in the park.

A new 'wild garden', designed by Henk Koster, Wim Oudshoorn and Piet Oudolf was laid out near the Queen Juliana Pavilion, featuring a combination of bulbs and perennials, sunny and shady parts and a pronounced relief.

In 1993, the Board asked its member Siem Broersen to review the vision statement for the year 2000. An examination of the Foundation's financial status revealed that reserves were not as ample as had been thought, and that ticket sales were below expectations.

Summary of Chapter 18

Various developments took place at Keukenhof in the closing years of the twentieth century. A very festive occasion was the show's golden jubilee in 1999, which was celebrated in the presence of Queen Beatrix. There was also an exhibition showing all 50 posters that had been designed for the show over the years. The same year saw the first summer show at Keukenhof. The plans, which had been developed in the mid-1990s, were implemented in a design involving summer-flowering bulbs, as well as a number of indoor exhibitions at the new Oranje-Nassau Pavilion. Although the summer show was originally intended as a one-off event to celebrate the fiftieth anniversary, the trial was soon extended to three years.

In this same period, general director Henk Koster was joined by a director of management and operations. The first to be appointed to this position was Johan Troelstra, who joined the Keukenhof staff on 29 January 1999. Koster was now responsible for the park and the exhibitions, which had been his area of expertise from the start. He used his experience to design the new part of the park, east of the tearoom. In late 1996, fifty oak trees, each aged fifty years, were planted in the new section, followed by a yew maze in the spring of 1997. Further additions included a walled historical garden and a new, multifunctional building called Oranje-Nassau Pavilion (after the Dutch royal family), as well as an impressive fountain. The new area was officially opened at the start of the summer show.

Some years before, Koster had designed a completely new greenhouse complex at the heart of the park. An arched greenhouse was erected next to the Atrium restaurant, where tulips and daffodils were on display right from the start of the show. The complex was opened in 1997, and named after the Dutch Crown Prince Willem-Alexander.

After 1996, the KAVB bulb fair and bulb inspections ceased to take place at Keukenhof. The fair was discontinued, and the inspections were moved to the Hobaho premises in Lisse.

After years of debate, agreement was finally reached in 1999 between the Lisse municipal authorities and the Keukenhof Board on the level of the entertainment charge. The parties agreed that Keukenhof would pay a fixed amount each year, with the arrangement remaining valid for ten years. At the same time, Keukenhof was negotiating with the national tax authorities on lowering the VAT rate from 17.5% to 6%, the current rate for museums and exhibitions. Although Keukenhof was originally not eligible for this reduction, an appeal resulted in the Minister allowing it the lower rate in 1998.

This period also saw preparations to divide the Keukenhof Foundation into a *besloten vennootschap* (private limited company), two foundations and a *commanditaire vennootschap* (limited partnership). The rationale behind this rearrangement was that Keukenhof's present legal status might make it liable for corporation tax. The Board decided to accept the recommendations for the new divided structure made by its tax advisors. The process was completed in the early months of 1999. The final Board meeting was held at the end of June, 1999. At the same time, Keukenhof terminated its catering contract with Interbrew, at a cost of 13 million guilders. The new catering company was Eurest.

The Board's policy of actively engaging in discussions about the future of bulb growing in the Duin- and Bollenstreek region, which had started in the early 1990s, culminated in 1996, when the Teylingen Pact was signed at Keukenhof. This was an agreement between the region's bulb growing sector, trade and industry representatives, municipalities, tourist organisations and nature conservation societies, designed to ensure the availability of sufficient land for bulb farms in the future. The Keukenhof Board and management continued to play a part in this type of initiative, including the foundation called *Stichting hou het bloeiend* ('Keep it Flourishing').

A new activity that was organised at Keukenhof from 1998 was the National Bulb Market. This event had been held at Lisse since 1973, at the CNB auction halls. When the market celebrated its silver jubilee, it was decided to relocate that year's event to Keukenhof, where it was combined with the Naarden Autumn Flora show. Both events took place at the Willem-Alexander Pavilion. The next year it was moved to the new Oranje-Nassau pavilion, where it could be visited free of charge.

In these years, visitor numbers continued to fluctuate around 800,000 a year, and Broersen adjusted his vision statement for the year 2000 and after (see chapter 17). In his view, investments totalling 24 million guilders were required, and he advocated a tight budget policy. The problem was to decide on the break-even point, which had been set at 800,000 visitors but was barely being met. The restructuring of Keukenhof as a business entity, the construction of the Oranje-Nassau Pavilion and the development of the new extension in the north-east meant a peak financing requirement of 20 million guilders.

Summary of Chapter 19

Keukenhof appointed three different general managers over the period from 1999 to 2004. Johan Troelstra, who had been appointed in 1999, was dismissed in 2000. He was succeeded in June 2001 by Jaap van Riessen, who resigned after six months. Jan Willem Wessel was then appointed on 1 February 2003, but left again after eighteen months. In addition, Henk Koster retired in October 2001, followed by chairman Henk van Os in January 2002. Both men had set the scene at Keukenhof for decades. Walter Jansen joined the Board on 1 November 2001, and was appointed chairman on 1 January 2002. He also acted as general manager in the periods when Keukenhof was without a general manager.

In the early months of 2002, Jansen wrote a working paper, and soon afterwards a keynote memorandum setting out his views on the future of Keukenhof. One of the changes he proposed was to abandon the limited company status. He presented a plan that would turn Keukenhof back into a foundation within six months, without any limited company or limited partnership. His proposal was accepted and as of 1 January 2003, Keukenhof officially became the *Stichting Internationale Bloementoonstelling Keukenhof*.

A prolonged debate between Keukenhof and the owner of the estate started in 2003, following the death of Count Van Lynden. Some years earlier, the Count had established the *Stichting Kasteel Keukenhof* (Castle Keukenhof Foundation), to ensure that the estate would not be divided up and would be managed profitably. One of the last things Henk van Os did as chairman of the Board was to enter into a discussion with the Count on renewing the lease contract. Changing views at both the Manor and the Board had been putting a severe strain on the relationship. The estate owner wanted to sharply increase the rent. At one point, mutual distrust reached such a level that the head of the provincial government, Royal Commissioner Jan Franssen, was asked to act as mediator. In the end, a new contract was signed in 2006, which is to terminate in 2040.

Amidst all of this, the Keukenhof Board also had to deal with the Lisse municipal authorities, which had begun drafting a new land-use plan for the rural parts of the municipality in 2001. Walter Jansen, who had just been appointed chairman, managed to submit a few proposals favourable to Keukenhof. These included getting permission to improve the infrastructure by adding a new entrance building with additional facilities at the main car park and extending the car park to allow coaches as of 2011. It was already clear at the time that coaches would no longer be allowed to park near Castle Keukenhof by then. In 2001, Jansen started preliminary talks with a number of tenants leasing the land around the east car park. The new land-use plan was approved by the South Holland provincial authorities in June 2004.

In 2004, the national government gave a new dimension to the spatial planning for the Duin- en Bollenstreek region, by designating five horticultural regions, including Duin- en Bollenstreek, as 'Greenports', a status which came to guide the government's spatial policy. An important aspect was the desire of the bulb-growing sector to safeguard at least 2625 ha of prime bulb-growing land. This wish was turned into official provincial policy, which meant that bulb-growing land could only be used for other purposes if compensation was provided elsewhere in the region.

When the Duin- en Bollenstreek region was designated as a greenport, the *Hou het Bloeiend* foundation was renamed *Stichting Greenport Duin- en Bollenstreek*. At the same time, the six municipal governments in the region drafted a joint structural vision statement for the Greenport, and founded the Greenport development company (*Greenport Ontwikkelingsmaatschappij*, GOM). The latter had to implement the restructuring plans for the region, was given a working budget, which was used to compensate for any bulb-growing land that was lost.

Summary of Chapter **20**

The Keukenhof park and the estate played major roles in the implementation of the Duin- en Bollenstreek Greenport concept and the Greenport development company GOM. The estate managers came to appreciate the site's special position in the region. With its 300 hectares of dune forests and meadows, a manor and a historical park used for flower shows, it was a unique place. This realisation, and the death of Count Van Lynden in 2003, led to the estate management drafting a vision statement for the future, in consultation with Keukenhof. The resulting *Masterplan Keukenhof* was jointly presented by the two parties in October 2007, on which occasion urban developer Riek Bakker explained the plans. They involved adding several exhibition facilities to the park, as well as more temporary flower shows in and around Castle Keukenhof. This would have to be paid for by attracting more visitors to the estate.

The Lisse municipal authorities and the South Holland provincial government recommended using the Masterplan as the basis for a vision statement for the entire Keukenhof area, including the flower show park. The vision statement was approved by the Lisse municipal council in October 2009, and by the provincial council in February 2010. From the point of view of the Keukenhof Board, the most important aspect of the Masterplan and the vision statement for the area was the opportunity to expand the main car park, by adding a new entrance building and improving access to the parking area. The Board proposed to realise these plans by means of a three-party land swap, which involved converting ten hectares of bulb fields into parking area, and compensating for this loss by converting ten hectares of grassland elsewhere in Lisse into new bulb-growing land. Unfortunately this plan was not accepted by the province of South Holland.

The Keukenhof Board started negotiations with the bulb growers who were leasing the ten hectares it wanted to acquire. Eventually, agreement was reached with all of them, and the land that was needed to expand the main car park gradually became available between 2006 and 2010. A crucial factor in the process was finding suitable land for compensation, as it was obliged to do by the joint structural vision statement of the region's municipalities. It proved impossible to find suitable bulb-growing land, however, and eventually the Keukenhof Board was allowed to settle the matter by offering financial compensation. It was to pay the money to the Greenport development company GOM, which could use it for measures to prevent cluttering of the landscape. The Lisse municipal council agreed with this plan, which is currently awaiting implementation.

In the early months of 2008, the Keukenhof commissioned a firm of architects to design the new entrance building. Since the actual construction depended on the necessary official permissions, work could not yet be started.

Visitor numbers between 2000 and 2009 at first showed a downward trend, with figures below 700,000 in 2002, 2003 and 2005. But after 2007, annual numbers rose to over 800,000, with a peak of 884,193 in 2011.

The Smalle Bos forest, originally laid out by the park's first garden designer Willem van der Lee, was thoroughly redesigned in 2004. The new design was made by Jacqueline van der Kloet, affording the area a much more open character, and linking it more closely to the surrounding park. New elements included a large playground, seven thematic gardens and combinations of bulbs, perennials and annuals.

As of 2006, each year's show was once more based on a specific theme: Rembrandt's 400th birthday in 2006, the 300th birthday of Carolus Linnaeus/Sweden in 2007; the Beijing Olympics/China in 2008; 400 years of New Amsterdam/New York in 2009, Russia in 2010 and Germany in 2011. As of 2006, an 11x16 metre bulb mosaic was planted each year near the Oranje-Nassau pavilion, with a design reflecting each year's theme.

The catering contract at Keukenhof, which had been in the hands of Eurest for many years, passed to the firm of Albron in 2010.

LIJST VAN AFKORTINGEN*

AB Algemeen Bestuur
AlBr Allied Breweries
ANVV Algemeene Nederlandsche Vereeniging voor Vreemdelingenverkeer
(K)AVB Algemeene Vereeniging voor Bloembollencultuur, vanaf 1953 Koninklijke Algemeene Vereeniging voor Bloembollencultuur
B en W Burgemeester en Wethouders
BKD Bloembollenkeuringsdienst
Bond Bond van Bloembollenhandelaren
BVS Bedrijfschap voor Siergewassen
CAH Christelijke Agrarische Hogeschool
CBC Centraal Bloembollen Comité
CBS Centraal Bureau voor de Statistiek
CBT Centraal Bureau van de Tuinbouwveilingen in Nederland
CNB Coöperatieve Nederlandse Bloembollencentrale
CMV Commissie Marktontwikkeling en Verkoopkunde
COR Commissie voor de Onpersoonlijke Reclame
CTK Commissie Toekomst Keukenhof
CV Commanditaire Vennootschap
CWL Compagnie Wagon Lits
CWO Commissie voor het Wetenschappelijk Onderzoek
DB Dagelijks Bestuur
ETD Economisch-Technologische Dienst
EZ (Ministerie van) Economische Zaken. Tegenwoordig is dit Economische Zaken, Landbouw en Innovatie
GOM Greenport Ontwikkelings Maatschappij
GPDB Greenport Duin & Bollenstreek
GS Gemeentelijke Staten
HAC Horeca Advies Centrum
HAL Holland Amerika Lijn
HBG Hollandsch Bloembollenkweekers Genootschap
Heidemij Koninklijke Nederlandsche Heidemaatschappij
HHB Hou Het Bloeiend
IVB In- en Verkoopbureau
KBP Koningin Beatrix Paviljoen
KJP Koningin Juliana Paviljoen
KLM Koninklijke Luchtvaart Maatschappij
LBO Laboratorium voor Bloembollenonderzoek
LNV (Ministerie van) Landbouw, Natuur en Visserij. Tegenwoordig is dit Economische Zaken, Landbouw en Innovatie.
LTB Katholieke Land- en Tuinbouwbond
MODB Milieuoverleg Duin- en Bollenstreek
MT Management Team
[MT] Maarten Timmer
NBT Nederlands Bureau voor Toerisme

NGV Nederlandse Gladiolus Vereniging
NKS Nederlandse Kunst Stichting
(K)NMTP Nederlandse Maatschappij voor Tuin en Plantkunde, vanaf 1980 Koninklijke Maatschappij voor Tuin en Plantkunde
NS Nederlandse Spoorwegen
NTR Nederlandschen Tuinbouwraad
OKW (Ministerie van) Onderwijs, Kunsten en Wetenschappen
ONP Oranje Nassau Paviljoen
OR Ondernemingsraad
PD Plantenziektenkundige Dienst
PVS Productschap voor Siergewassen
RbB Recratie tevens beschermd Bos
RHS Royal Horticultural Society
RNP Rijksdienst Het Nationale Plan
RO Ruimtelijke Ordening
RORO Randstad Overleg Ruimtelijke Ordening
SBB Staatsbosbeheer
SL Stichting Liliade
VKC Vaste Keurings Commissie
WAP Willem Alexander Paviljoen

* Volgens de meest recente spelling.

ARCHIEVEN

Keukenhof (KA). Bewaarplaats: kantoor Keukenhof.
Kasteel Keukenhof (AK). Bewaarplaats: kasteel Keukenhof.
Koninklijke Algemeene Vereeniging voor Bloembollencultuur (KAVB).
Bewaarplaatsen: Noord-Hollands Archief te Haarlem en bibliotheek
KAVB te Hillegom.
Bond van Bloembollenhandelaren. Bewaarplaats: Noord-Hollands
Archief te Haarlem.
Gemeente Lisse (GA). Bewaarplaats: gemeentehuis Lisse.
Liliade. Bewaarplaats: J. Zweeris 't Zand.

BRONNEN

De vakbladen voor en van de bloembollensector. Bewaarplaats: de bibliotheek van de KAVB te Hillegom. Een overzicht:

Weekblad voor Bloembollencultuur, Bloembollencultuur en Bloembollenvisie
Eerste nummer verscheen op 5 juli 1890 als orgaan van de toen nog Algemeene Vereeniging voor Bloembollencultuur. Op 3 juli 1970 veranderde de naam in *Bloembollencultuur*.

Wekelijks orgaan van de Koninklijke Algemeene Vereeniging voor Bloembollencultuur
Toen was J. K. Zandbergen hoofdredacteur (1965-1985). In 1985 nam Misset de uitgave over, en stelde twee eigen medewerkers aan redactie. In 1987 kwam een einde aan de wekelijkse verschijning. Vanaf 1 januari 1988 werd het blad veertiendags. Op 15 februari 1988 trad A. Dwarswaard in dienst van de KAVB als vakredacteur.
Op 9 januari 2003 verscheen het blad *Bloembollenvisie* waarin *Bloembollencultuur* en *Marktvisie* opgingen. Het werd een nieuw tweewekelijks blad. Tot die tijd waren de jaargangen en de paginanummers per jaargang doorgenummerd. Daar kwam nu een eind aan. De pagina's begonnen in elk nummer bij 1. Hoofdredacteur werd W. Ciggaar, Dwarswaard één van de vakredacteuren.

Kweekersmaandblad
Eerste nummer verscheen in juli 1898 als orgaan van het Hollandsch Bloembollenkweekersgenootschap (HBG). Vanaf juli 1905 verscheen het wekelijks onder de naam *Kweekersblad*. Op 1 maart 1928 werd het *Kweekersblad* een orgaan ter behartiging van 'kweekers- en veilingbelangen' en uitgegeven door het HBG, de Coöperatieve Haarlemsche Groenten- en Bloembollenveiling en de Coöperatieve Veilingsvereeniging HBG. Hoofdredacteur werd J.F. Ch. Dix. Drie jaar later (per 5 juni 1931) werd het blad het officieel orgaan van het HBG en van de Bond van Bloembollenveilingen. Daarbij waren veilingen uit Haarlem, Lisse, Hillegom, Beverwijk en Anna Paulowna aangesloten.
Eind 1941 besloten de leden van het HBG tot opheffing van de vereniging en het blad. Het *Kweekersblad* werd overgenomen door het *Weekblad voor Bloembollencultuur*. Hoofdredacteur J. Dix verhuisde mee en werd hoofdredacteur van *Het Weekblad voor Bloembollencultuur*.
Op 1 april 1948 verscheen het eerste nummer van *Het Vakblad voor bloembollenteelt en –handel* als uitgave van de Coöp. Veilingver. HBG te Lissen en de Bloembollenveilingver. "West-Friesland" te Bovenkarspel. Verantwoordelijk redacteur werd T. Lodewijk. Hij bleef dat doen tot 1958 en werd opgevolgd door J.K. Zandbergen. Op 31 maart 1961 eindigde de samenwerking tussen de veilingen en ging het HBG door met het blad *Kwekerij & Handel. Vakblad voor het bloembollenbedrijf*.

Het eerste nummer verscheen op 12 mei 1961 met als hoofdredacteur wederom T. Lodewijk. Per 1 mei 1975 vertrok hij als hoofdredacteur en zette het HBG het blad om in *HBG-Info* waarvan het eerste nummer verscheen op 10 januari 1975. Lodewijk werd als hoofdredacteur opgevolgd door Wim Ciggaar. De naam veranderde op met ingang van 9 januari 1976 in *CNB-Info*.
Op 26 juni 1997 werd het blad omgezet in *MarktVisie*. Ciggaar bleef hoofdredacteur.

De Hobaho
In 1927 gaf de NV Holland's Bloembollenhuis (de Hobaho) het eerste nummer uit van een 'vakblad gewijd aan de belangen van den handel in en de kweekerij van bloembollen en aanverwante artikelen'.
Met ingang van de 43ste jaargang, op 11 april 1969 verscheen het blad onder een nieuwe titel: *Hobaho*. Hoofdredacteur was toen J. Zwetsloot. Met ingang van de 62ste jaargang, op 7 januari 1988 werd het een 'weekblad voor de bloembollensektor' onder de naam *Vakwerk*. De hoofdredactie was in handen van J.G. van der Slot. Op 1 augustus 2003 nam Reed Business Information *Vakwerk* van Hobaho over. Het werd een 'weekblad over bloembollen en vaste planten' met als redacteuren Arie in 't Veld en Johan Brinkman. In dit blad kreeg de Hobaho elke week een aantal pagina's en De Bond kreeg elke maand ruimte.
Hobaho koos per 1 februari 2009 voor samenwerking met *BloembollenVisie* en kreeg daarin vier pagina's. *Vakwerk* ging door als 'magazine over bloembollen en vaste planten' met Peter Voskuil als hoofdredacteur. Het bleek niet levensvatbaar. In oktober 2009 kondigde de hoofdredacteur aan dat het magazine stopte en dat *Vakwerk* transformeerde naar een website (het laatste nummer was nummer achttien van de 83ste jaargang.

Bloembollen-Export
Op 17 januari 1964 verscheen het eerste nummer van dit blad met als titel: *Marktinformatie en mededelingen van de Bond van Bloembollenhandelaren*. Het verscheen eenmaal in de veertien dagen. Op 28 juni 1996 fuseerde de Bond van Bloembollenhandelaren met de Bond van Plantenhandelaren en verscheen op 9 juli 1996 het eerste nummer van het fusieblad *Handelswijzer*. In 1999 ging men over op een maandelijkse frequentie en in 2004 werd het blad onderdeel van *Vakwerk*, een uitgave van de Hobaho en Reed Business Information. Dat duurde tot de opheffing van *Vakwerk* als magazine, en de Bond, net als de Hobaho, plaatsruimte kreeg in *BloembollenVisie*.

LITERATUUR

Adviesgroep 'Tuinbouwcluster. Greenport. NL', *Vitaal tuinbouwcluster 2040. Een toekomststrategie voor Greenport Holland*, (z.p., 2010).
Algemeene Vereeniging voor Bloembollencultuur, *Naamlijst van Nieuwe Tulpen. Sedert 1938 geregistreerd vanwege de Algemeene Vereeniging voor Bloembollencultuur*, (Haarlem, 1946).
Amsterdam, H. van en P. van der Voort, *Corso Bollenstreek*, (Sassenheim, 1986).
Amsterdam, H, van, *51 goede manieren. Keukenhof de mooiste lentetuin van Europa*, (Lisse, 1992).
Arcadis, *Compensatie bollengrond. Aanvullend onderzoek*, (Hoofddorp, 2007).
Atos Consulting, *Het belang van Keukenhof als toeristisch magneet*, (z.p., 2005)

Baardse, A.A., *Groot lelieboek*. H. van der Meij, S.H. Nooij, E.J.Fortanier en M.J.G.Timmer (red.), (Hoorn, 1977).
Beenakker, J.J.M., *Lisse op de grens van droog en nat*, (Lisse, 1993).
Beenakker, J.J.M., *Nederland-Japan. Vier eeuwen bloembollencultuur*, (Lisse, 2000).
Beenakker, J.J.M., "Keukenhof op de kaart: een historisch-geografische verkenning", in: *Zeehelden, kooplieden, lords en ladies op kasteel Keukenhof*, red. Gied Jaspers e.a., (Hilversum, 2010), pp .89-115.
Blaak, J., *Beeldententoonstellingen in de openlucht 1948-1977*, (Leiden, 1995).
Broersen, S.P., *Visie 2000. Nader beschouwd. Planning en financiering*, (Lisse, 1994). In archief Keukenhof.
Broersen, S.P., *Visie 2000. Keukenhof over de grens van eeuw en millennium. Planning en financiering*, (Lisse, 1996). In archief Keukenhof.
Bureau Economisch Technologische Dienst voor Noordholland, *Het vreemdelingenverkeer, in het bijzonder in Noordholland, Zuid-Holland en Utrecht*, (Haarlem, 1962). Gerefereerd als ETD-rapport
Bureau Nieuwland, *Claims op bollengrond. Onderzoek naar de ruimtelijke claims op areaal opengrondstuinbouw in de Zuidelijke Bollenstreek van Zuid-Holland*, (Wageningen. 1992).

Commissie Toekomst Keukenhof, *Beleidsnota Toekomst Keukenhof*, (Lisse, 1989). In archief Keukenhof.
Csizik, A.P., *Nederland exposeert bloemen*, (Aalsmeer, 1977).

Dijk, M. van, *Overzicht van data en feiten van belang zijnde voor de oprichting van Keukenhof*, (Lisse, 1969). In archief Keukenhof.
Dijk, M. van, *Keukenhof in de jaren 1949 tot en met 1973*, (Lisse, 1976). In archief Keukenhof.
Dijk, M. van, *Uittreksels uit "Ons Weekblad" van 1949*, (Lisse, 1977). In archief Keukenhof, niet gepubliceerd.
Dwarswaard A. en M.J.G.Timmer, *Van windhandel tot wereldhandel. Canon van de bloembollen*, (Houten, 2010).

Economisch-Technologische instituten in Nederland, *Onderzoek toeristische attractiepunten*, (Rotterdam, 1971). Gerefereerd als ETI-studie.
Ecorys Nederland BV, *Greenport Duin- en Bollenstreek. Analyse + uitvoeringsagenda 2006-2020. Versterking van een uniek economisch drieluik: bollencluster, bloemencluster, toerisme cluster*, (Rotterdam, 2006).
ETD-rapport (zie: Bureau Economisch Technologische Dienst Noordholland)
ETI-studie (zie: Economisch-Technologische instituten in Nederland)

Gedeputeerde Staten van Zuid-Holland, *Notitie keuzevarianten & keuzebepaling voor de Duin- en Bollenstreek & Leidse Regio*, (Den Haag, 1993).
Gemeente Hillegom e.a.gemeenten, *Greenport Duin- en Bollenstreek. Intergemeentelijke Structuurvisie Greenport*, (Leiden, 2010).
Gemeente Hillegom e.a. gemeenten, *Memorandum of understanding Greenport Ontwikkelingsmaatschappij Duin- en Bollenstreek*, (Lisse, 2008).
Gemeente Hillegom e.a. gemeenten, *Samenwerkingsovereenkomst Greenport Duin- en Bollenstreek*, (z.p., 2009).
Gemeente Lisse, *Bestemmingsplan Natuurgebieden*, (Lisse, 1972).
Gemeente Lisse, *Bestemmingsplan landelijk gebied 2002*, (Lisse, 1972).
Gloudemans. Taxatie- en adviesbureau, *Waardebepaling Keukenhof. Concept 05-05-2006. In opdracht van de provincie Zuid-Holland*, (Rosmalen, 2006).
Goldgar, A., *Tulipmania. Money, Honor and Knowledge in the Dutch Golden Age*, (Chicago, Londen, 2007).
Grontmij, *Bollen, gras en glas in de Bollenstreek. Inventarisatie t.b.v. de gebiedsuitwerking Haarlemmermeer-Bollenstreek*, (Waddinxveen, 2006).

Hofman, N.C., *Een sortimentstuin van de K.M.T.P. in Nederland. Mogelijk of onmogelijk*, (Den Haag, 1981). In archief Keukenhof.
Hofman, N.C., *Naar één Keukenhof voor de Nederlandse Siergewassen*, (Den Haag, 1983). In archief Keukenhof.
Hollander, H., "De Stichting Kasteel Keukenhof. Achtergronden, doelstellingen, toekomstperspectieven", in: *Keukenhof: een kasteel aan de duinrand. Jaarboek kasteel Keukenhof*, red. Gied Jaspers e.a., (Hilversum, 2007), pp. 25-33.

Hoog, M.H., "On the origin of Tulipa", in: *Yearbook Lilies and other Liliaceae 1973*, (London, 1973), pp. 47-64.
Hulkenberg, A.M., *De fleurige Keukenhof*, (Alphen aan den Rijn, 1971).
Hulkenberg, A.M., *Keukenhof*, (Dordrecht, 1975).
Hulkenberg, A.M., *Zandvliet te Lisse*, (Alphen aan den Rijn, 1982).

Jansen, W.H.H., *Discussienota Keukenhof*, (Lisse, maart 2002). In archief Keukenhof.
Jansen, W. H.H., *Uitgangspuntennota. Inventarisatie stand van zaken Keukenhof*, (Lisse, april 2002). In archief Keukenhof
Jansen, W.H.H., *Keukenhof 2002. Missie, projecten en actiepunten*, (Lisse, mei 2002). In archief Keukenhof.
Jansen, W.H.H., *Ruimtelijke Ordening Keukenhof*, (Lisse, juni 2002). In archief Keukenhof.
Jansen, W.H.H., *Draaiboek structuurwijziging Keukenhof*, (Lisse, augustus 2002). In archief Keukenhof.
Jansen, W.H.H., *Een toeristisch centrum voor de Duin- en Bollenstreek. Discussienota*, (Lisse, 2003). In archief Keukenhof.
Janssens, B. en J. Wind, *Parkeerplaats Narcis. Toekomstvisie 2003-2013*, (Dronten, 2002).
Jong, J.J., "De kraamkamer van de bloembollensector", in: *West-Friesland Oud & Nieuw. Jaarboek 2005*, (Hoorn, 2005), pp. 83-90.
Jonge, A.W.de,"Ernst Heinrich Krelage (1869-1956)" in: *Biografisch Woordenboek van Nederland 3*, (Den Haag, 1989), pp. 354-356.

Kamphuis, B.M. en C.M. Volker (red.), *Landschap en toerisme in de Bollenstreek onder stedelijke druk*, (Wageningen, 1995).
Keizer, M.de, *Van lentebol tot zomerknol. Marketing- en promotieplan voor de zomeropenstelling op Keukenhof in 1999*, (Lisse, 1998). In archief Keukenhof.
Keukenhof, *Reactie van Keukenhof op het rapport Voorontwerpbestemmingsplan Lisse "Landelijk Gebied 2002", plannummer 9446-00 d.d. 2 mei 2002*, (Lisse, 2002).
Keukenhof, *Het belang van Keukenhof als toeristisch magneet. Van aantrekkingskracht naar economisch belang*, (Lisse, 2006).
Kloos, J., *Noordwijk in de loop der eeuwen*, (Noordwijk, 1928).
KPMG, Klynveld Management Consultants, *De Keukenhof. Een onderzoek naar de toeristische betekenis van de Keukenhof en de invloed die de verdergaande verstedelijking heeft op de Keukenhof*, (Utrecht, 1993).
Krelage, E.H., *Een eeuw bloembollenteelt. Het honderdjarig bestaan der tuinbouwinrichting "Bloemhof" herdacht*, (Haarlem, 1911).
Krelage, E.H., *Bloemenspeculatie in Nederland. De tulpomanie van 1636-'37 en de Hyacintenhandel 1720-'36*, (Amsterdam, 1942).
Krelage, E.H., *Drie eeuwen bloembollenexport. De geschiedenis van den bloembollenhandel en de geschiedenis der Hollandsche bloembollen tot 1938*, (Den Haag, 1946).

Leemborg, R.B., *onderzoek van factoren die de continuïteit kunnen verstoren van Stichting Nationale Bloementoonstelling "Keukenhof"*, (Lisse, 1986). In archief Keukenhof.
Leautaud, M., *Keukenhof Lisse-Holland. Jubileumactiviteitenplan Keukenhof 50 jaar*, (Lisse, 1997). In archief Keukenhof.
Lefeber, D.W., *Dirk W. Lefeber, hybridizer and selector*, (z.p., 1977).
Lodewijk, T., *Een kop groter. De na-oorlogse omwenteling in het bloembollenvak*, (Hillegom, 1985).

Marktplan Adviesgroep, *Conceptstudie en Businesscase Toeristisch Centrum Duin- en Bollenstreek/Holland Rijnland*, (Bussum, 2005).
Marktplan Adviesgroep, *Marktverkenning en Actieplan Toerisme Lisse. Eindrapportage*, (Bussum, 2003).
Ministerie van LNV, *Structuurschema Groene Ruimte 2. Samen werken aan groen Nederland*, (Den Haag, 2002).
Ministerie van VROM, *Vierde nota over de ruimtelijke ordening. Op weg naar 2015. Deel a; beleidsvoornemen*, (Den Haag, 1988).
Ministerie van VROM, *Vierde nota over de ruimtelijke ordening Extra. Ontwerp-PKB*, (Den Haag, 1990).
Ministerie van VROM en RPD, *Ruimte maken, ruimte delen. Vijfde nota over de Ruimtelijke Ordening 2000/2020. Samenvatting*, (Den Haag). In deze nota de 'Ontwerp Planologische Kernbeslissing Nationaal Ruimtelijk Beleid' pp 49 t/m 58.
Ministeries van VROM, LNV, VenW en EZ, *Nota Ruimte. Ruimte voor ontwikkeling*, (Den Haag, 2004).
Molenaar, A. (ed.), *Tulip Cartoons* (Lisse, 1995).

Nederlandse Tuinbouwraad, '*Samen – 100 jaar Nederlandse Tuinbouwraad*', (z.p.,2008).

Os, H. van, *Toekomst Keukenhof – aanzet tot een discussie*, (Lisse, 1994). In archief Keukenhof.

Pact van Teylingen, *Een document van samenwerking. Door en voor de Duin- en Bollenstreek en uitgegeven ter gelegenheid van de ondertekening van het Pact van Teylingen voorjaar 1996*, (Lisse, 1996).
Pact van Teylingen, *Pact van Teylingen. Een toekomstperspectief voor de Duin- en Bollenstreek*, (Lisse, 1996).
Planten, H., *Die Bundesgartenschauen. Eine blühenden Bilanz seit 1951*, (Stuttgart, 1987).
Provinciale Planologische Dienst in Zuid-Holland, *Streekplan*

Bollengebied (Den Haag, 1964).
Provincies Noord- en Zuid-Holland, *Gebiedsuitwerking Haarlemmermeer Bollenstreek. Een gezamenlijk advies over de mogelijke ruimtelijke inrichting van Haarlemmermeer en de Bollenstreek* , (Haarlem en Den Haag, 2006).

Raalte, E..van, (*Inleiding en annotaties van*) *Troonredes, openingsredes, inhuldigingsredes 1814-1963,* (Den Haag, 1964).
Randstad Overleg Ruimtelijke Ordening, *Randstadbollennota. Een ruimtelijk ontwikkelingsperspectief,* (z.p.,1993).
Randstad Overleg Ruimtelijke Ordening, *De Corridor van de Randstad. Naar een integraal ruimtelijk perspectief,* (Den Haag, 1994).
Riesen, J. van, *Con Toeren. Op weg naar 2006*, (Lisse, 2001). In archief Keukenhof.
Royal Horticultural Society, *Report of the Tulip Nomencalture Committe 1914-1915*, (London, 1917).
Royal Horticultural Society, *A tentative list of tulip names*, (London, 1929).
Royal Horticultural Society, *A classified list of tulip names*, (London, 1939).

Samenwerkingsorgaan duin- en bollenstreek (SDB), *Structuurschets duin- en bollenstreek*, (Lisse, 1991).
Scheepen, J. van, *Jubileumgetuigschrift bolgewassen voor tuin en park*, (Bijlage bij *Bloembollenvisie* van 4-11-2010).
Schipper, M.L., *Tulpengoud. Hartstocht, dromen en illusies in de tulpenwereld*, (Utrecht, 2006).
Somers, B.M. en C.O.N. de Vroomen, *Functioneren centrum bollenteelt onder stedelijke druk*, (Den Haag, 1995).
Staal, L., *Van Wildernis tot Sprookjestuin*, (Lisse, 1974).
Stichting Duin- en Bollenstreek "Hou Het Bloeiend", *Actieplan Duin- en Bollenstreek. Ambitie, acties en communicatieplan voor de Tuin van Holland*, (Lisse, 1998).
Stichting Duin- en Bollenstreek "Hou het Bloeiend", *Greenport Duin- en Bollenstreek. Een vitale economie in een vitaal landschap*, (Lisse, 2006).
Stichting Duin- en Bollenstreek "Hou het Bloeiend', *Compensatiemogelijkheden Duin- en Bollenstreek*, (Lisse, 2006).
Stichting Kasteel Keukenhof en Stichting Restauratie Landgoed Keukenhof, *Landgoedvisie historische buitenplaats Keukenhof te Lisse*, (Lisse, juni 2002).
Stichting Kasteel Keukenhof en Stichting Restauratie Landgoed Keukenhof, *Landgoedvisei historische buitenplaats Lisse*, (Lisse oktober 2002).
Stichting Kasteel Keukenhof, *Méér dan bloemen. Transformatie van de Keukenhof. Masterplan*, (Lisse, 2007).

Stichting tot behoud van Particuliere Historische Buitenplaatsen, *Buitenplaats Keukenhof. Onderzoek in het kader van Masterplan landgoed Keukenhof naar de ontwikkelingsgeschiedenis van de tuin- en parkaanleg,* (Lisse, 2007).
Stichting Kasteel Keukenhof en Stichting Internationale Bloementoonstelling Keukenhof, *Integrale Gebiedsvisie Landgoed en Bloementoonstelling keukenhof. Concept*, (Lisse, 2008).
Stichting Kasteel Keukenhof en Stichting Internationale Bloementoonstelling Keukenhof, *Integrale Gebiedsvisie Landgoed en Bloementoonstelling Keukenhof. Hoofdrapport*, (Lisse, 2009).
Stichting Kasteel Keukenhof en Stichting Internationale Bloementoonstelling Keukenhof, *Integrale Gebiedsvisie. M.e.r.- beoordeling Landgoed en Bloementoonstelling*, (Lisse, 2009).
Stichting Kasteel Keukenhof en Stichting Internationale Bloementoonstelling Keukenhof, *Integrale Gebiedsvisie Landgoed en Bloementoonstelling Keukenhof. Nota van beantwoording*, (Lisse, 2009).
Stichting Kasteel Keukenhof en Stichting Internationale Bloementoonstelling Keukenhof, *Gebiedsvisie*, (Lisse, 2009). Brochure.

Timmer, M.J.G., "Het Krelagehuis. De strijd om de zetel van de (Koninklijke Algemeene Vereeniging voor Bloembollencultuur", in: *Haerlem Jaarboek 2006*, (Haarlem, 2007), pp. 60-109.
Timmer, M.J.G., *Bloembollen in Holland 1860-1919. De ontwikkeling van de bloembollensector met een doorkijk naar de 21ste eeuw*, (Houten, 2009).
Timmer, M.J.G., "Turkse allochtoon van Chinese komaf ingeburgerd", in: *West-Friesland Oud & Nieuw. Jaarboek 2010*, (Hoorn, 2010), pp. 41-54.

Van Manen en Hollandschap, *Visie op de entree- en ontsluitingsproblematiek rond de Keukenhof. Concept*, (Lisse, 2006).
Van Manen en Hollandschap, *Masterplan Keukenhof bloementoonstelling*, (Lisse, 2006). In archief Keukenhof.
Veld, A., in 't, *50 jaar Keukenhof. Een terugblik op vijf decennia van een uniek voorjaarspark*, (Lisse, 1999).
Verweij, K., *Noordwijks kruiden- en bollenteelt*, (Noordwijk, z.j.).
Werkgroep 'Op Bollengrond', *De Bloembollenstreek mag niet verdwijnen*, (Lisse, 1992).

Witte, H. *Verslag omtrent de internationale tuinbouwtentoonstelling te Hamburg, gehouden van 2-12 september 1869; en omtrent eene reis door een gedeelte van Duitschland, met het doel om eenige der voornaamste botanische tuinen en particuliere inrichtingen van dien aard aldaar te leeren kennen*, (Den Haag, 1870).

Zwetsloot, H., *'Heeren kom bij'. Hobaho 1921-1996,* (Lisse, 1996).
Zwetsloot, J., *Visie Keukenhof 1999-2009. De Nationale Bloementoonstelling Keukenhof bereidt zich voor op wederom een halve eeuw bloei,* (Lisse, 1998). In archief Keukenhof.

BEELDVERANTWOORDING

De afbeelding op de schutbladen: Maquette van het nieuwe paviljoen, in *Hobaho* 29-6-1984, aldaar 9

De kleurenplaten op omslag, en pp. 2, 10, 14, 26, 36, 50, 66, 82, 113, 114, 128, 142, 160, 174, 188, 206, 228, 256, 284, 312, 346, 368, 400 en 412 zijn foto's/dia's gemaakt door Henk Koster.

HOOFDSTUK 1

Afbeelding 1 a-b-c. Krelage 1946, resp. t.o. bladzijde 318, 327 en 335
Afbeelding 2. Foto R. Kind, Lisse
Afbeelding 3. Hulkenberg 1982, bladzijde 63
Afbeelding 4. Eerste jaarboek van kasteel Keukenhof 2007, bladzijde 54
Afbeelding 5. Foto De Lisser

HOOFDSTUK 2

Afbeelding 1 *Weekblad voor Bloembollencultuur* 15-4-1932, aldaar 681
Afbeelding 2. *Weekblad voor Bloembollencultuur* 24-2-1928, aldaar 746 e.v.
Afbeelding 3 *Hobaho* 31-12-1946, aldaar 5
Afbeelding 4. Amsterdam 1986, aldaar 9
Afbeelding 5. Timmer 2009 aldaar afbeelding 71

HOOFDSTUK 3

Afbeelding 1. *Het Vakblad, vp* 17-2-1949
Afbeelding 2. *Het Vakblad , vp*, 3-3-1949
Afbeelding 3. Archief Keukenhof
Afbeelding 4. *Het Vakblad* 11-8-1949, vp
Afbeelding 5. Archief Keukenhof

HOOFDSTUK 4

Afbeelding 1. Staal 1974, z.p.
Afbeelding 2. Staal 1974, z.p.
Afbeelding 3. Archief Keukenhof
Afbeelding 4. Archief Keukenhof
Afbeelding 5. Staal 1974, z.p.
Afbeelding 6. *Kwekerij en Handel* van 7-11-1969, aldaar 10
Afbeelding 7. Archief Keukenhof
Afbeelding 8. Archief Keukenhof

HOOFDSTUK 5

Afbeelding 1. *De Hobaho* van 23-3-1951, aldaar 3
Afbeelding 2. Archief Keukenhof
Afbeelding 3. Archief Keukenhof
Afbeelding 4. Staal 1974, z.p.
Afbeelding 5. Archief Keukenhof
Afbeelding 6. Foto Arie in 't Veld
Afbeelding 7. Staal 1974, z.p.
Afbeelding 8. *De Hobaho* van 1-5-1953, aldaar voorplaat

HOOFDSTUK 6

Afbeelding 1. *Weekblad voor Bloembollencultuur* 13-3-1953, aldaar 318
Afbeelding 2. *Weekblad voor Bloembollencultuur* 20-3-1953, aldaar 329
Afbeelding 3a. *Het Vakblad*, 27-3-1953, voorpagina
Afbeelding 3b. Staal 1974
Afbeelding 4. Archief Keukenhof
Afbeelding 5. *De Hobaho* 4-5-1951, aldaar 2
Afbeelding 6a. Van Amsterdam 1986, 30
Afbeelding 6b. *Kwekerij en Handel* 1-5-1953, aldaar vp
Afbeelding 7. *De Hobaho* 22-5-1953, aldaar 3
Afbeelding 8. *De Hobaho* 4-12-1953, aldaar 5
Afbeelding 9. Staal 1974
Afbeelding 10. Archief Keukenhof
Afbeelding 11. *De Hobaho*, 9-4-1954, aldaar 4
Afbeelding 12. *Het Vakblad*, 7-5-1954, vp.

HOOFDSTUK 7

Afbeelding 1. Archief Keukenhof
Afbeelding 2. *Het Vakblad* 20-4-1956, vp,
Afbeelding 3. *De Hobaho* 24-5-1957, vp
Afbeelding 4. *Het Vakblad* 2-5-1958, aldaar 8
Afbeelding 5. *Het Vakblad* 31-10-1958, vp
Afbeelding 6. Archief Keukenhof
Afbeelding 7. Archief Keukenhof
Afbeelding 8. Archief Keukenhof
Afbeelding 9. Archief Keukenhof
Afbeelding 10. Archief Keukenhof
Afbeelding 11. *Het Vakblad* 4-12-1959, aldaar 2

HOOFDSTUK 8

Afbeelding 1. *De Hobaho* 13-5-1960, aldaar 3
Afbeelding 2. *Weekblad voor Bloembollencultuur* 11-5-1962, aldaar 890

HOOFDSTUK 9

Afbeelding 1. Gemeente Archief Lisse
Afbeelding 2. *Streekplan Bollengebied* 1964

HOOFDSTUK 10

Afbeelding 1. *Weekblad voor Bloembollencultuur* 1-4-1960, aldaar 699
Afbeelding 2. *De Hobaho* 3-3-1961, vp
Afbeelding 3. Archief Keukenhof
Afbeelding 4. *De Hobaho* 4-4-1962, aldaar 5
Afbeelding 5. *De Hobaho* 2-5-1962, aldaar 4
Afbeelding 6. In 't Veld 1999, aldaar 32
Afbeelding 7. *Kwekerij en Handel* 6-3-1964, aldaar 6
Afbeelding 8. Archief Keukenhof
Afbeelding 9. Archief Keukenhof

HOOFDSTUK 11

Afbeelding 1. *Hobaho* 19-9-1969, aldaar 2
Afbeelding 2. *Hobaho* 12-11-1971, vp
Afbeelding 3. Foto Arie Dwarswaard
Afbeelding 4. Foto Arie Dwarswaard
Afbeelding 5. Archief Keukenhof
Afbeelding 6. *Bloembollencultuur* 22-3-1974, vp

HOOFDSTUK 12

Afbeelding 1. GA Lisse
Afbeelding 2. GA Lisse, inv.nr. 2050 en 2051
Afbeelding 3. *Bloembollencultuur* 7-4-1972, aldaar 1028

HOOFDSTUK 13

Afbeelding 1. *Kwekerij en Handel* 4-4-1969, aldaar 9
Afbeelding 2. *Kwekerij en Handel* 4-4-1969, aldaar 8
Afbeelding 3. *Kwekerij en Handel* 4-4-1969
Afbeelding 4. *Kwekerij en Handel* 3-4-1970, aldaar 7
Afbeelding 5. *Kwekerij en Handel* 3-4-170, aldaar 11
Afbeelding 6. *Bloembollencultuur* 23-4-1971, aldaar 108
Afbeelding 7. *Bloembollencultuur* 20-4-1973, aldaar 1013
Afbeelding 8. *Bloembollencultuur* 4-5-1973
Afbeelding 9. *Hobaho* 29-3-1974, aldaar 2
Afbeelding 10. *Bloembollencultuur* 3-5-1974, aldaar 1052
Afbeelding 11. Archief Keukenhof

Hoofdstuk 14

Afbeelding 1. GA Lisse
Afbeelding 2. *Hobaho* 28-3-1975, aldaar 4
Afbeelding 3. *Hobaho* 31-3-1978, aldaar 5,
Afbeelding 4. *CNB-Info* 12-4-1979, aldaar 8
Afbeelding 5. *Bloembollencultuur* 25-5-1979, aldaar 1246.
Afbeelding 6. *Bloembollencultuur* 11-4-1980, aldaar 1091
Afbeelding 7. Archief Keukenhof

Hoofdstuk 15

Afbeelding 1. *Bloembollencultuur* 21-6-1984, aldaar 1151
Afbeelding 2. Archief Keukenhof
Afbeelding 3. *Hobaho* 22-5-1981, aldaar 18
Afbeelding 4. *Hobaho* 22-9-1981
Afbeelding 5. *Bloembollencultuur* 30-5-1985
Afbeelding 6. Leemborg, 1986
Afbeelding 7. *Hobaho* 29-6-1984, aldaar 9
Afbeelding 8. *Hobaho* 5-4-1985, aldaar 7
Afbeelding 9. *CNB-Info* 20-3-1986, vp
Afbeelding 10. *Bloembollencultuur* 29-5-1981, aldaar 1273
Afbeelding 11. *Hobaho* 30-4-1982, aldaar 7
Afbeelding 12. *Bloembollencultuur* 1-4-1983, aldaar 1004
Afbeelding 13. *Bloembollencultuur* 1-4-1983, aldaar 1005
Afbeelding 14. Archief Keukenhof
Afbeelding 15. Archief Keukenhof
Afbeelding 16. *CNB-Info*, vp
Afbeelding 17a. *Bloembollencultuur* 18-4-1985, aldaar 4
Afbeelding 17b. *Bloembollencultuur* 18-4-1985, aldaar 5
Afbeelding 18. *Bloembollencultuur* 2-5-1985, aldaar 5
Afbeelding 19. *Hobaho* 17-5-1985, aldaar 17
Afbeelding 20. *CNB-Info* 31-10-1985, aldaar 26
Afbeelding 21. *Hobaho* 3-4-1986, aldaar 3
Afbeelding 22. Archief Keukenhof

Hoofdstuk 16

Afbeelding 1. Archief Keukenhof
Afbeelding 2. Archief Keukenhof
Afbeelding 3. *Bloembollencultuur* 1-6-1989, aldaar 11
Afbeelding 4. Archief Keukenhof
Afbeelding 5. *Vakwerk* 15-6-198, aldaar 7
Afbeelding 6. Archief Keukenhof
Afbeelding 7. *CNB-Info* 18-4-1991, aldaar 6
Afbeelding 8. *Bloembollencultuur* 18-4-1999, aldaar 6
Afbeelding 9. Archief Keukenhof
Afbeelding 10. *Bloembollencultuur* 4-4-1991, aldaar 7
Afbeelding 11. *Hobaho* 14-5-1987, aldaar 4
Afbeelding 12. *CNB-Info* 30-4-1987, aldaar 33
Afbeelding 13. *Vakwerk* 5-5-1989, aldaar 5

Afbeelding 14. *Vakwerk* 9-11-1990, aldaar 20
Afbeelding 15. *Vakwerk* 26-4-1991, aldaar 17
Afbeelding 16. *Vakwerk* 19-4-1991, aldaar 15
Afbeelding 17. Archief Keukenhof

HOOFDSTUK 17

Afbeelding 1. *Bloembollenexport* 26-5-1992, aldaar 8
Afbeelding 2. *Bloembollencultuur* 28-10-1993, aldaar 50
Afbeelding 3. *Bloembollencultuur* 2-3-1995, aldaar 4
Afbeelding 4. *Vakwerk* 15-5-1993, aldaar 5
Afbeelding 5. *Vakwerk* 8-1-1994, aldaar 31
Afbeelding 6. Rapport van Bureau Nieuwland, uit 1992, z.p.
Afbeelding 7. *Vakwerk* 21-8-1993, aldaar 7
Afbeelding 8. *Vakwerk* 15-1-1994, aldaar 33
Afbeelding 9. *Vakwerk* 1-10-1994, aldaar 5
Afbeelding 10. *Vakwerk* 28-11-1992, aldaar 5
Afbeelding 11. Archief Keukenhof
Afbeelding 12. *Bloembollencultuur* 19-3-1992, aldaar 30
Afbeelding 13. *Vakwerk* 25-3-1995, aldaar 6
Afbeelding 14, *Vakwerk* 205-1995, vp
Afbeelding 15. *Vakwerk* 15-4-1995, aldaar 45
Afbeelding 16. *Vakwerk* 21-10-1995, aldaar 48
Afbeelding 17. Archief Keukenhof
Afbeelding 18. Archief Keukenhof
Afbeelding 19. Archief Keukenhof
Afbeelding 20. Archief Keukenhof

HOOFDSTUK 18

Afbeelding 1. *Bloembollenexport* 30-4-1996, aldaar 4
Afbeelding 2. Archief Keukenhof
Afbeelding 3. *Vakwerk* 27-3-1999, aldaar 4
Afbeelding 4. Archief Keukenhof
Afbeelding 5. Archief Keukenhof
Afbeelding 6. *Vakwerk* 20-3-199, aldaar 39
Afbeelding 7. Archief Keukenhof
Afbeelding 8. *MarktVisie* 23-7-1998, aldaar 52
Afbeelding 9. *Vakwerk* 18-7-1998, aldaar 45
Afbeelding 10. Archief Keukenhof
Afbeelding 11. Archief Keukenhof
Afbeelding 12. *Vakwerk* 30-3-1996, aldaar 5
Afbeelding 13. Archief Keukenhof
Afbeelding 14. *CNB-Info* 5-9-1996, aldaar 56
Afbeelding 15. *Bloembollencultuur* 27-3-1999, aldaar 9
Afbeelding 16. *MarktVisie* 3-6-1999, aldaar 6
Afbeelding 17. *MarktVisie* 15-7-1999, aldaar 53
Afbeelding 18. Troelstra over de Zomerhof, in *MarktVisie* 12-8-1999, aldaar 61
Afbeelding 19. *Bloembollencultuur* 19-8-1999, aldaar 28

Afbeelding 20. *MarktVisie* 9-9-1999, aldaar 64 en 65
Afbeelding 21. Archief Keukenhof
Afbeelding 22. *Bloembollenexport*, 19-3-1996, aldaar 7
Afbeelding 23. *Vakwerk* 30-3-1996, aldaar 7
Afbeelding 23a. Foto Arie Dwarswaard
Afbeelding 24. *Bloembollencultuur* 23-5-1996, aldaar 4
Afbeelding 25. *CNB-Info*, 13-4-1997, aldaar 46
Afbeelding 26. *Handelswijzer* 25-11-1997, aldaar 9
Afbeelding 27. *Vakwerk* 4-4-1998, aldaar 4
Afbeelding 28. Archief Keukenhof
Afbeelding 29. Archief Keukenhof

HOOFDSTUK 19

Afbeelding 1. *Handelswijzer* 9-9-2000, aldaar 14 en 15
Afbeelding 2. *Vakwerk* 30-3-2002, aldaar 9
Afbeelding 3. Archief Keukenhof
Afbeelding 4. Archief Keukenhof
Afbeelding 5. Archief Keukenhof
Afbeelding 6. *Reactie Keukenhof op het Voorontwerpbestemmingspan Lisse*
Afbeelding 7. Archief Keukenhof
Afbeelding 8. *Nota Ruimte* 2004, aldaar 33
Afbeelding 9. *Een vitale economie in een vitaal landschap*, 2006, aldaar 2. Ontleend aan Ecorys, 2006 aldaar 13

HOOFDSTUK 20

Afbeelding 1. *Masterplan Keukenhof* 2007, aldaar 38
Afbeelding 2. *Masterplan Keukenhof* 2007, aldaar 42
Afbeelding 3a. *Gebiedsvisie*, 2009
Afbeelding 3b. *Gebiedsvisie*, 2009
Afbeelding 3c. Archief Keukenhof
Afbeelding 4. *Visie* Van Manen en Hollandschap 2006
Afbeelding 5. Archief Keukenhof
Afbeelding 6. *Visie* Van Manen en Hollandschap 2006
Afbeelding 7a. *Masterplan* Van Manen en Hollandschap 2006
Afbeelding 7b. *Masterplan* Van Manen en Hollandschap 2006
Afbeelding 8. *Gebiedsvisie, nota van beantwoording*, 2009, aldaar 28
Afbeelding 9. *Gebiedsvisie, m.e.r. beoordeling* aldaar bijlage 4, bladzijde 20
Afbeelding 10. Archief Keukenhof
Afbeelding 11. Archief Keukenhof
Afbeelding 12. Archief Keukenhof en *BloembollenVisie* 8-10-09, aldaar 52
Afbeelding. Archief Keukenhof
Afbeelding 14. *Handelswijzer* maart 2000, aldaar 14
Afbeelding 15. Archief Keukenhof
Afbeelding 16. Archief KAVB
Afbeelding 17a. *Groen* maart 2005, aldaar 29
Afbeelding 17b. Archief Keukenhof
Afbeelding 17c. *Bloembollenvisie* 31-3-05, vp
Afbeelding 18. Impressies van uitvoering Smalle Bos naar het ontwerp van Van der Kloet, in *Groen* maart 2005, diverse pagina's

Afbeelding 19. Ode aan Rembrandt, beeld van Jan Wolkers,
Archief Keukenhof
Afbeelding 20a en 20b. Oorkonde tulpdoop door Henk Poort,
Archief KAVB
Afbeelding 21. Plattegronden 2004 en 2009 en inzenders, uit parkgidsen

INDEX OP PERSOONSNAMEN

Aartsen, J. van 134, 297, 344
Aballéa, Martine 305
Aelen 140
Aken, F. van 53, 64, 111, 115, 123, 126, 164-170, 173, 180, 207-209, 232, 233
Aker, T. 355, 397
Aler 102
Algera, J. 95
Algie, F.W. 292, 324, 325, 327, 328, 348
Alkemade, M.C. 27
Alkemade, P. 27
Amsterdam, Herman van 34, 89, 304, 341, 373
Annaert 257

Bader, H. 19, 413
Bak, L. 263, 266
Bakker, Jits 276
Bakker, P. (beeldhouwer) 276, 279
Bakker, P. (postorderbedrijf) 65, 244, 276, 407
Bakker, Riek 369, 370, 432
Balkenende, Jan-Peter 363, 390, 395
Batenburg 119
Beatrix, koningin 245, 250, 276, 314, 342, 343, 390, 396, 427, 430
Beatrix, prinses 106, 110, 143-145, 191, 192, 223, 422, 425
Beelen, Hans 384, 385, 408
Beelen, P. 137
Beelen, Thijs 384, 385, 408
Beenakker, J. 23, 219, 314, 348, 436
Beieren, Jacoba van 46, 89, 99, 149, 156, 168, 306, 329, 330
Beijer, J. 45
Belle, A.M 32, 39, 48, 53, 65, 70, 71, 74, 75, 85-87, 89, 90, 92, 97, 104, 110, 111, 115-117, 120-125, 140, 147, 150, 158, 161, 169, 170, 208, 232, 404, 409, 426

Belle, Fons (zie Belle, A.M.)
Bemelmans, E. 397
Benningen, F 109, 111, 117, 118, 121, 141, 147, 164, 166-168, 179, 180, 187, 195, 198, 201, 202, 208, 219, 224, 246-250, 252, 253, 258, 260, 262, 263, 268, 270, 277, 278, 280, 281, 285, 313
Berends, A.J. 123, 124, 137, 140, 150, 161, 163-167, 169, 171, 175, 176, 179, 181-187, 189-192, 195, 197, 200, 202, 207-212, 214, 217-220, 222, 224, 229-231, 239, 240, 243, 245-249, 258, 349, 402, 420, 423-425, 427
Berg, Jo van den 307
Berk, Gebrs. 289, 319
Berkhouwer, C. 246
Bernhard, prins 76, 97, 170, 276, 418, 422
Bezerik 201
Biemond 225, 410
Bijl, J. 244, 247, 411
Bijl, Martine 204
Bischoff Tulleken 339
Bleich, Herman 221
Blei-Strijbos, C. 222
Block, A. 23
Bloemen, Karin 305
Blokhuis 214, 362
Blom, Walter 217, 218, 243, 275, 339, 410
Blume, K. 16
Boer, H. de 313
Boer, J. de 305
Boerhaave 27
Bolsius, E. 58
Bomans, Godfried 148, 156, 199
Borselen, Frank van 89, 149
Boschman, Piet 222
Bosma, S. 292, 293
Bouman, Bodde 119, 120, 157
Bouvrie, Jan des 390, 391
Bouw, P. 306

Brabander, F. de 372, 390
Brahms 341
Brekelmans, B. 380, 385, 386, 389
Brekelmans, P. 275
Bremer, Paul 252
Breure, Arie L. 347, 348
Breure, M. 369
Briels, Carel 62, 70, 72, 79
Broek, Dirk van de 204
Broersen, Siem 207, 208, 211, 229, 230, 239, 245, 253, 257-259, 262, 263, 265, 266, 269-271, 276, 279, 286, 291, 292, 295, 300, 303, 307, 308, 313, 314, 323-325, 327, 344, 345, 402, 426, 429, 430
Bronger Smid 108, 231
Brons, J. 95
Brouwer, J 167-169, 173, 233
Buddingh', Jaap 208, 231, 260, 285, 295, 297, 327, 328, 332, 336, 337, 347, 350, 351, 353-355
Buis, W.G. 237, 271
Bukman, P. 305
Bunnik, B. 218, 223
Buren, Daniël 245, 277
Burg, Z. van den 212
Buys, Udo 231, 233, 260

Callas, Maria 109
Cals, J. 95, 96
Cameron 392
Christoffersen-Schalk, Elly 11, 317, 354
Claassen 392
Claus, Prins 191, 425
Clemens, W. 244, 264, 288, 289, 358, 361, 362, 383, 384, 411
Clusius, Carolus 103, 305
Constant 105
Coenen, A.L.J. 164, 179-182, 204
Colijn, C. 341, 409
Coolen, Antoon 108
Corneille 343

Cornelissen, J. 342
Coymans, J. 23
Craandijk, J. 25
Cremer 343

Dam, Henk van 221, 246
Dam, P. van 130, 138, 186, 421, 424
Dannenburgh, H. 122
Deelen 209
Dekker 365
De Quay 143, 145
Devilee, B. 325
Dijk, M.Th. van 27, 37, 39-41, 43, 45, 48, 51, 55, 56, 63, 70, 73-75, 92, 97, 99, 112, 115-118, 120, 121, 123-125, 130, 138, 161, 165-167, 169, 173, 175, 176, 179, 180, 207, 208, 261, 314, 402, 414, 415, 420, 423, 424, 426
Dijkstra, A. 369, 383
Dik, W. 340
Dix jr, Jan 243, 244, 408
Dix, J. 30, 195, 225, 245, 435
Dodonaeus 27
Does, van der 27
Doesburg, J. van 322, 334
Dok-van Weele, A. 341, 344
Doorne, W. van 146
Doorselaere, I. van 328
Dotinga, T. 53
Douma 273
Drees, W. 67, 86, 87, 417
Driel, Jos van 58, 59, 89
Droog, Willy 17
Duivenvoorde, B. 134, 187
Duuren, van 101
Duursema, W. 366
Duynstee, W.A. 122, 123
Dwarswaard, Arie 11, 12, 403, 435, 436

Eeden, J. van 27
Eerden, Th. van der 45, 48
Efdée, M. 318, 319, 334, 335

Egelshoven-Huls, van 380, 389
Eggink, C. 65, 164-166, 176, 179, 186, 193, 201, 207, 220, 223, 229, 285, 404
Egmond, D. van 32, 409
Eijk, J. van 286
Eijking, J. 307
Elias, E. 108
Elst, M. van der 161
Empelen, van 106, 156, 157
Ende, J. van der 161
Ende, Leo van den 374
Everwijn, J. 27

Faas, A. 134
Fabiola, koningin 343
Fennema, A. 369, 370
Ferguson, Sarah 261
Franssen, J. 357, 358, 431
Frijlink, A. 45, 314
Frijlink, N. 45, 53, 217, 303, 397

Gaaikema, Seth 217
Gablenz, O. von der 277
Garvelink, H. 355
Geest, A. van 138, 187, 215
Geest, Waling van 244, 405, 410
Geljon, André 108, 169
Gerards 391
Gerards-Adriaansens, A. 349, 354
Gerrits, R.W.M. 229, 230, 232, 248
Gerritsen, J. 192, 203, 221
Goekoop, C. 305
Goemans, T. 303
Goossen, J. 197
Gorter 145
Graaf, T.M.J. de 67, 70, 71, 74-76, 89, 92, 93, 96, 97, 101, 105, 107, 109, 111, 113, 115-126, 129-134, 136-140, 143, 146, 147-155, 157-159, 161, 163, 172, 194, 195, 229, 230, 417-424
Graaf, Theo de (zie Graaf, T.M.J.)
Graaff, Ger de 357
Graaff, Jan de 194
Granneman, H. 134, 136, 264, 288, 384
Graven, van 51, 84, 130-132, 137, 177, 211, 236, 270, 274, 300, 331, 355, 372, 373, 382, 387, 421

Grieken, John van 191, 243, 405
Grijpstra, R. 156
Groen, C. van der 233, 260, 278
Groen, H. 366
Gronden, O. van der 72, 75, 85, 115-117, 147
Groot, J. de 215, 238, 276
Grullemans, C. 27, 30
Grullemans, J. 27
Grullemans, K.J. 33, 37, 39, 48, 60, 63, 65, 66, 70, 71, 74, 75, 87, 97, 100, 102, 110-112, 115, 116, 190, 404
Gudmundsson 392
Guldemond, Jan 166, 167, 207, 209, 333, 343, 355
Guldemond, O. 92, 105, 111, 115, 116, 118, 120, 121, 130, 131, 134, 136, 138, 139, 150, 155, 165, 166, 167, 180, 182, 185, 186, 191, 197, 198, 200, 201, 211-214, 216-218, 230, 231, 236-239, 244, 258, 264, 270-273, 281, 349, 421

Haasteren, van 198
Haersholte, A. baron van 45
Hammacher, A. 149, 150
Hammerskjöld, Dag 110
Hart, R.M. van der 30, 44, 45, 48, 55, 61, 62, 67, 84, 91, 92, 97, 148
Hazekamp, Th. 245, 246
Hazelaar 200
Heemskerk, B. 366
Heerkens, Peter 257
Heesbeen, A. van 358
Heesters, Johan 89
Heijkoop, J. 365, 389
Heijn, Albert 341
Hemmes, N. 231
Hendriks, W. 57, 61, 62
Hendrikse, H. 45
Hens, Guust 168, 169
Hering, F. 208, 231
Hertogh, Gus de 305, 341
Heyl, W.K. 303
Hoed, N. den 125, 126, 164, 166, 168, 207, 209-211, 233, 281, 286, 317, 344
Hoek, Frans van den 221

Hoek, Jan van den 217, 221, 222, 244-246, 250-252, 275, 338, 339, 426, 427
Hoff, P. 252, 275, 302
Hofman, N. 11, 248, 249, 427
Hogervorst, C. 120
Hogewoning, D. 19, 30, 39, 48, 54, 56, 61-63, 67, 70-73, 75, 78-80, 83, 84, 86, 102, 110, 111, 115, 117-122, 124, 125, 129, 132, 136, 139, 140, 152, 164, 169, 172, 187, 208, 210, 413, 416, 417, 423, 426
Hollander, Egbert 163, 236, 260, 264, 268, 288, 289, 300, 329, 355
Hollander, Herman 356-359, 361, 369-371, 374-376, 380, 382, 389, 436
Homan, L. 19, 65, 145, 413
Hooff, A. van 390, 391
Hooftman, J. 390
Hoog, Carel 222
Hoog, M. 225
Hoog, T. 56, 100, 150, 164
Hoog, Th. 45
Hoog, W. 27
Hoogendoorn, P. 134
Hoogstad 302
Hooij, Simone 183
Hooijmaijers, T. 364
Hooy, Jacob 27
Hopman, Piet 65, 157, 218, 261, 314, 407
Hulkenberg, Fons 24, 25, 37, 41, 116, 168, 169, 183, 423, 437
Hunter, C.E. 49
Huug 407
Hylkema, H.J. 179-181, 198, 220, 252

Irene, prinses 143-145, 422

Jacobs, M. 354
Jacobs, Tiny 350
Jansen Maneschijn 43, 48
Jansen, F. 231, 365
Jansen, T. 330

Jansen, Walter 11-13, 347, 349-360, 362, 369, 370, 374, 376, 380, 382-384, 386, 389, 391, 397, 402, 431, 437
Janssen, Pierre 150
Jong, E. de 263, 369, 370
Jong, Klaas de 223, 224, 405
Jonge, J. de 221, 224, 240, 246, 426
Jonk, Nico 151, 245, 276
Jonkman, F. 365, 366
Juliana, koningin 56, 62, 86, 87, 96, 97, 99, 105, 109-111, 146, 191, 196, 198, 202, 203, 242, 392, 417, 418, 422, 425

Kampen, T. van 275
Kamphuis, B.M. 297, 437
Kamstra 341
Kan, Wim 137
Kaptein, H. 134, 184
Karsh, Malak 202, 203
Karube, H. 390, 391
Katzir 392
Kauffman, E. 166
Keizer, Miranda de 315, 318, 333, 338, 437
Kesper 67
Keulen, T. van 233, 307, 317, 319
Kleiboer, J. 179, 252
Kleinsma, Simone 391, 392
Kley, H. ten 155
Kloet, Jacqueline van der 11, 392-394, 432
Klompé, M. 145
Kneulman, C 149-151, 196
Kok 363
Kolk, F.J. van der 152, 179, 180, 181
Kollek, Teddy 281
Komen, P. 62
Kompier 327, 328, 347, 383, 385
Konijnenburg 65, 230, 285, 338, 340, 406
Koning, P. 76, 78, 151
Kooiman, G. 260
Kooy 270, 411
Kort, A. de 229
Kortekaas, H. 245, 276

Koster, H.N.T. 11, 126, 165, 166, 168, 169, 207, 209, 213, 221, 229, 233, 236, 244, 245, 247, 250, 252, 257-260, 263, 265, 268, 270-272, 274-276, 278-281, 285-289, 291, 297, 299, 302, 304, 305, 307, 315-317, 319, 327, 329, 332, 336, 337, 341, 343, 348-350, 380, 391, 420, 423, 428-431
Koster, Piet 321, 331
Kouwenhoven, J. 28
Kraaykamp jr., J. 305
Kranendonk, A. 317
Krelage, E.H 15-21, 30, 48, 49, 85, 89, 91, 413, 415, 437
Krelage, Ernst (zie Krelage, E.H.)
Krelage, J.H. 16-18, 25, 28, 413
Kroft, G.J. van der 229, 230, 257-259, 264, 266, 272, 273, 279, 287, 290, 292-295, 300, 302, 313, 321-323, 328, 329, 331, 353, 427
Kroft, R. van der 302
Kroniek, Kees (zie ook J.K. Zandbergen) 121
Krouwel, L. 196
Kruseman, H.D. 16
Kruyff 208
Kuiper, A. 119, 120
Kuipéri, H.G. 109
Kuyvenhoven, C. 349, 353

Laan, C. van der 134, 136
Laarman, G. 137-139, 187, 214-216, 238, 270, 271, 273, 274
Lambooy, W.H.J.M. 27, 36, 37, 39-41, 43, 46, 48, 49, 52, 54, 56, 58, 74, 121, 124, 170, 208, 290, 402, 414-417
Landwehr Johan, J. 138, 187, 214, 216, 238, 271, 273, 274
Langelaar, C. 357, 386, 390
Langeslag, J. 285, 290, 291, 298, 322, 363
Lans, Els van der 137, 139, 286, 317
Lardinois, P.J. 180, 194, 222
Leautau, Marscha 314, 437
Lecke, Dries 246
Lee, W. van der 33, 37-41, 43, 45, 46, 52-55, 58, 63-65, 92, 97, 106, 109-111, 115, 118, 121, 123, 125, 126, 129, 136, 137, 139, 140, 157, 158, 161, 164-173, 179, 180, 184-187, 190-197, 202, 207, 214-217, 233, 272, 392-394, 414-416, 419-421, 423-426, 428, 432
Leede, J. van der 163
Leede, Piet van der 40, 41, 46, 130, 131, 134, 137, 138, 162, 163, 176, 185, 186
Leemborg, R.B. 230, 233, 234, 237, 258, 262, 313, 322, 327-330, 350, 351, 427, 437
Leemhuis-Stout, J. 330, 331, 341
Leenen, W.F. 240, 407
Leeuwen, van 136, 137
Lefeber, D.W. 30, 32, 33, 39, 41-44, 46, 48, 55, 58, 59, 61, 63, 65, 66, 70-75, 84, 87, 93, 95, 97, 100, 102, 110, 111, 113, 115, 117, 118, 121-125, 131, 132, 147, 149, 150, 152-155, 157-159, 164, 169, 208, 264, 265, 404, 414, 415, 417, 423, 426, 437
Lefeber, J.W.A. 32, 33, 41, 42, 48, 52, 53, 55, 56, 62-65, 67, 74, 111, 115, 121, 122, 162, 405, 423
Lemmers, W. 158, 212, 214, 236, 264, 267, 268, 286, 288, 289, 411
Leyster, Judith 261
Liempt, W. van 137, 138
Limburg Stirum, H. van 28
Limburg Stirum, L. van 29
Linden, van der 182, 183
Lodewijk, T. 19, 30, 32, 44, 45, 48, 60, 62, 75, 78, 86, 89, 91, 92, 95, 101, 149, 150, 222, 435, 437
Loef, A. van 299
Lonati, Roberto 247
Louw, A. van der 225
Louwes, H.D. 49
Louwes, S.L. 49, 70, 71
Lovink, H. 18, 413
Luijendijk, J. 358
Luin, van 202
Luns, J. 148
Luyken, A. 166
Lynden, graaf Jan Carel Elias van 25, 30, 36-41, 43, 44, 46, 48, 51, 52, 63, 73-75, 83, 84, 92, 102, 105, 126, 129-132, 134, 136-138, 140, 162, 163, 169, 170-172, 175-177, 179, 183, 185-187, 190, 209-215, 234, 236, 237, 239, 249, 357, 260, 262-264, 267, 268, 272, 274, 286, 288-290, 300, 307, 313, 327, 329, 331, 351, 355-357, 361, 402, 413-415, 418, 421, 423, 424, 426-428, 431, 432

MacArthur 44
Maes, Ignatius 361
Manen, G.D. van 111, 115, 129, 143, 377, 378, 438
Mansholt, minister 38, 39, 57, 59, 60, 71, 86, 89, 153, 172, 416
Mar, H. de la 62, 70, 179, 223, 416, 426
Margriet, prinses 247, 390, 392, 393
Marijnen, V. 148
Mark, C.W. van der 134, 137, 184, 212, 214, 236, 237, 264, 287, 288, 319
Mark, R.T. van der 288, 290, 319, 321, 322, 330, 338, 340, 351, 361, 383-385, 387, 424
Matze 276
Meer, C.J.L. van der 27-29
Meer, Peter van der 232, 245, 247
Meerveld, W. van 355
Meeuwissen. H. 186, 214, 215, 237, 251, 270, 331, 343, 410, 424
Meij, F. van der 48, 124, 164-168, 176, 179, 193, 194, 198, 202, 207, 217, 223, 233-235, 241, 243, 253, 258, 261, 262, 278, 281, 313
Meijden, Henk van der 390, 395
Mens, Harry 341
Meulder, Fred. de 46, 136, 140, 141, 161, 193, 195, 197, 217, 407, 421, 425
Meyer 146, 147
Mik, W. 97
Mol, J. de 351, 353-355, 357, 365-367, 369, 370
Mol, W. de 222
Molenkamp, Johan 348, 349
Monchy, W.H. de 49
Mondriaan 102, 105
Monsma, J. 292

Moolenaar, W. 217, 276, 339, 340, 404
Moreu, J. 355
Müller 392
Muller, D. 119, 120
Muller-Idzerda, A.C. 247

Nat, B.J.C. van der 45, 48
Nederveen, B. 181, 223, 224, 231
Neefs, C. 125, 233
Nieuwenhoven, J. van 365
Nieuwenhuis, A. 37, 39, 65, 405
Nieuwenhuis, R. 65, 397, 405
Nijgh 126, 129, 132, 137, 163, 176, 210
Nijhoff, M. 369
Nijkamp, P. 364
Nijssen senior, A. 204, 404
Nijssen, J. 204
Nispen, van 17, 32, 34, 38, 39, 41, 43-45, 49, 52, 54-57, 60-62, 70-72, 75, 78-80, 85-87, 89, 103, 124, 170, 223, 415, 416, 426
Nispen tot Pannerden, O.F.A.H. van (zie Nispen, van)

Oostenbrink, J. 199, 203
Opdam, P.A. 237, 271, 376
Os, H. van 124, 164, 166-169, 180, 181, 186, 192, 195-198, 200-202, 217, 220, 222, 229, 230, 232, 240-242, 248, 257, 258, 260-263, 268, 270, 271, 273-276, 278, 279, 285-288, 290-299, 302, 304, 306, 313, 314, 316, 317, 319, 322, 324, 325, 327-330, 332, 333, 336, 337, 341-345, 347-351, 355, 363, 390, 420, 425, 427, 428, 431
Os, Rutger van 192
Oschatz, A. 112
Otaka, T. 428
Otten 208
Oudolf, Piet 305, 429
Oudshoorn, Wim 305, 429
Oxenaar, R. 150, 218, 219

Paardekooper, Aad 187, 424
Paardekooper, M. 28, 137
Paaschen, F. van 37, 39, 40, 41, 45, 46

Pallandt, C.A.A. baron van 25, 413
Parlevliet, L. 166
Passchier 203, 244, 411
Patijn, S. 242, 250, 296
Pennings, Jan 11, 244, 251, 354, 355, 357, 397, 401, 402, 408
Pennings, W.A.M. 288, 289, 410
Philippo, Jan 258, 260, 313, 327, 353
Philippo, W. 55, 404
Pieck, Anton 250
Pinxter, F. 74
Pippi Langkous 395
Pitlo, J. 297
Plassche, A.W. van der 49, 67, 71, 75, 85
Pleyte d'Ailly 143
Ploeger, L. 252
Plug, J. 313
Poel, J.C. van der 46, 84, 140, 149, 212
Poel-Berbée, E. van der 187, 215, 216
Polderman, B. 36
Poll, Anna Cecilia van de 131
Pool, C.M. 49
Poole, G.N.A. le 231
Poort, Henk 395
Porter, M. 363
Pöttgens, Ralf 286, 299, 317
Prakke 70
Preenen, Harry 62
Prins 257, 322, 323, 359
Prins-van der Poel 216, 273
Pronk 363

Rameijer 208, 230
Rechteren Limpurg, gravin C. van 132, 427
Rechteren Limpurg, E. van 133, 230
Reede, J. de 39
Reimer, H. 196
Rembrandt 390, 395, 432
Richards 190, 202, 214, 216, 217, 239
Riesen, J. van 347, 349, 350, 356
Rietveld, Evelyn 286, 315, 340
Rijckevorsel, jonkheer van 40
Rijnen, Koos van 164-168, 207, 225, 233, 246, 260
Rijnveld, B. 32, 414
Rijnveld, F. 65, 190, 195, 405, 425

Roelfs, Jan 195, 232
Roelofs, J. 232
Roem, H. 297, 298
Roes, G. 36, 39, 40, 46, 48
Roeters, G. 317
Rökk, Maria 89
Rood, G. 210
Roode, P. van 215, 238
Rooy, M. de 239, 274
Roozen, Frans 101, 163, 218, 225, 243, 244, 275, 339, 397, 410, 419, 422
Roozen, Henry W. 101, 156
Roozen, J. 48
Roozen, W. 75
Roozen, Walter 93, 95
Rücksleben, von 147
Rutten 67
Ruys, Mien 223
Ruyter, J. de 92, 112, 115-117

Salman, V. 365
Samkalden, I. 199, 219
Sandberg, A. 276, 392
Sanders, M. 105, 132, 134, 212-214, 236
Sanders, N. 275
Schaap 239, 273, 301
Schaper-Rood, S. 192
Scheltema, P. 166
Schenk, P 165, 225
Schmitz, Th. 342
Schoon, C. 194
Schoone, D. 136, 318
Schoone, H.L. 136, 163, 233, 260
Schoorl, L. 383, 384, 409
Schoorl, R. 260, 264, 267, 268, 288, 289, 361
Schoser, Gustav 281
Schröder, H. 99, 297
Segers, C. 32, 33, 37-39
Seijsener, H. 146, 147
Sentel, J. 107, 119, 172, 173
Sepers, I. 140
Siebold, F. von 16
Siedenburg 75
Simons, D. 120, 420
Slogteren, E. van 20, 23, 90, 93, 95, 165
Slot, J. van der 138, 435
Sluys, Ina van der 58

Smedes 195
Smiemans 331
Smithuijsen, J.C. 175, 176, 209, 210, 317, 355, 424
Snoep, D. 263, 278
Soet, J. de 250
Somers, B.M. 297, 438
Spaan 137, 138
Spithoven, J. 248
Spoor, J. 18
Sprey, L. 72, 73, 75, 80, 125, 129
Staal, Leo 52, 169, 195, 423, 438
Staats, A. 32
Staf, C. 90, 155
Stassen jr., L. 112, 218, 223, 243, 244, 410
Stee, van der 223
Steengracht van Oostcappelle, Jonkheer mr. J. 25
Steengracht van Oostcappelle, Cecilia 25, 413
Steenhuijsen, P. M. de 131
Stegerhoek, Abraham 27
Stein, van 233, 286
Stoffels, A 36, 41, 45, 46, 92, 175
Straathof, D. 11, 314, 317, 318
Straathof, T. 354
Strijkers, D. 75, 92
Strijkers, J. 110, 195, 203, 208
Suurenbroek 212
Swart, H.L. 149, 150, 197

Tappenbeck, Wilhelm 28
Teelen, J. 350, 366
Tegelaar, J. 111, 112, 115-118, 120-125, 136, 138, 139, 154, 155, 157, 159, 161-167, 171-173, 179-182, 186, 189, 190, 195, 197, 198, 200, 202, 207-209, 211, 214, 216, 217, 219, 223-225, 229, 230, 234, 236, 240, 243, 244, 246, 247, 253, 257, 313, 420
Teijlingen, H. van 324, 325
Terpstra, Erica 340, 390, 396
Teulings 70, 71
Teunissen, P. 247
Theyse, F. 45, 46, 52, 56, 57, 73, 75
Tibboel, A. 48, 74, 83, 112, 257
Til Hartman, Jan van 219, 405
Timmer, Maarten 11, 12, 403, 436, 438

Tol 100, 137, 139, 184
Trigt, C. van 97
Troelstra, Johan 316-319, 323, 327, 328, 334, 337, 343, 347-349, 359, 430, 431
Trompert 268, 275, 289
Tubergen, van 42, 56, 104, 150, 190, 195, 222, 225, 243, 244, 303, 410
Tulp, H.A. 347, 352, 353

Uittenbroek, H. 319

Veek, K. van der 244, 250
Veld, Arie in 't 314, 340, 435
Velde, van der 177
Veldhoven 273, 287, 332
Veldhuyzen van Zanten, G.E. 11, 207, 208, 258, 263, 266, 274, 276, 285, 307, 313, 316, 317, 327, 332, 333, 349, 351, 353, 354, 404, 426
Veldhuyzen van Zanten, Martinus Jacob 38, 48, 71, 72, 75, 80, 84, 91, 92, 97, 111, 112, 115, 118, 121, 123, 150, 164, 169, 257, 409, 423
Venbroek, F. 317
Venema, H. 75, 276
Verduyn, A. 48, 61
Verhage, A.J. 17, 33, 34, 67, 70-72, 75, 91, 93, 95, 103, 111, 148, 155, 181, 419
Verkade, Kees 390
Verlinden, Rob 280
Vermeer, H. 153
Vermeer, J. 302, 331
Vermeulen, H. 62, 70, 84-86
Vermeulen, P. 290, 322
Victoria, koningin 15
Victoria, prinses 390, 395
Vijverberg, A.J. 294
Vink, D. 247
Visser, Simon en Karin 276, 408
Vlag, A.F. 48
Vlasveld, G. 18
Vliet, R. van 262
Vlugt, M.J. van der 48
Vogel, Ellen 99
Vogelaar, A. 278
Volker, C.M. 297, 437

Volkerz, K. 48, 74, 75, 112
Voors, H.J. 17, 20, 35, 36, 39, 62, 71, 75, 86, 87, 90
Vos, M. 223
Vreeburg, G. 65, 150, 407
Vreeburg, H. 337, 405
Vries, Piet de 354, 355, 369, 382-385, 392, 396
Vroe, Warre de 356
Vrolijk, M. 152
Vroomen, C.O.N. de 297, 438
Vroomen, Dick de 25, 361
Vroomen, H. de 25, 163, 182, 247
Vroomen, Jac. Th. de 32, 406
Vroomen, Jack de 361, 384
Vroomen, T.R. de 45, 48, 56, 60-62, 70, 71, 73-75, 78, 79, 89, 93, 95, 102, 105, 109, 111, 115, 116, 121-123, 125, 131, 151, 161, 162, 415, 419, 423
Vroomen, Theodorus de (zie Vroomen, T.R. de)

Wagt, G. de 316
Waldheim, K. 221
Want, van der 165
Warmenhoven, W.S. 34, 217, 243, 303, 304, 339, 404, 414
Warnaar, Abraham 20, 33, 43-45, 48, 52, 54-56, 62, 70-72, 74, 75, 89, 92, 102, 104, 106, 109-112, 115-118, 121, 122, 124-126, 129, 139, 140, 146, 147, 150, 152, 154-157, 159, 161, 162, 164, 167, 190, 194, 195, 197, 201, 415, 416, 419, 423, 425
Warnaar, W. 31
Warning, G.H. 189, 190, 210, 211
Warren, Janis 225
Waveren, Mark van 65, 93, 406
Waveren, R. van 245
Waveren, T.M.H. van 18, 41, 43, 45, 48, 52, 54-56, 58-62, 66, 67, 70-76, 79, 83-87, 91-97, 99-112, 117, 123, 143, 149-151, 161, 167, 170, 415, 416, 418, 419
Weijers 145, 217, 406, 407
Wentholt, J. 17, 18
Werumeus Buning, J.W.F. 108
Wessel, J.W. 352, 354, 356, 357, 362, 363, 431
Wessum, J. van 215
Westendorp-Frikkee, C. 358
Westerbeek, Ab 223
Westerbeek, C. 181
Westerhof, H. 365
Weyers-Mense 190
Wickenhagen 208
Wiel, T. van der 216, 278
Wienen, J. 366
Wijden, G. van der 27
Wijlen, H. van 75, 126, 131
Wijs, J.B. 243, 244, 303, 304, 404
Wilde, E. de 150m 218
Wildoër, W. 224, 240, 245

Willem-Alexander, prins 356, 391, 396, 430
Wit, de 132, 134
Witteman, W. 180
Wolkers, Jan 342, 390, 395
Woltjer 75
Wulffraat 139, 140
Wülfinghoff 244

Ypma, Ale 319

Zaal, C. van der 134, 212
Zadkine 107
Zalm, Rita van der 281
Zandbergen 327, 328, 332
Zandbergen, Frits 290, 322
Zandbergen, J.K. 121, 169, 435
Zandbergen, N. 229, 230, 410
Zandstra, Evert 108
Zandwijk, M. 280, 304
Zanten, van 140
Zijpp, G.C. van der 230, 306, 327, 328, 349
Zocher, Jan D. 25, 370, 392, 394, 413
Zon, J. van der 264, 355
Zon-Langelaar, C. van 313
Zonneveld 214, 236
Zwartkruis, monseigneur 222
Zweden, Jaap van 242
Zwetsloot, T. 16, 30, 39, 48, 58, 61, 62, 66, 70-72, 74, 75, 85, 91, 92, 97, 100, 104, 109-111, 115-118, 121, 143, 152, 162, 167, 170, 172, 180, 201, 419, 423
Zwetsloot, A. (zie Zwetsloot, T.)
Zwetsloot, A.T.M., (zie Zwetsloot, T.)
Zwetsloot, Cuneke 203
Zwetsloot, Harry 117
Zwetsloot, J. 11, 124, 166, 210, 218, 229, 230, 233, 248, 253, 258, 260-264, 266, 272, 274-276, 278, 281, 283, 285, 286, 290-295, 297, 298, 304, 307, 313, 314, 317, 322, 323, 325, 327, 328, 330, 333, 338, 345, 349, 359, 365, 373, 374, 420, 435, 439